Die Preußische Gesetzgebung

betreffend die

Zwangsvollstreckung

in das unbewegliche Vermögen

mit

Kommentar

und mit einem Anhange betreffend

die Bestimmungen über freiwillige Subhastationen

von

Dr. J. Krech, Kais. Geh. Regierungsrath in Berlin.

und

Dr. O. Fischer, ord. o. Prof. der Rechte in Breslau.

Dritte, gänzlich umgearbeitete Auflage.

Berlin SW. 48.

J. Guttentag, Verlagsbuchhandlung.

1894.

Vorwort.

Der vorliegende Kommentar erschien zuerst in den Jahren 1883 und 1884, bald nach dem Inkrafttreten des Gesetzes vom 13. Juli 1883.

Im Jahre 1886 wurde eine durch einen Nachtrag ergänzte Ausgabe veranstaltet.

Nunmehr hat eine vollständige Durch- und Umarbeitung des Werkes stattgefunden.

Das gesammte inzwischen durch Gesetzgebung,*) Rechtsprechung und Literatur neu geschaffene Material ist berücksichtigt. Die eigenen Ansichten sind überall nachgeprüft und, so weit erforderlich, berichtigt worden. Auch der Entwurf des Reichsgesetzes betr. die Zwangsvollstreckung in das unbewegliche Vermögen ist zur Vergleichung herangezogen.

Gleichwohl ist der Umfang des Buches erheblich verkleinert. Einem Wunsche des Herrn Verlegers gemäß sind insbesondere die historischen Abschnitte des Werkes zum größten Theile weggelassen worden. In dieser Beziehung ist also auch künftig auf die erste Auflage zurückzugehen.

Die allgemeinen Lehren hinsichtlich der Zwangsvollstreckung sind in der Hauptsache nicht mehr in der Einleitung vorgetragen, sondern in den Kommentar selbst, insbesondere zu den §§ 1—3, gestellt worden.

Berlin und Breslau im August 1894.

J. Krech. O. Fischer.

---

*) Auch im Gebiete des rheinisch-französischen Rechts.

Inhaltsverzeichniß.

Berichtigungen und Zusätze.

S. 4 Anm. 3. lies statt de aed. ed 21, 2 — de evict. 21, 1.

S. 72 Zeile 18 v. u. lies statt straflose — kraftlose.

S. 103 in Anm. c Zeile 11 v. o. lies statt Anm. 5 b. — 6 b.

S. 110 Zeile 10 v. o. lies statt zu § 6 — vor § 6.

S. 112 Zeile 6 v. o. lies statt Verwaltung — Vormerkung.

S. 140 ist am Schlusse der Anm. 5. hinzuzufügen: Nach der Allgemeinen Verfügung des Justizministers v. 2. November 1883 (J.M.Bl. S. 332) hat das Vollstreckungsgericht — ohne daß dafür Gebühren und Auslagen erhoben werden dürfen — auch die vorgesetzte Dienstbehörde des Schuldners zu benachrichtigen, wenn die Zwangsversteigerung oder Zwangsverwaltung eines Pfarr- oder Schulgebäudes oder eines andern zum öffentlichen Dienst oder Gebrauch bestimmten Grundstückes eingeleitet oder ein Beitritt zugelassen ist.

S. 283 in Anm. 8 Zeile 3 v. o. ist hinter § 62 Abs. die Ziffer 4 einzuschalten.

Literatur zu dem Gesetze vom 13. Juli 1883.

1) Dr. Karl Kurlbaum, Neue Grundsätze der Zwangsversteigerung von Immobilien nach dem Preußischen Gesetze vom 13. Juli 1883.

2) Dr. Paul Jäckel, Die Zwangsvollstreckungsordnung in Immobilien (Kommentar). 3 Auflage 1892.

3) O. Rudorff, Die Zwangsvollstreckung in das unbewegliche Vermögen (Kommentar).

4) W. Dorendorf, Gesetz betreffend die Zwangsvollstreckung in das uubewegliche Vermögen (Kommentar)

5) R. Knorr, Das Gesetz über die Zwangsvollstreckung in das unbewegliche Vermögen. (Kommentar).

6) Czarniecki, Kommentar zu dem Gesetze betreffend die Zwangsvollstreckung in das unbewegliche Vermögen 3 Auflage 1893.

7) W Volkmar, Das Gesetz betreffend die Zwangsvollstreckung in das unbewegliche Vermögen (Handausgabe mit Anmerkungen).

8) Dr. E. Schwartz, Die Zwangsvollstreckung in Immobilien (Handausgabe mit Anmerkungen).

9) Leo Mugdan, Die Zwangsvollstreckung in das unbewegliche Vermögen (kurzes Lehrbuch)

10) Dr. J. Freund, Die Zwangsvollstreckung in Grundstücke im Gebiete des Allgemeinen Landrechts (Populäre Darstellung)

11) K Schneider, Zur Einführung der Subhastationsordnung vom 13. Juli 1883 in die Hannoversche Praxis.

12) Dr. Heidenfeld, Die Zwangsversteigerung von Grundstücken im Wege der Zwangsvollstreckung (Vorträge, gehalten im Berliner Anwalt-Verein)

13) W. Henle, Die preußische und bayerische Subhastationsordnung (Vergleichende Zusammenstellung und Erläuterung beider Gesetze)

14) C Wilmanns, Formularbuch zu dem Gesetze betreffend die Zwangsvollstreckung in das unbewegliche Vermögen (auf amtliche Veranlassung).

15) W. Stegemann, Die Materialien zum Gesetz vom 13. Juli 1883.

16) M. Hesse, Immobiliarrecht und Immobiliarexekution nach den preußischen Gesetzen vom 5. Mai 1872 und 13./18. Juli 1883.

17) F. Fidler, Die Zwangsvollstreckung in das unbewegliche Vermögen. (Handausgabe mit Anmerkungen).

18) G. Schmidt, Die Zwangsvollstreckung in das unbewegliche Vermögen. (Populäre Darstellung).

19) Th. Wolff, Die Eintragung in das Grundbuch zur Vollstreckung einer Forderung.

20) Rintelen, Zwangsversteigerung und Zwangsverwaltung (kurze systematische Darstelluug).

21) Peiser, Die Zwangsverwaltung von Grundstücken (1888)

22) Derselbe, Die Geschäftsführung der Zwangsverwaltung und die gerichtliche Zwangsverwaltung. 1893

23) Schmidt, Der gerichtliche Zwangsverwalter. 1893.

Abkürzungen.

Die in vorstehender Uebersicht genannten Werke sind, soweit sie benutzt werden konnten, in der Regel nur mit dem Namen des Verfassers beziehungsweise Herausgebers bezeichnet Ebenso sind citirt: Die Kommentare zur Civilprozeßordnung von L Seuffert und von v Wilmowski u Levy, die Kommentare zu den Grundbuchgesetzen von Achilles, Bahlmann und Turnau, der Kommentar zur Subhastationsordnung v 15. März 1869 von Wachler (3. Auflage), Kurlbaum, Die preußische Subhastationsordnung v 15. März 1869 unter dem Einflusse der Deutschen Justizgesetze und der Preußischen Ausführungsgesetze zu denselben, Strippelmann, Subhastationsverfahren, sowie die Lehrbücher des Pandektenrechts, des Deutschen und des Preußischen Privatrechts von Windscheid, Stobbe, Dernburg und Eccius.

Außerdem sind folgende Abkürzungen gebraucht:

A.G. = Ausführungsgesetz.

A.G.O = Allgemeine Gerichtsordnung

Allg. Bergges = Allgemeines Berggesetz v. 24. Juni 1865

A L.R. = Allgemeines Landrecht.

A. M = Anderer Meinung

c. c. = code civil.

C.P O. Deutsche Civilprozeßordnung

Dernburg Pfdr. Dernburg Pfandrecht, Leipzig 1860.

Dernburg, Hyp.R I II. Das Preußische Hypothekenrecht Abth I (Dernburg u. Hinrichs) und Abth II.

E.E G Gesetz betreffend den Eigenthumserwerb u s. w. vom 5 Mai 1872.

E.G. — Einführungsgesetz Mit den Zusätzen Jade (Jadegebiet), N V P. (Neuvorpommern und Rügen), Schl H. (Schleswig-Holstein), Hann (Hannover), Kassel (Bezirk des vormaligen Appellationsgerichts zu Kassel), Ehr. (Bezirk des vormaligen Justizsenats zu Ehrenbreitstein), Hz. (Hohenzollern), Rhld. (Rheinlande) bedeutet es die Gesetze zur Einführung der Grundbuchgesetze in den betreffenden Landestheilen.

Entsch. -- Entscheidungen des vormaligen Obertribunals (amtliche Ausgabe).

G.B O. - Grundbuchordnung

G K.G. - Deutsches Gerichtskostengesetz.

Gruchot = Gruchot (Rassow-Küntzel), Beiträge zur Erläuterung des Deutschen Rechts.

G.S. = Gesetzsammlung für die Preußischen Staaten.

G.V G. — Deutsches Gerichtsverfassungsgesetz.

Hann.B.P O. = Hannöversche bürgerliche Prozeßordnung

H G.B. — Deutsches Handelsgesetzbuch.

H.O. — Hinterlegungsordnung.

Jäckel S.O. = Kommentar z Subhastationsordnung v. 1869.

J.M.Bl. = Justiz-Ministerialblatt.

Johow = Jahrbuch endgültiger Entscheidungen der preußischen Appellationsgerichte.

K. = Entscheidungen des Kammergerichts, herausgegeben von Johow u. Küntzel.

K G. = Kostengesetz bei Zwangsversteigerungen u. s. w. v 18. Juli 1883.

K.O = Deutsche Konkursordnung.

Kurlbaum n. G — Neue Grundsätze der Zwangsversteigerung.

Peiser = die Zwangsverwaltung (Literatur Nr. 21).

Peiser I = die Geschäftsführung (Literatur Nr. 22)

Pr. K O. = Preußische Konkursordnung v 8. Mai 1855.

R = Entscheidungen des Reichsgerichts in Civilsachen, herausgegeben von den Mitgliedern des Reichsgerichts.

R.A.G.O. — Deutsche Gebührenordnung für Rechtsanwälte.

R Entw. = Entwurf des Bürgerlichen Gesetzbuchs; I. (erste Lesung). II. (zweite Lesung).*)

R G.Bl. — Reichsgesetzblatt.

R.G B.O Entw. = Entwurf der Grundbuchordnung

R O H G = Reichsoberhandelsgericht.

R Zw G Entw = Entwurf des Gesetzes betr. die Zwangsvollstreckung in das unbewegliche Vermögen.

Sch.O. = Schiedsmannsordnung.

S O. — Preußische Subhastationsordnung vom 15. März 1869

St G.B. = Deutsches Strafgesetzbuch.

St.P O. — Deutsche Strafprozeßordnung.

Strieth. = Striethorst Archiv.

V O. = Vormundschaftsordnung

W.O. — Deutsche Wechselordnung.

Zw G — Gesetz betr. die Zwangsvollstreckung in das unbewegliche Vermögen vom 4 März 1879.

Zw.Vollstr Ges = Gesetz betr. die Zwangsvollstreckung in das unbewegliche Vermögen vom 13. Juli 1883.

---

*) Die zweite Lesung hat erst vom vierten Bogen an benutzt werden können.

Einleitung.

Eine Skizze des Entwicklungsganges der Rechtsinstitute, welche in dem nachstehend erläuterten Gesetze kodificirt sind, muß von den beiden Wurzeln des modernen Rechtes, dem römischen und dem älteren deutschen Rechte, ihren Ausgang nehmen.

§ 1. Römisches Recht.

Für das römische Recht ist zwischen der Beitreibung einer persönlichen Forderung gegen den Schuldner und der zwangsweisen Befriedigung wegen einer Forderung, für welche ein Vermögensstück dinglich verhaftet ist, aus der haftenden Sache scharf zu unterscheiden.

Die Befriedigung des dinglichen Gläubigers aus der Pfandsache war der privaten Selbsthülfe überlassen. Das Normalpfandrecht des neueren römischen Rechtes, die Hypothek, wurde regelmäßig dadurch verwirklicht, daß der allein zum Verkaufe berechtigte erste Pfandgläubiger, welcher sich auch mittelst der actio hypothecaria in den Besitz der Pfandsache setzen konnte, die Pfandsache privatim an einen Dritten verkaufte und diesem das Eigenthum an derselben übertrug. Der Vorgang ist ein rein privatrechtlicher und kann daher auch rein privatrechtlich konstruirt werden. Der Gläubiger handelt, wie schon die klassische römische Jurisprudenz im Gegensatze zu einer älteren, in den justinianischen Institutionen wieder auftauchenden Meinung erkannt hatte, nicht als Stellvertreter des Schuldners, sondern kraft eigenen Rechtes. Er als venditor schließt mit dem Dritten als emtor den contractus emtionis venditionis, aus dem für ihn die actio venditi und für den Dritten die actio emti hervorgeht. Die Haftung für Eviktion sowie für heimliche Mängel lag aber nicht dem Gläubiger, sondern dem Verpfänder ob. Der Gläubiger haftete, abgesehen von der besonderen Uebernahme einer

Garantie, nur im Falle des dolus. Außerdem konnte er den Kaufpreis nicht fordern, wenn die Sache in der Zwischenzeit evincirt wurde.

Der Pfandgläubiger, welcher einen annehmbaren Käufer nicht finden konnte, durfte sich an den Kaiser wenden, welcher ihm auf sein Gesuch das Eigenthum der Pfandsache für die Taxe zuschlug. Der Eigenthumsübergang erfolgt hier auf Grund eines Aktes staatsrechtlicher Natur, durch den Zuschlag, welchen der Kaiser in Ausübung einer außerordentlichen Gerichtsbarkeit ertheilt.[1])

Gänzlich abweichend war die zwangsweise Durchführung der blos persönlichen Forderung. Hier war die Feststellung der Forderung durch Urtheil oder gerichtliches Anerkenntniß die regelmäßige nothwendige Vorbedingung.

In der Kaiserzeit erfolgte die Beitreibung einer Geldforderung durch die wohl nach dem Vorbilde der älteren publicistischen pignoris capio entwickelte, vom Magistrat geleitete Zwangsvollstreckung mittelst Pfändung und Veräußerung einzelner Vermögensstücke des Schuldners (pignus in causa iudicati captum). Die Ausführung erfolgte durch die gerichtlichen Beamten. Grundstücke wurden nur gepfändet, wenn bewegliche körperliche Sachen nicht in zulänglicher Masse vorgefunden wurden. Nach zwei Monaten erfolgte die öffentliche Versteigerung. Ausgeschlossen vom Mitbieten waren der Richter und der Schuldner. Dagegen durfte der Gläubiger jedenfalls dann mitbieten, wenn in dem ersten Termine ein annehmbares Gebot nicht abgegeben war. Dem Meistbietenden wurde, wenn sein Gebot ein annehmbares war, der Zuschlag ertheilt. Durch eine dolose Verschleuderung wurde gegen die Versteigerungsbeamten die actio doli begründet. Dagegen war aber eine Rückgängigmachung wegen laesio enormis nicht möglich. Die Uebergabe durfte nur gegen Baarzahlung erfolgen. Wurde gleichwohl das Gebot kreditirt, so blieb, da eine actio venditi Niemandem zustand, nichts übrig, als die Sache dem Ersteher wieder abzunehmen und nochmals zu versteigern. Der Ersteher erlangte durch die Uebergabe das Eigenthum der Pfandsache nur dann, wenn der Schuldner Eigenthümer der ersteigerten Sache gewesen war. Sonst war er der Eviktion ausgesetzt. Da aber die actio emti ebenfalls gegen Niemanden gegeben ist, so konnte er sich dieserhalb nur an den Schuldner halten, und zwar nur auf den Betrag, um

[1]) Publicistischer Momente bedarf es auch zur Konstruktion des Eigenthumsüberganges bei dem unter dem Namen praedium schon dem alten Gemeindevermögensrechte angehörigen Pfandrechte.

welchen Letzterer durch die Zahlung des Preises befreit bezw. bereichert ist. Der Gläubiger wurde seitens des Gerichts aus dem Erlöse, welcher aber erst mit der Auszahlung an ihn selbst in sein Eigenthum überging, befriedigt; der Ueberschuß gebührte dem Schuldner.

War durch die Versteigerung ein annehmbarer Preis nicht zu erzielen, so konnte die Sache dem Gläubiger für seine Forderung zugeschlagen werden. In späterer Zeit erfolgte der Zuschlag ganz wie bei der Hypothek stets durch den Kaiser. Durch die Nov. 4 wurde dem Gläubiger, welcher nicht eine weitere Stundung gewähren wollte, die Pflicht auferlegt, Sachen des Schuldners, auch Grundstücke, an Zahlungsstatt zu nehmen.

In Ermangelung unbelasteter Stücke konnten auch mit Hypotheken behaftete Sachen zur zwangsweisen Befriedigung persönlicher Gläubiger herangezogen werden. Der Käufer mußte aber mehr bieten, als zur Abfindung des Hypothekariers erforderlich war; oder er mußte zur Zahlung eines superfluum nach Tilgung der Hypothek bereit sein. Hiermit war, entgegen dem Grundsatze, daß der Pfandverkauf lediglich in dem Belieben des ersten Hypothekariers stehe, für die Exekutionspfändung eine Befugniß gewonnen, die dem Nachhypothekarier als solchem nicht zustand. War also der Nachhypothekarier zugleich persönlicher Gläubiger des Eigenthümers der Pfandsache, so war es für ihn offenbar vortheilhafter, den Weg der Exekution seiner persönlichen Forderung in die Pfandsache zu wählen.

Für die juristische Erklärung der Vorgänge bei der Veräußerung des pignus in causa iudicati captum reichen rein privatrechtliche Gesichtspunkte nicht aus. Es ist vor Allem in Betracht zu ziehen, daß es sich um einen staatlichen Rechtsschutzakt handelt. Die römischen Juristen haben das bereits mit genügender Deutlichkeit hervorgehoben. Wenn sie betonen, daß die addictio keine actio venditi gegen den Ersteher und keine actio emti weder gegen den Gläubiger, noch gegen den Schuldner, noch gegen die Gerichtsbeamten begründe, so anerkennen sie damit die ja auch thatsächlich garnicht bestreitbare Wahrheit, daß hier ein Vertrag, insbesondere ein contractus emtionis venditionis nicht geschlossen wird und eine iusta obligatio nicht entsteht. Allerdings bezeichneten sie den Vorgang dennoch als eine emtio (addictione perfecta) und den Ersteher als emtor. Indessen konnte das Niemanden irreführen, da der Satz der 12 Tafeln: ‚emptionis verbo omnis alienatio complexa videtur‘ dem Römer durchaus gegenwärtig war.[1]) Mit der Benennung emtio war nur gesagt, daß eine (entgeltliche) Veräußerung vorlag. Als Veräußerer nennen die Römer nirgends den Schuldner oder den Gläubiger, den sie, wie gesagt, zum Mitbieten zulassen, sondern, wie es wiederum allein den Thatsachen entspricht, den Gerichtsbeamten. Cum in causa iudicati aliqua res pignori capitur, per officium eius, qui ita decrevit, venumdari solet, non per eum, qui iudicatum fieri postulavit.[2]) Und indem sie die veräußernden Gerichtsbeamten zu dem Gläubiger ausdrücklich in Gegensatz bringen und hervorheben, daß die autoritas eius cui praecipiendi ius est, der iussus iudicis[3]) die rechtliche Grundlage der Veräußerung bildet, zeigen sie deutlich, daß ihnen die bei der römischen Behandlung der Stellvertretung ohnehin ganz unmögliche Auffassung des Richters als eines privatrechtlichen Stellvertreters irgend eines der Betheiligten völlig fernliegt, vielmehr die allein den Thatsachen entsprechende Anschauung bereits durchaus geläufig ist, daß ein, allerdings den Antrag des Gläubigers voraussetzender und auf ein Meistgebot des Erstehers fußender, aber dennoch einseitiger Akt der Staatsgewalt in diesem Falle die Veräußerung zu Stande bringt. In vicem iustae obligationis succedit ex causa contractus autoritas iubentis.

§ 2. Aelteres deutsches Recht.

Das Zwangsvollstreckungsverfahren des deutschen Rechtes zeigt eine große Verschiedenheit nach Ort und Zeit. Auch im deutschen Rechte kam die Exekution in das unbewegliche Vermögen zur Beitreibung einer persönlichen Forderung erst nach der Mobiliarexekution. Die Substanz des Grundstücks sollte nur dann angegriffen werden, wenn der Ertrag der natürlichen und civilen Früchte des Grundstücks nicht ausreichte. Das Verfahren begann mit der Frohnung, welche äußerlich erkennbar gemacht wurde. Damit verlor der Schuldner die rechtliche Verfügung über das Grundstück. Vielfach wurde der Schuldner sofort auch thatsächlich ausgewiesen, das Gut kam in die Hand des Richters. Hier und da wurde mit der Ausweisung des Schuldners die Einweisung des Gläubigers in das Grundstück verbunden. Regelmäßig schloß sich an die Frohnung ein Aufgebot an drei Gerichtstagen, um Dritte zur Geltendmachung ihrer Rechte zu

[1]) fr. 29 § 1 D. de statu lib. 40. 7.
[2]) c 2 C. si in causa iud. 8 22 (23).
[3]) c. 13 C. de evict 8. 44 (45), fr. 74 § 1 D. de aed. ed. 21, 1.

veranlassen. Durch Verschweigung wurde Eigenthum und jede andere Berechtigung an der gefrohnten Sache verwirkt. Der Gläubiger konnte nun zunächst versuchen, durch Versetzung der gefrohnten Sache zu seiner Befriedigung zu kommen. Sonst wurde nach Ablauf einer Einlösungsfrist von Jahr und Tag dem Schuldner sein Recht am Gute durch richterliche Verfügung „vertheilt". Das Gut fiel als herrenloses an den Fiskus, bezw. an den Richter. Diese befriedigten den Gläubiger durch gänzliche oder theilweise Abtretung ihres Rechtes. Später übereignete der Richter direkt das Grundstück dem Gläubiger für seine Forderung. Von einer Schätzung oder Herausgabe einer hyperocha war aber zunächst nicht die Rede. Allmälig wurde überall die Hingabe an Zahlungsstatt durch die entgeltliche Veräußerung an Dritte ersetzt. Die Frist von Jahr und Tag wurde vielfach nicht mehr beobachtet. Die gerichtliche Versteigerung war zwar durchaus nicht überall gebräuchlich, doch setzte auch der Privatverkauf durch den Gläubiger voraus, daß dieser durch ein gerichtliches Urtheil, die Geweldigung, in den Besitz und die Nutzung des Grundstückes eingewiesen war. Das Urtheil gab ihm die Gewere, welche durch Ergreifung des thatsächlichen Besitzes zur rechten Gewere wurde. Das Eigenthum oder ein dingliches Recht im römischen Sinne erlangt er dadurch nicht. Er war aber befugt, das Grundstück in den für Immobilien bestimmten Formen (gerichtliche Auflassung, Eintragung in die öffentlichen Bücher) zu veräußern, und dadurch auf den Erwerber Eigenthum zu übertragen. War der Verkauf nicht ausführbar, so verblieb es bei der Uebertragung an Zahlungsstatt. Doch wurde jetzt stets nach der Taxe übernommen.

Während bei dem älteren deutschen Pfandrechte eine gerichtliche Zwangsvollstreckung nur zur Beitreibung der zu Grunde liegenden persönlichen Forderung in Frage kommen konnte, war der Gläubiger bei der neueren, vornehmlich in den Städten ausgebildeten Art der Pfandbestellung berechtigt, mittelst gerichtlicher Hülfe das Grundstück in Besitz zu nehmen und zum Verkauf zu bringen. Auf seine Klage erfolgte, gewöhnlich nach stattgehabtem Aufgebot der Sache, die Geweldigung derselben. Das weitere Verfahren verlief wie bei der Exekution wegen einer einfachen persönlichen Forderung. Doch war der Gläubiger ebenso wie bei dem älteren Pfandrechte verpflichet, zunächst seine Befriedigung aus dem Pfande zu suchen.

Im deutschen Rechte ist es hiernach stets der die Zwangsvollstreckung leitende Richter, welcher die Veräußerung vornimmt. Von einem Vertrage oder sonstigen Privatrechtsgeschäfte desselben ist aber nicht die Rede. Er erscheint nicht als Vertreter der Gläubiger. Er waltet auch im Exekutionsverfahren lediglich seines Amtes, der Gewährung des staatlichen Rechtsschutzes.

§ 3. Deutsches Recht nach der Reception des römischen Rechtes.

Das römische Pfand- und Exekutionsrecht gelangte durch die Reception in der Gestalt, welche es durch die justinianische Kodifikation erlangt hatte, und mit den Modifikationen, welche es während des Mittelalters in Italien erfuhr, nach Deutschland. Indeß wußte sich hier das einheimische Recht im Einzelnen einen größeren Einfluß zu bewahren als in anderen Rechtsmaterien. In Deutschland ist namentlich der Privatpfandverkauf bei Hypotheken niemals zur Geltung gelangt. Vielmehr blieb die richterliche Leitung der Veräußerung allgemeine Regel. Die Veräußerung erfolgt durch den gerichtlichen Zuschlag. Das Verfahren war also im Wesentlichen der Zwangsvollstreckung in das unbewegliche Vermögen wegen einer persönlichen Forderung gleichgestellt. Es verläuft, von germanischen Einflüssen abgesehen, im Großen und Ganzen wie das römische Verfahren bei dem pignus in causa iudicati captum. Im Einzelnen blieben freilich manche Sätze in Geltung, welche das römische Recht nur für den Privatverkauf des Vertragspfandes entwickelt hatte.

Die Zwangsvollstreckung setzt in jedem Falle voraus, daß der Gläubiger seine Berechtigung zur gerichtlichen Feststellung gebracht hat. Der Pfandgläubiger mußte zu diesem Zwecke die actio hypothecaria anstellen. Auch der Nachhypothekarier konnte die Klage anstellen. Dem Judikate mußte das an den Prozeßrichter zu stellende Exekutionsgesuch und der Zahlungsbefehl des Prozeßrichters folgen. Falls ein Hypothekengläubiger die Exekution betrieb, wurde nach dem Ablauf der Zahlungsfrist die öffentliche Versteigerung verfügt. Der persönliche Gläubiger und Generalhypothekar hatten, bevor das unbewegliche Vermögen angegriffen werden konnte, zuvor die Erfolglosigkeit der Mobiliarexekution dazuthun. Der persönliche Gläubiger mußte zunächst von dem Richter der belegenen Sache in das Grundstück immittirt werden. Vor der Versteigerung pflegte das Grundstück taxirt zu werden. Die Versteigerung wurde öffentlich (in forma patente) bekannt gemacht. Vielfach wurde mit dem Patente ein Aufgebot derjenigen verbunden, welche Rechte an der zu versteigernden

Sache in Anspruch nehmen wollten. Die Versteigerungsbedingungen wurden vom Gerichte nach Verhandlung mit den Interessenten festgesetzt und bekannt gemacht. Die Gerichtspersonen und der Schuldner sind vom Bieten ausgeschlossen, dagegen läßt man den betreibenden Gläubiger und andere Interessenten regelmäßig zu. Der Zuschlag pflegte nur auf ausdrücklichen Antrag des betreibenden Gläubigers und bei Angemessenheit des Gebotes ertheilt zu werden. Ein Recht auf denselben hatte der Meistbietende nicht. Der Zuschlag an den Gläubiger gegen die Taxe im Falle eines ungenügenden Gebotes blieb in Geltung. Auch das beneficium dationis in solutum hat sich, wenn auch nicht überall, erhalten.

Zum Erwerbe des Eigenthums für den Ersteher war die Uebergabe des erstandenen Grundstückes nicht erforderlich. Er erwarb dasselbe, vorausgesetzt daß der Schuldner des Verfahrens der Eigenthümer gewesen war, durch den Zuschlag, sobald Zahlung oder Kreditirung seines Gebotes hinzugekommen war. Die Quelle dieses Satzes ist die durch das Eindringen des fremden Rechts nicht erschütterte germanische Rechtsansicht, daß der Richter das Eigenthum dem Schuldner nimmt und dem Gläubiger oder Ersteher, letzterem unter der Bedingung der Zahlung seines Gebotes, zutheilt.

Die persönliche Forderung des betreibenden Gläubigers wurde soweit getilgt, als ihm der Erlös ausgezahlt oder die Forderung auf denselben bedungener Maaßen überwiesen wurde. Für den kredidirten Erwerbspreis pflegte das Grundstück verpfändet zu werden. Den Ueberschuß erhielten die etwaigen nachstehenden Pfandgläubiger und nach deren Befriedigung der Schuldner. Doch konnten persönliche Gläubiger des letzteren mittelst der Exekution in Forderungen aus demselben ihre Befriedigung suchen; dagegen fand ein Beitritt zur Immission nicht statt.

In manchen Rechtsgebieten war mit der Durchführung der Veräußerung die Subhastation beendet. In anderen schloß sich ein gerichtliches Vertheilungsverfahren an, welches vielfach den Charakter eines Partikularkonkurses annahm.

Abweichend vom römischen Rechte pflegte man die Klage der Berechtigten auf Zahlung des Zuschlagspreises anzuerkennen, wenn und insoweit ihnen derselbe gerichtlich überwiesen war. Außerdem wurde den Interessenten oder doch wenigstens dem betreibenden Gläubiger das Recht gegeben, die Resubhastation, eine zweite Zwangsversteigerung auf Gefahr und Kosten des säumigen Erstehers, zu beantragen.

Abweichend vom römischen Rechte konnten auch Nachhypothekarier, selbst wenn sie keine persönliche Forderung an den Pfandinhaber hatten, die Zwangsversteigerung beantragen, und zwar, wie der erste Pfandgläubiger, ohne vorgängige Immission. Nach einer weit verbreiteten Meinung wurden in einem solchen Falle durch die Subhastation die Forderungen der vorstehenden Gläubiger fällig. Sie mußten demzufolge unter allen Umständen sich die Baarzahlung ihrer Forderungen gefallen lassen und konnten ein Fortbestehen ihrer Hypothek nicht verlangen. Als gemeines Recht wird man aber diese Uebung, welche der Subhastation konkursivische Wirkungen leiht, nicht bezeichnen dürfen.

Einen weiteren Eingriff in die Rechte der vorstehenden Gläubiger enthielt der Brauch, daß bei einer Zwangsversteigerung auf Anstehen eines nachstehenden Gläubigers der Zuschlag für das Meistgebot, unbekümmert darum, ob dasselbe die Vorhypotheken deckte, mit der Wirkung ertheilt wurde, daß der Ersteher das Grundstück frei von Hypotheken erwarb. Aber auch dieser Brauch wurde nicht gemeines Recht. Vielmehr verblieb es dabei, daß der Ersteher entweder die Vorhypotheken ohne Anrechnung auf sein Gebot übernehmen oder doch so viel bieten mußte, daß damit die Vorhypothekarier abgefunden werden konnten. Diese Voraussetzungen waren vor Ertheilung des Zuschlages zu prüfen und in ihrer Ermangeluug der Zuschlag durch Urtheil zu versagen. Doch brauchten im Falle eines vorangegangenen Aufgebotes nur diejenigen Gläubiger berücksichtigt zu werden, welche sich gemeldet hatten; die ausgebliebenen Gläubiger hatten jedenfalls ihren Widerspruch gegen den Zuschlag, wenn auch noch nicht ihr Recht auf vorzugsweise Befriedigung aus dem Erlöse verloren. War diesem Grundsatze zuwider der Zuschlag ertheilt, so blieb zwar die Veräußerung in Kraft, aber das Pfandrecht des vorstehenden Gläubigers behielt, sofern es nicht nach den römischen Regeln über den Untergang des Pfandrechts durch ausdrückliche oder stillschweigende Zustimmung des Gläubigers zu dem Verkaufe erloschen war, seine Geltung und konnte gegen den Ersteher durch Anstellung der actio hypothecaria und Betrieb der Zwangsversteigerung geltend gemacht werden.

Was die rechtliche Konstruktion der gemeinrechtlichen Subhastation anbelangt, so war der älteren Theorie der richtige Weg einmal dadurch versperrt, daß man den Einfluß des germanischen Rechtes sowie den Umstand nicht genügend würdigte, daß von den römischen Instituten in erster Linie nicht der Privatverkauf des Pfandgläubigers, sondern die Veräußerung des pignus in causa iudicati captum heranzuziehen war. Im weiteren beging man auch hier den Fehler, daß man den Einfluß öffentlich-rechtlicher Gesichtspunkte nicht würdigte, und lediglich die privatrechtliche Schablone maßgebend sein lassen wollte. Wie man auf diesem Wege dazu gelangt war, die Expropriation als einen Zwangskaufvertrag mit dem Eigenthümer zu bezeichnen, eine Auffassung, die logisch lediglich eine contradictio in adjecto ist und thatsächlich der klaren Sachlage widerspricht, so glaubte man auch die Veräußerung bei der Zwangsversteigerung nur als einen privatrechtlichen Kaufvertrag auffassen zu können. An diesen Grundirrthum knüpfte sich dann darüber, wer denn diesen vermeintlichen Kaufvertrag als Verkäufer kontrahire, ein ganz unlöslicher Meinungsstreit, bei welchem sogar die Idee eines Kaufvertrages ohne Verkäufer aufgetaucht ist.

Uebrigens war auch schon in älterer Zeit die richtige Auffassung vertreten. Postius sagt in seiner Abhandlung de subhastatione: Iudex, dum suum officium impertitur creditori exequenti, actorem non repraesentat, sed partibus iudicem se exhibet. Die moderne gemeinrechtliche Jurisprudenz ist fast durchweg zu der richtigen Anschauung vorgedrungen.

Zunächst hat man bei der Expropriation erkannt, daß dieselbe aus der privatrechtlichen Theorie vom Kaufvertrage allein nicht erklärt und begriffen werden kann. Man nimmt hier jetzt allgemein publicistische Momente zu Hülfe und bestimmt dieselbe als eine Funktion der Staatsverwaltung, kraft welcher dieselbe Privatrechte zu Gunsten gemeinnütziger Unternehmungen gegen Entschädigung entzieht oder beschränkt.[1]) Wie nun die Enteignung als ein Akt der staatlichen Verwaltungshoheit erscheint, welcher den Zwecken der Staatsverwaltung dient, so ist die Zwangsversteigerung ein Ausfluß der Justizhoheit des Staates, bei dem es sich um die Durchführung der staatlichen Rechtspflege handelt. Völlig zutreffend sagt Stobbe:[2])

---

[1]) Literatur bei Randa in Grünhuts Zeitschrift 10 S 613

[2]) Deutsches Privatrecht II §. 92. Vgl. im Uebrigen u. a.: Siegmann, Sächs Hypothekenrecht S. 159, Römer, Württemberg. Unterpfandsrecht S. 205 bis 207, Exner, Oesterr. Hypothekenrecht I S. 234, II S. 347, Erdmann, Mag. f. Deutsch. Recht 2 S 308, Schneider, Archiv f. civ Prax. 66 S. 288 ff

„Die Subhastation ist kein Zwangsverkauf, und der Eigenthumserwerb erfolgt nicht auf Grund eines Vertrages. Weder verkauft der Eigenthümer oder Gläubiger das Grundstück, noch ergänzt oder ersetzt der Richter den Konsens dieser Personen als ihr Stellvertreter; vielmehr ordnet das Gericht auf Antrag des Gläubigers die Veräußerung an und thut nicht als Kontrahent, sondern aus staatlicher Autorität den Spruch, daß der Meistbietende Eigenthümer werden und die von ihm in dem Gebot abgegebenen Versprechungen erfüllen soll. Weder der Eigenthümer, noch der Gläubiger haften für Fehler, für Eviktion u. s. w., wie dies sonst der Verkäufer muß, vielmehr treten in dieser Beziehung gleiche Grundsätze wie bei der Expropriation ein. Auch bekommt weder der Eigenthümer, noch der Gläubiger den Kaufpreis, sondern es wird derselbe nur zur Befriedigung des letzteren verwendet."

§ 4. Aelteres preußisches Recht.

Während in den Ländern des gemeinen Rechts der Zwangsvollstreckung in das unbewegliche Vermögen durch das römische Hypothekenrecht große Schwierigkeiten bereitet wurden, kam dem preußischen Verfahren zu statten, daß schon frühzeitig eine durchgreifende Reform des Hypothekenwesens erreicht wurde. Auch nach preußischem Rechte kann die Befriedigung aus der Hypothek, sofern nicht der Privatverkauf besonders vereinbart ist, nur auf gerichtlichem Wege stattfinden. Die Zwangsvollstreckung in das unbewegliche Vermögen wurde im ersten Theile der A.G.O. näher geregelt. In materieller Beziehung gaben Vorschriften des A.L.R. die erforderliche Ergänzung. Im Ganzen verläuft dieselbe in gleicher Weise bei Hypotheken wie bei persönlichen Forderungen. Namentlich bedarf es in beiden Fällen eines Antrages an das Prozeßgericht erster Instanz, eines Exekutionsbefehles und des Ablaufes der darin angegebenen Frist. Ein wesentlicher Unterschied besteht auch nach preußischem Rechte darin, daß der dingliche Gläubiger sofort seine Befriedigung aus der Pfandsache suchen kann und, sofern er nicht zugleich persönlicher Gläubiger des Eigenthümers ist, ausschließlich aus dieser suchen muß; daß dagegen der blos persönliche Gläubiger vor der Exekution in

---

Strohal, Zur Lehre vom Eigenthum an Immobilien S. 111, und als neuesten Vertheidiger der Gegenansicht Rudolph im Archiv f. d. civil. Praxis 74 S. 184 ff. und in Jahrb. f. Dogm. 20 S. 311 ff.

das unbewegliche Vermögen alle Grade der Zwangsvollstreckung in das bewegliche Vermögen einschließlich der Forderungen vergeblich versucht haben muß. Das preußische Recht verlangte, daß in erster Linie versucht werde, die Befriedigung des Gläubigers aus dem Ertrage des Grundstückes herbeizuführen, sofern Aussicht war, auf diese Art die Forderung binnen Jahresfrist zu tilgen. Falls die Sequestration nicht zur Befriedigung führte, konnte, sofern nicht die Unveräußerlichkeit des Gutes oder die Beschränkung der Verhaftung auf die Einkünfte entgegenstanden, die nothwendige Subhastation des Grundstückes durch den Richter der belegenen Sache auf Ersuchen des Prozeßrichters vorgenommen werden.

Die Aufnahme einer Taxe war obligatorisch. Das Subhastationspatent mußte in einer näher festgesetzten Weise bekannt gemacht werden. Unter Beachtung bestimmter Fristen wurden drei Bietungstermine an der Gerichtsstelle anberaumt. Den eingetragenen Gläubigern sollte Nachricht von den Terminen gegeben werden. Nach einer späteren Vorschrift waren sie unter der Warnung zu laden, daß dem Meistbietenden der Zuschlag ertheilt und nach Zahlung des Gebotes die Löschung aller eingetragenen Forderungen erfolgen werde. Die dem Aufenthalte nach unbekannten eingetragenen Gläubiger wurden jetzt öffentlich geladen, auch ein Assistent bestimmt, welcher ihren Aufenthalt zu erforschen hatte. Unbekannte und unsichere Bieter wurden nur gegen Kaution zugelassen. Neben dem Gläubiger durfte auch der Schuldner bieten, wenn er genügende Sicherheit bestellte. Auch nach älterem preußischen Rechte gab das Meistgebot kein Recht auf den Zuschlag. Im Gegensatze zum gemeinen Rechte war zur Ertheilung des Zuschlages im Allgemeinen nicht erforderlich, daß das Gebot die dem Extrahenten vorgehenden Gläubiger deckte, oder daß der Ersteher die vorstehenden Forderungen übernahm. Ebensowenig kam es darauf an, daß ein dem wahren Werthe der Sache entsprechender Erlös erzielt wurde. Nur bei adligen Gütern mußten zwei Drittel der Taxe erreicht werden; sonst durfte der Zuschlag nicht anders als mit allseitiger Zustimmung ertheilt werden. Nach Schluß des Bietungsverfahrens wurden die Interessenten über die Ertheilung des Zuschlages gehört. Ein Widerspruch konnte sich insbesondere auch gegen die vom Extrahenten gemachten besonderen Bedingungen richten.

Das Gericht beschloß in geheimer Sitzung auf den Vortrag eines Referenten über die Ertheilung des Zuschlages. Das Urtheil wurde demnächst verkündet und, was durch die Ver. v. 5. Mai 1838 näher geregelt wurde, zugestellt.

Rechtsmittel waren zunächst nicht zulässig. Dagegen konnte die Veräußerung wegen Verabsäumung wesentlicher Förmlichkeiten im Wege der Klage angefochten werden. Später (Ver. v. 14. Dez. 1833, Deklaration vom 6. April 1839, Instruktion vom 7. April 1839 und Ges. v. 20. März 1854) wurde sämmtlichen Interessenten, auch dem Ersteher und einem übergangenen Bieter die Nichtigkeitsbeschwerde gegeben. Doch blieb es dabei, daß die Umschreibung des Grundstückes und die Löschung der Hypotheken sofort nach Ertheilung des Zuschlages erfolgen konnte. Der Ersteher erwirbt wie nach gemeinem Rechte das Eigenthum durch den Zuschlag. Die Uebergabe und Eintragung in's Hypothekenbuch, welche erst nach Berichtigung des Kaufgeldes erfolgt, und, abweichend vom gemeinen Rechte, auch die Zahlung des Kaufpreises sind für den Eigenthumsübergang ohne Bedeutung. Dagegen blieb Voraussetzung des Eigenthumserwerbes, daß der Subhastat Eigenthümer des Grundstückes war. Indeß konnte sich der Ersteher in dieser Beziehung durch das Aufgebot der unbekannten Realinteressenten sichern. Das Grundstück mit seinen Pertinenzien geht über, so wie es zur Versteigerung gestellt ist. Nutzungen und Gefahr gehen im Augenblick des Zuschlages über, ebenso alle der Eintragung in das Hypothekenbuch nicht bedürfende dingliche Rechte, soweit sie vor der Immission begründet waren. Alle Hypotheken gehen unter und sind im Hypothekenbuche zu löschen, gleichviel ob sie dem Extrahenten vorgehen oder nicht. Es ist das eine erhebliche Abweichung vom gemeinen Rechte, mit welcher die weitere Folge von selbst verbunden ist, daß die Hypothekenforderungen sämmtlich wenigstens insoweit fällig werden, daß sich die Gläubiger Baarzahlung gefallen lassen müssen. Ein Anspruch wegen Verletzung über die Hälfte steht dem Ankäufer nicht zu. Bezüglich der Gewährleistung soll der Verkauf einem Verkauf in Pausch und Bogen gleich geachtet werden. Die Gewährleistung wird aber, abweichend vom gemeinen Rechte, den Gläubigern auferlegt. Die Naturalübergabe an den Ersteher kann gerichtlich oder außergerichtlich erfolgen.

Den Kaufpreis hat der Ersteher baar zu zahlen und seit der Verkündung des Zuschlages zu verzinsen. Den Gläubigern steht, wenn die Zahlung unterbleibt, ebenso wie nach gemeinem Rechte sowohl Klage wie Resubhastation zu. Nach älterem preußischen Rechte war mit der

Sequestration und Subhastation eine gerichtliche Vertheilung des Ergebnisses unter die betheiligten Gläubiger nicht nothwendig verbunden. Es konnte aber, wenn der Werth des Grundstückes nicht unzweifelhaft allen Gläubigern genügte, jeder Interessent, auch der Schuldner und der Ersteher, ohne Rücksicht auf eine etwa schwebende Subhastation oder Sequestration die Eröffnung des Liquidationsprozesses über das Grundstück und dessen Kaufgelder bei dem Richter der belegenen Sache beantragen und so einen Spezialkonkurs über das Grundstück herbeiführen. An dem Verfahren konnten nur die Realgläubiger einschließlich derjenigen Theil nehmen, welche, ohne im Hypothekenbuch eingetragen zu sein, einen Titel zum Pfandrechte hatten. Personalgläubiger, welche nicht für den Fall des Konkurses den Hypothekariern vorgingen, konnten nur den etwaigen Rest wie eine andere Forderung ihres Schuldners mit Beschlag belegen lassen. Das Verfahren begann mit einer Ediktalcitation aller Realberechtigten zu einem Liquidationstermine unter Androhung des Ausschlusses mit ihren Ansprüchen an Grundstück und Kaufgeld. Bekannte, insbesondere aus dem Hypothekenbuch ersichtliche, Realgläubiger wurden besonders geladen. Der Beginn des Verfahrens bewirkt, ohne dem Schuldner die Administration und Bewirthschaftung des Grundstücks zu entziehen, „einen Beschlag auf das Grundstück oder dessen Kaufgeld, kraft dessen weder der Schuldner eigenmächtig darüber verfügen, noch ein Gläubiger zum Nachtheile der übrigen, bis zum Austrage der Sache, ein mehreres oder besseres Recht daran erlangen kann, als er vorhin schon gehabt hat.“ Sofern die Masse nicht offenbar für alle Interessenten hinreichte, waren für das weitere Verfahren in formeller und materieller Beziehung die Grundsätze des Konkurses maßgebend. Dem Gemeinschuldner wurde dabei die Rolle des Verwalters zugewiesen. Es mußten die einzelnen Liquidate nach Bestand und Vorrecht erörtert werden und es war durch ein Präklusions- und Prioritätsurtheil die Grundlage für die Vertheilung zu schaffen. Die für die Vertheilung der Immobiliarmasse im Konkurse geltenden Grundsätze wurden im Wesentlichen unverändert zur Anwendung gebracht.

Die A.G.O. (§ 63 I, 52) nennt im Anschlusse an die ältere gemeinrechtliche Vorstellung das durch die Subhastation zu Stande gekommene Geschäft einen Kontrakt. In Uebereinstimmung damit herrschte in Theorie und Praxis die Meinung, daß es sich bei der

Zwangsversteigerung um einen gewöhnlichen Kaufvertrag im Sinne des Privatrechtes handle. Es ist das Verdienst Dernburgs, zuerst die Unrichtigkeit dieser Anschauung für das preußische Recht nachgewiesen zu haben. Es ist heute in der Rechtswissenschaft allgemein anerkannt nicht nur, daß es fehlerhaft ist, wenn ein Gesetz sich über die rechtliche Konstruktion der von ihm geordneten Institute ausspricht, sondern auch, daß derartige gesetzliche Konstruktionen mit logischer Nothwendigkeit verbindliche Kraft nicht haben können, wenn sie mit den aus den Normen des Gesetzes herzuleitenden Begriffsbildungen in Widerspruch gerathen.[1]) Es kann sich also nur um die Frage handeln, ob das preußische Recht irgendwo bestimmt hat, daß thatsächlich bei der Zwangsversteigerung durch Angebot und Annahme ein privatrechtlicher Vertrag geschlossen werde. Der allgemeine Satz des § 340 I, 11 A.L R.: „Auch bei gerichtlichen Verkäufen finden die allgemeinen Grundsatze von Kaufsgeschäften überhaupt Anwendung" ist für die Zwangsversteigerung durch die darauf folgenden Bestimmungen, insbesondere durch § 341: „Die Abweichungen von diesen Regeln bei gerichtlichen nothwendigen Verkäufen sind in der Prozeßordnung bestimmt," in bedeutsamer Weise eingeschränkt, und es muß daher auf die Spezialbestimmungen zurückgegangen werden. Allerdings verlangte nun die A.G.O. (§§ 41 ff. I, 52) eine Vernehmung der in dem Versteigerungstermine erschienenen Interessenten darüber, ob sie in den Zuschlag für das Meistgebot willigen. Aber sie sieht von einer solchen Vernehmung ab, wenn kein Interessent erschienen ist, und sie macht auch die Ertheilung des Zuschlages nicht davon abhängig, daß die erschienenen Interessenten einwilligen, und läßt unter Umständen die Versagung des Zuschlages trotz allseitiger Einwilligung zu. Da die Einwilligung des Interessenten somit kein nothwendiges Erforderniß bei der Zwangsversteigerung ist, vielmehr das Gesetz ausdrücklich bestimmt, daß durch richterlichen Zuschlag und nicht durch die Erklärung der Interessenten die rechtlichen Wirkungen der Zwangsversteigerung herbeigeführt werden (§ 342 I, 11 A.L.R.), so steht es mit dem Gesetze in Widerspruch, wenn man jene Erklarung der Interessenten als ein Verkaufsaccept und den ganzen Vorgang als einen Vertrag auffaßt. Daß das Gesetz endlich der Zwangsversteigerung, allerdings mit erheblichen Einschränkungen, die rechtlichen Wirkungen eines Kaufvertrages beilegt, kann den Richterakt nicht zu einem Privatvertrag

---

[1]) Fischer, preußisches Privatrecht S. 27.

machen. Sonst müßte man auch die in § 779 C.P.O. genannten richterlichen Urtheile Privatrechtsgeschäfte der Parteien nennen. Schon nach dem älteren preußischen Rechte muß daher ebenfalls davon ausgegangen werden, daß bei jeder Zwangsversteigerung der Richter in Ausübung seiner Amtsgewalt den Gegenstand veräußert, und zwar nicht durch Vertrag, sondern durch eine einseitige staatsrechtliche Handlung.

§ 5. Neueres preußisches Recht.

Einschneidende Aenderungen dieses älteren preußischen Subhastationsrechtes brachten zunächst die beiden Verordnungen v. 4. März 1834 über die Exekution in Civilsachen und über den Subhastations- und Kaufgelderliquidations-Prozeß. Die im Zahlungsbefehle festzusetzende Frist wurde für den Fall der Subhastation auf vier Wochen normirt. Die Beobachtung der Exekutionsgrade wurde beseitigt. Namentlich brauchte die Sequestration der Subhastation nicht mehr vorauszugehen. Doch konnte der Schuldner innerhalb der im Subhastationsmandat gegebenen Frist die Subhastation durch den Nachweis abwenden, daß die Einkünfte des Grundstückes zur Tilgung der Forderung binnen Jahresfrist hinreichend seien. Von den immittirten Gläubigern wurden diejenigen nachgesetzt, deren Forderungen erst nach der Beschlagnahme entstanden waren. Mit der Einleitung der Subhastation wurde von Amtswegen in das Hypothekenbuch eingetragen, daß die Subhastation verfügt und spätere Dispositionen den bis dahin eingetragenen Gläubigern unnachtheilig seien. Die beiden vorläufigen Bietungstermine wurden beseitigt, das Subhastationspatent, die Bekanntmachung, der Bietungsschluß und die Fortsetzung des Bietungsverfahrens, die Kautionspflicht der Bieter, das Aufgebot und die Präklusion der Realprätendenten bei unregulirtem Hypothekenbuche, sowie die Verhandlung über die Ertheilung des Zuschlages neu geregelt. Nach der Verkündung des Zuschlages war nunmehr in jedem Falle von Amtswegen die Belegung und Vertheilung der Kaufgelder zu bewirken.

Es wurden zu dem Termine sämmtliche Interessenten, der Ersteher zur Erlegung des Kaufgeldes, geladen. Der durch den Kalkulator vorgearbeitete Theilungsplan war, wenn kein Hinderniß vorlag, sofort auszuführen, während streitige oder nicht abgehobene Posten als Spezialmassen hinterlegt wurden. Am Schlusse wurde die Besitztitelberichtigung, die Löschung des Subhastationsvermerks und der nicht übernommenen Hypotheken, sowie die Eintragung eines etwaigen Kaufgelderrückstandes veranlaßt. Wurden die Kaufgelder nicht rechtzeitig gezahlt, so trat sofortige Exekution ein. Ueber streitige Posten wurde in Spezialprozessen entschieden. Bezüglich der Posten, für welche ein legitimirter Empfänger nicht erschien, richtete die Ver. v. 21. Okt. 1838 ein Ermittelungsverfahren ein, welchem nöthigenfalls das Aufgebot durch einen Kurator sich anschloß.

Die Vertheilung der Revenuen bei der Sequestration wurde neu geordnet. Die Ver. v. 2. Dez. 1837 vereinfachte die Formen der Subhastation bei Grundstücken von geringerem Werthe.

Die Ver. v. 28. Dez. 1840 befreite die dinglichen Gläubiger als solche von der Einlassung in einen Konkurs oder in ein erbschaftliches Liquidationsverfahren. Sie konnten ihre Forderungen gegen den Kurator und den Benefizialerben einklagen und gegen letzteren auch die Exekution nachsuchen. Zur Beantragung der Subhastation waren sie nach der Konkurseröffnung allerdings nicht befugt. Dagegen lag dem Verwalter nach wie vor ob, die Subhastation in jedem Falle unverzüglich zu betreiben. Die Ver. v. 11. Mai 1839 gab besondere Bestimmungen für die nothwendige Subhastation eines Lehngutes im landrechtlichen Pommern. Die Ver. v. 10. April 1841 regelte die nothwendige Subhastation von Realberechtigungen für die Provinz Westfalen und die damaligen rheinischen Kreise Rees und Duisburg.

Durch die Konkursordnung vom 8. Mai 1855 wurde der Konkurs nach dem Muster der französischen Gesetzgebung neu geregelt. Bei dem engen Zusammenhang, in dem der Konkurs und die Immobiliarexekution bisher gestanden hatten, mußte dieses Gesetzeswerk auf die Zwangsverwaltung und Zwangsversteigerung in und außerhalb des Konkurses einen erheblichen Einfluß ausüben.

Allen durch die Befriedigung einer vorgehenden Forderung benachtheiligten Interessenten wurde ein den bezüglichen Bestimmungen des Konkursrechtes nachgebildetes Anfechtungsrecht gegeben. Gleichzeitig wurde im Anschlusse an den bisherigen Rechtszustand das Kaufgelder-Belegungs- und Vertheilungsverfahren nebst dem Aufgebot der Spezialmassen neu kodificirt. Im übrigen erlitt, von einigen im Einführungsgesetz für Schiffssubhastationen gegebenen Bestimmungen abgesehen, das formelle Subhastationsrecht noch die Aenderung, daß in allen Fällen eine Ediktalcitation der unbekannten Realgläubiger stattzufinden hatte.

Durch die verschiedenen hier skizzirten Aenderungen und Neuerungen waren die Bestimmungen des preußischen Rechtes über die behandelte Materie sehr unübersichtlich geworden.

Man entschloß sich nun zu einer besonderen Kodifikation der Subhastation, welche als Subhastationsordnung vom 15. März 1869 am 1. Mai 1869 in Kraft trat.

Das Gesetz behandelt lediglich die nothwendige Subhastation; es hat damit einerseits die freiwillige Subhastation und andererseits die sonstigen Zwangsmaßregeln in das unbewegliche Vermögen unverändert gelassen. Es will auch nur das Verfahren, nicht die materiellen Grundsätze ordnen. Ein Eingreifen in materielle Verhältnisse ließ sich freilich nicht ganz vermeiden. Im Großen und Ganzen erscheint die Subhastationsordnung als eine Kodifikation des bisherigen Rechtes. Die Gegenstände und Voraussetzungen der nothwendigen Subhastation, die Eintheilung des Verfahrens in das Veräußerungs- und Vertheilungsverfahren, denen sich schließlich nöthigenfalls das Aufgebot der Spezialmassen anschließt, blieben unverändert.

Die Leitung des Verfahrens wurde einem besonderen Einzelrichter, dem Subhastationsrichter, übertragen, und seine Thätigkeit gegenüber derjenigen des Prozeßgerichtes scharf abgegrenzt. Das Zuschlagsurtheil hatte aber im Streitfalle das Prozeßgericht zu fällen, welchem der Subhastationsrichter angehört. Als Rechtsmittel gegen das Urtheil über den Zuschlag wurde jetzt die Beschwerde an das Appellationsgericht eingeführt. Dem richterlichen Ermessen war ein grosserer Spielraum, den Parteien eine stärkere Mitwirkung zugewiesen. Die Fristen wurden verkürzt, die Ladungsvorschriften vereinfacht, der Bietungstermin konnte nach richterlichem Ermessen an Ort und Stelle gehalten werden. Das Bietungsverfahren durfte, wenn nicht mehr geboten wurde, nach einer Stunde geschlossen werden. Das Subhastationsmandat, die Nothwendigkeit einer vorgängigen Sequestration und die Aufnahme einer Taxe wurden schlechthin beseitigt. Die Wirkung der Subhastationseinleitung wurde zum ersten Male bestimmt bezeichnet als eine Beschlagnahme des Grundstückes zu Gunsten der Realgläubiger und der Gläubiger, welche die Subhastation beantragt haben oder ihr beigetreten sind.

Die Art der Befriedigung der Personalgläubiger aus dem Reste, der nach Befriedigung der Realgläubiger gemäß den Grundsätzen der Konkursordnung verblieb, wurde neugeordnet. In erster Linie kommen die persönlichen Gläubiger, welche die Subhastation beantragt haben oder dem Antrage beigetreten sind, und die Realgläubiger, deren Forderungen nach der Einleitung entstanden sind, und zwar nach der Reihenfolge der Einleitung, der Zulassung des Beitrittes bezw. der Eintragung im Hypothekenbuche. In zweiter Linie werden die Realgläubiger wegen ihrer am Orte des Kapitals nicht anzusetzenden Rückstände, und die Gläubiger, welche das Kaufgeld mit Beschlag gelegt haben, befriedigt. Den Rang bestimmen die Grundsätze der Konkursordnung. Erst in letzter Linie kommen die Forderungen, welche im Konkurse nicht geltend gemacht werden können.

Gleichzeitig brachte das Gesetz vom 12. März 1869, betreffend die Abänderung einiger Bestimmungen der Konkursordnung, eine auch bei der Subhastation außerhalb des Konkurses anzuwendende Bestimmung über die Korrealhypothek.

Von bedeutendem Einflusse war im Weiteren die neue preußische Grundbuchgesetzgebung, nämlich das zunächst für das landrechtliche Gebiet außerhalb der Provinz Hannover erlassene Gesetz über den Eigenthumserwerb und die dingliche Belastung der Grundstücke, Bergwerke und selbständigen Gerechtigkeiten vom 5. Mai 1872 mit der für denselben Geltungsbereich bestimmten Grundbuchordnung vom selben Tage. Das Gesetz regelte namentlich auch die hypothekarische Klage, die gegen dieselbe zuzulassenden Einreden und die zur Vollstreckung derselben zulässigen Maßregeln. Bezüglich der Wirkung der Zwangsversteigerung, welche nach wie vor jeder Gläubiger ohne Rücksicht auf vorstehende Gläubiger betreiben konnte, blieb es dabei, daß durch dieselbe alle Hypotheken und Grundschulden untergehen.

Die neue Grundbuchgesetzgebung wurde im Laufe des Jahres 1873 durch besondere Einführungsgesetze auf das übrige Staatsgebiet, mit Ausnahme der ehemals nassauischen, großherzoglich bez. landgräflich hessischen, frankfurtischen und lauenburgischen Gebietstheile und des Geltungsbereiches des französischen Rechtes, ausgedehnt.

Auch die neueren Gesetze enthalten nichts, was zu einer Aenderung der für das ältere Recht gefundenen Auffassung von der rechtlichen Natur der Zwangsversteigerung führen könnte. Insbesondere sagt die Subhastationsordnung von 1869 nirgends, daß zur Durchführung der Zwangsversteigerung ein Kaufvertrag abgeschlossen werden müsse, und daß irgend einer der Interessenten als Verkäufer zu offeriren oder zu acceptiren habe. Die Vernehmung der Interessenten beschränkt sich auf die im Versteigerungstermine Erschienenen. Sie ist weder unumgängliche Voraussetzung des Zuschlagsurtheiles, noch vermag sie dasselbe zu ersetzen. Jedenfalls hat sie nur die Bedeutung einer prozessualischen Erklärung und nicht die Kraft und Wirkung einer privatrechtlichen Verkaufsacceptation.

§ 6. Einwirkung der Reichsjustizgesetze. — Entstehungsgeschichte des Gesetzes vom 13. Juli 1883.

Mit dem 1. Oktober 1879 traten für die gesammte ordentliche streitige Civilgerichtsbarkeit die Reichsjustizgesetze ins Leben. Die Zwangsvollstreckung bildet einen Theil des Civilprozeßrechtes. Eine Kodifikation des letzteren hat daher grundsatzlich die Aufgabe, auch die Zwangsvollstreckung in das unbewegliche Vermögen erschöpfend zu ordnen. Gleichwohl hat die C.P.O. das Detail auf dem gesammten Gebiete der Zwangsvollstreckung in das unbewegliche Vermögen wegen ihres Zusammenhanges mit dem Eigenthums- und Hypothekenrechte den Landesgesetzen überlassen.

Indessen finden sich in der C.P.O. einige Bestimmungen über die Zwangsvollstreckung in das unbewegliche Vermögen. Das erste Buch „Zwangsvollstreckung" behandelt im zweiten Abschnitte nach den „Allgemeinen Bestimmungen", welche den ersten Abschnitt bilden, die Zwangsvollstreckung wegen Geldforderungen. Der zweite Titel dieses zweiten Abschnittes trägt die Ueberschrift „Zwangsvollstreckung in das unbewegliche Vermögen".

Die Spezialbestimmungen dieses nur 3 Paragraphen umfassenden Titels beschranken sich auf drei Punkte:

1) Regelung der Zustandigkeit des Vollstreckungsgerichtes bezüglich der Grundstucke (§ 755 Abs. 1, § 756);
2) Loslösung der Zwangsvollstreckung vom Prozeßgerichte durch die Bestimmung, daß dieselbe vom Vollstreckungsgerichte auf Antrag angeordnet wird (§ 755 Abs. 2);
3) Anschluß der in dem Verfahren entstehenden besonderen Prozesse, insbesondere der Vertheilungsstreitigkeiten an die Bestimmungen der C.P.O. (§ 757 Abs. 3).

Diesen Bestimmungen schließt sich dann (§ 757 Abs. 1 u. 2) die Verweisung auf die Landesgesetzgebung in folgender Form an:

„Die Zwangsvollstreckung in das unbewegliche Vermögen einschließlich des mit derselben verbundenen Aufgebots- und Vertheilungsverfahrens bestimmt sich nach den Landesgesetzen.

Nach den Landesgesetzen bestimmt sich insbesondere auch, welche Sachen und Rechte in Ansehung der Zwangsvollstreckung zum unbeweglichen Vermögen gehören, inwiefern der Gläubiger berechtigt ist, seine Forderung in das Hypothekenbuch eintragen zu lassen, und wie die Eintragung zu bewirken ist."

Für die Arrestvollziehung fügt § 811 hinzu: „Die Vollziehung des Arrestes in unbewegliches Vermögen bestimmt sich nach den Landesgesetzen."

Für den Fall des Konkurses kommen daneben die Grundsätze der Konkursordnung in Betracht. Sie hat (§§ 3, 39) dem Grundsatze allgemeine Geltung gegeben, daß die in Ansehung der Zwangsvollstreckung zum unbeweglichen Vermögen gehörenden Gegenstände zur abgesonderten Befriedigung derjenigen Gläubiger dienen, welche mit einem Spezialvorzugsrechte versehen sind. Sie verordnet, daß diese abgesonderte Befriedigung unabhängig vom engeren Konkursverfahren erfolgt, und daß der Umfang der Immobiliarmasse, sowie der Umfang und die Rangordnung der aus derselben zu berichtigenden Ansprüche anderweit durch Reichsgesetze und Landesgesetze bestimmt werden. Dem Verwalter ist die Befugniß, aber nicht die Pflicht beigelegt, die Zwangsverwaltung und die Zwangsversteigerung der zur Masse gehörigen unbeweglichen Gegenstände bei der zuständigen Behörde zu betreiben (§ 116).

Zunächst suchte nun das preußische Gesetz, betreffend die Zwangsvollstreckung in das unbewegliche Vermögen vom 4. März 1879, für das gesammte preußische Staatsgebiet die geltenden Bestimmungen mit den Reichsjustizgesetzen vorläufig in nothdürftige Uebereinstimmung zu bringen.

Aber schon vor Erlassung dieses Gesetzes war im Jahre 1878 der Entwurf eines definitiven und umfassenden Gesetzes betreffend die Zwangsvollstreckung in das unbewegliche Vermögen erschienen. Umarbeitungen folgten 1880 und 1881. Neben den Zwangshandlungen, welche dem persönlichen oder dinglichen Gläubiger einer Geldforderung Befriedigung aus dem unbeweglichen Vermögen verschaffen sollen, regelten diese Gesetzentwürfe auch die Vollziehung des Arrestes und, wenigstens unter Umständen, auch die Vollziehung einstweiliger Verfügungen in das unbewegliche Vermögen. Sie behandelten ferner die Zwangsversteigerung und Zwangsverwaltung auf Antrag des Benefizialerben oder Nachlaßpflegers, auf Betreiben des Konkursverwalters, die Zwangsversteigerung zum Zwecke der Auseinandersetzung von Miteigenthümern und zur Erzwingung der Wiederherstellung eines baufälligen Gebäudes, sowie die Zwangsversteigerung eines Bergwerkes aus gewissen bergrechtlichen Gründen.

Die Entwürfe, welchen Motive mit allgemeiner und besonderer Begründung beigegeben waren, schlossen sich, besonders in formeller Beziehung, dem altpreußischen Rechte eng an. Aber sie adoptirten abweichend von demselben für die Zwangsversteigerung die beiden Grundsätze, daß ein Zuschlag nur bei Deckung der Vorhypotheken stattfindet, und daß die Vorhypotheken nicht ohne Weiteres durch die Subhastation fällig werden. Zur Ausführung des erstgedachten Grundsatzes wählte man den Weg, daß der Richter vor Beginn der Versteigerung ein geringstes Gebot festsetzt, welches für alle vorgehenden Realansprüche und für die Kosten des Verfahrens Deckung gewährt. Dagegen verblieb man im Gegensatz zum gemeinen Rechte bei dem preußischen Grundsatze, daß der Ersteher das Grundstück frei von den nicht ausdrücklich übernommenen, der Eintragung bedürfenden Rechten erwirbt. Dieser Grundsatz und die den Realgläubigern auferlegte Pflicht, Zinsen und Kosten anzumelden, machte auch, dem Grundsatze, die vorgehenden Gläubiger gänzlich unberührt zu lassen, entgegen, die Zuziehung derselben als Interessenten des Verfahrens erforderlich. Der Entwurf brachte also eine modifizirte Anerkennung des gemeinrechtlichen Prinzipes. Ueber den Entwurf wurden zunächst Gutachten aus Fachkreisen eingeholt.

Nach nochmaliger Durcharbeitung, welche jedoch erhebliche Aenderungen nicht brachte, ging der Entwurf mit Motiven am 14. November 1882 dem Herrenhause zur Beschlußfassung zu. Er wurde während der parlamentarischen Behandlung von dem Geh. Ober-Justizrath Kurlbaum II und dem Geh. Justizrath Dr. Eccius als Regierungskommissarien vertreten. Beide hatten an den Vorarbeiten einen hervorragenden Antheil gehabt.

Das Herrenhaus verwies den Entwurf an eine besondere Kommission. Die wichtigsten Neuerungen der Kommission sind die Klage wegen Uebermaßes einer durch die Zwangshypothek erlangten Sicherheit und die Beschränkung der Zwangshypothek bei Urkunden und Vergleichen, sowie die besondere Berücksichtigung der Kreditinstitute. Die einzige Aenderung, welche der Entwurf im Plenum erfuhr, bestand darin, daß dem einer Korrealhypothek nachstehenden Gläubiger ein besonderes ius offerendi gegeben ist.

Die erste Berathung des Abgeordnetenhauses am 6. Februar 1883 endete ebenfalls mit der Verweisung des Entwurfs an eine besondere Kommission. Ihre Aenderungen sind ohne grundsätzliche Bedeutung. Im Plenum gelangte der Entwurf, abgesehen von redaktionellen Aenderungen in der Fassung der Kommission mit drei Modifikationen zur Annahme: Es wurde nämlich die Eintragung von Zwangshypotheken statt bloßer Vormerkungen für die civilprozessualischen gerichtlichen Vergleiche wieder hergestellt, es wurde ferner das ius offerendi gegenüber Korrealhypotheken auf alle nachstehenden Gläubiger ausgedehnt, und es wurde endlich der Einführungstermin hinausgeschoben. Das Herrenhaus hat dann das Gesetz in der vom Abgeordnetenhause beschlossenen Fassung angenommen.

Die Königliche Unterschrift erhielt das Gesetz am 13. Juli 1883.

Unter dem 20. Februar 1883 war dem Abgeordnetenhause auch der Entwurf eines Gesetzes, betreffend die Gerichtskosten bei Zwangsversteigerungen und Zwangsverwaltungen von Gegenständen des unbeweglichen Vermögens, zugegangen. Die Gebühren für Zwangsversteigerungen wurden von dem Abgeordnetenhause erheblich herabgesetzt und die Tarifirung mehr den Grundsätzen des deutschen Gerichtskostengesetzes angepaßt. Das Herrenhaus schloß sich am 8. Juni 1883 an. Datirt ist das Gesetz vom 18. Juli 1883. Beide Gesetze wurden in dem am 23. August 1883 in Berlin ausgegebenen Stück Nr. 24 der Gesetzsammlung auf den Seiten 131 bis 193 publizirt.

Die einzige gesetzliche Aenderung, welche inzwischen für das Gesammtgebiet dieser Gesetze erfolgt ist, betrifft den Einfluß von Vorrechtseinräumungen auf das geringste Gebot (Gesetz vom 30. Mai 1893).

Unter den ergangenen ministeriellen Ausführungsbestimmungen ist die umfangreiche Allgemeine Verfügung vom 7. März 1892, betreffend die Geschäftsführung der Verwalter im Verfahren der Zwangsverwaltung und die denselben zu gewährende Vergütung, hervorzuheben.

Ferner hat das Gesetz vom 12. April 1888 (Gesetzeskraft vom 1. Januar 1889) mit der preußischen Grundbuchgesetzgebung auch die Gesetzgebung betreffend die Zwangsvollstreckung in das unbewegliche Vermögen in das Gebiet des rheinisch-französischen Rechtes mit einzelnen Ergänzungen und Abänderungen und der besonderen Maßgabe eingeführt, daß sie für die einzelnen Grundstücke erst nach Anlegung des Grundbuches in Kraft tritt. In die übrigen Theile der Monarchie hat sie bisher nicht Eingang gefunden, ebensowenig in die Fürstenthümer Waldeck und Pyrmont, in denen noch das preußische Gesetz vom 4. März 1879 in Geltung ist. Dagegen ist sie mit gewissen Modifikationen in den deutschen Konsularbezirken und Schutzgebieten anwendbar.[1])

Außerdem hat die neueste preußische Subhastationsgesetzgebung als Vorbild gedient nicht nur für das Königlich Sächsische Gesetz, betreffend die Zwangsversteigerung und Zwangsverwaltung unbeweglicher Sachen vom 15. August 1884, und das Bayerische Gesetz, Aenderungen der Bestimmungen über die Zwangsvollstreckung in das unbewegliche Vermögen wegen Geldforderungen betreffend, vom 29. Mai 1886, sondern auch für den im Jahre 1889 veröffentlichten Entwurf eines Reichsgesetzes, betreffend die Zwangsvollstreckung in das unbewegliche Vermögen, welcher dazu bestimmt ist, für die Zeit nach Inkrafttreten des bürgerlichen Gesetzbuches diese Materie einheitlich für das ganze Reich zu ordnen. Auf diesen Entwurf wird im Folgenden vergleichende Rücksicht genommen.

§ 7. Rechtliche Natur der Zwangsversteigerung.

Ueber die rechtliche Natur der Zwangsversteigerung hat sich das Gesetz selbst mit vollem Rechte nicht geäußert.

Dagegen haben die Verfasser der Motive an verschiedenen Stellen ihre Auffassung entwickelt. Die Zwangsversteigerung ist ihnen wie den Anhängern der älteren gemeinrechtlichen Theorie stets ein Pfandverkauf; zwischen den Interessenten des Verfahrens

---

[1]) Vgl im Allg. §§ 3, 14 R.G. v. 10. Juli 1879, §§ 2, 3 Z. 5 R G. v. 16. April 1886, §§ 2, 3 Z. 10 R G v 15. März 1888, speziell für Kamerun und Togo §§ 9, 10 d. V v 2. Juli 1888, § 7 der Dienstanweisung v. 7. Juli 1888, für Südwestafrika §§ 8, 9 d V. v 10 August 1890 und § 7 d. Dienstanw. v. 27. August 1890, für Ostafrika §§ 9, 10 d. V. v. 1. Januar 1891 und § 7 d. Dienstanw. v 12. Januar 1891, für das Schutzgebiet der Neu-Guinea-Kompagnie (einschließlich der Salomons-Inseln) §§ 7, 8 d. V. v. 5 Juni 1886, § 2 d. V v. 13 Juli 1888, Nr. VIII, XII d. Dienstanw v 1 November 1886, Nr VIII d. Dienstanw. v. 3. August 1888 für die Marschalls-, Brown- und Providence-Inseln und Pleasant Island §§ 7, 8 d. V. v. 13 September 1886, § 2 d. V. v. 7. Febr. 1890, Nr. VIII, XII d. Dienstanw. v. 2. Dezember 1886, Nr. VIII d. Dienstanw. v. 10. März 1890.

als Verkäufern und dem Ersteher als Käufer kommt danach in dem Versteigerungsverfahren ein Kaufvertrag zu Stande, dessen Perfektion mit dem Schlusse des Versteigerungstermines eintritt.

In Uebereinstimmung damit wird bei der Erörterung von der Bedeutung des Schlusses des Versteigerungstermines nicht nur von dem „Zustandekommen des Vertrages", dem „Abschluß des Veräußerungsvertrages", dem „abgeschlossenen Kaufvertrage" gesprochen, sondern ausdrücklich hervorgehoben, daß mit der Feststellung des Meistgebotes und der darauf abgegebenen oder versäumten Erklärung der Interessenten Alles gegeben sei, wonach das Zustandekommen des Vertrages beurtheilt werden müsse, und daß nachher nur noch zu beurtheilen bleibe, ob der Vertrag zu Stande gekommen sei.

Es ist begreiflich, daß eine große Anzahl von Kommentatoren und anderen Schriftstellern sich der Auffassung der Motive angeschlossen hat. In den Einzelheiten zeigen sich freilich die erheblichsten Unterschiede, namentlich hinsichtlich der räthselhaften Person des Verkäufers. So sagt Kurlbaum (n. G. S. 7.) „der Erfolg der Zwangsversteigerung werde durch ein als Verkauf zu charakterisirendes Rechtsgeschäft erreicht." Bezüglich der Frage, wer der Verkäufer sei, beschränkt sich Kurlbaum auf den negativen Ausspruch, daß die nicht betreibenden Gläubiger wohl nicht zu den Verkäufern gehörten. Küntzel (Gruchot 28 S. 285) meint unter irrthümlicher Heranziehung des nicht von der Zwangsversteigerung handelnden § 362 I, 11 A L R., daß es sich um den durch den Richter vermittelten Abschluß eines Kaufvertrages handle, wobei die Frage, wer der Verkäufer sei, unerheblich erscheine. Jäckel (zu § 72) hält, allerdings ausdrücklich nur für das landrechtliche Gebiet, dieselbe Auffassung fest, weil das A.L.R. das vom Ersteher einzugehende Geschäft als Kaufvertrag auffasse. Verkäufer seien alle Privatinteressenten einschließlich des Schuldners. Der Kaufvertrag komme dadurch zu Stande, daß diese Interessenten das Meistgebot annehmen und zwar „ausdrücklich oder stillschweigend zu Folge gesetzlicher Präsumtion". Während die Vorgenannten in jedem Falle einen Kaufvertrag anzunehmen scheinen, haben andere Vertreter der Vertragstheorie die Konzession gemacht, daß kein Kaufvertrag vorliege, wenn der Eigenthümer der Ersteher sei (Rudorff zu § 52, Knorr vor § 39, H. Rassow in Gruchot 35 S. 358 ff.) oder auch wenn dem betreibenden Gläubiger der Zuschlag ertheilt werde (Rudorff und Rassow). Ueber die Person des

Verkäufers ist aber auch diese Gruppe nicht einig, indem Rudorff (ebenso wie Heidenfeld S. 5) den betreibenden Gläubiger als Verkäufer bezeichnet, während Knorr meint, daß thatsächlich der Richter verkaufe, rechtlich aber der Schuldner als Verkäufer wider Willen zu betrachten sei, und endlich Rassow außer den thatsächlich bei Feststellung der Kaufbedingungen mitwirkenden Interessenten auch noch diejenigen Interessenten als Verkäufer bezeichnet, welche durch die Zwangsversteigerung eine Aenderung ihrer Rechtsstellung erleiden, und zwar auch dann, wenn sie an dem Verfahren gar keinen Antheil genommen und von demselben gar keine Kenntniß gehabt haben.

Eccius, früher einer der entschiedensten Vertreter der Vertragstheorie, hat dieselbe in der neuesten Auflage seines preußischen Privatrechtes (Anm. 43 zu § 130) aufgegeben. Er sagt jetzt: „Die Bezeichnung des Herganges bei der Zwangsversteigerung als eines Kaufkontraktes muß aufgegeben werden, der Hergang bei der Zwangsversteigerung ist nicht der eines Privatrechtsgeschäftes; insbesondere liegt hier ebensowenig, wie bei dem Abschluß des Zwangsvergleiches, wo ein gerichtlich bestätigter Vergleich geschlossen ist, ein gerichtlich bestätigtes Rechtsgeschäft zwischen dem betreibenden Theile, den anderen Versteigerungsinteressenten und dem Bieter vor." Ein Einfluß der früheren Anschauung ist aber noch insofern zu bemerken, als aus dem Umstande, daß der betreibende Gläubiger bis zum Schlusse des Versteigerungstermines durch Rücknahme des Antrages den Zuschlag trotz der Abgabe eines zulässigen Gebotes verhindern kann, die Folgerung gezogen wird, daß der Zuschlag eine Willenseinigung über den Verkauf zur Voraussetzung habe. Es scheint aber, als wenn Eccius auf diese vermeintliche Willenseinigung ein besonderes Gewicht nicht mehr legen will Denn er sagt selbst: „Die Willenseinigung hat keinen selbständig privatrechtlich erheblichen, keinen rechtsgeschäftlichen Charakter."

Eine Verständigung über die vorliegende Frage ist dadurch erschwert, daß ein Theil der Streitenden den allgemein wissenschaftlichen, logisch nothwendigen und daher auch für den Juristen schlechthin maßgebenden Satz nicht anerkennt, daß alles Denken nur auf Erkenntniß des Wirklichen gerichtet sein kann, und daß daher die Fiktion lediglich eine wissenschaftliche Selbsttäuschung ist, welche in der Rechtslehre so wenig als in irgend einer anderen Wissenschaft als zulässige Gedankenoperation anerkannt werden darf.

Wer sich zu diesem Satz, der hier natürlich als feststehend zu betrachten ist,[1]) bekennt, wird sich mit denjenigen Schriftstellern, welche nur einen fingirten oder präsumirten Kaufvertrag oder Verkäufer behaupten, in einen ernstlichen Streit nicht einlassen, vielmehr darin das Zugeständniß sehen, daß in Wirklichkeit Kaufvertrag und Verkäufer nicht vorhanden seien. Er muß vielmehr den Nachweis erwarten, daß in dem Verfahren, wie es das Gesetz geordnet hat, irgend Jemand durch eine von ihm als Verkäufer abgegebene Annahmeerklärung das Meistgebot acceptiren müsse, und daß dadurch die Veräußerung zu Stande komme. Und diesen Nachweis wird Niemand erbringen wollen. Das Gesetz sagt ja deutlich, daß der Ersteher durch den richterlichen Zuschlag erwerbe, damit ist also der Vertrag als Erwerbsgrund ausgeschlossen. Auch wird nirgends gesagt, daß die Zuschlagsertheilung den vorherigen Abschluß eines Kaufvertrages oder das Zustandekommen einer anderen Willenseinigung voraussetze. Als wirkliche Verkäufer könnten doch jedenfalls nur diejenigen Interessenten in Betracht kommen, welche in dem Versteigerungstermine erschienen sind und dort eine Erklärung abgeben. Nun aber ist nach dem Gesetze zum Zustandekommen des Zuschlags das Erscheinen keines der Interessenten wesentlich. Auch bei Nichterscheinen aller betreibenden Gläubiger, des sonstigen Realinteressenten und des Schuldners wird der Zuschlag ertheilt. Hier ist doch thatsächlich Niemand als Verkäufer aufgetreten, es hat kein Betheiligter die „Kaufofferte" des Erstehers erfahren und acceptirt, und es kann vom Zustandekommen eines Vertrages nicht die Rede sein. Wer bezüglich der Nichterschienenen Verkäuferrolle und Verkäufererklärung fingirt, verläßt damit den Boden wissenschaftlicher Erörterung. Er kann ebenso gut behaupten, daß ein Versäumnißverfahren eigentlich ein kontradiktorisches sei, bei dem der Ausbleibende als erschienen und verhandelnd betrachtet werde. Aber auch wenn irgend welche Interessenten erscheinen, findet ein Vertragsschluß mit ihnen nicht statt. Eine positive Erklärung wird von ihnen nicht verlangt. Sie können allerdings durch Erhebung des Widerspruches den Zuschlag hindern, aber nur wenn bestimmte besondere Voraussetzungen vorliegen. Außerdem können die betreibenden Gläubiger dadurch den Zuschlag vereiteln, daß sie alle ohne Ausnahme den Versteigerungsantrag zurücknehmen oder Stundung gewähren. Aber die Nichterhebung des Widerspruches oder das Unterlassen der Zurücknahme können als rein negative Momente unmög-

[1]) Vgl **Ueberweg**, Logik S. 1, **Sigwart**, Logik I, S. 4, **Bülow**, Archiv f d. civil. Praxis 62 S. 7, **Fischer**, Preußisches Privatrecht S. 28.

lich einer positiven Annahmeerklärung gleichgestellt werden. Selbst wenn das Gesetz eine solche Fiktion aufgestellt hätte, was thatsächlich nicht der Fall ist, würde man nur die Wirkungen anzuerkennen haben, aber dabei verbleiben müssen, daß in Wirklichkeit keine Annahmeerklärung erfolgt sei. Auch der Umstand, daß alle Betheiligten zugleich Bieter und Ersteher sein können, zeigt deutlich, daß keiner derselben die Verkäuferrolle haben kann. Es muß also auch für das gegenwärtige Gesetz dabei verblieben werden, daß bei der Zwangsversteigerung der Richter[1]) das Grundstück in Gewährung des exekutiven Rechtsschutzes veräußert, daß dabei aber weder von ihm, noch von einem der betheiligten Privaten ein Vertrag geschlossen wird, daß auch der Zuschlag eine positive Willenseinigung der Betheiligten nicht zur Voraussetzung hat.

Daß die Wirkungen des Zuschlags aus praktischen Gründen im Wege der, allerdings stets ein fiktives Element enthaltenden, gesetzlichen Rückziehung in gewissem Umfange auf den Schluß des Versteigerungstermins abgestellt werden, vermag daran nichts zu ändern, ebensowenig die ganz unbestreitbare Thatsache, daß die Rechtsstellung des Erstehers in gewissem Umfange die eines Käufers ist.[2]) Daß der Zuschlag in seinen rechtlichen Folgen mit den Folgen eines Kaufvertrages, allerdings mit Einschränkungen, übereinstimmt, vermag diesen Akt natürlich nicht zu einem Vertrage zu machen, wenn ihm in Wirklichkeit die Erfordernisse eines solchen fehlen. Das Gesetz spricht deshalb auch zwar von „Kaufbedingungen", „Kaufpreis", „Kaufgeld", „Verkauf an den Meistbietenden", vermeidet aber mit Recht einen „Kaufvertrag" oder eine sonstige „Willenseinigung der Interessenten" irgendwie zu erwähnen.

Den hier vertheidigten Standpunkt hat Dernburg von Anfang an festgehalten (vgl. preußisches Privatrecht I 879 ff. und Hyp.R. II 341 ff.). Ausdrückliche Zustimmung fand er bei Struckmann (Kritische Vierteljahrsschrift 1885, S. 540). Das Reichsgericht hat zu der erörterten Frage vom Standpunkte des gegenwärtigen Gesetzes noch

---

[1]) Ebenso bei der Mobiliarversteigerung der Gerichtsvollzieher.

[2]) Ganz richtig sagt Eccius: „Das Rechtsverhältniß, welches durch das Zuschlagsurtheil geschaffen wird, ist, obgleich nicht aus einem Kaufvertrage hervorgegangen, nach den Grundsätzen vom Kauf zu beurtheilen." Unrichtig aber ist sein Zusatz: „wie gegen Dernburg, sowie Krech und Fischer festgehalten werden muß"; denn diese angeblichen Gegner haben den aufgestellten Satz schon vertheidigt, als ihn Eccius noch lebhaft bekämpfte

keine bestimmte Stellung genommen. (Vgl. indeß R. 19 S. 325 und bei Gruchot 32 S. 395). Die entschiedene Anerkennung, welche das Reichsgericht (R. 29 S. 36) in der verwandten Frage nach der Rechtsstellung des Konkursverwalters der in diesem Kommentar zuerst entwickelten staatsrechtlichen Auffassung unter Verwerfung der Stellvertretungsfiktion gezollt hat, berechtigt zu der Annahme, daß dasselbe auch hier eine rein privatrechtliche Konstruktion nicht gelten lassen wird.

Für das künftige Reichsrecht haben es Entwurf und Motive geflissentlich vermieden, die Konstruktionsfrage zu beantworten.[1]) Obwohl die Motive dabei zutreffend bemerken, daß auch durch § 485 (jetzt 445) des Entwurfs des B.G.B.: „Das Vorkaufsrecht ist ausgeschlossen, wenn der Verkauf im Wege der Zwangsvollstreckung oder durch den Konkursverwalter erfolgt", der Entscheidung nicht vorgegriffen werde, so werden doch voraussichtlich die Vertheidiger der Vertragstheorie an diese — übrigens in die Subhastationsordnung gehörende Vorschrift — wieder anknüpfen. An dieser Stelle möge die kurze Bemerkung genügen, daß auch der Entwurf der Reichssubhastationsordnung, wie er jetzt vorliegt, keinerlei Rechtssätze enthält, welche die Annahme eines Vertragsschlusses bei der Zwangsversteigerung auch nur im Geringsten zu stützen vermöchten, und daß auch für das Recht des Entwurfes lediglich an der für das geltende Recht gefundenen Auffassung festgehalten werden muß.

§ 8. Verhältniß zum Reichsrecht.

Nach Art. 2 der Verfassungsurkunde für das Deutsche Reich übt das Reich das Recht der Gesetzgebung nach Maßgabe des Inhaltes der Verfassung und mit der Wirkung aus, daß die Reichsgesetze den Landesgesetzen vorgehen. Nach Art. 4 Nr. 13 derselben, in der Fassung des Gesetzes vom 20. Dezember 1873, unterliegt der Gesetzgebung des Reichs „die gemeinsame Gesetzgebung über das gesammte bürgerliche Recht ..... und das gerichtliche Verfahren."

Das vorliegende Gesetz ist ein preußisches Landesgesetz, welches Materien regelt, die der Reichsgesetzgebung unterliegen. Es muß deshalb im Allgemeinen den Reichsgesetzen, auch den älteren, unbedingt nachstehen.

---

[1]) „Die Lösung der Konstruktionsfrage kann daher ohne Schaden für die Rechtssicherheit der Wissenschaft überlassen bleiben." (Mot S. 19)

Nach diesem Grundsatze richtet sich insbesondere sein Verhältniß zu den privatrechtlichen Bestimmungen der Reichsgesetze, von denen namentlich die seerechtlichen Bestimmungen des Allg. Deutschen Handelsgesetzbuches in Betracht kommen.

Für das Verhältniß des Gesetzes zu den Reichsjustizgesetzen kommen aber noch besondere Gesichtspunkte in Betracht. In dem System der Civilprozeßordnung hat auch die Zwangsvollstreckung wegen einer Geldforderung in das unbewegliche Vermögen eine organische Stellung gefunden (vgl. S. 19). Die C.P.O. hat aber gleichwohl die nähere Regelung dieser Materie vorbehaltlich der wenigen im zweiten Titel des zweiten Abschnittes achten Buches gegebenen Bestimmungen ausdrücklich der Landesgesetzgebung überwiesen. Sie hat allerdings nicht, wie in anderen Fällen, ein „abweichendes Verfahren" zugelassen. Aber die Landesgesetzgebung ist zur Ergänzung herangezogen. Hiernach erscheinen die Bestimmungen des vorliegenden Gesetzes, welche die eigentliche Zwangsvollstreckung betreffen, gewissermaßen als ein integrirender Theil der C.P.O., als ein weiterer Ausbau des vorgedachten Titels derselben, als ein Theil freilich, dem die reichsgesetzliche Wirksamkeit des Ganzen in intensiver und räumlicher Beziehung abgeht.[1])

Daraus folgt zweierlei:

1) Da das Gesetz eine Ergänzung der C.P.O. bildet, so müssen die auf die Zwangsvollstreckung in das unbewegliche Vermögen ihrer Natur nach anwendbaren allgemeinen Vorschriften des G.V.G. und der C.P.O. auch auf dem der Landesgesetzgebung überwiesenen Gebiete in der Art Anwendung finden, daß sie, soweit die Landesgesetze von der Befugniß erschöpfender Regelung keinen Gebrauch gemacht haben, als subsidiäre eintreten. Soweit dagegen die Landesgesetze innerhalb des Vorbehaltes Bestimmungen getroffen haben, treten jene reichsgesetzlichen Normen zurück. So ist z. B. die Landesgesetzgebung nicht gehindert, die Formen der Zustellung oder die Nothwendigkeit bezw. Unzulässigkeit einer mündlichen Verhandlung innerhalb des Verfahrens bei der Zwangsvollstreckung in das unbewegliche Vermögen abweichend von der C.P.O. zu regeln. Soweit aber eine solche Regelung nicht erfolgt ist, treten die Zustellungsformen der C.P.O. ein und es greift für das Erforderniß der mündlichen Verhandlung der § 684 Abs. 3 C.P.O. Platz.

---

[1]) Vgl. auch Motive z. R.Zw.G Entw. S. 72.

Diese aus der Systematik der C.P.O. sich ergebende Auffassung ist für Preußen noch besonders sanktionirt durch den § 2 des Gesetzes vom 4. März 1879: „Neben den allgemeinen Bestimmungen der deutschen Civilprozeßordnung über die Zwangsvollstreckung finden auf die Zwangsvollstreckung in das unbewegliche Vermögen die nachstehenden Vorschriften Anwendung.“

2) Soweit der Vorbehalt zu Gunsten der Landesgesetze nicht reicht, gehen die Bestimmungen der Reichsjustizgesetze unbedingt vor, so daß die Landesgesetze dieselben weder abändern noch ausschließen können.

Die Tragweite dieses Satzes wird sich freilich nur durch eine Untersuchung im einzelnen Falle feststellen lassen. Doch muß von vornherein in Abrede gestellt werden, daß nur die §§ 755—757, welche den mehrgedachten Tit. 2 Abschn. 2 Buch 8 der C.P.O. bilden, unbedingt vorgehen. Vielmehr gehören zu den vorgehenden Normen kraft der reichsgesetzlich fixirten systematischen Stellung der betreffenden landesgesetzlichen Bestimmungen auch diejenigen „Allgemeinen Bestimmungen“ der C.P.O. über die Zwangsvollstreckung, welche nach ihrer Natur und Stellung unzweifelhaft für jede Art der Zwangsvollstreckung bestimmt sind. Hierher wird man namentlich alle Bestimmungen zu rechnen haben, welche die Voraussetzungen der Zwangsvollstreckung betreffen, während man die das Verfahren betreffenden allgemeinen Vorschriften als zunächst auf die Zwangsvollstreckung in das bewegliche Vermögen zugeschnitten ansehen darf. Unabänderlich sind aber jedenfalls auch diejenigen Bestimmungen der Reichsjustizgesetze, in welchen unabänderliche Bestimmungen ihre nothwendige Ergänzung finden, so z. B. § 37 C.P.O. als nothwendige Ergänzung des § 756 und wiederum § 294 als nothwendige Ergänzung des § 37.[1])

Für den Fall, daß der preußische Richter bei der Rechtspflege finden sollte, daß eine Bestimmung der Landesgesetze einer vorgehenden reichsgesetzlichen Bestimmung widerspreche, ist er befugt, und daher nach bekannten staatsrechtlichen Grundsätzen auch verpflichtet, die erstere ohne Weiteres außer Anwendung zu lassen. Art. 106

[1]) Literatur bei Seuffert, Kommentar von § 755, ferner Heidenfeld, S. 26 ff, Ring in der Zeitschr. f. deutschen C P. 7 S. 567 ff, Lippmann das. 9 S. 151 ff., Wolff, Emtr. S. 13, Jastrow in der Zeitschr. f. vergl. Rechtswissensch. 6 S. 141, Wach, Handb. d. C.P. S. 200, Urtheil d. Reichsgerichts bei Gruchot 33 S. 1113.

der preuß. Verf.Urkunde, welcher dem Richter, und damit auch dem Reichsgerichte für preußische Sachen, die Prüfung der Rechtsgültigkeit der vom Könige gehörig verkündeten preußischen Verordnungen entzieht, nimmt ihm nicht die Prüfung der Wirksamkeit der preußischen Gesetze bei Kollisionen mit reichsgesetzlichen Bestimmungen.[1])

[1]) Auch Art. 19 der Reichsverfassung steht nicht entgegen — Vgl Laband, Staatsrecht Bd. 2 S. 119, Koller im Archiv des deutschen Reichs 6. S. 127, Brettner im Magazin für das deutsche Recht der Gegenwart Bd 4. S. 228. A. M. allein Dernburg (I S 34 A. 16), der nur dem Reichsgerichte jene Befugniß zuerkennt.

Gesetz

betreffend

die Zwangsvollstreckung in das unbewegliche Vermögen.

Vom 11. Juli 1883.

(G.S. S. 131–188.)

Wir Wilhelm, von Gottes Gnaden König von Preußen 2c. verordnen, unter Zustimmung der beiden Häuser des Landtags, für den Geltungsbereich der Grundbuchordnung vom 5. Mai 1872, was folgt:

Das Gesetz gilt gegenwärtig in der gesammten Monarchie mit Ausnahme:

a in der Provinz Hessen-Nassau: des Regierungsbezirkes Wiesbaden und des Bezirksamtes Vöhl, Kreis Frankenberg, Reg Bez Kassel (bez des Landgerichtsbezirkes Wiesbaden, der Amtsgerichtsbezirke Battenberg, Biedenkopf, Gladenbach und Vöhl des Landgerichtes Marburg, der Amtsgerichtsbezirke Frankfurt a M und Homburg vor der Höhe des Landgerichtes Frankfurt a M, der Amtsgerichtsbezirke Diez, Dillenburg, Ems, Hadamar, Herborn, Limburg, Marienberg, Nassau, Rennerod, Runkel und Weilburg des Landgerichtes Limburg und der Amtsgerichtsbezirke Hachenburg, Hohr-Grenzhausen, Montabaur, Selters und Wallmerod des Landgerichtes Neuwied);

b in der Provinz Schleswig-Holstein: des Kreises Herzogthum Lauenburg (Amtsgerichtsbezirke Lauenburg, Mölln, Ratzeburg, Schwarzenbeck und Steinhorst des Landgerichtes Altona) und der dem Amtsgerichte Altona zugetheilten Insel Helgoland.

Für das Gebiet des rheinisch-französischen Rechtes d. h. den gesammten Bezirk des O.L.G. Köln mit Ausnahme der früheren Landgemeinde Oberbonsfeld im Amtsgerichtsbezirke Langenberg des Landgerichts Elberfeld

(nach der politischen Eintheilung die Rheinprovinz ohne

a aus dem Regierungsbezirke Düsseldorf: die Kreise Duisburg (Stadt), Essen (Stadt), Essen (Land), Mühlheim a. d Ruhr und Rees und den Theil der Stadt Langenberg im Kreise Mettmann, welcher früher die westfälische Landgemeinde Oberbonsfeld bildete,

b. aus dem Regierungsbezirke Koblenz: die Kreise Neuwied und Wetzlar, den rechtsrheinischen Theil des Kreises Koblenz und den Kreis Altenkirchen, von welchem letzteren jedoch die Bürgermeisterei Friesenhagen und der rechts der Sieg belegene

Theil der Bürgermeisterei Wissen, dieser indeß wieder mit Ausschluß des Distriktes Küchenhof zum Gebiet des rheinisch-französischen Rechtes gehören)

sind die durch das G. v. 12. April 1888 bestimmten Modifikationen zu beachten. Dieselben sind in diesem Kommentare im Einzelnen angegeben. (Vgl. insbes. zu §§ 207—210.)

§. 1. In Ansehung der Zwangsvollstreckung gehören zum unbeweglichen Vermögen:

1) Grundstücke,
2) verliehene Bergwerke, unbewegliche Bergwerksantheile und die selbstständigen Kohlenabbau-Gerechtigkeiten in den vormals Sächsischen Landestheilen (Bergwerkseigenthum),
3) solche Schiffmühlen und selbstständige Gerechtigkeiten, welche die Eigenschaft unbeweglicher Sachen haben, außer den unter Nr. 2 bezeichneten,
4) Kauffahrteischiffe und nach Maßgabe des in den einzelnen Landestheilen geltenden Rechts andere zur Frachtschifffahrt bestimmte Schiffsgefäße.

Zu der Immobiliarmasse gehören auch diejenigen beweglichen Gegenstände, auf welche das bezüglich eines unbeweglichen Gegenstandes bestehende Pfand- oder Vorzugsrecht kraft Gesetzes sich miterstreckt.

§ 1. Gegenstand.

1. Vgl §§ 1, 4 R.Zw.G.Entw. — Der § 1 ergänzt den § 757 Abs 2 C.P.O. Abs. 1 bezeichnet die Gegenstände, welche als solche ihrer Natur nach zum unbeweglichen Vermögen gehören sollen. Er zieht für das Gebiet der Zwangsvollstreckung, des Arrestes und des Konkurses, und unabhängig von der privatrechtlichen Eintheilung, die Grenze zwischen beweglichem und unbeweglichem Vermögen, und zwar als eine absolute. Es sind dabei nicht nur von Natur unbewegliche Gegenstände aufgenommen, sondern auch „solche, bei denen ein von den Vorschriften der C.P.O. abweichendes Verfahren zur Durchführung des materiellen Rechtes, der Vorschriften über die abgesonderte Befriedigung erforderlich ist" (Mot). Im Allgemeinen sind diejenigen Gegenstände zum unbeweglichen Vermögen gerechnet, welche in das Grundbuch oder das in gewisser Beziehung ähnlichen Aufgaben dienende Schiffsregister eingetragen werden können (§§ 1 68 E.E.G., Art. 432 H.G.B, B Ges. v. 25. Oktober 1867, B.G Bl S 35). Vgl auch art. 517 ff. c. c

Die nach Abs 2 zur Immobiliarmasse gerechneten beweglichen Gegenstände gehören dagegen nur relativ mit Rücksicht auf ihre Zugehörigkeit zu einem der in Abs 1 gedachten Gegenstände zum unbeweglichen Vermögen. Maßgebend für den Umfang der Immobiliarmasse ist dabei der gesetzliche Umfang eines Pfand- oder Vorzugsrechts, welches als in dem Augenblicke der Beschlagnahme bez der Konkurseröffnung an dem Hauptgegenstande begründet zu supponiren ist (Anm. 8 zu § 16) Die Wendung „auch diejenigen beweglichen

Gegenstände" setzt voraus, daß dieselbe Grenzbestimmung auch bezüglich der unbeweglichen Zubehörstücke zur Anwendung kommt (§ 30 E.E.G.)

2. Die Grenzbestimmung hat ihre volle und uneingeschränkte Bedeutung nur für den Konkurs als Ergänzung des § 39 K O Im Konkurse gehören die im § 1 Abs. 1 u. 2 angegebenen Gegenstände schlechthin zur Immobiliarmasse, und die gesammte übrige Konkursmasse ist Mobiliarmasse. Die in diesem Gesetze gegebenen Vorschriften über den Umfang der Immobiliarmasse (§ 1 Abs. 2) und die Rangordnung der aus derselben zu befriedigenden Ansprüche (§§ 23 ff) finden für den Fall, daß absonderungsberechtigte Gläubiger vorhanden sind, auch im Konkurse Anwendung, und zwar selbst dann, wenn die abgesonderte Befriedigung lediglich aus den zur Immobiliarmasse gehörigen beweglichen Sachen beansprucht wird.

3. a Für die Zwangsvollstreckung und die Arrestvollziehung hat § 1 zunächst in Ergänzung des § 754 C P.O die negative Bedeutung, daß Alles, was nicht nach § 1 zur Immobiliarmasse gehört, unter allen Umständen als bewegliches Vermögen zu behandeln ist Daher muß z. B. der dingliche Gläubiger seine Befriedigung aus den zur Immobiliarmasse zur Zeit nicht mehr zu rechnenden, ihm verhafteten Gegenständen (vgl. Anm 1 u. 5 c d.) im Wege der Mobiliarexekution besonders betreiben (s a. zu § 206).

b. Die in Abs. 1 genannten Hauptgegenstände unterliegen aber auch im Ganzen (unbeschadet des § 714 C P O, s Anm. 5 c) ausschließlich der Zwangsvollstreckung in das unbewegliche Vermögen. Dagegen sind für Schiffsparten (§ 179) und hinsichtlich der Arrestvollziehung auch für ganze Schiffe (§ 172) Ausnahmen gemacht.

c. Regelmäßig sind mit dem Hauptgegenstande auch die in Abs. 2 aufgeführten Sachen Gegenstand der Zwangsversteigerung und der Zwangsverwaltung bez der Beschlagnahme. Doch bestehen hier erhebliche Ausnahmen (§§ 16, 97, 140, 143, 165, 170)

Dagegen unterliegen sie, wenn sie für sich allein zum Gegenstande der Zwangsvollstreckung oder der Arrestvollziehung gemacht werden, immer nur den für das Verfahren bezüglich des beweglichen Vermögens in der C P.O. gegebenen Vorschriften. Das Verhältniß der hiernach zu gleicher Zeit bezüglich desselben Gegenstandes möglichen Mobiliar- und Immobiliarexekution regelt das Landesrecht (Seuffert zu § 714 C P O und die dort Citirten) — Doch kommen auch bei der Sonderzwangsvollstreckung in diese Gegenstände für den Umfang und die Rangordnung der aus dem Erlose zu berichtigenden Forderungen die Vorschriften dieses Gesetzes in Betracht; — vgl zu § 206 Abs 1

d. Gegenstand der Zwangsvollstreckung sind nicht die zu Nr. 1 und 4 aufgeführten körperlichen Gegenstände an und für sich, sondern das Eigenthumsrecht des Schuldners an denselben. (Anm 3 zu §§ 13, 14; Anm. 1 zu § 190). — Die Befriedigung des Gläubigers geschieht bei der Zwangsversteigerung durch Verwerthung des Veräußerungsrechts, bei der Zwangsverwaltung durch Verwerthung des Verwaltungs- und Fruchtgenußrechts des Schuldners. — Andere Rechte des Schuldners an Grundstücken sind, soweit sie nicht unter Abs. 1 Nr 2 und 3 fallen, kein Gegenstand der Zwangsvollstreckung in das unbewegliche Vermögen. Namentlich bestimmt, abweichend von dem früheren rheinischen Rechte (art. 526, 2118, 2204 c. c.), der § 35 E.G. Rhld.:

Der Nießbrauch an einem Grundstück gehört in Ansehung der Zwangsvollstreckung nicht zum unbeweglichen Vermögen. (Mügel, Anm. 1 zu § 17 und zu § 35.)

e. Die Entscheidung, ob im konkreten Falle die Zwangsvollstreckung in die im Abs. 1 aufgeführten Gegenstände mit Rücksicht auf ihre juristischen Eigenschaften (z. B. res extra commercium, als Theil oder Zubehör eines anderen Gegenstandes) zulässig ist, muß nach den Vorschriften des bürgerlichen Rechtes getroffen werden (vgl. unten Anm. 4, 5); § 1 entscheidet darüber nicht.

4. **Grundstücke** sind begrenzte Theile der Erdoberfläche. Ob ein Grundstück als einheitliches und selbstständiges aufzufassen ist, ist im Einzelfalle zu entscheiden. — Ist das Grundbuchblatt nach Form. I zu § 7 G.B.O. angelegt, so gilt das auf dem Titelblatt nach dem Steuerbuche bezeichnete Grundstück dergestalt als Einheit, daß die einzelnen Parzellen oder Trennstücke erst durch die Abschreibung (§§ 8, 60 G.B.O.) zu selbständigen Grundstücken werden (Entsch. 30 S. 1, Strieth. 9 S. 51, 11 S. 306, R. 18 S. 279) — Wo dagegen das Grundbuch nach Form. II zu § 14 G.B.O. angelegt ist, ist jedes der unter besonderer Nummer aufgeführten Grundstücke als ein selbstständiges und einheitliches anzusehen. Die Vereinigung mehrerer solcher Grundstücke zu einem Landgute im Sinne der Landgüterordnungen oder zu einem hannöverschen Hofe im Sinne des Ges. v. 2. Juni 1874 (G.S. S. 186), hebt die Selbstständigkeit der Einzelgrundstücke nicht auf. Ebensowenig die Verbindung mit einem anderen Grundstücke durch Ueberbauen mit demselben Gebäude (R. 15 S. 251, 18 S. 278 und bei Gruchot 31 S. 94, 34 S. 1103, 1106, 35 S. 702). — R.Entw. § 781 Abs. 1; Krech, Rechte an Grundstücken S. 9, 47 ff.

a. Auch jeder reelle, durch Abgrenzung gebildete Theil eines Grundstückes ist wieder ein Grundstück. Nach art. 664 c. c. ist auch die Theilung eines Gebäudes nach Stockwerken zulässig, so daß die Stockwerke verschiedenen Eigenthümern gehören. Das Stockwerkseigenthum ist Gegenstand der Zwangsvollstreckung in das unbewegliche Vermögen (Mügel Anm. 2 zu § 17). Die Ausscheidung eines reellen Theils aus einem Grundstück ist als ein Recht des Grundstückseigenthümers anzusehen; ohne dessen Zustimmung kann deshalb die Zwangsvollstreckung in einen reellen Theil eines vom Schuldner als einheitlich besessenen Grundstücks nicht erfolgen. A. M. Knorr Anm. 2b. — In unbewegliche Zubehörstücke oder Theile eines Grundstücks, welche auf das Blatt eines anderen Grundstücks übertragen und diesem als Zubehör zugeschrieben sind, kann die Zwangsvollstreckung wegen der mitübertragenen Belastungen des bisherigen Haupt- oder Stammgutes erfolgen (§ 33 E E.G.).

b. Grundstücksantheile sind zwar in § 1 nicht besonders hervorgehoben (— anders R.Zw.G.Entw. § 1 Abs. 1 und § 4); die Zulässigkeit der Zwangsversteigerung und Zwangsverwaltung wegen Hypotheken- und Grundschulden, die nur auf einem Antheile haften, spricht indeß § 43 Abs 2 E E.G ausdrücklich aus; und die Motive des Entwurfs wie die Berichte der Kommission des H.H. und A H. bezeichnen die Grundstücksantheile als Gegenstand der Zwangsvollstreckung in das unbewegliche Vermögen.

Dagegen verordnet § 16 E.G. Rhld.:

Der Antheil eines Miteigenthümers kann nicht zur Zwangsversteigerung oder Zwangsverwaltung gestellt werden.

(Vgl. art. 2205 c. c. Der Gläubiger muß auf Theilung klagen und demnächst den Anspruch des Schuldners auf Auflassung des Grundstücks oder Geldabfindung pfänden. [Mügel zu § 16 E.G. Rhld.]).

Gegen den Eigenthümer des ganzen Grundstücks findet die Zwangsvollstreckung in einen ideellen Antheil der Regel nach nur dann statt, wenn der ideelle Antheil lediglich an die Stelle eines früher selbstständigen Grundstückes getreten ist, — wie bei der Neubildung einer Gesammtbesitzung an Stelle mehrerer verschiedener Einzelgrundstücke im Zusammenlegungsverfahren (ideelle Subrepartition), Ges. vom 2. April 1872, § 5 (G.S. S. 329); für Rheinland § 10 Ges. v. 24. Mai 1885 (G.S. S. 156) — (vgl Turnau II § 113).

Wegen dinglicher Ansprüche, für welche das Grundstück einheitlich verpfändet ist, kann jedenfalls auch nach erfolgter Theilung auf Grund eines vollstreckbaren Titels gegen sämmtliche Miteigenthümer die Zwangsvollstreckung in das ganze Grundstück stattfinden. — Die Frage, ob wegen der Grundstückshypothek auch der Antheilseigenthümer auf Befriedigung aus dem Antheile in Anspruch genommen werden kann, ist im Gesetz nicht beantwortet. Insbesondere lassen die §§ 21, 43 Abs. 2 E E.G. ebensogut eine Verneinung, wie eine Bejahung der Frage zu, weil sie nur von einer nach der Bildung des Antheils entstandenen Belastung sprechen. Von dem bei Ausfüllung dieser Lücke einzunehmenden Billigkeits- und Zweckmäßigkeitsstandpunkte aus läßt sich für die Bejahung geltend machen, daß andernfalls die Lage des Pfandgläubigers wesentlich erschwert werden würde, ganz abgesehen davon, daß er, wenn er selbst (z. B durch Erbgang) Miteigenthümer geworden ist, sich selbst mit verklagen müßte. Dagegen können freilich nicht nur die Miteigenthümer, sondern auch die nachstehenden Inhaber eines Totalpfandrechts durch ein solches Vorgehen in eine üble Lage kommen. Das Reichsgericht (R. 20 S. 272) hat sich für die Bejahung entschieden (vgl. dagegen Eccius § 194 Anm. 66). Da das Interesse des im Range vorgehenden Berechtigten ohne Zweifel den Vorzug verdient, so wird hier unter Aufgabe des in der ersten Auflage vertretenen Standpunktes der Ansicht des Reichsgerichts beigetreten (s. u. Anm. 5 zu §§ 53—56, Anm 4 zu §§ 104—106). Nach § 4 Abs 1 R Zw.G. Entw. ist die Zwangsvollstreckung in einen Antheil an einem Grundstück nur zulässig, wenn sie in den Antheil eines Miteigenthümers, oder wenn sie wegen des Anspruchs aus einer Hypothek oder Grundschuld erfolgen soll, mit welcher der Antheil als solcher belastet ist.

Die Zulässigkeit der Zwangsvollstreckung in einen ideellen Antheil setzt voraus, daß die Quote feststeht. Vorher kann die Zwangsvollstreckung nur nach § 754 C P.O erfolgen. Im Gebiete des gemeinen Rechts entsprechen die Antheile der Miterben an einem Nachlaßgrundstück der Erbquote. Für das Gebiet des A.L R. bezeichnet der die Praxis beherrschende Plenarbeschluß des O Tr vom 16. März 1857 (J M.Bl. S. 162, Entsch. 35 S. 352, Strieth. Bd. 26 S. 27), dem auch Dernburg § 238, Eccius § 182 V., § 271 zu Anm. 11 (wo auch die abweichende Meinung Försters und Anderer widerlegt ist), das Reichsgericht (R. 9 S. 278 und Gruchot 24 S. 454, 26 S. 438, 31 S. 958) beistimmen, als Gegenstand des quotenmäßig feststehenden Miteigenthums der Erben nicht die einzelnen Sachen, sondern die Erbschaft als solche, und erkennt daher dem einzelnen Erben eine bestimmte Quote nur an der Erbschaft im Ganzen, nicht aber an jeder einzelnen Erbschaftssache zu. Von diesem Standpunkte aus erscheinen die Gläubiger eines

Miterben nicht befugt, das zur ungetheilten Erbschaft gehörige Grundstück zum ideellen Antheil des Schuldners an der Erbschaft subhastiren zu lassen.

Die Zwangsversteigerung eines Antheils Schuldenhalber und die Zwangsversteigerung zum Zwecke der Auseinandersetzung der Miteigenthümer sind völlig von einander verschiedene Prozeduren. Das Objekt ist ein anderes, die Interessenten sind andere, der Zweck ist ein anderer. Von dem Beitritt eines Miteigenthümers zu der Zwangsversteigerung Schuldenhalber — und umgekehrt — kann daher nicht die Rede sein. Der Antrag des Miteigenthümers auf Theilung des ganzen Grundstücks oder auf Zwangsversteigerung zum Zwecke der Theilung führen nicht zur Einstellung der Antheilsversteigerung; andererseits steht die erfolgte Einleitung der Zwangsversteigerung des Antheils Schuldenhalber dem Antrage auf Auseinandersetzung durch Zwangsversteigerung nicht entgegen. Das Recht der Miteigenthümer auf Theilung und Zwangsversteigerung zum Zwecke derselben liegt im Miteigenthum selbst begründet, es kann in jedem Augenblick ausgeübt werden; die gegen den Antheil eines Miteigenthümers gerichtete Zwangsvollstreckung präjudicirt diesem Rechte der anderen Miteigenthümer nicht. Die Beschlagnahme des Antheils in dem Verfahren auf Antrag eines Gläubigers steht nur dem Antheilseigenthümer entgegen, der nicht zum Nachtheil des Gläubigers ein Verfahren herbeiführen kann, bei welchem weder der Personalgläubiger noch der Antheilsrealgläubiger zu den Interessenten gehört (§ 185 Nr 1) und für Ersteren das Befriedigungsobjekt geändert wird (s. unten — vgl. Eccius § 130 Anm. 44 b. —). Dagegen ist die Beschlagnahme bei der Antheilszwangsversteigerung der Einleitung der Auseinandersetzungssubhastation auf Antrag anderer Miteigenthümer nicht hinderlich. — Für das preußische Recht ist aus § 74 I 17 A.L.R. Abweichendes nicht zu folgern. Denn dieser Paragraph gestattet die nothwendige Veräußerung des dem Schuldner gehörenden Antheils an dem Grundstück auf das Andringen der Gläubiger, wenn auf die Theilung des gemeinschaftlichen Eigenthums angetragen werden kann; und daß dies der Fall sei, wird auch für den Antrag auf Auseinandersetzungsversteigerung vorausgesetzt (§ 180 Abs. 3; — vgl. auch Eccius § 182 Anm. 69). — Im Uebrigen überträgt § 74 a. a. O. nur das für den Fall freiwilliger Veräußerung einzelner Antheile durch §§ 61, 65 a. a. O. begründete Vorkaufsrecht der Miteigenthümer auf den Fall der Antheilszwangsversteigerung. Das ebenfalls auf letzteren Fall für anwendbar erklärte Recht der Miteigenthümer, der Veräußerung des Antheils zu widersprechen, wenn sie einen aus der Person des neuen Mitgenossen für sie entstehenden Nachtheil nachweisen (§ 66 a. a. O.), könnte nur nach Schluß der Versteigerung (§ 72 Abs 1) gegen die Ertheilung des Zuschlags an einen solchen Genossen geltend gemacht werden. Es ist aber unter die ausschließlichen Widerspruchsgründe des § 75 dieses Gesetzes nicht aufgenommen. — (A. M. Jäckel Anm 2.) Der Ansicht Rudorff's S. 5, 147, daß es sich in § 66 a. a. O. um ein Recht an dem Grundstücke handle, welches den Verkauf an den Meistbietenden (d h. im Wege der Versteigerung) unzulässig machen würde, kann nicht zugestimmt werden.

Ist für die Miteigenthümer selbst das Recht, auf Theilung anzutragen, ausgeschlossen, so ist nach preußischem (nicht aber nach gemeinem) Recht auch die Zwangsversteigerung eines Antheils Schuldenhalber unzulässig (§§ 74 ff. I 17 A.L.R.). Es muß aber nach Anlegung des Grundbuchs die Ausschließung der

Theilung, ebenso wie sonstige Beschränkungen des Veräußerungsrechts eines ideellen Antheils (vgl. § 68 I. 17 A.L.R.; Strieth 79 S. 139), um gegen gutgläubige Realgläubiger wirksam zu werden, im Grundbuch eingetragen sein. Der Widerspruch gegen die Antheilsversteigerung ist von den andern Miteigenthümern gemäß §§ 70 bezw. 71 d. G, §§ 688, 690 C P.O, vom Schuldner gemäß § 71 d. G. und § 685 C.P.O geltend zu machen.

Der Ersteher des Antheils muß die Fortsetzung der Auseinandersetzungsversteigerung sich gefallen lassen; sie wirkt gegen ihn als Miteigenthümer (§ 185 Abs. 1); seine Verpflichtungen aus dem erhaltenen Zuschlag bleiben unverändert. Durch den Zuschlag des ganzen Grundstücks in der Auseinandersetzungsversteigerung ist das den Gegenstand der Antheilsversteigerung bildende Objekt untergegangen; der ideelle Antheil des Schuldners am Grundstück ist durch den reellen Antheil desselben am Erlöse ersetzt. Die Antheilsversteigerung erreicht damit von selbst ein Ende. Der die letztere betreibende Personalgläubiger muß seine Befriedigung aus dem auf seinen Schuldner entfallenden Erlösantheil suchen. War der betreibende Gläubiger ein Realgläubiger, so haben sich entweder die Wirkungen der Zwangsversteigerung zum Zwecke der Auseinandersetzung bereits gegen ihn gerichtet (wenn nämlich sein Anspruch auf dem Antheil des Antragstellers nicht haftete, § 185 Nr. 1); dann hat er seine Rechte als Interessent in jenem Verfahren geltend machen können, und muß dessen Resultate gegen sich gelten lassen; — oder dies ist nicht der Fall; dann bleibt das Realrecht des Gläubigers ebenso unberührt, wie bei einem freiwilligen Verkauf des ganzen Grundstücks seitens sämmtlicher Miteigenthümer an einen einzigen neuen Eigenthümer. — Ueber das Verhältniß der Versteigerung des ganzen Grundstücks und einer Antheilsversteigerung im Falle einer Mehrheit betreibender Gläubiger s. Anm. 4 zu § 15. Wegen der Zwangsverwaltung eines Antheils s. vor § 139 und zu § 142.

c. Einfluß besonderer Rechtsverhältnisse.

α. Grundstücke der gemeinrechtlichen civilen societas, der Erwerbsgesellschaften des A L R. (§§ 169, 176, 182 I. 17), aber auch der s g. erlaubten Privatgesellschaften im Sinne des A L.R. sind auf den Namen der Mitglieder der Gesellschaft als gemeinschaftliches Eigenthum derselben einzutragen (Reskr. v. 8. Januar 1836, Jahrb. Bd. 47 S. 368). Jedes derselben ist berechtigt, über seinen Antheil am Grundstück zu verfügen, der Antheil ist also auch Gegenstand der Zwangsvollstreckung wegen persönlicher Forderungen, sofern nicht die Verfügungsbefugniß für die Dauer der Gesellschaft grundbuchmäßig ausgeschlossen ist. (Turnau II § 26). Wegen der gemeinrechtlichen Auffassung derartiger Gesellschaften siehe bei Stobbe §§ 52 und 61.

β. Grundstücke, welche zum Vermögen einer Handelsgesellschaft gehören (H.G.B. Art. 91, 111, 164, 213), sind auf den Namen der Firma einzutragen (Art. 23 Pr. E G H G.B., Instr. v. 12. Dez. 1861 §§ 102, 103 J.M.Bl. S. 350). Sie unterliegen der Zwangsvollstreckung wegen dinglicher Ansprüche unbedingt, auch wenn diese aus der Zeit vor dem Einbringen derselben in das Gesellschaftsvermögen herrühren (Art 120 Abs. 3, 169). Der vollstreckbare Schuldtitel muß sich gegen die Gesellschaft richten. — Wegen Forderungen der Gesellschaftsgläubiger wird der vollstreckbare Schuldtitel auch regelmäßig auf die Firma der Handelsgesellschaft lauten (Art. 111,

164, 213). Bei der offenen und der Kommanditgesellschaft (vgl. Eccius § 143 zu Anm. 12a und b, Behrend, Handelsrecht §§ 73, 89) kann indeß die Klage auch gegen die sämmtlichen Gesellschafter gerichtet werden. Für die Feststellung der Verbindlichkeiten der Gesellschaft sind aber nur die Handlungen der zur Vertretung der Gesellschaft berufenen Personen (Art. 99—102, 138 Abs. 2, 167) maßgebend (R 5 S. 70) und muß in dem Klageantrage sowie demnächst in dem Urtheile besonders zum Ausdrucke gebracht werden, daß die Zahlung aus dem Vermögen der Handelsgesellschaft zu erfolgen habe, da andernfalls angenommen werden muß', daß die Klage bez. der vollstreckbare Titel nur gegen die in derselben benannten Einzelpersonen sich richtet. — Grundstücke, welche zum Gesellschaftsvermögen gehören, können dagegen wegen persönlicher Forderungen der Privatgläubiger der einzelnen Gesellschafter weder ganz noch theilweise zur Zwangsvollstreckung gebracht werden (Art. 119, 120, 169, 213 R. 9 S. 143.)

Die Frage, ob in Grundstücke der Gesellschafter, welche nicht zum Gesellschaftsvermögen gehören, auf Grund eines gegen die Gesellschaft ergangenen Urtheiles wegen der gesetzlich begründeten Haftbarkeit der Gesellschafter mit ihrem ganzen Vermögen (Art. 112, 150, 168), bez bis zur Höhe der versprochenen Einlage (Art. 165) die Zwangsvollstreckung zulässig ist, muß verneint werden Der Gesellschaftsgläubiger muß vielmehr auf Grund des gegen die Gesellschaft erstrittenen rechtskräftigen Urtheiles zunächst gegen den einzelnen Gesellschafter Klage erheben, da dieser in dem Prozesse gegen die Gesellschaft die ihm persönlich zustehenden Befreiungsgründe nicht geltend machen konnte (R. 13 S. 97 — Behrend a. a. O. § 74).

Für die eingetragenen Genossenschaften gelten im Wesentlichen die gleichen Vorschriften, wie für offene Handelsgesellschaften (§§ 11—16 B.G. v. 4. Juli 1868, B G.Bl. S 415); ebenso für die Wassergenossenschaften (§§ 10, 24—26, 30, 41—54 G. v. 1. April 1879, G.S. S. 297).

γ. Grundstücke der Ehegatten.

Die Ehe hat auf die Handlungs- und Prozeßfähigkeit der Eheleute keinen Einfluß (§ 51 C.P.O), wohl aber möglicher Weise auf deren Verfügungsbefugniß bezüglich ihres Vermögens oder eines Theiles desselben. Entscheidend ist das für die eherechtlichen Güterverhältnisse maßgebende eheliche Güterrecht. Vgl. im Einzelnen: Roth, Deutsches Privatrecht II §§ 94—147; Neubauer im J M.Bl 1879 S. 32, 42, 55, 66, 74 ff.; Mandry im Arch. f. civ. Praxis Bd. 65 S. 133; Welter-Schulz Theoretisch-praktisches Handbuch über das eheliche Güterrecht in Westfalen, 2. Aufl. 1883; Nessel bei Gruchot 27 S 118 ff.; Boas a. a. O. 29 S. 305 ff.; Falkmann a. a. O. 35 S. 488 ff.

Bezüglich des von der Ehe nicht ergriffenen Vermögens ist jeder Gatte völlig selbstständig; insbesondere kann der Ehemann die Durchführung eines gegen die Ehefrau erwirkten vollstreckbaren Schuldtitels in ein dieser gehöriges Grundstück nicht hemmen, wenn ihm nicht besondere Rechte (Nießbrauch) gesetzlich oder vertragsmäßig eingeräumt sind (Roth a. a. O. §§ 97, 118; Mandry a. a. O. S. 134).

System der Gütergemeinschaft.

Bei der allgemeinen Gütergemeinschaft vereinigt sich das gesammte Vermögen der Eheleute zu einem Ganzen. Mag man ein Gesammteigenthum der Ehegatten annehmen (§ 1343 R.Entw.) oder das Recht jedes Gatten als

„Miteigenthum zu ideellen" Antheilen ansehen (Roth a. a. O § 102 auch über andere Konstruktionen, § 373 II. 1 A L.R., § 1344 R.Entw.), jedenfalls sind die Antheile während der Dauer der Gemeinschaft ohne rechtliche Selbstständigkeit. Jede Zwangsvollstreckung in den Antheil ist daher ausgeschlossen (§ 1345 R.Entw.) Die Gütergemeinschaft bezieht sich im Zweifel auf alle gesetzlich derselben unterworfenen Eheleute mit ihrem gesammten derselben gesetzlich unterliegenden Vermögen. Ausschließung und Sondervermögen sind nachzuweisen (Roth a a. O. §§ 92, 104, §§ 360, 412, 363, 371, 373 ff. II. 1 A L.R) und der Zwangsvollstreckung gegenüber gemäß § 690 C P O. geltend zu machen (§ 1343 R Entw.). Die Wirkung der Gütergemeinschaft tritt unmittelbar kraft Gesetzes ein, sie ist bei Grundstücken von einer Auflassung an den anderen Ehegatten nicht abhängig (§ 5 E E.G). Es genügt, daß wenigstens einer der Ehegatten vor oder während der Ehe Eigenthümer geworden ist, und es ist unter dieser Voraussetzung für das Bestehen des Gesammt- oder Miteigenthumes gleichgültig, ob das Grundstück auf den Namen eines Rechtsvorgängers oder beider Eheleute oder nur eines der Ehegatten eingetragen ist, und ob im letzteren Falle das Bestehen der Gütergemeinschaft eingetragen ist oder nicht (§ 50 G.B.O., § 11 E.G R B.P, § 5 E.G. Ehr.). — Das Verfügungsrecht über die Masse gebührt regelmäßig dem Manne als dem Haupte der ehelichen Gemeinschaft (§ 1352 R.Entw.). Doch bedarf derselbe vielfach — sei es für die Verfügung über gewisse Objekte (z. B. Immobilien), sei es für gewisse Arten der Verfügung (z. B. Schenkungen) der Einwilligung der Frau, welche hier und da unter Umständen richterlich ergänzt werden kann (Roth a a O §§ 105, 118, §§ 377 ff, 411 II 1 A.L R. § 1353 R.Entw.). Bei Behinderungen des Mannes (z. B. durch Abwesenheit, Haft) pflegt das Verfügungsrecht auf die Frau überzugehen (vgl. §§ 4, 5, 9 Ges. v 16. April 1860 f. Westfalen, § 1357 R Entw) — Die Gütergemeinschaftsmasse haftet zunächst für die darauf gültig konstituirten dinglichen Ansprüche. — Für welche persönlichen Schulden das gütergemeinschaftliche Vermögen in Anspruch genommen werden kann, entscheidet sich nach dem geltenden Güterrecht (vgl Roth a. a O. §§ 107, 119; §§ 380, 384, 389 ff. II. 1 A L R). — Es gilt als Regel, daß die Masse für alle persönlichen Schulden des Mannes, eheliche und voreheliche, haftet, dagegen für Schulden der Frau, abgesehen von dem Falle, daß auf diese das Verfügungsrecht übergegangen war, nur ausnahmsweise (§ 3 G. v. 16 April 1860, §§ 321 – 329, 389 II. 1 A.L R., §§ 1359, 1362 R.Entw.). — In allen Fällen genügt ein vollstreckbarer Titel bez. eine vollstreckbare Ausfertigung gegen den die Masse repräsentirenden Ehegatten, also regelmäßig gegen den Mann allein In dem Prozesse ist nöthigenfalls die Frage, ob die Gütergemeinschaftsmasse haftet, zum Austrage zu bringen. Regelmäßig versteht es sich, wenn der Mann verurtheilt wird, von selbst, daß die Masse haftet. Es bedarf dann des besonderen Ausdrucks im Urtheile nicht (§ 1360 R Entw.). Ein Titel gegen den die Masse nicht repräsentirenden Ehegatten berechtigt nicht zur Zwangsvollstreckung in das gütergemeinschaftliche Vermögen (R 10 S. 275 — R.Entw. §§ 1357, 1360). Eine Streitverkündigung an den Ehemann oder der Eintritt desselben als Nebenintervenient ändert daran nichts. Der Mann kann der Zwangsvollstreckung widersprechen (§§ 685, 690 C.P O., Seuffert Arch. Bd. 37 S. 120). Auf Grund eines vor der Ehe erwirkten vollstreckbaren Titels gegen die Frau kann die Ertheilung einer vollstreckbaren Ausfertigung gegen den Mann als Vertreter der Gütergemeinschaft nach §§ 665 ff C.P.O. erlangt werden (Falkmann a. a. O. S. 516 — § 1360 Abs. 2 R.Entw) Ist der Ehemann verurtheilt, so ist die Zwangsvollstreckung regelmäßig bedingungslos zulässig, ohne Rücksicht darauf, daß etwa zur freiwilligen Veräußerung die Zustimmung der Ehefrau erforderlich ist. (Seuffert Arch. 1 Nr. 247, 4 Nr. 235a, Präj v 23 Dez. 1839, Samml. I S. 144, Plen.Beschl. v. 24. Aug. 1840, J.M.Bl. S 371, Entsch. 57 S. 171, 64 S. 160, Strieth. 97 S 175, Reichsgericht bei Seuffert Arch 37 S. 60, Gruchot 26 S. 701.) — Kollusionen des Ehemanns mit den Gläubigern zum Nachtheile der Frau berechtigen dieselbe zur Anfechtung des Schuldtitels (Präj. 551, Samml. I. 144, Entsch. 59 S. 166, Strieth. 67 S. 74, 75 S. 230, 56 S. 1). — Der Geltendmachung besonderer die Zwangsvollstreckung hindernder Rechte an dem Grundstücke steht der vollstreckbare Titel nicht entgegen (z. B. § 386 II 1 A L.R.).

Bei der partikulären Gütergemeinschaft gelten diese Sätze mit den durch die Beschränktheit der Gemeinschaft gebotenen Modifikationen.

Für die fortgesetzte Gütergemeinschaft kommen diese Grundsätze zur entsprechenden Anwendung. Hat der überlebende Ehegatte das alleinige Verfügungsrecht (§ 12 E.G. R.B P), so genügt ein vollstreckbarer Schuldtitel gegen ihn allein (vgl. Roth II § 111; §§ 634, 653, 656, 658 II. 1. A L.R. Zu einem Urtheile, welches gegen den Ehemann als Vertreter der Gütergemeinschaft ergangen ist, kann gegen die Interessenten der fortgesetzten Gütergemeinschaft Vollstreckungsklausel ertheilt werden (§§ 665 ff. C P O. — Eccius § 211 zu Anm. 85. A. M. Falkmann a. a. O. S. 526 Jäckel, Anm. 8 zu § 6)

System der Verwaltungsgemeinschaft (Gütereinheit, Gütervereinigung) — Illatensystem des Allgem. Landrechts.

Die Eigenthumsverhältnisse bleiben unberührt; aber der Ehemann hat Verwaltung und Nutzung als sein selbstständiges Recht. Dieses Recht umfaßt alle eingebrachten Sachen der Frau (Roth a. a. O § 137) Vorbehalt muß bewiesen werden. Einseitige, die Rechte des Mannes beeinträchtigende Verfügungen der Frau sind nichtig (Roth a. a. O. § 140; § 321 II. 1 A.L.R. — R 19 S. 347; Gruchot 27 S. 293). — Die eingebrachten Grundstücke der Frau haften für dingliche Ansprüche, welche während der Ehe zu ihrer Entstehung der Bewilligung des Mannes bedürfen Es genügt in jedem Falle ein vollstreckbarer Titel gegen die Frau. Die Frage, ob die dingliche Belastung gültig erfolgt war, hat der Vollstreckungsrichter nicht zu prüfen. Ob der Ehemann der Zwangsvollstreckung mit Erfolg widersprechen (§ 690 C P O.) kann, ist nach dem geltenden materiellen Recht, insbesondere nach § 12 E.E.G, § 11 E G R B P. zu beurtheilen. (Vgl. Eccius § 206 Anm. 35, § 208 Anm. 26) Dagegen haften die eingebrachten Grundstücke der Frau für die persönlichen Schulden des Mannes ihrer Substanz nach nicht Aus dem vollstreckbaren Schuldtitel gegen den Ehemann findet nur in die Nutzung die Zwangsvollstreckung nach § 754 C.P.O. statt Der Zwangsvollstreckung in die Substanz des Grundstücks kann die Ehefrau widersprechen (§§ 685, 690 C.P O.) Partikularrechtlich wird indeß Schuldenhaftung auch mit der Substanz des Frauensvermögens anerkannt, insbesondere nach Lübischem Rechte und der Pommerschen Bauernordnung (Roth a. a O. §§ 141, 147); die Verwaltungsgemeinschaft nähert sich der Gütergemeinschaft; es genügt bei Schulden des Mannnes auch wegen der Grundstücke der Frau ein

Schuldtitel gegen denselben. — Voreheliche persönliche Schulden der Frau muß der Mann aus dem eingebrachten Vermögen bezahlen (Roth a. a. O. § 141, § 338 II. 1 A.L.R.). Es bedarf jedoch dazu eines gegen ihn erwirkten Schuldtitels (Eccius § 208 Anm 26). Ebenso wegen solcher ehelichen Schulden, in welche er eingewilligt hat, oder welche ohne seinen Konsens gültig sind Hier ist der Ehemann der alleinige persönliche Schuldner (Roth a. a. O. § 140; §§ 187, 321 bis 329, 333 II. 1 A L R.) Der gegen die Frau erwirkte Schuldtitel ist seinen Rechten nicht präjudizirlich. Der Vollstreckungsrichter hat danach Anträge auf Zwangsversteigerung oder Zwangsverwaltung von Grundstücken, welche nicht zu dem vorbehaltenen Vermögen der Frau gehören, und sich auf Schuldtitel gegen die Frau allein stützen, stets abzulehnen Auf der andern Seite kann die Substanz des Grundstückes auf Grund eines gegen den Mann allein erlangten Schuldtitels nicht angegriffen werden. Bei zu Unrecht erfolgter Einleitung der Zwangsvollstreckung muß der Ehemann gemäß §§ 685, 690 C P O Widerspruch erheben und seine Rechte nach §§ 70—71 geltend machen, je nachdem sein Nießbrauchsrecht eingetragen ist, oder nicht. Die Beschlagnahme bei der Zwangsversteigerung gewährt dem Gläubiger kein dingliches Recht am Grundstücke, dem gegenüber die Wirksamkeit des ehemännlichen Nießbrauchsrechtes von der Eintragung abhängig wäre (A M. Eccius § 206 Anm. 35). Die Beschlagnahme bei der Zwangsverwaltung begründet nur ein Pfandrecht an den Einkünften des Grundstückes.

System der getrennten Güter. (Dotalsystem) Alles Vermögen, welches die Frau dem Manne nicht ausdrücklich oder stillschweigend zur dos gegeben hat, ist ihr freies Vermögen (Paraphernalvermögen). Dotalgrundstücke stehen im Eigenthume des Mannes Doch ist nach den § 1 E G G Auflassung an denselben zum Eigenthumserwerbe erforderlich, wenn nicht der Erwerb vor der vollständigen Durchführung der Grundbuchgesetze erfolgt ist. — Ist das Grundstück venditionis causa ästimirt, so ist das Eigenthum des Ehemannes unbeschränkt. (Die Anschlagssumme ist dos). Sonst ist der Ehemann, sofern nicht der Rückfall der dos an die Frau durch besondere Vereinbarung ausgeschlossen ist, zur Veräußerung und Verpfändung des Dotalgrundstückes nicht befugt. Nach kurhessischem und hannoverschem Rechte genügt Einwilligung der Frau mit richterlicher Dispensation vom Veräußerungsverbote (Roth a. a O. § 98 Anm. 13) — Im Uebrigen ist jede Veräußerung nichtig Die Nichtigkeit kann, sobald der Rückfall der dos eingetreten ist, von der Frau und deren Erben, aber auch während der Ehe vom Ehemann selbst geltend gemacht werden (letzterer Satz ist allerdings bestritten, vgl Windscheid § 172a Anm 2) — Außerdem kommt noch das Recht der Ehefrau, die dos zurückzufordern, wenn der Mann verarmt, oder die dos verschleudert, in Betracht — Eine Zwangsvollstreckung in das Dotalgrundstück setzt hiernach bei dinglichen wie persönlichen Ansprüchen stets einen vollstreckbaren Schuldtitel gegen den Ehemann voraus (vgl. indeß § 17 Abs 2 b G für den Fall der Bestellung eines Grundstücks als dos nach erfolgter Beschlagnahme). Personalgläubiger der Frau aus der Zeit vor der Ehe können die Zwangsvollstreckung nur nach erfolgreicher Anfechtung der Dosbestellung herbeiführen. — Personalgläubiger des Ehemannes können ein Dotalgrundstück überhaupt nicht zur Zwangsversteigerung bringen. Das Vollstreckungsgericht hat bei Kenntniß der Dotalqualität den Antrag auf

Zwangsversteigerung abzulehnen bez. die Aufhebung der eingeleiteten Zwangsversteigerung anzuordnen, wenn ihm die Dotalqualität aus den Mittheilungen des Grundbuchrichters bekannt wird (§ 20). Andernfalls ist die Zwangsversteigerung gegen den Ehemann einzuleiten, sofern die Voraussetzungen der §§ 14 Nr. 2 und 3, 190 vorliegen. Der Ehemann selbst muß die Unzulässigkeit der Zwangsversteigerung durch Erhebung des Widerspruches gegen den Zuschlag (§§ 72, 75 Nr. 1) durchführen. Tritt der Rückfall der dos nach der Beschlagnahme ein, so kann die Frau nach § 690 C.P.O. Klage erheben und rechtzeitig die Einstellung des Verfahrens herbeiführen.

Eine Zwangsverwaltung im Verfahren gegen den Ehemann ist durch die Dotaleigenschaft nicht ausgeschlossen, so lange nicht der Fall der Rückforderung der dos seitens der Ehefrau eintritt.

Grundstücke der Handelsfrauen (vgl. bezügl der sonstige Gewerbe treibenden Frauen Mandry, civilrechtlich. Inhalt der Reichsges. S 26 ff. und Falkmann S. 510) haften ohne Rücksicht auf die Rechte des Ehemannes, für Handelsschulden (H.G B. Art. 8). Trotzdem muß bei Dotalgrundstücken ein vollstreckbarer Schuldtitel gegen den Mann erfordert werden, welcher seine im materiellen Rechte begründete Verpflichtung, sich die Zwangsvollstreckung gefallen zu lassen, prozessualisch zum Ausdrucke bringt. — Auch das gütergemeinschaftliche Vermögen haftet, soweit Gütergemeinschaft besteht, für Handelsschulden. Die Frau ist insoweit gleichberechtigte Vertreterin der Gütergemeinschaftsmasse. — Aus Prozessen, die bereits vor Eingehung der Ehe beendet oder anhängig waren, kann indeß die Zwangsvollstreckung nicht erfolgen, ehe die Haftung des gütergemeinschaftlichen Grundstückes gegen den Ehemann festgestellt ist (Eccius § 209 Anm. 75) — Nach Landesrecht entscheidet sich, ob außerdem auch der Mann mit seinem persönlichen Vermögen haftet (vgl. Art. 19 Pr. E G. z. H.G.B.; § 337 II. 1 A L.R.). —

δ. Grundstücke der Hauskinder.

Die Prozeßfähigkeit der großjährigen Hauskinder ist durch § 51 C.P O. anerkannt. Ihre Handlungsfähigkeit ist gemeinrechtlich unbeschränkt; ihre Verfügungsbefugniß findet dagegen in den väterlichen Verwaltungs- und Nießbrauchsrechten eine Schranke. Das A.L R beschränkt die Geschäftsfähigkeit der großjährigen Hauskinder auf das freie Vermögen (A L R II. 2 §§ 165, 201).

In freies Vermögen ist die Zwangsvollstreckung nur auf Grund eines Titels gegen das Hauskind zulässig. — Bei dem peculium profectitium (über dessen praktische Gültigkeit in Kurhessen, Hannover, Schleswig-Holstein vergl. Roth a. a. O. § 167 Anm. 13, 14) ist der Vater Eigenthümer. Es bedarf daher des Vollstreckungstitels gegen den Vater. Ob das Hauskind der Zwangsvollstreckung widersprechen darf, hängt von den ihm durch den Vater an dem Pekuliargrundstück eingeräumten Rechten und deren Wirksamkeit gegen Dritte ab. — Bezüglich der bona adventitia und des nicht freien Vermögens im Sinne des A L R. II 2 §§ 156, 157 ist das Hauskind Eigenthümer, der Vater hat Verwaltung und Nießbrauch als zu seinem Vermögen gehörige Rechte; gemeinrechtlich hat er an Grundstücken ein Veräußerungsrecht ohne Zustimmung des Hauskindes nicht — außer wenn die Veräußerung zur Abtragung von Schulden des Hauskindes erforderlich ist (R. 10 S. 149); nach A L.R §§ 170 ff. II. 1 und kurhessischem Recht unter denselben Voraussetzungen wie ein Vormund

(Roth, kurhess Pr.R § 135, 25), nach hannöverschem Recht bei gerichtlicher Dispensation vom Veräußerungsverbot (Verord v 4 Sept. 1867 G S. S. 1444; § 26 A.G G.B.G) — Das Hauskind hat während der Verwaltung des Vaters ohne dessen Einwilligung keinerlei Dispositionsbefugniß (Roth, deutsch. Pr.R. II § 168, § 201 II. 2 A L R). — Wegen gültiger dinglicher Schulden kann aus einem vollstreckbaren Schuldtitel gegen das Hauskind die Zwangsvollstreckung in ein zum nichtfreien Vermögen gehöriges Grundstück erfolgen. — Vollstreckbare Schuldtitel gegen das Hauskind wegen persönlicher Forderungen begründen dagegen keine Zwangsvollstreckung in ein derartiges Grundstück. Der Vater hat ein Widerspruchsrecht aus §§ 685, 690 C P O., der väterliche Nießbrauch ist dem ehemännlichen gleich zu behandeln (s oben). Persönliche Gläubiger des Vaters können sich nur an dessen Nutzungsrecht halten (§ 754 Abs. 3 C.P O).

ε Lehngüter (vgl. § 5 E.G K O.). Das Lehnrecht ist provinziell verschieden, insbesondere was die Zulässigkeit der Veräußerung und Verschuldung durch den Lehnsbesitzer, die den lehnsberechtigten Agnaten zustehenden Revokations- und Reluitionsrechte, die Bestimmungen, für welche Schulden die Substanz, für welche nur die Einkünfte haften, betrifft. (Vgl Eccius § 183, Dernburg §§ 365—372.) Wegen Schulden, welche nur auf den Einkünften haften, kann lediglich die Zwangsverwaltung erfolgen; für altvor- und hinterpommersche Lehen regelt die Verordnung über das Verfahren bei Subhastation pommerscher Lehngüter vom 11. Mai 1839 (G.S S. 167) ein Aufgebot der Lehnsberechtigten und ein Verfahren zur Abwendung der Zwangsversteigerung durch Ausübung des Revokations- und Reluitionsrechtes (vgl. auch dazu G v. 11 Juli 1845, G S. S 474 und Johow 3 S. 35 ff.). — Für Hannover siehe Greefe, Hannov Recht II §§ 44, 45, 47; für die anderen gemeinrechtlichen Landestheile die bei Stobbe II S. 408 ff angeführte Literatur und dessen Darstellung des Lehnsrechtes a. a. O. §§ 116—128

ζ Fideikommißgüter (vgl. § 5 E.K G O.) Der Fideikommißbesitzer ist Eigenthümer. Er ist aber in der Ausübung seines Eigenthumes soweit beschränkt, als es der Zweck der Stiftung erfordert, wonach das Gut ungeschmälert in der Familie vererbt werden soll (Stobbe II § 140, — A L R II 4 §§ 72, 73). Der Fideikommißbesitzer darf das Grundstück weder veräußern noch belasten. Die Anwärter haben das Revokationsrecht (Stobbe a. a O, A L R. II. 4 § 79). — Die Zwangsversteigerung ist nur wegen der von dem Fideikommißstifter dem Gute auferlegten dinglichen Schulden, sowie wegen persönlicher Schulden desselben zulässig, die aus seinem übrigen Vermögen nicht bezahlt werden können (Stobbe a. a. O, A.L.R. II. 4 § 104). Auch in letzterem Falle muß der vollstreckbare Schuldtitel gegen den Fideikommißbesitzer und auf Bezahlung aus dem Fideikommiß lauten, selbst wenn dieser Erbe des Stifters geworden ist; weil der Erwerb des Fideikommisses nicht durch Universalsuccession erfolgt — Sind entgegen §§ 118, 119 II. 4 A L R in dem Prozesse betreffend die Substanzschulden die beiden nächsten Anwärter nicht zugezogen und lautet daher das Urtheil nur gegen den Fideikommißbesitzer, so kann die Zwangsversteigerung nicht eingeleitet werden (Johow 1 S 71); die Fideikommißberechtigten können derselben widersprechen (§ 690 C P O) Für die zulässigerweise und in gehöriger Form (nach A.L.R unter Zuziehung der beiden nächsten Anwärter) von dem Fideikommißbesitzer aufgenommenen Schulden (Fideikommißschulden im engeren Sinne, Stobbe

a. a O., Lewis, Familienfideikommisse insbes. S. 227, 271, 299, §§ 80—103 II. 4 A.L.R.), haften nur die Einkünfte, aber auch in der Hand der Fideikommißnachfolger. Es ist nur die Zwangsverwaltung zulässig; gegen die Nachfolger der rechtskräftig verurtheilten Fideikommißbesitzer muß die Vollstreckungsklausel nach § 665 C.P.O. erwirkt werden. Tritt die Fideikommißnachfolge erst nach der Beschlagnahme ein, so findet auch hier § 17 Abs. 2 Anwendung. — Wegen persönlicher Schulden des Fideikommißbesitzers können die Einkünfte desselben gleichfalls durch Zwangsverwaltung in Anspruch genommen werden; — aber nicht gegen die Nachfolger im Fideikommiß. — Die Fideikommißeigenschaft ist im Grundbuche einzutragen (§ 11 E G., § 74 G.B.O) und vom Vollstreckungsgerichte bei Einleitung der beantragten Vollstreckungsmaßregel, sofern sie gerichtsbekannt ist, zu berücksichtigen (vgl. auch § 20 des G.). — Dritten, welche ohne Kenntniß von der Fideikommißeigenschaft Rechte am Grundstücke bez. dessen Einkünften von dem Fideikommißinhaber erwerben, genießen den Schutz des guten Glaubens nach allgemeinen Regeln.

η) Nachlaßgrundstücke im Falle des Universalfideikommisses (fideikommissarische Substitution). Nach gemeinem Rechte ist der Fiduciar Eigenthümer; — aber er ist regelmäßig verpflichtet, die Erbschaft bis zur Herausgabe unangetastet aufzubewahren Veräußerungen von Nachlaßgrundstücken sind daher in der Regel nichtig. — Nach dem A L R. ist der Fiduciar zwar ebenfalls als Eigenthümer anzusehen. Dem Fideikommissar gegenüber aber hat er nur die Rechte eines Nießbrauchers und die Pflichten eines solchen (§ 466 I. 12 A L R.). Sein Eigenthumsrecht ist ein beschränktes (Reichsgericht bei Gruchot 26 S. 976 und die dort citirten Entscheidungen des O T.); die Veräußerung kann regelmäßig nur unbeschadet der Rechte des Fideikommissars geschehen (vgl. auch K. 1 S. 125), so daß diesem nach Eintritt des Substitutionsfalles die Vindikation offensteht, wogegen dem Erwerber, welcher die Substitution nicht kannte, die gewöhnlichen Rechte gutgläubiger Dritterwerber verbleiben (Entsch. 76 S. 163 ff). — Die durch das Universalfideikommiß (fideikommissarische Substitution) begründete Beschränkung der Verfügungsbefugniß des als Eigenthümer einzutragenden Fiduciars ist (auf Antrag) in Abth II zu vermerken (§ 54 G.B.O.). — Dingliche und persönliche Ansprüche gegen den Erblasser können durch Zwangsvollstreckung in das Grundstück gegen den Fiduciar und Fideikommissar geltend gemacht werden Ist bereits gegen den Erblasser ein vollstreckbarer Titel vorhanden, so kann gegen Beide Vollstreckungsklausel nach § 665 C P O. ertheilt werden; dagegen bedarf es eines besonderen Schuldtitels gegen den Fideikommissar, wenn erst gegen den Fiduciar ein solcher erwirkt ist, weil der Fideikommissar weder Universal- noch Singularsuccessor desselben ist. — Dingliche Forderungen aus der Besitzzeit des Fiduciars begründen die Zwangsvollstreckung in das Grundstück gegen denselben, nicht aber ohne Erwirkung eines besonderen Schuldtitels gegen den Fideikommissar, welcher aus seinem Rechte die Gültigkeit der dinglichen Belastung anzufechten berechtigt ist und dem der Schuldtitel gegen den Fiduciar nicht präjudicirt Wegen persönlicher Forderungen gegen den Fiduciar ist nach gemeinem Rechte die Zwangsversteigerung in das Grundstück unzulässig, soweit der Fiduciar nicht zur Veräußerung befugt ist; nach A.L R. kann die Zwangsversteigerung zwar erfolgen, aber unvorgreiflich den Rechten des Fideikommissars. Der Ersteher, dem die Rechte des fideikommissarischen

Erben durch die Eintragung oder durch Mittheilung im Versteigerungsverfahren (die Kaufbedingungen sind entsprechend festzustellen) bekannt geworden sind, erwirbt das Grundstück belastet mit der Verpflichtung zur Herausgabe bei Eintritt des Substitutionsfalles. Vgl. a. Dernburg § 158, Eccius § 275. — Die Unzulässigkeit der Zwangsversteigerung nach gemeinem Rechte ist von dem Vollstreckungsrichter von Amtswegen zu berücksichtigen, wenn die in Betracht kommenden Verhältnisse gerichtsbekannt sind, oder sich aus den Mittheilungen des Grundbuchrichters ergeben (§ 20). Der Fideikommissar kann der Zwangsversteigerung widersprechen (§ 690 C.P.O.), ebenso auch der Fiduciar der Ertheilung des Zuschlages (§§ 72, 75 Nr. 1). — Die Zwangsverwaltung ist auch wegen persönlicher Forderungen gegen den Fiduciar zulässig.

ϑ. Unzulässig ist die Zwangsvollstreckung in Grundstücke, welche im Sinne des modernen Rechtes extra commercium sind, d. h. gleichgültig, ob sie im Eigenthume des Staates, der Gemeinde oder der Kirche, oder auch von Privatpersonen oder Aktiengesellschaften stehen (z. B. Eisenbahnen), dem öffentlichen Nutzen bestimmt sind, so lange sie dieser Bestimmung dienen. (Windscheid §§ 146, 147; Dernburg § 67; Eccius § 21.) Wegen der Synagogen, Familiengrüfte und Begräbnißplätze vgl. Kab.Ordre v. 14. April und 26. Oktober 1840, J.M.Bl. S 143 und 340; wegen öffentlicher Straßen R.G.Entsch. Bd. 4 S. 279; Johow Jahrb Bd 8 S 32; Rudorff S. 161 — Vgl § 75 Nr. 1. Grundstücke des Staates, der Kirchen, Klöster, Schulen und Gemeinden, welche zu einem öffentlichen Dienste nicht bestimmt sind, können veräußert und belastet werden, und unterliegen, soweit dies der Fall ist, auch der Zwangsvollstreckung (§ 2 G.B.O.).

5 Für Grundstücke ergiebt § 30 E.E.G. (vgl. R.Entw. § 1067), welche Gegenstände zur Immobiliarmasse gehören; nämlich:

a. alle zur Zeit der Beschlagnahme (§§ 16, 139) noch nicht abgeschriebenen Theile (Parzellen, Trennstücke). Diese bilden Theile der Substanz des Grundstückes (§§ 443, 467 I 20 A.L.R.). Die bloße Eintragung einer Vormerkung zur Erhaltung des Rechtes auf Auflassung oder auf Eintragung des Eigenthumsüberganges (§ 8 E.E.G., § 64 G.B.O.) scheidet das Trennstück noch nicht aus. Es steht indeß dem die Zwangsvollstreckung betreibenden Gläubiger frei, derartige Theile von der Zwangsvollstreckung auszuschließen. — Ueber die Geltendmachung der Rechte aus der Vormerkung s. zu § 40 Anm. 10.

b. Die auf dem Grundstücke befindlichen oder nachträglich darauf errichteten, dem Eigenthümer gehörigen Gebäude. Inwiefern die von Dritten, dem Superficiar, dem Pächter, auf dem Grundstücke errichteten Gebäude dem Eigenthümer gehören, bestimmt sich nach den Grundsätzen des bürgerlichen Rechtes (§§ 327—333 I. 9 A.L.R., Windscheid §§ 188 Nr. 2b, 223, Eccius § 176, Dernburg §§ 236, 329 Nr. 2, Wolff, Absonderungsrecht S. 326, Reichsgericht bei Gruchot 33 S. 872; art 518, 519, 523 c. c.). — Ueber die Rechtsverhältnisse beim Ueberbauen zweier Grundstücke mit demselben Gebäude vgl. R. 15 S. 251. — Baumaterialien eines abgebrochenen dem Eigenthümer gehörigen Gebäudes sind nach § 89 I. 2 A.L.R. als bewegliches Zubehör zu behandeln (s. unten g). — Von dem Eigenthümer eingebautes fremdes Material wird als Bestandtheil des Grundstückes von der Pfandhaftung und Zwangsvollstreckung ergriffen (R. 26 S. 343, Gruchot 35 S. 392; über die Rechte des Hypothekars nach erfolgter Trennung vgl. R. 12 S. 157

[gem. Recht]). — Vgl. auch R.Entw. §§ 783, 785. — Ob und unter welchen Voraussetzungen eingebaute Maschinen eines Fabriketablissements als Substanztheile oder Zubehör zu behandeln sind, vgl. Turnau zu § 30 E.E G. Anm. B II 3.

c. Die natürlichen An- und Zuwüchse, die stehenden und hängenden Früchte. Es gehört hierher alles dasjenige, was mit dem Grundstücke z. Z. der Beschlagnahme (§§ 16, 139) in einer natürlichen Verbindung steht, oder nachher, so lange das Grundstück sich noch im Eigenthume des Schuldners befindet, in solche Verbindung kommt: (Alluvionen, das natürlich zugesandete oder verlassene Flußbett, abgerissenes Land, — die auf dem Grundstücke befindlichen Pflanzen, auch wenn sie von Menschenhand gepflanzt oder gesäet sind. — Daß die stehenden und hängenden Früchte dem Eigenthümer gehören, ist nicht erforderlich (a M. Koblitz bei Gruchot 35 S. 549). Doch unterliegen sie dem Pfandrechte nicht, wenn sie dem Pächter gehören; die Pachtgelder bilden ein dem Gläubiger zugängliches Aequivalent für die Früchte (§ 221 I. 9; § 476 I. 20 A.L.R.; § 15 E G. R B.P.; § 38 E.G. Schl.H; § 19 E.G. Hann.; § 18 E G. Kassel; § 5 E G. Ehr.; § 6 E G. Hz; § 14 Abs. 1 E.G. Rhld.; Turnau Anm. B V 1 zu § 30 E.E G. A. M. für das A.L R. Wolff, Absonderungsrecht S. 337 ff — R Entw § 1067 Nr. 1). Der Nießbraucher wird zwar nach A.L R. ebenfalls mit Entstehung der Früchte Eigenthümer derselben; aber der jüngere Nießbraucher steht dem älteren Pfandgläubiger nach; jüngeren Gläubigern gegenüber kann er sein dingliches Recht auf den Fruchtgenuß geltend machen (C.P.O. § 690); nach Durchführung des Grundbuchsystems jedoch nur insofern es eingetragen ist (§ 12 E.E G); vgl. Turnau a. a. O. — Die veräußerten stehenden und hängenden Früchte werden, wenn sie bis zur Beschlagnahme vom Boden nicht getrennt sind, von der Beschlagnahme des letzteren mitergriffen; der dritte Erwerber kann aber auf Grund seines Rechtes auf Einerntung der Früchte auf Herausgabe nach C.P.O. § 690 klagen (vgl. Seuffert Arch. 37, 355). Doch ist eine solche Veräußerung den eingetragenen Gläubigern gegenüber, soweit sie denselben zum Nachtheil gereicht, ohne Wirksamkeit (§ 31 E.E G.) Hat vor der Beschlagnahme eine Absonderung der als stehende oder hängende veräußerten Früchte stattgefunden, so gehören sie nicht mehr zur Immobiliarmasse (s unten d). — Ueber die Streitfrage, ob in solchem Falle ihre Pfandhaftung überhaupt aufhört, oder ob sie der benachtheiligte eingetragene Gläubiger außerhalb der Zwangsvollstreckung in das Grundstück für sich in Anspruch nehmen kann (s. bei Turnau zu § 30 E E.G. Anm. B V 2). — So lange die stehenden und hängenden Früchte nicht gemäß §§ 16, 140 in Beschlag genommen sind, unterliegen sie der Zwangsvollstreckung in das bewegliche Vermögen (§ 714 C.P.O.). — Ueber den Umfang des Begriffes „Früchte" siehe Eccius § 21 Anm. 28, § 199 Anm. 16a und Turnau a. a. O Anm B V 5. Vgl a art. 520 ff, 547 ff., 552 ff c. c

d. Die auf dem Grundstücke zur Zeit der Beschlagnahme (§§ 16, 140) noch vorhandenen abgesonderten dem Eigenthümer gehörenden Früchte. Die Pfandhaftung schließt das Recht des Eigenthümers zur Veräußerung nicht aus. Der Pfandgläubiger muß deshalb, soweit nicht die Beschlagnahme nach §§ 16, 140 die abgesonderten, auf dem Grundstücke noch vorhandenen, dem Eigenthümer gehörigen Früchte ergreift (siehe unter g und zu §§ 16, 140), dieselben als bewegliche Sachen pfänden lassen. (R. 5 S. 292, 22 S. 272 und Turnau a. a. O. Anm. B V 4. — Ueber den Eigenthumserwerb an den Früchten durch die Nutzungsberechtigten siehe unter c. Der Begriff der dem Pächter „zuwachsenden Früchte“ im Sinne der dort angeführten Bestimmungen der Einführungsgesetze umfaßt auch die fructus separati nondum percepti (Seestern-Pauly S. 97). Die nicht bloß vorübergehende Wegschaffung von dem Grundstücke vor der Beschlagnahme entzieht die abgesonderten Früchte der Zwangsvollstreckung in das unbewegliche Vermögen, auch wenn der Schuldner Eigenthümer geblieben ist (R. 22 S. 275); das Verbleiben auf dem Grundstücke macht dieselben nicht zum Gegenstand dieser Zwangsvollstreckung, wenn der Schuldner aufgehört hat, Eigenthümer zu sein (Entsch 72, S 228; Achilles a. a. O. Anm 4. Vgl R.Entw §§ 1067 Nr 2, 1068.)

e Die Mieths- und Pachtzinsen und sonstigen Hebungen, sofern sie zur Zeit der auch hier (wie bei d) zur Wahrung des dinglichen Rechtes der Realgläubiger erforderlichen Beschlagnahme noch nicht durch Zahlung, Hinterlegung oder auf andere Art getilgt oder über sie vom Eigenthümer rechtsgültig verfügt war. Der § 31 E E G. giebt nur den eingetragenen Gläubigern das Recht, die Vorauserhebung, Abtretung und Verpfändung von Pacht- und Miethszinsen auf mehr als ein Vierteljahr (— nicht also für das laufende Quartal —), soweit sie ihnen nachtheilig ist, als unwirksam zu behandeln, nicht aber dem betreibenden Personalgläubiger oder dem Verwalter im Zwangsverwaltungsverfahren; der Ersteher erwirbt kein Recht auf die vorauserhobenen in die Zeit nach dem Zuschlage fallenden Pacht- und Miethszinsen Die benachtheiligten Realgläubiger haben ihr Recht außerhalb des Verfahrens der Zwangsvollstreckung in das Grundstück auf Grund ihres Pfandrechtes zu verfolgen. Ueber die Art und Weise vgl. Turnau zu § 31 E.E G Anm. 5 — Als „Hebungen“ kommen Erbpachtsgelder, Kanon u dgl. in Betracht; auch die einzelnen Hebungen einer Ablösungsrente — Vgl. R.Entw § 1067 Nr 4, 1069

f Die zugeschriebenen unbeweglichen Zubehörstücke (Pertinenzien) und Gerechtigkeiten (vgl R Entw § 1067 Nr. 1) — Erfolgt die Zuschreibung als Zubehör, so tritt das zugeschriebene Grundstück damit ohne weiteres in die Pfandverbindlichkeiten des Hauptgrundstückes (§ 32 E E G) ein Es kann sich dadurch die Immobiliarmasse also auch nach erfolgter Beschlagnahme (§§ 16, 139) vergrößern. — Daß die unbeweglichen Zubehörstücke im Bezirke eines anderen Amtsgerichtes (Grundbuchamtes) liegen, und dann ein besonderes Blatt erhalten, nimmt ihnen ihre Eigenschaft als Pertinenz nicht (vgl. § 5 Abs. 4 G B O). Ueber die Haftung unbeweglicher Pertinenzien, wenn das Grundbuch noch nicht auf das Steuerbuch zurückgeführt ist, vgl R 27 S 240 und bei Turnau zu § 30 E E.G. Anm. B IV. — Die Gerechtigkeiten (Wegegerechtigkeiten, Schäfereigerechtigkeiten, Realgewerbegerechtigkeiten u s. w), welche mit dem Besitze eines Grundstückes verbunden sind (subjektiv dingliche Gerechtigkeiten im Sinne des § 8 I. 2 A L.R.) werden auch ohne Eintragung auf dem berechtigten Grundstücke von der Pfandhaftung des letzteren ergriffen. — Die hier gemeinten „zugeschriebenen“ Gerechtigkeiten sind die in Abs. 1 Nr 3 erwähnten selbstständigen Gerechtigkeiten. Das bei einer Gemeinheitstheilung oder in einem Ablösungsverfahren gewährte Abfindungsland ist kraft Gesetzes Pertinenz des berechtigten Grundstückes. Es tritt vollständig an die Stelle derjenigen Grundstücke bez. Gerechtigkeiten, für welche es gegeben wird (§ 147 Gem Th.Ord. v. 7. Juni 1821, § 120 Abl O. v 7. Juni 1821, § 25 G v. 17. Aug 1867 G S. S. 371; Entsch. 27

S. 194) — Das Ablösungskapital (baar, oder in Rentenbriefen) dagegen ist nicht Pertinenz; als solche wird es nur hinsichtlich der eingetragenen Gläubiger im § 49 Nr. 6 Ges. v. 2. März 1850, betr. die Errichtung der Rentenbanken, erklärt. (Vgl. auch Eccius § 21 Anm. 10, § 199 Anm. 38.) Der Anspruch auf das Abfindungskapital geht daher auf den Ersteher nicht über (vgl. zu § 97 Anm. 6, § 102 Anm. 3). — Ob der Antheil des Gutsbesitzers an dem Amortisationsfonds Zubehör des Gutes ist und als solches auf den Ersteher übergeht, ist nach den Statuten der einzelnen Landschaften zu beurtheilen (vgl. v. Brünneck bei Gruchot 28 und 29, Dernburg Hyp R. II S. 40, sowie R 3 S. 224 (Schlesien), Gruchot 25 S. 742 (Westpreußen), 32 S. 402 (Posen, neuer Kreditverein) und Anm. 3 zu § 102).

g. Das bewegliche dem Eigenthümer gehörige Zubehör, so lange bis dasselbe veräußert und vom Grundstücke räumlich getrennt ist. Entscheidend ist auch hier der Zeitpunkt der Beschlagnahme; indeß muß, um das Zubehör der Wirkung der Beschlagnahme zu entziehen, Veräußerung und räumliche Trennung zusammen vorliegen. Die Bestellung als Faustpfand ist keine Veräußerung (Gruchot 31 S 432) Symbolische Uebergabe genügt nicht; auch beim Verkauf des Zubehörs in gerichtlicher Versteigerung muß räumliche Trennung hinzukommen (Strieth. 80 S. 76). Die Vorschriften betreffen auch abgesonderte Früchte, sofern sie als Pertinenz eines Grundstückes zu betrachten sind (§ 49 I. 2 A.L.R) — Ueber den Begriff der Pertinenz, die Begründung und den Verlust der Pertinenzeigenschaft, vgl. Windscheid § 143, Stobbe § 65; §§ 42, 44 bis 47, 105—108, I. 2 A L.R.; Eccius § 21, Dernburg § 62, Reichsgericht bei Gruchot 28 S. 1169 und Jur. Wochenschr. 1886 S. 205; Detailvorschriften in §§ 48 ff I. 2 A.L.R. Nach art. 522—525 c c. gilt das Zubehör eines Grundstückes als „seiner Bestimmung nach unbeweglich“. — Wegen des Eigenthumes des Verpächters an den vom Pächter als Ersatz des Abganges angeschafften Inventarstücken s. Urth. des R G. v. 22. Sept. 1882 (J.M.Bl. 1883 S. 23.) — Das Vieh-, Feld- und Wirthschaftsinventar gehört außer Stroh, Heu, Dung, gemeinrechtlich nicht zur Pertinenz, also auch nicht zur Immobiliarmasse, unterliegt daher weder der Zwangsversteigerung, noch der Zwangsverwaltung. Für Neuvorpommern und Schleswig-Holstein ist durch §§ 15 bez 38 der betr. Einf.Ges. Uebereinstimmung mit dem A.L.R. hergestellt. — Für den Bezirk des ehemaligen Appellationsgerichtes Kassel ist eine gleiche Bestimmung ausdrücklich abgelehnt. In Kurhessen sind im Allgemeinen die Grundstücke nur als einzelne Parzellen Gegenstand des Verkehres. Soll ein Gut als ein landwirthschaftliches Ganze verpfändet werden, so wird durch ausdrückliche Bezeichnung des Inventars als Zubehör und dessen Mitverpfändung dem Bedürfnisse im Einzelfalle genügt (Peters, Pr. Grundbuchges. und deren Einführung in Kurhessen, S. 80); für die gemeinrechtlichen Theile von Hannover gilt das gemeine Recht (vgl. R.Entw. I § 1067 Nr 3, II §§ 1029, 1030).

h. Die dem Eigenthümer zufallenden Versicherungsgelder für Früchte, bewegliches Zubehör und abgebrannte oder durch Brand beschädigte Gebäude. Sie treten an die Stelle der Früchte und des beweglichen Zubehors, und unterliegen wie diese der Zwangsvollstreckung auf Grund dieses Gesetzes nur, sofern der Anspruch darauf zur Zeit der Beschlagnahme noch zu dem Vermögen des Schuldners gehört. — Hat dieser die Versicherungsgelder erhoben, so ist damit der Anspruch getilgt; hat er den Anspruch abgetreten oder verpfändet, so gewährt der § 31 E.E.G. nur den dadurch benachtheiligten eingetragenen Gläubigern ein Anfechtungsrecht; vgl. oben c. u. e.; Turnau Anm. B VIII bez. Anm. 7 zu §§ 30 u. 31 E.E.G. — Der Anspruch auf die Versicherungsgelder wegen abgebrannter oder durch Brand beschädigter Gebäude haftet den Pfandgläubigern und gehört zur Immobiliarmasse in Ansehung der Zwangsvollstreckung nur, wenn diese Gelder nicht statutenmäßig zur Wiederherstellung der Gebäude verwendet werden müssen, oder verwendet worden sind. (Vgl. Dernburg, Hyp.R. II S. 158 ff. — In letzterem Falle ist das wiederhergestellte Gebäude an Stelle des abgebrannten getreten, es wird auch meist der Anspruch auf die Versicherungsgelder getilgt sein. Im ersteren Falle kommt in Frage, ob durch § 30 E.E.G. weitergehende Rechte auf Versicherungsgelder für Gebände eingeschränkt sind. — Solche sind für das gemeine Recht anzunehmen, wenn man der Ansicht Windscheids (vgl. § 248 und die dort Citirten) beitritt, daß das Pfandrecht sich auch auf die für die untergegangene Sache zu zahlende Versicherungssumme bezieht (a. M. R. 12 S. 169, vgl. auch Bernhöft in der Rostocker Festschrift für Buchka S. 29 ff). Das hannöversche Gesetz v. 14. Dezember 1864 § 18 bestimmt insbesondere ohne Einschrankung:

> Ist ein Gebäude verpfändet, so umfaßt die Hypothek auch den Anspruch auf die von einer Brandversicherungsanstalt wegen stattgehabter Beschädigung oder Zerstörung zu zahlenden Entschädigungsgelder.

Die fortdauernde Geltung dieser Vorschrift ist mit Bahlmann anzunehmen (a. M. Meyer, Grundbuchrecht in Hannover). Für das landrechtliche Gebiet muß daran festgehalten werden, daß, wenn nach den Statuten die Verwendung der Versicherungsgelder zum Wiederaufbau oder zur Wiederherstellung des Gebäudes obligatorisch ist, der Anspruch auf dieselben zur Immobiliarmasse überhaupt nicht gehört, und nicht zum Gegenstande der Zwangsvollstreckung in das unbewegliche Vermögen gemacht werden kann, — wenigstens nicht ohne Zustimmung des Schuldners. Vgl. bei Turnau zu § 30 E E G. Anm. B VIII 5. Für das rheinische Recht bestimmt § 14 Abs. 2 E.G Rhld:

> In Ansehung der Haftung der Versicherungsgelder fur Feuerschaden findet das Gesetz, betreffend die Haftung der Versicherungsgelder für die Ansprüche der Inhaber von Privilegien und Hypotheken im Bezirk des ehemaligen Appellationsgerichtshofes zu Köln, v. 17. Mai 1884 (G.S. S. 271) Anwendung. Der Umfang der Haftung der Versicherungsgelder für Früchte bestimmt sich nach den §§ 16, 143 des G., betreffend die Zwangsvollstreckung in das unbewegliche Vermögen.

Vgl. dazu Mügel Anm. h. zu § 14 a. a. O. — R.Entw. I §§ 1067 Nr. 5, 1070, II §§ 1035–1039.

6. Die Aufführung der Gegenstände des **Bergwerkseigenthumes** in Nr. 2 entspricht dem § 68 E E.G. Ueber den Karakter des Bergwerkseigenthumes vgl. Eccius § 168; Dernburg § 260; Turnau II S. 125 ff.

a. Verliehene Bergwerke. Die Verleihung von Bergwerken geschieht auf Grund erfolgter Muthung nach Maßgabe der §§ 22—38 des Allg. Berggesetzes vom 24. Juni 1865. Die Verleihung begründet das Bergwerkseigenthum (§ 50); [das Recht aus der Muthung gehört zum beweglichen Vermögen (§ 754 C.P.O.)]. Sie erfolgt, wie die Bestätigung einer Konsolidation (§§ 41—49), die Theilung oder Vertauschung von Grubenfeldern und Feldestheilen (§ 51) durch das Oberbergamt (§§ 34, 49, 51 a. a. O. und § 68 Nr. 1 E.E.G.) in Ausübung eines staatlichen Hoheitsrechtes. Die Vorschriften der E.E.G. über die Wirkung von Ab- und Zuschreibungen von Grundstückstheilen auf die Verhältnisse der eingetragenen Hypothekengläubiger (§§ 30, 32, 33 E.E.G.) finden auf die Konsolidation, die Theilung von Feldern und den Austausch von Feldestheilen keine Anwendung; vielmehr gelten die besonderen Vorschriften der §§ 45—48, 51 des Allg. Berggesetzes (§ 68 Nr. 2 E.E.G.). Was als Zubehör eines Bergwerkes anzusehen ist, entscheidet sich, da das Allg. Bergges. (§ 60 vgl. auch § 135) nur bezüglich der Hülfsbaue eine Bestimmung hat, nach allgemeinen Grundsätzen. Zubehör sind die zum Zwecke der Ausübung des verliehenen Rechtes beschafften unbeweglichen (Maschinen- und Zechenhäuser, Wege, Eisenbahnen, Kanäle, Wälder zur Entnahme des Grubenholzes — Aufbereitungsanstalten und Hüttenwerke?) und beweglichen (Gezähe, Instrumente, Grubenrisse, transportable Maschinen — Wagen und Pferde?) Gegenstände Die Produkte sind nach gemeinem Rechte auch als Zubehör zu betrachten, nach preußischem Rechte nicht (§§ 65, 93 I. 2 A.L.R.). Zu den verliehenen Bergwerken gehören auch die Erbstollengerechtigkeiten des älteren Rechtes (§ 223 Allg. Bergges.).

b. Unbewegliche Bergwerksantheile bilden lediglich die Kuxen der Gewerkschaften älteren Rechtes (§ 228 Allg. Bergges.), deren Theilhaber als Miteigenthümer des Bergwerkes betrachtet wurden (§§ 131 ff. II. 16 A.L.R.). Sie werden, was die Veräußerung und Verpfändung betrifft (§§ 229—231 a. a. O., § 68 E.E.G), vollständig wie Grundstücke behandelt. Es finden daher bei ihnen auch Ab- und Zuschreibungen von Kuxantheilen statt, für welche die §§ 30, 32, 33 E.E.G. entsprechende Anwendung finden. Wegen der Umwandlung dieser Kuxe in Kuxe des neuen Rechtes mit der Eigenschaft beweglicher Sachen siehe § 235a Allg. Bergges. (G. v. 9. April 1873 G S. S. 181). Derjenige, welchem die Gewerkschaft das ganze Bergwerk verpfändet hat (§ 230 Abs. 2 Allg. Bergges.), kann nicht die Kuxe einzelner Gewerke zur Zwangsversteigerung bringen (Gruchot 9 S. 234 und Dernburg § 268 Note 9). — Vgl. auch Turnau II S. 137.

c. Selbstständige Kohlenabbaugerechtigkeiten in den ehemals Sächsischen Landestheilen: Gesetz betreffend die Rechtsverhältnisse des Stein- und Braunkohlenbergbaues in denjenigen Landestheilen, in welchen das Kurfürstlich Sächsische Mandat vom 19. August 1743 Gesetzeskraft hat, vom 22. Februar 1869 (G.S. S. 22). Selbstständige Kohlenbaugerechtigkeiten können danach entweder vor Geltung des Gesetzes entstanden sein, diese werden aufrechterhalten; oder nach Maßgabe des § 2 a. a. O. von dem Grundeigenthume durch gerichtliche oder notarielle Erklärung als selbständige Gerechtigkeiten für den Eigenthümer selbst oder für Dritte abgetrennt werden. Solche Gerechtigkeiten haben die Eigenschaft unbeweglicher Sachen (§ 3 a. a. O.) und werden hinsichtlich der Veräußerung, Verpfändung, des Anrechtes sowie in Bezug auf die Subhastation, den Konkurs und die Rangordnung der Gläubiger nach denselben gesetzlichen Bestimmungen wie das verliehene Bergwerkseigenthum behandelt (§ 4 a. a. O). Wegen der Hypothekenregulirung bei Abtrennung der Gerechtigkeit vom Grundstück und der Konsolidation mehrerer Gerechtigkeiten zu einer einzigen treffen die §§ 6 und 7 a. a. O Bestimmung.

7. a. Damit **Schiffmühlen** die Eigenschaft unbeweglicher Sachen haben, ist erforderlich, daß sie Anstalten bilden, mittels deren die Mühlengerechtigkeit, d. h. das vom Staate verliehene Recht, eine solche Mühle in öffentlichen Flüssen

anzulegen, ausgeübt wird (§§ 229—233 II. 15 A.L.R.). Diese Gerechtigkeit bildet eigentlich den unbeweglichen Gegenstand wie in den andern Fällen der Nr. 3. Sie muß als eine selbstständige, nicht mit dem Besitz eines Grundstückes verbundene (§§ 8, 9 I. 2, § 395 I. 20 A.L.R.) verliehen sein.

b. Das Gleiche gilt von den andern in Frage kommenden selbstständigen Gerechtigkeiten. Vgl. § 14 I. Hyp.Ord. v. 1783; §§ 394, 395 I. 20 A.L.R. Ausdrücklich, wie § 9 I. 2 A.L.R. erfordert, ist freilich die Eigenschaft einer unbeweglichen Sache weder der Schiffmühlen- noch einer andern nicht mit dem Besitze eines Grundstückes verbundenen Gerechtigkeit (abgesehen von dem Bergwerkseigenthume, § 253 II. 16 A.L.R.) beigelegt, und es ist deshalb eine Eintragung im Grundbuche nur sehr selten erfolgt (Motive zu § 69 E.E.G). Allein es ist einerseits die Zugehörigkeit zum unbeweglichen Vermögen in Ansehung der Zwangsvollstreckung von der Anlegung eines Grundbuchblattes nicht abhängig gemacht, andererseits die letztere nach Lage der Gesetzgebung nicht ausgeschlossen (§§ 3, 134 ff. G.B.O.; § 42 E.G Schl.H.) — vgl. R.Entw. I § 781 Abs. 2, II § 928 und Bem. 1.

c. Als solche Gerechtigkeiten kommen noch in Betracht: 1) die vererblichen und veräußerlichen Apothekerprivilegien, bezüglich deren in den verschiedenen Landestheilen verschiedenes Recht gilt (vgl. darüber v Ronne Ergänzungen 4. Aufl. I S. 78), und welche auch als Realpertinenzen eines bestimmten Grundstückes vorkommen und eingetragen werden können (Reskr. v. 19 März 1840, J.M.Bl. S. 113). — 2) Fahr- und Fischereigerechtigkeiten (§§ 51, 88, 90 II. 15 A.L.R.; — §§ 73 bis 75 a. a. O., §§ 170 ff. I. 9 A.L.R.; — Stobbe I § 64). Die Fischereigerechtigkeit kann auch als Realpertinenz verliehen werden (§ 76 II. 15 A.L.R.). — 3) Die Superficies, sofern sie nicht an ein herrschendes Grundstück gebunden, sondern als subjektiv persönliches Recht begründet ist. Das A.L.R. erwähnt die superficies nur als einer Grundgerechtigkeit (§ 243 I. 22); dadurch ist indeß die Begründung derselben als eines einer Person zustehenden Nutzungsrechtes nicht ausgeschlossen (Dernburg § 289, vgl. a. Eccius § 185, § 194 Anm. 48, § 198 Anm. 3a). Wegen der Anlegung eines Grundbuchblattes für die als subjektiv-persönliches Recht begründete superficies s. § 3 G.B.O. Dernburg, Hyp.R. I S. 156, Bahlmann zu § 3 G.B.O., Entsch. 37 S. 148. — In den Motiven zu § 162 (Entw. § 159) wird der superficies als einer hier in Frage kommenden selbstständigen Gerechtigkeit gedacht (Jäckel Anm. 4 hält sie für nicht hierher gehörig; vgl. R.Entw. I §§ 961 ff., II §§ 924 ff.) — Die Erbpachtgerechtigkeit ist durch das Ablosungsgesetz von 2 März 1850 in Eigenthum verwandelt, und die Begründung neuer derartiger Gerechtigkeiten ausgeschlossen (§ 91 a. a. O.). Sie kommt daher auch hier nicht mehr in Betracht Fur Hannover vgl. Munchmeyer im Mag. f. d. deutsche R. 2 S. 1; Detmold a. a. O. 3 S. 65.

d. Die in der Verordnung vom 10. April 1841 (G.S S. 76) bezeichneten Realberechtigungen in der Provinz Westfalen und in den Kreisen Rees und Duisburg (jetzt Rees, Essen, Stadt und Land, Duisburg und Mülheim), sofern solche jetzt noch vorhanden sind (Kurlbaum S. 6).

8. a. **Kauffahrteischiffe** sind alle zum Erwerbe durch die Seefahrt bestimmten Schiffe (§ 1 B.G. v. 25. Oktober 1867, B.G.Bl. S. 35.) Ob die Schiffe in das Schiffsregister eingetragen sind oder nicht, ist gleichgültig (§ 17 des angeführten Gesetzes in der durch § 1 R.G. v. 28. Juni 1873 R.G.Bl. S. 184 abgeänderten Fassung). Den Begriff Seefahrt ergeben die von dem

Bundesrath erlassenen Vorschriften vom 13. November 1873 R.G.Bl. S. 367 (§ 1) Demnach gehören auch zu den zum Erwerbe durch die Seefahrt bestimmten Schiffen: a) die zur großen Seefischerei bestimmten Schiffe, — b) die zum Schleppen anderer Schiffe bestimmten Fahrzeuge, welche Seefahrt betreiben. — Schiffsparten werden als bewegliche Sachen in Ansehung der Zwangsvollstreckung behandelt, § 179. — Zur Immobiliarmasse eines Kauffahrteischiffes gehören als bewegliche Gegenstände, auf welche sich das bezüglich eines Kauffahrtteischiffes bestehende Pfand- und Vorzugsrecht kraft Gesetzes mit erstreckt, 1) das Zubehör des Schiffes (Art 758, 443 H.G B). 2) Die Vergütung für Aufopferung oder Beschädigung in Fällen der großen Haverei (Art. 702). Dasselbe gilt von den Entschädigungsansprüchen nach Art. 778 Abs 2. Diese Vergütung bez Entschädigung haftet sämmtlichen Schiffsgläubigern an Stelle desjenigen, wofür sie bestimmt ist (Art. 757). — 3) Das gesetzliche Pfandrecht jedes (einzelnen) Schiffsgläubigers erstreckt sich außerdem auf die Bruttofracht derjenigen Reise, aus welcher seine Forderung entstanden ist (Art. 759, 760, 774). Das gesetzliche Pfandrecht der aus den Dienst- und Heuerverträgen herrührenden Forderungen der Schiffsbesatzung erstreckt sich, auch wenn diese Forderungen aus späteren Reisen entstanden sind, auf die Fracht einer früheren Reise, sofern die verschiedenen Reisen unter denselben Heuervertrag fallen (Art. 761). — Das Recht der reichsgesetzlichen Schiffsgläubiger wie der eingetragenen Pfandgläubiger auf abgesonderte Befriedigung aus dem Schiffe selbst und die Vorrechtsordnung derselben dabei ist durch § 40 Nr. 8 K.O. und § 14 E G. K.O. gewährleistet, auch wenn das Kauffahrteischiff als bewegliche körperliche Sache betrachtet wird. Dagegen bedingt die Ausdehnung des Rechtes auf abgesonderte Befriedigung aus den unter Nr. 2 u 3 aufgeführten Forderungen zwar nicht für die Schiffsgläubiger im Sinne des H.G.B. (§ 29 Pr. E.G z. H G B.), wohl aber für die durch Eintragung in das Schiffsregister begründeten Pfandrechte, die Hinzurechnung der Kauffahrteischiffe zu den Gegenständen des unbeweglichen Vermögens in Ansehung der Zwangsvollstreckung, weil anders der denselben durch die §§ 64, 69 Pr. K.O. gewährte, durch Art. 29 Pr. E G. z. H.G.B. nicht betroffene Absonderungsanspruch bezüglich der für das Schiff gezeichneten Versicherung und der von demselben verdienten Frachtgelder nicht aufrecht erhalten werden konnte. (Vgl. Motive zu § 1 des Entwurfes.)

b. Andere zur Frachtschiffahrt bestimmte Schiffsgefäße unterliegen dem Verfahren allgemein nur im Geltungsbereiche des A.L.R. mit Ausnahme der hierzu gehörigen Theile der Provinz Hannover gemäß § 1 Z. 4 der Subh O. v. 15. März 1869; außerdem nur in der Provinz Hannover in der Beschränkung auf Schiffe von wenigstens fünf Last Tragfähigkeit (§ 558 Hann. B P O.). Im Geltungsbereiche des A.L R kann die Verpfändung durch Vermerk auf den Schiffsurkunden und Uebergabe einer beglaubigten Abschrift derselben erfolgen (§§ 302 ff I. 20 A.L R.). Auch diese Form der Pfandbestellung ist in § 14 E.G. K O. anerkannt, und zwar beschränkt sich das Pfandrecht nach § 64 K.O. von 1885 gleichfalls nicht auf das Schiff selbst, sondern ergreift auch die Fracht- und Versicherungsgelder. Für die gemeinrechtlichen Theile der Provinz Hannover wird nach dem Gesetz vom 14. Dezember 1864 ein Pfandrecht an Schiffen durch Eintragung in das Hypothekenbuch gewährt (s. dazu § 12 E.G. K.O. und § 18 A.G. K.O.) Die in Hannover bisher zulässige Subhastation von Schiffen, welche andern Zwecken dienen, ist ausgeschlossen

Erster Abschnitt.

Zwangsvollstreckung in Grundstücke.

Erster Titel.

Allgemeine Bestimmungen.

§. 2. Die Zwangsvollstreckung in Grundstücke erfolgt:

1) durch Eintragung der vollstreckbaren Forderung in das Grundbuch,
2) durch Zwangsversteigerung,
3) durch Zwangsverwaltung.

Der Gläubiger kann nach seiner Wahl eine dieser Maßregeln oder mehrere derselben neben einander ausführen lassen.

Die Eintragung in das Grundbuch und die Zwangsverwaltung erfolgen auch zur Vollziehung eines Arrestbefehles.

Die gesetzlichen Vorschriften, nach welchen die Zwangsversteigerung wegen gewisser Forderungen nicht erfolgen darf, bleiben bestehen.

§ 2. Arten.

1 Vgl. § 3 R.Zw.G Entw. — Für die Zwangsvollstreckung in Grundstücke wegen einer Geldforderung sind andere als die in § 2 aufgeführten Maßregeln nicht mehr zulässig. Die Einweisung in ein Grundstück zu eigener Benutzung (§ 559 Hann. B.P.O.), die Immission nach kurhessischem Rechte (§ 15 E.E.G. Kassel) sind daher beseitigt.

Die Anordnung der Eintragung im Grundbuche ist aber, wie demnächst zu zeigen, keine Zwangsvollstreckung im Sinne des § 755 Abs. 2 C.P.O. Richtiger wäre es deshalb gewesen, wenn man dem Abs. 1 folgende Fassung gegeben hätte: „Die Zwangsvollstreckung in Grundstücke erfolgt 1) durch Zwangsversteigerung, 2) durch Zwangsverwaltung. Außerdem können vollstreckbare Forderungen in das Grundbuch eingetragen werden". In den vorliegenden Erläuterungen wird unter Zwangsvollstreckung nur die Zwangsversteigerung und die Zwangsverwaltung verstanden. Die Eintragung in das Grundbuch wird im Zusammenhange bei den §§ 6—12 behandelt.

Die Zwangsversteigerung war in allen Rechtsgebieten als Vollstreckungsmittel anerkannt. — Die Zwangsverwaltung ist, wie dies § 757 Abs. 1 C.P.O. gestattet, im Gegensatz zu manchen früheren Gesetzgebungen allgemein als Vollstreckungsmittel zugelassen. Ihre Anwendung auch bei veräußerlichen Grundstücken rechtfertigen die Motive damit, daß dem Schuldner dadurch der gänzliche Verlust des Grundstückes erspart werden kann, ebenso für einen Gläubiger, dessen Befriedigung aus dem Erlöse einer Zwangsversteigerung durch ein Hypothekenrecht nicht ausreichend gesichert ist, die Zwangsverwaltung vielleicht bessere Aussicht auf Befriedigung giebt als die Zwangsversteigerung, da sie die Möglichkeit bietet, durch Einführung guter Wirthschaft den Werth des Grundstückes zu heben, endlich auch in gewissem Maße ein Gegenmittel gegen das aus der Beschränkung der Zwangsversteigerung etwa zu besorgende allzugroße Sicherheitsgefühl des Eigenthümers geschaffen ist.

2. Keine Zwangsvollstreckung im Sinne der C.P.O. ist das Verwaltungszwangsverfahren nach der preußischen Verordnung vom 7. September 1879, und die Vollstreckung von Defektbeschlüssen gegen Reichsbeamte. Vgl. darüber zu § 203 und Jastrow bei Gruchot 30 S. 305, N. 31 S. 310.

3. Parteien (Hauptparteien) der Zwangsvollstreckung sind eine Person, welche die Vollstreckungshandlung für sich begehrt, „der Gläubiger", und eine Person, gegen welche bez. gegen deren Vermögen die Zwangsvollstreckung gerichtet werden soll, der „Schuldner". Nach den Vorschriften des vorliegenden Gesetzes (§ 21) treten aber zu den Parteien noch andere „Interessenten" hinzu. (Vgl. Anm. 10b zu § 3.)

4. Die allgemeinen Voraussetzungen der Zwangsvollstreckung sind:

a. Der vollstreckbare Schuldtitel.

α. Die Schuldtitel zerfallen in reichsgesetzliche und landesgesetzlich zugelassene (§ 706 C.P.O.). Erstere sind im ganzen Reich wirksam; letztere sind auf den Geltungsbereich des betreffenden Bundesstaates beschränkt; sie müssen auch, sofern nicht im einzelnen Falle besondere Bestimmungen bestehen, ihrer Entstehung nach diesem Gebiete angehören.

Schuldtitel nach Reichsrecht.

1. Die Endurtheile (Theil- und Schlußurtheile, §§ 272—274 C.P.O.) der ordentlichen deutschen Gerichte, denen hier, wie auch im Folgenden die Konsulargerichte und die Gerichte in den deutschen Schutzgebieten gleichstehen (vgl. § 14d R.G. v. 14. Juli 1879, R.G.Bl. S. 197 und § 2 d. R.G. v. 17. April 1886) in bürgerlichen Rechtsstreitigkeiten, sofern sie entweder rechtskräftig geworden (§§ 644 645, 646 C.P.O.) oder für vorläufig vollstreckbar erklärt sind (§§ 644, 648 bis 657, 496, 523 C.P.O.). Dahin gehören auch die Vollstreckungsurtheile auf Grund von ausländischen Urtheilen (§§ 660, 661 C.P.O.) und von Schiedssprüchen (§ 868 C.P.O.). Der Vorbehalt von Rechten gemäß §§ 502, 562 C.P.O. steht der Vollstreckbarkeit nicht entgegen, ebensowenig, daß nach § 652 Abs. 1 C.P.O. die vorläufige Vollstreckbarkeit von einer Sicherheitsleistung abhängig gemacht oder dem Schuldner gemäß Abs. 2 die Abwendung der Vollstreckung nachgelassen ist. Es geht aber von vornherein und so lange der Gläubiger nicht Sicherheit geleistet hat, oder die Rechtskraft des Urtheils eingetreten ist, gemäß § 659 C.P.O. die Zwangsvollstreckung nur auf Hinterlegung der geschuldeten Geldsumme, nicht auf Auszahlung (vgl. unten § 118).

2. Die Vollstreckungsbefehle im Mahnverfahren (§§ 639, 702 Nr. 4 C.P.O.).

3. Entscheidungen der ordentlichen deutschen Gerichte auf dem Gebiete der streitigen Civilgerichtsbarkeit, gegen welche das Rechtsmittel der Beschwerde zulässig ist oder zulässig sein würde, wenn nicht die Entscheidung in höherer oder höchster Instanz erlassen wäre (§ 702 Nr. 3 C.P.O — Uebersicht bei Seuffert, Anm. 1, 2 zu § 530).

4. Vergleiche, die nach Erhebung der Klage zur Beilegung des Rechtsstreites wenigstens in Betreff eines Theiles des Streitgegenstandes vor einem ordentlichen deutschen Gerichte geschlossen sind (§ 702 Nr. 1 C.P.O.). Die Zustellung des Zahlungsbefehles steht trotz der mit derselben eintretenden Wirkungen der Rechtshängigkeit (§ 633 C.P.O.) in dieser Hinsicht der Klageerhebung nicht gleich. (A. M. Jäckel Anm. 1 zu § 6, Dernburg Hyp.R. II S 122).

5. Vergleiche, welche vor dem Amtsgerichte in einer vor dem Beginn des Rechtsstreites stattgehabten Sühneverhandlung abgeschlossen sind (§ 702 Nr. 2 C.P.O.).

6. Urkunden, welche von einem deutschen Gerichte oder einem deutschen Notar innerhalb der Grenzen seiner Amtsbefugnisse in der vorgeschriebenen Form aufgenommen sind, sofern der Schuldner sich in der Urkunde der sofortigen Zwangsvollstreckung unterworfen hat (§ 702 Nr 5 C.P.O.)

7. Die von einem deutschen Konkursgerichte vorgenommene Feststellung einer Konkursforderung durch Eintragung in die Tabelle, wenn nicht der Gemeinschuldner im Prüfungstermine die Forderung ausdrücklich bestritten hat (§§ 132, 152 Abs. 2, 192 K.O.).

8. Der vor einem deutschen Konkursgerichte geschlossene, rechtskräftig bestätigte Zwangsvergleich für die festgestellten und vom Gemeinschuldner im Prüfungstermine nicht ausdrücklich bestrittenen Forderungen Der Titel gilt auch gegen diejenigen, welche in dem Vergleiche neben dem Gemeinschuldner ohne Vorbehalt der Einrede der Vorausklage Verpflichtungen übernommen haben. (§ 179 K.O.)

9. Die den Verfall einer im Strafverfahren für den Angeschuldigten geleisteten Sicherheit aussprechende Entscheidung des zuständigen Gerichtes. (§ 122, 124, 353 St.P.O.)

10. Die im Strafverfahren ergehenden vollstreckbaren Entscheidungen über Vermögensstrafen, Bußen oder Kosten (§§ 483, 495, 496 Abs 2 St.P.O.).

11. Festsetzungen von Strafe und Kosten gegen Rechtsanwälte nach der Rechtsanwaltsordnung (§§ 58, 63, 94, 97 R.A.O.).

12. Die gemäß R.G. v 1. Mai 1889 (§ 60, §§ 99 ff) für vollstreckbar erklärten Festsetzungsbeschlüsse, Vorschuß-, Zusatz- und Nachschußberechnungen der Genossenschaften.

13. Die Endurtheile und Vergleiche des gewerbegerichtlichen Verfahrens. (§§ 56, 59, 73 R.G. v. 29. Juli 1890, R.G.Bl S. 141). Vgl. auch §§ 1, 10 des preuß. G. betr. die Kgl. Gewerbegerichte in der Rheinprovinz vom 11. Juli 1891 (G.S. S. 311).

Schuldtitel nach Landesrecht.

Wegen der landesgesetzlichen Schuldtitel aus früherer Zeit vgl. § 26 Zw.G., §§ 19—23, auch §§ 13, 14 des Gesetzes betr. die Uebergangsbestimmungen v. 31. März 1879, § 10 A.G. C.P.O.

Zur Zeit ist maßgebend neben § 706 C P O der § 5 Zw G.:

„Die in den einzelnen Landestheilen bestehenden Vorschriften über die Zulässigkeit der Zwangsvollstreckung in das unbewegliche Vermögen aus anderen als den in den §§ 644, 702 der Deutschen Civilprozeßordnung bezeichneten Titeln bleiben, unbeschadet der Vorschriften des § 660 der Deutschen Civilprozeßordnung, in Kraft."

Solche Schuldtitel sind:

14. Das Zuschlagsurtheil bei der Zwangsversteigerung gemäß § 129 dieses Gesetzes als Schuldtitel für den rückständigen und überwiesenen Erwerbspreis gegen den Ersteher und im Falle des § 83 Abs. 2 auch gegen den für mitverhaftet erklärten Meistbietenden.

15. Die vor dem Schiedsmann geschlossenen Vergleiche (§§ 32, 47 Sch.O).

16. Die gemäß § 59 der Feldpolizeiordnung vom 1. November 1847 vor der Polizeibehörde geschlossenen Vergleiche (§ 12 A.G. C P O).

Das Feld- und Forstpolizeigesetz v 1. April 1880 (G.S. S. 230) hat zwar den Vergleichsversuch vor der Polizeibehörde nicht aufgenommen. Es hat aber auch den § 59 nicht beseitigt (§ 96), so daß derartige Vergleiche nach wie vor möglich sind.

17. Die gerichtlich bestätigte Dispache (§ 29 A G C P.O., Art. 57 § 7 E G. H.G.B.).

18 Die Erkenntnisse und Beschlüsse der Rheinschifffahrtsgerichte und Elbzollgerichte (§ 12 G. v. 8 März 1879, § 9 G v 9 März 1879).

19 Ein Streit besteht darüber, ob und in welchem Umfange durch Staatsverträge der Einzelstaaten ausländischen Urtheilen die Vollstreckbarkeit für das betreffende Staatsgebiet beschafft werden kann, ohne daß gemäß § 660 C P O. ein inländisches Vollstreckungsurtheil erwirkt ist (Seuffert Anm. 1 u 2 zu § 660 C P.O, Kurlbaum S 17, Eccius bei Gruchot 22 S. 795, Pröbst, der Abschluß völkerrechtlicher Verträge durch das Deutsche Reich und dessen Einzelstaaten in den Annalen des Deutschen Reichs von Hirth und Seydel 1882 S. 252, Francke in d. Ztschr. f D. Civ.Proz. 8 S. 1, Urth d R Ger. v 30. Juni 1886 (Jur. Wochenschrift S 271) Die Frage betrifft auch die Vollstreckbarkeit der Entscheidungen außerdeutscher Elbzoll- und Rheinschifffahrtsgerichte.

20. Beschlüsse des Vormundschaftsgerichtes über die Alimentation ehelicher Kinder im Gebiete des A L.R (§ 72 II, 2).

21. Nach § 528 der hannöverschen bürgerlichen Prozeßordnung findet die gerichtliche Zwangsvollstreckung statt auf den Grund der im Klaren beruhenden Erbpacht-, Meier- und sonstigen, auf Grund und Boden ruhenden Gefälle des Domanii und anderer Gutsherren und Obereigenthümer. Nach § 1 der Ver. v. 22. September 1867 (G.S. S. 1553) sind die Forderungen des Domanii dem Verwaltungszwangsverfahren unterworfen. Für die Ansprüche anderer Gutsherren und Obereigenthümer, welche namentlich dinglicher Natur sind, dauert dieser praktisch allerdings wenig gebrauchte Titel fort. § 14 dieses Gesetzes steht nicht im Wege, da er nicht die Zulässigkeit der Schuldtitel zu regeln bezweckt. A. M. Rudorff zu § 2.

Die Entscheidungen der Kreis- und Bezirksausschüsse, sowie die Vorbescheide der Ortspolizeibehörde aus § 10 des Wildschadengesetzes vom 11. Juli 1891 und die Entscheidungen der Verwaltungsbehörde über die Verpflichtung zur Gewährung laufender Unterstützungen an Hülfsbedürftige (§§ 65 ff. des G. v. 8. März 1871) sind nur im Verwaltungswege vollstreckbar (§ 66 des Landesverwaltungsgesetzes) und daher keine Schuldtitel für die gerichtliche Zwangsvollstreckung. A. M. Jäckel Anm 1 zu § 6 unter w bez. Turnau I S. 326.

β. Der Inhalt des Schuldtitels muß zum Ausdruck bringen, daß es sich um eine Geldforderung im Sinne der Ueberschrift des Abschn. 2 Buch 8 C.P.O. handelt. Denn nur auf die Zwangsvollstreckung wegen Geldforderungen bezieht sich dieses Gesetz. Die Berechtigung kann aber auch als eine betagte oder von dem Eintritte einer Thatsache abhängige hingestellt werden (§ 664 C.P.O.). Geldforderung in diesem Sinne ist eine Summenschuld, deren Zahlung in Reichswährung erfolgen kann, mag auch die Bezeichnung in ausländischer Währung erfolgt sein (Seuffert Anm. 1. vor § 708). Hat die Forderung ursprünglich einen anderen Gegenstand, so kann für die Zwangsvollstreckung in der hier in Betracht kommenden Art nur der gemäß § 778 C.P.O geltend zu machende Anspruch auf das Interesse zu Grunde gelegt werden. Für diesen ist zunächst ein vollstreckbarer Schuldtitel zu beschaffen.

γ. Im Weiteren müssen schon bezüglich des Inhalts des Schuldtitels persönliche Forderung (Schuldklage) und dingliche Verhaftung (Pfandklage) sorgfältig geschieden werden.

Im ersteren Falle besagt der Schuldtitel, daß dem darin genannten Berechtigten gegen den dort angegebenen Verpflichteten (unter Umständen mit Einschränkungen und Modifikationen) eine persönliche Forderung zustehe.

Für die Fälle dinglicher Verhaftung zunächst eines Grundstückes kommen neben den Bestimmungen der C.P.O. folgende Bestimmungen des E.E.G. in Betracht.

§ 37 Durch die Eintragung der Hypothek und der Grundschuld wird für den Gläubiger die dingliche Klage gegen den Eigenthümer begründet. Der Letztere haftet nur mit dem Grundstück nach Maßgabe der §§ 30. 32.

§ 42. Wenn eine Hypothek oder Grundschuld ungetheilt auf mehreren Grundstücken haftet, so ist der Gläubiger berechtigt, sich an jedes einzelne Grundstück wegen seiner ganzen Forderung zu halten.

Soweit der Gläubiger aus dem einen Grundstück seine Befriedigung erhalten hat, erlischt die Hypothek oder Grundschuld auf dem mitverhafteten Grundstück. Der Eigenthümer desselben erlangt nicht das Recht, über diese Post zu verfügen, oder sie für sich zu liquidiren.

Bei den Vorschriften der Artikel V. VI. VII. des Gesetzes vom 12. März 1869 verbleibt es für dessen Geltungsbereich

(Vgl. unten zu § 204)

§ 43. Der hypothekarische oder Grundschuldgläubiger, dessen Anspruch vollstreckbar geworden, hat das Recht, auf gerichtliche Zwangsverwaltung und gerichtliche Zwangsversteigerung anzutragen.

Haftet die Hypothek oder Grundschuld nur auf einem Antheil des Grundstücks, so kann nur der Antheil zur Zwangsverwaltung und Zwangsversteigerung gestellt werden.

§ 44. Der Antrag auf Zwangsverwaltung und Zwangsversteigerung ist auch dann zulässig, wenn seit der Zustellung der Klage ein Wechsel in der Person des Eigenthümers des Grundstücks eingetreten ist.

Vgl. auch § 236 Abs. 3 C.P.O.

§ 45 Ein Vertrag zwischen dem hypothekarischen oder Grundschuldgläubiger und dem Eigenthümer, durch welchen Ersteren das Recht der Veräußerung zum Zwecke ihrer Befriedigung entzogen wird, ist nichtig.

Diese Bestimmungen müssen auch zur Anwendung kommen, wenn die dingliche Geldforderung auf eine in Abth. II des Grundbuches eingetragene Last, z. B. eine Leibzucht (Altentheil) sich gründet.

Die „dingliche Klage" geht gegen den Eigenthümer des Grundstückes als solchen, bei Antheilshypotheken gegen den Antheilsberechtigten, bei Korrealhypotheken gegen die Eigenthümer sämmtlicher Grundstücke oder nach Wahl des Gläubigers gegen den einen oder andern derselben.

Das Grundstück bekommt durch die Erhebung der dinglichen Klage die Eigenschaft „einer in Streit befangenen Sache". Alle Bestimmungen der C.P.O. über die in Streit befangenen Sachen finden Anwendung. Ein Wechsel der Person des Eigenthümers während des Rechtsstreites beeinträchtigt den Kläger nicht. Der Rechtsnachfolger ist berechtigt und auf Antrag des Klägers verpflichtet, den Rechtsstreit als Hauptpartei zu übernehmen. Die Entscheidung ist in Ansehung der Sache auch gegen den Rechtsnachfolger wirksam und vollstreckbar. Für den Fall, daß der Schuldner in Konkurs geräth, greift § 9 K.O. Platz. Der Konkursverwalter tritt als Partei an die Stelle des Schuldners (s. unten Anm. 4 a. δ).

Die zwangsweise Befriedigung des dinglichen Gläubigers aus der Pfandsache setzt heute stets Vollstreckbarkeit des Anspruches voraus. Sie erfolgt in jedem Falle durch gerichtliche Zwangsvollstreckung (§ 43 E G.).

Antrag und Verurtheilung können heute nicht mehr auf Einräumung des Besitzes an den Kläger zum Zwecke des Privatverkaufes gerichtet werden.

In der Praxis ist es vielfach üblich geworden, die Verurtheilung dahin zu fassen, daß Beklagter entweder zahle oder den Verkauf sich gefallen lasse, bez. daß Beklagter zur Zahlung bei Vermeidung der Zwangsvollstreckung in die Pfandsache verurtheilt werde. Indeß hat das Gesetz eine, wenn auch nur alternative, persönliche Verbindlichkeit des Eigenthümers, zu zahlen, nicht aufgestellt. Der Eigenthümer haftet nur mit dem Grundstücke. Seine Zahlungspflicht ist jedenfalls nur eine dingliche (Realobligation), und es ist unerläßlich, daß die Verurtheilung nicht den Anschein hat, als ob eine darüber hinausgehende persönliche Verpflichtung vorliege. Am zweckentsprechendsten dürfte es sein, den Beklagten als Eigenthümer des Grundstückes bez. als Verwalter des Konkurses über das Vermögen dieses Eigenthümers zu verurtheilen, daß er sich die Zwangsvollstreckung in das Grundstück A wegen der Forderung N gefallen lasse. (So Exner, Oesterreichisches Hypothekenrecht I S. 236 ff.; vgl. im Uebrigen Dernburg, Hyp R. II S 260, Eccius § 194a Anm 17, Staub bei Gruchot 27 S 707 ff., Voß daselbst S. 793 ff.).

Die dingliche Klage bezweckt aber auch in dieser Fassung die Geltendmachung einer Geldforderung oder eines Anspruches, welcher die Zahlung einer bestimmten Geldsumme zum Gegenstande hat. (Vgl § 15 Z. 4 E G. C.P.O) Daraus folgt, daß die dingliche Forderung auch im Urkundenprozesse (§§ 555 ff. C.P.O.) und im Mahnverfahren (§§ 628 ff. C.P.O) geltend gemacht werden kann und daß ein vollstreckbarer Schuldtitel für dieselbe auch dadurch zu beschaffen ist, daß eine Urkunde in den Formen des § 702 Nr. 5 C P.O errichtet wird. (A. M. Falkmann in der Zeitschr f. Civilprozeß 10 S. 374) Eine Reihe anderer Schuldtitel, z B. die unter Nr. 7—13 genannten, können dagegen eine dingliche Forderung nicht enthalten

Ist der Eigenthümer des Grundstückes zugleich der persönliche Schuldner der etwa der dinglichen Forderung zu Grunde liegenden persönlichen Forderung, so können gemäß § 26 C.P.O die dingliche und die persönliche Klage kumulirt werden. Es ist das nicht etwa eine nur doppelte Begründung desselben Klagebegehrens, sondern es ist die Geltendmachung zweier Begehren, welche, obwohl sie durch ein und dieselbe Leistung befriedigt werden können, auch durch zwei selbstständige Anträge und Verurtheilungen zum Ausdruck gebracht werden müssen, z B.: Beklagter wird verurtheilt, dem Kläger 1000 Mark zu zahlen und sich als Eigenthümer des Grundstückes A die Zwangsvollstreckung in dieses für jene 1000 Mark dinglich verhaftete Grundstück wegen der 1000 Mark gefallen zu lassen. Freilich führt die Anstellung der persönlichen Klage allein zu demselben Resultat wie die Kumulation, wenn bis zur Einleitung der Zwangsvollstreckung kein Wechsel im Eigenthume stattgefunden hat. Bei einem Wechsel in der Person des Eigenthümers nach Erlangung des Schuldtitels ist dagegen die Zwangsvollstreckung in das Grundstück nur möglich, wenn die Verurtheilung auch den dinglichen Anspruch zum Ausdrucke gebracht hat (§ 44 E E G, § 665 C P O.).

δ. Durch den Schuldtitel ist **zur Betreibung der Zwangsvollstreckung berechtigt** der in demselben bezeichnete Berechtigte, dessen Gesammtrechtsnachfolger und Sonderrechtsnachfolger (§ 665 C P.O; dazu Alfr. Schultze, die Vollstreckbarkeit der Schuldtitel für und gegen den Rechtsnachfolger), insofern die Forderung aktiv vererblich bez übertragbar ist Auch der **Konkursverwalter** kann auf Grund des § 5 K O. aus dem vom Gemeinschuldner vor der Konkurseröffnung erlangten Schuldtitel die Zwangsvollstreckung betreiben. Er übt kraft Amtes die Rechte des Gemeinschuldners aus, um dadurch die vom Staate in der Form des Konkurses gewährte Art des Rechtsschutzes zur Durchführung zu bringen Prozessualisch ist er Partei, nicht gesetzlicher Vertreter Eigentlicher Rechtsnachfolger der Partei ist er nicht Aber das Verfügungsrecht des Gemeinschuldners ist allerdings auf ihn zeitweise und zu bestimmten Zwecken übergegangen. (So jetzt auch R 29 S 36).

Für fiskalische Vermögensstrafen ist berechtigter Vertreter der Rendant der Strafvollstreckungsbehörde (G. v 14 März 1885 [G.S S. 65], Allg. Vf. v. 23. und 24 März 1885 [J M Bl S. 119, 121], für die Strafen nach der R A.O. der Schriftführer des Vorstandes der Kammer (§ 97 Abs 4 R A O.).

ε Die Zwangsvollstreckung wegen einer **persönlichen Forderung** geht gegen den **Schuldner** und bei passiv vererblichen Forderungen auch gegen dessen allgemeine Rechtsnachfolger Dagegen kann bei blos persönlichen Forderungen gegen denjenigen, auf welchen die Schuld ohne Gesammtrechtsnachfolge übergegangen ist, auf Grund des gegen den ursprünglichen Schuldner erlangten Schuldtitels die Zwangsvollstreckung nicht stattfinden (§ 665 C P O.), also namentlich auch nicht gegen denjenigen, welcher nach § 41 E E G. durch Uebernahme von Hypotheken auf das Kaufgeld persönlicher Schuldner geworden ist.

Ganz abweichend liegt die Sache bei **blos dinglicher** Verhaftung. Die Zwangsvollstreckung ist auch gegen den im Schuldtitel bezeichneten Schuldner nur so lange zulässig, als derselbe Eigenthümer des Grundstückes verbleibt. Ebenso ist sie gegen den **Gesammtrechtsnachfolger** des Schuldners nur möglich, wenn dieser Eigenthümer des Grundstückes geworden ist. Sie ist aber ferner gegen jeden gestattet, der während der Rechtshängigkeit der dinglichen Klage oder nach Beendigung des Rechtsstreites Eigenthümer der verhafteten Sache geworden ist, auch wenn der Name desselben in dem Schuldtitel nicht ausgedrückt ist. (§ 665 C.P.O., vgl. auch Anm. 4a γ)

Die Streitfrage, ob eine Zwangsvollstreckung ohne neue Feststellung gegen den Sonderrechtsnachfolger auch in dem Falle zulässig ist, wenn der Schuldtitel in einer vollstreckbaren Urkunde im Sinne des § 702 Nr. 5 C.P.O. besteht, und in der Urkunde dem durch die Eintragung begründeten dinglichen Rechte die sofortige Vollstreckbarkeit verbrieft ist, hat neuerdings Alfred Schultze, die Vollstreckbarkeit des Schuldtitels für und gegen die Rechtsnachfolger (S. 107—134), eingehend behandelt (Literaturübersicht S. 111). Der wesentliche Grund zur Verneinung ist für Schultze der Umstand, daß das geltende deutsche Prozeßrecht gegenüber dem französischen Rechte zum mittelalterlich-italienischen Rechte insofern zurückgekehrt ist, als es für die exekutorische Urkunde die Unterwerfungsklausel verlangt. Er behauptet, daß diese keine Wirkung gegen Sonderrechtsnachfolger habe. — Zuzugeben ist, daß letzteres der allgemeinen Rechtsregel entsprechen würde. Die im § 703 C.P.O. verordnete entsprechende Anwendung des § 665 C.P.O. führt aber dazu, im vorliegenden Falle diese Wirkung dennoch ausnahmsweise anzuerkennen. Nur wenn dieses Ergebniß offenbar unzweckmäßig erscheinen würde, würde man berechtigt sein, dasselbe als nicht entsprechend abzuweisen. Die allerdings wenig elegante Inkongruenz der Gerichtsstände aus § 705 Abs. 5 C.P.O. und aus § 25 C.P.O. (Schultze S. 131 ff) reicht dazu nicht aus.

Während der Dauer eines vor einem deutschen Gerichte schwebenden Konkurses kann auf Grund eines gegen den Gemeinschuldner erlangten Titels die Zwangsvollstreckung wegen einer dinglichen Forderung auch gegen den Konkursverwalter betrieben werden, und wird man für diesen Fall unter keinen Umständen eine Ausnahme für vollstreckbare Urkunden rechtfertigen können, da keine eigentliche Singularsuccession vorliegt. (Vgl. Alfr. Schultze S. 142.)

Ueber die nur für die Zwangsvollstreckung in Schiffe bedeutsame Vollstreckung gegen den Schiffer statt gegen den Rheder und umgekehrt vgl. zu § 165.

ζ Der Wegfall des Schuldtitels oder der Vollstreckbarkeit desselben macht die Zwangsvollstreckung unzulässig.

aa. Der Schuldtitel selbst kann wegfallen:

αα. durch Entscheidung des Gerichtshofes zur Entscheidung der Kompetenzkonflikte, welche vor rechtskräftiger Entscheidung der Sache den Rechtsweg für unzulässig erklärt (§ 17 G.V.G., § 17 E.G. G.V.G., § 15 Nr. 1 E.G. C.P.O., Ver. v. 1. Aug. 1879); dagegen kann die Erhebung des s. g. Konfliktes (§ 1 d. G. v. 13. Februar 1854, § 5 d. G. v. 8. April 1854 und § 11 E.G. G.V.G.) nach heutigem Rechte den Wegfall des Schuldtitels direkt nicht mehr herbeiführen. Vielmehr kann nur die im Konfliktsverfahren getroffene Entscheidung, daß der Beamte sich einer Ueberschreitung seiner Amtsbefugnisse oder der Unterlassung einer ihm obliegenden Amtshandlung nicht schuldig gemacht habe, zur Abänderung auf den unter ββ bis εε angegebenen Wegen führen;

ββ. durch Abänderung einer vollstreckbaren Entscheidung in Folge Einlegung des Emspruches oder eines Rechtsmittels, unter Umständen nach vorgängiger Herbeiführung einer Wiedereinsetzung in den vorigen Stand (§§ 308, 498, 500, 504, 527, 528, 538, 539, 216 C P.O.);

γγ. durch erfolgreiche Durchführung der Restitutions- oder Nichtigkeitsklage (§ 553 C.P.O.);

δδ. durch erfolgreiche Geltendmachung der in dem vollstreckbaren Urtheile vorbehaltenen Rechte bez. Vertheidigungsmittel (§§ 562, 563, 502, 503 C.P.O.);

εε. durch erfolgreiche Geltendmachung von Einwendungen gegen die im Schuldtitel festgestellte Verpflichtung in einem besonderen, die Beseitigung oder Aenderung der Verpflichtung bezielenden Rechtsstreite, soweit dies nach Maßgabe der für die einzelnen Schuldtitel bestehenden Vorschriften zulässig ist (§§ 686, 704 Abs. 2 und 3, 705 Abs. 4 und 5, 689 C.P.O., § 575 Nr. 1 Hannöv. bürg. P.O.).

Wenn gegenüber der in dem Schuldtitel ausgedrückten Forderung die Voraussetzungen einer Anfechtung auf Grund des G. v. 21. Juli 1879 (§§ 1, 7, 9) oder der Konkursordnung (§§ 22, 28—30) vorliegen, so kann der anfechtungsberechtigte Gläubiger oder Konkursverwalter nicht nur die Rückgewähr des aus dem Vermögen des Schuldners Beigetriebenen beanspruchen, sondern auch verlangen, daß die noch nicht vollendete Zwangsvollstreckung aufgehoben werde.

bb. Die Vollstreckbarkeit des für vorläufig vollstreckbar erklärten Urtheiles kann wegfallen:

αα. mit der Verkündung eines Urtheiles, welches die Entscheidung in der Hauptsache oder die Vollstreckbarkeitserhebung aufhebt oder abändert (§ 655 Abs. 1 C.P.O.);

ββ. durch Vorentscheidung in der Berufungsinstanz (§ 656 C P O.);

γγ. durch Sicherheitsleistung des Schuldners, wenn dem Schuldner in dem Urtheile nachgelassen war, die Vollstreckung durch Sicherheitsleistung oder durch Hinterlegung abzuwenden. Macht dann der Gläubiger die ihm im Urtheile vorbehaltene Sicherheitsleistung, so ist die Vollstreckbarkeit wiederhergestellt (§ 652 C.P.O.).

b. Die vollstreckbare Ausfertigung des Schuldtitels.

Die Form der Vollstreckungsklausel ist gesetzlich bestimmt (§ 662 C.P.O.). Ist eine Rechtsnachfolge auf der Gläubiger- oder Schuldnerseite eingetreten, so muß dies in der Klausel ausgedrückt sein. Auch im Falle der Singularsuccession auf der Schuldnerseite bei dinglichen Forderungen bedarf es der Umstellung der Klausel auf den Rechtsnachfolger. §§ 43, 44 E.E.G. können und wollen davon nicht absehen (vgl. Motive zu § 17 d. G.). Dagegen braucht der Eintritt oder der Wechsel einer gesetzlichen Vertretung in derselben nicht erwähnt zu werden. Ebensowenig bedarf es einer Umstellung der für oder gegen den Gemeinschuldner ertheilten Klausel, wenn die Zwangsvollstreckung für oder gegen den Konkursverwalter gehen soll, da es sich um eine eigentliche Rechtsnachfolge nicht handelt (oben Anm. 4 a. δ.).

Bei den Anm. 4 a. α. Nr. 21 erwähnten dinglichen Ansprüchen der Gutsherren und Obereigenthümer fehlt es an einem urkundlichen Schuldtitel. Die Zwangsvollstreckung muß daher ohne vollstreckbare Ausfertigung auf die bloße Klarstellung der Forderung im Antrage des Gläubigers erfolgen.

Vollstreckungsbefehle bedürfen der Vollstreckungsklausel nur, wenn nach Erlassung des Befehles auf einer Seite eine Rechtsnachfolge eingetreten ist (§ 704 Nr. 1 C.P.O.).

Bezüglich der Schuldtitel aus der Strafprozeßordnung und der Rechtsanwaltsordnung vgl. § 483 St P O, § 97 R A O. Die Ertheilung der vollstreckbaren Ausfertigung ist Sache des Gerichtsschreibers.

In folgenden Fällen:

1. wenn eine weitere Ausfertigung ertheilt werden soll,
2. wenn nach dem Inhalte des Schuldtitels die Vollstreckbarkeit von dem durch den Gläubiger zu beweisenden Eintritte einer anderen Thatsache abhängig ist als einer dem Gläubiger obliegenden Sicherheitsleistung (wozu aber der Fall der Verurtheilung zu einer Leistung Zug um Zug nicht gehört, Seuffert, Anm. 2 zu § 664). (Alimentenforderungen gehören aber nicht hierher, das Leben des zu Alimentirenden ist nicht Bedingung der Vollstreckbarkeit, sondern der Tod bildet einen Erlöschungsgrund hinsichtlich der später fälligen Raten. A. M. Turnau I S. 322),
3. wenn die Ausfertigung für oder gegen andere als die aus dem Schuldtitel sich ergebenden Personen ertheilt werden soll,

bedarf es der Anordnung der Ertheilung durch den Vorsitzenden des Gerichtes bez. den Amtsrichter und der Erwähnung dieser Anordnung in der Vollstreckungsklausel der vollstreckbaren Ausfertigung (§§ 664 bis 666 C P O.). In den beiden letzten Fällen erfolgt die Ertheilung auch auf Vorlegung eines vollstreckbaren Urtheiles, nach welchem der Gläubiger (nicht der Kläger, wie § 667 C.P.O. irrthümlich sagt; vgl. ferner § 704 Abs. 3, 705 Abs. 5 C.P.O.) gegen den Schuldner mit einer Klage auf Ertheilung der Vollstreckungsklausel obgesiegt hat. — Zuständig für die Ertheilung sind der Gerichtsschreiber und der Vorsitzende des Gerichtes erster Instanz, und wenn der Rechtsstreit, in welchem der Schuldtitel etwa entstanden ist, bei einem höheren Gerichte anhängig ist, der Gerichtsschreiber und der Vorsitzende dieses Gerichtes (§ 662 C.P.O.). Für die unter Nr. 6 der Schuldtitel aufgeführten gerichtlichen Urkunden ist das Gericht der Aufnahme zuständig — Bei den notariellen Urkunden vertreten der Notar bez. die verwahrende Behörde sowohl die Stelle des Gerichtsschreibers als des Vorsitzenden. Nur die Anordnung der Ertheilung einer weiteren vollstreckbaren Ausfertigung ist Sache des Amtsgerichtes des Bezirkes (§ 705 Abs. 1—3 C.P.O.). — Bei den Anm. 4 a. α. Nr. 15 und 16 aufgeführten Schuldtiteln haben der Schiedsmann bez. die Polizeibehörde die Funktionen des Gerichtsschreibers, während die Funktionen des Vorsitzenden dem Amtsgerichte des Bezirkes zustehen (§ 32 Sch O., § 72 A.G. C.P.O). — In dem unter Nr. 11 aufgeführten Falle hat der Schriftführer des Vorstandes der Anwaltskammer die hier fraglichen Verrichtungen wahrzunehmen (§ 97 R.A.O.). — Für die Urtheile außerdeutscher Rheinschifffahrts- und Elbzollgerichte (Nr. 19) sind bestimmte deutsche Gerichte mit der Ertheilung der Vollstreckungsklausel beauftragt (§ 8 G. v. 8. März 1879, § 9 G. v. 9. März 1879).

Die Streitfrage, ob auf die unter Nr. 4 und 5 der Schuldtitel aufgeführten Vergleiche ebenfalls die besonderen Vorschriften des § 705 C.P.O.

Anwendung zu finden haben, oder ob in Gemäßheit des § 703 C.P.O die allgemeine Vorschrift des § 663 C.P.O. Platz greift ist, zu verneinen. Das Gericht, welches den Vergleich aufgenommen hat, muß daher denselben dem Prozeßgerichte übersenden und diesem die Ertheilung der vollstreckbaren Ausfertigung überlassen (Alfred Schultze a. a O S. 137 ff, Reichsgericht 5. Senat, Jur. Wochenschrift v. 1885 S. 69, a. M. Reichsgericht 3. Senat, R. 21 S. 345 ff., Jäckel Anm 1 zu § 6).

Vor Ertheilung der Vollstreckungsklausel ist zu prüfen, ob die Zwangsvollstreckung aus dem betreffenden Titel für und gegen die fraglichen Personen in abstracto zulässig ist. Eine zu Unrecht ertheilte Vollstreckungsklausel kann stets beseitigt werden durch Geltendmachung von Einwendungen mittelst Gesuches an das Gericht, dessen Gerichtsschreiber die Klausel ertheilt hat (§ 668 Abs. 1 C.P.O, für notarielle Urkunden § 705 Abs. 3) Daneben tritt, wenn der Schuldner den Eintritt der Bedingung der Vollstreckbarkeit oder die in der Klausel angenommene Rechtsnachfolge bestreitet, die Klage gegen den Gläubiger (§§ 687, 704 Abs. 3, 705 Abs. 5 C P.O.).

5) Bei Anordnung der Zwangsvollstreckung (Anm 9 zu 3) hat das Vollstreckungsgericht zu prüfen:

a. ob, soweit dies gesetzlich erforderlich ist, eine gehörige vollstreckbare Ausfertigung eines zulässigen Schuldtitels vorliegt, nicht aber, ob die Ertheilung zulässig war;

b. ob die in dem Antrage auf Zwangsvollstreckung als Gläubiger und Schuldner bezeichneten Personen mit den aus der vollstreckbaren Ausfertigung als Berechtigte und Verpflichtete hervorgehenden Personen identisch sind.

Auch die Prozeßfähigkeit der Parteien ist von Amtswegen zu prüfen, ebenso die Legitimation eines gesetzlichen Vertreters oder eines Prozeßbevollmächtigten, bez des Konkursverwalters auf der Gläubiger- oder der Schuldnerseite. (Vgl. im Weiteren unten Anm. 6);

c die Zustellung des Schuldtitels und, falls eine Rechtsnachfolge vorgekommen ist oder die Vollstreckung nach dem Inhalte des Titels von dem durch den Gläubiger zu beweisenden Eintritte einer Thatsache abhängig ist, auch der Vollstreckungsklausel und einer Abschrift der Urkunden, auf welchen dieselbe beruht, an den Schuldner. (§ 671 C.P.O) Ueber die streitige Ausnahme für Strafurtheile vgl. Löwe-Hellweg, Kommentar Anm 3 zu § 495 Str.P.O.

Nach der C P O kann die Zustellung auch gleichzeitig mit dem Beginne der Zwangsvollstreckung, d. h. genau genommen in dem Momente vor dem Beginne derselben, erfolgen. Diese Vorschrift ist aber nur bei der durch Gerichtsvollzieher auszuführenden Zwangsvollstreckung anwendbar, bei der der Vollstreckungsbeamte und der Zustellungsbeamte dieselbe Person sind. Insbesondere liegt bei der Zwangsvollstreckung in das unbewegliche Vermögen auf Grund des gegenwärtigen Gesetzes der Beginn der Zwangsvollstreckung schon in der Fassung, nicht erst in der Zustellung des Einleitungsbeschlusses. Eine gleichzeitige Zustellung des Schuldtitels ist damit ausgeschlossen, und es muß gegen die Motive die vorherige Zustellung als unerläßliches Erforderniß hingestellt werden. (Die Streitfrage ist jetzt erschöpfend behandelt und wohl erledigt durch Neukamp bei Gruchot 35 S. 564 ff. Vgl. auch § 29 R.Zw.G.Entw. mit Motiven.) Hatte der Schuldner in dem Verfahren, in welchem der Schuldtitel entstanden ist, einen

Prozeßbevollmächtigten, so darf die Zustellung nur an diesen erfolgen. (Vgl. Anm. 8a zu § 4);

d. den Ablauf des Kalendertages, von welchem die Geltendmachung des Anspruches etwa abhängig ist (§ 672 Abs. 1 C.P.O.);

e. den Nachweis der dem Gläubiger obliegenden Sicherheitsleistung, von welcher die Vollstreckung nach dem Urtheile etwa abhängt, durch eine öffentliche Urkunde sowie die (vorherige) Zustellung einer Abschrift dieser Urkunde an den Schuldner (§ 672 Abs. 2 C.P.O.);

f. falls der Schuldner eine dem aktiven Heere oder der aktiven Marine angehörige Militärperson ist, ob die vorgesetzte Behörde die Anzeige von der Zwangsvollstreckung erhalten hat, deren Empfang sie dem Gläubiger auf Verlangen bescheinigen muß (§ 673 C.P.O.). Die zuständigen Militärbehörden ergeben sich aus der Allg.Verf. v 8. Juli 1880 (J.M.Bl. S. 156);

g. das Angebot der Gegenleistung, wenn der Schuldner nur gegen eine Gegenleistung verurtheilt war. Wenn die Zwangsvollstreckung sich demnächst mit der durch die Art der Verurtheilung gegebenen Modifikation in Widerspruch setzt, so muß dieses der Schuldner gemäß § 685 C.P.O. durch Einwendungen bei dem Vollstreckungsgerichte geltend machen Ein Streit über die offerirte oder gemachte Gegenleistung betrifft dagegen den Anspruch selbst und ist daher gemäß § 686 C.P.O. zu verfolgen (Seuffert, Anm. 2 zu § 664 C.P.O.).

Alle diese Voraussetzungen und die darüber erforderlichen Nachweisungen muß der Gläubiger beschaffen. Die Prüfung des Vorhandenseins und die Verantwortlichkeit dafür, daß ohne Erfüllung jener Voraussetzungen die Zwangsvollstreckung nicht beginnt, hat der Vollstreckungsrichter. Ein Mangel in diesen Voraussetzungen (Seuffert, Anm. 4 zu § 671, R. 6, 389, 8, 429, 14, 335. Abweichend R. 25, 369) verpflichtet den Vollstreckungsrichter zur Einstellung des Verfahrens bei Entdeckung des Mangels und berechtigt zur Geltendmachung von Einwendungen gemäß § 685 Abs. 1 C P.O. und zur Beschwerde (Anm. 10e zu § 3), insbesondere zum Widerspruche gegen den Zuschlag nach § 75 Nr. 1 d. G. und zur Beschwerde gegen das Zuschlagsurtheil nach § 88 Abs. 2 d. G.

6. Bezüglich der Person des Schuldners sind vom Vollstreckungsgerichte fortdauernd folgende Punkte zu beachten:

a) Nach § 15 Nr. 4 E.G. C.P.O. sind unberührt geblieben „die landesgesetzlichen Vorschriften über die Zwangsvollstreckung wegen Geldforderungen gegen den Fiskus, Gemeinden und andere Kommunalverbände (Provinzial-, Kreis-, Amtsverbände), sowie gegen solche Korporationen, deren Vermögen von Staatsbehörden verwaltet wird, insoweit nicht dingliche Rechte verfolgt werden". Nach den für das Gebiet der A.G.O. geltenden Vorschriften ist die ordentliche gerichtliche Zwangsvollstreckung wegen persönlicher Forderungen gegen die Reichs- und Staatskasse überhaupt ausgeschlossen (§ 33 Anh. § 242 I. 35 A.G.O.). Bezüglich der Gemeinden, Verbände und Korporationen müssen die „Gerichte" mit der „Regierung" über die zu treffenden Maßregeln eine Vereinbarung treffen, und, falls dieses nicht gelingt, die Vorbescheidung des Justizministers einholen (Anh. § 153 zu § 45 I. 24 A.G.O.). An die Stelle der Regierung ist jetzt gegenüber Stadtgemeinden der Bezirksausschuß, gegenüber Landgemeinden und Amtsgemeinden der Kreisausschuß und sonst der Regierungspräsident getreten (§§ 17 Z. 4, 33 Z. 4 G. v. 1. Aug. 1883, § 18 G. v. 30. Juli 1883, § 121 G. v 3. Juli 1891).

Als Gericht ist jetzt gemäß § 684 C.P.O. dasjenige Amtsgericht zuständig, in dessen Bezirk das Vollstreckungsverfahren stattfinden soll. Vgl. Allg. Verfügung v. 24. März 1882 (J.M.Bl. S. 59). Die für das gemeinrechtliche Gebiet erlassene Allg Verfügung v. 18. Juli 1881 (J.M Bl. S. 160) bezieht sich nur auf die Zwangsvollstreckung in das bewegliche Vermögen. Die Verfolgung der dinglichen Ansprüche gegen die vorbezeichneten juristischen Personen erfolgt überall ganz wie gegen andere Schuldner. Vgl. aber Allg. Verfügung v. 2. Nov. 1883 (J.M.Bl. S. 322).

b. Während der Dauer eines vor einem deutschen Gerichte schwebenden Konkursverfahrens können Zwangsvollstreckungen zu Gunsten der Konkursgläubiger weder in das zur Konkursmasse gehörige, noch in das sonstige Vermögen des Gemeinschuldners stattfinden (§§ 3, 11 K.O.) Die unzulässige Zwangsvollstreckung ist vom Vollstreckungsgerichte von Amtswegen einzustellen Durch Anordnung des Reichskanzlers unter Zustimmung des Bundesrathes kann auch die Unzulässigkeit der Zwangsvollstreckung während der Dauer eines ausländischen Konkursverfahrens angeordnet werden (§ 207 Abs. 2 K.O). Dagegen wird, wie bereits bemerkt wurde, durch die Konkurseröffnung die Zwangsvollstreckung wegen eines dinglichen Anspruches nicht ausgeschlossen, weil bezüglich desselben ein Recht auf abgesonderte Befriedigung besteht und die abgesonderte Befriedigung unabhängig vom Konkursverfahren erfolgt (§§ 3, 12, 39 K.O). Auch die Fortsetzung der Zwangsvollstreckung in das unbewegliche Vermögen wegen einer persönlichen Forderung ist dann zulässig, wenn die Beschlagnahme vor der Konkurseröffnung erfolgt ist, weil dadurch ein Recht auf abgesonderte Befriedigung erworben wird (§§ 30, 143 des G). Wenn aber die Beschlagnahme in Folge einer Anfechtung seitens des Konkursverwalters oder von Gläubigern, welche nicht zu den Konkursgläubigern gehören, für unwirksam erklärt ist, so fällt damit die Zulässigkeit der Zwangsvollstreckung fort (§§ 22, 28, 29, 30 K.O., R.G. v. 21. Juli 1879).

Das Verfahren der Zwangsvollstreckung ist, wenn es sich um Konkursmasse handelt, gegen den Konkursverwalter zu richten (§§ 5, 108 K O.).

c. Der Tod des Schuldners nach Beginn der Zwangsvollstreckung hat, abgesehen von der nun etwa nöthig werdenden Berücksichtigung der Beneficialerbenqualität bei passiv vererblichen persönlichen Forderungen nur die Bedeutung, daß an Stelle des Schuldners der Erbe oder wenn derselbe oder dessen Aufenthalt unbekannt ist, ein vom Vollstreckungsgerichte auf Antrag zu bestellender Vertreter zuzuziehen ist,' § 693 C P.O.

Stirbt der Schuldner vor Beginn der Zwangsvollstreckung, so kann bei ruhender Erbschaft (dem A L.R unbekannt) die Zwangsvollstreckung ohne Aenderung der Klausel gegen den Nachlaß gerichtet werden, nachdem demselben von dem zuständigen Nachlaßgerichte auf Antrag ein Kurator bestellt ist, § 694 C P.O. Ist eine Beerbung eingetreten, so muß zuvor die Klausel umgestellt und dann die Zwangsvollstreckung gegen die Erben gerichtet werden, denen, insofern sie, wenn auch nur dem Aufenthalte nach unbekannt sind, vorher von dem zuständigen Nachlaßgerichte auf Antrag ein Kurator bestellt werden muß. Für die blos dingliche Forderung ist Voraussetzung der Zwangsvollstreckung gegen den Gesammtrechtsnachfolger, daß derselbe Eigenthümer des verhafteten Grundstückes geworden ist.

Ob Miterben für persönliche Forderungen solidarisch oder nur auf ihren Antheil haften, ob sie einzeln oder nur gemeinsam in Anspruch genommen werden können, richtet sich nach den Vorschriften des Privatrechtes. Im Gebiete des gemeinen Rechtes kann auch vor der Erbschaftstheilung gegen jeden der Miterben vollstreckt werden, aber nur auf seinen Antheil. Im Gebiete des A.L.R. bildet es die Regel, daß nur gegen die Erben gemeinsam in die Gegenstände des ungetheilten Nachlasses vollstreckt werden kann. Vgl. Boas bei Gruchot 30 S. 265 ff.

d. Der Beneficialerbe und der Erbe unter Vorbehalt der Rechtswohlthat des Inventars haften für die persönlichen Forderungen an den Erblasser nur nach den betreffenden Bestimmungen des bürgerlichen Rechtes (Windscheid § 606, §§ 413 f, I. 9 A.L.R.).

Dabei ist jedoch zu beachten:

α. Ist der Schuldtitel bereits gegen den Erben des Schuldners gerichtet, so kann die Rechtswohlthat nur geltend gemacht werden, wenn dieselbe in dem Titel vorbehalten ist (§ 695 C.P.O.). Ging dagegen der Titel gegen den Erblasser, so bedarf es des Vorbehaltes in der Klausel nicht.

β. Das Vollstreckungsgericht kümmert sich bei der Entscheidung über die Zulässigkeit der Zwangsvollstreckung und bei der Ausführung derselben um die Rechtswohlthat von Amtswegen nicht Es ist Sache des Erben, die Einstellung der Zwangsvollstreckung durch Geltendmachung von Einwendungen im Wege des Rechtsstreites herbeizuführen (§ 696 C.P.O.). — Bei der Geltendmachung eines dinglichen Anspruches kann die Eigenschaft des Beneficialerben und des Erben unter Vorbehalt der Rechtswohlthat des Inventars nicht in Betracht kommen. Vgl. R. 5 S. 188, 8 S. 268, 272 und Boas bei Gruchot 30 S 268 ff. Außerdem können der Beneficialerbe und der Nachlaßpfleger im Geltungsbereiche des Allgemeinen Landrechtes, nachdem ihr Antrag auf Aufgebot der Nachlaßgläubiger und Vermächtnißnehmer zugelassen ist, bei dem Aufgebotsgerichte die einstweilige Einstellung der Zwangsvollstreckung wegen der durch das Aufgebotsverfahren betroffenen Ansprüche, sowie die Aufhebung der nach dem Aufgebotsantrage erfolgten Vollstreckungsmaßregeln beantragen. Es bezieht sich das aber nur auf persönliche Ansprüche, die Geltendmachung dinglicher Ansprüche wird nicht aufgehalten. Dagegen ist es gleichgültig, ob für persönliche Forderungen nach dem Tode des Erblassers im Wege der Zwangsvollstreckung oder des Arrestes ein Vorzugsrecht erlangt ist oder nicht (§§ 1, 11 G. v. 28. März 1879, § 696 Abs. 2 und 3 C.P.O.). Vgl. Anm. 1. B I zu §§ 70, 71).

e. Ueber den Fall, daß das Grundstück im Wege der Sonderrechtsnachfolge nach Beginn der Zwangsvollstreckung auf einen anderen Eigenthümer übergeht, vgl. Anm. 9. C. zu §§ 16, 17.

f. Steht dem Schuldner bezüglich der fraglichen Forderung die durch die C.P.O. nicht beseitigte Rechtswohlthat des Nothbedarfs (beneficium competentiae) zu [für das landrechtliche Gebiet nach den §§ 435 ff. Pr. K.O], so muß ihm dasjenige belassen werden, was zu seinem und der Seinigen Unterhalt erforderlich ist und zwar in dem durch die über die Kompetenz handelnden privatrechtlichen Normen im Einzelnen festgesetzten Maße. Die Kompetenz muß aber entweder in dem vollstreckbaren Schuldtitel selbst festgestellt oder nachträglich in der durch § 686 C.P.O. bestimmten Weise zur Anerkennung gelangt sein. Bezüglich der formellen Behandlung fehlt es an besonderen Vorschriften. Man wird, wie bei der Rechtswohlthat des Inventars, anzunehmen haben, daß eine Fürsorge von Amtswegen nicht eintritt, sondern dem Schuldner überlassen werden muß, die Einstellung bez. Beschränkung der Zwangsvollstreckung gemäß §§ 686, 688, 689 C.P.O. herbeizuführen, soweit ihm letztere die Rechtswohlthat verkümmern würde.

7. Die Zwangsvollstreckung ist gerichtet auf zwangsweise Befriedigung des Gläubigers wegen derjenigen Geldsumme, welche in dem Schuldtitel bezeichnet ist, nebst den in demselben etwa angegebenen rückständigen und laufenden, bis zur Beitreibung fällig gewordenen Zinsen. Die Kosten des vorhergegangenen Rechtsstreites oder sonstigen Verfahrens können nur berücksichtigt werden, wenn deren Betrag in dem Schuldtitel oder in einem besonderen Kostenfestsetzungsbeschlusse bestimmt ist. — Dagegen ist die Zwangsvollstreckung ohne Weiteres auch auf die nothwendigen Kosten der Zwangsvollstreckung auszudehnen, da diese gemäß § 697 C.P.O, ohne daß es der zuvorigen Beschaffung eines besonderen Schuldtitels bedarf, zugleich mit dem zur Zwangsvollstreckung stehenden Anspruche beizutreiben sind. Die Festsetzung dieser Kosten nach Grund und Betrag ist Sache des Vollstreckungsgerichtes. Die Nothwendigkeit derselben ist nach den Grundsätzen des § 87 C.P.O zu beurtheilen. Dieselben umfassen die gerichtlichen wie außergerichtlichen Kosten. Auch die Kosten einer früheren erfolglos verlaufenen Zwangsvollstreckung aus demselben Schuldtitel sind zu berücksichtigen.

Ist der Anspruch ein dinglicher, so ist bezüglich der Beitreibung aus dem dinglich verhafteten Gegenstande der gesetzliche Umfang der dinglichen Verhaftung zu berücksichtigen. Sie umfaßt gemäß § 30 E.E.G. das Kapital, die eingetragenen Zinsen und sonstigen Jahreszahlungen, sowie die Kosten der Eintragung, der Kündigung, der Klage und der Beitreibung. Auf diese Kosten erstreckt sich demzufolge auch die Zwangsvollstreckung gegen den Sonderrechtsnachfolger, an welchen die in Streit befangene Sache während des Rechtsstreites oder nach demselben veräußert ist (§ 236 C.P.O, Kurlbaum S. 23).

Auch für die dingliche Beitreibung ist an sich ein den Betrag angebender Schuldtitel in demselben Maße erforderlich, wie für die Zwangsvollstreckung gegen die Person; aber der Gläubiger kann in dem auf seinen Antrag eröffneten Verfahren als „Interessent" auch solche dingliche Ansprüche geltend machen, für welche er einen Schuldtitel nicht besitzt (§ 35 Nr. 1 dieses G.).

Wenn in einem für vorläufig vollstreckbar erklärten Urtheile dem persönlichen oder dinglichen Schuldner nachgelassen war, durch Sicherheitsleistung oder durch Hinterlegung die Vollstreckung abzuwenden, so ist die Zwangsvollstreckung zunächst nur auf Hinterlegung des Erlöses, nicht auf Befriedigung des Gläubigers zu richten (§§ 652 Abs. 2, 658 C.P.O).

8 Die zur Befriedigung des Gläubigers erforderliche Geldsumme kann bei persönlichen Forderungen aus dem gesammten Vermögen des Schuldners beigetrieben werden, soweit dasselbe nicht aus gesetzlichen Gründen der Zwangsvollstreckung entzogen ist. Ergeben sich aus dem Schuldtitel besondere Einschränkungen der Zahlungspflicht hinsichtlich des Gegenstandes, z. B. Verurtheilung eines Kommanditisten zur Zahlung aus einer individuell bestimmten Einlage (Art. 165 H.G.B.), so ist die Zwangsvollstreckung auf die danach zulässigen Gegenstände zu beschränken.

Es ist nicht mehr Bedingung der gerichtlichen Zwangsvollstreckung in das unbewegliche Vermögen, daß die Zwangsvollstreckung in das bewegliche Vermögen ohne Erfolg versucht ist. Eine auf materieller Grundlage beruhende und daher durch das Reichsrecht nicht beseitigte besondere Einschränkung der Zwangsvollstreckung dem Gegenstande nach besteht im Geltungsbereiche des A.L.R. auf Grund des § 46 I. 20 für den Fall, daß für eine persönliche Forderung vertragsmäßig ein Pfand bestellt ist, sofern sich dasselbe noch im Eigenthume des persönlichen Schuldners befindet. Der Schuldner kann hier verlangen, daß der Gläubiger zuvor aus der Pfandsache und dann erst aus dem übrigen Vermögen des Schuldners seine Befriedigung sucht, sofern nicht bereits feststeht, daß eine solche nicht zu erlangen ist. Der Weg zur Geltendmachung ist die Erhebung von Einwendungen gemäß §§ 686 Abs. 1, 688, 689 C.P.O. Ein Ausschluß gemäß § 686 Abs. 2 C.P.O. findet aber nicht statt, weil die konkrete Einwendung erst bei der Zwangsvollstreckung entstanden ist (Fischer, preuß. Privatrecht S. 240, N. 8 S. 272, 25 S. 361 und Urth. des Reichsger. v. 28. April 1886, Jur. Wochenschr. S. 202, Dernburg § 343 A. 27, Seuffert Anm. 1, Struckmann-Koch Anm 4, Wilmowski-Levy Anm. 7 zu § 686 C.P.O. A. M. Eccius § 194a Anm. 21, Turnau I S. 327 u. Schollmeyer i. d. Zeitschr. f. d. C.P. 14 S. 355.).

Die Zwangsvollstreckung wegen eines dinglichen Anspruches ist, soweit nicht zugleich eine persönliche Forderung gegen denselben Schuldner vorliegt, auf den dinglich verhafteten Gegenstand beschränkt (§ 37 E.E.G.). Was in dieser Hinsicht zur Pfandsache gehört, bestimmt für Grundstücke § 30 E.E.G. Bei der Hypothek an einem Antheile kommt § 43 E.E.G., bei der Korrealhypothek § 42 E.E.G. mit der durch § 204 dieses Gesetzes verordneten Maßgabe zur Anwendung.

Für alle Fälle ist erforderlich, daß der Gegenstand, in welchen die Zwangsvollstreckung stattfinden soll, zum Vermögen des Schuldners gehört. (Mecklenburgische Zeitschr 4 S. 430).

Der Schuldner muß daher bereits Eigenthümer des Grundstückes geworden sein Daß er als solcher bereits im Grundbuche eingetragen sei, ist im Allgemeinen nicht erforderlich. Wenn der Schuldner nur einen Anspruch auf die Uebertragung des Eigenthumes hat und die Auflassung noch nicht erfolgt ist, so muß der Gläubiger zunächst diesen Anspruch bei dem nach § 729 C.P.O. zuständigen Vollstreckungsgerichte pfänden lassen. Vgl. für das weitere Verfahren: §§ 731, 747 C.P.O., § 17 A.G. C.P.O.

Hat der Schuldner das Recht, durch dessen Verwerthung der Gläubiger befriedigt werden soll, verloren, so ist damit die Zwangsvollstreckung gegen diesen Schuldner hinsichtlich des betreffenden Gegenstandes nicht mehr möglich. Im Falle der freiwilligen Veräußerung des Grundstückes durch den Schuldner ist die Zwangsvollstreckung gegen ihn nicht mehr zulässig, sobald die Auflassung vorgenommen ist. Durch das Reichsgesetz vom 21. Juli 1879 ist dem Gläubiger die Aussicht eröffnet, durch erfolgreiche Durchführung der Anfechtungsklage die verlorene Möglichkeit einer Zwangsvollstreckung in den veräußerten Gegenstand wieder zu gewinnen. Für den Fall, daß der Schuldner einer persönlichen Forderung sein Grundstück einem Dritten aufgelassen hat und letzterer als Eigenthümer eingetragen ist, hat gemäß §§ 7 und 9 der Gläubiger das Recht, von dem anfechtbar eingetragenen Eigenthümer die Rückgewährung des Grundstückes, soweit es zu seiner Befriedigung erforderlich ist, zu verlangen. Der eingetragene Eigenthümer muß den Gläubiger, welcher mit der Anfechtungsklage durchdringt, aus dem Grundstücke so befriedigen, als ob dasselbe noch zum Vermögen des

Schuldners gehörte. Demgemäß ist der Anfechtungsantrag dahin zu stellen, daß der eingetragene Eigenthümer den Gläubiger wegen seiner Forderung an den Schuldner aus dem Grundstücke befriedige (sich die Zwangsvollstreckung gefallen lasse). Auf Grund des vollstreckbaren Urtheiles im Anfechtungsprozesse erfolgt die Zwangsvollstreckung gegen den eingetragenen Eigenthümer direkt, als sei er selbst der Schuldner Dieselbe Bedeutung hat die gegen den Erben des anfechtbar eingetragenen Eigenthümers angestellte Anfechtungsklage, und unter den Voraussetzungen des § 11 Abs. 2 a. a O. auch die Anfechtungsklage gegenüber anderen Rechtsnachfolgern derselben. Zu seiner Sicherung gegen Nachtheile, welche ihm daraus entstehen, daß gutgläubige dritte Personen bis zur Durchführung des Anfechtungsanspruches Rechte an dem Grundstücke erwerben, sei es durch Auflassung oder Eintragung von Hypotheken oder Grundschulden, muß der Anfechtungskläger die Eintragung einer Vormerkung durch Vermittelung des Prozeßrichters herbeiführen (§ 9 E.E.G., § 18 A.G. C.P O.).

Wegen persönlicher Schulden eines Miteigenthümers ist stets nur Zwangsvollstreckung in den ideellen Antheil des Schuldners zulässig Selbst bei Solidarhaftung sämmtlicher Miteigenthümer wird im Allgemeinen eine Zwangsvollstreckung in das ganze Grundstück ausgeschlossen sein. Zulässig dagegen ist die Zwangsvollstreckung in das Nachlaßgrundstück wegen Nachlaßschulden gegen den Kurator der mehreren unbekannten Erben. Ueber die Rechte Dritter an dem Gegenstande der Zwangsvollstreckung und deren Einfluß auf die Zwangsvollstreckung vgl. Anm. 5 zu §§ 70, 71.

9. Wegen Aufhebung und Einstellung der Zwangsvollstreckung vgl. Anm 1. 2. zu §§ 70, 71.

10. Zu Abs. 2. Bezüglich desselben Grundstückes ist in Uebereinstimmung mit dem geltenden Rechte das Wahlrecht unter den Vollstreckungsmitteln sowie die Kombination mehrerer derselben gestattet — Die Zulässigkeit der Kombination entspricht der verschiedenen Bedeutung der Maßregeln, von denen die Zwangsverwaltung häufig, insbesondere neben einer gleichzeitigen Zwangsversteigerung als Sicherungsmittel dient Auch nacheinander können die Maßregeln angewendet werden, wenn und soweit die frühere Zwangsvollstreckung ohne Erfolg geblieben ist Die Selbstständigkeit der einzelnen Maßregeln bringt es mit sich, daß bei jeder zu der Zeit, wo sie beantragt wird, die Voraussetzungen derselben als vorhanden nachgewiesen werden müssen. — Das durch die Beschlagnahme bei der Zwangsverwaltung entstandene Pfandrecht an den Früchten (§ 143) schließt die Veräußerung des Grundstückes nicht aus, unbeschadet des durch die Beschlagnahme begründeten Rechtes auf die Früchte. Soll der Veräußerung die Zwangsversteigerung folgen, so müssen die Voraussetzungen der Zwangsvollstreckung gegenüber dem neuen Erwerber beschafft werden, und dazu ist regelmäßig nur der dingliche Gläubiger im Stande. — Dasselbe gilt, wenn nach der bei der Zwangsversteigerung stattgehabten Beschlagnahme die Zwangsverwaltung beantragt werden soll (vgl. auch § 98).

Die gleichzeitige Betreibung der Zwangsvollstreckung in verschiedene Grundstücke, sei es durch dasselbe, sei es durch verschiedene der im Abs. 1 aufgeführten Vollstreckungsmittel in einem gemeinsamen oder in mehreren verschiedenen Verfahren, ist zulässig; § 708 C.P.O finbet auf Gegenstände des unbeweglichen Vermögens keine Anwendung (Lotze bei Gruchot 36 S. 268, Jäckel

Anm. 2 Nr. 3 zu § 16). — Erfolgt die vollständige oder theilweise Befriedigung aus einem der mehreren Grundstücke, so kann die Aufhebung der Vollstreckungsmaßregeln bezüglich der anderen Grundstücke nach § 686 C.P.O. herbeigeführt werden. Vgl auch Anm. 1. 4 (insbs. unter i) zu §§. 70, 71 und § 104 R.Zw.G.Entw.

11. Abs. 3 dient zur Ausführung des § 811 C.P.O., welcher die Ordnung der Vollziehung des Arrestes in das unbewegliche Vermögen den Landesgesetzen überläßt. — Auch hier ist zu beachten, daß die Vollziehung eines Arrestbefehles durch Eintragung in das Grundbuch im Gegensatze zu der Vollziehung durch Zwangsverwaltung nicht im Wege der streitigen, sondern im Wege der freiwilligen Gerichtsbarkeit erfolgt. Die Grundlage der Arrestvollziehung und Surrogat des vollstreckbaren Schuldtitels ist der Arrestbefehl, welcher, in Urtheils- oder Beschlußform, anordnet, daß für den zu bezeichnenden Gläubiger gegen den zu bezeichnenden Schuldner wegen der anzugebenden Forderung der dingliche Arrest stattfinde. Wird der Arrest wegen einer persönlichen Forderung verhängt, so ist die Bezeichnung der zu arrestirenden Grundstücke oder sonstigen Gegenstände in dem Befehle nicht erforderlich, sofern nicht der Arrest nach § 799 C.P.O. auf die im Gerichtsbezirke befindlichen Gegenstände zu beschränken ist.

Ein in der Kommission des H.H. gestellter auf dieses Erforderniß abzielender Antrag, durch welchen zugleich bezweckt wurde, den Richter zur Prüfung zu veranlassen, ob der die Eintragung betreibende Gläubiger eine entsprechende Sicherheit oder eine übermäßige Belastung begehre, wurde abgelehnt, nachdem die Regierungskommissare darauf hingewiesen hatten, daß die Tendenz des Antrages durch die Bestimmungen der Civilprozeßordnung genügende Berücksichtigung fände. Dem Schuldner stehe es frei, durch Sicherheitsstellung den Arrest zu beseitigen; was auch durch Verpfändung eines ausreichende Sicherheit bietenden Grundstückes geschehen könne (C.P.O. § 807).

Zur Sicherung der Befriedigung eines dinglichen Anspruches gegen erhebliche Verschlechterungen des verhafteten Grundstückes ist dem Gläubiger zunächst, abgesehen von dem Rechte, die Befriedigung vor der Verfallzeit zu fordern, das Recht zugesprochen, „bei dem Prozeßrichter Sicherungsmaßregeln zu beantragen" (§ 50 E.E.G.), und zwar im Wege der ordentlichen Klage oder der Beantragung einer einstweiligen Verfügung. Eine zweckmäßige Maßregel ist namentlich die Zwangsverwaltung.

Aber auch der dingliche Arrest kann zur Sicherung eines dinglichen Anspruches angeordnet werden, wenn die Voraussetzungen des § 799 C.P.O. vorliegen, jedoch nur unter ausdrücklicher Beschränkung der Arrestirung auf den verhafteten Gegenstand. — Der Arrestbefehl muß die Klausel enthalten, daß durch Hinterlegung eines in gesetzlicher Währung zu bestimmenden Geldbetrages die Vollziehung gehemmt und der Schuldner zu dem Antrage auf Aufhebung des vollzogenen Arrestes berechtigt werde (§ 803 C.P.O.). Der Gläubiger hat zu diesem Behufe den Geldwerth seines Anspruches anzugeben (§ 800 Abs. 1 C.P.O.). Bei Bemessung des Betrages ist auf Nebenforderungen, insbesondere auf Zinsen und Kosten genügende Rücksicht zu nehmen. Eine andere Angabe einer bestimmten Summe in Reichswährung, in deren Höhe der Arrest angeordnet wird, hat der Befehl nicht zu enthalten. A. M. Jäckel Anm. 2, 1 zu § 10. — Auf die Vollziehung finden die Vorschriften über die Zwangsvollstreckung entsprechende Anwendung (§ 808 C.P.O.). Von den Modifikationen dieser Bestimmungen interessiren hier nur die §§ 809, 813 C P.O. — Durch den § 811 C.P O. ist der Landesgesetzgebung auf dem Gebiete der Vollziehung in unbewegliches Vermögen unbedingte Freiheit gestattet. — Die Forderung braucht nicht wie bei der Zwangsvollstreckung in das unbewegliche Vermögen eine Geldforderung zu sein. Es genügt, daß sie in eine Geldforderung übergehen kann, und dies ist bei jedem vermögensrechtlichen Anspruche möglich (Seuffert Anm. 2 zu § 796 C P.O). Eine Vollstreckungsklausel ist wie bei den Vollstreckungsbefehlen nur im Falle einer Rechtsnachfolge auf einer Seite erforderlich (§ 809 Abs. 1 C.P O.). — Auch von dem Erforderniß der vorherigen Zustellung des Arrestbefehls wird nach § 809 Abs. 3 C P O. (in der Fassung des R G. v. 30. April 1886) zunächst abgesehen.

Ein Kalendertag ist nicht abzuwarten, da der Befehl auch bei betagten Forderungen sofort vollziehbar ist. — Eine Sicherheitsleistung kann ebenfalls nicht Vorbedingung der Vollziehbarkeit sein. Vielmehr darf, wenn richtig verfahren wird, nur die Anordnung des Arrestes von der Sicherheitsleistung abhängig gemacht werden (§ 801 Abs. 2 C.P.O.), d. h es darf der Arrestbefehl erst nach der Sicherheitsleistung erlassen werden (Seuffert Anm. 3 zu § 802; Friedmann bei Gruchot 37 S 682 ff., der dort bekämpfte Kommentar zur C.P.O. von Fischer existirt nicht).

Als besondere Vorbedingung der Vollziehbarkeit auch in das unbewegliche Vermögen (R. 26 S. 396) verlangt aber § 809 Abs. 2 C P O., daß bei Beginn der Vollziehung seit dem Tage, an welchem der Befehl verkündet, oder der Partei, auf deren Gesuch derselbe erging, zugestellt ist, noch nicht zwei Wochen verstrichen sein dürfen (§ 809 Abs 2 C.P.O.). Auch verliert jede Vollziehung ihre Wirkung, wenn nicht innerhalb dieser Frist und nicht später als am siebenten Tage nach der Vollendung der Vollziehung der Arrestbefehl dem Schuldner zugestellt ist. (§ 809 Abs. 3 C.P O.) Bei Zustellung im Auslande und öffentlichen Zustellungen werden diese Fristen durch Einreichung des Gesuches gewahrt, sofern demnächst die Zustellung bewirkt wird (§ 190 C P.O.). Auf Antrag des Schuldners ist die gesetzlich straflose Vollziehung durch das Vollstreckungsorgan bez. Beschluß des Vollstreckungsgerichtes aufzuheben. Der Arrestbefehl wird nicht aufgehoben. Er kann sogar in dem seltenen Falle, daß die Frist des § 809 Abs. 2 noch nicht abgelaufen ist, aufs Neue vollzogen werden. Vgl im Näheren Seuffert zu § 809

Der Konkurs hindert jeden Arrest wegen einer persönlichen Forderung (§ 11 K O). — Das Aufgebotsverfahren auf Antrag des Beneficialerben hat dieselben Wirkungen, wie gegenüber einer Zwangsvollstreckung (§ 11 G. v. 28. März 1879; s. oben Anm 6d und Anm. 1 B I zu §§ 70, 71).

Die Aufhebung der Vollziehung ist außerdem zu veranlassen, wenn der Arrest in der Berufungs- oder Revisionsinstanz (§ 802 Abs. 1 C.P O.), im Widerspruchsverfahren (§ 805 C P O), wegen Unterlassung der Klageerhebung zur Hauptsache (§ 806 C P O.) oder wegen veränderter Umstände (namentlich wegen widersprechender Entscheidung zur Hauptsache) (§ 807 C P.O.) abgeändert oder aufgehoben und, sofern die Aufhebung von einer Sicherheitsleistung abhängig gemacht wurde, die Bestellung derselben nachgewiesen ist.

Die Aufhebung erfolgt ferner auf Anordnung des Vollstreckungsgerichtes wenn der im Arrestbefehle festgesetzte Geldbetrag hinterlegt ist, oder der zu besonderen Aufwendungen etwa nöthige Geldvorschuß vom Gläubiger nicht gemacht worden (§ 813 C.P.O.).

Es war bislang streitig, ob für das landrechtliche Gebiet die Bestimmungen des Tit. 29 I. A.G.O.: „Von Arresten und wie dabei zu verfahren" hinsichtlich der Vollziehung des Immobiliararrestes noch in Geltung seien. (Vgl Vierhaus A.G.O. vor § 80 I, 29). Durch das vorliegende Gesetz ist der Titel beseitigt mit alleiniger Ausnahme von Anh. § 201 zu § 90, welcher bestimmt:

„Wider regierende deutsche Fürsten, wider abgetheilte Fürsten aus den Häusern der regierenden deutschen Fürsten, desgleichen wider fremde am hiesigen Hofe akkreditirte Gesandte und gegen alle anderen Geschäftsträger eines anderen Staates am hiesigen Hofe, die nicht bei ihrer Bestallung der inländischen Gerichtsbarkeit unterworfen geblieben sind, findet kein Arrest Statt."

Der Artikel gilt noch hinsichtlich der Landesherren und der „abgetheilten deutschen Fürsten", welche Mitglieder der landesherrlichen Familien oder der Fürstlichen Familie Hohenzollern sind (§ 5 E G. C.P.O.). Wegen der übrigen Personen sind die §§ 18, 19, 21 G V.G. maßgebend. (Vgl. Vierhaus A.G O. zu dem angeführten Paragraphen) Ein Grund, den Paragraphen auf die Vollziehung des Arrestes in bewegliches Vermögen zu beschränken, ist nicht ersichtlich. Darüber, ob auch Anh. § 202, welcher bei dem Arreste gegen fremde Fürsten die Einholung einer Vorbescheidung des Justizministers vorschreibt, noch gilt, vgl. neben Vierhaus Dernburg II S. 990, Droop bei Gruchot 26 S 290 u. 295.

12. Bei den einstweiligen Verfügungen braucht es sich im Gegensatz zum Arrest nicht um blos pekuniäre Interessen und auch nicht um eine bloße Sicherung zu handeln. Das Gericht, welches die Verfügung erläßt, bestimmt den Inhalt der konkreten Verfügung im Allgemeinen nach freiem Ermessen (§ 817 C.P.O.). Wie die Motive hervorheben, können die Mittel der Vollziehung „bis zu den äußersten Grenzen der Zwangsvollstreckung gehen". Es kann also durch einstweilige Verfügung nicht nur eine Eintragung im Grundbuch und die unter die „Sequestrationen" der § 817 Abs. 2 C P.O. fallende Zwangsverwaltung, sondern auch, obwohl dies selten oder gar nicht vorkommen wird, eine Zwangsversteigerung von Grundstücken angeordnet werden. — Insbesondere kann durch einstweilige Verfügung die Zahlung von Alimentengeldern und anderer Geldleistungen angeordnet werden (Vgl. R. 9 S. 335, 27 S. 429 ff., aber auch 15 S. 377).

Für die Vollziehung der Anordnung, ihre Voraussetzungen und deren Wegfall gilt dasselbe wie für den Fall des Arrestes (§ 815 C P.O). Jedoch soll die Aufhebung gegen Sicherheitsleistung nur unter besonderen Umständen gestattet werden (§ 818 C P O). — Darnach gilt also auch für einstweilige Verfügungen die Regel des § 811 C P O., daß sich die Vollziehung in unbewegliches Vermögen nach den Landesgesetzen richtet. Das vorliegende Gesetz erwähnt die Vollziehung von einstweiligen Verfügungen nicht besonders. Da dasselbe nur mit Zwangsvollstreckung wegen Geldforderungen zu thun hat, so ist seine direkte und unmittelbare Anwendung nur da gegeben, wo die einstweilige Verfügung eine Geldzahlung zum Gegenstande hat. Hier ist die Vollstreckung mit denselben Mitteln zulässig, wie bei gewöhnlichen vollstreckbaren Geldforderungen, also auch durch Zwangsversteigerung. Und zwar geht die Vollstreckung im Gegensatz zum Arrest auf Beitreibung und Auszahlung, nicht auf bloße Sicherstellung. Vgl. R. 9 S. 335, K. 12 S. 102. Da § 809 CPO ebenfalls auf einstweilige Verfügungen entsprechende Anwendung findet, so bedarf es ebensowenig wie bei Arresten der vorherigen Zustellung der Verfügung an den Schuldner. Es genügt die Nachholung in der durch Abs 3 bestimmten Frist. Wenn Abs. 2 wörtlich angewendet würde, so wäre es unstatthaft, daß die einstweilige Verfügung nach Ablauf der dort bestimmten Frist vollzogen würde. Da dieses aber in vielen Fällen die Ausführung vollständig vereiteln würde, so führt eine entsprechende Anwendung dazu, in solchen Fällen sich mit der Zustellung der Verfügung innerhalb der Vollzugsfrist zu begnügen, ohne daß man aber deshalb die Fiktion, daß diese Zustellung der Vollziehung gleichstehe, aufzustellen braucht. Vgl. R 21 S. 416, K. 12 S. 102, Seuffert Archiv 42 Nr. 175, Seuffert Anm. 1 zu § 815 CPO. — Für den Fall, daß die einstweilige Verfügung direkt eine Zwangsverwaltung oder Zwangsversteigerung anordnet, enthält das preußische Landesrecht hinsichtlich der Vollziehung eine Lücke. Man wird zur Ausfüllung derselben zweckmäßig anzunehmen haben, daß auf Ersuchen des verfügenden Gerichts oder auch auf Antrag des Berechtigten Zwangsversteigerung bezw. Zwangsverwaltung nach Maßgabe dieses Gesetzes stattzufinden hat Wegen der Eintragung im Grundbuche zufolge einstweiliger Verfügungen vgl. zu § 10.

13 Unter Umständen ist das Strafgericht befugt, das ganze im Deutschen Reiche befindliche Vermögen eines Angeschuldigten oder einzelne Gegenstände desselben durch einen Beschluß mit Beschlag zu belegen (§§ 325, 326, 332, 480 St PO, §§ 93, 140 St GB.). Dagegen muß Art. 1 des preuß. G. v. 9 Mai 1854 für aufgehoben erachtet werden, weil die in diesem Art. behandelten Materien nunmehr reichsrechtlich (vgl auch § 83 GKG.) anderweit geregelt sind. (A. M Achilles Anm 1 zu § 19 Nr 3 EEG)

Die Beschlagnahme einzelner Gegenstände ist wieder aufzuheben, wenn der Grund derselben weggefallen ist. Auf die Beschlagnahme einzelner Gegenstände (nicht aber auf die Beschlagnahme des ganzen Vermögens §§ 333—335 St.PO) finden die Bestimmungen der CPO. über die Vollziehung und die Wirkungen des dinglichen Arrestes entsprechende Anwendung (§ 325 St.PO.). Die Vollstreckung des Beschlusses hat die Staatsanwaltschaft zu veranlassen (§ 36 St.PO).

Ueber Arreste und einstweilige Verfügungen im gewerbegerichtlichen Verfahren vgl §§ 56 Abs. 4 60 RG v 29. Juli 1890.

14. Abs 4 betrifft die Unzulässigkeit der Zwangsversteigerung wegen der Qualität der Forderungen. Es gehören daher alle diejenigen Fälle nicht hierher, in welchen wegen der Rechte dritter Personen an dem Grundstücke die Zwangsvollstreckung in dasselbe wegen gewisser Forderungen nicht statthaft ist (z. B Totalgrundstücke, gütergemeinschaftliche Grundstücke, Lehn- und Fideikommißgüter u. s w.; siehe darüber Anm. 4c zu § 1); ebensowenig der von Jäckel S. 43 hier angeführte § 54 Ver. über das Verwaltungszwangsverfahren v 7. September 1879, welcher für dieses Verfahren Exekutionsgrade aufstellt. — Unzulässig ist die Zwangsversteigerung:

a wegen Gerichtskosten unter den in § 29 A.G. G K.G. enthaltenen Einschränkungen. Als erster Schuldner im Sinne dieser Vorschrift gilt sowohl derjenige, welcher in den Kostengesetzen als der Schuldner bezeichnet ist, als auch derjenige, welcher nach den Vorschriften des bürgerlichen Rechtes oder des Strafrechtes für die von einem Anderen geschuldeten Kosten haftet (Kurlbaum S. 18). – Die Vorschrift bezieht sich nur auf die in der Regel im Verwaltungszwangsverfahren (vgl. Anm. zu § 203) beizutreibende Forderung der Staatskasse, nicht aber auf Forderungen der Prozeßbevollmächtigten und Beistände, der Gerichtsvollzieher und die Kostenerstattungsforderungen der Parteien;

b. wegen Geldstrafen für Steuerdefraudationen (Bek. v 8. Oktober 1826 [G.S. S 106] und 14. Oktober 1829 [G S. S. 27]); für Zolldefraudationen (§ 51 G. v. 23. Januar 1838, G.S. S. 78); § 165 Vereinszollgesetz v. 1. Juli 1869 (B.G.Bl. S. 317), Wechselstempelkontraventionen (§ 15 G. v. 10. Juni 1869 [R.G.Bl. S. 193]), Uebertretungen gegen §§ 41 – 44 des Erbschaftssteuergesetzes v. 30. Mai 1873 (G S. S. 329), § 25 Zuwiderhandlungen gegen das Gesetz, betr. die Reichsstempelabgaben v. 1. Juli 1881 – 29. Mai 1885 –, falls der Defraudant ein Inländer (Deutscher) ist und nicht zustimmt.

c. Das von Jäckel Anm. 5b und auch von Rudorff aufgenommene Reskript v. 27. Juni 1840 betr. die möglichste Vermeidung des Subhastationsverfahrens wegen der zu königlichen Kassen fließenden Holzdiebstahls- und Forststrafen (J M Bl. S. 226) ist keine gesetzliche Vorschrift sondern eine Instruktion an die mit der Beitreibung betrauten Behörden, deren Ermessen überdies ein weiter Spielraum gesteckt ist.

Die Unzulässigkeit der Zwangsversteigerung wegen der zu a. und b. genannten Forderungen ist, soweit sie nicht zur Zurückweisung des Antrages geführt hat, durch Widerspruch (§ 75 Nr. 1) und Beschwerde (§ 88 Abs. 2) geltend zu machen.

§. 3. Die Entscheidung über den Antrag, nach Maßgabe des §. 756 der Civilprozeßordnung ein Gericht zum Vollstreckungsgericht zu bestellen, kann ohne vorgängige mündliche Verhandlung erfolgen.

Der Beschluß ist von Amtswegen zuzustellen.

Eine Anfechtung des Beschlusses, durch welchen das Vollstreckungsgericht bestellt wird, findet nicht statt.

§ 3. Vollstreckungsgericht.

1. Vgl. §§ 6, 7 R.Zw.G.Entw, Art. 11 (§ 755 u. Anm) des E G z R.Entw. – Die Zuständigkeit des Vollstreckungsgerichtes ist für die Zwangsvollstreckung in Grundstücke bereits in der C P.O. erschöpfend geordnet. Es bestimmen:

§ 755. „Für die Zwangsvollstreckung in ein Grundstück ist als Vollstreckungsgericht das Amtsgericht zuständig, in dessen Bezirke das Grundstück belegen ist.

Die Zwangsvollstreckung wird von diesem Gericht auf Antrag angeordnet.

§ 756. Ist es mit Rücksicht auf die Grenzen verschiedener Amtsgerichtsbezirke ungewiß, welches Amtsgericht zuständig sei, oder ist das Grundstück in den Bezirken verschiedener Amtsgerichte belegen, so ist auf Antrag eines

Betheiligten von dem zunächst höheren Gericht unter Berücksichtigung der im § 36 (soll heißen 37, s. Seuffert Anm. 2 zu § 756) enthaltenen Vorschriften eines dieser Gerichte zum Vollstreckungsgerichte zu bestellen.

Dieselbe Anordnung kann getroffen werden, wenn die Zwangsvollstreckung in mehrere Grundstücke desselben Schuldners, welche in verschiedenen Amtsgerichtsbezirken belegen sind beantragt wird."

Dazu tritt:

§ 37. „Die Entscheidung über das Gesuch um Bestimmung des zuständigen Gerichts kann ohne vorgängige mündliche Verhandlung erfolgen.

Eine Anfechtung des Beschlusses, welcher das zuständige Gericht bestimmt, findet nicht statt."

Außerdem ist zu beachten, daß nach § 294 Abs. 3 C.P.O. nicht verkündete Beschlüsse des Gerichtes den Parteien von Amtswegen zuzustellen sind.

Hiernach ist § 3 im Ganzen überflüssig. Er tritt aber mit der reichsrechtlichen Regelung nur in dem praktisch wenig bedeutsamen Punkte in Widerspruch, daß er auch bei der Entscheidung auf Grund vorgängiger mündlicher Verhandlung die Zustellung von Amtswegen vorschreibt.

Auch hier muß gemäß Art. 2 der R.V die C P.O. vorgehen, da die in § 757 Abs. 1 C.P O. den Landesgesetzgebungen ertheilte Zuständigkeit sich nicht auf dieses vor dem reichsrechtlich festgesetzten Beginne der Zwangsvollstreckung mögliche und überdies gerade für die Zwangsvollstreckung in das unbewegliche Vermögen bereits reichsrechtlich vollständig geordnete Verfahren bezieht. A M. Jäckel zu § 3 unter II B.

2. Der § 756 C P.O. ersetzt für die Zwangsvollstreckung in ein Grundstück die Vorschriften der Nr 2 u. 4 des § 36 C.P O. — Während das Gericht im Falle des § 756 Abs 1 die Bestellung des Vollstreckungsgerichtes gewähren muß, hängt die Bestimmung im Falle des Abs. 2 von dem richterlichen Ermessen ab. Da sich die Zuständigkeit aus § 755 C P O. nicht ohne Weiteres auf die Zubehörstücke (Anm. 5 f. zu § 1) bezieht, welche in einem anderen Amtsgerichtsbezirke liegen, so muß, wenn solche Zubehörstücke gemeinsam mit dem Hauptgrundstücke der Zwangsvollstreckung unterworfen werden sollen, zuvor die Bestellung des zuständigen Vollstreckungsgerichtes erfolgen. — Die Zuständigkeit preußischer Gerichte bezieht sich übrigens nur auf Grundstücke, welche in Preußen liegen. Außerhalb Preußens belegene Theile oder Zubehörstücke eines inländischen Grundstückes unterliegen überhaupt nicht der Zwangsvollstreckung nach diesem Gesetze. Daneben bleiben für die Bestimmung des zuständigen Gerichtes die Nr. 1, 5, 6 des § 36 C. P O. unmittelbar anwendbar. (Nr. 1 rechtliche Verhinderung an der Ausübung des Richteramtes [thatsächliche Verhinderung kann nicht vorkommen (§ 24 A.G G.V.G.; Allg. Verf v 10. Sept. 1879, J.M Bl. S. 340)]; Nr. 5 positiver Kompetenzkonflikt; Nr 6 negativer Kompetenzkonflikt) (Kurlbaum S. 10) Für den Fall, daß ein Korrealpfand an Grundstücken verschiedener Eigenthümer besteht, fehlt es an der Möglichkeit der Bestellung eines gemeinsamen Vollstreckungsgerichtes.

3. Für den Antrag (§ 756 C.P.O., § 3 des G) sind besondere Vorschriften über die Form nicht gegeben Anwaltszwang findet nicht statt (Seuffert Anm 1 zu § 37). Ein Akt der Justizverwaltung ist die Bestellung des zuständigen Gerichtes zwar nicht, sondern eine Handlung der streitigen Gerichts-

barkeit. Es ist aber sicherlich nur übersehen, zu § 37 C.P.O. ausdrücklich zu bestimmen, daß das Gesuch zu Protokoll des Gerichtsschreibers erklärt werden kann (§ 74 C.P.O.).

4. Als Betheiligte im Sinne des § 756 C.P.O. können außer dem betreibenden Gläubiger und dem Schuldner auch die übrigen Interessenten des Verfahrens (§ 21 Nr 3 u. 4) angesehen werden, da die C.P.O. den Ausdruck Betheiligte nicht auf die Hauptparteien beschränkt. Ein Interesse, den Antrag zu stellen, kann namentlich ein Korrealpfandgläubiger haben (Jäckel a. a. O.).

5. Die Entscheidung erfolgt in allen Fällen durch das im Instanzenzuge zunächst höhere Gericht (§§ 36, 756 C.P.O.). Bei diesem ist auch der Antrag einzubringen.

6. Die Entscheidung muß in dem Falle des § 756 Abs. 1 der Anordnung der Zwangsvollstreckung (§ 755 Abs. 2) vorangehen. Das als Vollstreckungsgericht angerufene, mit Rücksicht auf die Grenzen der Amtsgerichtsbezirke über seine Zuständigkeit zweifelhafte, oder nicht für das ganze Grundstück zuständige Amtsgericht muß die Einleitung der Zwangsvollstreckung ablehnen, oder wenn sich solche Umstände erst nach der Einleitung ergeben, das Verfahren einstellen und den Betheiligten zunächst die Beibringung der Entscheidung des übergeordneten Gerichtes aufgeben (§§ 701 C.P.O. 75 Nr. 1 dieses G.). — Das Gleiche gilt von dem Falle des § 36 Nr. 1. Der Fall des § 36 Nr. 5 setzt die erfolgte Einleitung des Verfahrens voraus. Bei negativem Kompetenzkonflikte muß dessen Schlichtung stets vor der Anordnung der Zwangsvollstreckung erfolgen. Liegen mehrere Grundstücke desselben Schuldners in verschiedenen Amtsgerichtsbezirken, so ist die Zwangsvollstreckung für jedes Grundstück von dem nach § 755 Abs. 1 zuständigen Gerichte anzuordnen. Es kann indeß nach § 756 Abs. 2 sowohl vor dieser Anordnung als nach derselben auf Antrag der Betheiligten eines dieser Amtsgerichte zum Vollstreckungsgerichte bestellt werden.

7. Da die Entscheidung nicht zum eigentlichen Zwangsvollstreckungsverfahren gehört, so ist die vorherige Zustellung des vollstreckbaren Schuldtitels an den Schuldner nicht erforderlich (A. M. Jäckel a. a. O.) Die Entscheidung ist unanfechtbar, wenn dem Antrage entsprochen wird. Im entgegengesetzten Falle findet einfache nicht sofortige Beschwerde nach § 530 C P O. statt (Seuffert Anm. 1 zu § 701, Anm. 2 zu § 756, Anm. 4 zu § 37. A. M. Jäckel a. a. O.). Die Zustellung hat daher keine große praktische Bedeutung, weil die einfache Beschwerde an keine Nothfrist gebunden ist. — Die Bestimmung des zuständigen Gerichtes erfolgt gebührenfrei (§ 47 Nr. 3 G.K.G); für Rechtsanwälte kommen § 23 Nr. 1 G.O. f. R A — aber auch § 29 Nr. 6 — zur Anwendung. (Walter, Rechtsanwaltsgebühren S. 102).

8. Die Zuständigkeit des Vollstreckungsgerichtes (§§ 755, 756 C.P.O.) ist eine ausschließliche und zwar über den Wortlaut des § 707 C.P.O. hinaus auch in sachlicher Beziehung (Die Ausführung in R. 13 S. 369 kann auf die Funktionen des Vollstreckungsgerichtes unzweifelhaft nicht erstreckt werden.) Das als solches angerufene Amtsgericht hat seine Zuständigkeit von Amtswegen zu prüfen.

9. Nach der reichsrechtlichen, durch Landesgesetz weder zu beseitigenden noch zu modifizirenden Vorschrift des § 755 Abs. 2 müssen alle Zwangsvollstreckungen in das unbewegliche Vermögen wegen einer Geldforderung ohne Rücksicht auf die Art und ohne alle Ausnahme dadurch eingeleitet werden, daß der Gläubiger einen

Antrag bei dem zuständigen Vollstreckungsgerichte einreicht, und daß dieses nach Prüfung der formellen und materiellen Voraussetzungen desselben (Anm 5 zu § 2) die Zwangsvollstreckung anordnet. Jede landesgesetzliche Vorschrift, welche die Einreichung des Antrages oder dessen Erledigung durch eine andere gerichtliche oder außergerichtliche Behörde anordnen würde, müßte als ungültig außer Anwendung bleiben.

10. Mit der reichsgesetzlichen Regelung des Vollstreckungsgerichtes sind von selbst alle Bestimmungen über Organisation und Besetzung der Gerichte, über die Form der Anträge an das Vollstreckungsgericht, ebenso wenigstens subsidiär, d. h. soweit nicht in diesem Gesetze auf Grund des § 757 Abs. 1 C P O. landesgesetzlich abweichende Bestimmungen getroffen sind, die Vorschriften der C.P O. über das Verfahren bei Entscheidungen des Vollstreckungsgerichtes und die Rechtsmittel gegeben. Vgl. Einl. S. 29. — Im Einzelnen ist zu bemerken:

a. Das Gericht erster Instanz bildet das Amtsgericht (§ 22 G V.G), in dessen Bezirk das Grundstück belegen ist — Alle Entscheidungen trifft der Amtsrichter als Einzelrichter; zu den Verhandlungen ist der Gerichtsschreiber zuzuziehen (§§ 145, 149, 151 C P.O). — Beschwerdegerichte sind die Civilkammern der Landgerichte, welche nach der Geschäftsvertheilung dazu bestimmt sind (§§ 71, 41—63, 65, 66, 77 G V.G. — Für die weitere Beschwerde ist die Zuständigkeit der Civilsenate der Oberlandesgerichte (§§ 120 bis 124 G.V G.), beziehungsweise des Reichsgerichtes begründet. — Für alle Beschwerdegerichte finden wegen Zuziehung des Gerichtsschreibers zur mündlichen Verhandlung §§ 145, 149 C P.O. Anwendung.

b. Die Ausschließung und Ablehnung der Gerichtspersonen erfolgt nach §§ 41 bis 49 C P.O. — Partei im Sinne des § 41 Nr. 1 bis 4 ist, wenn es sich um eine Entscheidung über Einleitung oder Fortsetzung des Verfahrens handelt: der Gläubiger und der Schuldner, oder an des letzteren Stelle der Dritte, welcher die Einstellung des Verfahrens fordert; — bei Entscheidungen über die Art der Ausführung des Verfahrens, im Vertheilungsverfahren: jeder bei dem Verfahren betheiligte Interessent. Bei der Entscheidung über den Zuschlag sind auch die Bieter Partei, welche den Zuschlag für sich verlangen und über deren Recht durch das Zuschlagsurtheil entschieden wird (§ 87). — Daß unter den Bietern sich Personen befinden, welche zu dem Richter oder Gerichtsschreiber in einem die Ausschließung oder Ablehnung rechtfertigenden Verhältnisse stehen, begründet eine solche nicht für das ganze Verfahren, steht vielmehr nur der wirksamen Beurkundung des Gebotes solcher Personen entgegen. Es hindert auch den Abschluß des Versteigerungstermines und die Entscheidung über Ertheilung des Zuschlages nicht, sofern nur ein derartiges Verhältniß nicht zu dem Meistbietenden oder einem anderen Bieter besteht, welcher den Zuschlag für sich verlangt. — Kann in solchem Falle nicht von Amtswegen (bei einem mit mehreren Richtern besetzten Amtsgerichte, §§ 23 Abs. 2, 24 A.G. G.V.G.) Abhülfe geschafft werden, so führt der Versteigerungstermin zu keinem Resultate, weil die für die Entscheidung über den Zuschlag wesentlichen Gebote nicht gehörig beurkundet sind. Die Fortsetzung des Verfahrens in einem neuen Termine — eventuell nach Bestellung eines anderen Vollstreckungsgerichtes (§ 36 Nr. 1 C.P.O.) — sichert nicht gegen die Wiederholung der gleichen Unzuträglichkeit. — Es hat jedoch die Entscheidung über den Zuschlag durch einen ausgeschlossenen oder abgelehnten Richter nur die Folge, daß die sofortige Beschwerde auch nach Ablauf der Nothfrist für diese innerhalb der für die Nichtigkeitsklage (§. 542 Nr. 2 C P O) geltenden Nothfrist (§ 549 C P.O.) erhoben werden kann. (§ 540 Abs. 2 C.P.O) — Vgl Kurlbaum S. 11—13

c. Anträge an das Vollstreckungsgericht können schriftlich oder zum Protokoll des Gerichtsschreibers angebracht werden, und unterliegen dem Anwaltszwange nicht (§§ 457, 463, 74 C.P.O.); vgl. auch § 71 A.G G.V.G. Zur Stellung der Anträge sind auch die Prozeßbevollmächtigten befugt (§ 77 C.P.O. und Anm. 8a zu § 4). Vgl auch Entsch. des App.Ger. Posen v. 16. Mai 1878 (Johow 8 S 37). Prozeßfähigkeit, Legitimation der gesetzlichen Vertreter und Bevollmächtigten sind fortdauernd zu prüfen. Das Recht auf Akteneinsicht und Abschriften regelt § 271 C.P.O. Vgl. § 126 R.Zw.G.Entw.

d. Die Entscheidungen über die Anträge an das Vollstreckungsgericht können ohne vorgängige mündliche Verhandlung erfolgen (§ 684 Abs. 3 C.P.O). — Wegen Verkündung und Zustellung derselben finden § 294 C.P.O. und die Vorschriften der C.P.O. über Zustellungen Anwendung, soweit nicht in diesem Gesetze (§§ 4, 16, 47, 50, 74, 85, 95, 99, 101, 135, 143, 179, 182) besondere Bestimmungen getroffen sind.

e Um Abänderungen der Entscheidungen und sonstigen Handlungen des Vollstreckungsgerichtes zu erzielen, eröffnet die C P.O den Betheiligten zwei Wege, nämlich

α. gegenüber allen Entscheidungen (sofern sie nur ohne mündliche Verhandlung erfolgen können, wenn auch thatsächlich eine mündliche Verhandlung stattgefunden hat, die sofortige Beschwerde an das Landgericht (§ 701 C P.O.),

β. gegenüber allen Amtshandlungen, welche zur Art und Weise der Zwangsvollstreckung und dem dabei zu beobachtenden Verfahren gehören, die an keine Frist gebundenen Anträge, Einwendungen und Erinnerungen (Remonstration) an das Vollstreckungsgericht selbst. (§ 685 Abs. 1 C.P O, der allerdings nicht auf die durch den Gerichtsvollzieher vorzunehmenden Vollstreckungshandlungen beschränkt werden kann.) Gegen die auf die Remonstration ergehende Entscheidung des Vollstreckungsgerichtes ist dann wiederum die sofortige Beschwerde an das Landgericht nach § 701 C.P O. gegeben.

Ueber das Verhältniß beider Wege zu einander schweigt das Gesetz, obwohl eine Bestimmung darüber ganz unentbehrlich erscheint Da die Zulassung beider Rechtsbehelfe in demselben Falle zu Unzuträglichkeiten, namentlich zu der Zulassung zweier Beschwerdeinstanzenzüge hintereinander und zu Kollisionen der Entscheidung des Vollstreckungsgerichtes auf Remonstration mit der Entscheidung des Beschwerdegerichtes führen würde, so erscheint die Annahme sachgemäß, daß in den Fällen zu β der Weg zu α zunächst ausgeschlossen ist. Die Bestimmung des § 685 Abs. 1 C P.O. hat dann insoweit zugleich die Bedeutung einer Ausnahme von § 701 C.P.O. Wenn das Reichsgericht für die Zulassung der Remonstration und die Ausschließung der sofortigen Beschwerde darauf Gewicht legt, daß die gerichtliche Anordnung der Vollstreckungsmaßregel ohne Anhörung des Schuldners erfolgt sei (R 16 S. 319 — vgl. a. 18 S. 431, 25 S. 371 und Beschl. v. 2. Mai 1885 in Seufferts Arch. 41 S. 239) und bemerkt, daß eine solche Anordnung keine Entscheidung im Sinne des § 701 C.P.O. sei, so steht dem der weite Sinn des Wortes „Entscheidung" in der C.P.O. entgegen; die Anordnung der Forderungspfändung ohne Gehör des Schuldners, von der R. 16 S. 319 handelt, ist unzweifelhaft ebenso eine Entscheidung, wie die Anordnung des Arrestes oder der einstweiligen Verfügung ohne Anhörung des Gegners (§§ 801, 816 C P O.). — Es muß vielmehr zur Vermeidung der Rechtsunsicherheit daran festgehalten werden, daß in den Fällen des § 685 Abs. 1 stets gegen die gerichtliche Handlung, mag sie die Anordnung oder Ablehnung der Vollstreckungsmaßregel zum Gegenstande haben, oder das weitere Verfahren betreffen, zunächst beim Vollstreckungsgericht selbst remonstrirt werden, zumal es ja auch, wo mündliche Verhandlung und gegenseitiges Gehör stattgefunden haben, keineswegs ausgeschlossen ist, auf diesem Wege Abhülfe zu erlangen. (Vgl. a. die Kommentare von Seuffert, Wilmowsky und Levy, Gaupp zu §§ 685 und 701, insbesondere auch darüber, welche Anträge, Einwendungen und Erinnerungen als die „Art und Weise der Zwangsvollstreckung betreffend" anzusehen sind) — Für die sofortige Beschwerde gelten, soweit nicht die §§ 86 ff. Abweichungen enthalten, die Vorschriften der §§ 531–538, 540 C.P O ; insbesondere auch bezüglich der Zulässigkeit einer weiteren Beschwerde (§ 531 Abs. 2 C P O). — Die Beschwerde (auch die weitere) kann, da es sich um ein in erster Instanz beim Amtsgericht anhängiges Verfahren handelt, schriftlich (ohne Anwaltszwang) eingereicht, oder zu Protokoll des Gerichtsschreibers, sowohl des Gerichtes, von welchem die angefochtene Entscheidung erlassen ist, als des Beschwerdegerichtes erklärt werden (§ 532 Abs. 2, § 74 Abs. 2 C P O., R. 3 S. 372; Seuffert Anm. 2 zu § 532). Die weitere Beschwerde geht an das Oberlandesgericht und schließlich an das Reichsgericht, R. 3 S. 873, A. M. Jastrow in Zeitschrift f. vergl. Rechtswissenschaft 6 S. 142.

f. Auf das Zwangsvollstreckungsverfahren sind die Gerichtsferien ohne Einfluß (§ 204 G.V.G.).

g. Für besondere Fälle sind noch zu beachten die Vorschriften über Vollstreckungshandlungen zur Nachtzeit und an Feiertagen (§ 681 C P.O) oder gegen Militärpersonen in Dienstgebäuden und auf Kriegsfahrzeugen (§ 699 C.P.O.), endlich die Vorschrift über das Einschreiten anderer Behörden (§ 698 C P.O.).

11. Die Haftung der Gerichtspersonen richtet sich nach allgemeinen Grundsätzen.. Vgl. für ganz Preußen §§ 89 ff. II. 10 A.L.R., dazu §§ 355, 358 I. 11, V. v. 23. Sept. 1867, Urth. d. Reichsgerichtes bei Gruchot 33 S. 1113. Auch wenn man der unrichtigen, aber in der Praxis verbreiteten Ansicht huldigt, daß für Urtheile diese Haftung ausgeschlossen sei (vgl. Entsch. 3 S. 253 ff., Str.A. 76 S. 225 ff, Fischer S. 507), wird man die Zuschlagsurtheile nicht ausnehmen dürfen, weil diese keine eigentlichen Urtheile sind (vgl. zu §§ 81–83). Da ein in der Komm. des H.H gestellter Antrag betreffend die Erstreckung des § 29 G.B O. auf dieses Gebiet zurückgezogen wurde, so tritt eine Haftung des Staates nicht ein.

§. 4. In dem Verfahren der Zwangsversteigerung und der Zwangsverwaltung kommen bei Zustellungen folgende Vorschriften zur Anwendung:

1) Hat der Betheiligte zu den Grundakten die Bestellung eines Vertreters zur Empfangnahme von Zustellungen angezeigt,

so kann die Zustellung an diesen auch dann erfolgen, wenn der Wohnort des Betheiligten bekannt ist.

2) Fehlt dem Betheiligten die Fähigkeit, selbstständig vor Gericht aufzutreten, so genügt, falls sein Vertreter oder dessen Wohnort zu den Vollstreckungsakten nicht bekannt geworden ist, die Zustellung an die vormundschaftliche Behörde, für juristische Personen an die Aufsichtsbehörde.

3) Wohnt derjenige, an welchen die Zustellung erfolgen soll, weder am Orte des Vollstreckungsgerichts, noch innerhalb des Bezirks desselben, so erfolgt die Zustellung durch Aufgabe zur Post (§§. 161, 175 der Civilprozeßordnung), so lange nicht die Bestellung eines in jenem Orte oder Bezirke wohnhaften Prozeßbevollmächtigten oder Zustellungsbevollmächtigten zu den Akten angezeigt ist. Die Postsendung ist mit der Bezeichnung: „Einschreiben" zu versehen.

4) Ist weder aus einer zu den Vollstreckungsakten gemachten Mittheilung des Grundbuchrichters (§. 19), noch aus einer Anzeige des Betheiligten der Wohnort des Letzteren oder seines Vertreters zu ersehen, oder stellt sich bei einer nicht durch Aufgabe zur Post bewirkten Zustellung heraus, daß der Betheiligte an dem angegebenen Wohnorte nicht wohnt, oder gestorben ist, so erfolgen die Zustellungen, wenn sie nicht nach Nr. 2 an eine vormundschaftliche Behörde oder eine Aufsichtsbehörde bewirkt werden, an einen von dem Vollstreckungsgericht dem Betheiligten oder dessen Rechtsnachfolgern zur Empfangnahme von Zustellungen zu bestellenden besonderen Vertreter.

5) Kommt nach einer Zustellung durch Aufgabe zur Post die Postsendung als unbestellbar zurück, so hat das Vollstreckungsgericht auf Anzeige des mit der Zustellung beauftragten Gerichtsvollziehers dem Betheiligten oder dessen Rechtsnachfolgern einen besonderen Vertreter zur Empfangnahme von Zustellungen zu bestellen und diesem die zurückgekommene Sendung auszuhändigen.

6) So lange der Betheiligte oder dessen gesetzlicher Vertreter nicht derart ermittelt ist, daß die Zustellung an ihn erfolgen kann, erfolgen alle Zustellungen an den nach den Vorschriften Nr. 4, 5 bestellten Vertreter.

Dem nach den Vorschriften Nr. 4, 5 bestellten Vertreter liegt die Ermittelung und Benachrichtigung des Betheiligten ob. Derselbe erhält von dem Betheiligten außer dem Ersatze seiner baaren Auslagen eine vom Gerichte festzusetzende Vergütung für seine Thätigkeit.

Die Vorschriften der Nr. 1 bis 6 sind bei der Zustellung der Einleitungs- und Beitrittsbeschlüsse an den Schuldner nicht anzuwenden, in der Beschwerdeinstanz nur bei der Zustellung eines den Zuschlag in der Zwangsversteigerung ertheilenden Urtheils.

§ 4. Zustellungen.

1 Vgl §§ 16 - 24 R Zw G Entw — Die Abweichungen dieses Paragraphen gegenüber der C P O beziehen sich hauptsächlich nur auf die Person des Empfangers, die Zulässigkeit der Zustellung mittelst Aufgabe zur Post, und die Zustellung an Unbekannte Weitergehende, eine größere Einfachheit und Sicherheit der Zustellungen erstrebende Antrage, welche in den Kommissionen des Landtages gestellt wurden, blieben ohne Erfolg

2. Die Vorschriften des § 4 gelten fur die Zustellungen an alle „Betheiligten", d h. für Zustellungen an alle Personen, welchen in dem Verfahren „zuzustellen" ist, nicht blos fur Zustellungen an die eigentlichen Parteien und die übrigen Interessenten (§ 21), sondern auch z B an den Verwalter der Zwangsverwaltung (§ 140 Abs 2).

3 Für die Fragen, ob eine Zustellung im gegebenen Falle erforderlich ist und ob die Zustellung von Amtswegen oder im Auftrage der Parteien zu erfolgen habe, sind nach Wegfall der §§ 8 Abs 3, 12 Abs 1 Zw G. die Regeln der C P O subsidiar anzuwenden Gemaß § 283 in Verbindung mit § 294 C P O bedurfen verkündete gerichtliche Urtheile, Beschlüsse, Verfugungen der Zustellung nicht, auch wenn die Entscheidung nicht auf Grund einer mündlichen Verhandlung erfolgte Zustellungen hat nach der allgemeinen Regel der C P O. die Partei zu besorgen (§§ 152—155 C P O). Jedoch sind nicht verkündete gerichtliche Beschlusse und Verfugungen den Parteien von Amtswegen zuzustellen (§ 294 Abs 3 C P O) — Im Einzelnen hat aber das vorliegende Gesetz zahlreiche diese Fragen betreffende Bestimmungen gegeben §§ 85, 95 verordnen fur die betreffenden Fälle Zustellungen verkündeter Entscheidungen von Amtswegen Die §§ 16 (185 Nr. 2, 186), 47, 50 (69, 99), 74 Abs 4, 101 (149 Abs. 2), 135 Abs 4 (152) verordnen Zustellungen von Amtswegen. In anderen Fallen folgt die Zustellung von Amtswegen aus der allgemeinen Regel der C P O (vgl §§ 77, 122, 127, 132, 134, 136) Nach diesen Detailbestimmungen bildet für das Gebiet dieses Gesetzes thatsächlich die Zustellung von Amtswegen die Regel.

4 Nach der derzeitigen Organisation und Geschäftsordnung ist der Gerichtsschreiber auf dem Gebiete des Zustellungswesens zur selbstständigen Thatigkeit unter richterlicher Aufsicht berufen. Der Richter hat also nicht an Stelle des Gerichtsschreibers von vornherein die Einzelheiten der Zustellungen anzuordnen und zu überwachen. — Die von Jäckel Anm 12 angeführten reglementarischen Vorschriften (Reskr. v. 13. Juni 1840, § 14 Geschäfts-Reg. v. 3. Aug. 1841) sind antiquirt.

5. Ungültige Zustellungen müssen, sobald sie entdeckt werden, von dem zur Besorgung der Zustellung Verpflichteten nachgeholt werden (vgl auch Seuffert Anm 1 zu § 156 C P O.) Ein Fristenlauf, der von der Zustellung abhängig ist, beginnt nicht, wenn die Zustellung ungültig ist, z. B. in den Fällen der §§ 85, 90 Bei dem Urtheile über die Zuschlagsertheilung ist die Ungültigkeit der Zustellung der Ladung zum Versteigerungstermin gemäß §§ 75 Nr. 7, 78 zu berücksichtigen. Vgl. Entsch. v. 4 Jan 1872 (Johow 2 S. 27).

6 Die abweichenden Vorschriften des § 4 Abs. 1 und 2 kommen nicht bei allen Zustellungen zur Anwendung — Abs. 3 bezeichnet die Fälle, in denen ausschließlich die Vorschriften der C P.O. zur Anwendung kommen. — Aber auch außerhalb des eigentlichen, übrigens die Vertheilung mit umfassenden Verfahrens kommen sie nicht zur Anwendung, also z B. nicht im Falle des § 3, bei den Entscheidungen über die Ablehnung des Richters für das Verfahren (§§ 42 ff. C P O), über die Bewilligung des Armenrechts für dasselbe (§§ 106 ff C P O.)

7. Soweit die abweichenden Vorschriften nicht zur Anwendung kommen, sind lediglich die Bestimmungen der C P O. maßgebend — Es regeln insbesondere: a den Auftrag zur Zustellung §§ 152 Abs 2, 153, 154, 155 C.P O, — b. das Zustellungsorgan §§ 152 Abs. 1, 176, 179 C.P O (vgl § 180 C P O.). Vgl. über Gerichtsschreiber und Gerichtsdiener §§ 49, 52, 53 der Gerichtsvollzieherordnung v. 23 Febr 1885, — c. die Zustellung selbst §§ 156, 172, 177, 178 Abs 1, 179 C P.O, — d. die Empfänger der Zustellung, insbesondere den Zustellungsbevollmächtigten und die subsidiäre Zustellung „durch Aufgabe zur Post" §§ 157 - 164 C P O und § 19 R A.O, — e. den Ort der Zustellung §§ 165, 178 Abs 1 C P O, — f die Frage, an wen und wie die Zustellung zu bewirken ist, wenn der seinem Aufenthalte nach bekannte Empfänger am Orte der Zustellung nicht angetroffen wird, verhindert ist, oder wenn er bez die Aushülfsempfänger die Annahme weigern, §§ 166—170 C P O — Wegen der Nachsendung an einen anderen Ort vgl. Allg. Vf v 7. Jan. 1880 (J M Bl. S. 6), — g. die Zeit der Zustellung § 171 C P O, § 23 Gesch Anw. für Gerichtsvollz, — h die Beurkundung der Zustellung §§ 173—175, 177 Schlußsatz, 178 Abs 2 und 3, 179 C.P O — Zu § 177 vgl Allg. Vf. v 15 Juni 1883 (J M Bl. S. 191), welche die Ausführung von O Fischer Termin und Ladung S. 74 adoptirt. Vgl. Wilmowski-Levy zu § 178 A M Seuffert Anm 1 zu § 177, — i. besondere Falle, nämlich: α. die nur im Falle des Parteibetriebes in Betracht kommende Zustellung von Anwalt zu Anwalt § 181 C P O, — β. die Zustellung im Auslande §§ 182—185 C P.O, — γ die offentliche Zustellung §§ 186—190 C P O

8. Die abweichenden Vorschriften des § 4 Abs 1 und 2 ordnen die Zustellung keineswegs erschöpfend; sie wollen nur einzelne Bestimmungen der C P O. ergänzen und modifiziren. — Die unter Nr. 7 zu a—c, e.—h. aufgeführten Vorschriften werden dadurch in keiner Weise beeinflußt. Modifizirt werden lediglich die unter d. und i. aufgeführten Bestimmungen, und zwar:

a Es verbleibt dabei, daß die Zustellung statt an den „Betheiligten" an den für die Instanz bestellten Prozeßbevollmächtigten desselben erfolgen muß (§§ 162, 163 C P.O) Die Vorschrift findet Anwendung, obgleich die Zwangsvollstreckung in Wirklichkeit nicht zu einem „anhängigen Rechtsstreite" gehört. Denn „das Verfahren vor dem Vollstreckungsgerichte ist als zur ersten

Instanz gehörig anzusehen". — Gemäß § 77 C P O ermächtigt die Prozeßvollmacht für den Rechtsstreit auch zu den Prozeßhandlungen, welche durch die Zwangsvollstreckung veranlaßt werden. — Die Zustellung hat demnach, wenn dem Antrage auf Zwangsversteigerung oder Zwangsverwaltung ein Rechtsstreit vorangegangen war, statt an die Parteien an deren Prozeßbevollmächtigte erster Instanz in dem Rechtsstreite zu erfolgen, sofern dieselben zu den Vollstreckungsakten gemäß § 84 Abs 2 C P O. nachgewiesen sind Ausnahmsweise werden jedoch Zustellungen an den **Schuldner**, welche zu den Zwangsvollstreckungshandlungen selbst gehören, wie die Zustellung der Einleitungs- und Beitrittsbeschlüsse (§ 16 Abs 2 und 3) [und die Zustellung im Falle des § 730 C P O] nicht an den Prozeßbevollmächtigten des Rechtsstreites zu erfolgen haben. Hat der **Gläubiger** den Antrag auf Zwangsvollstreckung selbst gestellt, so ist anzunehmen, daß er die Zwangsvollstreckung selbst betreiben will, und ist demgemäß die Zustellung an ihn, nicht an den Prozeßbevollmächtigten des Rechtsstreites zu bewirken (Jäckel Anm 1). Ist für die Zwangsvollstreckungsinstanz von einem der Interessenten (§ 21) ein besonderer Bevollmächtigter bestellt und zu den Vollstreckungsakten nachgewiesen, so muß die Zustellung fortan an diesen Bevollmächtigten erfolgen Für die Zustellung an auswärtige, bei dem Vollstreckungsgerichte zugelassene Rechtsanwälte vgl. § 19 R.A.O

b. Für die Zustellung an einen Unteroffizier oder einen Gemeinen des aktiven Heeres oder der aktiven Marine verbleibt es bei der bes. Vorschrift des § 158 C P.O. Die persönlich erfolgte Zustellung ist ungültig (Anm. 5).

c. Es verbleibt endlich auch dabei, daß nach Maßgabe des § 159 C P O. gültige Zustellungen an den Generalbevollmächtigten und den Prokuristen erfolgen können.

d. **Zu Abs. 1 Nr. 1.** Der zu den Grundakten angezeigte Zustellungsbevollmächtigte kommt in die gleiche Lage wie der Generalbevollmächtigte. Es kann, wenn kein Prozeßbevollmächtigter vorhanden ist, an ihn oder an den Betheiligten selbst zugestellt werden — Die Gültigkeit der Zustellung an den Vertreter wird durch eine Rücknahme der Vollmacht nicht beeinträchtigt, so lange die Rücknahme nicht zu den Vollstreckungsakten angezeigt ist. — Der Vollstreckungsrichter ist nicht verpflichtet, die Grundakten zur Ermittelung einzusehen. Seine Grundlage ist die Mittheilung des Grundbuchrichters (§ 19)

e **Zu Abs. 1 Nr. 2.** Die Zustellung an „nicht prozeßfähige Personen" hat nach § 157 C P O an den oder einen der gesetzlichen Vertreter zu erfolgen. „Bei Behörden, Gemeinden und Korporationen, sowie Personengemeinden, welche als solche klagen oder verklagt werden können, genügt die Zustellung" an den oder einen der Vorsteher. Nr. 2 d. G. läßt nun neben der Zustellung an den gesetzlichen Vertreter die Zustellung an die „vormundschaftliche Behörde" und neben der Zustellung an den „Vorsteher" die Zustellung an die Aufsichtsbehörde zu. — Die Terminologie dieses Gesetzes weicht von der Sprachweise des § 157 C.P O. insoweit ab, als hier der nichtssagende Ausdruck „Fähigkeit, selbstständig vor Gericht aufzutreten" statt „Prozeßfähigkeit" gebraucht wird. — Ueber die **Prozeßfähigkeit** vgl §§ 50 ff C.P.O. Auch **Minderjährige** können beschränkt prozeßfähig sein (§ 51 Abs. 1 C.P O, §§ 5, 6 G. v 12 Juli 1878, namentlich mit Rücksicht auf § 26 d G). — Zustellungen an prozeßfähige Personen, also auch an großjährige **Hauskinder** und **Ehefrauen** (Jastrow i. d. Zeitschr.

f. vergl Rechtswiss 6 S. 143), müssen zunächst an diese selbst erfolgen — Es ist aber keineswegs ausgeschlossen, daß Zustellungen, welche Vermögensrechte der Ehefrau oder des Hauskindes betreffen, statt der Ehefrau oder des Hauskindes bez neben denselben an den Ehemann oder Vater zu erfolgen haben, wenn diesem nach dem betreffenden Familiengüterrechte die alleinige Repräsentation des betreffenden Rechtes bez ein konkurrirendes Interesse beiwohnt. Er ist dann möglicher Weise selbst Interessent, nicht aber gesetzlicher Vertreter im Sinne der C.P.O. (Vgl. Anm. 4 c. γ u δ zu § 1) — Die vormundschaftliche Behörde bestimmt sich nach §§ 1—9 B O — Das Vollstreckungsgericht hat auch § 16 Abs. 3 B O. zu beachten: „Wird eine Bevormundung in Folge eines gerichtlichen Verfahrens nöthig, so ist das Gericht .... verpflichtet, das Vormundschaftsgericht zu benachrichtigen." — Den Ausdruck „juristische Personen" vermeidet die C P O in § 157 Abs. 2. Zu denselben gehören auch die in § 157 Abs 2 nicht erwähnten Stiftungen, Anstalten und Vermögensmassen (§ 19 C.P O.). — Zustellungen an die nicht prozeßfähige Person selbst sind ungültig (Seuffert Anm 6 zu § 157. Vgl. Anm. 5). — Den Zusatz des Entwurfes: „Stellt sich der Mangel der Fähigkeit erst im Laufe des Verfahrens heraus, so bleiben vorher erfolgte Zustellungen gültig", hat die Kommission des H H abgelehnt.

f. **Zu Abs. 1 Nr. 3.** Daß eine Partei entweder einen im Gerichtsbezirke wohnhaften Prozeßbevollmächtigten oder Zustellungsbevollmächtigten bestellen oder sich die Zustellung mittelst Aufgabe zur Post gefallen lassen muß, ist nach § 160 C.P O. davon abhängig, daß das Gericht die Bestellung eines Zustellungsbevollmächtigten angeordnet hat, oder daß die Partei nicht im Deutschen Reiche wohnt. — Nach Nr. 3 d. G ist dagegen die Zustellung durch Aufgabe zur Post bei dem Mangel eines zu den Akten bekannten Bevollmächtigten im Gerichtsbezirke ohne Weiteres zulässig, wenn derjenige, an den nach dem zu a—e. Bemerkten die Zustellung zu erfolgen hat (also nicht immer die Partei oder der Interessent selbst), außerhalb des Bezirkes des Vollstreckungsgerichtes wohnt. Doch wird man auch eine ordentliche Zustellung gelten lassen müssen, da sie lediglich ein Mehr bedeutet. — Im Gegensatze zu § 161 C P.O. und dem Grundsatze des Offizialbetriebes entsprechend, hat die Benennung des Bevollmächtigten durch **Anzeige zu den Vollstreckungsakten**, nicht durch Zustellung eines Schriftsatzes oder in mündlicher Verhandlung zu erfolgen — Die Bezeichnung der Sendung mit „**Einschreiben**" ist im Gegensatze zu § 161 Abs 2 C.P O. unbedingt vorgeschrieben. Sie ist ein wesentliches Erforderniß der Gültigkeit der Zustellung Die Zustellung durch Aufgabe zur Post ist gemäß § 161 C P O. mit der Aufgabe zur Post als bewirkt anzusehen, selbst wenn die Sendung als unbestellbar zurückkommt oder von der Post nicht oder nicht ordnungsmäßig befördert wird. Vgl. indeß Abs 1 Nr. 5 b G.

g. **Zu Abs. 1 Nr. 4** Ist der Aufenthalt eines Betheiligten unbekannt, so kann, wenn eine Person, an welche für ihn zugestellt werden könnte, nicht vorhanden, auch Aufgabe zur Post nicht gestattet ist, die Zustellung gemäß § 186 ff. C.P O. nur im Wege der **öffentlichen Zustellung** erfolgen. Dabei verbleibt es auch für die in Abs. 3 d. G. aufgeführten Fälle. Im Uebrigen ist hier an Stelle der öffentlichen Zustellung ein anderer Weg, die Bestellung eines **besonderen Vertreters** „zur Empfangnahme von Zustellungen", wie die Kommission des H H. hier und in Nr 5 erläuternd hinzugefügt hat, durch das Vollstreckungsgericht eingeschlagen. Daß derselbe im Bezirke des Vollstreckungsgerichtes wohnt, ist, anders wie bei dem von der Partei bestellten Vertreter, nicht erforderlich. — Die Voraussetzungen der Bestellung hat das Gesetz detaillirt angegeben. Weitere Ermittelungen nach dem Wohnort braucht also das Gericht nicht anzustellen. Nach dem Entw sollte das Gericht auch den Inhalt des Grundbuches und jede zu den Vollstreckungsakten gemachte Anzeige berucksichtigen. Die Kommission des H H hat beides geändert — Fur den Fall des Todes des Betheiligten muß als weitere Voraussetzung gefordert werden, daß sich die Rechtsnachfolger noch nicht zu den Akten legitimirt haben Letztere sind dann nach dem Inhalte der Akten unbekannt Vgl bez des Einflusses des Todes der Parteien Anm. 6c zu § 2 Diese Bestimmungen werden durch § 4 Abs 1 Nr. 4 in keiner Weise berührt. Der Ausdruck „bewirkten" ist nicht korrekt, richtiger wäre „versuchten" (Rudorff Anm 16) Die Zustellung wird in diesem Falle erst durch die Zustellung an den Vertreter bewirkt (Nr 6 d G)

h **Zu Abs. 1 Nr. 5.** Vgl Bem zu Nr. 4 Nach der C P.O. wurde in diesem Falle ein Weiteres nicht zu geschehen haben. — Durch die Bestimmung wird aber die Vorschrift des § 161 Abs. 1 C P.O, daß die Zustellung mit der Aufgabe zur Post als bewirkt anzusehen, in keiner Weise beruhrt Es bleibt „die durch die Aufgabe zur Post bereits bewirkte Zustellung in Kraft" (Motive), und sind insbesondere, anders wie bei Nr 4, die von der Zustellung laufenden Fristen, z B. bei §§ 47, 101, danach zu berechnen Die Aushandigung der als unbestellbar zurückgekommenen Sendung bedarf einer besonderen Form nicht Sie wird durch den Gerichtsschreiber oder den von ihm zu beauftragenden Gerichtsvollzieher oder Gerichtsdiener bez. durch formlose Postzusendung, nicht aber „zu gerichtlichem Protokoll" erfolgen (a M Jäckel Anm 10) — Wenn die Sendung zwar nicht an ihre Adresse gelangt, aber auch nicht zuruckgekommen ist, so kann die Vorschrift, und zwar ohne Nachtheil fur das weitere Verfahren, nicht ausgeführt werden.

i. **Zu Abs 1 Nr. 6.** Der Vertreter hat also bis zur erfolgreichen „Ermittelung" fur die Empfangnahme von Zustellungen die Stellung des Prozeßbevollmächtigten gemaß § 162 C P O Die Zustellung an ihn ist obligatorisch. Sie wird mit dem Zeitpunkte unzulassig, daß in der im Gesetze angegebenen Art der Betheiligte oder eine Person ermittelt ist, an welche nach den gesetzlichen Vorschriften statt des Betheiligten zugestellt werden kann (s in Nr 4. Wohnort des Letzteren oder seines Vertreters). So, nicht im technischen Sinne der C P.O. (§ 50), ist hier der Ausdruck „gesetzlicher Vertreter" zu verstehen Deshalb genügt nicht nur die Ermittelung eines zu den Grundakten bestellten Vertreters, eines Prozeßbevollmächtigten, eines Generalbevollmächtigten, wiewohl dieselben nicht „gesetzliche Vertreter" im Sinne der C P O. sind, sondern es muß auch die Ermittelung einer Vormundschafts- oder Aufsichtsbehorde, an welche nach Nr. 4 d. G die Zustellung erfolgen kann, fur ausreichend erachtet werden (a. M Jäckel Anm. 11)

k **Zu Abs. 2.** „Eine weitere Vertretungsbefugniß im Verfahren selbst dem Vertreter einzuräumen, liegt nicht im Interesse der Betheiligten." (Mot.) Anträge, demselben die „Wahrnehmung der Rechte der Betheiligten" oder doch „die Herbeiführung einer Vormundschaft oder Pflegschaft" aufzuerlegen, hat die Kommission des H H. abgelehnt Letzteres ist Sache des Gerichts (§ 16 Abs. 3 V O, oben unter e). — Die Bestellung eines eigentlichen Vertreters des Schuldners durch das Vollstreckungsgericht oder das Nachlaßgericht (§§ 693, 694 C.P.O.) ist dadurch keineswegs ausgeschlossen — Der von der Kommission des A.H. hinzugefügte zweite Satz betreffend die dem „Vertreter zur Empfangnahme von Zustellungen" für seine Thätigkeit und Auslagen zu gewährende Vergütung gilt auch für Rechtsanwälte, welche daher nicht schlechthin befugt sind, gemäß § 2 Abs. 2 d. Ausf G z. R A.G O. zu liquidiren, vielmehr dem richterlichen Ermessen unterworfen sind. (A. M. Walter, Die Rechtsanwaltsgebühren in Preußen S. 106.) Die Festsetzung erfolgt auf Antrag des Vertreters durch einen Gerichtsbeschluß, auf welchen §§ 684 Abs. 3, 294 Abs 3, 685 Abs 1, 701, 702 Nr. 3 C.P O. Anwendung finden Die Beitreibung ist Sache des Vertreters. Ist ihm die Ermittelung nicht gelungen, auch kein Perzipiendum auf den Vertretenen entfallen, so wird er freilich seine Kosten selbst tragen müssen. — Der bestellte Vertreter kann indeß die Uebernahme der Vertretung ablehnen. Eine Pflicht zur Uebernahme besteht namentlich auch nicht für die bei dem Vollstreckungsgerichte zugelassenen Rechtsanwälte. Rechtsanwälte müssen aber die Ablehnung dem Vollstreckungsgerichte ohne Verzug erklären, widrigenfalls sie den durch die Verzögerung erwachsenen Schaden zu ersetzen haben (§ 30 R A O). — Jäckel (Anm. 11a) hält es für zulässig, daß das Gericht, wenn es einen Vertreter nicht finden kann, dem betreibenden Gläubiger die Gestellung eines solchen bei Vermeidung der Aufhebung des Verfahrens aufgebe. Bei dem Schweigen des Gesetzes dürfte es aber billiger erscheinen, daß dann von der Vorschrift als einer unausführbaren überhaupt abgesehen wird.

§. 5. Der Gläubiger, welcher für eine auf dem Grundstück eingetragene Forderung einen Titel zur Zwangsvollstreckung in das Grundstück hat, kann im Rechtswege und durch Anträge bei dem Grundbuchrichter das dem Eigenthümer zustehende Recht auf Löschung voreingetragener Posten insoweit geltend machen, als es sich nicht um rechtsbeständige Hypotheken oder Grundschulden handelt, welche auf den Eigenthümer übergegangen sind. Derselbe ist auch berechtigt, in den Fällen der §§. 103, 104 der Grundbuchordnung vom 5. Mai 1872 (Gesetz-Samml. S. 446) an Stelle des Eigenthümers das Aufgebot der auf dem Grundstück voreingetragenen Posten, deren Tilgung er behauptet, und nach Erlaß des Ausschlußurtheils die Löschung der Posten zu betreiben.

Der Gläubiger, welcher auf Grund der vorstehenden Bestimmung einen dem Eigenthümer zustehenden Anspruch durch Klage verfolgt, ist verpflichtet, dem Eigenthümer gerichtlich den Streit zu verkünden, sofern nicht eine Zustellung im Ausland oder eine öffentliche Zustellung erforderlich wird. Das Aufgebot ist dem Eigenthümer mitzutheilen.

§ 5. **Recht des Gläubigers auf Loschung voreingetragener Posten.**

1 Vgl. § 46 des Entw. d. Reichsgrundbuchordn. in Verb. mit R Entw. I § 843, II § 813 — Nach dem Entwurfe hatte der Paragraph, welcher eigentlich in die

Grundbuchordnung gehört, lediglich den Fall des Aufgebotes (§§ 103, 104 G B O.) im Auge. Seine jetzige Gestalt verdankt er eingehenden Erörterungen in der Komm des H.H. — Man erweiterte den Regierungsentwurf durch das im ersten Satze des Abs. 1 dem Gläubiger beigelegte Recht, da man die Rechte der Gläubiger durch die bestehende Gesetzgebung nicht hinreichend gesichert erachtete. Die Bedeutung des § 5 hängt mit dem für die Zwangsversteigerung angenommenen Grundsatze des geringsten Gebotes zusammen. Indem er dem eingetragenen Gläubiger ermöglicht, schon vor Beginn der Zwangsversteigerung alle diejenigen voreingetragenen Posten aus dem Grundbuche zu entfernen, welche der Eigenthümer selbst beseitigen kann und auf deren Aufrechterhaltung derselbe kein Recht hat (Eccius § 192 Anm 7), erleichtert er die Feststellung eines sachentsprechenden geringsten Gebotes und die für den Gläubiger gebotene vorherige Schätzung des wahrscheinlichen Erfolges einer Zwangsversteigerung — Die Werthparzellentheorie ist für das E E G verworfen, das Pfandrecht erfaßt vielmehr das ganze Grundstück und rücken demgemäß die nachstehenden Posten vor, sobald die vorstehenden gelöscht sind (§ 62 E E G) Zum Löschungsantrage war bisher formell nur der Eigenthümer berechtigt (§ 58 a a. O) Das vorliegende Gesetz bringt den Gedanken zum Ausdrucke, daß das Aufrückungsrecht der nachstehenden Realgläubiger, unabhängig von dem guten Willen des Eigenthümers, auch dann zur Geltung kommen soll, wenn Posten, an denen der Eigenthümer ein Verfügungsrecht in eigenem Namen nicht hat (§§ 63—66 E E G), zur Löschung reif sind. Das dem Gläubiger gewährte Recht ist eine mit seinem Pfandrechte verbundene Nebenberechtigung, die gleich dem Pfandrechte zwar vom Rechte des Eigenthümers abgeleitet ist, aber doch eine eigene Befugniß des Gläubigers bildet. Ueber die verschiedenen Konstruktionsversuche vgl Küntzel bei Gruchot 28 S 287, Wolff, Eintr S 162 ff

2. Berechtigter ist nur der Gläubiger einer eingetragenen Forderung. Da das Gesetz nicht unterscheidet, muß man Eintragungen jeder Art genügen lassen, also auch Zwangshypotheken, Vormerkungen einschließlich der Arrestvormerkungen und Eintragungen in Abth II z B Altentheile (A. M z Th Wolff, Eintr. S. 158, Turnau I S 500, Jackel Anm 2) Die Beschränkung des § 40 E E G. kommt hier natürlich nicht in Frage Der bloß persönliche Gläubiger ist, auch wenn er eine Beschlagnahme erwirkt hat, nicht berechtigt (Urth d Reichsger bei Gruchot 34 S. 170)

3 Außerdem erfordert das Gesetz einen Titel zur Zwangsvollstreckung (vgl darüber Anm. 4 a zu § 2). Ein Arrestbefehl oder eine einstweilige Verfügung berechtigen also nicht Ein vorläufig vollstreckbarer Schuldtitel genügt In den Fällen der §§ 650, 562 Abs 1 C P O muß dem Grundbuchrichter die Sicherheitsleistung nachgewiesen werden, ebenso dem mit der Klage auf Löschungsbewilligung belangten Vorgläubiger, denn dadurch ist die Legitimation des eingetragenen Gläubigers bedingt. Nur der Wegfall des Titels zur Zwangsvollstreckung selbst oder der Vollstreckbarkeit desselben (§§ 655, 691 Nr. 1 C.P O) hebt das Recht des Realgläubigers aus § 5 auf — Entscheidungen, durch welche die Vollstreckung gegen den Eigenthümer nachträglich von einer Sicherheitsleistung abhängig gemacht worden (z B §§ 647, 657 C P O), oder die Einstellung der Vollstreckung angeordnet wird, kommen nicht in Betracht (A M Wolff a a O. S. 167) — Das Gesetz verlangt einen Titel zur Zwangsvollstreckung in das

Grundstück Streng genommen würde das einen Titel für das dingliche Recht (s o 4 a. γ zu § 2) bedeuten. Indeß läßt sich auch die vielfach vertretene Ansicht (Wolff, Eintr S 158, Jäckel Anm 2, Knorr Anm 2 c, Turnau I S. 500, Rudorff Anm 2, Dorendorf Anm 2), daß auch ein vollstreckbarer Titel für die der Eintragung zu Grunde liegende persönliche Forderung, selbst wenn er vor der Eintragung erlangt ist, genüge, als eine zweckmaßige und dem Gesetze nicht offenbar widersprechende für den Fall halten, daß die Beziehung der Eintragung auf die persönliche Forderung unzweifelhaft ist — Ein vorherige Zustellung des Schuldtitels ist nicht erforderlich, da es sich hier nur um vorbereitende Schritte, nicht um den Beginn der Zwangsvollstreckung handelt, noch weniger, daß zur Zeit bereits eine Zwangsversteigerung beantragt sei.

4 Das Recht des Gläubigers fällt fort, insoweit als es sich um rechtsbeständige Hypotheken oder Grundschulden handelt, welche auf den Eigenthümer übergegangen sind In den Fällen der §§ 63—66 E.E.G. ist dem Eigenthümer das Recht der Verfügung über die Post in seinem Interesse gewährt In dem Falle des § 63 ist Voraussetzung des Verfügungsrechtes des Eigenthümers, daß die Zahlung oder anderweite Tilgung von dem Eigenthümer selbst oder doch von einem Dritten in seinem Auftrage oder in seinem Interesse erfolgt ist (Entsch. 30 S. 439, 37 S. 91; Strieth 35 S. 228). Dann wird zwar das Recht des Eigenthümers nicht erst durch die Quittung, Löschungsbewilligung oder Cession begründet, sondern schon durch die Tilgung (Strieth. 61 S 86, 90 S 190, 98 S. 276; R 5 S. 312, Urtheile des R G. bei Gruchot 32 S 966, 34 S. 144); aber der Nachweis der Tilgung durch Quittung, Löschungsbewilligung oder Cession ist formelle Voraussetzung seines Verfügungsrechtes (§§ 63, 64 E E.G) — Vermag der Eigenthümer diesen Nachweis nicht zu führen, so kann er auf Grund der behaupteten Tilgung nnd nach vorgängigem Aufgebot nur die Löschung der Post beantragen (§§ 103, 104 G.B O ; Bahlmann Anm. 6 zu § 103); und dasselbe kann nach Satz 2 Abs. 1 dieses Paragraphen auch der Gläubiger Den Hypotheken und Grundschulden stehen die betreffenden Vormerkungen gleich Ausgeschlossen ist der Uebergang auf den Eigenthümer bei Kautionshypotheken, welche noch nicht auf einen festen Geldbetrag umgeschrieben sind (§ 67 E E G), und im Falle des § 124 Abs. 3 dieses G Bei Eintragung anderer Art kann von einem Uebergange auf den Eigenthümer nicht die Rede sein In wie fern ein solcher bei Pfandbriefsdarlehn anzunehmen ist, bestimmt sich nach den Statuten der Kreditinstitute (v. Brünneck bei Gruchot 29 S 43 ff., Eccius § 200 zu Anm 45). — Vgl auch Anm 4 und 10 A f zu § 29, Anm 2 d zu § 194 —).

5 Das Recht auf Loschung bezieht sich ausdrücklich nur auf voreingetragene Posten Es ist daher (a. M Dernburg, Hyp R II S. 306) nicht möglich, dasselbe auch gegenüber gleich eingetragenen Posten zu geben.

6. Im Uebrigen ergreift das Recht auf Löschung Posten aller Art, insbesondere auch die in Abth II eingetragenen Auch kommt es nicht darauf an, aus welchem Grunde der Eigenthümer befugt sein würde, die Löschung zu beantragen Auch auf den Eigenthümer übergegangene, nicht rechtsbeständige Hypotheken und Grundschulden kann der Gläubiger ebenso wie der Eigenthümer selbst loschen lassen Der Eigenthümer ist aber, solange er keine Kenntniß davon hat, daß der Gläubiger von den ihm in § 5 gewährten Rechten Gebrauch machen will,

und insofern nicht etwa die Voraussetzungen einer Anfechtung auf Grund des Reichsges. v. 21 Juli 1879 vorliegen, nicht gehindert, die Rechtsgültigkeit der Post nachträglich herbeizuführen und damit die in § 5 dem Gläubiger gegebene Befugniß auszuschließen Auch die Pflicht des Eigenthümers gegenüber Dritten, der Post rechtlichen Bestand zu geben, würde der Löschung auf Antrag des Gläubigers entgegenstehen (Jäckel Anm. 5 zu § 5)

7. Der eingetragene Gläubiger muß, wie der Eigenthümer, den Erfordernissen der §§ 93, 94 G B O genügen. Bedarf es für den Eigenthümer behufs der Löschung vorgängiger prozessualischer Weiterungen nicht, so kann auch der Gläubiger sich mit seinen Anträgen auf Löschung sofort an den Grundbuchrichter wenden z B bei Löschung lebenslänglicher Nießbrauchsrechte gemäß § 102 G B.O. und in allen Fällen, in welchen der Gläubiger in der Lage ist, die vom Eigenthümer mit seinem Löschungsantrage nach §§ 93, 94 G B O vorzulegenden Urkunden beizubringen Wegen des Erfordernisses der Beglaubigung des Antrages und seines Wegfalles, wenn die Löschungsbewilligung vorliegt, vgl § 33 G.B.O. Gegen den Gläubiger der voreingetragenen Post kann das Begehren auf Herausgabe der erforderlichen Urkunden mit der auf Löschungsbewilligung gerichteten Klage verbunden, aber auch in besonderem Prozesse geltend gemacht werden. Hat der voreingetragene Gläubiger den Eigenthümer bereits in den Besitz der betr. Urkunden gesetzt, so wird man dem nacheingetragenen Gläubiger auch eine Klage gegen den Letzteren auf Herausgabe der betr Urkunden (oder deren Vorlegung beim Grundbuchrichter) nicht versagen können (A M z Th Wolff, Eintr. S 166) Sofortige Zwangsvollstreckung ist dagegen nicht zulässig.

8 Die Klage ist regelmäßig auf Löschungsbewilligung zu richten. Sie kann sich gründen entweder auf die Behauptung, daß trotz der erfolgten Eintragung die Post niemals rechtsbeständig gewesen sei, oder daß sie als dinglicher Anspruch erloschen sei bez ihr Erlöschen verlangt werden könne.

a. Zu der ersten Kategorie gehören Eintragungen von Hypotheken wegen nichtiger oder ungültiger (z B simulirter) Forderungen und nichtige Eintragungen überhaupt; aber auch Eintragungen von Grundschulden ohne verpflichtende causa sowie Eintragungen wegen künftiger Forderungen (z B eines aufzunehmenden Darlehns, Kautionshypotheken), sofern gegen den Eigenthümer die persönliche Forderung, deren Entstehung die Bedingung der Pfandhaftung ist, nicht entstanden ist und ohne Willen des Eigenthümers nicht mehr entstehen kann (Eccius § 192 zu Anm 17) — Ueber den Fall, daß der Eigenthümer nach der Beschlagnahme ohne für ihn vorliegende Verpflichtung derartige Forderungen konstituirt hat, siehe unten zu §§ 16/17 Anm 9 C. letzter Absatz

b Zu der zweiten Kategorie gehören: der Verzicht auf das dingliche Recht (Exnexuation); der Eintritt des Endtermines oder der Resolutivbedingung des dinglichen Rechtes; die Tilgung der persönlichen Forderung bei einer Hypothek durch einen Dritten, nicht im Auftrage oder im Interesse des Eigenthümers (vgl. Eccius § 200 Anm. 12 und 51; Dernburg § 338), die Tilgung des Realanspruches durch Ueberweisung gemäß §§ 117, 125 dieses G ; das Recht auf Löschung wegen Uebermäßigkeit der Sicherheit nach § 6 Abs. 2 dieses G und, da jede Rückziehung fiktiv ist, die Wirkungslosigkeit der Arrestvormerkung wegen versäumter Zustellung des Arrestbefehles (§ 809 Abs 3 C P O, s o Anm 11 zu § 2). — Bei Korrealhypotheken oder Korrealgrundschulden ist zu beachten, daß die Hypothek oder Grundschuld auf dem mitverhafteten Grundstücke nur erlischt, wenn und soweit der Gläubiger seine Befriedigung aus dem anderen Grundstücke (d. h aus dem Verkaufserlöse desselben bei der Zwangsversteigerung) erhalten hat Durch die freiwillige Bezahlung Seitens des Eigenthümers des einen Grundstückes werden demselben auch an den mitverhafteten Grundstücken alle Rechte des befriedigten Gläubigers — auf seinem Grundstücke als Eigenthümerhypothek — erworben, gleichgültig ob er sich Quittung oder Löschungsbewilligung ausstellen oder die Forderung cediren läßt (Eccius § 200 Anm 54; Dernburg § 338. — A M Bahlmann zu § 42 E E G. Note 9) Läßt er die Forderung auf seinem Grundstücke loschen, so bleibt sie auf den anderen Grundstucken unverändert vom Bestande (R 3 S. 260 Gruchot 26 S. 1129)

9 Der Inhaber der voreingetragenen Post kann sich gegen die Klage des Gläubigers aus § 5 mit der Einrede schutzen, daß er die Post in gutem Glauben an die Richtigkeit des Grundbuches erworben habe. Ist in dem Falle des § 42 E E G die (von Amtswegen zu loschende) Korrealhypothek auf einem mitverhafteten Grundstücke nicht geloscht, und von dem befriedigten Gläubiger an einen Dritten abgetreten, so kann sich letzterer auf seinen guten Glauben nicht berufen, da die Korrealhaft des subhastirten Grundstückes auf dem Blatte der mitverhafteten Grundstücke vermerkt ist und dadurch die Pflicht des Erwerbers der Post begründet wird, sich durch Einsicht des Grundbuches der andern mitverhafteten Grundstücke zu überzeugen, ob die Post noch zu Recht besteht (Bahlmann Anm 8 zu § 42 E E.G)

10 Weigert der Inhaber der voreingetragenen Post die Bewilligung der Löschung, so kann der nach § 5 berechtigte Gläubiger in Gemäßheit § 60 E E G., § 18 A G. C P O bei dem nach § 816 ff C.P.O. zuständigen Gericht den Erlaß einer einstweiligen Verfügung dahin beantragen, daß bei der Hypothek oder Grundschuld Widerspruch gegen fernere Verfügungen des Inhabers vermerkt werde. (Vgl R Entw I §§ 844, 845, II § 814)

11. Die Pflicht zur Streitverkündigung ist dem klagenden Gläubiger auferlegt, weil er ein dem Eigenthümer zustehendes Recht geltend macht (§ 740 C P O). In den Fällen, in denen die Pflicht cessirt (§§ 182 ff, 186 ff. C P O.), bleibt derselbe befugt, die Verkündigung vorzunehmen, sofern die Voraussetzungen (§§ 69 C P O) vorliegen. Wegen der Form vgl § 70 C P O. Tritt der Eigenthumer dem Streit bei (Form. § 67 C P O), so wird er Streitgenosse des Klägers, weil die Verpflichtung zur Loschung beiden gegenüber nur einheitlich festgestellt werden kann (also gemäß § 59 C.P.O., nicht gemäß § 66 C P O). — Lehnt der Eigenthümer den Beitritt ab, oder erklärt er sich nicht, so wird der Rechtsstreit ohne Rücksicht auf ihn fortgesetzt. (§ 72 Abs 2 C P O). — Die Wirkungen des Beitrittes oder Nichtbeitrittes fur den Eigenthümer ergeben §§ 65, 71 Abs. 3 C.P O Rechtskraft für und gegen den Eigenthumer macht das Urtheil nicht. — Die Nichterfullung dieser Pflicht hat keinen Einfluß auf den Rechtsstreit. Aber der Gläubiger wird dem Eigenthumer schadenersatzpflichtig, z B wenn er auf diesem Wege zu Unrecht rechtsbeständige Hypotheken zur Loschung gebracht haben sollte (Forster, Kommentar zur C.P O Anm 4d zu § 69)

12. Ueber die Löschung nach vorgängigem Aufgebot auf Antrag des Eigenthümers bestimmen die §§ 103, 104 G B O Bei Anwendung des § 5 sind die Voraussetzungen der §§ 103, 104 G B O aus der Person des

Gläubigers zu beurtheilen, der auch hier nicht als Stellvertreter des Eigenthümers, sondern kraft eigenen Rechtes handelt Er muß die Tilgung behaupten und es ist gleichgültig, ob der Eigenthümer sie bestreitet Nicht des letzteren, sondern des Gläubigers Unbekanntschaft mit Person oder Aufenthalt des voreingetragenen Gläubigers oder dessen Rechtsnachfolger bildet die Voraussetzung der Anwendung des § 103 G B O seitens des nach § 5 berechtigten Gläubigers

13. Für das Aufgebotsverfahren und dessen materielle und formelle Voraussetzungen sind maßgebend der § 21 A G C P O, sowie die das Aufgebot von Hypothekurkunden ordnenden §§ 20, 24, 25 A G C P O. und aus der C P O die §§ 824—836 (allgemeine Vorschriften über das Aufgebotsverfahren) und §§ 839—842, 846—848 (spezielle Vorschriften über das Urkundenaufgebot) (Vgl Daube, Das Aufgebotsverfahren n Preuß Recht, S 180—187; Wandersleben, Das Aufgebotsverfahren in Theorie und Praxis S 67 ff.).

a Zuständig ist das Amtsgericht der belegenen Sache und zwar ausschließlich (C P O § 839 Abs. 2, § 26 Abs 3, A G z C P O). Eine Korrealhypothek kann nur einheitlich zum Aufgebote gebracht werden Das von dem Gläubiger nach § 5 extrahirte Aufgebot muß sich demgemäß auf sämmtliche Grundstücke, auf welchen die voreingetragene Post haftet, erstrecken, auch wenn sich sein vollstreckbarer Schuldtitel nur auf eines von diesen Grundstücken bezieht. — Nöthigenfalls erfolgt die Bestimmung des zuständigen Gerichtes durch das im Instanzenzuge zunächst höhere Gericht (§ 36 Nr. 2 und 4 C P.O; vgl. auch oben zu § 3).

b Der Antrag kann schriftlich oder zum Protokoll des Gerichtsschreibers gestellt werden und unterliegt nicht dem Anwaltszwang (§§ 824, 74, 75 C P O). — Die Erfordernisse des Antrages ergeben sich aus § 840 Nr 1 bis 3 C P.O, § 21 A G C P O — Im Falle des § 103 G B O ist zu beachten, daß nach § 38 E G N B P, § 3 E.G Hann (in Verbindung mit § 500 Abs 3 Hann. B P O) die bekannten aber nicht legitimirten Rechtsnachfolger anzuzeigen sind; einer Bescheinigung der Tilgung bedarf es nicht (Entsch 78 S. 252, Johow 6 S 274), dagegen einer Glaubhaftmachung, daß und welche Ermittelungen der Antragsteller vorgenommen, um Personen und Aufenthalt des eingetragenen Gläubigers und seiner Rechtsnachfolger zu ermitteln, und daß diese erfolglos geblieben sind (§ 111 I. 51 A G O, § 38 E G. N B P, § 12 E G. Ehr, § 3 E G. Hann). — Im Falle des § 104 G B.O muß die behauptete Tilgung der Post (d h des Hypothekenrechtes, nicht der persönlichen Forderung, Strieth. 20 S. 155) bescheinigt, und den Erfordernissen des § 105 Nr 1 G B O. genügt werden — Die Legitimation des Eigenthümers braucht der Gläubiger neben der seinigen nicht zu führen (Anm 12). § 6 Abs 4 findet auf das Aufgebotsverfahren keine Anwendung (a. M Rudorff)

c Den Inhalt des Aufgebotes bestimmt § 824 C P.O, die öffentliche Bekanntmachung erfolgt nach § 20 Abs 4 A G. C P O (vgl. auch § 826 C P O), § 842 Abs. 2 C P O. — Wegen der in Kraft gebliebenen Vorschriften über die besondere Benachrichtigung bestimmter Personen von dem Aufgebot (§ 20 Abs. 5 A G. C P.O) vergl § 105 Nr 2 G B O, § 102, 114 I 51 A G O, § 3 E G. Hann. (§ 500 Abs 4 Hann B P O), § 38 E G N.B.P; und wegen des Inhaltes der Benachrichtigung im Falle des § 103 die citirten hannöverschen und neuvorpommerschen Bestimmungen; im Fall des § 104 den § 105 Nr. 4 G.B.O. — Die Zustellung der Mittheilung kann durch Aufgabe zur Post erfolgen in eingeschriebenen Postsendungen (§ 24 Abs. 3 und 4 A.G. C.P.O.). — Zu den Personen, an welche die Mittheilung des Aufgebotes von Amtswegen (A. M. Dorendorf) zu erfolgen hat gehört nach der besonderen Vorschrift des § 5 Schlußsatz in allen Fällen der Eigenthümer.

d. Die Aufgebotsfrist von drei Monaten ist vom Tage der ersten Einrückung in das Amtsblatt zu berechnen (§ 20 Abs. 4 A.G. C.P.O.; § 847 C.P.O.). Wegen der Anmeldungen siehe § 828 C.P.O.

e. Ueber das Verfahren im Aufgebotstermine und die Erlassung des Ausschlußurtheiles vgl. §§ 829, 831, 832 C.P.O. und § 25 A.G. C.P.O., wodurch alle abweichenden Spezialvorschriften über Ableistung des Eides in Aufgebotssachen aufgehoben sind.

f. Der Inhalt des Ausschlußurtheiles wird durch §§ 103, 104 G.B.O. bestimmt. Wegen der Vorbehalte bei erfolgter Anmeldung s. § 830 C.P.O. Hat der Antragsteller im Falle des § 103 G.B.O. (außerhalb Neuvorpommerns und Rügens und Hannovers) ihm bekannte Rechtsnachfolger des eingetragenen Gläubigers angezeigt, so sind diesen ihre Rechte vorzubehalten, auch wenn sie sich in dem Termine nicht gemeldet haben (Entsch. 29 S. 237; Daube a. a. O. S. 184).

g. Die Rechtskraft des Ausschlußurtheiles tritt mit der Verkündigung ein (§§ 829, 834 C.P.O.). Gegen dasselbe findet nur eine Anfechtungsklage statt (§§ 834, 835 C.P.O.). — Bei Zurückweisung des Antrages auf Erlassung des Ausschlußurtheiles, sowie gegen Beschränkungen und Vorbehalte in demselben ist sofortige Beschwerde zulässig (§ 829 Abs. 3 — § 540 Abs. 2 C.P.O.).

h. Die Bekanntmachung des Ausschlußurtheiles durch den Reichsanzeiger (§ 848 Abs. 2 C.P.O., §§ 20, 21 A.G. C.P.O.) ist obligatorisch; — aber praktisch ohne Bedeutung, auch für den Beginn der Nothfrist der Anfechtungsklage, da nirgends vorgeschrieben ist, daß dieselbe als Zustellung der Bekanntmachung an den Ausgeschlossenen wirkt (wie z. B. in § 68 Abs. 3 K.O.).

14. Auf Grund des Ausschlußurtheiles kann der nach § 5 berechtigte Gläubiger, ohne daß es der Beibringung des Dokumentes über die Post bedarf (§ 94 Nr. 4 und Abs. 2 G.B.O.), die Löschung bei dem Grundbuchrichter beantragen (§ 105 Nr. 5 G.B.O.). Sind Vorbehalte zu Gunsten bestimmter Personen gemacht, so muß er dem Grundbuchrichter die Zustimmung dieser Personen in gesetzlicher Form (G.B.O. §§ 33 ff.) oder ein von ihm zu erwirkendes rechtskräftiges Urtheil beibringen, durch welches dieselben mit ihren Ansprüchen und Rechten definitiv zurückgewiesen werden. (Daube a. a. O. S. 185.).

15. Unberührt durch den § 5 und unabhängig von den hier erforderten Voraussetzungen bleibt das durch § 231 C.P.O. dem Gläubiger bei dem Vorhandensein eines rechtlichen Interesses gegebene Recht, auf Feststellung des Nichtbestehens einer Post zu klagen, sowie das durch das Reichsgesetz vom 21. Juli 1874 auch gegenüber Grundbuchposten (vgl. jedoch § 40 E.E.G.) gewährte Anfechtungsrecht. Nur auf diesem Wege können insbesondere gleich eingetragene Posten unschädlich gemacht werden.

Zweiter Titel.

Eintragung im Grundbuche.

1. Literatur außer den Kommentaren zu diesem Gesetze und den Grundbuchgesetzen, sowie den Lehrbüchern: Hinrichs, Studien aus dem Gebiete des preußischen Hypothekenrechts, insbes S 15 ff., dazu Schollmeyer bei Gruchot 29 S 431 ff.; Meibom im Archiv f. civ Praxis 52 S 295—321; Schiller in Simons und v. Strampffs Zeitschrift für die wissenschaftliche Bearbeitung des preußischen Rechts 1 S 368 ff; Neues Archiv für preußisches Recht und Verfahren von Ulrich, Sommer und Böle 1 S. 447 u 456, Challamel, l'hypothèque judiciaire, Paris 1881, Th Wolff, Die Eintragung in das Grundbuch zur Vollstreckung einer Forderung; Dernburg, Das preußische Hypothekenrecht II S. 111 ff; Rothenberg bei Gruchot 35 S 753 ff, 36 S 595 ff.

2 Geschichtliches Die Zwangseintragung einer durch Urtheil festgestellten persönlichen Forderung war dem gemeinen wie dem älteren preußischen Rechte unbekannt Der Personalgläubiger konnte zwar auch aus den Immobilien seine Befriedigung im Wege der Zwangsvollstreckung suchen, ein Anspruch auf Konstituirung eines dinglichen Rechts stand ihm aber nicht zu. Ihr Ursprung ist vielmehr auf das französische Recht zurückzuführen Vgl für die Zeit vor dem code civil art 53 der ordonnance de Moulins v 1556, art 78 der coutume de Paris v. 1510, art 93 der ordonnance de Villers-Cotterets v. 1539, declaration v 2 Januar 1717, decret v 9 messidor III u Gesetz v. 11 brumaire VII. Das französische Recht leitete die Zwangsvollstreckung durch eine Beschlagnahme ein, welche zwar nach art 677 c de procéd von dem Hypothekenbewahrer in das Register transkribirt wurde, aber ein Vorzugsrecht nicht gewährte Von Privilegien und Hypotheken abgesehen, sollte eine verhältnißmäßige Vertheilung des Erlöses eintreten (Les biens du débiteur sont le gage commun de ses créanciers, c. civ art 2093 ff, c de procéd art 656) Zum Ersatze des aufgegebenen Vorzugsrechts aus der Beschlagnahme schuf man die Judikatshypothek: „L'hypothèque judiciaire résulte des jugemens" etc (c civ art 2123. vgl a art 2117, 2148 u. art 1 d G v 3 Sept 1807) Mit dem verurtheilenden Erkenntniß entsteht für den obsiegenden Gläubiger von selbst eine Hypothek, welche an den gegenwärtigen und zukünftigen Immobilien des Schuldners ausgeübt werden kann. Zur Erlangung der Eintragung muß sich der Gläubiger mit der Urschrift oder authentischen Ausfertigung des Urtheiles und den vorgeschriebenen Borderaux an den Hypothekenbewahrer wenden; die Eintragung erstreckt sich auf alle im Bezirke des Hypothekenbewahrers belegenen Immobilien des Schuldners. Die Judikatshypothek erscheint hier völlig losgelöst von der Zwangsvollstreckung. Das französische Recht hat deshalb das Institut nicht in der Lehre von der Zwangsvollstreckung, sondern in der Hypothekengesetzgebung abgehandelt.

Für das preußische Recht erfolgte die Einführung der Zwangseintragung durch die §§ 22 und 23 der Ver. vom 4. März 1834. „Der Gläubiger erwirbt durch solche Erkenntnisse, Vergleiche und Zahlungsverfügungen, aus welchen eine Exekution stattfindet für Kapital, Zinsen und Kosten, und für die Kosten der Eintragung einen Titel zum Pfandrechte auf die dem Schuldner zugehörigen Immobilien (A L R. I Tit. 20 § 5)" u. s. w.

Die Eintragung wurde bei dem Prozeßgerichte beantragt, welches unter Uebersendung einer mit dem Atteste der Rechtskraft versehenen Ausfertigung des Schuldtitels den Hypothekenrichter ersuchte und den Schuldner benachrichtigte.

Das Institut wurde demnächst auch im Bezirke Ehrenbreitstein, in Neuvorpommern und Rügen und im Bezirke Kassel an Stelle bisheriger Einrichtungen eingeführt.

Die Abweichungen vom französischen Rechte bestanden darin, daß 1. das Urtheil nicht das Pfandrecht, sondern nur den Titel zum Pfandrechte gab, die Eintragung aber dem entsprechend das Pfandrecht, nicht blos den Rang begründete; — 2 der Prozeßrichter seine Vermittelung eintreten ließ Beide Umstände ändern den Karakter des Instituts nicht Der Titel zum Pfandrechte ist jetzt eine besondere Funktion des vollstreckbaren Schuldtitels Die Vermittelung des Prozeßrichters wollte dem Grundsatze des Officialbetriebes Rechnung tragend die Erlangung der Eintragung erleichtern Hinrichs S 47 a a. O. charakterisirt deshalb die Judikatshypothek folgendermaßen: „Im Uebrigen war klar, daß das Gesetz nur uneigentlich sagen konnte, die Eintragung erfolge im Wege der Exekution, da der vollstreckbare Titel nicht auf Eintragung lautete, kein Objekt der Belastung bezeichnete, auch weiter vollstreckbar blieb: es handelte sich vielmehr nur um einen im Titel nicht vorgesehenen, aber durch das Gesetz damit verbundenen Anspruch auf Sicherung und dessen Erledigung" (Vergl. auch Hinrichs S. 29 a E., Jahrb. 47 S. 545 und Beschluß des Plenums des Civilsenats des Kammergerichts v. 19. Dez 1849 bei v Rönne, Ergänzungen 4. Ausg. III S 354 Nr. 14)

§ 22 Zw.G beseitigte sodann, abgesehen vom Bezirke Kassel, die Vermittelung des Prozeßrichters und verwies den Gläubiger unmittelbar an den Grundbuchrichter.

Das vorliegende Gesetz hat die Einrichtung beibehalten. Auch das rheinische Recht weicht davon nach durchgeführter Einführung dieses Gesetzes nicht mehr ab; da § 11 Abs 2 E G Rhld bestimmt:

> Die Eintragung einer gerichtlichen Hypothek (Art 2123 des bürgerlichen Gesetzbuches) findet nur nach Maßgabe der §§ 6 bis 12 des Gesetzes, betreffend die Zwangsvollstreckung in das unbewegliche Vermögen, statt.

Die getroffenen Neuerungen berühren das Wesen des Instituts nicht. Da die Vermittelung des Prozeßrichters in Wegfall kommt, so ist von den oben hervorgehobenen Unterschieden des französischen und preußischen Rechtes nur noch der erste von Bedeutung

Auch der Entwurf des BGB Erster Lesung (§§ 1130—1133, dazu § 3 R Zw.G.Entw.) hat die Zwangseintragung übernommen. — Nach den Beschlüssen zweiter Lesung sollen die Vorschriften — ihrer wahren Natur entgegen als §§ 757, 757a, 811 in den Abschnitt Zwangsvollstreckung der C.P.O eingestellt werden, während die von der eigentlichen Zwangsvollstreckung in das unbewegliche Vermögen handelnden Bestimmungen von der C P O ausgeschlossen bleiben. Es ist dabei allerdings vorbehalten, auch die §§ 757, 757a in das Gesetz über die Zwangsvollstreckung in das unbewegliche Vermögen zu übertragen.

Ob die Beibehaltung des Institutes sich überhaupt empfiehlt, ist hier nicht zu erörtern. (Vgl darüber Motive z B G B. III S 621 ff., Zusammenstellung der gutachtlichen Aeußerungen zu dem Entw. eines B.G B. III S. 349 ff., VI S. 582, außerdem Verhandlungen des deutschen Landwirthschaftsrathes von 1889, 1891,

Wagner in Schönberg, Handbuch der Staatswissenschaften 3. Aufl I S 415, Stegemann S. 48, 142 ff., Rothenberg a a. O 36 S 610, Dernburg a. a O. II S. 44, 112 ff., 130, 173, Schollmeyer a a O, Challamel a. a. O S 9, 231, Hinrichs a a O. S 52, Birnbaum in Schmollers Jahrbuch f Gesetzgebung 12 S. 831 ff., Altvater in der Mecklenburgischen Zeitschr 4 S 307, Schneider im Arch f. d civil. Praxis 81 S. 36 ff).

3 *Rechtliche Natur* § 2 dieses Gesetzes sagt nach dem Vorgange des § 1138 des preußischen Entwurfes zur C P O v 1864, daß durch Eintragung der vollstreckbaren Forderung in das Grundbuch (ebenso wie durch Zwangsversteigerung und durch Zwangsverwaltung) *die Zwangsvollstreckung in das Grundstuck erfolge* (vgl oben Anm 1 zu § 2) Der Wortsinn ist klar Das Gesetz nimmt an und will, daß hier eine Zwangsvollstreckung im Sinne der C P O. erfolge, und zwar durch die *Eintragung* seitens des *Grundbuchrichters* (nicht etwa durch den *Antrag* des *Glaubigers*). Da indeß die rechtliche Natur eines Instituts nicht aus einer gesetzlichen Klassifikation, sondern aus der Gesammtheit der in Betracht kommenden Bestimmungen, von denen die landesrechtlichen hinter dem Reichsrechte zuruckstehen mussen, zu entnehmen ist, so erscheint damit die Frage noch nicht gelost Theorie und Praxis schwanken sehr Vgl. Wolff a a O S 130 ff, dazu Johow in K VI S 325, Rothenberg a a O 35 S 753, 36 S. 595, Ring in Zeitschr fur d Civilprozeß 7 S 567, Dernburg I S. 878 und Hyp R II S. 112, 116, 122, Eccius I S 757, Jackel Anm 2 zu § 2, Turnau I S 359, Thiele bei Gruchot 37 S 806, Schwartz S 9, Mot. z. R Entw. III S 621 ff, 769, Mot. z R Zw.G Entw. S. 82, R 28 S 285, ferner Urtheile des Reichsgerichts v. 9. Marz 1887 in K 7 S. 305, v 19 Dez. 1891 in Gruchot 36 S. 702, K 1 S 122, 2 S 122, 4 S 116, 5 S. 88, 155, 186, 197, 6 S. 14, 7 S 101, 10 S. 110, 120, 325, 12 S. 99, 102

Als Ausgangspunkte sind folgende Satze festzuhalten

a. Die C P.O (§ 757 Abs 2) betrachtet, wie auch die Motive zu diesem Gesetz anerkennen, die Zwangseintragung nicht als Zwangsvollstreckung.

b Dieses Gesetz ubertragt die fur die Zwangseintragung erforderlichen richterlichen Funktionen den Organen der freiwilligen Gerichtsbarkeit, dem Grundbuchrichter und den für die freiwillige Gerichtsbarkeit bestehenden Beschwerdeinstanzen.

c Wäre die Zwangseintragung eine Zwangsvollstreckung in das Grundstück im Sinne der C P O, so wurde diese Vorschrift gegen das Reichsrecht verstoßen und deshalb außer Anwendung bleiben mussen (vgl. oben S 30). Eine *Ausführung* der Zwangsvollstreckung durch ein anderes Organ als das Vollstreckungsgericht oder durch den Glaubiger selbst würde nur unter der Voraussetzung statthaft sein, daß *zuvor* das Vollstreckungsgericht eine entsprechende Anordnung erlassen hatte Vgl. Anm. 9 zu § 3. Ebenso wurde § 7 Abs 2 dieses Gesetzes wegen Widerspruchs mit § 672 Abs. 2 C.P O. nicht angewendet werden dürfen; s. unten Anm. 5 zu §§ 6—8 und Mot. z R.Entw III S. 772, Brettner im Magazin fur das deutsche Recht der Gegenwart 4 S 63.

d. Die Eintragung geschieht ohne und gegen den Willen des Schuldners. Eine Eintragungsbewilligung ist in diesem Falle gar nicht erforderlich. Die Fiktion der Bewilligung oder der Erzwingung der Bewilligung enthalt daher wie alle „wissenschaftlichen" Fiktionen eine innere Unwahrheit und ist als Konstruktionsmittel nach bekannten wissenschaftlichen Grundsätzen (s. oben Einl. S. 25) nicht nur werthlos, sondern verwirrend und daher schädlich.

e. Die Zwangseintragung führt nicht zu direkter Befriedigung, sondern nur zu einer Sicherung der vollstreckbaren Forderung (Dernburg a. a. O.). Daher kann trotz der erfolgten Eintragung die Zwangsversteigerung und Zwangsverwaltung wegen der persönlichen Forderung nach wie vor stattfinden, weil die Eintragung dem Gläubiger lediglich ein neues, anders geartetes Recht neben seiner persönlichen Forderung beschafft hat. (Allerdings braucht der Schuldner nunmehr nur gegen löschungsfähige Quittung und Rückgabe des etwa gebildeten Hypothekenbriefes Zahlung zu leisten [Hinrichs S. 51]). Will der Gläubiger dagegen lediglich aus der Hypothek seine Befriedigung suchen, so muß er sich zuvor durch Klage aus dem Pfandrechte gegen den derzeitigen Eigenthümer einen neuen Schuldtitel verschaffen (So schon für das ältere Recht Koch, Kommentar zu § 384 I. 11 A.L.R. gegen das Reskr. v. 3. Juli 1839 [J.M.Bl. S. 247] und Entsch. 29 S. 464, 30 S. 212) Die darauf erfolgende Zwangsvollstreckung verwirklicht dann zunächst diesen, nicht aber, wenigstens nicht direkt, das ursprüngliche Judikat (§ 37 E.E.G.). Die Vorschriften des § 44 E.E.G. und des § 665 C.P.O. finden keine Anwendung, weil ein Rechtsstreit über die Hypothek nicht vorhergegangen ist (§ 43 E.E.G.) und deshalb das Grundstück nicht „in Streit befangen" gewesen ist (vgl. Johow 4 S. 13, 8 S. 30, Erk. des O.T. v. 21. April 1879 bei Gruchot 23 S. 751) Ebenso macht auch bei der Vollziehung des Arrestes zwar die Durchführung der Zwangsverwaltung, d. h. die Erzielung und Hinterlegung der Arrestsumme durch dieselbe, die Eintragung der Arrestvormerkung fortan unzulässig, nicht aber umgekehrt.

Mit dieser materiellen Bedeutung als Sicherungsmittel tritt die Zwangseintragung zu jeder Art wirklicher Zwangsvollstreckung, auch zu der Zwangsvollstreckung durch Pfändung von Forderungen und Ueberweisung derselben zur Einziehung in Gegensatz. Die Forderungspfändung gewährt kein rein privatrechtliches, für den Verkehr bestimmtes Pfandrecht, sondern es sind nur dem prozessualischen Akte der Forderungspfändung für die Zwecke des Verfahrens pfandrechtliche Wirkungen beigelegt. Mit der Pfändung ist auch dieses Verfahren keineswegs beendet. Die Einziehung der Forderung, welche der Thätigkeit des Gläubigers überlassen ist, gehört noch — mag sie außergerichtlich oder im Wege des Rechtsstreites erfolgen — zu dem Zwangsvollstreckungsverfahren im weiteren Sinne. Der Gläubiger ist dem Schuldner gegenüber zur Einziehung verpflichtet (§ 741 C.P.O.). Auch für die Ausführung der Einziehung bestehen bestimmte dem Gläubiger bindende Vorschriften (vgl. § 753 C.P.O.).

f. Gleichwohl hat das vorliegende Gesetz in § 2 Abs. 1 seinen Willen dahin zu erkennen gegeben, daß die für Zwangsvollstreckung im Allgemeinen geltenden Vorschriften auch auf die Zwangseintragung Anwendung finden sollen, und dieser gesetzlichen Vorschrift ist zu entsprechen, soweit nicht die Eigenthümlichkeit des Falles entgegensteht oder sich sonst im Einzelnen Hindernisse ergeben (Dernburg, Hyp.R. II S. 116, R. 7 S. 101).

Werden diese Sätze anerkannt, so ist die Frage, ob die Zwangseintragung zur Zwangsvollstreckung zu rechnen sei, hauptsächlich eine systematische. Nach der hier angenommenen Grundanschauung (vergl. Fischer, Preuß. Privatrecht S. 686 ff, Recht und Rechtschutz S. 12 ff. und in der Zeitschrift für deutschen

Civilprozeß 10 S. 414) ist die ordentliche Civilgerichtsbarkeit zunächst der durchgreifenden Eintheilung in streitige und freiwillige Gerichtsbarkeit zu unterwerfen und zwar je nach den Organen, denen die betreffende Thätigkeit übertragen ist. Zur ordentlichen streitigen Civilgerichtsbarkeit gehört nur die durch das G.V.G. und die C.P.O. den Civilgerichtsorganen übertragene Thätigkeit. Die ordentliche streitige Civilgerichtsbarkeit zerfällt dann wieder nach den verschiedenen, ihr zugewiesenen Aufgaben in das Feststellungsverfahren (ordentliches und besondere Arten), das Zwangsvollstreckungsverfahren und das Konkursverfahren. Von diesem Standpunkte aus, der hier nicht weiter zu rechtfertigen ist, ergiebt sich mit unabweisbarer Konsequenz, daß die Zwangseintragung, weil sie durch ein Organ der freiwilligen Gerichtsbarkeit angeordnet und ausgeführt wird, zur freiwilligen Gerichtsbarkeit zu ziehen ist, die bekanntlich unfreiwillige und erzwungene Maßregeln vielfach in sich schließt (vgl. Wach, Handbuch des Civilprozeßrechts I S. 48), und daß sie dann natürlich nicht gleichzeitig zur streitigen Gerichtsbarkeit und folgeweise auch nicht zu dem eine Unterabtheilung der streitigen Gerichtsbarkeit bildenden Zwangsvollstreckungsverfahren gerechnet werden kann. Bei anderen theoretischen Ausgangspunkten mag man zu anderen Ergebnissen kommen. Dagegen ist die in Theorie und Praxis hier und da hervortretende Neigung, einen gemischten Karakter anzunehmen und je nachdem es paßt, die eine oder die andere Seite hervorzukehren, wissenschaftlich unhaltbar (Dernburg a. a. O.).

4. Die allgemeinen Bestimmungen dieses Gesetzes haben für das Institut der Zwangseintragung größtentheils keine Bedeutung. Für den Umfang der Judikatshypothek ist nicht § 1 dieses Gesetzes, sondern § 30 E.E.G. maßgebend, § 3 ist, wie noch zu zeigen, unanwendbar, § 4 schließt die Beziehung auf diesen Fall ausdrücklich aus, § 5 steht ebenfalls mit dem Institut in keinem näheren Zusammenhange.

5. Theorie und Praxis betrachteten früher die „Zwangsvollstreckung" als schon mit dem Eingange des Eintragungsantrages bei dem Grundbuchgerichte begonnen und zugleich vollzogen, so daß Anordnung und Ausführung der Eintragung nicht als „Vollstreckungshandlungen" aufgefaßt wurden. Die so der Anwendung des Zwangsvollstreckungsrechtes auf den Fall der Zwangseintragung gesetzte Grenze wird sich aber nicht halten lassen. § 2 Abs 1 d G. legt die „Vollstreckung" in die Eintragung. Er will also gerade diesen Akt dem Zwangsvollstreckungsrecht unterstellen. Zwingende Gründe für eine einschränkende oder abändernde Auslegung dieser unzweckmäßigen und der Natur der Sache nicht entsprechenden Norm liegen nicht vor. Daher ist als Beginn der sogenannten Zwangsvollstreckung erst die richterliche Anordnung der Eintragung zu betrachten, da ja auch eine wirkliche Zwangsvollstreckung erst mit der ersten auf die Vollstreckung gerichteten Handlung des Vollstreckungsorganes beginnt, und es muß auch der Ansicht des Reichsgerichtes (R. 28 S. 283), daß die Vollendung der Zwangsvollstreckung erst in der Ausführung der Eintragung liege, in ihren Konsequenzen für die Rechtsanwendung beigetreten werden. Vgl. auch R. 26 S. 396 und dazu Rothenberg a. a. O. 35 S. 783 ff.

6. § 2 Abs. 2 d. G. hat für die Eintragung im Grundbuche die Bedeutung, daß dieselbe auch dann erfolgen darf, wenn auf Grund desselben Schuldtitels eine

Zwangsversteigerung oder Zwangsverwaltung schwebt oder erfolglos verlaufen ist. Vgl. im Uebrigen Anm. 3d.

7. Die nachfolgenden §§ 6—12 behandeln die Eintragung im Grundbuche auf Grundstücke unter der Voraussetzung, daß für dieselben ein Grundbuchblatt angelegt ist. Wegen des Verfahrens bei nicht vollendetem Grundbuche vgl. § 189. Wegen der Eintragung auf andere Gegenstände des unbeweglichen Vermögens vgl. § 156. Bezüglich der Schiffe giebt es eine analoge Maßregel nicht (§ 163 Abs. 1). — Wegen Eintragungen im Verwaltungszwangsverfahren s. unten § 203.

8. Nicht zu verwechseln mit der Zwangseintragung der mit Schuldtitel oder Arrestbefehl versehenen persönlichen Forderungen auf Grund dieses Gesetzes ist die zwangsweise Eintragung von Vormerkungen wegen dinglicher oder mit einem besonderen gesetzlichen Titel zum Pfandrechte ausgestatteter Forderungen auf Grund der §§ 22, 70 E.G.G. (Turnau I S. 361, 827, Thiele bei Gruchot 37 S. 625 ff.)

§. 6. Eine vollstreckbare Geldforderung, deren Betrag in gesetzlicher Währung bestimmt ist, wird auf Antrag des Gläubigers als Hypothek eingetragen, wenn der Schuldner im Grundbuche als Eigenthümer eingetragen ist oder seine Eintragung gleichzeitig erlangt wird. Der Gläubiger kann die Eintragung auf alle Grundstücke des Schuldners beanspruchen.

Die Forderung wird auf mehrere Grundstücke ungetheilt eingetragen, sofern der Gläubiger nicht etwas Anderes beantragt. Im Falle der Uebermäßigkeit der für eine Forderung durch die Eintragung entstandenen Sicherheit steht dem Schuldner das Recht zu, mittels einer gegen den Gläubiger anzustellenden Klage die Vertheilung der Forderung auf einzelne Grundstücke beziehungsweise die Befreiung einzelner Grundstücke von der eingetragenen Hypothek zu beantragen.

Aus vollstreckbaren Urkunden (§. 702 Nr. 5 der Civilprozeßordnung) und aus vollstreckbaren Vergleichen außerhalb der in §. 702 Nr. 1 und 2 der Civilprozeßordnung vorgesehenen Fälle wird nur eine Vormerkung eingetragen.

Ist der Schuldner Eigenthümer, als solcher aber nicht eingetragen, so ist der Gläubiger berechtigt, an Stelle desselben dessen Eintragung als Eigenthümer zu beantragen und die zum Zwecke derselben erforderlichen Urkunden von Gerichten und Notaren zu fordern.

§. 7. Ist die Forderung nur vorläufig oder nur gegen Sicherheitsleistung vollstreckbar, so wird nur eine Vormerkung eingetragen. Dieselbe wird auf Antrag des Gläubigers nach Vorlegung einer unbeschränkt vollstreckbaren Ausfertigung des Schuldtitels in eine Hypothek umgeschrieben.

Die Vormerkung ist einzutragen, ohne daß die Sicherheit, von deren Leistung die Zwangsvollstreckung abhängig gemacht ist, geleistet zu werden braucht.

§. 8. Mit dem Antrage auf Eintragung muß die vollstreckbare Ausfertigung des Schuldtitels vorgelegt werden.

Wenn sich der Schuldtitel auf Inhaberpapiere oder Wechsel gründet oder auf Papiere, welche auf Order lauten und durch Indossament übertragen werden können (Handelsgesetzbuch Artikel 301 bis 304), so sind auch diese Urkunden, und wenn die Forderung bereits auf andere Grundstücke eingetragen ist, auch die vorhandenen Hypothekenurkunden oder Grundschuldbriefe mit dem Antrage vorzulegen, widrigenfalls nur eine Vormerkung eingetragen werden darf. Diese wird nach Vorlegung der bezeichneten Urkunden in eine Hypothek umgeschrieben.

§§ 6, 7, 8. Eintragung aus vollstreckbaren Schuldtiteln.

Vgl. R.Entw. I §§ 1130, 1131 (nach den Beschlüssen zweiter Lesung § 757 C P.O.) und § 3 Abs. 1 R.Zw.G.E.

I. Voraussetzungen der Eintragung.

1. Forderung und Schuldtitel.

a. Nur persönliche Forderungen können eingetragen werden. Daß für persönliche Forderungen, für welche bereits eine Hypothek oder Grundschuld vertragsmäßig bestellt war, die Eintragung einer anderweiten Hypothek auf einem andern oder auch auf demselben Grundstücke (letzteres kann für Zinsrückstände von Bedeutung sein K. 12 S. 120, Dernburg § 321 Anm. 9, Turnau I S. 327) nachgesucht wird, ist nicht ausgeschlossen (§ 8 Abs. 2). Es bedarf dann aber eines vollstreckbaren Schuldtitels für die persönliche Forderung.

b. Es muß, abweichend vom früheren Rechte, eine Geldforderung sein, der somit ein besonderer Vorzug vor Forderungen anderer Art gewährt wird. (K. 11 S. 418). Der Betrag der Forderung muß in dem Schuldtitel in gesetzlicher Währung (vgl § 23 E.G.) d. h. in Reichswährung ausgedrückt sein (§ 1 des Reichs-Münzges. v. 9. Juli 1873 u Ver. v. 22. Sept. 1875, dazu K. 7 S. 117, 9 S. 79). Daß dieselbe in einer derjenigen Währungen ausgedrückt ist, deren Verhältniß zur Reichswährung gesetzlich bestimmt ist (§ 14 R.Ges. v. 9. Juli 1873, vgl. Seuffert Anm. 1 vor § 708) erachtet das Kammergericht nicht für genügend (Johow 5 Nr. 85, K. 1 S. 127). A. M. Dernburg, Hyp.R. II S. 117 und Jäckel Anm. 3 zu § 6. — Die Regierungskommissare haben in der Kommission d. H.H. (Bericht zu § 7) erklärt, daß Eintragungen für Urtheilsforderungen, welche in ausländischer Währung ausgedrückt sind, nur im Wege des Arrestes möglich seien, d. h. eine Zwangshypothek ist auf diesen Schuldtitel hin überhaupt nicht zu erreichen, eine Arrestvormerkung auch nicht ohne Weiteres, sondern nur, nachdem unter Darlegung eines besonderen Arrestgrundes (§ 797 C.P.O.) ein Arrestbefehl erwirkt wurde, in welchem der gemäß § 803 C.P.O. festzustellende Geldbetrag in gesetzlicher Währung auszudrücken ist. (Vgl Anm. 3 zu § 10.) —

Forderungen, die nur dem Grunde nach, nicht aber hinsichtlich ihres Betrages feststehen, sind nicht eintragungsfähig (K. 5 S. 162, Dernburg, Hyp.R. II S. 117. — Für Geldstrafen ist keine Ausnahme von der Eintragungsfähigkeit gemacht. (A. M. Knorr Anm 20 zu § 6).

c. Die Forderung muß vollstreckbar sein, d. h. dieselbe muß in einem Schuldtitel festgestellt sein, aus welchem die Zwangsvollstreckung stattfindet. Das Wort „vollstreckbar" bedeutet keineswegs, auch nicht in § 6 Abs. 1, einen Gegensatz zu „vorläufig vollstreckbar", sondern es ist die allgemeine Bezeichnung. § 7 Abs. 1 bringt die nur vorläufig vollstreckbare Forderung nicht als Gegensatz, sondern als eine Abart, welche besonderen Bestimmungen unterliegt. Das Verzeichniß der zur gerichtlichen Zwangsvollstreckung wegen einer persönlichen Forderung berechtigenden Schuldtitel s. Anm. 4a zu § 2. Bezüglich des Zwangsvergleiches (Nr. 8 a. a. O.) hat das in § 180 K O. enthaltene Verbot der Eintragung von Hypotheken für noch nicht fällige Leistungen im Geltungsbereiche dieses Gesetzes keine besondere Bedeutung, weil die Fälligkeit Vorbedingung jeder Eintragung mit Ausnahme der Arrestvormerkung ist (s. unten Anm. 5c; Oetker, Konkursrechtliche Grundbegriffe I S. 458). Bezüglich der Eintragungen aus vollstreckbaren Urkunden (§ 702 Nr. 5 C.P O.) ergeben sich, von dem Anm. 9. c Bemerkten abgesehen, keinerlei Besonderheiten (z. Theil abweichend Hinrichs S. 35 ff.). Ueber Eintragungen auf Grund von Arrestbefehlen und einstweiligen Verfügungen s. zu § 10.

Aus den reichsgesetzlich festgesetzten Schuldtiteln findet die Eintragung im Geltungsbereiche dieses Gesetzes auch dann statt, wenn sie einem anderen Bundesstaate entstammen, in welchem, wie z. B. in Bayern, die Eintragung einer Urtheilshypothek nicht stattfindet (Anm. 4a. α zu § 2 im Anfang). Soweit aus landesgesetzlich zugelassenen Schuldtiteln außerpreußischer Staaten aus besonderen Gründen auch in Preußen die Zwangsvollstreckung stattfindet, ist auch die Eintragung nicht zu versagen (vgl Johow 8 Nr. 153 und Wilmowski-Levy Anm. 1 zu § 706). Daß dem Schuldner in dem (für vorläufig vollstreckbar erklärten) Urtheile nachgelassen ist, durch Sicherheitsleistung oder durch Hinterlegung die Vollstreckung abzuwenden (§§ 652 Abs 3, 659 C P O., Anm 4 a α zu § 2 unter Nr. 1), hindert die Eintragung nicht. Auch aus verjährten Schuldtiteln ist die Eintragung ebensowenig wie die Zwangsvollstreckung zu versagen, vielmehr dem Schuldner zu überlassen, gemäß § 686 Abs. 2 C P.O. und § 11 d. G. zu verfahren.

d. Die Eintragung kann nur für die Summe stattfinden, welche in dem vollstreckbaren Schuldtitel ausgedrückt ist. Wegen der Zinsen und der Kosten des Rechtsstreites s. Anm. 7 zu § 2. Für diese Kosten bildet also der Kostenfestsetzungsbeschluß einen selbstständigen, äußerlich vom Urtheile unabhängigen Schuldtitel Für die Kosten der Eintragung, sowie für die Kosten der Kündigung, Klage und Beitreibung des durch die Eintragung entstehenden dinglichen Anspruches ist das Grundstück gemäß § 30 E E.G. verhaftet, ohne daß es einer besonderen Eintragung bedarf. Bezüglich der außergerichtlichen Kosten, namentlich der Gebühren des Prozeßbevollmächtigten für den Antrag auf Eintragung, auf welche die Hypothek sich nicht ohne Weiteres erstreckt, führt eine „entsprechende" Anwendung des § 697 C P.O. dazu, den Grundbuchrichter als eine mit der „Beitreibung" der einzutragenden Forderung betraute Behörde zu fingiren und ihm demgemäß, seiner sonstigen Stellung und Aufgabe entgegen, eine, natürlich keinerlei

Rechtskraft fähige Rechtsprechung über die Erstattungsfähigkeit und Glaubhaftmachung dieser Kosten und die Festsetzung ihres Betrages zuzuweisen. So jetzt das Kammergericht (K. 12 S 91) in Widerspruch mit zahlreichen früheren Entscheidungen. (A M. Turnau I S. 329, Dernburg, Hyp R II S. 117) In Konsequenz dieser Ansicht muß der Grundbuchrichter auch die Kosten einer wirklichen, aber fruchtlos verlaufenen Zwangsvollstreckung durch das Gericht oder den Gerichtsvollzieher festsetzen und eintragen und zwar auch unabhängig von einer Eintragung der Hauptforderung Er muß auch zu diesem Behufe gemäß § 684 Abs. 3 C.P.O befugt sein, den Gegner zu hören und zu diesem Zwecke eine mündliche Verhandlung anzuordnen -- Sind in dem Schuldtitel mehrere Schuldner verurtheilt, so kann eine Eintragung gegen jeden nur insoweit erfolgen, als sich aus dem Schuldtitel seine alleinige bez. solidarische Haftung für die betreffende Summe ergiebt — Für die Kosten ist § 95 C P O. in Betracht zu ziehen. K. 9 S. 92. — Vgl auch Turnau I, 330 A M Rudorff Anm 4 zu § 6. — Steht die Forderung nach dem Schuldtitel mehreren Gläubigern zu, so kann der einzelne Gläubiger für sich die Eintragung nur insoweit beanspruchen, als sich ein unbeschränktes Recht desselben auf die Forderung aus dem Schuldtitel ergiebt. (Turnau I, 333 a. E).

2 Berechtigt zu dem Antrage ist der Gläubiger, welcher sich aus dem Schuldtitel bezw der Vollstreckungsklausel ergiebt. Näheres Anm 4a δ u. 4b zu § 2 — Ueber gesetzliche Vertreter und Prozeßbevollmächtigte vgl. Anm 5b zu § 2, Anm 10c zu § 3, Anm. 8a zu § 4, sowie Anm 1 u. 5 zu § 12. — Die Person des Gläubigers muß genügend bestimmt sein (§ 23 E G G), doch muß eine solche Bezeichnung, welche zum Auftreten als Kläger berechtigt, auch hier genügen. Wenn das Privatrechtssubjekt und das Prozeßsubjekt auseinanderfallen (z B Gemeinschuldner und Konkursverwalter, Erben und Nachlaßpfleger bezw. Testamentsvollstrecker, Universitätslehrer und Quästur bezüglich der Vorlesungshonorare [Fischer S 706]) wird man möglichst das Privatrechtssubjekt, den eigentlichen Gläubiger, einzutragen haben, erforderlichenfalls mit Beifügung des Verfügungsberechtigten. Letzteres erscheint unerläßlich, wenn eine individuelle Bezeichnung des Gläubigers (z B dem Namen nach unbekannter Erben oder Descendenten) nicht möglich ist (Johow 8 S 245, K 2 S. 125, 3 S. 13, 4 S 184, 5 S. 158, 6 S. 98) — Einzelkaufleute können auch unter ihrer Firma eingetragen werden (Johow 5 S. 126, K 9 S 5) — Handelsgesellschaften und eingetragene Genossenschaften müssen ihre Eintragung nachweisen (Art. 23 E.G. H.G.B. § 29 der Instr. v. 17. Dez. 1868, K. 9 S. 6 A. M. Wolff, S. 133.)

3. Der Antrag ist nur zulässig bezüglich des Schuldners, welcher sich aus dem Schuldtitel bez der Vollstreckungsklausel ergiebt (Anm 4a. ε zu § 2). Insbesondere ist bezüglich der Person des Schuldners zu beachten (Anm. 6 zu § 2):

a Die Anm 6a zu § 2 genannten Beschränkungen der Zwangsvollstreckung bei Forderungen gegen den Fiskus und die demselben gleichstehenden Verbände und Korporationen im Geltungsbereiche der A.G O. kommen auch bei der Zwangseintragung zur Anwendung (K. 2 S 112). Der Grundbuchrichter darf eine Zwangseintragung nur vornehmen, wenn ihm die vom Vollstreckungsgerichte mit der Regierung getroffene Vereinbarung oder die von demselben eingeholte Entscheidung des Justizministers des Inhalts, daß eine Zwangseintragung stattfinden solle, vorgelegt wird.

b. Minderjährigkeit und Bevormundung des Schuldners und sonstige Mängel der persönlichen Verfügungsfähigkeit desselben bleiben ohne Einfluß. — Der gemäß § 21 I. 38 A.G.O einzutragende Vermerk über die Einleitung eines Verfahrens behufs Entmündigung wegen Verschwendung hindert die Eintragung nicht. — Zur Gültigkeit des Schuldtitels ist aber erforderlich, daß bei dem Zustandekommen desselben der Schuldner gehörig vertreten war. Doch hat der Grundrichter die Prüfung nur soweit vorzunehmen, als dieselbe nicht schon den Behörden oblag, bei denen der Schuldtitel entstanden ist (Jäckel, Anm. 8 Nr. 1 zu § 6).

c Nachdem über das Vermögen des Schuldners der Konkurs eröffnet ist, können Hypothekenrechte an Gegenständen der Konkursmasse nicht mit verbindlicher Kraft gegen die Konkursgläubiger erworben oder eingetragen werden, wenngleich der Anspruch auf den Erwerb oder die Eintragung vor der Eröffnung des Verfahrens begründet gewesen ist (§ 12 K.O.) Das würde der Eintragung an und für sich nicht entgegenstehen, da die Nichtigkeit eine nur relative ist und somit die Eintragung nicht ganz wirkungslos sein könnte Deshalb steht auch ein gemäß §§ 98, 183, 188 K.O. erlassenes Veräußerungsverbot oder dessen Eintragung der Eintragung nicht entgegen. Dagegen ist die Unzulässigkeit der Eintragung bezüglich aller, auch der nicht zur Konkursmasse gehörigen Grundstücke des in Konkurs gerathenen Schuldners gemäß dem Anm. 5b zu § 2 und Anm. 3f vor § 6 Ausgeführten aus § 11 K.O. als der im Verhältniß zu § 12 K.O. weitergehenderen Vorschrift zu folgern. (A. M. K. 10 S. 112 und, aber aus offenbar haltlosen Gründen, Rothenberg bei Gruchot 35 S. 793) Gemäß Anm. 5 vor § 6 kommt es darauf an, ob b i s z u r A u s f ü h r u n g d e r E i n t r a g u n g die Konkurseröffnung erfolgt ist, gleichviel ob der Konkursvermerk (§ 15. A.G. K.O.) bereits eingetragen ist, oder nicht (R. 28 S. 283, Oetker, Konkursrechtliche Grundbegriffe I S. 220) Der Grundbuchrichter muß daher die Eintragung ablehnen, bez. die Anordnung der Eintragung wieder aufheben, wenn vor der Unterschrift der Grundbucheintragung die Konkurseröffnung bekannt wird. Auf Antrag des Schuldners oder des Konkursverwalters hat er auch die bereits ausgeführte Eintragung löschen zu lassen, wenn sich herausstellt, daß schon vor der Ausführung der Eintragung der Konkurs eröffnet war und Rechte Dritter nicht in Frage kommen. (Vgl. auch K. 12 S. 79.) Ob der Grundbuchrichter auch von Amtswegen die Löschung anordnen darf, hängt von der Entscheidung der Streitfrage ab, ob § 118 G.B.O. auf Löschungen zu beschränken ist (K. 8 S. 120, Turnau I S. 572).

d. Bei analoger Anwendung des § 694 C.P.O. (Anm. 6c zu § 2) darf die Anordnung der Eintragung (= Beginn der Zwangsvollstreckung s. Anm. 5 vor § 6) vor Umstellung der Klausel nicht mehr vorgenommen werden, wenn der Schuldner vorher gestorben war. Die Ausführung der Anordnung ist aufzuheben bez die Eintragung (wenigstens auf Antrag und soweit Rechte Dritter nicht in Frage kommen s. vorher unter c) zu löschen, wenn der v o r der Anordnung erfolgte Tod nachträglich dem Grundbuchrichter bekannt wird. (Vgl. K. 10 S. 114, Turnau I S. 333, Jäckel Anm. 7c zu § 6, Rothenberg 35 S. 792, welche aber den Eingang des Antrages als maßgebend ansehen) — Geht dagegen der Schuldtitel bez die Vollstreckungsklausel gegen die Erben, so müssen diese zunächst eingetragen sein, auch wenn sie zur Bezahlung einer Schuld des Erblassers verurtheilt sind. (Johow 5 S. 128, 7 S. 212, und bez. des Arrestes 8 S. 205.

A. M. für das frühere Recht das. 5 S. 123 und bez. des Arrestes 6 S. 157.) Sobald das Grundstück auf die Erben umgeschrieben ist, muß die Klausel gegen diese gerichtet sein. Um die Eigenschaften der Erben als Beneficialerben hat sich der Grundbuchrichter zunächst nicht zu kümmern. (Vgl. Anm 6d. zu § 2 und Anm. 11.)

e. Auch das beneficium competentiae (Anm. 6f zu § 2) und das landrechtliche s g. beneficium excussionis realis (Anm. 8 Abs 2 zu § 2) braucht der Grundbuchrichter nicht zu beachten, dagegen können aus dem Schuldtitel ersichtliche Einschränkungen der Verhaftung auf bestimmte Gegenstände z. B. auf eine konkrete Kommanditisteneinlage die Eintragung hindern (Anm. 8 Abs. 1 zu § 2, unten Anm. 11).

4. Gegenstand der Eintragung.

a Es genügt nicht, wie bei der Zwangsvollstreckung, daß der Schuldner Eigenthümer des Grundstückes ist; entsprechend dem § 19 E E.G. wird für die Zulässigkeit des Antrages erfordert, daß der Schuldner als Eigenthümer im Grundbuche eingetragen ist, oder seine Eintragung gleichzeitig erlangt wird. (K. 10, 119. Vgl. auch Anm. 3 d). Auch die Eintragung einer Vormerkung oder Verfügungsbeschränkung ist vorher nicht zulässig. — Steht der Schuldner zwar als Eigenthümer eingetragen, ist aber in Wirklichkeit ein Dritter Eigenthümer, so kann dieser Dritte im Gebiet des A.L R auf Grund der §§ 10, 24 I 10 A L R. die Löschung verlangen, falls dem Gläubiger vor der Eintragung bekannt war, daß der Schuldner nicht Eigenthümer war (Urth. d. R.Ger. v. 13. Okt 1883 bei Gruchot 28 S. 923)

b Ist im Falle einer freiwilligen Veräußerung des Grundstückes an den Schuldner nach vollständiger Durchführung der Grundbuchgesetze die Auflassung erfolgt, so steht der Eintragung der Forderung gleichzeitig mit der Eintragung des Eigenthums nichts im Wege — Ist die Auflassung noch nicht erfolgt, so muß der Antrag zurückgewiesen werden. Derselbe ist jedenfalls nicht geeignet, dem Antragsteller die Priorität zu sichern. (A. M. Wolff, S. 104). Dagegen bewirkt die nachträgliche Eintragung des Eigenthümers Konvalescenz (R. 11 S. 325, K. 7 S 71). — Hat der Schuldner Anspruch auf die Uebertragung des Eigenthums, so ist zunächst dieser Anspruch zu pfänden und dann gemäß § 747 C P.O und § 17 A G. C.P.O. zu verfahren.

In anderen Fällen des Eigenthumserwerbes müssen dem Grundbuchrichter diejenigen Nachweisungen vorliegen, welche das Eigenthum des Schuldners darzuthun geeignet sind (§ 5 E E.G, §§ 49 ff. G.B.O., K. 12 S. 86). Nach bisherigem Rechte war außerdem erforderlich, daß der Schuldner selbst seine Eintragung als Eigenthümer beantragen mußte. Die §§ 55, 56 G.B O gewährten aber dem Gläubiger die Möglichkeit, die Eintragung des Schuldners nöthigenfalls auch zwangsweise durch den Grundbuchrichter herbeiführen zu lassen Der so vom Grundbuchrichter geübte Zwang ist indessen keine Zwangsvollstreckung im Sinne des Civilprozesses; es handelt sich nicht um Vollstreckung eines Urtheiles, sondern um Zwangsmaßregeln, welche der Richter der freiwilligen Gerichtsbarkeit zur Ermöglichung seiner Funktionen, hier zunächst im Interesse der Regulirung des Grundbuches, vornimmt. — Die Meinung Bahlmanns (Anm. 3 zu § 56 G B.O.), daß seit der C.P.O. diese Maßregeln vom Prozeßrichter ausgehen müßten, entbehrt der gesetzlichen Grundlage. Für das Verfahren des Grundbuchrichters finden allerdings die Vorschriften der C.P.O., insbesondere die §§ 773, 774 entsprechende Anwendung, weil § 56 G.B.O. diese Zwangsmaßregeln „Zwangsvollstreckung" nennt. (Achilles, Anm. 3 zu § 56 G.B.O. A. M. Jastrow bei Gruchot 30 S. 298 ff.)

§ 6 Abs. 4 vereinfacht jetzt, ohne übrigens dem Gläubiger den Weg der §§ 55, 56 G.B.O. zu versperren (K. 5 S. 130, 133) das Verfahren insofern, als — aber nur bei Zwangseintragungen (K. 6 S. 113) und unter der Voraussetzung, daß der Schuldner bereits Eigenthümer ist (K. 11 S. 420), — der Antrag des Schuldners nicht mehr erforderlich ist. Der Gläubiger selbst kann den Antrag auf Eintragung des Schuldners als Eigenthümers stellen. — „Selbstverständlich hat er zur Begründung dieses Antrages alle diejenigen Nachweisungen zu erbringen, deren Beschaffung dem Schuldner selbst obliegen würde." (Mot. zu § 6) Ein wahrer Vertreter des Schuldners ist er übrigens nicht. Ein weitergehendes Recht als der Schuldner selbst hat der Gläubiger nicht. (K. 5 S. 131.) Für die Form des Antrages ist § 12 maßgebend; die Kosten der Eintragung bestimmen sich nach dem Tarif der G.B.O.; die Rechtsanwaltsgebühren für den Antrag und das Verfahren nach dem Ges. v. 12. Mai 1851. — Dem Schuldner gegenüber gehören diese Kosten und Gebühren zu den Kosten der Beitreibung (§ 35 Nr. 1). — Um die zur Nachweisung des Eigenthums erforderlichen Urkunden zu erlangen, bedarf es, wenn diese in den Händen der Gerichte oder Notare sind, nur des Antrages des Gläubigers an diese Behörden und Beamten, in welchem darzulegen ist, daß der Gläubiger berechtigt ist, eine Forderung eintragen zu lassen, und daß er zur zuvorigen Eintragung seines Schuldners als Eigenthümers der Urkunde bedarf. Gegen Ablehnungen ist ein Rechtsmittel nicht gegeben. Etwaige Beschwerden sind gemäß § 85 A.G. G.V.G. im Aufsichtswege zu erledigen. — Der Gläubiger ist berechtigt, von dem Schuldner die Herausgabe der Urkunden zu fordern und dieses Recht im Wege der Klage geltend zu machen. Dies wurde in der Komm. des A.H. seitens der Regierungskommissare besonders hervorgehoben. (A. M. Wolff S. 118, Knorr Anm. 6b zu § 6.) Dagegen wurde ein daselbst gestellter Antrag, dem § 6 den Zusatz zu geben: „Der Schuldner ist verpflichtet, dem Gläubiger die vorhandenen Urkunden herauszugeben. Auf Antrag des Gläubigers ordnet das Vollstreckungsgericht durch Beschluß an, welche Urkunden herauszugeben sind. Auf Grund dieses Beschlusses kann die Herausgabe vom Gläubiger im Wege der Zwangsvollstreckung erwirkt werden", abgelehnt, weil er nicht zu rechtfertigen sei und es zu Unzuträglichkeiten führen könne, zur Realisirung einer Verpflichtung sofort mit der Exekution zu beginnen. — Gegen dritte Personen hat der Gläubiger im Allgemeinen kein Recht auf Herausgabe der Urkunde. Er kann also die Herausgabe nur, falls er nach bürgerlichem Rechte einen besonderen Anspruch auf Herausgabe der Urkunde hat, von dem Dritten im Wege der Klage fordern. Steht dem Schuldner ein solcher Anspruch zu, so kann der Gläubiger auf Kosten desselben gegen den Schuldner Klage erheben (Ueberweisung auf Grund der §§ 772, 745 C.P.O. ist nicht gegeben, Wolff S. 119), und ihn dann gegen den Dritten geltend machen. Das Gesagte findet auch auf den Fall Anwendung, daß ein Miteigenthümer zur Eintragung seines Miteigenthums angehalten werden soll, und zwar auch bei Miterben im Gebiete des A.L.R. (Johow 5 Nr 66, 8 Nr. 124.) Aber der Gläubiger kann die Eintragung nur durchsetzen, wenn die Eintragung des Schuldners als Miteigenthümers ohne gleichzeitige Eintragung der anderen Miteigenthümer erfolgen kann (darüber vgl K. 11 S. 406), oder dem Schuldner das Recht zusteht, die Eintragung der übrigen Miteigenthümer zu verlangen; denn der Gläubiger hat an sich gegen diese Dritten keine Rechte (K. 5 S. 136).

c. Die Eintragung ist gegen den im Schuldtitel bez der Klausel bezeichneten Schuldner nicht mehr zulässig, sobald er aufgehört hat, Eigenthümer zu sein oder als solcher eingetragen zu sein. Das gilt auch, wenn die eingetragenen Nachfolger die Erben sind. Vgl. Anm. 3d. Es kann dann nur gegen diese als Schuldner die Eintragung begehrt werden. Die Zulässigkeit hängt also davon ab, daß der Antrag zu einer Zeit bei dem Grundbuchrichter eingegangen ist, in welcher der Schuldner noch Eigenthümer war — Im Falle einer freiwilligen Veräußerung des Grundstückes seitens des Schuldners muß der Antrag auch dann zurückgewiesen werden, wenn derselbe nach der Auflassung, aber vor der Eintragung des neuen Erwerbers eingegangen ist (Küntzel bei Johow 6 S. 145; K. 1 S 75) — Eine Vormerkung zur Erhaltung des Rechtes auf Auflassung steht nicht entgegen (K. 5 S. 46). Ebensowenig Vormerkungen zur Erhaltung des Rechtes auf Eintragung des Eigenthumsüberganges oder des Rechtes des Anfechtungsberechtigten (§§ 8, 9 E.E.G) Der Vorgemerkte, welcher demnächst die Eintragung als Eigenthümer erlangt, kann dann die Löschung verlangen (s. a. Anm. 4 a am Schlusse). — Hat der Schuldner das Grundstück veräußert und ist die Auflassung anfechtbar, so muß der Gläubiger zuvor die Anfechtungsklage gegen den neuen Erwerber durchführen. Den Klageantrag wird er gemäß den §§ 1, 7, 9 des Ges. vom 21. Juli 1879 auf Eintragung der Zwangshypothek oder auch auf Zulässigkeit der Zwangsvollstreckung in das Grundstück zu richten haben. Ueber die Erwirkung einer Vormerkung zur Erhaltung seines Rechtes auf Eintragung der Hypothek unter Vermittelung des Prozeßrichters s § 22 E.E.G. (Vgl. Anm. 8 Abs. 4 ff. zu § 2)

d Der eingetragene Eigenthümer darf in der Befugniß, sein Grundstück zu belasten, nicht beschränkt sein (K. 5 S 131 Ueber richterliche Veräußerungsverbote s. unten Anm e. ι). Der Grundbuchrichter ist bei der Prüfung der Verfügungsfähigkeit, soweit dies nicht im Einzelfalle gesetzlich ausgesprochen ist (§ 11 Abs. 1 E G. N B P.), keineswegs auf den Inhalt des Grundbuches beschränkt Aus § 11 E E G. und der analogen Bestimmung des § 73 G B.O. für den ursprünglichen Geltungsbereich der G B O läßt sich das Gegentheil nicht folgern. Die Bestimmungen haben nur den Schutz bereits erworbener dinglicher Rechte Dritter im Auge. Hier handelt es sich erst um die Konstituirung des Rechtes. Nur bezüglich solcher Beschränkungen, welche erst durch die Eintragung als dingliche zur Entstehung gelangen, z. B. vertragsmäßiger Abreden (vgl. Anm. 5 e. ϑ) ist die Eintragung schlechthin erforderlich — Auf der anderen Seite hat der Grundbuchrichter jedenfalls nur solche Hindernisse zu berücksichtigen, welche gerichtskundig sind, bez. aus den Akten sich ergeben. Es empfiehlt sich dabei, die Betheiligten betreffs solcher Umstände vorher anzuhören und dieselben namentlich zu befragen, ob sie ihren Antrag ungeachtet derselben aufrecht erhalten (K. 5 S. 95). Zu besonderen Erkundigungen, z. B. darüber, ob die eingetragene Eigenthümerin verheirathet ist und in Gütergemeinschaft lebt, ist er weder berechtigt noch verpflichtet (K. 1 Nr. 38; vgl. Johow 4 Nr. 41, 8 Nr. 138, 139).

e. Bezüglich dieses Erfordernisses (d) ist im Einzelnen zu bemerken:

α. Inwieweit auf Grundstücke, welche für Miteigenthümer eingetragen sind, im Ganzen eine Eintragung stattfinden kann, richtet sich nach dem Anm. 4 b zu § 1 Bemerkten. Bezüglich der Grundstücksantheile verordnet § 9 E.G. Rhld. für seinen Geltungsbereich:

„Die Eintragung einer Hypothek oder Grundschuld auf den Antheil eines Miteigenthümers ist ausgeschlossen."

Für den übrigen Geltungsbereich dieses Gesetzes bestimmt § 21 E.E.G.:

„Der eingetragene Miteigenthümer kann auf seinen Antheil eine Hypothek oder Grundschuld bewilligen; auch kann im Wege gesetzlichen Zwanges gegen ihn auf seinen Antheil eine solche eingetragen werden."

Damit die Eintragung auf den Antheil stattfinden kann, muß die Quote feststehen, d. h. sie muß entweder im Grundbuche ausdrücklich bemerkt sein oder aus dem Inhalte des Grundbuches nach gesetzlichen Vorschriften unmittelbar und unzweifelhaft entnommen werden können. (A. M. K. 8 S 87) Bezüglich der Antheile der Miterben vgl. Anm. 4 b zu § 1 und Anm. 4 b zu §§ 6—8.

β Sind Grundstücke auf den Namen einer Handelsgesellschaft, einer eingetragenen Genossenschaft, einer Wassergenossenschaft eingetragen, so kann nur auf Grund eines gegen die Gesellschaft gerichteten Schuldtitels und wenn sie auf den Namen eines Gesellschafters stehen, nur auf Grund eines gegen diesen vollstreckbaren Titels die Eintragung erfolgen. (Vgl. Anm 4 c. β zu § 1.)

γ. Grundstücke der Ehegatten. (Vgl. Anm. 4 c. γ zu § 1.)

aa. Wenn ein Grundstück auf den Namen eines Ehegatten ohne weitere Bemerkung eingetragen steht, so kann jedenfalls nur auf Grund eines gegen diesen Ehegatten erwirkten Schuldtitels die Eintragung erfolgen. Der Grundbuchrichter hat indeß die Eintragung abzulehnen, wenn ihm in der zu d bestimmten Weise Beschränkungen des eingetragenen Ehegatten, insbesondere durch die Gütergemeinschaft, bekannt geworden sind (vgl. aber § 11 Abs 2 E.G. R.B.P.). Steht das Grundstück auf den Namen beider Ehegatten ohne weitere Bemerkung eingetragen, so sind dieselben lediglich als Miteigenthümer zu betrachten. Es findet deshalb das zu α Gesagte Anwendung.

bb. Ist das Grundstück auf den Namen beider Ehegatten eingetragen und dabei vermerkt, daß dieselben in der allgemeinen oder einer auf das Grundstück sich erstreckenden partikulären Gütergemeinschaft leben, so steht damit grundbuchmäßig fest, daß dies Eigenthumsrecht durch denjenigen repräsentirt wird, welchem nach dem betreffenden ehelichen Güterrechte das Verfügungsrecht über das Grundstück zusteht. Ist dies, wie es die Regel bildet, der Ehemann, so ist ein Schuldtitel gegen ihn erforderlich und ausreichend (Johow 3 S. 146). Steht dagegen die Verfügung nur beiden Eheleuten gemeinsam zu, so muß auch der Schuldtitel gegen beide gerichtet sein. Ist zur Zeit das Verfügungsrecht auf die Ehefrau übergegangen, so muß ein gegen diese als Repräsentantin des gütergemeinschaftlichen Vermögens ergangener Schuldtitel genügen (vgl. Johow 8 Nr. 136, Berichte aus dem Departement Münster) Die Voraussetzungen sind dem Grundbuchrichter nachzuweisen. Sobald die Repräsentation aufhört, hören auch diese Möglichkeiten auf, wenn das Aufhören auch nicht eingetragen ist (R 1 S. 126) — Mit dem Tode endet die eheliche Gütergemeinschaft. Es kann nun auf Grund eines gegen die Gütergemeinschaft wirksamen Titels nicht mehr eingetragen werden (a. M. Johow 3 Nr. 75). — Die fortgesetzte Gütergemeinschaft ist etwas anderes als die eheliche Gütergemeinschaft. Deshalb kann im Falle der fortgesetzten Gütergemeinschaft eine Eintragung nicht eher erfolgen, als bis der überlebende Ehegatte mit den Kindern oder Erben in fortgesetzter Gütergemeinschaft eingetragen ist (§ 50 Abs. 2 G.B.O., § 11 Abs. 2 E.G. N.V.P.), und es kann dann die Eintragung nur erfolgen, wenn der Schuldtitel bez die Klausel gegen den oder die Repräsentanten der fortgesetzten Gütergemeinschaft gerichtet sind. Das Erk. des Obertribunals v 19. Juni 1878 (bei Gruchot 23 S. 130, Strieth. Arch. 100 S. 59) hat einen Fall im Auge, in welchem das betreffende Grundstück thatsächlich gar nicht mehr zur Gütergemeinschaftsmasse gehörte, und erklärt, daß in diesem Falle auf Grund eines gegen die in fortgesetzter Gütergemeinschaft lebende und zur Belastung allein befugte Wittwe gerichteten Schuldtitels die Eintragung auf die auf den Namen der Eheleute mit dem Vermerk der Gütergemeinschaft eingetragenen Grundstücke nicht habe erfolgen dürfen (vgl. auch R 1 S. 127). — Ebenso entscheidet K. 3 S. 159 für den Fall, daß das Grundstück auf den Namen des verstorbenen Ehemannes mit dem Vermerke der Gütergemeinschaft eingetragen ist Dasselbe muß gelten, wenn die verstorbene oder überlebende Ehefrau mit jenem Vermerke eingetragen ist. Eine Eintragung auf den Antheil des einzelnen gütergemeinschaftlichen Ehegatten ist jedenfalls ausgeschlossen (Anm. 4 e. α, Johow 4 Nr. 105. A. M. daselbst 7 Nr 168). Damit die Eintragung erfolgen kann, ist aber außerdem erforderlich, daß das gütergemeinschaftliche Vermögen für die betreffende Schuld in Anspruch genommen werden kann.

Gemäß § 16 G B.O. sollen, wenn das Grundbuch nach Formular II geführt wird, Grundstücke, welche eine Ehefrau in eine Ehe mit Gemeinschaft der Güter einbringt oder während derselben erwirbt, auf den Antrag beider Eheleute in dem Artikel des Ehemannes eingetragen werden. Diese Maßregel steht der Eintragung auf den Namen beider Ehegatten in Gütergemeinschaft jedenfalls gleich, ebenso wenn nach § 5 E.G. Ehr. da, wo partikuläre Gütergemeinschaft gilt, das Miteigenthum der Ehefrau an den während der Ehe errungenen Grundstücken auf den alleinigen Antrag des Ehemannes eingetragen ist. — Nach § 50 Abs. 1 G.B.O. soll, wo Gütergemeinschaft unter Eheleuten gilt, dieses Rechtsverhältniß auch auf den Antrag eines Ehegatten im Grundbuche vermerkt werden. — Der Vermerk soll öffentlich und allgemein wirksam klarstellen, daß das Eigenthumsrecht an dem betreffenden Grundstücke zu der betreffenden Gütergemeinschaftsmasse gehört, und hat dieselbe Wirkung, als wenn beide Ehegatten als Eigenthümer mit dem Vermerke der Gütergemeinschaft eingetragen wären. Deshalb ist derselbe auch nicht nach § 91 G.B.O. in der 2. Abtheilung, sondern bei Formular I in der 1. Abtheilung, bei Formular II auf dem Titelblatt einzutragen. Der Vermerk kann auch bei der fortgesetzten Gütergemeinschaft eingetragen werden und zwar auch auf einseitigen Antrag der die Gütergemeinschaft fortsetzenden Kinder oder Erben. (Johow 7 Nr. 127.)

cc. Bei dem Illatensystem bleiben die eingebrachten Grundstücke auf den Namen der Frau eingetragen. Es bedarf eines Schuldtitels gegen beide Eheleute, sofern nicht partikularrechtlich dem Manne die Befugniß zusteht, über die Substanz des Grundstückes zu verfügen und diese Befugniß im Grundbuche eingetragen ist. Voraussetzung der Eintragung ist die Verhaftung der Substanz des Frauengutes für die betreffende Schuld. (K. 7 S. 155, R. 13 S. 290).

dd. Zur Eintragung auf Dotalgrundstücke ist jedenfalls ein Schuldtitel gegen den Ehemann erforderlich. Da dem Ehemanne die Berechtigung, das Grundstück zu belasten, regelmäßig fehlt, so ist damit die Möglichkeit der Eintragung im Allgemeinen ausgeschlossen

ee. Bezüglich der Bedeutung der Eigenschaft der Ehefrau als Handelsfrau s. Anm. 4 c. γ a. E. zu § 1. Wegen ihrer Schulden ist also auch die Eintragung auf Dotalgrundstücke zulässig.

δ Zur Eintragung auf Grundstücke von Hauskindern ist, wenn das Hauskind als Eigenthümer eingetragen ist, ein Schuldtitel gegen dieses erforderlich. Die Eintragung kann jedoch nur für solche Forderungen erfolgen, wegen derer das Grundstück seiner Substanz nach im Wege der Zwangsvollstreckung in Anspruch genommen werden kann. (Anm. 4 c. δ zu § 1).

ε. Eintragungen auf Lehns- und Fideikommißgüter können als eigentliche Hypotheken bez. als Revenuenhypotheken (sofern man letztere für zulässig hält, vgl. darüber Turnau 1 S. 423, 424), nur soweit erfolgen, als nach den bestehenden Vorschriften die Zwangsvollstreckung in dieselben erfolgen kann. Der Schuldtitel muß gegen dieselben Personen erlangt sein, gegen welche derselbe für die Zwangsvollsteckung erforderlich ist (Anm. 4 c. ζ zu § 1).

ζ. Zur Eintragung auf Grundstücke, welche zu einem Universalfideikommiß gehören (Anm. 4 c. η zu § 1), kann während der Besitzzeit des Fiduciars eine Eintragung nur auf Grund eines gegen diesen wirksamen Schuldtitels erfolgen. Der Eintragung steht die Beschränkung des Fiduciars keinenfalls entgegen, wenn es sich um Nachlaßschulden handelt. K. 1 S. 125 nimmt an, daß die Eintragung allgemein statthaft, wenngleich dem Rechte der eingetragenen Fideikommissarien unnachtheilig sei. (Vgl. R. 17 S. 228.)

η Unzulässig ist die Eintragung auf Grundstücke extra commercium. (Vgl. Anm. 4 c. ϑ zu § 1.)

ϑ. Ist nach Inhalt des Grundbuches die Verfügungsbefugniß des Eigenthümers (z. B. auf Grund eines Vertrages) dahin beschränkt, daß er das Grundstück nur mit Genehmigung anderer Personen zu belasten befugt ist, so darf die Eintragung einer Forderung aus einem gegen den Eigenthümer allein ergangenen Urtheile nicht erfolgen. (K. 1 S. 126. — §§ 17, 19, I 4 A.L.R., Strieth. 91 S. 159. Entsch. 74 S. 248, R. 14 S. 290, Turnau I S. 333. A. M. Jäckel Anm. 4 c zu § 6.)

ι. Der Vermerk, daß die Zwangsversteigerung oder Zwangsverwaltung beantragt sei (§§ 18, 139), steht der Eintragung nicht entgegen. (Anm. 6 vor § 6. Vgl indeß §§ 21 Nr. 3 u 30 Nr 2.) Insbesondere ist auch die Eintragung auf einen Antheil zulässig, während die Auseinandersetzungsversteigerung schwebt. (Anm 4 b zu § 1.) Ebenso wenig stehen Arreste und gerichtliche Veräußerungsverbote im Wege. (K. 12 S. 79). Wegen der Vormerkung zur Erhaltung des Rechtes auf Auflassung u. s. w. s. Anm. 4 c.

5. Sonstige Erfordernisse. Dem Grundbuchrichter muß, soweit nicht das Gesetz im Einzelnen abweicht, zufolge der Bestimmung des § 2 Nr. 1 d. G. bei Stellung des Antrages auf Eintragung das Vorhandensein derjenigen Voraussetzungen nachgewiesen werden, welche das Vollstreckungsgericht bei der Anordnung

einer Zwangsvollstreckung zu prüfen hat. (Anm. 3 f vor § 6, Anm. 5 zu § 2.) Vgl. aber auch § 46 G.B.O. Dahin gehören:

a. Die vollstreckbare Ausfertigung des Schuldtitels (§ 8 Abs. 1, Anm. 4 b, 5 a zu § 2). Von Bedingungen, Gegenleistungen kann die Vollstreckung nicht mehr abhängig sein, da dann gemäß § 664 C.P.O. keine vollstreckbare Ausfertigung ertheilt werden darf. Bloße Vorbehalte von Gegenleistungen und ähnlichen Modifikationen, welche die Vollstreckung nicht beeinträchtigen, bleiben bei der Eintragung unberücksichtigt. (A. M. Hinrichs S. 29) Dagegen kann bei einer Verurtheilung zu einer Leistung Zug um Zug gemäß dem Anm. 5 g zu § 2 und Anm. 3 f. zu § 6 Bemerkten die Eintragung erst erfolgen, wenn das Angebot der Gegenleistung nachgewiesen ist (Jäckel, Anm. 1 zu § 6. A M. Dernburg, Hyp.R. II, 117 und Turnau I, 332 a, welche ohne Weiteres eine „bedingte" Hypothek eintragen wollen.) — Ueberhaupt ist der Inhalt des Schuldtitels vom Grundbuchrichter soweit zu prüfen und auszulegen, als dieses für die Entscheidung erforderlich ist, ob der Inhalt der begehrten Entscheidung entspricht (§ 46 G.B O.). — Ein ohne Vorlegung der vollstreckbaren Ausfertigung gestellter Antrag sichert keinesfalls die Priorität der Eintragung (K. 12 S 97) — Die Vorlage sonstiger die Forderung betreffender Schuldurkunden bedarf es im Allgemeinen nicht (K. 11 S. 160). Vgl. jedoch unten Anm. 8 e.

b. Die Zustellung des Schuldtitels und der übrigen Anm. 5 c zu § 2 erwähnten Urkunden an den Schuldner (K. 1. S. 120, 10 S. 326). Die von der Partei zu bewirkende Zustellung muß nachgewiesen sein, bevor die Eintragung erfolgen kann. Eine gleichzeitige Zustellung ist nicht denkbar, da der Grundbuchrichter mit der Besorgung der Zustellung nicht befaßt ist. (Hinrichs S. 9, Turnau I S 323. Vgl. auch Anm. 7 zu §§ 13, 14)

c. Der Ablauf des Kalendertages (Anm. 5 d zu § 2) Wegen der Zinsen vgl. Hinrichs S. 33, wegen künftiger Alimente Entsch. 12, S. 482 und Anm 4 b zu § 2.

d. Anzeige an die Militärbehörde (Anm. 5 f zu § 2, Rothenberg bei Gruchot 35 S 781).

Jedoch ergiebt sich eine Abweichung. Der Nachweis einer Sicherheitsleistung, von welcher die Vollstreckung etwa abhängt, ist zwar Vorbedingung der Zwangsvollstreckung (Anm. 4 a zu § 2), aber nicht Vorbedingung der Eintragung im Grundbuche (§ 7 Abs. 2). Diese Abweichung von § 672 Abs. 2 C.P.O. ist zulässig, weil hier eine Zwangsvollstreckung im Sinne der C P O nicht vorliegt und deshalb die Landesgesetzgebung frei ist. Die Ausführung, daß erst die Landesgesetzgebung der Eintragung den Karakter der Zwangsvollstreckung beigelegt habe (Motive), genügt nicht zur Rechtfertigung derselben (vgl. Anm. 3 c vor § 6 und den Bericht der Komm. des A.H. zu § 7).

Sofern sich ein Mangel in diesen Erfordernissen ergiebt, hat der Grundbuchrichter jede Eintragung abzulehnen. Die dennoch erfolgten Eintragungen sind unwirksam. Eine Konvalescenz kann jedenfalls die in der Zwischenzeit erworbenen Rechte Dritter nicht berühren (R. 6 S. 388, 8 S. 430, 11 S. 402, 15 S. 317, 20 S. 435, 25 S. 368).

6. Sollte dem Grundbuchrichter vor der Ausführung der Eintragung eine der in § 691 Z. 1—5 C.P.O. aufgeführten Urkunden vorgelegt werden, so hat

er die Eintragung abzulehnen bez in den Fällen der Z. 4 und 5 die Eintragung abzulehnen bez. mit der Eintragung innezuhalten und die anderweite Erklärung des Gläubigers einzuholen. Besteht dann in den beiden letzteren Fällen der Gläubiger auf Eintragung, so hat er und zwar mit der durch den ursprünglichen Antrag gegebenen Priorität einzutragen. Denn § 691 C P.O. ist nach Möglichkeit auf die Zwangseintragung anzuwenden und § 11 d. G. (s. Anm 5 zu § 11) hat nur den Fall im Auge, daß die Eintragung bereits erfolgt war. Ebenso hat der Grundbuchrichter die wegen Erhebung des Kompetenzkonfliktes bez. wegen der Beneficialerbeneigenschaft angeordnete einstweilige Einstellung (§ 19 V. v. 1. Aug. 1879; § 1 Abs. 2 d. G. v. 28. März 1879) zu beachten, wenn ihm die Anordnung vor der Ausführung der Eintragung vorgelegt wird. (Vgl. Rothenberg bei Gruchot 35 S. 797 ff, Wolff S. 182, Eccius § 111. A. M. Turnau I S. 358.)

II. Die Eintragung.

7. Eintragung als Hypothek. Die Eintragung der vollstreckbaren Forderung erfolgt nicht als Grundschuld, sondern entsprechend „dem Zwecke der Maßregel, daß die an sich fortbestehende Forderung im Wege der Zwangsvollstreckung pfandrechtlich gesichert werden soll" (Mot. zu § 6) als Hypothek bez. als Vormerkung zur Erhaltung des Rechtes auf Eintragung einer Hypothek. Es bedarf also, wenigstens bei der definitiven Eintragung, der Angabe des Schuldgrundes (§ 18 Nr. 1 E.E.G.). Die Angabe des Schuldtitels genügt nicht, vielmehr muß aus dem Schuldtitel der ursprüngliche Grund der Forderung entnommen werden können, sonst ist die Eintragung abzulehnen (Strieth. 100 S. 218). — Die Eintragung ist in Abth. III an der nächstfreien Stelle und unter der nächstfreien Nummer zu bewirken. Bei der Konkurrenz mit anderen Eintragungen ist nach § 45 G.B.O. für die Reihenfolge der Zeitpunkt des Einganges des Antrages bei dem Grundbuchgericht (§ 42 G.B.O, § 31 A G. C.P.O.) maßgebend. Für den Fall, daß mehrere Gläubiger den Anspruch des Schuldners auf Auflassung gepfändet hatten, vgl. § 17 A.G. C.P.O. (Anm. 8 zu 2 und Hinrichs S. 46).

In der Kommission des A.H. wurde allseitiges Einverständniß darüber konstatirt, daß die Eintragung der Forderung auch in Schleswig-Holstein hinter den bereits vorhandenen Eintragungen, nicht etwa in einer nach § 22 des Ges. v. 27 Mai 1873 dem Eigenthümer vorbehaltenen leeren Stelle erfolge. — Das Verfugungsrecht des Eigenthümers über die leere Stelle ist ein besonderes Vermögensrecht, in welches die Zwangsvollstreckung gemäß §§ 730, 731 C.P.O. und § 16 A.G. C.P.O. bez. § 754 C.P.O. zu betreiben ist.

Die Zwangshypothek steht, obwohl dies durch den Zweck derselben nicht gefordert wird, der Konventionalverkehrshypothek in ihren Wirkungen nicht nach, namentlich hinsichtlich des Schutzes entgeltlicher Erwerber gegen Mängel und des Bestehenbleibens in der Hand des Eigenthümers (Strieth. 100 S. 59, Entsch. 30 S. 408, Gruchot 23 S. 750, Dernburg Hyp. R. 11 S. 120, Hinrichs S. 22). Der § 40 E.EG. (vgl. über dessen gegenwärtige Anwendbarkeit Achilles Anm. 1) giebt ihr sogar für die Anfechtung vorstehender Grundbuchposten noch eine Wirkung, welche der Konventionalhypothek abgeht. Uebrigens unterliegt auch die Zwangseintragung der Anfechtung nach den Grundsätzen der K.O. und des R.G. v. 21. Juli 1879.

8. Eintragung als Vormerkung Unter Umständen darf aus dem Schuldtitel nur eine Vormerkung zur Erhaltung des Rechtes auf Eintragung einer Hypothek eingetragen werden Die Vormerkung will als eine nur vorläufige Eintragung für den Fall, daß späterhin die Voraussetzungen der Hypothek dargethan werden, der demnächst einzutragenden Hypothek die Wirksamkeit gegen das Grundstück an der durch die Verwaltung fixirten Stelle ohne Rücksicht auf die Person des Eigenthümers sichern (§ 22 Abs 3. E E G. I, Behrend in s Zeitschrift f. die deutsche Gesetzgebung 7 S. 115 ff, Achilles zu § 22 E.E G, Eccius § 198 Anm 37.) Sie gewährt, falls sie materiell gerechtfertigt ist, dem Gläubiger schon ein sofort wirksames unbedingtes dingliches Recht (Fischer S. 243, Oetker, Konkursrechtliche Grundbegriffe S. 221 A. M. Urth. des Reichsgerichtes v. 23. Sept 1893 [Jur. Wochenschr. S. 511], Dernburg, Hyp.R II S. 123, Turnau I S. 340. Vgl auch Thiele bei Gruchot 37 S. 643, 654 ff.). — Bis zur Umschreibung in eine Hypothek finden §§ 37, 38 E.E.G. meist keine Anwendung (Hinrichs S. 43, 44) Wegen der Form der Eintragung vergl. Formular I z. G.B.O.. Abth. III Nr 7. Sofern Zinsen in Frage kommen, dürfte es wünschenswerth und, sofern dieselben 5 Prozent übersteigen, sogar nothwendig sein (§ 25 E.E.G.), die Zinsen gleich mit zu bemerken. Ebenso wird die Angabe des Schuldgrundes und des Schuldtitels zu empfehlen sein.

Die Stelle der Vormerkung ist dieselbe wie die der Hypothek. (Anm 7, § 88 G.B.O.) Nach dem Formular ist zur Eintragung nur die linke Hälfte der Hauptspalte zu benutzen, um die rechte Hälfte für die Umschreibung frei zu halten.

9. Wann ist eine Hypothek und wann eine Vormerkung einzutragen? (Nach dem R.Entw. wird stets eine Sicherungshypothek eingetragen)

a. Bei den Anm 4a zu § 2 unter Nr 1 der Schuldtitel erwähnten Urtheilen ist die Eintragung auf eine Vormerkung zu beschränken, wenn nicht die Rechtskraft eingetreten und durch ein gemäß § 646 C.P O zu ertheilendes Zeugniß der Rechtskraft, welches der Klausel angefügt werden kann, nachgewiesen ist. „Die Vorschrift beruht, wie die Motive sagen, auf demselben Gedanken, welcher dem § 658 der C P.O zu Grunde liegt; nach diesem darf, wenn auf Bewirkung einer Eintragung im Grundbuche erkannt ist, das für vorläufig vollstreckbar erklärte Urtheil nur in der Weise vollzogen werden, daß die Eintragung in der Form einer Vormerkung erfolgt" Gegenüber dem Wortlaute des § 7 Abs. 1 wird sich die Ansicht nicht halten lassen, daß sich das Attest der Rechtskraft durch die Vorlage eines ein Rechtsmittel zurückweisenden Urtheiles letzter Instanz ersetzen lasse (A M Wolff S 38 und Jäckel Anm 2 zu § 7). Der Vorbehalt von Rechten gemäß §§ 502, 562 C.P O steht der Eintragung als Hypothek nicht entgegen. Dieselben Grundsätze müssen bei den unter Nr 13, 18 der Schuldtitel erwähnten Urtheilen insoweit Platz greifen, als dieselben für vorläufig vollstreckbar erklärt werden können. Ebenso kann ohne Attest der Rechtskraft aus Vollstreckungsbefehlen (Nr 2) und den unter Nr. 9 erwähnten Entscheidungen in Strafsachen nur eine Vormerkung eingetragen werden, weil dieselben zunächst den für vorläufig vollstreckbar erklärten Urtheilen ausdrücklich gesetzlich gleichgestellt sind. (§ 640 C P.O, § 122 Abs. 3 C.P.O., Rothenberg bei Gruchot 35, S. 780.) Dagegen ist aus allen andern vollstreckbaren Entscheidungen, insbesondere aus den zu Nr 3 der Schuldtitel erwähnten, unbeschadet des zu e Bemerkten, die Hypothek einzutragen, selbst wenn gegen die Entscheidung noch das Rechtsmittel der Beschwerde zulässig ist (ebenso verhält es sich mit der Dispache Nr. 17 der Schuldtitel). Denn solche Entscheidungen sind trotz ihrer Abänderlichkeit schlechthin vollstreckbar, das Gesetz hat sie nirgends den vorläufig vollstreckbaren Urtheilen angereiht. Das gilt insbesondere auch für Kostenfestsetzungsbeschlüsse und zwar auch dann, wenn sie auf Grund von nur für vorläufig vollstreckbar erklärten Urtheilen ergangen sind. (A. M. Wolff S. 32 ff., Dernburg, Hyp R. II S 122, Turnau I S. 339) Einer Vorlegung des Urtheiles, auf welches sich der Kostenfestsetzungsbeschluß begründet, bedarf es im Allgemeinen nicht. (R. 10 S. 325.) Gegen die Hypothek kann sich aber der Schuldner nach §§ 647, 657, 691 Nr. 2, 692 C.P O. sichern.

b. Nur eine Vormerkung wird ferner eingetragen, wenn die Forderung nur gegen eine dem Gläubiger obliegende (A. M. anscheinend Rudorff Anm. 3 zu § 7) Sicherheitsleistung vollstreckbar ist. Die Motive zu § 7 Abs. 2 sprechen nur von einer nach §§ 650, 652 Abs. 1 C.P.O. auferlegten Sicherheit. Sie wollen also die Vorschrift auf den Fall beschränken, daß die vorläufige Vollstreckbarkeit von der Sicherheitsleistung abhängig gemacht ist. Wenn das richtig ist, so ist dieser Fall lediglich eine Unterart des Falles zu a. Es wäre dann korrekter gewesen, in Abs 1 des § 7 die Sicherheitsleistung gar nicht zu erwähnen, oder wenn dies mit Rücksicht auf Abs. 2 geschehen sollte, den Fall mit „insbesondere" nicht mit „oder" anzureihen. Auch wenn die Sicherheitsleistung vom Gläubiger gemacht ist und gemäß § 672 Abs. 2 C.P.O. dem Grundbuchrichter nachgewiesen werden könnte, darf gleichwohl nur eine Vormerkung eingetragen werden, da das Gesetz ein Gegentheiliges nicht bestimmt. (A. M. Dernburg, Hyp.R. II S. 123.)

Möglicherweise ist durch eine besondere Anordnung des Vollstreckungsgerichtes oder des Prozeßgerichtes bestimmt, daß die Zwangsvollstreckung nur gegen Sicherheitsleistung stattfinden solle oder fortzusetzen sei (§§ 647, 657, 668 Abs. 2, 685 Abs. 1, 688 Abs. 1 u. 2, 689, 690 Abs. 3, 696 Abs. 3 C P.O., Anm. zu §§ 70, 71). — Trotz der ungenauen Fassung des § 7 Abs. 2 („Zwangsvollstreckung abhängig") muß angenommen werden, daß dieser Fall nicht unter § 7 Abs 2 fällt. Es ist also, wenn sonst nichts entgegensteht, eine Hypothek einzutragen. Denn derartige Anordnungen berühren nicht die Vollstreckbarkeit der Forderung, sondern die Vollstreckung. Und der zweite Satz des § 7 Abs. 1 zeigt, daß es nur auf den Inhalt des Schuldtitels ankommt. Wenn aber dem Grundbuchrichter die fragliche Anordnung bekannt geworden ist, so hat er die Eintragung nur zu veranlassen, wenn ihm der urkundliche Nachweis der Sicherheitsleistung vorgelegt wird. (Ebenso Jackel Anm 1 zu § 7 und Knorr Anm 1 a zu § 7. A. M. Wolff S. 71 ff. und Turnau I S 340)

c. Aus den unter Nr. 6 der Schuldtitel aufgeführten vollstreckbaren Urkunden, und zwar gleichviel ob sie einen Vergleich enthalten oder nicht, findet nur die Eintragung einer Vormerkung statt. (Dernburg, Hyp.R. II S. 121 ff.)

d Im Uebrigen ist bezüglich vollstreckbarer Vergleiche zu unterscheiden:

α Ausnahmsweise werden Hypotheken eingetragen aus den unter Nr. 4 und 5 der Schuldtitel aufgeführten gerichtlichen Vergleichen, welche nach der Klageerhebung zur Beilegung des Rechtsstreites oder in der Sühneverhandlung geschlossen sind. Es muß aus der vollstreckbaren Ausfertigung hervorgehen, daß der Vergleich in einer amtsgerichtlichen Suhneverhandlung oder nach der Klageerhebung zur Beilegung des Rechtsstreites vor den Anm. 4a α Nr 1 angegebenen Gerichten geschlossen ist Anderenfalls wird aus denselben nur eine Vormerkung eingetragen Die Ausnahme kann aber nicht auf die unter Nr 13 der Schuldtitel aufgeführten Vergleiche vor den Gewerbegerichten erstreckt werden, weil diese Schuldtitel nicht auf § 702 Nr 1 oder 2 C.P.O. beruhen, welche Bestimmungen nur die ordentlichen Gerichte (vgl zu Nr 1 der Schuldtitel) im Auge haben. Aus dem Zwangsvergleich (Nr. 8 der Schuldtitel) findet, soweit nicht § 180 K.O. (s o. Anm. 1c) entgegensteht, die Eintragung als Hypothek statt, denn derselbe ist überhaupt kein Vergleich in dem hier gemeinten Sinne.

β Aus allen anderen vollstreckbaren Vergleichen dagegen, insbesondere den zu Nr 15 und 16 der Schuldtitel erwähnten Vergleichen vor dem Schiedsmanne und der Polizeibehörde wird nur eine Vormerkung eingetragen

c. Es wird endlich nur eine Vormerkung eingetragen, wenn im Falle des § 8 Abs 2 die dort angegebenen Urkunden nicht vorgelegt werden. § 8 Abs. 2 verlangt die Vorlegung

α der Inhaberpapiere, Wechsel und der Papiere, welche auf Ordre lauten und durch Indossament übertragen werden können, sofern sich der Schuldtitel auf dieselben gründet Nach der Wortfassung ist anzunehmen, daß die Vorlegung des Wechsels auch dann erforderlich bleibt, wenn demselben die Ordrequalität (W.O. Art 10) entzogen ist Zu den indossablen Ordrepapieren gehören nach dem Allegat insbesondere kaufmännische Anweisungen und Verpflichtungsscheine, Konnossemente der Seeschiffer, Ladescheine der Frachtführer, Auslieferungsscheine (Lagerscheine, Warrants), Bodmereibriefe und See-Assekuranzpolizen, sämmtlich wenn sie ausdrücklich an (nicht auf) Ordre lauten. Es gehören nicht dazu, wie Rudorff Anm 2 zu § 8 hervorhebt, Sparkassenbücher, Lebensversicherungspolizen und Grundbuchbriefe mit Blancocession. — Die Vorlegung ist nur zu verlangen, wenn der Schuldtitel selbst ergiebt, daß er sich auf diese Papiere stützt. Ist das Papier inzwischen weiter indossirt, so muß sich entweder der Indossatar eine auf seinen Namen lautende Vollstreckungsklausel verschaffen, oder es muß das Papier an den ursprünglichen Gläubiger zurückübertragen werden Bezüglich des früheren Rechtes vgl Johow 5 Nr. 77 und 8 Nr 151, K 1 S 77. Die Vorlegung der Protesturkunde ist keinenfalls erforderlich;

β der Hypothekenurkunden und Grundschuldbriefe, wenn die Forderung bereits vertragsmäßig oder im Zwangswege auf andere Grundstücke eingetragen ist. Grundschuldbriefe können, wiewohl es sich hier nur um persönliche Forderungen handelt (Anm 1a) deshalb in Frage kommen, weil auch die Grundschuld zur Sicherung eines persönlichen Rechtes dienen kann (§ 52 Abs. 2 E E.G). Es macht keinen Unterschied, daß das bereits haftende Grundstück einem Dritten gehört Nur die Identität der persönlichen Forderung muß vorhanden sein Die frühere Eintragung kann der Grundbuchrichter nur berücksichtigen, wenn sie aus den ihm vorliegenden Nachweisungen sich ergiebt. — Auf Grund dieser Bestimmungen ist auch dem Versuche entgegenzutreten, auf Grund einer weiteren vollstreckbaren Ausfertigung (§§ 669, 670 C P O, Anm. 4b zu § 2) eine zweite besondere Hypothek zu erlangen (Hinrichs S. 52). Die Mithaft ist gemäß § 78 G B O bei den übrigen Grundstücken zu vermerken (vgl auch §§ 125, 129 G B O.).

Die Vorlegung wird zum Zwecke der Verbindung dieser Urkunden mit dem zu fertigenden Hypothekenbriefe verlangt, welche den Schuldner gegen die Gefahr doppelter Zahlung schützen soll (Mot.). — Die Nichtvorlegung führt nicht zur Ablehnung der Eintragung, sondern nur zur Eintragung der Vormerkung statt der Hypothek (Mot.). Dagegen kann auch durch den Verzicht auf Bildung eines Hypothekenbriefes die Eintragung einer Hypothek nicht erreicht werden (vgl. Anm. 5 zu § 9 und K. 1 S. 77) Wenn der Grundbuchrichter aus dem Antrage nicht ersehen kann, daß die Forderung bereits eingetragen ist und daß über die Eintragung eine Urkunde gebildet ist, so hat er eine Hypothek einzutragen. Der Gläubiger wird aber für den durch Mißbrauch entstehenden Schaden verantwortlich sein (Jäckel Anm 3 zu § 8).

In allen Fällen, in denen nicht aus den vorstehenden besonderen Gründen die Eintragung nur als Vormerkung geboten ist, erfolgt die Eintragung als Hypothek. In dem Antrage auf Eintragung als Hypothek liegt als minus auch der Antrag auf Eintragung als Vormerkung, welche daher, wenn die Eintragung als Hypothek unzulässig erscheint, ohne Weiteres anzuordnen ist, falls ihre Voraussetzungen vorliegen (vgl Fassung des § 8 Nr. 2. A. M. Johow in K. 6 S. 327.) Dagegen kann der Gläubiger in denjenigen Fällen, in denen eine Hypothek einzutragen ist, nicht verlangen, daß statt dessen eine Vormerkung eingetragen werde. (K. 6 S. 103. A M. Thiele bei Gruchot 37 S. 786.)

10. Die Umschreibung der Vormerkung in eine Hypothek erfolgt nur auf besonderen Antrag.

Zu a und b erfolgt dieselbe nur nach Vorlegung einer unbeschränkt vollstreckbaren Ausfertigung des Schuldtitels, nicht, wie Dernburg, Hyp.R II S. 123, für den Fall zu b will, auch in Folge Nachweises der Sicherheitsleistung. Es wird aber nicht eine zweite, gemäß § 666 C P.O. nur auf Antrag des Vorsitzenden zu ertheilende, vollstreckbare Ausfertigung des Schuldtitels verlangt. Es giebt nicht, wie es nach der nicht ganz korrekten Fassung des § 7 Abs. 1 scheinen könnte, beschränkt vollstreckbare Ausfertigungen und unbeschränkt vollstreckbare Ausfertigungen des Schuldtitels. Vielmehr wird reichsgesetzlich (§ 663 C P.O.) die Vollstreckungsklausel auf Grund eines vorläufig vollstreckbaren Urtheils ganz in derselben Form ertheilt, wie auf Grund eines rechtskräftigen Urtheils, und daran können die Landesgesetze nichts ändern Vielmehr ist zu unterscheiden der unbeschränkt vollstreckbare Schuldtitel und der beschränkt vollstreckbare Schuldtitel. Daß das Urtheil nur vorläufig vollstreckbar ist und deshalb nur eine Vormerkung eingetragen werden darf, sagt dem Grundbuchrichter nicht die Klausel, sondern die Urtheilsformel. Ebenso wird ihm der Umstand, daß das Urtheil unbeschränkt vollstreckbar, d h rechtskräftig geworden ist, nicht durch die Klausel, sondern durch ein Zeugniß über die Rechtskraft (§ 646 C P O) bekannt, welches durch Vorlage des Urtheils letzter Instanz nicht zu ersetzen ist (vgl Anm. 9a). Deshalb genugt zur Umschreibung die Vorlegung der fruheren vollstreckbaren Ausfertigung, welche (a M. Turnau I S 341) in jedem Falle beigebracht werden muß, mit dem Zeugnisse über die Rechtskraft. Letzteres Zeugniß enthält keine Aenderung der Klausel. Eine nochmalige Zustellung ist in keinem Falle erforderlich. Ebensowenig bedarf es der Umstellung der Klausel, wenn der Schuldner inzwischen gestorben ist.

Zu c und d hat das Gesetz eine Umschreibung der Vormerkung nicht vorgesehen. Mit der Eintragung der Vormerkung ist die Kraft dieser Urkunden nach dem klaren Willen des Gesetzes erschöpft. Der Gläubiger hat kein Recht, gegen den Eigenthümer auf Bewilligung der Umschreibung zu klagen. Das giebt ihm weder die Urkunde noch die Vormerkung. (So auch Turnau I S 337, Wolff S 41, Knorr Anm. 5 zu § 6 gegen Küntzel bei Gruchot 28 S. 288) Wenn Turnau und Wolff annehmen, daß ein Urtheil, welches nach § 705 Abs. 4 und 5 C P.O. die im Wege der Klage gegen den Schuldtitel erhobenen Einwendungen zurückweist, die Umschreibung herbeizuführen vermöge, so ist (mit Jackel) dem entgegenzustellen, daß auch dadurch der Schuldtitel nicht unanfechtbar wird. Jedenfalls kennt das Gesetz diesen Weg nicht, zumal sich § 7 Abs. 1 gar nicht auf § 6 Abs 3 bezieht Aus dem letzteren Grunde kann auch dem von Turnau, Wolff, Jäckel und Dernburg (Hyp R. II S. 122) vertretenen Satze nicht beigestimmt werden, daß eine Feststellungsklage auf Nichtexistenz von Einwendungen zum Ziele führe Es bleibt vielmehr nur übrig, die Forderung trotz ihrer Vollstreckbarkeit einzuklagen und dann auf Grund des rechtskräftigen Urtheils die Umschreibung zu beantragen.

Zu e ordnet § 8 Schlußsatz die Umschreibung. Der vollstreckbare Schuldtitel muß ebenfalls vorgelegt werden (Turnau I S 342).

In allen diesen Fallen müssen auf die Umschreibung gemäß dem Anm 3f vor § 6 Bemerkten die Vorschriften über Zwangsvollstreckungen in der Weise zur Anwendung gebracht werden, daß die Umschreibung nach Möglichkeit wie eine Fortsetzung der mit der Anordnung der Eintragung begonnenen Zwangsvollstreckung wegen einer persönlichen Forderung behandelt wird (Jackel Anm 3 zu § 7) Ist der Schuldner inzwischen in Konkurs gerathen, so ist nach § 11 K O (Anm 3c zu §§ 6—8) die Umschreibung unzulässig (a M Jäckel Anm. 3 zu § 7), während die Beschlagnahme im Wege der Zwangsversteigerung oder der Zwangsverwaltung nicht entgegensteht — Auch die Vorlage einer der in § 691 C P O aufgeführten, eine Aufhebung oder Einstellung der Zwangsvollstreckung begründenden Urkunden (Anm 6 zu §§ 6—8) hindert die Umschreibung, insbesondere auch im Falle des Aufgebotes auf Antrag der Beneficialerben oder des Nachlaßpflegers (a. M. Jackel Anm 3 zu §§ 6—8) — Verfugungsunfahigkeit des Schuldners ist ohne Belang (Anm. 3b zu §§ 6—8) — Der Tod des Schuldners hindert gemäß § 693 C P O die Umschreibung nicht, wenn er erst nach Anordnung der Eintragung der Vormerkung erfolgt ist (Anm 3 d zu §§ 6—8). Auch die Eintragung der Erben als Eigenthümer kann folgeweise der Umschreibung nicht entgegenstehen

Sehr streitig ist die Frage, ob gegen Sondernachfolger in das Grundstück ohne Weiteres und ohne deren Zustimmung die Umschreibung vollzogen werden darf. Die C P O kennt eine Fortsetzung der Zwangsvollstreckung gegen Sondernachfolger ohne neue Klausel nicht Ebensowenig enthalten die §§ 6—12 d. G. eine dahin gehende Vorschrift. Insbesondere kann aus der Nichterwähnung dieser Frage in §§ 7 Abs 1 und 8 Abs. 2 nicht das Geringste gefolgert werden. Die §§ 16, 17 d. G. finden hier keine Anwendung Auch mit dem an sich schon unrichtigen Grunde, daß bei den Vormerkungen auf Grund des § 7 die Bedingung der definitiven Geltung der Hypothek sei, daß der Schuldtitel endgültig vollstreckbar werde, läßt sich die Zulassigkeit der Fortsetzung einer „Zwangsvollstreckung" gegen den Sondernachfolger nicht darthun. Die Frage ist daher zu verneinen. (A M. Eccius § 48 Anm. 23c, Jäckel Anm 3 zu § 7.) Aber auch eine Umstellung der Vollstreckungsklausel gegen den Sondernachfolger kann nicht verlangt werden, da die Voraussetzungen des § 665 C P O. nicht gegeben sind. (Alfred Schultze, Die Vollstreckbarkeit der Schuldtitel für und gegen die Rechtsnachfolger S. 90, Eccius § 198 Anm. 40. A. M. R. 27 S. 237.) Endlich läßt sich aber auch eine Verurtheilung des Sondernachfolgers zur Bewilligung der Umschreibung ohne Weiteres und soweit nicht das Anfechtungsgesetz v. 21. Juli 1879 herangezogen werden kann, nicht erreichen, da die Vormerkung eine Pflicht des Sondernachfolgers zu dieser Bewilligung nicht begründet Dagegen begründet nach Anm. 8 die Vormerkung gegen ihn die (dingliche) Forderung auf Befriedigung aus dem Grundstücke.

Gemäß § 89 G.B O. kann aber auch eine Vormerkung „mit Bewilligung dessen, gegen welchen die Vormerkung gerichtet ist, umgeschrieben werden," und das muß auch für die auf Grund dieses Gesetzes eingetragenen Vormerkungen Anwendung finden. (Wolff bei Gruchot 31 S 376 A. M. Turnau I S 481.) Bei dieser Umschreibung bleiben die Vorschriften dieses Gesetzes und des Zwangsvollstreckungsrechtes außer Anwendung. Die Bewilligung muß aber von dem jeweiligen Eigenthümer ausgehen, da gegen diesen nunmehr die Vormerkung gerichtet ist, so daß die Bewilligung des Schuldners oder seiner Erben nicht genügt, sobald ein Dritter das Eigenthum erlangt hat (R. 1 S. 383, Eccius § 198 Anm. 40, Exner, Oesterr. Hyp.R. I S. 205, 206 [in Beziehung auf österr Recht], Barchardt, Das Institut der Vormerkungen S 33; a. M. Turnau I S. 367 und 481, sowie die dort Citirten, namentlich Bendix bei Gruchot 32 S. 345. Wolff bei Gruchot 31 S 671 ff. will sowohl die Bewilligung des Schuldners als die des jetzigen Eigenthümers genügen lassen).

Die Umschreibung soll auf der leeren Stelle neben der Vormerkung erfolgen. (§ 22 E E G). Sie hat neben dem Inhalte einer hypothekarischen Eintragung die Bezugnahme auf die Vormerkung z B durch den Ausdruck „umgeschrieben" zu enthalten (vgl. Formular I zur G.B.O. Abth. III Nr. 7). Die Umschreibung kann einerseits nur zur Höhe der definitiv festgestellten Beträge erfolgen und darf andererseits die in der Vormerkung angegebene Summe nicht übersteigen. — Die Bildung des Hypothekenbriefes erfolgt gemäß § 9 dieses Gesetzes. — Die Kosten der Umschreibung treffen den Gläubiger, wenn er in der Lage gewesen wäre, von vornherein die Eintragung einer Hypothek herbeizuführen. Im Uebrigen fallen sie nebst den Kosten der Beschaffung der erforderlichen Unterlagen dem Schuldner zur Last (§ 697 C.P O.) und sind auf Antrag mit einzutragen, jedoch mit gleichem Range wie die Hauptpost nur insoweit, als es sich um die gerichtlichen und außergerichtlichen Kosten des Umschreibungsantrages und der Umschreibung selbst handelt (Vgl oben Anm. 1 d, Dernburg, Hyp.R. II S. 123, Turnau I S. 341, Jäckel Anm. 3 zu § 7 und Anm. 5 zu § 8). Nicht hierher gehört der von Hinrichs (S 30) angeführte Fall, daß eine gemäß § 118 St.P.O zu leistende Sicherheit durch Bestellung einer Kautionshypothek bewirkt war, und nun auf Grund einer gemäß § 122 St P.O. (Anm. 4a. α zu § 2 Nr. 9) ergangenen Entscheidung eine Umschreibung in eine gewöhnliche Hypothek erfolgen soll.

11. Die Grundstücke, auf welche die Eintragung erfolgen soll, hat der Gläubiger zu bezeichnen. Die Eintragung erfolgt dann auf alle Grundstücke, auf welche dieselbe an sich erfolgen darf, sofern nicht nach dem Inhalte des Schuldtitels die Gegenstände beschränkt sind (Anm. 3 e). Wenn ein Urtheil den

Schuldner als Beneficialerben oder als Erben unter Vorbehalt der Rechtswohlthat des Inventars verurtheilt, so darf gleichwohl die Eintragung zunächst nicht auf die Eintragung auf die Nachlaßgrundstücke beschränkt werden. (Turnau I S. 327, a. M Dernburg, Hyp.R. II S. 118) Der Erbe muß eventuell gemäß § 696 C.P.O. und § 11 d. G. verfahren Daß § 696 C P O. nur die Mobiliarexekution betreffe und hier keine Anwendung finde, wie Hinrichs S 20 behauptet, läßt sich nicht rechtfertigen Die entgegengesetzte Entscheidung des Obertribunals (Entsch 66 S 70 ff) beruht auf dem Rechte vor der C P O. — Der Gläubiger kann die Eintragung auf mehrere Grundstücke gleichzeitig oder nach einander beantragen Im letzteren Falle ist § 8 Abs 2 zu beachten Daß er in demselben die „Mehrkosten ersetzen" müsse (Rudorff Anm. 9 zu § 6), läßt sich im Allgemeinen nicht sagen — Auf ideelle oder reelle Theile kann die Eintragung nur beansprucht werden, wenn solche bereits grundbuchmäßig existiren. Die Bildung derselben zum Zwecke der Eintragung kann der Gläubiger nicht verlangen. (Anm. 4a und b zu § 1. A. M. Wolff S. 138)

12. Eintragung als Korrealhypothek Nach früherem preußischen Rechte durften im Gegensatze zum französischen Rechte Korrealhypotheken auf diese Art nicht geschaffen werden. Bei der Eintragung auf mehrere Grundstücke mußte der Gläubiger seine Forderung theilen (§ 23 Ver v 4 März 1834). Bei der Einführung der Judikatshypothek in gemeinrechtliche Gebietstheile (Anm 2 vor § 6) sah man von dem Verbot der Korrealhypothek ab Jetzt werden alle Eintragungen, auch die Vormerkungen ungetheilt mit den aus § 42 E E G. sich ergebenden Wirkungen eingetragen, wenn nicht der Gläubiger etwas Anderes beantragt Ueber die Gründe s die Motive. Anträge auf Wiederherstellung des Verbotes fielen in den Kommissionen des H H. und des A H. Gegen die Korrealhypothek Dernburg Hyp R II S. 119, 173. (Der R.Entw [Zweite Lesung] hat die Eintragung als Korrealhypothek [R Entw I §§ 1130, 1131] wieder aufgegeben.) Auf dem Blatte jedes Grundstückes muß die Mithaft der anderen vermerkt werden (§ 78 G.B O). Ueber die Ausführung bei der Konkurrenz mehrerer Grundbuchrichter und verschiedener Amtsgerichte vgl. Achilles zu § 78 G.B O. Ebenso liegt der Fall, wenn es sich um die Grundstücke verschiedener Solidarschuldner handelt. (Jäckel Anm. 10 zu § 6.)

13 Uebermäßigkeitsklage Vgl. art. 2161 c. c, § 1131 R.Entw. I.

a. Die praktische Bedeutung dieses Institutes ist äußerst gering (Dernburg Hyp.R. II S. 120.)

b. Kläger ist der durch die Eintragung geschaffene dingliche Schuldner, d. h. der persönliche Schuldner ist nur so lange klageberechtigt, als er Eigenthümer der verhafteten Grundstücke bleibt. (A. M. Wolff S. 143 und Rothenberg bei Gruchot 36 S. 602, welche den persönlichen Schuldner und dessen Erben als klageberechtigt betrachten) Sein Recht geht nicht auf seine Gesammtrechtsnachfolger oder auf den Nachfolger in die persönliche Schuld über, sondern, und zwar ohne besondere Cession (a. M. Jäckel Anm. 11 zu § 6), auf den oder die Nachfolger im Eigenthum der verhafteten Grundstücke. Auch der nacheingetragene Gläubiger kann auf Grund des § 5 dieses Gesetzes das Recht auf Löschung geltend machen. (A. M. Jäckel a. a. O) Jeder der mehreren Berechtigten kann die Klage auch für sich allein und unter Hinweis auf die durch die fremden Grundstücke geschaffene Sicherheit anstellen Es wird jedoch Sache des richterlichen Ermessens sein, ob ihm allein die nach den Verhältnissen mögliche Vertheilung oder Befreiung zu Gute kommen soll.

c. Beklagter ist der Gläubiger als Inhaber des durch die Eintragung geschaffenen Rechtes und der Rechtsnachfolger desselben in dieses dingliche Recht, nicht aber der Gläubiger und dessen allgemeine Rechtsnachfolger nach Verlust dieses Rechtes (a. M Jäckel a a O. und Wolff S 144).

d Die vom Kläger darzulegende Voraussetzung der Klage ist die Uebermäßigkeit der für die Forderung durch die Eintragung entstandenen Sicherheit. Das Gesetz hat entgegen dem französischen Rechte (c c. art 2162, 2165) in dieser Beziehung nähere Regeln nicht aufgestellt, vielmehr Alles dem richterlichen Ermessen überlassen. Als Betrag der Forderung wird kein geringerer als der eingetragene Geldbetrag zur Erörterung kommen dürfen; ein gänzliches oder theilweises Nichtbestehen der Forderung ist nicht mit dieser Klage, sondern mit der Klage auf Löschungsbewilligung geltend zu machen Für das Maß der Sicherheit können, ohne indeß das richterliche Ermessen zu binden, Anhaltspunkte geben (Turnau I S. 335):

α die Bestimmungen des französischen Rechtes. Nach diesen soll die Eintragung auf mehrere Grundstücke als übermäßig angesehen werden, wenn der freie, d. h. nach Abzug aller Vorbelastungen sich ergebende Werth eines einzigen oder einiger derselben den Betrag der Forderung an Kapital und gesetzlichen Accessionen um mehr als ein Drittel übersteigt. Der Richter kann bei der Ermittelung auf Miethsverträge, Schätzungsprotokolle jüngeren Datums u dgl. Rücksicht nehmen. Bei der ferneren Bestimmung, daß bei Grundstücken, die dem Verderben unterworfen sind (Gebäude), der zehnfache, bei anderen Grundstücken der fünfzehnfache Betrag des Grundsteuerreinertrages die Grenze bilden soll, ist zu berücksichtigen, daß für Gebaude jetzt der Gebäudesteuernutzungswerth festgesetzt wird;

β. die Bestimmung des § 39 Abs 3 V O. über pupillarische Sicherheit. Dieselbe hat als Grenzen den fünfzehnfachen Betrag des Grundsteuerreinertrages und bei ländlichen Grundstücken $^2/_3$, bei städtischen $^1/_2$ des durch eine öffentliche Taxe ermittelten Werthes festgesetzt. Von einer Heranziehung des Gebäudesteuernutzungswerthes hat man hier abgesehenen. — Der maßgebende Zeitpunkt für die Beurtheilung der Frage, ob eine Uebermäßigkeit der Sicherheit vorliegt, ist der der Urtheilsfällung (a. M. Rothenberg a a O S. 603 und Wolff S. 150, welche den Zeitpunkt des Einganges des Eintragungsantrages bei dem Grundbuche maßgebend sein lassen). Spätere Werthserhöhungen, z B durch Bebauung, sind daher zu berücksichtigen. — Auch die durch Konventionalhypothek gewährte Sicherheit ist mit in Betracht zu ziehen.

e Der Klageantrag kann die verhältnißmäßige Vertheilung (réduction) oder die Befreiung (radiation) oder beides zugleich erstreben; er kann also z B. dahin gehen, das Grundstück A von der eingetragenen Hypothek von 1000 zu befreien und dieselbe in Posten von bez 200, 300 und 500 auf die übrigen verhafteten Grundstücke B, C und D zu vertheilen Die Vertheilung wird in der Regel nach dem Verhältniß der durch jedes Grundstück gewährten Sicherheit zu erfolgen haben. Nothwendig ist dieses aber nicht, sondern nur, daß die Sicherheit jeder einzelnen Post eine völlig ausreichende ist

f. Die Klage ist zulässig bei den auf Grund dieses Titels erfolgenden Eintragungen jeder Art und aus jedem Grunde, insbesondere auch gegenüber Vormerkungen. Auf Eintragungen, welche nach den früheren Bestimmungen korrealiter bewirkt sind, kann die Klage nach allgemeinen Grundsätzen keine Anwendung finden.

g Die Klage ist an keine Frist gebunden und unterliegt nur der ordentlichen Verjährung, welche erst mit der Entstehung der übermäßigen Sicherheit beginnt. (A. M. Wolff S 153.)

h. Der Gerichtsstand ergiebt sich aus § 25 C P.O. A M Rothenberg a. a. O. S 604 und Jäckel a. a O, welche auf §§ 12, 32 C.P O verweisen.

i Die rechtliche Natur der Klage ergiebt sich aus ihrem Zwecke, der Beseitigung einer objektiv ungerechtfertigten Belastung des Grundstückseigenthums Johow in K 6 S 327 A M Jäckel a a. O, der einen unberechtigten Eingriff in das „schuldnerische Vermögen" annimmt, Wolff S 139, der von einer „Deliktsklage" spricht, und Rothenberg S 595, der ganz ernsthaft behauptet, daß die Klage mit „logischer Nothwendigkeit" eine — — actio quod metus causa sei.

§. 9. Die im §. 8 bezeichneten Urkunden sind mit dem Hypothekenbriefe als Schuldurkunden zu verbinden.

Der Hypothekenbrief ist dem Gläubiger auszuhändigen.

Wird ein Hypothekenbrief nicht ausgefertigt, so wird die erfolgte Eintragung auf der vollstreckbaren Ausfertigung des Schuldtitels vermerkt.

Der Schuldner erhält eine Benachrichtigung.

§ 9 **Hypothekenbrief und Benachrichtigung.**

1. Ueber die Eintragung einer Vormerkung wird überhaupt kein Brief ausgefertigt, vielmehr erhalten die Betheiligten, zu denen immer der eingetragene Eigenthümer gehört, die in § 121 G B.O. vorgeschriebene Benachrichtigung. Ob sich der in § 9 Abs 3 vorgeschriebene Vermerk auch auf Vormerkungen beziehen soll, ist nicht zu ersehen

2. Ueber die Eintragung als Hypothek ist ein Hypothekenbrief auszufertigen, wenn nicht auf die Ausfertigung verzichtet wird (§§ 122, 123 G B O.)

Man nimmt vielfach an, daß nur der Eigenthümer den Verzicht aussprechen könne. (Achilles Anm. 3 zu § 122 G B O.) Für den vorliegenden Fall liegt, obwohl das Gesetz schweigt, die Sache offenbar umgekehrt. Der Verzicht des Eigenthümers kommt gar nicht in Betracht, nur der Gläubiger kann verzichten (so auch Hinrichs S 51).

3. Zu Abs. 1. Zu verbinden ist also in jedem Falle der Schuldtitel, bei Eintragungen auf Grund des Ersuchens einer Verwaltungsvollstreckungsbehörde das Ersuchen (Hinrichs S. 51) Andere Schuldurkunden als die in § 8 Abs. 2 bezeichneten (vgl Anm. 9 c zu §§ 6—8) sind (im Gegensatze zu § 22 Abs. 2 der Ver v. 4 März 1834) in keinem Falle zu verbinden. (Mot — Die Schuldurkunden werden durch Schnur und Siegel verbunden (§ 122 G.B O.). Wegen der Bildung des Hypothekenbriefes vgl. §§ 124, 126, 127, 131 G B O., bei Korrealhypotheken § 125 G.B.O., bei Erneuerungen § 130 G.B O

4. Abs. 2 weicht mit Recht von § 122 G.B O. ab. Eine Aushändigung an den Bevollmächtigten des Gläubigers oder an eine in dem Antrage desselben bezeichnete Person ist nicht ausgeschlossen. — Die Ausführung der Aushändigung ordnen § 18 Abs. 3 der Gesch.Ordn. f. die Amtsgerichte und § 44 der Gesch.Anw. f. Gerichtsvollzieher.

5. Zu Abs. 3 bemerken die Motive: „Durch Vermerkung der Eintragung auf dem vollstreckbaren Schuldtitel soll der Schuldner in ähnlicher Weise geschützt werden, wie im Falle der Theilzahlung durch Quittirung auf dem Schuldtitel (§ 677 C.P.O.). Die Bedeutung eines eigentlichen Hypothekenbriefes erhält der Titel durch den Vermerk nicht.“ - Daher braucht behufs Löschung der Hypothek der mit dem Vermerke versehene Schuldtitel nicht vorgelegt zu werden. (Urth d. Reichsgerichtes bei Gruchot 35 S. 702), ebensowenig zur nachträglichen Bildung des Hypothekenbriefes. Im Uebrigen läßt sich aber der Fall mit dem des § 677 C P.O nicht vergleichen, denn eine „Leistung“ wird hier nicht gemacht. Der Vermerk hat die Eintragungsformel zu enthalten. Der Schuldtitel ist dann unter Zurückbehaltung einer beglaubigten Abschrift dem Antragsteller zurückzugeben.

6. Zu Abs. 4. Die Benachrichtigung hat nach Analogie des § 121 G.B.O. die Eintragungsformel wörtlich zu enthalten. Der Schuldner erhält dieselbe, wie in der Kommission des H.H konstatirt wurde, in allen Fällen. Etwaige Mitverpflichtete des Schuldners kommen nicht in Betracht. Dagegen wird die Benachrichtigung im Falle eines Eigenthumswechsels in der Zwischenzeit auch dem neuen Erwerber zu machen sein. Eine besondere Benachrichtigung des Gläubigers ist in keinem Falle erforderlich. Die in § 123 G.B.O. für den Fall des Verzichtes auf den Brief vorgeschriebene Benachrichtigung ist nach dem zu 5 Bemerkten überflüssig. Eine Zustellung der Benachrichtigung mit Beurkundung ist nicht besonders vorgeschrieben und deshalb nicht erforderlich (§ 1 A G. C.P.O. Vgl. § 18 Abs. 3 der Gesch.-Ordn für die Amtsgerichte) Wegen der Kosten vgl. §§ 79, 80 G K G. u. § 21 A.G. G K.G.

7. Nach der Allg. Vf. v. 2. November 1883 (J M.Bl S. 332) hat der Grundbuchrichter — ohne daß dafür Gebühren und Auslagen erhoben werden dürfen — auch die vorgesetzte Dienstbehörde des Schuldners zu benachrichtigen, wenn die Eintragung auf ein Pfarr- oder Schulgebäude oder ein anderes zum öffentlichen Dienste oder Gebrauche bestimmtes Grundstück erfolgt ist.

§. 10. Soll ein Arrestbefehl vollzogen werden, so wird auf Antrag des Gläubigers eine Vormerkung zur Höhe des zu sichernden Geldbetrages eingetragen.

An Stelle der Vormerkung erfolgt die endgültige Eintragung nach den Vorschriften der §§. 6, 8, 9.

§ 10. Eintragung eines Arrestes.

1. Vgl. R.Entw. I § 1132, in zweiter Lesung § 811 C.P.O. Ueber den Arrest im Allgemeinen s. Anm. 11 zu § 2

2. Durch die vorliegende Bestimmung ist die frühere, sehr lebhafte Kontroverse abgeschnitten, ob der Arrest nur negativ den Eigenthümer in der Verfügung über das Grundstück hindere oder auch positiv dem Gläubiger ein die Stelle der

künftigen Hypothek sicherndes dingliches Vorzugsrecht gewähre (Vgl. Dernburg Hyp R II S. 124 ff, 130). Die Arresteintragung ist eine wahre Vormerkung zur Erhaltung eines Rechtes auf Eintragung einer Hypothek, und sie hat alle einer solchen Vormerkung (vgl Anm 8 zu §§ 6—8) zukommenden Wirkungen. Die Motive bemerken· „Nachdem die Civilprozeßordnung (§ 810) dem Arreste in das bewegliche Vermögen die Kraft eingeräumt hat, ein Vorzugsrecht zu begründen, erscheint es folgerichtig, die in § 811 der Landesgesetzgebung überlassene Bestimmung über die Vollziehung des Arrestes in unbewegliches Vermögen in gleichem Sinne zu treffen. — Die Form, in welcher die Begrundung des Vorzugsrechtes durch einen Arrest grundbuchmäßig zur Erscheinung kommt, ist die der Eintragung einer Vormerkung zur Erhaltung des Rechtes auf Eintragung der Forderung (§ 22 Abs. 3 des Gesetzes vom 5. Mai 1872) Als solche hat sie ihren Platz in der dritten Abtheilung des Grundbuches, in welcher die endgültige Eintragung der Forderung erfolgen würde." — Ein in der Komm. des HH gestellter Antrag, aus Arrestbefehlen eine Kautionshypothek zuzulassen, wurde abgelehnt. Die Vormerkung hat indeß alle wesentlichen Wirkungen einer solchen. — Auch im Falle des § 180 K.O. ist lediglich eine Vormerkung einzutragen.

3. Erforderlich ist (und zwar auch in dem Falle des § 180 K O) ein Arrestbefehl, welcher wegen einer persönlichen Forderung (Anm 1 a zu §§ 6—8) den dinglichen Arrest anordnet (§ 797 C P O) Es ist gleichgültig, ob der Arrestbefehl wegen einer Geldforderung erlassen ist oder nicht. Der Eintragung ist, wie auch die Motive durch den Hinweis auf § 800 Abs 1 andeuten, der in gesetzlicher Währung zu bestimmende Betrag zu Grunde zu legen, welcher in dem Arrestbefehle gemäß § 803 C P O. angegeben ist, und dadurch wird auch hier dem im Interesse der Uebersichtlichkeit des Grundbuches aufgestellten Erforderniß des § 6 Abs 1 b G und § 23 E E G. genugt So auch Mot z R Entw III S 775 und der in zweiter Lesung formulirte § 811 C P O A. M. Jäckel Anm 2 Nr 1. Daß der Arrestbefehl bezuglich der Kosten des Verfahrens nicht blos zur zwangsweisen Sicherung, sondern auch zur zwangsweisen Befriedigung führen kann (vgl Seuffert Anm 5 zu § 802 C P O), bleibt hier ohne Einfluß.

4 Bezuglich der Person des Gläubigers und des Schuldners vgl. Anm. 2 und 3 zu §§ 6 - 8 Auch für den Einfluß des Konkurses auf die Eintragung der Arrestvormerkung gilt jetzt lediglich das Anm 3 c zu §§ 6 - 8 Bemerkte

5 Hinsichtlich des Gegenstandes vgl. Anm. 4 zu §§ 6 – 8, Anm 11 Abs 2 und 5 zu § 2 und R 20 S 258 Hat der Schuldner sein Grundstück nach Erlaß des Arrestbefehles veräußert, so ist die Eintragung unzulässig (Dernburg, Hyp R II S. 131)

6. Ueber die sonstigen Voraussetzungen vgl Anm 5 am Anfang zu §§ 6—8 und Anm 11 zu § 2. Insbesondere ist zu beachten: a wegen der Vollstreckungsklausel § 809 Abs 1 C P O — b Der Arrestbefehl braucht nach § 809 Abs 3 C P.O. in der neuen Fassung nicht zugestellt zu sein Freilich ist die Arrestvollziehung, also hier die Eintragung ohne Wirkung, wenn die Zustellung nicht innerhalb einer Woche nach Vollendung der Vollziehung, d. h also hier der Ausführung der Eintragung (a. M Dernburg, Hyp R II S. 131), und vor Ablauf der gleich unter c zu erwähnenden Frist des § 809 Abs 2 C P O erfolgt. Der Grundbuchrichter hat aber weder von Amtswegen diese Nachholung der Zustellung zu kontrolliren, noch auf Antrag die Eintragung zu löschen, wenn die rechtzeitige Zustellung unter-

blieben ist. Der Schuldner kann vielmehr in diesem Falle die Löschung lediglich auf dem in § 11 d. G. eröffneten Wege herbeiführen (K. 7 S. 157, Thiele bei Gruchot 37 S. 803, 812). — c Es dürfen bis zum Beginne der Arrestvollziehung seit dem in § 809 Abs. 2 C P O. bestimmten Tage noch nicht zwei Wochen verstrichen sein. Die Frist ist gemäß §§ 199, 201 Abs 2 C P O und § 204 G V G. zu berechnen. Den Tag der Verkündung ersieht der Grundbuchrichter aus dem auf den Befehl zu setzenden Vermerk (§ 286 Abs. 3 C.P O.), den Tag der Zustellung an den Gläubiger aus der dem Befehle anzuheftenden Abschrift der Urkunde über die von Amtswegen zu bewirkende Zustellung (§ 173 Abs 3 C P O.; vgl für Zustellung durch die Post Anm. zu § 4 d G). Fehlt sowohl eine angeheftete Abschrift als der Verkündigungsvermerk, so ist die Eintragung überhaupt abzulehnen. — Als **Beginn** der Arrestvollziehung kann entsprechend dem Anm 5 vor § 6 Bemerkten erst die Anordnung der Eintragung betrachtet werden, so daß die Eintragung nur dann zulässig erscheint, wenn die Anordnung innerhalb der zweiwöchigen Frist erfolgt ist. So das Reichsgericht in konstanter Rechtsprechung, vor Allem R. 26 S 395, ferner Turnau I S 351, Thiele a. a. O. S. 805, Wilmowski-Levy Anm 4 zu § 809 C P O, Petersen-Kleinfeller Anm 2 zu § 12 K O., v Völderndorff Anm. e zu § 12 K.O, a. M K 6 S 123, Seuffert Anm. 2 zu § 809 C P O, Dernburg, Hyp R II S 131, Rothenberg a a O. S. 783, Eccius § 116 Anm. 24, Knorr Anm 2, Jäckel Anm 2 — Dagegen sagt § 811 C P O. in der von der Kommission für das B G.B in der zweiten Lesung formulirten Fassung, daß der Antrag auf Eintragung als Vollziehung des Arrestbefehles im Sinne des § 809 Abs. 2, 3 „gelte" — d. Anzeige an die Militärbehörde (Anm. 5 d zu §§ 6—8) — e Obwohl (vgl R 26 S 398) ein rechtsgültiges Arrestpfandrecht nicht entsteht, wenn der Arrestbefehl von einem unzuständigen Richter erlassen wurde oder mit Verletzung anderer wesentlicher Prozeßvorschriften erging, so dürfte eine Nachprüfung dieser Punkte ebensowenig die Aufgabe des Grundbuchrichters, als des Gerichtsvollziehers oder des Vollstreckungsgerichtes sein (A M Jäckel Anm 2 zu § 10) — f Auch der Antrag auf Eintragung des Arrestes muß von dem Gläubiger direkt gestellt werden (Anm. 3 zu § 12).

Sollte dem Anm. 11 zu § 2 Gesagten entgegen die Vollstreckbarkeit von einer Sicherheitsleistung abhängig gemacht sein, so ist die Eintragung, des § 7 Abs. 2 ungeachtet, abzulehnen, weil ein gehöriger Arrestbefehl nicht vorliegt (A M. Turnau I S. 351)

7. Wegen der Eintragung der Vormerkung und ihrer Wirkung vgl Anm. 8 zu §§ 6—8. Die Angabe des Grundes der Forderung [nicht des „Arrestanspruches"] und des Arrestbefehles in der Eintragung dürfte zu empfehlen sein. Wegen der Wirkung vgl auch R. 26 S 398, Turnau I S 352 Anm 8, Dernburg, Hyp.R. II S. 132, Thiele a. a. O. S 796

8. Wegen der Benachrichtigung der Betheiligten vgl Anm. 1 zu § 9

9. Wegen der Umschreibung der Vormerkung in eine Hypothek vgl Anm. 10 zu §§ 6—8 und Anm. 2—6 zu § 9. Indeß ergeben sich hier namentlich dadurch, daß für die endgültige Eintragung nicht auf § 7, sondern zunächst auf § 6 verwiesen ist, und daß demgemäß die Regeln vom **Beginn**, nicht den von der **Fortsetzung** einer Zwangsvollstreckung Anwendung finden müssen, Abweichungen. Erforderlich ist ein neuer zur Eintragung einer Zwangshypothek an und für sich

geeigneter Schuldtitel in vollstreckbarer Ausfertigung Derselbe muß insbesondere auf Zahlung von Geld in gesetzlicher Währung gerichtet sein (Anm. 1 b zu §§ 6—8). Für einen anderen Inhalt kann die Umschreibung nicht erfolgen Dabei muß die Identität der in dem Schuldtitel festgestellten Forderung mit der dem Arrestbefehle zu Grunde liegenden nachgewiesen werden. Außerdem müssen die Zustellung des Schuldtitels und die sonstigen Anm 5 zu §§ 6—8 aufgestellten Erfordernisse vorhanden sein. — Der Schuldner, gegen den sich der neue Schuldtitel richtet, muß gemäß § 6 Abs 1 noch Eigenthümer sein und als solcher im Grundbuche eingetragen sein. Das würde auch dann festzuhalten sein, wenn man für die Fälle der Umschreibung nach § 7 Abs 1 und § 8 Abs. 2 anderer Ansicht sein sollte (Vgl. Anm 10 Abs. 5 zu §§ 6—8, K 10 S 120 im Widerspruch mit zahlreichen früheren Entscheidungen, Eccius § 198 Anm. 40, Jäckel Anm. 5 zu § 10) Jedenfalls haftet aber auch der Sondernachfolger dinglich aus der Arrestvormerkung (Anm. 2)

10 Wegen der Grundstücke und Antheile, auf welche die Eintragung erfolgen kann, vgl. Anm. 11 zu §§ 6 - 8 Ist der Arrestbefehl eines Amtsgerichtes gemäß § 799 C P O auf bestimmte Gegenstände beschränkt, so muß das Grundstück zu diesen Gegenständen gehören, insbesondere im Bezirke des betreffenden Amtsgerichtes belegen sein.

11. Wegen der Eintragung als Korrealvormerkung s Anm 12 zu §§ 6—8 und Dernburg, Hyp R. II S 130.

12 Die Klage aus § 6 Abs 2 Schlußsatz (Anm 13 zu §§ 6—8) findet auch hier Anwendung. Wolff S 151 A. M Turnau I S. 350, Jäckel Anm 4 zu § 2, Dernburg, Hyp R II S. 130. Es wird dabei einer Aeußerung des Regierungskommissars in der Kommission des H H zu Unrecht eine den § 6 Abs. 2 d. G einschränkende Kraft beigelegt — In jedem Falle bleibt aber dem Schuldner der Weg des § 807 C P.O.

13 Einstweilige Verfügungen, welche die Zahlung von Geldsummen zum Gegenstande haben, sind unter Beachtung des Anm 11 zu § 2 Ausgeführten auf Grund der §§ 6 ff d. G und zwar gemäß Anm 9 a. E zu §§ 6 - 8 als Hypothek einzutragen Nicht fällige Summen können aber nur auf Grund eines besonders zu erwerbenden Arrestbefehles im Wege der Vormerkung eingetragen werden (K 12 S 102). — Bei anderen einstweiligen Verfügungen, insbesondere solchen, welche die Eintragung einer Vormerkung zur Erhaltung des Rechtes auf Eintragung einer Hypothek zum unmittelbaren Gegenstande haben, bleibt vorstehendes Gesetz, insbesondere auch § 12 desselben, außer Anwendung Maßgebend sind die §§ 18, 19 A G C P O (Vgl auch §§ 8, 16, 22, 70 E E G.). Die Eintragung erfolgt durch Vermittelung des Richters, welcher die Verfügung erlassen hat. (A M Wolff S. 65) Wegen der Wahrung der Frist vgl. K 6 S 123 Dagegen kann die Löschung nach Vorlegung eines vollstreckbaren Urtheils oder Beschlusses, durch welche die einstweilige Verfügung aufgehoben ist, auf einen Antrag des Eigenthümers erfolgen, zu dem weder richterliche Vermittelung noch Beglaubigung erforderlich ist.

14. Da die Anm 13 zu § 2 aufgeführten Beschlagnahmen im Strafverfahren, insofern sie sich auf bestimmte Gegenstände beziehen, hinsichtlich der Wirkungen und der Vollziehung einem dinglichen Arreste gleichstehen, so ist auf Ersuchen der Staatsanwaltschaft auf Grund derselben eine Vormerkung gleich der Arrestvormerkung einzutragen. Auf Grund von Beschlagnahmen des ganzen

Vermögens ist dagegen eine solche Vormerkung nicht einzutragen, da sie dem Arrest nicht gleichgestellt sind (s. aber Hinrichs S. 75). Insbesondere ist die Eintragung einer auf Grund des, für beseitigt zu erachtenden, Art. 1 des Ges. v. 9. Mai 1854 angeordneten Vermögensbeschlagnahme abzulehnen.

§. 11. Die Einwilligung des Gläubigers zur Löschung einer nach Vorschrift der §§. 6, 7, 10 erfolgten Eintragung wird durch eine Urkunde ersetzt, auf Grund deren nach den Vorschriften der Civilprozeßordnung die Zwangsvollstreckung mit der Wirkung einzustellen ist, daß die bereits erfolgten Vollstreckungsmaßregeln aufgehoben werden.

§ 11. Löschung.

1. Vgl. R.Entw. I § 1133 (nach den Beschlüssen zweiter Lesung § 757a C.P.O.). Auf die Löschung der Zwangshypothek und der entsprechenden Vormerkung kommen zunächst die allgemeinen Bestimmungen der Grundbuchgesetzgebung in Anwendung. Demnach ist zur Löschung regelmäßig erforderlich (§§ 93, 94 G.B.O.):

a. der Antrag des Eigenthümers oder das Ersuchen einer zuständigen Behörde, bez die Verurtheilung des Eigenthümers zur Stellung dieses Antrages (§ 58 E.E.G., § 779 C.P.O., § 19 A.G. C.P.O., § 92 G.B.O.). Dies gilt auch für Vormerkungen (Achilles Anm. 2 zu § 59 E.E.G. gegen Neubauer, Kontroversen S. 55). Eine Löschung von Amtswegen findet in den hier fraglichen Fällen nicht statt. Ueber den Fall, daß die Eintragung versehentlich angeordnet war (vgl. Anm 3 c a E zu §§ 6—8) Dritte, deren Rechte durch eine Eintragung beeinträchtigt sind, z. B. die Ehefrau hinsichtlich der Eintragung auf ein Dotalgrundstück, können ohne den Eigenthümer die Löschung nur bewirken, wenn sie außer den sonstigen Voraussetzungen der Löschung die rechtskräftige Verurtheilung des Eigenthümers zur Stellung des Löschungsantrages beibringen;

b. Löschungsbewilligung oder Quittung des eingetragenen und legitimirten Gläubigers oder die rechtskräftige Verurtheilung desselben zur Löschungsbewilligung, oder der Nachweis der eingetretenen Vereinigung (Konfusion oder Konsolidation) Zur Löschungsbewilligung ist der Gläubiger verpflichtet, wenn die Post bezahlt oder sonst getilgt ist (§ 63 E.E.G.), doch nimmt das Reichsgericht (Gruchot 36 S. 705) an, daß bei Zwangseintragungen die Verurtheilung zur Löschungsbewilligung auf Grund der nach Entstehung des Schuldtitels bewirkten Tilgung der Forderung nur auf dem in § 686 C.P.O. vorgesehenen Wege vor sich gehen könne;

c. die Vorlegung des etwa gebildeten Hypothekenbriefes oder des denselben für kraftlos erklärenden rechtskräftigen Erkenntnisses.

An Stelle der Erfordernisse zu b und c kann das Ausschlußerkenntniß bezüglich der Post oder eine Bescheinigung über das Aufgebot gemäß §§ 106, 107 G.B.O. treten.

Im Falle des Ersuchens einer zuständigen Behörde fallen die übrigen Erfordernisse weg. — Wegen des Verfahrens bei der Löschung vgl §§ 114—117 G.B.O. Wegen einstweiliger Vormerkung eines Widerspruches gegen weitere Verfügungen des Gläubigers vgl § 60 E.E.G.

§ 11, in welchem nur aus Versehen der § 8 Abs 2 nicht miterwähnt ist, läßt diese Vorschriften unberührt Insbesondere ist nicht der Gläubiger, sondern nur der Eigenthümer zu dem Antrage auf Löschung befugt. Wie für die Eintragung die Bewilligung des Eigenthümers durch den vollstreckbaren Schuldtitel ersetzt wird, so schafft er für die zur Löschung erforderliche Einwilligung des Gläubigers Ersatz durch Urkunden, welche die Aufhebung der Vollstreckungsmaßregeln begründen. Während die Verurtheilung des Schuldners zur Löschungsbewilligung die Löschung nur zu begründen vermag, wenn sie rechtskräftig ist (§ 94 Nr. 2 G B O, vgl a Hinrichs S 44), genügen im Falle des § 11 vollstreckbare Entscheidungen (K. 7 S 163). Eine vollstreckbare Ausfertigung derselben ist aber nicht erforderlich (§ 691 Z 1 C P.O, Anm. 4a. α zu § 2, Anm 1A zu §§ 70, 71).

2 Die Anwendung der Vorschriften der C P O. über die Aufhebung und Einstellung der Zwangsvollstreckung auf den Fall der Judikatshypothek erscheint nach dem Anm 6 vor § 6 Bemerkten geboten, soweit ihr nicht die Eigenthümlichkeit des Falles entgegensteht Die Motive bemerken in dieser Beziehung: „Die Civilprozeßordnung bestimmt die Fälle, in welchen die Zwangsvollstreckung einzustellen oder zu beschränken ist (§ 691). Diese Vorschriften finden selbstverständlich auch im Falle der Zwangsvollstreckung durch Eintragung der Forderung in das Grundbuch Anwendung Der in gewissen Fallen vorgeschriebenen Aufhebung der bereits erfolgten Vollstreckungsmaßregeln (§ 692) entspricht die Loschung der bereits erfolgten Eintragung. Die Bedeutung der hier gegebenen Vorschrift liegt in der Moglichkeit für den Eigenthümer, bei dem Grundbuchrichter unmittelbar die Loschung zu beantragen Selbstverständlich ist auch der etwa ausgefertigte Hypothekenbrief zu beschaffen" -- So einfach, wie es hiernach scheinen möchte, liegt indeß die Anwendbarkeit jener Vorschriften auf den Fall der Eintragung nicht Eine Zwangsvollstreckung kann man aufheben, auch ohne Aufhebung einstellen und beschränken Man kann diese Anordnungen auch nur einstweilig, auf unbestimmte oder bestimmte Zeit treffen. Eine solche Biegsamkeit hat aber das Verfahren vor dem Grundbuchrichter nicht Letzterer kann in dieser Beziehung nur die Eintragung der Hypothek bez der Vormerkung oder die Löschung der Eintragung anordnen Fur eine anderweite Thatigkeit desselben ist kein Raum

3 Der § 11 hat zunachst die in dem § 691 Nr. 1 u 3, und sofern die Aufhebung der Vollstreckungsmaßregeln ausdrücklich angeordnet ist, auch die in dem § 691 Nr 2 C P.O erwähnten Entscheidungen und Urkunden im Auge. — In dem Falle des § 652 Abs 2 erfolgt die Löschung oder Vormerkung auf Antrag des Eigenthumers (vgl Jahrb 51 S 384), wenn der dort verlangte Nachweis hinsichtlich des Schuldners bez dessen allgemeinen Rechtsnachfolgers gefuhrt wird. — Ein neuer Erwerber des Grundstuckes ist zur Sicherheitsleistung nicht befugt. Auch die Konkurseroffnung giebt nach dem Anm. 3c zu §§ 6—8 Bemerkten dann einen Anspruch auf Loschung der Vormerkung oder Hypothek, wenn sie vor Ausführung der Eintragung stattgefunden hat Geht nicht aus der Datirung des Eroffnungsbeschlusses (§ 100 K O) hervor, daß die Eroffnung vor diesem Zeitpunkte stattgefunden hat, so ist die Löschung abzulehnen. Zu dem Antrage auf Löschung ist auch der Konkursverwalter berechtigt. — Insoweit im Falle der einstweiligen Einstellung, wie es regelmäßig der Fall ist, die Aufhebung nur gegen Sicherheitsleistung angeordnet ist, muß neben der Entscheidung auch die Sicherheitsleistung in der § 691 Nr. 3 C.P.O. angegebenen Form nachgewiesen

werden. — Ordnet aber die Entscheidung, wenn auch zu Unrecht, die Einstellung an, ohne Sicherheitsleistung zu erfordern, so hat der Grundbuchrichter kein Recht, die Sicherheitsleistung dennoch zu erfordern (Turnau I S. 357, Wolff S. 181, a. M Jaeckel Anm 2) — Wenn der Beneficialerbe und der Nachlaßpfleger im Geltungsbereiche des A L.R bei dem Aufgebotsgerichte die Aufhebung der nach dem Aufgebotsantrage erfolgten Vollstreckungsmaßregeln erwirkt haben (§ 1 Abs. 2 d. Ges. v. 28. März 1879, Anm 6d zu § 2), so ersetzt der Beschluß die Löschungsbewilligung für die Eintragungen, welche nach dem Aufgebotsantrage erfolgt sind. — Dagegen ist es nicht richtig, wenn Struckmann und Koch (Ausführungsgesetze Anm. 2 zu § 1 cit) annehmen, daß die Aufhebung sich auch auf die nach dem Tode, aber vor dem Aufgebotsantrage erlangten Pfändungspfandrechte (und also wohl auch Eintragungen) erstrecke. Das sagt § 11 Abs 2 des Ges. nicht, sondern er bestimmt nur, daß die frühere Pfändung oder Eintragung es anscheinend als Ausnahme von § 11 Abs. 1 nicht hindere, daß weitere, nach dem Aufgebotsantrage erfolgte Maßregeln aufgehoben werden. — In allen Fällen ist neben der Urkunde der Löschungsantrag des Eigenthümers und die Beschaffung des ausgefertigten Hypothekenbriefes oder an dessen Stelle des Ausschlußurtheiles erforderlich (Anm 1). — Nach den Beschlüssen der Komm f. d. B.G B zweiter Lesung soll in den Fällen des § 11 der Grundstückseigenthümer die Hypothek ohne Weiteres erwerben.

4. Der Grundbuchrichter selbst ist nicht befugt, an Stelle des Vollstreckungsgerichtes die Aufhebung von Zwangsvollstreckungsmaßregeln anzuordnen (Anm. 2 a. E.). Wenn das Reichsgericht (R 26 S 399) zur Herbeiführung von Löschungen ungerechtfertigter Eintragungen auf die §§ 685, 701 C P O. verweist, so kann das nur in der Weise gemeint sein, daß bei dem Vollstreckungsgerichte bez. der diesem vorgeordneten Beschwerdeinstanz Anträge gestellt werden. (So auch Thiele bei Gruchot 37, S. 808).

5. Alle anderen Maßregeln, welche geeignet sind, die Einstellung einer wirklichen Immobiliarzwangsvollstreckung herbeizuführen (Uebersicht bei den §§ 70, 71), haben fur den Grundbuchrichter nach vollzogener Eintragung (vorher s. Anm. 6 zu §§ 6–8) keine Bedeutung. Er kann auf Anordnung des Prozeß- oder Vollstreckungsgerichtes, daß die Zwangsvollstreckung gegen oder ohne Sicherheitsleistung einstweilen oder bis zur Erlassung eines Urtheils oder unter Bestimmung einer Frist eingestellt werden solle, Loschungen oder anderweite Vermerke im Grundbuche nicht anordnen, wenn nicht die Aufhebung der Vollstreckungsmaßregeln verfügt ist. Ebenso kann es zu nichts führen, daß ihm nach Ausführung der Eintragung Urkunden über Befriedigung, Einzahlung der Schuldsumme zur Post oder Stundungsbewilligung vorgelegt werden Bedeutungslos sind auch sämmtliche durch dieses Gesetz geregelten Falle der Einstellung einer Zwangsvollstreckung. Jäckel Anm 2, Turnau I S. 388. A M z Theil Wolff S 181.

6. Auf die Loschung von Arrestvormerkungen findet, wie die Bezugnahme auf § 10 lehrt, der § 11 ebenfalls Anwendung Dabei ist das Anm. 11 zu § 2 Bemerkte zu beachten. Vorzulegen ist also die vollstreckbare (vgl. § 648 Nr. 5 C.P.O.) Anordnung, welche den Arrest aufhebt, nöthigenfalls mit dem Nachweise der Sicherheitsleistung, oder die vollstreckbare Anordnung des Vollstreckungsgerichtes, welche die Aufhebung der Vollziehung verfügt. Es genügt vorlaufige Vollstreckbarkeit (K. 7 S. 161) Ohne eine solche darf der Grundbuchrichter,

auch wenn ihm die Hinterlegung der im Arrestbefehle bestimmten Summe nachgewiesen werden sollte (§ 813 C.P.O.), die Löschung nicht anordnen. Ebensowenig kann er ohne diese Anordnung die Löschung vornehmen, weil die Arrestvollziehung wegen versäumter Nachholung der Zustellung ihre Kraft verloren habe. Vgl. Anm. 6b zu § 10. A. M. Rothenberg bei Gruchot 35 S. 787, v. Meibom im Arch. f. d civ. Praxis 72 S. 446, Jastrow in d. Zeitsch. f. deutschen Civilprozeß 10 S. 280 ff. Vgl. a. Wyszomierski bei Gruchot 32 S. 803 und Wachsmann das. S. 823 ff.

7. Auf Löschungen der auf Grund einstweiliger Verfügungen eingetragenen Hypotheken findet § 11 dann Anwendung, wenn der Inhalt der Verfügung auf eine Geldzahlung ging. Vgl im Uebrigen Anm. 17 zu § 10.

8 Auf Grund eines eine Beschlagnahme im Strafverfahren (Anm. 13 zu § 2) aufhebenden Beschlusses hat die Staatsanwaltschaft gemäß § 36 St.P.O., § 59 E.E.G., § 92 G.B.O. die Löschung der Vormerkung zu veranlassen.

§. 12. Die nach den Vorschriften der §§. 6 bis 11 erforderlichen Anträge sind unmittelbar an den Grundbuchrichter zu richten.

Eine Beglaubigung der Anträge oder der Vollmachten der die Anträge stellenden Prozeßbevollmächtigten ist nicht erforderlich.

§ 12. Verfahren.

1 Befugt zur Stellung der Anträge sind: a. der Gläubiger und für Löschungsanträge der Schuldner (Eigenthümer) bez deren gesetzliche Vertreter; — b. ein Prozeßbevollmächtigter in dem dem Schuldtitel vorhergegangenen Verfahren oder dessen Vertreter und zwar ohne daß es einer erneuten oder Spezialvollmacht bedarf. (Vgl § 77 C P O. in Verbdg mit § 2 Nr. 1 d. G. und Anm 3 vor § 6.) Der Prozeßbevollmächtigte hat aber dem Grundbuchrichter den Nachweis dieser seiner Eigenschaft zu führen, die Aufführung des Prozeßbevollmächtigten in dem Schuldtitel genügt dafür nicht (Wolff S 28); — c. ein für die Zwangsvollstreckung überhaupt oder speziell zu dem Antrage auf Eintragung bestellter Bevollmächtigter — Als Bevollmächtigter kann jede prozeßfähige Person bestellt werden (vgl. § 75 C.P.O. in Vbdg mit § 2 Nr. 1 und Anm 6 vor § 6) Die Vorschriften in §§ 28, 30 III 7 A G.O., nach welchen nur Rechtsanwalte und solche Personen, welche vermuthete Vollmacht haben (§ 25 I 3 A G.O und § 119 I 13 A.L R), in Angelegenheiten der freiwilligen Gerichtsbarkeit als Bevollmächtigte Anträge an das Gericht stellen können (Johow 8 Nr 110), können deshalb für diese Anträge keine Anwendung finden. Alles dieses bezieht sich ebenfalls nur auf die in Anm. 2 begrenzten Fälle. — Dieselben Personen müssen auch zur Beschwerdeführung befugt angesehen werden Von einem Anwaltszwang ist in diesem Verfahren keine Rede. — Die Bestimmung des § 36 G.B O. bezüglich der Antragstellung durch den Notar kann nur bei Urkunden, welche Löschungs- und Umschreibungsbewilligungen bez. Anträge enthalten, zur Anwendung kommen, nicht auch im Falle der Eintragung aus einem von dem Notar aufgenommenen vollstreckbaren Titel. Denn entweder enthält die Urkunde die Eintragungsbewilligung und dann kommt dieses Gesetz überhaupt nicht in Betracht; oder sie enthält dieselbe nicht, und dann ist auch

der Notar, dem eine Parteivertretung nicht obliegt, zur Stellung des Antrages auf Eintragung nicht befugt. (A. M. Rudorff Anm. 3 zu § 12.)

2. Abs. 2 gewährt Erleichterungen, wenn nicht gegenüber § 33 G.B.O. (Rothenberg 35 S. 778), so doch gegenüber § 37 G.B.O. Dieselben treten jedoch nur ein, wenn der Antrag auf Grund der §§ 6—11 gestellt wird. Ist die Löschung aus anderen als den in § 11 angegebenen Gründen (vgl. Anm. 1 zu § 11) beantragt, oder handelt es sich um andere Veränderungen als die in den §§ 7, 8 und 10 aufgeführten Umschreibungen, so fallen dieselben weg. Vollmachten bedürfen der Beglaubigung nur dann nicht, wenn der Schuldtitel in einem Rechtsstreite entstanden ist, und der Antragsteller in diesem die Stellung eines Prozeßbevollmächtigten (im Gegensatze zu dem zu einzelnen Prozeßhandlungen Ermächtigten) oder eines generellen Vertreters des Prozeßbevollmächtigten gehabt hat. (Vgl. K 10 S. 112. A. M Wolff S. 127.)

3. Im Uebrigen bleiben die §§ 31—38 G.B.O. auch für diese Anträge maßgebend. Die Anträge können also schriftlich oder mündlich zu Protokoll angebracht werden. Der mündliche Antrag kann nicht nur, wie es § 32 G B.O. fordert, vor dem Grundbuchrichter, sondern nach §§ 457, 462 C.P.O. auch zum Protokoll des Gerichtsschreibers angebracht werden. — Gemäß § 71 A.G. G.B.G. muß die Anbringung bei dem Gerichtsschreiber jedes preußischen Amtsgerichtes gestattet werden. Das Gesuch ist der zuständigen Stelle zu übersenden. — Ersuchen des Prozeßgerichtes oder des Vollstreckungsgerichtes um Eintragungen auf Grund der §§ 6–11 d. G sind damit ausgeschlossen Doch kann der Grundbuchrichter bei eigener Prüfung und Verantwortung dem Ersuchen entsprechen, wenn daneben außer den sonstigen Unterlagen auch der Antrag des Gläubigers beiliegt. (Urth. des Reichsgerichtes vom 9. März 1887, Jur. Wochenschr. S. 199 u. K. 7 S. 305.)

4. Auch bezüglich der Gebühren, welche Rechtsanwälte für den Antrag auf Eintragung zu fordern haben, bleibt es zweifelhaft, ob die in den §§ 28 und 15 des Ges. v. 12. Mai 1851 normirte Gebühr für Anträge in Sachen der freiwilligen Gerichtsbarkeit oder die Gebühren für einen Antrag auf Zwangsvollstreckung zu erheben sind. Für die letztere Alternative spricht außer dem in Anm. 1 hervorgehobenen Grunde namentlich die Erwägung, daß der Rechtsanwalt sachlich hier dasselbe zu leisten hat, als bei einem Antrage auf Zwangsvollstreckung. — Nach § 31 Abs. 2 G O. f. R A. kommen in erster Linie die unberührt gebliebenen landesgesetzlichen Bestimmungen zur Anwendung. Das war für den Geltungsbereich des Gesetzes vom 12 Mai 1851 die in § 6 für die Exekutionsinstanz im Allgemeinen bestimmte Gebühr. Eine besondere Gebühr für die Eintragung war nicht bestimmt — § 6 des Ges. v 12. Mai 1851 ist jetzt für die Anträge auf Vornahme einer Zwangsvollstreckung, auch für die das unbewegliche Vermögen betreffenden an das Vollstreckungsgericht zu richtenden Anträge auf Zwangsvollstreckung, durch die Bestimmungen der G O. f. R A. ersetzt. Es ist deshalb gemäß § 2 Nr 1 d. G. anzunehmen, daß diese Bestimmungen (§§ 9, 13, 14, 23 Nr. 2, 31 Abs. 1, 36; vgl. auch § 22) im ganzen Geltungsbereiche dieses Gesetzes auch für den Antrag auf Eintragung zur Anwendung kommen müssen. K. 7 S. 103 A. M. Walter, die Rechtsanwaltsgebühren in Preußen S. 101. — Hiernach erhält der Rechtsanwalt des Gläubigers für den Antrag auf Eintragung einer Vormerkung (auch der Arrestvormerkung) oder Hypothek $^{1}/_{10}$ der in § 9

a. a. O. bestimmten Gebühr (§§ 31 Abs. 1, 36, 23 Nr. 2 a. a. O.) Dieselbe ist nach dem Betrage der einzutragenden Forderung zu berechnen. Die einzutragenden Zinsen werden mit berechnet, Kosten - dagegen nur, wenn dieserhalb ein besonderer Antrag erforderlich wird (§ 10 a. a. O., §§ 13, 9 G.K.G., § 4 C.P.O.). — Ist der Auftrag erledigt, bevor der Antrag an das Gericht eingereicht ist, so ermäßigt sich die Gebühr auf die Hälfte (§ 14 Abs. 2 a. a. O.) — Für jeden besonderen, die Eintragung derselben Forderung auf noch andere Grundstücke bezielenden Antrag ist die Gebühr gesondert zu erheben (§ 31 Abs. 1 a. a. O.). — Für den Antrag auf Umschreibung der Vormerkung in eine Hypothek auf Grund der Bestimmungen der §§ 7 Abs. 1 und 8 Abs. 2 d. G. ist eine besondere Gebühr nicht zu erheben (§ 31 Abs 1 a a O.), dagegen ist die Gebühr anzusetzen, wenn die Umschreibung auf Grund anderer Bestimmungen (vgl. Anm. 10c und d zu §§ 6—8) erfolgt. Denn dann gründet sie sich auf einen neuen Schuldtitel und muß deshalb, der Bestimmung des § 31 Abs. 1 a. a. O ungeachtet, einer neuen Zwangsvollstreckung analog geachtet werden. Für den Antrag auf Umschreibung einer Arrestvormerkung ist die Gebühr ebenfalls gesondert zu erheben (§ 36 Abs. 2 a a. O.). — Dieselben Grundsätze finden Anwendung, wenn der Rechtsanwalt des Schuldners bez. Eigenthümers einen Löschungsantrag stellt (§ 23 Nr 2 a a O), jedoch nur, sofern sich der Antrag auf § 11 d G. gründet (vgl. Anm 2 a. E.). — Im Uebrigen sind die allg. Vorschriften der Geb.Ordn. (§§ 1—8) und die Vorschriften über Auslagen und Einforderung (§§ 76 ff) zu beachten. — Ob für die Beschwerdeinstanz schon kraft § 2 Nr 1 d G. die Gebühr des § 41 a. a O. einzutreten hätte, könnte recht zweifelhaft sein, da die Beschwerdeinstanz nicht in diesem Gesetze geordnet ist. Die Frage erledigt sich aber durch § 2 des Ausf.Ges zur Geb Ordn. für Rechtsanwalte v. 2 Februar 1880, welcher die entsprechende Anwendung des § 41 a. a. O mit den ergänzenden Vorschriften allgemein auch für die Berufsthätigkeit des Rechtsanwaltes in denjenigen Angelegenheiten verordnet, auf welche die deutschen Prozeßordnungen nicht Anwendung finden.

5. Der Grundbuchrichter wird nicht zum Vollstreckungsgerichte, seine Thätigkeit bleibt, des § 2 Nr 1 ungeachtet, freiwillige Gerichtsbarkeit (vgl. Anm. 3 vor § 6). Daraus folgt im Einzelnen:

a. Die Zuständigkeit des Gerichtes wird nicht durch die für die Zuständigkeit des Vollstreckungsgerichtes in Betracht kommenden §§ 755, 756 C.P.O. [auch § 3 d G. ist deshalb unanwendbar], sondern nach der für das Grundbuchwesen überhaupt bestehenden Zuständigkeitsordnung (§ 31 ff. A A G.B.O., §§ 25, 26 G.B.O.) bestimmt. Es kann namentlich auf Grund des § 32 A G. G.B.G. und des § 25 G.B.O. bez. des § 756 C.P.O. vorkommen, daß das Vollstreckungsgericht und das Grundbuchgericht auch örtlich auseinanderfallen.

b. Das Grundbuchgericht entwickelt seine Thätigkeit bei den hier fraglichen Anträgen in derselben Weise, namentlich in denselben Formen, in welchen sich dieselbe auch im Uebrigen äußert (A. M. Wolff S 135, Brettner im Magazin für d. deutsche Recht der Gegenwart 4 S. 291.)

c. Bezüglich der Bezeichnung des Einganges der Anträge finden §§ 42 G.B.O. und 31 A.G. G.B.G., hinsichtlich der Erlassung und Ausführung der Verfügungen §§ 43 ff. G.B.O. Anwendung.

d. Zustellungen, welche beurkundet werden müssen, erfolgen nach Maßgabe des § 1 A.G. C.P.O.

e. Die gegen Entscheidungen des Vollstreckungsgerichtes zulässige sofortige Beschwerde an das Landgericht event. an das Oberlandesgericht und das Reichsgericht (§ 701 C.P.O.) ist gegen die Entscheidungen des Grundbuchrichters nicht gegeben, da dieser eben nicht der Vollstreckungsrichter ist (K. 1 S. 122). A. M. Wolff S. 135 ff und Brettner a. a. O. Vielmehr findet gemäß § 24 Abs. 2 G.B.O. in Verbindung mit den §§ 40, 42 A.G. G.B.G. gegen Verfügungen des Grundbuchrichters, welcher aber auch im Falle der Abweisung eine möglichst umfassende sachliche Kognition eintreten lassen sollte (Vf. des Justiz-Ministers v. 11. Juni 1887 und des K.Gerichtspräsidenten v. 9 Mai 1887 [J.M Bl. S. 170]), die Beschwerde an die Civilkammer des Landgerichtes statt. Im Geltungsbereiche der Verordn. v. 2. Januar 1849, ebenso in Schleswig-Holstein und im Bezirke Kassel bestehen besondere Vorschriften für dieselbe nicht. Sie ist weder an Formen noch an Fristen gebunden und kann sowohl bei dem Grundbuchrichter wie bei dem Landgerichte eingelegt werden. Für Hannover sind die §§ 453–458 bürg.P O. zu beachten. Danach ist für die Beschwerde eine Frist von einem Monate seit der Bekanntmachung des Bescheides vorgeschrieben. § 21 Rhld. bestimmt für seinen Geltungsbereich:

„Gegen die Verfügungen des Grundbuchrichters findet Beschwerde nach Maßgabe der §§ 532 bis 538 der Civilprozeßordnung statt."

§ 531 C.P O. bleibt also auch dort außer Anwendung. Gegen die Entscheidung des Beschwerdegerichtes findet die weitere Beschwerde an das Kammergericht statt (§§ 51, 57 A.G. G.B.G.). Das Verfahren regeln §§ 52–55 A G. G.B.G. Wegen Beschwerden betreffend den Geschäftsbetrieb und Verzögerungen vgl. § 24 Abs. 1 G.B.O. und §§ 85 (78 Nr. 1–3) A.G. G.B.G. — Außerdem muß aber (in Folge der in § 2 d. G. aufgestellten, Anm. 3 vor § 6 gewürdigten Vorschrift) § 685 C.P.O. in Betracht gezogen werden (Vgl. R. 26 S. 399 und und Thiele bei Gruchot 37 S. 807), nach welchem über Anträge, Einwendungen und Erinnerungen, welche die Art und Weise der Zwangsvollstreckung und das bei derselben zu beobachtende Verfahren betreffen, das Vollstreckungsgericht zu entscheiden hat und dabei nach § 668 Abs. 2 einstweilige Anordnungen erlassen kann, da auch diese Bestimmung auf die Art und Weise des vom Grundbuchrichter beobachteten Verfahrens Anwendung finden muß Gegen die gemäß § 685 C.P.O. zu treffende Entscheidung des Vollstreckungsgerichtes findet dann sofortige Beschwerde nach § 701 C.P.O. statt. Der Grundbuchrichter hat die ihm vorgelegte Entscheidung des Vollstreckungsgerichtes gemäß § 11 d. G und, wenn die Eintragung noch nicht ausgeführt war, gemäß Anm 6 zu §§ 6–8 zu beachten. Zur Vermeidung von Kollisionen dieses Weges mit der grundbuchrichterlichen Beschwerdeinstanz ist keine gesetzliche Fürsorge getroffen (vgl. a. Anm 10c zu § 3)

f. Bezüglich der Kosten bemerken die Motive zu § 1 d. Kostengef. v 18 Juli 1883 mit Recht: „Die zwangsweise Eintragung im Grundbuche bleibt hierbei (d. h. bei der einheitlichen Neuordnung der Gebührenerhebung in dem Verfahren der Zwangsvollstreckung in das unbewegliche Vermögen) außer Betracht, da sie ja die Gerichte nur als die Hypotheken- und Grundbuchbehörden in Anspruch nimmt." (K. 7 S. 102, 12 S. 94.) — Es kommen also der Kostentarif v. 5. Mai 1872 (§§ 2–8) nebst den ergänzenden Bestimmungen des A.G. G.K.G. (§§ 21,

27), G.K.G. (§§ 79, 80, 80a und b [Art. 2 R.Ges. v. 29. Juni 1881] und des Ges. v. 2. März 1882 (§§ 1, 2), sowie das Gesetz betreffend die Stempelabgaben v. 5. Mai 1872 (§§ 8, 10, 16) in Verbindung mit § 106 A.G. G.K.G (vgl. auch §§ 5—8 A.G. G.K.G.) zur Anwendung. — Für Hannover ist der Kostentarif v. 28 Mai 1873 maßgebend. — Dagegen ist die in § 35 Nr. 2 bez. 46 G K G (neue Fassung im Ges. v. 29. Juni 1881) für gerichtliche Handlungen der Zwangsvollstreckung angeordnete Gebühr, wiewohl sie noch durch § 17 A G. G K.G. auf Anordnungen der Zwangsvollstreckung in Gegenstände des unbeweglichen Vermögens außer Grundstücken und auf die Vollziehung eines Arrestes in unbewegliches Vermögen ausgedehnt ist, nicht zu erheben. Für das Gebiet des rheinischen Rechtes vgl. Kostentarif des G. f. Rhld. — Für die Beschwerdeinstanz sind ebenso nicht die §§ 45, 46 (neue Fassung) G K G. und § 18 A G. G.K.G. maßgebend, sondern mit Ausnahme von Hannover Art. 5 und 15 b G. v 9. Mai 1854 (Vgl. Ver. v. 30. Aug. 1867 [G.S. S 1369 und 1385] in Vbdg. mit §§ 21, 27 A.G. G.K G.) — In Hannover gelten die Bestimmungen der revidirten Sporteltaxe für die Untergerichte v. 13. Dezember 1837. Kostenschuldner ist dem Fiskus gegenüber allein derjenige, welcher die Eintragung beantragt hat

g. Die Verhaftung der Grundbuchbeamten für Versehen richtet sich nach § 29 G B O. Auch tritt hier — anders wie bei einer Zwangsvollstreckung — eine subsidiäre Verhaftung des Staates ein.

6. Für die Eintragung auf Grund einstweiliger Verfügungen findet § 12 nur dann Anwendung, wenn es sich um eine einstweilige Verfügung handelt, welche die Zahlung von Geld zum Gegenstande hat. (A. M. Wolff S. 65. Vgl. im Uebrigen Anm. 13 zu § 10.)

Dritter Titel.

Zwangsversteigerung.

I. Einleitung des Verfahrens.

§. 13. Der Antrag auf Zwangsversteigerung (§. 755 der Civilprozeßordnung) muß enthalten:

1) die Bezeichnung des Gläubigers, des Schuldners, des Grundstücks und des Gerichts;
2) die bestimmte Angabe der Forderung, wegen deren versteigert werden soll, und des für die Forderung vorhandenen vollstreckbaren Schuldtitels.

§. 14. Dem Antrage sind außer der vollstreckbaren Ausfertigung des Schuldtitels beizulegen:

1) ein das Grundstück betreffender neuester Auszug aus der Grundsteuermutterrolle und der Gebäudesteuerrolle, soweit derselbe nach Lage der Rollen ertheilt werden kann;

2) die Bescheinigung des Grundbuchrichters darüber, auf wessen Namen das Grundstück im Grundbuche eingetragen ist;
3) wenn der Schuldner als Eigenthümer im Grundbuche nicht eingetragen ist, Urkunden, welche glaubhaft machen, daß er Eigenthümer des Grundstücks ist.

Wird das Grundbuch bei dem Vollstreckungsgerichte geführt, so vertritt eine Bezugnahme auf das Grundbuch die zu Nr. 2 erwähnte Bescheinigung.

Der Gläubiger ist im Falle der Nr. 3 berechtigt, an Stelle des Schuldners von Gerichten und Notaren diejenigen Urkunden zu fordern, welche erforderlich sind, um das Eigenthum des Schuldners glaubhaft zu machen.

§§ 13, 14. Antrag und Anlagen.

1. Vgl. §§ 28, 29 R.Zw.G.Entw.

2. Gläubiger und Schuldner (Anm. 3, 4a. γ—ε und b zu § 2) ergeben sich für die konkrete Zwangsvollstreckung aus der vollstreckbaren Ausfertigung des Schuldtitels (Anm. 4b zu § 2); über die Prüfung der Legitimation der gesetzlichen Vertreter und der Prozeßbevollmächtigten s. Anm. 5b zu § 2. Die Prozeßvollmacht ermächtigt zu allen Rechtshandlungen, welche durch die Zwangsvollstreckung veranlaßt werden (§ 77 C.P.O.); als solche sind alle mit dem Zwangsversteigerungsverfahren nothwendig verbundenen Anträge, Handlungen (Entgegennahme von Zustellungen) und Erklärungen (über Kaufbedingungen, Zulassung eines Bieters, Ertheilung des Zuschlages) bei dem Vollstreckungsgerichte und dem Beschwerdegerichte anzusehen. Dazu gehört aber nicht die Abgabe von Geboten (§ 65).

3. Bei dem Schuldner muß hinzukommen, daß er Eigenthümer des zu versteigernden Grundstückes ist (Anm. 8 zu § 2). Der Nachweis wird durch die im § 14 Abs. 1 Nr. 2 und 3 bezeichneten Urkunden bez durch die Bezugnahme auf das Grundbuch erbracht, wenn dasselbe beim Vollstreckungsgerichte geführt wird (§ 14 Abs. 2). Ist das Grundstück im Grundbuche nicht verzeichnet, so ist nach § 188 ff. zu verfahren. — Der Fall des § 14 Abs. 1 Nr. 3 kann nur eintreten, wenn Grundeigenthum außerhalb der Fälle einer freiwilligen Veräußerung erworben wird (§§ 1 und 5 E.E.G.). Sonst muß die Eintragung des Schuldners als Eigenthümer bewirkt sein, ehe die Zwangsversteigerung eingeleitet werden kann (§ 26 R.Zw.G.Entw). In der Zwischenzeit zwischen Veräußerung und Auflassung kann weder gegen den Veräußerer noch gegen den Erwerber die Einleitung erfolgen (§ 48 G.B.O, K. 1 S. 75 Eccius § 178 zu Anm. 49). Der Abs. 1 Nr. 3 erfordert (abweichend von § 6 S.O) nicht, daß die Urkunden, welche zur Glaubhaftmachung des Eigenthumes des Schuldners beigebracht werden müssen, öffentliche Urkunden seien. Das Vollstreckungsgericht hat zu ermessen, ob auch andere Urkunden genügen, z. B. in den Landestheilen des gemeinen Rechtes Privattestamente und privatim errichtete Erbverträge. Die sich gleichlautend in § 4 E.G. Jade, § 24 E.G. N.V.P., § 39 E.G. Schl., § 14 E.G.

Kassel, § 13 E.G. Ehr., § 11 E.H. Hz. findende Vorschrift über die Voraussetzungen, unter denen aus Privattestamenten oder aus Erbverträgen, welche gültig ohne öffentliche Urkunde errichtet sind, Eintragungen oder Löschungen im Grundbuche erfolgen kann, ist für das Vollstreckungsgericht nicht zwingend. — Der Abs. 3 des § 14 enthält als Ergänzung des Abs. 1 Nr. 1 eine praktisch werthvolle Erweiterung der Rechte des Gläubigers, und zugleich eine Erleichterung für das Vollstreckungsgericht, dem anstatt der Bezugnahme auf Gerichts- oder Notariatsakten, in welchen sich die betreffenden Urkunden befinden, die Urkunden selbst vorgelegt werden müssen (vgl. C P.O. § 397 Abs. 2). Vgl insbesondere über Erbbescheinigungen Dernburg III § 228 Anm. 4, über die Beschwerde im Weigerungsfalle Anm. 4b zu §§ 6–8.

4. Das Grundstück, seine Individualität, seine Gattung und Lage, seine Größe, seine unbeweglichen Zubehörstücke, sein Grundsteuerreinertrag, sein Gebäudesteuernutzungswerth sollen durch den das Grundstück betreffenden neuesten Auszug aus der Grundsteuermutterrolle und der Gebäudesteuerrolle festgestellt werden, soweit derselbe nach Lage der Rollen ertheilt werden kann (§ 14 Nr. 1 und für Hohenzollern § 199). Ist letzteres nicht möglich, so wird doch auf eine möglichst genaue Feststellung des Versteigerungsobjektes zu halten sein, z. B. durch Beibringung einer von einem Feldmesser aufgenommenen, die Größe und die Grenzen des Grundstückes ersichtlich machenden Karte (s a. § 40 Nr. 1 und 2). Vgl. auch § 41.

Ungenügende Bezeichnung des Grundstückes (Nr. 40 Nr. 1), sowie Differenzen zwischen den vorgelegten Auszügen und der beglaubigten Abschrift des Grundbuchblattes oder Artikels (§ 19) führen zur Ablehnung des Versteigerungsantrages bez zur Aufhebung des Verfahrens, wenn dieselben nicht innerhalb der gestellten Frist beseitigt werden — Mit dem Antrage auf Zwangsversteigerung reeller Theile muß außer der Zustimmung des Schuldners (Anm 7a zu § 1) ein den auszuscheidenden reellen Theil betreffender Auszug aus der Grundsteuermutterrolle bez der Gebäudesteuerrolle oder ein Ersatz dafür (s. oben) beigebracht werden. Bei der Zwangsversteigerung ideeller Antheile gehört zur „Bezeichnung des Grundstückes" die Angabe der Antheilsquote (Anm. 7b zu § 1). Der Vollstreckungsrichter hat von vornherein einen Antrag, der die Quote nicht bezeichnet, zurückzuweisen (Jäckel hält nur für wesentlich, daß spätestens im Bietungstermine die Größe des Antheiles bezeichnet werde, Anm. 2 zu § 1).

Der Antrag kann bei dinglichen Ansprüchen auf alle verhafteten Grundstücke des Schuldners (§ 42 E.E.G.), bei persönlichen Forderungen, auch wegen der geringsten, auf sämmtliche Grundstücke desselben gerichtet werden (s. Anm. 10 zu § 2).

Wegen Ertheilung der Auszüge und der Gebühren für dieselben vgl. die Allg. Verf. des Just Min. v. 19 April, 13. Juli und 28. Aug 1869 und die durch dieselben mitgetheilten Verfügungen des Finanzministers (J.M.Bl. 1869 S. 82, 149, 166) und den Cirk.-Erlaß des Finanzministers v. 12. Aug 1870 (M. f i. V 1871 S. 5).

5. Bezüglich der Forderung s. Anm. 4 α. β. u. γ. zu § 2. Ueber die Unzulässigkeit der Zwangsversteigerung wegen gewisser Forderungen s. Anm. 14 zu § 2. Ueber die einzelnen Schuldtitel s. Anm. 4a. zu § 2. Die Angabe des Schuldtitels kann durch Bezugnahme auf die als Anlage beizufügende vollstreckbare Ausfertigung desselben erfolgen.

6. Die **vollstreckbare Ausfertigung** des Schuldtitels dient zum Nachweise der Personen des Gläubigers und Schuldners, sowie der beizutreibenden Geldforderung; bei dinglichen Ansprüchen auch des zu versteigernden Grundstückes; insbesondere aber zum Nachweise der Zulässigkeit der Zwangsvollstreckung aus dem Titel — Ueber die Ertheilung der vollstreckbaren Ausfertigung, deren Form und Inhalt Anm. 4 b. zu § 2 und über die Prüfung derselben durch den Vollstreckungsrichter s. Anm. 5 zu § 2. — Ueber die Ausnahmefälle, in welchen es eines vollstreckbaren Schuldtitels nicht bedarf, s. Anm. 4 a. α Nr. 21, 4 b und 7 zu § 2, sowie § 202 Abs. 2.

7. Wegen der Voraussetzungen für den **Beginn** der Zwangsvollstreckung s. Anm. 5 c ff. zu § 2. — Der Einleitungsbeschluß bildet den Beginn der Zwangsvollstreckung; er kann erst erfolgen, nachdem dem Vollstreckungsgerichte alle jene Voraussetzungen (§§ 671—673 C P O. als erfüllt nachgewiesen worden sind. Insbesondere gilt dies, wie gegenüber den Motiven zuerst in den früheren Auflagen dieses Kommentares dargelegt ist, auch von den nach §§ 671, 672 a. a. O. erforderlichen Zustellungen (Anm 5c zu § 2. Zustimmend Jäckel Anm. 1 zu § 14. A. M. Heidenfeld S. 99, Knorr Anm 2 zu § 13; Dernburg 4. Aufl I S 891) Die abweichende Meinung der Verfasser der Motive, welche als den Beginn der Zwangsversteigerung die Zustellung des Einleitungsbeschlusses betrachtet sehen wollen, hat auch auf die Fassung des Sperrvermerkes (§ 18) zurückgewirkt.

§. 15. Dieselben Vorschriften. (§§. 13, 14) gelten, wenn ein Gläubiger einem bereits eingeleiteten Verfahren beitreten will; die Beilagen des Antrages können jedoch durch eine Bezugnahme auf die Vollstreckungsakten ersetzt werden.

Der Gläubiger, dessen Beitritt zugelassen worden ist, hat dieselben Rechte, als wenn das Verfahren auf seinen Antrag eingeleitet worden wäre.

§ 15. **Beitritt.**

1. Vgl §§ 30, 31 R.Zw G Entw. — „Der Beitritt zu einer Zwangsversteigerung ist ein **Antrag** auf Zwangsversteigerung, welcher nur in Folge des Umstandes, daß bereits ein gleicher Antrag gestellt ist, eine besondere Form annimmt." (Mot) Der Antrag ist nicht auf Einleitung des Verfahrens, sondern auf Zulassung des Beitrittes zu demselben zu richten (§ 18 Abs 2). Einem Antrage auf Einleitung ist, nachdem diese erfolgt ist, durch Zulassung des Beitrittes stattzugeben; einem Antrage auf Zulassung des Beitrittes, wenn inzwischen das eingeleitete Verfahren beendet ist, durch Anordnung der Einleitung. Dies gilt auch, wenn derselbe Gläubiger wegen einer anderen Forderung beitreten will. — Liegen **vor** Erlassung des Einleitungsbeschlusses die Anträge verschiedener Gläubiger vor, so ist ein gemeinschaftlicher, dieselbe erledigender Einleitungsbeschluß zu erlassen und zuzustellen. Ein Vorzugsrecht (§ 30) wird durch den früheren Eingang der einzelnen Anträge nicht begründet (Mot. zu § 30 R Zw G.Entw.).

2. Die an den Antrag auf Zulassung des Beitrittes zu stellenden **Anforderungen** sind dieselben wie bei einem Antrage auf Einleitung des Verfahrens.

(§§ 13, 14) Als Zeitpunkt ist dabei der Augenblick des Beitrittes, nicht die Zeit der ursprünglichen Einleitung maßgebend. „Die Erleichterung der Bezugnahme auf Anlagen früherer Anträge anderer Gläubiger kann selbstverständlich nur insoweit Platz greifen, als für den beitretenden Gläubiger die Verhältnisse dieselben sind wie für den früher antragenden Gläubiger, insbesondere also die Zwangsvollstreckung gegen dieselbe Person gerichtet wird." (Mot)

3. Ein Beitritt ist ein selbstständiger Antrag auf Zwangsversteigerung. Wenn nach der Einleitung der Zwangsversteigerung, aber vor einem Beitritte ein Eigenthumswechsel stattgefunden hat, muß deshalb hinsichtlich des Beitrittes der neue Erwerber als nunmehriger Eigenthümer des Grundstückes als Schuldner betrachtet werden. Die Eintragung des Vermerkes nach § 18 wirkt auch für das Verfahren gegen den neuen Erwerber. Daraus folgt: a. Wegen Forderungen gegen den ursprünglichen Schuldner ist der Beitritt erst nach Beschaffung einer Vollstreckungsklausel gegen den neuen Erwerber (§ 236 C.P.O.) und nur insoweit zulässig, als nach allgemeinen Grundsätzen die Zwangsvollstreckung gegen den Rechtsnachfolger stattfindet. Anm. 4a ε zu § 2. – b. Wegen aller vollstreckbaren Forderungen gegen den neuen Erwerber ist der Beitritt in jedem Falle zulässig. — Für die Forderung, bezüglich deren das Verfahren ursprünglich eingeleitet wurde, bleibt im Falle der Sonderrechtsnachfolge der ursprüngliche Schuldner „Schuldner" im Sinne dieses Gesetzes. Der neue Eigenthümer ist nur „Interessent" (§§ 17, 47, 49, 69, 99).

4. Einer bezüglich des ganzen Grundstückes eingeleiteten Zwangsversteigerung kann ein Gläubiger beitreten, welcher nur eine Antheilsversteigerung beantragen kann Im umgekehrten Falle kann bei einer eingeleiteten Antheilsversteigerung nicht ein die Zwangsversteigerung des ganzen Grundstückes umfassender Beitrittsantrag gestellt werden, vielmehr nur ein Antrag auf Einleitung. Im ersteren Falle genügt der bez des ganzen Grundstückes nach § 18 eingetragene Vermerk auch für die Antheilsversteigerung; wird der Versteigerungsantrag bezüglich des ganzen Grundstückes ohne Ertheilung des Zuschlages erledigt, ohne daß ein Gleiches rücksichtlich des Antheiles der Fall wäre, so ist die Löschung des Vermerkes nur für die übrigen Antheile zu veranlassen (§ 100) Im zweiten Falle muß unter Aufrechterhaltung des wegen der Antheilsversteigerung eingetragenen Vermerkes ein besonderer Vermerk in Betreff des ganzen Grundstückes eingetragen werden. — Beide Verfahren gehen unabhängig von einander weiter, sofern nicht der die Antheilsversteigerung betreibende Gläubiger der Totalversteigerung beitritt und seinen ursprünglichen Antrag zurücknimmt Ein Recht, dies zu erzwingen, hat der Gläubiger, welcher das ganze Grundstück versteigern lassen will, nicht; § 690 C P.O, welchen Rudorff S 50 heranzieht, paßt nicht (a M. Jäckel Anm 2 Nr. 5 B a zu § 16 und Anm. 3) — Der Ersteher des Antheiles würde aber nicht in der Lage sein, die Einstellung der Totalversteigerung herbeizuführen, müßte sich vielmehr nach erfolgtem Zuschlage des ganzen Grundstückes mit dem Anspruche auf verhältnißmäßigen Antheil an dem Kaufgelde begnügen (§§ 17 Abs. 1, 18 Abs. 2, 40 Nr. 9, 97). — Beantragt ein Gläubiger seine Zulassung zum Beitritte der Totalversteigerung wegen einer von ihm zu betreibenden Antheilsversteigerung, so muß in der Bekanntmachung nach § 40 zum Ausdrucke gebracht werden, daß beide Versteigerungen konkurriren, damit, wenn

die Versteigerung des ganzen Grundstückes sich ohne Ertheilung des Zuschlages erledigt, die Antheilsversteigerung fortgesetzt werden kann.

5. „Auch materiell soll die Rechtsstellung des beitretenden Gläubigers dieselbe wie die des zuerst antragenden Gläubigers sein, so daß jeder von ihnen das Verfahren fortsetzen, keiner für sich allein dasselbe aufhalten kann." (Mot.) Ueberall, wo der Entwurf von „dem Gläubiger" schlechtweg redet, ist darunter sowohl der erste Antragsteller als auch der beigetretene Gläubiger zu verstehen.

6. Ueber Aufhebung des Versteigerungstermines in Folge des Beitrittes siehe § 49; über die Nichtberücksichtigung eines innerhalb der letzten zwei Wochen vor dem Versteigerungstermine beantragten Beitrittes bei Feststellung des geringsten Gebotes siehe § 54.

7. Der § 15 behandelt nur den Fall des Beitrittes eines Gläubigers zu einer im Wege der Zwangsvollstreckung eingeleiteten Zwangsversteigerung. Die entsprechende Anwendung des § 15 in den besonderen Fällen des § 180 führt zunächst nur dahin, den Antrag auf Zulassung zum Beitritte bei einer von dem Benficialerben oder dem Nachlaßpfleger beantragten Zwangsversteigerung einem andern Beneficialerben oder dem Nachlaßpfleger; bei einer von einem Miteigenthümer zum Zwecke der Auseinandersetzung beantragten Zwangsversteigerung einem andern Miteigenthümer zu gestatten. — Ueber das Verhältniß bei der Konkurrenz einer Zwangsversteigerung schuldenhalber mit einer Zwangsversteigerung in den besonderen Fällen des § 180 f §§ 183, 184, 185 u. Anm. 4 b zu § 1.

§. 16. In dem Beschluß, durch welchen das Verfahren eingeleitet oder der Beitritt zu demselben zugelassen wird, ist zugleich auszusprechen, daß das Grundstück zu Gunsten des Gläubigers in Beschlag genommen wird.

Die Beschlagnahme erstreckt sich auf die zur Immobiliarmasse gehörigen beweglichen Gegenstände mit Ausnahme der Mieth- und Pachtzinsen und der sonstigen Hebungen, auf landwirthschaftliche Erzeugnisse und die für dieselben dem Eigenthümer zufallenden Versicherungsgelder nur insoweit, als die Erzeugnisse zur Fortsetzung der Wirthschaft bis zur nächsten Ernte erforderlich sind; dem Schuldner verbleibt jedoch die Befugniß zur Benutzung und Verwaltung des Grundstücks und der zur Immobiliarmasse gehörigen Gegenstände.

Die Beschlagnahme wird durch die Zustellung des Beschlusses an den Schuldner bewirkt. Die Zustellung erfolgt von Amtswegen.

An den Schuldner einer durch die Beschlagnahme betroffenen Forderung ist auf Antrag des Gläubigers ein Zahlungsverbot zu erlassen und von Amtswegen zuzustellen. Gegen diesen Schuldner wird die Beschlagnahme mit der Zustellung des Zahlungsverbots wirksam.

§. 17. Gegen die Wirkungen der Beschlagnahme kann der dritte Erwerber eines Rechts sich auf guten Glauben nicht berufen, wenn ihm zur Zeit der Erwerbung die Beschlagnahme oder der Versteigerungsantrag bekannt war.

Ist das Grundstück für die Forderung, wegen deren die Beschlagnahme erfolgte, zur Zeit eines nach der Beschlagnahme eintretenden Eigenthumswechsels dinglich verhaftet, so ist das Verfahren auch dann fortzusetzen, wenn der neu eingetretene Eigenthümer zu Zeit der Erwerbung weder von der Beschlagnahme noch von dem Versteigerungsantrage Kenntniß gehabt hat.

Durch Zurücknahme des Versteigerungsantrages erlischt die Beschlagnahme.

§§ 16, 17. Einleitung und Beschlagnahme.

1. Vgl. § 755 Abs. 2 C P O. (zu § 3 d. G.) und §§ 35 u. 42 R Zw.G.-Entw.

2 Ueber die **Prüfung des Antrages** in formeller Beziehung vgl. Anm. 2 und 3 zu §§ 13, 14, Anm. 9, 10 c zu § 3, bez. der **Zuständigkeit** §§ 755, 756 C P O, Anm. 1—8, 10 a zu § 3, bez der **Voraussetzungen**, insbesondere hinsichtlich des vollstreckbaren Titels, der Personen des Gläubigers und Schuldners, der beizutreibenden Geldforderung, des Gegenstandes der Versteigerung, der besonderen Erfordernisse für den Beginn der Zwangsvollstreckung siehe Anm 4 zu § 1, Anm. 4—7 zu §§ 13, 14; bez. der **Unzulässigkeit** der Zwangsversteigerung wegen gewisser Forderungen Anm. 14 zu § 2. — Ueber die Verpflichtung zur Zahlung eines **Kostenvorschusses** siehe § 11 K O. Doch darf von dessen Einzahlung die Einleitung des Verfahrens **nicht** abhängig gemacht werden.

3 Ueber das **Verfahren** bei der Entscheidung über den Antrag, insbesondere die Verkundung und Zustellung des Beschlusses s. Anm. 10 d zu § 3 und unten Anm. 5.

4. Außer dem aus § 16 Abs. 1 sich ergebenden wesentlichen **Inhalte** des Einleitungs- oder Beitrittsbeschlusses gehört zu dem mit dem Datum und der Unterschrift des Gerichtes zu versehenden Beschlusse: die Bezugnahme auf den Antrag, die Bezeichnung der Parteien, der Forderung, des Schuldtitels und des Grundstückes, wie solche nach § 13 der Antrag enthalten muß Der Begründung bedarf der Beschluß gesetzlich nicht, sie ist nicht zu empfehlen namentlich wenn Bedenken gegen die Einleitung obwalteten.

5. Der Einleitungs- (Beitritts-) beschluß bildet die nach § 755 Abs. 2 dem Vollstreckungsgerichte obliegende **Anordnung** der Zwangsvollstreckung und den **Beginn** derselben (s. Anm. 7 zu §§ 13, 14). — Die Zustellung des Beschlusses geschieht nach den Vorschriften der C P O. (s. § 4 Abs. 3). Die Zustellung an den **Gläubiger** erfolgt also von Amtswegen nur, wenn der Beschluß nicht verkündet ist. Die Zustellung an den **Schuldner** soll aber nach **Abs.** 3 in allen Fällen von Amtswegen erfolgen. Obwohl diese Vorschrift mit § 294 C.P.O. nicht übereinstimmt, und obwohl nach § 4 Abs. 3 die besonderen landesgesetzlichen Vorschriften über die Zustellung (§ 4 Nr. 1—6) für Einleitungs- und Beitrittsbeschlüsse ausdrücklich für unanwendbar erklärt sind, wird man, da die Zustellung bereits innerhalb des Zwangsvollstreckungsverfahrens erfolgt, in diesem Falle die

Berechtigung der Landesgesetzgebung zu der Abweichung vom Reichsgesetz nach § 757 Abs. 1 C.P.O. anerkennen müssen. Die Abweichung rechtfertigt sich durch die mit dem Einleitungsbeschlusse verbundene Beschlagnahme. Einer gleichzeitigen Zustellung des Antrages bedarf es nicht. — Für den Einleitungs- und Beitrittsbeschluß sind die Gebühren nach § 35 Nr. 2 GKG (in der Fassung des Gesetzes vom 29. Juni 1881, R.G.Bl. S. 178) zum Ansatze zu bringen. Den Werthgegenstand bildet der Betrag der Forderung. — Wegen der Rechtsbehelfe gegen den Einleitungs- und Beitrittsbeschluß und dessen Ablehnung gilt das in Anm 3 e zu § 3 Gesagte. Der zuerst von Rudorff S. 52 vertretenen Ansicht, daß nicht schon gegen diesen Beschluß sofortige Beschwerde stattfinde, sondern zunächst nach § 685 Abs. 1 beim Vollstreckungsgerichte remonstrirt werden müsse, ist daher beizupflichten. Gegen den ablehnenden Bescheid nur die sofortige Beschwerde nach § 701 C P O. zuzulassen (wie Gaupp Anm II zu § 755 C P O. will), erscheint nicht gerechtfertigt; auch dabei handelt es sich um die Art und Weise der Zwangsvollstreckung. — Wird die Remonstration gegen den Einleitungsbeschluß durch Entscheidung des Vollstreckungsgerichtes nach § 685 zurückgewiesen, so ist diese mit sofortiger Beschwerde angreifbare Entscheidung für die Entscheidung über den Zuschlag nicht präjudizirlich — Nach § 540 Abs 3 C.P O. ist das Gericht nicht behindert, wenn seine Entscheidung nicht innerhalb der Nothfrist mit der sofortigen Beschwerde angegriffen worden ist, dieselbe abzuändern (so auch Seuffert, Gaupp, Wach Vorträge S. 97, Hellmann Lehrb. S. 770, Planck Lehrb I S. 476; — a. M. Struckmann u. Koch, Petersen, Wilmowsky u. Levy, Altvater im Arch f. civ Pr. 64 S. 408 ff R G. bei Wallmann, Jur. Zeitschr. 9, S 319). Der Ablauf der Nothfrist macht daher zwar die Parteien des Beschwerderechtes verlustig, entbindet aber das Gericht nicht von der Pflicht, seine Entscheidung abzuändern oder aufzuheben, sofern sie Verhältnisse verletzt, welche von Amtswegen hätten berücksichtigt werden müssen (vgl. auch § 78). Und auch für die Parteien geht die Rechtskraft nicht über den eigentlich entscheidenden Theil der Verfügung hinaus Der Einleitungsbeschluß mit seinen Wirkungen (Beschlagnahme, Eintragung des Vermerkes) bleibt bestehen; der Schuldner bleibt der Fortsetzung des Verfahrens ausgesetzt. Wo es sich aber in dem fortgesetzten Verfahren um eine andere Entscheidung (über den Zuschlag) handelt, ist die Unterlassung der Beschwerde gegen die Einleitung oder die rechtskräftige Verwerfung der Beschwerde gegen den Einleitungsbeschluß kein Hinderniß, die Rechtmäßigkeit der Einleitung, welche eine Voraussetzung der zu treffenden neuen Entscheidung ist, dem Vollstreckungsgerichte durch Erhebung des Widerspruches zur nochmaligen Entscheidung zu unterbreiten In den Motiven wird denn auch als ein Grund, welcher den Widerspruch wegen Unzulässigkeit der Zwangsvollstreckung (§ 75 Nr 1) rechtfertigt, der Mangel eines vollstreckbaren Titels hervorgehoben, also ein Moment, welches vor allen Dingen bei Anordnung der Einleitung des Verfahrens zu prüfen ist. (Zustimmend Knorr zu §§ 16 und 75.) — Kurlbaum (S. 25, 45, 53) und Jäckel Anm 2 zu § 75 halten eine Abänderung der Entscheidung über die Einleitung durch das Vollstreckungsgericht durch § 540 Abs 3 für ausgeschlossen und die Entscheidung, sofern sie durch Unterlassung rechtzeitiger Beschwerde rechtskräftig geworden ist, auch für das Zuschlagsurtheil und für die Beurtheilung in der Beschwerdeinstanz verbindlich; Jäckel mit der Maßgabe, daß nur der zurückgewiesene Grund beseitigt und diejenigen Thatsachen erledigt seien, welche damals dem Gerichte zur Kognition vorlagen. (Gegen die hier vertretene Ansicht auch Heidenfeld S. 125, Struckmann krit. Vierteljahrschr. 1885 S. 537, Ring Ztschr. f. civ. Proz. 7 S. 572. — Vgl. § 120 R.Zw.G.Entw. nebst den Motiven und Dernburg, Hyp.R. II. S. 346 ff, sowie unten Anm. 8 a E. zu §§ 81—83, Anm. 7 zu § 90.)

Zugleich mit dem Einleitungsbeschlusse ist das § 18 bestimmte Ersuchen zu erlassen und die Wiedervorlegung der Akten zur Kontrolle des Einganges der Mittheilungen des Grundbuchrichters in der Zustellungsurkunde anzuordnen. (Vgl. §§ 20, 39 dieses Gesetzes.)

6. Die Beschlagnahme ist (abweichend von § 9 S O) in dem Beschlusse ausdrücklich auszusprechen (§ 35 R.Zw G.Entw). Mit der Anordnung der Zwangsvollstreckung ist die Vollziehung dergestalt verbunden, daß durch die Zustellung des Beschlusses (nicht durch den Zwangsversteigerungsvermerk im Grundbuche) auch die Vollziehung der Vollstreckungsmaßregel unmittelbar erfolgt (§ 87 Abs. 1 R.Zw.G.Entw). — Muß die Zustellung im Wege der öffentlichen Bekanntmachung bewirkt werden (§ 186 C P.O), so ist die Zustellung, unbeschadet des § 190 C.P O., erst als bewirkt anzusehen, wenn seit der Anheftung des Schriftstückes an die Gerichtstafel zwei Wochen verstrichen sind.

7. Die Beschlagnahme erfolgt nur zu Gunsten des Gläubigers, welcher in dem Beschlusse bezeichnet ist. (§ 35 R Zw.G Entw.) Nach der Subhastationsordnung von 1869 sollte sie für alle Gläubiger, welche die Subhastation beantragt haben oder ihr beigetreten sind, sowie für die zur Zeit vorhandenen Realgläubiger wirken und das Grundstück in Bezug auf diese Personen zu einer streitigen (litigiosen) Sache machen. Man hatte indeß daraus nicht die Konsequenz gezogen, daß die bezeichneten Personen berechtigt seien, die Beschlagnahme unabhängig von dem betreibenden Gläubiger geltend zu machen, oder ohne Rücksicht auf einen eintretenden Eigenthumswechsel ihre Klagen gegen den zur Zeit der Beschlagnahme vorhandenen Eigenthümer zu richten. Mit der Zurücknahme der Beschlagnahme seitens des betreibenden Gläubigers wurden vielmehr die scheinbaren Rechte der übrigen Gläubiger hinfällig, so daß nur eine von ihnen selbst ausgebrachte Beschlagnahme ihnen wirkliche Rechte gab. Die Litigiosität des Grundstückes ist bereits in E.G. R B.P. § 42, E G Ehr. § 3 aufgegeben worden. — Das durch die Beschlagnahme begründete Recht auf vorzugsweise Befriedigung (§ 30) aus dem Grundstücke kann naturgemäß immer nur zu Gunsten desjenigen eintreten, welcher die Beschlagnahme ausgebracht hat. In dieser Beziehung steht auch die Subhastationsordnung von 1869 auf demselben Standpunkte, da sie (§ 60) jedem der mehreren Gläubiger, welche die Subhastation betreiben, nach der Zeit des Einleitungs- oder Beitrittsbeschlusses ein Recht auf vorzugsweise Befriedigung giebt. (Vgl. die Motive) — Die Beschlagnahme muß daher in jedem auf den Antrag eines betreibenden Gläubigers erlassenen Einleitungs- oder Beitrittsbeschlusse von Neuem ausgesprochen werden; ebenso bestimmen sich die Wirkungen desselben für jeden Gläubiger besonders nach der Zeit der Zustellung des auf seinen Antrag ergangenen Beschlusses an den Schuldner. (Vgl. Urt. des R G. v. 17. April 1886; Jur. Wochenschrift S. 206). — Die erste Beschlagnahme hat aber eine allgemeine Bedeutung für die Bestimmung des Zeitpunktes der laufenden und rückständigen Leistungen (§ 36 Abs. 1 u. 2).

8. Gegenstand der Beschlagnahme sind, jedoch mit Ausnahmen, alle nach § 1 Abs 2 dieses Gesetzes, § 30 E.E.G. zur Immobiliarmasse gehörigen Gegenstände. Entscheidend ist der Zeitpunkt der Beschlagnahme. Von der Beschlagnahme wird ergriffen, Alles, was zur Substanz des Grundstückes als dessen Bestandtheile gehört (Anm. 5 a—c zu § 1); indeß unterliegen auch nach der Beschlagnahme errichtete, dem Eigenthümer gehörige Gebäude derselben. — Dasselbe gilt von den zur Zeit der Beschlagnahme oder auch nachträglich zugeschriebenen, unbeweglichen Zubehörstücken und Gerechtigkeiten (vgl. Anm. 5 f. zu § 1). — Von den zur Immobiliarmasse gehörigen beweglichen Gegenständen sind der Beschlagnahme die im § 16 Abs. 2 Satz 1 ausgenommenen Gegenstände entzogen. Der Beschlagnahme unterliegen daher:

a von den Früchten (abgesehen von den stehenden und hängenden) die zur Zeit der Beschlagnahme auf dem Grundstücke vorhandenen abgesonderten, dem Eigenthümer gehörigen Früchte, soweit dieselben zur Fortsetzung der Wirthschaft bis zur nächsten Ernte erforderlich sind. Den zur Zeit der Beschlagnahme vorhandenen abgesonderten Früchten stehen die nach der Beschlagnahme abgesonderten gleich. Die Veräußerung unentbehrlicher Früchte verbietet eine ordentliche Wirthschaftsführung. Nach § 49 I. 2 A L.R. haben derartige Vorräthe die Eigenschaft des Zubehörs (vgl. Anm. 5 d. g zu § 1). Soweit hiernach die Erzeugnisse selbst von der Beschlagnahme ergriffen werden, erstreckt sich diese auch auf die für dieselben dem Eigenthümer zufallenden Versicherungsgelder;

b. das bewegliche, dem Eigenthümer gehörige Zubehör, sofern dasselbe nicht zur Zeit der Beschlagnahme veräußert und von dem Grundstücke räumlich getrennt ist (vgl. Anm. 5 g zu § 1), und die dafür dem Eigenthümer zufallenden Versicherungsgelder;

c. die Versicherungsgelder für Gebäude, sofern sie zur Immobiliarmasse gehören (vgl. Anm. 5 h zu § 1).

Außerdem ist zu beachten, daß dem Schuldner nach § 16 Abs. 2 Satz 2 die Befugniß zur Benutzung und Verwaltung des Grundstückes und der zur Immobiliarmasse gehörigen Gegenstände — mögen dieselben der Beschlagnahme unterliegen oder nicht — verbleiben soll. — Vgl. Anm. 9 B.

9. Wirkungen der Beschlagnahme.

A. Für den Gläubiger. Der § 30 begründet zunächst nur ein Vorzugsrecht des Beschlagnahmegläubigers gegenüber anderen Interessenten des Verfahrens, deren dingliche Rechte später entstanden sind. Er weist dem Beschlagnahmegläubiger seinen Platz in der Reihenfolge der aus dem Kaufgelde (d. h im Sinne der §§ 42, 43 E.E G. aus dem Grundstücke) zu befriedigenden Gläubiger an. Insoweit entspricht der § 30 d. G. dem im Wesentlichen gleichlautenden § 60 Abs. 2 Nr. 1 und Abs. 2 S.O. Die Motive betonen aber mit Recht, daß in dem Vorzugsrechte, welches durch § 30 für den Beschlagnahmegläubiger wegen seiner persönlichen Forderung sowohl gegenüber anderen der Zwangsversteigerung beigetretenen Gläubigern als gegenüber den Realgläubigern begründet wird, deren dingliches Recht nach der Beschlagnahme entstanden ist, auch ein Recht auf abgesonderte Befriedigung den Konkursgläubigern gegenüber enthalten sei. Sie heben dabei, ebenfalls mit Recht, hervor, daß dieser Unterschied von dem Rechte der Subhastationsordnung sich daraus ergebe, daß die deutsche Konkursordnung auch den letzten Rest der Verbindung der Zwangsversteigerung von Immobilien mit dem Konkursverfahren gelöst habe.

Nach der Konkursordnung von 1855 (§ 9) konnten Exekutionen in das Vermögen des Gemeinschuldners, sofern sie nicht zur Ausübung eines Pfandrechtes oder Hypothekenrechtes oder eines Rückforderungsrechtes betrieben wurden, behufs Befriedigung einzelner Gläubiger weder fortgesetzt noch eingeleitet werden. Dem persönlichen Gläubiger ging daher mit der Konkurseröffnung das ihm für den Fall der Subhastation eingeräumte Vorzugsrecht vor den nach der Beschlagnahme entstandenen Realforderungen verloren. Er hatte im Konkurse kein Absonderungsrecht (§ 31 a. a. O.) Zwar sollte die von einem Personalgläubiger extrahirte Subhastation ihren Fortgang nehmen, wenn bereits Termin zum Zwangsverkaufe vor der Konkurseröffnung anberaumt war. Die Fortsetzung der Subhastation erfolgte aber nicht zu Gunsten des Personalgläubigers und zu dessen abgesonderter Befriedigung aus dem Grundstücke, sondern für Rechnung der Gläubigerschaft (§ 9 Abs. 3), in deren Reihe der nicht absonderungsberechtigte Personalgläubiger zurücktrat. War sonach durch den § 60 S.O. für den persönlichen Gläubiger nur ein Vorzugsrecht gegenüber späteren Realgläubigern im Falle der Subhastation, aber kein Recht auf vorzugsweise Befriedigung aus dem Grundstücke vor den Konkursgläubigern begründet, so stand ihm ein solches auf Grund dieser Gesetzesvorschrift auch nicht zu, nachdem durch § 39 der Reichskonkursordnung das unbewegliche Vermögen zur abgesonderten Befriedigung derjenigen Gläubiger bestimmt war, für welche ein dingliches oder sonstiges Recht auf vorzugsweise Befriedigung aus dem Grundstücke besteht; denn § 39 K.O. schafft nicht derartige Rechte, sondern setzt ihre Existenz voraus — Nach der Beseitigung des Grundsatzes der §§ 9 u. 31 der preußischen Konkursordnung durch die K.O. hat die Aufnahme der Personalbeschlagnahmegläubiger unter die aus dem Kaufgelde des Grundstückes zu befriedigenden Gläubiger dieselbe Bedeutung, welche die Aufnahme anderer persönlicher Gläubiger (der Liedlohngläubiger, § 50 Pr. K.O.) bereits nach der preußischen Konkursordnung hatte. Der Personalbeschlagnahmegläubiger gehört nunmehr kraft dieser Aufnahme zu den Realberechtigten im weiteren Sinne des Wortes (s. zu § 21 d. G.). Das Grundstück ist ihm zwar nicht dinglich verhaftet, aber er hat ein Recht auf abgesonderte Befriedigung aus dem Grundstücke erworben. Dies Recht kann ihm durch die nach der Beschlagnahme erfolgende Konkurseröffnung nicht mehr entzogen werden. Seine abgesonderte Befriedigung erfolgt unabhängig von dem Konkursverfahren (§§ 3, 12 K.O.) — Vgl. auch § 42 Abs. 2 R. Zw.G. Entw. und Mot. S. 145, 146. — Entscheidend ist in dieser Beziehung, daß im Augenblicke der Konkurseröffnung, d. h. zu der im Eröffnungsbeschlusse angegebenen Stunde, eventuell um die Mittagsstunde des betreffenden Tages (§ 100 K.O.), die Zustellung des Einleitungsbeschlusses bereits bewirkt ist (§ 12 K.O.). Für den Fall der öffentlichen Zustellung oder der Zustellung mittelst Ersuchen anderer Behörden oder Beamten ist es zweifelhaft, ob § 190 C.P.O. Anwendung finden kann, da es sich hier nicht eigentlich um Wahrung einer Frist handelt. Erachtet man denselben für anwendbar, so muß es in diesen Fällen genügen, daß der Einleitungsbeschluß vor Eröffnung des Konkurses gefaßt ist. Denn an Stelle des im § 190 C.P.O. gesetzten Zeitpunktes der „Ueberreichung des Gesuches" muß, da es sich um eine Zustellung von Amtswegen handelt, der Einleitungsbeschluß treten, weil dieser die Veranlassung zu dem auch hier erforderlichen, die öffentliche Zustellung anordnenden Beschluß bez. dem Ersuchen giebt. (Vgl. O. Fischer, Termin und Ladung S. 7, Seuffert Anm. 2 zu § 187 C.P.O.). Hält man dagegen § 190 C.P.O. für unanwendbar, so ist erst der Zeitpunkt der bewirkten Zustellung entscheidend (Seuffert, Anm. 6 zu § 186 C.P.O.). — Stellt sich nachträglich heraus, daß die für einen persönlichen Anspruch bewirkte Beschlagnahme zu einem späteren Zeitpunkte stattgefunden hat, so ist der betreffende Einleitungs- oder Beitrittsbeschluß von Amtswegen wieder aufzuheben. (Anm. 6 b zu § 2. Anm. 1 A zu §§ 70, 71.) — Der Eröffnung des Konkurses steht in dieser Hinsicht ein Veräußerungsverbot gemäß § 98 K.O. gleich. Seine Wirksamkeit beginnt erst mit der Bekanntmachung, und diese gilt nach § 68 K.O. als bewirkt mit dem Ablaufe des zweiten Tages nach der Ausgabe des die erste Einrückung enthaltenden Exemplars des zur Veröffentlichung amtlicher Bekanntmachungen des Gerichtes bestimmten Blattes. Die Beschlagnahme unterliegt der Anfechtung durch den Konkursverwalter bez. außerhalb des Konkurses durch andere Gläubiger.

Endlich erlangt der Gläubiger durch die Beschlagnahme das Recht, alle ihm nachtheiligen Verfügungen des Schuldners diesem sowie Dritten gegenüber (soweit dieselben nicht durch guten Glauben geschützt sind) als nichtig anzufechten (R. 3 S. 309, 4 S. 268, 5 S. 296). Die Nichtigkeit ist nur eine relative; sie kann nur von dem Gläubiger selbst geltend gemacht werden, und auch von diesem nur, sofern er benachtheiligt wird. — Die Nichtigkeit beruht auf der Zuwiderhandlung gegen das in der Beschlagnahme zu Gunsten des Gläubigers enthaltene Veräußerungsverbot (fr. 12 D. de usurp. 41. 3 fr. 5 § 5 D. pro empt. 41. 4; §§ 83–85 I. 29 A.G.O., § 9 S.O., § 42 E.G. R.V.P., § 3 E.G. Ehr. § 39 R.Zw.G. Entw., § 107 R. Entw. I, §§ 101, 102 R. Entw. II). Der Gläubiger darf die ihm nachtheiligen Rechtshandlungen des Schuldners behandeln, als ob sie nicht geschehen seien, und die Fortsetzung des durch die Beschlagnahme eröffneten Zwangsvollstreckungsverfahrens ungeachtet derselben verlangen (lite nihilominus peragenda c. 2 C. de litigiosis 8. 37). — Dies gilt insbesondere auch von den zur Immobiliarmasse gehörigen beweglichen Gegenständen, soweit dieselben von der Beschlagnahme ergriffen sind. Das für den Gläubiger durch die Beschlagnahme begründete Recht, dieselben zu seiner Befriedigung verwendet zu sehen, giebt demselben weitergehende Rechte als einem Hypothekengläubiger als solchem zustehen. Auch die räumliche Trennung veräußerter beweglicher Zubehörstücke hebt das Recht des Beschlagnahmegläubigers nicht auf — Einem Pfandungspfandrechte an derartigen Gegenständen kann der Beschlagnahmegläubiger die Unzulässigkeit der Pfändung entgegenhalten (§ 206 Abs. 1 b. G.; § 690 C.P.O.). — Daß die Rechtshandlung dem Gläubiger nachtheilig war, wird sich oft erst nach Ertheilung des Zuschlages erkennen lassen; der Beschlagnahmegläubiger verliert aber durch Beendigung der Zwangsversteigerung den ihm durch die Beschlagnahme erworbenen Anspruch nicht Liegen die Voraussetzungen des Gesetzes v 21 Juli 1879 (R.G. Bl. S. 277) vor, so kann der Gläubiger außerdem ihm nachtheilige Rechtshandlungen auch mit der Anfechtungsklage auf Grund dieses Gesetzes angreifen.

B. Gegen den Schuldner. Der Schuldner verliert durch die Beschlagnahme nicht (wie der Gemeinschuldner im Konkurse) die Befugniß, sein Grundstück zu verwalten und zu nutzen (Abs. 2). Auch das Veräußerungsrecht des Schuldners hinsichtlich des Grundstückes ist nicht schlechthin aufgehoben. Seine

Veräußerung ist weder an und für sich strafbar, noch ohne jede rechtliche Wirkung. Der Grundbuchrichter ist trotz des Zwangsversteigerungsvermerkes nicht gehindert, die Auflassungserklärung seitens des Schuldners entgegenzunehmen und den neuen Erwerber als Eigenthümer im Grundbuche einzutragen. Ebensowenig darf er die Eintragung von Hypotheken oder Grundschulden, Abtretungen, Verpfändungen, Prioritätseinräumungen und Löschungen ablehnen. Er hat in dieser Beziehung auf den Zwangsversteigerungsvermerk nicht die geringste Rücksicht zu nehmen. Aber die Veräußerung und alle anderen das Grundstück betreffenden Rechtshandlungen sind rechtlich dem Gläubiger unnachtheilig und der Schuldner macht sich strafbar, wenn er thatsächlich Wirkungen herbeiführt, welche dem Gläubiger Nachtheil bringen. Der § 137 St.G.B. schützt den Gläubiger namentlich auch gegen vorsätzlich vom Schuldner verursachte physische Beseitigung, Zerstörung oder sonstige Dispositionen, durch welche die Objekte der Beschlagnahme ganz oder theilweise der Verstrickung entzogen werden. Die Berechtigung des Schuldners zu rechtlichen und thatsächlichen Verfügungen ist durch das ihm verbleibende Nutzungs- und Verwaltungsrecht auch in Bezug auf die von der Beschlagnahme ergriffenen beweglichen Gegenstände genügend präcisirt. Was darnach dem Schuldner erlaubt ist, muß im Einzelfalle nach den thatsächlichen Verhältnissen entschieden werden (z. B. Veräußerung von Vieh wegen Futtermangels, Tödtung ungesunden Viehes u. dgl; vgl. Strieth 84 S. 8, insbes. auch wegen Verpachtung Jaeckel Anm. 4 A. 2 zu § 16). — Gegen den Mißbrauch des Nutzungs- und Verwaltungsrechtes des Eigenthümers kann der Gläubiger sich durch den Antrag auf Zwangsverwaltung sichern (§ 140).

C. Gegen Dritterwerber.

a. Die relative Nichtigkeit einer entgegen der Beschlagnahme vorgenommenen Verfügung des Schuldners äußert sich Dritten gegenüber dahin, daß sie zum Nachtheile des betreibenden Gläubigers das ihnen vom Schuldner eingeräumte Recht an dem Gegenstande der Zwangsvollstreckung nicht erwerben können. (Mot.) Der Beschlagnahmegläubiger ist berechtigt, den Uebertragungsakt als nicht geschehen zu betrachten und die Fortsetzung der Zwangsvollstreckung derselben ungeachtet zu verlangen (s. oben A). Einer Vollstreckungsklausel gegen den neuen Eigenthümer des Grundstückes bedarf es nicht; bewegliche von der Beschlagnahme ergriffene Gegenstände muß der Erwerber, als ob sie nicht aufgehört hätten zum Vermögen des Schuldners zu gehören, behufs Befriedigung des Beschlagnahmegläubigers herausgeben (§ 83 I. 29 A.G.O.) Nach der Beschlagnahme erworbene Eigenthums- und Pfandrechte begründen kein Widerspruchsrecht gegen die Fortsetzung des Verfahrens; der neue Eigenthümer wird aber Interessent des Verfahrens (§§ 47, 49, 69, 99), und hat an Stelle des Schuldners den Anspruch auf Auszahlung der hyperocha, die nach der Beschlagnahme entstandenen Realansprüche stehen dem Rechte der Beschlagnahmegläubiger nach (§ 30). — Diese Sätze werden modificirt durch den

b. Einfluß des guten Glaubens. Die römischen Rechtsquellen verlangen im Falle eines Veräußerungsverbotes Kenntniß von demselben zur Ausschließung des Rechtserwerbes eines Dritten (fr. 12 D. de usurp. 41. 3 fr. 5 § 5 pro empt. 41. 4). Nach § 83 I. 29 A.G.O., § 17 I. 15 A.L.R. ist der gutgläubige Erwerber zur Herausgabe der beschlagnahmten Sache nur gegen Vergütung des gezahlten Kaufgeldes verpflichtet. Der Glaube des Grundbuches schützt den Erwerber eines Rechtes am Grundstücke, sofern er nicht die Beschränkung des Eigenthumsrechtes des Schuldners (— und eine solche enthält die Beschlagnahme des Grundstückes —) gekannt hat, oder letztere im Grundbuche eingetragen ist (§ 11 E.E.G.). Das vorliegende Gesetz hat in doppelter Beziehung dem Beschlagnahmegläubiger einen weitergehenden Schutz gewährt:

α. Der nach der Beschlagnahme erfolgte Erwerb gilt als schlechtgläubiger auch schon, wenn dem Erwerber zwar nicht die Beschlagnahme (— das Veräußerungsverbot —), aber doch der Versteigerungsantrag bekannt war. Gegenüber der Berufung auf die Beschlagnahme muß der gute Glaube nachgewiesen werden (§ 83 I. A.G.O., § 26 I. 15 A.L.R. und § 17 Abs. 1 dieses G. A. M. Rudorff Anm. 7 zu § 17). Der dritte Erwerber muß Umstände darthun, aus denen seine Unkenntniß von der Beschlagnahme oder dem Versteigerungsantrage sich ergiebt. Bei angelegtem Grundbuche genügt in dieser Beziehung die Berufung auf das Grundbuch, so lange der Vermerk nach § 18 Abs. 1 noch nicht eingetragen ist (Erk. des O.T. v. 11. Jän. 1878, Gruchot Bd. 22 S. 734/37). Der Gläubiger hat dann als Replik darzulegen, daß der Dritte gleichwohl von der erfolgten Beschlagnahme oder dem gestellten Versteigerungsantrage Kenntniß gehabt hat. Ein Gläubiger, welcher nach Eintragung des Vermerkes die Einleitung der Zwangsversteigerung oder die Zulassung zum Beitritte beantragt, kann sich auf die im § 18 Abs. 2 aufgestellte Fiktion berufen. — Diese Grundsätze gelten auch bei der Konkurrenz des Beschlagnahmegläubigers und der Realberechtigten, deren Anspruch nach der Beschlagnahme entstanden ist. Die in der ersten Auflage vertretene Ansicht, daß die Bestimmung des § 30 eine positive Vorschrift des Zwangsversteigerungsrechtes sei, durch welche die Anwendung des § 17 Abs. 1 ausgeschlossen werde, kann nicht aufrechterhalten werden; vielmehr ist § 30 nach § 17 Abs. 1 zu beschränken. — Für das Recht der Subhastationsordnung war streitig, ob das Vorzugsrecht des Beschlagnahmegläubigers auch gegenüber dem gutgläubigen Erwerber eines dinglichen Rechtes anzuerkennen sei. — In bejahendem Sinne hatte das Obertribunal entschieden (Entsch. 80 S. 152; Striedh. 97 S. 221); Eccius § 169 Anm. 27 hat mit Rücksicht auf die Litigiosität des subhastirten Grundstückes zugestimmt. — Siehe dagegen aber Dernburg 1 § 347 Anm. 7, Achilles zu § 36 E.E.G., Böthke bei Gruchot 16 S. 871, Willmanns in Behrend's Zeitschr. 3 S. 299 und Jäckel zu § 30. — Für das vorliegende Gesetz fällt der von Eccius hervorgehobene Grund fort. Die Ausschließung der sonst für den gutgläubigen Erwerb geltenden Grundsätze ist durch § 30 nicht zu einem so klaren Ausdrucke gelangt, daß man nicht auf die Feststellung der Reihenfolge der nach der Beschlagnahme entstandenen Realrechte gegenüber der Forderung des Beschlagnahmegläubigers die Vorschrift des § 17 Abs. 1 anwenden könnte. — So außer Jäckel a. a. O. auch Eccius a. a. O., Kurlbaum R.G. S. 21. — Abweichend Knorr Anm 4 zu § 30, — Vgl. auch §§ 10, 39, 40 R.Zw.G.Entw. in Vbdg mit §§ 107, 837 R.Entw. I, §§ 101, 102, 810 R.Entw. II.

β. Hat ein eingetragener Gläubiger die Beschlagnahme erwirkt, so ist das Verfahren auch im Falle des § 17 Abs. 2 fortzusetzen. Einer Vollstreckungsklausel gegen den neuen Eigenthümer bedarf es in diesem Falle ebensowenig, wie gegenüber einem schlechtgläubigen Erwerber (§ 41 R.Zw.G.Entw.) — Die Motive bezeichnen dies als eine Konsequenz des § 44 E.E.G. Wie danach die Vollstreckbarkeit des auf die Hypothekenklage ergangenen Urtheils gegen den seit

Beginn der Rechtshängigkeit eingetretenen Nachfolger im Eigenthum unbedingt, — ohne Rücksicht auf dessen Kenntniß oder Unkenntniß von der geschehenen Verurtheilung seines Vorgängers — zulässig ist, — so soll es auch, wenn die Zwangsvollstreckung gegen den Rechtsvorgänger begonnen hat, auf die Kenntniß oder Unkenntniß von der Beschlagnahme oder dem Versteigerungsantrage nicht ankommen. — Hatte dagegen die Beschlagnahme noch nicht stattgefunden, als der neue Eigenthümer das Grundstück erwarb, so kann die Zwangsversteigerung wegen einer eingetragenen Forderung nur nach Erlangung einer gegen ihn gerichteten Vollstreckungsklausel beantragt werden (Anm 4 a c u. 4 b zu § 2). — Die Vorschrift des § 17 Abs. 2 kommt auch dem Personalgläubiger zu Statten, wenn er bis zu dem Zeitpunkte des Eigenthumswechsels die Forderung, wegen deren die Beschlagnahme (Zwangsversteigerung) erfolgte, nach § 6 hat eintragen lassen, gleichgültig ob diese Eintragung vor oder nach der Beschlagnahme erfolgte. — Der Personalgläubiger dagegen, welcher blos die Beschlagnahme erlangt hat, muß einem gutgläubigen neuen Eigenthumer weichen (§§ 40 Nr 9, 70; § 690 C.P.O), bez. das Grundstück von demselben wieder einlosen (§ 83 I. 29 A G.O), wenn er die Zwangsversteigerung fortsetzen will. Ihm ist das Grundstück nicht dinglich verhaftet; er hat kein Pfandrecht durch die Beschlagnahme erlangt (s. unten Anm 11). — Im § 17 Abs 2 ist nur der Fall der Veraußerung durch den Schuldner behandelt Wegen der Fortsetzung der Zwangsversteigerung beim Eigenthumswechsel durch Universalsuccession ist § 693 C P O maßgebend.

Der gute Glaube muß zur Zeit der Erwerbung des Rechtes vorhanden gewesen sein; also im Falle der freiwilligen Veräußerung des Grundstückes zur Zeit der Auflassung, bei vertragsmäßiger Begründung von Servituten, insbes Nießbrauchsrechten (— die gesetzliche kann nicht in Frage kommen, da sie sich ohne Rechtshandlung des Schuldners vollzieht —) zur Zeit der Perfektion des Vertrages. Bei Grundschulden und Hypotheken gilt als Zeitpunkt des Erwerbes regelmaßig die Zeit der Eintragung (R 14 S. 291, 26 S 395, 28 S 287) — In Betreff des Zeitpunktes der Entstehung der Hypothek fur eine künftige Forderung geht die herrschende Meinung im gemeinen Rechte dahin, daß auch das Pfandrecht erst mit der Forderung entstehe (Windscheid § 225 Anm 7, § 242 Anm. 6, R. 14 S. 249). Entscheidend fur bona und mala fides ist demnach der Zeitpunkt der Entstehung der Forderung — Die Regel modificirt sich jedoch, wenn die Entstehung der Forderung nicht von dem freien Willen des Gläubigers und des Schuldners abhängt, z B. wenn der Gläubiger zur Gewährung des Darlehns, für welches Hypothek bestellt ist, einem Dritten verpflichtet ist, oder wenn es sich um Forderungen handelt, deren Grund bereits bei der Hypothekbestellung gelegt war (Kautionshypotheken für Kreditgewährung an einen Dritten [Kreditauftrag], für Ansprüche gegen den Schuldner aus der Societät; Amts-, vormundschaftliche u. dgl. Kautionen), in welchen Fällen es sich um bedingte Hypothekbestellung handelt, und die Absicht auf sofortige Pfandgebundenheit gerichtet ist (Windscheid § 242 Anm. 7 u. 8, R. 27 S. 169 und bei Gruchot 34 S. 997). In solchen Fällen schadet die Kenntniß von der Beschlagnahme bez dem Versteigerungsantrage dem Erwerber der Forderung nicht; die Entstehung seines Hypothekenrechtes wird auf den Moment der Bestellung zurückbezogen — Für den Geltungsbereich des A.L.R. gelangt Eccius § 192 im Wesentlichen zum gleichen Resultate (vgl. §§ 13, 14 I. 20 A.L.R), ebenso Jäckel Anm. 4

zu § 17, Turnau Anm. 6 zu § 77 G.B.O. Die gegentheilige Ansicht vertritt vor Allem Dernburg, welcher sowohl für das gemeine als für das preußische Recht annimmt, daß bei der Pfandbestellung für künftige Forderungen stets die sofortige Existenz des Pfandrechtes als gewollt zu präsumiren sei (Pfdr. I § 69, Pr.Pr.R. I § 332 Anm. 4, § 355 Anm. 5) und namentlich verneint, daß der Eigenthümer durch die Beschlagnahme behindert sei, auf eine Kautionshypothek hin noch weiter Kredit zu entnehmen, zu dessen Entnahme er nicht verpflichtet und zu dessen Geben der Gläubiger nicht verbunden war (Hyp.R. II S. 202). Danach käme es für die hier vorliegende Frage nicht in Betracht, ob die Forderung eine künftige ist oder nicht. — Bezüglich der nachträglich gezahlten Darlehnsvaluta ist Entsch. 61 S. 384 ausgesprochen, daß die nach Publikation des ergangenen Zuschlagsbescheides erfolgte Zahlung an den Schuldner die Hypothek überhaupt nicht mehr wirksam machen könne, weil der Schuldner dann nicht mehr über das Grundstück disponiren könne; die nach Eintragung des Subhastationsvermerkes erfolgte Zahlung aber den Gläubigern unnachtheilig sei.

D. Gegen Drittschuldner. Die Zustellung des Beschlusses (§ 16 Abs. 2) an den Schuldner wirkt nur gegen den Schuldner und diejenigen, welche Rechte von demselben herleiten. Den Drittschuldnern einer durch die Beschlagnahme betroffenen Forderung (Versicherungsgelder) gegenüber bedarf es der besonderen Maßregel des § 16 Abs. 4. Bis zur Zustellung des Zahlungsverbotes kann der Drittschuldner an den Schuldner wirksam zahlen. Hinsichtlich der Form des Antrages, der Entscheidung und der Beschwerde gelten bei dieser selbstständigen Zwangsvollstreckungsmaßregel die Vorschriften der C.P.O. (s. oben Anm. 10 zu § 3). — Die Zustellung erfolgt auch hier von Amtswegen. Für die Zustellung kommen die besonderen Vorschriften des § 4 Abs. 1 zur Anwendung (Anm. 2 zu § 4; so auch Rudorff S. 59).

10. Die Beschlagnahme dauert bis zur Beendigung des Verfahrens. Diese tritt bei vollständiger Durchführung der Zwangsversteigerung mit der Uebergabe des Grundstückes an den Ersteher ein (§ 98), wenn letzterer auch bereits durch den Zuschlag Eigenthum erwirbt (R.G.Entsch. in Straff. 8 S. 113); denn so lange ist der Schuldner in der Lage, auf das Grundstück und die von der Beschlagnahme ergriffenen beweglichen Gegenstände zum Nachtheile des Gläubigers (die Möglichkeit der Wiederversteigerung begründet ein Interesse desselben an der Integrität des Objektes der Zwangsversteigerung) einzuwirken, so lange hat das Vollstreckungsgericht seine Aufgabe nicht ganz erfüllt (§ 98 Abs. 4). Die Wirkungen der Beschlagnahme erstrecken sich aber unter Umständen über den Zeitpunkt der vollständigen Durchführung des Verfahrens hinaus (Anm. 9 A). — Die Aufhebung des Verfahrens gegen den Willen des Gläubigers hat das Erlöschen der Beschlagnahme zur Folge. Die gleiche Wirkung hat nach § 17 Abs. 3 auch die Zurücknahme des Antrages (§ 73), sowie die durch Fiktion derselben gleichgestellten Fälle (§ 51). — (§ 42 Abs. 1 R.Zw.G.Entw.). — Im Falle der Zurücknahme bedarf es keines Aufhebungsbeschlusses (Mot.). Durch die Aufhebung des Verfahrens und die Zurücknahme des Antrages erlangt der Schuldner die freie Disposition über das Grundstück wieder; der Gläubiger verliert das Anfechtungsrecht bezüglich aller der Beschlagnahme zuwider erfolgten Rechtshandlungen des Schuldners. — Unberührt bleibt dagegen die strafrechtliche Verantwortlichkeit des Schuldners und etwaiger Theilnehmer wegen Arrestbruches

(§ 137 St.G.B.) — **Aufhebung des Verfahrens und Zurücknahme des Versteigerungsantrages gegenüber einem Gläubiger berühren die Rechte anderer Gläubiger nicht** Die Zurücknahme des Antrages des ersten Antragstellers hebt die an die erste Beschlagnahme in § 36 geknüpften Folgen nicht auf — Die Löschung des Vermerkes nach § 18 ist überall nur eine Folge der Beendigung des Verfahres (§§ 100, 124). — Da im Falle der Zurücknahme des Versteigerungsantrages es keines Beschlusses bedarf, so läßt sich die Nothwendigkeit einer Mittheilung der Zurücknahme an den Schuldner zwar aus der C P O nicht herleiten, sie empfiehlt sich aber aus praktischen Gründen

11 Rechtliche Natur der Beschlagnahme In den Motiven wird bemerkt: „Es ist nicht fraglich, daß die Zwangsvollstreckung in Immobilien bei der heutigen Entwickelung des Realkredites fast ausschließlich die Pfandgläubiger interessirt und daß nach dem Vorgange der Civilprozeßordnung bei der Pfändung von Gegenständen des beweglichen Vermögens auch der Beschlagnahme eines Immobile für einen mit einem Pfandrechte noch nicht versehenen Gläubiger die Wirkung der Pfandnahme nicht wird versagt werden können Die weitaus wichtigste Art der Zwangsvollstreckung, die Zwangsversteigerung, ist hiernach stets ein Pfandverkauf" Ferner heißt es zu § 141 des Entwurfes (§ 113 des Gesetzes): „Daß mit der Beschlagnahme (bei Einleitung der Zwangsverwaltung) ein Pfandrecht an den Einkünften des Grundstückes verbunden sein soll, entspricht sowohl der Vorschrift des § 709 der C.P O, als den dem Gläubiger bei der Zwangsversteigerung beigelegten Rechten." — Daß nach dem früheren preußischen Rechte die Beschlagnahme im Verfahren der Zwangsversteigerung und der Zwangsverwaltung nicht mit den Wirkungen der Pfandrechtsbegründung ausgestattet war, wird nicht verkannt; ebenso wird eingeräumt, daß das vorliegende Gesetz zwar mit der Einleitung der Zwangsverwaltung ein Pfandrecht an den Einkünften des Grundstückes verbindet, eine entsprechende ausdrückliche Bestimmung bezüglich der Beschlagnahme bei der Zwangsversteigerung aber nicht enthalt Trotzdem und obwohl anerkannt wird, daß in § 30 die Forderung des Beschlagnahmegläubigers den Realforderungen entgegengesetzt wird (— dasselbe ergiebt sich auch aus § 17 Abs. 2, s. oben Anm. 9 C. b β —), meint man, daß, weil die Wirkungen, welche das Gesetz an die Beschlagnahme knüpfe, dieselben seien, wie die eines Pfandungspfandrechtes nach der C P O., es sich auch hier um ein Pfandrecht handele, und zwar um ein Pfandrecht, das nicht auf dauernden Bestand berechnet sei, sondern nach der öffentlich rechtlichen Ordnung in unmittelbarem Anschlusse an seine Begründung durch Verkauf realisirt oder aufgegeben werden müsse (Eccius § 193 zu Anm 43, vgl auch Dernburg, Hyp R. II S 371)

Muß auch zugegeben werden, daß die Rechtsstellung, die nach § 30 dem Beschlagnahmegläubiger gegenüber den Realgläubigern und den beitretenden Gläubigern eingeräumt wird, derjenigen Stellung entspricht, die nach § 709 dem Pfändungspfandrechte gegenuber anderen Glaubigern, die ein Faustpfandrecht haben, oder für den Fall des Konkurses den Faustpfandgläubigern gleichgestellt sind, sowie gegenüber späteren Pfändungspfandrechten gewahrt worden ist, so darf doch nicht übersehen werden, daß auch das in § 709 C P.O gegebene Pfandrecht ein wahres Pfandrecht im privatrechtlichen Sinne nicht ist, sondern vielmehr ein im Interesse des Rechtsschutzes geschaffenes, also auf prozessualischem Boden entstandenes und zunächst nur für prozessualische Zwecke bestimmtes Institut wie das alte pignus in causa iudicati captum (s. Einl. S. 2). § 709 sagt deshalb nicht, daß das Pfändungspfandrecht ein Faustpfandrecht im Sinne des Privatrechtes sei, sondern nur, daß dasselbe im Verhältnisse zu anderen Gläubigern dieselben Rechte wie ein solches gewähre — Das Faustpfandrecht gewährt dem Gläubiger das Recht auf eigenen Besitz und kann ihm auch die Befugniß zur privaten Verwerthung geben (vgl z B Art. 311 H.G B.). Das Pfändungspfandrecht versagt ihm diese Befugnisse; der Gerichtsvollzieher besitzt und verkauft nicht als Vertreter des Gläubigers, sondern kraft seines Amtes und behufs Ausübung der Rechtspflege — Den Faustpfandgläubiger kann außerhalb des Konkurses Niemand zur Ausübung seiner Rechte zwingen; ein anderer Gläubiger hat kein Mittel, aus dem Mehrwerth der Pfandsache seine Befriedigung zu erzielen, wenn nicht der Faustpfandgläubiger zum Verkaufe schreitet. Der Gläubiger, welcher nach §§ 727, 728 C.P O. bereits gepfändete Sachen pfänden läßt, kann dagegen die sofortige Verwerthung der gepfändeten Sachen durchsetzen, auch wenn der erste Pfändungsgläubiger die Veräußerung nicht will oder Frist ertheilt hat. Wäre das Pfändungspfandrecht ein wahres Faustpfandrecht, so müßte es der erste Gläubiger in der Hand haben, die Befriedigung nachstehender Gläubiger durch stets wiederholte Stundungen für immer zu vereiteln — (Darüber, daß auch die Forderungspfändung kein rein privatrechtliches Pfandrecht gewährt, s. Anm. 3 e vor § 6) Selbst wenn also das Zwangsvollstreckungsgesetz die Bestimmung enthielte, daß die Beschlagnahme ein Pfandrecht begründe, würde dieses Pfandrecht als ein solches im Sinne des Privatrechtes, d. h. als Hypothek nicht anerkannt werden können. Das Gesetz enthält aber nicht nur keine solche Bestimmung, sondern, wie oben bemerkt, Vorschriften, aus denen das Gegentheil sich ergiebt; es weiset überdies in § 6 dem Personalgläubiger den Weg an, auf welchem er zu einem wahren Pfandrechte am Grundstücke gelangen kann. — Weder für den Verkauf der gepfändeten beweglichen Sache noch für die Zwangsversteigerung des Grundstückes bildet ein Pfandrecht die gesetzliche Grundlage. In beiden Fällen liegt ein Pfandverkauf nicht vor — Das Reichsgericht hat wiederholt das Pfandrecht des betreibenden Gläubigers am Grundstücke verneint (R. 12 S. 262, 19 S. 299). Wenn es trotzdem gegenüber dem betreibenden persönlichen Gläubiger ein Eintrittsrecht nach § 37 I. 20 A L R. anerkennt, weil er (nach § 30) wie ein Pfandgläubiger aus dem Grundstücke zu befriedigen sei, — so bemerkt es doch mit Recht, daß diese aus der völligen Losung jeder Verbindung der Zwangsversteigerung und des Konkurses sich ergebenden Rechtsstellung (s. Anm 9 A) es noch nicht mit sich bringe, daß sein Recht auch die gleiche juristische Natur habe, wie das der eingetragenen Gläubiger; wie denn auch die Rechte aus der Beschlagnahme nicht an die Eintragung des Subhastationsvermerkes, sondern an die Zustellung des Beschlusses geknüpft seien. Der betreibende Gläubiger ist, weil ihm ein dingliches Recht am Grundstücke nicht zusteht, gegen die Wirksamkeit einer wiedereingetragenen aus Versehen gelöschten Hypothek nicht geschützt (R. 19 S. 299). — Der hier vertretenen Auffassung stimmen zu Heidenfeld S 50, Rudorff S 109, Wolff, Absonderungsrecht S. 313, Anm 8, v. Wilmowsky, K O. Anm 3 zu § 12 — ein Pfandrecht als Folge der Beschlagnahme nehmen außer Eccius und Dernburg an: Jäckel zu § 30 Anm. 1, Volkmar, Knorr zu § 16, Anm. 4, Schneider S. 17, Friedensburg bei Gruchot 30 S. 559 ff

§. 18. Auf Ersuchen des Gerichts hat der Grundbuchrichter in das Grundbuch einzutragen, daß die Zwangsversteigerung beantragt sei. Das Ersuchen erfolgt von Amtswegen bei Erlassung des Einleitungsbeschlusses.

Nach Eintragung dieses Vermerks gilt jeder Antrag auf Einleitung des Verfahrens oder auf Zulassung des Beitritts zu demselben als bekannt, sobald er gestellt ist.

§ 18 **Zwangsversteigerungsvermerk.**

1 Vgl. § 33 R.Zw G.Entw.. Die von dem bisherigen Rechte abweichende Fassung des Vermerkes hängt mit dem nicht gelungenen Versuche der Redaktoren des Gesetzes zusammen, den Einleitungsbeschluß nicht als Beginn der Zwangsvollstreckung erscheinen zu lassen. (Anm 7 zu §§ 13, 14) Die Person, gegen die der Antrag sich richtet, ist nicht zu nennen (Jäckel, Anm. 2 gegen Schneider S. 75)

2. „Der Grundbuchrichter hat dem Ersuchen um Eintragung des in § 18 bezeichneten Vermerkes Folge zu leisten. Die in § 10 S.O beigefügte Beschränkung „sofern nicht aus dem Hypothekenbuche sich Anstände ergeben", ist weggelassen, weil die auch nur vorläufige Verweigerung der Eintragung erhebliche Gefahren mit sich bringen würde, die Entscheidung darüber, ob die Versteigerung stattfinden soll, aber doch nur in einer Hand und zwar in der des Vollstreckungsrichters liegen darf" (Mot.) — Der Vermerk ist also selbst dann einzutragen, wenn der Schuldner gar nicht als Eigenthümer des Grundstückes eingetragen ist. (Vgl. a Johow 5 Nr. 68.) — Die Zeit der Eintragung bei unvollendetem Grundbuche bestimmt § 192

3. Der Abs. 2 giebt dem in Folge des ersten Antrages auf Einleitung des Verfahrens eingetragenen Vermerke Wirksamkeit zu Gunsten späterer Anträge. Er erübrigt die Eintragung gleicher Vermerke für spätere Anträge, mögen sie auf Einleitung des Verfahrens oder Zulassung zum Beitritte gerichtet sein. (Anm. 1 zu § 15.) — Er kleidet diese Absicht in das Gewand einer nicht ganz durchsichtigen Fiktion Die in derselben versteckte Wahrheit ist: Der Berufung auf den guten Glauben (§ 17 Abs 1) seitens eines Dritterwerbers aus der Zeit nach der Eintragung des Sperrvermerkes kann der Gläubiger die Berufung auf den Sperrvermerk und den öffentlichen Glauben des Grundbuches entgegensetzen. (Vgl. Anm. 9 C. b. α zu §§ 16, 17.) Voraussetzungen dieses Einwandes sind: a Stellung des Versteigerungsantrages; b. Eintragung des Vermerkes. Für den ersten Gläubiger entsteht derselbe, da sein Antrag nothwendig vor der Eintragung des Vermerkes liegt, mit dem Augenblicke der Eintragung, da jetzt beide Voraussetzungen für ihn zusammengetroffen sind. Ebenso liegt die Sache für Gläubiger, die vor Eintragung des Sperrvermerkes beigetreten sind Für Gläubiger dagegen, deren Antrag erst nach der Eintragung des Vermerkes gestellt, d. h. bei dem Vollstreckungsgerichte eingegangen ist, treffen, da der Sperrvermerk für sie mit wirken soll, jene beiden Voraussetzungen in dem Augenblicke zusammen, in dem sie den Antrag bei dem Vollstreckungsgerichte stellen.

Ein Rechtserwerb, welcher vor letzterem Zeitpunkte sich vollzog, kann von den späteren Antragstellern nicht deshalb angefochten werden, weil zur Zeit der Erwerbung des Rechtes der Vermerk bereits eingetragen war (Anm 7 §§ 16/17). Andererseits wirkt aber der Zwangsversteigerungsvermerk fort, wenn auch der Antrag des ersten Gläubigers anders als durch Ertheilung des Zuschlages erledigt ist (Anm. 10 §§ 16/17).

4. Die Eintragung des Vermerkes erfolgt gebührenfrei (§ 10 K G.).

5. Der Vermerk ist unabhängig von dem im Falle der Eröffnung des Konkurses über das Vermögen des Eigenthümers einzutragenden Konkursvermerke (§ 150 Pr. K.O., § 15 A.G. z K.O, § 100 K.O.)

§. 19. Der Grundbuchrichter hat nach Eintragung des in §. 18 bezeichneten Vermerks dem Gericht eine beglaubigte Abschrift des Grundbuchblattes oder Artikels, soweit dieser das Grundstück betrifft, mitzutheilen und zugleich darüber Nachricht zu geben, ob und welche Vertreter der eingetragenen Berechtigten zur Empfangnahme von Zustellungen zu den Grundakten angezeigt sind, und was bei den Grundakten über Wohnort und Wohnung der eingetragenen Berechtigten und deren Vertreter bekannt ist.

Ist bei einer Eintragung auf eine zu den Grundakten eingereichte Urkunde verwiesen, so ist auch beglaubigte Abschrift dieser Urkunde oder des betreffenden Theils derselben mitzutheilen.

§ 19. **Mittheilungen des Grundbuchrichters.**

1. Vgl. § 33 R Zw.G.Entw.

2. Ein ausdrückliches Ersuchen des Vollstreckungsgerichtes um Mittheilung der beglaubigten Abschrift des Grundbuchblattes oder Artikels ist nicht erforderlich.

3. Die Abschrift des Grundbuchblattes sowie die sonstigen Angaben sind von dem Grundbuchrichter und dem als Grundbuchführer fungirenden Gerichtsschreiber zu unterschreiben (K. 1 S. 93, 2. S. 65). Beide haften für die Richtigkeit und Vollständigkeit derselben gemäß § 29 G.B.O. — Die Ministerialverfügung vom 20. März 1869 (J.MBl S. 62), welche bei der großen Bedeutung, die nach den Vorschriften der §§ 10 und 19 Nr. 1 S.O. die Anzeige des Wohnortes und die Bezeichnung des Vertreters der Realberechtigten für das Subhastationsverfahren hat, den Hypothekenbehörden empfiehlt, fortan auf einem besonderen Blatte unter dem Aktendeckel regelmäßig zu vermerken, was nach beiden Richtungen hin zu den Grundakten bekannt geworden ist, hat auch jetzt noch ihre Bedeutung, da der § 4 b G. dem § 19 S.O. im Wesentlichen entspricht.

4. Zu Abs. 2 vgl. § 76 G.B.O Die Motive bemerken, daß eine solche Verweisung dort zwar nur für Altentheile vorgesehen sei, aber auch bei andern dinglichen Lasten vorkomme.

5 Mittheilungen über die im Laufe des Verfahrens etwa erfolgenden Eintragungen im Grundbuche an das Vollstreckungsgericht sind nicht vorgeschrieben.

§. 20. Ergiebt sich aus den Mittheilungen des Grundbuchrichters ein Umstand, welcher, wenn er früher bekannt gewesen wäre, die Einleitung des Verfahrens verhindert haben würde, so hat das

Gericht nach Beschaffenheit des Falles entweder das Verfahren sofort aufzuheben, oder dem Gläubiger aufzugeben, innerhalb einer nach Ermessen zu bestimmenden Frist darzuthun, daß das Hinderniß beseitigt sei. Nach Ablauf der Frist ist das Verfahren von Amtswegen aufzuheben, wenn der erforderte Nachweis inzwischen nicht erbracht ist.

§ 20. **Verfügungen in Folge der Mittheilungen nach § 19.**

1. Vgl. § 34 R.Zw G.Entw.

2. Die Mittheilungen des Grundbuchrichters können die Unzulässigkeit der Einleitung ergeben: a. weil der in der vollstreckbaren Ausfertigung benannte Schuldner nicht als Eigenthümer im Grundbuche eingetragen ist oder sein Veräußerungsrecht verloren hat (vgl. §§ 13 u. 14 Nr. 2, 3) — b weil das Grundstück überhaupt, oder vermöge seiner rechtlichen Eigenschaft wegen gewisser Forderungen nicht zur Zwangsversteigerung gebracht werden darf. (Anm. 4 zu § 1, Anm. 6 zu § 2. Außerdem können sich Differenzen und Bedenken in Bezug auf die Bezeichnung und die Identität des Grundstückes ergeben (§ 13 Nr 1, § 14 Nr. 1)

3 In solchen Fällen muß das Vollstreckungsgericht nach § 20 verfahren. Wenn sich ergiebt, daß das Hinderniß nicht beseitigt werden kann, so ist das Verfahren sofort aufzuheben, im anderen Falle dem Gläubiger eine angemessene Frist zur Beseitigung des Hindernisses (z. B zur Glaubhaftmachung des Eigenthumes, § 14 Nr. 3; zum Nachweise, daß das Grundstück zu einer Gütergemeinschaftsmasse gehört u. s. w) zu bestimmen. — Diese Anordnungen sind jederzeit bis zum Schlusse des Versteigerungstermines nachzuholen, sobald das Hinderniß bemerkt wird. Inwiefern sich daraus Gründe für den Widerspruch gegen Ertheilung des Zuschlages für die Versagung desselben von Amtswegen und die Begründung der Beschwerde ergeben, folgt aus §§ 75 Nr. 1, 78, 88.

4. Der Beschluß ist in beiden Fällen eine Entscheidung des Vollstreckungsgerichtes. Es findet daher das Anm. 10 d e zu § 3 Gesagte Anwendung, für die Zustellung aber auch § 4

5. Bei einer Mehrheit von Gläubigern (§§ 13, 15) ist zu unterscheiden: „Handelt es sich um objektive, dem Verfahren entgegenstehende Mängel — z. B. Differenzen in der Bezeichnung des Grundstückes (§ 13 Nr. 1, § 14 Nr. 1) — so ist jedem Gläubiger die erforderliche Auflage zu machen, und jeder befugt, durch Erbringung der Nachweise die Fortsetzung des Verfahrens herbeizuführen. — Handelt es sich dagegen um Anstände, welche nur den einzelnen Gläubiger betreffen (wie möglicher Weise bei Anm 2 a), so ist bezüglich eines jeden derselben selbstständig zu verfahren" (Mot.). Die Mittheilungen des Grundbuchrichters können Veranlassung geben, das Verfahren bezüglich eines Gläubigers aufzuheben, bez. eines andern fortzusetzen

II. Theilnahmerechte der Interessenten.

§. 21. Als Interessenten des Verfahrens gelten:

1) der Gläubiger (§§. 13, 15);

2) der Schuldner;

3) die Realberechtigten, welche zur Zeit der Eintragung des im §. 18 bezeichneten Vermerks aus dem Grundbuche ersichtlich sind;

4) diejenigen, welche zu den Vollstreckungsakten sich als Realberechtigte melden und ihre Ansprüche geltend machen.

§ 21. Interessenten.

1. Vgl. § 8 R.Zw.G Entw.

2 Die Rechtsstellung der „Interessenten des Verfahrens" ist eine verschiedene. Parteien in demselben sind nur der Gläubiger und der Schuldner. (Anm. 3 zu § 2.) Der Gläubiger insbesondere bestimmt durch seine Anträge die Einleitung (§ 13) und die Fortsetzung des Verfahrens (§§ 50, 51, 69, 73, 99). Der Schuldner führt die Aufhebung desselben durch Hinterlegung der beizutreibenden Summe und Sicherheitsleistung für die Kosten herbei (§ 70). Dritte, welchen ein die Veräußerung hinderndes Recht am Grundstücke zusteht (§ 690 C.P.O., §§ 70, 71), sind nicht Interessenten des Verfahrens. — Die Realberechtigten (Nr. 3 u 4) sind neben den Parteien zur Wahrnehmung ihrer Rechte in dem Verfahren zuzuziehen. (§§ 40 Nr. 8 u. 9, 47, 101, 132, 134). Sie üben in demselben zu diesem Behufe die durch das Gesetz ihnen eingeräumten Rechte aus (§§ 44, 45, 51, 53, 60, 62, 74, 77, 87, 113), haben aber kein selbstständiges Recht, die Fortsetzung des Verfahrens zu betreiben oder dessen Einstellung zu hindern. (Kurlbaum N.G. S. 5 u. 6)

3 Wegen des Gläubigers und Schuldners s. Anm. 2 u. 3 zu §§ 13, 14; Anm. 4 α. γ — ε und 6 zu § 2. — Der neben dem Schuldner in §§ 49, 50, 69, 99 hervorgehobene neue Eigenthümer (§ 17 Abs. 2) gehört als Realberechtigter (Nr 4) zu den Interessenten des Verfahrens (Anm. 3 zu § 15).

4. „Realberechtigte im Sinne des Gesetzes sind alle diejenigen, welche ein dingliches Recht an dem Grundstücke oder sonst ein Recht auf abgesonderte Befriedigung aus dem Grundstücke haben" (Mot.) In diesem Sinne ist auch der Personalgläubiger, zu dessen Gunsten die Beschlagnahme erfolgt, Realberechtigter (§ 30 Nr. 1, s a. Anm 9 A zu §§ 16 u 17). Bei der Antheilsversteigerung sind die Miteigenthümer am ganzen Grundstücke nur insoweit Realberechtigte, als ihnen ein Vorkaufsrecht zusteht (s. Anm 6 b zu § 22).

Die Vormerkung zur Erhaltung eines Rechtes auf Eintragung (§ 22 E.E.G.) gewährt ein dingliches Recht für eine noch nicht festgestellte Forderung (Anm. 6 zu §§ 33, 34), ebenso die Vormerkung zur Vollziehung eines Arrestbefehles (§ 10). — Wegen der Bedeutung der Eintragung eines Arrestes nach dem bisherigen Rechte vgl. Anm 2 zu § 10

5. Nr. 3 enthält eine Abweichung von § 14 S O insofern, als die aus dem Grundbuche und nicht die aus der Abschrift des Grundbuchblattes (dem Hypothekenscheine) ersichtlichen Realberechtigten als Interessenten des Verfahrens gelten sollen Grundsätzlich soll dem Grundbuche die entscheidende Kraft beiwohnen (Mot.) Stimmt daher die Abschrift mit dem Grundbuche nicht überein, so hat ein in Folge dessen zu dem Verfahren nicht zugezogener Interessent das Recht, der Ertheilung des Zuschlages zu widersprechen und dieselbe, wenn sie erfolgt ist, im Beschwerdewege anzufechten (§§ 75, 86). — Dadurch kann er vollständig

und ohne Weiteres zu seinem Rechte gelangen, während er sich nach der S.O. nur mit der Regreßklage gegen die Grundbuchbeamten wegen eines ihm durch die fehlerhafte Abschrift des Grundbuchblattes erlittenen Schadens Ersatz sichern konnte (Anm. 3 zu § 19)

6. **Zu Nr. 4.** Zu den hier gedachten Realberechtigten gehören: a. die in den §§ 24—28 erwähnten Gläubiger, insbesondere auch das Gesinde; b die auf einem privatrechtlichen Titel beruhenden dinglichen Rechte, soweit sie der Eintragung nicht bedürfen (§ 12 Abs. 2 E.E G, zu § 22 Anm 6 u. 7); c. die Gläubiger, deren Forderungen erst nach Eintragung des im § 18 bezeichneten Vermerkes im Grundbuche eingetragen sind; d. der nach der Beschlagnahme etwa eingetretene Eigenthümer (Anm 3 zu § 15). — Inwieweit diese Realberechtigten der Anmeldung bedürfen, sowie über die Glaubhaftmachung s. zu §§ 40 Nr. 8, 53 bis 56. — Neben der Meldung bedarf es nicht noch eines besonderen Antrages auf Zuziehung zum Verfahren.

7. Bei dinglichen Ansprüchen, welche zu einer Gütergemeinschaftsmasse gehören, ist der dieselbe repräsentirende Ehegatte als Interessent des Verfahrens anzusehen, auch wenn der Anspruch auf den Namen des anderen Ehegatten eingetragen ist. (Anm. 4 c. γ zu § 1.)

§. 22. Ohne Uebernahme oder Befriedigung derjenigen Rechte, welche dem Rechte des Gläubigers vorgehen, darf der Verkauf des Grundstücks nicht stattfinden. Die Feststellung des hiernach zulässigen geringsten Gebots erfolgt nach den Vorschriften der §§. 53 bis 56.

Das Grundstück wird durch den Verkauf von allen dinglichen Rechten, welche zur Wirksamkeit gegen Dritte der Eintragung in das Grundbuch bedürfen, frei, soweit dieselben nicht von dem Ersteher übernommen werden.

Dingliche Lasten, welche der Eintragung in das Grundbuch nicht bedürfen, gehen auf den Ersteher über, soweit nicht durch die Kaufbedingungen etwas Anderes bestimmt ist oder die erfolgte Beschlagnahme des Grundstücks (§. 16) der Geltendmachung entgegensteht. Rücksichtlich der Pacht und Miethe verbleibt es bei den bestehenden Vorschriften.

§ 22. **Die Realrechte bei der Zwangsversteigerung.**

1. Vgl. § 47 E.E.G., § 43 E.G. N B.P, fr. 15 § 5 D de re jud. 42. 1. Einl. S. 3, 5, 8, 11, 12, 16, 21.

2. Welche Realrechte, und inwiefern dieselben dem Verkaufe des Grundstückes bei der durch den Gläubiger betriebenen Zwangsversteigerung entgegenstehen, bestimmt der Abs. 1; in Abs. 2 u. 3 werden die Wirkungen des vollendeten Verkaufes bezüglich der Realberechtigungen am Grundstücke behandelt.

3. **Abs. 1** enthält das s. g. Deckungsprinzip (vgl. auch Mot. zum R.Entw. III S. 143 ff. zum R.Zw.G.Entw. S. 111). — Für die Zulässigkeit

des Zuschlages ist es gleichgiltig, ob die Deckung der vorgehenden Realberechtigten durch Uebernahme oder Befriedigung derselben erfolgt. Der andere für den Realkredit wichtige Grundsatz, daß durch die Zwangsversteigerung die dem Rechte der betreibenden Gläubiger vorgehenden Forderungen nicht fällig und nicht zahlbar werden, sondern (abgesehen von den Zinsen u. s. w) in Anrechnung auf den Kaufpreis zu übernehmen sind (das s. g. Uebernahmeprinzip), hat in § 57 seinen Ausdruck gefunden. — Vgl. Kurlbaum, N.G. S. 3 — Seine praktische Durchführung erhält Abs. 1 dadurch, daß im Einzelfalle ein geringstes Gebot festgestellt wird (§§ 53—56), und daß Gebote, welche das geringste Gebot nicht erreichen, unzulässig sind (§ 61) — (§§ 59, 89 R.Zw G.Entw) — Welche Rechte dem Rechte des betreibenden Gläubigers vorgehen, ist nach §§ 23—38, und welche derselben bei Feststellung des geringsten Gebotes zu berücksichtigen sind, nach §§ 53—56 zu entscheiden. (Vgl. Anm. 4, 5 a. a. O.). — Auf gleichberechtigte Ansprüche findet § 22 Abs. 1 nicht Anwendung. (Kurlbaum N.G. S. 18.)

4. Der Abs. 2 tritt an die Stelle des § 47 E.E.G. (Vgl. §§ 138 Abs. 2, 140 R.Zw.G.Entw.) Die Unterscheidung, welche dort zwischen Hypotheken und Grundschulden (§ 18 E.E.G.) einerseits und (dauernden) dinglichen Lasten, welche auf einem privatrechtlichen Titel beruhen, und nach § 12 Abs 1 E.E.G. der Eintragung zur Wirksamkeit gegen Dritte bedürfen, andererseits gemacht wird, ist nicht wiederholt. Auf beide Arten von dinglichen Rechten (vgl. auch § 29) finden sowohl Abs. 1 als auch Abs. 2 Anwendung. Beide sind als eingetragene Rechte — (ohne Eintragung werden sie überhaupt nicht berücksichtigt, § 55 Abs. 1) — von dem Ersteher zu übernehmen, wenn ein nachstehender Gläubiger das Verfahren betreibt (Abs. 1 und § 57). Stehen sie dem Rechte des betreibenden Gläubigers gleich oder nach, so gilt für Beide der Grundsatz des Erlöschens durch den Verkauf — wie nach § 47 E.E G. für Hypotheken und Grundschulden —, soweit dieselben nicht von dem Ersteher übernommen werden (§§ 57 Abs. 1, 116, 124 Nr. 2). Für dauernde Lasten (§ 12 Abs. 1 E.E.G.), welche nicht nach Abs. 3 von selbst auf den Ersteher übergehen, ist § 60 zu beachten. — Auf die im § 11 E.E.G. erwähnten Beschränkungen des Eigenthumsrechtes an dem Grundstücke bezieht sich Abs 2 nicht. Ein Antrag, daß das Grundstück durch den Verkauf auch von solchen Beschränkungen frei werden solle, wurde in der Kommission des A.H. abgelehnt, nachdem die Regierungs-Kommissare bemerkt hatten, daß diese Beschränkungen bei einem Zwangsverkaufe ebenso zu behandeln seien, wie bei einem sonstigen Verkaufe; es sei nicht angemessen, daß dieselben dem Ersteher gegenüber wirkungslos würden, wenn sie eingetragen oder ihm bekannt seien. Eine verschiedene Rechtslage für die einzelnen Bieter sei nicht zu befürchten, da die Beschränkungen, welche dem einen Bieter bekannt wären, im Termine auch den anderen mitgetheilt werden würden. — Ueber die unter § 11 E.E.G. zu begreifenden Beschränkungen des Eigenthumsrechtes vgl. bei Bahlmann, Achilles und Turnau.

5. Für dingliche Lasten, welche der Eintragung in das Grundbuch nicht bedürfen, stellt Abs. 3 im Anschlusse an § 342 I 11 A L.R, Plen Beschl. d. O.T. v. 22 April 1844, Entsch. Bd. 10 S. 11, den entgegengesetzten Grundsatz auf. Sie gehen ohne Anrechnung auf den Kaufpreis von selbst auf den Ersteher über, auch wenn sie der Forderung des betreibenden Gläubigers nachstehen (§§ 55

Abs 1, 57 Abs 1 und 3 — Motive zu § 22). Eine Ausnahme ist nur begründet, wenn etwas Anderes durch die Kaufbedingungen bestimmt wird (§§ 45, 60 Abs 2 — Grundgerechtigkeiten s auch unten Anm. 6e) und wenn die erfolgte Beschlagnahme des Grundstückes der Geltendmachung entgegensteht. — Letztere Bestimmung ist hauptsächlich für Pacht- und Miethsverträge im landrechtlichen Gebiete von Bedeutung; s unten Anm 6d

6. Nach § 12 E.E G. sind von der Eintragung befreit (Mot. zu § 22):

a. „Lasten publicistischer Natur, welche unablöslich auf dem Grundstücke haften, so daß nur die laufenden und rückständigen Leistungen aus dem Kaufgelde zu berichtigen sind" Dazu gehören die in Uebereinstimmung mit dem geltenden Rechte (§ 11 G.B O, § 5 E.G Jade, § 45 E G. Schl H., § 42 E G. Hann, §§ 51, 52 E.G Kassel) in den §§ 25, 27 28 aufgeführten Lasten. — Vgl auch Anm. 4 zu § 97;

b die gesetzlichen Vorkaufsrechte: Als solche bestehen im ganzen Geltungsbereiche des Gesetzes das Vorkaufsrecht des Eigenthümers des in Folge des verliehenen Enteignungsrechtes verkleinerten Grundstückes wegen solcher Theile, die sich in der Folge als entbehrlich herausstellen (§ 57 Ges v 11 Juni 1874, G S. S 221 — § 141 Allg Berggesetz v. 24. Juni 1865, G S. S 705); im Geltungsbereiche des Allg. Landrechtes das Vorkaufsrecht des Miteigenthümers an den Antheilen der übrigen (§§ 60, 62; 65, 74, I 17 A L R, §§ 2 und 4 Ges v. 2 März 1850 [G.S. S. 77]); in der Provinz Hannover das auf den statutarischen Bestimmungen der Ritterschaft des Herzogthumes Bremen beruhende Vorkaufs- und Retraktrecht der Agnaten an den ritterschaftlichen Erbstammgütern (§ 3 Nr 3 Ges v. 24. Dezember 1872 [G S. 1873 S. 2]). In Kurhessen sind die gesetzlichen Näher- (Abtriebs- oder Retrakts-) Rechte durch die Verordn v. 3. August 1822 aufgehoben (Strippelmann S. 459, Platner, Sachsenrecht S. 140 ff); ebenso in Schleswig-Holstein die auf Gesetz und Gewohnheitsrecht beruhenden Beispruchsrechte (Stobbe Bd. 2 § 88). — Vgl auch Achilles, Bahlmann und Turnau zu § 12 E.E.G. Das Rückkaufsrecht der Miterben nach art 841 Code civil bezieht sich auf den Erbantheil im Ganzen, nicht auf einen Antheil von einem Nachlaßgrundstücke;

c „diejenigen Gebrauchs- und Nutzungsrechte, welche nach §§ 8 und 142 des Allg Berggesetzes v 24. Juni 1865 im Wege des Zwangsverfahrens erworben werden konnen. Diese Rechte konnten jedem Erwerber gegenüber alsbald wieder neu begründet werden" (Mot) — Diese Gebrauchs- und Nutzungsrechte erlangen durch Besitzergreifung die Eigenschaft dinglicher Rechte. Ihr Uebergang auf den Ersteher ist in den §§ 47 und 68 Nr 3 E E G. (Hülfsbaue §§ 60 ff. Allg. Bergges) bereits festgesetzt — Die zum Bergbaubetriebe erforderlichen Gebrauchs- und Nutzungsrechte (§§ 58, 59, 60—63 Allg. Bergges.) können auch von den Eigenthümern selbstständiger Kohlenabbau-Gerechtigkeiten erworben werden (Ges. v. 22. Febr. 1869 § 9 a und c);

d. Pacht und Miethe. (Vgl. O. Fischer, Soll Kauf Pacht und Miethe brechen? 2. Ausg 1889, insbes. S. 69 ff., 86 ff., 89 ff.).

1) Im Geltungsbereiche des Allg Landrechtes hat der Eigenthumswechsel keinen Einfluß auf Miethe und Pacht, welche durch den Besitz die Wirkung eines dinglichen Rechtes erlangen (§§ 2, 358 I. 21 A.L R.). Nur für den Fall der nothwendigen gerichtlichen Veräußerung wird durch §§ 350, 357 a. a. O. ein Aufkündigungsrecht begründet

α. Dies Aufkündigungsrecht findet in allen Fällen der Zwangsversteigerung statt, in welchen die Wirkungen derselben sich gegen Realberechtigte richten (§§ 180, 185 Nr. 1). Es ist daher ausgeschlossen bei der Zwangsversteigerung auf Antrag eines Miteigenthümers (so auch nach früherem Rechte, V. v. 11. August 1843, G S. S. 323; § 113 Nr 1 S O. Vgl. auch Dernburg 1 § 291 bei Note 19).

β. Das Aufkündigungsrecht steht dem Ersteher zu und den Gläubigern, nicht dem Pächter oder Miether (§ 357). — An Stelle des Erstehers kann das Kündigungsrecht auch von dem Sondernachfolger desselben innerhalb der dem Ersteher zustehenden Kündigungsfrist und so lange dieser nicht anderweit zu erkennen gegeben hat, daß er das Pacht- oder Miethsverhältniß fortsetzen wolle, ausgeübt werden, denn es ist vor Ablauf der Kündigungsfrist nicht anzunehmen, daß der Ersteher das Pacht- oder Miethsverhältniß fortsetzen wolle, sofern dies nicht aus dessen anderen Erklärungen oder Handlungen zu schließen ist. (Vgl. Entsch. des Kammergerichts v. 9. Januar 1836 bei Ronne Erg. I S. 503; Eccius § 136 Note 138. Auch Koch's Ansicht (Komment. Anm. 55 zu § 351 h. t.) steht nicht entgegen, wenn eine stillschweigende Erneuerung des Pachtverhältnisses erst mit Ablauf der Frist zur Aufkündigung anzunehmen ist.) — Dem Schuldner, welcher selbst das Grundstück ersteht (§ 46 E.E.G), stehen dieselben Rechte wie jedem anderen Ersteher zu, sofern er nicht persönlich dem Miether oder Pächter verpflichtet ist (Eccius a a. O.) — Unter „Gläubigern“ sind nach den Entscheidungen des Obertribunals (Strieth. 41 S. 322, Entsch. 46 S. 148; 81 S. 176) die Hypothekengläubiger zu verstehen und soll das Kündigungsrecht nicht blos ihnen insgesammt, sondern jedem Einzelnen zustehen. Auch Förster § 136 zu Note 136 spricht nur von Pfandgläubigern, Dernburg I § 291 dagegen von jedem bei der Subhastation interessirten Gläubiger; dazu gehört auch der Personalgläubiger, welcher die Subhastation beantragt hat, — so auch Eccius a. a. O. — Nachdem die Beschlagnahme nicht mehr Litigiosität des Grundstückes für alle Interessenten, sondern nur zu Gunsten des betreibenden Gläubigers wirkt, nachdem ferner die dem betreibenden Gläubiger vorgehenden Realberechtigten von dem Verkaufe unberührt bleiben, nachstehenden Realgläubigern aber nur diejenigen Rechte im Verfahren eingeräumt werden können, welche dieses Gesetz ihnen gewahrt, konnte man zweifelhaft sein, ob das Aufkündigungsrecht nicht auf den betreibenden Gläubiger (§§ 13, 15) zu beschränken sei. — Man wird indeß nach der Fassung des Schlußsatzes des Abs. 3 annehmen müssen, daß das bestehende Recht der Realgläubiger aufrecht erhalten worden ist und daß also auch nachstehende Gläubiger das Kündigungsrecht haben. Mit Eccius ist aber die Meinung zu verwerfen, daß dies Recht von jedem einzelnen Realgläubiger ausgeübt werden könne, wie Knorr (Anm. 7c zu § 97) meint. Die Kündigung muß von den interessirten Gläubigern (dem betreibenden und den diesen nachstehenden Gläubigern) als Kaufbedingung beschlossen werden. Die Zustellung der Kündigung erfolgt zur Ausführung des Beschlusses von Amtswegen als Theil des Versteigerungsverfahrens (Eccius a. a. O.).

γ. Von den Gläubigern kann die Kündigung nur im Laufe des Verfahrens in der eben hervorgehobenen Weise geschehen. Der Ersteher kann das Kündigungsrecht nur mit gesetzlicher Frist bei der nächsten Gelegenheit nach dem Eigenthumserwerbe (d. h. nach Verkündigung des Zuschlagsurtheiles, § 97 d. G., § 535 Abs. 1 C.P.O.) üben, also bei der Miethe in den ersten drei Tagen des Quartales, welches auf dasjenige folgt, in dem der Zuschlag ertheilt ist; — der Miether hat dann Frist zur Räumung bis zum Ende des letzteren Quartales (§§ 344, 353 h. t., Entsch. 77 S. 31, Strieth. 95 S. 273); bei der Pacht bis zum Ende des laufenden oder nächsten Wirthschaftsjahres (d. h. Kontraktsjahres, Strieth. 22 S. 257, Entsch. 39 S. 152), je nachdem noch in ersterem die gesetzliche sechsmonatliche Kündigungsfrist offen ist oder nicht. Mit der Verlängerung der Räumungsfrist verlängert sich auch die Kündigungsfrist (§§ 342, 351, 353 h. t., Entsch. 79 S. 180).

δ. Die Räumung kann nur von dem Ersteher verlangt werden. Sie hat auch, wenn die Kündigung auf Beschluß der Gläubiger erfolgt, zur Voraussetzung, daß es zur Ertheilung des Zuschlages kommt (Eccius a. a. O.). Erst von dessen Verkündung berechnen sich die Räumungsfristen der §§ 351—353 h. t. Im § 351 bezieht sich das „alsdann" auf die Schlußworte des § 350. — Dies gilt auch, wenn die Kündigung durch die Gläubiger länger als sechs Monate vor dem Zuschlage erfolgt ist. (Entsch 22 S. 340, Strieth. 5 S. 138).

ε. Unterläßt der Ersteher die rechtzeitige Kündigung, oder verzichtet er auf die ihm durch eine Kündigung der Gläubiger erwachsenen Rechte gegen den Pachter oder Miether, — was nur mit Zustimmung des letzteren geschehen kann, der durch die Kündigung das Recht erlangt, seinerseits nach Ablauf der Räumungsfrist von dem Vertrage abzugehen (Eccius a. a. O. zu Note 140), — so wird angenommen, daß der Ersteher in den Vertrag eingetreten sei und das zwischen dem Subhastaten und dem Pachter bestehende kontraktliche Verhältniß fortsetzen wolle. — In diesem Falle werden die Grundsätze über das Verhältniß des freiwilligen Käufers zu dem Pächter oder Miether des Verkäufers auf den Ersteher angewendet. Er hat an den Subhastaten geleistete Vorausbezahlungen von Mieths- oder Pachtzinsen gegen sich gelten zu lassen, ebenso eine dem Pachter eingeräumte Kompensationsbefugniß (Entsch 57 S. 103, Strieth. 44 S. 253, Entsch. 57 S. 109, Strieth. 69 S. 6 und 53 S. 132).

ζ. Hat dagegen der Ersteher selbst gekündigt, oder macht er von dem ihm durch die Kündigung der Gläubiger erwachsenen Rechte Gebrauch, so giebt er dem Pächter dadurch zu erkennen, daß er über die Räumungsfrist hinaus das Pachtverhältniß nicht fortsetzen wolle. Bis dahin aber tritt er, — wie abweichend von der in erster Auflage im Anschlusse an die Rechtsprechung des Obertribunals (Entsch. 40 S. 149, Strieth 45 S. 345) und die frühere des Reichsgerichtes (R. 4 S. 286) ausgesprochenen Meinung anzuerkennen ist (Eccius a. a. O., R. 17 S 284 und bei Gruchot 32 S. 392, Jaeckel Anm. 6 zu § 22, Knorr Anm. 7c zu § 97) — an die Stelle des Verpächters, sowohl was den Anspruch auf das Pachtgeld betrifft, als auch insofern als er auf getilgte Ansprüche des Letzteren kein Recht mehr hat. — Aus § 31 E.E.G. kann er die Vorausbezahlungen der Pacht, oder die Abtretung und Verpfändung des Pachtanspruches (— bis zum Ablaufe der Räumungsfrist —) nicht anfechten; er sei denn ex iure cesso benachtheiligter Pfandgläubiger.

η. Ist der Pacht- oder Miethsvertrag durch Uebergabe Seitens des Schuldners noch nicht vollzogen, so finden nicht die §§ 350—357, sondern §§ 359, 360 h. t. und §§ 3—5 I. 19 A.L.R. Anwendung. Der Ersteher hat mit dem Pächter oder Miether nichts zu thun. (Entsch. 83 S. 28.) — Ist die Uebergabe des Grundstückes durch den Schuldner nach der Beschlagnahme erfolgt, so kann der betreibende Gläubiger dieselbe als ihm gegenüber unwirksam behandeln, die Exmission des Pächters aus dem Grundstücke bewirken bez. sein Exmissionsrecht dem Ersteher abtreten. Ein unmittelbares Exmissionsrecht hat der Ersteher nicht. (A. M Knorr Anm. 7a zu § 97.) Der betreibende Gläubiger kann auch die Ausbietung des Grundstückes mit der Bedingung verlangen, daß das Pacht- und Miethsrecht mit dem Zuschlage aufhöre. — Behauptet der Pächter oder Miether in solchem Falle, daß die Beschlagnahme seinem Rechte nicht entgegenstehe (Anm. 9 B, C. b α zu §§ 16, 17), so muß darüber im Rechtswege zwischen ihm und dem Ersteher entschieden werden (Jäckel Anm. 6 zu § 22).

2) Nach gemeinem Rechte gelten bezüglich der Miethe und Pacht bei Zwangsversteigerungen dieselben Regeln, wie bei freiwilligen Verkäufen. Danach ist der Ersteher, sofern die Kaufbedingungen nicht ein Anderes festsetzen, an die von dem Subhastaten geschlossenen Pacht- und Miethsverträge nicht gebunden, kann vielmehr kraft seines Eigenthumsrechtes den Pächter oder Miether aus dem Grundstücke treiben. Daraus, daß der Miether von dem freiwillig veräußernden Vermiether verlangen kann, für Aufrechterhaltung des Miethsverhältnisses Sorge zu tragen (fr. 25 § 4 D loc. cond. 19, 2 — Fischer a. a. O. S. 9) läßt sich allenfalls ein — aber nur persönlich wirksames partielles — Veräußerungsverbot (nämlich anders zu veräußern als unter Wahrung des fr. 25 § 4 l. c) herleiten. — Der Ersteher ist aber regelmäßig an Kündigungsfristen gebunden, so daß der Miether oder Pächter erst nach Ablauf einer bestimmten Zeit und bei Eintritt des sonst gebräuchlichen Räumungstermines zu weichen hat (Genaueres bei Fischer a. a O. S. 75.) In Neuvorpommern und Rügen können Pächter und Miether, deren Recht eingetragen ist, von einem späteren Erwerber des Grundstückes die Erfüllung des geschlossenen Vertrages bis zum Ablauf der vollen Vertragszeit beanspruchen, sofern der neue Erwerber nicht in einer Zwangsversteigerung gekauft hat, die von einem früher eingetragenen Gläubiger ausgebracht ist. (§ 14 E.G. N V.P.) — Auch in Schleswig-Holstein ist im Gebiete des dänischen Rechtes der Eintragung von Miethe- und Pachtrechten die Wirkung der Dinglichkeit beigelegt bez erhalten (§ 34 E.G. Schl.H.); ebenso in Kurhessen (§ 3 Abs. 2 E.G Kassel). Die Miethe und Pacht treten danach durch die Eintragung in die Reihe der dinglichen Rechte und werden ebenso behandelt wie diese (Abs. 1 und 2). Auch in den anderen gemeinrechtlichen Gebietstheilen ist solche Eintragung nicht ausgeschlossen. (Fischer S. 32.)

3) Für das Rheinische Rechtsgebiet (vgl. Fischer a. a. O. S. 89 ff) besagt § 36 E.G. Rhld:

> Ist im Falle der Zwangsversteigerung das Grundstück verpachtet oder vermiethet, so kann der Ansteigerer den Vertrag aufkündigen. Die Frist oder Zeit für die Kündigung ist, falls eine kürzere Frist oder nähere Zeit nicht bedungen war, die gesetzliche oder ortsübliche (Artikel 1748 des bürgerlichen Gesetzbuches). Schadenersatzansprüche wegen Auf-

hebung des Vertrages können nur gegen den Verpächter oder Vermiether geltend gemacht werden.

Die Kündigung des Pächters muß mindestens ein Jahr vor der Austreibung, die des Miethers so lange vorher geschehen, als für Kündigungen ortsüblich ist. (Art. 1748 a. a. O) — Die Schadensansprüche des Miethers oder Pächters regeln sich nach Art. 1744 ff. a a. O — Vgl. auch Mügel zu § 36.

4) Für das geplante Reichsrecht vgl. § 141 R Zw.G Entw. in Verbindung mit R Entw. I §§ 509, 511, 532, 537 II. §§ 512—516, 519, 520 — Anm. zu §§ 520, Nr. 2, — 521 Abs 2, 535.

e Grundgerechtigkeiten (Realservituten, A.L.R. I. 22). Dem Berechtigten steht es frei, die Eintragung nach Maßgabe der §§ 13, 14 E.E G. auf seine Kosten herbeizuführen. — Für den Uebergang auf den Ersteher ist die Eintragung gleichgültig. Es kommt nur darauf an, ob die Eintragung nothwendig war, um die Dinglichkeit zu begründen Dies ist der Fall für Grundgerechtigkeiten, welche auf Vertrag beruhen, im Bezirke des vormaligen Appellationsgerichtes zu Kassel (§ 3 Abs. 2 E G. Kassel). Für diese sind in § 200 Abs. 1 besondere Vorschriften gegeben. — In den übrigen Landestheilen ist Nachtheilen, welche einem vorgehenden Gläubiger aus dem gesetzlichen Uebergang einer nachstehenden Grundgerechtigkeit erwachsen können, nach § 60 Abs 2 vorzubeugen.

7. Ablösungsrenten, welche der Eintragung nicht bedürfen, gehen ebenfalls auf den Ersteher über. Die Nothwendigkeit der Eintragung ist in den verschiedenen Landestheilen nicht übereinstimmend geordnet.

a Für den Geltungsbereich des Gesetzes vom 2 März 1850 (d. h. den ganzen damaligen Umfang der Monarchie mit Ausnahme der am linken Rheinufer belegenen Landestheile) verweisen §§ 12 Abs. 3 E E G und § 77 Abs 1 G.B.O in Betreff der Eintragung der den Rentenbanken überwiesenen Renten und der Domänenamortisationsrenten auf das Gesetz v. 2. März 1850 über die Rentenbanken (G S. S 112) Danach bedürfen Erstere nicht der Eintragung in das Grundbuch; das Grundstück bleibt aber für die Dauer der Amortisationsperiode der Rentenbank verhaftet, auch wenn der in dieser Beziehung vorgeschriebene Vermerk nicht eingetragen worden ist. Die Renten haben das Vorzugsrecht der Staatssteuern. (§ 18 a a. O R 6 S. 392, s. auch § 27 d. G.) Auch bei den nach § 64 a a. O. (ohne Vermittelung der Rentenbanken) ablösbaren dem Domänenfiskus zustehenden Renten soll im Grundbuche nur der Vermerk eingetragen werden, daß das Grundstück wegen der in dem Rezesse gedachten, durch Amortisation abzulösenden Rente dem Domänenfiskus verhaftet sei. (§§ 12, 14, 19 Instr des Finanzministers v. 1. August 1850; Reskr. des Kammergerichtes v. 3. März 1852, Staatsanzeiger 1852 Nr. 69. — Just.M Bl. 1855 S. 193, 194)

b In Schleswig-Holstein gilt die vorerwähnte Bestimmung des § 18 des Rentenbankgesetzes ebenfalls (§§ 53 Abs. 3, 44 Ges. v. 5 Januar 1873 G.S. S. 3).

c. Desgleichen finden in Kurhessen (Regierungsbezirk Kassel ausschließlich der zu denselben gehörigen ehemals Großherzoglich Hessischen Gebietstheile), die §§ 18, 64 des Rentenbankgesetzes Anwendung (§§ 18, 20, 21, 22 Abs. 3 u. 4, Ges v. 25. Juli 1876, G.S. S. 357).

d. In Hannover bedürfen Ablösungs- und Allodifikationsrenten der Eintragung Sie treten an Stelle des abgelösten Rechtes, genießen dasselbe Vorrecht wie dieses und unterliegen den Bestimmungen der Abs. 1 u. 2 dieses Paragraphen (s. § 16 E.G. Hann; § 106 Ges. v. 14. Dez. 1864; und außer dem die Eintragung regelnden Gesetz v. 16. Sept 1844 die verschiedenen Ablösungsgesetze. — Vgl. a. Greefe, Hannovers Recht II S. 351 ff). — In Betreff der Eintragung und Löschung von Domänen-Amortisations- und Rentenbankrenten verweist der § 17 E G. Hann. auf die in Geltung verbleibenden Vorschriften der Verordnung vom 28 September 1867 (G.S. S. 1670) und des Gesetzes vom 3. April 1869 (G.S. S. 544). Nach Ersterem werden die Domänen-Amortisationsrenten zwar in Ansehung der Erhebung und Beitreibung (§ 9) und der Vertheilung bei Zerstückelung des Grundstückes (§ 11) wie Staatssteuern behandelt, — denen aber in Konkurrenz mit anderen Verpflichtungen des belasteten Grundstückes nicht das Vorrecht der Staatssteuern beigelegt ist (siehe jedoch zu § 27) — bedürfen aber (— ebenso wie nach der Ablösungsordnung die Abfindungskapitalien —) der Eintragung in das Hypothekenbuch (§ 16). — Ebenso ist in dem Gesetz v. 3. April 1869 zwar für die Ablösung von Reallasten, welche anderen Berechtigten zustehen (§ 1), die Zahlung der Amortisationsrente durch Vermittelung der Rentenbank nach Maßgabe des Preußischen Gesetzes vom 2. März 1850 eingeführt (§ 4), aber verordnet, daß die Rentenbankrente in gleicher Weise wie die Ablösungskapitalien in das Hypothekenbuch eingetragen werden sollen (§ 6). Für die Domänen-Amortisationsrenten und die Rentenbankrenten in der Provinz Hannover findet daher § 22 Abs. 3 keine Anwendung (siehe § 200 Abs. 2).

e. In den linksrheinischen Landestheilen des Oberlandesgerichtsbezirkes Köln sind die Reallasten durch die französische Gesetzgebung abgeschafft.

f. Für den ganzen Umfang der Monarchie sind die Vorschriften des Gesetzes vom 2. März 1850 (oben zu a) für anwendbar erklärt auf die durch Vermittelung der Rentenbank erfolgende Ablösung der auf Rentengütern mittleren und kleineren Umfanges haftenden Renten und die Tilgungsraten der zur erstmaligen Einrichtung von den Rentenbanken gewährten Darlehen. (Ges. über Rentengüter vom 27. Juni 1890, [G.S. S. 209]; Ges betr. die Beförderung der Einrichtung von Rentengütern v. 7. Juli 1891 [G.S. S. 279] insbes. §§ 1, 2, 6, 10, 11.) Vgl. auch Ges. v. 26 April 1886 betr. die Beförderungen deutscher Ansiedelungen in den Provinzen Westpreußen und Posen (G.S S. 131), welches bereits die Einrichtung von Rentengütern gestattete.

Die nach Maßgabe der Kurhessischen Ablösungsgesetze zur Ablösung aufgehobener Grundzinsen, Zehnten, Dienste, Triftabgaben und anderer Grundlasten, sowie der aufgehobenen Lehns-, Meier- und sonstigen gutsherrlichen Verhältnisse und der an deren Stelle getretenen Ablösungs- und Entschädigungskapitalien aus der Landeskreditkasse erborgten Darlehne behalten nach § 45 E.G. Kassel auch ohne Eintragung in die Grundbücher ihre bisherigen gesetzlichen Pfand- und Vorzugsrechte an den ehemals pflichtigen Grundstücken, sie sind nach § 46 a. a. O. in dem Zwangsversteigerungs- und Konkursverfahren von der Anmeldung befreit und gehen kraft des Gesetzes auf den Ersteher über (auch wenn sie in die Grundbücher aus den alten Währschaftsbüchern u. s w. übertragen sind) — Bei Feststellung des geringsten Gebotes und Vertheilung der Kaufgelder sind von solchen Darlehen nur laufende und rückständige Zinsen zu berücksichtigen und zwar an der Stelle, welche nach § 45 a. a. O. dem Darlehen zukommt.

Nach dem Gesetze über die gerichtliche Eintragung von Grundlasten in den vormals Bayerischen Landestheilen des Bezirkes des Appellationsgerichtes zu Kassel vom 29. Mai 1874 (G.S. S. 185) behalten die für ablösbar erklärten Grundlasten, sowie die an deren Stelle getretenen Geldansprüche, ohne Eintragung sowohl dem Eigenthümer als Dritten gegenüber ihre bisherige Wirksamkeit, und gehen wie die Ablösungsdarlehen der Landeskreditkasse kraft Gesetzes auf den Ersteher über (§§ 1, 2). Auch für diese Belastungen kommt § 22 Abs. 3 zur Anwendung (Mot.).

§. 23. Die in den §§. 24 bis 38 bezeichneten Forderungen sind in der Reihenfolge und dem Umfange, welche daselbst festgesetzt sind, aus dem Kaufgelde zu berichtigen oder in Anrechnung auf dasselbe von dem Ersteher zu übernehmen.

§ 23. **Rangordnung der Gläubiger.**

1. Vgl. § 46 Pr.K.O., §§ 59, 69 hann. Ges. v. 14. Dez. 1864, §§ 9—15 R.Zw.G Entw.

2. Unter den in den §§ 24—38 bezeichneten Forderungen sind zu unterscheiden: 1 die eigentlich dinglichen Belastungen (§§ 29 u. 30 Nr. 2, Realansprüche im engeren Sinne), — 2. die Realansprüche in dem weiteren Sinne dieses Gesetzes (s oben zu § 21 Anm 4 u. 6). Zu den letzteren gehören die in den §§ 24—28 aufgeführten Forderungen, welche im gemeinrechtlichen Konkurse als Masseschulden und als absolut privilegirte Forderungen den Pfandrechten vorgingen (Klasse I) — vgl Windscheid § 271 zu Note 16; hann. Ges. v. 14 Dez 1864 §§ 59, 69; kurhess. Ver. v 24. Juli 1834 §§ 16 u 18 und v. 6 Juli 1770 § 10 — Strippelmann S. 573 —, und auch nach der Preußischen Konkursordnung als Kommunkosten (§§ 40, 41 Nr. 2) und bei der Vertheilung der Kaufgelder eines Grundstückes als bevorrechtigte Forderungen anerkannt sind (§§ 47—50). Für das vorliegende Gesetz ist der Kreis der privilegirten Forderungen nicht über diejenigen Kategorien hinaus erweitert, welche nach den Vorschriften der Konkursordnung (§§ 51, 52, 54 K.O.) mit einem Vorrechte ausgestattet sind, und auch für die Reihenfolge der zugelassenen Vorrechte an den in der Konkursordnung angenommenen Grundsätzen festgehalten (Mot.).

3. Die in den §§ 24—38 gegebene Aufzählung schließt alle anderen Vorzugsrechte aus, namentlich das gemeinrechtliche Vorrecht wegen nothwendiger Auslagen und Darlehen zur Erhaltung und Verbesserung des Grundstückes (— so weit es nicht in § 24 anerkannt ist —), wozu auch das in § 44 Nr. 6 E.G. Rhl. aufrecht erhaltene Vorrecht für Saatkorn gehört. (Vgl. Mot. und Kommiss.Ber. d. HH. S. 19). Nicht alle in § 54 K.O. anerkannten Vorrechte sind berücksichtigt. Das entspricht dem § 10 A.G.K.O., welcher die das ganze Vermögen umfassenden gesetzlichen Vorzugsrechte bei Immobilien auf solche Forderungen beschränkt, die sich auf den Gegenstand der Zwangsvollstreckung beziehen.

4. Die in §§ 23 ff. enthaltenen Bestimmungen finden auch im Falle des Konkurses hinsichtlich des Umfanges und der Rangordnung der aus der Immo-

biliarmasse zu berichtigenden zur abgesonderten Befriedigung berechtigenden Ansprüche Anwendung (§ 39 Abs. 2 K.O.).

§. 24. I. Alle Ausgaben, welche bei der bis zum Zuschlage fortgesetzten Zwangsverwaltung des Grundstücks von dem dieselbe betreibenden Gläubiger zur Erhaltung und nöthigen Verbesserung des Grundstücks gemacht sind und aus den Einkünften nicht erstattet werden können.

§ 24. **Kosten der Zwangsverwaltung.**

1. Diese Ausgaben haben nach § 41 der Konkursordnung vom 8. Mai 1855 den Karakter der Kommunkosten im Konkurse und behalten die Wirkungen dieses Karakters durch die Beilegung des Vorzugsrechtes Vorausgesetzt wird jedoch ein solcher Zusammenhang der Zwangsverwaltung mit der Zwangsversteigerung, welcher die Annahme rechtfertigt, daß die aufgewandten Kosten das Grundstück für die Zwangsversteigerung erhalten oder wiederhergestellt haben. Dieser Zusammenhang ist nur vorhanden, wenn die Zwangsverwaltung bis zum Zuschlage fortgesetzt ist; dagegen ist nicht erforderlich, daß beide Vollstreckungsmaßregeln von demselben Gläubiger betrieben werden." (Mot.) — Vgl. §§ 9 Nr. 1, 10 Nr. 1 R.Zw.G.Entw.

2. Nur der die Zwangsverwaltung betreibende Gläubiger hat wegen solcher Ausgaben, zu denen insbesondere die Zahlung laufender Versicherungsprämien gehört (Bericht der Kommiss. des A.H., — nur ausnahmsweise aber das dem Verwalter gezahlte Honorar R. 25 S. 227, Dernburg, Hyp.R. II S. 363 —) Anspruch auf Befriedigung aus dem Kaufpreise. Der Verwalter hat sich bei seinen Ausgaben regelmäßig innerhalb der Grenze der Einnahmen zu halten; Vorschüsse, welche er selbst leistet, gewähren ihm auch, wenn sie mit Zustimmung des Gerichts geschehen, nicht das Vorrecht des § 24, mögen sie ihm auch aus den Einkünften zu erstatten sein (§ 148). Bei unzureichenden Einkünften hat er dem Gerichte Anzeige zu machen, und dieses den Gläubiger zur Bestellung des Vorschusses zu veranlassen. (Dernburg a. a. O. — A. M. Jäckel Anm. 1) — Der Gläubiger hat nicht blos die Leistung, sondern auch die Verwendung der Vorschüsse zu dem angegebenen Zwecke zu beweisen (R. 17 S. 273). Nach R. 25 S. 227 soll das Vorrecht des Gläubigers auch cessiren, wenn die Erstattung aus den Einkünften nur in Folge schlechter Verwaltung nicht erfolgen kann. Der Gläubiger hat auf diese aber keinen Einfluß, und sein Geld hat den Werth des Grundstückes erhalten oder erhöhet. Mit Dernburg und Jäckel ist daher in solchem Falle das Vorrecht anzuerkennen. — Vgl. Anm. 2 zu § 84.

§. 25. II. Die laufenden, zur Erfüllung der Deichpflicht erforderlichen Beiträge und Leistungen und die Rückstände derselben aus den beiden letzten Jahren.

Es macht hierbei keinen Unterschied, ob die Beiträge und Leistungen von der zuständigen Staatsbehörde ausgeschrieben sind oder aus der auf einem Deichverband beruhenden Deichpflicht entspringen.

§ 25. Deichlasten.

1. § 25 entspricht dem § 47 Pr.K.O.; nur sind hier, wie in den §§ 26 bis 28, 35 Nr. 2, neben den Rückständen aus den letzten zwei Jahren auch die laufenden Beiträge und Leistungen hervorgehoben, welche nach § 57 Pr.K.O. von dem Konkursverwalter aus den Revenuen des Grundstückes zu berichtigen sind, und nach § 41 Nr. 2, § 46 a. a. O. auch bei Vertheilung des Kaufgeldes des Grundstückes als Massenschulden behandelt werden. Die Abweichung rechtfertigt sich durch die vollständige Trennung des Zwangsversteigerungsverfahrens von dem Konkursverfahren. — Vgl. §§ 9 Nr. 2, 10 Nr. 2 R Zw.G.Entw.

2. Wegen der Deichlasten vgl. Ges. v 28. Januar 1848 G S. S. 54 (insbesondere die §§ 9 und 18 [Vorzugsrecht, Gleichstellung der in einem Deichverbande zu leistenden Dienstpflicht mit einer öffentlichen Last]; ausgedehnt auf Hannover und Schleswig-Holstein durch Ges. v. 11 April 1872 [G.S. S. 377] und die nach II und III des letzteren Gesetzes in kleineren Distrikten geltenden Deich- und Sielordnungen. — Die Ersatzansprüche der für den verpflichteten Eigenthümer eintretenden Sozietätsmitglieder (K O. v. 15 Aug. 1814) begründen das Vorrecht nicht; so jetzt auch Jäckel. A. M Knorr. — Ob die K.O. v. 1814 noch zu Recht besteht, kann dahingestellt bleiben. Die Anwendung des § 25 setzt voraus, daß die Staatsbehörde oder der Deichverband die Gläubiger sind.

3. Den Kassen und Anstalten, welchen das Grundstück zu einer der in §§ 25, 27 und 28 bezeichneten Abgaben und Leistungen verpflichtet ist, soll die Bekanntmachung des Verfügungstermines mitgetheilt werden. Die Mittheilung ist eine Angelegenheit der Justizverwaltung. Die entstehenden Postgebühren sind nicht als baare Auslagen der Zwangsvollstreckung zu berechnen (Allg. Verf v. 2. Nov. 1883, J M.Bl. S. 332). — Den Gerichten soll von den dazu verpflichteten höheren Verwaltungsbehörden durch Vermitteluug der Präsidenten der Oberlandesgerichte mitgetheilt werden, welche Behörden bezüglich der zu den Staatskassen fließenden Abgaben und welche Behörden bezüglich der nicht zu den Staatskassen fließenden Abgaben und Leistungen (§§ 25, 28 d. G.) zur Empfangnahme der erwähnten Benachrichtigungen bestimmt sind (Allg. Verf. v. 2. April 1884, J.M.Bl. S. 66 und v. 8 Okt. 1884, J M.Bl. S 230).

§. 26. III. Die laufenden Beträge und die Rückstände aus dem letzten Jahre an Lohn, Kostgeld und anderen Dienstbezügen des Gesindes, sofern dasselbe zur Bewirthschaftung des Grundstücks gehalten wird, und das Grundstück ein zur Landwirthschaft bestimmtes Gut ist.

Mit denselben Einschränkungen gehören hierher auch die Forderungen der Wirthschafts- und Forstbeamten und aller übrigen zur Verwaltung des Grundstücks oder der damit verbundenen Rechte oder zum Betriebe der damit verbundenen ländlichen Nebengewerbe in dauerndem Dienst- oder Arbeitsverhältnisse zum Besitzer stehenden Personen wegen ihrer Dienstleistungen.

§ 26. Liedlohn.

1. § 26 entspricht mit der bei § 25 Anm. 1 hervorgehobenen Modifikation dem § 50 Pr.K.O. (vgl. § 59 Nr. 3 Hann. Ges. v. 14. Dez 1864) und erweitert die Geltung dieses Vorzugsrechtes auf das ehemalige Kurhessen, (vgl. § 51 E.G. Kassel) hebt aber andererseits weitergehende Liedlohnprivilegien (§§ 44d, 65 E.G. Schl.) auf. — Durch die gewählte Fassung wird jede Art dauernden Dienstverhältnisses betroffen. — Die Voranstellung dieses Privilegs vor das der öffentlichen und gemeinen Abgaben entspricht dem § 54 K.O. — Vgl. § 236 R.Zw.G.Entw. und Motive dazu S. 368 und Dernburg, Hyp.R. II S. 364 ff.

2. Das Gesindeverhältniß braucht nicht bis zum Beginne der Zwangsversteigerung bestanden zu haben; auch ist es nicht nöthig, daß, wenn dasselbe vorher gelöst worden, aus demselben geklagt und die Exekution ununterbrochen fortgesetzt ist. Die entgegengesetzte Entscheidung des O.T. v. 10. Juni 1864 (Strieth. 54 S. 227; Entsch. 52 S. 465), welcher Dorendorf (S. 48) unter Betonung des Gebrauches der Präsensformen (gehalten wird; im Dienstverhältniß stehenden Personen) beistimmt, wird mit Recht unter Verweisung auf § 59 Abs. 2 Pr.K.O. von Wachler bekämpft (S. 153), dem auch Jäckel Anm. 1 und Dernburg a. a. O. S. 367 sich angeschlossen haben. Das Vorrecht wird für Rückstände aus dem letzten Jahre ohne eine derartige Beschränkung gegeben und beruht auf dem Gesichtspunkte der in rem versio, besteht deshalb auch für Bezüge aus der Besitzzeit eines Vorbesitzers (Schneider S. 6). Die in den Motiven hervorgehobene Rücksicht auf die Bewirthschaftung des Grundstückes würde nur das Vorrecht der laufenden Beträge rechtfertigen. Das bloße Stehenlassen oder Nichteinfordern nimmt der Forderung nicht den Charakter der Lohnforderung, sondern gehört nothwendig zu dem Begriffe der Rückständigkeit. — Anders wäre es, wenn wirkliches Kreditiren (z. B. Verwandelung in eine verzinsliche Darlehnsschuld) vorläge. — So auch Rudorff S. 79; diese Auffassung entspricht dem bisherigen Hannöverschen Rechte, der durch Hann. Ges. v. 14. Dez. 1864 § 59 Nr. 3 aufrecht erhaltenen Verordnung vom 30. Juli 1830 (s. bei Schneider S. 25, 26).

3. Der Abs. 2 betrifft gesindeähnliche Verhältnisse. Es ist deshalb ein dauerndes Dienst- oder Arbeitsverhältniß erforderlich, d. h. ein solches, welches nicht durch tägliche oder wöchentliche oder sonst kurz gegriffene Lohnzahlungen gelöst wird oder, wenn dies auch rechtlich zulässig gewesen sein sollte, thatsächlich von längerer Dauer gewesen ist (Dernburg, Hyp.R II S. 368). — Darüber ist nach richterlichem Ermessen im Einzelfalle zu entscheiden. (Vgl. auch Gesetz betr. die Beschlagnahme des Arbeits- oder Dienstlohnes v. 21. Juni 1869 [B.G.Bl. S 242] § 4 Schlußabsatz.) Vgl. auch R. 27 S. 227, wo das Vorrecht demjenigen, der nicht blos selbst mitarbeitet, sondern andere Personen für den Eigenthümer gedungen hat, auch wegen der Lohnforderung dieser Arbeiter zuerkannt ist.

4. Nach dem Berichte der Kommiss. des A.H. wurde zwischen den Regierungskommissarien und der Kommission Einverständniß dahin festgestellt, daß ein zur Forstwirthschaft bestimmtes Gut gleichfalls unter die Vorschriften dieses Paragraphen falle.

5. Verwaltung der mit dem Grundstücke verbundenen Rechte. Als solche können nur mit dem Grundstücke verbundene Gerechtigkeiten (subjektiv dingliche Rechte im Sinne des A.L.R.) in Frage kommen. Rechte publicistischer

Natur, welche mit einem Grundstücke dergestalt verbunden wären, daß deren Verwaltung von dem Gutsbesitzer einem besoldeten Beamten übertragen werden könnten, giebt es nicht mehr.

6. Das auf dem Grundstücke betriebene Gewerbe muß den Karakter des Nebengewerbes haben. Danach sind „gewerbliche Anlagen und Fabriken nicht als landwirthschaftliches Nebengewerbe zu betrachten, deren Betrieb außer allem Verhältnisse mit der Produktion des Gutes steht, die also ihr Rohmaterial hauptsächlich durch Ankauf oder durch Pachtung oder sonst von anderen Grundstücken beschaffen" (aus dem Kommissionsbericht des Abg Hauses zu § 50 Pr.K.O.).

§. 27. IV. Die laufenden, auf dem Grundstücke lastenden direkten Abgaben, welche zu der Staatskasse fließen, und die Rückstände derselben aus den beiden letzten Jahren.

Hierher gehören auch die an die Rentenbanken oder Tilgungskassen abgetretenen Renten, sowie die an die Staatskasse zu entrichtenden Ablösungsrenten.

Die Vorschriften des Gesetzes über das Kostenwesen in Auseinandersetzungssachen vom 24. Juni 1875 §. 7 Nr. 6 (Gesetz-Samml. 1875 S. 397) finden auch außerhalb des bisherigen Geltungsbereiches dieses Gesetzes Anwendung.

§ 27. **Abgaben und Renten.**

1. § 27 entspricht mit der bei § 25 Anm. 1 hervorgehobenen Maßgabe dem § 48 Pr.K.O. (vgl. § 59 Nr. 5 Hann. Ges. v. 14. Dez. 1864). — Vgl. §§ 9 Nr. 2, 10 Nr. 2 R Zw.G.Entw.

2. Bei **Abs. 1** kommen nur die Grundsteuer und die Gebäudesteuer in Betracht. — Die Bergwerksabgabe (Ges. v. 12. Mai 1851, G S S 261) und die Eisenbahnabgabe (Ges. v. 30. Mai 1853 und 16. März 1867, G.S. S. 465) ruhen auf dem Gewerbebetriebe — Mit der Grundsteuer zusammen und in der für letztere bestimmten Art sind einzuziehen die im § 38 des Ges. v. 8. Febr. 1864 (G.S. S. 185) gedachten Fortschreibungs- und Vermessungsgebühren. (Vgl. Urth. der R.G. v. 7. Jan. 1891, Jur. Wochenschr. S. 127). — Nach § 1 des Gesetzes wegen Aufhebung direkter Staatssteuern v. 14. Juli 1893 (G.S. S. 119) werden Grund- und Gebäudesteuer der Staatskasse gegenüber außer Hebung gesetzt; sie sind der kommunalen Besteuerung freigegeben, und werden für deren Zwecke vom Staate auch ferner veranlagt, §§ 3 u. 4 a. a. O, — §§ 23, 25, 26 des Kommunalabgabengesetzes von demselben Tage (G.S. S. 152). Beide Gesetze sollen gleichzeitig mit dem 1. April 1895 in Kraft treten.

3. **Abs. 2.** Wegen der an die Rentenbank abgetretenen Renten s. § 18 Ges. v. 2 März 1850, G.S. S. 112; wegen der an die Tilgungskassen abgetretenen Renten s. § 58 a. a. O; — wegen der an den Domänenfiskus zu entrichtenden Ablösungsrenten s. §§ 7 u. 64 a. a. O. — Im Uebrigen vergleiche Anm. 7 a—f zu § 22. — Durch § 27 ist auch den Domänen-Amortisationsrenten in der Provinz Hannover (Verordnung v. 28. Sept 1867, G.S. S. 1670), da sie an die Staatskasse zu entrichten sind, das Vorrecht der Staatssteuern bei-

gelegt — Nicht hierher gehören die Landeskulturrenten (§§ 5, 6, 34 Ges. v. 13. Mai 1879, G.S. S. 367), obwohl sie im Verwaltungszwangsverfahren beigetrieben werden können (§ 35 a. a. O.); vgl. auch § 29 Anm. 6 c. — Ueber die Bekanntmachung des Versteigerungstermines an die nach Abs. 1 u. 2 betheiligten Kassen s. Anm. 3 zu § 25.

4. Sofern der Anspruch auf die Renten nicht von selbst auf den Ersteher übergeht (§ 22 Abs. 3 und Anm. 7 a a. O.), oder als der Forderung des betreibenden Gläubigers vorgehend in Anrechnung auf den Kaufpreis zu übernehmen ist (§§ 22 Abs. 1, 57 Abs. 3), gelangt § 32 zur Anwendung; desgleichen auch in dem Falle, wo unter Abänderung der gesetzlichen Kaufbedingung des § 22 Abs. 3, bez. § 57 Abs. 3 das Ausgebot des Grundstückes frei von der Rente erfolgt (§ 22 Abs. 2). — In solchem Falle ist Zustimmung aller betheiligten Interessenten erforderlich (§ 45). Das sicherzustellende Kapital tritt an die Stelle des Anspruches auf Rente und hat dasselbe Vorrecht wie diese, — d. h das Vorrecht der abgelösten Reallast (§ 18 Ges. v. 2. März 1850 und die in Anm. 7 zu § 22 und 9 B zu § 29 citirten Gesetze), nicht das Vorrecht des § 27, welches sich nur auf die laufende Rente und die Rückstände derselben aus den beiden letzten Jahren bezieht, so auch Knorr Anm. 2. (Abweichend: Entsch. 51 S. 428 für den dem § 32 entsprechenden § 62 Pr.K.O., weil in dem Begriffe der Sicherstellung liege, daß den Hebungen, so oft sie fällig werden, ihr Vorrecht gesichert werden solle und der zur Deckung erforderliche Kapitalbetrag deshalb an der Stelle liquidirt und locirt werden müsse, wo die Hebung selbst im Augenblicke ihrer Fälligkeit und also beginnenden Rückständigkeit zu rangiren sein würde; und Jäckel Anm. 2.) — Soll statt der Sicherstellung eines Kapitals (§ 32) der Ersteher zur Ablösung der Rentenpflichtigkeit durch die Kaufbedingungen verpflichtet werden, so sind die §§ 23—26 Ges v. 2. März 1850 (G.S. S. 146) zu beachten und ist das zur Ablösung erforderliche Kapital nach den Anlagen A und B des gedachten Gesetzes zu berechnen.

5. Abs. 3. Der angeführte § 7 Nr. 6 Ges. v. 24. Juni 1875 lautet:

> Wird ein bei einer Auseinandersetzung betheiligtes Grundstück sequestrirt, so sind die während der Dauer der Sequestration festgesetzten Kosten oder fällig werdenden Terminalvorschüsse aus den Revenüen mit dem Vorrechte der öffentlichen Abgaben zu berichtigen.
>
> Wird ein solches Grundstück in nothwendiger Subhastation mit Wirkung gegen die Realberechtigten verkauft, so erhält der Ersteher das Grundstück frei von den vor dem Zuschlage festgesetzten Kosten und fällig gewordenen Terminalvorschüssen. Diese Kosten und Vorschüsse sind vielmehr mit dem Vorrechte der öffentlichen Abgaben der beiden letzten Jahre aus den Kaufgeldern des subhastirten Grundstückes zu berichtigen. Die vor dem Zuschlage fällig gewordenen Terminalvorschüsse sind in jedem Falle bei der endgiltigen Festsetzung der Kosten in Abzug zu bringen.

Die Bekanntmachung des Versteigerungstermines nach Maßgabe der Allg. Verf. v. 2. Nov. 1883 (Anm. 3 zu § 25) erfolgt in diesem Falle an die Auseinandersetzungsbehörden, welche den Amtsgerichten diejenigen Gemeinden zu bezeichnen haben, in denen eine Auseinandersetzung schwebt (Allg. Verf. v. 24. März 1885, J.M.Bl. S. 122).

§. 28. V. Die laufenden, auf dem Grundstücke haftenden gemeinen Lasten und die Rückstände derselben aus den beiden letzten Jahren.

Hierher gehören namentlich alle nach Gesetz oder Verfassung auf dem Grundstücke haftenden Abgaben und Leistungen, welche aus dem Kommunal-, Amts-, Kreis- und Provinzialverbande, oder aus dem Kirchen-, Pfarr- und Schulverbande entspringen, oder an Kirchen, Pfarren und Schulen, oder an Kirchen- und Schulbediente zu entrichten sind, sowie die Beiträge, welche aus der Verpflichtung zu öffentlichen Wege-, Wasser- oder Uferbauten entstehen, oder welche an Meliorationsgenossenschaften oder andere gemeinnützige, von der Staatsbehörde genehmigte Institute, namentlich an Vereine behufs gemeinschaftlicher Uebertragung der durch Brand, Hagelschlag oder Viehsterben entstandenen Schäden zu gewähren sind.

Die nach Maßgabe des Gesetzes, betreffend Schutzwaldungen und Waldgenossenschaften, vom 6. Juli 1875 (Gesetz-Samml. 1875 S. 416) den Eigenthümern gefährdeter oder gefahrbringender Grundstücke auferlegten Beiträge zur Entschädigung oder zu den Kosten der Schutzanlagen haben das gleiche Vorrecht.

§ 28. **Gemeine Lasten.**

1. Vgl §§ 9 Nr. 1, 10 Nr. 2 R.Zw.G Entw. — Der § 28 entspricht mit der bei § 25 Anm. 1 hervorgehobenen Modifikation dem § 42 Pr K.O. (vgl a. § 59 Nr. 5 u 7 Hann. Ges. v. 14. Dez 1864)

2 Gemeine Lasten bilden den Gegensatz zu den auf speziellen Rechtstiteln beruhenden Lasten — Es sind Lasten juris publici (Art X E.G Pr. K O., § 48 Tit 1 Hyp.Ord. von 1783). Dieser Karakter wird auch den Beiträgen an die am Schlusse des Abs. 2 erwähnten Institute und Vereine durch deren staatliche Genehmigung beigelegt; s jedoch Anm 5 a. E

3. Zu den aus dem Kommunalverbande entspringenden gemeinen Lasten gehören die Beiträge der Adjacenten zu den Kosten der ersten Einrichtung einer Straße (§ 15 Ges. v 2 Juli 1874, und Friedrichs, Kommentar z. d. cit. Ges, 3. Aufl. S. 145). Es können auch andere zu den gemeinen Lasten zu rechnende Abgaben und Leistungen vorkommen als die in Abs. 2 hervorgehobenen („namentlich"!). So erwähnt § 45 E G Schl H neben dem Kommunalverbande noch den ritterschaftlichen Verband als eine Quelle derartiger gemeiner Lasten. — In den E.G. Schl., Hann und Kassel finden sich ferner Beiträge aus der Verpflichtung zu öffentlichen Deichbauten (neben einer dem § 25 entsprechenden privilegirten Forderung zur Erfüllung der Deichpflicht) hervorgehoben Hierher gehören auch die mit den Deichlasten zusammengestellten Siellasten (Hann. Ges. v. 14 Dez. 1864 § 59 Nr. 5), sofern sie nicht als in der Deichlast inbegriffen zu betrachten sind (Eccius § 188 Anm. 49). Ferner die Patronatslasten, welche das Korrelat zu dem Patronatsrechte eines Gutes bilden (Entsch 74 S 71,

Strieth 93 S. 61; Entsch 75 S. 59; R. bei Gruchot 24 S. 1017 und 36 S. 1112); die den Gutsherrschaften obliegende Verpflichtung zum **Unterhalte des Lehrers** an den niederen katholischen Schulen in Schlesien (Strieth. 94 S. 102); Freikuxberechtigungen älteren Rechtes der Kirchen und Schulen (Entsch. 74 S. 214, Strieth 93 S. 185); Grundkuxberechtigungen älteren Rechtes (Entsch. 76 S 176) Eine gemeine Last des Gutes ist nicht die **armenrechtliche Erstattungspflicht** des Gutsarmenverbandes (Entsch. des Bundesamtes f. H.W. 22 S. 48) ebensowenig die Verpflichtung zur Bezahlung der **Unfallversicherungsbeiträge** (Eccius § 188 Anm. 54).

4. **Meliorationsgenossenschaften.** Dazu gehören die auf Grund des Gesetzes vom 1. April 1879 (G S S. 297) gebildeten freien und öffentlichen Wassergenossenschaften, sowie die Waldgenossenschaften (§§ 23 ff. des Gesetzes vom 6 Juli 1875, G.S. S. 416). Die Beitragspflicht zu den Lasten einer Wassergenossenschaft ist im § 29 a. a O. ausdrücklich den gemeinen Lasten gleichgestellt. — Eccius § 188 Anm. 53 rechnet hierher auch die nach § 4 d. Ges. v. 14. März 1881 über die gemeinschaftlichen Holzungen (G.S. S. 261) gebildeten Genossenschaften. Der § 4 a. a. O. spricht aber nur von Bevollmächtigten der Miteigenthümer, nicht von Bildung einer Genossenschaft.

5 Der § 49 Pr. K.O. verlangte „unter der Autorität des Preußischen Staates bestehende Institute". Daraus war der Satz hergeleitet, daß staatlich genehmigten Privatgesellschaften das Vorrecht nicht zur Seite stehe, sondern nur den für Provinzen, Landschaften und Städte gegründeten derartigen Sozietäten, deren Statuten auf Grund gefaßter Beschlüsse der betr. kommunalen Organe die staatliche Genehmigung erhalten haben, und deren Beiträge wie öffentliche Steuern im Administrationswege eingezogen werden (§ 359 A.G O. I. 50; Koch, Konk.-Ordn. Anm. 89 zu § 49; Strieth 72 S. 11; Entsch. 64 S. 340). Nach der Fassung des § 28 (— welche in dieser Beziehung mit derjenigen der E.G. Schl.H., Hann u. Kassel übereinstimmt —) wird man auch für staatlich genehmigte Privatgesellschaften das Vorrecht anerkennen müssen So auch Dernburg, Hyp R. II S. 369 und früher auch Jäckel A M. Rudorff S. 82, Dorendorf S. 50, Volkmar S. 35, sowie jetzt auch Jäckel, Anm. 2, namentlich unter Bezugnahme auf Möhring (Gruchot 30 S 633 ff. u. R. 23 S 236, 25 S. 238) Eine Aenderung des § 49 Pr. K O. und § 11 G B O sei durch jene Einführungsgesetze nicht beabsichtigt; Versicherungsanstalten ohne staatliche Genehmigung gebe es überhaupt nicht; die Worte „von der Staatsbehörde genehmigte" müssen also eine besondere Bedeutung haben; auch könnten die Leistungen an Privatvereine nicht unter den Begriff „gemeine Lasten" subsumirt werden. (— Vgl Eccius § 188 Anm. 54, dessen Bemerkung, es lasse sich bei den Versicherungen nicht begründen, daß die Verpflichtung auf dem Grundstücke laste, sich ebenso gegen die kommunalen wie gegen die privaten Anstalten richtet) Es haben offenbar die gemeinnützigen Institute privilegirt werden sollen, auch wenn sie nicht von öffentlich rechtlichen Persönlichkeiten, sondern auch wenn sie von Vereinen — d h. Privatvereinen — errichtet sind (Vgl Anm 2)

6. Abs. 3. Nach § 17 des Gesetzes vom 6 Juli 1875 (G.S S. 416) ist die den Eigenthümern der gefahrbringenden und der gefährdeten Grundstücke durch das Regulativ (§§ 11—16) auferlegte Beitragspflicht zur Entschädigung oder zu den Kosten der Schutzanlagen (§ 11 Nr. 4, § 17 Abs. 1) unter Hinweis

auf die näheren Bestimmungen des Regulatives im Grundbuche einzutragen. Die Eintragung erfolgt auf Antrag des Vorsitzenden des Waldschutzgerichtes (§ 17 Abs. 4), ohne daß sie indeß die Voraussetzung der dinglichen Wirksamkeit jener Waldschutzbeiträge bildet, welche nach § 17 Abs. 1 auf diesen Grundstücken ruhen und den öffentlichen gemeinen Lasten gleich zu achten sind. Dieses Vorrecht hat nach den Motiven aufrecht erhalten werden sollen.

7. Ueber die Bekanntmachung des Versteigerungstermines an die betheiligten Kassen s. Anm. 3 zu § 25.

§. 29. VI. Alle nicht zu den öffentlichen und gemeinen Abgaben und Leistungen (§§. 27, 28) gehörenden Realansprüche, soweit sie gegen Dritte wirksam sind und nicht von selbst auf den Ersteher übergehen, insbesondere die im Grundbuche eingetragenen Forderungen, soweit nicht die erfolgte Beschlagnahme des Grundstücks (§. 16) der Geltendmachung entgegensteht.

Die Rangordnung zwischen mehreren Rechten und Forderungen wird nach den §§. 17, 34 bis 36 des Gesetzes vom 5. Mai 1872 (Gesetz-Samml. 1872 S. 433) bestimmt; jedoch bleiben die für einzelne Landestheile gegebenen besonderen Vorschriften über die Rangordnung in Kraft.

Hat ein Gläubiger auf Grund der Vorschriften des §. 5 rücksichtlich einer Post ein Ausschlußurtheil erwirkt und die in dem Urtheil etwa vorbehaltenen Ansprüche beseitigt, so sind an der Stelle der Post die dem Gläubiger entstandenen Kosten des Aufgebotsverfahrens und der zur Beseitigung angemeldeter Ansprüche geführten Prozesse bis auf Höhe der für die Post bei Vertheilung des Kaufgeldes von Amtswegen anzusetzenden Beträge (§. 106) zu berichtigen.

§ 29. Andere Realansprüche.

1. Den Gegensatz zu den öffentlichen und gemeinen Abgaben und Leistungen (§§ 27, 28) bilden Realansprüche, welche auf einem privatrechtlichen Titel beruhen Dies sind die im § 12 Abs. 1 E E G. erwähnten dinglichen Rechte dauernder Natur, welche in Abth. II des Grundbuches eingetragen werden, und Hypotheken und Grundschulden, welche durch Eintragung in Abth. II begründet werden einschließlich der blos vorgemerkten (§§ 18, 22 E.E.G, §§ 11 Nr. 1 u. 12 G.B.O, §§ 6, 7, 8, 10 d G.).

2. Dauernde Lasten privatrechtlichen Ursprunges sind gegen Dritte nicht wirksam, wenn sie nicht eingetragen sind (§ 12 Abs. 1 E.E.G., § 73 G.B.O.). Nur die Eintragung sichert ihnen die Berücksichtigung bei Vertheilung der Kaufgelder (§ 55 Abs. 1). So auch schon nach § 51 Pr.K.O. Dies gilt von Wohnungs- und Nießbrauchrechten jeder Entstehungsart, von Altentheilen und von den aus dem aufgehobenen Obereigenthume des Lehnherrn, Grundherrn und Erbzinsherrn, sowie aus dem aufgehobenen Eigenthume des Erbverpächters

entsprungenen und fortbestehenden Reallasten (§ 5 des Ges v. 2. März 1850, G.S. S. 82).

Dauernde Lasten privatrechtlichen Ursprunges gehen von selbst auf den Ersteher über, wenn sie der Eintragung im Grundbuche nicht bedürfen (E.E.G. § 12 Abs. 2 u. 3; vgl zu § 22 Anm. 5—7.) Sie kommen hier daher nur soweit in Betracht, als diese ihre Eigenschaft in einzelnen Fällen durch besondere Kaufbedingung ausgeschlossen wird. Dadurch treten sie in die Reihe der nicht von selbst auf den Ersteher übergehenden Realansprüche; die Bestimmungen des § 22 Abs. 1 u. 2 finden auf sie Anwendung. Das Grundstück wird durch den Verkauf von ihnen frei, soweit sie nicht von dem Ersteher übernommen werden; gehen sie aber der Forderung des betreibenden Gläubigers vor, so kann der Verkauf nicht stattfinden, ohne daß der Ersteher sie übernimmt oder daß sie aus dem Kaufgelde befriedigt werden. — Während sonst Realansprüche, welche auf den Ersteher kraft Gesetzes übergehen, auf den Kaufpreis nicht angerechnet, und deshalb auch bei der Feststellung des geringsten Gebotes nicht berücksichtigt werden, muß beides geschehen, wenn nach den Kaufbedingungen dieser Uebergang nicht stattfinden soll. In solchem Falle finden daher auch die Bestimmungen des § 58 wegen Feststellung eines Kapitalbetrages für jene Ansprüche Anwendung, in dessen Höhe eventuell ein anderer Anspruch zu übernehmen ist. — Selbstverständlich kann die Formulirung solcher Kaufbedingung nur unter Zustimmung aller betheiligten Interessenten stattfinden (§ 45).

3. Inwieweit die erfolgte Beschlagnahme des Grundstückes der Geltendmachung eingetragener Forderungen entgegensteht, s. zu § 16 Anm 9. C.

4. Hypotheken oder Grundschulden, welche nach §§ 63—66 E.E.G. auf den Eigenthümer übergegangen sind, kann dieser bei der Zwangsversteigerung für sich liquidiren. Dieselben sind auch bei der Feststellung des geringsten Gebotes zu berücksichtigen. — Gesetzlich ist dies nur für die auf den Namen des Eigenthümers eingetragene Grundschuld ausgesprochen (§ 27 E.E.G.); der Eigenthümer, welche eine getilgte oder sonst erworbene Grundschuld ungelöscht stehen läßt, tritt dadurch zu sich selbst nicht in das Verhältniß eines Realgläubigers (— Abweichung vom § 81 des neuvorpommerschen Hypothekengesetzes v. 21. März 1868; Eccius § 200 zu Anm 34, Dernburg, Hyp.R. II S. 295). Aber wenn die Vereinigung des Eigenthums- und Gläubigerrechtes in einer Person aufhört, wie bei der Zwangsversteigerung durch den Zuschlag, oder wenn es sich um das Verhältniß zu nacheingetragenen Gläubigern handelt, äußert die ungelöschte, dem Verfügungsrechte des Eigenthümers unterliegende Hypothek oder Grundschuld ihre volle Wirksamkeit (§ 62 E.E.G oben Anm 4 zu § 5) — Die Judikatur des O.T. hat die Liquidation der Eigenthümerhypothek stets zugelassen (Strieth. 16 S. 54; 96 S 197; Gruchot 23 S 901). So auch Dernburg I § 338 zu Note 16 u Hyp R. II S. 295, 299; Eccius a a O. — Der Eigenthümer ist aber nicht befugt, ein vor Einleitung der Zwangsversteigerung gezahltes Rentenablösungskapital an Stelle der Rente für sich zu liquidiren, weil sich § 63 E.E.G. nur auf Hypotheken bezieht (Jäckel, Anm 2 zu § 27, Dorendorf S. 49.)

In Schleswig-Holstein kann der Eigenthümer bei der Zwangsversteigerung auch die nach § 23 E.G. Schl in Folge Uebertragung vorbehaltener Stellen und vor der Linie gelöschter Hypotheken aus den alten Protokollbüchern in das neuangelegte Grundbuch zur Verfügung des Eigenthumers stehenden Posten, die nach § 24 a. a. O gleich bei Anlegung des Grundbuches an Stelle derartiger Posten auf den Namen des Eigenthümers eingetragenen Hypotheken oder Grundschulden, sowie die zur Verfügung des Eigenthümers stehenden Stellen gelöschter mit fester Priorität protokollirter Hypotheken (§ 41 a. a O.) für sich liquidiren Ueber die Auslegung der §§ 22—24, 41 vgl. Witting, Hebbe und Brockenhuus in den Schleswig-Holsteinischen Anzeigen 1883 S 33 ff, 97 ff, 113 ff.

5. Abs. 2. Die §§ 17, 34 bis 36 des EEG. lauten:

§ 17. Die Rangordnung der auf demselben Grundstück eingetragenen Rechte bestimmt sich nach der Reihenfolge der Eintragungen, die letztere nach der Zeit, zu welcher der Antrag auf Eintragung dem Grundbuchamt vorgelegt worden ist

Eintragungen unter demselben Datum haben die Rangordnung nach ihrer Reihenfolge, wenn nicht besonders dabei bemerkt ist, daß sie zu gleichen Rechten neben einander stehen sollen.

§ 34. Die Rangordnung der auf demselben Grundstück haftenden Hypotheken und Grundschulden bestimmt sich nach den in § 17 gegebenen Vorschriften.

§ 35 Ein voreingetragener Gläubiger kann sein Vorrecht einem nachstehenden einräumen. Die Einräumung des Vorrechts für das Kapital bezieht sich auch auf die Nebenleistungen Die Vorrechte der Zwischenposten werden dadurch nicht geändert

§ 36 Die Rangordnung zwischen den Belastungen zur zweiten und dritten Abtheilung des Grundbuchs bestimmt sich nach dem Datum der Eintragung

Eintragungen unter demselben Datum stehen zu gleichem Recht, wenn nicht besonders dabei bemerkt ist, daß die eine der anderen nachstehen soll.

Kommt es bei der Vertheilung der Kaufgelder auf das Verhältniß solcher auf privatrechtlichen Titeln beruhenden dauernden Lasten, welche von selbst auf den Ersteher übergehen und nicht eingetragen sind (§ 12 Abs. 2 EEG.) zu eingetragenen Lasten (Abth. II) oder Hypotheken und Grundschulden überhaupt an (— und dies ist der Fall, wenn das Grundstück nach den Kaufbedingungen eine solche Last auf den Ersteher nicht von selbst übergehen soll; vgl. Anm. 2), dann entscheidet für die Rangordnung der nicht eingetragenen Rechte die Zeit der Entstehung (Entsch. 46 S. 371) — Hinsichtlich der Rangordnung der vor dem 1. Oktober 1873 eingetragenen dinglichen Rechte, welche vor dem 1. Oktober 1872 — dem Tage, an welchem die Grundbuchordnung in Kraft trat — ohne Eintragung gültig bestanden (§ 73 G.B O.), greift der § 17 E.E.G nicht unbedingt Platz. Diese Rechte behalten ihr Vorrecht vor den nach dem 1. Oktober 1872 begründeten eingetragenen Rechten, wenn sie auch nach diesen, aber bis zum 1. Oktober 1873 eingetragen sind (Bahlmann S 79) — Der § 73 G.B.O. gilt aber nicht im Jadegebiet, in Neuvorpommern und Rügen, in Schleswig-Holstein, in Hannover, in den ehemaligen Appellationsgerichtsbezirken Kassel und Ehrenbreitstein, in Hohenzollern (vgl. § 1 der betr. Einführungsgesetze). — Vgl. R.Entw. I §§ 840, 841, II §§ 800, 801.

6 Für die Rangordnung der in Abth. II und III eingetragenen Posten sind ferner noch von Bedeutung:

a § 32 E.E.G.: Werden nach der Eintragung der Hypothek oder Grundschuld dem verpfändeten Grundstück andere Grundstücke als Zubehör zugeschrieben, so treten diese in die Pfandverbindlichkeit desselben; es gehen jedoch die mitübertragenen Posten des zugeschriebenen Stücks — soweit es sich um Befriedigung derselben aus diesem Stück handelt — den zur Zeit der Zuschreibung auf dem Hauptgut eingetragenen vor.

b. § 118 G.B.O.: Eine aus Versehen des Grundbuchamts gelöschte oder bei Ab- und Umschreibungen nicht übertragene Post ist auf Verlangen des Gläubigers oder von Amtswegen mit ihrem früheren Vorrecht wieder einzutragen. Diese Wiedereintragung wirkt jedoch nicht zum Nachtheil Derjenigen, die nach der Löschung Rechte an dem Grundstück oder auf eine der gelöschten gleich- oder nachstehende Post in redlichem Glauben erworben haben.

Die letztere Bestimmung findet keine Anwendung auf den Beschlagnahmegläubiger, weil dieser kein Recht am Grundstücke erworben hat. (R. 19 S. 299 — s. Anm. 11 zu §§ 16, 17.)

c. Den Landeskulturrenten zur Tilgung von Darlehnen, welche zur Ausführung von Drainirungsanlagen von den Landeskulturrentenbanken gewährt sind, kann nach Maßgabe der §§ 10—32 des Gesetzes vom 13. Mai 1879, G.S. S. 367 von der Auseinandersetzungsbehörde ein Vorzugsrecht vor allen anderen auf privatrechtlichen Titeln beruhenden Belastungen des Grundstückes bez. der besonders belasteten Theile eines solchen, welche durch die Verbesserung unmittelbar betroffen werden, gewährt werden. Dieses Vorzugsrecht ist auf Grund des Beschlusses der Auseinandersetzungsbehörde und einer Bescheinigung über die zweckmäßig erfolgte Ausführung der Drainirungsanlage im Grundbuche einzutragen. Im Falle der Zwangsversteigerung kann die Tilgung der Rente durch Kapitalzahlung aus den Kaufgeldern nicht gefordert werden Vielmehr ist das Grundstück unter der Bedingung der Uebernahme der Rente auszubieten, soweit nicht die Rechte der vorhergehenden Realberechtigten (welchen gegenüber die Auseinandersetzungsbehörde ein Vorzugsrecht nicht gewährt hat, §§ 17—22 a. a. O.) entgegenstehen (§ 27 a. a O.); siehe auch zu § 60.

7. Für den Vollstreckungsrichter ist lediglich die aus dem Grundbuche sich ergebende Reihenfolge maßgebend (§§ 55, 106). Ist die Eintragung in unrichtiger Reihenfolge geschehen, so ist, wenn nicht gütliche Einigung stattfindet, den Benachtheiligten die Geltendmachung ihrer Rechte im Prozeßwege zu überlassen. Ein irrthümlich hinter dem betreibenden Gläubiger eingetragener Realberechtigter, dessen Anspruch bei Feststellung des geringsten Gebotes zu berücksichtigen wäre, hat nach § 690 C P.O., §§ 70, 71 d. G. seinen Widerspruch geltend zu machen (Jäckel Anm. 1. II zu § 55); bei Vertheilung der Kaufgelder ist nach §§ 113 ff. zu verfahren. — (Vgl. auch R 4 S. 324, Eccius zu § 184 Anm. 32, Dernburg, Hyp R. II S. 307.)

8. Die Einräumung des Vorrechtes (§ 35 E.E G) äußert ihre Wirkung ausschließlich im Zwangsvollstreckungsverfahren. Ihre juristische Konstruktion ist in neuerer Zeit vielfach Gegenstand der Untersuchung gewesen. (Eccius § 199a Anm. 16; Fuchs im Arch. f. bürg. R. 2 S. 9; Dungs bei Gruchot 33 S. 35. — Dernburg, Hyp.R. II S. 267. — Verf. des Justizministers v. 19. Dezember 1888, Gruchot 33 S. 406). — Im Anschluß an Exner (österr. Hyp R. II S. 507) und

Eccius (a. a. O. vor Anm 7) ist in den früheren Auflagen der Auffassung beigestimmt worden, nach welcher die Vorrechtseinräumung keine Abtretung des Pfandrechtes (Prinz), auch keine Afterverpfändung der zurücktretenden Posten (Regelsberger), sondern eine obligatorische Verpflichtung des zurücktretenden Gläubigers ist, für den Fall, daß bei einer Kollision der Pfandrechte der nachstehende Gläubiger einen Ausfall erleiden sollte, das Hinderniß, welches sein besseres Pfandrecht der Befriedigung des Letzteren entgegenstellt, nicht geltend machen zu wollen. Fuchs a. a. O. S 14 hat indeß mit Recht darauf hingewiesen, daß solche blos negative Verpflichtung nicht ausreiche, wenn Zwischenposten vorhanden sind, zu deren Zurückdrängung das Vorrecht des zurücktretenden Gläubigers geltend gemacht werden müsse. Er hält letzteren zu dieser Geltendmachung für verpflichtet, und kommt zu dem Ergebnisse, daß der zurücktretende Gläubiger dadurch sein Pfandrecht auch dem Grundstückseigenthümer gegenüber erschöpfe, weshalb seine Hypothek auf etwa mit verhafteten Grundstücken zu löschen sei. — Indeß in der Erklärung, das Vorrecht einzuräumen, kann eine Verpflichtung des zurücktretenden Gläubigers zu positivem Handeln nicht gefunden werden, und das Erlöschen des Pfandrechtes bei mitverhafteten Grundstücken wäre eine Folge, die von dem Cedenten jedenfalls nicht gewollt ist, der vielmehr gerade, weil ihm noch andere Grundstücke haften, sich zur Einräumung des Vorrechtes bei dem einen Grundstücke verstanden haben mag. — Das Pfandrecht des Hypothekars ist dem Grundstückseigenthümer gegenüber unabhängig von der Rangstellung im Grundbuche; den Mithypothekaren äußert es sich nur in dem aus derselben folgenden Vorwegbefriedigungsrechte Nur letzteres ist bei der Vorrechtseinräumung in Frage, die man mit R 27 S 282 als die Abtretung des Rechtes auf vorzugsweise Befriedigung — unter Aufrechterhaltung des Befriedigungsrechtes gegen den Eigenthumer — wird auffassen müssen, und deren Wirkung darin besteht, daß der vortretende Gläubiger in Ansehung seines Vorrechtes, — also im Verhältnisse zu den anderen Realberechtigten — an die Stelle des zurücktretenden tritt. — Die Vorrechtseinräumung hat insofern dingliche Wirkung, als sie, wenn eingetragen oder dem Sonderrechtsnachfolger sonst bekannt geworden, auch diesen verpflichtet. (Eccius a. a. O. zu Anm. 17, R. 15 S. 264.) Als Sonderrechtsnachfolger gilt auch der Eigenthümer, welcher die zurücktretende Post tilgt, aber nicht zur Loschung bringt (Dungs a. a. O. S. 36, Fischer a. a. O. S. 21; a. M. Paris, Prioritätsabtretung S. 25 ff). — Das Vorwegbefriedigungsrecht setzt das Fortbestehen des Befriedigungsrechtes des zurucktretenden Glaubigers voraus, dessen sich letzterer durch die Vorrechtseinräumung nicht begeben hat, die eine Verfügungsbeschränkung in dieser Beziehung nicht enthält, es sei denn, daß eine solche ausdrücklich vereinbart worden. Der zurücktretende Glaubiger kann seine Befriedigung vom Eigenthümer entgegennehmen; er kann auf sein Pfandrecht verzichten. — Der Eigenthümer wird durch die ohne seine Mitwirkung oder seine Zustimmung erfolgte Vorrechtseinräumung ebenso wenig berührt, wie die Zwischengläubiger, für die § 35 E.E.G. der Rechtsregel: res inter alios acta aliis nec nocet, nec prodest besonderen Ausdruck verliehen hat. (Vgl Entsch. 6 S. 339, Strieth. 89 S. 191, R.G.Urth. v. 30 Sept. 1880, J.M.Bl. S. 117. — Eccius Anm. 17 zu § 199a. — A. M. Achilles Anm. 2c zu § 35 E.E.G. und R. 19 S. 345.) — Der vortretende Gläubiger übt hiernach gegenüber dem Grundstückseigenthümer sein eigenes Pfandrecht (Befriedigungsrecht), dem zurücktretenden Gläubiger und etwaigen Zwischengläubigern gegenüber dagegen die Ersterem nach seiner Rangstellung zukommende Befugniß der Vorwegbefriedigung aus. Es erlischt daher bei den mitverhafteten Grundstücken die Forderung des vortretenden Gläubigers (anders R. 6 S. 307). — Im Endergebnisse decken sich diese Ausführungen mit der Auffassung der oben erwähnten Rechtsprechung des O.T. und den neueren Entscheidungen des R.G. (R. 12 S. 204, 16 S. 244, 19 S. 341), sowie mit der Ansicht von Koch (Kommentar Anm. 70 zu § 35 E.E.G. und Eccius § 199a); sie dürften auch der Verfügung des Justizministers v. 19. Dez. 1888 entsprechen, in der die Vorrechtseinräumung als dinglicher Vertrag mit relativer Wirkung bezeichnet wird Sie behandeln den Rang als eine von der Post lösbare Eigenschaft derselben, unterscheiden sich aber insofern von der Ansicht Dernburgs (Pfdr. II § 158, Hyp.R. II S. 275 ff.), als sie die absolute Wirkung der eingetragenen Prioritätscession als eines Stellentausches beider Hypothekare mit der Wirkung, daß die Löschung der zurücktretenden Post dem vortretenden Gläubiger in seinem Verhältniß zu Zwischenposten nicht schade, verneinen. Vgl. R.Entw. I § 841, II § 801. — Ist die Vorrechtseinräumung nur die Abtretung des Vorwegbefriedigungsrechtes des zurücktretenden Gläubigers, so ergiebt sich daraus und aus § 35 E.E.G., daß, wenn ein voranstehender Korrealgläubiger sein Vorrecht bei einem Grundstücke einem nachstehenden Gläubiger abgetreten hat, ein zwischenstehender Gläubiger, dem dieselben Grundstücke haften und dem gegenüber der vortretende Gläubiger durch Ausübung des Vorwegbefriedigungsrechtes des Cedenten Befriedigung erlangt hat, das Vorwegbefriedigungsrecht als ihm gegenüber erschöpft betrachten und verlangen darf, daß der Cedent bei dem mitverhafteten Grundstücke ihm den Vorrang einräumt. Vgl dazu Eccius Anm. 18 zu 199a und Dernburg, Hyp.R. II S. 186/187. — Ueber die Wirkung einer unkonsentirten Vorrechtseinräumung auf den Anspruch des zurücktretenden Gläubigers gegenüber dem Eigenthümer und dem persönlichen Schuldner vgl. Dungs a. a O, Eccius Anm. 18d ff., Dernburg a. a. O. S. 284 ff.). — Ueber die Behandlung der Vorrechtseinräumung bei Feststellung des geringsten Gebotes siehe Anm. 4 zu §§ 53—56.

9. Ist bei der Eintragung einer Post der Vorbehalt miteingetragen worden, daß der Eigenthümer eine andere Post mit dem Vorrang vor dieser eintragen lassen könne, und ist dies demnächst geschehen und deren Vorrang vermerkt, so ist sie in jeder Beziehung als vorgehende zu behandeln, wenn beide Posten aufeinander folgen. Sind Zwischeneintragungen vorbehaltlos erfolgt, so hängt es von dem Ergebnisse der Zwangsversteigerung ab, welche Wirkung der Vorrechtsvorbehalt äußert (Vgl. Turnau Anm. 1a zu § 45 G B.O.; Dernburg, Hyp.R. II S. 274/275). — Vgl. R.Entw. I § 842; II § 802.

10. Für die Rangordnung zwischen mehreren Rechten und Forderungen sind ferner noch zu beachten: die für die einzelnen Landestheile gegebenen besonderen Vorschriften über die Rangordnung. Als solche kommen in Betracht:

A. Für ältere Hypotheken und Lasten.

a. In Neuvorpommern und Rügen: die durch E.G. N V P. § 51 aufrecht erhaltenen §§ 150, 152, 153 des Gesetzes vom 21. März 1868 betr. die Einführung von Grundbüchern in Neuvorpommern und Rügen (G.S. S. 293).

Der Anlegung der Grundbücher ging ein Aufgebotsverfahren voran. Die bis zum Ablaufe der Anmeldungsfrist (1. Juli 1869) angemeldeten Realansprüche wurden ihrer Zeitfolge nach in das Hypothekenbuch eingetragen, mit dem ausdrücklichen Vorbehalte der näheren Bestimmung der Rangfolge unter sich. (§§ 150, 153.) Diese Realansprüche gehen allen nach dem 1. Juli 1869 entstandenen vor; ihre Rangordnung unter sich richtet sich nach den z. Z ihrer Entstehung gültig gewesenen Gesetzen — Als solche kommen neben dem gemeinen Rechte noch in Betracht: 1 die Konstitution betr die Klassifikation der Kreditoren im Konkurse vom 15. Dezember 1869 (Dähnert, Landes-Konst. Bd 3 S 277 ff.), 2. für die Errichtung öffentlicher Hypotheken: die in den §§ 330—335 Thl. I Tit 20 des Provinzialrechtes fur Neuvorpommern und Rügen wiedergegebenen älteren Vorschriften, sowie ferner für die Zeit vom 1 Mai 1849 ab das Gesetz v. 9. Mai 1852 (G S. S. 259) — Ueber die Rechtstellung nicht angemeldeter älterer Realansprüche vgl. § 150 Abs 2 Ges. v. 21 März 1868

b. Im Bezirke des Justizsenates zu Ehrenbreitstein hatte bezüglich der Hypotheken ein Aufgebotsverfahren bereits gemäß § 12 Ges. v 2 Febr. 1864 (G.S. S. 34) stattgefunden; der Anmeldung bei demselben bedurften jedoch nicht die seit dem 1. Januar 1853 vor dem Richter der belegenen Sache errichteten Spezialhypotheken. Letztere sowie die in Folge des Aufgebotes angemeldeten und in das Hypothekenbuch einzutragende Hypotheken gehen den nach Gültigkeit des Gesetzes v. 2. Februar 1864 (d h nach dem 13. März 1864) begründeten Hypotheken vor. Die Rangordnung unter ihnen selbst richtet sich nach den bisherigen Vorschriften (§ 16 Ges v 2. Februar 1864). — Nach dem 13 März 1864 konnten Hypotheken nur durch Eintragung in das Hypothekenbuch entstehen, die Reihenfolge der Eintragung ist für die Priorität maßgebend (§§ 5, 10 a. a. O) Diese Vorschriften über die Rangordnung sind auch maßgebend geblieben, nachdem die Hypotheken in die neu angelegten Grundbücher ubertragen sind (§§ 35, 39 E.G. Ehr.) — Bezüglich der gemäß § 32 E G Ehr angemeldeten sonstigen dinglichen Rechte erfolgt nach § 36 a a O. die Eintragung nach der Zeitfolge der Anmeldung mit dem ausdrücklichen Vorbehalte der näheren Bestimmung der Rangordnung unter sich und mit den früher eingetragenen Hypotheken. Für die Bestimmung der Rangordnung kommt das gemeine Recht zur Anwendung. Die Nachtheile der unterlassenen Anmeldung ergiebt § 33 E G Ehr.

c. In Hohenzollern ist bei Anlegung der neuen Grundbücher ebenso verfahren, wie im Bezirke von Ehrenbreitstein (§ 14 E G. Hz.). Die Hypotheken sind aus den in Gemäßheit des Gesetzes vom 24 April 1854 (G S. S. 198) geführten Unterpfandsbüchern übertragen worden, sofern man sich nicht mit einer Verweisung auf letztere begnügt hat (§ 17 E G Hz) Für die Rangordnung der bis zur Geltung des Gesetzes v. 24. April entstandenen Hypotheken sind die bisherigen (gemeinrechtlichen) Vorschriften; von diesem Zeitpunkte an dagegen die Reihenfolge der Eintragung maßgebend (§ 13 Ges v. 24 April 1854) — Wegen der General-Hypotheken s. insbesondere §§ 3, 4, 6, 7; wegen der privilegirten Forderungen § 5 des letzt citirten Gesetzes.

d In dem ehemaligen Appellationsgerichtsbezirke Kassel sind die in den General-Währschafts- und Hypothekenbüchern und in den sonstigen älteren gerichtlichen Büchern bis zum 1. Juli 1874 eingetragenen dinglichen Rechte, Hypotheken oder sonstigen Rechtsverhältnisse auf das neue Grundbuchblatt oder den neuen

Artikel zu übertragen (vgl. auch §§ 16–18 des Ergänzungsgesetzes vom 28. Mai 1885, G.S S 175). — Für Grundstücke, die noch nicht in die älteren Bücher eingetragen waren, erfolgt die Anlegung des Grundbuchblattes oder Artikels erst nach einem auf Grund der §§ 31—35 E G. Kassel (bez. §§ 19 ff. des Ergänzungsgesetzes) geschehenen Aufgebote. — Die solcher Gestalt übertragenen oder angemeldeten Hypotheken haben den Vorzug vor allen neu eingetragenen Hypotheken und Grundschulden (§ 42 Abs. 1 a. a. O.) — Für die Rangordnung der übertragenen Hypotheken unter einander, für ihre sonstigen rechtlichen Beziehungen, sowie für die sie betreffenden Eintragungen und deren rechtliche Bedeutung bleibt das bisherige Recht in Kraft (§ 42 Abs. 2 a a O). — Vgl. dazu Platner, Sachenrecht mit besonderer Rücksicht auf das Kurfürstenthum Hessen — und Anm. 1 u. 4 zu § 201 — Dabei ist zu beachten, daß schon durch die Verordnung vom 9. Januar 1732 ein Vorrang der eingetragenen Spezialhypotheken vor nicht eingetragenen begründet war, und daß nach dem Gesetze vom 14. Juli 1853 (Kurh. G.S. S 97) die nach dem 22. April 1854 neu begründeten Konventionalhypotheken allen früheren nicht eingetragenen selbst gesetzlich privilegirten Hypotheken, mit Ausnahme der in § 1 a a. O aufgeführten, vorangehen Dieses Vorzugsrecht der eingetragenen vor den nicht eingetragenen Hypotheken hat nur noch und zwar auch nur in beschränkter Weise (§§ 24 Abs 1, 9, 11 E G. Kassel) — für Hypotheken Bedeutung, welche nicht bis zum 1. Juli 1874 in die obengenannten Bücher eingetragen worden sind. — Die nach früherem Rechte bewirkte vertragsmäßige Verpfändung eines ganzen Vermögens behält, wie alle nicht eingetragenen auf Grund des Gesetzes oder letztwilliger Verordnung entstandenen oder noch entstehenden Pfandrechte, bezüglich der nach bisherigem Rechte davon ergriffenen Grundstücke die Wirkung, daß sie im Konkursverfahren des Schuldners an dem nach Befriedigung der eingetragenen Gläubiger verbleibenden Ueberschuß des Erlöses der konkursmäßig verkauften Grundstücke, wie nach früherem Rechte, geltend gemacht werden können (§ 13 a. a. O.). Es ist damit ein Recht auf vorzugsweise und abgesonderte Befriedigung aus den nach bisherigem Rechte von dem Pfandrechte ergriffenen Grundstücken für den Fall des Konkurses des Schuldners gewährleistet (Peters, Pr. Grundbuchgesetze S. 66, 73, 74; § 39 K.O). Dies Vorzugsrecht steht den bezeichneten Forderungen aber auch bei einer Zwangsversteigerung gegen den Schuldner gemäß § 29 Abs. 1 dieses Gesetzes gegenüber den in § 30 aufgeführten Forderungen zu, da das Realrecht derselben älter ist als die Beschlagnahme.

e. In Hannover erfolgt die Anlegung der Grundbücher — soweit nicht solche bereits als Spezialhypothekenbücher im Bezirke der Altstadt Hannover vorhanden oder nach Vorschrift der Hypothekenordnung vom 20. Dezember 1783 in den landrechtlichen Gebietstheilen angelegt waren und fortgeführt werden konnten (§§ 50, 52 E.G. Hann.) — bezirksweise nach stattgehabtem Aufgebote (§§ 25, 26, 32, 33, 35, 48, 49 a. a. O. — Ges. v 29. Jan. 1879.) — Auch nach erfolgter Anlegung der Grundbücher, welche gemäß § 27 a. a. O. bekannt zu machen ist, werden die bisherigen Hypothekenbücher noch zehn Tage nach dem Erscheinen des betr. Amtsblattes fortgeführt. Die Folgen der nicht rechtzeitig erfolgten Anmeldung des Verlustes des Realrechtes und des Vorzugsrechtes bestimmt § 34. — Die dinglichen Rechte werden mit der ihnen nach dem bisherigen Rechte zukomunenden Rangordnung eingetragen (§ 40 a. a. O.); in dem Geltungsbereiche des Ges. v. 14. Dez 1864 (den gemeinrechtlichen Landestheilen mit Ausnahme des Landes Hadeln) sind jedoch Hypotheken nur dann einzutragen und vorzumerken, wenn sie in den bisherigen Hypothekenbüchern eingetragen oder vorgemerkt waren. — In den gemeinrechtlichen Theilen der Provinz Hannover entscheidet hiernach, sobald bez. eines Grundstückes der Zeitpunkt gekommen ist, von welchem die Veräußerung und Belastung nur in den Formen der Grundbuchgesetze erfolgen kann (§ 48 a. a. O.), lediglich die Reihenfolge der Eintragung

f Derselbe Satz gilt für Schleswig-Holstein, für welches bezüglich der Art der Anlegung der Grundbücher, des damit verbundenen Aufgebotes, der Folgen nicht rechtzeitiger Anmeldung, der nach Anlegung des Grundbuches bestimmten Frist zur Fortführung der früheren Protokollbücher dieselben Bestimmungen wie für die gemeinrechtlichen Theile Hannovers getroffen sind (§§ 5—10; 12—14 [Art. I Ges. v. 31. Januar 1879]; 17, 25—28 E.G. Schl.H.). Als Besonderheiten sind zu bemerken: daß der Anmeldung außer den von dem Eigenthümer selbst angezeigten, auch diejenigen Eigenthumsbeschränkungen, dinglichen Rechte und Hypotheken nicht bedürfen, welche in gesetzlich nach Grundstücken angelegten Protokollbüchern (Realfolien) protokollirt sind (§ 12 Abs. 2 a. a. O. und Anm 2 d zu § 194); die Vorschriften uber die Form der Uebertragung der vorbehaltenen Stellen und der vor der Linie getilgten Hypotheken, und deren Umwandlung in Hypothek- und Grundschulden (§§ 22, 23), sowie endlich der § 41 a. a. O., wonach Hypotheken, welche bis zu dem im § 28 bezeichneten Tage mit fester Rangordnung protokollirt sind, nicht in die Stelle der vorstehend gelöschten Hypotheken eintreten, der Eigenthümer des Grundstückes vielmehr berechtigt ist, an Stelle der gelöschten Hypothek eine neue Hypothek oder eine Grundschuld von gleichem Betrage für sich oder andere Personen eintragen zu lassen

Vgl. zu diesem Paragraphen oben Anm. 4, und Seestern-Pauly, Grundbuchr. f. Schl H. S. 109.

g. Für das Jadegebiet enthält das E G. Jade wegen der Anlegung der Grundbücher u. s w. ähnliche Bestimmungen, wie die E.G. Hann. und Schl.H. (§§ 9, 10, 14, 15, 19, 20); — Spezialbestimmungen treffen die §§ 22, 28, 29 a. a. O. (vgl. Anm. 5 zu § 189)

k. Im Gebiet des rheinischen Rechtes erfolgt die Anlegung der Grundbücher nach Maßgabe der §§ 42 ff. des Gesetzes vom 12. April 1888. Die dinglichen Rechte werden nach ihrer ihnen in Gemäßheit des bisherigen Rechtes zu kommenden Rangordnung eingetragen; bei Differenzen, die sich im Anlegungsverfahren ergeben haben, wird die Feststellung der Rangordnung vorbehalten. Nicht rechtzeitig angemeldete Rechte werden mit dem Range hinter den früher angemeldeten Rechten eingetragen (§ 60). — Vgl. a. Mügel zu § 60. Zu beachten ist, daß in Ansehung der einzelnen Grundstücke das vorliegende Gesetz erst mit dem elften Tage nach der Ausgabe des die Bekanntmachung der Anlegung des Grundbuches enthaltenden Amtsblattes in Kraft tritt (§ 3 Ges. v 12 April 1888).

B. Für Ablösungskapitalien und Renten.

a. In Schleswig-Holstein steht dem an die Stelle der aufgehobenen Berechtigungen tretenden Rechte auf die dafür festgestellte Renten- oder Kapitalabfindung dasselbe Vorzugsrecht vor anderen an das verpflichtete Grundstück geltend zu machenden Privatforderungen zu, welches der aufgehobenen Berechtigung zustand. (§ 53 Abs. 1, 2 Ablösungsgesetz v. 3. Januar 1873 (G.S. S. 3).

Den Renten und Kapitalien zur Abfindung für eine abgelöste Dienstbarkeit, und solchen, die an Stelle aufgehobener Theilnahmerechte oder abgetretenen Grundeigenthumes treten, ist ein Pfandrechtstitel mit dem Vorzugsrechte vor allen Hypotheken, vor denen der Dienstbarkeit ein solches zustand, beziehungsweise vor allen übrigen Hypotheken gewährt (§ 26 Ges. betr. die Ablösung der Societäten v. 14. August 1876). — Dies Recht auf Renten- oder Kapitalabfindung ist einzutragen.

b In Hannover genießen Ablösungs- und Allodifikationskapitalien und die zum Zwecke der Ablösung oder Allodifikation vorgestreckten Darlehne, sofern sie in Gemäßheit des Gesetzes vom 16. September 1844 in die dritte Abtheilung des Grundbuchblattes oder Artikels eingetragen werden, dasselbe Vorrecht vor anderen Forderungen, welches dem abgelösten Rechte selbst zustand. Dasselbe gilt von den Ablösungs- und Allodifikationsrenten, wenn sie in das Grundbuch eingetragen werden.

c. Im Jadegebiet genießen die in Gemäßheit des Art. 86 des Oldenburgischen Entschädigungsgesetzes v. 14. Oktober 1849 (Ges.Bl. S. 313) und Art. 37 des Ablösungsgesetzes vom 11. Febr. 1851 (Ges Bl. S. 557) in dem Hypothekenbuche eingetragenen Entschädigungskapitalien ein Vorrecht vor allen älteren Hypotheken (§§ 22, 23 Abs. 1 E.G. Jade) Die noch nicht eingetragen gewesenen Entschädigungs- und Ablösungskapitalien (bez Darlehne) werden dagegen nur mit demselben Vorrechte eingetragen, welches den aufgehobenen Rechten selbst zur Zeit ihrer Aufhebung zustand (§ 23 Abs. 2 E G. Jade).

d. Im Bezirk des vormaligen Appellationsgerichtes Kassel trifft § 24 des Ges. betr. die Ablösung der Reallasten vom 23. Juli 1876 (G.S. S. 357) dieselbe Bestimmung wie § 53 des Schleswig-Holsteinischen Ablösungsgesetzes (s. oben a).

10 Abs. 3. Die Löschung der Post auf Grund des Ausschlußurtheiles darf noch nicht erfolgt sein; denn damit tritt das Aufrückungsrecht der nacheingetragenen Posten von selbst ein; es kann an Stelle der gelöschten Post überhaupt nichts mehr berichtigt werden. Der Gläubiger, welcher das Ausschlußurtheil erwirkt hat, kann ebenso wie der Eigenthumer den Zeitpunkt für den zu stellenden Löschungsantrag wählen (— vgl. Bericht der Kommission des H.H.) Die Vorschrift des Abs. 3 gilt nicht für die eigenen Kosten des nach § 5 Abs. 1 von dem Gläubiger angestellten Prozesses auf Löschungsbewilligung; diese hat der zur Löschungsbewilligung verurtheilte Vormann zu tragen; — ebensowenig aber auch für die Kosten der an Stelle des Eigenthümers beim Grundbuchrichter beantragten Löschung; diese fallen dem Eigenthümer zur Last (§ 61 E.E G.) und sind gegen diesen von dem Gläubiger als zur Beitreibung seiner eigenen Forderung gehörige Kosten zu liquidiren (§ 35 Nr. 1). — Dasselbe gilt, wenn der zur Löschungsbewilligung verurtheilte Vormann zahlungsunfähig ist und der Gläubiger wegen Erstattung dieser Kosten auf das Grundstück und den Schuldner zurückgreifen muß (Wolff, Eintr. S. 171). Jäckel Anm 6 will das den Aufgebotskosten durch Abs. 3 eingeräumte Vorrecht auf die Kosten der Löschungsklage und der Löschung ausgedehnt wissen; dagegen zutreffend Wolff a. a. O.

§. 30. VII.

1) Die Forderungen, für welche das Grundstück in Beschlag genommen ist (§. 16), soweit sie nicht als Realforderungen zur Hebung kommen, und

2) die nach der Beschlagnahme des Grundstücks entstandenen Realansprüche (§. 29)

in der nach der Zeit der Beschlagnahme des Grundstücks oder der Entstehung des dinglichen Rechts zu bestimmenden Reihenfolge.

§ 30. Forderungen der betreibenden Gläubiger und nach der Beschlagnahme entstandene Forderungen.

1. Vgl. § 61 Nr. 5 hann. Ges. v 14. Dez. 1864, §§ 9, 10 Nr. 4 R.Zw.G.-Entw. — Hier wird nur von dem durch die Beschlagnahme begründeten Vorzugsrechte in der Reihe der aus den Kaufgeldern zu befriedigenden Gläubiger gehandelt. — Vgl. im Uebrigen Anm. 9 A u. 11 zu §§ 16, 17.

2. Mit Rücksicht auf die §§ 24—29 ergeben sich folgende Sätze:

a. Ist die Beschlagnahme von einem Realgläubiger erwirkt, so richtet sich dessen Stellung in der Reihe der Gläubiger, welche vor der Beschlagnahme Realrechte an dem Grundstücke erlangt haben, nach §§ 24—29. An dieser Stelle ist er in dem Umfange mit seiner Forderung anzusetzen, welcher den §§ 35, 36 entspricht. — Wegen weitergehender Ansprüche (z. B. wegen älterer als zweijähriger Zinsrückstände) kommt er als Beschlagnahmegläubiger hinter den vor der Beschlagnahme aber vor den nach der Beschlagnahme entstandenen Realansprüchen zum Ansatze.

b. Ein Personalgläubiger, welcher die Beschlagnahme erlangt hat, kommt hinter den vor der Beschlagnahme entstandenen Realforderungen, aber vor den später entstandenen Realansprüchen zur Hebung, es sei denn, daß der Erwerber der letzteren in gutem Glauben gewesen sei (Anm. 9 C. b. α zu §§ 16, 17, Anm. 4 zu §§ 53—56).

c. Für die Reihenfolge mehrerer betreibenden Gläubiger untereinander ist die Zeit der Zustellung des Beschlusses an den Schuldner (§ 16 Abs 3) entscheidend. Dabei ist der Zeitpunkt so genau als möglich festzustellen. Läßt sich eine Priorität nicht ermitteln, so muß gleichmäßige Befriedigung eintreten (s. a. Anm 1 zu § 15).

d. Die Reihenfolge der nach der Beschlagnahme entstandenen Realrechte ist nach dem zu § 29 Anm. 5—10 Gesagten festzustellen.

e. Bei der Konkurrenz der Beschlagnahmegläubiger und der Realberechtigten, deren Anspruch nach der Beschlagnahme entstanden ist, entscheidet die zeitliche Aufeinanderfolge der Zustellung des Beschlusses und der Entstehung des dinglichen Rechtes. Die Reihenfolge ist für die Forderung jedes einzelnen von mehreren Beschlagnahmegläubigern besonders zu bestimmen. Als Zeitpunkt der Entstehung des dinglichen Rechtes ist die Zeit der erfolgten Eintragung, nicht die der Präsentation des Eintragungsgesuches anzusehen, wie in erster Auflage angenommen war. (R. 14 S. 291; 26 S. 395; 28 S. 287.) A. M. Knorr, Anm. 3.

f. Für den Umfang der in Nr. 2 gedachten Realansprüche sind die §§ 35 bis 37 maßgebend.

§. 31. Die noch nicht fälligen Forderungen, welche von dem Ersteher nicht zu übernehmen sind, werden wie fällige behandelt. Der Gläubiger kann die Annahme nicht verweigern.

Ist jedoch eine solche Forderung unverzinslich, so vermindert sich dieselbe auf den Betrag, welcher mit Hinzurechnung der gesetzlichen Zinsen desselben für die Zeit von dem Vertheilungstermine bis zum Fälligkeitstage dem vollen Betrage der Forderung gleichkommt.

So lange die Zeit der Fälligkeit einer unverzinslichen Forderung ungewiß ist, finden auf die letztere die Vorschriften dieses Gesetzes über Forderungen unter aufschiebender Bedingung Anwendung.

§ 31. Betagte Forderungen.

1. Vgl. § 249 Abs. 2 Pr.K.O, § 154 R.Zw.G.Entw. — Abs. 1. Die Beschränkung des Fälligwerdens auf Forderungen, welche von dem Ersteher nicht zu übernehmen sind, ergiebt sich aus dem in §§ 22, 57 enthaltenen Grundsatze des Gesetzes (§ 22 Anm. 3). Die Fälligkeit einer auf mehreren Grundstücken haftenden Forderung tritt nur bei den zur Zwangsversteigerung gebrachten Grundstücken ein. Die Besitzer der mitverhafteten Grundstücke können von dem Gläubiger die Annahme der Zahlung nicht verlangen (Erk. d. O.T. v. 12. April 1878, Gruchot 22 S. 750). Die Fälligkeit tritt ein mit dem Vertheilungstermine. Bis dahin laufen die Zinsen ununterbrochen fort. Die Eröffnung des Verfahrens unterbricht den Zinsenlauf nicht, §§ 36 Abs. 4, 35, 106. (Anders im Konkurse: § 56 Nr. 1 K.O. — vgl. auch die Motive und Kurlbaum S. 80.)

2. Abs. 2. Voraussetzung ist völlige Unverzinslichkeit der Forderung. Eine Zinsvergütung für solche Forderungen, welche mit weniger als 5 Prozent verzinslich sind, findet nicht statt (Koch, Pr.Konk.Ordn zu § 249 Anm. 60). — Die Berechnung der Zwischenzinsen (interusurium) erfolgt, wie auch nach § 58 K.O., nach der Hofmann'schen Methode. (Formel: x (gesuchter Betrag) = $\frac{100 \text{ k (voller Betrag der Forderung)}}{100 + 5 \text{ z (Zahl der Jahre)}}$.) Die gesetzlichen Zinsen sind bei eingetragenen Kapitalien auf 5 Prozent anzunehmen (§ 25 E.E.G., § 17 E.G. N.B.P., § 40 E.G.Schl.H.).

3. Abs. 3. „Bei Forderungen mit unbestimmtem Verfalltage ist die Berechnung des interusurium unmöglich. So lange die Ungewißheit dauert, können solche Forderungen nur wie aufschiebend bedingte (§ 34) behandelt werden" (Mot.), — d. h. sie berechtigen nur zu einer Sicherung.

§. 32. Für den Anspruch auf wiederkehrende Hebungen ist ein durch Zusammenzählen der künftigen Hebungen ohne Rücksicht auf die Fälligkeit zu berechnendes Kapital sicher zu stellen, sofern nicht der Anspruch selbst nach den Vorschriften dieses Gesetzes von dem Ersteher in Anrechnung auf das Kaufgeld zu übernehmen ist. Das Kapital darf den fünfundzwanzigfachen Betrag der Jahreshebungen nicht übersteigen und ist bei Hebungen von unbestimmter Dauer zu diesem Betrage zu berechnen.

Aus dem Kapital und den Zinsen desselben sind die einzelnen Hebungen zur Zeit der Fälligkeit zu entnehmen.

§ 32. **Wiederkehrende Hebungen.**

1. Vgl. § 62 Pr. K.O., § 163 R.Zw.G.Entw. — Nach der deutschen Konkursordnung werden Hebungen von bestimmter Dauer mit Abzug der Zwischenzinsen zusammen gerechnet (§ 63), dagegen Hebungen von unbestimmter Dauer geschätzt (§ 62) und in jedem Falle die ermittelten Beträge ohne Einschränkung dem Berechtigten ausgezahlt. Für die Behandlung solcher Hebungen, welche durch die dem Anspruche beigelegte Dinglichkeit eine besondere Sicherung erlangt haben, und an sich nicht ablösbar sind, erschien die fortbauernde Sicherstellung das Angemessenere. (Mot.)

2. Ist der Anspruch nach den Vorschriften dieses Gesetzes (§§ 22, 57) von dem Ersteher in Anrechnung auf das Kaufgeld zu übernehmen, so bedarf es einer Sicherstellung nicht. Die laufenden und rückständigen Hebungen sind baar zu zahlen (§ 57 Abs. 1); die Verpflichtung zur Entrichtung der künftigen Hebungen geht unverändert auf den Ersteher über.

3. Bestehen die Hebungen nicht in Geld, so ist zunächst der Jahreswerth der betreffenden Naturalleistungen in Geld festzusetzen und danach gemäß also das sicherzustellende Kapital zu berechnen. (Vgl. § 60 Anm. 1 u. 2.)

4. Wie die Sicherstellung zu bewirken, ergiebt § 119.

5. Die einzelnen Hebungen sind zur Zeit der Fälligkeit zunächst aus den Zinsen (Hinterlegungszinsen § 9 H.O; oder Zinsen eines etwa überwiesenen Kaufgelderrückstandes §§ 57 Abs. 1 u. 5, 117 Abs. 1, 119), und soweit diese nicht ausreichen, aus dem Kapitale zu entnehmen. Sie werden voll ausbezahlt, bis das sichergestellte Kapital erschöpft ist; nachstehende Forderungen haben nur auf den etwaigen Ueberrest Anspruch (§ 109). — Sind gleichstehende Forderungen vorhanden, so ist eine gemeinschaftliche Masse zu bilden, welche zugleich zur Sicherung des zu den wiederkehrenden Hebungen berechtigten Gläubigers und zur Befriedigung der anderen Gläubiger dient. Aus dieser wird, wenn sie für das vollberechnete Deckungskapital und die Forderungen der übrigen Gläubiger nicht ausreicht, ein verhältnißmäßiges Kapital zur Sicherung des erstgedachten Gläubigers ausgeschieden und sichergestellt; für die übrigen Gläubiger aber ebenfalls die verhältnißmäßigen Antheile ausgewiesen. Aus dem sichergestellten Kapitale erfolgt dann bis zu seiner Erschöpfung die Auszahlung der Jahreshebungen in entsprechend vermindertem Betrage. — Wird das für die wiederkehrenden Hebungen sichergestellte Kapital nicht erschöpft (z. B. wegen frühzeitigen Todes des Altentheilsberechtigten), so wird dasselbe zunächst auf die gleichberechtigten Forderungen bis zur Deckung ihres Ausfalles vertheilt. — Vgl. die Entscheidungen des O.T.: Entsch. 59 S. 429 ff; 65 S. 454 ff., 67 S. 133; Strieth. 85 S 77 und Jäckel Anm. 2.

6. Sind für den Anspruch auf wiederkehrende Hebungen mehrere Grundstücke ungetheilt verhaftet, und wird der Anspruch bei der Zwangsversteigerung nur eines oder mehrerer derselben geltend gemacht, so ist zu beachten, daß das für die Hebungen berechnete Kapital zunächst sichergestellt wird, eine Befriedigung nur bezüglich der einzelnen Hebungen eintritt. Handelt es sich aber um eine Hebung von bestimmter Dauer, so kann sofort mit Zustimmung des Berechtigten eine Anweisung auf das hinterlegte Kapital für die ganze Dauer der Hebungsberechtigung erfolgen mit der Maßgabe, daß die einzelnen Hebungen an den betreffenden Fälligkeitstagen auszuzahlen sind. Eine derartige Anweisung wirkt als Zahlung (arg. § 117 Abs. 5); auf den mitverhafteten Grundstücken ist der Anspruch für den Zeitraum zu löschen, für welchen das hinterlegte Kapital dem Berechtigten Befriedigung gewährt. Die Bemerkung Knorr's Anm. 2b zu § 119, der auch Jäckel Anm. 3 zu § 32 zustimmt, daß der Hebungsberechtigte das Interesse haben könne, die Naturalleistungen nicht aber Geld zu empfangen, übersieht, daß ein Anspruch auf Naturalleistungen nicht mehr existirt. (§ 22 Abs. 2, auch Abs 2 dieses Paragraphen und Anm 3) — Bei Hebungen von unbestimmter Dauer ist das nicht möglich. Wegen der Sicherung der Eigenthümer der mitverhafteten Grundstücke gegen Cessionen des ganzen Anspruches Seitens des wegen der einzelnen Jahreshebungen sichergestellten Hebungsberechtigten an einen gutgläubigen Dritten durch Eintragung eines entsprechenden Vermerkes bei den mitverhafteten Grundstücken s. Gruchot 20 S. 491 ff. — Vgl. auch §§ 165 R Zw.G.Entw.

§. 33. Forderungen unter auflösender Bedingung sind wie unbedingte zu behandeln.

§. 34. Forderungen unter aufschiebender Bedingung berechtigen, sofern sie nicht von dem Ersteher zu übernehmen sind, nur zu einer Sicherung.

Als solche Forderungen sind auch Forderungen von unbestimmter Höhe zu behandeln.

§§ 33, 34. Bedingte Forderungen.

1. Vgl. §§ 160—162 R.Zw.G.Entw. — Die §§ 33, 34 beziehen sich sowohl auf persönliche als auf dingliche Forderungen. Erstere können bei der Zwangsvollstreckung nur in Betracht kommen, wenn sie resolutiv bedingt sind, da für suspensiv bedingte Forderungen der Nachweis des Eintrittes der Bedingung die Voraussetzung der Ertheilung der Vollstreckungsklausel bildet (§ 664 C.P.O.) Bei dinglichen Forderungen ist zu berücksichtigen, daß für eine unbedingte persönliche Forderung das Pfandrecht bedingt bestellt werden kann, und daß wenn die persönliche Forderung bedingt ist, dasselbe auch vom Pfandrechte gilt.

2. In § 76 S.O. war die Behandlung bedingter Forderungen im Zusammenhange geordnet. — Im vorliegenden Gesetze enthalten die §§ 33, 34 die Hauptgrundsätze; über deren Anwendung bei Feststellung des geringsten Gebotes s. § 55 Abs. 3; bei der Uebernahme von Forderungen in Anrechnung auf den Kaufpreis (§ 57 Abs. 3) s §§ 59, 107; bei Baarzahlung des Kaufpreises

s. §§ 110, 111, bei Ueberweisung des rückständigen Kaufpreises s. §§ 117 Abs 4. — Wegen Sicherheitsbestellung s. § 119.

3. Die §§ 33, 34 sind den §§ 59, 60 K.O. nachgebildet. Die Einschaltung in § 34: „sofern sie nicht vom Ersteher zu übernehmen sind", entspricht dem Grundsatze der §§ 22 Abs. 1, 57 Abs. 3. In solchem Falle behalten aufschiebende bedingte Forderungen ihre bisherige Sicherheit (Mot.).

4. Forderungen von unbestimmter Höhe sind an sich keine bedingten Forderungen. Für ihre Befriedigung aus dem Kaufpreise ist indeß der Nachweis einer bestimmten Höhe erforderlich; bis dahin kann nur eine Sicherung erfolgen.

5. Die Regierungsvorlage hatte dem § 33 den Satz hinzugefügt:

> Zu den Forderungen dieser Art gehören auch solche, welche im Falle der Befriedigung aus einem anderen mitverhafteten Grundstücke erlöschen.

Die Kommission des Abgeordnetenhauses hat diesen Satz hier gestrichen, weil derselbe „zu der irrigen Annahme Veranlassung gegeben hatte, daß Korrealforderungen überhaupt als Forderungen unter auflösender Bedingung angesehen werden sollten". Die Behandlung der Korrealforderungen ist bei §§ 59, 117 besonders geregelt.

6. Die Eintragung einer Vormerkung zur Erhaltung des Rechtes auf Eintragung einer Hypothek (§ 22 E.E.G, § 18 A G C P.O., R.Entw. II §§ 803 ff.), insbesondere wegen vollstreckbarer Geldforderungen (§§ 6 Abs. 3, 7, 8 Abs. 2 d. G.), begründet eine unbedingte dingliche Belastung des Grundstückes (für den Fall, daß das Vorhandensein der materiellen Voraussetzungen dargethan wird). Vgl. Anm 8 zu §§ 6–8. Dasselbe gilt nach § 10 d G. auch für die zur Vollziehung eines Arrestbefehles eingetragene Vormerkung Die vorgemerkten Forderungen berechtigen daher jedenfalls zur Sicherstellung (§ 34). Werden die materiellen Voraussetzungen im Zwangsversteigerungsverfahren dargethan, so bedarf es nicht erst der Umschreibung im Grundbuche, um den Gläubiger zur Empfangnahme des Perzipiendums zu berechtigen (Dernburg I § 204; Jäckel Anm. 2 II; R. 4 S 268, 26 S. 398, 29 S. 182, 188) — Für das vor dem 1. November 1883 geltende Recht ist streitig, ob die Eintragung eines Arrestes wegen einer persönlichen Forderung ein Pfandrecht oder eine Verfügungsbeschränkung des Subhastaten begründet (Anm 2 zu § 10). Von letzterem Standpunkte aus ist der Arrestgläubiger als blos persönlicher Gläubiger, nicht als Interessent des Verfahrens (§ 21) zu betrachten — auch nicht, wenn er inzwischen ein rechtskräftiges Urtheil erlangt hat, welches ihn berechtigt, die Vormerkung in eine Hypothek umschreiben zu lassen (R 3 S. 315, 5 S. 297), und ergiebt sich ferner, daß, wenn die Umschreibung (Eintragung der Hypothek) erfolgt ist, sich die Wirkung der Arrestvormerkung gegen inzwischen eingetragene Konventionalhypotheken dahin äußert, daß letztere dem Arrestimpetranten gegenüber, wenn er dadurch beeinträchtigt wird, als null und nichtig behandelt werden (R.G Entsch. 4 S. 268. — A. M. Eccius § 198 Anm. 37; vgl. die ältere Judikatur daselbst) Anders bei inzwischen eingetragener Judikatshypothek und einem nach § 30 d. G. erlangten Vorzugsrechte, weil diese nicht auf einer Verfügung des Eigenthümers beruhen. Eine nach erfolgter Beschlagnahme erfolgte Umschreibung des Arrestes in eine Hypothek hat nach § 30 den Rang hinter der Forderung des Beschlagnahmegläubigers, weil der Arrestimpetrant vor der Eintragung der Hypothek ein Realrecht am Grundstücke nicht hatte.

(A. M. Jäckel Anm. 2 I b. Zustimmend Knorr Anm. 2.) — Wegen des jetzt geltenden Rechtes s. Anm. 2 zu § 10.

§. 35. An der Stelle, an welcher einer der in §. 29, §. 30 Nr. 2 bezeichneten Realansprüche anzusetzen ist, werden in der nachstehenden Reihenfolge berichtigt:

1) die Kosten der Eintragung, der Kündigung, der Klage, der Beitreibung und der Liquidation, insofern das Grundstück dafür haftet;
2) die laufenden Zinsen oder anderen Leistungen;
3) die Rückstände von Zinsen oder anderen Leistungen aus den beiden letzten Jahren;
4) das Kapital der Forderung oder bei einem anderen Rechte dessen Last auf den Ersteher nicht übergeht, das zur Ablösung, Entschädigung oder Sicherung des Berechtigten erforderliche Kapital.

§ 35. Umfang der Forderungen.

1. Vgl. § 52, 54, 60 Pr. K.O. und R Entw. I §§ 268, 1066, 1108, 1136, II §§ 316, 1027, 1101. § 13 R.Zw.G.Entw.

2 **Zu Nr. 1.** Vor Geltung des § 30 E E.G. fand eine gesetzliche Haftung nicht in gleichem Umfange statt. — Vgl für das landrechtliche Rechtsgebiet: §§ 484, 488, 489, 510, I. 20; § 29 Ges v. 24. Mai 1853; § 54 Nr 1 Pr. K.O., für das gemeine Recht: fr. 8 § 5 D. de pign. act. 13 7 und Leyser med. spec 224 No. 5; für Hannover § 22 Ges. v. 14. Dez 1864; für das Gebiet des rheinischen Rechtes (art 2142 M 4, 2153, 2155 Code civil — Mügel Anm. 2 zu § 14 E.G.Rhld). Mit der Geltung der Grundbuchgesetze in den gemeinrechtlichen und rheinisch-rechtlichen Landestheilen ist auch in diesen § 30 E E G. maßgebend geworden; für ältere Hypotheken bestimmt sich die Haftung des Grundstückes nach dem früher geltenden Rechte

a Kosten der Eintragung sind nur die nach §§ 2 und 6 des Kostentarifes zur Grundbuchordnung zum Ansatz zu bringenden Kosten, nicht die dem Gläubiger vor der Eintragung entstandenen Kosten. (K. 1 S. 122, 2 S. 122.)

b. Kosten der Klage; d. h diejenigen Kosten des Rechtsstreites über das Realrecht (nicht über den persönlichen Anspruch, R. 1 S. 105), deren Erstattung dem Beklagten gesetzlich obliegt. Der Anspruch muß durch einen zur Zwangsvollstreckung geeigneten Titel begründet werden (§ 98 Abs 1 C.P.O.); Beibringung eines förmlichen Kostenfestsetzungsbeschlusses ist nicht erforderlich, da es sich hier überhaupt nicht um eine Voraussetzung für die Einleitung der Zwangsversteigerung handelt (Anm. 7 zu § 2). Gegen einen Singularsuccessor können diese Kosten trotz § 236 Abs. 3 C P.O. ebenfalls liquidirt werden. Soweit das in Streit befangene Grundstück für die Kosten mithaftet, umfaßt die Entscheidung in der Sache selbst auch das Pfandrecht für die Kostenforderung (Kurlbaum S. 23.)

c. Kosten der Beitreibung. Dazu gehören die Kosten der Einleitung und des Beitrittes eines Gläubigers (§ 84), die Kosten einer von dem Gläubiger gemäß § 5 herbeigeführten Löschung (s. zu § 29 Anm. 10) und unter Umständen auch der Uebersendung des Geldes aus einem bestimmten Orte (Anm 7 zu § 121), sowie die Gebühren des Prozeßbevollmächtigten für das Zwangsvollstreckungsverfahren wegen des Realanspruches (s Anhang zum Kostengesetze) — Obwohl die Kosten der Erhebung und Ablieferung des Geldes nicht zu den vom Schuldner zu erstattenden Prozeßkosten gehören (Eccius § 199 Anm 42), hatte schon das O.T. (Entsch. 74 S. 144) die Berichtigung der Anwaltsgebühren aus den Kaufgeldern zugelassen; das R G ist dem beigetreten mit der Maßgabe, daß wenn ein billigerer Weg möglich war (— Uebersendung durch die Post, § 121 des Ges —) dieser gewählt werden muß (R. 22 S. 323).

d. Kosten der Liquidation. Trotz § 510 I. 20 A.L R, auf welchen sich § 29 Ges v. 24 Mai 1853 nicht bezieht, hat die Praxis auch die nicht betreibenden Realgläubiger zur Liquidirung der ihnen durch die Betheiligung am Zwangsversteigerungsverfahren entstehenden Kosten für berechtigt erachtet, indem sie dieselben den Beitreibungskosten gleichstellt (Entsch. 74 S 144) So auch der Bericht d Komm. d A H zu § 30 E E G. — Wegen der Gebühren für Erhebung und Ablieferung des Geldes s. unter c. und über die Gebühren der Rechtsanwälte den Anh zum Kostengesetze. Vgl auch § 17 E G. Kassel

3 Zu Nr. 2 u. 3. „Die neben den Zinsen in Nr 2 u. 3 (vgl. auch § 36) erwähnten „anderen Leistungen" umfassen außer den einzelnen Beträgen wiederkehrender Hebungen wiederkehrende Nebenleistungen (Verwaltungs-, Amortisations-, Provisionsbeträge u dergl), für welche das Grundstück kraft Gesetzes oder Vertrages haftet, und welche den Rang der Hauptforderung haben. So haftet z. B. das einer in der Provinz Hannover bestehenden, vom Staate genehmigten Kreditanstalt verpfändete Grundstück für die statutenmäßigen Beiträge und sonstigen Leistungen des Schuldners, auch insoweit dieselben nicht Kapitalsabtrag sind (§ 20 Ges. v. 28 Mai 1873)" (Mot.) Bei vollendetem Grundbuch ist die Eintragung der Zinsen und sonstigen Jahreszahlungen Voraussetzung der Haftung des Grundstückes (§§ 25, 30 E E G) auch für ältere Hypotheken (§ 73 G.B.O.). Bei nicht vollendetem Grundbuche ist nach dem bisherigen materiellen Rechte zu entscheiden, ob das Grundstück auch für die Zinsen und anderen Leistungen haftet — Im gemeinen Rechte ist die Haftung des Pfandes für vertragsmäßige Zinsen, ohne besonders darauf gerichtete Verabredung, quaestio facti; für Hannover s §§ 19, 20 Ges. v. 14 Dez 1864; für Schleswig-Holstein § 40 E G Schl.H. — Ver v. 12 Febr. 1828 (Chronol. Samml S 26), Seestern-Pauly S. 273 ff. — Das Gesetz über den Ansatz der Zinsen von den aus dem vormaligen Stadtbuche von Altona in das Grundbuch übertragenen Hypotheken im Zwangsvollstreckungsverfahren v. 24. März 1890 (G S. S. 39; ausgegeben zu Berlin am 2. April 1890) bestimmt:

> In dem nach dem Inkrafttreten dieses Gesetzes beantragten Zwangsversteigerungen oder Zwangsverwaltungen der im Bezirke des vormaligen Stadtbuchs von Altona belegenen Grundstücke sind die laufenden Zinsen und die zweijahrigen Rückstande von Zinsen einer aus dem früheren Altonaischen Stadtbuch in das Grundbuch übertragenen Hypothekenforderung an der dem Kapital gebührenden Stelle anzusetzen.

4. Wegen des entscheidenden Zeitpunktes, welcher die laufenden von den rückständigen Zinsen u. s. w. scheidet, s. § 36. — Zu Nr. 3 vgl. auch § 43 E.G. Schl., § 16 E.G. Kassel.

5. Zu Nr. 4 vgl. § 12 Abs. 1 E.E.G.; zu § 22 Abs. 3 Anm. 4—8; zu § 29 Anm. 2, zu § 32 Anm. 2 u. 3.

§. 36. Die laufenden Abgaben, Lasten, Zinsen und anderen Leistungen nehmen ihren Anfang von dem letztverflossenen Fälligkeitstermine vor der ersten Beschlagnahme des Grundstücks, welche in dem anhängigen Verfahren oder bei einer bis zur Einleitung desselben fortgesetzten Zwangsverwaltung erfolgt ist.

Die Rückstände werden von demselben Zeitpunkte zurückgerechnet.

Liegt innerhalb der beiden letzten Jahre vor der Beschlagnahme kein Fälligkeitstermin, so wird der Anfang der laufenden und der rückständigen Beträge durch die Zeit der Beschlagnahme bestimmt.

Der Lauf der Zinsen wird durch das Vollstreckungsverfahren nicht gehemmt.

§ 36. Laufende und rückständige Leistungen.

1. Als der Zeitpunkt, welcher die Rückstände von den laufenden Beträgen scheidet, gilt der letzte Fälligkeitstermin vor der Beschlagnahme des Grundstückes (vgl. § 59 Pr.K.O.). „Treffen indeß mehrere Beschlagnahmen zusammen, so kann aus praktischen Gründen nicht jedem betreibenden Gläubiger gegenüber ein anderer Zeitpunkt für die Berechnung der Rückstände angenommen werden. Gegenüber sämmtlichen Gläubigern soll deshalb der Zeitpunkt der ersten Beschlagnahme maßgebend sein." (Mot.) — Dies gilt auch dann, wenn der erste Antragsteller seinen Antrag zurückgenommen hat (Motive zu § 52).

2. Zu Abs. 4. Die Abweichung von § 56 Nr. 1 K.O. rechtfertigt sich durch die gänzliche Trennung der Zwangsversteigerung von dem Konkursverfahren; s. a. § 31 Anm. 1.

§. 37. Nach den bisher bezeichneten Forderungen werden die älteren als zweijährigen Rückstände an Zinsen und wiederkehrenden Hebungen nach der in den §§. 25, 27 bis 29, §. 30 Nr. 2 festgesetzten Reihenfolge berichtigt.

§ 37. Aeltere Rückstände.

1. Auch diese Vorschrift und die Abweichung von § 60 S.O., wonach diese Rückstände sowohl unter sich, als auch den Forderungen gegenüber, für welche das Kaufgeld mit Beschlag belegt worden, nach der Rangordnung der Konkursgläubiger zur Befriedigung gelangten, hängt mit der völligen Trennung der Zwangsvollstreckung in das unbewegliche Vermögen von dem Konkursverfahren zusammen (vgl. Motive). — Die Dinglichkeit der älteren Rückstände ist sowohl im Verhältniß der Ansprüche untereinander als gegenüber persönlichen Forderungen

gegen den Grundstückseigenthümer festgehalten, wenn sie auch bei der Vertheilung des Kaufgeldes nicht wie die zweijährigen Rückstände an der Stelle des Kapitals zum Ansatze gelangen Das Grundstück dient zu ihrer vorzugsweisen Befriedigung. Dadurch ist zugleich für sie das Absonderungsrecht im Konkurse anerkannt, § 39 K.O. — Die Beschlagnahme der Kaufgeldforderung an den Ersteher wirkt „nur, insoweit dem Schuldner des die Pfändung bewirkenden Gläubigers, d. i. dem Eigenthümer des versteigerten Grundstückes ein Anspruch auf einen Kaufgeldüberschuß zusteht, — also nur, soweit das Kaufgeld nicht durch die in den §§ 24 bis 37 bezeichneten Forderungen aufgezehrt wird." (Mot)

§. 38. Mehrere an derselben Stelle anzusetzende Forderungen werden, wenn die Masse unzureichend ist, nach Verhältniß der Beträge gleichmäßig berichtigt.

Sind mehrere Grundstücke zusammen zu einem Preise zugeschlagen worden, so ist ein nach Verhältniß des Werthes zu bestimmender Theil des Preises auf jedes Grundstück zu rechnen.

§ 38. **Mehrheit gleichberechtigter Forderungen. — Mehrheit der Grundstücke.**

1. **Abs. 1.** Vgl. § 61 Pr K.O.; §§ 62, 64 Hann. Gesetz v. 14. Dez. 1864 § 153 R.Zw G Entw

2. **Abs.** 2 ist von der Kommission des A.H. eingeschaltet Die Nothwendigkeit einer derartigen Vertheilung tritt namentlich bei verschiedener Belastung der Grundstücke ein, und wenn das Eigenthum eines Grundstückes von einem Andern in Anspruch genommen wird, welcher die rechtzeitige Einstellung des Verfahrens nicht erreicht hat, so daß sein Anspruch nunmehr auf das Kaufgeld zu richten ist (§ 40 Nr 9). Ueber die Feststellung des geringsten Gebotes bei dem Gesammtausgebote mehrerer Grundstücke s Anm 5 zu §§ 53—56, und über das Recht der Betheiligten, Einzelgebote und Gesammtgebote mehrerer Grundstücke zu verlangen, Anm 4 u. 5 zu § 45. — Die Vertheilung des Preises auf die einzelnen Grundstücke erfolgt bei Aufstellung des Planes nach dem Maßstabe des Grundsteuerreinertrages und des Gebäudesteuernutzungswerthes (§ 112), unbeschadet des Rechtes eines benachtheiligten Interessenten, ein anderes Werthverhältniß durch Widerspruch gegen den Plan und Klage gegen den bevortheilten Interessenten geltend zu machen (§ 113 und § 764 C P O). — Als ergänzende Vorschriften finden §§ 41, 44 und 199 (Hohenzollern) Anwendung; außerdem steht den Interessenten frei, ein anderes Werthverhältniß zu vereinbaren. — Lassen die Einzelwerthe sich nicht feststellen, so gelten die Grundsätze über die Theilung des Gewinnes bei vertragsmäßigen bez. zufälligen Gemeinschaften (vgl. Erk. d O.T. v. 16 Febr. 1877 bei Gruchot 21 S. 857). — Vgl auch die Ausführungen Dernburg's und Kurlbaum's im Herrenhause (Stegemann S. 500). — In § 150 R.Zw.G Entw. sind zum Theil abweichende Bestimmungen getroffen.

III. Versteigerung.

§. 39. Nachdem der Einleitungsbeschluß zugestellt ist und die Mittheilungen des Grundbuchrichters eingegangen sind, bestimmt das Gericht mit öffentlicher Bekanntmachung den Versteigerungstermin.

§ 39. Bestimmung des Versteigerungstermines.

1. Ist die Zustellung des Einleitungsbeschlusses (s. Anm. 5 zu §§ 16, 17) nicht gehörig bewirkt, so darf die Bestimmung des Versteigerungstermines ebensowenig erfolgen, als vor Erledigung der sich aus den Mittheilungen des Grundbuchrichters ergebenden Anstände (s. Anm. 2—4 zu § 30). — Vgl. § 43 R.Zw.G.-Entw. — Geschieht sie dennoch, so kann der Schuldner Einwendungen gegen die Art und Weise der Zwangsvollstreckung (§ 685 C.P.O.) erheben, der Vollstreckungsrichter selbst das Verfahren bis zur Beseitung der von ihm etwa nachträglich bemerkten Mängel auch von Amtswegen einstellen, jedoch nur solange der Schluß des Versteigerungstermines nicht erfolgt ist (s. Anm. 3 zu § 20). — Inwiefern außerdem sich daraus Gründe für den Widerspruch gegen Ertheilung des Zuschlages, für die Versagung des Zuschlages von Amtswegen und die Begründung der Beschwerde ergeben, folgt aus §§ 75 Nr. 1, 78, 88. — Die Einlegung der Beschwerde gegen den Einleitungsbeschluß steht der Bestimmung des Versteigerungstermines nicht entgegen (vgl. § 535 C.P.O.).

2. Wegen der in § 47 Abs. 2 vorgesehenen Mittheilung an die Realinteressenten muß die Wiedervorlegung der Akten am 14. Tage vor dem Versteigerungstermine angeordnet werden.

§. 40. Die Bekanntmachung des Versteigerungstermins muß enthalten:

1) eine Bezeichnung des zum Verkauf bestimmten Grundstücks, welche genügt, dasselbe von anderen zu unterscheiden;
2) das Gesammtmaß der der Grundsteuer unterliegenden Flächen;
3) den Reinertrag und den Nutzungswerth, nach welchen das Grundstück zur Grund- und Gebäudesteuer veranlagt worden ist;
4) Zeit und Ort des Versteigerungstermins;
5) die Angabe, daß die Versteigerung im Wege der Zwangsvollstreckung geschehe;
6) Zeit und Ort des Termins, in welchem das Urtheil über die Ertheilung des Zuschlags verkündet werden soll;
7) die Anzeige, wo Auszug aus der Steuerrolle, beglaubigte Abschrift des Grundbuchblatts oder Artikels, etwaige Abschätzungen und andere das Grundstück betreffende Nachweisungen, ingleichen besondere Kaufbedingungen eingesehen werden können;
8) die Aufforderung an alle Realberechtigten, die nicht von selbst auf den Ersteher übergehenden Ansprüche, deren Vorhandensein oder Betrag aus dem Grundbuche zur Zeit der Eintragung des Versteigerungsvermerks nicht hervorging, insbesondere derartige Forderungen von Kapital, Zinsen,

wiederkehrenden Hebungen oder Kosten, spätestens im Versteigerungstermin vor der Aufforderung zur Abgabe von Geboten anzumelden und, falls der betreibende Gläubiger widerspricht, dem Gerichte glaubhaft zu machen, widrigenfalls dieselben bei Feststellung des geringsten Gebots nicht berücksichtigt werden und bei Vertheilung des Kaufgeldes gegen die berücksichtigten Ansprüche im Range zurücktreten;

9) die Aufforderung an diejenigen, welche das Eigenthum des Grundstücks beanspruchen, vor Schluß des Versteigerungstermins die Einstellung des Verfahrens herbeizuführen, widrigenfalls nach erfolgtem Zuschlag das Kaufgeld in Bezug auf den Anspruch an die Stelle des Grundstücks tritt.

§ 40. Versteigerungsausschreiben.

1. Vgl. § 561 hann. B.P.O., §§ 44, 45 R.Zw.G.Entw. — Die „Bekanntmachung" ist nicht die „Veröffentlichung" der Terminsbestimmung (diese regelt § 46), sondern die Terminsbestimmung selbst; daher ein Akt des Richters, nicht des Gerichtsschreibers. Der in den Nrn. 1—8 angegebene Inhalt der Bekanntmachung ist obligatorisch. Der Richter ist verpflichtet, etwa vorgekommene Mängel von Amtswegen zu berücksichtigen und erforderlichenfalls unter Aufhebung des Termines ein neues Versteigerungsausschreiben zu erlassen. Ist das nicht geschehen, so begründen nach Schluß des Versteigerungstermines nur Verstöße gegen Nr. 1, 4, 5, 8, 9 einen Widerspruch gegen Ertheilung des Zuschlages, die Versagung des Zuschlages von Amtswegen und die Beschwerde (§§ 75 Nr. 4; 78, 88).

2. **Zu Nr. 1.** Die Bezeichnung des Grundstückes (§ 13 Nr. 1) muß genügend sein, um das Grundstück von anderen zu unterscheiden. Bei Besitzungen, welche wirthschaftliche Einheiten bilden (Ritter-, Bauerngüter u. s. w), bedarf es keiner Bezeichnung der einzelnen dazu gehörigen Grundstücke; wo aber eine solche beigefügt ist, muß sie vollständig sein. Es genügt in letzterem Falle nicht, daß das ausgelassene Grundstück in dem Grundbuche (Form. 1) als Bestandtheil der Besitzung aufgeführt ist.

3. **Zu Nr. 2.** Irrthümer in der Angabe des Gesammtmaßes bilden keine Gründe des Widerspruches oder der Versagung des Zuschlages und der Beschwerde von Amtswegen (§§ 75 Nr 4; 78, 88 Dasselbe gilt

4. **bei Nr. 3.** Die Bedeutung des Grundsteuerreinertrages und des Gebäudesteuernutzungswerthes nicht nur fur eine Werthschätzung des Grundstückes seitens der Kaufliebhaber, sondern im Verfahren selbst für die Beurtheilung der mit Hypotheken oder Grundschulden bestellten Sicherheit, und fur die Vertheilung des Kaufpreises ergeben die §§ 64 Abs. 2, 112. Hat ein Auszug aus der Grundsteuermutterrolle oder der Gebäudesteuerrolle nicht ertheilt werden können, so findet § 41 Anwendung; vgl. insbesondere auch Abs. 3.

5. **Zu Nr. 4.** Wegen der Zeit vgl. § 42, wegen des Ortes § 43. Die Zeit muß durch Tag und Stunde, der Ort so genau bestimmt sein, wie es die

lokalen Verhältnisse bedingen. (Vgl auch Fischer, Termin und Ladung S. 65.) Die Abhaltung des Versteigerungstermines zu einer früheren Zeit, oder an einem anderen Orte begründen Widerspruch, Versagung des Zuschlages von Amtswegen und Beschwerde (§ 75 Nr. 4, 78, 88), wie das gänzliche Fehlen von Zeit oder Ort in der Bekanntmachung; s. auch Anm. 3 zu § 61.

6. Zu Nr. 5 bemerken die Motive: In Nr. 5 ist die Angabe, daß die Versteigerung im Wege der Zwangsvollstreckung geschieht, bezeichnender als die bloße Erwähnung der nothwendigen Subhastation, weil es auch andere Arten der letzteren mit verschiedenen Wirkungen giebt. Die für diese Fälle vorgeschriebene entsprechende Anwendung des § 40 führt dazu, daß der Rechtsgrund der Versteigerung jedesmal in der Bekanntmachung angegeben werden muß." — Vgl. §§ 180, 185 Nr. 3. Beim Fehlen dieser Angabe finden §§ 75 Nr. 4, 78, 88 Anwendung. Der Bezeichnung der Forderung bedarf es nicht. Ein deren Aufnahme bezweckender Antrag wurde in der Kommission des Abg H. abgelehnt; den Interessen der Realgläubiger wird durch § 47 Abs. 2 entsprochen

7. Zu Nr. 6 vgl. §§ 55 Abs. 4, 57 Abs 6 (Bedeutung des Verkündungstermines für die Zinsberechnung der beim geringsten Gebote berücksichtigten Forderungen; Beginn der Zinsverpflichtung für den baar zu zahlenden Kaufpreis), §§ 81, 82 (Verfahren im Verkündungstermine). — §§ 75 Nr. 4, 78, 88 finden keine Anwendung; ebensowenig

8. bei Nr. 7; vgl. auch §§ 14, 19, 44, 45

9. Zu Nr. 8. Die Aufforderung zur Anmeldung steht im Zusammenhange mit der Feststellung des geringsten Gebotes — Realberechtigte sind in dem zu § 21 Anm. 4—6 erläuterten Sinne zu verstehen — Welche Forderungen der Anmeldung bedürfen s. Anm. 7 §§ 53—56; über die Rechtsfolgen bei unterlassener rechtzeitiger Anmeldung s. Anm. 10 a a. O. — Wegen des Präklusivtermines für die Anmeldungen und des zur Herbeiführung desselben zu beobachtenden Verfahrens s. Anm. 5 zu § 61. Bezüglich der Anmeldung von Ranganspruchen erfolgt nach § 48 eine besondere Aufforderung an die betheiligten Gläubiger.

10. Zu Nr. 9. Aus der Reihe der Realberechtigten ist der Eigenthumsprätendent ausgeschieden. Durch den Zuschlag erwirbt der Ersteher Eigenthum (§ 97), auch wenn der Schuldner nicht Eigenthümer des Grundstückes war; für den Eigenthumsprätendenten handelt es sich um den Verlust seines Eigenthumes. Ein Vorbehalt im Zuschlagsurtheile vermag diesen nicht abzuwenden Die Ertheilung des Zuschlages muß verhindert werden (R G. bei Gruchot 34 S. 1114), indem der Eigenthumsprätendent sein die Veräußerung des Grundstückes im Wege der Zwangsversteigerung hindernbes Recht nach §§ 690, 688 C.P.O. geltend macht (§ 70) und bis zum Schlusse des Versteigerungstermines die Einstellung des Verfahrens herbeiführt (§ 71 Abs. 2). Geschieht dies trotz öffentlicher Aufforderung nicht, so erscheint die Zwangsversteigerung als eine gegen den Schuldner zulässige Maßregel, und die nach § 97 mit der Ertheilung des Zuschlages verbundene, die Sicherheit des Erwerbes des Eigenthumes aus der Hand des Richters gewährleistende Wirkung gerechtfertigt. Um diesen Erfolg der Versteigerung zu sichern, bedarf es nicht einer völligen Präklusion des Eigenthumsprätendenten, es genügt die Verweisung auf den Kaufpreis. (Anders nach § 13 Nr. 7 S O.).

Die Wirkung der Präklusion richtet sich gegen die nicht eingetragenen Eigenthümer des Grundstückes (§ 5 E.E.G.), gleichgiltig, ob deren Recht durch eine Vormerkung gesichert ist oder nicht (§§ 8, 9 E.E.G.). Zu den Eigenthumsprätendenten im Sinne des § 40 Nr. 9 gehören nicht diejenigen, welche nur ein Recht auf Auflassung haben. Letztere können — auch wenn ihr Recht vorgemerkt ist — die Einstellung des Verfahrens nach § 690 C.P.O. und § 70 Abs. 1 des Ges. nicht herbeiführen, weil sie kein Recht am Grundstücke haben, welches dessen Veräußerung und demgemäß den Verkauf an den Meistbietenden hindert (R. 7 S. 177, 15 S. 269). Dagegen ist das Recht auf Auflassung durch die Vormerkung auch Dritten, insbesondere dem Ersteher gegenüber, geschützt. Es findet § 22 Anwendung. Das vorgemerkte Recht auf Auflassung wirkt, in das geringste Gebot aufgenommen, oder wenn seine Uebernahme als Kaufbedingung gesetzt ist (§ 60 Abs. 1) gegen den Ersteher (R. 27 S. 238). Ist dies nicht der Fall, so erwirbt dieser unanfechtbares Eigenthum; der Vorgemerkte kann aber nacheingetragenen Realberechtigten gegenüber, sein Geldinteresse bei Vertheilung der Kaufgelder geltend machen (R. 18 S. 297). — Wenn das Recht des Vorgemerkten durch unzulässige Kaufbedingungen gefährdet wird, steht ihm ein Widerspruch gegen den Zuschlag nach § 75 Nr. 3 zu. — Bei nichtiger Auflassung ist der Anfechtungsberechtigte Vindikant, kann also die Einstellung des Verfahrens nach § 690 C.P.O., § 70 Abs. 1 herbeiführen; bei nur anfechtbarer Auflassung besteht ein Kondiktionsanspruch auf Wiederauflassung; in diesem Falle gilt dasselbe wie bei dem Rechte auf Auflassung; insbesondere auch wenn der Anspruch vorgemerkt ist. (Eccius Anm. 23 b zu § 48. Vgl auch Turnau Anm. 4 zu § 8, Anm. 5 zu § 9 E.E.G., der jedoch, wenn die Vormerkung vor der Forderung des betr. Gläubigers eingetragen ist, den Vorgemerkten für befugt hält, die Einstellung des Verfahrens herbeizuführen.) — Die Wirkung der Präklusion wird dadurch bedingt, daß das Grundstück in der Bekanntmachung so genau bezeichnet ist, daß der Eigenthumsprätendent aus derselben ersehen konnte, daß es sich um sein Grundstück handle (Entsch. 78 S. 292 und R. 11 S. 275, 18 S. 275. Dernburg, Hyp R. II S. 416. Urth. des R.G. v. 20. Dez. 1880. Walmanns Ztschr. f. pr. R. 1 S. 730.)

In der Kommission des H.H. wurde beantragt, eine Aufforderung wesentlich gleichen Inhaltes auch bezüglich der Eigenthumsprätendenten von Gegenständen, die „als Zubehör der Immobiliarmasse (— sollte wohl heißen: des Grundstückes —) angesehen werden können", als Nr. 10 einzuschalten, weil es wünschenswerth sei, daß der Ersteher wisse, wie es sich mit den „anstehenden Pertinenzien" verhalte, da er sein Gebot wesentlich mit Rücksicht auf diese bemessen würde. Die Regierungskommissare erklärten sich gegen den Antrag; diejenigen Gegenstände, welche dem Subhastaten nicht gehörten, bildeten — abgesehen von besonderen Fällen — nicht Zubehör des Grundstückes; der vorgeschlagene Ausdruck sei zu unbestimmt, insbesondere sei die Zeit, zu welcher jene Gegenstände als Pertinenz angesehen werden könnten, nicht fixirt; Dritte, welche sich bereits im Besitze solcher Sachen befänden, könnten nicht präkludirt werden. Der Antrag wurde abgelehnt. Die in demselben berührte Frage hat sich indeß bereits an §§ 13 Nr. 7, 36, 37, 43 S.O. angeknüpft, und das Obertribunal (Entsch. 70 S. 241, Gruchot 22 S. 471) wie das Reichsgericht (R. 2 S. 70, 251, Gruchot 25 S. 933) haben erkannt, daß, wenn Gegenstände, welche ihrer Natur nach als

Pertinenzien zu betrachten seien, den Gegenstand der Subhastation gebildet haben, obwohl sie als einem Dritten gehörig nicht mit zur Versteigerung hätten gebracht werden dürfen, das Eigenthum des Dritten, welcher nicht durch rechtzeitige Geltendmachung seiner Interventionsansprüche den Mitverkauf und Zuschlag verhindert habe, erloschen und nicht angemeldete Eigenthumsansprüche nach § 43 S.O. als präkludirt anzusehen seien und zwar auch dann, wenn der Ersteher das Eigenthum des Dritten kannte. — Das Reichsgericht hat früher (R. 2 S. 255, Gruchot 26 S. 1099, 28 S. 1169) die oben entwickelten Sätze auch für das vorliegende Gesetz aufrecht erhalten, neuerdings (R. 19 S. 321 und bei Gruchot 34 S. 1105) sie aber auf solche zum s. g. thatsächlichen Zubehöre gehörigen Gegenstände eingeschränkt, die der Eigenthümer oder der zur Verfügung über dieselben Berechtigte zum Zubehöre bestimmt hat, — mit Recht; denn ohne solchen Willensakt, der freilich aus der äußeren Erscheinung allein nicht mit Sicherheit zu entnehmen ist, existirt kein Zubehör (Windscheid § 143, §§ 42, 44 I. 2. A.L.R., Jur. Wochenschr. 1889 S. 485). Dernburg (Hyp.R. II S. 419) spricht sich für die frühere Praxis aus (das Grundstück werde zugeschlagen, wie es steht und liegt) jedoch mit der Einschränkung, daß der Ersteher, welcher wußte oder wissen mußte, daß die scheinbaren Zubehörstücke rechtlich solche nicht seien, der Vindikation des Eigenthümers ausgesetzt bleibe. — Eccius § 130 Anm. 63, und Jäckel Anm. 9 machen dagegen geltend: die Aufforderung zur Anmeldung beziehe sich nur auf das Grundstück selbst, wollte man sie aber auf bewegliche Pertinenzien ausdehnen, so seien solche doch nur dem Grundstückseigenthümer gehörige Sachen (§§ 60, 108 I 2 A.L.R.); und dieser könne nicht eigenmächtig Pertinenzstücke schaffen und Dritte in die Subhastation hineinziehen; auch werde für die Sicherheit des Erwerbes des Erstehers bei der neueren Auffassung des Reichsgerichtes wenig gewonnen, da sie auch Erkundigungen des Erstehers erfordere. — Mit Eccius und Jäckel stimmen sachlich überein Heidenfeld S. 71, Boas und Koblitz bei Gruchot 28 S. 769 ff., 35 S. 536 ff, Knorr Anm. 8b zu § 97. — Indeß die Aufforderung zur Anmeldung (§ 40 Nr. 9) auf das bewegliche Zubehör zu beziehen, hat kein Bedenken; auch § 97 spricht nur vom Grundstücke, und allgemein wird trotzdem der Eigenthumserwerb auch am Zubehöre anerkannt. Außerdem ist die Beschränkung der Pertinenzeigenschaft auf Sachen, die dem Grundstückseigenthümer gehören, auf das landrechtliche Rechtsgebiet beschränkt, und mit dem Pertinenzbegriff (§§ 42, 44 I. 2 A L.R.) keineswegs von selbst gegeben. (Vgl. Windscheid § 143, Turnau Anm. 2 zu § 30 E E.G., § 789 R.Entw. I, § 77 h u i R.Entw. II und Motive dazu.) Endlich ist die Einbeziehung des Dritteigenthümers in die Subhastation jedenfalls dann nicht bedenklich, wenn er selbst für den Grundeigenthümer oder dieser mit seiner Zustimmung die Sache zur Pertinenz gemacht oder endlich, wenn er diesen auch nur durch Uebergabe der Sache dazu in die Lage gebracht hat In allen diesen Fällen überwiegt die Rücksicht auf die Sicherung des Eigenthumserwerbes des Erstehers in einem gerichtlichen Versteigerungsverfahren, es erscheinen die Interessen des Dritten genügend gewahrt, wenn ihm ein Anspruch auf das Kaufgeld eingeräumt wird (R. 8 S. 204); zumal das nicht dem Eigenthümer gehörige bewegliche Zubehör von der Beschlagnahme nicht ergriffen wird, der Dritteigenthümer also mit Zustimmung des Schuldners diese Zubehörstücke bis zum Versteigerungstermine vom Grundstücke entfernen kann. — Vgl. §§ 44 Nr. 5, 45, 73 Nr. 2, 138 Abs. 3 R.Zw.G.Entw. — Auch für den Eigenthumsprätendenten beweglicher Zubehörstücke tritt das für dieselben gezahlte Kaufgeld an deren Stelle (N. 8 S 201).

11. **Zu Nr. 8 und 9.** Die ausdrückliche Androhung des Rechtsnachtheiles entspricht den für das Aufgebotsverfahren in §§ 824 Abs. 2 und 3, 841 Satz 2 C P.O. enthaltenen Vorschriften. Der angedrohte Rechtsnachtheil tritt ein, ohne daß es eines darauf gerichteten Antrages und eines Ausschlußurtheiles bedürfte.

§. 41. Hat ein Auszug aus der Grundsteuermutterrolle oder aus der Gebäudesteuerrolle nach Lage der Rollen nicht ertheilt werden können, so hat das Gericht, erforderlichen Falls nach Anhorung eines Sachverständigen, den Betrag zu bestimmen, welcher in dem Verfahren an die Stelle des Grundsteuerreinertrages oder des Gebäudesteuernutzungswerthes treten soll.

In gleicher Weise ist auf Antrag eines Interessenten zu verfahren, wenn sich auf dem Grundstücke ein seiner Natur nach der Gebäudesteuer unterliegendes Gebäude befindet, welches in die Gebäudesteuerrolle noch nicht aufgenommen ist.

Der bestimmte Betrag ist in der Bekanntmachung des Versteigerungstermins anzugeben, sofern die Bestimmung nicht erst später erfolgt.

§ 41. **Ersatzbestimmung für die Feststellung des Reinertrages.**

Vgl. zu §§. 13, 14 Anm. 4; zu § 40 Anm. 4; für Hohenzollern § 199.

§. 42. Der Versteigerungstermin ist nach dem Ermessen des Gerichts auf sechs Wochen bis drei Monate, unter Umständen auf längstens sechs Monate und nur in den in diesem Gesetze bezeichneten Fällen auf weniger als sechs, jedoch mindestens drei Wochen hinauszurücken (§. 75 Nr. 6).

§ 42. **Terminsfrist.**

Vgl. §§ 46, 50 R.Zw G.Entw. — Die in diesem Gesetze bezeichneten Fälle, in welchen eine Verkürzung der Minimalfrist von sechs Wochen zugelassen ist, sind enthalten in den §§ 49 Abs 2, 50 Abs 2, 69 Abs. 2, 74 Abs 3, 79 Abs 3, 99 Abs. 3 — Die Nichtinnehaltung der regelmäßigen oder verkurzten Minimalfrist begründet Widerspruch gegen Ertheilung des Zuschlages, Versagung desselben von Amtswegen und Beschwerde (§§ 75 Nr. 6, 78, 88) — Antrage auf einen bestimmten Terminstag und Einwendungen gegen die vom Gerichte beliebte Frist sind nach §§ 685, 701 C.P O. zu behandeln. — Wegen des Beginnes der Frist s § 75 Nr. 6; wegen der Berechnung derselben § 200 C.P.O.; § 201 Abs. 1 a. a. O. bleibt außer Anwendung.

§. 43. Der Versteigerungstermin kann nach dem Ermessen des Gerichts sowohl an der Gerichtsstelle, als an einem anderen Ort des Gerichtsbezirks anberaumt werden.

§ 43. Terminsort.

Vgl. § 13 Zw G.; § 47 R Zw.G.Entw. — Das Ermessen des Gerichtes (auch eines nach § 756 Abs. 2 C P.O, § 3 d. G. bestellten Vollstreckungsgerichtes) ist hinsichtlich des Terminsortes lediglich durch den § 43 beschränkt, durch welchen § 196 C.P O. in zulässiger Weise modificirt wird (a. M. Jastrow, Zeitschr. f. vgl. R.W. 6 S. 142). — Entscheidend für das Ermessen des Gerichtes muß der Gesichtspunkt sein, an welchem Orte nach den konkreten Verhältnissen sich voraussichtlich die größte Zahl von Kauflustigen einfinden wird und ob bei Anberaumung eines auswärtigen Termines ein die Mehrkosten lohnendes Meistgebot zu erwarten ist. Auf die Behandlung eines bezüglich des Ortes gestellten, für den Richter unmaßgeblichen Antrages und die Einwendungen gegen den gewählten Ort finden §§ 685, 701 C.P.O. Anwendung.

§. 44. Jedem Interessenten ist es gestattet, Abschätzungen und andere das Grundstück betreffende Nachweisungen zu den Vollstreckungsakten einzureichen.

Vgl. § 40 Nr. 7 und Anm. 2 zu § 38; Anm. 1 zu § 112. — § 55 R.Zw. G.Entw.

§. 45. Eine Abänderung der aus dem Gesetze hervorgehenden Kaufbedingungen ist nur zulässig im Fall der Zustimmung aller Interessenten (§. 21), deren Rechte durch die Abänderung berührt werden.

Die hiernach Betheiligten sind berechtigt, schon vor dem Versteigerungstermine besondere Kaufbedingungen zu beschließen.

Es können von Amtswegen, nöthigenfalls unter Anberaumung eines Termins, Erörterungen der Betheiligten über die Kaufbedingungen und insbesondere über die Feststellung des geringsten Gebots herbeigeführt werden.

§ 45. Kaufbedingungen.

1. Vgl. §§ 76—80 R.Zw.G.Entw — Kaufbedingungen bei der Zwangsversteigerung sind in engerem Sinne diejenigen Modalitäten, unter welchen der Richter das dem Schuldner enteignete Grundstück dem Ersteher zu Eigenthum überträgt (§ 83, 97). Das Gesetz nennt aber auch die für das Versteigerungsverfahren selbst maßgebenden Vorschriften (Versteigerungs-, Ausgebots-, Licitationsbedingungen) Kaufbedingungen (§ 45 Abs. 3, § 53 Abs. 1).

2. Aus dem Gesetze hervorgehende Kaufbedingungen sind nicht nur die in diesem Gesetze enthaltenen, sondern überhaupt die gesetzlichen Kaufbedingungen. — Gesetzliche Kaufbedingungen im engeren Sinne sind enthalten in §§ 22 Abs. 2 und 3 (Befreiung des Grundstückes von den der Ein-

tragung bedürfenden Ansprüchen durch den Verkauf, Uebergang der der Eintragung nicht bedürfenden dinglichen Lasten auf den Ersteher), 57—60 (Berichtigung des Kaufpreises, Uebernahme von Realansprüchen), 84 (Kosten), 97 (Erwerb des Eigenthumes, Uebergang von Gefahr und Nutzungen), 98 (Uebergabe des Grundstückes), 101 (Zahlung des Kaufpreises); außerdem kommen als solche die gesetzlichen Vorschriften über Pertinenzeigenschaft, laesio enormis und Gewährleistung in Betracht, sofern sie überhaupt bei Zwangsversteigerungen Anwendung finden. (Anm. 7 zu § 97.) — Gesetzliche Kaufbedingungen im weiteren Sinne finden sich in §§ 22 Abs. 1, 53—56, 61 (Unzulässigkeit des Verkaufes, wenn das geringste Gebot nicht erreicht wird), 60 (doppeltes Ausgebot), 62—64 (Höhe und Bestellung der Bietungskaution), § 66 (Haftung des Bieters).

3. Die Festsetzung der Kaufbedingungen erfolgt durch den Richter (§§ 52—54, 61). Die aus dem Gesetze hervorgehenden Kaufbedingungen verstehen sich von selbst. Einer Feststellung bedarf es daher nur, soweit die Natur der Sache (Bezeichnung des Gegenstandes, Feststellung des geringsten Gebotes) eine Berücksichtigung des konkreten Falles verlangt und wenn Abweichungen von den gesetzlichen Kaufbedingungen (besondere Kaufbedingungen) stattfinden sollen. Derartige Abweichungen können nur durch einstimmigen Beschluß der betheiligten Interessenten beliebt werden, eine Präklusion der ausgebliebenen Interessenten, oder eine Fiktion, daß dieselben dem Beschlusse der erschienenen beistimmen, findet nicht statt.

4. Eine Abänderung der gesetzlichen Kaufbedingungen liegt überall vor, wo, sei es nach ausdrücklichen gesetzlichen Vorschriften, sei es wegen der rechtlichen Natur der in Frage kommenden Verhältnisse, ohne einen besonderen Beschluß der Interessenten der Richter bei der Versteigerung anders hätte prozediren müssen, oder die Bedingungen und Wirkungen des Zuschlages andere gewesen sein würden. Z. B. die Brandversicherungsgelder (Anm. 5 h zu § 1) bilden keine Pertinenz des Grundstückes, — soll der Anspruch auf den Ersteher mit übergehen, so bedarf es einer besonderen Kaufbedingung (R. 7 S. 270, vgl. auch Urtheil v. 13. Juni 1885 (Jurist. Wochenschrift S. 277); dasselbe gilt für Ablösungskapitalien und Ablösungsrenten und provinziell auch von dem Amortisationsfonds (Anm 5 f zu § 1); — der Korrealhypothekar hat ein Recht, daß sämmtliche mitverhaftete Grundstücke einzeln und zusammen zum Ausgebote gestellt werden, — soll nur eine Art der Licitation stattfinden, so bedarf es eines dahin gehenden Beschlusses; umgekehrt hat der Realgläubiger eines einzelnen von mehreren gleichzeitig zur Zwangsversteigerung gebrachten Grundstücken das Recht auf das Einzelausgebot des ihm verhafteten Grundstückes, — soll blos ein Gesammtausgebot derselben stattfinden, so bedarf es seiner Zustimmung (vgl. auch Lotze bei Gruchot 36 S 272 und §§ 79, 80 R.Zw G.Entw) — Dem Rechte des betreibenden Gläubigers auf Befriedigung wegen seiner Forderung aus dem Grundstücke dienen z. B. die gesetzlichen Vorschriften über die Pertinenzien des Grundstückes als Gegenstand des Verkaufes und über Gewährleistung. Ueber abweichende Feststellung des geringsten Gebotes siehe Anm 2 zu §§ 53—56. — Jede Abweichung von den zur Wahrung der verschiedenen Rechte der Interessenten gegebenen Vorschriften berührt das Recht des betreffenden Interessenten, indem ihm dadurch eine gesetzlich verbürgte Garantie entzogen wird. — Ob dem Interessenten thatsächlich ein Nachtheil erwächst, läßt sich in diesem Stadium des

Verfahrens noch nicht absehen; die bloße Möglichkeit eines solchen Erfolges genügt, um durch die Abänderung der gesetzlichen Bedingung sein durch dieselbe geschütztes Recht berührt erscheinen zu lassen.

5. Eine Abänderung der gesetzlichen Kaufbedingungen liegt nicht vor, wenn neben dem Ausgebote unter der gesetzlichen Bedingung der Versuch gemacht wird, durch ein Ausgebot unter der abgeänderten Bedingung zu ermitteln, ob die Abänderung in der That die Rechte des widersprechenden Interessenten verletzt. Jeder Interessent kann verlangen, daß durch doppeltes Ausgebot festgestellt werde, ob die von ihm beantragte Abänderung der gesetzlichen Bedingung zulässig sei (Vgl. § 76 Abs. 2 R.Zw.G.Entw.) Ein vorgehender Interessent wird in seinem Rechte verletzt, wenn die Abänderung der gesetzlichen Bedingung ihm schadet (§ 60 Abs. 1); ein nachstehender Berechtigter muß sich eine Schädigung gefallen lassen, wenn ohne die Abänderung der vorgehende Antragsteller Schaden litte (§ 60 Abs. 2). Vgl. Kurlbaum N G. S. 9. — Die Bestimmung des § 60 Abs. 3 ist nicht als eine besondere Vorschrift, sondern als der Ausdruck eines allgemeinen Grundsatzes anzusehen; (vgl. § 57 Abs. 4, Kurlbaum R.G. S. 44. Jäckel Anm. 1, Heidenfeld S. 140, 141). Die Veranstaltung doppelten Ausgebotes bildet in solchen Fällen eine gesetzliche Kaufbedingung im weiteren Sinne (Anm. 2), deren Verletzung zum Widerspruche nach § 75 Nr. 3 berechtigt.

6. Die Betheiligten selbst können auch ohne Mitwirkung des Gerichtes die in Abs. 2 gedachten Beschlüsse fassen und zu den Akten gelangen lassen. Soweit ein einstimmiger Beschluß vor dem Versteigerungstermine zu Stande gekommen ist, findet in demselben eine Verhandlung über Kaufbedingungen nicht mehr statt.

7. Abs. 3 ist an Stelle des an Abs 2 sich anschließenden Satzes des Entwurfes: „Die Erörterung solcher darf auch von Amtswegen herbeigeführt werden" von der Kommission des H.H. beschlossen worden. Der Bericht sagt darüber: „Nach der Intention des Antrages soll der Richter darauf aufmerksam gemacht werden, daß er die Erledigung der Subhastationsgeschäfte nicht blos büreaukratisch zu betreiben habe, sondern, daß ihm eine vermittelnde, ausgleichende und fördernde Thätigkeit obliege, insbesondere soll ihm Gelegenheit werden, durch vorgängige Erörterung des geringsten Gebotes in einem Termine die endgültige Feststellung der Kaufbedingungen vorzubereiten und den Versteigerungstermin möglichst zu entlasten" Vgl. § 56 R.Zw.G.Entw.

§. 46. Die Bekanntmachung des Versteigerungstermins ist von Amtswegen zu veröffentlichen:

1) durch Anheftung an die Gerichtstafel,

2) durch Einrückung in den Anzeiger des Amtsblatts.

Ist für ein in den Bezirken verschiedener Amtsgerichte belegenes Grundstück eines dieser Gerichte zum Vollstreckungsgerichte bestellt, so ist die Anheftung an die Gerichtstafel bei allen betheiligten Gerichten auszuführen.

Wie oft und in welchen Zwischenräumen die Einrückung in den Anzeiger des Amtsblatts zu erfolgen habe, hängt von der Bestimmung des Gerichts ab.

Das Gericht kann von Amtswegen oder auf Antrag eines Interessenten noch andere Arten der Veröffentlichung anordnen.

Jeder Interessent ist befugt, die Bekanntmachung auf seine Kosten zu veröffentlichen.

Bei Gegenständen geringeren Werthes kann nach dem Ermessen des Gerichts die Einrückung in den Anzeiger des Amtsblatts durch Anheftung an die zur öffentlichen Bekanntmachung bestimmte Stelle in derjenigen Ortsgemeinde, in welcher das Grundstück belegen ist, ersetzt werden.

§ 46. **Veröffentlichung.**

1. Vgl. §§ 20 Abs. 4, 26 Abs. 2 A.G. C.P.O; §§ 48, 49 R Zw.G.Entw.

2 Wegen der Anheftung an die Gerichtstafel (s. a. Abs. 2) vgl. § 17 Geschäftsordnung f. Gerichtsschreibereien der Amtsgerichte; § 18 a. a. O. findet nicht Anwendung (Anm 1); Anheftung, Abnahme und Bescheinigung (s. a. Anm. 4 am Schlusse) gehören zu den Dienstobliegenheiten des Gerichtsdieners. — Die Dauer der Anheftung ist unwesentlich (§ 75 Nr. 5). — § 49 R.Zw G.Entw.

3 Andere Arten der Veröffentlichung als die in Abs 1 vorgeschriebenen sind fakultativ. — Bei Grundstücken in Bezirken, für welche Gerichtstage angeordnet sind, empfiehlt sich die Anheftung der Bekanntmachung am Gerichtstagslokale (Allg. Verf v 20 März 1869 Art 9). — Auf die Zurückweisung von Anträgen bezüglich der Art der Veröffentlichung finden die §§ 685, 701 C P O. Anwendung.

4. Zu Abs. 6. Welche Grundstücke als solche „geringeren Werthes" zu betrachten sind, entscheidet das Ermessen des Gerichtes. Die Anheftung an die Gerichtstafel ist auch hier obligatorisch. Der Ersatz der Einrückung in den Anzeiger des Amtsblattes durch die Anheftung an der in Abs. 6 bezeichneten Stelle, erscheint mit Rücksicht auf die auch auf diesen Aushang anwendbare Vorschrift des § 75 Nr. 5 theoretisch nicht ohne Bedenken; in der Praxis pflegen aber derartige Aushänge bis zum Terminstage angeheftet zu bleiben. — Die in der Ortsgemeinde zur öffentlichen Bekanntmachung bestimmte Stelle ist die von der Verwaltungsbehörde festgesetzte (Restr v. 18. Febr 1839, J MBl. S 90 und J.M.Bl. 1847 S. 11) — Auch wenn sich das Gericht in derselben Gemeinde befindet, muß doppelter Aushang an der Gerichtstafel und an der für die sonstigen öffentlichen Bekanntmachungen bestimmten Stelle erfolgen (Abweichend Pr des O.T. vom 7. März 1850 J M Bl. 1853 S 105, zu dem wesentlich übereinstimmenden § 1 Ver. v 2. Dez 1837). — Der Beweis der erfolgten Anheftung wird regelmäßig durch Bescheinigung der betreffenden Ortsbehörde geführt Es kann dieser Nachweis aber auch auf andere Weise erbracht werden (Strieth. 60 S. 5) Dies gilt auch für die Anheftung an der Gerichtstafel. — Anträge und Einwendungen, welche das bei Grundstücken geringeren Werthes beobachtete Verfahren betreffen, sind nach §§ 685, 701 C P O. zu behandeln.

5. Nichtbeachtung der im § 46 über die Art der Bekanntmachung gegebenen Vorschrift begründet Widerspruch (§ 75 Nr. 5), Versagung des Zuschlages von Amtswegen (§ 78) und Beschwerde (§ 88) — Durch Widerspruch und Beschwerde

kann auch die unzutreffende Anwendung des Abs. 6 gerügt werden (So auch Rudorff.)

6. Ueber die besonderen Benachrichtigungen, welche wegen der in §§ 25, 27, 28 bezeichneten Abgaben und Leistungen zu erlassen sind, s. Anm. 3 zu § 25 und Anm. 5 zu § 27.)

§. **47.** Die bei Erlaß der Bekanntmachung vorhandenen Interessenten sind zu dem Versteigerungstermine von Amtswegen durch Zustellung der Bekanntmachung zu laden. Zwischen dem Tage der Zustellung und dem Termine muß eine Frist von zwei Wochen liegen.

Im Laufe der zweiten Woche vor dem Versteigerungstermine ist den zu dieser Zeit vorhandenen Interessenten mit Ausnahme des Schuldners und des etwa neu eingetretenen Eigenthümers des Grundstücks mitzutheilen, welche Gläubiger das Verfahren oder die Zulassung des Beitritts zu demselben vor Beginn der zweiten Woche vor dem Termine beantragt haben, und wegen welcher Forderungen die Anträge gestellt sind. Die Beurkundung der Zustellung ist nicht erforderlich.

§. **48.** Sind im Grundbuche mehrere Ansprüche unter Vorbehalt der Feststellung der Rangordnung eingetragen, so ist mit der Ladung der Berechtigten die Aufforderung zu verbinden, daß sie den für ihren Anspruch behaupteten Vorrang spätestens im Versteigerungstermine vor der Aufforderung zur Abgabe von Geboten anmelden und, falls der betreibende Gläubiger widerspricht, dem Gerichte glaubhaft machen, widrigenfalls der Vorrang, soweit er nicht aus dem Grundbuche hervorgehe, bei Festellung des geringsten Gebots nicht berücksichtigt werde.

§§ 47, 48. Ladung der Interessenten.

1 Vgl. §§ 52, 53 R Zw.G.Entw. — Der Kreis der hier in Betracht kommenden Interessenten richtet sich nach der Zeit des Erlasses der Bekanntmachung (§§ 39, 49, 50, 69, 74, 79, 99, 128). Interessenten sind die im § 21 bezeichneten Personen; im Falle des § 74 auch der bisherige Meistbietende Ihr Vorhandensein wird dem Vollstreckungsgerichte durch die Mittheilungen des Grundbuchrichters (§ 19), sowie durch seine eigenen Akten bekannt Werden dieselben nachträglich bekannt, so ist die Zustellung nachzuholen.

2 Es wäre genauer gewesen, wenn Abs. 1 statt zu bestimmen: „Die Interessenten sind durch Zustellung zu laden" verordnet hätte: „Den Interessenten ist die Bekanntmachung zuzustellen", wie in § 74 Abs. 4 (Vgl. § 52 R.Zw G Entw). Ladung und Zustellung sind an und für sich insbesondere im Sinne der C.P.O. keineswegs als identisch zu betrachten. Sie verhalten sich vielmehr wie der Inhalt zur Form. (Fr. Meyer bei Gruchot 21 S. 780 ff, O. Fischer,

Termin und Ladung S. 72 ff.) — Die Zustellung der Bekanntmachung, in welcher eine generelle Aufforderung enthalten ist, soll eine Ladung (Spezialaufforderung an den betreffenden Gläubiger, in dem Termine zu erscheinen [Fischer a. a. O. S. 70]) ersetzen. — Die Zustellung erfolgt nach § 4 Abs. 1. Die Frist von zwei Wochen bezweckt, den Interessenten Zeit zur Vorbereitung anf den Versteigerungstermin zu gewähren. Sie ist derart wesentlich, daß, wenn sie nicht gewährt ist, rücksichtlich der betreffenden Interessenten die Zustellung der Bekanntmachung als nicht „gehörig" erfolgt anzusehen ist. Nicht gehörige Zustellung der Bekanntmachnng begründet für den benachtheiligten Interessenten Widerspruch und Beschwerde (§§ 75 Nr. 7, 88, Mot); Versagung des Zuschlages von Amtswegen aber nur, wenn der betreffende Interessent im Versteigerungstermine nicht erschienen ist und auch nachträglich der ungehemmten Fortsetzung des Verfahrens nicht zugestimmt hat (§ 78). Die zu § 18 Abs. 1 S.O. erlassene allg. Verf. v. 27. Nov. 1880 (J.M.Bl. S. 266) muß mit der S.O. für aufgehoben erachtet werden. (A. M. Jäckel).

3. Abs. 2 steht in Verbindung mit den Vorschriften über die Feststellung des geringsten Gebotes, insbesondere mit § 54 Abs. 2 Im Falle der Konkurrenz mehrerer betreibender Gläubiger bestimmt sich das geringste Gebot nach dem Range der Forderung der Bestberechtigten von ihnen. Ein Beitritt innerhalb der letzten beiden Wochen vor dem Versteigerungstermine bleibt bei Feststellung des geringsten Gebotes nach § 54 Abs. 2 unbeachtet — Die hier vorgeschriebene Mittheilung giebt den Interessenten Kenntniß, ob ihnen der Schutz des § 22 Abs. 1 zur Seite steht; sie erleichtert auch die im § 45 Abs. 3 vorgesehenen Verhandlungen zur Feststellung des geringsten Gebotes vor dem Versteigerungstermine. — Der Schuldner und der etwa (nach der Beschlagnahme) neu eingetretene Eigenthümer haben auf den Schutz des § 22 Abs. 1 keinen Anspruch; auch sind sie ohnehin mit den Personen und Forderungen der betreibenden Gläubiger bekannt bez ist ihre Unkenntniß für das Verfahren ohne Bedeutnng (§ 17 Abs. 2) — Die Mittheilung ist nur informatorisch; Unterlassung der Mittheilung ist zwar nach §§ 685, 701 C.P.O. zu rügen, aber kein Grund zu Widerspruch und Beschwerde gegen Ertheilung des Zuschlages.

4. Die in § 48 gedachten Eintragungen unter Vorbehalt der Rangordnung sind in Neuvorpommern und Rügen für ältere Hypotheken von Bedeutung; im Bezirke Ehrenbreitstein für das Verhältniß der gemäß § 32 E.G. Ehr. bei Anlegung der Grundbücher anzumeldenden dinglichen Rechte unter sich und zu früheren Hypotheken (s. Anm. 10 A a. u. b zu § 29). Auch in Hannover und Schleswig-Holstein wird thatsächlich bei Neuanlegung des Grundbuches vielfach unter Vorbehalt der Rangordnung eingetragen (Kurlbaum n G. S. 20); für die Rheinlande vgl Anm. 10 A. g zu § 29. Außerdem können sie im ganzen Geltungsbereiche des Gesetzes vorkommen, wenn ein Anspruch, welcher die Uebertragung des Eigenthumes eines Grundstückes zum Gegenstande hat, für mehrere Gläubiger gepfändet wird (§ 17 Abs. 2 A.G C.P.O.). — Die Feststellung des Vorranges ist sowohl für die Festsetzung des geringsten Gebotes als für die Vertheilung der Kaufgelder von Bedeutung. — Die Aufforderung erfolgt zweckmäßig als Zusatz zu dem Versteigerungsausschreiben. Ihre Zustellung ist zu beurkunden. Ist die Aufforderung unterblieben, so finden §§ 75 Nr. 7, 88 Anwendung. — Im Uebrigen vergleiche zu §§ 53—56 u. 61.

§. 49. Ist die Zwangsversteigerung nur in Folge des Beitritts eines Gläubigers fortzusetzen, und der Beschluß, durch welchen der Beitritt zugelassen wurde, nicht so zeitig zugestellt worden, daß zwischen dem Tage der Zustellung und dem Versteigerungstermine eine Frist von zwei Wochen liegt, so ist der Versteigerungstermin aufzuheben und von Neuem zu bestimmen, sofern nicht der Schuldner und, wenn ein neuer Eigenthümer zu den Interessenten gehört, auch dieser der ungehemmten Fortsetzung des Verfahrens zustimmen.

Sind bei der Bekanntmachung des früheren Termins die Vorschriften des §. 40 Nr. 1, 4, 5, 8, 9 und des §. 46 befolgt, so ist der neue Termin auf drei bis sechs Wochen hinauszurücken.

§ 49. **Verlegung des Versteigerungstermines im Interesse des Schuldners.**

1. Die Vorschrift ist im Interesse des Schuldners (neuen Eigenthümers) gegeben, dem es gelungen ist, den Antrag des zuerst betreibenden Gläubigers abzuwenden. Es soll ihm wenigstens ein Theil (mindestens zwei Wochen wie dem Interessenten nach § 47) der Frist für den Versteigerungstermin auch dem späteren Versteigungsantrage gegenüber gesichert werden

2. Die Aufhebung des Termines und die Bestimmung eines neuen erfolgen von Amtswegen; sie dürfen nur unterbleiben, wenn der Schuldner (neuer Eigenthümer) unzweideutig zustimmt. Bloßes Nichtwidersprechen genügt nicht. — Wird der Antrag des zuerst betreibenden Gläubigers zurückgenommen, und ergiebt die Prüfung über Zustellung des Beitrittsbeschlusses, daß die Frist von zwei Wochen nicht vorhanden ist, so kann der Richter, wenn die Umstände es zeitlich gestatten und als angemessen erscheinen lassen, dem beigetretenen Gläubiger von der erfolgten Zurücknahme des Antrages Mittheilung machen, und demselben eine Frist bestimmen, innerhalb deren die Zustimmung des Schuldners (bez. des neuen Eigenthümers) beizubringen ist. — In Verhandlungen mit dem Schuldner (neuen Eigenthümer) hat sich der Richter nicht einzulassen. (A. M. Jäckel.)

3. Nichtbeachtung der Vorschrift des Abs. 1 begründet Widerspruch gegen Ertheilung des Zuschlages (§ 75 Nr. 8) und Beschwerde (§ 88); Versagung des Zuschlages von Amtswegen aber nur, wenn der Schuldner (neue Eigenthümer) im Versteigerungstermine nicht erschienen ist, und auch nachträglich der ungehemmten Fortsetzung des Verfahrens nicht unzweideutig zugestimmt hat (§ 78).

4. Zu Abs. 2. Die Beobachtung der in § 40 Nr. 1, 4, 5, 8, 9 über den Inhalt, und in § 46 über die Veröffentlichung der Bekanntmachung des Versteigerungstermines gegebenen Vorschriften ist im Sinne der §§ 75 Nr. 4 und 5, 78 und 88 wesentlich, sowohl bez. des ersten als des innerhalb der verkürzten Versteigerungsfrist anberaumten neuen Termines. (Vgl. Anm. 4 zu § 50.)

§. 50. Ist das Verfahren eingestellt, so wird dasselbe nur auf Antrag des Gläubigers fortgesetzt. Der Antrag ist dem Schuldner und, wenn ein neuer Eigenthümer zu den Interessenten gehört, auch diesem von Amtswegen zuzustellen.

Ist das Verfahren nach Bekanntmachung des Versteigerungstermins eingestellt und wird ein begründeter Antrag binnen einer Frist von drei Monaten, welche mit der Einstellung beginnt, gestellt, so ist der von Neuem zu bestimmende Versteigerungstermin auf drei bis sechs Wochen, jedoch nicht vor den früheren Termin hinauszurücken.

Ist bei der Bekanntmachung des früheren Versteigerungstermins eine der Vorschriften des §. 40 Nr. 1, 4, 5, 8, 9 oder des §. 46 nicht befolgt, so findet die Vorschrift des zweiten Absatzes nicht Anwendung.

Ist mit der Einstellung des Verfahrens die Aufhebung der erfolgten Vollstreckungsmaßregeln zu verbinden, so findet eine Fortsetzung des Verfahrens nicht statt.

§ 50. Fortsetzung des Verfahrens im Falle der Einstellung.

1. Vgl §§ 110 - 112 R Zw G Entw Der § 50 setzt voraus, daß das Verfahren eingestellt ist und handelt von der Fortsetzung des Verfahrens nach der Einstellung Eine solche ist ausgeschlossen, wenn die Einstellung unter gleichzeitiger Aufhebung der Vollstreckungsmaßregeln erfolgt (Abs 4); sie findet nach Maßgabe der Abs 1—3 statt, wenn die Einstellung ohne Aufhebung der Vollstreckungsmaßregeln geschah

2. Ueber die einzelnen Fälle, in denen eine Einstellung des Verfahrens stattfindet, sowie darüber, ob und wieweit mit der Einstellung die Aufhebung der Vollstreckungsmaßregeln verbunden ist, oder nicht, sowie endlich darüber, unter welchen Voraussetzungen in letzterem Falle eine Fortsetzung des Verfahrens möglich ist, vgl Anm 1 zu §§ 70, 71.

3 Die Bestimmung, daß die Fortsetzung nur auf besonderen Antrag des Gläubigers erfolgt, ist eine ausnahmslose. Sie findet Anwendung, mag die Einstellung mit Bewilligung des Gläubigers geschehen (§ 51 Abs 1 und 2) oder gegen dessen Willen durch den Schuldner (§§ 51 Abs 3, 70 Abs 2 und 3, 71) oder durch Dritte veranlaßt sein (§§ 70, 71), oder endlich wegen Mangels eines zulässigen Gebotes erfolgen (§ 69 Abs. 1) — Vgl § 111 R Zw G Entw — Sie greift auch Platz, wenn die Einstellung von dem Vollstreckungsgerichte selbst für eine bestimmte Frist angeordnet und diese abgelaufen (anders § 110 R Zw.G. Entw.), oder, wenn das Urtheil bis zu dessen Erlassung der Einstellung dauern sollte, ergangen ist (§§ 688 Abs 2, 690 Abs. 3, 696 Abs. 3 C P O) — Ist im Falle der Erhebung des Kompetenzkonfliktes der Rechtsweg für zulässig erklärt, oder der Kompetenzkonflikt zurückgenommen worden, und hat in Folge dessen das Gericht, welches die einstweilige Einstellung der Zwangsvollstreckung angeordnet hat, diese Anordnung von Amtswegen wieder aufgehoben (§ 19 Abs. 2 V v. 1 August 1879, G.S. S. 573), so ist nichtsdestoweniger der Antrag des Gläubigers abzuwarten — Der Gläubiger hat dem Gerichte die die Zulässigkeit der Fortsetzung begründenden Unterlagen zu beschaffen (vgl. Anm. 1 B zu §§ 70, 71). „Gläubiger" ist auch hier jeder durch die Einstellung betroffene Gläubiger,

der das Verfahren beantragt hatte oder beigetreten ist. — Der Antrag ist an das Gericht zu richten. Wegen der Form desselben vgl. Anm. 10c zu § 3 Die Zustellung desselben an den Schuldner und den neuen Eigenthümer erfolgt gemäß § 4 Abs. 1. — Wird der Antrag zugelassen, so ist ein besonderer die Fortsetzung anordnender Beschluß nicht erforderlich. Das Gericht hat, wenn es den Antrag begründet findet, die Maßregeln zu ergreifen, welche zur Fortsetzung des Verfahrens erforderlich sind, also namentlich in der Regel einen neuen Versteigerungstermin zu bestimmen. — Im Falle der Ablehnung ist dagegen ein besonderer Beschluß erforderlich. Wegen der Entscheidung und der dagegen zulässigen Rechtsmittel vgl. Anm. 10d und e zu § 3.

4. Bei der Bestimmung des Versteigerungstermines kommt die kürzere Frist des Abs. 2 an Stelle der § 42 bestimmten zur Anwendung, wenn die dreimonatige Frist gewahrt ist und Abs. 3 (vgl § 49 Abs. 2) nicht entgegensteht. Sonst greift die allgemeine Frist des § 42 Platz Die dreimonatige Frist (Abs. 2) ist von der Verkündung bez Zustellung des Einstellungsbeschlusses zu berechnen (§ 684 Abs. 3; 294, 198 C.P.O, Anm 10d zu § 3, a. M Knorr Anm. 2b zu § 51) Rudorff Anm. 5 meint, unter Berufung auf § 51 Abs. 1, daß, wenn diese Frist abgelaufen sei, der Versteigerungsantrag als zurückgenommen gelte. Er übersieht dabei, daß der zweite Satz des § 51 Abs. 1 (von dem Ausnahmefalle des § 51 Abs. 3 abgesehen), nur auf den besonderen Fall des ersten Satzes des Abs. 1 Anwendung findet. Es bleibt also der Antrag auf Fortsetzung auch nach Ablauf jener Frist zulässig. Es bleibt dann aber § 50 Abs. 2 außer Anwendung. — Die §§ 40, 43, 46, 47, 48 bleiben in jedem Falle maßgebend.

5. Hatte das Verfahren rücksichtlich anderer durch die Einstellung nicht betroffener Gläubiger seinen Fortgang genommen, so findet gleichwohl Abs. 1 in der Weise Anwendung, daß der Gläubiger, gegen den eingestellt war, nicht als betreibender Gläubiger angesehen wird, so lange nicht sein Antrag auf Fortsetzung gestellt ist.

6. **Zu Abs. 4** vgl. Anm 1 zu §§ 70, 71 und Anm. 3 zu § 11. — Abs. 4 verbietet die Fortsetzung des Verfahrens auch für den Fall, daß die mit einer Aufhebung der erfolgten Vollstreckungsmaßregeln verbundene Einstellung nur bis zur Erlassung des Urtheiles oder unter Bestimmung einer Frist angeordnet ist (§§ 688 Abs. 1 und 2, 690 Abs. 3, 696 C.P.O.). Es erübrigt lediglich die Beantragung eines neuen Verfahrens (Motive zu § 110 R Zw.G.Entw) Doch ist nicht ausgeschlossen, daß dieselbe in der Form des Beitrittes (§ 15) erfolgt, wenn das Verfahren bezüglich anderer Gläubiger fortgesetzt war. Die ursprüngliche Beschlagnahme kommt aber dem Gläubiger auch in diesem Falle nicht zu statten. Vgl. auch § 100.

§. 51. Auf Antrag oder Bewilligung des betreibenden Gläubigers darf das Verfahren ohne Aufhebung der erfolgten Vollstreckungsmaßregeln nur einmal und auf nicht mehr als drei Monate eingestellt werden. Wird ein begründeter Antrag auf Fortsetzung des Verfahrens nicht binnen einer Frist von drei Monaten, welche mit der Einstellung beginnt, gestellt, so gilt der Versteigerungsantrag als zurückgenommen.

Die Aufhebung des Versteigerungstermins gilt im Sinne dieser Vorschrift als Einstellung auch dann, wenn gleichzeitig die Ansetzung eines neuen Termins beantragt worden ist.

Ist die Einstellung des Verfahrens auf Grund einer vom Schuldner behaupteten Stundung gerichtlich angeordnet, so finden die Vorschriften des ersten Absatzes mit der Maßgabe Anwendung, daß die Aufhebung des Verfahrens auf Grund der Stundung erst nach Beendigung des Rechtsstreites erfolgt.

Durch die Zustimmung aller Interessenten, deren Rechte durch die Entscheidung über den Zuschlag berührt werden, wird die Anwendung der Vorschriften des ersten und zweiten Absatzes ausgeschlossen. Die Zustimmung eines Vorkaufsberechtigten, sowie des Schuldners und des gegenwärtigen Eigenthümers des Grundstücks ist nicht erforderlich.

§ 51. Einstellung im Falle einer Stundung.

1. **Zu Abs. 1.** Vgl. §§ 108, 111, 112 R.Zw.G Entw. — Die von dem Gläubiger bewilligte Stundung hat jedesmal die Einstellung des Verfahrens zur Folge. Geschieht die Bewilligung mit der Maßgabe, daß die erfolgten Vollstreckungsmaßregeln bestehen bleiben sollen, so wachsen, während das Verfahren ruht, die Forderungen der Realberechtigten an Zinsen und wiederkehrenden Hebungen, die immer nach der Zeit der ersten Beschlagnahme berechnet werden, durch den bloßen Zeitverlauf an, und es können sich auch die die dem Gläubiger erwachsenden Kosten vermehren. Hierin liegt eine Gefährdung der nachstehenden Berechtigten. Um dem Gläubiger die Möglichkeit zu gewähren, ohne eigene Gefahr dem Schuldner Schonung zu Theil werden zu lassen, seiner Willkür aber die im Interesse der übrigen Betheiligten erforderliche Grenze zu setzen, ist die dreimonatige Frist des Abs. 1 verordnet. Jede Stundung über diese Frist hinaus hat die Aufhebung des Verfahrens zur Folge (§ 50 Abs. 4). Diese Folge ist in Form einer Fiktion ausgedrückt: „Der Versteigerungsantrag gilt als zurückgenommen", d. h die Versäumung wirkt wie eine Zurücknahme (§§ 17, Abs. 3, 100). Der Rechtsnachtheil tritt für den säumigen Gläubiger ohne Antrag ein; eine Nachholung gemäß § 209 Abs. 2 C.P.O. ist ausgeschlossen — Der A n t r a g kann nur auf Fortsetzung des Verfahrens gerichtet sein; eine innerhalb der Frist bewilligte oder beantragte weitere Einstellung (s. a. Abs 2) ist nicht zu beachten. Vgl. im Uebrigen Anm. 2—4 zu § 50, Anm. 1 B. II b. 3 zu §§ 70/71. Ueber den Zeitpunkt, bis zu welchem der Gläubiger die Bewilligung der Einstellung des Verfahrens ertheilen kann, s Anm 4 zu § 73. Mehrere betreibende Gläubiger m ü s s e n sämmtlich der Einstellung zustimmen; die Fristversäumung eines Gläubigers ist den anderen rechtzeitig die Fortsetzung beantragenden unnachtheilig (§ 100).

2. **Zu Abs. 2.** Für die Aufhebung oder Verlegung von Terminen sind im Allgemeinen die Vorschriften der §§ 205, 206, 202, 203 C.P.O. maßgebend. — Eine Verlegung wird insbesondere erforderlich, wenn die Gewährung einer

Stundung (§ 73) der Abhaltung des Versteigerungstermines entgegensteht. — Besondere Fälle der Verlegung enthalten §§ 74, 79.

Nach der C.P.O. würde in jedem Falle, mag die Verlegung beantragt oder von Amtswegen beschlossen sein, die Bestimmung eines neuen Termines von Amtswegen zu erfolgen haben. Dasselbe würde auch für den Fall des Antrages auf Aufhebung des Termines gelten, sofern nicht alle Gläubiger über das Gegentheil einig sind. (O. Fischer, Termin und Ladung S. 44 ff.) Der Abs. 2 begründet eine Abweichung von diesen Regeln; indem er in Form einer Fiktion bestimmt, daß eine von dem Gläubiger (Abs. 1) beantragte oder bewilligte Aufhebung oder Verlegung des Termines zu behandeln ist, wie eine von ihm beantragte oder bewilligte Einstellung des Verfahrens. Daraus folgt, daß einer von mehreren betreibenden Gläubigern allein die Aufhebung oder Verlegung des Termines nicht erreichen kann (Anm 1); daß ferner (von Abs. 4 zunächst abgesehen) eine wiederholte Aufhebung oder Verlegung des Termines oder eine Einstellung des Verfahrens, und nach erfolgter Einstellung eine Aufhebung oder Verlegung des Termines ohne Zurücknahme des (oder der) Versteigerungsanträge (§ 73) nicht herbeigeführt werden kann; sowie endlich, daß einem mit dem Antrage auf Aufhebung des Termines verbundenen Antrage auf Ansetzung eines neuen Termines nur stattzugeben ist, wenn nicht eine Verlegung auf mehr als drei Monate beantragt wird Ist nicht zugleich die Ansetzung eines neuen Termines erbeten, so ist ein besonderer Antrag auf Fortsetzung des Verfahrens abzuwarten, für welchen die Bemerkungen in Anm. 2 u. 3 zu § 50 ebenfalls gelten.

Der Zustimmung des Schuldnes bedarf es nicht, ebensowenig — im Gegensatz zur C.P.O. — der Glaubhaftmachung erheblicher Gründe (A. M. Knorr Anm. 3).

3. **Zu Abs. 3.** „Ist die einstweilige Einstellung gerichtlich angeordnet, so muß zwar die erfolgte Beschlagnahme bestehen bleiben; die durch Urtheil festgestellte Stundung aber ist auch in diesem Falle nach den angegebenen Grundsätzen zu behandeln." (Mot.) Die Einstellung erfolgt in diesem Falle gegen den Willen des Gläubigers, welcher die behauptete Stundung der beizutreibenden Forderung nicht anerkennt oder derselben nicht durch einen Antrag auf Einstellung des Verfahrens entspricht, gemäß § 70 Abs. 2 des Ges. — Auf die Einstellung findet § 50 gleichfalls Anwendung. Abs. 3 bezweckt, auch hier den Grundsatz zur Durchführung zu bringen, daß Stundungen über drei Monate zur Aufhebung der Vollstreckungsmaßregeln führen müssen. Es muß in diesem Falle, da die Stundung streitig ist, die endgültige Beendigung des Rechtsstreites abgewartet werden. Stellt sich nun heraus, daß eine mehr als dreimonatige Stundung bewilligt war, so ist der Versteigerungsantrag des betreffenden Gläubigers als zurückgenommen anzusehen. Es treten hinsichtlich desselben die Anm. 1 angegebenen Folgen ein. — Stellt sich dagegen heraus, daß eine Stundung von kürzerer Dauer bewilligt war, so ist es Sache des Gläubigers, binnen drei Monaten seit der Einstellung die Fortsetzung des Verfahrens zu beantragen, widrigenfalls dieselbe Folge eintritt. Nicht selten wird zu dieser Zeit der Rechtsstreit bezüglich der Stundung noch schweben. Auch in diesem Falle trifft den Gläubiger der mit Nichteinhaltung der Frist verbundene Rechtsnachtheil; es lag in seiner Hand, die zu Unrecht bestrittene Stundung zuzugestehen und dadurch das Ende des Rechtsstreites herbeizuführen. — Vgl. § 111 Abs. 1 R.Zw.G.Entw.

4. **Zu Abs. 4.** Vgl. § 28 S.O. Mit Zustimmung aller hier genannten Interessenten ist die öftere und längere Einstellung des Verfahrens, die öftere Aufhebung und Verlegung des Versteigerungstermines zulässig und zwar ohne daß die besonderen Wirkungen der Abs. 1 u. 2 eintreten. — Die Lage des Schuldners, des etwa während der Zwangsversteigerung an seine Stelle getretenen Eigenthümers und des Vorkaufsberechtigten wird durch den Aufschub der Vollstreckung nicht verschlechtert; ihrer Zustimmung bedarf es daher nicht. (A. M. Knorr Anm. 1 u. 5.) Durch den Zuschlag berührt werden jedenfalls alle diejenigen Interessenten, welche in irgend einer Weise Ansprüche auf den Erlös zu erheben haben (s Anm. 1). — Vgl. § 112 R.Zw.G Entw.

§. 52. Im Versteigerungstermine wird der Beginn des Versteigerungsgeschäfts mittels Aufrufs bekannt gemacht. Alsdann werden der Auszug aus der Steuerrolle und die beglaubigte Abschrift des Grundbuchblatts oder Artikels zur Einsicht aufgelegt, die Gläubiger, wegen deren Forderungen das Verfahren fortgesetzt wird, die Beträge der Forderungen, sowie die Zeit der erwirkten Beschlagnahme, angemeldete Ansprüche und besondere Realverhältnisse bekannt gemacht; endlich wird über die Kaufbedingungen verhandelt.

§ 52. **Versteigerungstermin.**

1. Vgl. § 85 Abs. 1 u 2 R.Zw.G.Entw. — Der Versteigerungstermin dient auch zur Anmeldung von Realansprüchen (§§ 40 Nr. 8, 9, 56, 61). Zweckmäßig wird mit der Protokollirung dieser Anmeldungen begonnen werden, um sie möglichst vor Beginn des Versteigerungsgeschäftes zu erledigen; jedoch sind Anmeldungen auch nach diesem Zeitpunkte bis zur Aufforderung zur Abgabe von Geboten noch zulässig (§ 61).

2. Der Beginn des Versteigerungsgeschäftes (nicht zu verwechseln mit dem Beginne des Termines, der außerhalb des Gerichtszimmers aufgerufen wird — Jäckel hält Beides nicht auseinander —) muß im Versteigerungstermine selbst mittels Aufrufes bekannt gemacht werden. — Die Zeit des Beginnes braucht in dem Protokolle nicht vermerkt zu werden, weil die Aufforderung zu Geboten nicht vom Beginne des Versteigerungsgeschäftes, sondern von der festgesetzten Terminsstunde (§ 40 Nr. 4) zeitlich abhängig gemacht ist (§§ 61, 80). A. M. Dorendorf — Der § 52 enthält die Vorschriften über den ersten vorbereitenden Theil des Versteigerungsgeschäftes, in welchem es sich um die Feststellung der für das Bietungsverfahren erforderlichen Nachrichten und Grundlagen handelt, und welches mit der Verlesung der festgestellten Bedingungen und und Mittheilung der angemeldeten Kündigungen schließt (§ 61).

3. Die Vorlegung des Auszuges aus der Steuerrolle und der beglaubigten Abschrift des Grundbuchblattes — bez. der Ersatzurkunden §§ 44, 199 und bei unvollendetem Grundbuche § 193 — dient der Information der Interessenten und der Bietungslustigen über das zu versteigernde Grundstück, dessen Größe, Bodenbeschaffenheit und Schuldverhältnisse Die Kenntniß des Grundsteuerreinertrages und Gebäudesteuernutzungswerthes giebt einen ungefähren

Anhalt für die Beurtheilung des Werthes; sie ist wesentlich für die Bemessung der Kautionsfähigkeit von Hypotheken und Grundschulden (§ 64 Abs. 2). Eine Bekanntmachung der nach § 43 an Stelle jener Beträge tretenden Schätzungssumme im Versteigerungstermine ist nicht vorgeschrieben, auch wegen § 41 Abs. 3 vielfach überflüssig; jedenfalls nachzuholen, sobald sich ein Bedürfniß dazu ergiebt.

4. Die Namhaftmachung der betreibenden Gläubiger ist für die Verhandlungen über das geringste Gebot (§§ 53–56); die Kenntniß von der Zeit der erwirkten Beschlagnahme für die Zins- 2c Berechnung von Bedeutung (§ 36). Es kommt auf die Zeit der ersten Beschlagnahme an (Anm. 2 zu § 36).

5. Die Mittheilung der angemeldeten Ansprüche ergänzt den Inhalt des Grundbuchblattes bez. der Schuldverhältnisse und ist für die Feststellung des geringsten Gebotes unentbehrlich (§§ 53, 56).

6. Der Feststellung der Kaufbedingungen und der durch den Zuschlag begründeten Rechte und Verbindlichkeiten des Erstehers dient die Bekanntmachung der besonderen Realverhältnisse Als solche kommen in Betracht die nicht eingetragenen, von selbst auf den Ersteher übergehenden dinglichen Lasten (§ 22 Abs. 3), also insbesondere die Steuer- und Abgabenverhältnisse, die Grundgerechtigkeiten, die Pacht- und Miethsverhältnisse Auch über den Amortisationsfonds, sofern dieser nach den Landschaftsreglements zur Kaufgeldermasse auszuschütten ist, sind auf Erfordern eines Interessenten Mittheilungen zu machen (R. 24 S 318, 27 S. 219).

7. Die Verhandlung über die Kaufbedingungen hat in erster Linie die möglichste Klarstellung des Kaufobjektes zum Gegenstande. Wird in dieser Beziehung Abweichendes nicht beschlossen (Anm. 3 u 4 zu § 45), so hat der Richter das (gehörig zu bezeichnende) Grundstück mit dem zur Zeit der Versteigerung — nicht der Beschlagnahme oder der Bekanntmachung des Versteigerungstermines — vorhandenen unbeweglichen und beweglichen gesetzlichen Zubehöre zum Ausgebote zu stellen (Vgl. auch Anm. 10 zu § 40; Anm. 9 zu §§ 81–83, Anm. 6 zu § 97.)

§. 53. Unter den Kaufbedingungen ist das geringste Gebot (§. 22 Absatz 1) festzustellen. In Ermangelung anderweiter Festsetzung der Betheiligten (§. 45) kommen dabei die nachfolgenden Vorschriften §§. 54 bis 56 zur Anwendung.

§. 54. Das geringste Gebot ist durch den Richter, nöthigenfalls mit Hülfe eines Rechnungsverständigen, dahin festzustellen, daß durch dasselbe alle Realansprüche, welche der Forderung des betreibenden Gläubigers vorgehen, sowie die aus dem Kaufgelde zu entnehmenden Kosten des Verfahrens (§. 84) gedeckt werden. Hierbei sind auch Vorrechte zu berücksichtigen, welche durch Vorrechtseinräumungen begründet und im Grundbuche eingetragen sind.*)

*) Der gesperrt gedruckte Zusatz ist dem Abs. 1 des § 54 durch § 1 des Gesetzes vom 30. März 1893, betreffend den Einfluß von Vorrechtseinräumungen

Ist der zugelassene Beitritt eines Gläubigers erst innerhalb der beiden letzten Wochen vor dem Termin beantragt worden, so bleibt der Beitritt bei der Feststellung des geringsten Gebots unbeachtet, es sei denn, daß diejenigen Realberechtigten der Beachtung zustimmen, deren Ansprüche in Folge der Beachtung bei der Feststellung des geringsten Gebots unberücksichtigt bleiben.

§. 55. Die Feststellung des geringsten Gebots erfolgt, soweit die zu berücksichtigenden Ansprüche oder deren Vorrang zur Wirksamkeit gegen Dritte der Eintragung in das Grundbuch bedürfen, nach dem Inhalte des Grundbuchs und, soweit dieselben in Forderungen von unbestimmter Höhe bestehen, nach dem im Grundbuche eingetragenen höchsten Betrage.

Eingetragene Posten, rücksichtlich deren ein Anspruch nicht mehr besteht, bleiben unberücksichtigt, soweit nicht auf Grund des §. 29 Absatz 3 ein Anspruch auf Erstattung von Kosten nach Maßgabe des §. 56 erhoben wird.

Bedingte Ansprüche sind wie unbedingte zu behandeln.

Laufende Zinsen und die laufenden Beträge wiederkehrender Hebungen (§. 36) sind bis zu dem Tage, welcher zur Verkündung des Urtheils über den Zuschlag bestimmt ist, zu berechnen und soweit der Betrag aus dem Grundbuche ersichtlich ist, von Amtswegen zu berücksichtigen.

Eintragungen im Grundbuche, welche nach Eintragung des in §. 18 bezeichneten Vermerks erfolgt sind, werden nur berücksichtigt, wenn sie spätestens im Termine vor der Aufforderung zur Abgabe von Geboten nachgewiesen werden.

Laufende und rückständige Beträge wiederkehrender Hebungen, welche nicht Geld zum Gegenstande haben, sind zu einem Geldbetrage festzusetzen, unbeschadet jedoch der anderweiten Berechnung bei der Vertheilung des Kaufgeldes.

§. 56. Ansprüche, deren Betrag in Geld oder anderen Leistungen aus dem Grundbuche nicht ersichtlich ist, sowie eingetragene Forderungen von unbestimmter Höhe, für welche ein höchster Betrag nicht

---

auf das geringste Gebot in dem Verfahren der Zwangsversteigerung (G.S. S. 97) hinzugefügt worden. — Nach § 2 a. a. O. findet dieses Gesetz auf alle Zwangsversteigerungen Anwendung, auf Grund deren noch nicht rechtskräftig der Zuschlag ertheilt ist. — Das Gesetz ist am 16. Juni 1893 zu Berlin ausgegeben.

eingetragen ist, und nicht eingetragene Ansprüche sind nur insoweit zu berücksichtigen, als sie zu einem bestimmten Betrage, Forderungen von unbestimmter Höhe zu einem höchsten Betrage vor der Aufforderung zur Abgabe von Geboten angemeldet und, falls der betreibende Gläubiger widerspricht, glaubhaft gemacht werden. Das Gleiche gilt rücksichtlich eines aus dem Grundbuche nicht ersichtlichen Vorrangs vor dem betreibenden Gläubiger. Von solchen Realansprüchen, welche von selbst auf den Ersteher übergehen, sind nur laufende und rückständige Hebungen zu berücksichtigen. Rückstände eingetragener Zinsen und eingetragener wiederkehrender Hebungen bedürfen zwar der Anmeldung, aber nicht der Glaubhaftmachung.

§ 53—56. **Feststellung des geringsten Gebotes.**

1. Vgl. §§ 59—64, 81 R Zw.G.Entw. — Die Feststellung des nach § 22 Abs. 1 zulässigen geringsten Gebotes soll unter den Kaufbedingungen erfolgen (Anm. 2 zu § 45). Der Maßstab, an welchem die Zulässigkeit eines Gebotes geprüft wird (§ 61), ergiebt sich aus dem in § 22 Abs. 1, § 54 Abs. 1 für das zulässige geringste Gebot (den Minimalkaufpreis) aufgestellten Erfordernisse.

2. Die Feststellung des geringsten Gebotes erfolgt in allen Fällen durch den Richter nach den §§ 54—56, sofern nicht eine Abweichung von diesen Regeln durch einstimmigen Beschluß der betheiligten Interessenten (§ 45 Abs. 1) beliebt worden ist. Durch die Berücksichtigung gesetzlich nicht zu berücksichtigender Ansprüche (Erhöhung des geringsten Gebotes) wird der betreibende Gläubiger, durch Nichtberücksichtigung gesetzlich zu berücksichtigender Ansprüche (Herabsetzung des geringsten Gebotes) werden die vorgehenden Realberechtigten, zu deren Schutz die Vorschrift des § 22 Abs. 1 gegeben ist, in ihren Rechten berührt (vgl. unten Anm. 11). — Da durch jede Herabsetzung des geringsten Gebotes auch der Betrag der nach § 57 Abs 3 zu übernehmenden Realansprüche und in Folge dessen möglicherweise auch der Kaufpreis herabgemindert werden, so werden dadurch indirekt auch der betreibende Gläubiger, nachstehende Realberechtigte und der Schuldner in ihrem Rechte berührt. Werden dagegen die gesetzlichen Kaufbedingungen des § 57 für den Fall, daß das abgegebene Gebot zur Deckung aller gesetzlich bei Feststellung des geringsten Gebotes zu berücksichtigenden Ansprüche ausreichen sollte, aufrechterhalten, (was bei überlasteten Grundstücken vorkommen könnte), so bedarf es einer Zustimmung des Schuldners oder der nachstehenden Gläubiger nicht, wenn von den übrigen Interessenten vereinbart wird, daß der Zuschlag auch gegen ein geringeres Gebot ertheilt werden dürfe, denn § 22 Abs. 1 dient nur zum Schutze der dem betreibenden Gläubiger vorgehenden Berechtigten. Dagegen bedarf es in diesem Falle einer Zustimmung des betreibenden Gläubigers Dieser würde freilich auch nicht zur Hebung gelangen, wenn nur das geringste Gebot geboten wird; er würde aber des ihm nach § 69 zustehenden Rechtes auf Fortsetzung des Verfahrens verlustig werden, wenn der Zuschlag bereits für ein geringeres Gebot erfolgen dürfte. — Eine Erhöhung des geringsten Gebotes und damit zugleich eine Erhöhung des

Betrages der zu übernehmenden Realansprüche berührt nur die Rechte des betreibenden Gläubigers (s. a Anm. 11), allen übrigen Interessenten ist sie nicht nachtheilig, weil sie höchstens zu fruchtlosem Ausfalle der Zwangsversteigerung und damit zur Aufrechterhaltung des gegenwärtigen Zustandes führt — Vgl. auch Kurlbaum n. G. S. 38 ff., welcher zu gleichen Resultaten gelangt. — Ueber doppeltes Ausgebot s. Anm. 5 zu § 45 und § 76 R.Zw.G.Entw.

Die Feststellung des geringsten Gebotes durch den Richter vor dem Beginne der Versteigerung selbst wird in den Motiven dadurch begründet: es sei für die Erzielung eines angemessenen Gebotes erforderlich, daß der Bieter seine Verpflichtungen klar und bestimmt übersehen könne; dieses Resultat lasse sich nur durch die Mitwirkung des Gerichtes, welches im Besitze aller einschlagenden Nachrichten sei, in Verbindung mit der Verpflichtung der Betheiligten zur Anmeldung (§ 40 Nr. 8, §§ 55, 56), erreichen — Vgl. §§ 59—61 R.Zw.G.Entw.

Die Zuziehung eines Rechnungsverständigen erscheint bei der Wichtigkeit der hier fraglichen Feststellung selbst in einfacheren Fällen rathsam.

3 Für die Feststellung des geringsten Gebotes ist die Rangstellung der Forderung des betreibenden Gläubigers, bei einer Mehrzahl solcher Gläubiger in der Regel die Rangstellung der Forderung des bestberechtigten Gläubigers maßgebend, der ein Recht darauf hat, daß das geringste Gebot nicht höher bemessen werde, als zur Deckung der ihm vorgehenden Realberechtigten erforderlich ist. — Wenn indeß ein im Range nachstehender betreibender Gläubiger allein einen Anspruch, welcher der Forderung des seiner Rangstellung nach besserberechtigten betreibenden Gläubigers vorgeht, mit Erfolg bestreiten kann, und wenn in Folge dessen die seiner Forderung vorhergehenden Ansprüche einen geringeren Umfang haben, als diejenigen, welche der Forderung des im Range bestberechtigten Gläubigers vorgehen, so würde Ersterer den Verkauf zu einem geringeren Gebote als Letzterer durchzusetzen berechtigt sein. Voraussetzung ist, daß dies erfolgreiche Bestreiten bereits zu einer Nichtberücksichtigung des Anspruches nach § 55 Abs. 2 führt (vgl darüber unter Anm 6. b). Das geringste Gebot ist dann zu diesem geringeren Betrage festzusetzen. Kurlbaum (n G. S. 24) sagt deshalb, daß nicht der Rang entscheide; der bestberechtigte Gläubiger sei der, welcher zu einem geringeren Gebote als andere den Verkauf durchsetzen dürfe. (So auch § 64 R.Zw.G.Entw.). — Hat der Beitritt eines besserberechtigten Gläubigers die Folge, daß Ansprüche bei der Feststellung des geringsten Gebotes unberücksichtigt bleiben, welche andernfalls berücksichtigt werden, so ist nach § 54 Abs. 2 zu verfahren (s. a. Anm. 3 zu §§ 47, 48).

Die Streitfrage, ob die Einräumung eines Vorrechtes für die Feststellung des geringsten Gebotes von Einfluß sei, bei der die Praxis der in den früheren Auflagen begründeten verneinenden Beantwortung trotz der Verfügung des Justizministers vom 19 Dezember 1888 (Gruchot 33 S. 406) beigetreten war, ist durch den Zusatz erledigt, den § 54 Abs. 1 nach dem Gesetze vom 30. Mai 1893 erhalten hat. — In Abweichung von der Regierungsvorlage, welche zwischen eingetragenen und nicht eingetragenen Vorrechtseinräumungen nicht unterschied, — vgl. auch N 15 S. 264, — ist unter dem wesentlichen Einflusse Dernburgs und seines Hypothekenrechtes (vgl. Anm 8 zu § 29) jene Unterscheidung, wenigstens was die Berücksichtigung der Vorrechtseinräumungen bei Feststellung des geringsten Gebotes betrifft, gesetzlich anerkannt. Die Eintragung der

Vorrechtseinräumung ist in dieser Beziehung unbedingtes Erforderniß, während für die Vertheilung der Kaufgelder auch nicht eingetragene Vorrechtseinräumungen gegenüber dem Sonderrechtsnachfolger des Prioritätscedenten, der sie kannte, wirksam sind.

a) Nicht eingetragene Vorrechtseinräumungen werden nicht berücksichtigt. Ist der Prioritätscedent (oder sein Erbe) selbst der beitreibende Gläubiger bez. ein Sonderrechtsnachfolger des Cedenten, dem die Vorrechtseinräumung bekannt war (Dernburg, Hyp.R. II S 278), so bleiben beide betheiligten Forderungen außerhalb des geringsten Gebotes. Der Prioritätscessionar kann sein Interesse nur durch Mitbieten wahren. — Ist der Letzere betreibender Gläubiger, so ist die zurücktretende Post in das geringste Gebot aufzunehmen; der Prioritätscessionar muß mindestens soweit bieten, daß die zurücktretende Post gedeckt wird. Bei der Kaufgeldvertheilung tritt er an die Stelle des Prioritätscedenten (Anm. 8 zu § 29). Ist dessen Forderung höher als die seine, so muß er (als Ersteher) dieses Mehr als seine Schuld übernehmen. Der höhere Kaufpreis entspricht dem vom Gesetze anerkannten Interesse des Schuldners.

b) Ist das Vorrecht eingetragen und ist der Prioritätscedent betreibender Gläubiger, so ist die Forderung des Prioritätscessionars in das geringste Gebot aufzunehmen; und zwar — falls beide Posten unmittelbar auf einander folgen — in ihrem vollen Umfange, selbst wenn dieser die zurücktretende Post übersteigt Sind Zwischenposten vorhanden, so gehört die vortretende Post nur soweit in das geringste Gebot, als die zurücktretende Post darin Aufnahme gefunden hätte; der überschießende Betrag der ersteren Post gelangt hinter den Zwischenposten, aber vor der zurücktretenden Post zur Hebung. — Ist die vortretende Post kleiner als die zurücktretende, so ist in das geringste Gebot nur der Betrag der ersteren Post aufzunehmen; mit dem überschießenden Betrage seiner Post rangirt der zurücktretende Gläubiger vor den Zwischenposten, während er mit dem in Folge der Vorrechtseinräumuug von der vortretenden Post absorbirten Theil seiner Forderung hinter den Zwischenposten zur Hebung gelangt. — Auf die Höhe der Zwischenposten kommt es nicht an. Die Meinung Jäckels (Anm. 1 II B), daß die vortretende Post, auch wenn sie höher ist, zum vollem Betrage in das geringste Gebot aufgenommen werden müsse mit der Maßgabe, daß der überschießende Betrag baar zu zahlen sei, widerspricht dem § 57 Abs. 3. — Rechte des Schuldners werden nicht berührt; die Erhöhung des geringsten Gebotes und der in Anrechnung auf den Kaufpreis zu übernehmenden Posten, die unter allen Umständen eintritt, ist seiner Erhaltung im Besitzstande nur vortheilhaft. (Anm. 2.)

c. Ist das Vorrecht eingetragen und ist der Prioritätscessionar betreibender Gläubiger, so wird die zurücktretende Post fällig. Das geringste Gebot und der Betrag der zu übernehmenden Posten verringert sich; dadurch wird ein Recht des Schuldners berührt; dieser kann also, wenn er die Vorrechtseinräumung nicht bewilligt hat, verlangen: zwar nicht, daß das geringste Gebot entsprechend erhöhet, aber daß die Uebernahme eines entsprechenden Betrages der sonst aus dem baaren Kaufgelde zu zahlenden Posten als Kaufbedingung gesetzt werde (So auch die Verfügung des Justizministers vom 19. Dez. 1888) Sind Zwischenposten vorhanden, so gehören sie in das geringste Gebot, weil sie der Forderung des betreibenden Gläubigers vorgehen. Eccius

(§ 199a hinter Anm. 18c) führt aus, daß der betreibende Prioritätscessionar beim Vorhandensein von Zwischenposten das Interesse habe, die zurücktretende Post in das geringste Gebot aufnehmen zu lassen, damit er, falls das baare Kaufgeld zu seiner Befriedigung nicht ausreiche, wenigstens seine Uebernahme vor den Zwischenposten erlangen könne (Anm. 9 zu § 29). — In solchem Falle werden die Rechte des Schuldners nicht verletzt

d. Ohne Einfluß auf die Feststellung des geringsten Gebotes ist die Vorrechtseinräumung, wenn ein vor der zurücktretenden, ein nach der vortretenden Post eingetragener, oder wenn ein Zwischengläubiger die Zwangsvollstreckung betreibt.

4 Die der Forderung des betreibenden Gläubigers vorgehenden Realansprüche kommen nur insoweit in Betracht, als sie nach §§ 23 ff aus dem Kaufpreise zu berichtigen oder in Anrechnung auf denselben von dem Ersteher zu übernehmen sind, und nach der durch die §§ 23—30, bei unvollendetem Grundbuche nach § 194 zu bestimmenden Reihenfolge vor der Forderung des betreibenden Gläubigers aus dem Kaufgelde zur Befriedigung gelangen. — Es scheiden daher bei Feststellung des geringsten Gebotes alle Ansprüche aus, welche mit dem Zuschlage von selbst auf den Ersteher übergehen (Anm. 5—7 zu § 22), soweit nicht für die laufenden Beträge und die Rückstände aus den letzten zwei Jahren ein Recht zur Befriedigung aus dem Kaufpreise mit dem Vorrechte vor der Forderung des betreibenden Gläubigers anerkannt ist (§§ 25, 27, 28); sowie die älteren als zweijährigen Rückstände an Zinsen und wiederkehrenden Hebungen an sich bevorrechteter Ansprüche, weil sie erst nach der Forderung des betreibenden Gläubigers aus dem Kaufgelde zur Hebung gelangen (§§ 30, 37). Forderungen, welche vor Eintragung des Vermerkes (§ 18) eingetragen sind, gehen nach dem Inhalte des Grundbuches der Forderung des Beschlagnahmegläubigers vor. Sie sind deshalb in das geringste Gebot aufzunehmen und als vorgehende so lange zu behandeln, bis durch den Nachweis des bösen Glaubens dargethan ist, daß sie dem Beschlagnahmegläubiger gegenüber unwirksam sind (Anm. 9C b α zu §§ 16, 17, Anm. 2b zu § 30). Im Bestreitungsfalle muß der Gläubiger, der die Aufnahme der angeblich nach der Beschlagnahme entstandenen Forderung in das geringste Gebot verhindern will, die Aussetzung des Verfahrens erwirken und den Streit über das Vorzugsrecht im Wege des Prozesses erledigen. (Vgl. unten Anm. 6b)

5 Bei Ansprüchen, welche von selbst auf den Ersteher übergehen, werden nur laufende und rückständige Hebungen berücksichtigt (§ 56 Satz 3) — Vgl. Anm 4 zu § 97. — Dingliche Ansprüche, welche zur Wirksamkeit gegen Dritte der Eintragung im Grundbuche bedürfen (§ 12 E.E.G.), sind nur zu berücksichtigen, wenn diese Eintragung erfolgt ist (§ 55 Abs 1 und 5, Anm. 6 zu § 22, Anm. 9 C. zu §§ 16, 17). Hypotheken und Grundschulden (einschließlich der auf den Eigenthümer übergegangenen [§§ 63—66 E.E.G.] werden nach dem Inhalte des Grundbuches berücksichtigt; sowie dieselben in Forderungen von unbestimmter Höhe bestehen (Kautionshypotheken) nach dem im Grundbuche eingetragenen höchsten Betrage (§ 55 Abs. 1) — Vgl. unten Anm 6a. — Bedingte Ansprüche jeder Art (§§ 33, 34) werden wie unbedingte behandelt, d. h. sie werden bei Feststellung des geringsten Gebotes unbedingt berücksichtigt. Wie bedingte Forderungen sind auch die vor-

gemerkten (Anm. 6 zu §§ 33, 34; Kurlbaum n. G. S 13) und die Forderungen von unbestimmter Höhe (§ 34 Abs. 2) zu behandeln. Die Bedeutung der bedingten Forderungen tritt bei Feststellung der Kaufbedingungen über die Berichtigung des Kaufpreises in die Erscheinung (§ 59). — An der Stelle des Kapitals sind auch bei Feststellung des geringsten Gebotes nur die in § 35 Nr. 1—3 aufgeführten Nebenansprüche anzusetzen; den Anfangstermin der laufenden Zinsen oder anderen Leistungen ergiebt § 36; den Endtermin bildet der zur Verkündung des Urtheils über den Zuschlag bestimmte Tag (§ 55 Abs. 4 — vgl. a. §§ 57 Abs. 4, 97 und § 62 Abs. 1 R.Zw.G.Entw). — Ansprüche auf wiederkehrende Hebungen (Altentheile), mögen sie Geld zum Gegenstande haben oder nicht, sowie Ansprüche, welche überhaupt die Zahlung einer Geldsumme nicht zum Gegenstande haben (Nießbrauchs-, Wohnungsrechte u s w.), sind für die Feststellung des geringsten Gebotes nicht in Geld zu berechnen, sondern als in Anrechnung auf den Kaufpreis, aber neben dem Geldgebote zu übernehmende Ansprüche zu bezeichnen (s. Anm. 4, 15—17 zu diesen Paragraphen und Anm. 7 zu §§ 58, 59). — Nur die laufenden und rückständigen Beträge wiederkehrender Hebungen (— wegen des Anfangs- und Endtermines siehe §§ 36 und 55 Abs. 4 —), welche nicht Geld zum Gegenstande haben (z B. Naturalpräftationen beim Altentheil), sind zu einem Geldbetrage festzusetzen, welchen der Richter bestimmt (vgl. § 62 Abs. 2 R.Zw.G.Entw.). Die Festsetzung präjudicirt der anderweiten Berechnung bei der Vertheilung des Kaufgeldes nicht (§ 55 Abs. 6), weil die Feststellung des geringsten Gebotes überhaupt nur die Bedeutung hat, daß Forderungen zum Betrage der berücksichtigten zu übernehmen sind, nicht aber dafür entscheidend ist, welche Forderungen und zu welchem Betrage sie zu übernehmen sind (s. Anm. 12). — Ergiebt sich bei Vertheilung der Kaufgelder, daß diese Leistungen bei Festsetzung des geringsten Gebotes zu niedrig geschätzt sind, so wird der Mehrbetrag aus dem das geringste Gebot übersteigenden Betrage des Kaufpreises baar bezahlt; ist der Zuschlag für das geringste Gebot erfolgt, so leidet der letzte dabei berücksichtigte Gläubiger den Ausfall. — § 108 steht nicht entgegen, vorausgesetzt, daß der Betrag der Jahreshebung (wenn auch nicht in Geld) aus dem Grundbuche ersichtlich ist (§ 56). — Diese Sätze finden auch Anwendung, wenn etwa der für die Berechnung der laufenden Zinsen maßgebende Verkündungstermin (s. oben) nicht innegehalten werden kann und sich dadurch eine Erhöhung der aus dem Kaufgelde baar zu zahlenden Beträge ergiebt. (So auch Kurlbaum n. G. S. 16, 53; a. M. Rudorff Anm. 8 zu § 55). — Korrealhypotheken sind bei der Feststellung des geringsten Gebotes für jedes einzelne Grundstück voll zum Ansatze zu bringen (§ 42 E.E.G.). Werden die mehreren Grundstücke zusammen zum Ausgebote gestellt, so wird für diesen Fall das geringste Gebot durch die Summe der auf allen Grundstücken haftenden, der Forderung des betreibenden (Korreal- oder Beschlagnahme-) Gläubigers vorgehenden Realansprüche gefunden; bei dieser Feststellung gelangt eine Korrealhypothek, welche doch nur eine Forderung darstellt, nur einmal zum Ansatze. Ergiebt sich bei einer verhältnißmäßigen Vertheilung des durch Addition gefundenen geringsten Gesammtgebotes (nach §§ 38, 112), daß der auf das Einzelgrundstück entfallende Betrag das für dieses festgestellte geringste Gebot nicht erreicht, so muß das geringste Gesammtgebot soweit erhöhet werden, daß bei einer solchen Vertheilung auch bei dem Einzelgrundstück die der Forderung des betreibenden

(Korreal- oder Beschlagnahme-) Gläubigers vorgehenden Forderungen gedeckt werden. Vorgehende Korrealhypotheken sind bei dieser Berechnung voll zum Ansatz zu bringen (s. Anm. 4 A. a zu §§ 104—106) — Vgl. Czarniecki im Bureaublatt für gerichtliche Beamte Jahrgang 1888 S. 44, 52, 72, 79. Lotze bei Gruchot 36 S. 285 ff.; Eccius Anm. 64 zu § 194 und § 81 R Zw.G.Entw

Bei einer Antheilsversteigerung sind auf dem ganzen Grundstücke haftende Hypotheken und Grundschulden jedenfalls wie Korrealhypotheken zu behandeln, wenn bereits vor ihrer Eintragung ideelle Antheile bestanden (Eccius § 194 Anm. 66). Ist aber — wie in Anm. 4b zu § 1 anerkannt worden — eine Sonderzwangsvollstreckung in den Antheil wegen einer Totalhypothek zuzulassen, wenn die Antheile erst nach deren Eintragung gebildet worden sind, so müssen auch in diesem Falle solche Gesammthypotheken wie Korrealhypotheken behandelt werden Die abweichende Ausführung in der ersten Auflage wird damit hinfällig (Vgl. Eccius § 194 Anm 64 und 66; Jäckel Anm 1 zu § 55, 4 zu § 106.) Sind die Antheile eines Grundstückes verschieden belastet und wird die Versteigerung des ganzen Grundstückes von einem Gläubiger betrieben, dessen Forderung auf dem ganzen Grundstücke haftet, so sind die der Gesammthypothek vorgehenden Antheilshypotheken bei der Feststellung des geringsten Gebotes zu berücksichtigen. Stehen sie dagegen der Gesammthypothek des betreibenden Gläubigers nach, so haben sie nur Anspruch auf Befriedigung aus dem nach Verhältniß der Antheile zu repartirenden Kaufgelderreste (vgl. Eccius § 182 Anm. 64, § 194 Anm 66).

6. Bei der Feststellung des geringsten Gebotes hat der Richter in erster Linie den Inhalt des Grundbuches zu berücksichtigen. Dabei darf er zunächst der ihm mitgetheilten Abschrift des Grundbuchblattes (§ 19) folgen; entscheidend ist aber lediglich der Inhalt des Grundbuches selbst (Anm. 6 zu § 21; Kurlbaum n. G. S. 11, 12; s unten Anm. 11). Eintragungen, welche nach Eintragung des Sperrvermerkes erfolgt sind, werden nur berücksichtigt, wenn sie spätestens im Termine vor der Aufforderung zur Abgabe von Geboten (§ 61) nachgewiesen werden (§ 55 Abs. 5). Einer besonderen Glaubhaftmachung bedürfen dieselben nicht. Die Berücksichtigung derartiger Ansprüche bei Feststellung des geringsten Gebotes wird insbesondere dann in Frage kommen, wenn die Eintragung vor einem zweiten Versteigerungsantrage erfolgt, der erste Antrag aber erledigt ist. (Anm. 3 zu § 18; Kurlbaum n G. S. 12). — Der Inhalt des Grundbuches ist in doppelter Beziehung von Bedeutung:

a. Die aus dem Grundbuche ihrem Betrage und ihrem Vorrange nach ersichtlichen Realansprüche sind zu berücksichtigen, ohne daß es einer Anmeldung derselben bedarf. (§§ 40 Nr. 8, 55 Abs. 1) Dies gilt auch für die laufenden Hebungen, sofern die Fälligkeitstermine aus dem Grundbuche hervorgehen. Landschaftliche Amortisationsdarlehen werden ohne Rücksicht auf den gesammelten Amortisationsfonds zum vollen Betrage berücksichtigt, mit dem sie im Grundbuche stehen (Bericht der Kommission des H.H. S. 28, R 27 S. 219; anders bei der westpreußischen Landschaft [v. Brünneck bei Gruchot 29 S 96]).

b Aus dem Grundbuche ersichtliche Realansprüche (eingetragene Posten) sind zu berücksichtigen, auch wenn der betreibende Gläubiger deren Rechtsbeständigkeit bestreitet, es sei denn, daß der betreibende Gläubiger nachweist, daß die eingetragene Post nicht mehr besteht (§ 55 Abs. 2), entweder also, daß sie nach Eintragung des Sperrvermerkes gelöscht (§ 55 Abs. 5), oder daß sie sonst aufgehoben ist (z B. durch ein nach § 5 erwirktes Ausschlußurtheil oder ein Urtheil auf Löschungsbewilligung, durch den Tod des auf Lebenszeit Berechtigten). Der Gläubiger muß also die zur Löschung der Post erforderlichen Urkunden, zu denen stets die Schuldurkunde oder das ihre Stelle vertretende Ausschlußurtheil (vgl. Anm. 1 zu § 11) gehört, im Termine vorlegen. Kurlbaum (n G. S. 13) hält auch die Hinterlegung (wohl im Sinne einer Abreichung zu den Akten zu verstehen) der Schuldurkunde für erforderlich; soweit der Anspruch an sich übertragbar ist. — „Befürchtet der betreibende Gläubiger bei der Festsetzung des geringsten Gebotes durch die Einrechnung einer eingetragenen Forderung, welche er bestreiten will, beschwert zu werden, so bleibt ihm überlassen, votab diese Forderung im Wege des Prozesses zu beseitigen. Er kann dieses Ziel, wenn es sich um eine Anfechtung im Sinne des Reichsgesetzes vom 21. Juli 1879 handelt, durch die Anfechtungsklage, in anderen Fällen durch Klage auf Einräumung des Vorranges oder durch die Feststellungsklage (§ 231 der Civilprozeßordnung) erreichen, deren Ergebniß auch hier maßgebend ist" (Mot.). Außerdem ist dem Gläubiger zum Zwecke der Beseitigung solcher Posten, bezüglich deren dem Eigenthümer ein Recht auf Löschung zusteht, die Geltendmachung der zur Durchführung dieses Rechtes dem Eigenthümer zustehenden Befugnisse gestattet (§ 5). — Ergiebt sich das Vorhandensein solcher von dem betreibenden Gläubiger nicht anerkannter Forderungen erst im Versteigerungstermine, so muß er die Einstellung des Verfahrens und demnächst Anberaumung eines neuen Termines zur Fortsetzung des Verfahrens nach § 51 beantragen. (Vgl. oben Anm. 4) Der Personalgläubiger wird in solchen Fällen namentlich, wenn die Erledigung des Prozeß- oder Aufgebotsverfahrens innerhalb des in § 51 vorgesehenen Zeitraumes zweifelhaft erscheint, zweckmäßig die Eintragung seines Anspruches als Hypothek (§ 6) bewirken, oder die Zwangsverwaltung beantragen, damit ihm der Fortfall der Wirkungen der Beschlagnahme (§§ 51 Abs. 1, § 17 Abs 3) nicht schade (vgl Kurlbaum n. G. S 12). — Die Berücksichtigung des nach § 29 Abs 3 im Falle eines Ausschlußurtheiles (§ 5) an Stelle der Post anzusetzenden Kostenerstattungsanspruches (s. Anm. 10 zu § 29) setzt vorgängige Anmeldung voraus, da dessen Betrag aus dem Grundbuche nicht ersichtlich ist (§§ 55 Abs. 2, 56). — Bei nicht vollendetem Grundbuche sind die §§ 191, 195, 196 zu beachten; wegen älterer Hypotheken im Bezirke des vormaligen Appellationsgerichtes zu Kassel s § 201.

7. Der Anmeldung bedürfen dagegen, um bei der Feststellung des geringsten Gebotes berücksichtigt zu werden:

a. diejenigen Ansprüche, welche aus dem Grundbuche überhaupt nicht ersichtlich sind (nicht eingetragene Ansprüche § 56 Satz 1). — Hierher gehören insbesondere die in §§ 24—28 bezeichneten bevorrechteten Forderungen. Soweit dieselben von selbst auf den Ersteher übergehen (§§ 25, 27, 28, 22 Abs. 3) sind nur laufende und rückständige Hebungen anzumelden und zu berücksichtigen (s. a. oben Anm. 5); ferner gehören hierher: die aus Versehen gelöschten oder bei Ab- und Umschreibungen nicht übertragenen Posten (§ 118 G B.O. Vgl oben Anm 11 zu §§ 16, 17 am Schlusse);

b. diejenigen Ansprüche, für welche ein bestimmter Betrag in Geld oder anderen Leistungen aus dem Grundbuche nicht ersichtlich ist (§ 56 Satz 1). Hierher gehören die Forderungen an Rückständen von Zinsen und wiederkehrenden Hebungen und von Kosten bei eingetragenen Posten (s. a. oben Anm. 5); dagegen nicht Ansprüche aus dauernden Lasten (§ 60), auch wenn deren Betrag aus dem Grundbuche nicht ersichtlich ist. Derartige dauernde Lasten sind so wie sie sind vom Ersteher zu übernehmen Ihre Uebernahme muß selbst dann, wenn sie dem Anspruche des betreibenden Gläubigers nachstehen, unter der Voraussetzung des § 60 Abs. 1 von Amtswegen als Kaufbedingung gestellt werden. Wegen der Rückstände bedarf es dagegen der Anmeldung (§ 56 am Schlusse; Kurlbaum n. G. S. 15, 16);

c. eingetragene Forderungen von unbestimmter Höhe, für welche ein höchster Betrag nicht eingetragen ist (§ 56 Satz 1); wie solche sich noch aus früherer Zeit eingetragen finden.

In den Fällen a—c muß die Anmeldung auf einen bestimmten Betrag erfolgen, welcher im Falle c als höchster Betrag zur Sicherung der immer noch unbestimmten Forderungen liquidirt werden kann (Kurlbaum n. G. S. 14). In den Fällen a. und c. wird auch Glaubhaftmachung erfordert, wenn der betreibende Gläubiger widerspricht, im Falle b. nur, wenn es sich nicht um Rückstände eingetragener Zinsen und eingetragener wiederkehrender Hebungen handelt (§ 40 Nr. 8, § 56);

d. ein aus dem Grundbuche nicht ersichtlicher Vorrang vor dem betreibenden Gläubiger. Die Rangstellung unter mehreren der Forderung des betreibenden Gläubigers vorgehenden Forderungen ist für das Zwangsversteigerungsverfahren (§ 57); die Rangstellung mehrerer derselben nachfolgenden Forderungen für die Feststellung des geringsten Gebotes (§ 54) gleichgültig. Auch in diesem Falle bedarf es beim Widerspruche des betreibenden Gläubigers der Glaubhaftmachung (§§ 48, 56 Satz 3, 195, Anm. 4 zu §§ 47, 48). Die Glaubhaftmachung erfolgt nach § 266 C P O.

8. Die Anmeldung kann schriftlich oder zu Protokoll des Gerichtsschreibers vor dem Versteigerungstermine und auch noch in demselben — selbst in einem neuen Versteigerungstermine bei fortgesetztem Verfahren (§§ 69, 74, 79, 99) — bis zur Aufforderung zur Abgabe von Geboten erfolgen; (s. Anm 2 zu § 61). Anders dagegen wenn nur eine Fortsetzung des begonnenen Versteigerungsgeschäftes in einem vertagten Termine stattfindet (Kurlbaum n. G S. 28). Auch Anmeldungen unbetheiligter (nicht legitimirter) Personen genügen, wenn sie von keiner Seite beanstandet sind. (R bei Gruchot 36 S 1112.)

9. Ueber die Anmeldungen ist der betreibende Gläubiger wegen seines Widerspruchsrechtes zu hören Auch Anmeldungen, welche vor dem Versteigerungstermine erfolgen, brauchen dem Gläubiger nicht vor dem Versteigerungstermine mitgetheilt zu werden. Der anmeldende Gläubiger muß sich auf den Widerspruch des Gläubigers einrichten und die zur Glaubhaftmachung geeigneten Beweismittel in diesem Termine bereit halten. Eine Beweisaufnahme, welche nicht im Versteigerungstermine erfolgen kann, ist unstatthaft (§ 266 Abs. 2 C P.O.): Hat sich der betreibende Gläubiger bis zur Aufforderung zur Abgabe von Geboten nicht erklärt, so muß sein Widerspruch gegen die Berücksichtigung der angemeldeten Forderung als ausgeschlossen gelten (Kurlbaum n G. S. 28).

10. Die Unterlassung der rechtzeitigen Anmeldung bez. Glaubhaftmachung hat, ohne daß es eines Ausschlußurtheiles bedarf, Nichtberücksichtigung

der Ansprüche bei Feststellung des geringsten Gebotes zur Folge (§§ 40 Nr. 8, 48, 195, 201), d. h. sie werden für den Maßstab, nach welchem die Zulässigkeit eines Gebotes zu prüfen ist, nicht in Betracht gezogen, und ihre Nichtberücksichtigung begründet weder Widerspruch gegen Ertheilung des Zuschlages noch Beschwerde (§§ 75 Nr. 3, 88). Darüber hinaus wirkt die Unterlassung der Anmeldung bez. die Nichtberücksichtigung bei Feststellung des geringsten Gebotes nur für die ihrem Betrage nach aus dem Grundbuche nicht ersichtlichen Ansprüche (vgl. Anm. 7 a—c) und § 40 Nr. 8) eine Aenderung ihrer Rangstellung bei Vertheilung der Kaufgelder (§§ 108, 195, 197, 201). Im Uebrigen können sie dabei nachträglich liquidirt werden (§§ 106, 201. Vgl. dazu Kurlbaum bei Gruchot 34 S. 1 gegen R. 23 S. 235, welches den in §§ 24—28 gedachten Realansprüchen [Anm 7 a] ihr Vorrecht auch gegenüber den in das geringste Gebot nicht aufgenommenen Hypotheken versagt). Dagegen verlieren Ansprüche, bei denen blos der Vorrang vor dem betreibenden Gläubiger aus dem Grundbuche nicht zu ersehen ist (Anm. 7 d), durch Nichtberücksichtigung bei Feststellung des geringsten Gebotes anderen Forderungen gegenüber, auf welche sich der Vorbehalt der Feststellung der Rangordnung bezieht (mögen sie dem betreibenden Gläubiger zustehen oder anderen Realberechtigten), ihre Rangstellung nicht, können dieselbe vielmehr bei der Vertheilung der Kaufgelder geltend machen (§§ 48, 108, 58 Abs. 1, 113, 115; —anders bei unvollendetem Grundbuche §§ 195, 197). — Kurlbaum n. G. S. 32 bemerkt, daß, wenn zwei oder mehreren Ansprüchen, welche unter Vorbehalt der Feststellung der Rangordnung mit der Forderung des betreibenden Gläubigers eingetragen sind, der Vorrang vor letzterer zusteht, jeder der mehreren Realberechtigten den Vorrang der Forderung der anderen anmelden und glaubhaft machen könne, sofern die Nichtberücksichtigung der letzteren Forderung bei Feststellung des geringsten Gebotes ihm selbst zum Nachtheil gereichen würde.

Da das geringste Gebot immer nur nach dem Anspruche eines bestimmten Gläubigers festgestellt wird, so brauchen sich die Anmeldungen auch nur auf das dadurch bestimmte geringste Gebot zu beziehen. Nur für dieses Gebot erfolgt der Ausschluß. Aendert sich die Person des bestberechtigten Gläubigers, sei es durch die zugelassene Berücksichtigung eines verspätet beigetretenen Gläubigers (§ 54 Abs. 2, oben Anm. 3), oder durch den Fortfall des bisher bestberechtigten Gläubigers, so ist das geringste Gebot anderweit festzustellen, selbst dann, wenn bereits ein Meistgebot abgegeben ist, welches das bei der veränderten Sachlage festzustellende geringste Gebot voraussichtlich deckt. Dabei sind neue Anmeldungen zur Berücksichtigung zuzulassen (Kurlbaum n. G. S. 26 u. 27, vgl. auch Anm. 6 zu § 73). Dasselbe gilt auch, wenn nachträglich die Kaufbedingungen, unter welchen zur Abgabe von Geboten aufgefordert ist, insbesondere das festgestellte geringste Gebot, geändert werden, da hierdurch zugleich die Sachlage, unter welcher der Berechtigte eine Anmeldung unterlassen hat, sich ändert (Kurlbaum n. G. S 27, 28).

11. Die mit Unrecht erfolgte Berücksichtigung einer Forderung bei Feststellung des geringsten Gebotes berechtigt den betreibenden Gläubiger zum Widerspruche gegen die Ertheilung des Zuschlages (§§ 75 Nr 3, 76) und zur Beschwerde (§§ 87—89) Eine Benachtheiligung des betreibenden Gläubigers liegt stets vor, wenn ein zwar das gesetzliche geringste Gebot übersteigendes, aber das zu Unrecht erhöhte geringste Gebot nicht erreichendes Gebot abgegeben, und deswegen

der Zuschlag versagt ist (Kurlbaum n G. S. 52) — Die mit Unrecht erfolgte Zurückweisung eines Anspruches führt zu einer Benachtheiligung des zurückgewiesenen Berechtigten, wenn das zu niedrig bemessene geringste Gebot nicht in entsprechendem Maße überschritten wird. Selbst wenn letzteres der Fall ist, liegt eine Benachtheiligung schon in der als Folge der Nichtberücksichtigung eintretenden Fälligkeit und Zahlbarkeit (§ 57 Abs. 3). Da letztere Folge zugleich die Abgabe eines geringeren Meistgebots bewirken kann, so sind außer dem zurückgewiesenen Berechtigten auch der betreibende Gläubiger, nachstehende Gläubiger und der Schuldner zum Widerspruche und als Benachtheiligte zur Beschwerde berechtigt (oben Anm 2; Anm. 2. b. β, 6 c zu §§ 75–78). — Ist ein aus dem Grundbuche ersichtlicher, also von Amtswegen zu berücksichtigender Anspruch bei Feststellung des geringsten Gebotes übergangen, so verliert er seinen Vorrang dadurch nicht (Anm 6 zu §§ 107–111) und ist bei der Kaufgeldervertheilung an zuständiger Stelle zu berücksichtigen (§ 57 Abs 1 u 3), insbesondere an Stelle eines nachstehenden berücksichtigten Anspruches zu übernehmen (§ 58 — Kurlbaum n. G. S 53). Der übergangene Berechtigte ist daher nur so weit benachtheiligt, als das Meistgebot zu seiner Befriedigung nicht ausreicht Dagegen wird der durch solche nachträgliche Berücksichtigung des übergangenen Anspruches zurückgedrängte Gläubiger selbst dann benachtheiligt, wenn das Kaufgeld zu seiner Befriedigung noch ausreicht, weil er sich Baarzahlung statt Uebernahme nicht gefallen zu lassen braucht. Insoweit steht ihm die Beschwerde zu (§ 87). — Das Beschwerderecht fällt aber für alle durch unrichtige Festsetzung des geringsten Gebotes betroffenen Interessenten fort, wenn sie im Versteigerungstermine erschienen sind und ihren Widerspruch nicht geltend gemacht haben, obwohl sie dazu im Stande waren. (§ 78, § 89 Abs 2) — Daß ein vorgehender Gläubiger die Unzulässigkeit der Zwangsversteigerung ohne seine Berücksichtigung bei Feststellung des geringsten Gebotes auch im Wege der Klage (§ 690 C.P.O.) geltend machen kann, folgt aus dem § 22 Abs. 1 (vgl. Anm 2 zu § 22), und § 70 Abs. 1. - S. a. Kurlbaum n. G. S. 54.

12. Die Berücksichtigung einer Forderung bei Feststellung des geringsten Gebots steht der Bestreitung derselben bei Vertheilung der Kaufgelder seitens anderer Realgläubiger nicht entgegen Ob auch der betreibende Gläubiger zu solcher Bestreitung berechtigt ist, hängt von dem Inhalte der von ihm bei den Verhandlungen über die Feststellung des geringsten Gebotes abgegebenen Erklärungen ab. In der bloßen Zulassung bei Feststellung des geringsten Gebotes ist ein Anerkenntniß der betreffenden Forderung nach Betrag und Vorrang in der Regel nicht zu finden. (Urth. des R.G. v 17 Dez. 1892, Jur. Wochenschrift 1893 S 71.)

13. Wegen der aus dem Kaufgelde zu entnehmenden Kosten des Verfahrens siehe Anm. 2 zu § 84 Die baaren Auslagen bestehen hauptsächlich in den Kosten der öffentlichen Bekanntmachung; in einzelnen Fällen treten Gebühren der zugezogenen Sachverständigen (§§ 41, 54 Abs 1) und etwa entstandene Portoauslagen hinzu. — Schreib- und Zustellungsgebühren kommen nicht in Betracht (§ 9 K.G. — § 80 b G.K.G. [Fassung des Ges. vom 29. Juni 1881], § 1 Ges. v 21 März 1882). — Die Gerichtsgebühr (§ 2 Z. 1, 2, 4 K.G.) ist nach dem sonst ermittelten geringsten Gebote zu bestimmen; wenn jedoch durch Hinzurechnung der ersteren (einschl. der baaren Auslagen) zu letzterem eine

höhere Werthstufe begründet wird, so sind die Gerichtsgebühren nach dieser zu berechnen. — Entspricht diese Werthstufe nicht zwei Drittheilen des Werthes des Grundstückes, so sind die Gerichtsgebühren nach diesen zwei Drittheilen zu berechnen (§ 4 K G.). Kurlbaum (n. G. S. 29) bemerkt noch, daß wenn ein höheres Gebot die Grenze einer Werthklasse nicht mindestens um den Betrag überschreite, welcher für die höhere Werthstufe an Gebühren mehr als für die untere zu erheben sei, der Falle eintreten könne, daß ein höheres Gebot für die Gläubiger nach Abzug der Kosten einen geringeren Betrag freilasse, als das niedere Gebot. In solchem Fall sei das geringste Gebot entsprechend zu erhöhen. — Die Berechnung der Kosten für die Feststellung des geringsten Gebotes ist unmaßgeblich für die endgültige Festsetzung der Kosten des Verfahrens (§ 4 Abs. 1 R.G., § 84 Abs. 2). — Der etwaige Nachtheil einer zu niedrigen Berechnung trifft den letzten Perzipienten.

14. Das Verfahren bei Feststellung des geringsten Gebotes wird in den Motiven, wie folgt, skizzirt: „Der Richter sieht aus der beglaubigten Abschrift des Grundbuchblattes, welche Ansprüche von Amtswegen zu berücksichtigen sind, und wird, wenn die Einfachheit der Sachlage nicht jede Vorbereitung entbehrlich macht, selbst oder durch einen zuzuziehenden Rechnungsverständigen schon vor dem Termine eine Zusammenstellung dieser Ansprüche anfertigen. Zur Erleichterung der Uebersicht wird es sich empfehlen, dabei die von dem Ersteher zu übernehmenden und die baar zu zahlenden Beträge in verschiedenen Spalten getrennt aufzuführen und für die anzumeldenden Ansprüche überall die nöthigen Zwischenräume offen zu lassen. Diese Zwischenräume werden zum Theil, voraussichtlich recht bald zum größten Theil, auf Grund der eingehenden schriftlichen Anmeldungen schon vor dem Termine ausgefüllt werden können. Für den Termin bleibt dann nur die Ergänzung dieser Zusammenstellung durch Angaben, welche zum großen Theil z. B. durch Berechnung der vierteljährigen Zinsen der Kapitalforderungen, gleichfalls vorbereitet werden können Streitigkeiten hierüber kommen nach den gegebenen Vorschriften kaum in Betracht. Nach dem hieraus sich ergebenden Gesammtbetrage sind die Pauschgebühren des Verfahrens, dessen baare Auslagen gleichfalls vorher berechnet werden können, einzuschalten. Es sind endlich, wenn Werthschätzungen erforderlich werden, diese summarisch vorzunehmen. Diese ganze Zusammenstellung, welche das geringste Gebot und die für dasselbe zu machenden Vorbehalte ergiebt, kann als Anlage des Protokolls dienen und je nach Umständen berichtigt oder ergänzt werden." — Als Beispiel diene nachstehende (Seite 220/221 eingerückte) „Zusammenstellung der bei Feststellung des geringsten Gebotes berücksichtigten Forderungen."

Ein besonderer Termin zur Feststellung des geringsten Gebotes ist nicht für erforderlich erachtet. — In schwierigen Fällen soll § 45 Abs. 3 Aushülfe gewähren. Eine endgültige Feststellung kann aber erst im Versteigerungstermine erfolgen, weil noch in diesem Anmeldungen zu berücksichtigender Ansprüche zulässig sind (Kurlbaum n. G. S. 11).

15. Eine Nebenaufgabe des Richters bei Feststellung des geringsten Gebotes bildet die Festsetzung des Kapitalbetrages für solche Ansprüche, welche nicht die Zahlung einer Geldsumme zum Gegenstande haben, sowie für Ansprüche auf wiederkehrende Hebungen (§ 58 Abs 2 u. 3). Diese Festsetzung hat aber nur für den Fall, daß es zur Ersatzübernahme kommt, Be-

(Fortsetzung S. 222.)

Zusammenstellung der bei der Feststellung des

Betreibender Gläubiger: A wegen seiner Abth. III Nr. 5

Tag der ersten Beschlag

Termin zur Verkündung des

1. Laufende Nr.	2. Name des Gläubigers	3. Bezeichnung der Forderung	4. Eintragung im Grundbuche Abth.	Nr.	5. Anmeldung Bl.
1.	Staatskasse.	Aus dem Kaufgelde zu entnehmende Kosten	—	—	—
2.	Statthalter B.	Gesindelohn für 1/11 83—84	—	—	12
3.	Staatskasse.	Grundsteuern, laufende v. 1/10 84—11/1 85	—	—	—
		rückständige 1/4—1/10 84	—	—	11
4.	Rentier C.	Hypothek; Kapital	III	1	—
		4 % Zinsen, laufende, 1/7 84—11/1 85.	—	—	13
5.	Badebesitzer D.	Unvererbliches Recht auf Entnahme von Moor nach Bedürfniß	II	1	—
6.	Gutsbesitzer E.	Hypothek (correaliter auf den Grundstücken X und Y); Kapital	III	2	—
		5 % Zinsen, laufende, 1/7 84—11/1 85	—	—	—
		rückständige 1/7 82—1/7 84	—	—	14
7.	Fabrikant F.	Kautionshypothek .... Eingetragener Höchstbetrag für die Ansprüche aus der dem Schuldner übertragenen Verwaltung der Fabrikkasse.	III	3	—
8.	Altsitzer G.	Altentheil, bestehend:	II	2	—
		a. Wohnungsrecht (2 Stuben), b. freie Heizung (1 Stube),	.....	.....	.....
		c. 12 Scheffel Roggen jährlich (monatlich 1 Scheffel), d. 12 Mark Taschengeld jährlich, halbjährlich am 1/1 u. 1/7.	.....	.....	.....
		Zu c.:			
		laufende Hebung 1/10 84—11/1 85, 3 1/3 Scheffel à 3 Mark	—	—	
		rückständige 1/7—1/10 84, 3 Scheffel à 3 Mark	—	—	15
		Zu d.:			
		laufende 1/7 84—11/1 85.......	—	—	
		rückständige 1/7 83—1/7 84	—	—	
9.	Eigenthümer H.	Grundschuld; Kapital	III	4	—
		5% laufende Zinsen 1/7 84—11/1 85 .	—	—	—
				Summe	
		Das zur Erfüllung des geringsten Gebotes abzugebende Geldgebot beträgt			

geringsten Gebotes berücksichtigten Forderungen.

unter dem 1. Juli 1884 eingetragenen Hypothek von 1000 Mark.
nahme (§ 36): 11. Oktober 1884.
Zuschlags (§ 55): 11. Januar 1885.

6. Von dem Ersteher sind nach § 57 in Anrechnung auf den Kaufpreis zu übernehmen a. mit Anrechnung auf das Geldgebot Mark	Pf.	b. ohne Anrechnung auf das Geldgebot	baar zu zahlen Mark	Pf.	7. Festsetzung eines Geldbetrages gemäß § 55 Abs. 6 Mark	Pf.	Kapitalbetrages für die Ersatzübernahme gemäß §§ 58, 59 Mark	Pf.	8. Bemerkungen
—	—	—	100	—	—	—	—	—	
—	—	—	60	—	—	—	—	—	
—	—	—	26	50	—	—	—	—	
—	—	—	48	—	—	—	—	—	
2000	—	—	—	—	—	—	—	—	
—	—	—	43	—	—	—	—	—	
—	—	der Anspruch zu 4	—	—	—	—	500	—	
1000	—	—	—	—	—	—	—	—	5) Bedingung der Ersatzübernahme nach § 59 Abs. 2.
—	—	—	26	40	—	—	—	—	
—	—	—	200	—	—	—	—	—	
3000	—	—	—	—	—	—	—	—	6) Bedingung der Ersatzübernahme, daß die Kaution gar nicht oder nicht zum vollen Betrage in Anspruch genommen wird.
—	—	der Anspruch zu 7	—	—	—	—	—	—	
. . .	. .	. . . . .	. .	. .	. . . .	. .	a) 400 b) 200	— —	
. . .	. .	. . . . .	. .	. .	. . . .	. .	c) 360 d) 240	— —	
—	—	—	—	—	10	—	—	—	Nach § 57 Abs. 1 baar zu zahlen.
—	—	—	—	—	9	—	—	—	
—	—	—	6	66	—	—	—	—	
—	—	—	12	—	—	—	—	—	
500	—	—	—	—	—	—	—	—	8) Gekündigt zum 1/4 85.
—	—	—	14	—	—	—	—	—	
6500	—		536	56	19	—	1700	—	

. . . . 7055 Mark 55 Pf.

deutung (Anm. 7 zu §§ 58/59), nicht für die Festsetzung des geringsten Gebotes oder für die dabei berücksichtigten, ursprünglich zur Uebernahme bestimmten Ansprüche. Denn nicht durch die Schätzungssumme werden derartige Ansprüche gedeckt, sondern nur durch Uebernahme in unveränderter Gestalt. Es ist aber für den Ersteher wichtig, das Maß der übernommenen Verpflichtungen auch für den Fall zu kennen, daß solche ursprünglich zur Uebernahme bestimmten Ansprüche in Wegfall kommen, „welche ihrer Natur nach die Anwendung des Satzes, daß ein anderer Anspruch von gleicher Höhe zu übernehmen sei (§ 58 Abs. 1) nicht gestatten" (Kurlbaum n. G. S. 34, 35). — Vgl § 70 R.Zw.G.Entw.

16. Die in Anm. 14 gedachte Zusammenstellung bietet nicht nur dem Richter den Maßstab für die Beurtheilung der Zulässigkeit eines Gebotes, sondern enthält auch für den Bieter Alles, was er zur Abgabe seines Gebotes wissen muß. Es genügt daher für die nach §§ 22 Abs 1, 53 erforderte Feststellung des geringsten Gebotes vollkommen, daß der Richter die Zusammenstellung im Termine bekannt macht, dieselbe dem Protokolle als Anlage beifügt und zu Protokoll beurkundet, daß sich das geringste Gebot aus derselben ergebe. (Vgl. § 86 Abs. 2 R.Zw.G. Entw). Jede andere Art der Feststellung (vgl. Kurlbaum n. G. S 50) enthält nur das Ergebniß der Zusammenstellung und stellt das Sach- und Rechtsverhältniß nicht klar, wenn Ansprüche der in Anm. 15 gedachten Art in Frage sind. So sagt Kurlbaum, daß in solchem Falle das geringste Gebot durch eine Summe angegeben werden könne, in welche statt des Anspruches die nach § 58 Abs. 2 eintretende Verpflichtung einzurechnen sei, unter Beifügung des Vorbehaltes, daß der ursprüngliche Anspruch unter Anrechnung des Schätzungswerthes auf den Preis übernommen werden müsse Eine solche Fassung kehrt das wahre Sachverhältniß um. (Vgl. Anm. 15 a E. und Anm. 17 sowie §§ 60, 70 R Zw.G.-Entw.). Einer ziffermäßigen Festsetzung des geringsten Gebotes in Reichswährung bedarf es nicht. Das ist in der Kommission des H H von den Regierungskommissarien ausdrücklich anerkannt (Bericht der Kommiss. des H H zu §§ 53 u. 54.)

17. Die Gebote bilden die offerirte Gegenleistung für die Uebertragung des Eigenthumes am Grundstücke. Aus welchen Faktoren sich dieselbe (das geringste Gebot ist dabei nicht anders zu behandeln, wie die Mehrgebote) im Einzelfalle zusammensetzt, ist nach den in den §§ 57 ff. enthaltenen Bestimmungen über die Art und Weise, in welcher der Kaufpreis berichtigt werden soll, zu entscheiden und in den Kaufbedingungen zum Ausdrucke zu bringen. Diese Vorschriften beziehen sich auf alle bei Feststellung des geringsten Gebotes berücksichtigten Ansprüche und bestimmen, daß dieselben, — welcher Art sie sein mögen, — entweder baar zu bezahlen, oder in Anrechnung auf den Kaufpreis (sei es mit oder ohne Verrechnung auf das Geldgebot) zu übernehmen sind. Dies gilt also auch von Forderungen, welche Geld nicht zum Gegenstande haben, oder auf wiederkehrende Leistungen gerichtet sind. Dabei darf Kaufpreis und Geldgebot nicht mit einander verwechselt werden. Auch bei Privatverkäufen ist es nicht absolutes Erforderniß, daß die Gegenleistung in Geld allein besteht. Im Zwangsversteigerungsverfahren sind die auf den Ersteher übergehenden Forderungen entweder solche, bei denen sich der Uebergang von selbst vollzieht (§ 22 Abs. 3), und die bei Feststellung der Gegenleistung des Erstehers (Kaufpreis) gar nicht in Betracht kommen; oder solche, welche von ihm übernommen werden (§ 22 Abs. 2), sei es durch Vertrag mit dem betreffenden Gläubiger

(§ 116), sei es wegen der ihm durch die Kaufbedingungen gemäß §§ 22 Abs. 1, 53—56, 57 Abs. 3, 58, 59 auferlegten Verpflichtung. Die Uebernahme derartiger Ansprüche bildet stets einen Theil der Gegenleistung des Erstehers (Kaufpreis); eine Uebernahme, welche nicht in Anrechnung auf den Kaufpreis erfolgte, ist dem Gesetze (§ 57 Abs. 3, § 116) unbekannt. Der Unterschied zwischen den von selbst auf den Ersteher übergehenden und den von demselben ausdrücklich zu übernehmenden ist nicht ohne praktische Bedeutung. Die Nothwendigkeit der Uebernahme bewirkt nicht nur eine nominelle Erhöhung des Kaufpreises, sondern auch eine Erhöhung der zu berechnenden Stempel und Gebühren (Kurlbaum n. G. S. 17).

§. 57. Von dem Kaufpreise ist der Betrag der bei Feststellung des geringsten Gebots berücksichtigten Zinsen, laufenden oder rückständigen wiederkehrenden Hebungen, Kosten und nicht eingetragenen, auf den Ersteher nicht von selbst übergehenden Realansprüche, sowie der das geringste Gebot übersteigende Betrag baar zu zahlen.

Wird dasselbe Grundstück wiederholt versteigert, so ist auch derjenige Betrag baar zu zahlen, welcher bei einer früheren Versteigerung von dem rückständigen Kaufgelde auf die Kosten des Verfahrens oder die in den §§. 24, 26 bezeichneten Ansprüche überwiesen und noch eingetragen ist.

Im Uebrigen sind die bei Feststellung des geringsten Gebots berücksichtigten Realansprüche in Anrechnung auf den Kaufpreis zu übernehmen.

Soll statt der Uebernahme einer Hypothek oder Grundschuld, welche auch auf einem anderen gleichzeitig zum Verkaufe gestellten Grundstücke ungetheilt haftet, die Baarzahlung eines entsprechenden Theiles des Kaufgeldes als Kaufbedingung gestellt werden, und wird unter dieser Bedingung ein höheres Gebot als unter der gesetzlichen abgegeben, so ist die Zustimmung des Schuldners (§. 45) auch dann nicht erforderlich, wenn die Forderung noch nicht fällig ist.

Die Kündigung einer zu übernehmenden Hypothek oder Grundschuld wirkt gegen den Ersteher nur dann, wenn sie spätestens im Versteigerungstermin vor der Aufforderung zur Abgabe von Geboten von dem Gläubiger angemeldet worden ist.

Der baar zu zahlende Theil des Kaufpreises ist von der Verkündung des Zuschlagsurtheils an mit fünf vom Hundert zu verzinsen.

§ 57. Berichtigung des Kaufpreises.

1. Vgl. §§ 65, 66, 68 R.Zw.G.Entw. — § 57 enthält die gesetzlichen Kaufbedingungen über die Berichtigung des Kaufpreises, und bestimmt, welche Forderungen zu übernehmen und welche baar zu zahlen sind. Diese Grenze ist im

Allgemeinen dahin gezogen, daß die der Forderung des betreibenden Gläubigers vorgehenden Ansprüche in Anrechnung auf den Kaufpreis zu übernehmen sind, indeß nur, sofern sie bei Feststellung des geringsten Gebotes berücksichtigt sind (Abs. 3). Alle anderen Forderungen werden durch die Zwangsversteigerung fällig (§ 31 Abs. 1) und sind baar zu zahlen. — Wegen der zu Unrecht nicht berücksichtigten Ansprüche siehe Anm 11 zu §§ 53/56.

2. Diese Regel wird durch **Abs. 1 u.** 2 modifizirt Außer dem das geringste Gebot übersteigenden Betrage sollen die bei Feststellung des geringsten Gebotes berücksichtigten Zinsen, laufende oder rückständige wiederkehrende Hebungen, Kosten (Anm. 5, 11 zu §§ 53–56; § 84) und nicht eingetragenen, auf den Ersteher nicht von selbst übergehenden Realansprüche (§§ 24, 26) baar gezahlt werden (§ 57 Abs. 1), weil diese „bei geordneter Wirthschaftsführung nicht unbezahlt bleiben dürfen" (Mot.). — Im Falle einer wiederholten Versteigerung (nicht blos einer wiederholten Wiederversteigerung im Sinne des § 128) sind auch die in Abs. 2 aufgeführten Ansprüche baar zu zahlen. — Hat der Ersteher bei einer früheren Versteigerung die Kosten des Verfahrens oder die in §§ 24, 26 bezeichneten Ansprüche (Kosten einer Zwangsverwaltung und Gesindelohn) nicht baar bezahlt, und hat daher gemäß §§ 117, 124 Abs. 1 Nr. 4, Abs 3 eine Ueberweisung derselben auf das rückständige Kaufgeld und die Eintragung mit dem ihnen zukommenden Vorrechte vor den nachstehenden (eingetragenen oder gleichzeitig einzutragenden) Forderungen stattgefunden, so ist dadurch die Sicherheit der nachstehenden Posten geschwächt. Dieser Nachtheil soll durch die Bedingung der Baarzahlung bei einer wiederholten Versteigerung möglichst bald wieder beseitigt werden (Mot.). — Wegen der übrigen nach Abs 1 baar zu zahlenden Beträge findet in Ermangelung der Baarzahlung derselben durch den Ersteher eine Eintragung des darauf überwiesenen Kaufgelderrückstandes nicht statt Dem Anwachsen derselben zum Nachtheile nachstehender Gläubiger ist durch die in § 124 Abs. 4 getroffenen Vorschriften vorgebeugt. — Vgl. auch § 62 Abs. 2 und die abweichenden Bestimmungen in § 72 Satz 2 R Zw.G Entw.

3 „Die Uebernahme eines Realanspruches in Anrechnung auf den Kaufpreis hat die Verpflichtung des Uebernehmers zur Zahlung der zugehörigen Zinsen oder sonstigen Leistungen von dem Tage des Zuschlagsurtheiles an zur Folge, wie auch die Verpflichtung zu den auf den Ersteher von selbst übergehenden Lasten mit diesem Tage beginnt" (vgl. Anm. 4 zu § 97 und § 74 R Zw.G Entw.). „Entsprechend diesem Uebergange der Zinsverpflichtung ist der baar zu zahlende Theil des Kaufpreises zu verzinsen" (**Abs. 6**). [Mot.] Vgl auch § 65 R Zw.G Entw. — Ueber die Rechtsverhältnisse bei der gesetzlichen Uebernahme von Realansprüchen nach §§ 57–59 s. Anm. 3 zu § 115

4. Wegen Abänderung der in § 57 Abs. 1–3 u. 6 enthaltenen gesetzlichen Kaufbedingungen siehe Anm. 2 zu §§ 53–56. Das Recht zum Widerspruche gegen die Ertheilung des Zuschlages und zur Beschwerde (§§ 75, Nr. 3, 88) hat jeder erschienene nicht zustimmende Betheiligte; die Rechte der nicht erschienenen auf Beibehaltung der gesetzlichen Kaufbedingungen sichert § 78 Abs 2. (Vgl. Anm. 2 b. β. und 6 c zu §§ 75–78.)

5. **Abs. 4** ist von der Kommission des A H. eingeschaltet. Die gesetzliche Kaufbedingung der Uebernahme einer der Forderung des betreibenden Gläubigers vorangehenden Korrealhypothek zum vollen Betrage erschwert den Einzel-

verkauf der mitverhafteten Grundstücke in hohem Maße und führt dadurch namentlich in denjenigen Landestheilen, in welchen der Grundbesitz aus einer großen Anzahl kleinerer, oft verschieden belasteter Grundstücke sich zusammensetzt (Hessen, Westfalen, Bezirk Ehrenbreitstein, Hohenzollern) zu großen Uebelständen (Kurlbaum n. G. S. 75, 76). Die freiwillige Vereinbarung der Interessenten über sachgemäße Kaufbedingungen vermag hier allein Abhülfe zu schaffen. Der Abs. 4 soll derartige Vereinbarungen erleichtern und insbesondere der Vereitelung derselben durch den Schuldner vorbeugen. Er hat dabei lediglich den Fall im Auge, daß mehrere correaliter verhaftete Grundstücke gleichzeitig zum Verkaufe gestellt sind, daß also betreibender Gläubiger entweder ein nachstehender Korrealhypothekar, oder ein persönlicher Gläubiger des Eigenthümers der für eine Hypothek oder Grundschuld mitverhafteten mehreren Grundstücke ist. (Anm. 5 zu §§ 53—56 und Lotze bei Gruchot 36 S. 273). Vorausgesetzt wird ferner, daß der vorgehende Korrealhypothekar seine Forderung nicht auf die einzelnen Grundstücke unter Entlastung der übrigen vertheilt, andererseits aber zugestimmt hat, daß neben dem Gesammtausgebote unter der gesetzlichen Bedingung ein Einzelausgebot nicht ebenfalls unter der gesetzlichen Bedingung der Uebernahme der ganzen Hypothek, sondern unter der in § 57 Abs. 4 gedachten Bedingung erfolge. Auf die Bestimmung des „entsprechenden Theiles" des Kaufgeldes, welcher ziffermäßig festzustellen ist, muß sich diese Zustimmung gleichfalls beziehen. — Abs 4 erklart die Zustimmung des Schuldners (§ 45) auch dann nicht erforderlich, wenn die Forderung noch nicht fällig ist. Die Tendenz der Vorschrift richtet sich gegen chikanosen Widerspruch des Schuldners, dem, wie der Bericht der Kommiss. des A H. zu § 22 meint, unter allen Umständen ein Widerspruch gegen die Baarzahlung zustehe, wenn die Forderung noch nicht fällig sei. Ein solches Widerspruchsrecht wurde der Schuldner aber nur haben, wenn die Abänderung der gesetzlichen Kaufbedingungen über die Berichtigung des Kaufpreises zu einem ihm nachtheiligen Resultate führen würde; gerade dies ist durch die aufgestellte Voraussetzung ausgeschlossen, daß beim Einzelverkaufe unter der abgeänderten Bedingung ein höheres Gebot (— ein gleich hohes genügt nicht —) als unter der gesetzlichen abgegeben wird — Ob diese Voraussetzung zutrifft, ist durch das Zuschlagsurtheil zu entscheiden; der Zuschlag kann nur für das höhere Gebot erfolgen. Die Vorschrift des § 57 Abs. 4 enthält daher nichts, was nicht selbstverständlich wäre (Kurlbaum n G. S. 46).

6. Abs. 5 ist von der Kommission des H H. zugesetzt worden, um den Ersteher gegen die Gefahr zu sichern, welche sich für ihn aus unerwartet eintretender Fälligkeit einer in Anrechnung auf den Kaufpreis übernommenen Forderung ergeben könnte. (Vgl § 68 Abs 1 R Zw G Entw.) Die Anmeldung der Kündigung kann auch schriftlich vor dem Versteigerungstermine geschehen, und zwar durch den Gläubiger selbst. — Eine nicht angemeldete Kündigung wirkt gegen den Ersteher nicht, selbst wenn sie ihm anderweit bekannt geworden ist. Ob die Kündigung gehörig erfolgt ist, hat der Ersteher zu erkunden. — Die Forderung ist von ihm als angeblich fällige zu übernehmen. Auf Klauseln, nach denen die Forderung im Falle der Nichteinhaltung eines Zinstermines, oder der Einleitung der Zwangsvollstreckung fällig werden soll, bezieht sich Abs. 5 nicht. Das Zahlungsverlangen des Gläubigers in solchen Fällen ist keine Kündigung. Anträge, welche bezweckten, auch in solchen Fällen den Ersteher zu sichern, wurden in den Kom-

missionen des H.H. und AbgH gestellt, aber abgelehnt (s jedoch § 68 Abs. 2 und § 3 R Zw G Entw.) Ebenso ein Antrag, nach welchem der Richter die Zahlung des Kaufpreises in angemessenen Terminen gegen Sicherheitsleistung sollte zulassen können; ein Zwang zur Bewilligung von Terminalzahlungen sei unstatthaft, und wo solche üblich geworden oder im Einzelfalle angemessen seien, genüge das Recht der freien Vereinbarung über die Kaufbedingungen, um sie festzusetzen. (Vgl. Dernburg, Hyp R. II S. 343, 344 und § 78 R Zw G Entw)

§. 58. Der Ersteher ist verpflichtet, statt eines nach Vorschrift des §. 57 zu übernehmenden Realanspruchs einen anderen Anspruch von gleicher Höhe unter den für den ersteren festgestellten Bedingungen der Verzinsung und der Zahlung zu übernehmen, wenn der erstere bei der Vertheilung des Kaufpreises gänzlich oder doch mit dem Range vor dem Anspruch des betreibenden Gläubigers in Wegfall kommt.

Auf diesen Fall ist für solche Ansprüche, welche nicht die Zahlung einer Geldsumme zum Gegenstande haben, sowie für Ansprüche auf wiederkehrende Hebungen durch den Richter bei Feststellung des geringsten Gebots ein Kapitalbetrag festzusetzen, in dessen Höhe die Uebernahme eines anderen Anspruchs erfolgen soll.

Ansprüche auf wiederkehrende Hebungen sind hierbei nach dem Betrage der Hebungen für den ganzen Zeitraum der Dauer, bei unbestimmter Dauer nach der wahrscheinlichen Dauer, bei unbegrenzter Dauer nach dem zu ihrer Ablösung erforderlichen Betrage oder, wenn die Ablösung nicht zulässig ist, nach dem Zinssatze von vier vom Hundert zu Kapital zu rechnen Dieses Kapital ist eintretenden Falls mit fünf vom Hundert in halbjährlichen Zahlungen zu verzinsen und nach dreimonatiger Kündigung zu zahlen.

§. 59. Ist ein zu übernehmender Realanspruch ein bedingter, so ist der Ersteher verpflichtet, gleichzeitig einen anderen Anspruch unter der gleichen, aber entgegengesetzt wirkenden Bedingung nach Maßgabe der Vorschriften des §. 58 Absatz 1 zu übernehmen. Die Vorschriften des §. 58 Absatz 2, 3 finden entsprechende Anwendung.

Eine Forderung, welche auch auf einem anderen Grundstücke ungetheilt haftet, wird wie eine Forderung unter auflösender Bedingung behandelt. Bei einer solchen Forderung ist die Bedingung für die Uebernahme eines anderen Anspruchs dahin zu stellen, daß der Gläubiger aus dem mitverhafteten Grundstücke befriedigt wird oder die Rechte auf Befriedigung aus dem versteigerten Grundstücke und aus der Uebernahme der Forderung aufgiebt.

§§ 58, 59. Ersatzübernahme.

1. Die Nothwendigkeit der Vorschriften der §§ 58 Abs. 1 und 59 wird in den Motiven darauf zurückgeführt, daß es unmöglich sei, im Bietungstermine endgültig anzugeben, welche individuell bestimmten Realansprüche von dem Ersteher zu übernehmen oder aus dem Kaufgelde zu bezahlen sind, weil bei der Belegung und Vertheilung des Kaufgeldes ein jeder der bei Feststellung des geringsten Gebotes berücksichtigten Ansprüche noch dem Bestreiten durch die Betheiligten, und jeder Streit der richterlichen Entscheidung im ordentlichen Prozesse unterliege, die Versteigerung aber nicht bis dahin aufgeschoben werden konne, daß alle Streitigkeiten über Vertheilung des Kaufpreises ausgeschlossen oder erledigt sind Es könnten ferner Ansprüche, welche der Ersteher zu übernehmen haben würde, zwischen der Versteigerung und dem Zuschlagsurtheile erlöschen oder bereits vorher erloschen sein (z. B. durch den Tod des nur auf Lebenszeit Berechtigten, oder Eintritt einer auflösenden Bedingung [§ 58 Abs 1]); und es sei endlich dafür Sorge zu tragen, daß die Uebernahme bedingter Forderungen nicht in der Art zur Benachtheiligung der nachstehenden Gläubiger führt, daß diese einen unbedingten Ausfall erleiden. (§ 59 Abs. 1.) Alle diese Umstände machen zunächst die Vorschrift nothwendig, daß der Ersteher, soweit er die bei Feststellung des geringsten Gebotes berücksichtigten Ansprüche zu ubernehmen habe, verpflichtet sei, an Stelle derselben andere unbedingt oder bedingt zu übernehmen, wenn jene ersteren zur Zeit der Vertheilung des Kaufpreises bereits in Wegfall gekommen sind oder noch der Möglichkeit des Wegfalles unterliegen — Vgl. §§ 69–71, 165, 168 R.Zw.G.Entw., welche an Stelle der Ersatzübernahme eine Erhöhung des baar zu zahlenden Kaufgeldes um den Betrag des wegfallenden Rechtes in Aussicht nehmen. — (S. a. Motive S. 172—174 und Knorr Anm 2)

2. Der **Abs. 1 des § 58** handelt von unbedingten Ansprüchen. Bei solchen Ansprüchen kommt die Eventualität einer Ersatzübernahme bei Feststellung der Kaufbedingungen nicht in Frage. Nur wenn der nach § 57 zu übernehmende Realanspruch nicht die Zahlung einer Geldsumme zum Gegenstande hat, oder in wiederkehrenden Hebungen besteht, ist nach **Abs 2 und 3** bereits bei Feststellung des geringsten Gebotes ein Kapitalbetrag festzusetzen, in dessen Höhe die Uebernahme eines anderen Anspruches erfolgen soll (s Anm. 15 zu §§ 53–56 und unten Anm. 7) — Die Verpflichtung zur Ersatzübernahme in den Fällen des § 58 Abs. 1 ergiebt sich unmittelbar aus dem Gesetze. Es bedarf deren Erwähnung bei Aufstellung der Kaufbedingungen nicht — Der Wegfall muß bei der Vertheilung der Kaufgelder sich ergeben Für die Verpflichtung des Erstehers zur Uebernahme der bei der Feststellung des geringsten Gebotes berücksichtigten Ansprüche ist aber nicht der Termin zur Vertheilung der Kaufgelder entscheidend, sondern der Tag der Verkündung des Zuschlagsurtheiles, als der Zeitpunkt, mit welchem Gefahr und Nutzungen auf den Ersteher übergehen (§§ 97, 57 Abs. 6 und Anm 3 daselbst). Ansprüche, welche nach diesem Zeitpunkte in Wegfall gekommen sind, weil der Endtermin für dieselben eingetreten ist (z B. des Nießbrauchs- oder Altentheilsberechtigten), interessiren bei Vertheilung der Kaufgelder ganz ebenso, wie wenn sie noch beständen. Den Vortheil des Wegfalles hat der Ersteher, der dadurch von der übernommenen Verpflichtung befreit wird, andererseits aber bei unbestimmtem Endtermine auch den Nachtheil einer sich weit hinaus erstreckenden Verpflichtung gehabt haben würde.

— Für einen vor Verkündung des Zuschlagsurtheiles in Wegfall gekommenen Anspruch wird die Ersatzübernahme nach §§ 107 Abs. 2, 115 Abs. 1 geordnet; der Fall, daß ein übernehmender Anspruch durch einen Widerspruch betroffen wird, regelt sich nach §§ 115 Abs. 2, 124 Abs. 1 Nr. 3. (Vgl. Kurlbaum n G S 61)

3. Die in Abs 1 des § 59 gedachten Ansprüche sind bedingte. Nur als solche gehen sie den nachfolgenden Berechtigten vor; nur als solche werden sie von dem Ersteher übernommen. Das Recht der nachstehenden Gläubiger auf Befriedigung aus dem Grundstücke, wenn und soweit der Anspruch des nur bedingt berechtigten Vormannes hinfällig wird, erleidet durch die Zwangsversteigerung keine Aenderung, wirkt vielmehr auch dem Ersteher gegenüber. Es ist indeß auch in diesem Falle nicht nöthig, bereits bei Feststellung der Kaufbedingungen die Verpflichtung zur Ersatzübernahme zum Ausdrucke zu bringen Dieselbe besteht hier darin, gleichzeitig einen anderen Anspruch unter der gleichen, aber entgegengesetzten Bedingung zu übernehmen. Daraus folgt, daß diese Verpflichtung des Erstehers gänzlich unabhängig davon ist, zu welchem Zeitpunkte (vor oder nach Verkündung des Zuschlagsurtheiles) der bedingte Anspruch fortfällt — Die Ausführung der Ersatzübernahme regelt sich nach §§ 107 Abs. 2, 115 Abs 1, 124 Abs. 1 Nr 3.

4. Als bedingte Ansprüche sind auch zu behandeln:

a. Forderungen von unbestimmter Höhe (§ 34 Abs 2), wozu auch Kautionshypotheken gehören. Diese werden mit dem eingetragenen bez angemeldeten höchsten Betrage bei Feststellung des geringsten Gebotes berücksichtigt. Die Ersatzübernahme tritt hier ein, soweit der Anspruch nicht in der berücksichtigten Höhe zur Existenz gelangt;

b. Korrealhypotheken. Für diese bestimmt § 59 Abs 2 die für die Ersatzübernahme „zu stellende" (d. h maßgebende; ausdrückliche Aufnahme unter die Kaufbedingungen ist auch hier nicht erforderlich) Bedingung Der erste Satz giebt den § 33 Abs 2 der Regierungsvorlage in einer etwas geänderten Fassung wieder (s. Anm 6 zu § 33) Der zweite Satz ist von der Kommission des A.H. hinzugefügt worden, um zum Ausdrucke zu bringen, daß die Korrealhypothek auf dem versteigerten Grundstücke nicht nur durch Befriedigung des Gläubigers aus dem mitverhafteten Grundstücke erlischt (§ 42 E E G), sondern auch dann, wenn der Korrealgläubiger seinen Anspruch aus demselben freiwillig aufgiebt, wenn er also das Grundstück sogleich oder später (nach der Uebernahme der Forderung) aus der Mithaft entlaßt. (Vgl a §§ 117 Abs. 2 u 4, 205 Abs. 2 u. 3, R 17 S. 182) Ueber den Fall, wenn der bedingt zu übernehmende Anspruch gleichfalls eine auf denselben Grundstücken haftende Korrealhypothek ist, vgl. Kurlbaum n G S. 74

c. Vorgemerkte Forderungen Die Ersatzübernahme tritt ein mit dem Fortfall ihrer materiellen Voraussetzungen. (Vgl Anm. 6 zu §§ 33, 34)

Im Uebrigen bildet bei einem auflösend bedingten Anspruch der Eintritt der Bedingung; bei einem aufschiebend bedingten Anspruch der Ausfall der Bedingung die für die Uebernahme eines anderen Anspruches zu stellende gleiche aber entgegengesetzt wirkende Bedingung. — Vgl. § 71 R.Zw.G.Entw.

5. Welcher andere Anspruch in den Fällen der § 58 Abs. 1 und 59 zu übernehmen ist, bestimmt § 107 Abs 2. Das „statt" im § 58 Abs. 1 ist nicht

dahin zu verstehen, daß der zu übernehmende andere Anspruch nun auch die Rangstellung des Anspruches, zu dessen Ersatz die Uebernahme erfolgt, erlangt. In dem Verhältnisse zu etwaigen Zwischengläubigern wird nichts geändert. Dieselben rücken auf, und der zu übernehmende Ersatzanspruch erhält nur diejenige Stelle, welche ihm nach seiner eigenen Rangstellung zukommt. Dies gilt auch dann, wenn die Forderungen der Zwischengläubiger, weil sie der Forderung des betreibenden Gläubigers gleich- oder nachstehen, nach §§ 57 Abs. 1, 107 Abs. 3 aus dem baaren Kaufgelde zu befriedigen sein würden, und erst in Folge einer Vereinbarung mit dem Ersteher von letzterem übernommen werden (§ 116, Kurlbaum n. G S. 72) — Der Wegfall eines Anspruches mit dem Range vor dem Anspruche des betreibenden Gläubigers hat für den ersteren Anspruch zunächst nur die Folge, daß er statt durch Uebernahme durch Baarzahlung zu befriedigen ist. Seine Rangstellung unter den sämmtlichen Gläubigern entscheidet dann darüber, ob und an welcher Stelle er zur Hebung gelangt.

6. Gemeinschaftlich für alle Fälle der Ersatzübernahme ist die Regel des § 58 Abs 1. Die Ersatzübernahme erfolgt nur in Höhe des in Wegfall kommenden Anspruches (s. a. § 107 Abs. 2), und unter den für letzteren festgestellten Bedingungen der Verzinsung und der Zahlung (nach Zeit, Kündbarkeit und Ort). Anderenfalls würden die Verpflichtungen des Erstehers in unzulässiger Weise geändert werden. Eine Erschwerung würde ihm zum Nachtheile gereichen, eine Erleichterung ihm einen Vortheil gewähren, auf den er kein Recht hat. Der Gläubiger des Ersatzanspruches muß sich unbedingt die ungünstigeren Bedingungen des ursprünglich zu übernehmenden gefallen lassen. Ihm kommen aber auch die vortheilhafteren zu statten; denn träte sein Anspruch nicht statt des ersteren in die Reihe der zu übernehmenden Ansprüche, so würde er Baarzahlung bez Ueberweisung des nach § 57 Abs. 6 vom Tage der Verkündung des Zuschlagsurtheiles zu verzinsenden Kaufgelderrückstandes beanspruchen können; und andererseits haben die nachfolgenden Gläubiger kein Recht auf etwaige Mehrzinsen, da die Zinsverbindlichkeit des Erstehers ohne Weiteres aufhört, wenn die Zahlung des Kapitals an den Gläubiger erfolgt. — Ist der Ersatzanspruch unverzinslich und zur Zeit des Wegfalles der ursprünglich zu übernehmenden Forderung noch nicht fällig, so würde er im Falle der Nichtübernahme als fällig zu behandeln und nach § 31 zu kürzen sein. Durch die Uebernahme, wenn auch nur gemäß §§ 58, 59, wird seine Fälligkeit, und damit auch seine Kürzung ausgeschlossen; dagegen würde es ein ungerechtfertigter Vortheil sein, wenn dem unverzinslichen Ersatzanspruche auch sofort die Zinsverpflichtung des ursprünglich übernommenen zugut kommen sollte. Erst von dem Zeitpunkte an, wo letztere Forderung zur Zahlung hätte gebracht werden können, läßt sich ein Zinsanspruch für den Ersatzanspruch rechtfertigen durch die Erwägung, daß der Gläubiger des letzteren von diesem Tage an das ausgezahlte Kapital zinsbar hätte anlegen können. Die Zinsen der Zwischenzeit sind dem nachfolgenden Hebungsberechtigten zu überweisen. Dies dürfte auch der Inhalt und die Rechtfertigung der von Kurlbaum (n G S. 64) aufgestellten Sätze sein. Ihre Beschränkung auf den Fall, daß die unverzinsliche Forderung mit weniger als fünf vom Hundert Zinsen zu übernehmen sei, erscheint nicht begründet. — Da bei der Zwangsversteigerung die berücksichtigten Ansprüche, abgesehen von der Forderung des betreibenden Gläubigers, nur soweit sie dingliche sind, in Be-

tracht kommen, so kann die persönliche Verpflichtung bei dem Vertheilungsverfahren unerwähnt bleiben. Es kann daher an Stelle einer Hypothek eine Grundschuld und umgekehrt als Ersatzanspruch übernommen werden. (Kurlbaum n G. S. 65) Ist die als Ersatzanspruch zu übernehmende Forderung nicht eingetragen, was besonders für die Forderung des betreibenden Personalgläubigers in Betracht kommt, oder ergiebt sich durch den Wegfall einer bei Feststellung des geringsten Gebotes berücksichtigten Forderung ein Ueberschuß für den Schuldner, so ist eine entsprechende Hypothek unter den Zins- und Zahlungsbedingungen der letzteren Forderung einzutragen.

7. Damit eine Uebernahme in gleicher Höhe erfolgen kann, sind die ebenfalls in allen Fällen der Ersatzübernahme maßgebenden Vorschriften des § 58 Abs 2 u. 3 gegeben. — „Befinden sich unter den zunächst zur Uebernahme bestimmten Ansprüchen solche, welche nicht die Zahlung einer Geldsumme zum Gegenstande haben, oder Ansprüche auf wiederkehrende Hebungen, so ist eine Uebernahme anderer Ansprüche in gleicher Höhe nur dann möglich, wenn für jene Ansprüche ein bestimmter Werth festgesetzt wird. Um für diese Uebernahme eine feste Grundlage zu gewinnen und dem Gebote des Erstehers einen möglichst bestimmten Umfang zu geben, soll die Werthfestsetzung im Voraus jedesmal erfolgen, obgleich die Fälle, in denen es zu einer Veränderung der ursprünglich bestimmten Uebernahme kommt, natur- und erfahrungsgemäß nur selten eintreten." (Mot) Die Werthfestsetzung, welche hiernach von dem Richter bei Feststellung des geringsten Gebotes zu bewirken ist, hat keine Bedeutung für die Gläubiger der fraglichen Ansprüche selbst, da sie nur dann praktische Folgen hat, wenn die Ansprüche selbst in Wegfall kommen

Die Vorschriften des § 58 Abs. 2 und 3 beziehen sich nur auf eine Schätzung des in Wegfall kommenden Anspruches. — Der Gläubiger des Ersatzanspruches muß denselben daher, soweit er nicht in Geld besteht, in Geld abschätzen und seinen Abfindungsanspruch gemäß § 106 Abs 2 zur Berücksichtigung bei der Kaufgeldervertheilung anmelden. Eine entsprechende Anwendung der Vorschrift des § 58 Abs 2 erscheint ausgeschlossen, weil letztere Vorschrift mit der für die Feststellung des geringsten Gebotes dem Richter auferlegten Officialthätigkeit zusammenhängt; bei der Vertheilung der Kaufgelder aber die Interessenten ihre Rechte einander gegenüber selbst wahrzunehmen haben. (So auch Kurlbaum n. G S. 66) Bei Ansprüchen auf wiederkehrende Hebungen, welche als Ersatzanspruch übernommen werden sollen, hat sich diese Schätzung des Gläubigers nur auf die nicht in Geld bestehenden Leistungen zu beziehen. Im Uebrigen ist zu berücksichtigen, daß für Ansprüche auf wiederkehrende Hebungen, die nicht von vornherein in Anrechnung auf das Kaufgeld zu übernehmen sind, nur die Sicherstellung eines nach § 32 zu berechnenden Kapitales zu erfolgen hat Dies gilt auch für einen solchen Anspruch im Falle seiner Ersatzübernahme Das Kapital der ursprünglich zur Uebernahme bestimmten Geldforderung ist daher in diesem Falle als sichergestelltes Kapital zu behandeln, und aus demselben nach Maßgabe des zu § 32 Anm. 5 u. 6 Bemerkten die Befriedigung des Berechtigten herbeizuführen, unter Sicherung der Rechte der nach § 109 auf den etwaigen Ueberrest berechtigten Interessenten (vgl. Kurlbaum n. G. S. 67—69).

Ist die Festsetzung des Kapitalbetrages bei Feststellung des geringsten Gebotes unterblieben, so werden dadurch die in §§ 58, 59, 107, 115 anerkannten Rechte der nachstehenden Gläubiger nicht berührt. Die Festsetzung hat nachträglich im Vertheilungsverfahren zu erfolgen, nöthigenfalls im Wege des Prozesses (Kurlbaum n. G. S. 36).

8. Bei Ansprüchen, welche nicht die Zahlung einer Geldsumme zum Gegenstande haben, entscheidet über die Werthfestsetzung lediglich das Ermessen des Richters. — Bei Ansprüchen auf wiederkehrende Hebungen ist der Richter an die Vorschriften des Abs. 3 gebunden; nur bei Bestimmung der wahrscheinlichen Dauer von Hebungen unbestimmter Dauer tritt wieder sein Ermessen ein. — Der Richter hat indeß in beiden Fällen die Betheiligten, insbesondere den betreibenden Gläubiger zu hören und geeignetenfalles schon vor dem Versteigerungstermine mit den Betheiligten zu verhandeln oder ein sachverständiges Gutachten einzuholen (Kurlbaum n. G. S. 35, 36). — Wegen der Bestimmung des Ablösungskapitales siehe für die älteren Landestheile die Ablösungsgesetze v 2. März 1850 (G.S. S. 77) und 27. April 1872 (G.S. S. 417); — für Schleswig-Holstein: Ges v. 3. Januar 1873 (G.S S. 3); — für Hannover: Ablös.Ord. v. 23. Juli 1833 (Hann. G S. I. 147), Ges. v. 3. April 1869 (G.S. S. 544), Ges v 15 Februar 1874 (G.S. S. 21), Ges. v. 2. Juli 1876 (G.S. S. 261); — für den Regierungsbezirk Kassel: Ges. v. 23. Juli 1876 (G S. S. 357) und v. 2. Febr. 1879 (G.S. S. 16); — für Hohenzollern: Ges. v. 28 Mai 1860 (G.S. S. 221). — Vgl. § 70 Abs. 2 R.Zw.G.Entw.

9 „Bei Ansprüchen auf wiederkehrende Hebungen ist die Uebertragung der Verzinsungs- und Zahlungsbedingungen auf andere Forderungen so gut wie unmöglich. Dadurch macht sich der Schlußsatz des § 58 nothwendig, wobei eine billige Ausgleichung zwischen den Interessen von Gläubiger und Schuldner des festzusetzenden Kapitales zu dem Vorbehalte dreimonatiger Kündigung und einer Verzinsung mit fünf Prozent geführt hat" (Mot.). — Vgl. § 70 Abs. 3 R.Zw.G.Entw.

§. 60. Steht dem Anspruche des Gläubigers eine dauernde Last nach, welche auf den Ersteher nicht von selbst übergeht, so ist die Uebernahme derselben als Kaufbedingung festzustellen, jedoch nur für den Fall, daß die vorgehenden Interessenten durch den Zuschlag für ein unter dieser Bedingung abgegebenes Gebot nicht benachtheiligt werden.

Steht dem Anspruche des Gläubigers eine Grundgerechtigkeit nach, so ist auf Antrag eines derselben vorgehenden Interessenten das Erlöschen der Grundgerechtigkeit als Kaufbedingung festzustellen, jedoch nur für den Fall, daß der Antragsteller durch den Zuschlag für ein ohne diese Bedingung abgegebenes Gebot benachtheiligt werden würde.

Ob der Fall der Zulässigkeit dieser Bedingung vorliegt, ist durch besonderes Ausgebot festzustellen.

§ 60. Uebernahme nachstehender Lasten.

1. **Abs. 1** ergänzt die Vorschrift des § 22 Abs. 2. Nach dem Regierungsentwurfe wurde ein Antrag des Berechtigten oder eines demselben nachstehenden Interessenten erfordert, da es sich um eine Abweichung von der gesetzlichen Regel des § 22 handelt, und nur rücksichtlich der Landeskulturrenten sollte nach der Vorschrift des § 27 des Ges. v. 13. Mai 1879 (G.S S 367) von Amtswegen verfahren werden. — Die Kommission des H H. hat jedoch, weil hauptsächlich die Versorgung alter gebrechlicher Personen des Bauernstandes (durch Altentheil u. s. w.) in Frage stehe, und diese wenig geeignet seien, ihre Rechte zu wahren, die den Antrag erfordernden Worte der Regierungsvorlage und demgemäß auch die besondere Vorschrift bez der Landeskulturrenten gestrichen — In dem Falle des Abs. 1 ist daher stets von Amtswegen die Uebernahme der dem Anspruche des Gläubigers nachstehenden, nicht von selbst auf den Ersteher übergehenden, dauernden Last als Kaufbedingung zu stellen. — Die Vorschrift des Abs. 1 findet auf alle auf privatrechtlichen Titeln beruhenden dauernden Lasten (E E G. § 12 Abs. 1), welche nicht von selbst auf den Ersteher übergehen (Anm. 4, 5 und 7 zu § 22) Anwendung; insbesondere kommen Nießbrauchsrechte, Wohnungsrechte, Altentheil und die Vorkaufsrechte, welche nicht auf Gesetz beruhen (R 4 S 234) in Frage, — außerdem aber nach Maßgabe des § 27 Ges v 13 Mai 1879 (G.S. S 367) Landeskulturrenten, und nach § 200 Abs. 1 und 2 vertragsmäßige Grundgerechtigkeiten im Bezirke des vormaligen Appellationsgerichtes Kassel und Domänenamortisations- und Rentenbankrenten in der Provinz Hannover. (Vgl. Anm. 3 zu § 200)

2. Der Zuschlag darf jedoch nur dann unter dieser Bedingung erfolgen wenn die vorhergehenden Interessenten (d. h der betreibende Gläubiger und etwaige Zwischengläubiger) durch den Zuschlag für ein unter dieser Bedingung abgegebenes Gebot nicht benachtheiligt werden Die Unschädlichkeit der Abweichung von der gesetzlichen Regel ist Voraussetzung der Zulässigkeit der Bedingung (vgl Anm. 5 zu § 15 Kurlbaum, n. G. S. 96). Anderenfalls bleibt es bei § 22 Abs 2. — Die Bedingung steht neben und außerhalb des geringsten Gebotes. Ueber ihre Zulässigkeit ist durch das Urtheil über den Zuschlag zu befinden, welchem durch ein doppeltes Ausgebot des Grundstückes mit und ohne die Last die erforderliche Grundlage für diese Entscheidung beschafft wird (A. M. Rudorff S. 128, der ein besonderes Verfahren über die Zulässigkeit für nöthig hält)

3. Ergiebt das doppelte Ausgebot dasselbe Resultat, so liegt in der Bedingung der Uebernahme keine Benachtheiligung der vorgehenden Interessenten; eben so wenig ist eine solche vorhanden, wenn die abgegebenen Gebote zwar von verschiedener Höhe sind, aber beide zur Befriedigung der vorgehenden Interessenten ausreichen (E.E G § 47 Abs. 2) In diesen Fällen darf der Zuschlag nur für das unter der Bedingung der Uebernahme der Last abgegebene Gebot erfolgen, selbst wenn es das niedrigere ist und nachstehende Interessenten oder der Schuldner Schaden leiden (vgl. § 77 R.Zw.G.Entw.). — Würde dagegen durch den Zuschlag für ein solches Gebot ein vorhergehender Interessent geschädigt, so ist der Zuschlag für das ohne Uebernahme der Last abgegebene Gebot zu ertheilen. — Für die Beurtheilung, ob eine Benachtheiligung vorliegt, ist § 77 Abs. 1 und 2 maßgebend.

4. Wird das Bestehen der dauernden Last von einem vorgehenden Interessenten bestritten, so kann der zu der Last Berechtigte gemäß § 70 d. Ges. und § 690 C.P.O. sein durch § 60 begründetes Recht, daß die Uebernahme der Last als Kaufbedingung gestellt werde, im Prozeßwege geltend machen (Anm. 5 b zu §§ 70/71). — Ist der bestreitende Interessent aber nicht der betreibende Gläubiger, so hat trotz des Bestreitens der Rechtsbeständigkeit der Last das in § 60 angeordnete doppelte Ausgebot stattzufinden, weil dieser sich die Einstellung des Verfahrens wegen eines Streites dritter Personen nicht gefallen zu lassen braucht. Wird dabei der Zuschlag für das ohne Uebernahme der Last abgegebene Gebot ertheilt, so bleibt dem zur Last Berechtigten überlassen, gegen den widersprechenden Interessenten sein Recht auf Abfindung aus dem Kaufgelde und etwaige weitere Ansprüche geltend zu machen. — Erfolgt der Zuschlag unter Uebernahme der Last durch den Ersteher, so würde der zur Last nicht Berechtigte ohne Grund bereichert sein und von dem widersprechenden Interessenten aus diesem Grunde in Anspruch genommen werden können (Kurlbaum n. G. S. 37). — Ist die dauernde Last eine bedingte, so muß nach dem Grundsatze des § 59 zugleich die Uebernahme eines anderen Anspruches für den Fall des Wegfalles kaufbedingungsmäßig festgesetzt werden. Der Werth der dauernden Last ergiebt sich hier in der Regel aus der Differenz der für beide Fälle abgegebenen verschiedenen Meistgebote (s Kurlbaum n. G. S. 37, 38).

5. Gegen die Ertheilung des Zuschlages findet nach § 75 Nr. 3 Widerspruch, gegen das Zuschlagsurtheil nach §§ 87 ff. Beschwerde statt. — Hat überhaupt ein doppeltes Ausgebot nicht stattgefunden, so hat das Vollstreckungsgericht, wenn die betheiligten Interessenten im Versteigerungstermine nicht erschienen sind und nicht nachträglich zugestimmt haben, von Amtswegen den Zuschlag zu versagen (§ 78).

6. **Abs. 2.** — Für **Grundgerechtigkeiten** gilt der Uebergang auf den Ersteher als Regel, auch wenn sie der Forderung des betreibenden Gläubigers nachstehen (§ 22 Abs. 3, Anm 6 e zu § 22). — Abs. 2 sichert im Einzelfalle dieser Regel gegenüber die Aufrechterhaltung der aus der gesetzlichen Reihenfolge sich ergebenden Rechte, indem jedem vorgehenden Interessenten das Recht eingeräumt wird, das Erlöschen der nachstehenden Grundgerechtigkeit als Kaufbedingung zu beantragen. Dem Antrage muß stattgegeben werden. In diesem Falle ist die Schädlichkeit der Aufrechterhaltung der gesetzlichen Regel des § 22 Abs. 3 die Voraussetzung einer solchen Kaufbedingung (vgl. Kurlbaum n. G. S. 9). — **Auch hier findet doppeltes Ausgebot** (mit und ohne Uebergang der Grundgerechtigkeit) und Entscheidung über die Zulässigkeit der gestellten Bedingung durch das Urtheil über den Zuschlag statt. Die in Anm. 3—5 aufgestellten Sätze sind entsprechend anzuwenden, mit der Maßgabe, daß, was dort von der Bedingung der Uebernahme der nachstehenden Last gesagt ist, hier von der Aufrechterhaltung der Regel des § 22 Abs. 3 (Nichtstellung der Bedingung des Erlöschen) gilt. — Abs. 2 findet keine Anwendung auf die vertragsmäßigen Grundgerechtigkeiten im Bezirke des vormaligen Appellationsgerichtes Kassel; vielmehr Abs. 1 — s. § 200 Abs 1.

7 „Hat eine der in diesem Paragraphen bezeichneten Lasten mit einem anderen Anspruche gleichen Rang, so ist sie im Sinne desselben als dem letzteren nachstehend anzusehen, so daß im Falle des Abs 2 der Gläubiger, welcher mit dem

Inhaber der Grundgerechtigkeit gleichen Rang hat, gegen den letzten den Antrag stellen kann" (Mot.). Die Gleichberechtigung der Ansprüche würde anderenfalls verletzt werden und zwar im Falle des Abs. 1, weil die gleichstehende Last voll, die anderen Ansprüche aber gar nicht oder unvollständig zur Hebung kämen, im Falle des Abs 2, weil die Aufrechterhaltung der ganzen (untheilbaren) Grundgerechtigkeit nur gerechtfertigt wäre, wenn der im Range gleichstehende anderweite Anspruch ebenfalls ganz zur Hebung gelangte

§. 61. Die festgestellten Bedingungen werden verlesen und die angemeldeten Kündigungen mitgetheilt. Hierauf wird zur Abgabe von Geboten aufgefordert. Diese Aufforderung darf erst erfolgen, wenn seit der zum Beginn des Termins festgesetzten Zeit mindestens eine Stunde verflossen ist und der Richter auf den zu erwartenden Ausschluß der noch nicht geltend gemachten Ansprüche ausdrücklich aufmerksam gemacht hat. Gebote, welche das geringste Gebot nicht erreichen, sind unzulässig.

§ 61. Abgabe und Zulässigkeit von Geboten.

1. Vgl §§ 85, 87 R Zw G Entw. — § 61 behandelt den Beginn des zweiten Abschnittes des Versteigerungstermines (Anm. 2 zu § 52). In der Regierungsvorlage fehlten der dritte Satz und die Vorschrift bez der Kündigungen. Die gegenwärtige Fassung des Paragraphen beruht auf den Beschlüssen der Kommission des H.H (Bericht zu § 40 Nr. 8, 48 u 61) Die Mittheilung der angemeldeten Kündigungen ergiebt sich als Konsequenz des Abs. 5 § 57

2. In der Regierungsvorlage war der Schluß der Versteigerung als Zeitgrenze für die Anmeldungen vorgesehen; die Kommission des H H. setzte als solche die Aufforderung zur Abgabe von Geboten; die Feststellung des geringsten Gebotes bilde eine maßgebende Kaufbedingung und die Grundlage des ganzen Verfahrens; es musse in thatsächlicher wie in rechtlicher Beziehung zu Unzuträglichkeiten führen, wenn noch während der Abgabe von Geboten das Fundament, auf dessen Grundlage verhandelt werde, sich verrücke Für die Feststellung des geringsten Gebotes sei eine minimale Zeitfrist, etwa eine Stunde, vorzubehalten.

3. Eine Verfrühung des bekannt gemachten Termines (§ 40 Nr. 4) darf der Richter nicht vornehmen; jedenfalls ist in solchem Falle die Stunde im dritten Satze dieses Paragraphen erst von der bekannt gemachten Terminszeit zu berechnen. — Diese ist aber dem Wortlaute der gesetzlichen Vorschrift nach auch maßgebend, wenn der Aufruf erst später erfolgt. (So auch Kurlbaum n. G. S. 25, jetzt auch Jaeckel Anm. 2.) — Auch eine Aenderung des Lokales, z. B. die Wahl eines anderen Terminszimmers oder eines anderen Wirthshauses an demselben Orte wird zulässig sein. Es sind dann aber Maßregeln zu treffen, daß die im ursprünglich bekannt gemachten Lokale Erschienenen von der Verlegung Kenntniß erhalten, und es muß im Protokolle vermerkt werden, daß und in welcher Weise dies geschehen ist.

4. Die Abwartung der Stunde vor der Aufforderung zur Abgabe von Geboten, die ausdrückliche Hinweisung auf „den zu erwartenden Ausschluß der noch nicht geltend gemachten Ansprüche" (welche nach der Wortfassung des Gesetzes erst nach Verlauf der Stunde zu erfolgen hat [a. M Kurlbaum u. G. S. 25]), sowie die Bemerkung, daß sich nach dieser Hinweisung Niemand oder nur die aufgeführten Realberechtigten gemeldet hätten, müssen durch das Protokoll beurkundet werden (vgl. §§ 68, 80, 81 Abs. 2). — Da bis zur Aufforderung zur Abgabe von Geboten die Anmeldung von Ansprüchen geschehen kann, welche bei Feststellung des geringsten Gebotes zu berücksichtigen sind (§§ 55 Abs. 5, 56), und diese Feststellung unter den Kaufbedingungen erfolgen soll (§ 53), so kann auch die Verlesung der festgestellten Bedingungen nicht eher erfolgen, als nach Ablauf der Stunde und nach erfolgtem Hinweise auf den zu erwartenden Ausschluß. An die Verlesung der Bedingungen hat sich dann unmittelbar die Aufforderung zum Bieten anzuschließen. — Erfolgt zwischen diesen beiden Akten noch eine nachträgliche Anmeldung, so ist sie als rechtzeitig noch zu berücksichtigen, da erst die Aufforderung selbst präkludirend wirkt. In solchem Falle bedarf es eines nochmaligen Hinweises auf den zu erwartenden Ausschluß nicht, dagegen sind die Kaufbedingungen, aber nur soweit sie in Folge der nachträglichen Anmeldung eine Aenderung erfahren haben, nochmals zu verlesen (vgl. Kurlbaum u. G. S 25).

5. Die Nichtbeachtung der im dritten Satze des § 61 enthaltenen Vorschriften begründet Widerspruch gegen Ertheilung des Zuschlages und Beschwerde (§§ 75 Nr. 12, 88); einen Grund zur Versagung des Zuschlages von Amtswegen bildet sie nicht (§ 78). Vgl. Anm. 6. i und m zu §§ 75/78.

6. **Jeder Bieter muß sich über seine Person und seine Fähigkeit zur Abgabe von Geboten ausweisen.** In letzterer Beziehung erfordert § 75 Nr 2 die Fähigkeit zum Abschlusse eines Kaufvertrages und zum Erwerbe von Grundstücken. — Die Fähigkeit zum Abschlusse eines Kaufvertrages ist keine andere als die allgemeine Fähigkeit, sich durch Verträge zu verpflichten. Diese ist, wie Voraussetzung der Prozeßfähigkeit (§§ 50, 51 CPO, Anm. 8. e zu § 4), so auch Voraussetzung der Fähigkeit, als Bieter selbstständig vor Gericht aufzutreten.

A **Die Fähigkeit, sich durch Verträge zu verpflichten**, geht ab:

a den Menschen, welche keinen rechtlich bedeutsamen Willen haben, wie Kindern und Geisteskranken;

b den Menschen, welche willensfähig sind, aber keine oder nur beschränkte Dispositionsbefugniß haben; wie Minderjährigen, Verschwendern und allen Personen, welche aus irgend einem Grunde unter Vormundschaft oder Pflegschaft stehen und nicht ohne Vormund oder Pfleger handeln können Personen, über deren Vermögen der Konkurs eröffnet ist, fehlt diese Fähigkeit nicht (§§ 5, 6 KO.), sie sind daher auch fähig zur Abgabe von Geboten. — Soweit **Minderjährige** zur selbständigen Vornahme von Rechtsgeschäften fähig sind, welche der Betrieb eines ihnen gestatteten selbständigen Erwerbsgeschäftes mit sich bringt, sind sie auch zur Abgabe von Geboten auf Grundstücke befähigt (§ 5 Ges. v 12. Juli 1875, G.S. S 518). — Inwieweit **Ehefrauen** fähig sind, sich durch Verträge zu verpflichten, ist nach dem geltenden ehelichen Güterrecht zu entscheiden. Nach Dotalrecht sind sie dies unbedingt (Roth, Deutsch Pr.R II. S. 48). Bei den verschiedenen Gütergemeinschafts-Systemen wird man im Allgemeinen und soweit nicht Sondervermögen der Frau vorhanden ist, bezüglich dessen dem Ehemanne keinerlei Verwaltungs- und Verfügungsbefugniß zusteht, ein von der Ehefrau ohne Zustimmung des Ehemannes abgegebenes Gebot für unzulässig erachten müssen, sofern dasselbe nicht von der Ehefrau als Vertreterin der ehelichen Gemeinschaft oder als Handelsfrau abgegeben ist (Roth a a O. S. 86, 87, 141; Eccius § 209; §§ 389, 408 II. 1 A L R. art 1421, 1426 Code civil) Auch wo nur Verwaltungsgemeinschaft gilt, insbesondere im Geltungsgebiete des Allg Landrechtes sind einseitige Verpflichtungen der Frau der Regel nach als ungültig zu behandeln, sofern sie sich nicht auf das vorbehaltene Vermögen beziehen (Roth a. a. O. S. 217, 218, Eccius § 206 bei Anm 32 und 38, § 208 bei Anm. 61 ff, §§ 320, 321, 324—327, 334—337 II 1 A L R) — Die Verpflichtungsfähigkeit großjähriger Hauskinder ist gemeinrechtlich (abgesehen von dem Falle des S.C. Macedonianum) unbeschränkt; ebenso nach art 488 Code civil; nach A.L.R. hängt die Rechtsbeständigkeit der Uebernahme einer Verpflichtung von der vorhergehenden oder hinzukommenden Einwilligung des Vaters ab (§ 125, II. 2 A L R).

Für juristische Personen haben deren gesetzliche Vertreter das Gebot abzugeben; bezw bedarf es der Erklarung der Einwilligung der gesetzlich dazu berechtigten Personen zur Abgabe eines gültigen Gebotes.

B Die Fähigkeit zum Erwerbe des Grundstückes kann aus verschiedenen Gründen fehlen:

a. Unfähigkeit zum Erwerbe von Grundeigenthum überhaupt kann nur noch für die eigentlichen Orden angehörigen Mönche und Nonnen nach abgelegtem ewigen und feierlichen Klostergelübde in Frage kommen (§§ 1199, 1200 II. 11 A.L.R; Turnau zu § 49 G B O Anm 3 II, Dernburg I § 4 Anm 5, und für gemeines Recht R G in Seufferts Arch. 48 S. 255).

b Unfähigkeit zum Erwerbe des zur Versteigerung stehenden Grundstückes wird begründet: für die Gerichtsbeamten (Richter und Protokollführer), welche den Versteigerungstermin abgehalten haben (fr 46 D. de contr. emt. 18 1; c 18 C de resc. vend. 4 44, §§ 22 ff, I. 11 A L R; Kurh V. vom 5 Oktober 1821 § 11; vgl a §§ 41, 49, 542 Nr 2 C.P.O und Anm 10 b. zu § 3). Nach Kurhessischem Rechte wird der Beamte, welcher außer Haus und Garten Grundstücke in seinem Bezirke kauft, gestraft; der Kauf bleibt aber gultig (Platner, Sachenrecht f Kurhessen; Anm. 8 zu § 8). Vgl § 97 V Zw.G.Entw Der Vormund ist nicht behindert, Mündelgrundstücke bei der Zwangsversteigerung zu erwerben. Er kann dann freilich den Mündel bei der Verhandlung über die Ertheilung des Zuschlages nicht vertreten, indeß eine Erklärung des Schuldners über die Annahme des Gebotes ist überhaupt nicht erforderlich (Einl. S 26); die Gültigkeit des Versteigerungsgeschäftes wird also durch jenen Mangel nicht berührt (Eccius Anm. 27 zu § 124)

c. Der Erwerb des versteigerten Grundstückes erfordert eine besondere Genehmigung:

α. des Vormundschaftsgerichtes (§ 42 Nr. 6 V.O), auch wenn der Mündel eingetragener Realgläubiger ist, oder ein demselben zustehendes Vorkaufsrecht ausgeübt wird (Anm. 4 zu § 67);

β. des Gläubigerausschusses bez. der Gläubigerversammlung, wenn der Verwalter ein Grundstück für die Masse erstehen will (§ 122 Nr. 2 K O);

γ. des Machtgebers, wenn der Bevollmächtigte dessen Grundstück erwerben will (§ 20 I. 11 A.L.R.);

δ der zuständigen Staatsbehörde, wenn inländische*) oder ausländische Korporationen oder andere juristische Personen Grundstücke erwerben (§ 83 II 6 A.L.R.). Ausländische Korporationen, d. h nicht preußische (auch Aktiengesellschaften, Johow 8 S. 145, a. M. Dernburg I Anm. 10 zu § 225) bedürfen der landesherrlichen Genehmigung (Ges. v. 4 Mai 1846, G.S. S. 235; § 4 Ges. v. 23 Febr. 1870, G.S. S. 118), soweit nicht zur Ertheilung der Genehmigung die Ressortminister ermächtigt sind (Allerh Erl. v. 14. Febr. 1882, G.S. S. 18). — Es bedürfen indeß zum Grundstückserwerbe keiner Genehmigung der Aufsichtsbehörde die Stadtgemeinden (die Städteordnungen enthalten nur Beschränkungen bez. der Veräußerung von Grundstücken, Reskr v. 20. Dezember 1859, Min Bl. f. i V. 1860 S. 4); die Dorfgemeinden (§ 31 Zust.Ges. v. 1. Aug. 1883 [G.S. S. 237]); die landschaftlichen Kreditinstitute, wenn es sich um Erwerbung bepfandbriefter und zur Subhastation gestellter Grundstücke handelt (Allerh. Erl v. 1 Dezember 1869, G S S. 1185); die Eisenbahngesellschaften zum Erwerbe der für das Unternehmen erforderlichen Grundstücke (§ 7 Ges. v. 3. November 1838, G.S. S. 505). — Für die evangelischen, wie für die katholischen Kirchengemeinden und für die Vermögensverwaltung in katholischen Diözesen ist die Genehmigung zum Erwerbe von Grundeigenthum im Werthe bis 100000 Mark vom Regierungspräsidenten (bei der katholischen Diözesanverwaltung vom Oberpräsidenten) bei höheren Werthen von dem Minister der geistlichen Angelegenheiten zu ertheilen. (Vgl. die drei Verordnungen vom 30. Januar 1893, G.S. S. 10, 11, 13.);

ε des Finanzministers für Königl Forstbeamte zum Erwerbe von Grundstücken, für welche in dem zu ihrer Aufsicht gehörigen Reviere Rechte beansprucht werden, oder welche mit diesen Aufsichtsrevieren grenzen (Kab.Ord. v. 5. September 1821, G.S. S. 158);

ζ des Ministers für Domänen und Forsten, sowie eines Antrages des betr. Regierungs-Präsidenten für Mitglieder der Domänenverwaltung zum Erwerbe eines Domänengrundstückes in ihrem Amtsbezirke (Kab.Ord v. 29 Februar 1812, G S. S. 16). Dies bezieht sich auch auf Domänen-Rentbeamte (Reskr. v. 18. Januar und 4. Dezember 1837, v. Kamptz Ann. 21 S. 28, 891).

Der Nachweis der Fähigkeit, sich durch Vertrag zu verpflichten bez. das Grundstück zu erwerben, muß erforderlichenfalles bei Abgabe des Gebotes geführt, insbesondere auch die nach B. c erforderliche Genehmigung vorgelegt werden.

---

*) In Abänderung der K O. v. 21. Febr. 1845 (J M Bl. S. 70) ist durch Allerhöchste Verordnung vom 30. März 1886 (J M Bl. S. 97) den sämmtlichen Ressortchefs die Ermächtigung ertheilt, die ihnen gegenwärtig zustehende Befugniß zum Erwerbe unbeweglicher Sachen für den Staat auf die ihnen unterstellten Behörden mit der Wirkung zu übertragen, daß letztere Dritten gegenüber zum selbstständigen Abschluß der bezüglichen Verträge und zur Entgegennahme der Auflassungserklärung allgemein legitimirt sind, ohne daß es hierzu einer besonderen Genehmigung des Ressortchefs bedarf. (Vgl. dazu Bekanntmachung v. 5. Mai und 11. Mai 1886 [Eisenbahn- und Bauverwaltung, J M Bl. S. 139], 1. Sept. 1887 [Militärverwaltung, J M.Bl. S. 211])

(Vgl § 89 Abs 2 R Zw.G.Entw.) — Irrthümlich nehmen Jäckel und Knorr die Nothwendigkeit einer Spezialkonzession für den Erwerb von Rittergütern durch Ausländer (Nichtdeutsche) an (§ 1 Ges v. 28. Mai 1874, G.S. S. 195) und Letzterer eine Genehmigung des Regimentskommandeurs für den Grunderwerb aktiver Soldaten und Unteroffiziere (s. § 42 R Mil.Ges. v. 2. Mai 1874, R.G Bl. S. 45).

7. Die Abgabe von Geboten hat durch mündliche Erklärung des Bieters oder seines Vertreters (§ 65) in dem Versteigerungstermine zu geschehen Schriftliche, vor dem Termine angebrachte oder in dem Termine überreichte Erklärungen sind unzulässig. Für die Verhandlungen mit tauben oder stummen Bietern und mit Bietern, welche der deutschen Sprache nicht mächtig sind, insbesondere für die Abgabe der Gebote derselben sind die Vorschriften der §§ 187, 188 G V.G. maßgebend — Der Bieter hat als Gebot lediglich die Geldsumme zu nennen, welche er neben der Uebernahme der ohne Anrechnung auf das Geldgebot zu übernehmenden Ansprüche, gleichgultig ob baar oder durch Uebernahme von Forderungen leisten will (s. die Tabelle S 220, 221 und Anm. 17 zu §§ 53 bis 56). Der Bieter ist nicht befugt, seinem Gebote Bedingungen, Einschrankungen oder irgend welche Nebenbestimmungen hinzuzufügen. — Fur das zweite und folgende Gebot kommt als fernere Bedingung der Zulässigkeit hinzu, daß es das vorhergegangene übersteigt Zwei gleichzeitig abgegebene Gebote von gleicher Höhe mussen beide zugelassen werden Bleibt das Gebot das Meistgebot, so erhält man zwei Meistbietende. Eine Protokollirung der einzelnen Gebote ist nicht vorgeschrieben, ebensowenig der bei Auktionen ubliche Ausruf durch den Richter oder einen Ausrufer; es empfiehlt sich aber, daß der Richter das Gebot seinerseits wiederholt, zum Zeichen, daß dasselbe verstanden ist.

8. Die im Schlußsatze ausgesprochene Unzulässigkeit von Geboten, welche das geringste Gebot nicht erreichen, entspricht dem § 22 Abs 1. — Unter Zustimmung aller betheiligten Interessenten ist, wie die Feststellung eines geringeren Mindestgebotes, so auch die Zulassung eines das festgestellte geringste Gebot nicht erreichenden Gebotes und die Ertheilung des Zuschlages fur dasselbe statthaft.

9. Ueber die Zulassung oder Zurückweisung der abgegebenen Gebote und die Nothwendigkeit einer Protokollirung der daruber getroffenen Entscheidungen siehe Anm 2 zu § 66. — Ungerechtfertigte Zulassung des Meistgebotes eines unfähigen Bieters (Anm 6) begrundet Widerspruch, Versagung des Zuschlages von Amtswegen und Beschwerde (auch des Nächstbietenden) nach Maßgabe der §§ 75 Nr. 2, 78, 87—89; doch ist nachtragliche Beseitigung des Mangels der Fähigkeit vor Verkündung des Zuschlagsurtheiles, wenn kein Widerspruch erhoben ist (§ 78 Abs. 1 u. 2), und in der Beschwerdeinstanz (§ 92) zulassig. — Wegen Verstoßes gegen die Vorschrift des Schlußsatzes im § 61 finden Widerspruch und Beschwerde nach §§ 75 Nr. 3, 76, 87—89; Versagung des Zuschlages von Amtswegen nach § 78 Abs. 2 statt — Wegen ungerechtfertigter Zurückweisung eines Bieters (des Meistbietenden) siehe §§ 75 Nr. 10, 76, 87, Abs. 2, 89 Abs. 1.

10. Für das Gebiet des A.L.R. hat eine Kgl Verordnung vom 14. Juli 1797 (Ediktensammlung 10 S. 1313) Verträge, welche Bietungslustige von der Abgabe eines Gebotes insbesondere vom Ueberbieten abzuhalten bezwecken, für nichtig und strafbar erklärt. — Die Strafbarkeit ist weggefallen, da § 270 des

Preuß. St G B.s, welcher demnächst an die Stelle jener Strafvorschriften getreten ist, durch Nichtaufnahme in das R St G.B für aufgehoben zu erachten ist (Entsch 73 S. 369. A. M. R G. in Straff 10 S 221 ff. — und J.M Bl 1891 S. 9 —.) Der übrige Theil der Verordnung ist in Kraft geblieben.

Auf das Zwangsversteigerungsverfahren übt der Abschluß dieser verbotenen Verträge keinen Einfluß. Der dem Eigenthümer oder Schuldner bez den ausgefallenen Gläubigern gegen den zurückstehenden Kauflustigen erwachsene Anspruch auf Herausgabe des erlangten unerlaubten Gewinnes (§ 3 der Verordnung — Entsch. 26 S. 246, R 20 S 249) ist außerhalb des Verfahrens geltend zu machen. Auch wird durch die Zuwiderhandlung gegen die Verordnung Widerspruch gegen den Zuschlag bez Beschwerde gegen das Zuschlagsurtheil nicht begründet, weil die §§ 75, 88 d. G. diesen Grund nicht kennen. Ebensowenig kann im Wege der Klage gegen den Ersteher der Erwerb desselben rückgängig gemacht werden (so schon für das ältere Recht der Plenarbeschluß des O.T. v. 16. Aug. 1841 [Entsch. 7 S. 115]. Vgl. [auch über abweichende Meinungen] v. Rönne, Ergänzungen zu §§ 340 ff. I. 11 A.L R, Dernburg II § 14 Anm. 13, Eccius § 130 Anm 80

Für das gemeine Recht ist die Ansicht vertreten, daß derartige Verträge als pacta turpia für nichtig zu erachten seien (Struben, rechtliche Bedenken, Ausg. v. Spangenberg II Nr. 398 (IV, 9), Seuffert, Arch. 12 Nr. 16, 17 Nr. 201, 31 Nr. 193 u. 321, 33 Nr. 115; — a. M das O.A G. München in Blätter f. Rechtsanwendung in Bayern 23 S 106, vgl. a. R. 18 S. 222.

§. 62. Ein Bieter darf nicht zugelassen und sein Gebot nicht berücksichtigt werden, wenn ein Interessent, dessen Rechte durch Nichterfüllung des Gebots benachtheiligt werden würden, dagegen im Versteigerungstermin Widerspruch erhebt, es sei denn, daß der Bieter für das Gebot eine Sicherheit leistet, deren Betrag dem zehnten Theile des von ihm baar zu zahlenden Kaufpreises gleichkommt und mindestens zur Deckung der aus dem Kaufgelde zu entnehmenden Kosten des Verfahrens (§. 84) nach der Bestimmung des Gerichts ausreicht. Bei der Prüfung, ob die Forderung eines Interessenten bei dem beanstandeten Gebote zur Hebung kommen würde, sind vorgehende Forderungen nur nach dem Kapitalbetrage zu berechnen.

Auf Verlangen eines Gläubigers, dessen Anspruch auf Grund der Feststellung des geringsten Gebots von dem Ersteher übernommen wird, muß die Sicherheit auf einen Betrag erhöht werden, welcher zur Deckung aller dem Anspruche vorgehenden, aus dem baar zu zahlenden Kaufgelde zu berichtigenden Forderungen einschließlich der Kosten des Verfahrens ausreicht.

Bietet der Schuldner oder der Eigenthümer des Grundstücks, so muß die im Falle des Widerspruchs zu leistende Sicherheit ihrem

Betrage nach dem ganzen Betrage des von ihm baar zu zahlenden Kaufpreises gleichkommen.

Der Zulassung der Reichskasse, der Reichsbank, der Staatskasse, der Gemeinden und weiteren kommunalen Verbände, der landschaftlichen, ritterschaftlichen, stadtischen und provinzialen Kreditinstitute und der öffentlichen Sparkassen darf nicht widersprochen werden.

§. 63. Der Widerspruch (§. 62) muß spätestens sofort nach Abgabe des Gebots erfolgen; er gilt auch für alle nachfolgenden Gebote desselben Bieters.

Der Umstand, daß frühere Gebote eines Bieters ohne Widerspruch zugelassen worden, schließt den Widerspruch nach Abgabe eines weiteren Gebots desselben Bieters nicht aus.

Das Gleiche gilt für das nach §. 62 Absatz 2, 3 zu stellende Verlangen einer erhöhten Sicherheit.

§. 64. Die Sicherheit muß geleistet werden durch Hinterlegung von baarem Gelde, Reichskassenscheinen, Reichsbanknoten oder von inländischen Papieren, welche an dem für den Ort der Versteigerung maßgebenden Handelsplatz Kurs haben, oder von Schuldverschreibungen anderer Deutscher Staaten oder des Deutschen Reichs. Die Papiere dürfen nicht außer Kurs gesetzt und müssen mit den laufenden Zins- oder Gewinnantheilscheinen und Talons versehen sein; sie sind nach dem Kurs zu berechnen.

Soweit die zu leistende Sicherheit den Betrag der aus dem Kaufgelde zu entnehmenden Kosten des Verfahrens übersteigt, kann die Sicherheit auch mit Hypotheken oder Grundschulden, welche auf dem Grundstücke für den Bieter eingetragen sind, geleistet werden, wenn der Kapitalbetrag unter Mitberücksichtigung der auf Grund der Beschlagnahme etwa vorgehenden Forderungen innerhalb des Zwanzigfachen des Grundsteuerreinertrages und des Zwölfeinhalbfachen des Gebäudesteuernutzungswerthes (§. 40 Nr. 3, §. 41) eingetragen ist, und Hypotheken- oder Grundschuldurkunden, aus welchen das uneingeschränkte Gläubigerrecht des Bieters sich ergiebt, hinterlegt werden. Vorgehende Forderungen sind hierbei nur nach dem Kapitalbetrage zu berechnen.

Die von dem Schuldner oder dem Eigenthümer des Grundstücks zu leistende Sicherheit kann nur dann mit Hypotheken oder Grundschulden geleistet werden, wenn diese bei Feststellung des geringsten Gebots berücksichtigt worden sind.

§§ 62—64. Sicherheitsleistung des Bieters.

1. Vgl. § 46 E.E.G.; § 562 Abs. 2 Hann. B.P.O.; §§ 90—97 R.Zw.G.-Entw. — Die §§ 62–64 sollen Schutz gewähren gegen die Zulassung unsicherer Bieter. — Die Ausschließung unsicherer Bieter ist nach § 62 Abs. 1 davon abhängig, daß ein dazu berechtigter Interessent rechtzeitig (§ 63 Abs. 1) Widerspruch gegen die Zulassung des Bieters erhebt und der Bieter die gesetzliche Sicherheit für sein Gebot nicht leistet. — Ohne Antrag hat der Richter Sicherheitsleistung nicht zu fordern; ebensowenig ist die Erforderung einer Sicherheitsleistung von seinem Ermessen abhängig (so auch nach § 22 S.O.).

2 a. Der Widerspruch richtet sich gegen die Zulassung des Bieters und die Berücksichtigung des Gebotes desselben. Der Widerspruch braucht nicht begründet zu werden. Bieter wird der Kauflustige erst durch Abgabe eines Gebotes (Strieth. 3 S. 112, 20 S. 116); der Widerspruch gegen die Berücksichtigung des Gebotes richtet sich in den Fällen des § 62 zugleich gegen die Zulassung des Bieters (vgl. a. § 63 Abs. 1); der Widerspruch gegen die Zulassung des Bieters kann nur erfolgen, nachdem ein Gebot abgegeben ist (s. unten d).

b Zur Erhebung des Widerspruches berechtigt ist jeder Interessent, dessen Recht durch Nichterfüllung des Gebotes benachtheiligt werden würde. — Wer als Interessent anzusehen ist, ergiebt der § 21. — Die Voraussetzung, unter welcher ein Interessent zur Erhebung des Widerspruches berechtigt sein soll, ist abweichend von der nicht völlig der Sachlage entsprechenden Wortfassung des § 22 S.O. (vgl. die Motive) dahin bestimmt, daß die Rechte des widersprechenden Interessenten durch Nichterfüllung des Gebotes benachtheiligt werden würden." — Es kommen daher nicht in Betracht die Interessenten, deren Ansprüche von selbst auf den Ersteher übergehen (§ 22 Abs. 3). Ansprüche, welche bei der Feststellung des geringsten Gebotes berücksichtigt und von dem Ersteher in Anrechnung auf den Kaufpreis zu übernehmen sind (§ 57 Abs. 3), interessiren bei der Erfüllung des Gebotes direkt nur soweit sie aus dem baar zu zahlenden Kaufgelde zu berichtigen sind (§ 57 Abs. 1), indirekt aber auch, sofern ihnen durch die Nichtzahlung vorgehender Ansprüche auf Kosten (§ 84), Zinsen und wiederkehrende Hebungen im Falle einer wiederholten Versteigerung eine Benachtheiligung droht (vgl. § 57 Abs. 2 und Anm 2 daselbst, § 124 Abs. 4). Wegen dieser möglichen Benachtheiligung ist ihnen durch die Bestimmung des Abs. 2 § 62 sogar weitergehender Schutz gewahrt. — Daß auch der Schuldner (Eigenthumer des Grundstuckes) an sich zu den berechtigten Interessenten gehört, folgt aus § 21. Derselbe wird durch die Nichterfüllung des Gebotes nur benachtheiligt, wenn er auch persönlich für diejenigen Ansprüche haftet, welche nach der Höhe des Gebotes aus diesem Befriedigung zu erwarten haben (vgl. Mot.), oder wenn ein Ueberschuß für ihn sich ergiebt.

Ob ein Interessent zur Erhebung des Widerspruches berechtigt ist, hat der Richter zu entscheiden auf Grundlage einer summarischen Zusammenstellung der vorgehenden Forderungen und einer Vergleichung derselben mit dem abgegebenen Gebote. Es soll aber, um einen Interessenten von dem hier fraglichen Rechte auszuschließen, klar erhellen, daß er nichts zu erwarten hat; diesen Gesichtspunkt wahrt der Schlußsatz des Abs. 1 im § 62 (vgl. Mot.). — Vorgemerkte Forderungen sind mitzuberechnen, ebenso Kautionshypotheken, letztere zu dem eingetragenen Höchstbetrage. — Vorgehende Forderungen, welche Geld oder in Geld umzusetzende Leistungen (§ 58 Abs. 2, § 55 Abs. 6, § 32 Anm 3) nicht zum Gegenstande haben, werden überhaupt nicht berücksichtigt; bei ihnen kann von einem Kapitalbetrage nicht gesprochen werden; die Schätzung zu einem Kapitalbetrage nach § 58 Abs 2 hat nur Bedeutung für die Ersatzübernahme. — Forderungen auf wiederkehrende Hebungen werden zu einem nach § 32 zu berechnenden Kapitalbetrage zum Ansatze gebracht, jedoch nur dann, wenn sie nicht von dem Ersteher nach § 57 Abs. 3 in Anrechnung auf den Kaufpreis zu übernehmen sind; denn ist dieses der Fall, so stehen sie außerhalb des Geldgebotes (Anm. 17 zu §§ 53—56). — Daß ein Interessent überhaupt nicht, oder mit einem geringeren Betrage zur Hebung gelangen würde, wenn in Folge seines Widerspruches das Nachgebot des unsicheren Bieters unberücksichtigt bliebe, steht dem Rechte, gegen dessen Zulassung Widerspruch zu erheben, nicht entgegen (Jäckel Anm 1) — Von mehreren zum Widerspruche berechtigten Interessenten kann jeder allein ohne Zustimmung der anderen den Antrag stellen, „da jeder seine eigenen, den Interessen Anderer widerstrebenden Interessen verfolgt" (Mot.) Der von einem Interessenten erhobene Widerspruch nützt zugleich allen durch Nichterfüllung des Gebotes benachtheiligten Interessenten (Anm. 6 1 zu §§ 75/78) — Die Aufstellung einer Licitationsbedingung, daß jeder Bieter (vgl jedoch unter c) Sicherheit für sein Gebot zu leisten habe, setzt einstimmigen Beschluß aller betheiligten Interessenten voraus (§ 45) In solchem Falle ist jeder Interessent zur Erhebung des Widerspruches gegen ein ohne Sicherheitsbestellung abgegebenes Gebot berechtigt, ohne daß es darauf ankommt, ob er durch Nichterfüllung derselben benachtheiligt werden würde

c Der Widerspruch kann gegen jeden Bieter — mit Ausnahme der in Abs. 4 des § 62 aufgeführten fiskalischen Stationen, kommunalen Verbande, Kreditinstitute und offentlichen Sparkassen — gerichtet werden; insbesondere gegen den Schuldner oder Eigenthumer des Grundstuckes (§ 62 Abs 3) und den Vorkaufsberechtigten (§ 67 Abs 2). — Unter dem Worte „Staatskasse" ist die Seehandlung, welche nur eine einzelne fiskalische Station bildet, mitbegriffen (Ber. der Kommiss d H H) Die Ausnahmen des § 62 Abs. 4 sind zwingender Natur und konnen durch die Kaufbedingungen nicht beseitigt werden.

d Der Widerspruch muß im Versteigerungstermine (§ 62 Abs. 1), und wie § 63 Abs. 1 in Uebereinstimmung mit § 24 S.O sich ausdrückt, „spatestens sofort nach Abgabe des Gebotes erfolgen". Ein früherer Zeitpunkt als die Abgabe des Gebotes ist nach Anm. a ausgeschlossen (a M. Volkmar S. 71; vgl § 91 Abs. 1 R Zw G Entw), insbesondere steht die Verknupfung des Widerspruchsrechtes mit der Benachtheiligung durch Nichterfullung des Gebotes dem Widerspruche gegen die Zulassung eines erschienenen Kauflustigen als Bieter entgegen, auch wenn derselbe ausdrucklich seine Absicht, bieten zu wollen, erklärt hat (vgl. Jäckel Anm. 1 zu § 63; Rudorff S. 131; Dorendorf S. 90). Ob ein Widerspruch als sofort erhoben anzusehen ist, hat der Richter im Einzelfalle zu entscheiden. Die Motive verweisen auf § 24 S.O. und fügen hinzu: „Der Bieter muß sobald als möglich daruber Gewißheit erlangen, ob das abgegebene Gebot der Sicherung bedarf Er hat außerdem ein starkes Interesse daran, sogleich zu erfahren, ob das weitere Gebot eines anderen Bieters ihn selbst von seinem Gebote befreit oder nicht (§ 66)." — Unbedingt muß ein Widerspruch als verspätet gelten, der erst nach stattgehabtem Uebergebote erfolgt (so auch Jäckel a. a. O., welcher auf die Protokollirung des Gebotes besonderes Gewicht legt; Rudorff S. 133; a. M. Dorendorf S. 92); ebenso ein Widerspruch gegen Zulassung des Meistgebotes nach Verkündung des Schlusses der Versteigerung (§ 68 Abs. 1). — Das Widerspruchsrecht wird nicht dadurch ausgeschlossen, daß gegen frühere Gebote desselben Bieters Widerspruch nicht erhoben ist (§ 63 Abs. 2).

e Die Wirkung des rechtzeitig erhobenen Widerspruches ergiebt sich aus § 62 Abs. 1. Der Bieter muß die Berücksichtigung des Gebotes und aller folgenden (§ 63 Abs 1) durch Bestellung der gesetzlichen oder durch die Licitationsbedingungen vorgeschriebenen Sicherheit erwirken.

3. Die Höhe der Sicherheit bestimmt das Gesetz, nicht das Ermessen des Richters (so schon § 11 Verordn. v. 4. März 1834, § 22 S.O., vgl. §§ 92, 93 R.Zw.G.Entw.). Der widersprechende Interessent kann sich indeß mit einer geringen Sicherheit begnügen.

a. Sie richtet sich nicht, wie nach der Verordn. v. 4. März 1834 und der S.O., nach dem Werthe des Grundstückes, sondern nach der Höhe des Gebotes — Das frühere Recht hatte zu mannichfachen Beschwerden geführt, wie in den Motiven des Näheren dargelegt ist. — Die Bemessung nach der Höhe des Gebotes rechtfertigt sich durch die Erwägung, daß die Sicherheit für die Erfüllung des Gebotes zu leisten ist. Dabei kommt lediglich der baar zu zahlende Kaufpreis in Betracht, denn soweit das Gebot durch Uebernahme von Realansprüchen gedeckt werden soll, ist Sicherheit überhaupt nicht erforderlich. Uebrigens ist die Sicherheitsleistung weit mehr gegen die Nachtheile einer nicht rechtzeitigen Erfüllung, als gegen die gänzliche Nichterfüllung des Gebotes gerichtet, denn die Berechtigten behalten, so lange das Gebot nicht erfüllt ist, die ihnen durch das Grundstück gewährte Sicherheit, und diese reicht nur insoweit nicht hin, als etwa das Gebot den Werth des Grundstückes übersteigen sollte. Bei nicht rechtzeitiger Erfüllung aber werden die Gläubiger gefährdet durch das Anwachsen der ihnen vorgehenden Zinsen und wiederkehrenden Hebungen und durch die mit einer Wiederversteigerung möglicherweise verbundenen Nachtheile.

b. Die Höhe der Sicherheit im Verhältnisse zum Gebote wird in den Abs. 1 und 3 des § 62 verschieden bestimmt:

α. Wird das Gebot von einer anderen Person als dem Schuldner oder dem Eigenthümer des Grundstückes abgegeben, so bestimmt sich die Höhe der Sicherheit in der Regel nach Abs. 1 des § 62 „Das Recht eines Interessenten, Sicherheit zu fordern, noch höher zu bestimmen, würde dem Interesse der übrigen Betheiligten an der Zulassung von Bietern allzuschwer entgegenstehen. Daß die Kosten für die Höhe der Sicherheit maßgebend werden, kann nur bei geringfügigen Verkäufen eintreten; in der Regel wird die zu bestellende Sicherheit, außer der Deckung der Kosten, schon mit zur Tilgung der anderen baar zu zahlenden Beträge (§ 57) dienen, und so als ein Schutz gegen das fernere Anwachsen der bevorzugten Zinsen u. s. w. wirksam werden. Nur für diejenigen Gläubiger, deren Forderungen der des betreibenden Gläubigers vorgehen und deshalb in ihrer Rechtslage verbleiben sollen, bedarf es in dieser Richtung eines weiteren Schutzes gegen die durch Nichtzahlung vorgehender Zins- und ähnlicher Ansprüche ihnen widerrechtlich drohenden Nachtheile, und diese soll ihnen durch das Recht, eine Erhöhung der Sicherheit bis zum Betrage der vorgehenden baar zu zahlenden Forderungen zu verlangen, gewährt werden" (Mot.). — Darauf beruht die Vorschrift des Abs 2 des § 62, welche als Ausnahme von der Regel des Abs. 1 ein ausdrückliches Verlangen des betreffenden Gläubigers auf Erhöhung der Sicherheit voraussetzt — Nach der citirten Stelle der Motive unterliegt es keinem Zweifel, daß die Vorschrift des § 62 Abs. 2 sich nur auf solche Ansprüche beziehen soll, welche gesetzlich bei Feststellung des geringsten Gebotes zu berücksichtigen sind (§ 22 Abs. 1). Diese Auffassung ist auch bei den Berathungen in der Kommission des HH (Bericht zu § 62) hervorgetreten. Dort war beantragt, in Abs 2 statt „des geringsten Gebotes" zu setzen „der Kaufbedingungen", weil letztere, in welche die Feststellung des geringsten Gebotes aufzunehmen sei, im Grunde in Frage ständen; durch die vorgeschlagene Aenderung werde eine Klarstellung des Verhältnisses erzielt Die Regierungskommissare sprachen sich gegen den Antrag aus Derselbe könne das Verhältniß verdunkeln, denn es sei zulässig, in den Kaufbedingungen zu bestimmen, natürlich auf Grund der Anträge der bezüglichen Interessenten, daß auch nachstehende Forderungen übernommen werden; diese sollten aber durch die fraglichen Bestimmungen nicht betroffen sein. Dem ist beizustimmen. Nur die gesetzlich bei Feststellung des geringsten Gebotes zu berücksichtigenden Gläubiger sind schon auf Grund dieser Berücksichtigung allein nach § 57 Abs. 3 zu übernehmen; soll die Aufnahme nachstehender Forderungen in die Feststellung des geringsten Gebotes zugleich dahin wirken, daß auch diese Forderungen an den Ersteher in Anrechnung auf den Kaufpreis übernommen werden, so erfolgt die Uebernahme nicht sowohl auf Grund der Feststellung des geringsten Gebotes, als auf Grund des besonderen Abkommens unter den Betheiligten über die Art der Berichtigung des Kaufgeldes. (Vgl auch Anm. 2 zu §§ 53–56, Anm. 4 zu § 57, Kurlbaum n. G. S. 42.)

β Ist der Schuldner oder der Eigenthümer des Grundstückes der Bieter, so schreibt das Gesetz von vornherein eine höhere Sicherheit als festbestimmte Regel vor Hier bedarf es — trotz § 63 Abs 3 — keines besonderen Verlangens auf Erhöhung der Sicherheit; der erhobene Widerspruch gegen Zulassung des Gebotes des Schuldners oder Grundstückseigenthümers nöthigt dieselben ohne Weiteres zur Leistung der in § 62 Abs. 3 vorgeschriebenen Sicherheit (wie schon nach § 46 E E G); die Vorschrift des Abs. 1 kommt dabei gar nicht in Frage. Ueber die Begriffe „Schuldner" und „Eigenthümer des Grundstückes" s. Anm 2 und 3 zu §§ 13 und 14; Anm. 3 zu § 21 Bei gütergemeinschaftlichen Grundstücken ist der die Gütergemeinschaft repräsentirende Ehegatte zur Bestellung der Sicherheitsleistung nach § 62 Abs 3 verpflichtet, auch wenn das Grundstück auf den Namen des anderen Ehegatten eingetragen und das Bestehen der Gütergemeinschaft im Grundbuche nicht vermerkt ist (Anm. 4 c. γ zu § 1, Anm. 7 zu § 21) Im Uebrigen müssen der andere Ehegatte wie sonstige Verwandte des Schuldners oder Grundstückseigenthümers gegen Leistung einer Kaution nach § 62 Abs 1 zugelassen werden (Jäckel Anm. 3). Auf Miteigenthümer findet die Vorschrift des § 62 Abs 3 nicht Anwendung, weder im Falle der Antheilsversteigerung, noch bei der Zwangsversteigerung zum Zwecke der Auseinandersetzung (§ 185 Nr. 4). Bei der Wiederversteigerung ist der frühere Schuldner nur zur Kautionsbestellung nach § 62 Abs. 1 verpflichtet, auch wenn bei der Wiederversteigerung die betreibenden Gläubiger dieselben sind. (A. M. Jäckel a. a. O., der übersieht, daß bei der Zwangsversteigerung der Schuldner nur als Eigenthümer des Grundstückes zur Zeit der Beschlagnahme in Betracht kommt. Anm. 3 zu §§ 13, 14.)

c. Die Höhe der zu bestellenden Sicherheit wächst mit dem steigenden Gebote; sie ist daher nicht von vornherein genau bestimmt. „Jeder Bieter aber, indem er sich überlegt, wie weit er bieten will, kann genügend voraussehen, welche Sicherheit er allenfalls zu leisten hat. Für den Richter ist die Berechnung der mindestens zu bestellenden Sicherheit auf Grund des festgestellten geringsten Gebotes und der im Voraus festzustellenden baaren Auslagen des Verfahrens leicht herzustellen" (Mot.) Niemals darf die Sicherheitsleistung unter den Betrag der zur Deckung der aus dem Kaufgelde zu entnehmenden Kosten des Verfahrens (§ 84) heruntergehen. (§§ 2, 4 Abs. 1 K G. — Objekt: das sicherzustellende Gebot) Diesen Betrag bestimmt das Gericht (vgl. Anm 13 zu §§ 53—56). Das Verlangen einer Erhöhung der regelmäßigen Sicherheit (§ 62 Abs 2) kann einem weiteren Gebote desselben Bieters gegenüber gestellt werden, auch wenn bei einem früheren Gebote nur nach § 62 Abs. 1 Sicherheit geleistet zu werden brauchte, weil jenes Verlangen damals nicht gestellt war (§ 63 Abs. 3). Wegen des daselbst mit angezogenen Abs. 2 des § 62 s. oben b. α.

4. Die Art der Sicherheitsleistung ist im Wesentlichen in Uebereinstimmung mit dem bestehenden Rechte (§ 23 S O, § 46 E E.G) geordnet. — Vgl. §§ 93, 94 R.Zw.G.Entw — Als Kautionsmittel kommen daher in Betracht:

a. baares Geld;

b. die in § 64 Abs. 1 bezeichneten geldwerthen Papiere.. „Ob und in welchem Umfange die Vorlegung eines Börsenkurszettels zu verlangen, ist nach den Umständen zu entscheiden und keineswegs in allen Fällen erforderlich" (Mot.). Daß der Richter Papiere zurückweisen könne, deren angegebenen Kurs er für falsch oder fingirt erachtet, wurde in der Kommission des H.H. und A.H. allseitig anerkannt, und deshalb ein in der Kommission des A.H. gestellter Antrag, diese Befugniß im Gesetze auszudrücken, zurückgezogen;

c. eigene Hypotheken und Grundschulden des Bieters, welche auf dem versteigerten Grundstücke vor oder nach der Beschlagnahme eingetragen sind, unter den in Abs 2 und 3 des § 64 vorgesehenen Beschränkungen. Das Erforderniß, daß die Hypotheken oder Grundschulden für den Bieter eingetragen sein müssen, schließt bei gütergemeinschaftlichen Ehen die Kautionsbestellung mit solchen Hypotheken oder Grundschulden aus, welche auf den Namen des anderen Ehegatten eingetragen sind, selbst wenn der die Gütergemeinschaft repräsentirende Ehegatte als Bieter auftritt; ebensowenig kann ein Vater mit den auf den Namen seiner noch in der Gewalt befindlichen Kinder eingetragenen Kapitalien für sein Gebot Sicherheit leisten (Jaeckel Anm 2 c). Ausgeschlossen ist ferner die Kautionsbestellung mit einem durch Abtretung oder auf andere Weise erworbenen Posten, so lange die Umschreibung nicht erfolgt ist;. die Vorlegung der Erwerbsurkunden genügt nicht. Dies gilt auch für die auf den Eigenthümer übergegangenen Hypotheken oder Grundschulden (§§ 64, 65 E E G. Abs. 3 zu § 64). — Der Bevollmächtigte kann ohne specielle Ermächtigung mit einer eingetragenen Forderung seines Machtgebers Kaution bestellen, wenn er zur Hinterlegung der Hypotheken- oder Grundschuldurkunde im Stande ist (Strieth. 7 S 129). — Die Hinterlegung der

Hypotheken oder Grundschuldurkunde ist unbedingtes Erforderniß der Sicherheitsleistung Eine Post, über welche eine solche Urkunde nicht existirt, ist zur Sicherheitsbestellung ungeeignet Die Urkunde muß zur Stelle gebracht sein und dem Gerichte übergeben werden (Johow 1 S. 20, Entsch 8 S 215) Aus der Urkunde muß sich das uneingeschränkte Gläubigerrecht des Bieters ergeben (vgl. § 91 G B.O.). — Bei der Prüfung der Zulässigkeit einer Sicherheitsbestellung durch Hypotheken und Grundschulden tritt an Stelle des Grundsteuerreinertrages und des Gebäudesteuernutzungswerthes im Falle des § 41 der vom Richter bestimmte Betrag; in Hohenzollern bildet der Steueranschlag die Grenze für die Verwendbarkeit einer Hypothek oder Grundschuld zur Sicherheitsleistung (§ 199). — Mitberechnet werden auch die auf Grund der Beschlagnahme etwa vorgehenden Forderungen (§ 64 Abs 2 Anm 9 C. b zu §§ 16, 17, Anm 2 zu § 30) Nicht berechnet werden Zinsen und Kosten vorgehender Forderungen (wie in § 62 Abs. 1, vgl. oben Anm 2 b) — Kautionshypotheken können zur Sicherheitsbestellung nicht verwendet werden, weil die Höhe des Anspruches und ob ein solcher überhaupt besteht, aus der Eintragung nicht ersichtlich ist. Ebensowenig vorgemerkte Hypotheken. Auch wenn der Eintritt der Voraussetzungen der endgültigen Eintragung nachgewiesen werden sollte, steht ihrer Verwendung der Umstand entgegen, daß für solche Forderungen keine Urkunde ertheilt wird (§ 119 G B O ; — a M. Dorendorf S. 94). — Für die vom Schuldner oder dem Eigenthümer des Grundstückes zu leistende Sicherheit wird außer der in § 64 Abs. 2 gezogenen Grenze durch Abs. 3 noch die besondere Beschränkung verordnet, daß die Hypotheken oder Grundschulden bei Feststellung des geringsten Gebotes berücksichtigt worden sind (Anm 4 zu § 29); „denn, wenn dies der Fall, so ist, insoweit die Forderung reicht, eine Aufrechnung derselben mit dem Kaufpreise zu erwarten" (Mot). — Die Motive bemerken: „Die auch in § 23 der Subhastationsordnung von 1869 im Anschlusse an älteres Recht zugelassene Leistung der Sicherheit mit eigenen Hypotheken (jetzt auch Grundschulden) des Bieters ist als eine wirkliche Sicherheitsleistung nicht unter allen Umständen anzuerkennen. Sie giebt keine Sicherheit den vorgehenden Gläubigern; sie kann auch anderen Gläubigern eine wirkliche Sicherheit nur geben, wenn die Hypothek oder Grundschuld durch das abgegebene Gebot gedeckt wird. Wohl aber ist es billig und der Sachlage angemessen, den Gläubiger einer an sich sicheren Hypothek oder Grundschuld zum Mitbieten auch ohne Sicherheitsleistung zuzulassen, damit er im Stande ist, seine Forderung durch Steigerung des Preises zu sichern. Diese Art der Sicherheitsleistung ist dann nur die Form, in welcher das berechtigte Interesse des Bietenden festgestellt wird Nur bezüglich der Kosten des Verfahrens erscheint es bedenklich, eine solche Sicherheit zuzulassen, weil diese Kosten, wenn sie nicht bezahlt werden, unter allen Umständen die Sicherheit der Betheiligten verkürzen." — Vgl. § 93 R.Zw.G.Entw.

d Andere Kautionsmittel, insbesondere Bürgschaft, sind nur soweit zulässig, als der Betheiligte sich mit denselben begnügt. (Vgl. Motive zu § 64.) Anträge, welche die Zulassung einer Bürgschaft in beschränktem Umfange bezweckten, sind in den Kommissionsverhandlungen beider Häuser des Landtages und im Plenum des Herrenhauses gestellt, aber abgelehnt (s. Komm.Berichte zu § 64, Sten. Ber. d. H.H. S. 92). — Für das rheinische Rechtsgebiet bestimmt § 37 E.G. Rhld :

Die von dem Bieter zu leistende Sicherheit (§§ 62, 64 des Gesetzes, betreffend die Zwangsvollstreckung in das unbewegliche Vermögen, vom 13. Juli 1883) kann auch durch Stellung eines als Selbstschuldner haftenden zahlungsfähigen Bürgen geleistet werden. Bietet der Schuldner oder der Eigenthümer des Grundstücks, so findet diese Bestimmung keine Anwendung.

5. Die Sicherheitsleistung erfolgt bei baarem Gelde und den unter b. aufgeführten Papieren durch Hinterlegung. — Die Hinterlegung hat, wie sich schon daraus ergiebt, daß sie im Versteigerungstermine, also möglicher Weise auch außerhalb der Gerichtsstelle, sofort bewirkt werden muß, dadurch zu geschehen, daß die zu hinterlegende Sache ohne besonderes schriftliches Gesuch in den Gewahrsam des Versteigerungsrichters gegeben wird, welcher die Verwahrung im Versteigerungsprotokolle unter Angabe der hinterlegten Sache und des Grundes der Hinterlegung zu beurkunden hat. — Die „Hinterlegung" ist also weder eine Hinterlegung noch eine vorläufige Verwahrung im Sinne der §§ 1, 78, 79 H.O. — vielmehr zunächst ein von der H.O. nicht geregelter Vorgang. — Wird der Bieter von seiner Verpflichtung frei (§ 66), so sind die hinterlegten Gegenstände zurückzugeben, was gleichfalls im Protokolle zu beurkunden ist. Am Schlusse des Versteigerungstermines wird also nur noch die Sicherheit des Meistbietenden bez. der Personen, welche überhaupt noch bei der Ertheilung des Zuschlages in Frage kommen können, in dem Gewahrsam des Gerichtes zu verbleiben haben. Diese hat der Versteigerungsrichter erforderlichen Falles nach Transportirung zur Gerichtsstelle [auf Gefahr des Meistbietenden, etwaige Kosten bilden baare Auslagen des Zwangsversteigerungsverfahrens (§ 84 Abs. 2)] als einen Gegenstand, den das Gericht von Amtswegen in seinen Gewahrsam zu nehmen hatte, zur vorläufigen Verwahrung gelangen zu lassen (§§ 73, 74 Nr. 1, 75 H.O.). Die Anordnung der vorläufigen Verwahrung erfolgt durch den Vollstreckungsrichter von Amtswegen (§ 75 Abs. 1 H.O., § 3 Abs. 2 Allg. Verf v 9. Juli 1879, J M.Bl. S. 173 ff); ebenso die Abgabe des Gegenstandes zur vorläufigen Verwahrung; die vorläufige Verwahrung und demnächstige Hinterlegung bei der Hinterlegungsstelle nach §§ 79—84 H O. und den §§ 7—11 der gedachten Allg. Verf. — Die Annahmeverfügung des Vollstreckungsrichters muß nach § 5 Abs. 1 der erwähnten Allg. Verf. außer der Angabe des Hinterlegers (Vollstreckungsgericht) und dem Gegenstande der Verwahrung auch die Veranlassung zur Hinterlegung oder die Bezeichnung der Sache und der Behörde enthalten. Eines Annahmegesuches oder der Aufstellung einer Erklärung bedarf es zur Bewirkung der vorläufigen Verwahrung in diesem Falle nicht. Die Absendung des Gegenstandes an die Hinterlegungsstelle hat ebenfalls in der Regel der Versteigerungsrichter anzuordnen. Die Anordnung muß erfolgen, wenn die Herausgabe voraussichtlich nicht binnen 6 Wochen geschehen kann, und das wird hier regelmäßig der Fall sein; am zweckmäßigsten geschieht sie sofort bei der Anordnung der Annahme zur vorläufigen Verwahrung (§ 3 Abs. 1 der erwähnten Allg Verf., § 82 H O.). Es bedarf zu diesem Behufe der Aufstellung einer dem § 14 Abs. 2, 3 bez 40 H O. entsprechenden Erklärung durch den Vollstreckungsrichter, welcher, wenn es sachgemäß erscheint, die Anordnung, auf Grund deren die Hinterlegung erfolgt, beigefügt werden kann (§ 83 Nr. 1 H.O). Das Material zu dieser Erklärung ergiebt sich aus der die Annahme zur vorläufigen

Verwahrung anordnenden Verfügung Eine Person, an welche der Betrag ausgezahlt werden soll (§ 14 Abs 3), ist nach Lage des Falles nicht zu bezeichnen. — Kommt es nicht zur Ertheilung des Zuschlages an den betreffenden Bieter, so hat das Vollstreckungsgericht die Herausgabe der bestellten Sicherheit an den Bieter aus der vorläufigen Verwahrung anzuordnen (§ 85 H O.), nach Absendung derselben an die Hinterlegungsstelle aber diese um Auszahlung des betreffenden Gegenstandes zu ersuchen (§ 31 H O) bez dem Bieter eine die Aushändigung anordnende Verfügung oder eine Anweisung auf die Hinterlegungsstelle zu übergeben (§ 30 Nr. 1 u. 2 H.O). — Ist der Ersteher seinen Verpflichtungen bezüglich des baar zu zahlenden Theiles des Kaufpreises nachgekommen, so hat das Vollstreckungsgericht die Herausgabe der gestellten Sicherheit zu veranlassen (§§ 85, 30 Nr. 1 u 2, 31 H O) Im entgegengesetzten Falle wird die in baarem Gelde bestehende Sicherheit wie hinterlegtes Kaufgeld behandelt (§ 102 Abs. 3); die hinterlegten Papiere werden von Amtswegen verkauft (§ 103)

Die Hinterlegung der Hypotheken- und Grundschuldurkunden erfolgt ebenfalls durch Uebergabe an den Vollstreckungsrichter, welcher, wenn dieselben nach Schluß des Termines zurückbehalten werden müssen, die Gerichtsschreiberei mit der Verwahrung beauftragt (§§ 87, 88 H O) Obwohl durch die bloße Hinterlegung der bezeichneten Urkunden eine pfandrechtliche Sicherheit nicht begründet wird, so erheischt das Gesetz für die Sicherheitsleistung mit Hypotheken und Grundschulden nicht mehr als die Hinterlegung jener Urkunden Der Besitz von Hypotheken und Grundschulden innerhalb der in § 64 Abs. 2 gezogenen Werthgrenze läßt den Bieter als einen vermögenden Mann erscheinen (Anm 4 c a. E., vgl. a. § 93 R.Zw G.Entw.); die Hinterlegung der betr. Urkunden sichert die Interessenten genügend gegen ihnen nachtheilige Verfügungen über jene Forderungsrechte, für deren Verpfändung übrigens die zu Protokoll abgegebene Erklärung, daß mit der Hypothek oder Grundschuld Sicherheit geleistet werde, genügt (Eccius, Anm. 24 zu § 28, Anm. 11 zu § 197). Ein dem § 103 entsprechendes Verfahren ist bei Hypotheken und Grundschulden, welche ohne Verpfändungserklärung hinterlegt sind, ausgeschlossen (vgl Anm 4 zu § 103) Derjenige Interessent, welcher durch das Nichtleisten der schuldigen Zahlung im Vertheilungstermine benachtheiligt wird, muß von den ihm durch die §§ 128, 129 gewährten Rechtsbehelfen Gebrauch machen, insbesondere die Zwangsvollstreckung wegen des Kaufgelderrückstandes in die Hypotheken oder Grundschulden, mit welchen Sicherheit bestellt ist, betreiben, sich dieselben zur Einziehung oder an Zahlungsstatt überweisen lassen und die Eintragung seines Pfändungspfandrechtes bez die Umschreibung der Post auf seinen Namen herbeiführen (§§ 730, 736, 731 C P.O., § 16 A.G. C P.O.). Die Hinterlegung der betr Urkunden enthebt ihn weiterer Vollstreckungsmaßregeln, um in deren Besitz zu kommen. Der Vollstreckungsrichter hat auf Antrag des betr Interessenten die Herausgabe aus der Verwahrung an denselben zu verfügen (§ 736 C.P.O) — Eine Herausgabe an den Meistbietenden erfolgt ohne Bewilligung des betheiligten Interessenten nur, wenn derselbe seinen Verpflichtungen nachgekommen ist

6. Der Vollstreckungsrichter, welcher über die Zulassung eines Bieters (Gebotes) nach §§ 62—64 Entscheidung trifft, hat festzustellen a. die Berechtigung zum Widerspruche (Nothwendigkeit einer Sicherheitsleistung Anm 2); b. die Zulänglichkeit der Sicherheitsleistung dem Betrage nach (Anm. 3); c. die

Tauglichkeit der dargebotenen Sicherungsmittel (Anm. 4). Die Zulassung eines Bieters setzt voraus, daß entweder die Berechtigung zum Widerspruche (a) verneint, oder daß im Falle der Bejahung den Voraussetzungen b und c genügt wird. — Ueber die Form der Entscheidung und die Nothwendigkeit der Protokollirung des Sachverhältnisses aus den Anträgen der Betheiligten siehe Anm. 2 zu § 66 Zur Entscheidung durch das Zuschlagsurtheil kommt es im Falle der ungerechtfertigten Zulassung nur, wenn der Bieter Meistbietender, oder falls das Meistgebot aus irgend einem Grunde (vgl außer §§ 62–64 noch Anm. 7—9 zu § 61; §§ 65, 67, 68 Abs. 2) nicht zugelassen ist, Zweitbietender ist; denn nur in diesem Falle ist der Bieter gebunden (§ 66). Widerspruch und Beschwerde stehen dem Interessenten nach Maßgabe der §§ 75 Nr. 11, 76, 87—89 zu. Einen Grund zur Versagung des Zuschlages von Amtswegen bildet eine ungerechtfertigte Zulassung nicht (§ 78 Abs. 2) Das Beschwerderecht des Nächstbietenden ergeben die §§ 87 Abs. 2, 89 Abs 1. — Wegen ungerechtfertigter Zurückweisuug gilt dasselbe, wie in den Fällen der Anm. 9 zu § 61.

§. 65. Gebote eines Vertreters dürfen nur zugelassen werden, wenn dessen Vertretungsbefugniß gerichtsbekannt ist, oder durch öffentliche Urkunden nachgewiesen wird. Vollmachten müssen gerichtlich oder notariell beglaubigt sein. Vollmachten öffentlicher Behörden bedürfen keiner Beglaubigung, wenn sie ordnungsmäßig unterschrieben und untersiegelt sind.

§ 65. Gebote eines Vertreters.

1. Vgl. § 562 Hann. B P.O.; § 89 Abs. 2 R Zw.G Entw. Die materiellrechtlichen Vorschriften darüber, ob ein Vertreter, der sich als solcher nicht ausweiset, persönlich zur Erfüllung des abgegebenen Gebotes angehalten werden kann, werden durch das vorliegende Gesetz nicht berührt (Windscheid § 318; § 9 I 13 A.L.R., § 562 Hann. B.P O.)

2. Die Bezeichnung „Vertreter" umfaßt sowohl die gesetzlichen Vertreter (§ 50 C P.O.) als die Bevollmächtigten. — Eines Nachweises der Vertretungsbefugniß bedarf es nicht, wenn dieselbe gerichtsbekannt ist (vgl. bei Achilles zu § 48 G B.O Anm V, 3 b). — Die Vertretungsbefugniß muß sich auf die endgültige Begründung der durch die Zwangsversteigerung bez. das Zuschlagsurtheil entstehenden Rechtsverhältnisse beziehen; insbesondere müssen gesetzliche Vertreter von juristischen Personen, nach deren Verfassung die Genehmigung gewisser Organe zum Erwerbe von Grundstücken und zur Eingehung von Verpflichtungen erforderlich ist, diese Genehmigung erlangt haben. Ob der Nachweis dieser Genehmigung ebenfalls geführt sein muß, hängt von der Verfassung der juristischen Person und deren Notorietät ab. — Das Erforderniß einer besonderen Genehmigung zur Erwerbung des Grundstückes bezieht sich nicht auf die Vertretungsbefugniß (§ 65), sondern stellt einen Mangel der Erwerbsfähigkeit dar (§ 75 Nr. 2; Anm. 6 B. c zu § 61) — Wegen der Unzulänglichkeit der Prozeßvollmachten s. Anm. 2 zu §§ 13, 14.

3. Der Nachweis der Vertretungsbefugniß muß, soweit erforderlich, durch **öffentliche Urkunden** erbracht werden. Den Begriff ergiebt § 380 C.P.O.; wegen des Nachweises der Echtheit vgl. §§ 402, 403 a. a. O. und R.G. v. 1. Mai 1878 (R.G.Bl S. 89) Wegen der Form des Nachweises kommen für die **gesetzliche Vertretungsbefugniß** die Vorschriften des materiellen Rechtes in Betracht. Eine öffentliche Urkunde ist auch eine beglaubigte Abschrift aus dem Handelsregister (Art. 12 H.G.B.); durch eine solche wird die Vertretungsbefugniß eines Gesellschafters meist genügend nachgewiesen werden können (Art. 86 Nr. 4, 114, 150, 151, 157, 158, 167, 209 Nr. 8 H.G.B.). – „Die vorgeschriebene Form der **Vollmachten** entspricht den Anforderungen des Grundbuchverkehres (§ 33 G.B.O.) Vgl auch §§ 35, 37 G.B.O Die Form der Vollmachten öffentlicher Behörden und die Ordnungsmäßigkeit der Unterschrift ist nach der speziellen Verfassung der betreffenden Behörde zu beurtheilen.

4. Der Vertreter muß eine prozeßfähige Person sein (§ 75 C.P.O.). Die Gerichtsbeamten, welche die Versteigerung abhalten, können auch als Vertreter dritter Personen nicht bieten (vgl. Anm 6 zu § 61).

5. Zur Rechtfertigung der Vorschrift des § 65 und über ihr Verhältniß zum früheren Rechte und zu den §§ 75 Nr 2 und 78 bemerken die Motive: „Die Subhastationsordnung von 1869 schreibt zwar nur vor, daß der Zuschlag zu versagen, wenn das Meistgebot durch einen auch nachträglich nicht legitimirten Vertreter abgegeben ist (§ 39 Nr. 2); allein eine Ermächtigung, Gebote in Erwartung späterer Legitimationen anzunehmen, liegt darin nicht. Die Vorschrift hat vielmehr nur den doppelten Inhalt, daß das Gebot eines nicht legitimirten Vertreters, auch wenn es angenommen ist, den Zuschlag nicht zur Folge hat, daß aber die mangelnde Legitimation bis zur Verkündung des Bescheides über den Zuschlag nachgeholt werden kann. Diesen letzteren Satz enthält der Entwurf gleichfalls, jedoch in der Beschränkung, daß der Widerspruch eines Interessenten nothwendig zur Zurückweisung des Gebotes führen muß und deshalb auch die Nachbringung der Legitimation ausschließt (§§ 75 Nr. 2, 78)" — Der Richter hat daher, wenn ihm keine oder keine genügende Legitimation des Vertreters erbracht wird, das von demselben abgegebene Gebot zurückzuweisen. Es bedarf aber in diesem Falle nicht des Widerspruches eines Interessenten. Der Mangel der Legitimation des Vertreters ist von Amtswegen zu berücksichtigen (vgl § 54, 84 Abs. 2 C.P.O.). Wegen der Form der Entscheidung und der Nothwendigkeit der Protokollirung des Sachverhältnisses und der Anträge der Betheiligten vgl. Anm. 2 zu § 66. — Die Zulässigkeit einer Nachbringung der Legitimation, und die Begründung von Widerspruch und Beschwerde bei ungerechtfertigter Zulassung eines nicht legitimirten Vertreters, regeln sich wie bei Zulassung eines unfähigen Bieters; ebenso die Rechtsbehelfe bei unbegründeter Zurückweisung (Anm. 9 zu § 61).

§. 66. Jeder Bieter, dessen Gebot zugelassen worden ist, bleibt an dasselbe gebunden, bis ein höheres Gebot ohne Widerspruch zugelassen worden ist.

Durch Einstellung des Verfahrens oder Aufhebung des Termins wird der Bieter von seiner Verpflichtung frei.

§ 66. Verpflichtung durch das Gebot.

1. Vgl. § 562 Abs. 3 Hann. B.P.O., § 98 R.Zw.G.Entw. — Da die Zwangsversteigerung nicht zu einem Kaufvertrage führt, so kann auch das Gebot in diesem Falle weder als Vertragsofferte, noch als Acceptation einer solchen aufgefaßt werden. (Einl S. 26) Zur Erklärung der Gebundenheit des Bieters bedarf es einer solchen Annahme nicht. Es ist mit Rücksicht auf den Zweck dieses prozessualischen Verfahrens, die Herbeiführung der Befriedigung des betreibenden Gläubigers durch Umsatz des Grundstückes gegen Geld an den Meistbietenden erforderlich, daß der Bieter von dem Gebote nicht willkürlich zurücktreten kann (Vgl. Motive) Der Bieter wird gebunden, weil er sich hat verpflichten wollen und das Gesetz mit Rücksicht auf das Bedürfniß des Falles dieser einseitigen Willenserklärung auf so lange rechtliche Wirksamkeit giebt, als dies die Konstruktion des Verfahrens erfordert.

2. Für die Gebundenheit des Bieters ist die Zulassung seitens des Richters von Bedeutung. Beginnt jene auch schon mit der Abgabe des Gebotes, so muß die Zulassung hinzukommen, damit der Bieter gebunden bleibt; d. h. mit der widerspruchslosen Zurückweisung des Gebotes hört die Gebundenheit auf (§ 98 Nr. 1 R.Zw.G.Entw). Die Zulassung bildet (nach der Rechtssprache der Reichsjustizgesetze vgl § 97 K O.) eine vorläufige, für die Hauptentscheidung nicht verbindliche richterliche Entscheidung dahin, daß die Vorbedingungen der gesetzlichen Zulässigkeit einer Parteihandlung, hier des Gebotes des Bieters, erfüllt sind. — Der Richter hat also vor der Zulassung jedes Gebotes zu prüfen, ob dabei den zu § 61 aufgeführten Erfordernissen (Fähigkeit des Bieters, Form des Gebotes, Erreichen des geringsten Gebotes, Uebersteigen des Vorgebotes) genügt ist, ob bei Geboten eines Vertreters die Bedingungen des § 65 erfüllt sind und ob endlich auf erhobenen Widerspruch Sicherheit geleistet ist (§ 62—64). — Fehlt es an einem der Erfordernisse, so ist die Zulassung zu verweigern, das Gebot zurückzuweisen Zulassung und Zurückweisung bedürfen zunächst einer besonderen Form, namentlich auch der Protokollirung nicht. Die Zulassung kann insbesondere und wird sogar regelmäßig nur durch konkludente Handlungen (Protokollirung des Gebotes oder mündliche Feststellung desselben durch den Richter) erfolgen. — Wenn dagegen ein Interessent gegen die Zulassung einen nicht sofort z. B. durch Sicherheitsleistung zu beseitigenden Widerspruch erhebt oder wenn im Falle der Zurückweisung der zurückgewiesene Bieter widerspricht (vgl. auch § 68 Abs. 2 und Anm. 4 zu § 68), so bedarf es einer ausdrücklichen Entscheidung und deren Protokollirung, sowie der Protokollirung des Gebotes und des Widerspruches und der in Betracht kommenden Thatumstände jedenfalls dann, wenn das betreffende Gebot bei der Ertheilung des Zuschlages von irgend einer Seite in Frage gebracht wird (§ 80) — Es ist nicht ausgeschlossen, daß ein zunächst zugelassenes Gebot hinterher zurückgewiesen wird.

3. Die Verpflichtung des Bieters aus einem zugelassenen Gebote hört auf:

a. wenn ein höheres Gebot ohne Widerspruch zugelassen ist (Abs. 1), so daß auch, wenn dieses nachträglich zurückgewiesen wird, nicht wieder auf den Vorbietenden zurückgegriffen werden kann. Wird das weitere Gebot von dem Richter nicht zugelassen, oder widerspricht ein Interessent der Zulassung, so bleibt der vorige

Bieter gebunden bis zu der Entscheidung über die Zulassung (§ 98 Nr 2 R Zw G.Entw) — Als befreiendes höheres Gebot kann praktisch nur das Meistgebot in Frage kommen, bis zu dessen widerspruchsloser Zulassung der Nächstbietende gebunden bleibt. Die übrigen Bieter sind durch die Zulassung der Zwischengebote befreit Der Meistbietende selbst bleibt, abgesehen von den Fällen unter b, gebunden, auch wenn ihm der Zuschlag (in Folge Widerspruches oder von Amtswegen) versagt ist, bis die Nothfrist für die sofortige Beschwerde (§ 96) abgelaufen ist;

b. wenn eine endgültige oder einstweilige Einstellung des Verfahrens in Folge von Einwendungen des Schuldners oder Dritter, wegen einer vom Gläubiger bewilligten Stundung, oder wegen Erledigung des Verfahrens durch Zurücknahme des Versteigerungsantrages (§§ 70, 71, 73), oder ohne Einstellung des Verfahrens eine Aufhebung des Versteigerungstermines noch nach Abgabe des zugelassenen Meistgebotes erfolgt (vgl. §§ 74, 79) Dasselbe gilt, wenn etwa der Richter von Amtswegen den Termin aufhebt, sei es, weil ein Mangel vorliegt, welcher zur Versagung des Zuschlages von Amtswegen führen würde § 78 Abs 2), — oder ohne jeden Grund. — Bloße Vertagung der Verhandlung ohne Aufhebung des Versteigerungstermines befreit nicht — Wenn im Beschwerdewege die auf Einstellung des Verfahrens oder Aufhebung des Termines lautende Anordnung aufgehoben wird, so kann dadurch die einmal beseitigte Gebundenheit des Bieters nicht wieder hergestellt werden;

c. im Falle des § 96 s. unter a a. E.

§. 67. Vorkaufsrechte sind im Versteigerungstermine vor Schluß der Versteigerung geltend zu machen.

Die Vorschriften der §§. 62 bis 66 finden auf das hiernach abzugebende Gebot des Vorkaufsberechtigten entsprechende Anwendung.

Die Abgabe weiterer Gebote ist nicht ausgeschlossen.

§ 67. Ausübung des Vorkaufsrechtes.

1 Das A.L.R. unterscheidet zwischen persönlichen und dinglichen, durch Eintragung oder Gesetz begründeten Vorkaufsrechten, und gewährt dem Vorkaufsberechtigten (im ersteren Falle, wenn dem Ersteher das persönliche Vorkaufsrecht bekannt war), einen Anspruch auf Herausgabe gegen den Ersteher; jedoch nur wenn den Berechtigten der Verkaufstermin nicht gehörig mitgetheilt oder die Uebergabe vor Ablauf der gesetzmäßigen Frist erfolgt war (§§ 615, 616, 630, 631 I. 20 A.L R, § 9 Verordn. v. 4. März 1834). Hat jene Bekanntmachung stattgefunden, so muß der Berechtigte die Erklärung, ob er die Sache für das darauf gefallene höchste Gebot übernehmen wolle, im Bietungstermine bei Verlust seines Rechtes (d. h. für diesen Fall) abgeben (§§ 6, 16 a a. O.). Das dingliche Vorkaufsrecht des A.L R ist dem deutschrechtlichen Näherrecht in seiner Wirkung gleichgestellt. Das A.L.R. hat beide Institute zu einem verschmolzen (§§ 568—657 a. a. O). Unter dem Vorkaufsrechte im Sinne dieses vom landrechtlichen Sprachgebrauche ausgehenden Gesetzes ist deshalb auch das Näherrecht zu verstehen. Durch den § 67 sind daher sowohl die landrechtlichen und gemein-

rechtlichen Vorschriften, die für die Ausübung des Vorkaufs- und des Näherrechtes voraussetzen, daß das Versteigerungsverfahren beendet sei, beseitigt, als auch § 562 Abs. 3 Hann. B.P.O., welcher bestimmt, daß das Näherrecht durch Ueberbieten geltend zu machen ist (a. M. Rudorff Anm. 1 zu § 67, der mit Unrecht annimmt, daß sich § 67 nur auf das landrechtliche Gebiet beziehe). — Nach dem vorliegenden Gesetze sind die Vorkaufsberechtigten, welchen ein dingliches Recht zur Seite steht, insofern ihr Recht aus dem Grundbuche ersichtlich oder angemeldet ist (§ 21 Nr. 3 und 4) nach § 47 zum Versteigerungstermine zu laden. Das Vorkaufsrecht ist nicht erst nach Abschluß der Versteigerung auszuüben, so daß der Berechtigte in das ermittelte Meistgebot eintritt und ein Weitergebot nicht stattfindet, vielmehr so, daß das Vorkaufsrecht vor Schluß der Versteigerung geltend zu machen ist und weitere Gebote nicht ausschließt, so daß der Vorkaufsberechtigte, um den Zuschlag zu erlangen, zwar nicht überbieten, aber bei jedem weiteren Gebote sein Recht ausüben muß. Ist die Ladung des Vorkaufsberechtigten dem Gesetze entgegen unterblieben, so hat derselbe Beschwerde gegen das Zuschlagsurtheil gemäß § 75 Nr. 7. Die Frist beginnt erst mit der Zustellung des Urtheiles an ihn (§§ 85, 90). — Durch § 67 wird zugleich die in den gemeinrechtlichen Rechtsgebieten bestehende Streitfrage darüber, ob bei Zwangsversteigerungen das Vorkaufs- und Näherrecht überhaupt ausgeübt werden kann, beseitigt. — Bei Zwangsversteigerungen erfolgt im gesammten Geltungsbereiche des Gesetzes die Ausübung der in den verschiedenen materiellen Rechten zugelassenen Vorkaufsrechte in der hier bestimmten eingeschränkten Weise. Dies gilt auch für Vorkaufsrechte, die vor dem Inkrafttreten dieses Gesetzes entstanden sind (R.G. in Juristische Wochenschr. 1886 S. 281).

2. Die gegenüber den landrechtlichen Vorschriften weniger günstige Stellung des Vorkaufsberechtigten wird von den Motiven damit gerechtfertigt, daß das Vorhandensein eines Vorkaufsrechtes sowohl für die nachstehenden Interessenten, als insbesondere für den Schuldner den Nachtheil mit sich bringt, daß sich die Kauflustigen vom Bieten abhalten lassen, weil sie besorgen müssen, aus einem vortheilhaften Meistgebote doch wieder entsetzt zu werden. Außerdem sei bei der Zwangsversteigerung die regelmäßige Voraussetzung für die Ausübung des Vorkaufsrechtes, daß der Eigenthümer willens ist, die Sache zu einem gewissen Preise zu veräußern, nicht vorhanden Da an dessen Stelle die Zwangslage des Eigenthümers trete, so rechtfertige es sich, den Preis, für welchen der Eigenthümer sich den Verkauf gefallen lassen muß, wenigstens in der allerfreiesten Weise ermitteln zu lassen, und zu diesem Zwecke auch ein Ueberbieten des Vorkaufsberechtigten bis zum Abschlusse der Versteigerung zu ermöglichen. Dem Letzteren verbleibe, auch wenn er sich eine solche weitere Steigerung der Gebote gefallen lassen muß, immer noch als werthvoller Inhalt seines Rechtes der Vortheil, daß er in der Lage ist, andere Kauflustige durch ein gleiches Gebot auszuschließen. R.Entw I §§ 485, 954, 955, II §§ 445, 1007 schließen die Ausübung von Vorkaufsrechten bei der Zwangsversteigerung ganz aus.

3. Der Vorkaufsberechtigte tritt hiernach in die Reihe der Bieter ein mit der einzigen Modifikation, daß sein Gebot nicht höher als dasjenige des letzten Bieters zu sein braucht, sondern diesem nur gleichzukommen hat.

Auf das Gebot des Vorkaufsberechtigten finden alle Vorschriften Anwendung, welche sich auf sonstige Gebote beziehen, insbesondere bezüglich der Verpflichtung zur Sicherheitsleistung (R.G. in Jurist. Wochenschrift 1886 S. 281), der Legitimation des Vertreters, der Fähigkeit, sich durch Verträge zu verpflichten und Grundstücke zu erwerben (wozu nach der Stellung des Vorkaufsberechtigten im Zwangsversteigerungsverfahren für Vormünder die Genehmigung des Vormundschaftsgerichts zu erfordern ist — so auch Jäckel Anm. 3. 1. a zu § 75 — selbst wenn man sie bei freiwilliger Veräußerung entbehrlich halten müßte — Eccius Anm. 21 zu § 232), und der Befreiung von dem abgegebenen Gebote gemäß § 66 Abs. 1 und 2. — Da das Gebot des Vorkaufsberechtigten ein Uebergebot nicht ist, so befreit es den letzten Bieter nicht (§ 66 Abs. 1). Handelt es sich um das Meistgebot und wird der Zuschlag dem Vorkaufsberechtigten ertheilt, so ist der Gleichbietende, welchem gegenüber der Zuschlag an den Ersteren als Versagung des Zuschlages erscheint, bis zum Ablauf der Nothfrist für die Beschwerde an sein Gebot gebunden (§ 96).

4. Mit dem Uebergange des Vorkaufsrechtes als dinglicher Belastung des Grundstückes auf den Ersteher hat die Vorschrift des § 67 nichts zu thun. Darüber entscheiden §§ 22 und 60 (s. daselbst Anm. 1).

5 Dingliche Rückkaufsrechte (§§ 308 ff I 11 A.L.R.) oder dingliche Rechte, welche die Befugniß gewähren, für eine bestimmte Summe jederzeit das Grundstück zu übernehmen, sind als dingliche Lasten nach §§ 22 Abs 1 und 2, 53 – 57 zu behandeln, wobei es darauf ankommt, ob sie dem Rechte des betreibenden Gläubigers vorgehen oder nicht.

§. 68. Die Versteigerung darf nicht vor Ablauf einer Stunde seit der Aufforderung zur Abgabe von Geboten (§. 61) geschlossen werden und ist fortzusetzen, bis der Aufforderung des Richters ungeachtet ein weiteres Gebot nicht mehr abgegeben wird. Vor dem Schlusse der Versteigerung hat der Richter das letzte Gebot vernehmlich bekannt zu machen. Der Schluß der Versteigerung ist zu verkünden.

Widerspricht vor dem Schlusse der Versteigerung ein zurückgewiesener Bieter der Zurückweisung, so kann der Richter dem Schluß der Versteigerung die Maßgabe beifügen, daß höhere Gebote des zurückgewiesenen Bieters und des bisherigen Meistbietenden unter Vorbehalt der Entscheidung über die Zulässigkeit der ersteren noch angenommen werden sollen. Die Zulässigkeit gilt als Bedingung für die ferneren Gebote des bisherigen Meistbietenden. Ueber die Zulässigkeit ist durch das über den Zuschlag zu erlassende Urtheil zu entscheiden. Wird ein weiteres Gebot der Aufforderung des Richters ungeachtet nicht mehr abgegeben, so ist die fortgesetzte Versteigerung nach der Vorschrift des ersten Absatzes zu schließen und der Schluß zu verkünden.

§ 68. Schluß der Versteigerung.

1. **Abs. 1.** Vgl. §§ 100, 101 R.Zw.G.Entw. — Der Schluß der Versteigerung beendet den zweiten Abschnitt des Versteigerungsgeschäftes

(Anm. 1 zu § 61). Auch hier wird, wie in § 61, ein bestimmter Zeitablauf und die besondere Hinweisung auf den bevorstehenden Schluß der Versteigerung erfordert. Daß diesen Erfordernissen genügt ist, muß das Protokoll (§ 80) ergeben; insbesondere daher die Stunde und Minute der Aufforderung zur Abgabe von Geboten und des Schlusses der Versteigerung. — Nichtbeachtung der Vorschriften des ersten Satzes des § 68 Abs. 1 begründet Widerspruch und Beschwerde (§§ 75 Nr. 9, 88, 89 Abs. 2) und führt stets zur Versagung des Zuschlages von Amtswegen (§ 78 Abs. 2). Die übrigen Vorschriften des Abs. 1 sind nur instruktionell.

2. Der Schluß der Versteigerung wirkt präkludirend für den Widerspruch gegen die Zulassung des Meistgebotes (Anm. 2. d zu §§ 62—64), für die Geltendmachung der Vorkaufsrechte (§ 67), für den Widerspruch eines Bieters gegen seine Zurückweisung (§ 68 Abs. 2), endlich für den Nachweis von Eintragungen im Grundbuche, welche nach Eintragung des in § 18 bezeichneten Vermerkes erfolgt sind, wenn auf Grund solcher Eintragungen die Geltendmachung des Widerspruches nach § 70 im Versteigerungsverfahren selbst geschehen soll (§ 70 Abs. 1 Schlußsatz). Sind zwei Meistgebote vorhanden (Anm. 7 zu § 61), so sind beide bekannt zu machen. — Rudorff (S. 140) allegirt außerdem die §§ 73 u. 71 Abs. 2, indem er den Unterschied zwischen dem Schlusse der Versteigerung und dem Schlusse des Versteigerungstermines übersieht.

3. Nach Schluß der Versteigerung findet ein fortgesetztes Versteigerungsverfahren, sei es unter den bisher aufgetretenen Bietern, sei es unter Zulassung neuer Bieter, in der Regel nicht statt Der § 68 Abs. 2 begründet eine Ausnahme nur für den dort behandelten besonderen Fall. — Auf Beschluß sämmtlicher betheiligten Interessenten muß aber eine Wiedereröffnung der geschlossenen Versteigerung erfolgen. Der bisherige Meistbietende erlangt durch den Schluß der Versteigerung noch kein Recht auf den Zuschlag; auf der anderen Seite ist dem einstimmigen Beschlusse der betheiligten Interessenten in dem ganzen Verfahren ein maßgebender Einfluß beigelegt (§ 45; s. auch § 51 Abs. 4, Anm. 2. c zu § 72; Anm. 1 zu § 74) Zu beachten ist aber, daß durch eine Wiedereröffnung der Versteigerung auch die in Anm 2 gedachten präklusivischen Wirkungen fortfallen und daß daher zu prüfen ist, ob nicht dadurch die prozessualisch begründeten Rechte einzelner Interessenten, insbesondere des betreibenden Gläubigers (§ 70 Abs. 1), verletzt werden. — Die Zurückweisung weiterer Gebote nach Schluß der Versteigerung trotz des einstimmigen Beschlusses der betheiligten Interessenten begründet Widerspruch und Beschwerde nach §§ 75 Nr. 3, 88. — Ueber Nachgebote vgl. Anm 2. c und 6 zu § 72.

4 Abs. 2 setzt voraus, daß ein zurückgewiesener Bieter gegen seine Zurückweisung rechtzeitig Widerspruch erhoben hat. Die Motive begründen diese Vorschrift mit der Nothwendigkeit, einerseits den Betheiligten Schutz gegen eine ungerechtfertigte Zurückweisung eines Gebotes zu geben, andererseits das Verfahren vor Verzögerungen zu bewahren, welche mit diesem Schutze verbunden werden könnten. — Sie sehen letztere darin, daß durch wiederholte Gebote des Zurückgewiesenen und wiederholte Zurückweisungen das Versteigerungsgeschäft gestört werde, und wollen jenen Schutz dadurch erreichen, daß dem zurückgewiesenen Bieter die Möglichkeit gewährt wird, in dem nach § 68 Abs. 2 fortgesetzten Verfahren das höchste Gebot abzugeben, während § 75 Nr. 10, §§ 87, 88

den benachtheiligten Interessenten ein Widerspruchsrecht und die Beschwerde gegen das Zuschlagsurtheil gewähren, wenn trotz des rechtzeitigen Widerspruches des zurückgewiesenen Bieters das fortgesetzte Verfahren nicht stattgefunden hat, die Zurückweisung des Bieters aber zu Unrecht geschah. — Die Störungen im Verfahren lassen sich zwar nicht völlig verhindern, da der anwesende Bieter durch die Zurückweisung nicht mundtodt gemacht wird. Ist aber dem einmal zurückgewiesenen und widersprechenden Bieter zugleich protokollarisch eröffnet, daß ihm nach Schluß der Versteigerung Gelegenheit gegeben werden solle — unter Vorbehalt der Entscheidung über die Zulässigkeit seiner Gebote — den Meistbietenden zu überbieten, — so wird allerdings die Protokollirung der ferneren Gebote, der Zurückweisung derselben und des wiederholten Widerspruches unterbleiben können. Die Rücksicht auf das Verfahren scheidet aus, wenn die Zurückweisung zuerst bei dem letzten Gebote — dem Höchstgebote erfolgt — Auch auf diesen Fall bezieht sich § 68 Abs 2; denn die Folge der Zurückweisung des Bieters und seines Gebotes ist, daß das zugelassene Nächstgebot eines anderen Bieters als Meistgebot bekannt gemacht wird Dieser ist dann als „bisheriger Meistbietender" im Sinne des § 68 Abs. 2 zu betrachten. In diesem Falle liegt sogar für die Interessenten nicht blos die Möglichkeit einer Schädigung in Folge der Zurückweisung vor, sondern eine ziffermäßig nachweisbare Benachtheiligung Widerspricht der Bieter seiner früher oder bei Gelegenheit der Abgabe des Höchstgebotes erfolgten Zurückweisung nicht rechtzeitig, so hört seine Gebundenheit auf (Anm 2 zu § 66) Er hat kein Recht auf die Eröffnung des fortgesetzten Verfahrens; wohl aber bei Zurückweisung seines Meistgebotes ein Beschwerderecht nach §§ 87 Abs. 2, 89 Abs 1. — Die Interessenten haben kein Widerspruchsrecht gegen die Zurückweisung eines Bieters. Selbst wenn diese zu Unrecht geschah, ist ihnen Widerspruch und Beschwerde gegen die Ertheilung des Zuschlages an den (zugelassenen) Meistbietenden versagt, sofern der Bieter nicht seinerseits widersprochen hat (§ 75 Nr 10). — Anders nach §§ 98 Nr. 1, 101 R Zw.G Entw. — Ist trotz rechtzeitig erklärten Widerspruches des zurückgewiesenen Bieters das fortgesetzte Verfahren nicht eröffnet, so ist für den benachtheiligten Interessenten Widerspruch und Beschwerde nach §§ 75 Nr. 10, 87, 88 begründet.

5. Giebt in dem beschränkten fortgesetzten Versteigerungsverfahren der zurückgewiesene Bieter ein Mehrgebot nicht ab, so ist trotzdem der Schlußsatz des Abs. 2 zur Anwendung zu bringen. Der beim Schluß der (allgemeinen) Versteigerung (Abs. 1) proklamirte Meistbietende ist definitiv Meistbietender geblieben; es bedarf keiner Entscheidung über die Zulässigkeit der vor dem Schlusse der Versteigerung abgegebenen Gebote des zurückgewiesenen Bieters Gegen die Ertheilung des Zuschlages an den Meistbietenden finden wegen ungerechtfertigter Zurückweisung eines anderen Bieters weder Widerspruch noch Beschwerde statt; weil dem § 68 Abs. 2 genügt ist (§ 75 Nr. 10). Werden in dem fortgesetzten Versteigerungsverfahren Mehrgebote abgegeben, so ist der Schluß desselben nach dem Schlußsatze des Abs 2 herbeizuführen. Die Prüfung der Zulässigkeit der Uebergebote des bisher zurückgewiesenen Bieters darf sich nicht auf die früheren Zurückweisungsgründe stützen, wenn dieselben nicht auch bezüglich der Uebergebote vorliegen. (Der Bieter kann z. B. inzwischen geeignete Kautionsmittel zur Stelle geschafft haben.) Ergiebt sich dabei die Unzulässigkeit der Uebergebote, so ist der Zuschlag für das bisherige Meistgebot zu ertheilen, und in dem Zu-

schlagsurtheile die Unzulässigkeit der Gebote des zurückgewiesenen Bieters zu begründen. Gegen dieses Urtheil hat nur der zurückgewiesene Bieter nach § 87 Abs. 2 ein Beschwerderecht. Für die Interessenten fehlen die Voraussetzungen des § 88 Abs. 2, § 75 Nr. 10. — Ist dagegen das von dem zurückgewiesenen Bieter abgegebene Uebergebot zulässig, so ist demselben der Zuschlag zu ertheilen, wenn das Uebergebot zugleich das Meistgebot in dem fortgesetzten Verfahren bildet; anderenfalls erfolgt der Zuschlag an den bisherigen Meistbietenden für sein in dem fortgesetzten Verfahren abgegebenes Bestgebot. — Gegen das Urtheil, welches dem zurückgewiesenen Bieter für sein Meistgebot den Zuschlag ertheilt, findet Beschwerde der Interessenten nach Maßgabe der §§ 75 Nr. 2 u. 11, 87 Abs. 1, 88, 89, und des bisherigen Meistbietenden, der den Zuschlag für sich verlangt hat, nach § 87 Abs. 2 auf Grund der Behauptung statt, daß der Zuschlag ihm hätte ertheilt werden müssen. Letzterer kann auch das Urtheil, durch welches ihm selbst für sein in dem fortgesetzten Verfahren abgegebenes Meistgebot der Zuschlag ertheilt ist, mit der Beschwerde anfechten, weil ihm der Zuschlag nicht für sein früheres Meistgebot ertheilt, und ein Uebergebot des zurückgewiesenen Bieters zu Unrecht zugelassen ist (§§ 68 Abs. 2, 87 Abs. 2).

§. 69. Ist in dem Versteigerungstermin ein zulässiges Gebot nicht abgegeben worden, so wird das Verfahren nur auf Antrag des Gläubigers fortgesetzt. Der Antrag ist dem Schuldner und, wenn ein neuer Eigenthümer zu den Interessenten gehört, auch diesem von Amtswegen zuzustellen.

Sind bei der Bekanntmachung des früheren Versteigerungstermins die Vorschriften des §. 40 Nr. 1, 4, 5, 8, 9 und des §. 46 befolgt, so ist der von Neuem zu bestimmende Termin auf drei bis sechs Wochen hinauszurücken.

Wird der Antrag nicht innerhalb einer Frist von drei Monaten, welche von dem Tage des vergeblich abgehaltenen Termins läuft, gestellt, so gilt der Versteigerungsantrag als zurückgenommen.

§ 69. **Fortsetzung des Verfahrens im Falle ergebnißloser Versteigerung.**

1. Die Vorschriften stehen in Uebereinstimmung mit denjenigen der §§ 50, 51 des Gesetzes. — Vgl. §§ 105, 111 R Zw.G.Entw.

2. **Zu Abs. 1.** Vgl. Anm. 3 zu § 50. — Darüber, wann ein Gebot unzulässig ist, vgl. Anm. 2 zu § 66. Es wird hier vorausgesetzt, daß es nicht nur nicht zur Versagung des Zuschlages durch Urtheil, sondern auch nicht zur Zulassung des Gebotes oder zum Streite über die Zulassung gekommen ist. — Die Fortsetzung des Verfahrens im Falle der Versagung des Zuschlages durch Urtheil regelt § 99, die Fortsetzung für den Fall, daß eine Aufhebung des Termines ohne Urtheil über ein Gebot, welches zugelassen oder streitig geblieben ist, erfolgt, ist in § 79 bestimmt. — § 69 findet ferner Anwendung, wenn nach der Aufforderung zur Abgabe von Geboten (§ 61) bis zum Schlusse der Versteigerung

(§ 68) überhaupt kein Gebot abgegeben ist. — Bis zu dem Antrage ruht das Verfahren. Daß dadurch eine etwa gleichzeitig eingeleitete Zwangsverwaltung als eine selbstständige von der Zwangsversteigerung unabhängige Maßregel nicht berührt wird, haben die Regierungskommissare in der Komm. des H.H. mit Recht hervorgehoben

Der Schlußsatz des Abs. 1 entspricht dem § 50 Abs. 1 Schlußsatz Ueber den Antrag, dessen Form und Zustellung, sowie über das weitere Verfahren vgl Anm 3 zu § 50 Die Ansicht Rudorff's (Anm 1), daß der Antrag den Vorschriften der §§ 14, 15 zu entsprechen habe, trifft hier so wenig zu wie im Falle des § 50 Auch ein Eigenthumswechsel in der Zwischenzeit begründet in dieser Hinsicht einen Unterschied nicht — Uebrigens steht der Fall des § 69 dem Falle einer Einstellung auf Antrag oder mit Bewilligung des Gläubigers keineswegs gleich (Anders § 111 R Zw G Entw) § 51 Abs 2 findet hier keine Anwendung (vgl. Anm 2 zu § 51) Eine Fortsetzung wegen Mangels eines zulässigen Gebotes kann mehrmals erfolgen Auch in dem aus diesem Grunde fortgesetzten Verfahren darf noch eine Einstellung des Verfahrens aus § 51 Abs 1 oder eine Aufhebung des Termines aus § 51 Abs. 2 ohne Nachtheile erfolgen und umgekehrt

3 Abs 2 entspricht dem § 49 Abs 2 (vgl § 50 Abs 2 u 3 und § 74 und wegen des Verfahrens Anm 4 zu § 50)

4 Abs. 3 verlangt, ebenso wie § 51 Abs. 1 und aus den Anm. 1 zu § 51 erörterten Gründen die Stellung des Antrages in der dreimonatigen Frist. Wegen der Berechnung der Frist s. Anm 4 zu § 50. Wegen der Folge der Fristversäumung vgl Anm 1 zu § 51 Der Lauf der Frist ist von Amtswegen (durch Reproduktionsverfügung) zu kontroliren, da die Folge des § 100 von Amtswegen eintreten soll — § 51 Abs 4 findet hier keine Anwendung (Anders § 112 R Zw.G Entw)

5 Nach preußischem Rechte (§ 46 I 20 A L.R.) hat der Schuldner, welcher für eine persönliche Forderung ein Pfand bestellt hat, sofern er noch Eigenthümer der Pfandsache ist, die vielfach, aber irrthümlich, mit dem gemeinrechtlichen beneficium excussionis realis in Verbindung gebrachte Befugniß zu verlangen, daß der Gläubiger zuerst aus der Pfandsache seine Befriedigung suchen solle. (Vgl Anm 8 zu § 2) Ein Antrag auf Aufhebung dieser Bestimmung fiel in der Komm des A.H (Bericht vor § 201) Es entsteht nun die Frage, ob der Gläubiger jener Bestimmung genügt hat und demzufolge ungefährdet andere Exekutionsobjekte in Anspruch nehmen kann, wenn in einem Termine kein zulässiges Gebot abgegeben ist, oder ob er noch zuvor eine oder mehrere Fortsetzungen des Verfahrens versuchen müsse Es genügt, wie in der Komm des A H. (Bericht a a O) hervorgehoben wurde, offenbar das erstere, da das Gesetz von einem mehrmaligen Versuche nichts sagt. Ein Antrag, welcher dies ausdrücken wollte, wurde in der Komm. des A H (Bericht a. a O.) als selbstverständlich abgelehnt.

§. 70. Die Vorschriften des §. 690 der Civilprozeßordnung finden auch dann Anwendung, wenn ein Dritter ein Recht an dem Grundstücke behauptet, welches den Verkauf an den Meistbietenden oder unter den festgestellten Bedingungen unzulässig machen würde. Ist das Recht im Grundbuch eingetragen oder betrifft der Widerspruch die Feststellung des geringsten Gebots, so ist die Geltendmachung des Widerspruchs im besonderen Verfahren nicht erforderlich. Eintragungen im Grundbuche, welche nach Eintragung des in §. 18 bezeichneten Vermerks erfolgt sind, werden nur berücksichtigt, wenn sie spätestens im Termine vor Schluß der Versteigerung nachgewiesen werden.

Die Einstellung des Verfahrens in den Fällen des §. 691 Nr. 4, 5 der Civilprozeßordnung findet nur auf Grund einer nach §. 688 ebenda zu erlassenden Anordnung statt.

Wenn der Schuldner im Versteigerungstermine die Summe, welche durch die Versteigerung beigetrieben werden soll, nebst Zinsen und Kosten, auf seine Gefahr und Kosten für den Gläubiger hinterlegt und für die Kosten des Verfahrens durch baare Hinterlegung eines vom Gericht zu bestimmenden Betrages Sicherheit leistet, so muß das Verfahren eingestellt werden.

§. 71. Einwendungen des Schuldners und nicht eingetragene Rechte Dritter an dem zur Versteigerung gestellten Grundstücke hemmen den Fortgang des Verfahrens nur, wenn auf Grund derselben die Einstellung des Verfahrens nach den Vorschriften der Civilprozeßordnung angeordnet ist.

Nach Schluß des Versteigerungstermins findet eine Einstellung des Verfahrens auf Grund von Einwendungen des Schuldners oder von Rechten Dritter nicht mehr statt.

§§ 70, 71. Einstellung des Verfahrens auf Grund von Einwendungen des Schuldners oder von Rechten Dritter.

1. Vgl. §§ 109, 111, 112 R Zw G.Entw — Die Ordnung der Beendigung und der einstweiligen Sistirung einer eingeleiteten Immobiliar-Zwangsversteigerung ist eine so verwickelte, daß eine zusammenfassende Uebersicht unentbehrlich erscheint. Zunächst greifen hier die Bestimmungen der C.P.O und dieses Gesetzes in einer wenig durchsichtigen Weise in einander. Man wird gemäß dem Einl S. 29 Gesagten der Landesgesetzgebung das Recht zugestehen müssen, auf diesem Gebiete ändernd einzugreifen, soweit es sich um das Verfahren handelt; subsidiär aber bleiben auch hier die Bestimmungen der C.P O. in Geltung, auf welche auch § 71 Abs. 1 d. G. besonders verweist.

Die C.P O und dieses Gesetz gebrauchen für die **beiden** Fälle der Aufhebung und der bloßen Sistirung der Zwangsvollstreckung gemeinsam das Wort **Einstellung**. Beide Fälle müssen aber sorgfältig geschieden werden Grundsatz der C P O. ist, daß die Vollstreckungsorgane als solche, namentlich mit Rücksicht darauf, daß dazu der Gerichtsvollzieher gehört, von eigener Entscheidung der sich bei der Zwangsvollstreckung ergebenden Streitpunkte möglichst fern bleiben sollen. Dieser Grundsatz erleidet aber schon dadurch bei der Immobiliar-Zwangsversteigerung eine gewisse Modifikation, daß hier das nach der C.P.O. zu mannigfachen Anordnungen berufene Vollstreckungsgericht zugleich Vollstreckungsorgan ist. § 70 Abs. 1 bringt aber noch eine weitere Einschränkung. — Im Einzelnen gestaltet sich Aufhebung und einstweilige Einstellung der Immobiliar-Zwangsversteigerung folgendermaßen:

A. Aufhebung.

Zu unterscheiden ist die Aufhebung von Amtswegen und die Aufhebung auf Antrag.

I. Aufhebung von Amtswegen Regelmäßige Beendigungsart der Zwangsversteigerung ist, daß die Befriedigung des Gläubigers in dem gesetzlich geordneten Verfahren zur Durchführung gebracht wird Vgl Anm 10 zu § 124.

Im Weiteren gehört dahin die Unterlassung eines Fortsetzungsantrages in den Fällen der §§ 51 Abs 1 und 2, 69 Abs. 3, 99 Abs 4 d G. Denn wenn das Gesetz dieselbe auch im Wege der Fiktion einer Rücknahme des Versteigerungsantrages gleichstellt, so handelt es sich doch in Wirklichkeit um eine Aufhebung, welche von Amtswegen herbeizuführen ist. Ferner der Fall der Versagung des Zuschlages, sofern eine erneute Versteigerung unzulässig ist (Anm. 1 zu § 99.)

Außerdem aber hat das Versteigerungsgericht nicht nur im Falle des § 20, sondern ganz allgemein dann einzustellen, wenn sich herausstellt, daß prozessualische Voraussetzungen des Verfahrens von Anfang an nicht vorhanden waren, z B. Eigenschaften des Grundstückes sich ergeben, welche die Veräußerung hindern (s. oben Anm. 4c, 8 zu § 1) und der Mangel nicht beseitigt werden kann, sowie dann, wenn sich nachträglich ein Umstand ergiebt, der das bisherige Verfahren ganz oder zum Theil unbrauchbar erscheinen läßt. (Vgl Anm. 5 zu § 2, Anm. 6 a Abs 4 zu §§ 75/78.) Endlich ist die Einwirkung des Konkurses von Amtswegen zu berücksichtigen. (Vgl. im Näheren Anm. 6 b zu § 2.)

II. Aufhebung auf Antrag, der auch schon vor dem Versteigerungstermine schriftlich gestellt werden kann,

a. des Gläubigers, s darüber § 73;

b. des Schuldners. Es bedarf hier, anders wie bei dem Antrage des Gläubigers, stets einer besonderen Begründung. Die einzelnen hierher gehörigen Fälle sind:

1) Wegfall des Schuldtitels oder seiner Vollstreckbarkeit (s Anm. 4a ζ zu § 2).

2) Wegfall der Vollstreckungsklausel (s Anm 4 b zu § 2).

3) Mangelhaftigkeit der im Zwangsvollstreckungsverfahren angebotenen Gegenleistung (s Anm 5 g zu § 2).

4) Beeinträchtigung der Rechtsstellung des Benefizialerben (s. Anm 6 d zu § 2).

5) Beeinträchtigung der Rechtswohlthat der Kompetenz (s Anm 6 f zu § 2).

6) Nichtbeachtung der Beschränkung aus § 46 I, 20 A L.R. bei persönlichen, durch Pfand gesicherten Forderungen (Anm 8 zu § 2 und Anm 5 zu § 69).

In allen diesen Fällen ist zunächst die vollstreckbare (einer Vollstreckungsklausel aber nicht bedürftige) Entscheidung des zuständigen Gerichtes zu erwirken bez.

im Falle, daß die Vollstreckbarkeit durch Sicherheitsleistung oder Hinterlegung beseitigt wird, die Urkunde über die Sicherheitsleistung oder Hinterlegung zu beschaffen. Auf Grund dieser Urkunden hat dann das Vollstreckungsgericht gemäß §§ 691 Z. 1 u. 3 und 692 C.P.O. in Verbindung mit **§ 71 Abs. 1** dieses Gesetzes das Verfahren unter Aufhebung der bereits erfolgten Vollstreckungsmaßregeln endgültig einzustellen.

7) Geltendmachung von Einwendungen bei dem Vollstreckungsgerichte gemäß § 685 Abs. 1 C.P.O. (s. Anm. 10e zu § 3). Dieser Weg ist namentlich auch dann einzuschlagen, wenn die Nichtgewährung der Gegenleistung, von welcher die Vollstreckung abhängt (Anm. 5g zu § 2), geltend gemacht werden soll. Ergiebt sich hierbei, daß die Einwendung begründet ist und die Aufhebung der Zwangsvollstreckung zur Folge haben muß, so hat das Vollstreckungsgericht die Aufhebung auszusprechen. (**§ 71 Abs. 1.**)

8) Eine Zahlung an das Vollstreckungsgericht würde den Schuldner nicht befreien, da dieses nicht gleich dem Gerichtsvollzieher (§ 675 C.P.O.) berufen ist, die Leistung an Stelle des Gläubigers in Empfang zu nehmen. Zum Ersatze dafür dient die Hinterlegung gemäß **§ 70 Abs. 3**, welche ebenfalls zur direkten Aufhebung des Verfahrens führt. Näheres unten Anm. 3;

c. eines Dritten. Darüber unten Anm. 5.

Die Aufhebung (I u. II) wird dadurch ausgeführt, daß das Vollstreckungsgericht die Einleitungs- oder Beitrittsbeschlüsse, welche zu Gunsten derjenigen Gläubiger erlassen sind, gegen welche die Aufhebungsthatsache wirkt, durch Beschluß aufhebt. Der Beschluß ist, sofern er nicht verkündet wird, dem Schuldner und den betroffenen Gläubigern von Amtswegen, unter Anwendung der besonderen Vorschriften des § 4 Abs. 1 und 2, zuzustellen. — Sind andere betreibende Gläubiger vorhanden, welche von der Aufhebung nicht betroffen werden, so ist das Verfahren fortzusetzen. § 49 ist zu beachten. Für den betroffenen Gläubiger ist das Verfahren in jedem Falle definitiv beendigt (§ 50 Abs 4). Vgl. aber Anm. 6 zu § 50. Sind alle betreibenden Gläubiger von der Aufhebung betroffen, so sind alle schwebenden Vollstreckungsmaßregeln, insbesondere der Versteigerungstermin, aufzuheben. Außerdem ist nach § 100 zu verfahren. Es bedarf dazu nicht des Ablaufes der Beschwerdefrist, da die Beschwerde aufschiebende Wirkung nicht hat (vgl. § 535 Abs. 1 C.P.O.). Indeß wird es, wenn Beschwerde eingelegt wird, zweckmäßig sein, die Löschung zu sistiren (§§ 535 Abs. 2 und 3 C.P.O.). Falls die Beschwerdeinstanz den Beschluß aufhebt, ist das Verfahren von Amtswegen fortzusetzen. § 50 Abs. 1 muß außer Anwendung bleiben. — Im Falle der Aufhebung sind die Kosten des Verfahrens, ohne daß es darüber einer Entscheidung bedarf, von dem betreibenden Gläubiger zu erheben (§ 11 Abs. 2 K.G. Für den Fall einer Mehrheit von betreibenden Gläubigern vgl. Abs. 3).

B. Einstweilige Einstellung.

I. auf Anordnung einer anderen Behörde. Solche Anordnungen sind von dieser Behörde zu erlassen:

a. von Amtswegen. Im Falle der Erhebung eines Kompetenzkonfliktes muß das Gericht, bei welchem die Sache schwebt, die einstweilige Einstellung (ohne Sicherheitsleistung, aber unter Aufrechterhaltung der erfolgten Vollstreckungsmaßregeln) anordnen (§ 19 d. V. v. 1. August 1879, G.S. S. 573, § 15 Z. 1 E.G. C.P.O.).

Die Vorschrift wird auch auf den Fall des Konfliktes entsprechend anzuwenden sein (Anm. 4a. ζ aa αα zu § 2);

b. auf Antrag. Hier sind die vorkommenden Fälle in 5 Gruppen zu zerlegen:

1) Verfahren auf Abänderung des Schuldtitels mittelst Einspruches, Rechtsmittels, Wiedereinsetzung in den vorigen Stand und Wiederaufnahme des Verfahrens (§§ 647, 657 C P O, Anm 4 a ζ. aa ββ. u γγ). Im Nachtragsverfahren nach mit Vorbehalt erlassenen Urtheilen (daselbst δδ) besteht eine analoge Maßregel nicht.

2) Durchführung von Einwendungen gegen den Schuldtitel oder die Vollstreckungsklausel oder Geltendmachung der Beneficialerbeneigenschaft, der Mangelhaftigkeit der Gegenleistung, des beneficium competentiae und des landrechtlichen beneficium excussionis mittelst Rechtsstreites (§§ 688, 689, 696 Abs. 3 C P.O., Anm. 4 a. ζ aa εε u. bb, 4 b α E., 5 g, 6 d u f, 8 zu § 2.)

3) Geltendmachung von Einwendungen gegen die Vollstreckungsklausel bei dem Gerichte der Ertheilung (§ 668 Abs. 2 C P O, Anm 4 b α E. zu § 2.).

4) Aufgebot der Nachlaßgläubiger und Vermächtnißnehmer auf Antrag des Beneficialerben oder des Nachlaßpflegers im Gebiete des A L R (§§ 1, 11 d. G v. 28. März 1879, § 696 Abs. 2 und 3 C P.O., Anm. 6 d β zu § 2).

5) Widerspruchsrechtsstreit auf Betreiben eines Dritten (§ 690 Abs 3 unten Anm. 5 u. Anm. 8 zu § 2).

In dem Falle zu 4 ist die einstweilige Einstellung obligatorisch, in den übrigen Fällen ist sie fakultativ. In den Fällen 1, 2 und 5 wird sie schlechthin, im Falle 4 für die Dauer des Verfahrens und im Falle 2 bis zur Erlassung des Urtheiles ausgesprochen In dem zuletzt gedachten Falle kann auch das Urtheil dieselbe Anordnung enthalten, aufheben, abändern oder bestätigen In dem Falle zu 4 erfolgt die einstweilige Einstellung ohne Sicherheitsleistung, in den Fällen zu 2—4 hängt es vom richterlichen Ermessen ab, ob vorgängige Sicherheitsleistung stattzufinden hat und in dem Falle zu 1 darf nur dann von der Sicherheitsleistung abgesehen werden, wenn ein nicht zu ersetzender Nachtheil glaubhaft gemacht wird Mit der einstweiligen Einstellung muß im Falle zu 4 die Aufhebung der nach dem Aufgebotsantrage erfolgten Vollstreckungsmaßregeln ohne Sicherheitsleistung ausgesprochen werden In den übrigen Fällen ist die Aufhebung aller Vollstreckungsmaßregeln zulässig; aber sie darf, abgesehen von den Fällen zu 3 und zu 5, nur gegen Sicherheitsleistung ausgesprochen werden. In Fällen fakultativer Einstellung (1—3 und 5) kann statt der einstweiligen Einstellung auch angeordnet werden, daß die Zwangsvollstreckung nur gegen Sicherheitsleistung stattfinde oder fortgesetzt werde. Im Falle zu 1 sind auch noch andere einstweilige Anordnungen zulässig

Auf das Zwangsversteigerungsverfahren erhält die Anordnung der einstweiligen Einstellung dadurch Einfluß, daß dem Vollstreckungsgerichte die vollstreckbare Ausfertigung nöthigenfalls mit dem Nachweise der erforderten Sicherheitsleistung mittelst besonderen schriftlichen Gesuches oder mündlich im Versteigerungstermine vorgelegt wird. (§ 691 Z 2, 692 C.P.O. in Verbindung mit **§ 71 Abs. 1 d. G**) Das Vollstreckungsgericht hat, wenn die Aufhebung aller Vollstreckungsmaßregeln angeordnet ist, das Verfahren, soweit es von der Einstellung betroffen ist (s. unter A. a. E), zu beendigen. Die einstweilige Einstellung steht in diesem Falle in ihren Wirkungen auf das Verfahren der Aufhebung völlig gleich. Es ist nur ein neues Verfahren möglich, nachdem die Einstellungsanordnung weggefallen ist. (Vgl. § 50 Abs. 4 und Anm 6 zu § 50). Ist die angeordnete einstweilige Einstellung nicht mit der Aufhebung aller Vollstreckungsmaßregeln verbunden, so ist das Verfahren nur einzustellen. Es bleibt aber anhängig, § 100 bleibt außer Anwendung; — bezüglich der Aufhebung der schwebenden Vollstreckungsmaßregeln ist wie bei einer Aufhebung (s unter A. a. E) zu verfahren. Der Meistbietende wird frei (§ 66 Abs. 2). Je nach dem Ausfalle der definitiven Entscheidung kann die Aufhebung oder die Fortsetzung (§ 50) des Verfahrens beantragt werden. — Sind nicht alle Gläubiger von der Einstellung betroffen, so nimmt das Verfahren bezüglich der übrigen seinen Fortgang (vgl Anm 5 zu § 50).

c. Die Anordnung, daß die Zwangsvollstreckung nur gegen Sicherheitsleistung fortzusetzen, muß ebenfalls die einstweilige Einstellung des Verfahrens unter Aufrechterhaltung der Vollstreckungsmaßregeln zur Folge haben. Die Fortsetzung gemäß § 50 b G. kann erst erfolgen, wenn die Sicherheitsleistung vom Gläubiger nachgewiesen ist Es erscheint aber zulässig und empfehlenswerth, den Gläubiger vor der Einstellung anzuhören, damit er durch den Nachweis der Sicherheitsleistung die Ausführung der Einstellung beseitigen kann.

II. durch die Anordnung des Versteigerungsgerichtes selbst:

a. auf Antrag des Gläubigers. Darüber s. § 51 d. G;

b. ohne Antrag des Gläubigers. Hierher gehören folgende Fälle:

1) In den zu B I b. unter 2 und 5 genannten Fällen eines die Zulässigkeit der Zwangsvollstreckung betreffenden Rechtsstreites kann das Vollstreckungsgericht selbst, auch wenn der Rechtsstreit noch nicht begonnen hat, dieselben Anordnungen erlassen, wie das Prozeßgericht Indessen ist diese Befugniß „auf dringende Fälle" beschränkt. Auch hat das Vollstreckungsgericht bei seiner Anordnung eine Frist zu bestimmen, innerhalb welcher die Entscheidung des Prozeßgerichtes beizubringen ist. Doch hat diese Fristbestimmung auf die Einstellung zunächst keinen Einfluß. (§§ 688 Abs. 2, 690 Abs. 3, 696 Abs. 3 C P.O Vgl. auch Anm. 3 zu § 50) Wegen der Fortsetzung s. § 50

2) Wenn bei dem Vollstreckungsgerichte Einwendungen gegen die Art und Weise der Zwangsvollstreckung und das bei derselben zu beobachtende Verfahren erhoben werden (§ 685 Abs. 1 C.P.O., Anm. 10e zu § 3, oben Anm. A II b. 7), so kann das Vollstreckungsgericht einstweilige Anordnungen treffen, insbesondere dahin, daß die Zwangsvollstreckung gegen oder ohne Sicherheitsleistung einstweilen einzustellen, oder nur gegen Sicherheitsleistung fortzusetzen sei. Die Fristbestimmung entfällt hier. Wegen der Fortsetzung s § 50

3) Nach den Vorschriften der Civilprozeßordnung (§§ 691 Z 4 und 5 und 692) muß außerdem die Vollstreckungsbehörde (Vollstreckungsgericht oder Gerichtsvollzieher) die Zwangsvollstreckung unter Aufrechterhaltung der bereits erfolgten Vollstreckungsmaßregeln einstweilen einstellen, wenn, und zwar regelmäßig seitens des Schuldners, eine Stundungsbewilligung des Gläubigers, wenn auch nur in Privaturkunde, vorgelegt oder die direkte Befriedigung des Gläubigers durch Urkunde oder Postschein über Absendung einer entsprechenden Postanweisung glaubhaft gemacht wird Das Verfahren muß aber auf einfaches Verlangen des Gläubigers jederzeit fortgesetzt werden und dann erübrigt nur, daß der Schuldner im Wege des Rechtsstreites Einwendungen gegen den durch den Schuldtitel fest-

gestellten Anspruch geltend macht (§ 686 C P.O) und im Anschlusse daran einstweilige Anordnungen des Prozeßgerichtes bez. des Vollstreckungsgerichtes nach § 688 C P.O erwirkt (s. oben A II b 1, B I b. 2 und B II b 1).

Diese Vorschrift ist aber für die Zwangsversteigerung von Grundstücken durch **§ 70 Abs.** 2 außer Kraft gesetzt. Der Schuldner kann, auch wenn er im Besitze der in dem § 691 Abs 4 und 5 erwähnten öffentlichen Urkunden über die Tilgung der Schuld oder eine Stundungsbewilligung ist, auf dem in § 691 Nr. 4 und 5 C P O vorgezeichneten Wege überhaupt eine Einstellung des Verfahrens nicht erzielen. Das Gesetz verweist ihn vielmehr auf den § 688 C.P.O. Er muß also zuvor bei dem Prozeßgerichte, bei welchem er die Klage zur Geltendmachung der Tilgung oder Stundung angestrengt hat, oder nach § 688 Abs. 2 C P O. bei dem Vollstreckungsgerichte einen die Einstellung anordnenden Beschluß erlangen Die Ausführung der Einstellung durch das Vollstreckungsgericht erfolgt dann nicht gemäß Nr 4 und 5, sondern gemäß Nr 2 des § 691 C.P.O. Daraus ergeben sich folgende andere A b w e i c h u n g e n v o n d e r C P O :

α. Nach § 691 Nr 4 und 5 muß die Einstellung erfolgen, sobald die betreffenden Urkunden vorgelegt werden. — Nach § 688 C.P O. kann die Anordnung der Einstellung erfolgen. Der Richter kann die Anordnung versagen, wenn er dies nach seinem freien Ermessen für angebracht hält.

β Nach § 691 Nr. 4 und 5 reicht die Vorlegung der betreffenden Urkunden zur Begründung des Antrages unter allen Umständen aus — Nach § 688 C.P.O sind die thatsächlichen Behauptungen, welche den Antrag begründen, glaubhaft zu machen (§ 266 C P O) Es unterliegt also mit den für den Urkundenbeweis gegebenen Modifikationen (§§ 380 ff C.P O.) der richterlichen Beweiswürdigung (§ 259 C.P O), ob durch jene Urkunden die Behauptungen des Schuldners für glaubhaft gemacht erachtet werden.

γ. Nach § 691 Nr. 4 und 5 wird die Einstellung stets von dem Vollstreckungsgerichte veranlaßt Eine Dringlichkeit ist nicht Vorbedingung Nach § 688 C P O hat in der Regel die Anordnung von dem Prozeßgerichte auszugehen Das setzt voraus, daß die Klage bereits erhoben ist (Seuffert, Kommentar Anm. 2 Abs 2 zu § 688). Die Anordnung durch das Vollstreckungsgericht setzt nach § 688 voraus, daß der Fall ein dringender ist. An dem Nachweise der Dringlichkeit muß auch für den hier in Rede stehenden Fall festgehalten werden. So auch Rudorff Anm 2 Abs 2 zu § 70.

δ. Nach § 691 Nr. 4 und 5 darf nur Einstellung ohne Aufhebung der Vollstreckungsmaßregeln erfolgen (§ 692 C P O.), nach § 688 kann auch Aufhebung der Vollstreckungsmaßregeln gegen Sicherheitsleistung angeordnet werden.

ε. Nach § 691 Nr 4 und 5 darf die Einstellung von einer Sicherheitsleistung nicht abhängig gemacht werden, nach § 688 erscheint dies zulässig.

ζ. Das Vollstreckungsgericht hat, anders wie nach § 691 Nr 4 und 5, im Falle des § 688 eine Frist zu bestimmen, innerhalb welcher die Entscheidung des Prozeßgerichtes beizubringen sei Die Bemerkung Vollmar's (Anm. 4 zu § 70), daß das Präjudiz dabei nicht dahin, daß nach fruchtlosem Ablaufe der Frist die Zwangsversteigerung fortgesetzt werde, sondern dahin, daß dies nach fruchtlosem Ablaufe der Frist auf Antrag des Gläubigers geschehen werde, trifft nicht zu Es ist überhaupt kein Präjudiz zu stellen. Die Fortsetzung erfolgt allerdings nur auf Antrag (§ 50).

Aus Vorstehendem ergiebt sich, daß § 70 Abs. 2 ganz gleichbedeutend mit der Vorschrift ist: Die Einstellung des Verfahrens gemäß § 691 Nr. 4 und 5 der C.P.O. findet nicht statt. (So auch Ring, Ztschr. f. d. Cw.Proz. 8 S 410.)

Die Zulässigkeit dieser Abweichung von der C P.O rechtfertigen die Motive damit, daß § 691 Nr. 4 und 5 C P O., von denen sie annehmen, daß sie nur für den Gerichtsvollzieher bestimmt seien, „auf ein von dem Gerichte selbst geleitetes Verfahren nicht ohne Weiteres Anwendung finden können In einem solchen Verfahren sei das Gericht sofort in der Lage, über die Einwendung zu befinden, und es habe dies wie in allen anderen Fällen auszuführen." Der Schlußsatz zeigt, daß die Motive die Tragweite der Bestimmung nicht erkannt haben Richtig ist nur, daß in dem nicht gerade häufigen Falle, daß der Gläubiger trotz der Vorlegung der Urkunden die Fortsetzung des Verfahrens verlangt, der Schuldner auf den Weg der §§ 686, 688 C P O. verwiesen werden muß. Unrichtig dagegen die in der C.P.O. nirgends zum Ausdruck gebrachte Ansicht, daß die §§ 691 Nr. 4 und 5 C P O an sich hier nicht zur Anwendung kommen könnten und nur für den Gerichtsvollzieher bestimmt seien. (Vgl. Motive zu § 109 R.Zw G.Entw. A. M. Jäckel Anm. 3a zu § 71.) Da indeß die Vorschrift des § 70 Abs 2 das Verfahren selbst betrifft, so ist nach dem Einl. S. 29 Ausgeführten diese sachlich wenig gerechtfertigte Abweichung von der C.P.O. nicht als rechtlich unzulässig zu bezeichnen. — Wie die Motive zu § 10 Zw G. und Kurlbaum a. a. O. S. 40 hervorheben, bezieht sich die Bestimmung nicht auf den Fall, daß der Schuldner eine Erklärung des Gläubigers einreicht, in welcher dieser die Aufhebung des Verfahrens oder die Einstellung desselben beantragt oder bewilligt. In diesen Fällen ist nach den §§ 51, 73 zu verfahren.

4) Wenn sich in dem Verfahren selbst ein Anstand ergiebt, dessen Beseitigung möglich ist, so hat das Vollstreckungsgericht von Amtswegen mit dem Verfahren inne zu halten (vgl Anm. 5 zu § 2), und zur Beseitigung des Mangels unter Bestimmung einer Frist aufzufordern. Nach Beseitigung des Mangels bez. Ablauf der Frist ist dann von Amtswegen das Verfahren je nach Lage der Sache fortzusetzen oder aufzuheben.

2. Die C P.O. hat keine zeitliche Grenze für die Einstellung der Zwangsvollstreckung bestimmt. Es liegt aber in der Natur der Sache, daß dieselbe mit der Wirkung, daß die Veräußerung des Gegenstandes der Befriedigung unterbleibt, nur bis zur Vollendung dieser Veräußerung möglich ist. Vollendet ist die Veräußerung gepfändeter beweglicher körperlicher Sachen mit der Ertheilung des Zuschlages durch den Gerichtsvollzieher bez. der Vollendung des Verkaufes aus freier Hand (Seuffert Anm. 2.a zu § 690) Vollendet würde in diesem Sinne die Zwangsversteigerung eines Grundstückes erst durch die Ertheilung des Zuschlages sein (§§ 83, 97). Gleichwohl hat § 71 Abs. 2 in dieser Beziehung eine frühere Zeitgrenze festgesetzt. Auch hierin sieht Ring (a a. O. S. 528) mit Unrecht einen Widerspruch gegen das Reichsrecht. Die Motive rechtfertigen dies wie folgt: „Der Schluß des Versteigerungstermines ist der letzte Zeitpunkt für die Einstellung des Verfahrens, da mit der Feststellung des Meistgebotes und der darauf abgegebenen oder versäumten Erklärung der Interessenten Alles gegeben ist, wonach das Zustandekommen des Vertrages zu beurtheilen ist, und nachher nur noch zu beurtheilen bleibt, ob der Vertrag zu Stande gekommen ist." — Es bedarf aber auch hier ebensowenig wie für § 72, bei welchem die Motive auf

die vorstehende Begründung verweisen, der Annahme eines Vertrages, um die Bestimmung zu erklären — Der Eigenthumserwerb des Meistbietenden wird nach dem Gesetze durch eine richterliche Entscheidung bewirkt, in welcher zu prüfen ist, ob alle sonstigen Vorbedingungen für den Erwerb vorliegen (§ 81). Für die thatsächlichen Vorgänge, welche in dieser Entscheidung zu berücksichtigen sind, muß eine vor der Fällung, wenn auch noch so kurz vor derselben liegende zeitliche Grenze derart festgestellt werden, daß spätere Ereignisse bei der richterlichen Prüfung unberücksichtigt bleiben Diese Grenze hat das Gesetz im Allgemeinen in den Schluß des Versteigerungstermines gelegt (§ 72) Es hat in Verbindung damit auch dem Meistbietenden von diesem Zeitpunkte ab ein Recht auf den Erwerb gegeben (§ 87 Abs 2) Deshalb mußten von diesem Zeitpunkte an allen Ereignissen, welche sonst auf die Veräußerung hemmend oder hindernd eingewirkt hätten, ein derartiger Einfluß genommen werden (vgl. auch §§ 73 und 74). — Der Schluß des Versteigerungstermines, nicht zu verwechseln mit dem Schluß der Versteigerung (§§ 68 Abs 1, 70 Abs 1, 67 Abs 1), fällt zusammen mit dem Abschlusse des Versteigerungsprotokolles (§ 72 Abs 3, Anm. 4 zu § 72). Es ist also erforderlich, daß vor diesem Zeitpunkte nicht nur die die Einstellung begründenden Momente (Einstellungsanordnung, Sicherheitsleistung § 691 Nr. 3 C P O.) eingetreten, sondern daß auch der Antrag der Betheiligten unter Beibringung der erforderlichen Nachweisungen bei dem Versteigerungsrichter gestellt ist Kurlbaum (n. G S 54) will für den Fall, daß die Einstellung aus Veranlassung eines die Feststellung des geringsten Gebotes betreffenden Rechtsstreites angeordnet ist, und der betreffende Anspruch bez dessen Rang nicht der Vorschrift der §§ 55 Abs 5, 56, 48 gemäß angemeldet war, den Antrag auf Ausführung der Einstellung bei dem Versteigerungsrichter nach der Aufforderung zur Abgabe von Geboten nicht mehr zulassen. Er verwechselt dabei die Vorbedingungen der Anordnung der Einstellung mit den Vorbedingungen der Ausführung derselben (Anm 1 A u B)

Durch die Bestimmung des Abs 2 ist nicht ausgeschlossen, daß Einwendungen des Schuldners oder Rechte Dritter anderweit, namentlich auch bezüglich des Erlöses, geltend gemacht werden. Nur die Veräußerung des Gegenstandes der Zwangsversteigerung ist für die Zukunft vor der Einwirkung von Momenten, welche eine Einstellung begründen würden, sichergestellt. — Kommt es nicht zur Ertheilung des Zuschlages und wird das Verfahren demnächst fortgesetzt (§§ 74, 79), so ist diese Präklusion für das fortgesetzte Verfahren ohne Bedeutung.

3 Gegen die Entscheidung des Vollstreckungsgerichtes über den Antrag auf Aufhebung oder Sistirung des Verfahrens findet in allen Fällen sofortige Beschwerde statt (§ 701 C P O s. jedoch Anm. 10c zu § 3.) — Außerdem berechtigt die Ablehnung oder Nichtberücksichtigung eines gehörig begründeten und rechtzeitig gestellten Antrages zum Widerspruche (§ 75 Nr. 1) gegen den Zuschlag und zur Beschwerde (§ 88 Abs 2) über die Ertheilung desselben. — Versagung des Zuschlages von Amtswegen nicht tritt ein (§ 78 Abs 2)

4 **Zu § 70 Abs. 3.** Vgl § 103 R Zw G Entw. — Der ordentliche Weg, auf dem der Schuldner die Aufhebung einer zu Recht eingeleiteten Zwangsvollstreckung behufs Vermeidung der Zwangsveräußerung herbeiführen kann, muß damit beginnen, daß dem Gläubiger Befriedigung verschafft wird Dieselbe kann nach gemeinem wie nach preußischem Rechte nicht nur von dem Schuldner, sondern

auch von Dritten, selbst gegen den Willen des Schuldners geleistet werden (fr. 38 (39) D. de. neg gest. 3, 5, § 43 I. 16 A L R). Der Gläubiger darf die Annahme nicht weigern (fr. 72 § 2 D. de solut. 46, 3, § 49 I. 16 A L R), es sei denn — nach preußischem Rechte —, daß Schuldner und Gläubiger widersprechen (§ 51 I. 16 A.L R.) Ein besonders häufiger Fall der Zahlung durch einen Dritten, in welchem auch der angeführte § 51 außer Anwendung bleibt, ist der, daß ein dinglicher Gläubiger von seinem ius offerendi Gebrauch macht (fr. 12 § 6 und 9, fr. 16, 20 D. qui pot 20, 4; §§ 36 ff. I 20 A L R) Der Gläubiger ist wegen Hauptforderung, Zinsen und Kosten in dem Umfange zu befriedigen, als dieselben durch die Zwangsvollstreckung beigetrieben werden sollen (§ 697 C P O, § 84 b. G.) Es ist also namentlich der zur Deckung der baaren Auslagen an das Gericht gezahlte Vorschuß (§ 11 Abs. 1 des Kostengesetzes) und der an den Anwalt etwa gezahlte Vorschuß zu bezahlen. Es ist ferner der Gläubiger von der Forderung der Staatskasse an ihn auf Zahlung der Zwangsversteigerungskosten (§ 11 Abs 2 des Kostengesetzes) und von der Forderung seines Prozeßbevollmächtigten auf Zahlung seiner Gebühren und Auslagen zu befreien — Die Zahlung muß an den Gläubiger selbst erfolgen, eine Zahlung an das Vollstreckungsgericht befreit nicht. (So auch Mot zu § 103 R Zw G Entw. A M. Jäckel Anm. 3 zu § 70, s. unten Anm 1. A II b 6) Demnächst muß der Gläubiger den Antrag zurücknehmen (§ 73). Entzieht er sich dieser Pflicht, so muß der Schuldner auf dem § 686 bez. § 688 C P O. angegebenen Wege die Aufhebung der Zwangsvollstreckung herbeiführen. Im engeren Zwangsversteigerungsverfahren kann er den Einwand der Zahlung nicht erheben (s Anm. 1 B IIa 3).

Dem dringenden Interesse des Schuldners, auch noch in dem letzten Augenblicke vor dem Eintritte der Unabänderlichkeit der Veräußerung die Möglichkeit zu haben, durch Befriedigung der betreibenden Gläubiger die Aufhebung des Verfahrens herbeizuführen, entspricht § 70 Abs 3, welcher, wie § 33 S.O. dem Schuldner ermöglicht, auf einfachere, von der Mitwirkung Dritter unabhängige Weise zwar noch nicht die Aufhebung, aber doch die vorläufige Einstellung des Verfahrens herbeizuführen, um dann in der so gewonnenen Zeit die endgültige Aufhebung des Verfahrens durchsetzen zu können.

a Das Gesetz verlangt bezüglich des Kapitals nebst Zinsen und Kosten Hinterlegung für den Gläubiger, bezüglich der Kosten des Verfahrens Sicherheitsleistung durch Hinterlegung. Daraus folgt, daß, während die Hinterlegung des vom Gerichte bestimmten Betrages zur Kostendeckung zum Zwecke der Sicherheitsleistung erfolgt, also nicht ohne Weiteres zur Auszahlung der Summe an den Gläubiger zu führen hat, die Hinterlegung der beizutreibenden Forderung mit Nebenforderungen erfolgt, um die Befreiung von der Verbindlichkeit herbeizuführen. Gleichwohl ist diese Hinterlegung nicht, wie Kurlbaum S.O. S. 33, Volkmar Anm 5 zu § 70 und Jäckel Anm 3 zu § 70 annehmen, eine Zahlung. (Vgl. oben Anm. 1 A II b. 8.) Sie ist auch keine bedingte oder eventuelle Zahlung, auch kein Akt, der mit den Wirkungen einer Zahlung bekleidet wäre; der Fall ist, wenn man auch von der abweichenden Regelung der Gefahr ganz absieht, dem Falle der Zahlung an den Gerichtsvollzieher keineswegs gleichgestellt. Im letzteren Falle (§ 675 C.P O) ist die Leistung an den Gerichtsvollzieher Zahlung Es tritt, und das ist für eine Zahlung wesentlich, Befreiung ein. Im vorliegenden Falle tritt durch die Hinterlegung keine Befreiung ein, auch keine resolutiv-bedingte, so daß die Forderung im Falle, daß das Geld vor der Ablieferung an den Gläubiger untergehen sollte, wieder auflebte. Die Hinterlegung erfolgt auf Gefahr und Kosten des Schuldners (§ 103 R Zw G Entw). — Nach allgemeinen Grundsätzen kann eine Zahlung nur durch Aushändigung des Geldes an den Gläubiger oder dessen legitimirten Vertreter erfolgen Davon kann hier nicht die Rede sein. Durch eine Hinterlegung kann nach den Grundsätzen des Privatrechtes die Zahlung nur in besonderen Ausnahmefällen ersetzt werden (fr. 1 § 3, fr. 7 D. de usur. 22, 1, fr. 1 §§ 36, 37 D dep 16, 3 §§ 213 ff. I 16 A L R, Windscheid § 347, Dernburg II § 99) Zu diesen Fällen gehört der hier vorliegende Fall nicht (auch nicht nach dem R Entw — Motive zu § 103 R. Zw G Entw) Diese Hinterlegung „kann die Stelle der Zahlung nicht vertreten" (§ 230 I. 16 A L R), die Zahlung erfolgt im vorliegenden Falle erst durch Aushändigung des Geldes an den Gläubiger seitens der staatlichen Organe.

b Die Hinterlegung muß von dem Schuldner bei einer ihn in dem Verfahren vertretenden Person ausgehen. Es ist dabei freilich nicht ausgeschlossen, daß ein Dritter für den Schuldner den zu hinterlegenden Betrag hergiebt und allenfalls auch mit Zustimmung des Schuldners oder dessen Vertreters einzahlt. Der Antrag auf Bestimmung eines Betrages zur Sicherheitsleistung für die Kosten und der Antrag auf Einstellung müssen aber unter allen Umständen von dem Schuldner ausgehen. Jäckel (Anm 2), Volkmar (Anm 5) und Rudorff (Anm 3 zu § 70) nehmen an, daß ein Dritter auf Einstellung des Verfahrens auf diesem Wege auch gegen den Willen des Schuldners und, sofern er das ius offerendi habe, auch gegen den übereinstimmenden Willen des Gläubigers und des Schuldners herbeiführen könne. Die Ansicht widerspricht nicht nur dem klaren Wortlaute des Gesetzes, sondern auch der Natur der Sache Ein zwischen dem Gläubiger und dem Schuldner als Parteien schwebendes prozessualisches Verfahren darf nicht von jedem beliebigen Dritten, dem ein der Veräußerung entgegenstehendes Recht durchaus nicht zusteht, zum Stillstand gebracht werden können. Und um eigene Rechte geltend zu machen, ist dem Dritten in § 70 Abs. 1 nicht in Abs 3 der Weg vorgezeichnet Die Argumentation Jäckels fällt damit, daß diese Hinterlegung nicht Zahlung ist Freilich kann ein Dritter auch ohne Zustimmung des Schuldners den Gläubiger befriedigen (s oben) Dann kann aber die Einstellung des Verfahrens dennoch regelmäßig nur vom Schuldner oder Gläubiger herbeigeführt werden, es sei denn, daß der Dritte ein nach § 70 Abs. 1 geltend zu machendes Recht erlangt hat. (A M Knorr Anm 3 c) — Ein während des Verfahrens eingetretener neuer Eigenthümer hat, wenn er nicht zugleich der persönliche oder dingliche Schuldner der Forderung geworden ist, dieses Recht des Schuldners nicht (vgl Anm. 3 zu § 21)

c Zu hinterlegen sind: α zum Zwecke der Zahlung sämmtliche beizutreibenden Forderungen der betreibenden Gläubiger mit Zinsen und Kosten in dem oben angegebenen Umfange. Der Zinsenlauf wird zwar durch die Hinterlegung keineswegs gehemmt, gleichwohl muß es zum Zwecke der Herbeiführung der Einstellung genügen, daß die bis zum Versteigerungstermine fälligen Zinsen hinterlegt werden. Unter den Kosten sind alle durch das Verfahren beizutreibenden Kosten, mit Ausnahme der Kosten des schwebenden Zwangsversteigerungsverfahrens, zu verstehen. Es gehören dazu also auch die Kosten einer früheren erfolglos verlaufenen Zwangsvollstreckung, falls dieselben mit geltend gemacht sind; — β. zum

Zwecke der Sicherheitsleistung die vom Versteigerungsrichter zu bestimmende Summe. Bei der Bestimmung sind die außergerichtlichen Kosten sämmtlicher betreibender Gläubiger mitzuberücksichtigen. Dagegen bleiben die anderen Interessenten erwachsenden Kosten ebenso außer Betracht wie deren Forderungen. — Die Hinterlegung kann nur in baarem Gelde in Reichswährung erfolgen. Nur die Hinterlegung zum Zwecke der Erfüllung einer auch in ausländischer Währung zahlbaren Forderung kann insoweit auch in der betreffenden ausländischen Währung erfolgen.

d. Die Hinterlegung muß im Versteigerungstermine erfolgen. Der äußerste Zeitpunkt für den Beginn, also für die Erklärung der Absicht und den Antrag auf Bestimmung der zu c. β gedachten Summe ist also der Moment vor dem Abschlusse des Versteigerungsprotokolles (§ 72 Abs. 3). Eine Hinterlegung vor dem Termine ist ausgeschlossen.

e. Die Hinterlegung erfolgt durch Hingabe in den Gewahrsam des Versteigerungsrichters (a. M. Rudorff Anm 3 zu § 70), natürlich ohne den Vorbehalt der Rücknahme. Vgl. darüber, sowie über die weitere Behandlung des Depositums Anm 5 zu §§ 62 bis 64. — Bei der Anordnung der vorläufigen Verwahrung sowie bei der Aufstellung der Erklärung behufs Absendung an die Hinterlegungsstelle sind die Hinterlegung behufs Erfüllung und die Hinterlegung behufs Sicherheitsleistung streng zu sondern Die erstere kann dem Gläubiger, sofern dieser im Termine anwesend ist, sofort ausgezahlt werden Anderenfalls werden die Anordnung zur Annahme bez. die Erklärung, die Angabe zu enthalten haben, daß die Summe zwecks Einstellung des Verfahrens in der Zwangsversteigerungssache N von dem A und auf dessen Gefahr und Kosten behufs Auszahlung an die Gläubiger B und C hinterlegt sei, wobei der jedem Gläubiger zustehende Betrag besonders anzugeben ist. Die §§ 19 Abs 5, 77 H.O. bleiben außer Anwendung, da die Hinterlegung im Sinne der H.O. vom Versteigerungsrichter bewirkt wird. — Eine Hinterlegung bei der Hinterlegungsstelle wird regelmäßig nicht erforderlich sein, vielmehr wird der Vollstreckungsrichter wenn möglich gleichzeitig mit der Anordnung der Annahme zur vorläufigen Verwahrung die Auszahlung an die Gläubiger anordnen Dieselbe erfolgt mittelst Uebersendung durch die Post und ist vom Versteigerungsrichter zu kontroliren (§ 85 H.O., §§ 8, 11 Allg Verf. v 9. Juli 1879, J M Bl. S. 173). — Bezüglich der Hinterlegung zwecks Sicherheitsleistung wird etwa zu erklären sein, daß die hinterlegte Summe die vom Schuldner A in der Zwangsversteigerungssache N zwecks Einstellung des Verfahrens den Gläubigern A und B für die Kosten des Verfahrens bestellte Sicherheit sei Eine Person, an welche ausgezahlt werden soll, ist nicht zu benennen.

f. Mit der Hingabe des Betrages an den Vollstreckungsrichter ist die Hinterlegung im Sinne des § 70 Abs 3 vollendet. Der Richter hat unmittelbar die Einstellung des Verfahrens zu beschließen und zu verkünden, und dasjenige zu veranlassen, was bei einer einstweiligen Einstellung ohne Aufhebung der Vollstreckungsmaßregeln geschehen muß (vgl. Anm. 2 zu § 50). — Knorr Anm. 3 c nimmt endgültige Aufhebung an (s dagegen oben b).

g Es ist nun Sache des Schuldners, dafür zu sorgen, daß die Gläubiger voll befriedigt und alle Kosten des Verfahrens beglichen werden. Er hat, wenn der zur Erfullung oder zur Sicherheitsleistung hinterlegte Betrag sich aus irgend einem Grunde als unzureichend erweisen sollte, das Fehlende nachzuschießen und namentlich Sorge zu tragen, daß der zwecks Sicherheitsleistung hinterlegte Betrag zur Auszahlung gelangt (§§ 22 ff, insbes §§ 30, 31 H.O). Die Beendigung des Verfahrens ist dann nach Anm 1 A. I herbeizuführen. Kommt der Schuldner diesen seinen Pflichten nicht nach, so kann der Gläubiger jederzeit und ohne daß von ihm ein weiterer Nachweis zu erfordern wäre, gerade wie nach der C.P.O. im Falle des § 691 Nr. 4 u. 5 die Fortsetzung des Verfahrens gemäß § 50 beantragen. (Vgl oben 1 B. II b 3)

h. Alleiniger Kostenschuldner bleibt dem Fiskus gegenüber auch in diesem Falle der betreibende Gläubiger (Anm. 1 A a E). A. M. Jäckel, Anm. 3 zu § 70. Die von ihm citirte Entsch. bei Johow 8 S. 35 paßt nicht mehr. Der Gläubiger ist also auch dem Fiskus gegenüber verpflichtet, die Kosten nachzuzahlen, falls die Sicherheit nicht genügend hoch bemessen war.

i Bilden mehrere Grundstücke des Schuldners den Gegenstand der Zwangsversteigerung, und ergiebt sich, daß durch das für eines oder mehrere derselben erzielte Meistgebot zur Befriedigung des Gläubigers und zur Deckung der Kosten vollständig hinreicht, so berechtigt dies den Schuldner nicht, die Einstellung des Verfahrens wegen der übrigen zu beantragen; auch dann nicht, wenn die Forderung des beitreibenden Gläubigers auf den übrigen Grundstücken nicht haftet. § 719 C.P.O. bezieht sich nur auf bewegliche Sachen Der Gläubiger läuft Gefahr, wenn der Ersteher nicht, oder nicht rechtzeitig zahlt, und eine Wiederversteigerung nöthig wird. Hinterlegung des Kaufpreises durch den Ersteher und Sicherheitsleistung für die Kosten nach § 70 Abs. 3 müssen hinzukommen, um den Einstellungsantrag des Schuldners zu begründen. — A. M. Lotze bei Gruchot 36 S. 276 — Vgl auch § 104 R.Zw G.Entw.

5. a Die Geltendmachung der Rechte Dritter an dem Gegenstande der Zwangsvollstreckung (früher sogen. Intervention in der Exekutionsinstanz, Literatur bei Seuffert, sowie bei Wilmowski-Levy Anm. 1 zu § 690 C.P.O insbesondere Frömmhold, Die Widerspruchsklage in der Zwangsvollstreckung) regelt in erster Linie § 690 C.P.O.

§ 690 schützt, um zunächst bei seinem Wortlaute stehen zu bleiben, die eine Veräußerung hindernden Rechte Dritter. Dahin gehört das Eigenthum des Dritten, welches die Veräußerung unter allen Umständen hindert Auch der publizianische Besitz, und wiewohl dies streitig, jeder juristische Besitz (Seuffert, Anm. 2 b zu § 690 S. 819) stehen der Veräußerung entgegen, wenn der Schuldner nicht ein besseres Recht an der Sache hat Beides wird hauptsächlich nur bei unvollendetem Grundbuche in Frage kommen. Die Veräußerung wird ferner gehindert durch dingliche Veräußerungsverbote — (Wegen der Vormerkungen zur Erhaltung des Rechtes auf Auflassung u. s. w. s. Anm 10 zu § 40) — Es können insbesondere auf diese Weise geltend gemacht werden: das Widerspruchsrecht des Miteigenthümers gegen eine Antheilsversteigerung, Widerspruchsrechte des Ehegatten nach Maßgabe der verschiedenen ehelichen Güterrechte, insbesondere auch das Recht der Ehefrau am Dotalgute in stehender Ehe, das Recht des Vaters eines Hauskindes, der Widerspruch gegen die Versteigerung eines Lehns- oder Fideikommißgutes, der Widerspruch des Konkursverwalters gegen die Zwangsversteigerung eines zur Masse gehörigen Gegenstandes, sofern es sich nicht um ein Recht auf abgesonderte Befriedigung handelt, das Anfechtungsrecht eines andern Gläubigers oder des Konkursverwalters (s. Anm. 4 b und c zu § 1, Anm. 6b u. 8 zu § 2). Obligatorische Ansprüche gegen den Schuldner auf Herausgabe des zur Zeit einen Theil seines Vermögens bildenden Gegenstandes geben dagegen kein Widerspruchsrecht (Vgl auch Anm 10 zu § 40). — Die **Klage** ist darauf zu richten, daß die Zwangsvollstreckung durch Veräußerung des fraglichen Gegenstandes für unzulässig erklärt und aufgehoben werde (Seuffert, Anm. 2d zu § 690). Die Klage kann erst angestellt werden, wenn die Zwangsvollstreckung schon begonnen hat. Eine auf gleicher privatrechtlicher Grundlage ruhende Feststellungsklage hat nicht die besonderen Wirkungen der Widerspruchsklage aus § 690, sie gewährt insbesondere nicht die Möglichkeit der Einstellung der Zwangsvollstreckung nach § 690 Abs. 2

b. Schon eine richtige Auslegung des § 690 muß dahin führen, die Widerspruchsklage auch für den Fall zu gestatten, daß der Berechtigte zwar nicht durch jedwede Veräußerung, wohl aber durch **die Art der Veräußerung** in seinem Rechte an der Sache beeinträchtigt würde. (Vgl. Motive zu § 109 R Zw.G.Entw.) **§ 70 Abs. 1** giebt dieser Auffassung landesgesetzlichen Ausdruck. — Es können also insbesondere der Nießbraucher, Superficiar, Emphyteuta, Lehnsträger der Veräußerung widersprechen, wenn die Bedingungen derselben ihrem Rechte entgegenstehen. Jedem Hypothekar oder anderem Realinteressenten steht dieser Weg offen, um die Veräußerung unter Zugrundelegung eines geringsten Gebotes, bei welchem seine Forderung nicht oder nicht genügend berücksichtigt ist (§§ 22 Abs 1, 54 bis 56 und Anm. 11 zu §§ 53—56) zu verhindern. Namentlich ist dieser Weg dem Gläubiger gegeben, welcher einen wenn auch aus dem Grundbuche nicht ersichtlichen Vorrang vor dem betreibenden Gläubiger mit der Wirkung geltend machen will, daß nur unter Berücksichtigung seiner Forderung bei der Feststellung des geringsten Gebotes die Veräußerung stattfinden durfe. (Kurlbaum n. G. S 21.) Auch der zu einer Last Berechtigte kann im Falle des § 60 sein Recht, daß nicht anders als unter der ihm günstigen Bedingung veräußert werden dürfe, in dieser Weise durchsetzen (Anm. 4 zu § 60). In diesen Fallen muß der Klageantrag gegenüber der zu a. a. E behandelten Fassung eingeschränkt werden. Erforderlich ist, daß die Zwangsvollstreckung bereits in einer den Kläger beeinträchtigenden Art begonnen hat.

c. Die in diesen Fällen zulässigen **einstweiligen Anordnungen** behandelt § 688 C P.O. Dabei ist zu beachten, daß die Anordnungen seitens des Prozeßgerichtes voraussetzen, daß der Widerspruchsrechtsstreit nach § 690 C P O, nicht etwa ein anderer Streit, z. B. eine analoge Feststellungsklage, bei demselben anhängig geworden ist, und daß auch die bei Erlaß der Anordnung seitens des Vollstreckungsgerichtes zu bestimmende Frist (§ 688 Abs 2) zu dem Zwecke gegeben wird, jene Anordnung des Prozeßgerichtes und also zuvor die Anhangigmachung des Widerspruchsprozesses herbeizuführen Es muß deshalb auch bei Erlaß dieser Anordnungen erwogen werden, ob die Möglichkeit der Anstellung einer Widerspruchsklage d h. der Betrieb einer Zwangsvollstreckung in einer das behauptete Recht des Antragstellers verletzenden Weise bereits vorliegt. — Der Anordnung der einstweiligen Einstellung können andere Modifikationen als die im Gesetze angegebenen (Fristbestimmung, Einstellung bis zur Erlassung des Urtheiles, Beding der Sicherheitsleistung) nicht beigefügt werden. Auch wenn die Klage wegen Nichtberücksichtigung bei der Feststellung des geringsten Gebotes angestellt wird, kann die Anordnung der Einstellung nur unbedingt, nicht etwa unter der Bedingung erfolgen, daß ein entsprechender Preis nicht erzielt werde (A. M. Kurlbaum n. G. S. 54). Vgl. auch unten d a. E.

Zu a. b. c. Voraussetzung des Obsiegens des Klägers ist in beiden Fällen a. und b. auch, daß dessen Recht nicht im Zwangsversteigerungsverfahren in rechtlich wirksamer Weise ausgeschlossen ist Hat der Kläger insbesondere trotz der Aufforderung nach § 40 Nr. 8 die Anmeldung gemäß § 48 oder gemäß § 55 Abs. 5 nicht rechtzeitig bewirkt, so ist auch für das Widerspruchsverfahren nach § 690 C P.O. festzuhalten, daß seine Forderung bei Feststellung des geringsten Gebotes nicht zu berücksichtigen war Seine Klage ist deshalb abzuweisen. (Dabei ist jedoch zu bemerken, daß die Präklusionen aus §§ 48 und 55 Abs. 5 immer nur fur die auf Grund dieser Feststellung des geringsten Gebotes erfolgende Zwangsversteigerung wirksam sind. Der Kläger ist also nicht gehindert, eine neue Widerspruchsklage anzustellen, wenn es bei jener ersten Versteigerung nicht zur Ertheilung des Zuschlages gekommen ist, und eine neue Feststellung des geringsten Gebotes unter Beeinträchtigung seiner Rechte erfolgt. (Anm. 8 zu §§ 53–56.) — Ebenso wie bei der endgültigen Entscheidung über die Widerspruchsklage ist auch bei vorläufigen Anordnungen (oben c) in Betracht zu ziehen, ob nicht Kläger durch Präklusion im Versteigerungsverfahren sein Recht ganz oder doch für das hier fragliche Verfahren verwirkt hat. — Ist aber die Einstellung einmal angeordnet, so hat sich das Versteigerungsgericht derselben unter allen Umständen zu fugen und das Verfahren einzustellen, selbst wenn es, was sich indeß häufig gar nicht aus der Anordnung entnehmen laßt, finden sollte, daß das Gericht, welches die Anordnung erlassen hatte, die Präklusion nicht berücksichtigt hatte — Auch wenn man im Gegensatz zu der oben zu a und b. vertretenen Auffassung annehmen sollte, daß die Widerspruchsklage in Gestalt einer Feststellungsklage schon vor dem Beginne der den Kläger schädigenden Art der Zwangsvollstreckung angestellt werden konnte, ist daran nichts zu ändern. Entschlösse sich in solchem Falle das Gericht zur Anordnung der Einstellung des Verfahrens, von dem allerdings noch gar nicht gewiß ist, ob es den Kläger schädigen wird, so müßte das Vollstreckungsgericht dem nachkommen, wenn nur der Kläger die Anordnung vor dem § 71 Abs 2 (vgl. Anm. 2) bestimmten Zeitpunkte vorlegt Es gelange ihm dann allerdings eine Präklusion auf einem Umwege wieder zu beseitigen. Man darf aber dabei nicht vergessen, daß es sich nur um eine Präklusion handelt, welche in ihren Wirkungen eine Einstellung des Verfahrens, bez. die Anberaumung eines neuen Versteigerungstermines nicht überdauern kann, und welche daher durch die vorher beschlossene unbedingte Einstellung gewissermaßen schon vor ihrer Geburt dem Tode geweiht war.

d. **§ 70 Abs. 1 Satz 2 und 3** gestatten die Geltendmachung von Rechten Dritter im Zwangsversteigerungsverfahren selbst und zwar unter zwei alternativen Voraussetzungen Es ist dadurch aber auch für diese Fälle der Weg des § 690 C P.O nicht ausgeschlossen Knorr Anm. 1 b. Abs 2 bestreitet mit Unrecht die Gültigkeit dieser Vorschriften wegen Widerspruches mit dem Reichsprozeßrecht (s. oben Anm. 1). — Die Ausschließlichkeit der Gerichtsstande hat mit der Frage nichts zu thun. (Vgl. auch Ring, Ztschr. f. Civ.Proz. 8 S. 529.) Die Voraussetzungen sind:

α Eintragung des Rechtes im Grundbuche. „Die nothwendige Berücksichtigung des Inhaltes des Grundbuches nöthigt zu der in Abs. 1 § 70 gegebenen Modifikation, daß für die im Grundbuche eingetragenen Rechte die besondere Rechtsverfolgung im ordentlichen Prozesse nicht erforderlich ist. Unterbleibt diese letztere, so ist nach dem Inhalte des Grundbuches über Ertheilung des Zuschlages zu entscheiden. Wird derselbe ertheilt, so kann dies Resultat nur mit dem zulässigen Rechtsmittel angefochten werden. Wird er versagt, so ist dem betreibenden Gläubiger, um den Widerspruch des Dritten für ein neues Versteigerungsverfahren zu beseitigen, auch der ordentliche Rechtsweg nicht verschlossen, da das Urtheil nur über die Ertheilung des Zuschlages auf Grund des ergangenen Verfahrens erlassen ist. Die Frage aber, ob auf Grund der vorangegangenen Versteigerung der Zuschlag zu ertheilen sei, kann auch von dem Gläubiger nicht in einen mehr oder weniger weit aussehenden Prozeß gezogen werden." (Mot.) — Die im letzten Satze des Abs. 1 des § 70 gemachte Einschränkung bezüglich der nach Eintragung des Zwangsversteigerungsvermerkes erfolgten Eintragungen entspricht dem § 55 Abs. 5. Während aber behufs Berücksichtigung bei der Feststellung des geringsten Gebotes schon die Aufforderung zur Abgabe von Geboten präkludirt (Anm. 2 zu § 61), wird die Geltendmachung des Widerspruches wegen solcher Eintragungen innerhalb des Zwangsversteigerungsverfahrens erst durch den Schluß der Versteigerung (§ 68 Abs. 1) ausgeschlossen. Aber auch nach diesem Zeitpunkte bis zum Schluß des Termines kann noch gemäß § 71 Abs. 1 eine vorläufige Anordnung des Vollstreckungsgerichtes gemäß § 688 Abs. 2 und auf Grund dieser die Einstellung erwirkt werden. Denn die Präklusion des § 70 Abs. 1 Satz 3 bezieht sich nur auf die Geltendmachung im engeren Zwangsversteigerungsverfahren. — Die Einwirkung der Geltendmachung des Rechtes auf das Verfahren wird sich je nach der Natur des Rechtes verschieden gestalten. Hindert dasselbe die Veräußerung überhaupt, so muß das Verfahren aufgehoben werden (§ 20). Es ist also namentlich keineswegs immer erforderlich, daß die Entscheidung des Versteigerungsgerichtes erst durch das Zuschlagsurtheil erfolgt. (Vgl. Motive zu § 169 R Zw.G.Entw.)

β. Widerspruch gegen die Feststellung des geringsten Gebotes. Der Satz „oder betrifft der Widerspruch die Feststellung des geringsten Gebotes" ist ein Zusatz der Komm. des H.H., um eine Beschwerde (gemeint ist die Beschwerde gegen das Zuschlagsurtheil) wegen angeblich „unrichtiger Feststellung des geringsten Gebotes zu ermöglichen", wie der Bericht sagt. Es würde indeß auch ohne diese Bestimmung Widerspruch und Beschwerde gemäß § 75 Nr. 3 zuzulassen gewesen sein. Der Widerspruch gegen die Feststellung des geringsten Gebotes kann auch dann innerhalb des Verfahrens geltend gemacht werden, wenn das Recht oder der Vorrang des Berechtigten aus dem Grundbuche nicht ersichtlich ist (a. M. Kurlbaum n. G. S. 21). — Durch diese Bestimmungen werden aber die Vorschriften der §§ 48, 55 Abs. 5 nicht berührt. Die Anmeldung vor der Aufforderung zur Abgabe von Geboten bleibt Vorbedingung des Widerspruches, wenn derselbe die Feststellung des geringsten Gebotes betrifft (oben zu a. b. c.). Jene Vorschriften, nicht § 70 Abs. 1 Schlußsatz sind in dieser Beziehung maßgebend.

§. 72. Nach Schluß der Versteigerung sind die im Termine anwesenden Interessenten zur Erklärung über die Ertheilung des Zuschlags aufzufordern.

Ein Widerspruch gegen die Ertheilung des Zuschlags wird nur berücksichtigt, wenn er im Termine selbst erhoben wird. Dasselbe gilt für das Vorbringen von Thatsachen, durch welche ein erhobener Widerspruch entkräftet werden soll.

Auf Erklärungen, welche erst nach Abschluß des Versteigerungsprotokolls eingehen, ingleichen auf Vorbehalte und unbestimmte Erklärungen wird keine Rücksicht genommen.

Nur öffentliche Urkunden, durch welche der Beweis einer Zustellung geführt oder entkräftet werden soll, können bis zur Verkündung des Urtheils nachgebracht werden.

§ 72. **Verhandlung über Ertheilung des Zuschlages.**

1. Vgl. §§ 102, 117 R Zw.G.Entw. — Der Ausübung sowohl der besonderen Rechte der Parteien (Gläubiger § 73; Schuldner §§ 70 Abs. 3, 71 Abs 2) als der sämmtlichen Interessenten im Verfahren eingeräumten Rechte setzt der Schluß des Versteigerungstermines im Allgemeinen ein Ziel, sofern nicht für die Geltendmachung schon ein früherer Abschnitt präkludirend wirkt (§§ 63 Abs. 1, 67, 70 Abs 1. Eine Modifikation begründet § 72 Abs 4 nur bezuglich der Nachbringung von Beweismitteln). — Wer bis dahin nicht die erforderlichen Handlungen oder Erklärungen vorgenommen oder abgegeben hat, ist mit denselben kraft Gesetzes ausgeschlossen. Vgl. im Näheren Anm 3 zu §§ 81—83.

2. Die in **Abs. 1** vorgeschriebene **Aufforderung** der im Termine anwesenden Interessenten zur Erklärung über die Ertheilung des Zuschlages eröffnet diesen dritten Abschnitt des Versteigerungstermines (Anm. 3 zu § 52) Sie giebt den im Termine anwesenden Interessenten Anlaß zu der Prüfung, ob die Resultate des Verfahrens ihnen genügen, sowie zur Verlautbarung der zweckdienlichen Erklärungen und Anträge (§§ 70, 71, 73, 74). Beim doppelten Ausgebote, sowie wenn mehrere Grundstücke in mehrfacher Weise (zusammen, einzeln, gruppenweise) ausgeboten sind, muß die Aufforderung der mehrfachen Möglichkeit angepaßt werden (Lotze bei Gruchot 36 S. 273 ff) — Ueber den möglichen Inhalt der Erklärungen und deren Protokollirung s. § 80 Abs 1 Satz 3. Ist keiner der Interessenten anwesend — und eine Nothwendigkeit des Erscheinens besteht nicht, auch nicht für die betreibenden Gläubiger, — so fällt dieser Abschnitt des Verfahrens weg. **Anderenfalls** ist zu bemerken:

a Daß die Aufforderung erfolgt ist, muß im Protokolle erwähnt werden (§ 80 Satz 1). Unterbleibt sie, so haben die Interessenten richterliches Gehör zu verlangen. Thun sie das nicht, so folgt daraus ebenso wie aus dem Schweigen auf ergangene Aufforderung, daß sie nichts zu erklären haben und dem richterlichen Ausspruche auf Grundlage der stattgehabten Verhandlungen entgegensehen. Die Folge ist, daß sie später mit einem Widerspruche nicht mehr gehört werden (Abs. 2 u. 3) und auch gegen das Zuschlagsurtheil keine Beschwerde haben, sofern der Richter dabei nicht seine Amtspflicht verletzt hat (§ 89 Abs. 2).

b. Sprechen sich die erschienenen Interessenten sämmtlich für Ertheilung des Zuschlages an den Meistbietenden aus, so ist im Protokolle zu vermerken, daß von Niemand Widerspruch erhoben ist. Das Protokoll bildet die ausschließliche Grundlage des Urtheiles bezüglich der Vorgänge im Versteigerungstermine (§§ 80 Satz 1, 81 Abs. 2), und der Vollstreckungsrichter darf den Zuschlag nicht versagen, wenn nicht im Versteigerungstermine begründeter Widerspruch erhoben ist (§ 78 Abs. 1), oder Gründe für eine Versagung von Amtswegen vorliegen (§ 78 Abs. 2). — Selbst die ausdrücklich erklärte Zustimmung des Erschienenen zur Ertheilung des Zuschlages an den Meistbietenden entbindet den Richter nicht von der Prüfung, ob er nach dem Gesetze den Zuschlag ertheilen könne. Die abwesenden Interessenten sind keineswegs als zustimmend zu betrachten (Einl. S. 26); in ihrem Interesse sind die Vorschriften des § 78 Abs. 2 gegeben. Sie können auch ihren Widerspruch, sofern sie zum Versteigerungstermine gehörig geladen waren, und der Widerspruch sich auf das Verfahren im Versteigerungstermine bezieht, in der Beschwerdeinstanz selbst dann nachholen, wenn die Gründe nicht von Amtswegen zu berücksichtigen waren (§ 89 Abs. 2 Satz 1.)

c. Sind alle Interessenten erschienen und stimmen alle der Zuschlagsertheilung an den Meistbietenden zu, so wird freilich bei dem Vorhandensein der positiven Voraussetzungen des Zuschlages (Anm. 8 zu §§ 81/83) jede weitere Prüfung entbehrlich. Es kann aber nur angenommen werden, daß alle Interessenten erschienen sind, wenn die zum Schutze der unbekannten Interessenten dienenden Vorschriften über den Inhalt der Bekanntmachung und deren Veröffentlichung gewahrt sind (§ 75 Nr. 4, 5, 6); sonst muß auch trotz der Zustimmung aller bekannten Interessenten der Zuschlag von Amtswegen versagt werden (§ 78 Abs. 2 und Motive zu demselben). Unter der angegebenen Voraussetzung ist der Richter an den einstimmigen Beschluß der Interessenten ebenso gebunden, wie unter gleicher Voraussetzung an eine beschlossene Abänderung der Kaufbedingungen. — Dieser Beschluß kann auch dahin gehen, einem anderen Bieter — vorausgesetzt, daß dieser noch gebunden sein will (§ 66) — den Zuschlag zu ertheilen (Johow 4 S. 20). — Das Gleiche gilt bez. eines nach Schluß der Versteigerung abgegebenen Nachgebotes Der Meistbietende hat so lange kein Recht auf die Ertheilung des Zuschlages, als die Interessenten noch ihre Rechte im Verfahren geltend machen, z. B. durch einstimmigen Beschluß andere Kaufbedingungen, die ein günstigeres Resultat erwarten lassen, aufstellen, oder die Fortsetzung des Verfahrens in einem neuen Termine beantragen können (s. Anm. 1 zu § 74). Der Meistbietende kann daher der Ertheilung des Zuschlages an einen Minderbietenden oder einen Nachbietenden, dem sämmtliche Interessenten den Zuschlag ertheilen, nicht widersprechen (Johow 1 S. 69). Erst mit dem Schlusse des Versteigerungstermines, und wenn bis dahin weder der Versteigerungsantrag zurückgenommen, noch die Einstellung des Verfahrens herbeigeführt, noch eine Fortsetzung des Verfahrens in einem neuen Termine beantragt ist, noch endlich der einstimmige Beschluß sämmtlicher Interessenten sich für die Ertheilung des Zuschlages an einen anderen Bieter entschieden hat, — ist ein Recht des Meistbietenden auf den Zuschlag begründet (vgl. § 113 Abs. 1 R Zw.G.Entw. und Motive dazu); nicht sowohl als ein Recht gegenüber den Interessenten (auf Vollziehung oder Ausführung eines Vertrages, als vielmehr als ein ihm aus dem prozessualischen Verfahren entstandenes Recht, „daß ihm der Zuschlag hätte ertheilt werden müssen", § 87 Abs. 2. — Selbst wenn sämmtliche Interessenten erschienen sind und den Zuschlag an den Meistbietenden oder einen anderen Bieter bewilligen, ist nicht ein Vertrag, sondern nur das Zuschlagsurtheil die Quelle der beiderseitigen Rechte und Pflichten (Einl. S. 26); und gerade daß auch in solchem Falle ein Zuschlagsurtheil und nicht eine bloße Fixirung eines Kaufvertrages erfolgen muß, beweist, daß es sich beim Zuschlagsurtheil um etwas anderes handelt, als um die „Aufgabe, das Ergebniß des mit Abschluß der Versteigerungsverhandlung hinsichtlich der Willensübereinstimmung der Kontrahenten vollendet gewordenen Kaufgeschaftes zu fixiren" (R 7 S 270), nämlich um Begründung neuer rechtlicher Verhältnisse durch die richterliche Amtsgewalt (siehe auch Eccius § 130 bei und in Anm. 43 u. 51).

3 Abs 2 Der Widerspruch muß im Termine erhoben sein, also mündlich erklärt werden Ueber denselben wird sofort mündlich verhandelt, und auch die Gegenausführungen mussen im Termine selbst (oder in einem zur Forsetzung der Verhandlung bestimmten Termine) abgegeben werden Wegen der Protokollirung s § 80 Abs 1 Satz 3. Die Gründe zum Widerspruche ergeben die §§ 74, 75; die Berechtigung zum Widerspruche die §§ 76, 77. – Die Erhebung des Widerspruches, wie das Vorbringen von Thatsachen zur Entkräftung desselben setzt ein Erscheinen der Interessenten oder ihrer legitimirten Vertreter im Termine voraus. Inwieweit nicht erschienene Interessenten nach ertheiltem Zuschlage im Wege der Beschwerde ihre Widerspruchsgrunde geltend machen und inwieweit erschienene Interessenten in dieser Beziehung Versäumtes nachholen können, bestimmt § 89 Abs 2 — Hat die Erhebung des Widerspruches zu einer Versagung des Zuschlages geführt, so kann auch von den erschienenen Interessenten ohne Rucksicht darauf, ob sie die zur Entkraftung des Widerspruchsgrundes dienenden Thatsachen bereits im Termine geltend machen konnten und dies unterlassen haben, die Beschwerde darauf gestutzt werden, daß ein gesetzlicher Versagungsgrund nicht vorliege (§§ 88 Abs. 1, 89 Abs).

4 Der in Abs. 3 als Zeitgrenze benutzte Abschluß des Versteigerungsprotokolles ist vollendet, sobald beide Gerichtspersonen das Protokoll unterschrieben haben Erklarungen, welche vor diesem Zeitpunkte, wenn auch nach Vorlesung und Genehmigung des Protokolles abgegeben werden, sind daher noch zuzulassen (Johow 1 S. 11). Aus dem Verhaltnisse des Abs. 2 zum Abs 3 und aus der Natur der Sache ergiebt sich zugleich, daß der Abschluß des Versteigerungsprotokolles und der Schluß des Versteigerungstermines (§ 71 Abs 2, § 70 Abs. 3, § 73, § 79 Abs. 1) zusammenfallen A M Jackel Anm 1 zu § 73, welcher diese beiden Zeitpunkte unterscheiden will, ohne daß jedoch zu Tage tritt, welcher derselben der zeitlich frühere sein soll.

5 Nach Abschluß des Versteigerungsprotokolles eingehende Erklarungen werden, wenn sie mündlich abgegeben sind, nicht mehr protokollirt. Erklärungen, welche schriftlich eingereicht oder zu Protokoll des Gerichtsschreibers abgegeben werden, sind bei der Entscheidung über den Zuschlag fur die Frage, ob der Widerspruch begründet ist (§ 78 Abs. 1), überhaupt nicht zu berücksichtigen (oben Anm 3) Dasselbe gilt von Erklarungen, durch welche ein erhobener Widerspruch zurückgenommen wird (so auch Jäckel Anm. 1 zu § 78. A. M. Knorr Anm. 2. a). Sofern die Erklärungen aber Widerspruchsgründe betreffen, welche zur Versagung des Zuschlages von Amtswegen (§ 78 Abs. 2) führen müßten, sind sie vom Richter zu beachten (Motive zu § 78 — Jäckel Anm. 2) — In dem Versteigerungstermine soll die Sache spruchreif gemacht werden, so daß die Ent-

scheidung über den Zuschlag auf Grund dieser Erörterungen erfolgen kann. Die Erklärungen müssen deshalb ohne Vorbehalt und bestimmt abgegeben werden, sonst sind sie nicht zu berücksichtigen.

6. Aus der Stellung des Abs. 3 hinter den lediglich von Erklärungen der Interessenten über den Zuschlag handelnden ersten beiden Absätzen ergiebt sich, daß auch hier nur an derartige Erklärungen zu denken ist. Die Unzulässigkeit von Nachgeboten und einer etwaigen Einlösung des Grundstückes durch den Schuldner, auf welche in den Motiven zur Begründung des Abs. 3 hingewiesen ist, folgt aus dem nach Abschluß des Versteigerungstermines begründeten Rechte des Meistbietenden (bez. im Falle des Einvernehmens sämmtlicher Interessenten eines anderen Bieters) auf Ertheilung des Zuschlages (s. oben Anmerk. 2. c).

7. Der Abs. 4 gestattet den Betheiligten, den Beweis einer Zustellung nachträglich bis zur Verkündung des Urtheiles durch öffentliche Urkunden zu führen und zu entkräften, weil die Nothwendigkeit hierfür sich in der Regel erst in dem Termine selbst ergiebt. — Der Beweis der Zustellung kann erheblich werden, wenn der Widerspruch sich stützt auf die Unzulässigkeit der Zwangsvollstreckung überhaupt (§ 75 Nr. 1); die ungenügende Ladung der Interessenten (§ 75 Nr. 7); die Nichtaufhebung des Versteigerungstermines nach § 49 Abs. 1 (§ 75 Nr. 8). — Mängel der übrigen im Zwangsversteigerungsverfahren angeordneten Zustellungen (§§ 16 Abs. 3 und 4, 50 Abs. 1, 69 Abs. 1, 74 Abs. 4) kommen für den Widerspruch gegen Ertheilung des Zuschlages nicht in Betracht.

§. 73. Der Gläubiger kann bis zum Schlusse des Versteigerungstermins den Antrag auf Versteigerung zurücknehmen oder nach Maßgabe des §. 51 eine Stundung gewähren.

§ 73. Zurücknahme des Versteigerungsantrages und Stundung..

1. Vgl. § 107 R.Zw.G.-Entw. — Die hier fraglichen Anträge können sowohl im Versteigerungstermine mündlich, als außerhalb desselben und in der allgemeinen Form angebracht werden. (Vgl. Anm 10 c zu § 3.) Prozeßbevollmächtigte bedürfen keiner Spezialvollmacht (§ 77 C.P.O.). — Der Vormund bedarf keiner Genehmigung (§§ 41, 42 V.O.; vgl. Rudorff Anm. 3). — Die Zeitgrenze ist, und zwar sowohl für mündliche wie schriftliche Anträge, in Uebereinstimmung mit § 71 Abs. 2 und § 72 Abs. 3 festgesetzt. — Für die Wahrung einer Frist genügt es bei schriftlichen an das Gericht zu richtenden Eingaben im Allgemeinen, daß der Eingang der betreffenden Eingabe bei dem Gerichte innerhalb derselben erfolgt ist, während es nicht darauf ankommt, daß sie noch innerhalb derselben dem mit der Erledigung betrauten Richter zugeht. Es fehlt an einem zureichenden Anhalte im Gesetze, um hier abweichend zu verlangen, daß die Anträge auf Zurücknahme vor dem Schlusse des Termines in die Hände des Versteigerungsrichters gelangt sein müßten. Zweckmäßiger wäre ohne Zweifel das Letztere, weil dann der Richter nicht, der Tendenz des § 72 Abs. 3 entgegen, genöthigt würde, auf Dinge Rücksicht zu nehmen, welche ihm erst nach Schluß der Verhandlung unterbreitet werden und über welche er mit den Interessenten nicht verhandeln kann. (Vgl. a. Anm. 6.) — Zu weit geht aber die Ansicht, daß bei der Zurücknahme mittelst eingeschriebenen Briefes schon der Eingang des Formulares zur

Empfangsbescheinigung seitens der Post (Strieth 72 S. 43) oder doch die Vollziehung der Quittung durch den dazu befugten Gerichtsbeamten (Entsch. 60 S. 391, Johow 8 S. 36) vor Ablauf der Frist genüge.

2. Durch die Bestimmung ist nicht ausgeschlossen, daß bis zur Verkündung des Zuschlagsurtheiles die hier gemeinten Anträge noch zugelassen werden, wenn alle Interessenten und der Meistbietende zustimmen. (So auch Rudorff und Jäckel Anm. 1.)

3. Die Zurücknahme des Antrages begründet die endgültige Einstellung der für den zurücknehmenden Gläubiger eingeleiteten Zwangsvollstreckung mit Aufhebung aller schwebenden Vollstreckungsmaßregeln (Vgl. Anm 1 zu §§ 70, 71.) Die zu seinen Gunsten erfolgte Beschlagnahme erlischt ohne Weiteres (§ 17 Abs. 3). Geht die Zurücknahme von dem das Verfahren allein betreibenden Gläubiger oder von sämmtlichen betreibenden Gläubigern aus, so ist damit das gesammte Verfahren beendigt. § 100 ist zu beachten. Der Beitritt ist nicht mehr zulässig. (A. M. Knorr Anm 2, der den Beitritt bis zur wirklichen Einstellung des Verfahrens zulassen will.) Beitrittserklärungen müssen als selbstständige Einleitungsanträge behandelt werden. (Anm. 1 zu § 15.)

4. Unter Gewährung der Stundung wird hier, wie der Zusatz „nach Maßgabe des § 51", welcher sich nur auf Abs. 1 des § 51 beziehen kann, zeigt, nicht die Gewährung einer Zahlungsfrist schlechthin, sondern in Verbindung mit dem Antrage oder der Bewilligung einer Einstellung des Verfahrens, ja genau genommen nicht so sehr die dem materiellen Rechte angehörige Fristgewährung als dieser Antrag bez diese Bewilligung verstanden. Es soll hier für diese die in § 51 fehlende Zeitgrenze bestimmt werden. (Vgl. Anm 1 zu § 51.) — Eine Stundung, welcher die Bewilligung oder Beantragung der Einstellung des Verfahrens nicht zu entnehmen ist, kann von dem Schuldner nur nach § 70 Abs. 2 und § 51 Abs. 3 benutzt werden. (Vgl. auch Rudorff Anm. 2 zu § 70.)

5. Eine Zurücknahme des Versteigerungsantrages auf Zeit kennt das Gesetz nicht, so wenig wie richtiger Ansicht (vgl. darüber Jäckel S O. Anm. 3 zu § 33) nach das frühere preußische Recht. Die Ansicht Rudorffs (Anm. 3 zu § 73), daß die unzulässige Befristung einfach unberücksichtigt bleiben könnte, widerspricht einem allgemeinen Grundsatze des gemeinen wie des preußischen Rechtes, würde auch dem Willen des Antragstellers nicht entsprechen. Es ist nur möglich, eine Zurücknahme auf Zeit als einen Antrag auf zeitweise Einstellung zu interpretiren und zu behandeln.

6. Die von einem oder mehreren betreibenden Gläubigern ausgehende Zurücknahme oder Einstellung (Stundung Anm. 4) hat die Folge, daß in dem im Uebrigen fortgesetzten Verfahren der betreffende Gläubiger bis zu seinem Antrage auf Fortsetzung bez. bis zu einem erneuten Beitritt nicht als betreibender Gläubiger anzusehen ist (Anm. 5 und 6 zu § 50). — War dessen Forderung für die Feststellung des geringsten Gebotes maßgebend (Anm. 3 zu §§ 53—56), so wird eine anderweite Feststellung des geringsten Gebotes erforderlich (Anm. 10 a. E. zu §§ 53—56). Falls es noch möglich ist, kann in dem Termine selbst das Verfahren von der Feststellung des geringsten Gebotes an wiederholt werden (vgl. aber § 49). Eine Fortsetzung des Verfahrens auf Antrag eines der übrig bleibenden Gläubiger kann auch nach § 79 ermöglicht

werden. Geschieht beides nicht, so ist der Zuschlag wegen unrichtiger Festsetzung des geringsten Gebotes (§ 75 Nr. 3) nach Maßgabe des § 78 Abs. 2 von Amtswegen zu versagen, es sei denn, daß sämmtliche betheiligte Interessenten im Termine erschienen sind, oder nachträglich der ungesäumten Fortsetzung des Verfahrens zugestimmt haben. — Eine Versagung des Zuschlages hat stets zu erfolgen, wenn der rechtzeitig bei dem Gerichte eingegangene Antrag erst nach Schluß des Versteigerungstermines dem Richter zugeht (Anm. 1), da in diesem Falle keiner der vorher angedeuteten Wege möglich ist. — Jäckel Anm 4 zu § 78 meint, daß auch in diesem Falle, wenn sämmtliche bei einer anderweiten Feststellung des geringsten Gebotes betheiligte Interessenten in dem Termine erschienen waren, der Zuschlag ertheilt werden müsse und den benachtheiligten Interessenten nur im Beschwerdewege (§ 89 Abs. 2) geholfen werden könne, weil die Voraussetzungen des § 75 Nr. 3 nicht vorlägen. Da aber den im Versteigerungstermine erschienenen Interessenten das Zuschlagsurtheil nicht zugestellt wird, so würde es vom Zufalle abhängen, ob sie von der veränderten Sachlage rechtzeitig Kenntniß erhalten. Die in § 78 Abs. 2 für den Fall der § 75 Nr. 3 hinzugefügte Einschränkung hat ihren gesetzgeberischen Grund darin, daß die Interessenten, weil sie erschienen waren, ihre Rechte selbst wahrnehmen konnten (Motive zu § 78). Dieser Grund trifft nicht zu, wo es sich um eine Thatsache handelt, die nicht im Termine vorgekommen ist. Das den erschienenen Interessenten durch § 89 Abs. 2 in diesem Falle beigelegte Beschwerderecht schließt nicht aus, daß der Richter von Amtswegen den ihm bekannt gewordenen, die Grundlage des bisherigen Verfahrens verändernden Umstand in Betracht zieht und in amtlicher Fürsorge den Zuschlag auf Grund des § 78 versagt. Es liegt hier ein Fall vor, in welchem der Satz: cessante ratione legis cessat lex ipsa für die im § 78 Abs. 2 gemachte Einschränkung Anwendung findet (Windscheid § 22 zu Anm. 6). — Gegen die wiederholte einstweilige Einstellung auf Antrag desselben Gläubigers, nachdem dieser die Fortsetzung beantragt hat (Anm. 5 zu § 50) sichert § 51 Abs. 1. Tritt nach erfolgter Zurücknahme der Gläubiger dem für andere betreibende Gläubiger nach § 79 Abs. 99 fortgesetzten Verfahren wieder bei (Anm. 6 zu § 50), so wird von Neuem eine anderweite Festsetzung des geringsten Gebotes nothwendig. Eine ausdrückliche Vorschrift, daß in solchem Falle der betreffende Gläubiger seinen Antrag nicht wieder zurücknehmen darf, fehlt, doch wird eine wiederholte Zurücknahme ebenso als ausgeschlossen gelten müssen, wie eine wiederholte Einstellung.

§. 74. Widerspricht ein Interessent, welcher durch Ertheilung des Zuschlags benachtheiligt werden würde, der Ertheilung des Zuschlags mit dem Antrag auf Ansetzung eines neuen Versteigerungstermins, so ist dem Antrage stattzugeben, wenn der Interessent sich verpflichtet, für die Wiedererreichung des Meistgebots, sowie für allen aus der Verzögerung des Zuschlags entstehenden Nachtheil und die entstehenden Mehrkosten zu haften, auch hierfür eine nach dem Meistgebote und den Vorschriften des §. 62 und des §. 64 Absatz 1 zu bestimmende Sicherheit leistet.

Von der Sicherheitsleistung sind die in §. 62 Absatz 4 bezeichneten juristischen Personen befreit.

Sind bei der Bekanntmachung des früheren Termins die Vorschriften des §. 40 Nr. 1, 4, 5, 8, 9 und des §. 46 befolgt, so ist der neue Termin auf drei bis sechs Wochen hinauszurücken.

Die Bekanntmachung ist auch dem bisherigen Meistbietenden zuzustellen.

In dem fortgesetzten Verfahren findet der Widerspruch gegen die Ertheilung des Zuschlags auf Grund dieses Paragraphen nicht statt.

§ 74.* Neuer Versteigerungstermin auf Antrag eines Interessenten.

1. Vgl. § 563 Abs. 3 Hann. B.P.O., § 119 R Zw G Entw. — Der Paragraph behandelt nur das Recht eines einzelnen Interessenten, welchem das erzielte Meistgebot nicht genügt, die Ansetzung eines neuen Versteigerungstermines zu beantragen. In § 28 S.O war außerdem bestimmt, daß wenn sämmtliche Interessenten, deren Rechte durch den Zuschlag berührt werden, im Versteigerungstermine anwesend sind, der Ertheilung des Zuschlages widersprechen und die Ansetzung eines neuen Termines beantragen, diesem Antrage stattzugeben sei. Das folgt von selbst aus der den Interessenten im Verfahren eingeräumten und in § 45 für die Feststellung der Kaufbedingungen ausdrücklich anerkannten Stellung in Verbindung damit, daß dem Meistbietenden vor Schluß des Versteigerungstermines ein Recht auf Ertheilung des Zuschlages nicht zusteht (Anm 2 c zu § 72) — In diesem Falle bedarf es weder der Uebernahme einer Haftpflicht noch einer Kautionsbestellung.

2. Das Recht der einzelnen Interessenten zum Widerspruche gegen die Ertheilung des Zuschlages ist davon abhängig, daß der Antragsteller durch die Ertheilung des Zuschlages benachtheiligt werden würde. (Vgl. § 77 Abs 1 und 2.) Da der § 74 ein zulässiges Meistgebot voraussetzt, so scheiden alle bei Feststellung des geringsten Gebotes berücksichtigten Interessenten hier aus. Als Antragsteller können nur der betreibende Gläubiger, demselben gleich- oder nachstehende Realberechtigte und der Schuldner in Frage kommen. Der betreibende Korrealgläubiger kann der Ertheilung des Zuschlages für die Einzelgebote der gleichzeitig versteigerten Grundstücke widersprechen, auch wenn deren Summe größer ist, als das Gesammtgebot, falls letzteres für seine Befriedigung vortheilhafter ist. (Lotze bei Gruchot 36 S 276. — § 82 Abs. 2 R.Zw.G.Entw und Motive S 190) — Gleich- und nachstehende Realberechtigte und der Schuldner werden benachtheiligt, wenn bei gemeinschaftlicher Versteigerung der Zuschlag zu einem Gesammtgebote erfolgt, welches niedriger ist, als die Summe der Einzelgebote (§ 82 Abs. 1 R.Zw.G Entw.) Bei Kollision der Interessen ist aber das Recht des betreibenden Korrealgläubigers das stärkere (Motive a. a. O. S. 190). Der Schuldner wird nicht nur benachtheiligt, wenn bei dem bisherigen Meistgebote Realgläubiger ausfallen, denen er zugleich persönlich haftet, sondern auch wenn das Meistgebot in einem Mißverhältnisse zum Werthe des Grundstückes steht, so daß der ihm verbleibende Ueberschuß sich dabei verkleinert. (So auch Jäckel und Rudorff. A. M. Doren-

dorf.) Der Widerspruch muß gemäß § 72 im Versteigerungstermine geltend gemacht werden (Anm. 3—5 zu § 72).

3 Gegen eine willkürliche Verlängerung des Verfahrens ist wie im Falle des § 51 Schutz gewährt durch die Vorschrift, daß mit dem Widerspruche der Antrag auf Anberaumung eines neuen Versteigerungstermines verbunden werden muß, und daß auf Antrag eines einzelnen Interessenten nur einmal ein fortgesetztes Verfahren im Sinne des Abs. 1 gestattet ist (Abs. 5). Der Antrag führt zu einer Einstellung des Verfahrens im Sinne des § 66 Abs. 2; das Verfahren darf nicht fortgesetzt, über den Zuschlag an den bisherigen Meistbietenden nicht befunden werden (§ 75 Nr. 1). Letzterer wird von seiner Verpflichtung frei, falls dem Antrage entsprochen wird (§ 66 Abs. 2). Daß auf Antrag oder Bewilligung des betreibenden Gläubigers bereits einmal nach § 51 eine Aufhebung des Versteigerungstermines stattgefunden hat, hindert denselben nicht, einen anderen Versteigerungstermin nach § 74 Abs. 1 zu beantragen. — Der Abs. 5 findet auch Anwendung, wenn in dem fortgesetzten Verfahren etwa ein anderer Interessent auf Grund dieses Paragraphen gegen die Ertheilung des Zuschlages Widerspruch erheben sollte.

4. Wird der Widerspruch und der etwa mit demselben verbundene Antrag zurückgewiesen, so findet eine besondere Beschwerde nach §§ 685, 701 C.P.O. statt (Anm 10. d und e zu § 3). Sie ist auch ohne Zustellung eines förmlichen Beschlusses zulässig (§ 477 Abs. 2 C.P.O. findet auf Beschwerden keine Anwendung), und kann, wenn das Beschwerdegericht vor dem Verkündungstermine die Beschwerde für begründet erachtet, die Erlassung eines Urtheiles über den Zuschlag verhindern (§ 538 C.P.O. — vgl. a § 535 Abs. 2 a. a. O.) — Ist dies nicht geschehen, so ist in dem Zuschlagsurtheile über den (aufrechterhaltenen) Widerspruch zu entscheiden (§ 75 Nr. 1, oben Anm. 3). Für die Beschwerde sind in letzterem Falle die §§ 87—89 maßgebend.

5. Der neue Versteigerungstermin dient nicht zur Fortsetzung der in dem ersten Termine begonnenen Versteigerung. Vielmehr beginnt in dem neuen Termine das Versteigerungsgeschäft von Neuem, wie in den Fällen der §§ 50, 69. Der neue Termin kann nach Abs. 3 unter den dort angegebenen Voraussetzungen mit abgekürzter Frist anberaumt werden (vgl. Anm. 4 zu § 49, Anm. 4 zu § 50). Die Zustellung der Bekanntmachung soll nach Abs 4 auch an den bisherigen Meistbietenden erfolgen. Dieser ist aber nicht Interessent im Sinne des § 21, hat auch selbst kein Recht auf Ertheilung des Zuschlages; eine Nichtbeachtung der Vorschrift des Abs. 4 begründet für den Meistbietenden weder Widerspruch noch Beschwerde (vgl. Anm. 6. g zu § 75 Nr. 7). In dem neuen Termine sind neue Anmeldungen und neue Kaufbedingungen möglich; die Feststellung des geringsten Gebotes muß von Neuem erfolgen (Anm. 8 zu §§ 53—56).

6. Der Antragsteller hat die Haftpflicht zu übernehmen:

a. für Wiedererreichung des Meistgebotes. (Vgl. dazu § 119 Abs. 4 R.Zw.G Entw. und Motive). Sie ist begründet, wenn in dem neuen Termine entweder kein geeignetes oder gar kein Gebot abgegeben worden. Insofern hat der Antragsteller also auch die Gefahr des Unterganges und der Verschlechterung zu tragen. Als Berechtigte stehen ihm alle Interessenten gegenüber, welche bei dem bisherigen Meistgebote zur Hebung gelangt sein würden, bei dem neuen Gebote aber einen Ausfall erleiden. Wird kein Gebot abgegeben, so ist dadurch nur der betreibende Gläubiger benachtheiligt, dessen Recht, durch den Verkauf des Grundstückes befriedigt zu werden, alsdann soweit verletzt ist, als er aus dem bisherigen Meistgebote Befriedigung erlangt haben würde. Die nachstehenden Gläubiger und der Schuldner sind nicht benachtheiligt. Sie haben kein Recht auf Befriedigung im Verfahren, wenn es nicht zu einem Zuschlage kommt. (Motive zu § 137 des Entw. s. Anm. 1 zu § 138 und oben Anm. 3. — Dorendorf S. 109. — A. M Rudorff S. 155—157, der mit Unrecht den Verlust möglicher Vortheile als Nachtheil auffaßt). Wird kein zulässiges Gebot abgegeben, so ist zwar der betreibende Gläubiger auch in dem neuen Verfahren zu einem Antrage auf Fortsetzung des Verfahrens nach § 69 berechtigt, und die Haftpflicht aus § 74 bleibt bestehen, bis in dem vom Gläubiger fortgesetzten Verfahren ein gleich hohes Gebot abgegeben ist; — aber der Antragsteller hat kein Recht, daß der Gläubiger die Fortsetzung des Verfahrens beantrage; er haftet, wenn das nicht geschieht, ebenso wie wenn gar kein Gebot abgegeben ist. — Der Antragsteller wird befreit, sobald ein neues dem bisherigen Meistgebote gleichkommendes Gebot abgegeben ist;

b. für allen aus der Verzögerung des Zuschlages entstehenden Nachtheil. Auch hier fehlt es für die dem betreibenden Gläubiger nachstehenden Interessenten und den Schuldner an einem Nachtheile, wenn es nicht zu einem Zuschlage kommt. Der betreibende Gläubiger kann aber Ersatz der von dem Ersteher nach § 57 Abs. 6 zu zahlenden Zinsen für die Zeit zwischen dem ersten und zweiten Verkündungstermine und etwaiger ihm entstandenen Mehrkosten beanspruchen — Erfolgt der Zuschlag für ein geringeres Gebot, so haben auch die nachstehenden Interessenten auf Erstattung derartiger Zinsen und Kosten Anspruch. Außerdem können ihm aus der Verzögerung des Zuschlages Nachtheile erwachsen, z. B. durch nachträgliche Anmeldung bevorrechtigter Forderungen und durch Anwachsen der Zinsen vorhergehender Forderungen. (Rudorff S. 156 meint, der Nachtheil könne auch darin bestehen, daß in das neue Mindestgebot Forderungen eingestellt werden, die bei dem ersten nicht berücksichtigt waren und daher hinter die bei diesem berücksichtigten Ansprüche zu treten hatten. Das neue Mindestgebot muß dann aber die bei der Feststellung des ersten Mindestgebotes berücksichtigten und die nicht berücksichtigten umfassen, und der Zuschlag darf nur erfolgen, wenn beide gedeckt sind. In dem angenommenen Falle entsteht daher für die ihren Vorrang verlierende, bereits beim ersten Mindestgebote berücksichtigte Forderung kein Nachtheil.) — Der Antragsteller wird von dieser Haftpflicht erst durch ein neues Meistgebot befreit, welches auch zur Deckung des aus der Verzögerung des Zuschlages entstandenen Nachtheiles ausreicht;

c. für die entstehenden Mehrkosten, d. h. diejenigen Mehrkosten, welche durch das fortgesetzte Verfahren entstehen und nach § 34 aus den Kaufgeldern vorweg zu entnehmen sind. — Außer den baaren Auslagen (zu denen bei der Versteigerung von Schiffen auch die Kosten der verlängerten Bewachung u. s. w. [§ 165] gehören), sind dies die sich aus § 2 Abs. 1 Nr. 3, Abs. 3 bis 5 K.G. ergebenden Kosten. Die Kosten der fortgesetzten Zwangsverwaltung gehören nicht dazu, wie Rudorff S. 157 meint; sie sind mit den Kosten der Schiffsbewachung nicht in Parallele zu stellen. Letztere bilden eine baare Auslagen verursachende Sicherungsmaßregel innerhalb des bei Schiffen allein zulässigen Zwangsversteigerungsverfahrens, während die Zwangsverwaltung eine selbstständige Maßregel der Zwangsvollstreckung oder der Arrestvollziehung ist (§ 2), deren Kosten, sofern sie nicht aus den Einkünften des Grundstückes gedeckt werden, für den betreibenden Gläubiger mit der Forderung zugleich beizutreiben sind (§ 697 C.P.O.). Die Haftpflicht des Antragstellers wegen der Mehrkosten besteht gegenüber der Staatskasse. Sie wird aufgehoben, wenn ein nach § 61 zulässiges Gebot abgegeben wird, weil die Mehrkosten nach § 54 Abs 1 bei Feststellung des geringsten Gebotes berücksichtigt werden müssen (vgl. Anm 13 zu §§ 53—56). — Kommt es zu einem Zuschlage überhaupt nicht, weil der Gläubiger nicht rechtzeitig die Fortsetzung des Verfahrens beantragte (§ 69 Abs. 1), so gilt der Versteigerungsantrag als zurückgenommen. Der betreibende Gläubiger wird alleiniger Kostenschuldner der Staatskasse; dieser gegenüber erlischt die Haftpflicht des Antragstellers, aber der betreibende Gläubiger kann seinen Ersatzanspruch nach b. geltend machen.

8. Für Erfüllung der Haftpflicht, deren Uebernahme ausdrücklich zu Protokoll festzustellen ist, muß von dem Antragsteller, wenn er nicht zu den in § 62 Abs. bezeichneten Personen (vgl. Anm. 2 c. zu §§ 62—64) gehört, sofort im Versteigerungstermine nach §§ 62 und 64 Abs 1 Sicherheit geleistet werden. Die Sicherheitsleistung mit Hypotheken und Grundschulden (§ 64 Abs. 2) ist in diesem Falle ausgeschlossen. Die Höhe der Sicherheitsleistung ergiebt sich aus § 62 Abs 1—3 (Anm. 3 zu §§ 62—64). — Der Mindestbetrag umfaßt auch die Mehrkosten (Anm. 7. c), welche zu diesem Zwecke nach dem bisherigen Meistgebote zu berechnen sind (Anm. 13 zu §§ 53—56, Anm. 3. c zu §§ 62—64). — Wegen der Art der Hinterlegung und der Anordnung der Herausgabe der hinterlegten Sicherheit vgl. Anm. 5 zu §§ 62—64; wegen der Feststellung der Höhe der Verpflichtungen des Antragsstellers und der Verrechnung der Sicherheit bei Belegung der Kaufgelder s. Anm. 2 zu § 138. — Kommt es nicht zu einer Ertheilung des Zuschlages, so hat der betreibende Gläubiger seinen Anspruch auf Schadloshaltung (Anm. 7 a—c) und der Antragsteller seinen Anspruch auf Freigabe der bestellten Sicherheit nöthigenfalls im Prozeßwege geltend zu machen. Dabei sind die übrigen Interessenten nicht betheiligt; im Zwangsversteigerungsverfahren ist darüber nicht zu verhandeln (Motive zu § 137 des Entw.).

§. 75. Ein Widerspruch gegen Ertheilung des Zuschlags an den Meistbietenden kann nur darauf gestützt werden:

1) daß die Zwangsvollstreckung überhaupt oder durch Versteigerung des Grundstücks nicht zulässig ist oder nicht fortgesetzt werden darf;

2) daß dem Meistbietenden die Fähigkeit zum Abschlusse eines Kaufvertrages oder zum Erwerbe des Grundstücks mangelt, oder das Meistgebot durch einen nicht legitimirten Vertreter abgegeben ist;

3) daß die Bedingungen, unter welchen das Meistgebot abgegeben worden, von den gesetzlichen, oder im Falle der Abänderung derselben durch die Betheiligten von den durch alle Betheiligten (§. 45, §. 57 Absatz 4) genehmigten abweichen;

4) daß die Bekanntmachung des Versteigerungstermins den in §. 40 Nr. 1, 4, 5, 8, 9 vorgeschriebenen Inhalt nicht hat;

5) daß die Bekanntmachung des Versteigerungstermins nicht auf die im Gesetze vorgeschriebene Art veröffentlicht worden ist, wobei es jedoch bei einem Aushange nicht darauf ankommt, wie lange derselbe angeheftet gewesen ist;

6) daß die Frist zwischen dem Tage, an welchem die Einrückung oder die erste Einrückung der Bekanntmachung in den Anzeiger des Amtsblatts oder die Anheftung der Bekanntmachung in der Ortsgemeinde erfolgt, und dem Versteigerungstermine kürzer ist, als die geringste für den Fall bestimmte Versteigerungsfrist (§. 42);

7) daß ein Interessent, welcher durch Ertheilung des Zuschlags benachtheiligt werden würde, zum Versteigerungstermine nicht gehörig geladen ist, obgleich er hätte geladen werden sollen;

8) daß nach der Vorschrift des §. 49 Absatz 1 der Versteigerungstermin hätte aufgehoben werden sollen;

9) daß den Bestimmungen im ersten Satze des §. 68 nicht genügt ist;

10) daß ein Bieter mit Unrecht zurückgewiesen und trotz des Widerspruchs desselben die Versteigerung nicht gemäß §. 68 Absatz 2 fortgesetzt worden ist;

11) daß das Gebot, für welches der Zuschlag verlangt wird, nach den Vorschriften der §§. 62 bis 64 nicht zugelassen werden durfte;

12) daß den Bestimmungen im dritten Satze des §. 61 nicht genügt ist.

§. 76. Der Widerspruch kann nicht auf Gründe gestützt werden, welche nur die Rechte anderer Betheiligten als des Widersprechenden betreffen.

§. 77. Bei der Prüfung, ob ein Interessent durch den Zuschlag benachtheiligt werden würde, wird, sofern nicht etwas Anderes nachgewiesen ist, angenommen, daß von den ihm selbst zustehenden wie von den seiner Forderung vorgehenden wiederkehrenden Leistungen und Zinsen außer den laufenden Beträgen Rückstände für die beiden letzten Jahre, und daß Forderungen, deren Geldbetrag unbestimmt ist, zu dem zulässigen höchsten Betrage zu berechnen sind.

Wird für die Forderung des Interessenten von einem anderen Interessenten oder von dem Meistbietenden Sicherheit geleistet, so ist eine Benachtheiligung nicht anzunehmen.

Die Sicherheit ist nach der Vorschrift des §. 64 Absatz 1 oder mit einer nach den vorstehenden Bestimmungen durch den Zuschlag nicht beeinträchtigten, auf dem Grundstück eingetragenen Forderung zu leisten. Sie haftet dem Berechtigten auch ohne dessen Annahme. Demselben ist erforderlichen Falls von Amtswegen Mittheilung zu machen.

§. 78. Ist ein begründeter Widerspruch erhoben, so ist der Zuschlag zu versagen.

Der Zuschlag ist von Amtswegen zu versagen, wenn einer der im §. 75 Nr. 1 bis 9 bezeichneten Umstände vorliegt; jedoch im Falle des §. 75 Nr. 1 nur, wenn das versteigerte Grundstück dem freien Verkehr entzogen oder das Verfahren eingestellt ist; im Falle des §. 75 Nr. 2 nur, wenn der Mangel der Fähigkeit oder der Legitimation auch nachträglich nicht beseitigt ist; in den Fallen des §. 75 Nr. 3, 7, 8 nur, wenn die betheiligten Interessenten im Versteigerungstermine nicht erschienen sind und auch nachtraglich der ungehemmten Fortsetzung des Verfahrens nicht zugestimmt haben.

§§ 75—78. Versagung des Zuschlages.

1. Vgl. §§ 113—118, 120 R.Zw.G.Entw. — Das vorliegende Gesetz hat in Uebereinstimmung mit § 40 S.O. daran festgehalten, daß in jedem Falle eine richterliche Entscheidung über die Ertheilung und Versagung des Zuschlages erfolgen muß. (So auch § 121 Abs. 1 R.Zw.G.Entw.) Dieselbe gebührt aber, abweichend von § 40 S.O., nunmehr immer dem Vollstreckungsgerichte. — Das Gesetz regelt zu diesem Behufe nicht die Erfordernisse der Ertheilung, sondern in kasuistischer Weise die **Gründe der Versagung** des Zuschlages, indem es davon ausgeht, daß der Zuschlag stets zu ertheilen ist, wenn nicht ein Versagungsgrund vorliegt (§ 78). Selbstverständliche, vom Gesetz nicht besonders hervorgehobene Voraussetzung des Zuschlages bleibt es aber, daß ein Bieter auf das zur Versteigerung gestellte Grundstück ein Gebot abgegeben hat. Ist gar kein Gebot abgegeben oder bezieht sich zweifellos das abgegebene Gebot nicht auf das zur Versteigerung gestellte Grundstück, so kann eine Zuschlagsertheilung nicht erfolgen (vgl. § 88 Abs. 2, Mot. zu §§ 88, 89, Anm. 8 zu §§ 81—83).

2. Das Gesetz unterscheidet zwischen Versagungsgründen, welche **von Amtswegen** zu berücksichtigen sind, und solchen, bei denen ein Interessent auf die **eigene Wahrnehmung** seiner Rechte angewiesen ist. Alle von Amtswegen zu berücksichtigenden Versagungsgründe können auch von einem Interessenten durch Erhebung des Widerspruches geltend gemacht werden; nicht aber sind alle Widerspruchsgründe zugleich Gründe für die Versagung des Zuschlages von Amtswegen.

Das Gesetz stellt deshalb die Widerspruchsgründe (§ 75) voran und hebt in § 78 Abs. 2 hervor, inwiefern dieselben zur Versagung des Zuschlages von Amtswegen führen. Dabei ergiebt sich, daß einige Widerspruchsgründe a) stets (§ 75 Nr. 4, 5, 6, 9), andere b) unter gewissen Umständen (§ 75 Nr. 1, 2, 3, 7, 8), andere endlich c) niemals (§ 75 Nr. 10—12) von Amtswegen zu berücksichtigen sind. (Vgl. zu a. § 114 Nr. 3; zu b. § 113 Abs. 2, 114 Nr. 1, 2, 4—8; zu c. § 118 R.Zw.G.Entw.)

a. In den Fällen zu a. hat der Widerspruch nur die Bedeutung, die Aufmerksamkeit des Richters auf einen Punkt zu lenken, den er von Amtswegen zu berücksichtigen verpflichtet ist. Die Versagung des Zuschlages erfolgt in diesem Falle nicht nach § 78 Abs. 1, sondern nach § 78 Abs. 2. In diesen Fallen kommt daher die Vorschrift des § 76 nicht in Frage.

b. Unter den Fällen zu b. sind zu unterscheiden:

α. diejenigen, bei denen die Versagung des Zuschlages von Amtswegen auf Gründe zurückzuführen ist, welche das ganze Versteigerungsgeschäft als nichtig erscheinen lassen (§ 75 Nr. 1 u. 2; § 78 Abs. 2);

β. diejenigen, bei denen die amtliche Fürsorge dem Schutze des materiellen Rechtes einzelner Interessenten dient, welche in Folge eines Verstoßes gegen die zu ihrem Schutze bestimmten prozessualischen Vorschriften von einer von ihnen nicht vorauszusehenden Verletzung ihrer Rechte bedroht werden. Dies ist der Fall bei den im Versteigerungstermine nicht erschienenen „betheiligten" (d. h. durch Nichtbeachtung der betreffenden prozessualischen Vorschrift in ihren materiellen Rechten bedrohten) Interessenten in den Fallen des § 75 Nr. 3, 7, 8 (§ 78 Abs. 2). In diesen Fallen ist den erschienenen Interessenten die Wahrnehmung ihrer eigenen Rechte durch Erhebung des Widerspruches überlassen (§ 115 R.Zw.G Entw. verlangt ihre Befragung durch den Richter.) Der Widerspruch muß sich neben der Verletzung der in § 75 Nr 3, 7, 8 erwahnten prozessualischen Vorschriften (als solche muß auch ein Verstoß gegen die bez. der Feststellung der Kaufbedingungen gegebenen Bestimmungen der §§ 45, 53, 60 aufgefaßt werden — vgl. § 114 Nr. 6 R.Zw.G Entw —) darauf stützen, daß durch den Zuschlag materiell eine Benachtheiligung der widersprechenden Interessenten herbeigeführt werden würde. Als Benachtheiligung ist aber nicht nur der gänzliche oder theilweise Ausfall eines Interessenten anzusehen Es können auch andere Nachtheile in Betracht kommen, z. B. in Folge der unrichtigen Feststellung des geringsten Gebotes eine Aenderung in der Rangstellung (§ 108; Anm. 10 zu §§ 53 bis 56); im Falle einer Abanderung der gesetzlichen Kaufbedingung des § 57 Abs. 3 bei mangelnder Zustimmung des dabei interessirten Widersprechenden die Baarzahlung statt der Uebernahme der Forderung (Anm 4 zu § 57), vgl. auch für die Falle des § 75 Nr. 1 und 8 unten Anm. 6. a und b. — Auch bei der Versagung des Zuschlages von Amtswegen ist in diesen Fallen zu prüfen, ob ein nicht-erschienener Interessent durch Ertheilung des Zuschlages benachtheiligt wird; denn die amtliche Fürsorge für nicht erschienene Interessenten soll nicht weiter gehenden Schutz gewahren, als die betreffenden Interessenten sich selbst hätten verschaffen können, wenn sie erschienen wären. Das ist durch den Ausdruck „betheiligte" Interessenten in § 78 Abs. 2 angedeutet. — Liegt ein Verstoß gegen eine formelle Vorschrift nach § 75 Nr. 3, 7, 8 vor, und würden die Interessenten durch den Zuschlag benachtheiligt werden, so bedarf es zur Begründung des Widerspruches (oder zur Versagung des Zuschlages von Amtswegen) nicht des Nachweises, daß ein Kausalzusammenhang zwischen der Benachtheiligung und jenem Verstoße wirklich besteht. „Ein wirkliches Zusammentreffen des für einen Interessenten nachtheiligen Erfolges mit einem Verstoße gegen die Vorschriften des Gesetzes kann nur in einzelnen Fällen mit Sicherheit erkannt werden; in den meisten Fällen handelt es sich nur um die Möglichkeit eines solchen Zusammenhanges" (Mot.). Noch weniger ist erforderlich, daß Umstände geltend gemacht werden oder vorliegen, aus welchen zu schließen ist, daß in einem nach Versagung des Zuschlages etwa fortgesetzten Verfahren ein dem Widersprechenden (betheiligten Interessenten, § 78 Abs. 2) günstigeres Resultat der Versteigerung sich ergeben werde. Dagegen muß stets ein Verstoß gegen eine gesetzliche Vorschrift vorliegen, durch welchen entweder ausschließlich oder doch zugleich die Rechte des Widersprechenden (betheiligten Interessenten, § 78 Abs. 2) betroffen werden (§ 76). — Vgl. § 116 Abs. 1 R.Zw.G.Entw.

c. In den Fällen zu c. ist die Erhebung des Widerspruches unbedingt erforderlich, und wird daher das Erscheinen der betheiligten Interessenten im Versteigerungstermine vorausgesetzt (§ 72 Abs 2) Es muß auch hier der Widerspruch darauf gestützt werden, daß der Widersprechende durch den Verstoß in seinem eigenen Rechte betroffen wird (§ 76); es findet das zu b. bezüglich des Widerspruches der erschienenen Interessenten Bemerkte Anwendung. — Vgl. § 118 Abs. 3 R.Zw.G Entw.

3. Die zulässigen Gründe eines Widerspruches sind in § 75 in ausschließender Weise („kann nur darauf gestützt werden") aufgeführt. Demgemäß sind auch die Gründe, aus denen der Zuschlag von Amtswegen zu versagen ist, ausschließlich und erschöpfend durch § 78 Abs 2 geordnet.

4. Zur Erhebung des Widerspruches berechtigt sind nur die Interessenten im Sinne der §§ 21, 72; ebenso ist bei der Versagung des Zuschlages von Amtswegen nur auf diese Rücksicht zu nehmen. Einem Bieter, welcher den Zuschlag für sich verlangt, steht ein Recht zur Erhebung des Widerspruches nicht zu; ebensowenig findet im Interesse eines Bieters die Versagung eines Zuschlages von Amtswegen statt. Der Bieter ist bei den Verhandlungen über die Ertheilung des Zuschlages, welche die Grundlage des Zuschlagurtheiles bilden, nicht betheiligt. Dagegen ist dem Bieter ein Beschwerderecht beigelegt (§ 87 Abs. 2; s. a. Anm. 9 zu § 61). A. M. Knorr Anm. 2a. zu § 72.

5. Für die Geltendmachung der Widerspruchsgründe schreibt § 72 die Formen und das Verfahren vor. Der Abschluß des Versteigerungsprotokolles wirkt für die Erhebung des Widerspruches präkludirend. Dagegen hat der Richter, insoweit er von Amtswegen zu handeln hat, auch solche Thatsachen und Beweismittel zu berücksichtigen, welche erst nach dem Schlusse des Versteigerungstermines zu seiner Kenntniß gelangen (Mot. zu § 78; s Anm. 5 zu § 72 und § 81 Abs. 2), selbst wenn die betreffenden Thatsachen erst nach Schluß des Versteigerungstermines eingetreten sind (z. B. der Umstand, daß der versteigerte Gegenstand untergegangen oder dem Verkehre entzogen ist (Anm. 8.a zu §§ 81/83).

6. In Betreff der einzelnen Widerspruchsgründe, insbesondere inwiefern dieselben zugleich die Versagung von Amtswegen begründen (§ 78 Abs. 2), und über die Berechtigung der Interessenten zur Erhebung des Widerspruches in den einzelnen Fällen (§§ 76, 77) ist Folgendes zu bemerken:

a. **Zu § 75 Nr. 1.** (Vgl. §§ 114 Nr. 1 und 2, 118 Nr. 1 R.Zw.G.Entw.) Es gehören hierher:

α. alle Mängel in den materiellen und formellen Voraussetzungen der Zwangsvollstreckung überhaupt, namentlich hinsichtlich der Personen des Gläubigers und des Schuldners (Anm. 6–8 zu § 2), hinsichtlich des Vollstreckungsgerichtes, insbesondere der Zuständigkeit desselben (Anm 1, 2, 9, 10 zu § 3, A. M. Jäckel Anm. 1 zu § 75), des vollstreckbaren Schuldtitels, der vollstreckbaren Ausfertigung (Anm. 4 zu § 2), der besonderen formellen Voraussetzungen des Beginnes der Zwangsvollstreckung (Anm. 5 zu § 2);

β alle Mängel in den materiellen und formellen Voraussetzungen der Zwangsvollstreckung durch Zwangsversteigerung dieses Grundstuckes, insbesondere Unzulässigkeit der Zwangsversteigerung wegen gewisser Forderungen (Anm. 14 zu § 2), Unzulässigkeit der Inanspruchnahme des betreffenden Grundstückes oder Antheiles (Anm 4, 5 zu § 1, §§ 13, 14, 15, 20 nebst Anmerkungen);

γ. Hindernisse und Mängel materieller und formeller Natur, welche sich im Laufe des Verfahrens ereignen und welche einer Fortsetzung des Verfahrens entgegenstehen — Hierher gehören alle Umstände, welche das Versteigerungsgericht zur endgültigen oder einstweiligen Einstellung des Verfahrens, oder zur Aufhebung der betreffenden Versteigerung hätten führen mussen (Vgl dazu Anm. 1 zu §§ 70/71). Es gehören dahin ferner die Falle, in denen gemäß §§ 49, 74, 79 die Ansetzung eines neuen Versteigerungstermines zu erfolgen hatte. Die Falle der §§ 49 und 74 sind von den Motiven besonders hervorgehoben. — Voraussetzung der Versagung ist in allen Fallen, daß die Fortsetzung des gesammten Verfahrens unzulassig erscheint. (Anm. 1. A. a. E. zu §§ 70/71, Anm. 3–6 zu § 73.)

Es kann über diese Versagungsgründe bereits eine mit der sofortigen Beschwerde angreifbare Entscheidung des Vollstreckungsgerichtes oder in Folge erhobener Beschwerde der in der Beschwerdeinstanz vorgesetzten Gerichte ergangen sein. — Bezüglich der zu α. und β erwahnten Grunde liegt eine derartige Entscheidung stets in dem Einleitungsbeschlusse, weil derselbe die Zulassigkeit der Zwangsvollstreckung im Sinne des § 75 Nr 1 zur gesetzlichen Voraussetzung hat. (Anm. 2 u 5 zu §§ 16, 17.) — Solche Entscheidungen stehen der Berucksichtigung dieser Versagungsgründe bei dem Urtheile über die Ertheilung des Zuschlages nicht entgegen. — Daß § 540 Abs. 3 C P O. für den Fall, daß eine Beschwerde nicht erfolgt ist, dieser Auffassung nicht entgegensteht, ist Anm 5 zu §§ 16, 17 nachgewiesen. (A M Dorendorf und, allerdings mit Einschrankungen, Jäckel, Anm 2 zu § 75. Zustimmend Jastrow, Ztschr. f. vgl. R.W. 6 S. 143.) — Für den Fall, daß die Vorentscheidung in der Beschwerdeinstanz unter Abänderung der Entscheidung des Vollstreckungsgerichtes erfolgt ist, entsteht die fernere Frage, ob nicht der in der Natur der Sache liegende Satz, daß das Vollstreckungsgericht die Entscheidung der Beschwerdeinstanz und nicht die abgeänderte eigene als die maßgebende anerkennen muß, der Freiheit der jetzigen Prufung entgegensteht. Aber auch das ist zu verneinen. Die untere Instanz ist, wie auch durch argumentum a contrario aus § 528 Abs. 2 C P O. zu entnehmen ist, bei dem Rechtsmittel der Beschwerde nur an die Entscheidung, nicht aber für eigene spätere Entscheidungen an die der ersteren zu Grunde gelegte Beurtheilung gebunden. Entschieden hat das Beschwerdegericht, welches die Zwangsvollstreckung einleitet, nur, daß dieselbe einzuleiten sei, und dem muß sich das Vollstreckungsgericht fügen. Seine diesem Beschlusse ausdrücklich zu Grunde gelegte Anschauung, daß das Vollstreckungsgericht zuständig sei, bindet aber das Vollstreckungsgericht nicht bei ferneren Entscheidungen, welche ebenfalls von dieser Vorfrage abhängen. Noch weniger ist dies der Fall, wenn eine derartige, dem Einleitungsbeschlusse und dem Zuschlagsurtheile gemeinsame nothwendige Voraussetzung gleichwohl bei Erlassung der ersteren gar nicht oder nicht erkennbar zum Gegenstande der richterlichen Prüfung gemacht ist. (Vgl. aber die allerdings nicht direkt auf den hier vorliegenden Fall bezügliche Abhandlung von L. Seuffert in Busch, Zeitschr. f. deutschen Civilprozeß 7 S. 1.) Vgl. § 120 R Zw.G.Entw. und die Motive dazu, s. unten Anm. 8 zu §§ 81 bis 83.

Als von Amtswegen zu berücksichtigende Versagungsgründe sind in § 78 Abs. 2 hervorgehoben:

1) Daß das Grundstück dem freien Verkehre entzogen ist (Anm. 4 δ zu § 1). An solchen Grundstücken kann auch das Zuschlagsurtheil Privateigenthum nicht begründen. (Vgl. § 114 Nr. 2 R Zw.G.Entw). § 70 Abs. 1 findet keine Anwendung, da hier nicht blos Rechte Dritter in Frage stehen. — Eine Ausdehnung der Berücksichtigung von Amtswegen auf die Fälle, daß die Lehns- oder Fideikommiß- oder Dotalqualität des Grundstückes der Veräußerung entgegensteht (Anm. 4 γ. ε. ζ zu § 1, Johow 1 S. 71, 3 S. 35 ff) erscheint nicht zulässig, in solchen Fällen kommen §§ 70, 71 zur Anwendung;

2) daß das Verfahren eingestellt ist und deshalb nicht fortgesetzt werden darf (Anm 1 zu §§ 70, 71). Mit Recht bemerken die Motive: „Ist dagegen auf den gestellten Antrag die Einstellung (seitens des Versteigerungsgerichtes!) noch nicht erfolgt, so muß die weitere Verfolgung des Antrages wie bei jedem anderen Widerspruche gegen den Zuschlag im Termine erwartet werden."

In allen anderen Fällen darf der Versagungsgrund nur auf Widerspruch beachtet werden. Die Unterlassung desselben heilt diese Mängel im Verfahren und seinen Voraussetzungen. Daraus folgt zugleich, daß der Richter jedenfalls nach Schluß des Versteigerungstermines nicht mehr aus denselben Veranlassung nehmen darf, vom Erlaß der Entscheidung über den Zuschlag abzusehen und einen anderen Versteigerungstermin anzuberaumen (vgl. Anm. 6 zu § 79).

Bezüglich der hierher gehörigen Mängel müssen sämmtliche Interessenten als widerspruchsberechtigt anerkannt werden. Denn die Durchführung einer Zwangsvollstreckung, welche auf unzulässigen Voraussetzungen beruht oder deren Fortsetzung überhaupt unzulässig erscheint, benachtheiligt alle Interessenten. Die Rechte des Schuldners werden offenbar in allen Fällen verletzt Aber auch für die betreibenden Gläubiger ist die Möglichkeit einer Benachtheiligung vorhanden. Denn sie werden verantwortlich, wenn sie wissentlich gestatten, daß ein an und für sich unzulässiges Verfahren zur Veräußerung des Grundstückes führt; sie können in solchem Falle freilich durch Zurücknahme des Versteigerungsantrages schneller und billiger die Beendigung des unzulässigen Verfahrens herbeiführen; es kann ihnen aber auch möglicherweise daran liegen, über den Widerspruchsgrund eine gerichtliche Entscheidung zu erlangen. Alle Interessenten, deren Forderungen in Folge der unzulässiger Weise fortgesetzten Zwangsversteigerung ausfallen würden, sind, wie auch das Kammergericht bei Johow 2 S. 32 anerkennt, ebenfalls betroffen. Man muß aber auch die durch das geringste Gebot gedeckten Interessenten als betroffen ansehen (Rudorff Anm. 1 zu § 76, mit Modifikationen Jäckel Anm. 1 zu § 76; a M. Dorendorf Anm 3 zu § 76). Es ist zwar richtig, daß sie die Befürchtung des Ausfalles für sich nicht geltend machen können, auch schwindet der von Jäckel angegebene Grund, daß sie es ablehnen könnten, „auf Grund eines in Wahrheit nicht vorhandenen Vollstreckungsrechtes zum Abschlusse eines Kaufvertrages mit dem Ersteher gezwungen zu werden" (vgl. dazu Henning Rassow bei Gruchot 35 S 536 ff) mit dem Glauben an die leibhaftige Existenz dieses Vertrages (Einl S 26) Aber sie erhalten, wie Rudorff mit Recht bemerkt, durch den Zuschlag einen anderen Schuldner, sie werden, und zwar auch für die Zeit nach Ertheilung des Zuschlages, durch die Nothwendigkeit einer Theilnahme an dem Verfahren (§ 106 Abs 2) belastigt Es sind das möglicherweise nachtheilige Wirkungen, welche sie sich allerdings in jedem zu Recht eingeleiteten und fortgesetzten Verfahren gefallen lassen müssen, gegen die sie sich aber verwahren können, wenn das Verfahren im Ganzen auf einer unzulässigen Grundlage beruht. — Diese Gesichtspunkte müssen auch für diejenigen zu γ gedachten Fälle, in denen der Antrag, welcher zur Einstellung des Verfahrens fuhren mußte, nur von bestimmten Personen gestellt werden konnte, durchgreifen, sobald jener Antrag auf Ausführung der Einstellung bei dem Vollstreckungsgerichte in begründeter Weise gestellt ist. Die Fortsetzung des Verfahrens ist eine schlechthin, nicht blos mit Bezug auf den betreffenden Interessenten unzulässige. — Wenn man dies im Allgemeinen anerkennt, muß es — im Gegensatz zu Jackel — auch für den Fall des § 74 anerkannt werden

b **Zu § 75 Nr 2.** Ueber die Fähigkeit des Meistbietenden zum Abschlusse eines Kaufvertrages und zum Erwerbe des Grundstückes s. Anm. 6 zu § 61; über die Legitimation des Vertreters s. Anm. 3 und 5 zu § 65 -- In beiden Beziehungen ist eine nachtragliche Beseitigung des Mangels bis zur Verkündung des Zuschlagsbescheides gestattet (§§ 78 Abs. 2, 81); jedoch nur wenn wegen desselben im Versteigerungstermine nicht Widerspruch erhoben ist (§§ 72 Abs. 2, 78 Abs 1) — Erfolgt die zulässige nachträgliche Beseitigung des Mangels nicht, so ist der Zuschlag von Amtswegen zu versagen, „weil ein gültiges Gebot nicht vorhanden ist" (Mot.) Vgl. § 113 Abs. 2 R Zw.G Entw — Zur Erhebung des Widerspruches ist jeder Interessent berechtigt, weil beim Nichtvorhandensein eines gültigen Gebotes das ganze Versteigerungsgeschäft nichtig ist (oben Anm. 2 b. α)

c **Zu § 75 Nr. 3.** Vgl. §§ 114 Nr. 6 und 8, 115 R Zw G.Entw — Ueber die Feststellung der Kaufbedingungen s Anm. 3—5 zu § 45, Anm 7 zu § 52, Anm 2 zu §§ 53–56, Anm. 5 zu § 57, Anm. 1, 2, 6 zu § 60, Anm. 2 zu § 68 — Es kommen hier nur die Rechte einzelner durch die unzulässige Aufstellung abgeanderter Kaufbedingungen oder die ungerechtfertigte Beibehaltung der gesetzlichen Kaufbedingung berührter Interessenten in Frage, und es bestimmt sich danach, wer im Einzelfalle zur Erhebung des Widerspruches berechtigt ist (§ 76, auch Anm. 4 und 5 zu § 45, Anm. 2 und 11 zu § 53—56, Anm. 2–6 § 60). Durch das von der Kommission des A.H. eingeschaltete Allegat § 57 Abs 4 soll außer Zweifel gestellt werden, daß in dem gedachten Falle der Schuldner nicht zu den Betheiligten im Sinne des § 75 Abs. 3 gehört (s. auch Anm. 5 zu § 57). Sind die zum Widerspruche berechtigten Interessenten im Versteigerungstermine anwesend, so bleibt ihnen die Wahrung ihrer eigenen Rechte überlassen. Nur, wenn sie im Versteigerungstermine nicht erschienen sind, tritt die amtliche Fürsorge ein; es sei denn, daß sie nachträglich der ungesäumten Fortsetzung des Verfahrens (d. h. der Ertheilung des Zuschlages unter den von ihnen anfechtbaren Kaufbedingungen) zugestimmt haben (§ 78 Abs. 2). Das Widerspruchsrecht fällt fort, wenn durch doppeltes Ausgebot (unter der gesetzlichen und der abgeänderten Kaufbedingung) festgestellt ist, daß die Rechte der widersprechenden Interessenten nicht verletzt werden. — Für die Feststellung, ob ein Interessent durch den Zuschlag für das unter den maßgebend gewesenen Kaufbedingungen abgegebene Meistgebot benachtheiligt werden würde, kommt § 77 zur Anwendung (s. unten Anm. 7).

d. **Zu § 75 Nr. 4.** Vgl. § 114 Nr 3 R Zw G.Entw. — Wegen des Inhaltes der Bekanntmachung s. § 40 und wegen der Abhaltung des Termines zu einer früheren Zeit, oder an einem anderen Orte Anm. 3 zu § 61.

e. **Zu § 75 Nr. 5.** Vgl. § 114 Nr 3 R Zw G.Entw. — Ueber die Art der Veröffentlichung s. § 46; über die Begründung des Widerspruches Anm. 5 daselbst. Nur die im Gesetze (§ 46 Abs. 1, 2, 6) vorgeschriebene Art der Bekanntmachung, nicht die fakultativen Bestimmungen des § 46 Abs. 3–5 werden durch § 75 Nr. 5 geschützt. Zu beachten ist ferner, daß die Vorschriften des § 46 auch für die Veröffentlichung der Bekanntmachung eines neuen Versteigerungstermines im Sinne der §§ 49, 50, 69, 74, 79, 99 maßgebend sind, und daß, wenn in den gedachten Fällen der neue Versteigerungstermin innerhalb der verkürzten Versteigerungsfrist anberaumt werden soll, bei der Bekanntmachung des früheren Termines die Vorschriften des § 40 Nr. 1, 4, 5, 8, 9 und des § 46 befolgt sein müssen (Anm. 3 zu § 49).

f. **Zu § 75 Nr. 6.** Vgl. § 114 Nr. 3 R Zw G Entw. und im Uebrigen die Anm. 1 zu § 42 und Anm 2—4 zu § 46.

Zu d—f. Die Verletzung der Vorschriften über den wesentlichen Inhalt der Bekanntmachung des Versteigerungstermines (Nr 4), deren Veröffentlichung (Nr. 5) und die Versteigerungsfrist (Nr. 6) berührt sowohl die Rechte der bekannten, wie die der unbekannten Realberechtigten. Eine Verletzung der in dieser Beziehung gegebenen Vorschriften begründet stets die Versagung des Zuschlages von Amtswegen (§ 78); es ist daher jeder Interessent ohne Weiteres zur Erhebung des Widerspruches berechtigt (oben Anm. 2 a).

g. Im Falle des § 75 Nr. 7 (vgl § 114 Nr 5, 115, 116 Abs. 1 R.Zw.G.-Entw.) ist nur das Recht eines einzelnen Interessenten in Frage, welcher zum Versteigerungstermine (auch zu einem neuen Versteigerungstermine im Sinne der §§ 49, 50, 69, 74, 79, 99) nicht gehörig geladen ist, obgleich er hätte geladen werden müssen. Vgl darüber Anm. 1–4 zu §§ 47, 48. — Der bisherige Meistbietende, an welchen die Bekanntmachung nach § 74 Abs. 4 zuzustellen ist, hat ein Widerspruchsrecht nicht, weil er nicht Interessent im Sinne der §§ 21, 72 ist (s. oben Anm. 4); aus demselben Grunde ist auch der Interessent, welcher den neuen Versteigerungstermin erwirkt hatte (§ 74 Abs. 1) zum Widerspruche gegen die Ertheilung des Zuschlages nicht aus dem Grunde berechtigt, weil der Meistbietende nicht gehörig geladen ist. — Die Wahrung des eigenen Rechtes ist auch hier dem einzelnen Interessenten nach Maßgabe des § 76 überlassen Nur für nicht erschienene Interessenten tritt amtliche Fürsorge ein, sofern sie nicht nachträglich bis vor Verkündung des Urtheils erklärt haben, daß sie ihre nicht gehörige Ladung als Grund gegen die Ertheilung des Zuschlages nicht geltend machen wollen (§ 78 Abs. 2). — Für die Feststellung der drohenden Benachtheiligung des betreibenden Gläubigers und der Realberechtigten findet § 77 Anwendung Zur Erhebung des Widerspruches berechtigt (betheiligter Interessent § 78 Abs. 2) ist auch der Schuldner (s Anm 2 zu § 74).

h Zu § 75 Nr. 8 vgl §§ 114 Nr. 7, 115 R.Zw G Entw. — Der § 49 Abs 1 dient zur Wahrung der Rechte des Schuldners bez eines neuen Eigenthümers. Es sind daher nur diese zum Widerspruche berechtigt. Des besonderen Nachweises einer Benachtheiligung bedarf es nicht Wegen der Versagung des Zuschlages von Amtswegen siehe § 78 Abs. 2, oben Anm 2. b β und Anm. 2 zu § 49.

i Zu § 75 Nr. 9 vgl § 114 Nr 3 R Zw.G Entw — Die Vorschrift des § 68 Satz 1 sichert das Verfahren gegen Uebereilung, und soll die gehörige Ermittelung des Meistbietenden verbürgen Das Gesetz beschränkt nicht, wie in den Fällen der Nr 3, 7, 8, die amtliche Fürsorge auf die nicht erschienenen Interessenten, sondern verordnet die unbedingte Versagung des Zuschlages Zur Erhebung des Widerspruches ist daher jeder Interessent berechtigt; des Nachweises einer Benachtheiligung bedarf es nicht (oben Anm 2 a).

k. Zu § 75 Nr. 10. Vgl Anm 4 u 5 zu § 68. Das Widerspruchsrecht steht danach nur denjenigen Interessenten zu, welche durch die ungerechtfertigte Zurückweisung des Bieters benachtheiligt sind Der Grund des Widerspruchsrechtes liegt in der Möglichkeit, daß bei Zulassung des Bieters ein besseres Resultat erzielt worden wäre Es sind daher alle Interessenten, welche einen Ausfall erleiden, insbesondere auch der Schuldner, zur Erhebung des Widerspruches berechtigt Für die Feststellung des Ausfalles ist § 77 maßgebend — Vgl auch § 118 Nr. 3 R Zw G.Entw.

l Zu § 75 Nr 11. Unter welchen Voraussetzungen ein Gebot zugelassen werden darf, ergiebt sich aus Anm 1—6 zu §§ 62—64. — Hier kann nur die Zulässigkeit des Meistgebotes oder des Zweitgebotes in Frage kommen, wenn etwa das Meistgebot aus irgend einem Grunde nicht zugelassen ist (Anm 6 a a O) — Ist die Zulassung zu Unrecht erfolgt, so ist zunächst der Interessent, welcher gegen dieselbe Widerspruch erhoben hat, auch zum Widerspruche gegen den Zuschlag berechtigt Es muß dasselbe Recht aber auch allen anderen Interessenten, welche durch die Nichterfüllung des Gebotes benachtheiligt werden würden (Anm 2 b a. a. O), zugestanden werden, weil sie an der Erfüllung des Gebotes dasselbe rechtliche Interesse haben, und, da die Sicherheit von dem Bieter nur einmal und in einem gesetzlich bestimmten, nach dem baar zu zahlenden Kaufpreise zu berechnenden Betrage geleistet zu werden braucht, sich dabei beruhigen konnten, wenn von einem anderen Interessenten Widerspruch gegen die Zulassung des Gebotes erhoben war Der Widerspruchsgrund der Nr. 11 war in der Subh.-Ordn von 1869 nicht enthalten und ist auch im R.Zw.G.Entw. nicht aufgenommen

Zu k und l. Die Versagung des Zuschlages von Amtswegen findet in beiden Fällen nicht statt.

m. Zu § 75 Nr. 12. Vgl § 118 Nr. 2 R Zw.G.Entw. — Die Nr. ist von der Kommision des H H. mit Rücksicht auf die „für die Feststellung des geringsten Gebotes zu reservirende erste Stunde" (Anm. 3 zu § 61) hinzugefügt worden. — Da die unterlassene Abwartung der Stunde seit der zum Beginne des Termines festgesetzten Zeit niemals von Amtswegen zu berücksichtigen ist, so können nur die durch den Ausschluß betroffenen Interessenten selbst, — auf Grund des § 75 Nr 12 Widerspruch erheben. (So jetzt auch Jäckel zu § 76) Eine andere Frage ist, welche Interessenten wegen Nichtberücksichtigung der ausgeschlossenen Ansprüche bei Feststellung des geringsten Gebotes nach § 75 Nr. 3 ein Widerspruchsrecht haben (s darüber oben Anm. c und Anm. 2 und 11 zu §§ 53—56)

7. a. § 77 Abs. 1. (Vgl § 116 Abs. 2 R Zw.G Entw) „Das Gesetz verleiht in einer Reihe von Paragraphen den Interessenten, welche durch den Zuschlag benachtheiligt werden, eine besondere Rechtsstellung" (§§ 60, 74, 75 Nr. 7, 87.)" Mot. Die Vorschrift des § 77 bezieht sich auf alle diese Fälle; sowie überhaupt auf alle Fälle, in denen es darauf ankommt festzustellen, ob ein Interessent durch den Zuschlag einen Ausfall erleiden würde (vgl oben Anm. 2 b. β c. 6. b. g k. l. m). — Sie enthält eine subsidiäre Vorschrift für die Feststellung der Benachtheiligung („sofern nicht etwas anders nachgewiesen ist"); und greift, „da es sich in allen diesen Fällen, um eine künftige, noch nicht (sondern erst bei der Kaufgeldervertheilung) mit Sicherheit zu übersehende Benachtheiligung handelt", zu einem Auskunfsmittel, welches geeignet ist, „die drohende Gefahr einer Benachtheiligung durch den Zuschlag in ihrem ganzen Umfange abzuwehren". Als Interessent im Sinne des § 77 ist nur ein Forderungsberechtigter (betreibender Gläubiger oder Realberechtigter) zu betrachten, der der Möglichkeit eines Ausfalles ausgesetzt ist (vgl. Kurlbaum n. G. S. 25) Die Berechnung der ihm selbst zustehenden und der seiner Forderung vorgehenden wiederkehrenden Leistungen und Zinsen soll gemäß §§ 25—28, 35 Nr. 2 und 36 im weitesten ein Vorrecht begründenden Umfange erfolgen; ebenso für Forderungen, deren Geldbetrag unbestimmt ist, zu dem höchsten zulässigen Betrage. - Die Vorschriften des § 77 gelten sowohl für die Fälle des Widerspruches als für die Fälle der Versagung von Amtswegen (vgl. Schlußsatz des Abs. 3). Hat der betheiligte Interessent zu den Akten einen weitergehenden Anspruch auf Zinsen und wiederkehrende Hebungen nachgewiesen, und kommen einem solchen Anspruche gegenüber auch noch weitergehende ähnliche Forderungen anderer Berechtigten in Betracht (§ 37), so sind auch diese Beträge bei der Prüfung, ob eine Benachtheiligung des Widersprechenden anzunehmen ist, in Berechnung zu ziehen. — Unter Forderungen, deren Geldbetrag unbestimmt ist, sind im Sinne dieses Paragraphen nur Forderungen zu verstehen, die auf Geld gerichtet sind (Forderungen von unbestimmter Höhe, Kautionshypotheken, vgl. auch Anm. 5 und 7. c zu §§ 53 bis 56). Bei Ansprüchen, welche nicht die Zahlung einer Geldsumme zum Gegenstande haben, giebt es „keinen zulässigen höchsten Betrag" für die Berechnung. (Vgl. Anm 15 zu §§ 53—56, Anm. 7 zu §§ 58, 59 Anm. 4 A. α zu §§ 104—106) — Ebensowenig giebt es für die Berechnung der älteren, nicht mit einem bestimmten Höchstbetrage eingetragenen Kautionshypotheken einen gesetzlich zulässigen höchsten Betrag, es sei denn, daß sie nach § 56 zu einem höchsten Betrage angemeldet worden sind (Anm. 7. c zu §§ 53—56). Daß auch bedingte Forderungen, vorgemerkte und Korrealhypotheken zum vollen

Betrage und unter Hinzurechnung der Zinsen in dem im § 77 angegebenen Umfange in Berechnung zu stellen sind, versteht sich von selbst (vgl Anm 2 zu § 10, Anm 6 zu §§ 33, 34 [auch wegen der Arrestvormerkungen älteren Rechtes] Anm 5 zu §§ 53—56, Anm 3 zu §§ 58, 59, Anm 2 zu §§ 62—64) — Immerhin bietet der § 77 Abs. 1 in vielen Fällen ein sehr wirksames Aushülfsmittel, um die Möglichkeit des Ausfalles eines Forderungsberechtigten bei dem abgegebenen Meistgebote darzuthun — Der Schuldner wird durch die Ertheilung des Zuschlages stets benachtheiligt, indem er das Eigenthum des Grundstückes verliert Diese gesetzliche Folge der Zwangsversteigerung kann als Nachtheil für den Schuldner nur dann in Betracht kommen, wenn Vorschriften verletzt sind, welche ihm die Abwendung derselben oder doch wenigstens die Herbeiführung eines ihm möglichst günstigen Resultates der Zwangsversteigerung zu sichern bestimmt sind Es bedarf daher für den Schuldner bei Verstößen gegen gesetzliche Vorschriften, welche als Widerspruchsgründe für den Schuldner gelten (§§ 75 Nr. 1, 3, 7, 8, 10, 11) keines besonderen Nachweises einer Benachtheiligung. (A. M. Knorr Anm. 1 b zu § 77)

b **§ 77 Abs 2** Gegen zu weit gehende Fürsorge soll die Zulässigkeit der Leistung einer anderweiten Sicherheit zur Abwehr des Widerspruches (richtiger der Versagung des Zuschlages) genügenden Schutz gewähren (Mot.), indem sie die Voraussetzung desselben, die drohende Benachtheiligung des Widersprechenden (betheiligten Interessenten, § 78 Abs 2) durch den Zuschlag, beseitigt Der betheiligte Interessent soll gesichert werden, daß er mit seiner Forderung, soweit er Befriedigung aus dem Grundstücke zu verlangen berechtigt ist, also auch unter Umständen wegen älterer als zweijähriger Rückstände an Zinsen und wiederkehrenden Hebungen, aus dem Meistgebote in vollem Umfange befriedigt werden würde Hiernach bestimmt sich die Höhe der Sicherheitsleistung. Bei Feststellung derselben ist die Höhe des den betheiligten Interessenten drohenden Ausfalles nach den Grundsätzen des Abs. 1 zu berechnen — Die Sicherheit kann von jedem anderen Interessenten (§ 21) oder von dem Meistbietenden geleistet werden Auch die sonst von der Sicherheitsleistung befreiten juristischen Personen (§ 62 Abs 4) müssen in diesem Falle die vorgeschriebene Sicherheit bestellen. — Der Bieter, welchem der Zuschlag ertheilt ist, kann die Sicherheitsbestellung auch in der Beschwerdeinstanz nachholen (§ 92 Abs 1). — In dem R Zw G Entw. fehlt eine entsprechende Bestimmung (Motive S. 232)

c **§ 77 Abs. 3** bezeichnet als Kautionsmittel zunächst die in § 64 Abs. 1 als solche anerkannten Mittel der Sicherheitsleistung (baar Geld und öffentliche Papiere) und macht ersichtlich, daß jene Vorschrift auch für die Art der Sicherheitsbestellung maßgebend ist — Vgl. daher Anm. 4 a und b, Anm 5 zu §§ 62 bis 64. Außerdem wird die Sicherheitsleistung mit einer nach den Vorschriften des Abs. 1 durch den Zuschlag nicht beeinträchtigten auf dem Grundstücke eingetragenen Forderung zugelassen — Die Forderung braucht eine eigene des Sicherheitsleistenden nicht zu sein; die aus § 64 Abs. 2 hergeleiteten Einschränkungen (Anm. 4. c zu §§ 62—64) kommen daher hier nicht in Betracht Natürlich muß der die Sicherheit Bestellende zur Verfügung über die Forderung befugt sein. Auch, daß die Sicherheitsleistung durch Hinterlegung der Hypotheken- oder Grundschuldurkunden erfolgen, und daß aus den Urkunden das uneingeschränkte Gläubigerrecht des Sicherheitsleistenden sich ergeben müsse, ist nicht vorgeschrieben.—

Die Verhältnisse des Bieters zu dem durch Nichterfüllung des Gebotes benachtheiligten Gläubiger sind aber auch andere als im vorliegenden Falle die Verhältnisse des Sicherheisleistenden (selbst wenn dies der Meistbietende ist) zu dem betheiligten Interessenten In jenem Falle kann mit Rücksicht auf § 129 die bloße Hinterlegung der betr Urkunden als genügendes Sicherheitsmittel betrachtet werden (Anm. 5 zu §§ 62—64); im vorliegenden Falle hat der betheiligte Interessent wegen seines Ausfalles bei der Zwangsversteigerung keinen Titel zur Zwangsvollstreckung gegen den Besteller der Sicherheit Unter solchen Umständen kann die bloße Hinterlegung der Urkunde über die eingetragene Post nicht genügen, vielmehr muß eine Verpfändungserklärung des Sicherheitsleistenden zu Protokoll genommen werden, welche den betheiligten Interessenten berechtigt, die Eintragung der Verpfändung bewirken zu lassen. Als solche Verpfändungserklärung genügt die Erklärung, daß mit der näher bezeichneten eingetragenen Forderung dem betreffenden Interessenten für etwaigen Ausfall Sicherheit bestellt werde. — Damit letzterer die Eintragung erlangen kann, muß ihm der Sicherheitsbesteller auch die Grundbuchurkunde aushändigen bez. zwecks Uebermittelung an den Interessenten dem Gerichte überreichen, welches im Versteigerungstermine die Rechte der nicht erschienenen Interessenten wahrzunehmen hat A. M. Knorr Anm. 2 b zu § 77.

d. Die bestellte Sicherheit haftet dem Berechtigten ohne dessen Annahme (vgl. §§ 80—84 G.B O. Eccius Anm. 24 zu § 28; Anm. 11 zu § 197). Er ist andererseits verpflichtet, sich die Sicherheitsbestellung gefallen zu lassen. Ist der betreffende Interessent im Versteigerungstermine nicht erschienen oder lehnt der erschienene Interessent die Annahme der bestellten Sicherheit ab, so ist durch das Zuschlagsurtheil über den Widerspruchs- (Versagungs) grund zu entscheiden. Der Widerspruch hört auf, ein begründeter zu sein; zu einer Versagung des Zuschlages von Amtswegen liegt kein Anlaß vor, wenn in Folge der Bestellung der Sicherheit (in entsprechender Höhe, mit zulässigen Kautionsmitteln und in gehöriger Form) die Benachtheiligung des Interessenten als beseitigt anzunehmen ist (vgl oben Anm. 2 b β).

e. Dem Schlußsatze des § 77 Abs. 3 gemäß ist stets zu verfahren, wenn der betheiligte Interessent im Versteigerungstermine nicht erschienen ist — Erfolgt die Bestellung der Sicherheit durch Verpfändung einer eingetragenen Forderung, so sind dem nicht erschienenen Interessenten mit der Mittheilung zugleich auch die zu den Akten abgereichten Urkunden (oben c) zu übersenden. Eine Ausfertigung des Versteigerungsprotokolles ist dem betheiligten Interessenten auf seinen Antrag zur Herbeiführung der Eintragung der Verpfändung zu ertheilen.

f. Die bestellte Sicherheit wird frei, sobald sich bei Vertheilung der Kaufgelder herausstellt, daß dieselben zur Deckung des betheiligten Interessenten ausreichen, bez. sobald der Sicherheitsbesteller denselben wegen seines Ausfalles befriedigt hat. Die Sicherheit haftet nicht dafür, daß der Meistbietende seine Verpflichtungen auch erfüllen, namentlich den entsprechenden Theil des Kaufgeldes baar zahlen werde, daher auch nicht für einen Ausfall, den der betreffende Interessent bei der Wiederversteigerung oder zwangsweisen Beitreibung des ihm überwiesenen Kaufgelderrückstandes erleidet. (So auch Jäckel Anm 3. A M Rudorff S 168.) — Ist die Sicherheit hinterlegt worden, so findet wegen Herausgabe derselben das in Anm. 5 zu §§ 62—64 Bemerkte Anwendung. Die

Zurückgabe der Hypothekenurkunde und die Löschung der eingetragenen Verpfändung herbeizuführen, ist dem Sicherheitsbesteller zu überlassen.

§. 79. Ist nach den Vorschriften der §§. 75, 78 der Zuschlag überhaupt zu versagen, eine erneute Versteigerung aber zulässig, so ist auf den im Versteigerungstermine gestellten Antrag eines Gläubigers, wegen dessen Forderung das Verfahren fortzusetzen ist, der Termin aufzuheben und ein neuer Versteigerungstermin zu bestimmen.

Ein nach der Abgabe eines Gebots gestellter Antrag ist zurückzuweisen, wenn einer der anwesenden Interessenten widerspricht.

Der neue Termin ist, wenn nicht einer der in §. 75 Nr. 4, 5 bezeichneten Fälle vorliegt, auf drei bis sechs Wochen hinauszurücken.

§ 79. Fortsetzung des Verfahrens ohne Urtheil über den Zuschlag, insbesondere wegen Unzulässigkeit der Zuschlagsertheilung.

1. Vgl. §§ 57, 58 R Zw.G.Entw. — Die Regel ist, daß, sobald es zum Versteigerungstermine kommt, auch durch „Urtheil" über die Ertheilung oder Versagung des Zuschlages entschieden werden muß (Die Fortsetzung des Verfahrens im Falle der Versagung regelt § 99) Ausnahme von dieser Regel sind bisher, von dem Falle eines Einverständnisses aller Interessenten (Anm. 1 zu § 74) abgesehen, hervorgetreten:

a wenn die Anträge sämmtlicher betreibender Gläubiger zurückgenommen sind (§ 73);

b. im Falle der endgültigen, sämmtliche Gläubiger berührenden Einstellung des Verfahrens von Amtswegen, auf Antrag des Schuldners oder eines Dritten (§§ 70, 71);

c. im Falle einer einstweiligen Einstellung des Verfahrens auf Antrag des Gläubigers (§ 51, 73);

d im Falle einer Aufhebung des Termines auf Antrag des Gläubigers (§ 51 Abs. 2);

e. im Falle der einstweiligen Einstellung von Amtswegen, auf Antrag des Schuldners oder eines Dritten (§§ 70, 71);

f. bei dem Mangel eines zulässigen Gebotes (§ 69);

g. bei dem Antrage eines Interessenten behufs Erzielung eines besseren Gebotes (§ 74).

In den Fällen zu a und b ist das Verfahren definitiv zu Ende, die Fortsetzung in den Fällen c und d regeln §§ 50, 51, in dem Falle e § 50, im Falle f § 69, im Falle g § 74 Als eine fernere Ausnahme tritt der Fall des § 79 hinzu (vgl. § 81 Abs. 1).

2. Der Paragraph gestattet, um die Versagung des Zuschlages und die Einleitung eines neuen Verfahrens zu erübrigen, die Aufhebung des Versteigerungstermines, ohne Urtheil über den Zuschlag und die Bestimmung eines neuen Versteigerungstermines. Voraussetzungen sind zunächst:

a. es muß ein Fall vorliegen, in welchem, wenn es zum Urtheil käme, der Zuschlag versagt werden müßte. Es ist dies nach den §§ 75—78 (vgl. auch

Anm. 8 zu §§ 81—83) zu beurtheilen. Insbesondere ist, wenn einer der Versagungsgründe vorliegt, welche nur auf Widerspruch berücksichtigt werden, erforderlich, daß der Widerspruch seitens des dazu berechtigten Interessenten bereits erhoben ist. (So auch Jäckel Anm. 1; a. M Dorendorf Anm. 1, welcher in diesem Falle den Paragraphen überhaupt für unanwendbar erachtet);

b. es muß der Zuschlag überhaupt zu versagen sein. Ist derselbe nur einem Bieter zu versagen, die Ertheilung an einen anderen Bieter aber zulässig (was z. B. in den Fällen des § 75 Nr. 2, 10 und 11 vorkommen kann), so bleibt der Paragraph außer Anwendung;

c. es muß eine erneute Versteigerung zulässig sein. Es scheiden also diejenigen unter § 75 Nr. 1 fallenden Versagungsgründe aus, welche eine Aufhebung dieses Verfahrens unter allen Umständen erheischen. — Auch in den Fällen, in denen das Verfahren in Folge einer einstweiligen Einstellung zur Zeit ruhen muß, erscheint wenigstens der Antrag auf Anberaumung eines neuen Versteigerungstermines nicht statthaft;

d. der Antrag eines der betreibenden Gläubiger (§§ 13, 15), welcher im Versteigerungstermine gestellt werden muß. (Nach § 57 R Zw.G.Entw. ist ein Antrag nicht erforderlich)

e. Falls es bereits zur Versteigerung gekommen und ein Gebot abgegeben ist, so wird außerdem für einen späteren Antrag erfordert, daß keiner der anwesenden Interessenten (die Bieter, auch der Meistbietende gehören nicht zu denselben, vgl. Anm 4 zu §§ 75—78) widerspricht (Abs. 2). Es genügt, um diesem Widerspruche zu entgehen, nicht, daß ein Antrag vor der Abgabe von Geboten gestellt ist, sondern es ist erforderlich, daß zu dieser Zeit bereits ein begründeter Antrag vorlag. Würde also ein Gläubiger mit Rücksicht auf einen zu erwartenden Widerspruch den Antrag schon vor der Abgabe der Gebote stellen und der Richter denselben nicht sofort zurückweisen, so würden die Interessenten, wenn demnächst nach Abgabe von Geboten der Widerspruch gegen die Ertheilung des Zuschlages erfolgt, nunmehr dem Antrage widersprechen können. — Der Grund dieser Bestimmung liegt darin, daß durch das Gebot die Gebundenheit eines Bieters eingetreten ist und die dadurch den Interessenten etwa gewährte günstige Aussicht nicht gegen ihren Willen durch bloße Aufhebung des Termines in einer nicht wieder gutzumachenden Weise (vgl. § 66 Abs. 2 und Anm. 3 b a. E. zu § 66 im Gegensatze zu § 96) beseitigt werden darf.

3. Gegen die hier fragliche Anordnung und die Zurückweisung des Antrages ist nach § 685 Abs. 1 C.P.O. Remonstration bei dem Vollstreckungsgerichte gegeben; und gegen die darauf erfolgende Entscheidung findet sofortige Beschwerde statt. (Vgl. Anm. 10e zu § 3.) Es läßt sich aber einerseits die Aufhebung des Termines mit ihren Folgen, insbesondere der Befreiung der Bieter, nicht wieder ungeschehen machen, und andererseits kann der Gläubiger durch die Beschwerde gegen die Ablehnung den Zuschlag nicht beseitigen — Die Ablehnung berechtigt aber zum Widerspruche gegen den Zuschlag und zur Beschwerde gegen das Zuschlagsurtheil gemäß §§ 75 Nr. 1, 78 und 88 Abs 2 (Vgl Anm. 6 a γ. zu §§ 75/78, Rudorff Anm 2 zu § 75; a M Jäckel Anm. 2 zu § 79).

4. Wegen der Bestimmung des neuen Termines vgl. Anm. 3 zu § 69. § 79 Abs. 3 unterscheidet sich von § 69 Abs. 2 sachlich nicht.

5. Die Aufhebung des Termines im Falle des § 79 ist keine Aufhebung des Versteigerungstermines im Sinne des § 51 Abs 2. (Vgl Anm. 2 zu § 51; a. M Rudorff Anm 4 zu § 79) Es wird also weder dieser Antrag durch eine frühere Einstellung gehindert, noch umgekehrt. Auch kann der Antrag des § 79 wiederholt werden

6. Die Motive bemerken: „Die Befugniß des Gerichtes, einen Termin aufzuheben, von dessen Abhaltung kein Erfolg zu erwarten ist, wird hierdurch nicht berührt." — Der Richter ist, wenn es keinesfalls zur Ertheilung des Zuschlages kommen kann, befugt, von Amtswegen den Termin aufzuheben und entweder einen neuen Versteigerungstermin zu bestimmen oder das Verfahren ruhen zu lassen oder dasselbe ganz aufzuheben, je nachdem eine erneute Versteigerung zulässig, zur Zeit unstatthaft oder überhaupt unzulässig ist Aber es muß für diese Befugniß neben der Anm. 6 a Abs. 4 zu §§ 75—78 (S. 289) gefundenen Grenzbestimmung eine weitere aus § 79 Abs 2 entnommen werden Kann nämlich der Widerspruch eines anwesenden Interessenten die Aufhebung auf Antrag hindern, sobald ein Gebot abgegeben ist, so muß er unter der gleichen Voraussetzung auch der Aufhebung von Amtswegen entgegenstehen. Die Bestimmung wäre sonst völlig bedeutungslos — Es bedarf also nach Abgabe eines Gebotes von der Aufhebung von Amtswegen nur Gebrauch gemacht werden, wenn kein anwesender Interessent widerspricht. (So auch Dorendorf Anm. 2. Weiter noch gehen Jäckel Anm. 2 und Knorr Anm 2, welche die Aufhebung von Amtswegen nach Abgabe von Geboten ausschließen, und Volkmar Anm 3, welcher dieselbe schon vom Beginne des Versteigerungstermines an für unzulässig hält.) Eine Aufhebung von Amtswegen nach Schluß des Versteigerungstermines ist daher auch deshalb unzulässig, weil dann dem Interessenten die Möglichkeit des Widerspruches genommen ist — Wegen bloßer Vertagungen vgl Anm. 3 b zu § 66 — Auch im Falle der Aufhebung von Amtswegen findet Abs. 3 Anwendung (Dorendorf Anm. 3).

80. Das Protokoll des Versteigerungstermins muß über den ganzen Hergang im Termine Auskunft geben. Insbesondere sind darin die Mittheilungen über die Gläubiger, wegen deren Forderungen das Verfahren fortgesetzt wird, sowie die Zeit, zu welcher zum Bieten aufgefordert, und die Zeit, zu welcher die Versteigerung geschlossen wurde, zu verzeichnen. Wird gegen die Ertheilung des Zuschlages Widerspruch erhoben, oder bleibt es streitig, für welches Gebot oder welchem Bieter oder unter welchen Bedingungen der Zuschlag zu ertheilen sei, so ist das in Betracht kommende Sachverhältniß nebst den Anträgen der Betheiligten in das Protokoll aufzunehmen.

Im Uebrigen finden auf das Protokoll die Vorschriften der §§. 148 bis 150 der Civilprozeßordnung entsprechende Anwendung.

Einer Vollziehung des Protokolls durch die Betheiligten bedarf es nicht.

§ 80. Protokoll des Versteigerungstermines.

1. Vgl. § 126 R.Zw.G.Entw. — Das Protokoll soll über den ganzen Hergang im Termine Auskunft geben, also sowohl über den Gang der Verhandlungen im Termine im Allgemeinen (§ 146 Abs. 1 C.P.O.), als über den Inhalt der Verhandlungen im Einzelnen (Abs. 2 a. a. O). Außerdem muß das Protokoll — obwohl der § 145 C.P.O. in Abs. 2 dieses Paragraphen nicht wie in § 81 mitcitirt ist, — die in § 145 C.P.O. unter Nr. 1—4 erwähnten für jedes Protokoll wesentlichen Angaben enthalten. Der Aufführung der Erschienenen wird zweckmäßig die Bezeichnung der Eigenschaft, in welcher sie auftreten (§ 21), beizufügen sein. Der Name, Stand und Wohnort der für die Ertheilung des Zuschlages in Frage kommenden Bieter sind möglichst genau festzustellen. — Nach § 150 C.P.O. kann die Beobachtung der für das Verfahren im Versteigerungstermine vorgeschriebenen Förmlichkeiten nur durch das Protokoll bewiesen werden, und nach § 81 Abs. 2 werden Vorgänge im Versteigerungstermine, welche aus dem Versteigerungsprotokolle nicht erhellen, bei der Entscheidung über den Zuschlag nicht berücksichtigt.

2. Zu den Förmlichkeiten des Versteigerungstermines gehören:

a. die vorschriftsmäßige Besetzung des Gerichtes (§§ 145, 149, 151 C P O; Anm. 10. a zu § 3). Die Nothwendigkeit der Zuziehung eines Gerichtsschreibers ergiebt sich insbesondere auch aus der „Erwähnung des Protokollführers in dem für anwendbar erklärten § 149 C P O" (Mot.) — Entsch. des R.G. v. 26 Nov. 1888 (Jur Wochenschr v. 1889 S. 34) — Die Verhandlungen über die Ausschließung und Ablehnung der Gerichtspersonen (Anm. 10. b zu § 3) gehören zu dem materiellen Inhalte des Protokolles;

b. Ort und Zeit des Termines (Anm 5 zu § 40; § 43). Bezüglich der Zeit des Termines genügt im Protokolle die Angabe des Tages; da es nach § 61 für die Berechnung der einstündigen Frist bis zur Aufforderung zur Abgabe von Geboten lediglich auf die zum Beginne des Termines festgesetzte Zeit ankommt (Anm. 3 zu § 61) und diese aus der Bekanntmachung sich ergiebt;

c. die Bedeutung des Termines zugleich als Liquidationstermin (Anm. 1 zu § 52; § 61);

d. der Aufruf des Beginnes des Versteigerungsgeschäftes, die Einleitung des Versteigerungsgeschäftes durch die in § 52 vorgeschriebenen Mittheilungen, und die Verhandlung über die Kaufbedingungen (vorbereitendes Verfahren § 52);

e die Abwartung der Stunde von der zum Beginne des Termines festgesetzten Zeit bis zur Aufforderung zur Abgabe von Geboten und der Ausspruch des Richters, daß der Ausschluß der noch nicht geltend gemachten Ansprüche zu erwarten stehe. (§ 61 Satz 3; Anm. 3 und 4 daselbst);

f. die Bedeutung des Termines als Versteigerungstermin (Anm 1 u. 3 zu § 52; Anm 7 zu § 61); die Aufforderung zur Abgabe und der Entgegennahme von Geboten, auf Grund der gesetzlichen oder besonderen und in letzterem Falle zu verlesenden Kaufbedingungen (vgl. Anm 3 zu § 45); die Abwartung der Stunde seit der Aufforderung zur Abgabe von Geboten, die vernehmliche Bekanntmachung des letzten Gebotes, die Verkündung des Schlusses der Versteigerung (eigentliches Versteigerungsverfahren Anm. 3 zu § 52; § 68) Die Zeit der Aufforderung zur Abgabe von Geboten und des Schlusses der Versteigerung ist nach Stunde und Minute anzugeben (Anm. 1 zu § 68, § 80 Satz 2);

g die Bedeutung des Termines als Termin zur Verhandlung über die Ertheilung des Zuschlages, die Aufforderung der Interessenten zur Erklärung und die Entgegennahme derselben (Anm 3 zu §§ 52, 72);

h. die Vorlesung des Protokolles bezw die Vorlegung desselben, soweit sie nach Abs 2 und § 148 C.P.O. erforderlich ist;

i. die Entgegennahme der Erklärungen über das Protokoll § 148 C P O;

k. der Abschluß des Protokolles durch Richter und Gerichtsschreiber nach § 149 Abs 1 C P O; die Parteien, Interessenten und Bieter unterschreiben nicht. (Vgl. darüber Dernburg, Hyp R II S. 397.)

3. Die Handlungen und Erklärungen, welche seitens des Richters, der Interessenten, oder der Bieter innerhalb des durch den Gang des Verfahrens gegebenen Rahmens vorgenommen oder abgegeben werden, gehören zu dem materiellen Inhalte des Protokolles — Es sind nur die wesentlichen Handlungen und Erklärungen durch Aufnahme in das Protokoll festzustellen (arg. §§ 146 Abs. 2, 148 C.P.O). Dazu gehören:

a. im Liquidationsverfahren die Anmeldungen der Interessenten, die Verhandlungen darüber nebst den zur Glaubhaftmachung beigebrachten Beweisen (Anm 7–11 zu §§ 53–56; unter Umständen können hiernach auch Zeugenaussagen zu protokolliren sein, §§ 146 Nr. 3, 148 C P O.);

b. im vorbereitenden Verfahren die dem Einzelfalle entsprechenden genauen Bezeichnungen der nach § 52 zur Einsicht aufzulegenden Dokumente und zu machenden Mittheilungen (Anm. 3–6 zu § 52), das Resultat der Verhandlung über die Kaufbedingungen und die angemeldeten Kündigungen (Anm. 6 zu § 57);

c. im Versteigerungsverfahren die zugelassenen Gebote und zurückgewiesenen Gebote, sofern deren Protokollirung für die Verhandlungen über Ertheilung des Zuschlags erheblich ist, sowie die über die Zulassung von Geboten geführten Verhandlungen (§§ 61–68), einschließlich der dabei erfolgenden Hinterlegungen (Anm 5 zu §§ 62–64) — Wird gegen die Zulassung des Meistgebotes, d. h. gegen die Ertheilung des Zuschlages an den Meistbietenden Widerspruch erhoben (§ 75 Nr 2 und 11), oder widerspricht ein Bieter selbst vor Schluß der Versteigerung seiner Zurückweisung (§ 68 Abs 2), so ist das in Betracht kommende Sachverhältniß nebst den Anträgen der Betheiligten in das Protokoll aufzunehmen (§ 80 Abs 1; — vgl a. Anm 2 zu § 66, Anm. 4 zu § 68). Dasselbe gilt, wenn überhaupt streitig ist, für welches Gebot, oder welchem Bieter (Anm. 2 u 3 zu § 72), oder unter welchen Bedingungen (bei doppeltem Ausgebote vgl Anm 5 zu § 45, Anm 5 zu § 57, Anm 3–6 zu § 60) der Zuschlag zu ertheilen ist. Sonst genügt die Bemerkung, daß nach der Aufforderung zur Abgabe von Geboten das letzte oder alleinige Gebot mit x Mark von N. N. abgegeben sei;

d. im Verfahren über die Verhandlung mit den Interessenten nach § 72 die von denselben abgegebenen Erklärungen und Gegenerklärungen über den erhobenen Widerspruch (§§ 72 Abs. 2 u 3, 74) nebst der Angabe etwaiger Beweismittel, sofern solche, abgesehen von den Urkunden über die Zustellung (§ 72 Abs. 4) bei den Widerspruchsgründen überhaupt außer dem Akteninhalt in Betracht kommen können;

e. bei der Verhandlung über die Genehmigung des Protokolles die Feststellung, daß das Protokoll genehmigt ist oder welche Einwendungen erhoben sind (§ 148 C.P.O.);

f. etwaige Erklärungen und Handlungen des Gläubigers, des Schuldners oder Dritter, welche eine Einstellung des Verfahrens herbeiführen (§§ 51, 70, 71, 73, 79) und die etwa damit in Verbindung stehenden Anträge und Verhandlungen.

4 Abs. 2 verordnet die entsprechende Anwendung der §§ 148–150 C.P.O. § 148 C.P.O. verordnet die Verlesung bez. Vorlegung des Protokolles, insoweit es die Nr 1–4 des § 146 betrifft. Die entsprechende Anwendung dieser Vorschrift führt dahin, daß nicht verlesen zu werden braucht, was bezüglich der Förmlichkeit des Verfahrens (Anm 2) und bezüglich etwa im Termine ergangener Entscheidungen und deren Verkündung (§ 146 Nr. 5 u. 6 C.P.O.) im Protokolle vermerkt ist. — Zu verlesen sind dagegen: in entsprechender Anwendung von § 146 Nr. 1: die Erklärungen nach Anm 3 f; von § 146 Nr. 2 und in Gemäßheit des § 80 Abs. 2: alle Erklärungen und Anträge der Parteien, welche, um bei der Entscheidung über den Zuschlag berücksichtigt zu werden, durch das Protokoll festgestellt sein müssen; dahin gehören: die Anmeldungen, das Resultat der Verhandlungen über die Kaufbedingungen (§ 75 Nr. 3), über die Zulassung und Zurückweisung von Geboten (§ 75 Nr 2, 11, 12, oben Anm 3. c), und über die Erklärungen der Interessenten nach § 72 (Anm. 3 d) — Wegen der Aussagen von Zeugen vgl oben Anm 3 a; im Uebrigen wird § 146 Nr. 3 kaum Anwendung finden; ebensowenig § 146 Nr. 4, es sei denn, daß etwa zur Feststellung des Kaufobjektes bei einem auf dem Grundstücke selbst abgehaltenen Termine eine Augenscheinsaufnahme erfolgt ist. — Nach § 150 C.P.O. ist gegenüber der Feststellung der Förmlichkeiten durch das Protokoll nur der Nachweis der fälschlichen Anfertigung, der Verfälschung oder der wissentlich falschen Beurkundung zulässig. Bloße Irrthümer (z B. unrichtige Feststellung der entscheidenden Zeitpunkte in Folge unrichtig gehender Uhr) genügen nicht — Wegen des sonstigen (größtentheils zu verlesenden) Inhaltes des Protokolles ist der Beweis, daß der Vorgang unrichtig beurkundet sei, an sich zulässig (§ 380 Abs 3 C.P.O.). Der betreffende Interessent muß indeß seine Einwendungen bei der Verlesung erheben, damit sie in das Protokoll aufgenommen werden (§ 148 C.P.O., § 81 Abs. 2, oben Anm. 1).

§. 81. Die Ertheilung, sowie die Versagung des Zuschlags erfolgt, wenn nicht nach der Vorschrift des §. 79 ein neuer Versteigerungstermin bestimmt wird, durch ein in dem Verkündigungstermine nach Anhörung der erschienenen Betheiligten zu erlassendes Urtheil.

Vorgänge des Versteigerungstermins, welche aus dem Versteigerungsprotokolle nicht erhellen, werden nicht berücksichtigt.

Ueber die Verhandlung ist ein Protokoll nach den Vorschriften der §§. 145 bis 150 der Civilprozeßordnung aufzunehmen.

§ 82. Kann die Verkündung des Urtheils in dem mit dem Versteigerungstermin bekannt gemachten Termine nicht erfolgen, so wird ein anderweiter Verkündungstermin bestimmt und durch Anheftung an die Gerichtstafel, sowie durch einmalige Einrückung in den Anzeiger des Amtsblattes oder durch Verkündung in dem zuerst anberaumten Termine bekannt gemacht. Einer Ladung der Interessenten und des Meistbietenden bedarf es nicht.

§. 83. Wird der Zuschlag ertheilt, so sind in der Formel des Urtheils das versteigerte Grundstück, der Ersteher und das Gebot, für welches der Zuschlag ertheilt wird, sowie die Bedingungen, unter welchen derselbe erfolgt, zu bezeichnen.

Auf eine Abtretung der Rechte aus dem Meistgebote an einen Anderen ist bei Ertheilung des Zuschlags nur dann Rücksicht zu nehmen, wenn die Abtretung von Seiten des Meistbietenden, sowie die Uebernahme des Meistgebots von Seiten des Anderen gerichtlich oder notariell beglaubigt eingereicht worden sind. In der Formel des Urtheils ist auszusprechen, daß der Meistbietende neben dem Ersteher für die Erfüllung des Gebots verhaftet bleibt.

Ist der Ersteher der bisherige Eigenthümer des Grundstücks, so ist der Zuschlag in der Weise auszusprechen, daß dem Ersteher das Eigenthum an dem Grundstück zu belassen sei.

§§ 81, 82, 83. **Verkündungstermin und Urtheil über den Zuschlag.**

1. Vgl §§ 120 - 124 R.Zw G.Entw — Der Termin ist kein bloßer Verkündungstermin im Sinne der C.P.O. (§§ 281—283), denn er ist auch zur Verhandlung bestimmt — Wegen der Bestimmung und Bekanntmachung des Termines vgl. §§ 40 Nr. 6, 46, 47. Der Termin muß, da § 43 keine Anwendung findet, gemäß § 196 C P O regelmäßig an der Gerichtsstelle (einschließlich der für auswärtige Gerichtstage bestimmten Orte) abgehalten werden. Eine Minimal- oder Maximalfrist, welche zwischen dem Versteigerungs- und dem Verkündungstermine liegen müßte, ist nicht vorgeschrieben, die in § 281 C P.O bestimmte Frist findet keine Anwendung. Es erscheint deshalb auch zulässig, den Termin an demselben Tage anzuberaumen, an welchem der Versteigerungstermin stattfindet. Es muß dann aber wegen §§ 61, 68 eine Frist von mindestens zwei Stunden zwischen dem Beginne der beiden Termine liegen. — Der Satz „wenn nicht nach Vorschrift des § 79 ein neuer Versteigerungstermin bestimmt wird" will andeuten, daß es nach Schluß des Versteigerungstermines nicht mehr zulässig ist, von der Entscheidung über die Ertheilung des Zuschlages abzusehen. Eine Ausnahme bildet der Fall, daß eine Zurücknahme des Versteigerungsantrages dem Richter erst nach Schluß des Termines zugeht (Anm. 1 u. 3 zu § 73). — In dem Falle des § 69 (Mangel jeglichen Gebotes bez. unbeanstandete Zurückweisung der Gebote als unzulässig) kommt es überhaupt nicht zur Verhandlung und Entscheidung über den Zuschlag (Anm 2 zu § 69, Jäckel Anm. 2 zu § 81).

2. Gemäß § 82 kann, und zwar auch mehrmals und ohne daß es der Einhaltung bestimmter Fristen bedürfte, die Anberaumung eines anderweiten Verkündungstermines stattfinden. — Die Verkündung der Terminsbestimmung erübrigt die Anheftung und die Einrückung derselben nur dann, wenn sie in dem in der ursprünglichen Bekanntmachung bestimmt gewesenen Verkündungstermine (§ 40 Nr. 6) erfolgt. Die Verkündung im Versteigerungstermine genügt also nicht, selbst dann nicht, wenn alle bekannten Interessenten anwesend sind — Wegen der Anheftung und Einrückung vgl. auch § 46 Abs 2 und Anm. 2 dazu. Liegt das Grundstück in verschiedenen Amtsblattbezirken, so muß die Veröffentlichung in sämmtlichen in Frage kommenden Amtsblättern erfolgen. — Der Zustellung der Terminsbestimmung an die Interessenten bedarf es aber in keinem der beiden Fälle. Für den Fall der Nichtverkündigung ist das eine zulässige Abweichung von § 294 Abs. 3 C P O. — Die Nichtbeachtung des § 82 bildet keinen Grund zur Versagung des Zuschlages. Auf die gemäß § 55 Abs. 4 aufzustellende Berechnung kann die Verlegung nach § 82 keinen Einfluß üben (Anm. 5 zu §§ 53—56).

3. Der Verkündungstermin, zu welchem gemäß § 151 C.P O. der Gerichtsschreiber zugezogen werden muß, ist bestimmt zur Erlassung und Verkündung des Urtheiles über den Zuschlag nach Anhörung der erschienenen Betheiligten Den ersten Theil desselben bildet also die Anhörung der erschienenen Betheiligten. Zu diesen gehören hier außer den Interessenten (Anm 4 zu §§ 75 – 78) auch die Bieter, welche von der Entscheidung betroffen werden können Daß Letztere zum Verkündungstermine Zutritt haben müssen, folgt auch daraus, daß die Beschwerdefrist für dieselben von der Verkündung an lauft (§ 90). — Gegenstand der Verhandlung ist die Frage, ob und wem und unter welchen Bedingungen der Zuschlag zu ertheilen oder ob derselbe zu versagen sei Die Betheiligten können sich in dieser Beziehung in thatsächlicher und rechtlicher Hinsicht äußern. Es sind jedoch für die Berücksichtigung des Vorbringens seitens des Richters bestimmte Grenzen gezogen. Während § 41 Abs. 2 S.O die Berücksichtigung der aus dem Versteigerungsprotokolle nicht erhellenden Anträge, Thatsachen und Beweismittel überhaupt verbot, beschränkt § 81 Abs. 2 die Nichtberücksichtigung nichtprotokollirter Dinge auf die Vorgänge des Versteigerungstermines (Anm. 2 b zu § 72). Alle anderen erheblichen Thatsachen können auf andere Weise bewiesen werden. — Eine fernere Begrenzung ergiebt sich aus § 72 Abs. 2 und 4. Danach ist ausgeschlossen:

a. die Erhebung oder Zurücknahme des Widerspruches gegen die Ertheilung des Zuschlages in den Fällen, in denen der Zuschlag nicht von Amtswegen zu versagen ist. (§ 72 Abs. 2, Anm. 5 zu § 72);

b. die Anführung von Thatsachen zur Begründung oder Entkräftung eines Widerspruches (Anm 3 zu § 72.) Zwar spricht § 72 Abs 2 nur von den zur Entkräftung desselben vorgebrachten Thatsachen Es ist aber anzunehmen, daß unter der Erhebung des Widerspruches auch die Behauptung der zur Begründung dienenden Thatsachen zu verstehen ist, da fur die Anfuhrung dieser Thatsachen unmöglich eine spätere Grenze gelten kann, als für die zur Entkräftung des Widerspruches bestimmten Behauptungen;

c. die Anfuhrung von Beweismitteln für die zu b. gedachten Behauptungen, mit Ausnahme der in § 72 Abs. 4 genannten offentlichen Urkunden. (Anm. 7

zu § 72) Auch das ist nicht ausdrücklich bestimmt, folgt aber aus § 72 Abs. 3 und 4.

Bezüglich der nicht von Amtswegen zu berücksichtigenden Widerspruchsgründe sind also die Betheiligten im Wesentlichen auf rechtliche Ausführungen bezüglich eines früher erhobenen Widerspruches beschränkt. — Die von Amtswegen zu berücksichtigenden Versagungsgründe können dagegen auch jetzt noch von den Betheiligten hervorgehoben und mit der aus § 81 Abs. 2 hervorgehenden Beschränkung thatsächlich wie rechtlich begründet werden (Anm 5 zu §§ 75–78)

4 Möglicherweise kann die nach Anhorung der Betheiligten erfolgende richterliche Prüfung eine Beweiserhebung über für die Entscheidung bezüglich des Zuschlages erhebliche Thatsachen erforderlich erscheinen lassen. Die Beweiserhebung folgt den allgemeinen Regeln (§§ 320 ff. C.P.O). In einem solchen Falle sind die Betheiligten nach derselben, sei es sofort, sei es in einem gemäß § 82 bestimmten anderweiten Verkundungstermine nochmals zu hören

5 Das vorliegende Gesetz nennt die Entscheidung über die Ertheilung des Zuschlages in der ersten Instanz sowohl als in der höheren Instanz (§§ 93, 95) ein Urtheil. Im Sinne der C.P.O. ist sie kein Urtheil, insbesondere (das Zwischenurtheil kommt hier nicht in Frage) kein Endurtheil, sondern ein Beschluß. — Es handelt sich bei der Entscheidung über die Ertheilung des Zuschlages nicht um einen Rechtsstreit zwischen dem Glaubiger und dem Schuldner oder gar dem Meistbietenden. Es soll vielmehr die Veräußerung des Grundstuckes als eine zur Verwirklichung jedes bereits festgestellten Begehrens erforderliche Zwangsmaßregel seitens der Zwangsvollstreckungsbehorde ins Werk gesetzt werden. Das Gesetz hat fur diesen Zwangsakt, welcher bei beweglichen körperlichen Sachen durch formlose Zuschlagserklärung an den Meistbietenden erfolgt (§ 718 C.P.O), eine förmliche Entscheidung der Zwangsvollstreckungsbehörde verlangt Solche Entscheidungen im Zwangsvollstreckungsverfahren ergehen nach der C.P.O in der Form des Beschlusses — Darin, daß das Zuschlagsurtheil nach § 129 den angewiesenen Gläubigern einen Titel zur Zwangsvollstreckung gegen den Ersteher wegen des ruckständiges Erwerbspreises giebt, liegt eine Abweichung nicht begründet. Jene sofort vollstreckbare Zahlungspflicht des Erstehers beruht nicht auf einer Verurtheilung, sondern auf einer dem Zuschlage gesetzlich besonders gegebenen Wirkung (Anm 1 zu § 129). — Die Motive des Gesetzes lassen klar erkennen, daß ihre Verfasser das Urtheil über den Zuschlag als einen Beschluß im Sinne der C.P.O. ansehen. Sie heben (zu § 95) hervor, daß die Entscheidung (in der Beschwerdeinstanz) ohne mündliche Verhandlung erfolgen und ohne Verkündung erlassen werden kann. Sie beziehen sich dabei auf § 294 Abs. 1 C.P.O. Dort ist ausschließlich von Beschlussen die Rede. Die analoge Vorschrift für Urtheile enthält § 281 C.P.O Für die Nothwendigkeit der Zustellung des Urtheiles an den Beschwerdefuhrer beziehen sie sich ebenfalls auf § 294 C.P.O. (gemeint ist offenbar Abs. 3) Auch diese Bestimmung betrifft ausschließlich Beschlüsse. — Uebereinstimmend Ring i. d Zeitschr. f d. Civilprozeß 8 S. 529. A. M. Knorr Anm 2 a zu § 81. — De lege ferenda hat den gleichen Standpunkt § 121 R.Zw.G.Entw (Vgl Mot. S. 116, 238.) — Die Entscheidung über den Zuschlag in erster Instanz ist im Sinne des § 701 C.P.O. denjenigen Entscheidungen beizuzählen, welche im Zwangsvollstreckungsverfahren ohne mündliche Verhandlung erfolgen können, ja erfolgen müssen. Die Entschei-

dung wird auch im Falle des Ausbleibens aller Betheiligten erlassen. Die richterliche Kognition ist nicht auf den im Versteigerungstermine und im Verkündungstermine mündlich vorgebrachten Streitstoff beschränkt. Die Motive zu §§ 88, 89 sagen in Bezug auf das erstinstanzliche Verfahren: „Eine mündliche Verhandlung im Sinne der Civilprozeßordnung findet hier überhaupt nicht statt." Gemeint ist eine Verhandlung im Sinne des § 191 C.P.O. (O. Fischer, Termin und Ladung S. 50).

6. Die zu 5 gefundenen theoretischen Sätze haben eine Reihe praktischer Folgerungen. Insbesondere müssen alle diejenigen Bestimmungen der C.P.O. über Urtheile außer Anwendung bleiben, welche nicht auf die Beschlüsse ausgedehnt sind. Im Einzelnen:

a. Das Zuschlagsurtheil kann auch von einem Richter gefällt werden, welcher dem Versteigerungstermine bez. der Anhörung der Betheiligten im Verkündungstermine nicht beigewohnt hat § 280 C.P.O., welcher sich allerdings auch auf Beschlüsse bezieht, bleibt außer Anwendung, weil die Entscheidung nicht auf Grund einer mündlichen Verhandlung ergeht (Jäckel Anm. 3 zu § 88).

b. Die Bestimmungen über Versäumnißverfahren, Versäumnißurtheil und Einspruch (§ 295 C.P.O.) sind unanwendbar.

c Für den Inhalt des Urtheiles ist § 284 C.P.O. nicht maßgebend Es bedarf namentlich nicht des Thatbestandes und der Entscheidungsgründe, sondern nur der Entscheidung. Damit fällt auch die Regel des § 285 C.P.O. über die Beweiskraft des Thatbestandes „Die Beifügung der Gründe zu Beschlüssen ist natürlich zulässig und in Fällen, in denen Beschwerde möglich ist, nahezu unerläßlich" (Seuffert Anm. 1 vor § 272)

d. Es bedarf nicht, wie §§ 279 Abs 2 und 292 Abs. 1 C.P.O. für jede (auch die in Beschlußform ergehende) Endentscheidung verlangen, der Entscheidung über den Kostenpunkt (§ 84, sowie § 3 K.G.), weil dieses Urtheil zum engeren Zwangsvollstreckungsverfahren gehört, in welchem der Kostenpunkt ohne besondere Entscheidung geregelt wird. Die Verpflichtung zur Kostenzahlung beruht in diesem Falle nicht auf richterlicher Entscheidung, sondern unmittelbar auf dem Gesetze (siehe jedoch wegen der Kosten der Beschwerdeinstanz § 92 Abs. 2 und Anm. 7 zu §§ 93, 94).

e. Es bedarf nicht des Verkündungsvermerkes des Gerichtsschreibers auf dem Urtheile (§ 286 Abs 3 C.P.O.).

f. Das Urtheil ist nicht in das Verzeichniß (§ 287 C.P.O) aufzunehmen.

g. Die Regeln über die Gebundenheit des Gerichtes bei Urtheilen und über Berichtigungen des Urtheiles, insbesondere des Thatbestandes (§§ 289—292 C.P.O.) bleiben außer Anwendung. Vgl. Anm. 7 zu § 90.

h. Berufung (§ 472 C.P.O), Restitutions- und Nichtigkeitsklage (§ 541) konnen nicht Platz greifen.

i. Von einer materiellen Rechtskraft (res iudicata) im Sinne des § 293 C.P.O. kann überhaupt nicht die Rede sein, weil nicht über einen Anspruch entschieden wird. Allerdings hat das Zuschlagsurtheil erhebliche materielle Rechtswirkungen (§§ 97, 98, 128, 129). Dieselben sind aber ganz anderer Natur, als diejenigen, welche unter der res iudicata begriffen werden. Es ist deshalb auch möglich gewesen, daß das Gesetz dieselben zum Theile schon mit der Verkündung des Urtheiles, nicht erst mit dessen formeller Rechtskraft eintreten läßt.

7. Für Beschlüsse hat die C P.O. eine besondere Form nicht vorgeschrieben. Das vorliegende Gesetz beschränkt sich darauf, eine „Urtheilsformel" zu verlangen. (Ueber deren Inhalt vgl. Anm. 9, 10 u. 12). Als auch bei Beschlüssen übliche und für das Urtheil über den Zuschlag wünschenswerthe Formen sind außerdem zu bezeichnen: a) die Bezeichnung der Parteien (d. h. der betreibenden Gläubiger und des Schuldners) und ihrer gesetzlichen Vertreter nach Namen (Vornamen, Geburtsnamen der Ehefrauen und Wittwen), Stand oder Gewerbe, Wohnort und Parteistellung (§ 284 Nr 1 C.P.O, Allg. V. v. 17. Dez 1883, J M Bl. S. 363); — b) die Bezeichnung der Prozeßbevollmächtigten derselben (Allg. V. v. 13. Mai 1882 J.M.Bl. S. 135); — c) die Bezeichnung des Gerichtes und der Name des Richters, welcher die Entscheidung erlassen hat; — d) Angabe von Ort und Zeit; — e) Unterschrift des Richters

8. Gegenstand der richterlichen Entschließung ist die Frage, ob und wem der Zuschlag zu ertheilen oder ob derselbe zu versagen sei.

Positiv ist zunächst zu prufen (Anm. 1 zu §§ 75—78):

a. Was ist versteigert? Es ergiebt sich das aus den Kaufbedingungen (vgl. Anm 7 zu § 52, Anm. 6 zu § 97). Ist der versteigerte Gegenstand vor der Verkündung des Zuschlagsurtheiles gänzlich thatsächlich untergegangen (eine Frage, welche nicht so sehr für Grundstücke, als für die anderen Gegenstande des unbeweglichen Vermögens praktische Bedeutung hat), so ist, wenn dies dem Richter vor der Verkündung des Zuschlagsurtheiles bekannt wird, der Zuschlag zu versagen. Das Gesetz hat allerdings diesen Fall nicht als einen Grund für die Versagung des Zuschlages hervorgehoben. Der Zuschlag hätte aber in diesem Falle gar keine praktische Bedeutung. — Anders liegt der Fall, wenn der Gegenstand in der Zwischenzeit nur, wenn auch erheblich, verschlechtert, z B. das auf dem Grundstucke befindliche Gebäude abgebrannt ist. Hier ist der Zuschlag zu ertheilen. — Ist das Grundstück in der Zwischenzeit dem Verkehre entzogen, so ist ebenso zu verfahren (vgl. Anm 6. a zu §§ 75—78), wie in dem Falle des gänzlichen Unterganges. Wird in dem fraglichen Zeitraume eine Enteignung vollzogen (§ 44 Ges. v. 11. Juni 1874), so ist nicht minder der Zuschlag zu versagen. Es fehlt die Möglichkeit einer wirksamen Eigenthumsübertragung. Allerdings soll gemäß § 45 des angegebenen Gesetzes die Entschädigung rücksichtlich aller Eigenthumsansprüche u. s. w. an die Stelle des untergegangenen Gegenstandes treten Daraus ist aber, sofern die Kaufbedingungen nicht ein anderes bestimmen, nicht zu folgern, daß der Ersteher, welcher zur Zeit die Gefahr noch nicht trägt (§ 97), sich dieses Surrogat gefallen lassen müsse. — Im Zusammenlegungsverfahren kann an die Stelle des Eigenthumes eines Grundstuckes eine Entschädigung in Geld oder Grundstücken bez. reellen oder ideellen Grundstücksantheilen treten (Gem.-Theilungsordnung v. 7. Juni 1821, insbes. § 147, § 86 d. Ges. v. 2. März 1850, Ges. v. 2. April 1872, V. v. 13. Mai 1867 [Kurhessen], V. v 2 Sept. 1867 [ehemals bayerische Gebietstheile], Ges. v. 5. April 1869 [Ehrenbreitstein], § 8 E.G. Hann., § 39 E.G. Kassel). Das von der Zusammenlegung betroffene Grundstückseigenthum geht unter, regelmäßig verliert auch das Grundstück selbst seine bisherige individuelle Existenz. Auch dieser Vorgang muß, sofern er in der Zwischenzeit zwischen der Versteigerung und dem Zuschlage sich vollendet, zur Versagung des Zuschlages führen. Daß nach § 147 d. G. v. 7. Juni 1821 die Entschädigung an die

Stelle des Grundstückes tritt, ändert hierin nichts. — Wird dieser Umstände ungeachtet der Zuschlag ertheilt, so wird dadurch die Rechtsstellung des Erstehers nicht präjudizirt (Anm. 7c zu § 97).

b. Wer ist Meistbietender und welches Gebot hat derselbe auf das versteigerte Grundstück abgegeben? Es ergiebt sich das regelmäßig aus dem nach § 68 Abs. 1 bekannt zu machenden letzten Gebote. Waren zwei Meistgebote gleichzeitig abgegeben (Anm. 2 zu § 68), so kann die Kollision der beiden Bieter nach Analogie von fr. 5 D. fam. erc. 10, 2 und §§ 15, 16 I. 1 A.L.R. nur durch das vom Richter zu ziehende Loos entschieden werden. — Ereignisse, welche der Abgabe des Gebotes gefolgt sind, insbesondere der Tod und die Entmündigung des Meistbietenden müssen bei der Entscheidung unbeachtet bleiben. Für das weitere Verfahren (§§ 87 Abs. 2, 101 ff.) treten die allgemeinen Rechtsnachfolger bez. der gesetzliche Vertreter des Erstehers ein. — Wegen der Einflußlosigkeit der Eröffnung des Konkurses über das Vermögen des Erstehers vgl. Anm. 6. A. b zu § 61.

Negativ ist sodann zu prüfen, ob in Bezug auf die stattgehabte Versteigerung ein gesetzlicher Versagungsgrund vorliegt (§ 78). Vgl. darüber und insbesondere auch über die Frage, inwieweit die Versagungsgründe nur auf Widerspruch berücksichtigt werden und wer zur Erhebung des Widerspruches berechtigt ist, die §§ 75 bis 78 nebst Anmerkungen.

§ 120 Abs. 1 R.Zw.G.Entw. hat noch besonders bestimmt: „Eine vor der Entscheidung über den Zuschlag von dem Vollstreckungsgerichte erlassene Entscheidung steht, auch wenn sie rechtskräftig geworden ist, der Ertheilung oder Versagung des Zuschlages nicht entgegen.“ Auch ohne eine solche ausdrückliche Bestimmung ist für das vorliegende Gesetz anzunehmen, daß das Vollstreckungsgericht bei der Entscheidung über den Zuschlag an seine früheren Beschlüsse nicht gebunden ist und sich mit denselben in Widerspruch setzen darf, da dieses aus den allgemeinen Grundsätzen der C.P.O. (§§ 289, 549 Abs. 3) folgt. Das Gleiche muß aber auch für den Fall gelten, daß ein solcher vorhergehender Beschluß in der Beschwerdeinstanz erlassen ist. (A. M. Motive z. R.Zw.G.Entw. S. 237.) Aus dem § 120 R.Zw.G.Entw. läßt sich die Gebundenheit an Beschlüsse des Beschwerdegerichtes nicht folgern. — Will man dieselbe — unzweckmäßiger Weise — statuiren, so muß der Entwurf geändert werden. Vgl. auch Anm. 5 zu §§ 16, 17; Anm. 6. a zu §§ 75—78.

9. Für den Fall der Ertheilung des Zuschlages schreibt § 83 den Inhalt der Entscheidung vor. Den Inhalt für den Regelfall bestimmt § 83 Abs. 1. Für die Bezeichnung eines im Grundbuche eingetragenen Grundstückes empfiehlt es sich, die grundbuchmäßige Bezeichnung zu wählen. Die Hinzufügung der Katasternummer ist nicht erforderlich. Sie kann unter Umständen Irrthümer verursachen (Gruchot 18 S. 813). — Bezüglich des Zubehöres vgl. Anm. 7 zu § 52 und Anm. 6 zu § 97. Es erscheint nicht empfehlenswerth, neben dem Grundstücke auch das Zubehör in der Formel aufzuführen, denn es sind entweder in dieser Beziehung besondere Kaufbedingungen gestellt, oder es ist das gesetzliche Zubehör mitversteigert. Im ersteren Falle enthalten die Kaufbedingungen das Nothwendige, im anderen ist es nicht Sache des Zuschlagsurtheiles, Streitfragen bezüglich des gesetzlichen Zubehöres zu entscheiden. (Vgl. auch R. 2 S. 258, 7 S. 271.) Der Ersteher ist nach Namen,

Stand und Wohnort zu bezeichnen. Die Aufnahme der Kaufbedingungen ist derart wesentlich, daß Bedingungen, welche nicht aufgenommen werden, ihre Wirksamkeit verlieren. (Erk. des O.T bei Gruchot 23 S. 744.) Gleichwohl erscheint es nicht erforderlich, die Bedingungen unmittelbar in die Formel aufzunehmen. Es wird analog dem § 146 Abs. 3 C.P.O. nicht ausgeschlossen sein, die Bedingungen dem Urtheile als Anlage beizufügen und in dem Urtheile auf diese Anlage zu verweisen Es wird daher auch genügen, in der Formel nur das Geldgebot zu nennen und im Uebrigen, namentlich auch bezüglich der Pflicht zur Uebernahme der Forderungen mit und ohne Anrechnung auf dasselbe auf die behufs Feststellung des geringsten Gebotes gefertigte, nunmehr dem Urtheile als Anlage beigefügte Zusammenstellung (S. 220) zu verweisen. (Vgl. Anm. 5 und 12 zu §§ 53/56.)

Die Entscheidungsformel würde etwa lauten: Das im Grundbuche von H. Bd. 1 Bl 3 auf den Namen des N. eingetragene Grundstück wird unter den in der Anlage festgestellten Bedingungen dem B für das auf der Grundlage der anliegenden Zusammenstellung der bei Feststellung des geringsten Gebotes berücksichtigten Forderungen abgegebene Gebot von 11 000 Mark (in Buchstaben elftausend Mark) zugeschlagen. (Vgl. Urth. d. R.G. v. 17. Dez. 1892, Jur Woch. 1893 S 71.)

Ein Weiteres ist nicht erforderlich, insbesondere keine Entscheidung über die Kosten (Anm 6. d), kein Ausschluß von Eigenthumspratendenten (das Präjudiz des § 40 Nr 9 verwirklicht sich ohne besonderen Ausspruch), keine Verurtheilung des Erstehers zur Zahlung des Kaufgeldes (Anm 6), keine Androhung der Wiederversteigerung (§ 128), auch keine Zurückweisung der erhobenen Widersprüche Die Begründung des Urtheiles (Anm. 6 c) hat sich sachgemäß außer der Darlegung des Vorhandenseins der positiven Erfordernisse des Zuschlages mit dem Nachweise zu beschäftigen, daß die etwa erhobenen Widersprüche unbegründet sind — Bezüglich der von Amtswegen zu berücksichtigenden Versagungsgründe genügt ein allgemeiner Hinweis und die Berücksichtigung derjenigen Gründe, welche von irgend einer Seite in Anregung gebracht sind oder welche nach Lage der Sache zu Bedenken Veranlassung geben können.

10. Für den Fall, daß dem bisherigen Eigenthümer der Zuschlag zu ertheilen ist (§ 62 Abs. 3) schreibt Abs. 3 nach dem Vorbilde des § 46 E.E.G. eine besondere Entscheidungsformel vor. Die Zulassung des Eigenthümers als Erstehers ist abweichend vom gemeinen Rechte, aber in Uebereinstimmung mit dem preußischen Rechte (§ 42 I. 42 A L R) durch § 46 E E G. und jetzt durch dieses Gesetz für den gesammten Geltungsbereich desselben gegeben Vom Standpunkte einer den Schuldner als Verkäufer betrachtenden Theorie (Einl. S. 27) ist diese Erscheinung unerklärlich. — Es hätte übrigens auch in diesem Falle die gewöhnliche Entscheidungsformel bleiben können (Dernburg, Hyp. R. II S. 413) Die Wirkungen des Zuschlages (§§ 22, 58—60, 97, 98, 128, 129) sind in diesem Falle dieselben wie in jedem anderen, mit der im Verfahren kaum in die Erscheinung tretenden Modifikation, daß es sich erübrigt, dem Ersteher dasjenige zu beschaffen, was er bereits hat — Würde sich z. B. hinterher herausstellen, daß der vermeintliche Eigenthümer nicht wahrer Eigenthümer gewesen ist, so würde ihm erst der Zuschlag das Eigenthum verschafft haben, gleichviel ob die Fassung: „das Grundstück wird zugeschlagen“, oder „das Eigenthum wird dem Ersteher

belassen", gewählt ist. — Es ist deshalb auch die Auffassung des Justizministeriums und des Kammergerichtes, daß der Eigenthümer, dem das Grundstück zugeschlagen ist, den vollen Werthstempel, der für den Zuschlag überhaupt in Ansatz kommt, zu entrichten hat, durchaus begründet (Allg. Verf. v. 30. Jan. 1878, Johow 8 S. 309, K. 6 S 159) — Ist ein Miteigenthümer Ersteher des ganzen Grundstückes, so bleibt es natürlich bei der gewöhnlichen Formel (Gruchot 19 S. 32).

11. **§ 83 Abs.** 2 gestattet nach dem Vorgange des § 25 der rheinischen S.O. v 1 August 1822 der Abtretung der Rechte aus dem Meistgebote unter den dort angegebenen Bedingungen eine Einwirkung auf das Verfahren. — Durch die Abtretung wird eine Auflassung seitens des Erstehers und der für dieselbe zu entrichtende Werthstempel (Stempelgesetz v. 5. Mai 1872) erübrigt. Es ist nur der Cessionsstempel von 1 M. 50 Pf zu verwenden, Stempeltarif v 7. März 1822 s. v. Cessionsinstrumente, Tarif v. 19. Juli 1867 Nr. 13 (Kassel, Hannover), Tarif v. 7. August 1867 Nr 12 (Schleswig-Holstein). — Auch im Falle einer indirekten Stellvertretung kann dieser Weg gewählt werden. (Vgl. a. § 123 Abs. 2 R.Zw G.Entw.) Um den der Abtretung zu Grunde liegenden Vorgang hat sich das Gericht nicht zu kümmern Es genügen die Abtretungs- und die Uebernahmeerklärung. Wegen der Beglaubigung vgl Anm. 3 zu § 65. Vgl. auch Strieth. Arch. 10 S. 88 und Gruchot 18 S. 45 — Die Einreichung der Abtretung kann vor oder im Termine geschehen. Es kann aber auf dieselbe nur Rücksicht genommen werden, wenn sie vor der Verkündung des Urtheiles in die Hände des Richters gelangt ist. Zur Aufnahme der hier fraglichen Erklärungen ist der Versteigerungsrichter als solcher nicht berufen. — Auch der Uebernehmende muß, da er ganz an die Stelle des Erstehers treten soll, die Fähigkeit zur Abgabe von Geboten (Anm. 6 zu § 61) besitzen, so daß eine Spezialbestimmung über Ausschluß des Richters und Gerichtsschreibers, wie sie § 123 Abs. 3 R.Zw.G.Entw. enthält, entbehrlich erscheint. Eine Sicherheitsleistung gemäß §§ 62—64 darf indeß von demselben nicht beansprucht werden. Sie ist bei der fortdauernden Verhaftung des ursprünglichen Bieters auch entbehrlich. Der Zuschlag ist, wenn dem § 83 Abs. 2 genügt ist, dem Uebernehmenden zu ertheilen. Ist dieser der bisherige Eigenthümer, so muß die Form des Abs 3 gewählt werden. Die Verhaftung des Meistbietenden neben dem Ersteher soll besonders ausgesprochen werden. Er haftet solidarisch und ohne das beneficium excussionis (§ 129) In den Gründen wird der Sachverhalt darzulegen sein Wegen Nichtberücksichtigung, sowie wegen ungerechtfertigter Berücksichtigung der Abtretung findet Beschwerde statt (§ 88 Abs. 2) Ein dritter Interessent wird aber schwerlich als benachtheiligt angesehen werden können. (Vgl. J M.Bl. 1853 S. 119 Nr. 74) — Nach der Verkündung des Zuschlages ist eine Abtretung der Rechte aus dem Meistgebote im Sinne des § 83 Abs. 2 nicht mehr möglich. Der durch den Zuschlag nach § 97 d. G. Eigenthümer gewordene Ersteher kann sein Eigenthum nur in der gewöhnlichen Weise durch Auflassung übertragen (wobei aber nach § 5 Abs. 1 E.E G. abgewartet werden muß, daß er auf Grund des § 124 b G seine Eintragung als Eigenthümer erlangt). Der Auflassungsstempel ist nur dann nicht zu erheben, wenn durch Vorlegung der Cession in stempelpflichtiger Form nachgewiesen wird, daß die Abtretung schon vor Ertheilung des Zuschlages erfolgt ist. (So Jäckel Anm. 4 zu § 83 und für das frühere Recht K 2 S. 190, während K 5 S. 221 es unent-

schieden läßt, ob die vor dem Zuschlage erfolgte, aber in dem Zuschlagsurtheile nicht berücksichtigte Cession von dem Auflassungsstempel befreie.)

12. Im Falle der Versagung des Zuschlages beschränkt sich der Inhalt der Entscheidung auf den Ausspruch: der Zuschlag des Grundstückes N. wird versagt. — In dem Falle, in welchem mehrere Bieter die Ertheilung des Zuschlages für sich beanspruchen, enthält jedes Urtheil, welches den Zuschlag dem einen Bieter ertheilt, zugleich, und ohne daß dies zum besonderen Ausdrucke gebracht werden müßte, eine Versagung des Zuschlages für die übrigen Bieter.

13. Das Urtheil über die Ertheilung oder Versagung des Zuschlages ist in dem Verkündungstermine zu verkünden. — Für die Art der Verkündung ist § 282 C.P.O. mit Rücksicht auf das Anm. 5 Bemerkte nicht maßgebend. Es erscheint aber angemessen, wenigstens die Entscheidungsformel vorher schriftlich abzufassen und vorzulesen, während eine durch Vorlesung oder Mittheilung des wesentlichen Inhaltes zu bewirkende Verkündung der Entscheidungsgründe nicht immer erforderlich sein dürfte. — Dagegen findet, gemäß § 294 Abs. 2 C.P.O., § 283 C.P.O. entsprechende Anwendung.

14. Eine Zustellung des verkündeten Urtheiles ist nach der C.P.O. (§ 294) nicht erforderlich. Daß die Entscheidung nicht auf Grund einer mündlichen Verhandlung ergangen ist, begründet keinen Unterschied (O. Fischer, Termin und Ladung S. 82; a. M. Rudorff, Anm 1 Abs 2 zu § 81). Hieran hat das vorliegende Gesetz für den Fall der Versagung des Zuschlages nichts geändert. Die Motive bemerken: „Die Zustellung des Urtheiles, durch welches der Zuschlag versagt wird, kann in allen Fällen unterbleiben, da diejenigen Interessenten, welche ein berechtigtes Interesse an der Ertheilung des Zuschlages haben, nicht ohne Kenntniß von der bevorstehenden Verkündung bleiben." Für den Fall der Ertheilung des Zuschlages vgl. § 85.

15. Mit Rücksicht auf § 97 empfiehlt es sich, analog wie bei dem einen Konkurs eröffnenden Beschlusse (§ 100 K.O.), die Stunde der Verkündung eines den Zuschlag ertheilenden Urtheiles in dem Protokolle zu vermerken. (Vgl. Anm. 5 zu § 97)

§. 84. Die Kosten des Zuschlagsurtheils hat der Ersteher zu tragen.

Die übrigen Kosten des Verfahrens, mit Ausnahme der Kosten der Einleitung und des Beitritts eines Gläubigers und der durch nachträgliche Vertheilungsverhandlungen entstehenden Kosten, sind aus dem baar zu zahlenden Kaufgelde vorweg zu entnehmen; jedoch ist für dieselben der Gläubiger mitverhaftet, auf dessen Antrag das Verfahren bis zum Zuschlage fortgesetzt worden ist.

Die Kosten der Einleitung und des Beitritts eines Gläubigers gehören zu den Kosten der Beitreibung der Forderung, wegen deren die Einleitung oder der Beitritt erfolgt ist.

§ 84. Kosten.

1. Vgl. §§ 75, 151 R Zw G.Entw. — Die gerichtlichen wie außergerichtlichen Kosten der Zwangsversteigerung von Gegenständen des unbeweglichen Vermögens richten sich zunächst nach § 697 C.P.O.

2. § 84 regelt die Einzelheiten der Kostenlast bezüglich der gerichtlichen Kosten und zwar für den Fall, daß die Zwangsversteigerung vollständig durchgeführt ist. Die zu erhebenden Gebühren bestimmt das Kostengesetz v. 18. Juli 1883 (K.G.) in Verbindung mit dem deutschen Gerichtskostengesetze v. 18. Juni 1878 (G.K.G.).

Es sind mit § 84 folgende Gruppen von Kosten zu unterscheiden:

a. die Kosten der Einleitung bez des Beitrittes der betreibenden Gläubiger (§ 35 Nr 2 G.K.G., §§ 9 Abs. 2, 12 Abs. 2 K.G.);

b. die Kosten des Zuschlagsurtheiles (Gebühr und Stempel nach § 3 K.G.);

c. die Kosten, welche durch nachträgliche Vertheilungsverhandlungen (Aufgebot, weitere Vertheilung, Vertheilungsstreitigkeiten (§§ 133 ff., 764 C.P.O.) entstehen;

d. alle übrigen Kosten, also insbesondere: α. die Kosten für das Verfahren bis zur Ertheilung des Zuschlages (Bekanntmachung und Abhaltung des Versteigerungstermines, § 2 Nr 1 bis 3, §§ 4, 5 K.G); — β. die Kosten des ordentlichen Vertheilungsverfahrens (§ 2 Nr. 4, §§ 4, 5 K.G.); — γ. die Kosten der Beschwerdeinstanz, soweit sie als Kosten der Zwangsvollstreckung zu betrachten sind. (Anm. 7 zu §§ 93, 94.)

Die Kosten einer Zwangsverwaltung gehören, abgesehen von dem Falle des § 98, nicht zu den Kosten des Verfahrens, sie können nur gemäß § 24 geltend gemacht werden. A. M. Rudorff, Anm. 3 zu § 84. Vgl. Anm. 2 zu § 24.

3. Kostengläubiger ist in allen Fällen die Staatskasse. Sie erhebt die Kosten zu a. von den Gläubigern, welche die Zwangsversteigerung beantragt haben bezw derselben beigetreten sind (vgl. Kurlbaum S.O. S. 65). Die Kosten zu b. werden von dem Ersteher als persönlichem Kostenschuldner eingezogen. Sie bilden einen Theil seines Gebotes, seiner Verpflichtung aus dem Zuschlage. Auch in dieser Beziehung bleibt also im Falle des § 83 Abs. 2 der abtretende Meistbietende verhaftet. Zum Kaufgelde gehören diese Kosten nicht. Die §§ 128, 129 finden auf dieselben daher keine Anwendung. Die Kosten zu c. werden, soweit sie nicht, wie die Aufgebotskosten, zunächst der Antragsteller (§ 135 Abs. 7) zu tragen hat, aus der zu vertheilenden Spezialmasse entnommen. „Verursachen nachträgliche Vertheilungsverhandlungen besondere Kosten, so können diese an der vorzugsweisen Berichtigung ebensowenig wie an der Mitverhaftung des betreibenden Gläubigers Theil nehmen" (Mot). — Die Kosten zu d. sind aus dem baar zu zahlenden Kaufgelde zu entnehmen. (Vgl. §§ 54 Abs. 1, 62 Abs. 1 u. 2, 128, 129). Kostenschuldner ist aber der Ersteher zunächst nicht.

4. Wegen der Fälligkeit der Gebühren s. § 6 K.G., wegen der Vorschußpflicht der betreibenden Gläubiger § 11 Abs. 1 u. 3 K.G., wegen der solidarischen Verhaftung der betreibenden Gläubiger neben § 84 Abs. 2 auch § 11 Abs. 2 u. 3 K G. (Vgl. auch § 89 G.K G.).

5. Die gerichtlichen Kosten, welche hiernach von dem Gläubiger zu zahlen sind, treten den außergerichtlichen Kosten desselben hinzu. — Die dem betreibenden Gläubiger und den Interessenten entstandenen Kosten kommen, soweit

eine dingliche Haftung des Grundstückes für dieselben besteht, gemäß § 35 Nr 1 d. G. (vgl. Anm. 2 zu § 35) an der Stelle, an welcher die Hauptforderung anzusetzen ist, und zwar vor derselben, zur Hebung — Diejenigen Kosten der betreibenden Gläubiger, für welche das Grundstück dinglich nicht verhaftet ist, — und dahin gehören, wenn der betreibende Gläubiger ein bloßer Personalgläubiger ist, alle ihm erwachsenen Kosten — sind gemäß § 697 C P O. zugleich mit dem Hauptanspruche, also an der durch die Beschlagnahme gegebenen Stelle (§ 30 Nr. 1) anzusetzen Wegen der Anmeldung vgl § 104 Abs. 2 und 3.

6. Ist es in dem Verfahren nicht zur Ertheilung des Zuschlages gekommen, so sind die betreibenden Gläubiger gegenüber der Staatskasse die Kostenschuldner (§ 11 Abs 2 u 3 K G) Wegen der Fälligkeit vgl § 6 Abs 2 und 3 K.G.; s Anm 1 A a. E zu §§ 70, 71.

7. Ein Ausspruch des Richters über die Pflicht der Kostentragung in dem Urtheile über die Ertheilung des Zuschlages hat in jedem Falle zu unterbleiben. (Vgl. Anm. 6. d zu §§ 81—83.) Die Kosten sind, soweit sie aus dem baar zu zahlenden Kaufgelde zu entnehmen sind, bei der Kaufgeldervertheilung geltend zu machen. Im Uebrigen sind dieselben von dem Gerichtsschreiber zu Lasten des betreffenden Kostenschuldners anzusetzen und dann auf dem gewöhnlichen Wege beizutreiben (§§ 28, 29 A.G. G.K G.) — Wegen Erinnerungen gegen den Ansatz, Niederschlagungen und Nachforderungen vgl §§ 4—6 G K G und §§ 6 Abs. 2, 7 A.G. G.K.G

8. Durch diese Bestimmungen ist hier ebensowenig wie für die Zwangsvollstreckung in das bewegliche Vermögen ausgeschlossen, daß der gegen den Schuldner aus § 697 C P O hervorgehende klagbare Anspruch auf Erstattung der Kosten der Zwangsvollstreckung anderweit gegen denselben geltend gemacht wird — Dabei ist jedoch zu beachten, daß diese Kosten die Natur des Hauptanspruches theilen. Ist der Schuldner für den Hauptanspruch nicht persönlich verhaftet (Anm. 4. a. γ. zu § 2), so braucht er auch die Kosten der Zwangsvollstreckung persönlich nicht zu tragen.

§. 85. Wird der Zuschlag ertheilt, so ist das Urtheil dem Schuldner, die Formel des Urtheils denjenigen Interessenten, welche im Versteigerungstermin nicht erschienen sind, von Amtswegen zuzustellen.

§ 85. Zustellung des Zuschlagsurtheiles.

1. Vgl. § 125 R.Zw.G.Entw. — Daß die Vorschrift im Gegensatze zu §§ 288, 294 C.P.O. steht, nach welchen nur nicht verkündete Entscheidungen von Amtswegen zugestellt werden, steht ihrer Rechtsgültigkeit nicht entgegen, da es sich dabei nur um eine Abweichung von subsidiären (Einl S. 29) Vorschriften handelt. A M. Jastrow in der Zeitschr. f vergl Rechtswissensch 6 S 141 — Die Motive bemerken: „Mit der Verkündung des Urtheiles wird das letztere existent. Es handelt sich deshalb hier nur noch um die Zustellung mit Rücksicht auf den Beginn der Beschwerdefrist.“ Vgl. darüber § 90

2. Wegen der Zustellung des auf Versagung lautenden Urtheiles vgl Anm. 14 zu §§ 81—83

3. Die Zustellung des vollständigen Urtheiles an den Schuldner muß also auch erfolgen, wenn er im Termine erschienen ist, „damit ihm die Rechtsmittelfrist erst von der möglichst sicheren Kenntniß des Zuschlages läuft.“ (Mot.)

4. Die Interessenten bestimmt § 21. Zuzustellen ist aber den nach § 21 Nr 4 zu den Interessenten zu rechnenden Personen des § 87 Abs. 1 ungeachtet nur dann, wenn sie vor der Verkündung des Urtheiles die Voraussetzungen des § 21 Nr 4 erfüllt haben. Eine Zustellung an den Ersteher (Meistbietenden oder Cessionar § 83 Abs. 2) oder an übergangene Bieter erfolgt also nicht. Der neue Eigenthümer des Grundstückes, welcher nicht zugleich an die Stelle des Schuldners getreten ist (Anm. 4 zu § 21), erhält, ebenso wie der betreibende Gläubiger die Entscheidungsformel nur, wenn er in dem Versteigerungstermine (das Erscheinen oder Nichterscheinen im Verkündungstermine ist gleichgültig) nicht erschienen ist — Anders § 125 R.Zw.G.Entw. — Zu der Formel gehören aber auch die etwaigen Anlagen, auf welche in der Formel Bezug genommen ist (vgl. Anm 9 zu §§ 81, 83)

5. § 283 C P O. (Anm. 13 zu §§ 81—83) wird durch diese Vorschrift nicht berührt Vgl. aber § 90.

6. Die Zustellung erfolgt unter Anwendung der besonderen Vorschriften des § 4 Abs. 1 und 2 — Die Zustellung einer Ausfertigung ist nicht vorgeschrieben. A M. Jäckel Anm. 2 zu § 85. Die Zustellung hat daher gemäß § 156 Abs. 1 C.P O. in der Uebergabe einer beglaubigten Abschrift der Urschrift des Urtheiles bez. seiner Formel zu erfolgen Die Beurkundung der Zustellung erfolgt auf der Urtheilsurschrift bez. einem mit derselben zu verbindenden Bogen (§ 173 C P.O.)

7 § 85 regelt nur die Zustellung des in erster Instanz erlassenen Urtheiles. Für die weiteren Instanzen vgl. § 95.

§. 86. Gegen das Urtheil über Ertheilung oder Versagung des Zuschlags findet das Rechtsmittel der sofortigen Beschwerde nach Maßgabe der Vorschriften der Civilprozeßordnung und der nachstehenden Paragraphen statt.

§ 86 Beschwerde.

1. Vgl. § 127 R.Zw.G.Entw. — Die Zulassung der sofortigen Beschwerde gegen die Entscheidung über den Zuschlag entspricht dem § 701 C.P.O. (Vgl. Anm. 5 a E. zu §§ 81—83, auch R 3 S. 374 und K 1 S. 2) — Für eine Remonstration aus § 685 Abs. 1 C.P.O. ist hier kein Raum. (Vgl. Anm. 10. e zu § 3.)

Von den auf die Beschwerde bezüglichen Bestimmungen der C.P O. kommen namentlich §§ 531—538, 540 in Betracht.

2 Den Instanzenzug regeln § 531 C P O. und §§ 71, 123 Nr 4, 135 Nr. 2 G.V.G. Vgl. Anm. 10. a. zu § 3 — Abweichungen für die Konsular- und Schutzgebiete in § 18 R G. v. 10 Juli 1879 und § 3 Nr. 9 des R.G. betr die Rechtsverhältnisse der deutschen Schutzgebiete in der Fassung v. 19. März 1888.

3. Ueber die in § 531 Abs. 2 gemachte, auch im vorliegenden Falle anwendbare (Urth. des Reichsgerichtes vom 7. Januar 1888, Jur Wochenschr. S. 69) Vorbedingung der Zulässigkeit einer weiteren, ebenfalls sofortigen Beschwerde gegen die Entscheidung des Beschwerdegerichtes vgl Seuffert Anm. 2 zu § 531. Es wird eine Verschiedenheit in der Entscheidung, nicht blos in der Begründung derselben verlangt Danach ergiebt sich Folgendes:

a. Wird die Beschwerde zurückgewiesen, so ist eine weitere Beschwerde nur möglich, wenn die Beschwerde als formell unzulässig zurückgewiesen wurde (§ 537 C.P.O.).

b. Wird auf die Beschwerde das Urtheil abgeändert, so ist in jedem Falle die Beschwerde für Alle zulässig, welchen die Beschwerde zugestanden hätte, wenn eine gleichlautende Entscheidung in erster Instanz ergangen wäre. Ausgenommen ist natürlich der Beschwerdeführer.

c. Die Beschwerde gegen die Entscheidung der dritten Instanz wird auch dadurch ausgeschlossen, daß dieselbe sachlich mit der Entscheidung der ersten Instanz übereinstimmt

Die Auferlegung der Kosten der Beschwerde kann für sich allein schon nach § 94 C.P O. nicht weiter angefochten werden (R 6 S 370, Urth des Reichsgerichtes vom 7 Januar 1880, Jur. Wochenschr. S. 69)

4. Die Anbringung der Beschwerde ordnet § 532 C.P.O.

Die Einreichung bei dem Beschwerdegerichte auch in nicht dringenden Fällen ist wegen § 540 Abs 2 unschädlich. Nach § 532 Abs. 2 C P O. kann die Einlegung zu Protokoll des Gerichtsschreibers erfolgen, weil die Sache, allerdings ohne ein Rechtsstreit zu sein, zur amtsgerichtlichen Zuständigkeit gehört (Anm. 10. a. zu § 3). Die Einlegung durch Telegramm erscheint zulässig, vgl. Strieth. 71 S 322, und Löwe-Hellweg, Kommentar zur St.P.O Anm. 9. c. vor § 1 St.P.O. — Anwaltszwang findet im vorliegenden Falle unzweifelhaft nicht statt (Anm. 10. c zu § 3, R 12 S. 357.)

Die Beschwerde muß die Erklärung, daß Beschwerde eingelegt werde, und einen bestimmten Antrag enthalten Der Antrag würde anzugeben haben, welche Aenderung (Versagung statt Ertheilung des Zuschlages und umgekehrt, Zuschlag an einen anderen Bieter, unter anderen Bedingungen) begehrt wird. Antrag und Begründung gehören aber nicht zu den Formalien der Beschwerde. (R. 24 S. 395). Eine Abänderung, auch eine Erweiterung des Antrages nach Ablauf der Nothfrist ist daher zulässig. (Vgl. über diese Punkte im Näheren Seuffert Anm 1 bis 3 zu § 532.)

5. Die Uebersendung der Beschwerde an das Beschwerdegericht soll nach § 534 in Verbindung mit § 540 Abs. 3 C.P.O. (Anm. 1 u. 7 zu § 90) in jedem Falle vor Ablauf einer Woche erfolgen. Der Vollstreckungsrichter hat, anders wie im Falle des § 506 Abs. 1 C P.O, die Vorlegung der Beschwerde bei dem Beschwerdegerichte besonders anzuordnen Einen Bericht hat er aber nicht zu erstatten. Auch kann das Beschwerdegericht von ihm einen solchen nicht erfordern, sondern nur Auskunft über bestimmte Fragen vorlegen. (A. M. Jäckel Anm 1. d. 1). Die Uebersendung der Beschwerde und der Akten erfolgt mittelst Korrespondenz der Gerichtsschreibereien. Dieses entspricht der allgemeinen Regel In § 22 der Geschäftsordn. f. die Landgerichte und § 19 der Geschäftsordn. f die Oberlandesgerichte ist unter „Gericht" nur die Gerichtsschreiberei zu verstehen, wie sich aus dem

Vergleiche mit § 506 Abs. 2 C.P.O. ergiebt. (A. M. Rudorff Anm. 2 und Jäckel Anm. 1. c). Im Falle der weiteren Beschwerde ist die Anordnung der Vorlegung Sache des angegriffenen Gerichtes. Die Akten sind von der Gerichtsschreiberei des Vollstreckungsgerichtes (§ 95 Abs. 2) zu erfordern.

6. Nach § 535 C.P.O. hat im vorliegenden Falle die Beschwerde keine aufschiebende Wirkung. Für die Fortsetzung des Verfahrens nach Versagung des Zuschlages (§ 29 Abs. 1) sowie für die Kaufgeldervertheilung (§ 101) wird die Erledigung der Beschwerdeinstanz nicht abgewartet; vgl. aber §§ 123, 126, (vgl. auch Anm. 1 zu § 100 und Anm. 1 zu § 101). Nach § 535 Abs. 2 u. 3 C.P.O können sowohl das Vollstreckungsgericht wie das Beschwerdegericht die Vollziehung der angegriffenen Entscheidung aussetzen. Das Beschwerdegericht kann auch andere einstweilige Anordnungen treffen, z B. Eintragung einer Vormerkung im Grundbuche zur Sicherung der Rechte des Beschwerdeführes (Dernburg, Hyp.R. II S. 414). Solche Anordnungen können auch von Amtswegen getroffen werden. Dieselben sind, wenn sie nicht verkündet werden, den Parteien nach § 294 Abs. 3 C P O. von Amtswegen zuzustellen. Sie unterliegen ebenfalls der sofortigen Beschwerde. Das schließt aber nicht aus, daß das Gericht (auch das Vollstreckungsgericht) seine, von einer Beschwerde nicht angegriffenen Anordnungen wieder ändern und aufheben kann (vgl. Anm. 7 zu § 90. A. M. Rudorff S. 184). Wegen der Beschränkung dieser Anordnungen im Falle der Versagung des Zuschlages vgl Anm 3 zu § 99.

7. Bezüglich der Zurücknahme der Beschwerde und des Verzichtes auf dieselbe sind mangels besonderer Vorschriften die Bestimmungen, welche bei der Berufung gelten (§§ 475, 476 C P O.) anzuwenden. Danach kann die Beschwerde jederzeit bis zur Entlassung der Entscheidung und in jeder prozessualisch möglichen Form ohne Einwilligung des Gegners zurückgenommen werden. Die Kosten trägt der Zurücknehmende. Vgl. §§ 46, 86, 88, 89 G.K.G. und Seuffert Anm. 4 vor § 530 C.P.O.

§. 87. Zur Einlegung der Beschwerde ist jeder durch das Urtheil benachtheiligte Interessent (§. 77) befugt. Die Anmeldung und Glaubhaftmachung eines Realrechts (§. 21 Nr. 4) kann in der Beschwerdeinstanz erfolgen.

Die Beschwerde steht auch dem Bieter zu, welcher den Zuschlag für sich verlangt hat und behauptet, daß ihm derselbe hätte ertheilt werden müssen, sowie dem Ersteher, welcher behauptet, daß ihm der Zuschlag nicht oder unter anderen als den in das Zuschlagsurtheil aufgenommenen Bedingungen zu ertheilen gewesen wäre.

§ 87. Beschwerdeführer.

1. Vgl. §§ 128, 134 R Zw.G Entw.

2. Abs. 1 regelt das Beschwerderecht der Interessenten. „Es entspricht der gegen alle Interessenten eintretenden Wirkung des Urtheiles, daß jeder Interessent, welcher durch das Urtheil benachtheiligt wird, zur Einlegung der Beschwerde legitimirt ist" (Mot.) — Wer Interessent ist, bestimmt zunächst § 21. Vgl. Anm. 4 zu §§ 75–78 und Rintelen bei Johow 6 S. 284 gegen Johow 5 S. 17. —

§ 87 Abs. 1 gestattet es, die Eigenschaft eines Interessenten auch noch in der Beschwerdeinstanz zu erlangen, „da solche Realberechtigte, welche noch nicht als Interessenten bekannt geworden sind, ihre Rechte dennoch bei der Vertheilung des Kaufgeldes geltend machen können," (Mot) Vgl. § 101 Abs. 2 Ein Beschwerdegrund kann aber aus der Nichtberücksichtigung des verspätet angemeldeten Realrechtes nicht hergeleitet werden (Jäckel Anm 2 zu § 87)

3. Voraussetzung des Beschwerderechtes der Interessenten ist in allen Fällen eine Benachtheiligung durch das Urtheil Es ist aber auch hier, wie die Verweisung auf § 77 zeigt, nicht eine bereits eingetretene Benachtheiligung erforderlich, vielmehr genügt die Möglichkeit einer solchen Die Frage liegt hier bezüglich einer gegen ein den Zuschlag ertheilendes Urtheil auf Versagung des Zuschlages gerichteten Beschwerde gerade so wie bezüglich des Rechtes des Interessenten zur Erhebung des Widerspruches gegen den Zuschlag — Ein Interessent, welcher bei dem abgegebenen Meistgebote nicht zur Hebung kommen würde, kann aber z B. nicht eine Beschwerde dahin richten, daß nicht dem Ersteher, sondern einem anderen Bieter zu einem gleichen oder geringeren Gebote der Zuschlag ertheilt werden solle (Johow 2 S 47) Vgl §§ 74, 77 und Anm. 2 zu § 74, sowie Anm. 6 u. 7 zu §§ 75—78 — Handelt es sich um die Versagung des Zuschlages, so ist die Beschwerde denjenigen Interessenten, welche auch bei der Ertheilung des Zuschlages ausgefallen wären, zu versagen, während sie denjenigen, welche zur Hebung gelangen würden oder vielleicht inzwischen schon gelangt sind, in jedem Falle zusteht (Vgl. § 134 R.Zw G Entw. gegenüber § 128). — Auch dem Schuldner steht die Beschwerde im Falle der Versagung des Zuschlages zu, und zwar nicht blos, wenn die Versteigerung einen Ueberschuß für ihn ergeben hat, sondern auch, wenn ihm in Folge der Versagung andere vermögensrechtliche Vortheile entgehen (z B. die Befreiung als persönlicher Schuldner) A. M Knorr Anm 2 zu § 89. (§ 128 R Zw.G Entw. weicht in diesem Punkte ab, vgl. Mot. S 248). — Bezweckt die gegen eine auf Ertheilung des Zuschlages lautende Entscheidung gerichtete Beschwerde nur eine Aenderung in der Person des Erstehers oder in den Bedingungen des Zuschlages, so ist erforderlich, daß die Abweichungen des Zuschlagsurtheiles von dem Begehren des Beschwerdeführers diesen benachtheiligen können.

4. Abs. 2 regelt das Beschwerderecht

a des Erstehers Wegen der Begründung vgl Anm. 5 zu §§ 88, 89 Auch dem Cessionar des Meistbietenden, welchem der Zuschlag etwa ertheilt ist (§ 83 Abs. 2), steht die Beschwerde zu (Dernburg, Hyp.R. II S. 413);

b. des Bieters, welcher durch Versagung des Zuschlages überhaupt oder durch Ertheilung desselben an einen anderen Bieter übergangen ist, wiewohl er den Zuschlag für sich verlangt, d h nicht etwa die Verweigerung der Zulassung widerspruchslos hingenommen hat (vgl Anm 9 zu § 61, Anm 6 zu §§ 62—64, Anm. 5 zu § 65, Anm. 4 und 5 zu § 68; Jäckel Anm. 3 zu § 87). — „Aber auch der Bieter, welcher behauptet, daß ihm der Zuschlag hätte ertheilt werden müssen, muß die Beschwerde haben, wenn einmal mit dem Schlusse des Versteigerungstermines das Veräußerungsgeschäft derart abgeschlossen ist, daß selbst der betreibende Gläubiger den Versteigerungsantrag nicht mehr zurücknehmen kann In diesem Rechte der Zurücknahme findet das Beschwerderecht des Bieters seine natürliche Beschränkung; gegen den rechtzeitig erklärten Willen des betreibenden Gläubigers kann er niemals den Zuschlag verlangen, wenn auch andererseits der Gläubiger nur den Zuschlag an den Meistbietenden fordern kann." (Mot.) Der zuletzt erwähnte Satz der Motive ist nicht genau. Die Erklärung des betreibenden Gläubigers, daß einem Bieter der Zuschlag nicht ertheilt werden sollte, ist gänzlich bedeutungslos, namentlich auch für die Ertheilung des Zuschlages, wenn nicht die Zurücknahme des Versteigerungsantrages damit verbunden ist. Beides darf nicht mit einander verwechselt werden (vgl. auch das über das Widerspruchsrecht des betreibenden Gläubigers Anm. 6. a. Schlußabsatz zu §§ 75—78 Bemerkte). — Der übergangene Bieter muß behaupten können, daß ihm der Zuschlag hätte ertheilt werden müssen. Dazu gehört, daß er das Meistgebot, welches nach Lage der Sache berücksichtigt werden mußte, abgegeben hat Ob er mit diesem Gebote zurückgewiesen ist, kommt, wenn er auf der Zulassung bestanden hatte, für die Zulässigkeit der Beschwerde nicht in Betracht, gleichviel ob der Richter gemäß § 68 Abs. 2 die Versteigerung fortgesetzt hat oder nicht (Anm. 4 u. 5 zu § 68; a. M. Dorendorf Anm. 3 zu § 87). Ist er mit einem Gebote, welches nicht das Meistgebot geworden ist, zurückgewiesen, so steht die auf § 75 Nr. 10 zu grundende Beschwerde nur den Interessenten zu, denn die Zuschlagsertheilung kann der Bieter nicht in Anspruch nehmen. (Anm. 4 zu § 68; Anm. 4 u. 6. k zu §§ 75—79). Auch der Cessionar eines Bieters hat das Beschwerderecht, namentlich auch deshalb, weil auf die Abtretung des Gebotes nicht Rücksicht genommen ist. — Das in § 92 dem Ersteher gegebene besondere Recht steht dem übergangenen Bieter nicht zu (vgl Anm. 1 zu § 92). — Für den Ersteher und den Bieter ist eine Benachtheiligung nicht gesetzliche Voraussetzung des Beschwerderechtes. Eine Benachtheiligung im Sinne dieses Gesetzes ist aber von selbst gegeben.

5. Gegen die eine Beschwerde zurückweisende Entscheidung des Beschwerdegerichtes (Anm. 3 zu § 86) kann jedenfalls nur der zurückgewiesene Beschwerdeführer die Beschwerde erheben (vgl Mot. zu § 95, Anm. 1 zu § 95).

6. Durch die Einlegung der Beschwerde wird der Beschwerdeführer für die Beschwerdeinstanz Partei und er hat alle prozessualischen Rechte und Pflichten einer solchen.

§. 88. Ist der Zuschlag versagt worden, so kann die Beschwerde nur darauf gegründet werden, daß keiner der in diesem Gesetze angegebenen Versagungsgründe vorliege.

Ist der Zuschlag ertheilt worden, so kann die Beschwerde nur auf einen der in diesem Gesetze angegebenen Gründe zum Widerspruch gegen den Zuschlag oder darauf gestützt werden, daß das Zuschlagsurtheil mit dem Inhalte des Versteigerungsprotokolls nicht übereinstimme, oder das Meistgebot auf ein anderes Grundstück sich beziehe.

Die Begründung der Beschwerde durch das Vorhandensein der Erfordernisse der Nichtigkeitsklage oder der Restitutionsklage (Civilprozeßordnung §. 540 Absatz 2, §§ 542, 543) wird durch die Vorschriften des ersten und zweiten Absatzes nicht ausgeschlossen.

§. 89. Der Beschwerdeführer kann für die Beschwerde nicht Gründe geltend machen, welche nur die Rechte anderer Betheiligten betreffen.

Er kann, wenn er zu dem Versteigerungstermine gehörig geladen, aber nicht erschienen ist, aus dem bis zu diesem Termine stattgehabten Verfahren keinen Grund für Versagung des Zuschlags herleiten. Er kann, wenn er im Versteigerungstermin erschienen ist, für die Versagung des Zuschlags nicht Gründe geltend machen, welche er im Termine geltend machen konnte, aber nicht geltend gemacht hat, sofern die Gründe nicht nach den Vorschriften des §. 78 von Amtswegen berücksichtigt werden mußten.

§§ 88, 89. **Begründung der Beschwerde.**

1. Vgl. §§ 130 (auch 131, 120 Abs. 2) R.Zw G.Entw. Die Motive sagen: „Nach § 533 der C.P.O. kann die sofortige Beschwerde auf neue Thatsachen und Beweise gestützt werden, während die S.O. von 1869 § 51 den entgegengesetzten Grundsatz aufstellt und nur den Inhalt der Akten, wie er zur Zeit des Urtheils vorhanden war und berücksichtigt werden durfte, gelten lassen will. Jene Vorschrift der C.P.O. hat eine ausschließlich prozessuale Bedeutung und soll in dieser unverändert zur Anwendung kommen. Die Vorschrift der S.O. von 1869 dagegen ist zugleich ein Ausdruck des Prinzipes, daß das Verkaufsgeschäft mit dem Schlusse des Versteigerungstermines abgeschlossen ist und nur nach den bis dahin vorgekommenen neuen Thatsachen beurtheilt werden darf Dieser Grundsatz gehört ausschließlich dem der Landesgesetzgebung überlassenen Versteigerungsverfahren an und soll aufrecht erhalten werden Es geschieht durch § 88 Abs. 1, 2, § 89". — Auch nach der hier vertretenen, die Existenz eines Kaufvertrages leugnenden Ansicht (Einl. S. 23 ff) erscheint die im Gesetze angenommene präklusivische Wirkung des Schlusses des Versteigerungstermines erklärlich und gerechtfertigt (Anm. 2 zu §§ 70, 71, Anm. 1 und 5 zu § 72, Anm. 1 zu § 73, Anm 3 zu §§ 81—83).

2. Hier handelt es sich um die „Gründe für die Beschwerde" (§ 89 Abs. 1). Es ist dies etwas ganz anderes als „Beschwerdegrund" im Sinne des § 531 Abs. 2 C.P.O. (Anm. 3 zu § 86); dort kam der Grund zur Beschwerde (Beschwerdegegenstand, Beschwerdepunkt) in Frage, hier steht die Begründung der Beschwerde zur Erörterung. Beschwerdegrund in jenem Sinne ist z. B. „die Ertheilung des Zuschlages". Der Grund für diese Beschwerde in dem hier gemeinten Sinne ist z B. „Vorhandensein eines Versagungsgrundes nach § 75 Nr 2". — Bei der Begründung der Beschwerde ist nun zu unterscheiden: die Geltendmachung des die Beschwerde begründenden Verhältnisses überhaupt, z. B. „Unfähigkeit des Meistbietenden" (§ 75 Nr. 2) und die Anführung der zur Substantiirung des geltend gemachten Grundes erforderlichen Thatsachen (z. B. „der Meistbietende ist durch Beschluß des Amtsgerichtes N. wegen Geisteskrankheit entmündigt").

3. Die in den §§ 88, 89 für die Begründung der Beschwerde gemachten Einschränkungen berühren, wie die Motive richtig hervorheben, die in § 533

C.P.O. statuirte Zulässigkeit neuer, möglicherweise auch erst nach dem Versteigerungstermine entstandener Thatsachen und Beweise in keiner Weise (A. M. Ring in d. Zeitschr. f. d. Civilpr. 7 S. 573); sie betreffen nur die Frage: kann das betreffende Verhältniß (im Sinne von Anm. 2) überhaupt noch von dem Beschwerdeführer zur Begründung einer Beschwerde geltend gemacht werden? Wird diese Vorfrage bejaht, so ist es nicht weiter zweifelhaft, daß zur Substantiirung neue Thatsachen und zum Erweise dieser und früherer Behauptungen neue Beweismittel angeführt werden können.

4. § 89 beschränkt die Geltendmachung der an und für sich zur Begründung einer Beschwerde geeigneten Umstände mit Rücksicht auf die Person und persönliche Verhältnisse des Beschwerdeführers. Es handelt sich dabei zunächst nur um eine Beschwerde gegen die Ertheilung des Zuschlages. (Vgl. auch § 91 Abs. 2.)

a. Abs. 1 entspricht dem § 76 Er hat aber eine größere Bedeutung wie dieser, weil die in erster Instanz von Amtswegen zu berücksichtigenden Versagungsgründe in der Beschwerdeinstanz nur zu berücksichtigen sind, wenn sie geltend gemacht sind. (Anm. 4 zu § 93, 94) Während nämlich § 76 diese Gründe nicht betrifft (Anm. 2.a zu §§ 75—78), ist § 89 Abs. 1 auf dieselben anzuwenden. So kann z B. in erster Instanz der eine Interessent die Versagung des Zuschlages durch den Hinweis herbeiführen, daß ein anderer nicht erschienener und nicht gehörig geladener Interessent durch Ertheilung des Zuschlages benachtheiligt werden würde (§ 75 Nr. 7). Eine Beschwerde gegen die Ertheilung des Zuschlages kann er aber aus diesem Grunde nicht ableiten. — Diejenigen Gründe zur Versagung des Zuschlages, welche in erster Instanz nur auf den Widerspruch eines Interessenten zu berücksichtigen sind (vgl. Anm. 6 zu §§ 75 bis 78), können auch nur von dem nach Lage des einzelnen Falles zum Widerspruche berechtigten Interessenten zur Begründung der Beschwerde benutzt werden. Der Ersteher und der übergangene Bieter können als solche diese Umstände niemals geltend machen.

b. Das Nichterscheinen im Versteigerungstermine trotz gehörig erfolgter Zustellung der Bekanntmachung (§ 47 Abs. 1) nimmt den Interessenten nach Abs. 2 Satz 1 das Beschwerderecht bezüglich der Mängel des Verfahrens vor dem Versteigerungstermine (insbesondere der Versagungsgründe aus § 75 Nr. 4, 5, 6, 7). — Durch das Nichterscheinen geht auch die Berechtigung zur Geltendmachung derjenigen Versagungsgründe verloren, welche in erster Instanz von Amtswegen hätten beachtet werden müssen, aber nicht beachtet sind. Die Vorschrift wäre sonst ziemlich bedeutungslos. Im Gesetze ist dies dadurch zum Ausdrucke gebracht, daß, während im zweiten Satze dieses Absatzes ein Vorbehalt zu Gunsten der von Amtswegen zu berücksichtigenden Gründe gemacht ist, im ersten Satze eine solche Einschränkung fehlt. (Anm. 4 zu §§ 93, 94, Jäckel Anm. 2 zu § 81. A. M. Knorr Anm. 4.b zu § 89.)

c Nach Abs. 2 Satz 2 ist ebenso wie nach §§ 78 und 85 der im Versteigerungstermine erschienene Interessent prozessualisch mehr beschränkt als der nicht erschienene Es ist ihnen die Geltendmachung aller nur auf erhobenen Widerspruch zu berücksichtigenden Gründe (Anm. 6 zu §§ 75—78) versagt, wenn sie dieselben nicht bereits im Versteigerungstermine geltend gemacht haben, obwohl sie dazu in der Lage waren. — Die nicht erschienenen Interessenten sind dagegen mit der Geltendmachung ihres Widerspruches bezüglich der Vorgänge im Versteigerungstermine durch den Schluß der Versteigerung für die Beschwerdeinstanz nicht präkludirt. — Auf den Ersteher und die Bieter kann sich die Bestimmung aus dem doppelten Grunde nicht beziehen, weil dieselben im Versteigerungstermine überhaupt nicht gehört zu werden brauchen, jedenfalls aber Gründe, die nur auf den Widerspruch eines Interessenten zu berücksichtigen sind, nicht geltend machen können. — Die von Amtswegen zu berücksichtigenden Versagungsgründe werden durch Abs 2 Satz 2 nicht betroffen. (K 12 S 351)

5. Eine gegen das den Zuschlag ertheilende (wenn auch einem Anderen den Zuschlag versagende) Urtheil gerichtete Beschwerde eines Interessenten kann sowohl die Versagung des Zuschlages als die Ertheilung des Zuschlages an einen anderen Bieter oder unter anderen Bedingungen begehren (Anm 4 zu § 86). — Eine Begründung derselben ist nach § 88 Abs. 2 möglich:

a. durch Geltendmachung der gesetzlichen Versagungsgründe mit den in Anm 4 dargelegten Einschränkungen. Auch die Unzuständigkeit des Vollstreckungsgerichtes kann auf Grund des § 75 Nr. 1 geltend gemacht werden (Anm. 6.a zu § 75, Knorr Anm 2 zu § 89. A M Jäckel Anm. 2 a zu § 88);

b. durch die Geltendmachung der Beziehung des Meistgebotes auf ein anderes Grundstück, als das im Zuschlagsurtheile aufgeführte. Es ist in dieser Beziehung wie die alternative Verbindung in § 88 Abs 2 zeigt, der Inhalt des Versteigerungsprotokolles nicht ausschließlich maßgebend. Auch in dem Falle, daß dieses mit dem Zuschlagsurtheile übereinstimmt, kann dieser Grund geltend gemacht und durch aus dem Protokolle nicht hervorgehende Thatsachen und Beweismittel klargestellt werden. Irrthümer des Erstehers über Umfang und Eigenschaften des Grundstückes sind ohne Einfluß; auf der anderen Seite ist die Entsch. bei Johow 2 S 35 jetzt nicht mehr maßgebend (Jäckel Anm. 2 c zu § 88). — Die Motive bemerken zu dieser Bestimmung: „Die Erwähnung der an anderer Stelle übergegangenen Beziehung des Meistgebotes auf ein anderes Grundstück ist durch die Zulässigkeit neuer Ausführungen in der Beschwerdeinstanz veranlaßt";

c. durch die Geltendmachung der Nichtübereinstimmung des Zuschlagsurtheiles mit dem Versteigerungsprotokolle. Von den zu a und b angegebenen Gründen abgesehen, kann also jede Beschwerde nur auf den Inhalt des Protokolles gestützt werden Uebereinstimmung desselben mit dem Urtheile deckt etwaige Mängel Dies gilt (von dem Punkte zu b abgesehen) auch bezüglich des Vorhandenseins der positiven Erfordernisse des Zuschlages Urtheil und Protokoll konnen namentlich hinsichtlich des Meistbietenden und des Gebotes auseinandergehen, ebenso hinsichtlich der Kaufbedingungen Auch der Fall, daß die Erklärung eines Vorkaufsberechtigten, in das als Meistgebot zu betrachtende Gebot eintreten zu wollen (§ 67) oder die Abtretung des Rechtes aus dem Meistgebote (§ 83 Abs. 2) nicht berücksichtigt oder zu Unrecht berücksichtigt ist, kann auf Grund des Protokolles und seiner Anlagen geltend gemacht werden (Jäckel Anm 2. b zu § 88).

Die Aufzählung der Arten der Begründung der Beschwerde in § 88 Abs. 2 ist, von Abs. 3 abgesehen, eine ausschließliche („nur"). Es können also auch Mängel in den positiven Erfordernissen des Zuschlages (z. B Untergang der versteigerten Sache vor der Verkündung des Zuschlagsurtheiles, Anm. 8. a zu §§ 81—83) nicht geltend gemacht werden. — Die Nichtübereinstimmung des Urtheiles mit dem Inhalte der festgesetzten Kaufbedingungen ist im bewußten Gegensatze zu § 49 S O. übergegangen Die Motive sagen: „Ist das Ausgebot unter anderen als den gesetzlichen oder vereinbarten Kaufbedingungen erfolgt, so ist dies ein Vorgang des Versteigerungstermines, begründet als solcher das Recht zum Widerspruche gegen den Zuschlag und wird in Ermangelung des Widerspruches nur in beschränktem Maße berücksichtigt (§ 78). Weicht aber nur das Urtheil bezüglich der Bedingungen von dem bei dem Ausgebote gestellten ab, so liegt darin nothwendig die im Gesetze erwähnte Abweichung von dem Inhalte des Protokolles."

Der Ersteher kann nur begehren, daß ihm der Zuschlag nicht ertheilt werde, oder daß ihm derselbe unter anderen Bedingungen ertheilt werde (§ 87 Abs 2). Er kann also nicht begehren, daß einem Anderen der Zuschlag ertheilt werden solle. Liegt die Sache so, daß einem Anderen der Zuschlag hätte ertheilt werden müssen, so kann doch auf die Beschwerde eines Erstehers, der nicht zugleich Interessent ist, nur die Versagung des Zuschlages ausgesprochen werden — Daß der Ersteher die unter b und c erwähnte Begründung der Beschwerde vorbringen kann, ist nicht zweifelhaft Er kann also insbesondere, aber nur auf Grund des Versteigerungsprotokolles, geltend machen, daß ein zugelassenes oder zulässiges Meistgebot von ihm nicht abgegeben sei Die nur auf Widerspruch eines Interessenten zu berücksichtigenden Versagungsgründe kann er nicht geltend machen (Anm. 4. a; a. M Volkmar Anm 3 zu § 87, welcher dem Ersteher die Beschwerde aus § 75 Nr 9 und 10 gewähren will). Auch darüber herrscht Einverständniß, daß derselbe grundsätzlich die von Amtswegen zu berücksichtigenden Versteigerungsgründe geltend machen kann (Volkmar Anm 4, Rudorff Anm. 5, Jaeckel Anm. 3 zu § 87; Dorendorf Anm 4 zu § 89), aber hierbei der Beschränkung des § 89 Abs 1 (Anm. 4. a) unterworfen ist Deshalb kann er die unter § 75 Nr. 6 bis 9 aufgeführten Versagungsgründe nicht geltend machen, weil sie lediglich im Interesse anderer Betheiligten aufgestellt sind Auf der anderen Seite steht ihm die Beschwerde jedenfalls zu aus § 75 Nr. 2 und aus § 75 Nr. 1, wenn das Grundstück dem freien Verkehre entzogen ist. — Die Beschwerde aus § 75 Nr 4 gewähren Dorendorf Anm 4 zu § 89, Jäckel Anm 3 zu § 87 und Rudorff Anm. 5 zu § 87. Ein Verstoß gegen § 40 Nr. 8 kann dem Ersteher ein Beschwerderecht geben, weil die Nichtbeachtung die Folge haben kann, daß der nicht berücksichtigte Realberechtigte sein dingliches Recht gegen den Ersteher behält (so auch Rudorff) Eine Nichtbeachtung des § 40 Nr. 9 setzt den Ersteher der fortdauernden Gefahr einer Eviction aus (Anm. 10 zu § 40 und Anm. 7 zu § 97) und berechtigt ihn daher, sofern diese Gefahr nicht beseitigt ist, zur Beschwerde Die gleiche Gefahr liegt aber auch bei einer Nichtbeachtung des § 40 Nr 1 und 4, sowie bei einem Verstoß gegen § 75 Nr. 5, vor und deshalb muß gegen Rudorff und Jäckel auch in diesem Falle die Beschwerde des Erstehers zugelassen werden — Jäckel (Anm. 3 zu § 87) will unter Zustimmung von Volkmar (Anm 4 zu § 87) dem Ersteher die Beschwerde aus § 75 Nr. 3 selbst dann versagen, wenn derselbe zugleich Interessent ist, es sei denn, daß er als solcher den Bedingungen ausdrücklich widersprochen habe. Aber es kann darin, daß er unter Bedingungen, welche von den gesetzlichen oder den von allen Betheiligten genehmigten abweichen, vielleicht nothgedrungen, ein Gebot abgegeben hat, eine Genehmigung dieser Bedingungen und ein Verzicht auf das ihm als Interessenten zustehende Recht, eine Versteigerung anzugreifen, welche unter ungesetzlichen Bedingungen, also in ungesetzlicher Weise, erfolgt ist, nicht gefunden werden.

6. Die Beschwerde für den Fall der Versagung des Zuschlages hätte darzuthun, daß der Zuschlag nach Lage der Sache einer bestimmten Person zu ertheilen gewesen wäre. Da es nun aber hierfür bei dem negativen Standpunkte des Gesetzes (Anm 1 zu §§ 75 78), das Vorhandensein der wenigen positiven Erfordernisse vorausgesetzt, nur darauf ankommt, daß kein Versagungsgrund vorliegt bez daß der etwa vorhandene, nur auf Widerspruch zu beachtende von keinem dazu Berechtigten geltend gemacht ist (vgl § 93 Abs. 3), so reicht es zur Begründung der Beschwerde aus, daß der Beschwerdeführer das Vorhandensein von Versagungsgründen negirt (§ 88 Abs 1) — Wenn das Gesetz zur Begründung der Beschwerde die Darlegung verlangt, „daß keiner der in diesem Gesetze angegebenen Versagungsgründe vorliege", so ist zu ergänzen „in Bezug auf die stattgehabte Versteigerung" Es kommt also auch für die Entscheidung des Beschwerdegerichtes nur auf den Zeitpunkt der Versteigerung an, so daß weder der spätere Fortfall des Versagungsgrundes (z. B. der Unfähigkeit des Bieters), noch der spätere Eintritt eines vom Vollstreckungsgerichte damals zu Unrecht angenommenen Versagungsgrundes berücksichtigt werden darf (Vgl Rudorff und Jäckel Anm. 1 zu § 87; a M Knorr Anm 4 b zu § 89.) Zur Stütze dieser Ansicht ist die Annahme eines Vertrages durchaus entbehrlich. (Vgl. Anm. 2 zu §§ 70/71.) — Auf thatsächlichem Gebiete ist der Beschwerdeführer durch § 89 in keiner Weise beschränkt Er kann alle zur Entkräftung der Annahme, daß ein Versagungsgrund vorliege, dienlichen Thatsachen und Beweismittel vorbringen — Voraussetzung des Beschwerderechtes des Interessenten ist in diesem Falle, daß der Interessent als solcher ein Interesse an der Ertheilung des Zuschlages haben kann — Ein Bieter kann auch in diesem Falle nur begehren, daß ihm der Zuschlag ertheilt werden müsse (Anm 1 b zu § 87) Wegen der Vertheidigung des Gegners vgl § 91 Abs 2 und Anm 3 zu § 91.

7. § 88 Abs. 3 läßt in Uebereinstimmung mit § 540 Abs 2 C P O. die Erfordernisse einer Nichtigkeitsklage und einer Restitutionsklage zur Begründung der Beschwerde zu, und zwar gleichviel, ob in dem Urtheile der Zuschlag ertheilt oder versagt war. „Daneben muß die nach § 540 Abs 2 Satz 2 der Civilprozeßordnung über die Nothfrist hinaus zulässige Beschwerde zugelassen werden, und zwar auch in dem Sinne, daß die Gründe, welche die Ueberschreitung der Nothfrist rechtfertigen, auch als Beschwerdegründe gelten" (Mot.). Auch für diese Gründe bleiben die Einschränkungen des § 89 maßgebend Die einzelnen Nichtigkeits- und Restitutionsgründe sind in den §§ 542, 543 C P.O. aufgezählt.

8. Die dargelegten Grundsätze gelten auch für den Fall einer Beschwerde gegen die Entscheidung des Beschwerdegerichtes. (Anm 3 zu § 86) Es ist auch bei dieser zu unterscheiden, ob das Ergebniß eine Versagung oder eine Ertheilung des Zuschlages ist — Darauf, ob die Entscheidung die Vorentscheidung abgeändert hat oder nicht, kommt es hier nicht an. (Vgl. aber Anm. 3 zu § 86 und Anm. 5 zu § 87.)

§. 90. Die Beschwerdefrist beginnt für diejenigen Interessenten, welchen das Urtheil oder die Formel des Urtheils nicht von Amtswegen zuzustellen war, mit der Verkündung des Urtheils.

§ 90. Beschwerdefrist.

1. Vgl § 136 R.Zw.G.Entw. — Die Bestimmung ergänzt und modificirt in zulässiger Weise (Einl. S. 29. A. M. Jastrow in der Zeitschr. f. vergl. Rechtswissenschaft 6 S. 142) den § 540 C.P.O

2. Der Beginn der zweiwochigen Beschwerdefrist ist in § 90 nur für die Interessenten und nur für den regelmaßigen Fall der Beschwerde, einschließlich der Beschwerde gegen die Entscheidung des Beschwerdegerichtes, geordnet. — Ueber die Frage, wem das Urtheil zuzustellen war, vgl. Anm. 14 zu §§ 81—83 und § 85 nebst Bem. und sofern es sich um die Beschwerde gegen die Entscheidung des Beschwerdegerichtes handelt, § 95 nebst Bem. — Da eine Zustellung von Amtswegen erforderlich ist, so eröffnet eine Zustellung, welche auf Betreiben eines Betheiligten erfolgt ist, die Frist nicht (R 3 S. 375, a M. Seuffert Anm. 2 zu § 540).

3. Bezüglich des Beginnes der Beschwerdefrist für den Ersteher und den übergangenen Bieter (§ 87 Abs 2), welche zu den Interessenten nicht gehören (Anm. 4 zu §§ 75—78), enthält das Gesetz eine Lucke — Das Urtheil erster Instanz ist denselben niemals zuzustellen (Anm 14 zu §§ 81—83, Anm. 4 zu § 85) Bezüglich der Urtheile der höheren Instanzen vgl. Anm 3 zu § 95. — In den Fällen, in denen hiernach die Zustellung an dieselben erforderlich ist, beginnt die Frist fur dieselben gemäß § 540 Abs 2 C P O mit der Zustellung. Für die Fälle dagegen, in denen die Zustellung nicht erforderlich ist, bleibt trotz aller Bedenken nur ubrig, mit Rudorff (Anm 2) und Jäckel (Anm. 1) dem § 12 Abs 2 Zw G. fortdauernde Kraft zuzuschreiben. § 12 Zw G. bestimmt:

„Die bisherigen Vorschriften, nach welchen die Zustellung einer verkündeten Entscheidung nicht erforderlich ist, bleiben in Kraft

Insoweit die Zustellung nicht erforderlich ist, beginnt die Nothfrist der sofortigen Beschwerde mit der Verkundung der Entscheidung"

Kurlbaum (S.O. S. 62) hatte ausgeführt, daß § 12 Abs. 2 auf die weitere Beschwerde keine Anwendung finde, da es an einer bisherigen Vorschrift fehle, welche die Zustellung der Entscheidung der Beschwerdeinstanz entbehrlich mache. Er hat dabei, durch den Zusammenhang von Abs. 1 und Abs. 2 bewogen, nicht berücksichtigt, daß es für Abs. 2 gleichgültig ist, ob eine bisherige Vorschrift oder ob eine Vorschrift der C P.O. die Zustellung entbehrlich macht. Nach der C.P.O. ist nun aber die Zustellung an den Ersteher und Bieter auch hinsichtlich der Entscheidungen der Beschwerdeinstanz unter Umständen entbehrlich (vgl. Anm. 3 zu § 95) Es findet deshalb auch dort § 12 Abs. 2 Zw.G. Anwendung

4 Die Frist ist eine Nothfrist Wegen ihrer Unabänderlichkeit vgl. §§ 202, 204 C P O., wegen der ohnedies fur die Zwangsvollstreckung bestehenden Einflußlosigkeit der Gerichtsferien § 201 C P O , wegen der Wiedereinsetzung in den vorigen Stand § 211 C P O., wegen der Berechnung der Frist, insbesondere mit Rücksicht auf einen Sonntag oder allgemeinen Feiertag § 200 C.P.O.

5. Eine Einlegung der Beschwerde **vor der Zustellung des Urtheiles** muß nach richtiger Ansicht genügen, da eine entgegenstehende Bestimmung nicht vorhanden ist (R. 9 S 422, Seuffert Anm 4 zu § 532. A M Meyer bei Gruchot 27 S. 835 ff) — Zur Wahrung der Frist genügt, daß die Beschwerde vor Ablauf derselben bei dem Vollstreckungsgerichte oder Beschwerdegerichte (wenn auch in Form eines Telegrammes, Anm 4 zu § 86) eingegangen ist. Der Eingang des Postscheines bei Einschreibesendungen genügt aber nicht (vgl. Anm. 1 zu § 73). — Begründung und Antrag können nachgebracht werden (Anm. 4 zu § 86)

6. Für den Fall des **Vorhandenseins der Nichtigkeits- oder der Restitutionsklage** findet rücksichtlich des Fristbeginnes gemäß § 540 Abs. 2 der § 549 C.P.O entsprechende Anwendung, nach welchem die Nothfrist von einem Monate mit dem Tage beginnt, an welchem die Partei von dem Anfechtungsgrunde Kenntniß erhalten hat, jedoch nicht vor eingetretener Rechtskraft der Entscheidung. Nach Ablauf von fünf Jahren, von dem Tage der Rechtskraft an gerechnet, ist jede Beschwerde ausgeschlossen Handelt es sich um mangelnde Vertretung, so läuft die Frist von dem Tage, an welchem der Partei und bei mangelnder Prozeßfähigkeit dem gesetzlichen Vertreter derselben die Entscheidung zugestellt ist

7. § 540 Abs 3 C P O ist, wie in der darüber bestehenden Kontroverse (Seuffert Anm. 3 zu § 540) anzunehmen ist, dahin zu verstehen, daß die Unabänderlichkeit der Entscheidung für den iudex a quo nicht sofort, auch nicht durch den fruchtlosen Ablauf der Beschwerdefrist, sondern nur durch die Einlegung der Beschwerde eintritt (vgl Anm 5 zu §§ 16, 17). Diese Regel mußte an sich, da § 289 C P O hier, wo es sich um ein Endurtheil nicht handelt, außer Anwendung bleibt, gleichfalls, und zwar für alle Instanzen, Anwendung finden — Zur Abänderung wäre dann für die erste Instanz erforderlich, daß gemäß § 82 ein anderweiter Verkündungstermin bestimmt und abgehalten würde. — Indessen darf durch eine solche Aenderung von Amtswegen die materielle Rechtslage nicht in Frage gestellt werden, und von diesem Gesichtspunkte aus wird sie hinsichtlich der Entscheidung über den Zuschlag regelmäßig ausgeschlossen sein. Jedenfalls ist gegen einen solchen abändernden Beschluß wiederum die sofortige Beschwerde gegeben

§. 91. Wer als Gegner des Beschwerdeführers zuzuziehen ist, bestimmt das Gericht.

Die Anführungen des Gegners unterliegen den Beschränkungen des §. 89.

Mehrere Beschwerden gegen dasselbe Urtheil sind mit einander zu verbinden.

§ 91. Gegner des Beschwerdeführers. Beschwerdenverbindung.

1 Vgl. § 129 R Zw.G Entw — **Betheiligt** sind bei der Entscheidung in der Beschwerdeinstanz alle Interessenten (vgl. § 95) und außerdem der Ersteher und möglicherweise auch ein übergangener Bieter (vgl § 87 Abs 2). „Nach § 536 der C P O. kann die Entscheidung über die Beschwerde ohne Anhörung

des Gegners erfolgen Die natürliche Folge hiervon ist, daß auch nur das Gericht bestimmen kann, wer als Gegner des Beschwerdeführers zuzuziehen, d. h schriftlich oder in mündlicher Verhandlung zu hören ist. Daß, wenn verhandelt wird, andere Interessenten sich an dem Verfahren als Intervenienten betheiligen können, versteht sich von selbst (Vgl dagegen Anm. 2) Das Gericht erläßt seine Bestimmung durch die Aufforderung zur Erklärung oder durch Anordnung der mündlichen Verhandlung" (Mot.) — Das Beschwerdegericht (Bericht der Komm des H.H.) ist bei dieser Bestimmung ganz frei, namentlich auch an etwaige positive Vorschläge des Beschwerdeführers, welche übrigens auch gar nicht erforderlich sind, nicht gebunden (Vgl dazu Dernburg, Hyp R II S 413.) Es kann auch ganz von einer Zuziehung von Gegnern absehen Jedenfalls kann aus der Art und Weise, wie das Beschwerdegericht in dieser Beziehung verfährt, ein Grund zu einer weiteren Beschwerde nicht hergeleitet werden (Vgl. aber Anm. 2 zu § 92.) Für die Bestimmung wird die im Anschlusse an die Lage des einzelnen Falles anzustellende Prüfung maßgebend sein, welche der übrigen Betheiligten ein näheres Interesse an der Aufrechterhaltung der angegriffenen Entscheidung haben. Im Falle weiterer Beschwerde wird man den früheren Beschwerdeführer nicht wohl umgehen können Daß der zum Gegner bestimmte den Anführungen und Anträgen des Beschwerdeführers beitritt, ist nicht zu verhindern Er ist aber, wenn er nicht selbst Beschwerde eingelegt hat, nicht befugt, selbstständig Beschwerdegründe geltend zu machen — Eine Anschließung an die Beschwerde giebt es nicht Der Gegner ist daher nicht in der Lage, eine Abänderung der angefochtenen Entscheidung in einer anderen als der vom Beschwerdeführer beantragten Richtung zu seinen Gunsten geltend zu machen Er kann z. B, wenn der Antrag auf Versagung des Zuschlages gerichtet ist, nicht seinerseits beantragen, daß zwar der Zuschlag aufrecht erhalten, aber einer anderen Person ertheilt werden solle

2. Andere Betheiligte als die Beschwerdeführer und die vom Gerichte bestimmten Gegner haben kein Recht auf richterliches Gehör in der Beschwerdeinstanz Reichen dieselben eine schriftliche Erklärung ein oder melden sie sich in der mündlichen Verhandlung, so hängt es lediglich vom Ermessen des Gerichtes ab, ob es die Erklärungen berücksichtigen und die mündlichen Ausführungen hören will Die Bestimmungen der C P O über Nebenintervention und Streitverkündigung (§§ 63—71) sind hier gänzlich unanwendbar, da diese Bestimmungen einen Rechtsstreit voraussetzen, hier aber kein Rechtsstreit im Sinne der C.P O. vorliegt, und eine entsprechende Anwendung jener Vorschriften nirgends vorgeschrieben ist. Jeder Versuch, dieselben praktisch anzuwenden, muß die Unmöglichkeit darthun Es muß das um so entschiedener betont werden, als die Motive (Anm 1) das Gegentheil als selbstverständlich bezeichnen Sollten die Letzteren an eine andere Intervention als die in der C P O. geordnete Nebenintervention gedacht haben, so wäre das ebensowenig zutreffend Das geltende Prozeßrecht kennt (von der hier nicht in Frage kommenden Hauptintervention abgesehen) eine andere Intervention nicht

3 Zu Abs. 2. Die Bestimmung, welche die Motive als Konsequenz des § 89 bezeichnen, bezieht sich nach Lage der Sache nur auf den Fall der Beschwerde gegen ein den Zuschlag versagendes Urtheil – Ist der Zuschlag ertheilt, so hat der Gegner sich lediglich gegen die Angriffspunkte des Beschwerdeführers zu ver-

theidigen. Diese Angriffspunkte sind durch § 89 beschränkt, während die beiderseitigen thatsächlichen Anführungen unbeschränkt sind (Anm 3 und 4 zu § 89) und dem Ersteher als Gegner durch § 92 noch eine besondere Vertheidigung ermöglicht ist. Ist dagegen der Zuschlag versagt, so kann der Gegner sich nicht nur durch Anführung von Thatsachen und Beweismitteln für den im Zuschlagsurtheile geltend gemachten Versagungsgrund vertheidigen, sondern auch durch Geltendmachung anderweiter Gründe für die Versagung des Zuschlages In dieser Beziehung stellt ihn Abs. 2 gerade so wie den Beschwerdeführer, der sich gegen die Zuschlagsertheilung wendet (Anm 4 zu § 89) Er kann also insbesondere Versagungsgründe, welche nur auf Widerspruch zu beachten sind, nur geltend machen, wenn er nicht das Recht dazu gemaß § 89 Abs 2 verloren hat — Inwieweit das Gericht von Amtswegen Grunde zur Zurückweisung der Beschwerde beachten muß, bestimmt § 93 Abs. 3

4 Zu Abs. 3. „Mehrere gegen dasselbe Urtheil eingelegte Beschwerden können mit gleichen oder auch mit verschiedenen Anträgen gestellt sein Es kann zum Beispiel vorkommen, daß bei versagtem Zuschlage der Zuschlag für verschiedene Personen, bei ertheiltem Zuschlage die Versagung desselben oder die Ertheilung an einen anderen Bieter beantragt wird Solche Beschwerden zusammen zu erledigen, ist aus praktischen Rücksichten geboten Unbedingt zu erreichen ist diese Art der Erledigung freilich nicht, da ein Interessent, dem das Urtheil hätte zugestellt werden müssen, aber nicht zugestellt ist, gegen die Ertheilung des Zuschlages möglicherweise zu viel späterer Zeit noch Beschwerde einlegen kann." (Mot)

§. 92. Ist der Zuschlag einem Anderen als dem Beschwerdeführer ertheilt worden, so kann der Erstere in der Beschwerdeinstanz die nach §. 77 zulässige Sicherheitsleistung nachholen und ebenso den Mangel der Fähigkeit eines Bieters oder der Legitimation eines Vertreters durch Vorlegung von Urkunden beseitigen. Der Mangel der Fähigkeit des Bieters, sowie der Mangel der Legitimation eines Vertreters können jedoch nicht beseitigt werden, wenn der Beschwerdeführer als Interessent dem ertheilten Zuschlage rechtzeitig widersprochen hat und den Zuschlag mit Recht für sich selbst beansprucht.

Erlangt der Gegner des Beschwerdeführers auf Grund dieser Vorschrift ein obsiegliches Urtheil, so sind dem Ersteren die Kosten der Beschwerdeinstanz aufzuerlegen.

§ 92. **Beseitigung von Beschwerdegrunden seitens des Erstehers.**

1. Vgl. § 131 R Zw G Entw — Voraussetzung dieser Bestimmung ist, daß das mit der Beschwerde angegriffene Urtheil auf Ertheilung des Zuschlages gelautet hat, und daß ein anderer als der in dem Urtheil benannte Ersteher Beschwerde eingelegt hat Einem übergangenen Bieter, welcher für sich den Zuschlag begehrt, kommt dieselbe daher nicht zu statten (Anm. 4 zu § 87) — Die Motive sagen: „Wenn ein Widerspruch, welcher mit der Gefahr einer Benachtheiligung begründet wird, vor dem Zuschlagsurtheile dadurch abgewandt werden kann, daß

den angeblich Benachtheiligten anderweite Sicherheit geboten wird, so muß in der Beschwerdeinstanz das Gleiche gelten, wenn nicht eine blos formelle Behandlung der Sache zu zwecklosen Weiterungen führen soll. In der Zulässigkeit solcher nachträglichen Sicherung liegt zugleich die Möglichkeit, die schlimmsten Folgen einer unerwarteten, spät eingelegten Beschwerde (vgl. zu § 91) abzuwenden. Die für den vorausgesetzten Fall gegebene Entscheidung über die Kosten der Beschwerde entspricht der Vorschrift des § 92 Abs 2 der C.P.O. — Wie der Mangel der Fähigkeit des Bieters und der Mangel der Legitimation eines Vertreters schon vor dem Zuschlagsurtheile nachträglich beseitigt werden kann, wenn ein Widerspruch gegen Ertheilung des Zuschlages nicht erhoben ist, so auch in der Beschwerdeinstanz," (so daß der Beschwerdeführer allerdings in der Hand hat, ob er nachträglich die Wirksamkeit seines Gebotes herbeiführen will). „Dabei greift noch der Grundsatz des § 89 Abs. 1 ein, nach welchem der Beschwerdeführer sich, um die Nachholung auszuschließen, nicht auf den von einem Anderen erhobenen Widerspruch berufen kann; auch hat er, nachdem einmal der Zuschlag ertheilt worden, an dem Ausschlusse der Nachholung nur dann ein berechtigtes Interesse, wenn er, abgesehen von dem zurückzuweisenden Bieter, selbst Meistbietender geblieben ist und für sich den Zuschlag beansprucht." (§ 131 R.Zw G Entw. hat aus den in den Mot. S. 252 dargelegten Gründen eine abweichende Stellung eingenommen) — Die Bestimmung enthält zugleich eine Ausnahme von der Regel, daß bezüglich des Vorhandenseins von Versagungsgründen lediglich der Zeitpunkt der Versteigerung maßgebend ist (Anm. 6 zu §§ 88, 89. Vgl. auch Anm 9 zu § 61, Anm. 5 zu § 65, Anm 6. b zu §§ 75—78).

2 Um dem Ersteher Gelegenheit zu geben, von den Vortheilen des § 92 Gebrauch zu machen, wird das Gericht ihn in diesem Falle als Gegner zuziehen müssen.

3 Die Fassung des Paragraphen gestattet, daß der Ersteher auch den Mangel der Fähigkeit seines Cedenten (§ 83 Abs 2) und die Legitimation dessen Vertreters beseitigen kann (Rudorff Anm. 1 zu § 92).

4. Zu Abs. 2 vgl. Anm. 7 zu §§ 93, 94.

§. 93. Das Beschwerdegericht ertheilt selbst den Zuschlag, dessen Ertheilung der Beschwerdeführer mit Recht beantragt hat.

Im Falle weiterer Beschwerde ist jedoch, wenn das Urtheil des Vollstreckungsgerichts begründet befunden wird, nur das Urtheil des ersten Beschwerdegerichts aufzuheben und die gegen das erste Urtheil erhobene Beschwerde zurückzuweisen.

Steht der von dem Beschwerdeführer beantragten Ertheilung des Zuschlages einer der von Amtswegen zu berücksichtigenden Gründe zur Versagung entgegen (§. 78), so ist der Antrag auf Ertheilung des Zuschlags zurückzuweisen.

§. 94. Wird ein den Zuschlag ertheilendes Urtheil aufgehoben, so ist auf Antrag auch über Ruckgewähr des auf Grund des Urtheils Gezahlten oder Geleisteten zu entscheiden.

§§ 93, 94. Verhandlung und Entscheidung über die Beschwerde.

1. Vgl. § 133 R Zw G Entw — Neben den §§ 93, 94 kommen die einschlägigen Bestimmungen C P.O in Betracht, wie im Folgenden näher zu zeigen ist.

2. Die Entscheidung über eine Beschwerde gehört gemäß § 536 Abs. 1 C P O. zu den Fällen, in denen das Gericht nach seinem Ermessen bestimmen kann, ob es ohne jede Anhörung des Gegners oder nach schriftlicher Erklärung desselben oder nach vorgängiger mündlicher Verhandlung entscheiden will Die Meinung Rudorffs (Anm 1 zu § 95) und Dorendorfs (Anm 2 zu § 97), daß auch in der Beschwerdeinstanz die Ertheilung des Zuschlages nur nach mündlicher Verhandlung erfolgen könne, entbehrt des Anhaltes im Gesetze -- In allen Fällen muß also nach Eingang der Beschwerde das Gericht in berathender Sitzung sich schlüssig machen, welchen Weg es einschlagen will Wählt es den ersten Weg, so wird ohne Weiteres auf den Inhalt der schriftlichen Beschwerde hin die Entscheidung der Beschwerde beschlossen — Ordnet es eine schriftliche Erklärung an, so ist dieser Beschluß, welcher regelmäßig eine Frist bestimmen wird, den Gegnern (§ 91 Abs 2) von Amtswegen zuzustellen Der Zustellung der Beschwerde bedarf es nicht, wenngleich ohne Einsicht derselben eine Erklärung sachgemäß nicht abgegeben werden kann Das Gericht kann auch noch weitere schriftliche Erklärungen des Beschwerdeführers bez des Gegners herbeiführen. Ein Anwaltszwang findet für diese Erklärungen in dem hier vorliegenden Falle nicht statt (§ 536 Abs. 2 C P O, Anm 4 zu § 86) Das Gericht entscheidet nach Eingang der Erklärungen bez nach Ablauf der Frist in berathender Sitzung Ordnet das Gericht endlich mündliche Verhandlung an, so müssen zu dem Termine die Beschwerdeführer und die bestimmten Gegner zugezogen werden Die Vorschriften der §§ 120 - 151 (insbesondere 129) C P O., der §§ 177 ff G V.G, finden entsprechende Anwendung, von einem Versäumnißverfahren im Sinne der §§ 295—317 C P O. kann dagegen keine Rede sein. -- Streitig ist das Wesen der mündlichen Verhandlung in derartigen Fällen (Vgl Seuffert Anm 6 zu § 119, v. Wilmowski-Levy Anm 1 zu § 119, Hoffmann bei Gruchot 24 S 730 ff, Krech bei Gruchot 26 S 264, O Fischer, Termin und Ladung S 33 ff, welchem Dorendorf und Jäckel (Anm. 1 zu § 86) im Allgemeinen zustimmen) Hier kommt es aber auf diese Streitfragen nicht an, weil der Fall eigenartig liegt Das Beschwerdegericht muß unter allen Umständen eine Entscheidung fällen. Wollte dasselbe in dem Falle, daß der Beschwerdeführer und die vom Gerichte bestimmten Gegner vereinbaren sollten, daß das Verfahren ruhen sollte, auf Grund des § 228 C P O dieser Vereinbarung stattgeben, so würde allen übrigen Interessenten und Betheiligten des Verfahrens jedes Mittel fehlen, die Entscheidung herbeizuführen. Der Umstand, daß bei dem Verfahren ein Kreis von Personen außer den eigentlichen Parteien betheiligt ist, führt dahin, daß die Entscheidung in der höheren Instanz ebenso wie in der ersten Instanz, so lange die Sache anhängig ist, unter allen Umständen und auch gegen den Willen der Parteien erfolgen muß. Daraus folgt mit Nothwendigkeit.

a. Die Entscheidung muß auch dann erfolgen, wenn in der mündlichen Verhandlung Niemand erscheint § 228 C.P O bleibt außer Anwendung

b Bei der Entscheidung ist auch der Akteninhalt zu berücksichtigen c Die zur Verhandlung zuzuziehenden Personen müssen von Amtswegen geladen werden (vgl O. Fischer a a O § 11 Nr. 4 S 81, Rudorff Anm. 2 zu § 86; a M. Dorendorf Anm 1 und Jäckel Anm 1 d 3 zu § 86 Letztere verkennen, daß in diesem Falle das ganze Verfahren unter Officialbetrieb steht. Weigerte sich der Beschwerdeführer, die Gegner zu laden, so hätte bei ihrer Ansicht das Gericht, welches jedenfalls zur Entscheidung kommen muß, kein Mittel, den Gegnern mündliches Gehör zu verschaffen)

Für die mündliche Verhandlung findet Anwaltszwang statt (§ 74 Abs. 1 C P O; Dorendorf Anm 1, Jäckel Anm 1 d 3 zu § 86; a. M Rudorff Anm. 2 zu § 86) Die auch für den vorliegenden Fall in § 74 Abs. 2 C P O. in Verbindung mit § 532 Abs 2 und § 536 Abs. 2 C P O. für die Anbringung der Beschwerde und die schriftlichen Erklärungen bezüglich derselben gemachte Ausnahme von dem Grundsatze des Anwaltszwanges kann auf die mündliche Verhandlung nicht ausgedehnt werden (Wilmowski-Levy Anm 2 zu § 536 C.P.O; a M. Seuffert Anm 1 zu § 536 C P O. und die dort Citirten) — Die Begründung der Beschwerde in der mündlichen Verhandlung ist nicht auf die in der Beschwerdeschrift vorgebrachten Punkte beschränkt. Vielmehr kann die Begründung, sobald es zur mündlichen Verhandlung kommt, innerhalb der durch die §§ 88, 89 dieses Gesetzes gezogenen Grenzen und sofern die Beschwerdeschrift formell in Ordnung ist (Anm. 4 zu § 86) ohne Nachtheil der mündlichen Verhandlung vorbehalten bleiben, ebenso auch wie im schriftlichen Verfahren die Begründung in schriftlichen, nach Ablauf der Beschwerdeschrift eingereichten Erklärungen nachgeholt werden kann (Seuffert Anm. 1 zu § 536).

3. Bei der Entscheidung über die Beschwerde sind zunächst gemäß § 537 C.P O. die **Formalien** derselben zu prüfen (Anm. 3 und 4 zu § 86 und § 90). Nur wenn dieselbe nicht als „unzulässig verworfen" wird, kommt es zur sachlichen Entscheidung über den Inhalt derselben.

4 Die Prüfung des Beschwerderichters ist **sachlich** grundsätzlich dieselbe wie die Prüfung des Vollstreckungsgerichtes bei der Erlassung des ersten Urtheiles (Anm. 8 zu §§ 81—83) — Bezüglich der dem Urtheile über den Zuschlag vorhergegangenen Entscheidungen steht er ebenso frei da, wie der Vollstreckungsrichter selbst (vgl Anm. 6 a zu §§ 75—78), es sind daher auch die mit der sofortigen Beschwerde angreifbaren Vorentscheidungen seiner Nachprüfung unterworfen. (A. M Dorendorf Anm 1 zu § 86) — Aber der Beschwerderichter ist dadurch in seiner Kognition beschränkt, daß er nur die von dem Beschwerdeführer innerhalb der durch die §§ 88, 89 demselben gezogenen Grenzen geltend gemachte Begründung der Beschwerde ins Auge fassen darf Eine Begründung der Beschwerde, welche vom Beschwerdeführer nicht geltend gemacht ist oder nicht geltend gemacht werden durfte, ist nicht zu berücksichtigen Namentlich ist, wenn **Beschwerde über die Ertheilung des Zuschlages** geführt, ein Grund, welcher in erster Instanz von Amtswegen hätte beachtet werden und zur Versagung des Zuschlages hätte führen müssen, nicht zu berücksichtigen, wenn der Beschwerdeführer das Recht zu seiner Geltendmachung nicht oder nicht mehr hat, oder wenn er denselben nicht geltend gemacht hat. Es folgt dies argumento a contrario daraus, daß **§ 93 Abs 3** besonders bestimmt hat, daß derartige Gründe gegenüber einer von dem Beschwerdeführer beantragten Ertheilung des Zuschlages berücksichtigt werden müssen. Die Motive sagen: „Liegt ein Grund

vor, aus welchem der Zuschlag von Amtswegen hätte versagt werden sollen, so kann [zwar] das Beschwerdegericht den ertheilten Zuschlag nicht von Amtswegen, sondern nur dann aufheben, wenn der Versagungsgrund nach den §§ 88, 89 von dem Beschwerdeführer geltend gemacht werden kann" — Umgekehrt sollen nach § 93 Abs. 3 die Gründe, welche in erster Instanz die Versagung des Zuschlages hätten herbeiführen müssen, gleichviel, ob sie in erster Instanz beachtet sind oder nicht, zur Aufrechterhaltung der erstinstanzlichen Entscheidung in der Beschwerdeinstanz berücksichtigt werden, wenn die Beschwerde gegen ein den Zuschlag in der vom Beschwerdeführer begehrten Art versagendes Urtheil gerichtet ist. Hatte also das Vollstreckungsgericht aus einem unzutreffenden Grunde den Zuschlag versagt, so verbleibt es dabei, wenn ein anderer von Amtswegen zu berücksichtigender Grund für die Versagung vorliegt Die Bestimmung kann aber auch im Falle einer Ertheilung des Zuschlages in Frage kommen. — Die eben angeführten Motive fahren fort: „Durch die Ertheilung des Zuschlages in erster Instanz wird aber die Versagung des Zuschlages von Amtswegen in der Beschwerdeinstanz nicht für alle Fälle ausgeschlossen. Hat der Beschwerdeführer die Aufhebung des ertheilten Zuschlages mit Recht gefordert, daneben aber auch die Ertheilung des Zuschlages an eine andere Person beantragt, während von Amtswegen zu berücksichtigende Umstände der Ertheilung entgegenstehen, so ist zwar der ertheilte Zuschlag aufzuheben, der Antrag auf anderweite Ertheilung des Zuschlages aber zurückzuweisen." — Vor allen Dingen wird die Beschwerde auch dann zurückzuweisen sein, wenn die Sache in der Zwischenzeit thatsächlich oder rechtlich untergegangen ist. (Anm. 8 a zu §§ 81—83, Anm 7 c zu § 97)

5. Für die Anwendung des § 538 C.P.O. bleibt im vorliegenden Falle kein Raum. Ist nach dem Ergebnisse der Prüfung in der Beschwerdeinstanz unter Abänderung des ersten Urtheiles des ersten Richters der Zuschlag zu ertheilen, so soll nach § 93 Abs 1 das Beschwerdegericht selbst, „dem Bedürfnisse nach möglichst rascher Erledigung der Sache" entsprechend (Mot), das Zuschlagsurtheil erlassen § 93 Abs. 2 ändert daran gegenüber dem § 538 C P O. nichts. Ist dagegen unter Abänderung des ersten Urtheiles der Zuschlag zu versagen, so kann, zumal § 94 auch die Entscheidung über die Rückgewähr des schon Geleisteten dem Beschwerdegerichte überträgt, von weiteren durch das Vollstreckungsgericht zu treffenden Anordnungen nicht die Rede sein.

Der Inhalt der Entscheidung der zweiten Instanz kann also nur ein vierfacher sein · a) die Beschwerde wird als unzulässig verworfen, b) die Beschwerde wird zurückgewiesen, c) unter Aufhebung des ersten Urtheiles wird der Zuschlag ertheilt bez. einem anderen Ersteher oder unter anderen Bedingungen ertheilt; d) unter Aufhebung des ersten Urtheiles wird der Zuschlag versagt. — Eine Zurückweisung der Sache an das Vollstreckungsgericht ist in jedem Falle ausgeschlossen. Wegen der Fortsetzung des Verfahrens vor dem Vollstreckungsgerichte s. § 99. — Die Entscheidung des Beschwerdegerichtes ist in allen Fällen ein Beschluß im Sinne der C P O. (Anm 5 zu § 81—83), ein Urtheil im Sinne dieses Gesetzes. Unterschiede zwischen den einzelnen Fällen lassen sich in dieser Hinsicht nicht machen. (A. M. Jäckel Anm. 1 zu § 93)

6. Für die dritte Instanz tritt nach § 93 Abs. 2 die weitere Möglichkeit hinzu, daß die angegriffene Entscheidung aufgehoben und die Entscheidung des Vollstreckungsgerichtes durch Zurückweisung der dagegen gerichteten ursprünglichen

Beschwerde aufrecht erhalten wird. „Es soll das erste Urtheil auch formell in Kraft bleiben, damit der Uebergang des Eigenthumes mit allen Folgen so in Kraft tritt, wie er zuerst, wenn auch anfechtbar, eingetreten war" (Mot.) Auf einen Untergang der Sache in der Zwischenzeit ist in diesem Falle (anders wie Anm. 4 a. E.) keine Rücksicht zu nehmen. In der vierten Instanz ist § 93 Abs. 2 analog anzuwenden. Es kann also im Falle der Aufhebung der Entscheidung der dritten Instanz sowohl die Aufrechterhaltung der Entscheidung des Vollstreckungsgerichtes wie die Aufrechterhaltung der Enscheidung der zweiten Instanz durch Zurückweisung der betreffenden Beschwerden erfolgen.

7. Ueber die Kosten des Beschwerdeverfahrens (Seuffert Anm. 1 zu § 538) muß stets dann entschieden werden, wenn die Beschwerde zurückgewiesen oder verworfen wird – Maßgebend ist in erster Linie § 92 Abs 1 C.P.O, nach welchem die Kosten eines ohne Erfolg eingelegten Rechtsmittels der Partei zur Last fallen, welche dasselbe eingelegt hat.

Eine Ausnahme macht im Falle der Zurückweisung der Beschwerde gegen die Versagung des Zuschlages die Bestimmung des **§ 92 Abs. 2 d. G.** Die Kostenentscheidung bezieht sich hier lediglich auf die betreffende Instanz -- Wird in dritter oder vierter Instanz die Beschwerde für begründet erachtet, kommt aber dann das Gericht zu dem Ergebnisse, daß nunmehr die gegen das Urtheil erster bez zweiter Instanz eingelegte Beschwerde zurückzuweisen ist, so ist ebenfalls über die Kosten zu entscheiden. Dieselben sind, vorbehaltlich der durch § 92 Abs. 2 d. G gebotenen Ausnahme, gemäß § 92 Abs 2 C P.O. dem früheren Beschwerdeführer, dessen Beschwerde zurückgewiesen wird, aufzuerlegen Die Kostenentscheidung umfaßt in diesem Falle die Kosten aller durch die zurückgewiesene frühere Beschwerde veranlaßten Instanzen, auch derjenigen, in welcher der frühere Beschwerdeführer zunächst gesiegt hatte. – In allen anderen Fällen bedarf es einer Entscheidung über den Kostenpunkt nicht. Die Kosten sind, mag die Entscheidung zur Versagung oder zur Ertheilung des Zuschlages führen, als Kosten des Zwangsvollstreckungsverfahrens zu betrachten und über diese findet (vgl Anm 7 zu § 84) eine Entscheidung nicht statt. — Unberührt bleiben die besonderen Befugnisse, welche dem Gerichte hinsichtlich des Kostenpunktes durch § 91 C P.O (Separation der Kosten eines erfolglosen Angriffs- und Vertheidigungsmittels), § 97 C P.O. (Verurtheilung Dritter zur Tragung von ihnen verschuldeter Kosten), § 6 G K G. (Niederschlagung von Gebühren, Gewährung der Gebührenfreiheit wegen Unkenntniß oder Unwissenheit) eingeräumt sind.

8. **§ 94** (vgl den abweichenden § 133 Abs. 1 R Zw G Entw. mit Mot. S. 254) entspricht den §§ 503 Abs. 2, 655 Abs. 2 C.P.O. Vergl. Seuffert Anm. 2 zu § 655 Der Antrag, welcher die Angabe der Leistungen und des Empfängers zur Voraussetzung hat (Dorendorf Anm. zu § 94), muß vor Erlassung der Entscheidung gestellt werden Ist er versäumt, so muß der Anspruch auf Rückgewähr besonders geltend gemacht werden. Der Paragraph findet auch Anwendung, wenn der Zuschlag einem anderen Bieter oder unter anderen Bedingungen ertheilt wird. Antragsteller wird allerdings meistens der Ersteher sein, es sind aber auch möglicherweise andere Personen (Rudorff Anm. 3 zu § 94). Ist dem Berechtigten keine Gelegenheit gegeben, den Antrag rechtzeitig zu stellen, z. B. wenn er nicht Beschwerdeführer war und auch in der Beschwerdeinstanz nicht gehört ist, so ist ihm dieser Weg zur Geltendmachung seiner Ansprüche abgeschnitten

9. Obwohl § 94 nur von der Rückgewähr des auf Grund des aufgehobenen Zuschlagsurtheiles Geleisteten spricht, so hat doch auch im Uebrigen das Vollstreckungsgericht den früheren Zustand wieder herzustellen Der Ersteher hat das ihm etwa schon übergebene Grundstück zurückzugeben Er hat dabei die Stellung des redlichen Besitzers (§ 353 I. 11 A L R) Die etwaige schon gemäß § 124 b G vorgenommene Berichtigung des Grundbuches ist durch entsprechende Gegeneintragungen wieder rückgängig zu machen. (Vgl § 133 Abs 2 R Zw G Entw) Sollte aber der Ersteher das Grundstück schon an redliche Dritte aufgelassen haben, so sind diese durch den Glauben des Grundbuches geschützt — Auch wenn der Zuschlag einem anderen Bieter ertheilt war, so muß das etwa schon stattgehabte Kaufgeldervertheilungsverfahren der eingetretenen Aenderung entsprechend erneuert werden (Jäckel Anm 1 und Dernburg, Hyp.R II S 414)

10 Ist der Entscheidung eine mündliche Verhandlung vorhergegangen, so ist die Entscheidung zu verkünden (§ 294 Abs 1 C P O). Sonst kann dieselbe durch die bloße Erlassung ohne Verkündung zur rechtlichen Existenz gelangen Der Zeitpunkt der Erlassung ist aus dem Datum der Entscheidung zu ersehen. (Vgl Anm 1 zu § 95, Anm 5 zu § 97 und oben Anm 2)

§. 95. Wird in der Beschwerdeinstanz ein abänderndes Urtheil erlassen, so ist dasselbe, wenn eine mündliche Verhandlung nicht vorangegangen ist, allen Interessenten, anderenfalls den Interessenten, welche zu der mündlichen Verhandlung nicht zugezogen sind, von Amtswegen zuzustellen.

Das Beschwerdegericht sendet sodann die Akten dem Vollstreckungsgericht zurück.

§ 95. **Zustellungen in der Beschwerdeinstanz.**

1 Vgl § 135 R Zw G Entw – „Soweit auf die Beschwerde nach mündlicher Verhandlung entschieden wird, ist die Entscheidung nach § 294 C P.O zu verkünden Diese Verkündung ist ebenso wie in erster Instanz ausreichend für alle Diejenigen, welche zu der mündlichen Verhandlung zugezogen sind. Wird die Beschwerde zurückgewiesen, so bedarf es auch für die nicht Zugezogenen der Zustellung nicht, da sie eine weitere Beschwerde nicht einlegen können und von der Anfechtung des ersten Urtheiles nicht einmal Nachricht erhalten haben Für den Fall der Abänderung des ersten Urtheiles dagegen bedarf es für sie der Zustellung, um einen geeigneten Anfangspunkt für die Nothfrist der weiter etwa einzulegenden Beschwerde zu gewinnen Diese Erwägungen führen fur den Fall, daß keine mündliche Verhandlung, also auch keine Verkündung stattgefunden hat, zu der Einstellung des abändernden Urtheiles an alle Interessenten. Das die Beschwerde zurückweisende Urtheil dagegen ist, wenn mündliche Verhandlung nicht vorausgegangen ist, nur dem Beschwerdeführer zuzustellen (§ 294 C P O), ohne daß es einer besonderen Vorschrift hierüber bedarf " (Mot) — Zu beachten ist, daß mit dem Citat nur § 294 Abs 3 C P O gemeint sein kann und daß Abs 3 sich nur auf Beschlüsse, nicht auf Urtheile bezieht

2. Es genügt, um die Zustellung zu erübrigen, daß die Interessenten zur mündlichen Verhandlung zugezogen waren, d h daß sie gehörig geladen waren.

Ihr Nichterscheinen ist hier (anders wie im Falle des § 85) einflußlos. (So auch Jäckel Anm. 1. A. M. Rudorff Anm. 3 und Knorr Anm. 1. a.)

3. Der Ersteher und der übergangene Bieter gehören nicht zu den Interessenten (Anm. 4 zu §§ 75—78), wohl aber zu den Betheiligten am Beschwerdeverfahren (Anm. 1 zu § 91). Die Nothwendigkeit einer Zustellung der Entscheidung des Beschwerdegerichtes an dieselben richtet sich daher lediglich nach § 294 Abs. 3 C.P.O Die Zustellung erfolgt von Amtswegen. Ein zurückweisendes Urtheil ist ihnen jedenfalls nur zuzustellen, wenn sie Beschwerdeführer sind. Dagegen ist die Zustellung eines abändernden Urtheiles an sie erforderlich, sofern dasselbe ihr Interesse berührt — Die Zustellung erübrigt sich stets, wenn das Urtheil verkündet ist und sie zur Verhandlung geladen waren (O. Fischer, Termin und Ladung S. 82). A. M Rudorff (Anm. 2 zu § 90), welcher in dieser Beziehung zwischen dem Geltungsbereiche d. hann. B.P.O. (§ 141) und dem übrigen Gebiete dieses Gesetzes unterscheiden will Er geht dabei von der Anm. 3 zu § 90 bekämpften Ansicht Kurlbaums aus

4. Die Zustellung eines den Zuschlag ertheilenden Urtheiles erfolgt auch in der Beschwerdeinstanz unter Anwendung der besonderen Vorschriften des § 4 Abs. 2 u. 3. Es bezieht sich das aber nicht auf den Fall des § 93 Abs. 2. — Alle anderen Zustellungen in der Beschwerdeinstanz erfolgen lediglich nach der C P O. (§ 4 Abs 3, Anm 6 u 7 zu § 4).

5. Die Zustellungen muß die Gerichtsschreiberei des Beschwerdegerichtes besorgen. Eine Uebertragung an die Gerichtsschreiberei des Vollstreckungsgerichtes ist durchaus unzulässig (So auch Jäckel Anm. 2 gegen Rudorff Anm. 4 und Knorr Anm 1 a. E. zu § 93.)

6 Wegen des Beginnes der Frist für die weitere Beschwerde vgl. Anm 2 und 3 zu § 90.

7. Die Rücksendung der Akten erfolgt von dem Gerichtsschreiber des Beschwerdegerichtes an den Gerichtsschreiber des Vollstreckungsgerichtes, vgl. Anm. 5 zu § 86

§. 96. Ist der Zuschlag versagt und gegen die Entscheidung Beschwerde innerhalb der Nothfrist nicht eingelegt, so ist der Bieter an sein Gebot nicht mehr gebunden.

§ 96. Befreiung des Bieters im Falle der Versagung des Zuschlages.

1 Vgl. § 137 R.Zw.G.Entw. — Ueber die übrigen Fälle der Beendigung der Verpflichtung des Bieters vgl Anm 3 zu § 66.

2. Gemäß Anm 12 zu §§ 81—83 ist die Bestimmung auch in dem Falle der Ertheilung des Zuschlages bezüglich der übergangenen Bieter anwendbar.

3 § 96 verlangt lediglich, daß die in § 540 Abs. 2 C.P.O. bestimmte regelmäßige Nothfrist bezüglich aller Betheiligten erfolglos abgelaufen ist. Dagegen steht die Moglichkeit, daß noch in den fur die Nichtigkeits- und Restitutionsklage geltenden Nothfristen eine Beschwerde gemäß § 540 Abs. 2 C.P O. und § 88 Abs 3 d G. erhoben werden kann, der Befreiung nicht entgegen. — Die Motive zu § 14 Zw.G. besagen: „Durch die Schlußvorschrift des § 540 Abs. 2 C.P.O. ist die Moglichkeit gegeben, daß die Einlegung der Beschwerde gegen ein den Zu-

schlag versagendes Urtheil erst nach einer unverhältnißmäßig langen Zeit erfolgt, so daß für den Meistbietenden, welchem der Zuschlag hätte ertheilt werden müssen, inzwischen eine völlige Veränderung eingetreten sein kann. Die hiermit für den Bieter entstehenden Härten sollen vermieden werden." — Rudorff Anm. 3 zu § 96 schließt hieraus, „daß der Bieter auch nach eingetretener Rechtskraft des Versagungsurtheiles während der Nothfrist der außerordentlichen Beschwerde noch gebunden bleibt." Sein Schluß ist das Gegentheil von dem in den Motiven wirklich Gesagten.

4. Wird innerhalb der Nothfrist Beschwerde eingelegt, so bleibt die Gebundenheit des Bieters, soweit eine solche vorliegt, zunächst bestehen. Hat das Beschwerdegericht entschieden, so richtet sich der Eintritt der Befreiung wiederum nach § 96 Entscheidet das Reichsgericht über den Zuschlag (Anm. 2 zu § 86), so werden mit der Erlassung der Entscheidung alle Bieter frei, mit Ausnahme dessen, dem etwa in derselben der Zuschlag ertheilt ist.

§. 97. Durch den Zuschlag erwirbt der Ersteher das Eigenthum des versteigerten Grundstücks unter gleichzeitigem Uebergange der Gefahr und der Nutzungen.

Die Eintragung des Erstehers im Grundbuche erfolgt nur auf Ersuchen des Vollstreckungsgerichts nach Maßgabe des §. 124.

§ 97. Wirkung des Zuschlages.

1. Der Eigenthumserwerb erfolgt nicht durch den Willen des bisherigen Eigenthümers, sondern gegen oder ohne denselben kraft des richterlichen Ausspruches (Windscheid § 170; Einl S. 26/27) Er ist stets ein unmittelbarer (Anm. 2), trotzdem aber als ein derivativer zu betrachten, sofern, was die Regel bildet, das neu erworbene Eigenthum des Erstehers von dem bestehenden Eigenthum des Schuldners oder dessen Rechtsnachfolgers abgeleitet wird (Windscheid § 66). Die vom gemeinen und älteren preußischen Rechte abweichende Bestimmung des jetzigen Rechtes, daß der Ersteher das Eigenthum selbst dann erwirbt, wenn ein Dritter Eigenthümer des Grundstückes war (§ 138 Abs. 1 R.Zw.G.Entw.), ist als Ausnahme zu betrachten, welche die Grundauffassung nicht in ihr Gegentheil verkehrt. (Eccius nimmt in allen Fällen ursprünglichen Erwerb an. Anm. 5 zu § 172)

a. War der Schuldner Eigenthümer, so beruht der Uebergang des Eigenthumes darauf, daß der Richter in Ausübung des staatlichen Rechtsschutzes dem Schuldner das Grundstück enteignet, indem er dasselbe dem Ersteher zutheilt (Einl. S. 7, 10, 27) Ist der Schuldner selbst Ersteher, so wird ihm die freie Disposition über das Grundstück durch den Zuschlag wieder zurückgewährt, nachdem sie ihm durch die Beschlagnahme genommen war (s auch § 83 Abs. 3).

b. Für den Fall, daß ein Anderer als der Schuldner Eigenthümer des Grundstückes gewesen ist, wird der Eigenthumserwerb von den Motiven auf das in § 40 Nr. 9 vorgeschriebene Aufgebot zurückgeführt Die in dieser Vorschrift angedrohte Präklusion erfolgt ohne Erlaß eines Ausschlußurtheiles. Von einer Anwendung der Grundsätze über res iudicata, welche in der Rechtsprechung (vgl. § 13 Nr. 7 G.O.) vielfach zur Abwehr der Vindikationsansprüche der durch den Zuschlag verletzten Eigenthümer (Nichtschuldner) herangezogen sind (Strieth. 69 S. 154; Gruchot 17 S. 139, 18 S. 813; — R. 1 S. 165) kann nicht die Rede sein (vgl auch Anm. 6. i zu §§ 81–83). Unbekannte Eigenthumsprätendenten, die sich nicht gemeldet haben, sind als Betheiligte im Zwangsversteigerungsverfahren nicht zu betrachten. (A M Jäckel Anm. 1 zu § 97.) Ihr Recht besteht darin, die Unzulässigkeit der Zwangsversteigerung durch Erhebung der Widerspruchsklage nach § 690 C P.O. darzuthun und die Einstellung des Verfahrens herbeizuführen. Sie verlieren dieses Recht, wenn sie jenes Resultat nicht bis zum Schlusse des Versteigerungstermins erreicht haben (Anm. 10 zu § 40) Ihrer Rechte an dem Grundstücke gehen sie durch Verschweigung verlustig (vgl. Einl. S. 5 und § 54 I. 15 A.L.R.). Dasselbe gilt von den Rechten am beweglichen Zubehöre (Anm 10 zu § 40) Der Richter ist durch die Ordnung des Zwangsversteigerungsverfahrens verpflichtet, ohne und selbst gegen den (etwa nach Schluß des Versteigerungstermines) erklärten Willen der Eigenthumsprätendenten, das Eigenthum am Grundstücke auf den Ersteher zu übertragen. — Dem seines Eigenthumes verlustig gewordenen Prätendenten steht außer dem Anspruche auf die Kaufgelder, auch gegen den betreibenden Gläubiger, welcher durch grobes Versehen (z B. leichtfertige Namensverwechselung) die Zwangsversteigerung herbeigeführt hat, ein Anspruch auf Schadenersatz zu, welcher sich, wenn der betreibende Gläubiger zugleich der Ersteher ist, zu einem Anspruche auf Herausgabe des Grundstückes gestalten kann (R 1 S. 165). Ebenso ist der Richter regreßpflichtig, welcher unter mangelhafter Prüfung der Voraussetzungen der Zwangsversteigerung, z. B. unter Nichtbeachtung der Mittheilungen des Grundbuchrichters (§ 20) die Zwangsversteigerung eines dem Schuldner nicht gehörigen Grundstückes herbeiführte. — Eigenthumsrechte am Grundstücke (Theilen, Zubehörstucken), welche erst nach dem Versteigerungstermine entstehen, werden zwar von der Präklusion nach § 40 Nr. 9 nicht betroffen, indeß gilt auch ihnen gegenüber der erste Absatz des § 97. Dritterwerber, deren Rechte in der Zwischenzeit zwischen dem Schluße des Versteigerungstermines und der Verkündung des Zuschlages entstanden sind, befinden sich nach §§ 17, 18 in bösem Glauben und können der Fortsetzung des Verfahrens durch Ertheilung des Zuschlages nicht widersprechen. Der Ersteher kann nach Ertheilung des Zuschlages Alles vindiziren, was ihm zugeschlagen ist; und hat Entwehrungsansprüche regelmäßig nicht zu befürchten (Dernburg I § 350 Anm. 8). Inwiefern hier das bis zur Uebergabe an den Ersteher fortdauernde Nutzungs- und Verwaltungsrecht des Schuldners modificirend eingreift, siehe in Anm. 7 und Anm. 9.

2. Der Eigenthumserwerb erfolgt durch den Zuschlag selbst und unmittelbar; es bedarf weder einer Uebergabe noch der Auflassung (vgl. auch §§ 1 und 5 E.E.G.) — Für den Geltungsbereich des A.L.R. war dies bereits nach § 342 I 11. A.L.R. geltendes Recht; fur das gemeine Recht ist es streitig (Anm. 3) — Insbesondere ist der Eigenthumserwerb des Erstehers auch in den gemeinrechtlichen Landestheilen nicht mehr davon abhängig, daß der Zuschlagspreis gezahlt oder gestundet ist. — Die Sicherung des Interessenten wird dadurch erreicht, daß der Ersteher vor Berichtigung oder Sicherstellung des Kaufgeldes weder rechtlich noch thatsächlich über das erstandene Grundstück verfügen kann. (§ 97 Abs. 2. § 98 Abs. 1; bei nicht vollendetem Grundbuche § 198 Abs 2).

3. Mit dem Uebergange des Eigenthums gehen auch **Gefahr und Nutzungen** auf den Ersteher über Für den Geltungsbereich des A.L.R enthält § 342 I. 11 A.L.R. dieselbe Vorschrift. Die Motive bemerken: „Die gemeinrechtlichen Grundsätze über den Uebergang der Gefahr auf den Käufer kommen hierbei vollständig zur Geltung“ Denn die Vorschrift besage nur, daß die Gefahr jedenfalls mit dem Uebergange des Eigenthumes, wenn nicht schon früher übergehe. Diese Sätze stehen im Zusammenhange mit der Auffassung der Redaktoren der Motive, daß der von ihnen angenommene Kaufvertrag bereits mit dem Abschlusse des Versteigerungstermines perfekt geworden sei Nach gemeinem Rechte ist indeß bei gerichtlichen Zwangsverkäufen die Adjudikation durch das Gericht als der für den Uebergang der Gefahr entscheidende Zeitpunkt anzunehmen (Dernburg, Pfdr. II S. 262, 263 Holzschuher, Theorie und Kasuistik § 283 Anm 9. Strippelmann S 334); nur ging nach einer, aber keineswegs allgemein anerkannten (Seuffert Arch 1 Nr 173; 6 Nr 109; 19 Nr 17, 24 Nr. 214) Ansicht das Eigenthum erst mit einem späteren Zeitpunkte durch Tradition auf den Ersteher über. — Jetzt ist der Zeitpunkt des Zuschlages für Beides entscheidend. (Vgl. § 74 Abs. 1 R Zw.G Entw., welcher für die Gefahr des Unterganges des Grundstuckes den Zuschlag, bei mitversteigerten Gegenständen den Schluß der Versteigerung entscheiden läßt)

Der Uebergang der **Nutzungen** folgt von selbst aus dem Uebergange des Eigenthumes Das Gleiche würde auch für das Recht auf Einraumung des **Besitzes** gelten müssen, und die Motive erkennen dies insofern an, als sie (zu § 98) hervorheben, daß der Ersteher allerdings, ohne gegen die Gläubiger rechtswidrig zu handeln, den Besitz des Grundstückes ergreifen konne Das Gesetz hat aber die Rechte der Gläubiger auf Berichtigung des Kaufpreises und die Rechte des Erstehers als Eigenthümers durch die besonderen Vorschriften des § 98 Abs 2 und 4 in Einklang gebracht — Auch das Recht auf die Nutzungen wird durch die nach § 98 Abs 2 und 3 auf Antrag des Erstehers anzuordnende gerichtliche Verwaltung geschützt Zu den mit dem Eigenthumserwerbe auf den Ersteher übergehenden Nutzungen gehoren auch die nach dem Zuschlage fällig werdenden **Pacht- und Miethszinsen** Vgl. daruber, insbesondere uber den Fall der Vorausbezahlung u s w der Pacht- oder Miethsraten und über das Kündigungsrecht des Erstehers Anm 6 d zu § 22, namentlich unter 1 α, ζ und 2 — Vgl. § 74 Abs 2 R.Zw.G Entw.

4. Die der Eintragung in das Grundbuch nicht bedürfenden **Lasten** gehen mit dem Uebergange des Eigenthumes von selbst auf den Ersteher uber (§ 22 Abs. 3, Anm 5 und 6 daselbst) Auf laufende und ruckständige Beträge der in §§ 25, 27, 28 bezeichneten Lasten bezieht sich dies nicht; fur sie tritt das Kaufgeld an die Stelle des Grundstückes (§§ 23, 37, 107, 115) Das ist eine den § 22 Abs 3 modificirende gesetzliche Kaufbedingung Die offentlichen Kassen sind durch die ihnen mitzutheilende Bekanntmachung des Versteigerungstermines (Anm. 3 zu § 25, Anm 5 zu § 27) in die Lage gesetzt, ihre Anspruche rechtzeitig geltend zu machen. (Reichsgericht bei Gruchot 26 S. 1102; die O T Entsch 21 S. 44 bezieht sich auf freiwillige Veräußerungen. — Vgl. auch §§ 72, 74, 138 R Zw G Entw.) Für andere Lasten und Ansprüche gelten die Vorschriften des § 22 Abs. 1 und 2 (Anm. 5 daselbst und wegen der Uebernahme der Verpflichtung zur Auflassung auf Grund einer Vormerkung Anm. 10 zu § 40), §§ 57 Abs. 1

und 3, 115, 116. Vgl. Anm 3 zu § 57 auch über die mit dem Zuschlage begründete Pflicht der Verzinsung der nach § 57 Abs 3 in Anrechnung auf den Kaufpreis übernommenen Ansprüche und des baar zu zahlenden Kaufgeldes.

5. Als Zeitpunkt der Ertheilung des Zuschlages ist der **Zeitpunkt der Verkündung des Zuschlagsurtheiles** (§§ 81, 82, 93) anzusehen. „Die Wirkung des Zuschlagsurtheiles tritt mit der Verkündung ein, da die Beschwerde die Vollziehung nicht aufhält" (Mot; vgl auch §§ 86, 94.) — Wird in der Beschwerdeinstanz ein die Ertheilung des Zuschlages zum ersten Male aussprechendes Urtheil nicht verkündet, so ist der Zeitpunkt der Erlassung (Beschließung) der Entscheidung maßgebend (So auch Rudorff Anm 1. — A M. Jäckel Anm 1, welcher die Zustellung an den Ersteher maßgebend sein lassen will, weil eine nicht verkündete Entscheidung erst durch die Zustellung rechtlich in die Erscheinung trete, eine Ansicht, welche auch in Entsch. 49 S. 375 verwerthet ist und von Meyer bei Gruchot 27 S. 825 vertheidigt wird. (Die von Letzterem allegirten R. 3 S 376, 6 S 343 und Haarmann bei Busch Zeitschr. f deutschen Civilprozeß I S 153 sprechen den Satz nicht aus) Wäre der Satz richtig, so würde daraus nur folgen, daß mit der am frühesten, an irgend einen Betheiligten, erfolgten Zustellung die Ertheilung des Zuschlages als bewirkt angesehen werden müßte Aber der Satz ist auch an und für sich nicht haltbar. Er ist eine Fiktion und bedürfte daher einer Stutze durch einen positiven Ausspruch des Gesetzes Thatsächlich existirt jede nicht verkündete gerichtliche Erklärung von dem Augenblicke ihrer Erlassung Niemand bestreitet, daß der auf Konkurseröffnung lautende Beschluß schon mit dem Zeitpunkte seiner Erlassung den Konkurs mit seinen einschneidenden rechtlichen Wirkungen zur Erscheinung bringt Von dem Beschlusse kann sofort und ehe noch die Zustellung an den Gemeinschuldner erfolgt ist, Gebrauch gemacht werden. Daß jeder Fristenlauf gegen die Betheiligten erst mit der Zustellung beginnt, kann daran nichts ändern. Beginnt doch selbst hinsichtlich verkündeter Entscheidungen regelmäßig der Fristenlauf erst mit der Zustellung (§§ 304, 477, 514 C.P O). Aus § 283 Abs. 2 C P O läßt sich ein entgegenstehendes argumentum a contrario nicht entnehmen. (§ 142 Abs. 1 R.Zw.G Entw läßt die Wirkungen des Zuschlages in Ermangelung der Verkündung erst mit der Zustellung an den Ersteher eintreten) — Der Zeitpunkt der Erlassung einer nicht verkundeten Entscheidung ergiebt sich für die Außenwelt aus dem Datum derselben Es empfiehlt sich im vorliegenden Falle, dem Datum auch die Stunde beizufugen (vgl Anm. 15 zu §§ 81 - 83 a E.). — Wird in der Beschwerdeinstanz die Beschwerde gegen eine unmittelbar oder mittelbar vorhergegangene, den Zuschlag ertheilende Entscheidung zurückgewiesen, so ist jene frühere Entscheidung die für die Anwendung des § 97 maßgebende (§ 93 Abs. 2 und Motive, Anm. 6 zu §§ 93, 94). Derselbe Zeitpunkt ist zugleich maßgebend für den Verlust des Eigenthumes auf Seiten des Schuldners bez. derjenigen Dritten, gegen welche sich die Wirkung des Zuschlages richtet.

6 Der Ersteher erwirbt das **Eigenthum an Allem, was ihm zugeschlagen ist.** Entscheidend ist daher der **Inhalt des Zuschlagsurtheiles.** Derselbe soll das versteigerte Grundstuck und die Bedingungen, unter welchen der Zuschlag erfolgt, in der Urtheilsformel bezeichnen (Anm 9 zu § 83). Zur Feststellung der Kaufbedingungen in dem § 45 Anm. 1 angegebenen Sinne gehört vor Allem auch die Bezeichnung des Kaufobjektes. Was im Versteigerungstermine

als solches bezeichnet ist, bildet den Gegenstand des Zuschlages. Maßgebend sind aber nicht etwaige aus dem Bietungsprotokolle zu entnehmende Absichten der Interessenten (wie aus R. 7 S. 270 gefolgert werden könnte) oder etwaige mündliche Erklärungen des Richters (Strieth. 35 S. 39, Gruchot 14 S. 194), sondern der auf Grundlage eines Beschlusses der Betheiligten, oder nach dem Gesetze zur Feststellung der Kaufbedingungen erfolgte Ausspruch des Richters über den Gegenstand der Versteigerung (R. 2 S. 256. Vgl. auch Anm. 3 zu § 45, Anm. 7 zu § 52, Anm. 9 zu § 83).

Der Ersteher erwirbt das Eigenthum des im Zuschlagsurtheile bezeichneten Grundstückes. Ist ein anderes als das in der Bekanntmachung (§ 40 Nr. 1) bezeichnete Grundstück zugeschlagen, oder ist das Aufgebot des Eigenthumsprätendenten (§ 40 Nr. 9) bezüglich des bekannt gemachten Grundstückes unterblieben, oder nicht in gesetzlicher und für Dritte erkennbarer Weise erfolgt (Anm 10 zu § 40), so verliert der Dritte durch das Zuschlagsurtheil sein Eigenthumsrecht nicht Der Ersteher ist der Vindikation des Dritten ausgesetzt (R. 11 S. 277)

Ist der Umfang (die Bestandtheile) des versteigerten Grundstückes nicht unmittelbar aus dem Zuschlagsurtheile zu ersehen, in diesem vielmehr die Bezeichnung nur nach dem Grundbuchblatte geschehen (vgl Anm. 9 zu § 83), so ist die Steuerrolle für den Gegenstand des Eigenthumserwerbes nur soweit von Bedeutung, als die betreffende Parzelle nicht gleichzeitig noch auf einem anderen Grundbuchblatte eingetragen ist Eine solche Parzelle kann niemals stillschweigend mit als zugeschlagen gelten (R. 15 S. 251, 18 S 275. Gruchot 31 S. 95, 34 S. 1106, 35 S 702. Urth. d. R G. v. 19 April 1890 (J M.Bl. S 257) — War dem Ersteher bekannt, daß die Eintragungen im Grundbuche oder in den Steuerbuchsauszügen dem thatsächlichen Eigenthume des Schuldners nicht entsprachen, so kann er sich dem Dritten gegenüber nicht auf die Präklusion nach § 40 Nr. 9 berufen. — Vgl. a Dernburg, Hyp R. II S 416/417.

Was zum Grundstücke an Substanztheilen, unbeweglichem und beweglichem Zubehöre gehört, muß nach dem Gesetze für den Tag der Versteigerung festgestellt werden. Es kann sowohl eine Verminderung als eine Vermehrung im Laufe des Verfahrens stattgefunden haben (Vgl § 73 R Zw.G.-Entw). — Der Zeitpunkt der Beschlagnahme hat für die Rechte des Erstehers keine Bedeutung (Anm 7 u. 9. A zu §§ 16, 17). Die zeitweise vom Obertribunal aufgestellte Ansicht, daß der Ersteher durch den Zuschlag in die Rechte der veräußernden Gegner eintrete (Entsch 50 S 201; Strieth 78 S. 17, 79 S. 187), ist vom Obertribunale selbst wieder aufgegeben (Strieth. 82 S. 161; Gruchot 23 S. 390, 392) und vom Reichsgerichte ausdrücklich verworfen (R. 3 S. 311). Vgl. Eccius § 130 Anm. 62; Dernburg, Hyp.R. II S. 418. — Ebensowenig läßt sich daraus, daß durch die Beschlagnahme der Gegenstand der Zwangsversteigerung aus dem Vermögen des Schuldners ausgeschieden wird (Anm. 8 zu §§ 16, 17), daß ferner der Dritte, welcher nach der Beschlagnahme Eigenthum an dem versteigerten Grundstücke, Substanztheilen oder Zubehörstücken derselben erworben hat, sofern er in schlechtem Glauben war, sich die Fortsetzung der Zwangsvollstreckung gefallen lassen (Anm. 9. C. a zu §§ 16, 17), und auch als Erwerber in gutem Glauben sich mit dem Anspruche auf den Erlös begnügen muß, wenn er nicht die Einstellung des Verfahrens bez. des Grundstückes (Parzelle oder Zubehörstückes) bis zum Schlusse des Versteigerungstermines herbeigeführt hat

(Anm. 9. C. b zu §§ 16, 17; Anm 10 zu § 40, Anm. 5. a und 2 zu §§ 70, 71), — folgern, daß das Grundstück nebst Zubehör in dem Umfange, in welchem es der Beschlagnahme unterlegen hat, auch Gegenstand des Verkaufes sei (Vertheidiger dieser Ansicht sind Schulze bei Gruchot 17 S. 507 ff.; Paris bei Gruchot 25 S 278 ff., s. dagegen auch Dernburg, Hyp.R II S. 418). Die Beschlagnahme begründet nur Rechte für den betreibenden Gläubiger, der möglicherweise durch Veräußerung solcher aus dem Vermögen des Schuldners geschiedenen Vermögensstücke nicht benachtheiligt wird und deshalb kein Interesse hat, sie im Zwangsversteigerungsverfahren mit zum Verkaufe zu bringen. — Stellt der betreibende Gläubiger als allein bei einer derartigen Kaufbedingung Betheiligter ein solches Verlangen, so ist ein doppeltes Ausgebot des Grundstückes (mit und ohne jede Abveräußerungen) zu veranlassen, weil auch das Recht des betreibenden Gläubigers, die Zwangsvollstreckung in dieselbe fortgesetzt zu sehen, davon abhängig ist, daß er durch die Abveräußerung benachtheiligt wird (Anm. 9 A zu §§ 16, 17).

Wegen der zum Grundstücke gehörigen Substanztheile, Gebäude, natürlichen An- und Zuwüchse s Anm 5. a—c zu § 1, Anm 8 zu §§ 16, 17). — Stehende und hängende Früchte, sofern sie am Tage der Versteigerung Eigenthum des Schuldners waren (Anm. 5 c zu § 1) und sonach einen Gegenstand der Zwangsversteigerung bildeten, kann der Ersteher, obwohl das Eigenthum des Grundstückes und das Nutzungsrecht auf ihn erst mit der Verkündung des Zuschlagsurtheiles übergeht, wenn sie zwischen dem Versteigerungstermine und der Verkündung des Zuschlages abgesondert und vom Schuldner veräußert sind, vindiciren, weil sie nicht blos als stehende und hängende Früchte den Gegenstand der Zwangsversteigerung gebildet haben. Dasselbe gilt von abgesonderten Früchten, soweit sie den Charakter des Zubehors haben (Anm 5. d und g zu § 1) und von dem beweglichen Zubehöre (Anm 5. g a. a O. und §§ 83 ff. I. 11 A L R). — Indeß ist zu berücksichtigen, daß der Schuldner bis zum Verkündungstermine (— und noch darüber hinaus, bis zur Uebergabe des Grundstückes an den Ersteher bez. den nach § 98 bestellten Verwalter —) trotz der Beschlagnahme das Nutzungs- und Verwaltungsrecht hat (Anm. 9. B zu §§ 16, 17), und daß daher der Ersteher Verfugungen desselben, welche sich innerhalb des Kreises einer ordnungsmäßigen Verwaltung bewegen, anerkennen muß. Bei gesetzwidriger Verfügung des Schuldners ist ein Ersatzanspruch wegen dolus oder culpa lata bez. aus der Bereicherung begründet — (Eccius § 130 zu Anm. 67 meint einen Anspruch ex emto begründen zu können.) — Vgl. auch § 138 Abs. 2—4 R.Zw.G.Entw. und Mot. S. 261. — Wegen beweglicher Sachen, welche dem Schuldner nicht gehören und dennoch als Pertinenzstücke mit versteigert sind, s. Anm. 10 zu § 40. Der in der Kommission des H H beantragte Zusatz: „Die Ansprüche Dritter auf zur Immobiliarmasse gehorige bewegliche Gegenstände werden durch den Zuschlag nicht berührt" — wurde abgelehnt, weil die Rechtsverhältnisse bez der beweglichen Pertinenzien durch das bestehende Recht genügend geordnet seien und sich durch allgemeine Sätze ohne Unterscheidung der Fälle nicht regeln lassen. — Ueber die Pertinenzeigenschaft der Gerechtigkeiten, des Abfindungslandes, des Abfindungskapitales und des Amortisationsfonds der Landschaften vgl. Anm. 5 f zu § 1. — Feuerversicherungsgelder haben (auch wenn sie Früchte und bewegliches Zubehör betreffen) nicht die Eigenschaft der Pertinenzien (vgl. Anm. 5. h am Schlusse zu

§ 1). Es bedarf daher, wenn sie als mitverkauft gelten sollen, der Aufstellung besonderer Kaufbedingungen (Anm 4 zu § 45). Auf Mieths- und Pachtzinsen für die Zeit zwischen dem Versteigerungstermine und der Verkündung des Zuschlages hat der Ersteher keinen Anspruch, da sie nicht Zubehör des Grundstückes bilden (Jäckel, Anm 1 a. E).

7. Die Zurückführung der durch das Zuschlagsurtheil für den Ersteher entstehenden Rechte und Pflichten auf einen von demselben als Käufer abgeschlossenen Kaufvertrag mußte als den thatsächlichen Verhältnissen widersprechend abgelehnt werden. (Einl. S. 3, 10). Dies darf aber nicht dahin führen, die synallagmatische Natur dieser Rechte und Pflichten zu verkennen. (fr 7 § 2 D. de pactis 2, 14) Die Verpflichtung des Erstehers ist eine obligatio mutua, wenngleich sie nicht auf einem Vertrage beruht. Wie Wächter (Pandekten I § 205 S 464, § 206 S 468) mit Recht hervorhebt, ist es viel zu beschränkt, wenn man die Ansprüche des Berechtigten wegen Nichterfüllung oder mangelhafter Erfüllung, insbesondere die Haftung für Eviktion und physische Mängel der geschuldeten Leistung lediglich beim Kaufvertrage behandelt. Die Frage ist von viel allgemeinerer Bedeutung Sie bezieht sich auf alle entgeltlichen Obligationen (vgl. bezüglich der Miethe Bekker, Jahrb d gem Rechtes 6 S 243 ff). Sie bezieht sich insbesondere auch auf diejenigen entgeltlichen Obligationen, welche nicht auf einem Vertrage beruhen, wie die datio in solutum, welche auf Grund des s. g beneficium dationis in solutum erzwungen wird (Nov 4 cap 3, Romer, Leistung an Zahlungsstatt S. 174, 175) und wie der Erwerb auf Grund eines Theilungsurtheiles (c. 14 C. fam. erc 3, 36, Windscheid § 392 Anm 3, 449 Anm 25). — Beruht die Obligation auf einem Vertrage, so ist mit der Person des Mitkontrahenten zugleich diejenige Person anzugeben, gegen welche diese Ansprüche zu richten sind Fällt der Vertrag weg, so muß die Person des Verpflichteten in anderer Weise festgestellt werden

Das vorliegende Gesetz ist dieser Frage nicht näher getreten Sie muß daher, unter Berücksichtigung der eigenthümlichen Natur der Zwangsversteigerung, aus den Grundsätzen des Privatrechtes entnommen werden

a Ansprüche wegen Entwehrung konnen nur in den in Anm 6 erwähnten Fällen vorkommen Gemeinrechtlich ist in solchem Falle ein Anspruch auf Erstattung des Erwerbspreises nebst den gesetzlichen Zinsen gegen den Schuldner begrundet, der den Vortheil der Befreiung erlangt hat (qui pretio liberatus est, — cui pretii solutio proficit), wobei der Ersteher die Fruchte, die er dem Evincenten nicht herauszugeben hat, sich anrechnen lassen muß (fr. 74 § 1 D. de evict. 21, 2, c 13 C. de evict 8, 44 (45) Die französische Rechtsprechung und Doktrin versagen den Evktionsanspruch gegen den betreibenden Gläubiger, außer im Falle der Verschuldung, lassen ihn aber zu gegen den Schuldner und gewähren eine condictio sine causa gegen die aus dem Erlose befriedigten Gläubiger (Zachariae, franz Civ.R. VI Aufl Anm 7 zu § 355) Für das landrechtliche Gebiet hat der Ersteher als redlicher Besitzer von dem Evincenten die Erstattung Alles von ihm Geleisteten zu fordern (§§ 26 ff I 15 A L.R.). Damit entfallen weitere Ansprüche wegen Entwehrung (§ 154 I. 11) Wer vom Ersteher in gutem Glauben erwirbt, hat den weiteren Schutz des § 356 I. 11 — Vgl auch Anm 9 zu §§ 93, 94. — Hat der Ersteher den Erwerbspreis zur Zeit der Entwehrung noch nicht bezahlt, so kann er die Zahlung verweigern.

b. Die Anfechtung eines Kaufes wegen laesio enormis darf, wie in der darüber bestehenden Streitfrage (Windscheid § 396 Anm. 2, Wächter, Pandekten II § 207) anzunehmen ist, nicht verallgemeinert werden; sie ist daher, wenn man nicht an der Annahme eines Kaufvertrages festhält, hier (nicht aber bei Privatversteigerungen!) ausgeschlossen (Strippelmann S 335) Nach §. 343 A.L.R. I. 11 und art 1684 c. c findet sie bei Zwangsversteigerungen nicht statt.

c. Für den Gewährleistungsanspruch wegen Unterganges und Verschlechterung und wegen Mängel der Sache ist davon auszugehen, daß der Ersteher auf das Grundstück geboten hat, wie es sich zur Zeit der Versteigerung befindet, sowie daß er die Gefahr erst mit dem Zuschlage zu tragen hat.

Ist das Grundstück in der Zwischenzeit gänzlich untergegangen, oder ist dadurch, daß es dem freien Verkehre entzogen, eine Enteignung oder ein Zusammenlegungsverfahren vollzogen ist, der Uebergang des Eigenthumes unmöglich geworden, so wird damit das Geschäft hinfällig (Anm. 8 zu §§ 81/83). Für Verschlechterungen in der Zwischenzeit, welche die Brauchbarkeit des Grundstückes vermindern, wozu auch der Untergang oder die Entfernung erheblicher Zubehörstücke gehören, sowie für das Fehlen ausdrücklich durch die Kaufbedingungen zugesicherter Eigenschaften und für erhebliche zur Zeit der Versteigerung vorhanden gewesene dem Ersteher ohne sein Verschulden unbekannt gebliebene Mangel finden die Grundsatze des ädilitischen Ediktes, nach A.L.R. (§ 340 I 11) die Grundsätze über Kaufgeschäfte entsprechende Anwendung; wobei nach A L R zu beachten ist, daß in Ansehung der Gewährleistung ein gerichtlicher nothwendiger Verkauf einem Verkaufe in Pausch und Bogen gleich zu achten ist (§§ 344, 213 a. a. O.) — Der Ersteher hat daher die Wahl, ob er ganz zurucktreten oder verhältnißmäßigen Ersatz fordern will Insbesondere braucht er sich keineswegs die Ueberweisung der Versicherungssumme an Stelle eines in der Zwischenzeit abgebrannten Gebäudes gefallen zu lassen.

Hat der Ersteher das Meistgebot noch nicht gezahlt, so ist er berechtigt, die Zahlung des Erwerbspreises zu verweigern, oder, wenn der Erwerb im Ganzen aufrecht erhalten wird, die entsprechenden Abzüge zu machen. Hat er den Preis bereits gezahlt (§ 102 Abs. 2), so hat nach gemeinem Rechte, entsprechend der fur Gewährleistung im Falle der Entwehrung geltenden Grundsätze (Anm. a.), der Ersteher seine Erstattungsansprüche nur gegenüber dem Schuldner, welcher den Vortheil der Befreiung erlangt hat, geltend zu machen. Ein Anspruch an die Gläubiger, welche aus dem Erlöse befriedigt sind, steht ihm dagegen nicht zu (vgl auch Dernburg, Pfdr. II S. 184, 267). — Das A.L.R bestimmt in § 216 I 20: „Bei gerichtlich veräußerten Pfändern ist der Gläubiger dem Käufer zur Gewährsleistung nur so weit verpflichtet, als dieselbe bei gerichtlichen Veräußerungen überhaupt statt findet. (Tit 11 § 344)" Die Bestimmung bezieht sich allerdings nur auf den Fall, daß die versteigerte Sache für die Forderung des Gläubigers dinglich verhaftet war, sie muß aber nothwendig auch auf den Fall der Zwangsversteigerung wegen persönlicher Forderungen ausgedehnt werden. Doch ist sie nicht von dem betreibenden Gläubiger als solchen, vielmehr dahin zu verstehen, daß diejenigen Gläubiger verhaftet sein sollen, welche etwas aus dem Erlöse erhalten haben oder darauf angewiesen sind, gleichviel ob sie sich bei dem Versteigerungsverfahren als betreibende Glaubiger, als bloße Interessenten oder gar nicht betheiligt haben Daraus folgt denn zugleich, daß auch der Schuldner bez.

Eigenthümer des Grundstückes insoweit verhaftet ist, als er einen etwaigen Ueberschuß erhalten hat. Die Haftung muß abgesehen von dem Falle einer Verschuldung auf das beschränkt werden, was die betreffende Person aus dem Erlöse erhalten hat Die Reihenfolge muß demgemäß die umgekehrte sein, wie diejenige, in welcher die Befriedigung erfolgt ist. Daß die Haftung, wie sie damit angenommen wird, nicht auf die Stellung des Interessenten als Verkäufer zurückzuführen, nicht eine solche ex consensu, sondern eine Verpflichtung ex re ist, darauf gegründet, daß sie etwas erhalten haben, was nach Lage der Sache dem Zahlenden zu erstatten ist, tritt hierbei klar zu Tage. (Dernburg I §§ 345, 350; Eccius gelangt trotz seiner zum Theile abweichenden theoretischen Auffassung zu demselben Endergebniß: § 130 zu Anm. 30 und 68) — Nach c. c. art 1649 finden Gewährleistungsansprüche wegen Mängel bei den unter gerichtlicher Autorität geschehenen Verkäufen überhaupt nicht statt; R Entw I. § 395 (nach zweiter Lesung § 710a C.P.O) schließt sie — unbeschadet anderweiter Festsetzung durch die Kaufbedingungen (§ 396) bei Zwangsversteigerungen aus. — Vgl. auch § 138 Abs 3, 4 R.Zw G.Entw.

d. Der Versteigerungsrichter haftet mit der Syndikatsklage, sobald deren Voraussetzungen gegeben sind (Anm 1 a. E), — vgl auch §§ 355, 358 A L.R. I. 11

e. Eine Verhaftung der betreibenden Gläubiger und des Schuldners bez. Eigenthümers für dolus und culpa lata ist durch diese Grundsätze nicht ausgeschlossen, s. auch Anm. 1 und Anm 6.

8. Der Eigenthumserwerb des Erstehers ist kein bedingter Er ist auch, wenn gegen das Urtheil prozessualisch das Rechtsmittel der Beschwerde zulässig ist, privatrechtlich nur dann ein anfechtbarer (ungültiger im Sinne des A.L.R.) zu nennen, wenn die Beschwerde mit Erfolg eingelegt werden kann. — Wird das Zuschlagsurtheil in der Beschwerdeinstanz aufgehoben, so wirkt die Aufhebung, soweit nicht wohlerworbene Rechte Dritter in Frage kommen, auch für die Vergangenheit (Windscheid § 82 Anm. 7, a M Wächter Pandekten I § 84 S 423, Eccius § 41) Vgl. Anm. 8 und 9 zu §§ 93/94

§. 98. Der Ersteher kann die Uebergabe des Grundstücks erst nach Berichtigung des Kaufgeldes fordern.

Bis dahin ist das Grundstück auf Antrag des Erstehers oder eines Gläubigers, welcher aus dem baar zu zahlenden Kaufgelde Befriedigung zu erwarten hat, für Rechnung des Erstehers in gerichtliche Verwaltung zu nehmen. Die §§. 142, 144, 145 finden hierbei entsprechende Anwendung.

Der Antrag kann für den Fall der Ertheilung des Zuschlags schon im Versteigerungstermine gestellt werden.

Der Ersteher kann die von einem Anderen beantragte Verwaltung dadurch abwenden, daß er durch Hinterlegung der innerhalb des Meistgebots stehenden Forderung des Antragstellers diesem für den zur Hebung kommenden Betrag Sicherheit leistet.

Auf Antrag des Erstehers ist die Uebergabe des Grundstücks durch einen Beamten des Gerichts oder einen von dem Gerichte zu bestellenden Gerichtsvollzieher an Ort und Stelle zu bewirken.

§ 98. **Uebergabe des Grundstückes.**

1 Vgl. §§ 143, 144 R.Zw.G Entw. — Geschieht die Uebergabe seitens des Schuldners freiwillig, so bedarf es keiner Mitwirkung des Gerichtes, um den Ersteher in Besitz zu setzen In dem gerichtlichen Zwangsversteigerungsverfahren hat der Ersteher nur mit dem Richter zu thun, zu dessen Aufgabe es gehört, die Enteignung des Schuldners auch thatsächlich zu vollziehen und dem Ersteher den Besitz zu übertragen (Anm 10 zu §§ 16, 17) Der Ersteher hat sich deshalb mit seinem Antrage auf Uebergabe an das Gericht zu wenden (Abs. 5); nur von diesem kann er — unbeschadet seines Rechtes, von dem bisherigen Eigenthümer und Dritten im Wege der Vindikation den Besitz zu erzwingen — die Uebergabe fordern. (Anders § 143 R Zw.G Entw, der dem Ersteher die Zwangsvollstreckung auf Räumung und Herausgabe des Grundstückes und der mitversteigerten Gegenstände, sofern nicht Rechte dritter Inhaber entgegenstehen, aus dem Zuschlagsbeschlusse gewährt) — **Abs. 1** bestimmt den Zeitpunkt für diese Forderung. Maßgebend für die Bestimmung desselben ist die Sorge, daß die Interessenten gegen ihnen nachtheilige thatsächliche Verfügungen des Erstehers so lange geschützt sein sollen, als derselbe das Kaufgeld nicht berichtigt hat (s. auch Anm. 2 zu 97). Darunter ist hier wie in § 102 das baar zu zahlende Kaufgeld zu verstehen, welches nach Abs 2 und 3 a a. O. durch Zahlung oder Hinterlegung berichtigt, d h in einer dem Ersteher befreienden Weise zur Theilungsmasse geleistet wird (Anm 4 zu § 102); wenn auch die Befriedigung der Interessenten erst durch die vollendete Belegung des Kaufgeldes geschieht. — Eine gegen den Schuldner, bez den letzten Eigenthümer vor Berichtigung des Kaufgeldes gerichtete Räumungsklage ist zurückzuweisen. (So jetzt auch Jäckel Anm. 4 zu § 98.) — Durch das Zuschlagsurtheil kann auf Grund der beschlossenen Kaufbedingungen ein späterer oder früherer Termin für die Uebergabe festgestellt werden (Anm. 2—4 zu § 45)

2. **Abs. 2.** Bis zur Berichtigung des Kaufgeldes ist das Grundstück auf Antrag des Erstehers für dessen Rechnung in gerichtliche Verwaltung zu nehmen; zu dem gleichen Antrage ist jeder Gläubiger berechtigt, welcher nach § 57 **Abs. 1** aus dem baar zu zahlenden Kaufgelde Befriedigung zu erwarten hat. (Vgl. dazu § 144 **Abs. 2** R.Zw.G Entw.) Daß dem Schuldner wegen seines Anspruches auf einen Ueberschuß ein gleiches Recht nicht beigelegt ist, hat darin seinen Grund, daß er selbst die Verwaltung behält, so lange nicht auf Antrag des Erstehers gerichtliche Verwaltung eintritt. — Die auf Grund des Abs. 2 angeordnete *gerichtliche Verwaltung* ist eine innerhalb des Zwangsversteigerungsverfahrens angeordnete Sicherungsmaßregel zum Schutze der durch den Zuschlag begründeten, nach der Ordnung des Verfahrens dem Ersteher aber noch nicht vollständig übertragenen Eigenthumsrechte desselben, bez. zur Sicherung der Rechte des Gläubigers auf Befriedigung aus dem Erlöse. Sie ist keine selbstständige Zwangsvollstreckungsmaßregel, wie die Zwangsverwaltung. Die zu ihrer Durchführung nothwendige Aussetzung des bisherigen Eigenthümers aus dem Grund-

stücke ist lediglich eine Ausführung der auf Antrag erlassenen Anordnung der gerichtlichen Verwaltung selbst. — Die grundsätzliche Verschiedenheit von der Zwangsverwaltung wird in den Motiven ausdrücklich betont, und damit die Abweichung von § 57 S.O., wonach eine bestehende Sequestration für Rechnung des Erstehers ohne besonderen Antrag fortgesetzt werden sollte, begründet. Stellt der Ersteher bez. der interessirte Gläubiger den Antrag auf Fortsetzung einer bereits eingeleiteten Zwangsverwaltung für Rechnung des Erstehers, so steht nichts entgegen, die Zwangsverwaltung gegen den Schuldner nunmehr in eine gerichtliche Verwaltung im Sinne des § 98 umzuwandeln. Entscheidend für das Aufhören der ersteren und den Beginn der letzteren ist der Tag der Verkündung bez. Erlassung des Zuschlagsurtheiles. Die Einkünfte bis zu diesem Tage fließen zur Kaufgeldermasse, von diesem Tage an gebühren sie dem Ersteher (Jäckel Anm. 2) — Die Motive bemerken, daß in den beiden im Abs. 2 hervorgehobenen Fällen die mit der Verwaltung zu verbindende Aussetzung des bisherigen Eigenthümers aus dem Besitze, ebenso wie die Uebergabe an den Ersteher, eine Vollstreckung des Urtheiles gegen den Eigenthümer sei. Gemeint ist jedenfalls das Zuschlagsurtheil, nicht der vollstreckbare Schuldtitel, auf Grund dessen die Zwangsversteigerung stattfindet. Nach dem über die Bedeutung der Uebergabe (Anm. 1) und der Ausführung der Anordnung der gerichtlichen Verwaltung oben Gesagten kann dieser auch von Jäckel a. a. O., Dernburg (I S. 903) und Eccius (§ 130 zu Anm. 66) getheilten Auffassung nicht beigestimmt werden, wenigstens nicht, wenn damit gesagt sein soll, daß es sich bei dem Zuschlagsurtheile um ein Urtheil im Sinne der C.P.O. handele, welches gegen den Schuldner als Gegenpartei des Erstehers ergangen sei. Nach § 144 R.Zw.G.Entw. kann die gerichtliche Verwaltung nur von einem Gläubiger beantragt werden; der Ersteher hat die Zwangsvollstreckung auf Räumung (§ 143 a. a. O.)

3. Bezüglich der Form des Antrages, der darauf ergehenden Entscheidung und deren Zustellung, sowie wegen der Beschwerde vgl. Anm. 10. c—e zu § 3. — Zur Ausführung der getroffenen Anordnung gehört die Bestellung des Verwalters nach §§ 112 Abs. 1, 145 Abs. 1, die Uebergabe des Grundstückes an denselben bez. die Ermächtigung, sich selbst in den Besitz zu setzen (§ 142 Abs. 2). Die Rechte und Pflichten des Verwalters, die Aufsicht über dessen Geschäftsführung bestimmen sich nach §§ 142 Abs. 3, 144, 145 (Vgl. auch Peiser I S. 130 ff. und § 144 Abs. 1 Schlußsatz R.Zw.G.Entw.) — Eine Gerichtsgebühr ist für die gerichtliche Verwaltung nach § 98 nicht zu erheben, weil das Kostengesetz keine darauf bezügliche Vorschrift enthält. Das ist von den Regierungskommissaren in der Kommission des A.H. anerkannt. Die nach § 144 dem Verwalter zugebilligte Vergütung kommt als baare Auslage zum Ansatze. Wegen der Gebühren der Rechtsanwälte s. Anhang zum K.G.

4. **Abs. 3.** Die Zulassung des Antrages im Versteigerungstermine für den Fall, daß der Zuschlag ertheilt werden würde, ermöglicht dem Ersteher wie dem Gläubiger den in der gerichtlichen Verwaltung liegenden Schutz in kurzester Frist nach Ertheilung des Zuschlages zu erlangen. — (Vgl. § 144 Abs. 1 Satz 3 R.Zw.G.Entw.)

5. **Abs. 4.** Die Höhe der zur Abwendung des Antrages eines interessirten Gläubigers von dem Ersteher zu bestellenden Sicherheit wird durch den Betrag der innerhalb des Meistgebotes stehenden Forderung des Antragstellers bestimmt.

Welcher Theil der Forderung innerhalb des Meistgebotes steht, wird — obwohl das Gesetz auf diese Vorschrift nicht hinweist — nach § 77 Abs. 1 (Anm 7 a zu §§ 75—78) festzustellen sein, da auch in diesem Momente des Verfahrens die Höhe der dem Antragsteller selbst und den vorgehenden Interessen zustehenden Forderungen wegen der Möglichkeit von Nachliquidationen (§ 106 Abs. 2) nicht feststeht und die Vorschriften des § 77 Abs. 1 lediglich auf Gründen praktischer Zweckmäßigkeit beruhen. Die Sicherheitsleistung braucht aber nur den aus dem baar zu zahlenden Theile des Kaufgeldes zur Hebung kommenden Betrag zu umfassen (Abs 2) — (So auch Jaeckel Anm. 3; Dorendorf S 146) — Die Sicherheitsleistung erfolgt durch Hinterlegung einer dem eben gedachten Betrage der Forderung des Antragstellers entsprechenden Geldsumme (— „Hinterlegung der Forderung" ist ein inkorrekter Ausdruck —) nach §§ 14, 15 H O bei der Hinterlegungsstelle. Der Vollstreckungsrichter hat sich mit der Annahme des Geldes nicht zu befassen, selbst wenn der Antrag nach Abs 3 im Versteigerungstermine gestellt ist* — Dagegen kann der Ersteher die Annahme des Geldes zur vorläufigen Verwahrung nach § 74 Nr. 3.d H O beantragen, weil es sich um Anordnung bez Aufhebung einer Sicherheitsmaßregel handelt Die Hinterlegung (Annahme zur vorläufigen Verwahrung § 72 H.O.) muß dem Vollstreckungsrichter nachgewiesen werden, der, je nachdem den Antrag des Gläubigers auf gerichtliche Verwaltung abzulehnen, oder eine bereits eingeleitete Verwaltung aufzuheben hat. — Wegen der Form der Entscheidung, deren Zustellung und der Remonstration bez. Beschwerde gegen die Entscheidung siehe Anm. 10.d und e zu § 3. — Die Sicherheit wird erst frei, wenn der betreffende Gläubiger wegen des zur Hebung kommenden Betrages durch Baarzahlung oder eine derselben gleichgestellte vertragsmäßige Uebernahme (§ 116) befriedigt wird, oder nach § 117 Abs 2 die Ueberweisung des Kaufgelderrückstandes die Wirkung einer Befriedigung aus dem Grundstücke annimmt — Dem Hinterleger bleibt es überlassen, die Herausgabe der frei gewordenen Sicherheit nach § 30 H O. herbeizuführen; doch erscheint ein Ersuchen des Vollstreckungsgerichtes nach § 31 a. a. O nicht ausgeschlossen, so lange das Verfahren nicht durch das Ersuchen um Eintragung des Kaufgelderrückstandes (§ 124) beendigt ist.

6 **Abs. 5** Die Uebergabe des Grundstückes, von welcher Abs 5 handelt, ist nur die Uebergabe an den Ersteher selbst Wegen der Uebergabe an den gerichtlich bestellten Verwalter findet § 142 Abs 2 Anwendung — Es wird ein Antrag des Erstehers auf gerichtliche Uebergabe erfordert. — Die Uebergabe an den Ersteher braucht nicht (wie nach § 57 S. O) durch den Richter (wegen der dann erforderlichen Zuziehung des Gerichtsschreibers s Anm. zu § 142) bewirkt zu werden; sie kann nach dem Ermessen des Gerichtes je nach den Umständen des Falles durch einen anderen Beamten des Gerichtes oder durch einen Gerichtsvollzieher allein geschehen, dessen Mitwirkung selbst der Richter unter Umständen nicht wird entbehren können. (Mot) — Vgl bezüglich der Art der Ausführung auch § 771 Abs 1 C P.O und § 95 Gesch.Anweis f Gerichtsvollzieher, bez. der Gebühren Allg.Vf v. 11 Juli 1893 (J.M.Bl S. 185) — Die Kosten der Uebergabe sind zunächst von dem Ersteher zu tragen, unbeschadet seines Rechtes, sie vom Subhastaten zurückzufordern, wenn dieser sie durch sein Verhalten nothwendig gemacht hat (Anm 1). A M Jäckel Anm. 2 zu § 102, Knorr Anm 1. b zu § 98, Dorendorf S 151, Schneider S 102

§. 99. Ist der Zuschlag versagt, eine erneute Versteigerung aber zulässig, so bleibt das Verfahren vorbehaltlich der Vorschriften des §. 51 anhängig. Das Verfahren wird jedoch nur auf Antrag des Gläubigers fortgesetzt. Der Antrag ist dem Schuldner und, wenn ein neuer Eigenthümer zu den Interessenten gehört, auch diesem von Amtswegen zuzustellen.

Durch Einlegung der Beschwerde wird die Fortsetzung des Verfahrens nicht ausgeschlossen; das Beschwerdegericht kann jedoch auf Antrag die Einstellung desselben anordnen.

Der neue Versteigerungstermin ist, wenn nicht einer der in §. 75 Nr. 4, 5 bezeichneten Fälle vorliegt, nach richterlichem Ermessen auf drei bis sechs Wochen hinauszusetzen.

Wird der Antrag auf Fortsetzung nicht innerhalb einer Frist von drei Monaten gestellt, welche von der Verkündung des letzten den Zuschlag versagenden Urtheils ab läuft, so gilt der Versteigerungsantrag als zurückgenommen.

Ist der Zuschlag versagt worden, weil das Verfahren eingestellt war oder hatte eingestellt werden müssen, so finden die Vorschriften des §. 50 entsprechende Anwendung.

§ 99. **Fortsetzung des Verfahrens nach Versagung des Zuschlages.**

1. Vgl § 145 R.3w G Entw — Die Bedingungen dafür, daß nach Versagung des Zuschlages das Verfahren nicht ohne Weiteres erledigt ist, sondern zwar zunächst ruht, aber anhängig bleibt, sind nach **Abs. 1**: a) die erneute Versteigerung muß zulässig sein Vgl Anm 2. c zu § 79; — b) es darf nicht ein Fall vorliegen, welcher nach § 51 der Zurücknahme des Versteigerungsantrages gleich gestellt ist Vgl. Anm 1 und 2 zu § 51 Die Beschlagnahme bleibt in allen ihren Wirkungen bestehen, der in § 18 bezeichnete Vermerk darf nicht gelöscht werden.

2 Abs. 1 Satz 2 und 3 regeln die Fortsetzung des Verfahrens in Uebereinstimmung mit § 50 Abs 1 In dem fortgesetzten Verfahren äußert § 51 derart seine Wirkungen, daß auch eine in dem früheren Verfahren stattgehabte Einstellung des Verfahrens oder Aufhebung des Versteigerungstermines zu berücksichtigen ist (Jäckel Anm. 2)

3. **Abs.** 2 wendet zunächst die Regel, daß die Beschwerde gegen das den Zuschlag versagende Urtheil aufschiebende Wirkung nicht hat (§ 535 Abs. 1 C.P.O., Anm. 6 zu § 86) auf den hier fraglichen Fall an. Derselbe liegt indeß nicht gleich, sondern nur analog dem in § 535 Abs 1 C P O geordneten Verhältnisse, da eine erneute Versteigerung nicht eigentlich als Vollziehung des den Zuschlag versagenden Urtheiles bezeichnet werden kann Abs. 2 bestimmt sodann unter **Ausschluß** einer entsprechenden **Anwendung** der Regel der C P O (§ 535 Abs 2 und 3), nach welcher sowohl das Beschwerdegericht als das Gericht, dessen Entscheidung angefochten wird, auf Antrag oder von Amtswegen die Vollziehung

der angefochtenen Entscheidung aussetzen kann, daß nur das Beschwerdegericht und zwar nur auf Antrag die einstweilige Einstellung des fortgesetzten Verfahrens bestimmen darf

4. Abs. 3 stimmt wörtlich mit § 79 Abs 3 und sachlich mit § 69 Abs. 2 überein.

5 Abs. 4 unterscheidet sich von § 69 Abs. 3 (vgl. Anm. 4 zu § 69) nur durch den Zeitpunkt, von welchem der Fristenlauf beginnt. — Es kommt nicht darauf an, ob das Urtheil in der ersten Instanz oder in der Beschwerdeinstanz erlassen ist. Wird dasselbe im letzteren Falle nicht verkündet, so beginnt für jeden betreibenden Gläubiger die Frist mit der Zustellung des Urtheiles an ihn. (Vgl. § 95 Abs. 1) — Das Gesetz läßt für die Fristberechnung das letzte den Zuschlag versagende Urtheil maßgebend sein Damit ist hinreichend deutlich gemacht, daß unter allen Umständen die Entscheidung des letzten Gerichtes, an welches im Instanzenzuge die Sache gelangt ist, für diese Berechnung maßgebend sein muß. Lautet diese Entscheidung auf Ertheilung des Zuschlages, so ist die Fortsetzung undenkbar. Ein schon begonnenes fortgesetztes Verfahren muß aufgehoben werden. Auf der anderen Seite ist es ganz gleichgültig, ob diese Entscheidung ausdrücklich den Zuschlag versagt oder eine Beschwerde gegen das den Zuschlag versagende Urtheil der unmittelbar oder mittelbar vorhergehenden Instanz zurückweist, oder als formell unzulässig verwirft, oder ob dieselbe den Antrag auf Ertheilung des Zuschlages zurückweist (§ 93 Abs. 3). Es kommt nur darauf an, daß sie den Zuschlag nicht ertheilt. (Zustimmend Knorr Anm 2 b. A. M. Jäckel Anm. 5 zu § 99.)

6. Abs. 5 stellt den Fall, daß der Zuschlag versagt ist, weil das Verfahren eingestellt war oder hätte eingestellt werden müssen, bezüglich der Fortsetzung des Verfahrens dem Falle ganz gleich, daß das Verfahren eingestellt war und es dieserhalb nicht zum Urtheile über die Ertheilung des Zuschlages gekommen ist. Vgl. darüber § 50. Die Bedeutung der Vorschrift liegt zunächst darin, daß die in § 99 Abs. 4 bestimmte Frist wegfällt und für den Fortsetzungsantrag je nach der Verschiedenheit des Falles entweder gar keine Frist oder die Frist des § 51 Abs. 1 gilt. (A. M. Rudorff Anm 11 zu § 99) — Für die Bestimmung der Terminszeit sind in diesem Falle Abs 2 und 3 des § 50 maßgebend.

§. 100. Sind alle Versteigerungsanträge ohne Ertheilung des Zuschlags erledigt, so veranlaßt das Gericht die Löschung des in §. 18 bezeichneten Vermerks im Grundbuche.

§ 100. Löschung des Zwangsversteigerungsvermerkes.

1. Vgl. § 146 R.Zw.G.Entw. — Eine Erledigung der Versteigerungsanträge ohne Ertheilung des Zuschlages kann, von der Ablehnung der Einleitung, welche hier nicht in Betracht kommt, abgesehen, in folgenden Fällen sich ereignen: a) Zurücknahme des Versteigerungsantrages (§ 73); — b) Aufhebung des Verfahrens von Amtswegen aus § 20 bez später im Laufe des Verfahrens (Anm. 1 zu §§ 70, 71; Anm. 6. a zu §§ 75—78; Anm 6 zu § 79); — c) Aufhebung des Verfahrens auf Antrag des Schuldners oder eines Dritten (Anm 1. A. II b und Anm 5 zu §§ 70, 71); — d) Versagung des Zuschlages, falls eine erneute Versteigerung nicht

zulässig ist (Anm. 1 zu § 99); — e) Fälle, welche in ihren Wirkungen gesetzlich der Zurücknahme des Versteigerungsantrages gleichgestellt sind, nämlich:

α) Antrag auf Aufhebung des Versteigerungstermines seitens des betreibenden Gläubigers zum zweiten Male oder auch eine vorgängige von ihm beantragte oder bewilligte Einstellung nach Maßgabe des § 51 Abs. 2 und Anm. 2 zu § 51; β) Fristversäumniß hinsichtlich des Antrages auf Fortsetzung des Verfahrens in den Fällen der §§ 51 Abs 1 (in Verbindung mit Abs. 2 und 3), 69 Abs. 3 und 99 Abs 4.

Das erledigende Ereigniß muß in allen Fällen sämmtliche vorliegende Versteigerungsanträge berühren — Für den Fall, in welchem eine mit der sofortigen Beschwerde angreifbare Entscheidung die Erledigung bewirkt, muß der Ablauf der Rechtsmittelfrist bez die Erledigung der Beschwerdeinstanz abgewartet werden, da vorher nicht wohl von einer Erledigung des Antrages gesprochen werden kann. (So auch Dorendorf, Rudorff Anm 2, Jäckel Anm. 1, und die Motive, indem sie die „völlige Beendigung des Verfahrens" verlangen) — Die Löschung ist von Amtswegen zu veranlassen

2. Der Grundbuchrichter darf das Ersuchen nicht ablehnen (Anm. 2 zu § 18) Von der Ausfuhrung ist dem Vollstreckungsgerichte, welches dieselbe seinerseits kontroliren muß, Nachricht zu geben Mit dem Eingange dieser Nachricht ist das Verfahren erledigt Mittheilungen an die Parteien erfolgen nicht. Der Richter ordnet die Weglegung der Akten an (§ 7 Abs 5 der Geschäftsordnung für die Gerichtsschreibereien der Amtsgerichte) Die Akten sind, sofern nicht der Richter die Ausschließung von der Veräußerung anordnet, nach 30 Jahren seit der Weglegung zur Veräußerung geeignet (Allg Vf. v 22 Sept 1879, J.M Bl. S. 376)

IV. Belegung und Vertheilung des Kaufgeldes.

Bei der Zwangsvollstreckung in das bewegliche Vermögen soll ein förmliches Vertheilungsverfahren nur unter besonderen Umständen eintreten (§ 758 C P O) Das vorliegende Gesetz hat dagegen mit der preußischen S O daran festgehalten, daß unter allen Umständen ein von Amtswegen einzuleitendes und durchzuführendes Vertheilungsverfahren stattfinden müsse Das Gesetz hat sich zwar bezüglich der Verhandlung über den Plan, der Erledigung der erhobenen Widersprüche und der Ausführung des Planes dem in der C P.O für die Zwangsvollstreckung in das bewegliche Vermögen geregelten Verfahren angeschlossen (§ 113) Dagegen hat es bezüglich der Anmeldung der Forderungen und der Aufstellung des Theilungsplanes das von den Grundsätzen der C P.O. abweichende Verfahren der preuß S.O beibehalten. Die Anmeldung der Forderungen und die Anfertigung des Planes sind in den Termin gelegt. (So auch § 156 Abs. 2 R.Zw.G Entw)

§. 101. Die Belegung und Vertheilung des Kaufgeldes erfolgt in einem nach Verkündung des Zuschlagsurtheils von Amtswegen zu bestimmenden Termine.

Die Terminsbestimmung ist den Interessenten des Verfahrens, sowie dem Ersteher und denjenigen, welche bis dahin einen Anspruch auf das Kaufgeld zu den Vollstreckungsakten angemeldet haben, von Amtswegen zuzustellen. Zwischen der Zustellung und dem Terminstage muß eine Frist von zwei Wochen liegen.

Der Termin ist außerdem durch Anheftung an die Gerichtstafel bekannt zu machen.

§ 101. Bestimmung und Bekanntmachung des Termines.

1. Vgl § 147 R.Zw.G.Entw — Die Rechtskraft des Zuschlagsurtheiles soll nicht abgewartet werden und zwar, wie die Motive hervorheben, im Interesse der raschen Abwickelung des Versteigerungsgeschäftes — Auch die Einlegung der Beschwerde hemmt ohne Weiteres die Ausführung der Vertheilung nicht. Dagegen ist dem Ersteher in § 123 die Möglichkeit gegeben, die Aussetzung der Ausführung der Vertheilung herbeizuführen. Vgl. auch § 126, sowie § 147 Abs 5 R Zw G Entw. — Außerdem kann aber auch sowohl das Vollstreckungsgericht als das Beschwerdegericht durch eine auf Antrag oder von Amtswegen erlassene Anordnung bestimmen, daß das Vertheilungsverfahren auszusetzen sei. Diese Befugniß stützt sich aber nicht, wie die Motive, welche dieselbe daher auch nur dem Beschwerdegerichte zuschreiben, und nach ihnen Volkmar, Rudorff und Jäckel annehmen, auf § 99 Abs 2 dieses Gesetzes. Denn § 99 Abs. 2 betrifft nur die Einstellung des nach Einlegung dieser Beschwerde gegen die Versagung des Zuschlages fortgesetzten Versteigerungsverfahrens. Sie ist vielmehr aus § 535 C P O. herzuleiten (vgl Anm 6 zu § 86; so auch Dorendorf Anm. 2).

2 „Unter der Belegung des Kaufgeldes wird sowohl die Bezahlung des baar zu zahlenden Theiles als auch die Uebernahme von Forderungen und die Aufrechnung mit Forderungen bis zur Höhe des gesammten Preises, überhaupt alles das verstanden, was der Ersteher zur Erfüllung seiner Verpflichtung, den Preis zu erlegen, zu thun hat" (Mot) Der Ausdruck „Kaufgelderbelegung" ist eine Eigenthümlichkeit des preußischen Sprachgebrauches, welche in den R.Zw.G.Entw. nicht aufgenommen ist.

3. Die Terminsbestimmung (Abs. 1) ist entweder gleich bei der Verkündung des Zuschlagsurtheiles oder nach Besorgung der erforderlichen Zustellungen vorzunehmen. Wird der Zuschlag erst in der Beschwerdeinstanz ertheilt, so ist zwar, wenn eine Verkündung nicht erfolgt ist, der Zeitpunkt der Erlassung der Entscheidung (Anm 5 zu § 97) maßgebend, doch kann thatsächlich die Bestimmung des Termines erst erfolgen, nachdem die Akten an das Vollstreckungsgericht zurückgelangt sind (§ 95 Abs 2) Vgl Rudorff Anm. 2. — Bei der Terminsbestimmung ist nicht nur auf die Zustellungsfrist (Abs. 2), sondern auch darauf Rucksicht zu nehmen, daß die Zustellungen, namentlich wenn § 4 Abs. 1 Nr. 4 und 5 in Frage kommen, geraume Zeit in Anspruch nehmen werden. Eine Ladung oder die Stellung eines Präjudizes für den Fall des Nichterscheinens hat die Terminsbestimmung nicht zu enthalten. Auch die in das amtliche Formular aufgenommene Bemerkung: „In dem Termine hat der Ersteher den baar zu zahlenden Theil des Kaufgeldes, welcher von der Verkündung des Zuschlagsurtheiles an mit fünf vom Hundert zu verzinsen ist, zu zahlen oder dessen Hinterlegung nachzuweisen. Diejenigen, welche eine Zahlung aus dem Kaufgelde beanspruchen, haben die Urkunden über ihren Anspruch und die zu ihrer Legi-

timation erforderlichen Urkunden vorzulegen," — ist gesetzlich nicht erforderlich (vgl. § 209 C.P.O.).

4. Die **Zustellung** der Terminsbestimmung (Abs. 2) besteht lediglich in der Uebergabe einer vom Gerichtsschreiber beglaubigten Abschrift der richterlichen Verfügung (§ 156 C P O). — Sie erfolgt nach den besonderen Bestimmungen des § 4 Abs 1 u. 2. Nach § 4 Abs. 1 Nr. 4 erledigt sich auch die Frage, an wen die Terminsbestimmung zuzustellen ist, wenn der Ersteher oder ein anderer Betheiligter inzwischen verstorben ist. — Die Eigenschaft des Interessenten richtet sich nach § 21. Gemeint sind, wie die Motive hervorheben, die zur Zeit der Terminsbestimmung vorhandenen Interessenten. Abs. 2 verlangt aber die Zustellung überhaupt an jeden, welcher einen Anspruch zu den Vollstreckungsakten angemeldet. Daß der Anspruch glaubhaft gemacht ist, bildet keine Vorbedingung der Zustellung. Eine Prüfung der Anmeldung vor dem Termine findet überhaupt nicht statt Die Zustellung an den Anmeldenden erscheint daher selbst dann geboten, wenn der angemeldete Anspruch offenbar unbegrundet oder zur Befriedigung aus dem Kaufgelde nicht geeignet ist. Es wird sich der Uebersicht wegen empfehlen, daß der Gerichtsschreiber die eingehenden Anmeldungen in ein Verzeichniß bringt.

5. Die Einschiebung einer **Frist** zwischen Zustellung und Termin rechtfertigt sich aus denselben Grunden wie die Frist des § 47. Ist die Frist nicht eingehalten, die Zustellung also nicht gehörig erfolgt, so treten gegen den nicht Erschienenen die Folgen der Versäumniß des Termines nicht ein; auch kann der nicht gehörig Geladene die Einlassung auf die Verhandlung ablehnen. Wie weit alsdann die Verhandlung fortzuführen, wird von dem durch die Umstände des einzelnen Falles bestimmten Ermessen des Richters abhängen" (Mot) — Wegen der Folgen der Versäumniß vgl § 104 Abs. 3, § 106 Abs. 2 u. 3, § 113, § 121.

6. Für die Anheftung an die Gerichtstafel (Abs. 3) ist eine bestimmte Zeitdauer nicht vorgeschrieben — Ein Betheiligter, welchem die Terminsbestimmung zugestellt ist, kann deren Mangel nicht geltend machen (Volkmar Anm. 5).

§. 102. Im Termine wird zuvörderst festgestellt, was der Ersteher an Kaufgeld und Zinsen zu gewähren hat und wieviel die zu vertheilende Masse betragt.

Die Zahlung des Kaufgeldes erfolgt an den Richter.

Der Ersteher ist berechtigt, vor dem Termine das Kaufgeld zu hinterlegen. Die Hinterlegung ist jedoch nur wirksam, wenn sie spätestens in dem Termine nachgewiesen wird. Die zur Sicherheit für das Meistgebot etwa erfolgte Hinterlegung baaren Geldes gilt als Hinterlegung eines entsprechenden Theiles des Kaufgeldes.

§ 102. Feststellung der Theilungsmasse; Zahlung und Hinterlegung des Kaufgeldes.

1. Vgl. § 148 R Zw.G.Entw. — Der Termin dient zuvörderst zur Feststellung der zu vertheilenden Masse, und dabei insbesondere der Feststellung dessen, „was der Ersteher zur Erfüllung seiner Verpflichtung, den Preis zu erlegen, zu thun

hat." — Sonstige Zwecke ergeben die §§ 106 Abs. 2, 104, 113 ff., 115 ff. Es fehlen diesem Termine die dem Versteigerungstermine eigenthümlichen Einschnitte; alle in ihm vorzunehmenden Akte konnen bis zum Schlusse nachgeholt oder ergänzt werden.

2. Unter Kaufgeld im Sinne des § 102 ist mit Dorendorf (S. 150) nur der baar zu zahlende Theil des Kaufgeldes (§ 57 Abs. 6) zu verstehen. (A M. Jäckel Anm. 1.) Für Abs 2 und 3 kann dies gar nicht zweifelhaft sein. Der Zusammenhang des Paragraphen und die Nebeneinanderstellung von Kaufgeld und Zinsen sprechen dafür, daß das Wort in Abs. 1 des Paragraphen denselben Sinn hat. — Die Ausdrucksweise des Gesetzes schwankt allerdings. In dem erwähnten engeren Sinne wird das Wort außerdem in den §§ 54 Abs 1, 62 Abs. 1 und 2, 64, 98, 104, 116—120, zum Theil unter Hinzufügung der Worte „baar zu zahlende" gebraucht Denselben Sinn hat es wohl auch in § 55 Abs. 6; im weiteren Sinne gleichbedeutend mit Kaufpreis kommt es vor in §§ 23, 57 Abs. 4 und 101 (vgl. a. Anm. 17 zu §§ 53—56). — Die Feststellung des Kaufgeldes und der Zinsen nach Abs 1 hat den Zweck, die Grundlage für die Prüfung zu bilden, ob der Ersteher durch die in Abs. 2 und 3 behandelte Zahlung und Hinterlegung seiner Pflicht bezüglich des nach den Kaufbedingungen baar zu zahlenden Theiles des Kaufgeldes genügt. — Die Feststellung des baar zu zahlenden Kaufgeldes ergiebt sich aus dem abgegebenen Geldgebote, durch welches stets die nach § 57 Abs. 1 baar zu zahlenden Beträge für die bei Feststellung des geringsten Gebotes berücksichtigten Forderungen gedeckt werden, unter Abrechnung der in Anrechnung auf das Geldgebot nach § 57 Abs. 3 zu übernehmenden Ansprüche (Vgl. die Zusammenstellung S. 220, 221 und den Theilungsplan hinter § 111) Von der Gesammtsumme beider Beträge sind 5 Prozent Zinsen für die Zeit vom Verkundungstermine (im Falle der §§ 93, 95, wenn das Urtheil nicht verkündet ist, vom Tage der Erlassung des Zuschlagsurtheiles, Anm. 5 zu § 97), bis zum Vertheilungstermine zum Ansatze zu bringen. Hat eine Hinterlegung des Kaufgeldes durch den Ersteher vor dem Termine stattgefunden (Abs. 3), so erlischt die Zinsverpflichtung mit dem Tage der Hinterlegung. Dagegen treten der Masse die Hinterlegungszinsen hinzu — Ist die Hinterlegung in baarem Gelde zur Sicherung des Meistgebotes (nach §§ 62—64) erfolgt, so gebühren die Hinterlegungszinsen bis zum Verkundungstermine dem Ersteher und sind ihm als Kapitalzahlung auf das Restkaufgeld anzurechnen.

3. Die zu vertheilende Masse umfaßt den ganzen Kaufpreis im Sinne der §§ 57 und 101 (Anm. 17 zu §§ 53—56; Anm. 1 zu § 57, Anm 2 zu § 101 und Dernburg, Hyp R. II S. 421). Es sind also auch die zwar in Anrechnung auf den Kaufpreis, aber ohne Anrechnung auf das Geldgebot zu übernehmenden Ansprüche im Theilungsplane mit aufzuführen (Kol. 6. b der Zusammenstellung S. 220, 221) „Die zu vertheilende Masse wird nicht immer nur aus dem Kaufpreise des Grundstuckes und dessen Zinsen bestehen." (Mot.) Zu derselben fließen: a) die noch nicht vertheilten Einkunfte aus einer noch schwebenden Zwangsverwaltung, vgl. § 150 Abs 2. Den Realberechtigten kommen die bis zur Verkündung bez. Erlassung des Zuschlagsurtheiles abgesonderten natürlichen Früchte und die Mieths- und Pachtzinsen bis zu diesem Tage zu, gleichgültig, ob der Fälligkeitstermin der letzteren ein späterer ist (Anm. 3 zu § 97); — b) die Ueberschüsse einer im Konkurse stattfindenden Zwangsverwaltung vgl. §§ 116, 39

K.O. Die Wirkungen der Zwangsverwaltung und Zwangsversteigerung den Realgläubigern gegenüber sind im Konkurse dieselben wie außerhalb des Konkurses; — c) der Erlös solcher Mobilien, welche zur Immobiliarmasse gehörig, abgesondert verkauft worden sind Er gehört zur Theilungsmasse, wenn die Mobilien von der Beschlagnahme ergriffen sind (Anm. 8 zu §§ 16, 17) und der Versteigerungsrichter etwa abgesonderten Verkauf (— Gegensatz zum Verkaufe mit dem Grundstücke im Versteigerungstermine —) durch den Gerichtsvollzieher auf Antrag eines betreibenden Gläubigers hat vornehmen lassen (Vgl §§ 84, 188 R.Zw G Entw) Hat dagegen ein Realgläubiger die seinem Pfandrechte unterliegenden beweglichen Sachen außerhalb der Zwangsversteigerung im Wege der Zwangsvollstreckung veräußern lassen (vgl. Anm 3 c zu § 1, § 206 Abs 1, Anm 5 c, d, g zu § 1; § 31 E.E.G), so ist er nicht verpflichtet, denselben in die Vertheilungsmasse einzuwerfen, muß aber den Erlös von seiner Forderung in Abzug bringen. (Vgl auch Johow 1 S 61); — d) die an Stelle der Früchte, des beweglichen Zubehöres und der Gebäude in Folge der Beschlagnahme hinterlegten Versicherungsgelder (Anm. 8. a—c zu §§ 16, 17), bez die Forderung auf Zahlung solcher Versicherungsgelder, sofern sie nicht Gegenstand des Zuschlagsurtheiles gewesen sind; — e) Ablösungskapitalien und Renten, deren Jäckel (S 334) und Rudorff (S 212) hier auch gedenken, sind dagegen nicht zur Vertheilungsmasse zu ziehen (vgl Anm. 5 f zu § 1; Anm 6 zu § 97), wohl aber der Anspruch auf einen Theil am Amortisationsfonds, falls dieser nicht dem Ersteher mitzugeschlagen ist (a a. O)

Was ein Interessent auf Grund des § 74 zu zahlen hat (§ 138), gehört nicht zur Vertheilungsmasse im Sinne des § 102 Es handelt sich dabei um einen besonderen obligatorischen Anspruch, der in dem Verfahren selbst entstanden ist, mit dem Objekte der Zwangsversteigerung aber nichts zu thun hat Die Geltendmachung des Anspruches setzt die vollendete Vertheilung des Grundstückserlöses voraus. Die Vorschrift des § 138 begründet nur ein Anhangsverfahren zum Kaufgelderbelegungsverfahren Letzteres wird auf jene Beträge ausgedehnt, nicht aber werden sie zur Vertheilungsmasse zugezogen. Diese Auffassung theilen auch die Verfasser der Motive, welche den Fall des § 138 nicht auf gleiche Linie mit den übrigen dort behandelten Fällen (a—c) stellen (So auch Rudorff S 212. A M Jäckel Anm 1. Vgl. zu § 138.)

Die Theilungsmasse vermindert sich für die Interessenten durch die Vorwegentnahme der Kosten des Verfahrens nach § 84 Abs 2 — Die von Jäckel besprochene Frage, ob die Zwangsverwaltungskosten, zu deren Deckung die nach § 150 Abs. 2 zur Kaufgeldervertheilungsmasse fließenden Einkünfte nicht ausreichen, zu den Kosten des § 84 zu rechnen sind, kann praktisch nicht hervortreten, wenn im Zwangsverwaltungsverfahren nach §§ 148, 150 Abs 2 verfahren wird. In solchem Falle ist zur Kaufgeldervertheilungsmasse von dem Verwalter nichts abzuführen Es findet eine Vermischung der beiden völlig von einander getrennten Zwangsvollstreckungsarten nicht statt; der § 84 bezieht sich nur auf die Kosten der Zwangsversteigerung (Vgl. Anm. 2 zu § 24) Wegen der Kosten der Uebergabe vgl Anm 6 zu § 98

4. **Abs. 2 und 3** entsprechen durchaus dem hier vertretenen theoretischen Standpunkte. Dem Ersteher steht nur die Staatsbehorde gegenüber. Die Zahlung bez Hinterlegung der nach Abs. 1 berechneten baar zu zahlenden Kauf-

gelder befreit ihn insoweit von seiner in dem Zuschlagsurtheile auf Grund der Kaufbedingungen festgesetzten Verpflichtung. Der Richter nimmt das Geld nicht als Vertreter des betreibenden Gläubigers entgegen, dessen Forderung an den Schuldner, anders wie nach § 720 C.P.O., erst durch die Befriedigung aus den Kaufgeldern erlischt, ebensowenig als Vertreter des Schuldners, der auf die Art der Verwendung keinen Einfluß hat, sondern als Vertreter der Staatsgewalt, welcher von dem im Interesse aller Betheiligten entgegengenommenen Gelde Jedem das Seinige zutheilt, und ohne dessen Vermittelung für keinen einzigen Berechtigten obligatorische Ansprüche gegen den Ersteher und Ansprüche auf das Kaufgeld entstehen. — Die Zahlung bez. Hinterlegung erfolgt für Rechnung und auf Gefahr des Schuldners (bisherigen Grundstücks-Eigenthümers). Dieser wird Eigenthümer des gezahlten Kaufgeldes, welches nach dem Zuschlage an die Stelle des Grundstückes tritt (§ 40 Nr. 9, Vgl. auch § 140 R.Zw.G. und Motive dazu). aber durch die Zahlung an den Richter ebenso seiner Verfügung entzogen ist, wie das Grundstück durch die Beschlagnahme. Erst aus der Hand des Richters erhält er (durch Auszahlung bez Anweisung auf den Kaufgelderrückstand) die freie Verfügung über das Kaufgeld bez. die Kaufgeldforderung (Eccius § 194 Anm 67.) — Der öffentlich-rechtlichen Pflicht des Richters auf Vertheilung der Kaufgelder steht das Recht der Hebungsberechtigten auf Erfüllung dieser Pflicht d rch Zuziehung und Berücksichtigung bei der Vertheilung gegenüber. Dieses Recht ist zwar vermögensrechtlich und abtretbar, aber mit einer Klage gegen den Richter nicht durchzusetzen Deshalb ist auch der Richter bez. die Hinterlegungsstelle nicht als Drittschuldner im Sinne des § 730 C P O zu betrachten. Das Recht des Hebungsberechtigten auf Befriedigung aus dem Kaufgelde ist nach § 754 Abs. 2 C P O zu pfänden Im Uebrigen ist es Sache des Pfändungsgläubigers, wie des Cessionars, sich bei der Kaufgeldvertheilung zu melden und seine Zuziehung zu erwirken. Ist der Hebungsberechtigte nicht der Schuldner (des Versteigerungsverfahrens), sondern ein Hypothekengläubiger, konkurrirt also mit dem dinglichen Anspruche auf Befriedigung aus dem Kaufgelde ein persönlicher Befriedigungsanspruch gegen den Schuldner, so kann letzterer durch Befriedigung des Gläubigers den dinglichen Anspruch hinfällig machen In solchem Falle muß daher, um die Pfändung des Anspruches auf die Kaufgelder wirksam zu machen, zugleich eine Pfändung des persönlichen Anspruches nach § 730 C.P.O. und Zustellung des Pfändungsbeschlusses an den Schuldner (des Verfahrens) als Drittschuldner erfolgen (vgl Schneider, Arch. f. civ Praxis 66 S 288 ff.)

Erfolgt keine Zahlung oder Hinterlegung, und liegt auch der Fall des § 103 nicht vor, so ist das ganze baar zu zahlende Kaufgeld als rückständig zu behandeln und gemäß § 117 zu verfahren (vgl auch §§ 128, 129). — Wegen der weiteren Behandlung des an den Richter gezahlten Geldes vgl. Anm 5 zu §§ 62—64

5. Zu Abs. 3 bemerken die Motive: „Dem Ersteher kann nicht zugemuthet werden, die zu zahlende Summe bis zur Feststellung des Vertheilungsplanes aufzubewahren oder anders als in ungetrennter Summe zu zahlen. Aus diesen Gründen wird ihm auch schon vor dem Termine die Hinterlegung des baar zu zahlenden Preises gestattet. Sie befreit den Ersteher wie die Zahlung, vorausgesetzt, daß sie spätestens im Termine nachgewiesen wird. Dieser Nachweis ist erforderlich, wenn die weitere Verhandlung überhaupt auf sicherem Boden

stehen soll." — Die vorherige Hinterlegung erleichtert das Vertheilungsgeschäft in allen Fällen, in denen nicht darauf zu rechnen ist, daß die gesammte Summe im Vertheilungstermine an die Erschienenen baar ausgezahlt werden kann Sie befreit den Vertheilungstermin und den Richter von dem Geschäfte des Einnehmens, Ausgebens und Zählens des Geldes. Sie ermöglicht die Auszahlung des Percipiendums innerhalb des preußischen Staates an jedem Orte, an dem sich eine der in § 27 H.O. genannten Kassen befindet, ohne daß es einer Uebersendung des Geldes bedarf, während im Uebrigen die Uebersendung nach den §§ 25, 26 H.O. erfolgt. — Mit der Hinterlegung hört die Zinsverpflichtung aus § 57 Abs. 6 auf (vgl. Anm. 2 a. E) — Die Hinterlegung hat der Ersteher bei der Hinterlegungsstelle unmittelbar zu bewirken (§§ 12 ff. H O). Für eine Annahme zur vorläufigen Verwahrung fehlt es an einem gesetzlichen Grunde (§§ 73, 74 H.O.). In der nach § 14 H O bei der Hinterlegung vorzulegenden Erklärung ist die Zwangsversteigerungssache und das Gericht, bei welchem dieselbe schwebt, zu bezeichnen und anzugeben, daß der Betrag das Kaufgeld für die erstandene Sache sei Der Nachweis der erfolgten Hinterlegung ist durch die Bescheinigung der Hinterlegungsstelle (§ 16 H O) zu führen. — Im Falle der Hinterlegung erfolgt die Auszahlung an die nach dem Vertheilungsplane berechtigten Empfänger auf Ersuchen des Vollstreckungsrichters nach § 31 H O; indeß ist auch nicht ausgeschlossen, daß der Richter — insbesondere wenn der Interessent wünscht — nur eine Anordnung bez Anweisung nach § 30 Nr. 1 und 2 H.O. erläßt, und den Berechtigten die Erhebung des Geldes bei der Hinterlegungsstelle überläßt (§ 117 Abs. 5). — Die im Schlußsatze erwähnte Hinterlegung zur Sicherheit für das Meistgebot bezieht sich nur auf die von dem Bieter selbst, oder, was bei der Sicherheitsleistung durch baares Geld nicht ausgeschlossen ist, von einem Dritten für den Bieter gemäß §§ 62 bis 64 bestellte Bietungskaution. — Die Sicherheitsleistung für die Wiedererreichung des Meistgebotes (§ 74) ist nicht für den betr Meistbietenden (Ersteher) geleistet, sondern dient zur Sicherheit für etwaige Entschädigungsansprüche benachtheiligter Interessenten. (Vgl. oben Anm. 3 und zu § 138) — Wegen der Hinterlegungszinsen der Bietungskaution s Anm 2 a. E.

§. 103. Ist das Kaufgeld nicht hinterlegt und wird die schuldige Zahlung im Termine nicht geleistet, so sind die zur Sicherheit für das Meistgebot etwa hinterlegten Papiere auf Anordnung des Gerichts ebenso wie bei einer Zwangsvollstreckung zu verkaufen und der Erlös als eine von dem Ersteher auf das Grundstückskaufgeld geleistete Zahlung zu behandeln.

§ 103. Verwerthung der zur Sicherheit für das Meistgebot hinterlegten Papiere.

1. Vgl. § 149 R Zw G Entw. — Auch hier (wie in § 102 Abs 1) sind unter den „zur Sicherheit für das Meistgebot hinterlegten Papieren" solche Papiere zu verstehen, deren Hinterlegung von dem Meistbietenden (oder für denselben durch einen Dritten) nach §§ 62—64 erfolgt ist; auf den Fall der §§ 74, 138 findet § 103 keine Anwendung (A. M. Jäckel Anm. 1. — Vgl. Anm. 5 zu § 102).

2 Der Verkauf erfolgt auf Anordnung des Gerichtes durch den Gerichtsvollzieher aus freier Hand zum Tageskurse (§ 722 C.P.O., Gesch.Anw. f. Gerichtsvollzieher § 81). Rudorff (S. 213) zieht auch die allgemeinen Bestimmungen (§§ 716 ff C P O.) heran; mit Unrecht, denn Papiere, die einen Börsen- oder Marktpreis nicht haben, können zur Bestellung einer Bietungskaution nicht verwendet werden. — Der Gerichtsvollzieher hat den Erlös gemäß § 102 Abs. 2 und 3 je nach Anweisung des Gerichtes entweder in dem neuen Termine an den Richter zu zahlen oder vorher zu hinterlegen.

3. Für die Zeit von der Ertheilung des Zuschlages bis zur Ablieferung des Erlöses durch den Gerichtsvollzieher hat der Ersteher 5 Prozent Zinsen des Kaufgeldes (§ 57 Abs. 6) abzüglich der Zinsen der Werthpapiere für diesen Zeitraum zu zahlen.

4. Die Motive bemerken: „Für den Fall, daß mit einer Hypothek oder Grundschuld Sicherheit geleistet wird, bedarf es einer besonderen Bestimmung nicht. Wem die auf die verpfändete Forderung fallende Hebung gebührt, ist nach Maßgabe der durch die Verpfändung begründeten Rechte im Vertheilungsverfahren zu entscheiden" Wenn außer der Hinterlegung der betr. Urkunden bei Bestellung der Sicherheit eine Verpfändungserklärung im Versteigerungsprotokolle aufgenommen ist, dann wird allerdings so verfahren werden können, wie die Motive hervorheben. Die auf die verpfändete Forderung fallende Hebung ist auf die betroffenen Gläubiger nach der Reihenfolge ihrer Ansprüche zu vertheilen. — Hat aber nur eine Hinterlegung der Hypotheken und Grundschuldenurkunden stattgefunden, so ist nach Anm. 5 zu §§ 62—64 zu verfahren

§. 104. Der Richter stellt im Termine nach Vernehmung der erschienenen Betheiligten und nöthigenfalls mit Hülfe eines Rechnungsverständigen den Theilungsplan auf. In demselben ist insbesondere anzugeben, welche Ansprüche von dem Ersteher zu übernehmen, und welche Forderungen aus dem baar zu zahlenden Kaufgelde zu berichtigen sind.

Den Betheiligten steht es frei, schon vor dem Termine eine Berechnung ihrer Forderungen an Kapital, Zinsen, Kosten und sonstigen Nebenforderungen mit Angabe des beanspruchten Ranges und der beanspruchten Art der Befriedigung einzureichen.

Ein Betheiligter, welcher im Termine erschienen ist oder vor dem Termine eine Berechnung seiner Forderung eingereicht hat, ist nicht befugt, nach dem Termine die Berechnung zu ergänzen.

§. 105. Die Aufstellung des Planes erfolgt, soweit alle Betheiligten einig sind, nach Maßgabe dieser Einigung, andernfalls nach den Vorschriften der nachfolgenden §§. 106 bis 112.

§. 106. In den Vertheilungsplan sind von Amtswegen aufzunehmen:

1) eingetragene Lasten und Forderungen mit Einschluß der laufenden Zinsen oder anderen Hebungen, Forderungen von unbestimmter Höhe nach dem im Grundbuche eingetragenen höchsten Betrage;

2) Forderungen, für welche das Grundstück in Beschlag genommen ist.

Im Uebrigen erfolgt die Aufnahme in den Vertheilungsplan nur auf Grund der vor oder in dem Termine erfolgten Anmeldung.

Eintragungen im Grundbuche, welche nach Eintragung des in §. 18 bezeichneten Vermerks erfolgt sind, werden nur berücksichtigt, wenn sie spätestens im Termine nachgewiesen werden.

§§ 104–106. Aufstellung des Theilungsplanes und Feststellung der Schuldenmasse.

1. Vgl. §§ 596, 597 Hann B.P.O., §§ 155, 156 R.Zw G.Entw. — Die Aufstellung des Theilungsplanes soll im Termine erfolgen. Vorher von dem Richter bez. einem Rechnungsverständigen angefertigte Aufstellungen, wie solche in Anlehnung an § 69 S O. in der Praxis üblich waren, haben nur den Karakter von Vorarbeiten.

2. Sie setzt eine vorgängige Vernehmung der erschienenen Betheiligten voraus. Als Betheiligte sind außer den Realberechtigten und dem betreibenden Glaubiger auch der Schuldner, der neu eingetretene Eigenthümer, sowie etwaige mit ihren Ansprüchen auf das Kaufgeld beschränkte Eigenthumsprätendenten und der Ersteher anzusehen

Die Vernehmung der Betheiligten hat über den ganzen Inhalt des Theilungsplanes (vgl das Beispiel hinter § 111) zu erfolgen. Dieser umfaßt:

a die Feststellung der Theilungsmasse, und insbesondere der Verpflichtungen des Erstehers nach Inhalt des Zuschlagsurtheiles und der Kaufbedingungen (§ 102 Abs. 1 und Anm. 2 und 3 zu § 102);

b. die Feststellung der Schuldenmasse, d h. der Ansprüche, wegen deren Befriedigung aus dem Erlöse verlangt wird (§§ 104 Abs. 2 und 3 und 106, unten Anm. 4);

c die Art und Weise, in welcher diese Befriedigung erfolgen soll (§§ 107 bis 111). Dieser Abschnitt des Theilungsplanes ist nach **§ 104 Abs. 1** („insbesondere") und mit Rucksicht auf die Bestimmungen der §§ 53–60 als wesentlich zu betrachten. Unter den zu „übernehmenden Ansprüchen" sind nur die nach den Kaufbedingungen zu übernehmenden (§§ 57, 115) zu verstehen. – Die Uebernahme nach § 116 gehört zur Ausführung des Planes

3 Die Aufstellung des Planes erfolgt, wie die der Kaufbedingungen, durch den Richter. Auch hier ist derselbe an die Einigung aller Betheiligten gebunden (**§ 105**) Die Einigung kann sich auf den ganzen Inhalt des Theilungsplanes, auf einen oder mehrere der in Anm. 2 a–c aufgeführten Abschnitte desselben, oder auch auf Theile der letzteren beziehen. (Vgl Kurlbaum n. G S. 69) — Danach bestimmt sich einerseits, wer als Betheiligter anzusehen, andererseits die

rechtliche Bedeutung der stattgehabten Einigung. — Voraussetzung ist, daß alle Betheiligten erschienen sind; sonst ist nach den gesetzlichen Vorschriften (§§ 106—112) zu verfahren. Soweit hiernach eine zulässige Vereinbarung erfolgt, besteht die Aufstellung des Planes nur in deren Niederschrift. — Die Einigung, betr. die Feststellung der Schuldenmasse hat den Karakter einer vertragsmäßigen Feststellung der Rechte der an der Einigung theilnehmenden Interessenten bezüglich des Betrages und der Rangstellung der Forderungen und der Art der Befriedigung aus dem Erlöse Sie enthält einerseits einen Verzicht auf weitergehende Ansprüche, andererseits eine Anerkennung der geltend gemachten Ansprüche (und die Annahme dieser Erklärungen seitens der gegenüberstehenden Interessenten). Sie bindet die Kontrahenten nicht nur für die Ausführung des Planes, so daß ein der Einigung zuwider erhobener Widerspruch als unbegründet verworfen werden muß, sondern wirkt über das Vertheilungsverfahren hinaus dahin, daß kein bei der Einigung Betheiligter von dem Anderen das in Ausführung derselben Erhaltene zurückfordern darf, es sei denn, daß die Einigung selbst nach den Grundsätzen des bürgerlichen Rechtes anfechtbar wäre.

4. Soweit eine Einigung nicht vorliegt, sind für die Feststellung der Schuldenmasse (Feststellung der Antheilsrechte bei Vertheilung des Erlöses) die Bestimmungen des **§ 106** maßgebend

A. Von Amtswegen aufzunehmende Ansprüche.

a „Daß alle Eintragungen im Grundbuche, wie sie zur Zeit der Eintragung des in § 18 bezeichneten Vermerkes vorhanden waren und die Forderungen der betreibenden Gläubiger von Amtswegen berücksichtigt werden, entspricht der Rücksicht auf die Bedeutung des Grundbuches wie den Vorschriften in § 69 Abs 3, § 68 G O. Rückstände an Zinsen und wiederkehrenden Hebungen, sowie Forderungen von gänzlich unbestimmter Höhe werden dabei als solche behandelt, welche sich nicht des dem Grundbuche ergeben, in Uebereinstimmung mit den citirten Paragraphen der G.O und § 56 d. G“ (Mot) Dem Vollstreckungsrichter giebt die ihm mitgetheilte Abschrift des Grundbuchblattes die erforderliche Auskunft über die Eintragungen. — Entscheidend ist aber auch hier lediglich der Inhalt des Grundbuches (Anm 6 zu §§ 53—56). Bei unvollendetem Grundbuche s. § 196. — Ueber Vormerkungen und Arreste nach älterem Rechte vgl Anm. 6 zu §§ 33, 34

Als „laufende Zinsen“ sind die Zinsen einer Zwangshypothek vom eingetragenen Anfangstermine (— natürlich mit der sich aus §§ 35, 37 ergebenden Beschränkung —) zum Ansatze zu bringen, (Eccius § 68 Anm. 85, Jäckel Anm. 1. a zu § 106). — Bei Kautionshypotheken (§§ 55 Abs. 1, 56; Anm. 5, 6. a zu §§ 53—56) wird durch den eingetragenen höchsten Betrag auch ein etwaiger Zinsanspruch beschränkt (Erk. d O T v. 23. Oktober 1876 bei Gruchot 21 S. 286, Johow 6 S. 167 und Jäckel a a. O. A. M. Johow 3 S. 164; 4 S 181, 5 S. 168) — Kautionshypotheken aus älterer Zeit, bei welchen ein höchster Betrag nicht eingetragen ist, werden von Amtswegen nicht berücksichtigt.

Haben die eingetragenen Lasten und Forderungen Geld nicht zum Gegenstande, so kommt es darauf an, ob sie bei Feststellung des geringsten Gebotes berücksichtigt und nach § 57 zu übernehmen sind In diesem Falle bedarf es für die Aufnahme in den Vertheilungsplan keiner Anmeldung zu einem bestimmten

Geldbetrage; die Schätzung für den Fall der Ersatzübernahme ist bereits erfolgt (§ 58 Abs. 2 und 3). Ist dagegen ein solcher Anspruch aus dem baar zu zahlenden Kaufgelde zu befriedigen oder kommt er als Ersatzanspruch an Stelle eines nach § 57 zu übernehmenden Anspruches in Frage, so muß der Abfindungsanspruch nach § 106 Abs 2 angemeldet werden, weil er nicht eingetragen ist (vgl Anm. 7 zu §§ 58, 59 und § 140 Abs. 2—4 R Zw G Entw.) Ebenso hat der Gläubiger einen Geldbetrag für die laufenden und rückständigen nicht in Geld bestehenden Hebungen anzumelden, da die Festsetzung nach § 55 Abs 6 für das Kaufgeldvertheilungsverfahren nicht maßgebend ist (Anm. 5 zu §§ 53—56). A. M. Knorr Anm. 1 zu § 106. — Korrealhypotheken sind, wenn ein einzelnes der verhafteten Grundstücke zur Versteigerung gebracht ist, zum vollen Betrage zum Ansatze zu bringen Wenn das Verfahren gleichzeitig mehrere dieser Grundstücke umfaßt, so kommt es darauf an, ob der betreibende Korrealgläubiger seine Befriedigung aus einem, mehreren oder allen ihm verpfändeten Grundstücken begehrt. — Im ersteren Falle ist seine Forderung bei der Vertheilung des Kaufgeldes des betreffenden Grundstückes allein anzusetzen. Soweit er dabei befriedigt wird, werden die anderen Grundstücke von der Haftung frei (§ 42 E.E G., § 125 b. G.). In den beiden anderen Fällen ist anzunehmen, daß der Korrealgläubiger eine verhältnißmäßige Vertheilung seiner Forderung auf die Einzelgrundstücke beanspruche — Die Grundsätze, wie solche Theilung vorzunehmen, sind sachgemäß in § 521 I 50 A G.O, § 56 Nr 2 Pr K O. (alte Fassung), Anm. 2 zu § 204 aufgestellt Sie sind deshalb auch trotz der formellen Aufhebung jener Bestimmungen noch jetzt anzuwenden (so auch Lotze bei Gruchot 36 S 283; Dernburg, Hyp R. II S. 181). Von der Masse jedes Grundstückes werden die der Korrealhypothek vorgehenden Posten abgerechnet, die verbleibenden Reste der einzelnen Massen werden zusammengerechnet Das Verhältniß dieser Gesammtsumme zu den einzelnen Masseresten giebt den Vertheilungsmaßstab — Der Forderung des betreibenden Gläubigers vorgehende Korrealhypotheken bleiben bestehen, sie sind auch bei der Vertheilung der Kaufgelder der Einzelgrundstücke zum vollen Betrage in Rechnung zu stellen, da sie dem neueren Erwerber gegenüber in ganzem Umfange geltend gemacht werden können. — Vgl. auch § 164 R.Zw G.Entw Dieselben Grundsätze finden bei einer Antheilsversteigerung auf Totalhypotheken Anwendung (Anm. 4. b zu § 1, Anm 5 zu §§ 53—56). — Sind die mehreren Grundstücke zu einem Preise zugeschlagen, so ist bei der Vertheilung des Preises auf die einzelnen Grundstücke nach § 112 zu verfahren.

b. Die Forderungen, für welche das Grundstück in Beschlag genommen ist, ergeben sich ihrem Betrage nach aus dem Antrage bez. der Beschlagnahmeverfügung (Anm. 4 zu §§ 13, 14; vgl. auch Anm 5 zu § 84).

c. Die nach § 84 aus dem baar zu zahlenden Kaufgelde vorweg zu entnehmenden Kosten. — Soweit ein Vorschuß auf diese Kosten gezahlt ist (Anm. 4 zu § 84), gebührt der Anspruch dem betreffenden Gläubiger, im Uebrigen der Staatskasse (Anm. 3 zu § 84)

B. Anzumeldende Ansprüche.

a. Alle übrigen Ansprüche bedürfen, um in den Vertheilungsplan aufgenommen zu werden, der Anmeldung. (§ 106 Abs. 2.) Es gilt dies zunächst von den in Anm. 7 zu §§ 53—56 aufgeführten Ansprüchen. Außerdem kommt in Betracht der Anspruch eines Eigenthumsprätendenten nach § 40 Nr. 9. —

Wegen der Nothwendigkeit der Anmeldung einer Abfindungssumme für nicht in Geld bestehende Ansprüche s. oben unter A. a. — Trotz der Eintragung im Grundbuche bedürfen einer Anmeldung (Nachweises) die nach Eintragung des Sperrvermerkes eingetragenen Posten (§ 106 Abs. 3; vgl. § 55 Abs. 5), und im Bezirke Kassel die in § 201 d. G. gedachten älteren Hypotheken. — Ueber die Anmeldung eines Vorranges siehe § 48 (Anm. 4 daselbst); Anm. 7 d zu §§ 53—56; bei unvollendetem Grundbuche §§ 195, 197; für ältere Hypotheken im Bezirke Kassel § 201. — Vgl. auch §§ 40 Nr. 8 und 108.

b. Die Anmeldung kann vor oder im Termine, und in letzterem bis zum Schlusse desselben erfolgen bez ergänzt werden (§ 104 Abs. 2 und 3; so auch § 156 Abs. 2 R Zw G.Entw — Anders s noch § 64 Abs. 2 S. O). In dem Termine erfolgt sie mündlich zu Protokoll. Vor dem Termine kann sie schriftlich eingereicht oder zu Protokoll des Gerichtsschreibers erklärt werden. Sie muß neben der Angabe des Betrages auch die Bezeichnung des Grundes enthalten, da ohne eine solche eine bestimmte Bezeichnung einer Forderung überhaupt nicht denkbar. Eine derartige Anmeldung wirkt, wenn sie zum Zwecke der Feststellung des geringsten Gebotes (rechtzeitig oder verspätet) erfolgte, auch für die Kaufgeldervertheilung. Eine vor dem Termine bewirkte Anmeldung steht einer in dem Vertheilungstermine erfolgenden gleich (§§ 104 Abs. 3, 113 Abs. 3). — Als Befriedigung kann entweder Uebernahme nach §§ 57, 107, 115 — nicht auch, wie Jäckel meint, nach § 116, denn darauf hat der Gläubiger keinen Anspruch — oder Baarzahlung beansprucht werden. In letzterem Falle können auch Anträge bezüglich der Art der Auszahlung gestellt werden (§ 121).

c. Die Folgen der unterlassenen Anmeldung bestehen darin, daß die der Anmeldung bedürfenden Ansprüche nicht in den Vertheilungsplan aufgenommen und demgemäß auch bei der Ausführung desselben nicht berücksichtigt werden (§§ 106 Abs. 2 und 3, 201 Abs. 3). Diese Folge tritt ein, ohne daß eine Androhung derselben in der Ladung (§ 101 Abs 2) erforderlich wäre. Sie trifft sowohl die ausgebliebenen Interessenten, sofern sie nicht vor dem Termine eine Berechnung nach § 104 Abs 2 eingereicht haben, als die erschienenen Interessenten. Auch bei nicht gehöriger Ladung der Interessenten ergiebt sie sich als thatsächliche — aber nicht als rechtlich begründete — Folge der Nichtanmeldung (vgl. unten d. α β) — Den nicht gehörig geladenen Interessenten stehen die unbekannten Realberechtigten gleich; die öffentliche Aufforderung derselben nach § 40 Nr. 8 bezieht sich nur auf die Anmeldung zur Feststellung des geringsten Gebotes; der a. a. O angedrohte Nachtheil bez. der Rangstellung betrifft nur die ihrem Betrage nach aus dem Grundbuche nicht ersichtlichen Forderungen Der Vertheilungstermin wird zwar öffentlich bekannt gemacht, aber ohne ein den Verlust des Anspruches nach sich ziehendes Aufgebot der unbekannten Realberechtigten (vgl. die Motive zu § 104 Abs. 3 in Anm d).

d § 104 Abs 3 weicht von dem für das Vertheilungsverfahren bei der Zwangsvollstreckung in das bewegliche Vermögen geltenden Rechte des § 760 Abs 3 C.P.O, nach welchem eine nachträgliche Ergänzung der Forderung, wie dieselbe in den Plan aufgenommen werden mußte, völlig unzulässig ist, insofern ab, als nur den Betheiligten, welche im Termine erschienen, oder vor dem Termine eine Berechnung ihrer Forderungen eingereicht haben, eine Ergänzung der im Termine aufgestellten Berechnung untersagt ist. — Ueber diese Abweichung bemerken die Motive: „Bei der Zwangsvollstreckung in bewegliches Vermögen ergiebt sich der Umfang einer jeden betheiligten Forderung, wenn auch nicht in ausgerechnetem Betrage, aus dem Pfändungsakte; die Unzulässigkeit einer Ergänzung der Forderung nach Aufstellung des Planes hat deshalb eine weit geringere Bedeutung als bei der Vertheilung des Erlöses von Grundstücken. Denn bei dieser können die Grundlagen für die Berechnung der Forderung von Amtswegen rücksichtlich der Zinsen und Kosten niemals vollständig sein. Sollten gar die noch unbekannten Berechtigten durch unterlassene Anmeldung ganz ausgeschlossen werden, dann würde ein förmliches Aufgebot derselben kaum zu umgehen sein Deshalb soll das Unterlassen der Anmeldung auch für solche Forderungen, welche nur auf Grund einer Anmeldung zu berücksichtigen sind, nur insoweit ausschließend wirken, daß die Vertheilung des Kaufgeldes ausgeführt werden kann, eine Wirkung, welche sich aus dem für anwendbar erklärten § 763 der C P.O. ergiebt. Außerdem sollen in Uebereinstimmung mit § 68 Abs 3 S O. der erschienene Gläubiger — nach der Bedeutung der im Termine abgegebenen Erklärungen — und ihm gleichstehend der Gläubiger, welcher eine schriftliche Berechnung seiner Forderung einreicht, die Berechnung nach dem Termine nicht mehr ergänzen dürfen Ob die bei dem Plane nicht Berücksichtigten nach Ausführung desselben noch einen Anspruch gegen diejenigen, an welche das Kaufgeld gezahlt ist, haben, ist lediglich nach den Vorschriften des bürgerlichen Rechtes zu beurtheilen."

Es ist zu unterscheiden:

α die Bedeutung des § 104 Abs. 3 für das Vertheilungsverfahren selbst und die Ausführung des Planes. — Die erschienenen Gläubiger sind berechtigt, bis zum Schlusse des Termines, in welchem der Regel nach auch die Ausführung des Planes erfolgt (die Berichtigung des Grundbuches gehört nicht mehr zur Ausführung des Planes, § 124), die Berechnung ihrer Forderung zu ergänzen, insbesondere also auch bei den Verhandlungen über den aufgestellten Theilungsplan. Wird die Ergänzung zugelassen, so ist der Plan abzuändern; anderenfalls muß der erschienene Gläubiger gegen den Plan Widerspruch erheben, darf dann aber in der nach § 764 C P O zu erhebenden Klage einen höheren Betrag als den bis zum Schlusse des Vertheilungstermines angemeldeten nicht geltend machen. — Gläubiger, welche eine Berechnung nach § 104 Abs 2 vor dem Termine eingereicht haben, in dem Termine aber nicht erschienen sind, können ihre Berechnung durch Einreichung einer nachträglichen Berechnung (Abs 2) bis zum Terminsschlusse nicht ergänzen. (A. M Jäckel Anm 4 a zu § 104) Ihre vor dem Termine eingereichte Berechnung ist der von den erschienenen Gläubigern bis zum Schlusse des Termines erfolgten Anmeldung gleichzustellen. Eine nachträgliche Ergänzung in dem in Folge der Nichtberücksichtigung ihrer Forderung etwa entstehenden Rechtsstreite (§ 113 Abs 3) ist ausgeschlossen. — Die Bedeutung der Anmeldung, wie sie sich bis zum Schlusse des Vertheilungstermines gestaltete, besteht darin, daß der Berechtigte selbst erklärt, die Forderung nur zu dem angemeldeten Betrage und Range und mit dem Anspruche auf die verlangte Art der Befriedigung bei der Kaufgeldervertheilung geltend machen zu wollen; und diese Erklärung gilt zunächst für das Vertheilungsverfahren selbst, einschließlich der Ausführung desselben, als eine unwiderrufliche, auch insofern, daß jede Abänderung, die nach enger Auslegung des Wortes als „Ergänzung der Berechnung" nicht betrachtet werden könnte, ausgeschlossen erscheint — Die ausgebliebenen Berechtigten haben eine solche Erklärung nicht abgegeben; nichtsdestoweniger muß auch ihnen gegenüber der Plan zur Ausführung gebracht werden (Anm. 8 zu §§ 113, 114) — Wird gegen die angemeldete, oder zum Ansatze gebrachte Forderung eines erschienenen oder nicht erschieneuen Interessenten von einem anderen Gläubiger Widerspruch erhoben, so ist in dem entstehenden Rechtsstreite eine Ergänzung der bestrittenen Forderung ausgeschlossen, weil die Grundlage desselben nur der Vertheilungsplan bildet (Anm. 10. c zu §§ 113, 114);

β die Bedeutung der Vorschrift für die Rechtsverhältnisse nach Ausführung des Planes. Die Unterlassung der Anmeldung oder rechtzeitigen Ergänzung wirkt nach der Absicht des Gesetzes nur für das Vertheilungsverfahren selbst präkludirend; die danach ausgeschlossenen Ansprüche können im Vertheilungsverfahren nicht geltend gemacht werden Daraus folgt, daß die Unterlassung des Widerspruches gegen das Vertheilungsverfahren allein den Gläubiger nicht hindert, seine in Folge der nicht rechtzeitigen Anmeldung nicht berücksichtigten Ansprüche gegen den letzten Perzipienten geltend zu machen. Mit Jäckel (Anm. 4 zu § 104) ist auch anzuerkennen, daß § 764 Abs. 2 C P.O. nicht entgegen steht, weil dieser durch § 113 Abs. 2 nur für das Vertheilungsverfahren bis zur Ausführung des Planes für anwendbar erklärt ist; hier aber die Geltendmachung von Ansprüchen nach dessen Ausführung in Frage steht (R bei Gruchot 32 S. 403 und Jur. Wochenschr. 1891 S 390, Dernburg, Hyp.R. II. S. 427, — siehe auch Anm. 4 zu §§ 113, 114) — Die materiellen Erfordernisse der Klage gegen den letzten Perzipienten sind die der condictio sine causa (grundlosen Bereicherung; fr. 1 § 3 D XII. 7; Windscheid §§ 421, 422, 424 Anm 1; § 230 I. 13 A.L R.; Eccius §§ 147, 150; Entsch. 69 S. 69; Strieth 89 S. 195, 98 S. 1; R O H G. 7 S 163; R. 6 S. 313; 23 S. 61 und bei Gruchot 32 S. 403; Jur. Wochenschr. 1893 S. 71, art 1376, 1379 c c, so auch Rudorff S. 218; — nicht condictio indebiti, wie das O.T. Entsch 6 S 403, 70 S 78, Strieth. 90 S 203 und Jäckel a. a. O. meinen). Daß die Voraussetzungen dieser Klage für unbekannte Realberechtigte und nicht gehörig geladene Gläubiger vorhanden sind, bedarf keiner Begründung Für Gläubiger, welche ausgeblieben sind und vor dem Termine eine Berechnung ihrer Forderung nicht eingereicht haben, ergiebt sich aus § 106, daß sie nur nach Maßgabe des Inhaltes des Grundbuches bei Aufstellung des Theilungsplanes und demgemäß auch nur bei dessen Ausführung berücksichtigt werden können. Für den letzten Perzipienten ist die dadurch herbeigeführte Bereicherung indeß nur formal durch das prozessualische Verfahren gerechtfertigt, materiell dagegen nicht, denn für die Annahme, daß der ausgebliebene Gläubiger die ihm nachtheilige Vermögensveränderung (im Gegensatze der sich aus der Nichtanmeldung für ihn ergebenden Rechtsveränderung [statt Befriedigung aus der Kaufgeldermasse: Anspruch gegen den letzten Perzipienten]) gewollt habe, liegt kein Grund vor (vgl. Windscheid § 422 Nr. 2 a ; der Unterschied zwischen formaler und materieller Rechtfertigung der Bereicherung ist in dem Urtheile des O T Entsch 70 S. 78, Strieth 90 S. 203 nicht berücksichtigt) — Wie dem ausgebliebenen Gläubiger wird man aber auch dem erschienenen Gläubiger bez. dem Gläubiger, welcher vor dem Termine eine Berechnung der Forderung eingereicht hat, wegen § 104 Abs. 3 eine Klage gegen den letzten Perzipienten nicht versagen können, da dieser

Vorschrift eine über das Vertheilungsverfahren hinaus wirkende Kraft nicht beigelegt ist. Sofern nach dem Inhalte der im Termine gepflogenen Verhandlungen oder der erfolgten Anmeldung eine vertragsmäßige Feststellung der interessirenden Forderung bez ein über das Kaufgeldervertheilungsverfahren hinaus wirksamer Verzicht anzunehmen ist, kann von einer grundlosen Bereicherung des letzten Perzipienten nicht die Rede sein (vgl Anm. 3)

§. 107. Als Ansprüche, welche der Ersteher in Anrechnung auf den Kaufpreis zu übernehmen hat, sind diejenigen anzusetzen, welche nach §. 57 hierzu bestimmt sind.

Soweit diese Ansprüche gänzlich oder doch mit dem Range vor dem Anspruch des betreibenden Gläubigers in Wegfall kommen (§§. 58, 59), sind in Höhe derselben diejenigen Ansprüche als zu übernehmende anzusetzen, welche an letzter Stelle zu einer Hebung aus dem Kaufgelde gelangen.

Die übrigen zur Hebung kommenden Forderungen sind aus dem baar zu zahlenden Kaufgelde zu berichtigen.

§. 108. Die bei der Feststellung des geringsten Gebots berücksichtigten Ansprüche gehen, soweit sie mit dem beanspruchten Realrechte festgestellt werden, den ihrem Betrage nach aus dem Grundbuche nicht ersichtlichen, nicht berücksichtigten Ansprüchen vor.

§. 109. Ein für wiederkehrende Hebungen sicherzustellendes Kapital ist, soweit dasselbe durch die Hebungen nicht erschöpft werden wird, auf andere Forderungen nach der festgesetzten Reihenfolge zu vertheilen.

§. 110. Der auf eine Forderung unter auflösender Bedingung anzuweisende Betrag ist für den Fall des Eintritts der Bedingung auf andere Forderungen nach der festgesetzten Reihenfolge zu vertheilen.

Die Gläubiger der letzteren Forderungen erhalten nur einen Anspruch gegen den Gläubiger der bedingten Forderung auf Herausgabe des Empfangenen und, wenn der Letztere zu einer Sicherstellung verpflichtet ist, auf Antrag eine Sicherung ihrer Rechte.

§. 111. Der auf eine Forderung unter aufschiebender Bedingung zur Sicherung derselben anzuweisende Betrag ist für den Fall, daß die Bedingung ausfällt, auf andere Forderungen nach der festgesetzten Reihenfolge zu vertheilen.

Die Gläubiger der letzteren Forderungen erhalten die Zinsen des anzuweisenden Betrages und eine Sicherung ihrer Rechte.

§§ 107—111. Feststellung der Vertheilung.

1. Vgl §§ 67, 151—154, 160—162 R.Zw.G.Entw. — Die §§ 107, 109—111 enthalten die Ausführungsbestimmungen zu Abs. 1 Satz 2 des § 104. § 108 bringt den für die Anmeldung zur Feststellung des geringsten Gebotes angedrohten Rechtsnachtheil (§ 40 Nr. 8) zur Ausführung.

2. Die von dem Ersteher in Anrechnung auf den Kaufpreis (vgl. darüber Anm. 17 zu §§ 53—56) zu übernehmenden Ansprüche ergeben sich aus § 57 Abs. 1—3. Ist durch besondere Kaufbedingung festgestellt, daß der Ersteher nach § 57 zu übernehmende Forderungen baar zu zahlen habe, oder umgekehrt baar zu zahlende übernehmen soll, so ist dies bei Aufstellung des Planes zu berücksichtigen. Es ist jedoch im letzteren Falle ersichtlich zu machen, daß die Uebernahme auf Grund besonderer Kaufbedingungen zu erfolgen habe, weil die Wirkung solcher Uebernahme nicht nach §§ 22 Abs. 1, 115, sondern nach § 116 zu beurtheilen ist (Anm. 3 zu § 115, Anm. 8 zu § 116, 117). — Die Uebernahme beschränkt sich auf den Hauptanspruch (mag derselbe auf Geld gerichtet sein oder nicht, oder wiederkehrende Hebungen zum Gegenstande haben) nebst den seit der Verkündung des Zuschlagsurtheiles laufenden Zinsen oder sonstigen Leistungen (Anm. 3 zu § 57). Sie ist:

a. eine endgültige, wenn der nach § 57 zu übernehmende Anspruch am Tage der Verkündung des Zuschlagsurtheiles noch bestand und ein unbedingter ist (Anm. 2 zu §§ 58, 59). War dieser Anspruch in jenem Zeitpunkte gänzlich oder doch mit dem Range vor dem Anspruche des betreibenden Gläubigers zum Wegfall gekommen, so wird in dem Vertheilungsplan endgültig der anstatt desselben zu übernehmende Ersatzanspruch zum Ansatze gebracht;

b. eine bedingte, wenn der zu übernehmende Anspruch ein bedingter ist (§§ 33, 34, Anm. 3 zu §§ 58, 59). In diesem Falle werden als zu übernehmende Ansprüche zwei oder (wenn der Ersatzanspruch ebenfalls ein bedingter ist oder mehrere Ansprüche zusammen erst dem Betrage des wegfallenden Anspruches gleich kommen) auch mehrere Ansprüche dergestalt in den Theilungsplan aufgenommen, daß in demselben die Bedingung, von deren Eintritt (bei auflösender Bedingung des ersten Anspruches), oder Ausfall (bei aufschiebender Bedingung des ersten Anspruches) das Befriedigungsrecht für den Ersatzanspruch abhängig ist, sowie bei einer Mehrheit von gleichzeitig konkurrirenden Ersatzansprüchen die Reihenfolge derselben zum Ausdrucke gebracht wird

Für beide Fälle a. und b. gilt **Abs. 2 des § 107.** Ueber die Rangstellung des Ersatzanspruches zu den Forderungen der Zwischengläubiger, über dessen Höhe und über die Bedingungen der Ersatzübernahme siehe Anm 5 bis 9 zu §§ 58, 59. (Vgl. auch die Zusammenstellung S 220—221 Kol. 7 und Anm 4. A zu §§ 104—106). Ergiebt sich durch den Wegfall eines nach § 57 zu übernehmenden Anspruches ein Ueberschuß für den Schuldner, so bildet der Anspruch des Letzteren auf den Ueberschuß den Ersatzanspruch im Sinne der §§ 58, 59 (Anm 6 a. E. a. a. O). — Wegen des Widerspruches gegen einen nach dem Plane zu übernehmenden Anspruch siehe § 115 Abs 2. — Die Eintragung der in den Fällen a. und b. nothwendig werdenden Löschungen und Aenderungen vorhandener Eintragungen erfolgt nach § 124 Nr. 2 und 3. (K. 3 S. 154)

Ist einem dem betreibenden Gläubiger nachstehenden Gläubiger das **Vorrecht** vor einer in das geringste Gebot fallenden, von dem Ersteher zu übernehmenden

Forderung eingeräumt, so ist der zurücktretende Gläubiger verpflichtet zu gestatten, daß die Forderung des Cessionars, soweit dieselbe ausgefallen ist, an Stelle der seinigen von dem Ersteher übernommen werde, und letzterer ist zu solcher Uebernahme auch seinerseits verpflichtet (arg § 58 Abs 1) — Die Uebernahme durch den Ersteher wirkt aber nicht als Befriedigung (§§ 115, 116) Es werden also die für die Forderung des Prioritätscessionars mitverhafteten Grundstücke nicht befreit; — ebensowenig aber die für die Forderung des Prioritätscedenten mitverhafteten Grundstücke, denn es ist die eigene Forderung des Ersteren, welche kraft des ihr zustehenden Pfandrechtes und des ihr eingeräumten Vorrechtes von dem Ersteher übernommen ist Die demnächstige Befriedigung des Prioritätscedenten aus andern mitverhafteten Grundstücken ist für die übernommene Forderung des Prioritätscessionars gleichgültig. (Vgl Anm. 9 zu § 29.)

3. Die nicht nach Anm 2 von dem Ersteher zu übernehmenden Forderungen sind, soweit sie überhaupt zur Hebung kommen, aus dem baar zu zahlenden Kaufgelde zu berichtigen. Im Falle einer Vorrechtseinräumung erhält der vortretende Gläubiger, sofern er an seiner Stelle ausfallen würde, die Hebung des zurücktretenden Gläubigers bis zur Höhe seiner Forderung Auch bei den auf das baare Kaufgeld anzuweisenden Forderungen kann sich die Nothwendigkeit herausstellen, zur Vermeidung nachträglicher Verhandlungen sei es endgültig (in dem Falle 2 a) oder bedingt (im Falle 2. b) andere Forderungen statt oder neben denselben in den Theilungsplan aufzunehmen. Dies ist der Fall, wenn das zur Sicherheit wiederkehrender Hebungen bestimmte Kapital (§§ 32, 119) durch diese nicht erschöpft wird (§ 109), und wenn der Betrag einer nur bedingt zur Hebung kommenden Forderung für den Fall des Eintrittes oder Wegfalles der Bedingung anderweit zu vertheilen ist (§§ 110, 111) Die anderen Forderungen, auf welche in diesen Fällen sich die Vertheilung zu erstrecken hat, sind auch hier die letzten zur Hebung berechtigten Ansprüche, in deren Ermangelung ein Ueberschuß für den Schuldner Im Vertheilungsplane wird zugleich nach den gesetzlichen Vorschriften (Anm. 5—7 zu § 29) die Reihenfolge festgesetzt, in welcher bei einer Mehrheit derartiger Forderungen dieselben zur Hebung gelangen

Zu **§ 109** vgl § 32, zu **§ 110 Abs. 1** vgl § 33, zu **§ 111 Abs. 1** vgl § 34, sowie die Anmerkungen zu diesen Paragraphen und zu § 110 Abs. 1 und § 111 Abs. 1 auch die Anm. 3 zu §§ 58, 59 — Die Sicherstellung in den Fällen der §§ 109 und 111 Abs. 1 erfolgt nach § 119

4 **§ 110 Abs. 2** behandelt das materielle Recht der für den Fall des Eintrittes der auflösenden Bedingung nach Abs 1 zur Hebung berechtigten Gläubiger Die Vorschrift hat für die Aufstellung des Vertheilungsplanes keine Bedeutung; auch der Antrag auf Sicherung gehört zu den Verhandlungen über die Ausführung des Theilungsplanes (§ 119) — Vgl. § 162 R Zw.G Entw

a. Der Anspruch auf Herausgabe des Empfangenen bezieht sich zunächst auf das Kapital der bedingten Forderung Es wird fällig mit dem Eintritte der auflösenden Bedingung, und ist lediglich obligatorischer Natur („nur einen Anspruch gegen den Gläubiger" — vgl. a Windscheid § 91 Anm 3, § 115 A.L.R I. 4, § 1183 c c, §§ 129 ff R.Entw I). Ist das Kapital dem bedingt berechtigten Gläubiger baar ausgezahlt, so geht der Anspruch auf Zurückzahlung, hat der Ersteher den Gläubiger durch Uebernahme der Forderung nach § 116 befriedigt, so geht der Anspruch auf Abtretung Dasselbe würde gelten, wenn dem Gläubiger nach § 117 ein Kaufgelderrückstand überwiesen wird. Für diesen Fall kommt indeß die besondere Vorschrift des § 117 Abs. 4 zur Anwendung, (siehe Anm. 11 zu §§ 116, 117) und für Korrealhypotheken § 117 Abs. 2 Satz 3 und Abs. 4 Satz 2 (Anm. 14 a. a. O.)

b. Ob der bedingt berechtigte Gläubiger auch die während des Schwebezustandes der Bedingung genossenen Zinsen herausgeben muß, hängt davon ab, ob die Resolutivbedingung im Falle ihres Eintrittes rückwärts wirkt. — Nach gemeinen Rechte wird die Rückwirkung ex tunc ,insbesondere auch bez. des obligatorischen Anspruches auf Herausgabe der in der Zwischenzeit gezogenen Nutzungen von der Mehrzahl der Rechtslehrer angenommen (vgl. Windscheid § 91 Anm. 2 und 3, Wächter, Pand 78 S 887 ff) Ebenso nach § 1179 c. c. Nach dem Allg. Landrecht wirkt der Eintritt der auflösenden Bedingung der Regel nach ex nunc (§ 115 I 4), und sind daher die in der Zwischenzeit gezogenen Nutzungen nur herauszugeben, wenn aus den Umständen erhellt, daß das Recht beim Eintritte der Bedingung als ungültig von der Zeit der Einräumung habe angesehen werden sollen (§ 116 a. a. O.). – Niemals sind die Nutzungen zurückzugeben in den Fällen der §§ 118, 120 a. a. O. — Vgl. auch Dernburg I. § 90. Eccius § 36 zu Anm. 60, 61.

c. Abweichend von § 76 S O wird den für den Fall des Eintrittes der auflösenden Bedingung berechtigten Interessenten ein Anspruch auf Sicherung ihrer Rechte nur gewährt, wenn der Gläubiger der bedingten Forderung zu einer Sicherstellung verpflichtet ist. (§ 110 Abs 2, § 119) — Die Motive zu §§ 33, 34 rechtfertigen diese Abweichung damit, daß die Verpflichtung des Gläubigers einer bedingten Forderung in jedem Falle Sicherheit zu leisten, mit den außerhalb der Subhastation für den Fall, daß die Bedingung eine auflösende ist, bestehenden Rechten des Gläubigers nicht im Einklange stehe. – Für das gemeine Recht kann eine Kautionspflicht nur im Falle einer besonderen iusta causa angenommen werden. Von den Vorschriften des Allg Landrechtes (§§ 121 ff I. 4) scheiden die in den §§ 121, 124, 125 behandelten Fälle hier aus, weil deren Voraussetzungen fehlen. Es bleiben daher lediglich die §§ 122 u. 113 a. a. O. übrig, nach welchen Sicherheitsbestellung nur in dem Falle verlangt werden kann, wenn eine erhebliche Besorgniß besteht, daß der bedingt Berechtigte sich selbst außer Stand setzen werde, seiner Verbindlichkeit zur Zurückgabe der Sache oder des Rechtes Genüge zu leisten, und die Kautionspflicht so lange dauert, als die auflösende Bedingung noch eintreten kann. – Wegen des rheinischen Rechtes s. § 1180 c. c. — Vgl. a. § 128 R Entw

d. Die Sicherung der Rechte erfolgt nur auf Antrag Derselbe kann im Kaufgelderbelegungstermine oder auch schriftlich vor demselben (§ 104 Abs 1 u. 2) gestellt werden. Ueber die Sicherung ist mit den Interessenten (dem Gläubiger der bedingten Forderung und den Gläubigern der eventuell auf dieselben angewiesenen Forderungen) zu verhandeln Das Vereinbarte ist in das Protokoll aufzunehmen — Gewährt im Falle des § 116 der Gläubiger der bedingten Forderung Sicherheit durch Bewilligung einer Eintragung der bedingten Rechte der anderen Gläubiger, so ist es Sache der Interessenten, diese Eintragung herbeizuführen. § 124 findet keine Anwendung (vgl. Anm. 7 zu §§ 116, 117) — Erfolgt keine Einigung der Betheiligten, so erfolgt die Sicherstellung nach § 119 durch Hinterlegung bez. Ueberweisung des Kaufgelderrückstandes an die Betheiligten. — Bestreitet der Gläubiger seine Verpflichtung zur Sicherheitsleistung, so kann darüber nur im Prozeßwege entschieden werden Der § 118 findet in solchem Falle keine Anwendung; er setzt das Bestehen einer Verpflichtung zur Sicherheitsleistung voraus, und bezieht sich nur auf die Art der Sicherstellung. — Der eventuell Berechtigte wird zur Sicherung seines obligatorischen Anspruches auf Herausgabe des Empfangenen das Vorhandensein der Voraussetzungen des Arrestes nach §§ 796 ff. C P O darthun müssen. Die Erlangung einer Sicherung auf diesem Wege liegt außerhalb des Zwangsversteigerungsverfahrens Das Gleiche gilt von der Sicherung des Anspruches auf Zinsen, soweit nicht eine Hinterlegung stattgefunden hat.

5 **§ 111** Abs. 2 handelt von dem materiellen Rechte der bei einer aufschiebenden Bedingung berechtigten Interessenten Wegen des Kapitales selbst hat der unter der Bedingung Berechtigte nur einen Anspruch auf Sicherstellung; er kann deshalb ohne Zustimmung der für den Fall des Ausfalles der Bedingung berechtigten Interessenten eine Uebernahme der bedingten Forderung mit dem Ersteher nicht vereinbaren, da solche Uebernahme als Befriedigung aus dem Grundstücke wirkt In Ermangelung solcher Zustimmung erfolgt die Sicherstellung (zugleich auch im Interesse des bedingten Berechtigten) durch Hinterlegung bez Ueberweisung des Kaufgelderrückstandes an sämmtliche Betheiligte nach Maßgabe des § 119. — Auf die Zinsen haben während des Schwebezustandes der Bedingung nur die Gläubiger der anderen Forderungen nach der festgesetzten Reihenfolge einen Anspruch; für den unter aufschiebender Bedingung Berechtigten ist die Ausübung des Rechtes bis zum Eintritte der Bedingung verschoben (fr 8 pr. D. de peric. et commod. 18 6, fr. 4 pr. D. de in diem addict. 18. 2: § 102 I. 4 A L R, § 1181 c. c). — Die Sicherung der Rechte der anderen Gläubiger auf den Zinsgenuß während des Schwebens der Bedingung und auf das Kapital beim Ausfalle der Bedingung ist von selbst durch die Sicherstellung des bedingten Anspruches gegeben. — Vgl § 161 R Zw G Entw

6. **§ 108** entspricht dem in § 40 Nr. 8 für diejenigen Ansprüche, deren Betrag (in Geld oder anderen Leistungen, § 56) aus dem Grundbuche nicht hervorgeht, angedrohten Rechtsnachtheil der unterlassenen Anmeldung (Anm 9 zu § 40 Nr. 8) Er sichert die Ausführung des Präjudizes, soweit ihm eine über den unmittelbaren Zweck der Feststellung des geringsten Gebotes hinausreichende Wirkung beigelegt ist (Anm. 10 zu §§ 53—53). Er schließt die nachträgliche Geltendmachung eines besseren Ranges für die ihrem Betrage nach aus dem Grundbuche nicht ersichtlichen, nicht berücksichtigten Ansprüche aus, „weil sonst die Gläubiger der berücksichtigten Forderungen nicht im Stande sein würden, sich gegen den Zuschlag für ein sie verletzendes Gebot zu sichern“ (Mot zu §§ 53 bis 56). — Die Vorschrift findet keine Anwendung auf Forderungen, welche zwar dem Betrage, nicht aber dem Vorrange nach aus dem Grundbuche ersichtlich sind (§ 48; anders bei den älteren Hypotheken im Bezirke des ehemaligen Appellationsgerichtes zu Kassel, § 201 Abs 4), obwohl in solchem Falle die Gläubiger der berücksichtigten Forderungen in weit höherem Grade der Gefahr ausgesetzt sind, bei der Vertheilung der Kaufgelder in Folge der nachträglichen Geltendmachung des Vorranges auszufallen. (Vgl. § 58 Abs. 1 [Wegfall mit dem Range vor dem Anspruche des betreibenden Gläubigers]; § 107 Abs. 2; § 115 Abs. 2). Bei un-

vollendetem Grundbuche gelangt das weitergehende Präjudiz des § 195 zur Anwendung. — Der zurücktretende Anspruch kann gänzlich zum Ausfalle kommen. — Reicht das Kaufgeld zur Deckung der bei Feststellung des geringsten Gebotes berücksichtigten (theils zu übernehmenden, theils baar zu zahlenden, § 57 Abs. 3 u. 1) und der nicht berücksichtigten (stets baar zu zahlenden, § 57 Abs. 1) Ansprüche aus; und erfolgt nach § 117 Abs. 1 bei Ermangelung der Baarzahlung Anweisung auf den Kaufgelderrückstand, so ist § 108 für die Reihenfolge dieser Ueberweisung ebenfalls maßgebend — Fällt einer der berücksichtigten nach § 57 zu übernehmenden Ansprüche fort (§§ 58, 59) und ist an dessen Stelle der nicht berücksichtigte Anspruch (§ 108) nach § 107 Abs. 2 zu übernehmen, so kann auch hier die Uebernahme nur so erfolgen, daß die berücksichtigten Forderungen den Vorrang gemäß § 108 behalten. — Die Reihenfolge ist in den beiden Fällen bei der Eintragung im Grundbuche zu vermerken (§ 124 Nr. 3 u. 4). Vgl. Kurlbaum n. G. S. 60. — Auf Ansprüche, welche, obwohl sie von Amtswegen bei Feststellung des geringsten Gebotes hätten berücksichtigt werden müssen, gar nicht oder zu einem zu niedrigen Betrage berücksichtigt sind (Anm. 5 u 6 zu §§ 53—56) findet § 108 keine Anwendung (Anm. 10 zu §§ 53—56 — Kurlbaum n. G. S. 53). — Vgl. § 152 R.Zw.G Entw.

Theilungsplan

in der Zwangsversteigerungssache betr. den zu N. belegenen, im Grundbuche von N., Bd. II Bl. 5, verzeichneten Bauernhof.

(Bei demselben ist, bez der dem betreibenden Glaubiger vorgehenden Ansprüche, die Zusammenstellung S. 220, 221 zum Grunde gelegt.)

A. Feststellung der Theilungsmasse.

(Vertheilungstermin: 11. Februar 1885)

Der zu N. belegene, im Grundbuche von N., Bd. II. Bl 5, verzeichnete Bauernhof des Eigenthümers X ist durch das am 11. Januar 1885 verkündete Zuschlagsurtheil dem Z zugeschlagen.

Der von demselben nach dem Zuschlagsurtheile und den Kaufbedingungen zu entrichtende Kaufpreis besteht bei einem Geldgebote von 10 000 Mark aus den folgenden Uebernahme- bez Zahlungsverpflichtungen:

I. Der Ersteher hat zu übernehmen:

1. in Anrechnung auf den Kaufpreis aber ohne Anrechnung auf das Geldgebot:
   a. den im Grundbuche Abth. II Nr. 1 eingetragenen Anspruch des Badebesitzers D auf Entnahme von Moor nach Bedürfniß;[1])
   b. den im Grundbuche Abth. II Nr. 2 eingetragenen Anspruch des Altsitzers G:

      Der Altsitzer G. ist am 1. Januar 1885 (zwischen dem Versteigerungs- und dem Verkündungstermine) verstorben; sein Anspruch daher, soweit er von dem Ersteher zu übernehmen ist, in Wegfall gekommen (s. a. B. II 5).

   Der Werth desselben ist für die Ersatzübernahme auf 1200 Mk. festgesetzt Welcher andere Anspruch und unter welchen Bedingungen derselbe von dem Ersteher zu übernehmen ist, ergiebt sich aus C. III. 1.[2])

---

[1]) Der Kapitalbetrag fur den Fall der Ersatzubernahme braucht nicht erwähnt zu werden, weil der Fall der Ersatzubernahme nicht eingetreten ist. (Anm 2. a zu §§ 107—111).

[2]) Anm 2. a zu §§ 107—111.

2. in Anrechnung auf den Kaufpreis und mit Anrechnung auf das Geldgebot von . . . . 10 000 Mk. — Pf.

a. die im Grundbuche Abth III Nr. 1 eingetragene Hypothek des Rentiers C. mit 2000 Mk. nebst 4 % Zinsen vom 11. Januar 1885;

b. die im Grundbuche Abth. III Nr 2 eingetragene (correaliter auf den Grundstücken X und Y haftende) Hypothek des Gutsbesitzers E von . . . . . 1000 Mk nebst 5 % Zinsen seit dem 11. Januar 1885.

Welcher andere Anspruch und unter welchen Bedingungen derselbe an Stelle dieses Anspruches im Falle des Wegfalles des letzteren tritt, ergiebt sich aus B. und C.[3])

c die im Grundbuche Abth III Nr 3 eingetragene Kautionshypothek des Fabrikanten F. . . . . 3000 Mk

Welcher andere Anspruch und unter welchen Bedingungen derselbe an Stelle dieses Anspruches im Falle des Wegfalles des letzteren tritt, ergiebt sich aus B und C [4])

d. die im Grundbuche Abth III Nr 4 eingetragene Grundschuldforderung des Eigenthümers H. . . . . 500 Mk. nebst 5 % Zinsen seit dem 11. Januar 1885.

Summa der in Anrechnung auf das Geldgebot zu übernehmenden Ansprüche . . . . 6 500 Mk — Pf.

II Der Ersteher hat hiernach baar zu zahlen . . . 3 500 Mk. — Pf.
Dazu treten 5 % Zinsen vom 11. Jan. bis 11 Febr. 1885 14 „ 58 „

Summa 3 514 Mk 58 Pf.

B. Feststellung der Schuldenmasse.

I. Bevorrechtigte, nicht eingetragene Forderungen in nachstehender Reihenfolge:

1 Die aus dem baar zu zahlenden Kaufgelde vorweg zu entnehmenden Kosten des Verfahrens . . 100 Mk. — Pf

2 Forderung des Statthalters B. an Gesindelohn für die Zeit vom 1/11 83–84 . . . . 60 „ — „

3. Forderung der Staatskasse für rückständige und laufende Grundsteuer bis zum 10 Januar 1885 . 74 „ 50 „

II. Eingetragene Forderungen in folgender Rangordnung:

1. Hypothek des Rentiers C. (Abth III Nr. 1)

---

3) Anm 2 b zu §§ 107–111.

4) Anm. 2. b zu §§ 107–111.

a. Kapital . . . . 2000 Mk. — Pf.
b. rückständige und laufende Zinsen bis zum 10. Januar 1885 . . . . 43 „ — „

2. Der in Abth. II Nr. 1 eingetragene Anspruch des Badebesitzers D. auf Entnahme von Moor.

3. Die (correaliter auf den Grundstücken X und Y) haftende Hypothek des Gutsbesitzers E (Abth. III Nr. 2)
a. Kapital . . . . 1000 „ — „
b. rückständige und laufende Zinsen bis zum 10. Januar 1885 . . . . 226 „ 40 „
c. Liquidationskosten . . . . 15 „ — „

4. Kautionshypothek des Fabrikanten F. . . . . . . 3000 „ — „

5. Da der Altsitzer G. am 1 Januar 1885 verstorben ist, so kommen für seine Erben nur in Betracht:
a rückständige Roggenlieferung für die Zeit vom 1/7 bis 1/10 84 . . . . 9 Mk.
b. laufende Roggenlieferung für die Zeit vom 1/10 84—1/1 85 3 Scheffel à 3 Mk. 9 „
c. rückständiges Taschengeld für die Zeit vom 1/7 83—1/7 84 . . . . 12 „
d. laufendes Taschengeld für die Zeit vom 1/7 84—1/1 85. . . . . 6 „ — 36 „ — „

6. Grundschuld des Eigenthümers H. (Abth. III Nr. 4)
a. Kapital . . . . 500 „ — „
b. laufende Zinsen bis zum 10. Januar 1885 . . 14 „ — „

7. Hypothek des betreibenden Gläubigers A. (Abth. III Nr. 5)
a Kapital . . . . 1000 „ — „
b. rückständige und laufende Zinsen zu 5 % vom 1. Januar 1884 bis 11. Februar 1885 . . . . 55 „ 57 „
c. Kosten der Kündigung, der Klage und der Beitreibung[5]) . . . . 36 „ — „

8. Hypothek des Rentiers K (Abth. III Nr. 6)
a. Kapital . . . . 500 „ — „
b. rückständige und laufende Zinsen zu 4 % vom 1 Januar 1884 bis 11 Februar 1885 . . . . 42 „ 58 „

9 Hypothek des Erstehers Z. (Abth. III Nr. 7)
a. Kapital . . . . 1000 „ — „
b. rückständige und laufende Zinsen zu 5 % vom 1 Januar 1884 bis 11. Februar 1885 . . . . 55 „ 57 „

10. Hypothek des Rentiers L. (Abth. III Nr. 8)
a. Kapital . . . . 1000 „ — „
b. rückständige und laufende Zinsen zu 6 % vom 1. Januar 1884 bis 11. Februar 1885 . . . . 67 „ — „

[5]) Anm 2 c zu § 35 — Der Betrag ist willkürlich gegriffen und nicht nach den Sätzen des G.K.G. und der R.A.G.O. zu prüfen

11. Hypothek des Rentiers M. (Abth III Nr. 9)
a. Kapital . . . . 6000 Mk. — Pf.
b. laufende Zinsen zu 6 % vom 1. Oktober 1884 bis 11 Februar 1885 . . . . 162 „ — „

C. Feststellung der Vertheilung.

Von den unter Abschnitt B. aufgeführten Ansprüchen hat der Ersteher Z

I. nach Abschnitt A. zu übernehmen:

1. in Anrechnung auf den Kaufpreis aber ohne Anrechnung auf das Geldgebot: den Anspruch des Badebesitzers D. (B II 2),
2. in Anrechnung auf den Kaufpreis und mit Anrechnung auf das Geldgebot von . . . . 10000 Mk.
   a. die Hypothek des Rentiers C. (B. II. 1) von 2000 Mk nebst 4 % Zinsen vom 11. Januar 1885,
   b die Korrealhypothek des Gutsbesitzers E (B II. 3) von . . . . 1000 „ nebst 5 % Zinsen seit dem 11 Januar 1885 (bez. die nach III Nr. 2 an dessen Stelle tretenden Ansprüche);
   c die Kautionshypothek des Fabrikanten F. (B. II. 4) von . . . . 3000 „ (bez die nach III Nr 2 an dessen Stelle tretenden Ansprüche);
   d. die Grundschuldforderung des Eigenthümers H. (B. II 6) von . . . . 500 „ nebst 5 % Zinsen seit dem 11. Januar 1885

in Summa . . . . 6500 Mk

II. aus dem baar zu zahlenden Kaufgelde von . . 3514 Mk 58 Pf. sind nach folgender Reihenfolge zu befriedigen:

1. die Staatskasse*) wegen der Kostenforderung (B. I. 1) . . . . 100 Mk. — Pf.
2 der Statthalter B Gesindelohn (B. I. 2) . . . . 60 „ — „
3. die Staatskasse wegen der Grundsteuern (B I. 3) . . . . . . 74 „ 50 „
4 der Rentier C. wegen seiner Zinsforderung (B. II. 1.b) . . 43 „ — „
5 der Gutsbesitzer E. wegen seiner Zins- und Kostenforderung (B II 3 b. u. c) 241 „ 40 „
6. die Erben des Altsitzers G. (B. II 5) 36 „ — „
7. der Eigenthümer H. wegen seiner Zinsforderung (B. II, 6. b) . . . 14 „ — „
8. der betreibende Gläubiger A. (B. II. 7) . . . . 1091 „ 57 „

*) bez der betreibende Gläubiger zur Höhe seines Vorschusses (Anm. 4. A c zu §§ 104—106).

9. der Rentier K. (B. II. 8) . . . 542 M. 58 Pf.
10. der Ersteher Z. wegen seiner Forderung (B. II. 9) . . . . 1055 „ 57 „
11. der Rentier L. wegen seiner Zinsforderung (B. II. 10. b) von . . 67 „ — „
wegen seiner Kapitalforderung in Höhe von . . . . 188 „ 96 „

Damit ist das baar zu zahlende Kaufgeld belegt 3514 Mk. 58 Pf.

III. Als Ersatz für weggefallene bez. etwa später in Wegfall kommende Ansprüche sind zu übernehmen:

1. an Stelle des nach A. I. 1 b in Wegfall gekommenen Anspruches des Altsitzers G. hat der Ersteher in Höhe von . . . . . . 1200 Mk. in nachstehender Reihenfolge zu übernehmen:
   a den Rest der Hypothekenforderung des Rentiers L. mit . . . . 811 Mk. 4 Pf.
   b. von der Hypothekenforderung des Rentiers M. (B. 11) den Betrag von . . 388 „ 96 „

   Beide als ein nach dreimonatlicher Kündigung zahlbares mit 5 % in halbjährlichen Raten verzinsliches Kapital.[7])

2 Im Fall der Gutsbesitzer E wegen seiner Korrealhypothek von 1000 „ (Abth. III Nr. 2) aus den mitverhafteten Grundstücken X Y und befriedigt wird, oder seine Rechte auf Befriedigung aus dem versteigerten Grundstücke und aus der Uebernahme durch den Ersteher (C. I 2. b) aufgiebt,
oder, soweit die Kautionshypothek des Fabrikanten F. von . . 3000 „ für Ansprüche desselben gegen den Schuldner (bisherigen Eigenthümer des Grundstückes) aus der von demselben verwalteten Fabrikkasse nicht in Anspruch genommen wird (C. I 2. c)
hat der Ersteher an Stelle derselben zu übernehmen
die Restforderung des Rentiers M. (B. 11) zum Höchstbetrage (— wenn nämlich die Korrealhypothek und die Kautionshypothek beide gänzlich in Wegfall kommen —) von 4000 Mk., jedoch unter Herabsetzung des Zinsfußes auf 5 % vom Tage der Uebernahme dieser Forderung,

D. Einen unbedingten Ausfall erleidet hiernach nur die Hypothekenforderung des Rentiers M. (B 11 wegen 1773 Mk. 4 Pf. (6162 Mk. — [388 Mk. 96 Pf. + 4000 Mk]).

§. 112. Sind mehrere Grundstücke zusammen zu einem Preise zugeschlagen worden, so ist der Vertheilung des Preises auf die einzelnen Grundstücke (§. 38 Absatz 2) bei Aufstellung des Planes an Stelle des Werthes derselben der Grundsteuerreinertrag und der Gebäudesteuernutzungswerth zu Grunde zu legen.

[7]) Schlußsatz des § 58.

§ 112. **Mehrheit der Grundstücke.**

1 Entw. § 111. a — Der Paragraph ist von der Kommission des A.H. eingeschaltet. Vgl. Anm. 2 zu § 38. — Ergänzende Vorschriften enthalten die §§ 41, 44 und 199 (Hohenzollern). Alle diese Vorschriften gelten nur in Ermangelung einer Vereinbarung der Interessenten über eine andere Vertheilung des Preises.

§. **113.** Ueber den Theilungsplan wird sofort verhandelt.

Die Verhandlung, die Erledigung erhobener Widersprüche und die Ausführung des Planes erfolgen unter entsprechender Anwendung der Vorschriften der §§. 762 bis 768 der Civilprozeßordnung.

Ist ein vor dem Termine angemeldeter Anspruch in dem Plan nicht nach dem Antrage aufgenommen, so gilt die Anmeldung als Widerspruch gegen den Plan.

Der Widerspruch des Schuldners oder des letzten Eigenthümers des Grundstücks gegen eine vollstreckbare Forderung wird nach Vorschrift der §§. 686, 688, 689 der Civilprozeßordnung erledigt.

Soweit der Schuldner durch Sicherheitsleistung oder Hinterlegung die Bezahlung einer vollstreckbaren Forderung abwenden darf, unterbleibt die Ausführung der Vertheilung bezüglich dieser Forderung.

Widersprüche solcher Personen, welche weder zu den Interessenten gehören, noch sonst einen Anspruch auf das Kaufgeld glaubhaft machen, halten die Ausführung des Planes nicht auf.

§. **114.** Ist eine Forderung, deren Vorhandensein oder Betrag aus dem Grundbuche nicht hervorgeht, in den Vertheilungsplan aufgenommen, so hat im Falle des Widerspruchs der Gläubiger die im §. 764 der Civilprozeßordnung bestimmten Pflichten und Rechte des widersprechenden Gläubigers, sofern nicht spätestens im Termine die Vollstreckbarkeit der Forderung nachgewiesen wird. Auf laufende und rückständige Beträge eingetragener Zinsen und eingetragener wiederkehrender Hebungen findet diese Vorschrift nicht Anwendung.

§§ 113, 114. **Verhandlung über den Vertheilungsplan und Erledigung von Widersprüchen.**

1. Entw. §§ 112, 113. — Vgl. § 10 Zw.G. — § 670 hannov. B P O. — § 10 althess Ver. v. 6. Juli 1770 (Strippelmann S. 489). — §§ 157, 166 R.Zw.G.Entw.

2. § 757 Abs. 3 C P.O (Abs. 1 und 2 s. Einl. S. 19, 20) bestimmt:

„Entstehen in dem die Zwangsvollstreckung betreffenden Verfahren Rechtsstreitigkeiten, welche in einem besonderen Prozesse zu erledigen sind, so erfolgt die Erledigung nach den Bestimmungen dieses Gesetzes Auf Vertheilungsstreitigkeiten finden die §§ 765—768 entsprechende Anwendung."

Abs. 2 des § 113 giebt darüber hinaus den §§ 762—764 entsprechende Anwendung für die Verhandlung über den Plan, die Erledigung erhobener Widersprüche und die Ausführung des Planes Die Modifikationen sind durch die besonderen Verhältnisse der Vertheilung der Immobiliarmasse bedingt, an welcher nicht blos vollstreckbare Forderungen Theil nehmen. „Die erste Folge hiervon ist die, daß der Schuldner in dem Verfahren eine andere Stellung einnimmt. Er kann der Berücksichtigung von Forderungen, welche gegen ihn nicht vollstreckbar sind, mit gleicher Wirkung wie ein anderer Betheiligter widersprechen, und nur sein Widerspruch gegen die vollstreckbaren Forderungen ist nach den Vorschriften der Civilprozeßordnung über Einwendungen des Schuldners zu behandeln. Die Befugniß des Schuldners, durch Sicherheitsleistung oder Hinterlegung die Zwangsvollstreckung abzuwenden, wird hierbei entsprechend den Vorschriften der Civilprozeßordnung berücksichtigt" (Mot) In dieser Theilnahme nicht vollstreckbarer Forderungen liegt eine Aehnlichkeit mit dem Konkurse.

3 Die Verhandlung über den Theilungsplan (§ **113** **Abs. 1**) bezweckt, zu ermitteln, ob Widersprüche gegen den Theilungsplan erhoben werden. Im Falle des Widerspruches hat sie die fernere Aufgabe, die Erklärung sämmtlicher Betheiligten über den Widerspruch herbeizuführen. In beiden Beziehungen muß das nach den §§ 145, 146 C.P.O. aufzunehmende Terminsprotokoll die nöthige Auskunft geben (Seuffert Anm. 2 zu § 762). — Da nach der in § 113 Abs. 3 aufgestellten Fiktion Anmeldungen, welche nicht in den Plan aufgenommen sind, wie ein Widerspruch gegen den Plan behandelt werden sollen, so ist auch über diese die sofortige Erklärung der Betheiligten herbeizuführen. — Während Anmeldungen auch vor dem Termine stattfinden können, ist die Erhebung eines Widerspruches gegen den Plan hier, anders wie nach § 763 Abs. 1 C P.O., nur im Vertheilungstermine zulässig, da der Plan vor dem Termine nicht existirt. (A M. Dorendorf Anm 2 b; Jäckel und Knorr) Durch die Unterlassung des Widerspruches bis zum Schlusse des Termines geht das Widerspruchsrecht für das Vertheilungsverfahren endgültig, und ohne daß die Möglichkeit einer Restitution bestände, verloren. (R 26 S 422)

Ueber die Frage, ob nach der C P.O. die Unterlassung des Widerspruches die Folge hat, daß der Unterlassende auch außerhalb des Zwangsvollstreckungsverfahrens ein besseres Recht gegen einen Gläubiger, welcher nach dem Plane einen Geldbetrag erhalten hat, nicht verfolgen kann, besteht Streit. Die Bejahung hängt davon ab, ob man aus § 764 Abs. 2 C.P.O. ein argumentum a contrario entnehmen darf. Es wird dies mit Rücksicht auf die rein prozessualische Bedeutung der Vorschrift, welche die materiellen Voraussetzungen der Klage nicht betrifft, besser zu verneinen sein. (Vgl. Seuffert Anm. 2; v. Wilmowsky und Levy Anm. 4 zu § 764; Dernburg, Hyp R. II S. 247, und auch Anm 4. B. d α. β zu §§ 104—106)

Findet der Richter während der Verhandlung über den Theilungsplan, daß der Plan in irgend einem Punkte nicht den gesetzlichen Vorschriften (§§ 104 ff.) entspricht, so hat er eine entsprechende Aenderung desselben vorzunehmen. In allen Fällen muß er aber über den so geänderten Plan eine erneute Verhandlung mit den Betheiligten herbeiführen. Ebenso ist zu verfahren, wenn nachträgliche Anmeldungen eine Aenderung des Planes erforderlich machen.

4. **Berechtigt zur Erhebung eines Widerspruches** sind nach § 113 Abs. 6:

a. die Interessenten (§ 21); also auch der Schuldner und der etwa vor der Versteigerung eingetretene neue Eigenthümer. Es genügt, daß bis zur Zeit des Widerspruches die Eigenschaft des Interessenten erlangt ist;

b. Personen, welche sonst einen Anspruch auf das Kaufgeld glaubhaft machen. Die Motive führen hier auf „Cessionare oder Pfandgläubiger des früheren Eigenthümers". Die Glaubhaftmachung erfolgt nach § 266 C.P.O. Außerdem gehören hierher die Eigenthumsprätendenten (Anm. 10 zu § 40, Anm. 4 B a zu §§ 104—106).

Die Bedeutung der Berechtigung zum Widerspruche beruht darin, daß nicht nur Widersprüche, sondern auch Anmeldungen (§ 113 Abs. 3) anderer Personen im Vertheilungsverfahren nicht berücksichtigt werden.' (Vgl § 157 Abs. 3 R Zw = G.Entw.)

5. Geht der Widerspruch **gegen die Berücksichtigung** einer Forderung oder gegen den Rang derselben, so ist außer dem Widersprechenden nur der Gläubiger der Forderung bei dem Widerspruche betheiligt; unter Umständen auch der Schuldner (s. Anm 7). — Ist **wegen der Nichtberücksichtigung** einer **Forderung** oder Verweigerung der für dieselbe beanspruchten Stellung Widerspruch erhoben, oder handelt es sich um eine einem solchen Widerspruche gleichgestellte Differenz zwischen einer Anmeldung und dem Plane, so ist jeder bei dem Widerspruche betheiligt, welcher durch eine der Anmeldung bez. dem Widerspruche entsprechende Aenderung des Planes einen Nachtheil erleiden würde

6 „Die **Gründe** für einen zu erhebenden Widerspruch werden hier ebenso wie bei dem Vertheilungsverfahren der Civilprozeßordnung übergangen. Sie gehören dem materiellen Rechte an Daß das Vorhandensein einer Forderung oder der für dieselbe beanspruchte Rang von jedem Betheiligten bestritten werden kann, versteht sich vorbehaltlich derjenigen Rechtssätze, welche diese Möglichkeit unter gewissen Umständen beschränken, von selbst Auf den Mangel der Legitimation des Liquidanten allein kann der Widerspruch nicht gegründet werden (§ 120. — R 15 S 224 und R.G. bei Gruchot 36 S. 1111). Die Anfechtung eines Anspruches auf Grund einer Benachtheiligung der übrigen Gläubiger richtet sich jetzt ausschließlich nach den Vorschriften der Konkursordnung (§§ 22—34 und des Reichsgesetzes vom 21. Juli 1879 (R G Bl. S. 277)." (Mot.) Vgl. auch R. 17 S. 167 und 24 S. 96. — Der Widerspruch gegen die Richtigkeit von Forderungen (auch von solchen, für welche ein vollstreckbarer Titel vorhanden ist) ist auch den interessirten Gläubigern gestattet (Vgl über die darauf bezügliche Kontroverse Seuffert Anm. 1 zu § 764 C P O), wogegen der Schuldner in dieser Hinsicht beschränkt ist — vgl. Anm 12 — Die Rangstellung kann auch vom Schuldner bestritten werden, der namentlich, wenn er für die ausfallende Post persönlich haftet, für die zur Hebung kommende dagegen nicht, dabei interessirt ist. (Jäckel Anm. 1 zu § 113).

7. A. Eine **Ausführung** des ganzen Planes ohne Weiteres ist nur denkbar, wenn

a. sämmtliche vor dem Termine angemeldete Ansprüche dem Antrage gemäß in den Plan aufgenommen sind. Es folgt das aus der in § 113 Abs. 3 aufgestellten Fiktion, welche insofern die in § 763 Abs. 1 C.P.O. gegebene Fiktion modificirt;

b. in dem Termine von keinem der dazu Berechtigten ein Widerspruch gegen die Ausführung des Planes erhoben wird. Nichterschienene Interessenten kommen dabei nicht in Betracht. Dieser Satz ergiebt sich aus §§ 762 und 763 Abs. 1 C.P.O.

§ 72 S.O. verlangte eine thatsächliche und rechtliche Begründung (Substantiirung) des Widerspruches und deren Prüfung durch den Vertheilungsrichter, so daß, falls dieser den Widerspruch entweder rechtlich unbegründet oder thatsächlich nicht glaubhaft gemacht fand, eine Hemmung der Ausführung des Planes nicht eintrat. Das ist, wie auch die Motive hervorheben, weggefallen. Es muß aber dennoch geprüft werden:

α. Gehört der Widersprechende zu den Personen, welche überhaupt zur Erhebung eines Widerspruches berechtigt sind? (Anm. 5.)

β. Ist ein bestimmter Widerspruch erhoben? Es genügt dazu nicht, daß der Widersprechende im Allgemeinen seine Unzufriedenheit mit dem Plane äußert, sondern er muß den Beschwerdepunkt (Anm. 2 zu §§ 88, 89) bestimmt angeben. Widerspricht er der Berücksichtigung einer in den Plan aufgenommenen Forderung, oder verlangt er für eine eigene oder fremde Forderung einen besseren oder schlechteren Platz, so genügt die Angabe dieses Verlangens. Begehrt er aber die Berücksichtigung einer in den Plan nicht aufgenommenen, auch bisher nicht gehörig angemeldeten Forderung, so muß der Widerspruch außer der Angabe eines Betrages auch den Grund der Forderung angeben. (Vgl. Anm. 4 B. b zu §§ 104—106.)

B. Außerdem ist eine Ausführung des Planes gemäß § 762 möglich, wenn das derselben entgegenstehende Hinderniß (Widerspruch oder Nichtübereinstimmung des Planes mit den Anmeldungen) in dem Termine beseitigt wird:

a durch Zurucknahme des Widerspruches bez der mit dem Plane nicht übereinstimmenden Anmeldung seitens des Widersprechenden oder Anmeldenden. — § 764 Abs. 2 C.P.O ermöglicht es dem widersprechenden Gläubiger, die Ausführung des Planes zu gestatten, ohne seinem Rechte auf Rückforderung gegen den Perzipienten zu entsagen (vgl. Anm. 4 B d. β. zu §§ 104/106, oben Anm. 4);

b durch Anerkennung des Widerspruches bez der Anmeldung seitens aller Betheiligten (Anm 6). Es ist also wegen § 763 Abs 2 C.P.O. hierzu erforderlich, daß alle Betheiligten anwesend sind;

c. durch eine anderweitige Einigung aller Betheiligten mit dem Widersprechenden bez Anmeldenden.

C. Ein nicht beseitigter Widerspruch hält aber die Ausführung des Planes nur insoweit auf, als der Widerspruch bez die Differenz den Plan betrifft. Richtet sich also der Widerspruch gegen die Berücksichtigung einer Forderung, so ist jedenfalls nur das auf diese Forderung entfallende Perzipiendum und auch nur insoweit zurückzubehalten, als darauf der Widersprechende für sich Anspruch erhebt Verlangt der Widerspruch bez die Anmeldung die Berücksichtigung einer Forderung, so ist nur der Betrag zurückzubehalten, welcher bei der Berücksichtigung in der verlangten Art auf die Forderung entfallen würde. — Mit den baar zu zahlenden (hinterlegten, gezahlten oder rückständigen) Beträgen, hinsichtlich deren hiernach der Plan nicht ausgeführt werden kann, ist nach § 118 zu verfahren. — Bezieht sich der Widerspruch auf eine vom Ersteher zu übernehmende Forderung, so ist § 115 Abs. 2 (Anm 2 zu § 115) anzuwenden

Im Uebrigen ist der Plan, soweit nicht § 123 entgegensteht, sogleich im Vertheilungstermine nach Maßgabe der §§ 115—121 zur Ausführung zu bringen. — Der Ausführung des Planes hat sich die in § 122 vorgeschriebene Behandlung der Schuldurkunden und die Berichtigung des Grundbuches nach Maßgabe der §§ 124—126 anzuschließen

8 Das in Anm. 7 hinsichtlich der Hemmung der Ausführung des Planes durch einen Widerspruch Ausgeführte erleidet nach **§ 113 Abs. 4 und 5** eine in den Motiven (vgl Anm 2) begründete Modifikation, wenn der Widerspruch vom Schuldner ausgeht und eine wenn auch nur vorläufig vollstreckbare Forderung betrifft. Daß Ansprüche, deren Vorhandensein und Betrag aus dem Grundbuche hervorgeht, immer wie vollstreckbare behandelt würden (Volkmar Anm. 2 zu § 113), sagt das Gesetz nicht. Die Eintragung kann daher hier die Vollstreckbarkeit nicht ersetzen. — Der „letzte Eigenthümer", d h. derjenige, welcher Eigenthümer zur Zeit des Ueberganges des Eigenthumes an den Ersteher war, ist dem Schuldner gleichzustellen. Ebenso müssen diejenigen Personen, welche Ansprüche auf das Kaufgeld geltend machen, welche zunächst dem Schuldner bez. dem letzten Eigenthümer zustanden, hierher gezählt werden. — Für den so bestimmten Fall unterbleibt die unbedingte Ausführung des Planes nur dann, wenn vor derselben eine nach den §§ 688, 689 C P O. zu erwirkende Anordnung des Prozeßgerichtes oder des Vollstreckungsgerichtes beigebracht wird, welche die einstweilige oder endgültige Einstellung einer Zwangsvollstreckung an und für sich oder in Verbindung mit einer, ebenfalls nachzuweisenden Sicherheitsleistung rechtfertigt (Anm 1 zu § 70/71) Außerdem unterbleibt die Ausführung, wenn der Schuldner nach Maßgabe des Schuldtitels „die Bezahlung" (§ 113 Abs 5, richtiger die Vollstreckung) der vollstreckbaren Forderung durch Sicherheitsleistung oder Hinterlegung abwenden darf (§§ 647, 652 Abs. 2, 659, 688, 691 Nr. 3 C.P.O.). — Auch mit dem auf diese Forderungen entfallenden Theile des Kaufgeldes ist nach § 118 zu verfahren

9. Die Erledigung der nicht nach Anm 4 zu beseitigenden Widersprüche oder denselben gleich zu achtenden Differenzen zwischen Anmeldung und Plan erfolgt stets im besonderen Rechtsstreite. Hierbei sind, von dem Anm. 11 zu besprechenden Ausnahmefalle abgesehen, die §§ 764 bis 768 C P O. mit der aus § 114 d G sich ergebenden Modifikation maßgebend.

a. Kläger würde nach § 764 C P.O stets der widersprechende bez wenn die Forderung in den Plan nicht aufgenommen ist, der anmeldende Interessent sein. Hiervon macht **§ 114** d. G eine Ausnahme, indem er sich mehr den für den Konkurs geltenden Grundsätzen (§ 134 K.O.) anschließt und gleichzeitig der Eintragung im Grundbuche die ihr gebührende Bedeutung verschafft — Hiernach stellt sich die Rollenvertheilung folgendermaßen:

α. Ist die Forderung nicht in den Vertheilungsplan aufgenommen, so hat — da § 114 voraussetzt, daß die Forderung in den Plan aufgenommen war — derjenige, welcher die Forderung angemeldet hat, auf Grund des § 113 Abs. 3 in Verbindung mit § 764 C.P O. unter allen Umständen die Rolle des Klägers Seine Anmeldung soll einem Widerspruche gegen den Plan wegen

Nichtaufnahme der Forderung gleichstehen, er muß also diesen fingirten Widerspruch verfolgen.

β Ist die Forderung in den Plan aufgenommen, so ist der Interessent, für welchen die Forderung in den Plan aufgenommen ist, nach § 114 von der Rolle des Klägers befreit und demnach der Widersprechende nach § 764 zur Anstellung der Klage verbunden, wenn

aa. die Forderung ihrem Vorhandensein und Betrage nach aus dem Grundbuche hervorgeht (Anm. 4 A. a zu §§ 104—106, auch wenn die Legitimation der Liquidanten daraus nicht ersichtlich ist (R. 15 S. 222), oder

bb laufende und rückständige Beträge eingetragener Zinsen und wiederkehrender Hebungen zum Gegenstande hat, oder

cc. im Vertheilungstermine die, wenn auch nur vorläufige Vollstreckbarkeit der Forderung nachgewiesen wird (vgl. § 134 Abs. 6 K.O.), gleichviel ob das Verfahren wegen dieser Forderung betrieben wird oder nicht.

In allen anderen Fällen muß der Interessent, für den die Forderung in den Plan aufgenommen ist, die Klägerrolle übernehmen.

b Die Klage ist gegen die übrigen, bei dem Widerspruche Betheiligten (Anm. 6), als Beklagte zu richten Richtet sich der Widerspruch gegen die Berücksichtigung öffentlicher Abgaben und Lasten, bei denen dem Eigenthümer der Rechtsweg verschlossen, dagegen das Verwaltungsstreitverfahren eröffnet ist (z. B. bei Gemeindelasten nach §§ 18, 34 des Zuständigkeitsgesetzes v. 1. August 1883), so ist auch der Widerspruchsrechtsstreit nur in diesem Verfahren zu entscheiden. (Dasselbe gilt, wenn außerhalb des Vertheilungsverfahrens die betreffende Hebung kondicirt wird, Anm 4 oben) — Vgl Urtheil des R.G. v. 17. Febr. 1894 bei Binseel, Pr.Verw.Bl. S 303

c. Verfolgt die Klage einen Widerspruch gegen eine im Plane berücksichtigte Forderung oder deren Rang, so kann sich der Klageantrag darauf beschränken, jener Forderung die Berücksichtigung oder die Berücksichtigung an jener Stelle zu versagen — Verfolgt die Klage die Berücksichtigung einer in den Plan aufgenommenen oder nicht aufgenommenen Forderung oder eine Feststellung des Ranges derselben, so ist sie der s g. Feststellungsklage im Konkursverfahren (v. Wilmowski, Konkursordnung Anm 1 zu § 127 K O.), welche übrigens keineswegs eine bloße Feststellungsklage nach § 231 C P O ist, analog Der Antrag ist auf Berücksichtigung der Forderung im Plane an der beanspruchten Stelle zu richten.

§ 134 Abs. 4 K.O. bestimmt für die Feststellungsklage im Konkurse, daß die Feststellung nur auf den Grund gestützt und nur auf den Betrag gerichtet werden kann, welcher in der Anmeldung oder dem Prüfungstermine angegeben ist Eine gleiche Vorschrift fehlt hier Es folgt aber aus der Natur der Sache, daß ein höherer Betrag als der in der Anmeldung oder im Plane genannte nicht geltend gemacht werden darf und daß auch der Grund der Forderung, welcher in dem Vertheilungsverfahren geltend gemacht ist (Anm. 4 B b zu §§ 104—106) nicht geändert werden darf (Siehe jedoch Urtheil des R G v. 30 Sept. 1891, Jur. Wochenschr. S 518)

d. Kläger muß den in § 764 Abs. 1 C P O. erforderten Nachweis binnen der dort bestimmten Frist bringen. Wegen der Abänderung der Frist durch Vereinbarung vgl. § 202 C P.O, wegen der Einflußlosigkeit der Gerichtsferien s § 204 GB.G; über die Wahrung der Frist Anm. 1 zu § 73. — Wegen des Beginnes der Frist bei Widersprüchen gegen Ansprüche unbekannter bez nicht legitimirter Berechtigter vgl. §§ 132, 134, 137. Ist der Anspruch zu übernehmen, so genügt zunächst statt des Nachweises der Klageerhebung der Antrag auf Bestellung eines Vertreters zur Wahrung der Frist (§ 137 Abs 5).

Ein verspätet erbrachter Nachweis hat auf das Vertheilungsverfahren keinen Einfluß. Hat indeß der Kläger, welcher die Frist versäumt hat, in dem Rechtsstreite ein rechtskräftiges obsiegliches Urtheil erstritten, so kann er von demselben Gebrauch machen, wenn bis dahin der Plan noch nicht ausgeführt ist (v Wilmowski-Levy Anm 3 zu § 764) Daß die Unterlassung des Nachweises und die Ausführung des Planes die Geltendmachung von Rechten außerhalb des Vertheilungsverfahrens nicht hindert, sagt § 764 Abs. 2 C.P.O. (vgl. oben Anm 3 und Anm 4 B d β zu §§ 104—106).

e. Die örtliche und sachliche Zuständigkeit für die Vertheilungsstreitigkeiten (nicht für die Klage auf Grund des § 764 Abs. 2; v Wilmowski-Levy Anm. 2 zu § 765) regelt § 765 C P O. Der Gerichtsstand ist mit der in Abs. 2 gemachten Maßgabe ein ausschließlicher (§ 707 C P O) — Auch für die Feststellungsklage (s. oben c) gilt diese Zuständigkeit — Es erscheint danach im Gegensatze zu § 134 Abs 3 K O ausgeschlossen, daß die Feststellung durch Fortführung eines bereits schwebenden Rechtsstreites herbeigeführt wird. — Streitgegenstand ist der Betrag, hinsichtlich dessen eine Aenderung des Theilungsplanes beansprucht wird. (Seuffert Anm. 2 zu § 765). Mehrere Kläger konnen als Streitgenossen klagen (Seuffert Anm. 1 zu § 764, §§ 56 ff C P O) Bezüglich der gerichtlichen Anordnung der Prozeßverbindung s. § 138 C P.O Die Widerklage erscheint ausgeschlossen

Für die Feststellungsklage im Konkurse ist vorgeschrieben (§ 134 Abs 1 K O.), daß diese im ordentlichen Verfahren geltend zu machen ist Auch dieses dürfte hier aus der Natur der Sache folgen, da nur im ordentlichen Verfahren ein rechtskräftiges, späteren Einwendungen nicht anders als gemäß § 686 C P.O ausgesetztes Urtheil zu erzielen ist. — Für die Feststellung im Konkurse ist vorgesehen (§ 134 Abs 5 K O.), daß dieselbe vor einem besonderen Gerichte, einer Verwaltungsbehörde, oder einem Verwaltungsgerichte stattfinden kann, wenn dieselben für die Forderung an und für sich zuständig sind Eine ähnliche Vorschrift fehlt hier. Die Feststellung gehört deshalb in dem vorliegenden Falle stets vor die ordentlichen Gerichte (Vgl auch § 3 E G. G.V G) § 13 G V G steht nicht entgegen Siehe jedoch oben b.

f Der Inhalt des Urtheiles, mag dasselbe die Klage begründet finden oder auf Abweisung der Klage (absolutio ab actione) oder auf Ablehnung der Sachentscheidung (absolutio ab instantia, Abweisung in der angebrachten Art) lauten, richtet sich zunächst nach den im Allgemeinen gültigen Regeln

Außerdem soll aber das erkennende Gericht in dem Urtheile die in § 766 C P.O. Satz 1, oder wenn dies nicht für angemessen erachtet wird, die in Satz 2 vorgesehene Anordnung treffen. Nach § 113 Abs 2 in Verbindung mit § 114 d. G. hat diese Bestimmung auch dann zu erfolgen, wenn die Klage auf Feststellung einer Forderung gerichtet ist Die Anordnung ist zu treffen, gleichviel ob die Klage begründet ist oder nicht Nur in dem Falle einer absolutio ab instantia ist sie ausgeschlossen. Denn dann ist nicht über den Widerspruch bez.

die angemeldete Forderung entschieden. Eines Antrages auf Erlassung dieser Anordnung bedarf es nicht (v. Wilmowski-Levy Anm. 1 zu § 766). Es sind das nicht Ausnahmen von dem in § 279 C P.O. aufgestellten Grundsatze, sondern Modifikationen desselben, welche aus dem Charakter eines iudicium divisorium bez. duplex, welcher auch den hier fraglichen Prozessen anhaftet, zu erklären sind.

g. Den Inhalt des Versäumnißurtheiles ordnet § 767 C.P.O. für den Fall, daß der Widersprechende die Klägerrolle hat und in Versäumniß geräth. Durch ein derartiges Urtheil ist auch eine sachlich gleiche Klage nach § 764 Abs. 2 C.P.O. ausgeschlossen. — Hat der Gegner des Widersprechenden die Klägerrolle oder geräth der Beklagte in Versäumniß, so greifen die allgemeinen Grundsätze (§§ 295 ff. C.P O.) Platz — In der Berufungsinstanz findet § 504 in Verbindung mit § 767 C.P.O. Anwendung. Hat also der Gegner des Widersprechenden Berufung eingelegt und erscheint nun bei einer Versäumniß des Widersprechenden nach den Grundsätzen des § 504 Abs. 2 C P.O. die Abweisung der Klage geboten, so ist zu tenoriren, daß unter Abänderung des Urtheiles erster Instanz der Widerspruch als zurückgenommen anzusehen sei.

Abgesehen von dem Falle der Anwendung des § 767 C.P.O. muß aber auch bei Versäumnißurtheilen die in § 766 C.P O geordnete Bestimmung (s. unter f) getroffen worden.

10. a. Der Vertheilungsrichter hat, wenn am Ende des Vertheilungstermines Widersprüche, welche die Ausführung des Planes gehemmt haben, unerledigt geblieben sind, durch Anordnung einer Wiedervorlegung der Akten von Amtswegen zu kontroliren, ob sämmtliche dazu Verpflichtete den ihnen nach § 764 Abs. 1 C P.O. obliegenden Nachweis rechtzeitig gebracht haben (vgl Kurlbaum n. G. S. 70). Ist dieses der Fall, so hat das Vertheilungsgericht von Amtswegen nicht weiter vorzugehen, sondern Anträge der Betheiligten abzuwarten. — Wird der Nachweis nicht oder nicht von Allen erbracht, so wird gemäß § 764 Abs. 1 C.P.O, soweit dies, ohne daß dadurch die etwa noch schwebenden Streitsachen berührt werden, möglich ist, die Ausführung des Planes angeordnet. Die bedingt erfolgte Uebernahme (§ 115 Abs. 2) fällt weg oder wird in eine unbedingte verwandelt. Im Uebrigen ist nach dem Anm. 7. C Ausgeführten zu verfahren. Eines neuen Termines bedarf es zu dem Ende im Allgemeinen nicht. Hatte der Widersprechende die Klägerrolle oder mußte auf Feststellung einer nicht in den Plan aufgenommenen Forderung geklagt werden, so wird der Widerspruch bez. die Anmeldung nicht berücksichtigt. Mußte der im Plane als Forderungsberechtigter Aufgeführte klagen, so wird seine Forderung im Plane abgesetzt. Ist im Plane keine eventuelle Fürsorge dafür getroffen, wer diese Summe nun zu erhalten hat bez wessen Anspruch an Stelle des wegfallenden zu übernehmen ist (§ 115 Abs. 2), so muß ein anderweites Vertheilungsverfahren (unter b. β) stattfinden.

b. Auf Grund des Urtheiles über die Vertheilungsstreitigkeiten (§ 768 C.P.O.) kann erst weiter verfahren werden, wenn das Urtheil die Rechtskraft erlangt hat (Seuffert Anm. zu § 768) oder der Rechtsstreit in anderer Weise, z B. durch Vergleich oder Zurücknahme der Klage erledigt ist. Außerdem ist erforderlich, daß die Betheiligten das Urtheil bez den sonstigen Nachweis über die Erledigung des Rechtsstreites dem Vertheilungsgerichte vorlegen.

α. Ist in dem Urtheile oder Vergleiche bezüglich des unausgeführten Theiles des Planes im Einzelnen bestimmt, an welche Gläubiger und in welchen Beträgen die Auszahlungen zu erfolgen haben (§ 766 Satz 1), so kann, ebenso wie zu a., die Auszahlung ohne Weiteres angeordnet werden. Ebenso ist zu verfahren, wenn das Urtheil ausspricht, daß der Widerspruch als zurückgenommen anzusehen sei oder wenn die Sache ohne Urtheil durch Zurücknahme des Widerspruches erledigt ist

β. Hat das Urtheil die Anfertigung eines neuen Planes und ein anderweites Vertheilungsverfahren angeordnet (§ 766 Satz 2), so muß das gesammte Verfahren betreffend die Vertheilung des Kaufgeldes bezüglich des noch nicht vertheilten Betrages wiederholt werden Es ist insbesondere gemäß § 101 ein neuer Vertheilungstermin zu bestimmen, bekannt zu machen und abzuhalten — Bei diesem Verfahren ist das Vertheilungsgericht an die in dem Urtheile festgestellten Grundsätze gebunden. — Ein Widerspruch gegen den Plan, welchem das Urtheil entgegensteht, ist nicht zu berücksichtigen — Zu dem Verfahren sind aber die bei dem noch nicht ausgeführten Theile des Planes nicht mehr betheiligten Personen nicht hinzuzuziehen; als solche sind die nicht widersprechenden oder die mit ihrem Widerspruche rechtskräftig abgewiesenen Interessenten zu betrachten (Anm. 3 und 7. C. — R 26 S. 422); auch wenn die anderweite Vertheilung auf den vom Schuldner erhobenen Widerspruch angeordnet ist (vgl. Anm 2 zu § 115 A. M. Jäckel).

γ Ist die Widerspruchs- oder Feststellungsklage durch absolutio ab instantia rechtskräftig zurückgewiesen, so steht damit fest, daß die Klage in unzulässiger Weise erhoben ist Dann aber ist die Frist des § 764 Abs 1 C P O. nicht gewahrt worden Der Vertheilungsrichter hat also auf Grund einer solchen Abweisung, sofern die ursprüngliche nach § 764 Abs 1 C P O zu bestimmende Frist verstrichen ist, ebenso wie in dem zu 10 a behandelten Falle zu verfahren.

δ Im Falle einer Zurücknahme der Klage (§ 243 C P O) ist ebenso, wie in dem zu γ erörterten Falle zu verfahren Der Rechtsstreit ist nach der in § 243 Abs. 3 C P O. aufgestellten Fiktion „als nicht anhängig geworden" anzusehen Die Klageerhebung verliert also nachträglich derart ihre Kraft, daß mit ihr der in § 764 Abs 1 C.P O erforderte Nachweis nicht mehr erbracht ist

11. Auch in dem Falle, daß der Schuldner oder der letzte Eigenthümer bez die demselben in Anm 8 gleichgestellten Personen den Widerspruch erhoben haben, findet das Anm 9 und 10 Ausgeführte Anwendung Eine Modifikation tritt aber ein, wenn der in **§ 113 Abs. 4** bestimmte Fall vorliegt. (Vgl. Anm. 8.) — Die vom Schuldner zur Geltendmachung seines Widerspruches anzustellende Klage richtet sich nicht nach den §§ 764 ff C P.O, sondern nach § 686 C P O. Daraus ergiebt sich:

a. § 764 C P.O bleibt außer Anwendung Die Hemmung des Vertheilungsverfahrens ist lediglich nach dem Anm. 8 Ausgeführten zu behandeln.

b. Bezüglich der Einwendungen, welche in diesem Falle erhoben werden können, vgl. Seuffert Anm 1 zu § 686. — Für die Zulässigkeit des Widerspruches gelten die beschränkenden Vorschriften des § 686 Abs. 2 und 3, 704 Abs 2 C P O Vgl. aber § 705 Abs. 4 C P O., Anm. 6 zu § 128, Anm 5 zu § 129 und bezüglich der Vergleiche Seuffert Anm. 1 zu § 703. — Da die Klage im Regelfalle ausgeschlossen ist, wenn der Einspruch gegen das vollstreckbare Urtheil noch möglich ist, so ergiebt sich, daß in diesem Falle der Schuldner seinen Widerspruch durch Einlegung des Einspruches verfolgen muß. Es kann ihm auch nicht verwehrt sein, daß er statt der Klage die Einlegung oder weitere Verfolgung eines gegen das vollstreckbare Urtheil zulässigen Rechtsmittels wählt. Er unterliegt dann nicht den vorstehend erwähnten Beschränkungen. Wegen der Beseitigung der vorläufigen Vollstreckbarkeit in diesen Fällen vgl. §§ 656, 657 C.P.O.

c. Die **Klage aus** § 686 C.P.O kann nicht bloß, wie die früheren Einreden in der Exekutionsinstanz, gegen die Zulässigkeit einer Zwangsvollstreckung gerichtet sein. Sie ist vielmehr geeignet, die fortdauernde Wirksamkeit des in dem früheren Urtheile festgestellten Anspruches in jeder Beziehung (z. B. als Grundlage eines Anspruches auf Erstattung der Prozeßkosten (§ 98 C.P.O.) aufzuheben. (A. M. Seuffert Anm. 3 zu § 686.) Der Bestand der Rechtskraft des früheren Urtheiles wird dadurch ebensowenig in Frage gestellt, wie z. B. der Bestand eines gültigen Vertrages durch den Einwand der Erfüllung des aus demselben entstandenen Begehrens angegriffen wird. — Demgemäß kann der Antrag an und für sich darauf gerichtet werden, daß der Anspruch ganz oder zum Theile nicht mehr bestehe, und im Uebrigen dem jeweiligen Zwecke der Klage angepaßt werden. Im vorliegenden Falle kann also beantragt werden, daß der Anspruch bei der Vertheilung nicht zu berücksichtigen sei

d. Die **Zuständigkeit des Prozeßgerichtes** bestimmt sich nicht nach § 765 C.P.O., sondern nach § 686 Abs. 1 C.P.O. (— gemeint ist das Prozeßgericht, bei welchem der Rechtsstreit, dem der vollstreckbare Titel entspringt, anhängig gewesen ist —) und in besonderen Fällen nach §§ 704 Abs. 3, 705 Abs. 5 C.P.O. Die Gerichtsstände sind ausschließliche (§ 707 C.P.O.) — Wird der Widerspruch durch Fortsetzung eines Rechtsstreites verfolgt (oben b), so können diese Zuständigkeitsvorschriften natürlich keine Anwendung finden

e. Für den **Inhalt des Urtheiles** sind die §§ 766, 767 C.P.O. ohne Bedeutung. Dasselbe kann die § 689 C.P.O. vorgesehenen Anordnungen enthalten, und zwar auch ohne einen darauf gerichteten Antrag (Seuffert Anm. 1 zu § 689).

f. Ist in Folge des Widerspruches des Schuldners eine Hemmung der Ausführung des Planes eingetreten, so kann, da die in § 764 C.P.O. bestimmte Frist hier ohne Bedeutung ist, ein **weiteres Verfahren** nur stattfinden, nachdem entweder die Hemmungsanordnung durch Aufhebung bez Ablauf der darin bestimmten Frist unwirksam geworden ist, oder nachdem der Prozeß rechtskräftig beendet ist. In beiden Fällen haben die Betheiligten das weitere Verfahren unter Vorlegung der erforderlichen Urkunden bei dem Vertheilungsgerichte anzuregen. — Wenn die Hemmung fortgefallen oder der Widerspruch rechtskräftig zurückgewiesen ist, muß der Plan unter analoger Anwendung von § 764 Abs. 1 C.P.O. bez. nach § 768 C.P.O. ohne Rücksicht auf den Widerspruch ausgeführt werden, ohne daß es eines erneuten Vertheilungsverfahrens bedarf. Ebenso ist zu verfahren, wenn das Urtheil Anordnungen über die Auszahlung des streitigen Theiles der Masse enthält. Anderenfalls muß wie in dem Anm. 10. b. β behandelten Falle ein anderweites Vertheilungsverfahren stattfinden.

§. 115. Die Uebernahme der Forderungen durch den Ersteher (§. 107) wird durch die zur Ausführung des Planes zu Protokoll festgestellte Erklärung des Richters vollendet.

Wird ein nach dem Plane zu übernehmender Anspruch durch einen Widerspruch betroffen, so ist durch den Vertheilungsplan festzustellen, welcher Anspruch statt desselben eintretenden Falls von dem Ersteher zu übernehmen ist. Die Erklärung des Richters bezüglich der Uebernahme erfolgt sogleich unter Beifügung einer der Sachlage entsprechenden Bedingung.

Auf die nach §§. 57 bis 59 zu übernehmenden Hypotheken finden die Bestimmungen des §. 41 des Gesetzes über den Eigenthumserwerb und die dingliche Belastung der Grundstücke vom 5. Mai 1872 (Gesetz-Samml. S. 433) entsprechende Anwendung.

§ 115. **Ausführung des Theilungsplanes; Uebernahme der nach dem Zuschlagsurtheile zu übernehmenden Forderungen.**

1. Entw. § 114, §§ 66, 67 R Zw G Entw. — **Abs. 1.** Erst durch die zur Ausführung des Planes zu Protokoll festgestellte Erklärung des Richters erlangen die Gläubiger der nach dem Zuschlagsurtheile (bez den Kaufbedingungen § 83 Abs. 1) zu übernehmenden Forderungen ein selbstständiges Recht gegen den Ersteher, nicht blos, weil vorher nicht feststeht, ob der Ersteher gerade diese Anspüche zu übernehmen hat, und ob gerade diese Ansprüche ausgenommen werden von der Regel, daß das Immobile durch den Verkauf von dergleichen Rechten frei wird (Kurlbaum n. G S 62), sondern weil, wie für die Rechte des Erstehers, so auch für die Ansprüche der Realberechtigten gegen den Ersteher der richterliche Ausspruch die alleinige Quelle bildet (Anm. 4 zu § 102) Genügte zur Begründung der Rechte des Erstehers das Zuschlagsurtheil allein, so muß für die nach § 107 zu übernehmenden Ansprüche der Gläubiger (vgl. Anm 2 zu §§ 107—111), weil auch für sie nicht der Tag des Versteigerungstermines, sondern der Tag der Verkündigung bez Erlassung des Zuschlagsurtheiles entscheidend ist (Anm 5 zu § 97), noch die Feststellung hinzukommen, daß sie an diesem Tage noch nicht in Wegfall gekommen sind (Anm. 2 und 3 zu §§ 58, 59). — Diese Feststellung, welche auch bez. der nicht in Anrechnung auf das Geldgebot zu übernehmenden Ansprüche wegen der eventuellen Ersatzübernahme von Bedeutung ist, wird durch die in Abs. 1 und 2 vorgesehene Erklärung des Richters bewirkt, und insofern wird durch dieselbe die Uebernahme der Forderungen durch den Ersteher vollendet

Die protokollarische Erklärung des Richters kann die zu übernehmenden Forderungen nach dem Vertheilungsplane bezeichnen. Es ist jedoch zu beachten, daß die Erklärung ersichtlich machen muß, inwiefern sie sich auf die gesetzlich, und inwiefern sie sich auf die nach besonderen Kaufbedingungen zu übernehmenden Forderungen bezieht. (Vgl. Anm. 2 zu § 107 und unten Anm. 3). — **Abs. 1** bezieht auf beide Arten von Forderungen. Die Bezugnahme auf § 107 und in diesem auf § 57 beweist nicht das Gegentheil. Das Gesetz geht überall davon aus, daß die Versteigerung unter den gesetzlichen Bedingungen geschieht; seine

Bestimmungen finden aber — sofern nicht ausdrücklich eine Beschränkung verordnet ist, wie in Abs. 3 — auch auf den Verkauf unter besonderen Bedingungen Anwendung. (A. M. Jäckel Anm. 1.) Für die Anwendbarkeit des Abs. 1 kommt es nicht darauf an, ob zu der zu übernehmenden Forderung ein Gläubiger legitimirt ist oder nicht. — Wegen der auf Grund des § 115 zu bewirkenden Eintragung im Grundbuche vgl. Anm. 5 zu § 124.

2. Abs. 2: „Im Falle des Streites soll, wie in den Fällen der §§ 107, 109 bis 111 der nach Erledigung derselben eintretende Zustand sofort festgestellt werden" (Mot): Dadurch erlangt der neue Eigenthümer sofort die Gewißheit, daß außer den durch den Plan bezeichneten Personen Niemand ihm als Anspruchsberechtigter gegenübersteht, und dieselbe Gewißheit kommt den Streitenden in der Weise zu Statten, daß sie gemeinsam ihre Rechte gegen den Eigenthümer geltend machen können (Kurlbaum n. G. S. 70) — Abs 2 kommt nur dann zur Anwendung, wenn die Uebernahme der Forderung durch den Widerspruch betroffen wird, d. h. wenn der Widerspruch die Ausführung des Planes hemmt (Anm. 7. A. und 8 zu §§ 113, 114) Andernfalls ist lediglich nach Abs. 1 zu verfahren. — Die im Schlußsatze des Abs. 2 gedachte Bedingung muß sowohl die Uebernahmeerklärung bezüglich des durch den Widerspruch betroffenen Anspruches als auch der Uebernahmeerklärung in Betreff des eintretendenfalls an dessen Stelle zu übernehmenden Anspruches beigefügt werden Im Plane ist die durch den Widerspruch betroffene Forderung ohne Bedingung aufgeführt Infolge des Widerspruches ist der Plan zu ergänzen durch Aufnahme des Anspruches, welcher, falls der Widerspruch durchgreift, an Stelle jenes Anspruches übernommen werden soll. Die provisorische Ausführung des Planes wird dann sowohl hinsichtlich der in erster Linie wie der eventuell zu übernehmenden Forderung sofort und zwar dadurch vollendet, daß der Richter bezüglich beider Forderungen die in Abs. 1 gedachte Uebernahmeerklärung abgiebt, aber bezüglich beider gemäß Abs. 2 Schlußsatz nur unter Beifügung einer der Sachlage entsprechenden Bedingung. Bezüglich des Inhaltes dieser Bedingung ist zu unterscheiden, ob der Gläubiger der nach dem Plane zu übernehmenden Forderung oder ob der widersprechende Gegner desselben die Klägerrolle hat (Anm. 9 zu §§ 113, 114). Im ersten Falle ist der Uebernahmeerklärung des Richters hinsichtlich dieser Forderung die positive Bedingung beizufügen, daß die Feststellung der Forderung erfolge, im anderen Falle die negative Bedingung, daß der Widerspruch nicht von Erfolg sein werde. Der Uebernahmeerklärung hinsichtlich der eventuell zu übernehmenden Forderung wird umgekehrt im ersten Falle der Nichterfolg der Feststellung, im zweiten Falle der Erfolg des Widerspruches als Bedingung beigefügt. — Die Eintragung im Grundbuche schließt sich dem Inhalte dieser bedingten Uebernahmeerklärung an (Anm. 5 zu § 124) — Für den Fall, daß für den durch den Widerspruch betroffenen Anspruch ein Gläubiger nicht legitimirt ist, vgl. § 137.

Wegen der Höhe, in welcher die Uebernahme eines anderen Anspruches festgesetzt werden kann, kommen die §§ 58, 59 zur Anwendung. An die Stelle des zu übernehmenden Anspruches kann, da die nicht widersprechenden Interessenten als zustimmend gelten (§ 763 C P.O), nur der Anspruch des widersprechenden Interessenten treten (Anm. 3 u. 7. C zu §§ 113, 114) Ist dies der Schuldner, so kommt es nicht darauf an, ob er seinen Widerspruch auf Tilgung der betr. Forderung durch Zahlung u. s. w. gründet, oder auf Bestreiten der rechtsgültigen Entstehung des Anspruches (wie Jäckel Anm. 2 meint). Wollen im letzteren Falle die nach dem Plane ausfallenden Gläubiger ihre Ansprüche an dem Erlöse, der auf die vom Schuldner bestrittene Forderung fällt, im Vertheilungsverfahren sich wahrerk, so müssen sie sich dem Widerspruche des Schuldners anschließen. Haben sie dies unterlassen, so mögen sie außerhalb des Vertheilungsverfahrens das Percipiendum des Schuldners in Anspruch nehmen. Der von Jäckel für seine abweichende Meinung angeführte Grund, daß die §§ 762—768 C.P.O. sich überhaupt auf den Widerspruch des Schuldners nicht beziehen, widerspricht dem § 113 Abs 2 u. 4 u. 6, aus denen folgt, daß, soweit der Widerspruch des Schuldners sich nicht gegen eine vollstreckbare Forderung richtet, derselbe wie der Widerspruch eines Gläubigers behandelt wird, insbesondere auch in entsprechender Anwendung der §§ 762—768 C.P.O dieselben Folgen eintreten, wenn der Schuldner, Widerspruch erhebt (Vgl. Anm. 4 zu §§ 113, 114.)

3. **Abs. 3.** In der Regierungsvorlage fehlte der Abs 3 des § 115; ebenso auch der zweite Satz des § 116 Abs 2 — In der Kommission des H H wurde zu § 115 ein Zusatz beantragt, welcher bestimmt ausspreche, daß die Vorschriften des § 41 E.E G. auch auf die zu übernehmenden hypothekarischen Forderungen Anwendung finden. Nachdem die Regierungskommissare dies als den Intentionen des Entwurfes entsprechend anerkannt hatten, wurde ein Zusatz beschlossen, welcher dem gegenwärtigen Abs 3 entspricht; nur hieß es im Eingange: „Auf die hiernach zu übernehmenden hypothekarischen Forderungen" u. s. w. — Durch diese Fassung wurde § 41 E E G. auch auf Forderungen ausgedehnt, welche in Folge besonderer Bedingungen über die Berichtigung des Kaufgeldes (Anm. 4 zu § 57) zu übernehmen sind. In der Kommission des A H. wurde hervorgehoben, daß in den Fällen der §§ 57—59 die Uebernahme einer Hypothek sich ohne Zustimmung des Gläubigers vollziehe, während, wenn ein Gläubiger, der nach den gesetzlichen Vorschriften Baarzahlung hatte verlangen können, in die Uebernahme seiner Forderung als Kaufbedingung willigt, dies einer nach § 116 zu behandelnden Uebernahme gleich zu achten sei (vgl Anm. 3. b α zu §§ 62—64). Die Kommission des A H. hat deshalb die Anwendbarkeit des § 41 E E G. auf Hypotheken beschränkt, welche nach den gesetzlichen Vorschriften der §§ 57—59 zu übernehmen sind. Die Uebernahme wirkt bei derartigen Hypotheken nicht als Befriedigung aus dem Grundstücke im Sinne des § 116 und § 42 E E.G — Es bleibt sowohl die persönliche Verbindlichkeit des Schuldners bestehen, als auch alle mit der Forderung sonst verbundenen accessorischen Rechte, insbesondere die Mitverhaftung correaliter verpfändeter Grundstucke. Dasselbe gilt von anderen nach den §§ 57—60 zu ubernehmenden Realforderungen (§§ 22 Abs. 1, 53—56, 57 Abs 3, 116 Abs. 2; Anm. 8 zu §§ 116, 117). — Der § 41 E.E.G lautet:

> „Hat der Erwerber eines Grundstücks die auf demselben haftende Hypothek in Anrechnung auf das Kaufgeld übernommen, so erlangt der Gläubiger gegen den Erwerber die persönliche Klage, auch wenn er dem Uebernahmevertrag nicht beigetreten ist.
>
> Der Veräußerer wird von seiner persönlichen Verbindlichkeit frei, wenn der Gläubiger nicht innerhalb eines Jahres, nachdem ihm der Veräußerer die Schuldübernahme bekannt gemacht, die Hypothek dem Eigenthümer des

Grundstücks gekündigt und binnen sechs Monaten nach der Fälligkeit eingeklagt hat.

Ist das Kündigungsrecht für eine bestimmte Zeit ausgeschlossen oder an den Eintritt eines bestimmten Ereignisses geknüpft, so beginnt die Frist mit Ablauf der Zeit oder Eintritt des Ereignisses."

Diese Vorschriften sollen entsprechende Anwendung finden, d h. mit denjenigen Modifikationen, welche die Besonderheiten des Zwangsversteigerungsverfahrens und der durch dasselbe begründeten Rechtsverhältnisse mit sich bringen. — Demnach tritt in Abs. 1 an Stelle des Uebernahmevertrages die Erklärung des Richters nach Abs. 1 zu § 115, bei welcher von einem Beitritte des Gläubigers nicht die Rede sein kann. — Bei Abs. 2 fragt sich, von welchem Zeitpunkte das Jahr zu berechnen ist, innerhalb dessen die Kündigung erfolgen muß, um die persönliche Verbindlichkeit des Schuldners zum Erlöschen zu bringen. Ist der Schuldner auch nicht Veräußerer im Sinne des § 41, — und fehlt es an einem solchen im privatrechtlichen Sinne überhaupt, — so ergiebt doch Abs. 2 des § 41 klar, daß die Bekanntmachung von demjenigen auszugehen hat, der sich durch dieselbe von seiner persönlichen Verbindlichkeit befreien will. Es kommt daher auf die Bekanntmachung durch den Schuldner an (So auch Kurlbaum n. G. S. 62; Jäckel Anm. 4) — Vorausgesetzt ist, daß der Gläubiger innerhalb der Jahresfrist nicht behindert war, zu kündigen (vgl. Abs. 3 des § 41, — und R. 5 S. 329, 20 S. 230) — Die persönliche Klage gegen den Ersteher ist die aus dem bei der Uebernahme bestehenden (R. 22 S. 237, 23 S. 252, Urtheil vom 12. Mai 1888, Jur. Wochenschr. S 264, und v. 2. Juli 1892 a. a. O. S. 384) Schuldverhältnisse entspringende; er ist nur als neuer persönlicher Schuldner eingetreten, welchem alle dem ursprünglichen Schuldner möglichen Einwände zustehen (R. 1 S. 403, 7 S. 220, 17 S. 277 bei Gruchot 26 S. 1124, 27 S. 769, 27 S. 1035. A M. O.T. Entsch 80 S. 68, Oppenheim bei Gruchot 25 S. 23, 410; Rocholl, Rechtsfälle S. 132. — Vgl über diese Streitfrage auch Bähr, Urtheile des R.G. S. 87—91, 94, 99—103, die Kommentare von Turnau und Achilles, sowie insbesondere darüber, ob der Ersteher dem Gläubiger nicht blos die Nichtigkeit des Kauf- und Uebernahmevertrages, sondern auch Einwendungen aus dem Kaufvertrage wegen Mängel u s. w entgegensetzen kann, Eccius § 102 zu Anm. 43 ff Dernburg, Hyp.R II S. 71 ff.). — Siehe auch Anm. 6 u 8 zu §§ 116, 117. Die Kündigung, welche dem Schuldner gegenüber bereits erfolgt ist und von welcher nach § 57 Abs. 5 im Versteigerungstermine Nachricht gegeben wird, hat für die Lösung der persönlichen Verbindlichkeit des Schuldners keine Bedeutung. — Wird er vom Gläubiger in Anspruch genommen, so hat er gegen den Ersteher seinen Regreß zu nehmen, der sich sonst ungerechtfertigter Weise bereichern würde

§. 116. Der Ersteher kann in Anrechnung auf das baar zu zahlende Kaufgeld die aus demselben zur Hebung kommenden Forderungen mit Einwilligung der betreffenden Gläubiger übernehmen.

Eine solche Uebernahme wirkt wie eine aus dem Grundstücke gewährte Befriedigung. Das Gleiche gilt, wenn außerhalb der Fälle der §§. 57 bis 60 die Uebernahme einer Forderung als Kaufbedingung gestellt ist.

§. **117.** Soweit die Uebernahme der Forderungen, welche aus dem baar zu zahlenden Kaufgelde zur Hebung kommen, nicht erfolgt, wird auf dieselben nach der Reihenfolge des Planes ein entsprechender Betrag der baar vorhandenen Theilungsmasse gezahlt oder in Ermangelung eines solchen ein entsprechender Theil des rückstandigen Kaufgeldes überwiesen.

Eine solche Ueberweisung bewirkt nur die Tilgung des Realanspruchs an dem Grundstucke. Sie wirkt wie eine aus dem Grundstücke gewährte Befriedigung, wenn der Gläubiger nicht binnen sechs Monaten nach der Ueberweisung die Wiederversteigerung des Grundstücks (§. 128) gehörig beantragt und demnächst ohne Verzögerung durchführt. Der Gläubiger einer auf mehreren Grundstücken ungetheilt haftenden Forderung behält seine Rechte an den mitverhafteten Grundstücken, wenn er die Rechte aus der Ueberweisung innerhalb der bezeichneten Frist aufgiebt.

Die Ueberweisung erfolgt erforderlichen Falls auch für die aus dem Kaufgelde zu entnehmenden Kosten des Verfahrens.

Im Falle des §. 110 erfolgt die Ueberweisung auch für die bedingt berechtigten nachstehenden Glaubiger unter einer nach den Vorschriften des §. 59 zu bestimmenden Bedingung. Wirkt die Ueberweisung fur eine Forderung, welche auch auf einem anderen Grundstücke ungetheilt haftet, als Befriedigung, so erlischt die weitere bedingte Ueberweisung.

Ist das Kaufgeld hinterlegt worden, so kann statt der Zahlung eine Anweisung auf den hinterlegten Betrag erfolgen.

§§ 116, 117. Ausfuhrung des Theilungsplanes, Baarzahlung, Uebernahme von Forderungen, Ueberweisung des ruckständigen Kaufgeldes.

1 Entw §§ 115, 116, §§ 139, 140, 158, 159 R.Zw.G Entw.

2. Soweit nicht nach dem Zuschlagsurtheile die Uebernahme von Forderungen in Anrechnung auf den Kaufpreis zu erfolgen hat, ist derselbe baar zu zahlen. (Vgl Anm. 4 zu § 102, Anm. 2 u 3 zu §§ 107—111) An Stelle der Baarzahlung (A) tritt nach dem Vertragswillen der Betheiligten die Uebernahme von Forderungen in Anrechnung auf das baar zu zahlende Kaufgeld (B) In Ermangelung beider findet die Ueberweisung des rückständigen Kaufgeldes (C) statt.

3 Der Richter hat die Legitimation des Gläubigers zu prufen (vgl. Anm 1 u. 2 zu § 120), ebenso die der gesetzlichen Vertreter (vgl Anm 2 zu § 65) und der Bevollmächtigten. — Ob Vormünder zur Empfangnahme der auf ein

Mündelkapital fallenden Hebung der Genehmigung des Gegenvormundes bedürfen, ist streitig; der in § 41 Nr. 2 V O gebrauchte Ausdruck „Einziehung" deutet auf eine Initiative des Vormundes hin. (Vgl. jedoch Eccius I § 91 Anm. 11, Jäckel Anm. 1 zu § 117) Zur Uebernahme der Forderungen (§ 116) ist die Genehmigung des Gegenvormundes nur nöthig, wenn damit in Folge des § 116 Abs. 2 eine Minderung oder Aufgabe der bestellten Sicherheit verbunden ist (s. unten Anm 9) — Die Prozeßvollmacht ermächtigt an sich weder zur Empfangnahme der Forderung des betreibenden Gläubigers noch zum Abschlusse eines Uebernahmevertrages (§ 77 C P O). Ob Specialvollmacht nöthig ist, und in welcher Form die Vollmacht zu ertheilen ist, richtet sich nach dem zur Anwendung gelangenden bürgerlichen Rechte Das gemeine Recht erfordert weder Specialvollmacht, noch eine besondere Form der Vollmachten. Nach Allg. Landrechte ist gerichtlich oder notariell aufgenommene oder anerkannte Specialvollmacht erforderlich (§§ 105, 115 I 13 A L R.; § 2 Ges. v. 11. Juli 1845, G S. S 405) Nach rheinischem Rechte genügt schriftliche Specialvollmacht (art. 1985, 1988 c c) — Wegen der Vollmachten öffentlicher Behörden vgl den mit Anh § 45 zu § 115 I 13 A L R übereinstimmenden Schlußsatz des § 65 und Anm 3 daselbst.

A. Baarzahlung.

4. Durch die Baarzahlung wird der Realberechtigte „aus dem Grundstücke", d. h aus dem an dessen Stelle getretenen Erlöse befriedigt (§ 42 E.E.G.). Sie wirkt die Aufhebung des Forderungsrechtes sowohl in seiner dinglichen, als auch in seiner persönlichen Beziehung. Daraus folgt nicht nur die Löschung der Forderung im Grundbuche, sondern auch das Erlöschen aller mit derselben sonst verbundenen accessorischen Rechte und die Befreiung etwaiger persönlicher oder dinglicher Korrealschuldner. Es erlischt daher die Hypothek oder Grundschuld auf den mitverhafteten Grundstücken (§ 42 E.E G.). — Die befreiende Wirkung der Baarzahlung bezieht sich aber nur auf das Verhältniß des Gläubigers zum Schuldner und etwaigen Mitverpflichteten desselben. Ob der Schuldner an letztere einen Regreßanspruch erheben kann, bestimmt sich nach der Natur des zwischen ihnen bestehenden Rechtsverhältnisses — Dem Grundstückseigenthümer, der bei Hypotheken nicht zugleich persönlicher Schuldner gewesen ist, wird in der Regel noch ein Erstattungsanspruch aus der Pfandbürgschaft (oder aus der Bereicherung) zustehen.

5. Der Baarzahlung wird in § 117 Abs. 5 gleichgestellt die Anweisung auf das hinterlegte Kaufgeld (§ 102 Abs 3) Diese erfolgt gemäß § 30 Nr 2 H O. durch den Vollstreckungsrichter und wirkt eine Befriedigung des Gläubigers durch datio in solutum (Ueberweisung eines Forderungsrechtes an die Staatskasse, § 8 H.O). — Die Hinterlegung des Kaufgeldes in den Fällen der §§ 118—120 hat nicht die Wirkung der Befriedigung aus dem Grundstücke; es muß auch in diesen Fällen erst die Anweisung auf das hinterlegte Kaufgeld hinzukommen Einer solchen bedarf es dagegen nicht im Falle des § 121 Abs. 2. Hier hat bereits die Hinterlegung selbst die Wirkung der Baarzahlung. Dasselbe gilt von der Uebersendung des auszuzahlenden Betrages durch die Post oder an ein ersuchtes Gericht, welche auf Kosten und Gefahr des Berechtigten erfolgen. (Vgl. a. Anm. 6 zu § 121). — Erfolgt die Tilgung der

Forderung des Gläubigers durch Kompensation mit einer Gegenforderung des Erstehers statt durch Baarzahlung, so treten auch in diesem Falle die vollen Wirkungen der Befriedigung aus dem Grundstücke (Anm 4) ein. Ohne ein pactum de compensando kann die Aufrechnung im Vertheilungsverfahren aber nicht erfolgen. (So auch Jäckel Anm. 1 zu § 117; Strieth 6 S. 85; Gruchot 9 S. 490). — Ist der Ersteher zugleich als Gläubiger einer aus dem baar zu zahlenden Kaufgelde zur Hebung gelangenden Forderung betheiligt, so rechnet er den Betrag seiner Forderung auf das baar zu zahlende Kaufgeld ab. Dem Schuldner und etwa mitverhafteten Dritten gegenüber wirkt diese Anrechnung wie eine Befriedigung aus dem Grundstücke; die Hypothek bez. Grundschuld ist auf den mitverhafteten Grundstücken zur Löschung zu bringen. Dagegen kann sie der Ersteher auf dem Grundstücke stehen lassen (§ 66 E E.G. Anm 4 zu § 124; Jäckel Anm. 1 zu § 117, Achilles S. 312; Entsch 47 S. 138; Dernburg, Hyp R. II S 292. — A. M. Knorr Anm 6. b zu § 97)

Ueber die Befriedigung durch befreiende Schuldübernahme siehe unter B; inwiefern die Ueberweisung der rückständigen Kaufgelder als Befriedigung aus dem Grundstücke wirken kann, bestimmt § 117 Abs. 2. — Ein Erlaßvertrag, welcher nur die Aufgebung des Anspruches auf Befriedigung aus den Kaufgeldern des versteigerten Grundstückes zum Gegenstande hat, befreit zwar den Schuldner, nicht aber mitverhaftete Dritte (Personen oder Grundstücke — vgl. § 117 Abs. 2 und unten Anm. 14).

B. Uebernahme einer Forderung in Anrechnung auf das baar zu zahlende Kaufgeld.

6. Es sind zu unterscheiden die rechtbegründende und die rechtaufhebende Seite des zwischen dem Ersteher und dem betreffenden Gläubiger geschlossenen Uebernahmevertrages.

a Durch den Uebernahmevertrag mit dem Gläubiger tritt der Ersteher als Schuldner in die „zur Hebung kommende Forderung" ein. Die Uebernahme erfolgt „in Anrechnung auf das baar zu zahlende Kaufgeld". Der Ersteher übernimmt die Forderung in der Absicht, seine Kaufgelderschuld (an den Schuldner — Anm 10) insoweit zu tilgen. Ob die zu übernehmende Forderung zu Recht besteht oder nicht, ist für ihn gleichgültig Hat sie der Schuldner bei den Verhandlungen über den Theilungsplan nicht bestritten, so hat dieser damit zu erkennen gegeben, daß er mit der Befriedigung des Gläubigers aus den Kaufgeldern einverstanden ist. Das genügt für den Ersteher, um sich mit dem Gläubiger auf den Uebernahmevertrag einzulassen. Tritt er daher auch in eine fremde Schuld ein, und zwar mit denselben Verpflichtungen wie der bisherige Schuldner, so geschieht dies nicht in der Voraussetzung der Rechtsbeständigkeit des ursprünglichen Obligationsverhältnisses Er nimmt den Gläubiger als seinen Gläubiger an, weil er nach dem Theilungsplane einen Anspruch auf die Kaufgelder hat. Daraus folgt, daß der Ersteher Einreden aus dem ursprünglichen Vertragsverhältnisse zwischen Gläubiger und Schuldner gegen die Forderung nicht geltend machen kann (Jäckel Anm. 1 zu § 116; — anders nach § 115 Abs. 3). War die Forderung eine Hypothek, so haftet der Ersteher auch persönlich; war die Forderung dagegen eine Grundschuld, so übernimmt er sie auch nur als solche, also ohne persönliche Haftung. Ebenso bleiben die Bedingungen der Verzinsung, Kündigung u. s. w. dieselben, die Forderung bleibt unverändert im Grundbuche stehen. Der Uebernahmevertrag wird zu Protokoll festgestellt; nach A L.R. (§ 400 I. 14 und § 116 I. 5) ist mit Jäckel dessen unterschriftliche Vollziehung zu fordern (A. M. Knorr S 305) Es bedarf keiner Vermerkung der Uebernahme weder im Grundbuche, noch auf der Schuldurkunde. Der Gläubiger kann sich jedoch eine auszugsweise Ausfertigung des Protokolles über die Belegung und Vertheilung der Kaufgelder ertheilen lassen (§ 130) — Erfolgt die Uebernahme unter veränderten Bedingungen, so findet § 124 Abs 5 wegen der Eintragung im Grundbuche Anwendung

b. Die Uebernahme der Forderung befreit zunächst den Ersteher von der Baarzahlungspflicht (dem Schuldner gegenüber). Sie wirkt aber auch, abweichend von den Fällen der §§ 115 und 41 E E.G., in dem Sinne von Anm. 4 befreiend für den Schuldner und etwa mitverhaftete Dritte (§. 116 Abs 2); und zwar kraft des in dem Uebernahmevertrage zum Ausdrucke gekommenen Willens des Gläubigers, den Ersteher als seinen neuen Schuldner in der übrigens unverändert fortbestehenden Obligation und diese Schuldübernahme als Befriedigung an Stelle der Baarzahlung aus den Kaufgeldern (dem Vermögen des Schuldners) anzunehmen („in Anrechnung auf das baar zu zahlende Kaufgeld" — Erfüllungsäquivalent Windscheid § 353 Anm 2, § 354 Nr. 2; Eccius § 194 Anm. 70, sowie Jäckel Anm 1) Vgl auch fr 91 D. de solut 46, 3, §§ 399, 401 I 14 A.L.R; art. 1271 Nr 2 c c

7 Der „betreffende" Gläubiger ist nur der in dem Theilungsplane benannte Gläubiger, mit welchem der Uebernahmevertrag geschlossen wird — Die Rechte der eventuell Berechtigten werden durch den Uebernahmevertrag nicht berührt.

8. Der Uebernahme durch Vertrag des Erstehers mit dem Gläubiger steht die Uebernahme auf Grund der Kaufbedingungen gleich, so weit nicht diese Uebernahme kraft gesetzlicher Vorschrift erfolgen muß (Anm. 3 zu § 115.) Entscheidend (und unterscheidend von den Fällen der §§ 57 bis 60) ist auch hier, daß die Uebernahme in Anrechnung auf den Kaufpreis mit dem Willen des Gläubigers erfolgte. Die Ausführung der Uebernahme gemäß besonderer Kaufbedingungen wird ebenfalls durch die Erklärung des Richters nach § 115 Abs. 1 (Anm. 1 a. a. O.) vollendet. Die Erwähnung des § 60 (neben §§ 57—59 und abweichend von § 115 Abs 3) beruht darauf, daß in § 115 Abs. 3 lediglich von Hypotheken die Rede ist, der § 116 sich aber auf alle in Folge freiwilliger Abrede oder vorher gestellter besonderer Kaufbedingung übernommenen Realansprüche (also auch auf Grundschulden) bezieht, deren Baarzahlung sonst hätte erfolgen müssen, und daß daher auch von der Regel des ersten Satzes des Abs. 2 diejenigen Lasten ausgenommen werden mußten, deren Uebernahme durch den Ersteher nach § 60 Abs. 1 von Amtswegen auch ohne Zustimmung des Berechtigten als Kaufbedingung gestellt ist (Bericht der Kommiss des A.H., vgl. auch Anm. 3 zu § 115).

9 Die Wirkungen der Schuldübernahme nach § 116 sind dieselben wie im Falle der Baarzahlung (Anm. 4) — Die Schuldübernahme steht der Baarzahlung auch bez etwaiger Regreßansprüche des blos dinglichen Schuldners (Grundstückseigenthümers) an correi und den persönlichen Schuldner gleich. Dieser Anspruch des Schuldners steht ganz außerhalb des durch die Befreiung betroffenen obligatorischen Verhältnisses zwischen Gläubiger und Schuldner. (Eccius

Anm. 70. a zu § 194 führt den Regreßanspruch im Falle der Baarzahlung auf einen nothwendigen Uebergang der Forderung gegen den persönlichen Schuldner in das Vermögen des Subhastaten zurück; im Falle der Uebernahme auf die Bereicherung des persönlichen Schuldners aus dem Vermögen des Letzteren).

C. Ueberweisung rückständiger Kaufgelder.

10 Ist die Zahlung gar nicht oder nur theilweise erfolgt, so kann dem Hebungsberechtigten nur der entsprechende Theil des Anspruches auf das Kaufgeld überwiesen werden. — Wie das baar gezahlte Kaufgeld, so gehört auch der Anspruch auf das Kaufgeld zum Vermögen des Schuldners (so auch Motive zu § 159 R.Zw G Entw), der aber die freie Verfügung über dieses Forderungsrecht erst dadurch erhält, daß ihm von dem Richter der zur Befriedigung der Gläubiger nicht erforderliche Rest überwiesen wird (Anm. 4 zu § 102) Für die Realberechtigten tritt das Kaufgeld an Stelle des Grundstückes (§ 140 Abs. 1 R.Zw G Entw). — Die Ueberweisung der Kaufgelderforderung an die Gläubiger ist analog der Uebertragung des Eigenthumes am Grundstücke auf den Ersteher. Durch die Ueberweisung wird unabhängig von dem Willen des Schuldners und unter Aufhebung seines Gläubigerrechtes bezüglich der Kaufgelderforderung für den Hebungsberechtigten durch den Richter ein Forderungsrecht gegen den Ersteher begründet (vgl. § 293 R Entw I, § 355 R Entw II, § 159 R Zw.G.Entw. und Motive), welches nach § 129 mit unmittelbarer Vollstreckbarkeit ausgerüstet ist. Die Ueberweisung ist kein Rechtsgeschäft der Hebungsberechtigten untereinander; keine Cession zum Zwecke der Auseinandersetzung, wie Jäckel Anm 1 annimmt, indem er in Konsequenz seiner Ansicht, daß die Interessenten einschließlich des Schuldners die Verkäufer seien, diese als „Eigenthümer der Kaufgelderforderung" bezeichnet. — Wenn er bemerkt, daß die eigentliche Natur des Geschäftes als eine Auseinandersetzung der mehreren auf das Kaufgeld Berechtigten sofort hervortreten würde, wenn die Vertheilung nicht in die Hand des Richters gelegt wäre, so verkennt er, daß eben gerade die Stellung, welche dem Richter bei der Zwangsveräußerung gegeben ist, das wesentlich unterscheidende Kriterium derselben bildet; und daß deshalb jede Konstruktion, welche die Rechtsverhältnisse bei der Zwangsversteigerung ohne Berücksichtigung dieses Momentes zu erklären versucht, nothwendigerweise in die Irre führen muß. — Gegen die von Forster (Grundbuchrecht S 210, Privatrecht § 194 Anm. 80) und dem Obertribunal (Entsch 70 S 126, Strieth 92 S 176) aufgestellte Ansicht, daß die Ueberweisung einer Assignation nach dem Gesetze v. 4. Juli 1822 analog sei, bemerkt Jäckel (a a O) mit Recht, daß die Ueberweisung nicht blos zur Einziehung berechtige, sondern den angewiesenen Hebungsberechtigten zum „Eigenthümer des überwiesenen Kaufgeldes" (— richtiger zum Gläubiger des Erstehers —) mache. — Vgl. über andere Konstruktionen Rudorff S. 233 und Henning Rassow bei Gruchot 35 S. 373

Durch die Ueberweisung wird ein persönliches Forderungsrecht auch für den eingetragenen Grundschuldgläubiger begründet Das Gesetz unterscheidet bezüglich der Rechte der verschiedenen Gläubiger gegen den Ersteher nicht. Auch der Grundschuldgläubiger hat nach § 129 das unbeschränkte Vollstreckungsrecht gegen das ganze Vermögen des Erstehers (vgl Anm. 12 und Jäckel Anm. 1; Rudorff S. 233). — Der Schuldner (bez Eigenthümer des Grundstückes) erhält durch die Ueberweisung des Ueberrestes der Kaufgelderforderung nicht blos die Disposition über dieselbe, sondern auch sein Anspruch erfährt eine Steigerung durch die ihm nach § 129 beigelegte Vollstreckbarkeit und das dem Schuldner nach § 128 (Anm. 3) zustehende Recht auf Wiederversteigerung.

11. Die Ueberweisung an mehrere Gläubiger erfolgt nach der Reihenfolge des Planes. Die Rangstellung der überwiesenen Posten gegenüber anderen Forderungen wird durch die Ueberweisung nicht berührt. Werden jene auch gelöscht, so ist ihnen doch ihr bisheriges Vorrecht dadurch zu wahren, daß bei der stehenbleibenden Post ein entsprechender Vermerk eingetragen wird. Dies gilt in allen Fällen, mag der im Grundbuche stehen bleibende Anspruch ein als Ersatz übernommener Anspruch (§§ 58, 59), eine nach § 60 zu übernehmende dauernde Last (Strieth. 87 S. 326, K 3 S. 156) oder eine vertragsmäßig vom Ersteher übernommene Forderung (§ 116) sein — Findet wegen der aus dem baar zu zahlenden Kaufgelde zu entnehmenden Kosten des Verfahrens eine Ueberweisung statt, so haben diese das Vorrecht vor allen (auch den nach § 57 Abs. 3) übernommenen Posten (vgl § 117 Abs. 3) — Ueber die Vorrechtsregulirung im Falle des § 108 s Anm 6 zu §§ 107–111.

Abs. 4 des § 117 handelt von der Ueberweisung auf die im Falle des Eintrittes einer auflösenden Bedingung berechtigten nachstehenden Gläubiger, welche als solche bereits in dem Vertheilungsplane nach § 110 bezeichnet sind. Die Ausführung des Planes durch bedingte Ueberweisung derselben auf den Kaufgelderrückstand und eine demgemäß erfolgende Eintragung (vgl. auch § 119) sichert deren eventuellen Anspruch vollkommen und ermöglicht beim Nachweise des Eintrittes der Bedingung die Umschreibung der bedingten in eine unbedingte Eintragung ohne Abtretungserklärung des ersten Gläubigers. — Steht der zu überweisende Anspruch unter aufschiebender Bedingung, so erfolgt die Ueberweisung an alle dabei nach dem Vertheilungsplane interessirten Gläubiger nach Maßgabe des § 119. Dasselbe gilt, wenn ein Anspruch auf wiederkehrende Hebungen auf den Kaufgelderrückstand angewiesen wird (Anm. 2–6 zu § 32; §§ 109, 119).

12. Die Ueberweisung bewirkt in jedem Falle die Tilgung des Realrechtes an dem Grundstücke. Die Befreiung des Grundstückes von dem Realanspruche ist schon eine Folge des in § 22 Abs. 2 ausgesprochenen Grundsatzes. Durch **§ 117 Abs. 2** soll der Unterschied zwischen der Baarzahlung und Uebernahme nach § 116 einerseits (Anm 4 und 9) und der Ueberweisung zum Ausdrucke gebracht werden War der anzuweisende Anspruch nur ein Realanspruch (Grundschuld), so hört er auf, als solcher zu bestehen; an seine Stelle tritt der persönliche Anspruch gegen den Ersteher, gesichert durch die Eintragung des Kaufgelderrückstandes (Hypothek) Vgl. Anm. 10. — Den persönlichen Anspruch tilgt die Ueberweisung zunächst nicht; es bleiben daher auch alle accessorischen Rechte desselben bestehen, insbesondere die Mithaftung der anderen Grundstücke bei Korrealhypotheken. Der Gläubiger erhält in dem Ersteher einen zweiten persönlichen Schuldner. Die Ueberweisung hebt aber auch bei Korrealgrundschulden die Mithaftung der anderen Grundstücke nicht auf, weil ihre Wirkung nur auf das versteigerte Grundstück sich beschränkt, den Gläubiger aus demselben nicht befriedigt, sondern ihm nur an Stelle der erloschenen Grundschuld eine Hypothek gewährt (vgl. § 42 E E.G)

13. Die Ueberweisung kann aber nach **§ 117 Abs. 2** (abweichend von § 66 S.O.) auch die **Wirkung einer aus dem Grundstücke gewährten Befriedigung** (§ 42 E E G) mit allen in Anm 4 hervorgehobenen Folgen **erlangen**. Die Weiterhaftung des persönlichen Schuldners, der die Bezahlung des Kaufgeldes nicht erzwingen kann und doch gegen seinen Willen das Grundstück lassen muß (s oben Anm 10), wäre eine besondere Härte; wogegen der Gläubiger, der von seinem Rechte, durch Wiederversteigerung des Grundstückes die Zahlung, soweit sie aus dem Grundstücke zu erlangen ist, herbeizuführen, in einer Frist von sechs Monaten keinen Gebrauch macht, oder die beantragte Wiederversteigerung nicht durchführt, dem Ersteher einen Kredit gewährt, für den er die Verantwortung übernehmen muß — Das Interesse des Schuldners und etwa mitverhafteter Dritter rechtfertigt es, für diesen Fall der vernachlässigten Einziehung des überwiesenen Kaufgeldes, der Ueberweisung die Wirkung einer Befriedigung aus dem Grundstücke beizulegen. — „Muß in Folge erhobenen Widerspruches das rückständige Kaufgeld den Betheiligten als eine unter ihnen streitige Forderung überwiesen werden (§ 118), so kann diese Ueberweisung nicht als Anfangstermin für die in § 117 Abs. 2 bestimmte sechsmonatliche Frist gelten, da diese Fristbestimmung eine solche Ueberweisung voraussetzt, welche ohne Einschränkung die Möglichkeit des Antrages auf Wiederversteigerung gewährt" (Mot.) — Die Frist beginnt in diesem Falle erst mit der auf Grund des erlassenen Urtheiles, bez nach Ablauf der Klagefrist (§§ 768, 764 C P O, Anm 2 zu § 115 am Schlusse) von dem Vollstreckungsrichter auszusprechenden definitiven Ueberweisung.

14 Auf **Korrealhypotheken und Korrealgrundschulden** beziehen sich der **zweite Satz in Abs. 2 und in Abs. 4 des § 117**. Beide sind von der Kommission des A H. beigefügt. Die erstere Bestimmung entspricht der in § 59 Abs 2 für den Fall der Uebernahme einer solchen Forderung (nach §§ 107, 115) vorgesehenen Möglichkeit des Wegfalles derselben bei dem versteigerten Grundstücke durch Aufgebung seines Anspruches auf Befriedigung aus demselben. Der Korrealgläubiger soll nach der Ueberweisung sich entscheiden können, ob er aus dem versteigerten Grundstücke durch Wiederversteigerung seine Befriedigung erlangen will, in welchem Falle ihm die mitverhafteten Grundstücke weiter haften, sofern er jenen Antrag binnen sechs Monaten stellt, oder ob er seine Rechte aus der Ueberweisung aufgeben will Auch diese Aufgebung muß binnen sechs Monaten erfolgt, d. h es muß innerhalb dieser Frist die Löschung bewilligt und die Löschungsbewilligung dem Ersteher übergeben sein (so auch Jäckel Anm 4 Vgl. § 159 Abs. 3 R Zw.G.Entw) — Die Folge der Aufgebung der Rechte aus der Ueberweisung für die nach § 117 Abs 4 bedingt angewiesenen nachstehenden Gläubiger ergiebt sich aus Anm 11. — Hat der Gläubiger innerhalb der sechsmonatigen Frist weder die Wiederversteigerung beantragt, noch seine Rechte aus der Ueberweisung aufgegeben, so ergiebt sich als Folge der alsdann eintretenden Wirkung der Ueberweisung (Anm 13) das Erlöschen seiner Rechte an den mitverhafteten Grundstücken — Für die nach § 117 Abs 4 bei dem versteigerten Grundstücke erfolgte weitere bedingte Anweisung nachstehender Gläubiger ergiebt sich aber die Folge, daß dieselbe erlischt (**zweiter Satz des Abs. 4**); denn mit der Befriedigung des ersten Gläubigers aus dem versteigerten Grundstücke ist die Möglichkeit des Eintrittes der für die Ersatzüberweisung nach § 59 Abs 2

maßgebenden Bedingung ausgeschlossen (vgl Anm. 3 zu § 59). — Der nachstehende Gläubiger fällt dann ebenso aus, wie er ausgefallen wäre, wenn der baar bezahlte Kaufpreis von dem Inhaber der Korrealforderung in Anspruch genommen wäre. Der Gläubiger, der durch die Ueberweisung des Kaufgelderrestes als befriedigt gilt, kann die Löschung der auf die bedingte Ueberweisung bezüglichen Vermerke (Anm. 11) beantragen.

§. 118. Soweit der Theilungsplan bezüglich des baar zu zahlenden Kaufgeldes in Folge erhobenen Widerspruchs oder wegen des dem Schuldner zustehenden Rechts, die Vollstreckung abzuwenden, nicht unbedingt ausgeführt werden kann, sind die entsprechenden Geldbeträge zu hinterlegen und die entsprechenden Theile des rückständigen Kaufgeldes den Betheiligten als eine unter ihnen streitige Forderung zu überweisen.

§ 118. Vorläufige Ausführung des Theilungsplanes im Falle eines Widerspruches.

1. Entw. § 117, § 167 R.Zw.G.Entw — Der Paragraph setzt voraus, daß die Ausführung des Theilungsplanes nach Anm 8. C. und 9 zu §§ 113, 114 gehemmt ist und bezieht sich nur auf das baar zu zahlende Kaufgeld, sofern eine Uebernahme in Anrechnung auf dasselbe nach § 116 nicht stattgefunden hat. — (Vgl auch Anm. 2 zu § 115.) Dem Schuldner steht der letzte Eigenthümer des Grundstückes gleich, wenn auch hier desselben keine Erwähnung geschieht.

2. Die Hinterlegung des baar gezahlten Kaufgeldes hat der Richter zu bewirken (vgl. Anm. 5 zu §§ 62—64). Es genügt die Angabe: „Kaufgeld in der Zwangsversteigerungssache N des hiesigen Amtsgerichtes; Ungewißheit des Hebungsberechtigten". Die streitenden Betheiligten brauchen nicht benannt zu werden; § 118 schreibt dies nur für den Fall der Ueberweisung vor. Ist der Widerspruch erledigt bez das dem Schuldner nach § 652 Abs. 2 C.P.O. gegebene Recht der Anwendung der Vollstreckung weggefallen, so tritt die endgültige Ausführung des Planes nach Anm 11 und 12 f. zu §§ 113, 114 ein. Das Vollstreckungsgericht bestimmt, an wen die Auszahlung erfolgen soll und erläßt entweder eine Anordnung bez Anweisung an die Hinterlegungsstelle nach § 30 Nr. 1, 2 H.O., oder ersucht dieselbe um Auszahlung nach § 31 a. a. O. — Vgl. Anm. 5 zu §§ 116, 117.

3 Die Ueberweisung des rückständigen Kaufgeldes erfolgt unter Benennung der Betheiligten als einer unter denselben streitigen Forderung. Als Betheiligte sind nur der im Theilungsplane bezeichnete und der widersprechende Gläubiger zu betrachten (vgl Anm. 2 zu § 115) Auch hier ist eine Anordnung des Vollstreckungsrichters, gemäß §§ 764, 768 C.P.O., zur Feststellung des definitiv Berechtigten erforderlich. Der Grundbuchrichter hat Anträge der als Streittheile eingetragenen Gläubiger auf definitive Eintragung, mögen sie gemeinschaftlich, als von dem obsiegenden Theile unter Vorlegung des rechtskräftigen Urtheiles, gestellt werden, zurückzuweisen. Die Bezeichnung der Masse als streitige Forderung macht

ersichtlich, daß bezüglich derselben das Vertheilungsverfahren noch nicht beendigt, vielmehr demnächst von dem Vollstreckungsgerichte zu Ende zu bringen ist (§ 768 C.P.O.). Die endgültige Ausführung des Planes erfolgt auch hier nach Anm. 10 und 11. f. zu §§ 113, 114, die Berichtigung des Grundbuches nach Ausführung des Theilungsplanes auf Ersuchen des Vollstreckungsgerichtes. (Vgl. Motive zu § 124, 123 des Entw und § 175 R.Zw.G.) – Siehe auch Anm. 13 zu §§ 116, 117 und § 127.

§. 119. Beträge, welche für wiederkehrende Hebungen nach §. 109 oder für Forderungen unter aufschiebender Bedingung oder für Forderungen unter auflösender Bedingung deren Gläubiger zu einer Sicherheitsleistung verpflichtet ist, angesetzt werden, sind in Ermangelung einer Einigung der Beteiligten zu hinterlegen. Ist für dieselben ein Theil des rückständigen Kaufgeldes zu überweisen, so erfolgt die Ueberweisung an die Betheiligten mit der aus den Rechten derselben sich ergebenden Beschränkung eines jeden von ihnen.

§ 119. Ausführung des Planes hinsichtlich der Ansprüche auf wiederkehrende Hebungen und der bedingten Forderungen.

1. Entw § 118 §§ 160–163 R.Zw.G.Entw

2. Die Vorschriften des § 119 beziehen sich ebenfalls nur auf die aus dem baar zu zahlenden Kaufgelde zu befriedigenden Ansprüche, sofern wegen derselben nicht eine Uebernahme nach § 116 stattgefunden hat (Vgl Anm 2 zu § 32, Anm 7 zu §§ 58, 59, Anm 2 zu §§ 107—111, Anm 7 zu §§ 116, 117.) Sie kommen nur zur Anwendung in Ermangelung einer Einigung der Betheiligten über eine andere Art der Sicherstellung oder eine etwaige Abfindung der Ansprüche der eventuell Berechtigten.

3 Die Hinterlegung erfolgt wie im Falle des § 118 durch den Richter. (Anm 5 zu §§ 62—64) Sie geschieht hier aber ebenso wie die Ueberweisung der rückständigen Kaufgelder zur endgültigen Ausführung des Theilungsplanes. Es sind deshalb in der Hinterlegungsanordnung in derselben Weise wie in dem Ersuchungsschreiben zur Eintragung des überwiesenen Kaufgelderrückstandes die Betheiligten zu bezeichnen, und ist anzugeben, unter welchen Voraussetzungen Jeder derselben berechtigt ist – Handelt es sich um bedingte Ansprüche, so ist den Betheiligten zu überlassen, durch Anträge bei der Hinterlegungsstelle bez beim Grundbuchrichter die nach dem Theilungsplane an den Eintritt oder Ausfall der Bedingung geknüpften Rechte (Anm 4. a 5 zu §§ 107 bis 111) zur Durchführung zu bringen und Auszahlung bez. Umschreibung im Grundbuche herbeizuführen (Anders in den Fällen der §§ 118 und 120 und a M Knorr Anm 1 und 2 a auch für diesen Fall) Bei wiederkehrenden Hebungen erfolgt dagegen die weitere Vertheilung nach Maßgabe der §§ 32, 109 durch das Vollstreckungsgericht (Anm. 5 zu § 32, Anm 7 zu §§ 58, 59).

4. Die Anwendung des § 119 auf Forderungen unter auflösender Bedingung setzt voraus, daß die Pflicht zur Sicherheitsleistung im Vertheilungstermine

anerkannt ist und nur über die Art der Sicherheitsleistung eine Einigung nicht erfolgt ist (Anm. 4. c. und d. zu §§ 107—111).

§. 120. Ist zu einer Forderung, welche aus dem baar zu zahlenden Kaufgelde zur Hebung kommt, ein Gläubiger nicht legitimirt, so ist der für die Forderung angesetzte Betrag zu hinterlegen. Ist ein Theil des rückständigen Kaufgeldes zu überweisen, so erfolgt die Ueberweisung an die noch unbekannten Berechtigten mit Vorbehalt der Feststellung derselben.

Für den Fall, daß die Forderung in Wegfall kommt, ist durch den Theilungsplan festzustellen, wer den hinterlegten oder überwiesenen Betrag zu beanspruchen hat.

§ 120. **Hinterlegung und Ueberweisung bei mangelnder Legitimation des Gläubigers.**

1. Entw. § 119 — § 181 R.Zw G.Entw. — Der Vollstreckungsrichter hat die Legitimation des Gläubigers zu prüfen, dessen Forderung aus dem baar zu zahlenden Kaufgelde zur Hebung kommt — Eine Legitimationsprüfung erübrigt, wenn die Forderung, sei es gemäß § 57, sei es gemäß § 116, von dem Ersteher in Anrechnung auf den Kaufpreis übernommen wird. Im ersteren Falle wird die Forderung, falls nicht rückständige und laufende Zinsen baar zu zahlen sind, von der Zwangsversteigerung nicht berührt; im letzteren Falle ist die Prüfung der Legitimation des Gläubigers Sache des Erstehers. Hat derselbe sich mit einem nicht legitimirten Gläubiger eingelassen, so ist dadurch den Rechten des wirklichen Gläubigers nicht präjudizirt. (A. M. anscheinend Jäckel Anm. 1 zu § 116, Anm 1 zu § 122)

2. Unter dem Ausdrucke „zu einer Forderung legitimirt" im Sinne der §§ 120, 121 ist nicht nur der Nachweis des unmittelbaren oder durch Rechtsnachfolge erworbenen Gläubigerrechtes zu verstehen. Es handelt sich hier um die Berechtigung zur Empfangnahme des Kaufgeldes, sei es in der Form der Baarzahlung, sei es in der Form der Ueberweisung — Es ist deshalb insbesondere zu beachten, inwieweit der eingetragene Gläubiger oder der legitimirte Rechtsnachfolger desselben „zur Einziehung der Forderung, also auch fur die unbedingte Ueberweisung rückständigen Kaufgeldes, der Vorlegung des Hypotheken- oder Grundschuldbriefes zu seiner Legitimation bedarf." (Mot) — Die Vorlegung (Vorzeigung) des Hypotheken- und Grundbriefes gehört — auch wenn es sich nur um Empfangnahme von Zinsen handelt — stets zur Legitimation des Gläubigers gegenüber dem Schuldner (A M Knorr Anm. 1. a zu § 117) Die Auszahlung des Kapitales kann der Schuldner von der gleichzeitigen Aushändigung des Hypotheken- bez. Grundschuldbriefes abhängig machen. Das folgt aus § 38 E E G. — Der Richter handelt zwar bei der Kaufgeldervertheilung nicht als Vertreter des Schuldners Aber er bezahlt doch dessen Schuld aus dessen Vermogen Er darf daher nur unter denselben privatrechtlichen Voraussetzungen zahlen, unter denen der Schuldner verpflichtet ist, und muß im Interesse des Schuldners die Vorlegung bez. Aus-

händigung des Hypotheken- bez. Grundschuldbriefes fordern, wenn er Zahlung leisten oder in Ermangelung derselben den Kaufgelderrückstand überweisen soll. (Anders im Falle des § 137 Abs. 4; s Anm. 3. c daselbst) — Wird ihm der Hypotheken- oder Grundschuldbrief nicht vorgezeigt, bez ausgehändigt, so hat er nach § 120 zu verfahren. (Vgl. § 181 R Zw.G.Entw.). — Behauptet der Gläubiger, daß ein Hypothekenbrief nicht gebildet sei, so muß dies als Ausnahme von der Regel von dem Gläubiger bewiesen werden (§ 123 G B.O). — Daß außerdem der Richter die Identität der Person zu prüfen hat, wenn Baarzahlung erfolgen soll, versteht sich von selbst — Handelt es sich um Ueberweisung des Kaufgelderrückstandes, so erfolgt dieselbe auf den Namen des aus den Legitimationsurkunden sich ergebenden Gläubigers — Wegen der Prüfung der Legitimation des gesetzlichen Vertreters und der Bevollmächtigten s. Anm. 3 zu §§ 116, 117.

3 Die Hinterlegung erfolgt durch den Richter unter denselben Modalitäten wie im Falle des § 118 (Anm. 2 daselbst). Ebenso finden bezüglich

4. der Ueberweisung rückständiger Kaufgelder die Bemerkungen zu § 118 (Anm. 3 daselbst) mit der Maßgabe Anwendung, daß die Ueberweisung an die „noch unbekannten Berechtigten mit Vorbehalt der Feststellung derselben" erfolgt.

5. In beiden Fällen (Hinterlegung und Ueberweisung) erfolgt die weitere Ausführung der Vertheilung nach Feststellung des Empfangsberechtigten (§§ 120 Abs. 2, 131—136) durch das Vollstreckungsgericht, welches die Auszahlung der hinterlegten Summe an die Berechtigten und die erforderliche Berichtigung des Grundbuches zu veranlassen hat (vgl. Anm 2 und 3 zu § 118, — sowie § 127 Abs. 2).

6. **Abs.** 2. Die Bedingung, unter welcher die anderen Gläubiger (bez der Schuldner wegen möglicher hyperocha) als Berechtigte zu bezeichnen sind, besteht darin, daß der Gläubiger seine Legitimation nicht nachweist — Ergeben sich besondere Schwierigkeiten, z. B wenn mehrere Forderungen in Frage kommen, so steht nach den Motiven nichts entgegen, die Feststellungen des Planes insoweit offen zu lassen, daß nur alle möglicherweise betheiligten Personen bezeichnet werden, unter denen die berechtigte Person durch spätere Verhandlungen zu ermitteln bleibt — Die eventuell Berechtigten können nach §§ 133 ff. die Feststellung des Eintrittes bez des Ausfalles dieser Bedingung herbeiführen

§. 121. Ist der Glaubiger einer Forderung als solcher legitimirt, aber nicht erschienen, so erfolgt die Uebersendung des auszuzahlenden Betrages durch die Post nach Maßgabe der §§. 25, 26 der Hinterlegungsordnung vom 14. März 1879.

Findet hiernach die Uebersendung durch die Post nicht statt und wird auch nicht beantragt, die Auszahlung an den Berechtigten selbst durch ein ersuchtes Gericht bewirken zu lassen, so ist der auszuzahlende Betrag zu hinterlegen.

Die Kosten und die Gefahr der Uebersendung an ein ersuchtes Gericht trägt der Berechtigte.

§ 121. Uebersendung des auszuzahlenden Betrages durch die Post.

1. Entw. § 120. — § 158 Abs. 2 R.Zw.G.Entw.

2. Die Voraussetzungen der Anwendung des § 121 Abs. 1 sind:

a die Legitimation des Gläubigers im Sinne der Anm. 2 zu § 120;

b. das Nichterscheinen des Gläubigers. Diesem steht gleich das Erscheinen eines nicht gehörig legitimirten gesetzlichen Vertreters oder Bevollmächtigten (vgl. Anm. 3 zu §§ 116, 117);

c. daß die Posteinrichtungen die Uebersendung des Betrages durch die Post gestatten (§ 25 Abs 1 H O);

d. ein Antrag des Gläubigers, welcher, falls der zu übersendende Betrag 3000 M. übersteigt, nach § 25 Abs. 2 H O. beglaubigt sein muß; wenn der Empfangsberechtigte im Auslande seinen Wohnort oder Aufenthaltsort hat, nach § 26 Abs. 1 H O zu prüfen ist. Der innerhalb des Deutschen Reiches wohnhafte Gläubiger hat, wenn die Voraussetzung zu c vorliegt, ein Recht auf diese Art der Auszahlung; für den im Auslande wohnhaften Gläubiger untersteht auch bei gehörig beglaubigtem Antrage die Uebersendung dem Ermessen des Gerichtes.

Der Antrag kann mit der Anmeldung der Forderung verbunden werden. Die Ausführung der Uebersendung erfolgt in der Weise, daß der Versteigerungsrichter das in seinen Händen befindliche Geld nach Schluß des Termines zur vorläufigen Verwahrung nehmen läßt (§ 74 Nr. 1 H O) und dann den Verwahrungsbeamten gemäß § 85 H O. die Anweisung zur Uebersendung durch die Post an die betreffenden Gläubiger giebt.

4. Abs. 2. Der Gläubiger kann auch beantragen, daß ihm seine Hebung durch ein ersuchtes Gericht ausgezahlt werde. Die Vorschrift entspricht der ähnlichen Bestimmung für den Verkehr mit der Hinterlegungsstelle in § 27 H.O. Der Beglaubigung eines derartigen Gesuches bedarf es nicht. Auch in diesem Falle wird der Richter das Geld zunächst zur vorläufigen Verwahrung geben, und dann das entsprechende Ersuchen an das auswärtige Amtsgericht und die Anweisung zur Uebersendung an dasselbe an den Verwahrungsbeamten erlassen.

5. Findet weder die Uebersendung durch die Post, noch an ein ersuchtes Gericht statt, so ist der auszuzahlende Betrag zu hinterlegen Die Hinterlegung erfolgt durch den Richter (Anm. 5 zu §§ 62—64). Als Empfangsberechtigter ist der legitimirte Gläubiger zu bezeichnen, dem es überlassen bleibt, nach den Vorschriften der H O. die Auszahlung des Betrages bei der Hinterlegungsstelle zu betreiben.

6 Die Hinterlegung und die Uebersendung durch die Post oder an ein ersuchtes Gericht wirken als Befriedigung aus dem Grundstücke (Anm. 5 zu §§ 116, 117), und zwar letztere stets mit dem Augenblicke der Aufgabe zur Post, da der Gläubiger die Gefahr der Uebersendung trägt (§§ 25, 83 H O. und Abs. 3 dieses Paragraphen). — Knorr (Anm. 3. b.) meint, schon die Zahlung an den Richter habe diese Wirkung; es fehlt aber an einer dem § 728 C.P.O. entsprechenden Vorschrift.

7. Abs. 3 Diese Vorschrift hat ebenso wie die entsprechende Vorschrift des § 25 H O. nur die Bedeutung, das Verhältniß zu dem absendenden Gerichte zu regeln; sie entzieht dagegen dem Gläubiger, welcher Zahlung an einem bestimmten Orte fordern kann, nicht das Recht, als Kosten der Einziehung der Forderung auch die Kosten der Uebersendung zu beanspruchen. (Mot.)

§. 122. Die vorgelegten Urkunden über eingetragene Forderungen sind ebenso wie bei erfolgter Löschung zu vernichten (Grundbuchordnung vom 5. Mai 1872 §§. 114, 115), sofern die Forderungen nicht von dem Ersteher übernommen sind.

Auf den Urkunden, sowie auf vollstreckbaren Schuldtiteln der Gläubiger hat der Richter zu beurkunden, ob und bis zu welchem Betrage die Forderung durch Zahlung oder durch Ueberweisung rückständigen Kaufgeldes zur Hebung gekommen oder ausgefallen ist, im Falle der Uebernahme in Anrechnung auf den Kaufpreis aber die Aenderungen zu beurkunden, welche in den Bedingungen der Verzinsung und Zahlung in Folge Anwendung des §. 58 eingetreten sind. Der wörtliche Inhalt dieser Beurkundungen ist in das Protokoll aufzunehmen.

Demnächst sind die Urkunden über Forderungen, welche durch Zahlung getilgt worden, dem letzten zu den Vollstreckungsakten nachgewiesenen Eigenthümer des versteigerten Grundstücks auszuhändigen, die Urkunden über alle übrigen Forderungen an die Gläubiger zurückzugeben.

§ 122. Behandlung der Urkunden.

1. Entw § 121, § 160 R.Zw G Entw.

2. Die Vornahme der in Abs. 1 und 2 dem Vollstreckungsgerichte übertragenen Handlungen setzt die Vorlegung (– hier gleichbedeutend mit Aushändigung —) derselben an das Gericht voraus Das Gericht hat kein Mittel, diese Vorlegung herbeizuführen, als den indirekten Zwang, welcher sich aus § 120 ergiebt Der Gläubiger, welcher von den in seinen Händen verbliebenen Urkunden einen unberechtigten Gebrauch macht, ist den dadurch Benachtheiligten für allen ihnen entstandenen Schaden verantwortlich — Die vollstreckbaren Ausfertigungen der Schuldtitel der betreibenden Gläubiger befinden sich stets bei den Akten (§ 14).

3. **Abs. 1.** Die Vernichtung der Urkunden über den dinglichen Anspruch — nur auf sie bezieht sich Abs 1 — entspricht dem § 22 Abs. 2. Ausgeschlossen bleiben Urkunden oder Forderungen, welche, sei es auf Grund des Gesetzes oder besonderer Kaufbedingungen (§§ 57 Abs 3, 107) oder auf Grund eines Uebernahmevertrages mit dem Ersteher, von letzterem übernommen werden (§ 116). Die Vernichtung erfolgt in entsprechender Anwendung der § 114, 115 G.B.O

Die Löschung der Post hat der Vollstreckungsrichter nicht zu vermerken; sie wird auch oft der Vernichtung der Urkunde zeitlich erst nachfolgen — An Stelle der Beurkundung der Löschung tritt der durch Abs 2 vorgeschriebene Vermerk.

4. Die Beurkundung (**Abs. 2**) bezieht sich — abgesehen von dem Vermerke bei einer Ersatzübernahme (§ 58) — auf die Fälle der erfolgten Zahlung, der Ueberweisung rückständiger Kaufgelder und des Ausfalles der Forderung — Hat eine Uebernahme nach § 116 stattgefunden, so wird dieselbe ebensowenig wie eine Uebernahme nach §§ 57 Abs. 3, 107 auf der Urkunde vermerkt. Daß solche

Uebernahme wie die Zahlung wirkt, begründet nicht die Annahme, daß im Abs. 2 unter „Zahlung" auch jene mitbegriffen sei, da sie dieser in § 117 gegenüber gestellt wird. In Konsequenz der von ihm aufgestellten gegentheiligen Ansicht erfordert Jäckel (Anm. 1), daß auch bei einer auf Grund besonderer Kaufbedingungen erfolgenden Uebernahme eine Beurkundung nach Abs. 2 dahin erfolgen muß, daß die persönliche Verbindlichkeit des bisherigen Schuldners bez die Mithaft Dritter erloschen ist. (Ebenso Turnau I Anm III 3. d zu § 78 G B O.) — Dagegen sind unter Zahlung alle übrigen möglichen Tilgungsarten mitbegriffen (Anm. 5 zu §§ 116—117) — Im Falle des § 58 ist die Beurkundung auf das Dokument über die Ersatzforderung zu setzen; nur diese erleidet eine Aenderung (Anm. 6 zu §§ 58—59). — Wird das Dokument nicht vorgelegt, so kann § 120 nicht angewendet werden, der sich nur auf Forderungen bezieht, die zur Hebung aus dem baar zu zahlenden Kaufgelde kommen; die Beurkundung muß unterbleiben, aber die Berichtigung des Grundbuches erfolgt dessen ungeachtet auf Grund der im Protokolle erfolgten Aufnahme des Inhaltes derselben (§ 124 Nr. 3 und Anm 5 zu § 124; so auch Jäckel Anm 1; Heidenfeld S 85. A M Schneider S. 119, der den § 120 analog angewendet sehen will)

5 Weder die Vernichtung der Urkunden (Abs. 1), noch der Vermerk (Abs. 2) brauchen im Vertheilungstermine selbst bewirkt zu werden. Dagegen muß der wörtliche Inhalt der auf das Dokument zu setzenden Beurkundung in das Protokoll aufgenommen werden.

6 Abs. 3 erkennt abweichend von § 78 G O das Recht des gewesenen Eigenthümers auf Rückgabe der Urkunden der durch Zahlung getilgten Forderungen an. „Die Zurückgabe derjenigen Urkunden, welche zum Zwecke einer Eintragung noch dem Grundbuchrichter vorgelegt werden müssen (§ 124 Nr 3), muß natürlich bis nach dieser Vorlegung ausgesetzt bleiben" (Mot) — Das Recht des letzten Eigenthümers (dinglichen Schuldners) auf Rückgabe der Urkunden erstreckt sich im Falle der Tilgung der Post durch Zahlung, und was dieser gleichsteht (aber nicht im Falle des § 116), auch auf die persönlichen Schuldurkunden, weil der Regreßanspruch desselben gegen den persönlichen Schuldner bestehen bleibt (Anm 4 zu §§ 116, 117). Die Aushändigung an den Grundstückseigenthümer setzt vollständige Tilgung voraus.

§. 123. Ist gegen das Zuschlagsurtheil rechtzeitig Beschwerde eingelegt oder wird nachgewiesen, daß gegen dasselbe noch rechtzeitig Beschwerde eingelegt werden kann, so muß auf Antrag des Erstehers die Ausführung der Vertheilung bis zur Rechtskraft des Urtheils ausgesetzt werden.

§ 123. Aussetzung der Vertheilung im Falle der Beschwerde gegen das Zuschlagsurtheil.

1 Entw § 122 — § 147 Abs 5 R Zw G Entw Vgl Anm. 1 zu § 101.

2. Die Voraussetzungen der Anwendung des Paragraphen sind:

a daß gegen das Zuschlagsurtheil rechtzeitig Beschwerde eingelegt ist; oder

b. noch rechtzeitig eingelegt werden kann. — Beides ist vom Ersteher zu beweisen und vom Vollstreckungsrichter selbstständig zu prüfen, mag das Zuschlagsurtheil in erster oder in höherer Instanz ergangen sein — Für seine Entscheidung kommt es auf die Feststellung an, ob die Beschwerdefrist gegen alle zur Beschwerde Berechtigte begonnen hat (Anm. 2, 3 zu § 90; — vgl. auch §§ 85 und 95 und Anm.) Daraus erhellt ohne Weiteres, ob die Nothfrist innegehalten ist oder noch läuft oder noch gar nicht eröffnet ist. — Gerade im letzteren Falle wird, wie die Motive bemerken, oft die Gefahr der Anfechtung am größten sein. — Ist in höherer Instanz das Zuschlagsurtheil aufgehoben, gegen diese Entscheidung aber noch weitere Beschwerde zulässig, so bedarf es für den Ersteher nicht erst eines Antrages nach § 123. Der Vollstreckungsrichter hat nach Eingang eines solchen Urtheiles das Kaufgeldervertheilungsverfahren von Amtswegen einzustellen.

c. Der Antrag des Erstehers (§ 83.) Derselbe muß auf Aussetzung der Ausführung der Vertheilung (d. h der nach den §§ 115 ff. vorzunehmenden Handlungen) gerichtet sein. Die Form des Antrages, die Entscheidung über denselben, die Zulässigkeit der Beschwerde bestimmen sich nach Anm 9. c—e zu § 3. — Der Antrag kann bis zum Beginne der Ausführung des Urtheiles gestellt werden.

3. Da die Ausführung der Vertheilung zu den im Kaufgelderbelegungstermine zu erledigenden Geschäften gehört (Anm 1 zu § 102), so kann der Richter, wenn der Antrag vor Beginn des Termines gestellt wird, den Termin aufheben und auch die Feststellung des Theilungsplanes und die Verhandlungen uber denselben unterlassen, ebenso kann er die darauf bezüglichen Verhandlungen abbrechen, wenn der Antrag im Termine gestellt wird. Das folgt schon aus § 535 Abs. 2 C.P.O. Der Richter kann aber auch den Termin bestehen lassen und die Verhandlungen bis zu dem Stadium fordern, daß nur noch die Ausfuhrung des Planes, „die wirkliche Vertheilung der Kaufgelder an die Empfangsberechtigten" zu erledigen bleibt Nur darauf hat der Ersteher nach § 123 ein Recht

4. Die Ausfuhrung der Vertheilung ist auszusetzen bis zur Rechtskraft des Zuschlagsurtheiles — d. h. bis zur rechtskräftigen Verwerfung der gegen dasselbe erhobenen Beschwerde (vgl uber den Fall der Aufhebung des Zuschlagsurtheiles in höherer Instanz Anm. 2). Die eingetretene Rechtskraft hat der Vollstreckungsrichter zu prüfen. Sie ergiebt sich ohne Weiteres, wenn weitere Beschwerde nicht zulässig ist (Anm. 3 zu § 86) und hängt im Falle der Zulässigkeit einer solchen (Anm 3. a daselbst) von der Eroffnung und dem Ablaufe der Nothfrist ab (oben Anm. 2). — Die Aussetzung bedingt die Anberaumung eines Termines zur Kaufgelderbelegung und Vertheilung nach § 101 bez zur Fortsetzung desselben, wenn es sich nur noch um die „Ausführung des Planes" handelt. Die angegebene Bedeutung des neuen Termines ergiebt, daß auch in letzterem Falle in demselben noch neue Anmeldungen und Ergänzungen der Liquidationen (§§ 106, 104 Abs. 3) erfolgen können. Die entgegengesetzte Ansicht von Jäckel (Anm. 3) verkennt, daß das Kaufgeldbelegungs- und Vertheilungsverfahren als ein einheitliches, in demselben Termine zu Ende zu führendes gedacht ist, und Einschnitte, an welche besondere Kontumacialfolgen geknupft wären, nicht hat. (Anm. 1 zu § 102), vielmehr der Ausschluß erst mit dem Schlusse der Vertheilung eintritt.

6. Daraus, daß Aussetzung der Vertheilung bis zur Rechtskraft des Zuschlagsurtheiles angeordnet wird, folgt von selbst, daß § 123 sich nur auf die regelmäßige Beschwerde (§ 88 Abs. 2), nicht auf die durch das Vorhandensein der

Erfordernisse der Nichtigkeitsklage oder der Restitutionsklage begründete Beschwerde (§ 88 Abs. 3) bezieht.

§. 124. Nach Ausführung des Theilungsplans ersucht das Gericht den Grundbuchrichter unter Vorlegung einer Ausfertigung des über die Vertheilung des Kaufgeldes aufgenommenen Protokolls und des Zuschlagsurtheils um:

1) die Eintragung des Erstehers als Eigenthümer;
2) die Löschung des in §. 18 bezeichneten Vermerks und aller Realforderungen, welche nicht nach gesetzlicher Vorschrift auf den Ersteher übergehen oder von demselben übernommen worden sind;
3) die Eintragung der nach den §§. 58, 59, 115 etwa eintretenden Aenderungen vorhandener Eintragungen;
4) die Eintragung des etwa rückständigen Kaufgeldes in den den einzelnen Gläubigern überwiesenen Beträgen und der festgestellten Rangordnung als Hypothek.

Bei den zu Nr. 2 bezeichneten Löschungen ist die Vorlegung der Schuldurkunden nicht erforderlich.

Bei der Eintragung derjenigen Theile des Kaufgeldes, welche auf die Kosten des Verfahrens oder die in den §§. 24, 26 bezeichneten Ansprüche überwiesen sind, ist die Vorlegung der über nachstehende Forderungen vorhandenen Urkunden nicht erforderlich. Auf diese Theile des Kaufgeldes finden die §§. 63 bis 66 des Gesetzes über den Eigenthumserwerb und die dingliche Belastung der Grundstücke vom 5. Mai 1872 nicht Anwendung. Die Gläubiger der nacheingetragenen Forderungen sind von der erfolgten Eintragung zu benachrichtigen.

Der im Falle der Uebernahme einer Forderung auf Zinsen, laufende und rückständige Beträge wiederkehrender Hebungen und Kosten dieser Forderung überwiesene Theil des Kaufgeldes wird nicht eingetragen. Die Ansprüche, für welche die Ueberweisung erfolgt ist, behalten das ihnen zustehende Realrecht. Für eine von dem Gläubiger im Vertheilungstermin beantragte Wiederversteigerung behalten die älteren als zweijahrigen Rückstände an Zinsen und wiederkehrenden Hebungen ihren bisherigen Rang.

Eintragungen, welche der Ersteher in der Vertheilungsverhandlung bewilligt hat, erfolgen bei der Eintragung des Erstehers als Eigenthümers auf Grund dieser Bewilligung.

§ 124. Berichtigung des Grundbuches.

1. Entw. § 123. — §§ 170—174 R.ZwG Entw. — „Nach Ausführung der Theilung erfolgen auf Ersuchen des Gerichtes diejenigen Eintragungen, welche erforderlich sind, um dem Ersteher zu dem erfolgten Eigenthumserwerbe auch die volle Legitimation als Eigenthümer und die zu beanspruchende Freiheit des Grundstückes zu gewähren und für die Gläubiger die Bestimmungen des Theilungsplanes völlig durchzuführen" (Mot.). — Wenn auch zur Sicherung der Interessenten (Anm. 2 zu § 97) die Eintragung des Erstehers als Eigenthümers bis nach Ausführung des Theilungsplanes ausgesetzt worden ist, so wird ihm dadurch die Möglichkeit, sich die Mittel zur Bezahlung des Kaufgeldes im Wege des Kredites zu beschaffen, nicht verschlossen, da er auch ohne Eintragung als Eigenthümer im Stande ist, einem Kreditgeber die gewünschte Sicherheit dadurch zu gewähren, daß er diesen veranlaßt, die zur Hebung kommenden Forderungen gegen Abtretung derselben auszubezahlen und mit ihm die Uebernahme dieser Forderungen in Anrechnung auf den Kaufpreis zu verabreden, wodurch obenein die Kosten der Neueintragung der Hypothek erspart werden „Außerdem ist der Ersteher durch die Vorschrift des letzten Absatzes in Stand gesetzt, in dem Vertheilungstermine neue Eintragungen jeder Art zu bewilligen" (Mot.) — Stehen der vollständigen Ausführung des Planes Hindernisse (§§ 118, 120) entgegen, so hindert dies die Berichtigung des Grundbuches nicht. Die betreffenden Posten werden gelöscht (Anm 3), und die vorläufige Eintragung des rückständigen Kaufgeldes erfolgt bez der in Frage stehenden Posten nach Maßgabe der §§ 118 und 120; die endgültige nach Beseitigung der Hindernisse bez Feststellung der Berechtigten (vgl Anm 3 zu § 118; Anm 4 und 6 zu § 120).

2 Das Ersuchen des Vollstreckungsgerichtes muß in den Formen des § 35 G.B.O erfolgen, d h. ordnungsmäßig unterschrieben und untersiegelt sein Nach **Abs. 1** des § 124 müssen dem Ersuchen eine Ausfertigung des über die Vertheilung des Kaufgeldes aufgenommenen Protokolles und des Zuschlagsurtheiles beigefügt werden Beides ist auch dann erforderlich, wenn der Vollstreckungsrichter zugleich Grundbuchrichter ist (K 5 S. 186) — Inwiefern eine Vorlegung der Schuldurkunde mit Rücksicht auf die beantragten Eintragungen und Löschungen erforderlich ist, ergiebt sich aus Anm 4—6 — „Die erforderlichen Eintragungen hat das Gericht genau anzugeben" (Mot.), d h ihrem Inhalte nach; die Fassung des Eintragungsvermerkes ist Sache des Grundbuchrichters (vgl §§ 41, 43 G B O). — Die Eintragung der von dem Ersteher in der Vertheilungsverhandlung bewilligten Eintragungen (**Abs.** 5) erfolgt nicht auf Grund des Ersuchens des Vertheilungsgerichtes, sondern auf Grund der Bewilligung des Erstehers — Ihre Erwähnung in dem Ersuchungsschreiben ist daher nicht erforderlich Jedenfalls empfiehlt es sich, beide Arten von Eintragungen in dem Ersuchungsschreiben zu unterscheiden, und bez der letztgedachten nur auf die Ausfertigung der Vertheilungsverhandlung hinzuweisen. Der **Grundbuchrichter** hat bez der von dem Vollstreckungsgerichte nachgesuchten Eintragungen lediglich die Uebereinstimmung des Ersuchungsschreibens mit dem Inhalte des Zuschlagsurtheiles und der Vertheilungsverhandlungen zu prüfen. Die Legalität des beobachteten Verfahrens unterliegt seiner Beurtheilung nicht — Etwaige danach und aus dem Grundbuche sich ergebende Hindernisse der Eintragung sind dem Vertheilungsrichter bekannt zu machen (§ 41 G.B O.).. Nur dieser steht dem Grundbuchrichter

als Antragsteller gegenüber und hat gegen zurückweisende Verfügungen desselben ein Beschwerderecht (G3 S. 156). — Bez. der im Abs. 5 vorerwähnten Eintragungen ist dagegen nach § 46 G.B.O. zu verfahren und nur der Ersteher zur Beschwerde berechtigt (vgl. auch Johow 7 S. 246; 8 S. 201).

3. Zu Nr. 1. Die Eintragung des Erstehers als Eigenthümer erübrigt, wenn der bisherige Eigenthümer der Ersteher ist (§ 83 Abs. 3). Das Ersuchen muß mit dem Inhalte des Zuschlagsurtheiles (§ 83 Abs. 1 und 2) übereinstimmen. Abtretungen der Rechte aus dem Meistgebote, welche in der Zeit zwischen der Erlassung des Zuschlagsurtheiles und der Ausführung des Planes erfolgen, sind nicht zu berücksichtigen (Anm. 11 zu §§ 81—83). — Wegen der Eintragung vor Erledigung einer Beschwerde gegen Ertheilung des Zuschlages vgl. § 126. — Wegen der Kosten s. § 10 K.G.

4. Zu Nr. 2. Die Löschung des in § 18 bezeichneten Vermerkes und aller nicht auf den Ersteher kraft Gesetzes übergehenden (Anm 6 und 7 zu § 22, s. a. zu § 200) oder von demselben übernommenen (§§ 57 Abs. 3, 107, 115, 116) Realforderungen gewährt dem Ersteher die freie Verfügung über das Grundstück und bringt die Wirkungen des Zwangsverkaufes gemäß § 22 Abs 2 und 3 zum Ausdrucke (Anm. 4 und 5 zu § 22) Auch auf Löschung eines noch nicht gelöschten Zwangsverwaltungsvermerkes und eines etwaigen Konkursvermerkes ist das Ersuchen zu richten, weil dieselbe zur Freistellung des Grundstückes erforderlich ist. — „Zu den in Nr 2 bezeichneten Löschungen ist die Vorlegung der betreffenden Hypotheken- oder Grundschuldbriefe nicht erforderlich. Soweit sie vorgelegt werden, hat sie das Vertheilungsgericht zu vernichten. Im Uebrigen aber darf deren Fortbestand der Befreiung des Grundstückes nicht hinderlich sein“ (Mot.). (Anm 2 zu § 120, Anm. 2 zu § 122.) — Ansprüche, welche nach den Kaufbedingungen (§ 57) zu übernehmen waren, aber vor Verkündung des Zuschlagsurtheiles weggefallen sind (vgl. im Theilungsplan A 1. b), werden ebenfalls gelöscht (Anm. 2. a zu §§ 107–111) Die auf den Kaufgelderrückstand überwiesenen Forderungen werden wie die durch Baarzahlung befriedigten oder ausgefallenen Forderungen gelöscht und nach Nr. 4 von neuem eingetragen. Verlangt der Ersteher bei der Vertheilung der Kaufgelder, daß eine auf seinen Namen eingetragene, durch Konsolidation getilgte Post nicht gelöscht werde, so ist deren Löschung nicht zu beantragen (Anm. 5 zu §§ 116, 117).

Unverändert bleiben stehen die bei Feststellung des geringsten Gebotes berücksichtigten Forderungen (§ 57 Abs 3), die dem Anspruche des Gläubigers nachstehenden Lasten, deren Uebernahme nach §§ 60 Abs 1, 200 als Kaufbedingung gestellt ist und die von dem Ersteher vertragsmäßig übernommenen Forderungen (§ 116). — Inwiefern bei diesen Posten mit Rucksicht auf die Ueberweisung von rückständigen Kaufgeldern an vorgehende Interessenten Eintragungen zur Feststellung der Rangordnung nothwendig werden, darüber siehe Anm 11 zu §§ 116, 117 und unten Anm. 6. Soweit hiernach Veränderungen bei den betr. Forderungen nicht zu vermerken sind, bedarf es auch der Vorlegung der Dokumente an den Grundbuchrichter nicht.

5. „Die zu Nr. 3 erwähnten Eintragungen sind durchgehends nach den Regeln der Grundbuchordnung zu behandeln.“ (Mot.) — Außer der Eintragung im Grundbuche ist daher ein entsprechender Vermerk auf das Dokument zu setzen, und wenn über die Post ein Hypothekenbrief nicht ausgefertigt war, die nachträgliche Bildung

eines solchen zu bewirken (§ 129 G.B.O.). - Die Vorlegung der Grundbuchsurkunden ist indeß für die hier in Frage kommenden Veränderungen nicht gesetzliche Voraussetzung der Eintragung wie in den Fällen der §§ 79, 84 G.B.O. (Kurlbaum n. G. S. 88.) Sie ist nur erforderlich, um eine Uebereinstimmung des Grundbuches mit den Grundbuchsurkunden durch den auf letztere zu setzenden Vermerk aufrecht zu erhalten. — Kann der Grundbuchrichter den Interessenten gegenüber die Eintragung bis zur Beibringung des Dokumentes ablehnen, so kann er ein Gleiches nicht gegenüber dem Ersuchen des Vollstreckungsgerichtes, das, soweit die Beibringung der Urkunden nicht zur Legitimation der Gläubiger nach § 120 erforderlich ist, kein Zwangsmittel hat, die Interessenten zur Aushändigung ihrer Dokumente zu veranlassen. (Vgl. Anm. 4 zu § 122.) — Die Berichtigung des Grundbuches kann ohne Vorlegung der betreffenden Urkunden erfolgen. — Aus Abs. 2 des § 124 ist ein argumentum a contrario nicht zu entnehmen, da für Löschungen § 94 G.B.O. die Vorlegung der Urkunden mit dem Löschungsantrage fordert; Abs. 3 entbindet in dem dort behandelten Falle von der Beibringung der Urkunden über andere Posten, bei denen ein Vermerk bezüglich der Rangordnung zu machen ist, enhält also eher eine Anerkennung des aufgestellten Satzes (vgl. auch Anm. 6).

Ist die Uebernahme des Ersatzanspruches bei der Vertheilung der Kaufgelder bereits endgültig auszusprechen gewesen (Anm. 2. a zu §§ 107, 111), so kann nur eine Aenderung bezüglich der Bedingungen der Verzinsung und Zahlung in Folge des § 58 Abs. 1 und Schlußsatz Abs. 3 in Frage kommen (vgl. Anm. 6 zu §§ 58, 59 und C. III. 1 des Theilungsplanes). — Ist die Ersatzübernahme aber eine bedingte, so ist in den Fällen der §§ 58, 59 bei dem in erster Linie übernommenen Anspruche ein Vermerk nicht erforderlich, weil er unverändert und mit der Möglichkeit des Wegfalles behaftet übernommen wird (so jetzt auch Jäckel Anm. 5. b). Bei dem durch einen Widerspruch betroffenen Anspruche (§ 115 Abs. 2) muß dagegen die erst durch die Erhebung des Widerspruches begründete Möglichkeit des Wegfalles im Grundbuche vermerkt werden. — Bei dem Ersatzanspruche ist zu vermerken, daß und unter welchen Bedingungen er eventuell zur endgültigen Uebernahme reif wird (Anm. 3 zu §§ 58, 59; Anm. 2. b zu §§ 107, 111; Anm. 2 zu § 115), sowie die etwaigen Aenderungen bezüglich der Bedingungen der Verzinsung und Zahlung (vgl. C. III. 2 des Theilungsplanes). Die Berichtigung des Grundbuches herbeizuführen ist im Falle des Eintrittes der Bedingung Sache des Gläubigers des bedingt übernommenen Anspruches; im Falle der Erledigung des Widerspruches Sache des Vollstreckungsrichters. (Vgl. Anm. 4. a und 5 zu § 107; Anm. 2 zu § 115; Anm. 3 zu § 118; Anm. 3 zu § 119; auch K. 12 S. 131, 132 und § 175 R.Zw.G.Entw.) — In allen Fällen ist der den Betrag des zu ersetzenden ersten Anspruches übersteigende Theil des Ersatzanspruches zu löschen (Anm. 6, 7 zu §§ 58, 59; Anm. 2 zu § 115. — D. des Theilungsplanes). — Wenn der Ersatzanspruch ein bei der Feststellung des geringsten Gebotes wegen unterlassener Anmeldung nicht berücksichtiger Anspruch ist, so muß bei demselben vermerkt werden, daß die berücksichtigten Forderungen den Vorrang gemäß § 108 behalten (Anm. 6 zu §§ 107, 111). — Auch sonst kann ein Vermerk bezüglich der Priorität erforderlich werden, wenn dem Ersatzanspruche vorgehende Posten auf die rückständigen Kaufgelder überwiesen werden Anm. 5 zu §§ 58, 59.)

6. Zu Nr. 4. — Vgl. dazu § 170 Abs 1 und 2 R.Zw.G.Entw. — Auch für die Eintragungen der etwa rückständigen Kaufgelder muß das Vollstreckungsgericht genau den Inhalt der Eintragung und die Reihenfolge, in welcher die auf den Kaufgelderrückstand angewiesenen Forderungen rangiren, angeben. — Befinden sich unter letzteren bedingte Ansprüche oder Ansprüche auf wiederkehrende Hebungen, so ist für die Eintragung § 117 Abs. 4 und Anm. 11 zu §§ 116, 117 zu berücksichtigen; für Korrealhypotheken s. § 125 Abs. 2. — Haben die überwiesenen Forderungen vor Ansprüchen, welche nach §§ 58, 59, 60, 116 zu übernehmen sind, bisher den Vorrang gehabt, so muß bei letzteren Ansprüchen bemerkt werden, daß ihnen die überwiesenen Forderungen vorgehen (Anm. 11 zu §§ 116, 117). — Der Prioritätsvermerk ist in analoger Anwendung des § 86 Abs. 2 G.B.O. auf der Urkunde über die zurücktretende Post und auf Verlangen auch auf dem (neu gebildeten, vgl. § 127) Hypothekenbrief über den Antheil am Kaufgelderrückstande von dem Grundbuchrichter zu vermerken. — Doch ist auch hier die Eintragung im Grundbuche nicht abhängig von der Vorlegung der Urkunden über die zurücktretenden Posten (oben Anm. 5). — In Abs. 3 wird die Vorlegung der Urkunden nicht für erforderlich erachtet, wenn es sich darum handelt, diejenigen Theile des Kaufgeldes, welche auf die Kosten des Erstehers oder die in den §§ 24, 26 bezeichneten Ansprüche überwiesen sind, mit dem ihnen zustehenden Vorrange vor allen (auch den nach § 57 Abs. 3) übernommenen Posten einzutragen. In den Motiven wird dazu vermerkt: „Um eine solche Eintragung zu ermöglichen, bleibt nur übrig, von der obligatorischen Vorlegung der Urkunden über nachstehende Forderungen Abstand zu nehmen; die Verpflichtung des Grundbuchrichters, diese Urkunden, wenn sie vorgelegt werden, mit dem Vermerke der Voreintragung zu versehen, wird dadurch nicht berührt.“ — Dieselben Gründe walten aber auch in den obengedachten Fällen ob; der Vollstreckungsrichter ist nicht in der Lage, deren Vorlegung zu bewirken. Man darf aus dem Absatze 4 ein argumentum a contrario nicht herleiten. — Ebenso muß der Schlußsatz des Abs. 3 in allen Fällen gelten, in denen ein Vorrecht eingetragen wird, ohne daß die Vorlegung der Urkunde über die zurücktretende Post erfolge. Die Benachrichtigung ist vom Grundbuchrichter zu bewirken. (So auch Knorr und § 176 R Zw.G Entw.; a. M. Jäckel Anm. 8, der sie dem Vollstreckungsrichter überträgt.) — Der Grundbuchrichter bleibt verpflichtet, die Urkunden, wenn sie vorgelegt werden, nachträglich mit dem entsprechenden Vermerke zu versehen. — Hat in den Fällen der §§ 118, 120 eine Ueberweisung von Kaufgeldern stattgefunden, so erfolgt die Eintragung zunächst und provisorisch in der dort angegebenen Form Die definitive Eintragung ist vom Vollstreckungsrichter zu veranlassen. (Anm. 3 zu § 118, Anm. 5 zu § 120.)

7. Für die in Abs. 3 erwähnten Theile des rückständigen Kaufgeldes gelten die besonderen Vorschriften des zweiten Satzes in Abs. 3 und des § 57 Abs 2 (vgl. Anm. 2 zu § 57). Dieselben sind bestimmt, die dauernde Schwächung des Realrechtes nachstehender Gläubiger durch die Eintragung derartiger, bei geordneter Wirthschaftsführung baar zu zahlender und für den Realkredit ungeeigneter Forderungen möglichst abzukürzen. Diese Antheilsposten müssen im Falle der Tilgung stets gelöscht werden. — Vgl. § 170 Abs 3 R.Zw.G.Entw.

8. Abs. 4 enthält eine Abweichung von Nr. 4 des Abs 1 und von § 117 Abs. 2 bezüglich der auf den Kaufgelderrückstand überwiesenen Zinsen, laufen-

den und rückständigen Beträge wiederkehrender Hebungen und Kosten einer Forderung, welche in Anrechnung auf den Kaufpreis übernommen ist: „Wenn der Entwurf nicht besondere Fürsorge träfe, so würden dieselben im Falle der Uebernahme der Hauptforderung durch den Ersteher im Grundbuche mit dem ihnen nach § 35 zustehenden Range einzutragen sein Diese Eintragung aber würde der Absicht, die nach dem Gesetze zu übernehmenden Forderungen möglichst unberührt zu lassen, widerstreiten und bei Anwendung des § 86 G.B.O. überdies erst dann möglich sein, wenn die Urkunden aller nachstehenden Hauptforderungen behufs Vermerkung des Vorranges der neu eingetragenen Posten vorgelegt wären. Andererseits würde eine Eintragung ohne Wahrung des zustehenden Ranges die Berechtigten schwer beeinträchtigen, da das alte Realrecht durch die Ueberweisung untergeht (§ 117 Abs 2)" (Mot.) — Den beiderseitigen Interessen soll Abs 4 gerecht werden: Der Gläubiger behält wegen der Zinsen rc. das demselben zustehende Realrecht ohne Eintragung; § 117 Abs. 2 findet nicht Anwendung Für solche Rückstände an Zinsen und wiederkehrenden Hebungen, welche bei einer Wiederversteigerung den Rang der Hauptforderung nicht theilen würden, weil sie alsdann älter als zwei Jahre alt sind, verliert der Gläubiger dagegen den demselben zustehenden bisherigen Rang, wenn er nicht die Wiederversteigerung im Vertheilungstermine selbst beantragt hat. „Sind einmal solche Rückstände vorhanden, so kann dem Gläubiger eine erhöhte Aufmerksamkeit zugemuthet werden. Geboten aber ist die Einschränkung, weil sonst die Sicherheit der nachstehenden Forderungen dauernd beeinträchtigt würde, ohne daß diese Beeinträchtigung auch nur aus dem Grundbuche erkennbar wäre. Die Einschränkung steht endlich im Einklange mit der in § 128 gegebenen zeitlichen Beschränkung des Antrages auf Wiederversteigerung" (Mot.) — Volkmar (S. 124) meint aus der ratio legis folgern zu müssen, daß Abs. 4 sich auf die auf Grund der §§ 25, 27, 28 liquidirten Beträge von Steuern, Lasten und Abgaben beziehe. Die Bestimmung ist als Ausnahmebestimmung nicht ausdehnend zu interpretiren; sie findet ihrem Wortlaute nach auf laufende und rückständige Hebungen von Forderungen, die von selbst auf den Ersteher übergehen, keine Anwendung (So jetzt auch Jäckel Anm. 9) — Vgl. zu Abs. 4 die Motive zu § 170 R.Zw.G.Entw, welche stets die Eintragung einer Hypothek für Zinsen u. s. w erfordern

9. **Abs. 5** „beseitigt für Eintragungen, welche der Ersteher im Vertheilungstermine bewilligt, den Zweifel, ob derselbe als ein gleichzeitig die Eintragung bewilligender Eigenthümer anzusehen ist", § 19 E.E.G. (Vgl auch K 11 S. 146 und § 830 R.Entw I § 153 R Entw II)

10. Das Vollstreckungsgericht muß die Ausführung seines Ersuchens seitens des Grundbuchrichters kontrolliren. Es muß deshalb von der erfolgten Eintragung seitens des Grundbuchrichters benachrichtigt werden (vgl Anm. 2). Mit dem Eingange dieser Nachricht ist das Verfahren im Regelfalle erledigt. Es ist dann nach Anm. 3 zu § 100 zu verfahren.

§. 125. Ist eine Forderung, welche ungetheilt auch auf einem anderen Grundstücke eingetragen ist, durch Zahlung getilgt, oder von dem Ersteher mit Einwilligung des Gläubigers in Anrechnung auf den Kaufpreis übernommen (§. 116), so ersucht das Gericht den Grundbuchrichter um Löschung der Forderung bei dem mitverhafteten Grundstücke. Mit dem Ersuchen ist eine auszugsweise Ausfertigung des Protokolls und im Falle der Uebernahme der Forderung die Schuldurkunde vorzulegen.

Ist für eine solche Forderung ein Kaufgeldrückstand überwiesen, so ist bei Eintragung des Kaufgeldrückstandes die Mithaft des anderen Grundstücks zu vermerken.

§ 125. **Berichtigung des Grundbuches der mitverhafteten Grundstücke.**

1. Entw § 124. — § 56 Pr. K.O. — Art. I Ges. v. 12 März 1869. — §§ 173, 171 Abs. 2, 177 R.Zw.G Entw. — Ueber die Ansetzung der Korrealhypothek im Theilungsplane s. Anm. 4. A. a zu §§ 104—106. — „Die Vorschrift des ersten Absatzes dient zur Ausführung des § 42 Abs. 2 des Gesetzes vom 5. Mai 1872." (Mot.) — Sie beschränkt sich auf die Fälle, in denen eine Befriedigung aus dem Grundstücke als Folge der Zahlung oder was dieser gleichsteht (Anm. 5 zu §§ 116, 117) und der vertragsmäßigen Uebernahme (Anm. 8 und 9 a. a. O.) stattgefunden hat Welcher Gläubiger im Falle der Vorrechtseinräumung als aus dem Grundstücke befriedigt gilt, darüber vgl. Anm. 8 zu § 29.

2 Die Vorlegung der Schuldurkunde im Falle der Uebernahme der Forderung ist erforderlich, um den Vermerk über die Mithaftung des anderen Grundstückes nach erfolgter Löschung im Grundbuche durchstreichen bez die Löschung vermerken zu lassen. — Außer bei dem mitverhafteten Grundstücke muß die Löschung des Vermerkes über die Mithaftung (§ 78 G.B.O.) aber auch bei dem versteigerten Grundstücke erfolgen; und der Vollstreckungsrichter wird — obwohl weder § 124 noch § 125 eines solchen Ersuchens erwähnen — auch bei dem Grundbuchrichter des versteigerten Grundstückes unter Vorlegung der Schuldurkunde die Löschung zu beantragen haben — Ist die Löschung bei einem mitverhafteten Grundstücke versehentlich unterblieben, so kann der Eigenthümer desselben die nachträgliche Löschung verlangen Ob einem gutgläubigen Cessionar einer solchen Forderung die Einrede entgegengesetzt werden kann, die Hypothek sei erloschen, ist streitig (Vgl. darüber Turnau Anm. III. 3. a zu § 42 E.E.G.)

3 „Die Vorschrift des **zweiten Absatzes** dehnt die des § 78 G.B.O. auf den angegebenen verwandten Fall aus." (Mot) Die Ueberweisung wirkt zunächst nur Tilgung des Realanspruches beim subhastirten Grundstücke. — Die Mithaftung der anderen Grundstücke bleibt unverändert (Anm. 12 zu §§ 116, 117) Insoweit behält daher auch die vorhandene Schuldurkunde ihre Bedeutung. Sie ist deshalb nicht zu vernichten, sondern Zwecks Verbindung mit dem neu zu bildenden Hypothekenbriefe dem Grundbuchrichter zu übersenden. (Vgl. § 127 Abs 3.) — Die Mithaftung ist bei Eintragung des Kaufgelderrückstandes von Neuem zu vermerken. Abs 2 ergänzt insofern den § 124 Nr 4. — Erlangt die Ueberweisung nach § 117 Abs. 2 die Wirkung einer Befriedigung aus dem Grundstücke, so erlöschen die Rechte des befriedigten Gläubigers an den mitverhafteten Grundstücken (Anm 14 zu §§ 116, 117.) — Die Herbeiführung der Löschung ist aber nicht Sache des Vollstreckungsrichters. Der Eigenthümer hat die Löschung

selbst zu betreiben; nach § 5 hat dieses Recht auch ein Realgläubiger des mitverhafteten Grundstückes, welcher einen Titel zur Zwangsvollstreckung in dasselbe hat. (Anm. 8. b zu § 5.)

§. 126. Ist gegen die Ertheilung des Zuschlags rechtzeitig Beschwerde eingelegt, so dürfen vor Erledigung der Beschwerde Eintragungen in das Grundbuch auf Grund des Zuschlags nur nach Maßgabe des §. 658 der Civilprozeßordnung erfolgen.

§ 126. Vorläufige Eintragungen im Falle der Beschwerde.

1. Entw § 125. — In § 9 Zw.G war die gleiche Bestimmung durch Beschluß des A H. aufgenommen worden, nachdem der weitergehende Antrag, die Eintragungen in das Grundbuch bis nach Erledigung der Beschwerde auszusetzen, als mit den allgemeinen Grundsätzen der C P O über die Zwangsvollstreckung und die Wirkung der Beschwerde im Widerspruch stehend, abgelehnt war.

2. Da die Eintragungen in das Grundbuch nach § 124 Abs 1 erst nach Ausführung des Planes erfolgen, so wird zur Anwendung dieses Paragraphen sich nur selten Gelegenheit bieten. Er setzt voraus, daß die Einlegung der Beschwerde weder für das Gericht, noch für den Ersteher Veranlassung geboten hat, das Verfahren zu sistiren (Anm 6 zu § 86 und § 123)

3. Ueber die Prüfung, ob die Beschwerde rechtzeitig erhoben ist, vgl. Anm. 2 zu § 123. Die Möglichkeit, daß gegen das Urtheil Beschwerde eingelegt werden kann, kommt abweichend von § 123 hier nicht in Betracht — Ist die Beschwerde eingelegt, so muß die Erledigung derselben, d h eine rechtskräftige Entscheidung der Beschwerdeinstanz abgewartet werden

4 Durch § 126 wird dem Vollstreckungsgerichte verboten, andere als die nach § 658 C P O zulässigen vorläufigen Eintragungen beim Grundbuchrichter nachzusuchen Der Vollstreckungsrichter ist aber nicht verpflichtet, solche Eintragungen zu beantragen, kann vielmehr anordnen, daß das Ersuchen nach § 124 bis zur Erledigung der Beschwerde ausgesetzt bleiben soll (Anm 6 zu § 86) Dies gilt auch, wenn bei dem Vollstreckungsgerichte Eintragungen nach Maßgabe des § 658 C.P.O. ausdrücklich beantragt sind.

Zu den Eintragungen „auf Grund des Zuschlages" sind mit Rudorff (Anm 5) gegen Jäckel auch die vom Ersteher im Vertheilungstermine bewilligten Eintragungen (§ 124 Abs 5) zu rechnen, da die Berechtigung des Erstehers auf seinem durch den Zuschlag erlangten Eigenthum beruhet. — Weder der Ersteher noch ein Gläubiger sind berechtigt, auf Grund des Zuschlagsurtheiles und des Protokolles über die Kaufgeldervertheilung unmittelbare Anträge auf definitive oder vorläufige Eintragungen beim Grundbuchamte zu stellen. Haben sie ein Interesse an letzteren, so müssen sie ihre Anträge bei dem Vollstreckungsgerichte stellen und gegen dessen ablehnenden Bescheid (Anordnung oder Aussetzung des Ersuchungsschreibens s. oben) durch Beschwerde Abhülfe suchen

5. Das Ersuchen um vorläufige Eintragung ist auf Vormerkungen zur Erhaltung des Rechtes für den Ersteher und die auf den Kaufgelderrückstand angewiesenen Gläubiger (§§ 8, 22 E G.), auf ein Dispositionsverbot bei den zu löschenden Posten zu richten. — Nach Erledigung der Beschwerde hat das Voll-

streckungsgericht die Umschreibung der Vormerkungen in definitive Eintragungen und die endgültige Löschung der betreffenden Posten von Amtswegen zu bewirken.

§. 127. Ueber die eingetragenen Kaufgeldrückstände sind den Gläubigern, sofern sie nicht verzichten, Hypothekenbriefe zu ertheilen, mit welchen als Schuldurkunden Ausfertigungen des entscheidenden Theils des Zuschlagsurtheils und eines Auszugs aus dem Protokolle über die Vertheilung des Kaufgeldes zu verbinden sind.

In den Fällen der §§. 118, 120 erfolgt die Ertheilung der Hypothekenbriefe erst nach endgültiger Ueberweisung der Forderung.

Im Falle des zweiten Absatzes des §. 125 ist die zu bildende Urkunde mit der vorhandenen Urkunde durch Schnur und Siegel zu verbinden.

Die Hypothekenbriefe sind den Gläubigern auszuhändigen.

Der Eigenthümer erhält eine Benachrichtigung.

§ 127. **Bildung der Hypothekenbriefe über Kaufgeldrückstände.**

1. Entw. § 126. — Vgl. §§ 121–123 G.B.O. — Abs. 1 bringt die allgemeine Vorschrift des § 122 G.B.O. zur Anwendung. Die Ausfertigungen des entscheidenen Theiles des Zuschlagurtheiles und des Auszuges aus dem Protokolle über die Vertheilung sind, wenn der Gläubiger im Kaufgelderbelegungstermine nicht auf die Bildung des Hypothekenbriefes verzichtet hat, von dem Vollstreckungsrichter zu ertheilen und mit dem Ersuchungsschreiben (§ 124 Abs. 1) dem Grundbuchrichter zu übersenden. Letzterem ist auch sachgemäß mitzutheilen, welche Gläubiger auf Bildung des Hypothekenbriefes verzichtet haben. — Vgl. a. Anm. 3 zu § 9. — Knorr Anm. 1 stellt anscheinend die unrichtige Ansicht auf, daß über den ganzen Kaufgelderrückstand nur e i n Hypothekenbrief zu bilden und von diesem den einzelnen Gläubigern beglaubigte Abschriften als Zweigurkunden zu ertheilen seien. — Nach § 170 R.Zw.G.Entw. wird über die eingetragenen Kaufgelderrückstände kein Brief gebildet.

2. **Abs.** 2 entspricht den Bemerkungen zu § 118 (Anm. 3) und 120 (Anm. 4). Im ersteren Falle bildet die Erledigung des Widerspruches durch Rechtsstreit oder Klageversäumung, im zweiten nachträgliche Legitimation (§ 132) oder Ausschlußurtheil (§ 134) die Voraussetzung der endgültigen Ueberweisung.

3. **Abs.** 3 trifft Bestimmung über die Bildung des Hypothekenbriefes für eine durch Ueberweisung des Kaufgeldrückstandes getilgte Korrealhypothek. (Vgl. Anm. 3 zu § 125).

4. **Abs. 4 und 5.** Vgl. Anm. 4 und 6 zu § 9. — Die Aushändigung der Hypothekenbriefe an die Gläubiger (statt wie nach § 122 G.B.O. an den Vollstreckungsrichter als die ersuchende Behörde) und die Benachrichtigung (§ 121 G.B.O.) des Eigenthümers (Erstehers) über die erfolgte Eintragung des Kaufgeldrückstandes und die Bildung des Hypothekenbriefes erfolgt durch den Grundbuchrichter unmittelbar. A. M. Schneider S. 113.

§. 128. Wegen des rückständig gebliebenen und überwiesenen Kaufgeldes findet auf Antrag eines jeden Gläubigers die Wiederversteigerung des Grundstücks statt, so lange der Ersteher noch nicht als Eigenthümer eingetragen worden ist, oder das Kaufgeld auf Grund des Zuschlagsurtheils im Grundbuche eingetragen steht.

Die Wiederversteigerung wird unter entsprechender Anwendung der für die Versteigerung gegebenen Vorschriften eingeleitet und durchgeführt. Die Beibringung eines Auszuges aus der Grundsteuermutterrolle und der Gebäudesteuerrolle ist nicht erforderlich, wenn der Antrag binnen einer Frist von drei Monaten nach dem Tage des zur Belegung des Kaufgeldes bestimmten Termins gestellt wird.

§ 128. Wiederversteigerung.

1. Entw. § 127. — §§ 179, 180 R.Zw.G.Entw.

2. Die Wiederversteigerung ist eine besonders geartete Zwangsmaßregel hinsichtlich des unbeweglichen Vermögens, bei welcher ein Gläubiger des früheren Verfahrens, welchem rückständig gebliebenes Kaufgeld überwiesen ist, als betreibender Gläubiger und der Ersteher des früheren Verfahrens als Schuldner anzusehen ist. — Mit Recht hat es das vorliegende Gesetz vermieden, die Wiederversteigerung auf eine dem Eigenthumserwerbe des Erstehers anhaftende stillschweigende Resolutivbedingung oder auf eine stillschweigende Vertragsabrede (kassatorische Klausel, Vorbehalt) zurückzuführen, wie dies Kurlbaum S.O. S. 66, Rudorff Anm. 1 zu § 128, Jäckel Anm. 1 und Eccius § 130 Anm. 73 wollen. Derartige Fiktionen sind überflüssig und tragen zur Erklärung nichts bei. Die Wiederversteigerung beruht überhaupt nicht auf einer Modifikation des von dem Ersteher erworbenen Privatrechtes, sondern es ist eine eigenthümliche, historisch (Einl. S. 2) zunächst als Ersatz der actio venditi auftretende, jetzt neben der Klage auf Zahlung des Kaufpreises (bez. neben der unmittelbaren Zwangsvollstreckung in das sonstige Vermögen des Erstehers nach § 129) bestehen gebliebene Art des den Gläubigern der Zwangsversteigerung Zwecks Herbeiführung ihrer Befriedigung gewährten prozessualischen Schutzes. Daraus folgt, daß, wie auch Jäckel und Förster-Eccius gegen Rudorff annehmen, eine Abrede aus § 45 dahin, daß die Wiederversteigerung wegen des Kaufgeldes ausgeschlossen sein solle, unzulässig ist und dem Antrage auf Wiederversteigerung nicht entgegensteht.

Von der römischen Resubhastation des pignus in causa iudicati captum und der anderweiten Versteigerung von Gegenständen des beweglichen Vermögens aus § 718 C.P.O. unterscheidet sich die Wiederversteigerung im Sinne des preußischen Rechtes dadurch, daß sie nicht als eine Wiedereröffnung bez. Rückgängigmachung der ursprünglichen Versteigerung anzusehen ist (Dernburg I. § 352, Hyp.R. II S. 432). Der Ersteher ist Eigenthümer des Grundstückes mit allen Theilen und Zubehörstücken geworden (Strieth. 80 S. 245). Er verliert das Eigenthum erst durch den einem neuen Ersteher ertheilten Zuschlag. Die Wiederversteigerung erfolgt auf seine Gefahr und Kosten, so daß er für die durch den Zuschlag entstandenen Verpflichtungen verhaftet bleibt. Ihm, und nicht etwa den ausgefallenen Gläubigern oder dem Schuldner gebührt folgeweise auch der etwa erzielte Ueberschuß. (So schon § 63 I, § 2 A.G O. – Dernburg, Hyp.R. II S. 433.) — Darin tritt der Unterschied gegenüber § 718 C P O. klar zu Tage. — Aus dem aufgestellten Grundsatze folgt zugleich, daß dem Ersteher die Nutzungen verbleiben, welche nicht Gegenstand der neuen Zwangsversteigerung werden. Die von ihm konstituirten dinglichen Rechte bleiben gültig. Die in Folge seines Eigenthumserwerbes durch Konfusion bez. Konsolidation untergegangenen Rechte leben nicht wieder auf. (Dernburg a. a. O)

Obwohl die Entscheidung bei Strieth. 80 S. 245 die Wiederversteigerung ein ganz neues Verfahren nennt, ist die Wiederversteigerung keine selbstständige Zwangsvollstreckung. Sie hat nicht nur eine vorherige ordentliche Zwangsversteigerung zur nothwendigen Voraussetzung, sondern sie ist auch innerlich mit dem vorangegangenen Verfahren auf das Engste verbunden. Aeußerlich tritt dies auch insofern hervor, als sie „in denselben Akten" zu verhandeln ist. A. M Jäckel Anm. 3. Jedenfalls ist eine nochmalige Beibringung des in den bisherigen Akten enthaltenen Materials nicht erforderlich, vielmehr eine Bezugnahme auf dasselbe genügend (vgl. Abs. 2). — Weiter geht in der Ablösung der Wiederversteigerung von dem vorangegangenen Verfahren der R Zw.G.Entw.

3. Berechtigt zu dem Antrage auf Wiederversteigerung sind nicht nur die betreibenden Gläubiger, sondern auch andere Personen, welche aus dem Kaufpreise zu befriedigen sind, insbesondere auch der bisherige Schuldner wegen der hyperocha (Dernburg I § 352, Hyp.R. II S. 432). Voraussetzung ist aber, daß eine Ueberweisung eines Theiles des rückständigen, baar zu zahlenden Kaufgeldes an ihn erfolgt ist (§ 117). (Anders § 179 R Zw.G.Entw) Soweit die Forderungen überhaupt nicht vom Ersteher baar zu zahlen waren (§§ 107, 115), oder soweit sie von demselben mit Einwilligung des Forderungsberechtigten in Anrechnung auf das baar zu zahlende Kaufgeld zu übernehmen sind (§ 116), ist eine Wiederversteigerung nicht zulässig, ebensowenig wegen anderweiter, vom Ersteher übernommener Verpflichtungen. Jäckel Anm 1. — Dagegen schließt die bloße Stundung den Antrag nicht aus. (Dernburg a. a O. A M. Knorr Anm. 2. b) Es kann die Wiederversteigerung also nicht wegen jeder Verpflichtung des Erstehers erfolgen. Bezüglich der Wiederversteigerung wegen Kosten vgl. Anm. 3 zu § 84 Gleichgültig ist aber, ob der Antragsteller auf das Kaufgeld selbst oder auf die Zinsen desselben angewiesen ist (Dernburg a. a. O. Jäckel Anm. 1). — Zu der Forderung treten auch hier die Kosten hinzu (Anm. 7 zu § 2). — Die Vollmacht, welche zur Vertretung eines Interessenten im Hauptzwangsversteigerungsverfahren ermächtigte, muß auch für die Wiederversteigerung genügen, insbesondere auch zum Antrage auf Wiederversteigerung berechtigen (Johow 1 S. 61, Schneider S. 28 A. M. Jäckel Anm 3 und Dernburg I § 353, die jedoch wegen § 124 Abs. 4 die Vollmacht dann genügen lassen, wenn der Antrag auf Wiederversteigerung im Vertheilungstermine gestellt wird Das Gesetz hat aber in dieser Beziehung einen erkennbaren Unterschied nicht gemacht) — Die für die Hauptzwangsversteigerung geführte Legitimation eines Vertreters genügt auch für die Wiederversteigerung.

4. Die Wiederversteigerung kann frühestens im Vertheilungstermine beantragt werden (§ 124 Abs 4) Die Beendigung des schwebenden Verfahrens, insbesondere die Berichtigung des Grundbuches und die Löschung des früheren Zwangsversteigerungsvermerkes wird dadurch nicht beeinträchtigt (Dorendorf

Anm. 5) Die Rechtskraft des Zuschlagsurtheiles und die davon abhängige Eintragung des Erstehers als Eigenthümers braucht, der Vorschriften des § 535 Abs. 2 und 3 C.P.O. unbeschadet, nicht abgewartet zu werden. (So auch Jäckel Anm. 3. A. M. Dorendorf Anm 3 zu § 129 und Knorr Anm. 3 a.) Dorendorf's Grund: „da im Abs. 1 auf die Eintragung des Erstehers hingewiesen wird, diese aber nach § 126 aus einem durch Beschwerde angefochtenen Zuschlagsurtheile nicht endgültig erfolgen kann", erscheint deshalb verfehlt, weil Abs. 1 diese Eintragung gar nicht als positive Voraussetzung der Wiederversteigerung hinstellt. Und gegen Knorr, der sich darauf beruft, daß erst mit der Rechtskraft das Eigenthum übergehe, ist lediglich auf § 97 zu verweisen, zufolge dessen der Uebergang schon mit der Erlassung des Zuschlagsurtheiles eintritt. Es entspricht, wie die Motive bestätigen, dem Zusammenhange der Wiederversteigerung mit der ursprünglichen Zwangsvollstreckung, daß dieselbe dann nicht mehr stattfinden darf, wenn, ohne daß das Kaufgeld auf Grund des Zuschlagsurtheiles eingetragen wurde (§ 124 Abs 1 Nr 4), die Eintragung des Erstehers als Eigenthümers erfolgt ist (das. Nr. 1) Vgl Eccius § 130 II a. E. — Eine besondere Wirkung hat die Wiederversteigerung gemäß § 117 Abs 2, wenn sie binnen 6 Monaten nach der Ueberweisung beantragt wird (Anm. 14 zu § 117).

5. Schuldner im Wiederversteigerungsverfahren ist der frühere Ersteher als Eigenthümer des versteigerten Grundstückes. Dernburg, Hyp R II S 432. Die Wiederversteigerung ist dem Anm. 8 zu § 2 Ausgeführten entsprechend gegen den Ersteher selbst nur so lange zulässig, als dieser Eigenthümer des Grundstückes verbleibt Sie ist aber auch, so lange das Kaufgeld eingetragen ist, gegen Jeden zulässig, der Rechtsnachfolger des Erstehers im Eigenthume des Grundstückes geworden ist, eine Abweichung von der gewöhnlichen Zwangsvollstreckung wegen einer persönlichen Forderung (Anm 3 zu § 129, Eccius § 130 Anm 73) Auch hier tritt die Vollstreckbarkeit gegen einen Singularsuccessor ein, obwohl der Schuldtitel kein Judikat ist (Vgl Anm 4. a ε zu § 2) Von Berufung des Successors auf gutgläubigen Erwerb kann nach Lage des Grundbuches nicht die Rede sein. — Die in Anm. 6 zu § 2 aufgeführten Umstände stehen einer Wiederversteigerung nicht entgegen

6 Bezüglich der Aufhebung und einstweiligen Einstellung der Wiederversteigerung finden, soweit dies nicht durch die Besonderheit des Falles ausgeschlossen wird, die allgemeinen Regeln Anwendung (Anm. 1 ff zu §§ 70, 71). Ist der Ersteher nach dem Anm 9 zu § 97 Ausgeführten berechtigt, die Zahlung des dem Antragsteller zustehenden Theiles der Kaufgelder zu verweigern, so kann er gemäß § 686 C P.O durch klageweise Geltendmachung seiner Einwendungen den Anspruch beseitigen, und gemäß §§ 688, 689 C P O. zunächst die einstweilige und demnächst die definitive Einstellung der Wiederversteigerung herbeiführen — Die beschränkende Vorschrift des § 686 Abs. 2 C.P O. muß dabei außer Anwendung bleiben. Dieses ergiebt sich, ohne daß man auf § 705 Abs. 4 C P O. zurückzugehen braucht, daraus, daß in dem vorliegenden Falle eine mündliche Verhandlung, in welcher die Einwendungen des Erstehers hätten geltend gemacht werden können, überhaupt nicht stattgefunden hat. Die Geltendmachung dieser Einwendungen muß zur Abwehr der Wiederversteigerung auch dem Eigenthümer des Grundstückes zustehen, welcher nicht persönlicher Rechtsnachfolger des Erstehers geworden ist.

7. Ein besonderer vollstreckbarer Schuldtitel ist im vorliegenden Falle nicht erforderlich. Der Schuldtitel liegt in dem Zuschlage und der Ueberweisung (vgl. Anm. 1 zu § 129). Von einer vollstreckbaren Ausfertigung als Grundlage der Wiederversteigerung hat man abgesehen. Deshalb ist auch, wie die Motive hervorheben, die Ertheilung einer Vollstreckungsklausel gegen Rechtsnachfolger des Schuldners oder für Rechtsnachfolger des Gläubigers, sowie die Zustellung eines vollstreckbaren Schuldtitels nicht erforderlich (Eccius § 130 Anm. 73, Dernburg I § 352. Abweichend Dernburg, Hyp R. II S. 432) Ebensowenig ist die Anzeige an die Militärbehörde (§ 673 C.P.O.) nothwendig Ist die Forderung im Grundbuche eingetragen und über dieselbe ein Hypothekenbrief gebildet, so verlangt Dorendorf die Einreichung dieses Briefes (Anm 3). Das Gesetz hat dies aber nirgends bestimmt Auch im Falle einer gewöhnlichen Zwangsversteigerung wegen einer Hypothekenforderung bedarf es zur Begründung des Versteigerungsantrages der Vorlegung des Hypothekenbriefes nicht, wiewohl auch in diesem Falle nicht ausgeschlossen ist, daß der Gläubiger die Hypothek nach Erlangung des vollstreckbaren Schuldtitels abgetreten hat.

8. Trotz der eigenartigen Natur der Wiederversteigerung ist es angängig gewesen, für die Einleitung und Durchführung derselben mit der in Abs. 2 gegebenen erleichternden Modifikation auf die entsprechende Anwendung der Vorschriften für die ordentliche Zwangsversteigerung zu verweisen.

Im Einzelnen ergiebt sich:

a Im Antrage auf Wiederversteigerung (§§ 13, 14) tritt an die Stelle des hier nicht erforderlichen vollstreckbaren Schuldtitels (oben Anm. 7) die Darlegung des die Wiederversteigerung rechtfertigenden Sachverhältnisses. — Ferner ist, wenn die in § 128 Abs. 2 Satz 2 bestimmte Frist gewahrt ist, die Beibringung eines neuesten Auszuges aus der Grundsteuermutterrolle und der Gebäudesteuerrolle nicht erforderlich. Die gedachte Frist ist stets von dem ursprünglich bestimmten Termine ab zu berechnen, gleichviel ob es in demselben zur Vertheilung gekommen ist oder nicht. Daß in Folge des § 123 d. G. oder in Folge des § 768 C P.O. spätere Termine folgen, begründet keine Aenderung (Rudorff Anm. 8). Für die Bekanntmachung (§ 30) wird dann der frühere Auszug zu Grunde gelegt. — Eine Bezeichnung des gegenwärtigen Eigenthümers des Grundstückes als Schuldners und die Glaubhaftmachung seines Eigenthumes ist auch hier erforderlich

b. Bezüglich der Einleitung und Beschlagnahme gelten die allgemeinen Regeln (§§ 16, 17). Es ist auch ein Wiederversteigerungsvermerk einzutragen (§ 18). Der Grundbuchrichter hat die in § 19 vorgeschriebenen Mittheilungen zu machen. — Ein Beitritt (§ 15) ist jedenfalls solchen Gläubigern zu gestatten, welche selbst den Antrag auf Wiederversteigerung stellen können — Darüber wie sich die Wiederversteigerung zu Zwangsversteigerungsanträgen anderer persönlichen oder dinglichen Gläubiger des Erstehers bez. gegenwärtigen Eigenthümers verhält, giebt das Gesetz keine Auskunft. Da ein Ausschluß der Letzteren während der Dauer der Wiederversteigerung höchst unbillig wäre und der selbstständige Betrieb der Zwangsvollstreckung neben der Wiederversteigerung kaum ausführbar sein dürfte, so erscheint die Ansicht Jäckels (Anm 3) zweckmäßig, daß ein solcher Antrag während der Dauer des Wiederversteigerungsverfahrens nur im Wege des Beitrittes zu diesem Verfahren erfolgt. Umgekehrt muß dann auch der Wiederversteigerungsantrag die Form des Beitrittes annehmen, wenn bereits eine Zwangsvollstreckungsversteigerung hinsichtlich des Grundstückes schwebt.

c. Interessenten der Wiederversteigerung sind auch die Realberechtigten, welche ihr Recht von dem Ersteher ableiten (Dernburg I § 352). — Soweit eine Geltendmachung von Ansprüchen seitens des Interessenten erforderlich ist, muß dieselbe im Wiederversteigerungsverfahren ohne Rücksicht auf das vorangegangene Verfahren von Neuem erfolgen.

d Bezüglich des Erfordernisses der Baarzahlung des Kaufgeldes kommt hier der überhaupt bei wiederholten Versteigerungen anwendbare § 57 Abs. 2 zur Geltung (Anm. 2 zu § 57) — Wegen der Sicherheitsleistung in dem Falle, daß der frühere Schuldner als Bieter auftritt, vgl. Anm. 3 b. β zu § 62.

e Wegen der Liquidation von Rückständen und Zinsen bei der Wiederversteigerung vgl. § 124 Abs. 4

9. Bezüglich der Kosten der Wiederversteigerung s. § 12 Abs. 1 K.G.

§. 129. Wegen des rückständig gebliebenen und überwiesenen Kaufgeldes findet außer der Wiederversteigerung die Zwangsvollstreckung gegen den Ersteher und im Falle des §. 83 Absatz 2 auch gegen den für mitverhaftet erklärten Meistbietenden statt. Dieselbe erfolgt auf Grund vollstreckbarer Ausfertigungen des Zuschlagsurtheils.

Die Ueberweisung des Kaufgeldes ist in der Vollstreckungsklausel zu erwähnen. Die Zustellung einer Urkunde über die Ueberweisung ist nicht erforderlich.

§ 129. **Zwangsvollstreckung wegen des rückständig gebliebenen Kaufgeldes.**

1. Entw. § 128 — §§ 178, 180 R.Zw.G.Entw — Während die Wiederversteigerung die Befriedigung der Gläubiger aus dem versteigerten Grundstücke herbeiführen will, bezweckt die hier geordnete Zwangsvollstreckung, die gegen den Ersteher persönlich entstandene Pflicht zur Zahlung des rückständigen Kaufgeldes durch Zwangsvollstreckung in das gesammte Vermögen desselben zu verwirklichen. — Während das römische Recht die actio venditi ausschloß und kein Mittel hatte, den Ersteher persönlich zur Zahlung des Kaufpreises anzuhalten (Einl S. 3), gewährte das gemeine deutsche Recht denjenigen Gläubigern, welche auf das Kaufgeld angewiesen sind, neben dem Rechte auf Wiederversteigerung eine persönliche Klage gegen den Ersteher (Einl. S. 7) Ihre Begründung ist auf der einen Seite darin zu finden, daß für den Ersteher durch die vom Gerichte vorgenommene Zwangsversteigerung die Pflicht zur Zahlung des Kaufgeldes konstituirt ist, und auf der anderen Seite darin, daß durch die ebenfalls im Zwangsvollstreckungsverfahren eingetretene Ueberweisung seitens des Richters der betreffende Interessent Gläubiger des betreffenden Theiles des Kaufgeldes geworden ist (Dernburg, Pfandrecht II S 265, Anm. 10 zu §§ 116, 117). Das neuere preußische Recht gestattete darüber hinaus die sofortige Zwangsvollstreckung gegen den Ersteher wegen dieser Ansprüche, und dem ist das gegenwärtige Gesetz gefolgt. Es ist also eine Zwangsvollstreckung ohne Judikat (Anm. 5 zu §§ 81—83). Praktische Folgen dieser Auffassung s. Anm. 5. Das

beliebte Auskunftsmittel, Erklärungen durch Fiktionen zu ersetzen (Einl S. 25, 26), hat auch hier dahin geführt, daß man dem Zuschlagsurtheile die Bedeutung eines die Zahlungspflicht des Erstehers feststellenden Judikates gegeben, dasselbe einem im Rechtsstreite über die Zahlungspflicht ergangenen Erkenntnisse gleichgestellt hat. — Selbst wenn man zugeben müßte, daß das Zuschlagsurtheil einen Kaufvertrag als perfekt feststelle, so ließe sich doch daraus die Vollstreckbarkeit der Kaufgeldforderung nicht herleiten Auch aus einem auf erhobene Feststellungsklage im Rechtsstreite ergangenen Urtheile, welches sich darauf beschränkt, einen Kaufvertrag für perfekt zu erklären, kann eine Zwangsvollstreckung zur Beitreibung der Kaufgelder nicht stattfinden. (So jetzt auch Eccius § 130 Anm. 72.) — Die Wiederversteigerung und die Zwangsvollstreckung aus § 129 unterscheiden sich nicht blos dadurch, daß die erstere eine dingliche, die zweite eine persönliche Richtung hat, sondern auch dadurch, daß die hier fragliche Zwangsvollstreckung eine ganz selbstständige, von der ursprünglichen Zwangsversteigerung losgelöste Art der Zwangsvollstreckung ist, und zwar auch dann, wenn sie in das unbewegliche Vermögen und in das vom Ersteher ursprünglich erstandene Grundstück erfolgt. — Deshalb fällt hier auch die in Anm. 4 zu § 128 dargelegte besondere Vorbedingung der Wiederversteigerung weg. — Alle Voraussetzungen der Zwangsvollstreckung müssen selbstständig und ohne Bezugnahme auf die frühere Zwangsversteigerung nachgewiesen werden. Das Verhältniß dieser Zwangsvollstreckung zu einer Wiederversteigerung ist dasselbe, wie das zwischen mehreren zulässigen Zwangsmaßregeln überhaupt (§ 2 Abs. 2, Anm 7 und 8 zu § 2) Sie stehen neben einander (Mot). § 46 I. 20 A.L.R. (Anm. 5 zu § 69) ist hier nicht anwendbar (Dorendorf Anm. 4).

2. Hinsichtlich der **Berechtigung** zur Zwangsvollstreckung gilt dasselbe wie bei der Wiederversteigerung (Anm. 3 zu § 128). Eine Vollmacht, welche nur die Vertretung im Zwangsversteigerungsverfahren zum Gegenstande hat, genügt für diese Zwangsvollstreckung nicht In jedem Falle muß die Legitimation des Vertreters hier besonders nachgewiesen werden.

3. **Schuldner** ist der Ersteher persönlich. Neben denselben tritt im Falle des § 83 Abs 2 als solidarisch haftbar der Meistbietende, welcher seine Rechte abgetreten hat. An die Stelle beider treten die Gesammtrechtsnachfolger (Anm. 4. a zu § 2). Die Anm. 6 zu § 2 erörterten, die Person des Schuldners betreffenden Punkte, äußern hier, anders wie bei der Wiederversteigerung, den dort dargelegten Einfluß Auf die durch die Eintragung des Kaufgeldrückstandes begründete dingliche Forderung erstreckt sich die Vollstreckbarkeit auf Grund dieses Paragraphen nicht (anders § 178 Abs 1 R Zw G Entw) — Gegen den ursprünglichen Schuldner giebt das Zuschlagsurtheil den Perzipienten keinen vollstreckbaren Schuldtitel, insbesondere ersetzt das Zuschlagsurtheil in dieser Richtung nicht den vollstreckbaren Schuldtitel, welcher nach § 2 des R.G. v 21. Juli 1879 zur Anfechtung, speziell zur Anfechtung vorstehender Forderungen erforderlich ist (R. 17 S. 168).

4. **Gegenstand** der Zwangsvollstreckung ist hier wie bei allen persönlichen Forderungen das gesammte Vermögen des Schuldners (Anm. 8 zu § 2). Auch das versteigerte Grundstück kann ein Gegenstand derselben sein, so lange es dem Ersteher gehört. Es kommt das praktisch in Betracht, wenn das Kaufgeld nicht eingetragen ist und deshalb eine Wiederversteigerung nicht stattfindet.

5 Bezüglich der Aufhebung und Einstellung der Zwangsvollstreckung, insbesondere wegen Einwendungen gegen die Zahlungspflicht, vgl. Anm. 6 zu § 128. — Wollte man das Zuschlagsurtheil als Judikat auffassen, so müßte man im Gegensatze zu der hier vertretenen Ansicht die Beschränkung des § 686 Abs 2 C.P.O. Platz greifen lassen. Es würde dann dem Ersteher überhaupt die Möglichkeit genommen sein, die ihm nach Anm. 9 zu § 97 zustehenden Ansprüche geltend zu machen.

6. Vollstreckbarer Schuldtitel (nach Landesrecht § 706 C.P.O.) ist formell das Zuschlagsurtheil (Anm. 4. a zu § 2 unter Nr. 14) und zwar ohne Rücksicht auf seine formelle Rechtskraft (vgl. Anm. 4 zu § 128) Sachlich muß die Ueberweisung hinzukommen. Denn diese erst schafft den Gläubiger, sie bedeutet mehr als eine bloße Rechtsnachfolge auf der Gläubigerseite (Anm. 1; vgl. Anm. 10 zu §§ 116, 117).

Es bedarf hier, anders wie bei der Wiederversteigerung, einer vollstreckbaren Ausfertigung des Schuldtitels. Dieselbe besteht aus:

a. einer Ausfertigung des Zuschlagsurtheiles;

b. einer Vollstreckungsklausel. In letzterer soll, um eine Ausfertigung der Ueberweisungserklarung zu erübrigen, die Ueberweisung erwähnt werden; dazu gehört nach Lage der Sache auch die Angabe des Gläubigers und des Betrages (Rudorff Anm. 1) Daß außerdem noch eventuell angegeben wird, daß ein Theil der Forderung gegen den Ersteher dem letzten Eigenthümer verblieben sei, wie dieses § 178 R.Zw.G.Entw. verlangt, ist nach dem gegenwärtigen Gesetze nicht erforderlich.

Im Uebrigen ist Anm 4. b zu § 2 zu vergleichen. Die Ertheilung der vollstreckbaren Ausfertigung erfolgt also durch den Gerichtsschreiber. In den Fällen der §§ 664, 665, 669 C P.O. ist eine Anordnung des Versteigerungsrichters erforderlich. — Mit den Motiven zu § 21 Zw G behaupten Kurlbaum S.O. S. 67 und nach ihm Rudorff Anm 1, Volkmar Anm 1, Jackel Anm 2 und Dorendorf Anm. 2, daß in dem vorliegenden Falle die Vollstreckungsklausel stets auf Anordnung des Richters erfolgen müsse Dorendorff stützt sich hierbei auf § 664 C.P.O, alle anderen rufen § 665 für sich an § 665 C P O paßt aber durchaus nicht. Denn man kann bei unbefangener Betrachtung in diesem Falle weder den Gläubiger als „den Rechtsnachfolger des in dem Urtheile bezeichneten Gläubigers" bezeichnen, noch erscheint es möglich, den Ersteher als „den Rechtsnachfolger des in dem Urtheile bezeichneten Schuldners" anzusehen. Denn in dem Zuschlagsurtheile ist überhaupt weder ein Gläubiger, noch ein Schuldner bezeichnet, und in der Ueberweisungserklärung sind nicht der Rechtsvorganger des Glaubigers und des Erstehers, sondern diese selbst benannt Aber auch § 664 kann nicht angewandt werden. Denn ohne der Sachlage Zwang anzuthun, kann man das Zuschlagsurtheil nicht als ein Urtheil bezeichnen, „dessen Vollstreckung nach seinem Inhalte von dem durch den Glaubiger zu beweisenden Eintritte einer anderen Thatsache abhängt". Um eine Vollstreckung des Zuschlagsurtheiles handelt es sich überhaupt nicht. Hiernach ist im Regelfalle eine richterliche Anordnung zur Ertheilung der vollstreckbaren Ausfertigung nicht erforderlich. (So auch Knorr Anm. 2, Eccius § 130 Anm. 72.).

7. Bezüglich der der Anordnung der Zwangsvollstreckung vorgehenden Prüfung der Vollstreckungsbehörde vgl. Anm 5 zu § 2 Im Falle einer Stundung

muß der Ablauf der Frist nachgewiesen werden. — Die **Zustellung** des Schuldtitels an den Schuldner und die Anzeige an die Militärbehörde ist hier, anders wie bei der Wiederversteigerung, erforderlich. Der Zustellung der Vollstreckungsklausel bedarf es, wenn keine Rechtsnachfolge auf der Gläubiger- oder Schuldnerseite eingetreten ist, nicht. § 671 Abs. 2 C.P.O. trifft hier nicht zu (vgl. Anm. 6). A. M. Dorendorf Anm. 2 Daß die Zustellung einer Urkunde über die Ueberweisung nicht erforderlich sei, ist im Abs. 2 positiv bestimmt.

§. 130. Jedem Gläubiger, dessen Forderung von dem Ersteher in Anrechnung auf den Kaufpreis übernommen worden, ist auf Antrag eine auszugsweise Ausfertigung des Protokolls über die Belegung und Vertheilung des Kaufgeldes zu ertheilen.

§ 130. Ausfertigung des Protokolles.

1 Entw. § 129. — Vgl § 400 Pr.K.O., § 126 R.Zw.G Entw.

2. Die Bestimmung hat den Zweck, dem Gläubiger in den Fällen der §§ 115, 116 eine Urkunde über die Verbindlichkeit des Erstehers zu beschaffen. — Vgl. übrigens Anm 10 c a. E zu § 3.

3 Wegen der Kosten vgl. § 9 Abs. 1 K.G.

§. 131. Zur Ermittelung der unbekannten Berechtigten einer zur Hebung gekommenen Forderung (§. 120) ist denselben nach dem Vertheilungstermine von dem Vollstreckungsgericht ein besonderer Vertreter zu bestellen, sofern ein solcher nicht bereits nach §. 4 bestellt ist.

Die Gebühren und Auslagen des Vertreters sind aus dem zur Hebung gekommenen Betrage vorweg zu berichtigen.

§ 131. Ermittelung unbekannter Berechtigter für auszuzahlende Forderungen.

1 Entw. § 130. — Vgl § 182 R.Zw G Entw. — Die §§ 131—137 handeln von denjenigen bei der Kaufgelderrechnung berücksichtigten Forderungen, für welche ein legitimirter Berechtigter nicht vorhanden ist. Die §§ 131—136 betreffen den Fall, „daß die betreffende Forderung aus dem baar zu zahlenden Theile des Kaufgeldes zu berichtigen ist". Den entgegengesetzten Fall regelt § 137. Die Mittel zur Beschaffung eines bestimmten legitimirten Gläubigers für die Forderung sind die Bestellung eines Vertreters (§ 131) und die Vornahme des Aufgebotes (§ 134) nach vorgängiger Ermachtigung (§ 133) — Die übrigen Bestimmungen regeln die nachträgliche Ausführung des Planes bezüglich der gemäß § 120 hinterlegten bez. mit Vorbehalt überwiesenen rückständigen Beträge Sie unterscheiden die Ausführung: a) vor der Ertheilung der Ermächtigung zum Aufgebote (§ 132), b) nach derselben, aber vor Beendigung des Aufgebotes (§ 134), c) nach Erlaß des Ausschlußurtheiles (§ 136) — Die Freiheit der Landesgesetzgebung bei dieser Materie ist durch § 757 Abs. 1 C P O. (Einl S. 28) bestimmt.

2. Allgemeine Voraussetzung der §§ 131—137 ist, daß der Berechtigte für die Forderung „unbekannt" ist, d. h daß es an einer Person und dem Aufenthalte

nach bekannten Persönlichkeit fehlt, welche darthun kann, daß ihr die Forderung zusteht. Es gehört also dahin, wie die Motive hervorheben, der Fall, „daß der sich meldende Gläubiger sich als solcher nicht genügend, namentlich nicht durch die erforderliche Vorlegung der Schuldurkunde legitimiren kann" (vgl Anm 2 zu § 120). Der Tod des Berechtigten giebt Anlaß zur Anwendung der §§ 131—137, wenn weder die Erben noch ein Nachlaßpfleger bekannt und legitimirt sind (Rudorff Anm. 2 zu § 131).

3 Ist es im Verfahren zu einer Hinterlegung oder Ueberweisung nach § 120 gekommen, so muß der Vertheilungsrichter prüfen, ob bereits aus Veranlassung einer im bisherigen Verfahren an den Berechtigten der Forderung versuchten Zustellung gemäß § 4 Abs. 1 Nr. 4 und 5 die Bestellung „eines besonderen Vertreters zur Empfangnahme von Zustellungen" erfolgt ist In diesem Falle ist ein Weiteres nicht erforderlich Jenem Vertreter liegt nach § 4 Abs. 2 die Ermittelung und Benachrichtigung des Betheiligten ob — Anderenfalls ist jetzt von Amtswegen nach Abs. 1 ein Vertreter (nach dem R.Zw G Entw. ein „Pfleger") zur Ermittelung der unbekannten Berechtigten zu bestellen. Wegen der Pflicht zur Uebernahme vgl. Anm. 8 k zu § 4. Damit ist die Aufgabe des Vollstreckungsgerichtes vor der Hand erledigt. Es hat die weiteren Anträge der Betheiligten abzuwarten.

4. Die Aufgabe des nach § 4 oder § 131 bestellten Vertreters ist der Ermittelung der Person und des Aufenthaltes des Berechtigten, sowie die Beschaffung der zum Nachweise der Berechtigung erforderlichen Urkunden. Außerdem ist er bei dem Aufgebote und der nachträglichen Ausführung des Planes nach Maßgabe der §§ 134, 135, 136 zuzuziehen. Das Aufgebot des Gläubigers zu beantragen liegt ihm nicht mehr ob (vgl § 133). Ebensowenig ist es seine Sache, das Aufgebot einer Schuldurkunde, welche zur Führung der Legitimation erforderlich ist, zu betreiben (§ 132 Abs 1, Anm. 8 k zu § 4).

5. Abs. 2 bezieht sich sowohl auf den nach § 4, als auf den nach § 131 bestellten Vertreter. Die Gebühren (Vergütung) sind in beiden Fällen nach § 4 Abs 2 vom Vollstreckungsgerichte festzusetzen (Anm 8. k zu § 4). — Die Vorwegberichtigung der Gebühren und Auslagen aus dem zur Hebung gekommenen Betrage hat unter allen Umständen zu erfolgen, insbesondere auch dann, wenn dieser Betrag rückständig ist, und wenn der Betrag in Folge Ausschlußurtheiles Gläubigern zufällt, welche der Vertreter nicht zu vertreten hatte — Der Vertreter kann seine Befriedigung wegen der ihm hiernach zustehenden Forderungen aus dem zur Hebung gekommenen Betrage jeder Zeit bei dem Gerichte beantragen. Eine Vertheilung braucht er nicht abzuwarten. Er hat daher auch keine Veranlassung, wegen derselben das Aufgebot der Forderung zu beantragen. Seine Befriedigung kann ohne weiteres Verfahren erfolgen. — Ebenso verhält es sich mit den durch nachträgliche Vertheilungshandlungen entstehenden Gerichtskosten (§ 84 Abs. 2).

§. 132. Wird die bei der Vertheilung des baar zu zahlenden Kaufgeldes fehlende Legitimation eines Gläubigers nachträglich geführt, so wird demgemäß die nach §. 120 erfolgte Vertheilung ohne Zuziehung anderer Interessenten weiter ausgeführt. Das Aufgebot einer Schuldurkunde erfolgt auch nach Löschung des Anspruchs im Grundbuche nach den Vorschriften des §. 20 Absatz 4 des Ausführungsgesetzes zur Civilprozeßordnung.

Ist die Forderung durch einen Widerspruch betroffen, so ist der Widersprechende von der erfolgten Legitimation von Amtswegen zu benachrichtigen. Die im §. 764 der Civilprozeßordnung bestimmte Frist beginnt mit der Zustellung der Benachrichtigung.

§ 132. Nachträgliche Legitimation eines Gläubigers.

1. Entw. § 131. — § 183 R Zw.G.Entw. — **Voraussetzung der Anwendbarkeit der Bestimmung des Abs. 1 Satz 1** ist, daß, bevor die in § 133 erwähnte Ermächtigung zum Aufgebote ertheilt ist, ein Antrag bei dem Vertheilungsgerichte eingeht, in welchem der Antragsteller darthut, daß er bez eine von ihm vertretene Person zu der zur Hebung gekommenen Forderung legitimirt sei. — Erscheint dem Gerichte die Legitimation nicht geführt, so weist es den Antrag zurück (vgl. Anm 1 zu § 134). — Die Legitimation wird aber möglicherweise auch durch eine Feststellungsklage (§ 231 C P O.) gegen sämmtliche Betheiligte erbracht werden können (Dorendorf Anm. 3 zu § 134).

2. Erscheint der Antrag begründet, so bedarf es der Zuziehung anderer Interessenten oder der Anberaumung eines Termines nicht. Das Gericht hat ohne Weiteres

a wenn der Betrag hinterlegt ist, ein Ersuchen um Auszahlung bez. eine Anweisung auf die Hinterlegungsstelle zu erlassen (§ 117 Abs. 5, Anm. 7. C zu §§ 113, 114);

b. wenn derselbe rückständig ist, die gemäß § 120 Abs 1 vorgenommene Ueberweisung durch Feststellung der Person des Berechtigten zu ergänzen und die Eintragung des ermittelten Berechtigten bei der gemäß § 124 Nr. 4 eingetragenen Hypothek zu veranlassen. (Anm. 5 zu § 120. — § 127 Abs. 2.)

Dabei sind aber vorweg in Abzug zu bringen und anzuweisen bez zu überweisen und einzutragen:

a. von Amtswegen die bei Gericht durch die nachträgliche Vertheilung entstandenen bez. entstehenden Kosten (§ 84 Abs. 2, § 117 Abs. 3);

b. auf Antrag der festgesetzten Gebühren und Auslagen des Vertreters (§ 131 Abs. 2, Anm. 5 zu § 131) — Das Gericht hat den Vertreter vor der Ausführung der Vertheilung Mittheilung zu machen und denselben zur Einreichung seiner Liquidation behufs Festsetzung und Berichtigung zu veranlassen.

3. **Abs. 1 Satz 2** berücksichtigt den Fall, daß die Legitimation durch Kraftloserklärung der vorzulegenden Schuldurkunde erbracht werden soll Der Betrieb des hierzu erforderlichen Verfahrens wird dem Gläubiger überlassen. — § 20 Abs. 4 A.G. C.P.O setzt an und für sich voraus, daß der Anspruch noch im Grundbuche eingetragen ist. Die vorliegende Bestimmung dehnt ihn auf den Fall aus, daß der Anspruch vor oder während des Aufgebotes im Grundbuche gelöscht wird, was nach § 124 Abs. 2 ohne Beibringung der Schuldurkunde ge-

schehen kann — Das Aufgebot erfolgt also in allen Fällen nach den §§ 20, 25 A.G. C.P.O und den §§ 823 ff. C P O. vor dem Amtsgerichte der belegenen Sache (§ 839 C P O) — Das Vollstreckungsgericht als solches ist nicht zuständig. — Bei dem Aufgebote von Hypothekenurkunden kommen die Anm. 14 zu § 5 aufgeführten Vorschriften zur Anwendung. Den Inhalt des Aufgebotes bestimmt insbesondere § 841 C P O, den Inhalt des Ausschlußurtheiles § 848 Abs 1 C P O. Vgl. im Uebrigen die Anm. 13 zu §.5 angegebene Literatur.

4. **Abs.** 2 enthält eine besondere Vorschrift für den Fall, daß sich ein Widerspruch (Anm. 8 C zu §§ 113, 114) auf die Forderung, welche nachträglich vertheilt werden soll, bezieht Ueber den Widerspruch kann im Rechtsstreite erst entschieden werden, nachdem der unbekannte Berechtigte legitimirt ist. Deshalb wird hier vorgeschrieben, daß dem Widersprechenden eine Benachrichtigung von der erfolgten Legitimation zuzustellen ist. Die Zustellung erfolgt nach § 4 Abs. 1. Die Erledigung des Widerspruches erfolgt nun nach allgemeinen Bestimmungen. Nach diesen entscheidet sich insbesondere, ob der Widerspruch die Ausführung des Planes hemmt (Anm. 7 und 8 zu §§ 113, 114), wer die Klägerrolle hat (Anm. 9 a das.), ob der Widerspruch nach der besonderen Vorschrift des § 113 Abs 5 zu erledigen ist (Anm 8 das) und wie die demnächstige Ausführung des Planes zu erfolgen hat (Anm. 10 und 11 f das). — Die einzige Besonderheit besteht darin, daß die in § 764 C P O. für den Nachweis der Klageanstellung bestimmte einmonatige Frist von der Zustellung der Benachrichtigung an den Widersprechenden zu berechnen ist Diese Frist gilt auch für den Fall, daß der sich legitimirende Gläubiger der Forderung die Klägerrolle hat. Es ist seine Sache, daß er sich die Kenntniß von dem erhobenen Widerspruche und dem Tage der Zustellung jener Benachrichtigung an den Gegner verschafft. Das Gericht hat die Frist von Amtswegen durch Anordnung der Wiedervorlegung der Akten zu kontrolliren und nach ihrem fruchtlosen Ablauf den Vermerk, daß die Forderung streitig ist, im Grundbuche löschen zu lassen. Wird innerhalb der Frist der Nachweis der Klageerhebung geführt, so ist nach § 768 C.P O. der weitere Antrag der Parteien abzuwarten

§. 133. Ist binnen einer Frist von drei Monaten nach der Vertheilung des Kaufgeldes zu der Forderung (§. 120) ein Gläubiger nicht legitimirt, so ist derjenige, welcher nach dem Vertheilungsplan den für die Forderung zur Hebung gekommenen Betrag beanspruchen kann (§. 120 Absatz 2), auf Antrag von dem Gericht zu ermächtigen, das Aufgebot des Gläubigers der Forderung und derjenigen, welche von diesem Rechte herleiten, zum Zwecke der Ausschließung der Ansprüche auf den zur Hebung gekommenen Betrag zu beantragen.

Von mehreren Berechtigten ist jeder rücksichtlich des ihm zufallenden Theiles zu dem Antrage zu ermächtigen.

§ 133. Ermächtigung zum Aufgebote.

1. Entw. § 132. — § 184 R.Zw.G.Entw.

2. Die Ermächtigung erfolgt in einem Gerichtsbeschlusse, welchem die Prüfung des Ablaufes der Frist und des Fehlens einer Legitimation vorausgehen muß. —

Die Ermächtigung ist, wenn in dem Theilungsplane § 120 Abs. 2 genau befolgt ist, gemäß § 132 Abs 2 jedem der mehreren im Theilungsplane für den Fall, daß die Forderung in Wegfall kommt, als berechtigt Bezeichneten (also möglicherweise auch dem Schuldner bez. letzten Eigenthümer) rücksichtlich des für ihn im Theilungsplane angegebenen Betrages zu ertheilen. Derselbe kann aber gleichwohl das Aufgebot der gesammten Forderung, nicht blos eines entsprechenden Theiles derselben, beantragen Denn aus der zur Hebung kommenden Masse sind auch die Kosten des Aufgebotes, der nachträglichen Vertheilungshandlungen und des nach §§ 4 bez 131 bestellten Vertreters und gegebenenfalls nach § 136 Abs. 2 auch die in dem Ausschlußurtheile vorbehaltenen Ansprüche zu berichtigen. Es läßt sich also gar nicht im voraus bestimmen, ein wie großer Theil der Forderung erforderlich ist, um außer diesem Posten den Antragsteller zu befriedigen. — Die Beschränkung hat nur die Bedeutung, daß sich auf den erfolgten Ausschluß nur der Antragsteller behufs Befriedigung des in der Ermächtigung bezeichneten Antheiles berufen kann. — Sind in dem Theilungsplane hinsichtlich der eventuell zur Hebung kommenden Forderungen die Beträge oder die Personen nicht bestimmt bezeichnet, so ist die Ermächtigung jedem sich als eventuell berechtigten Meldenden und Legitimirenden rücksichtlich des Betrages zu ertheilen, zu welchem er nach Lage der Sache möglicherweise einen Anspruch auf die auszubietende Forderung erlangen kann. Der Beschluß ist dem Antragsteller und dem gemäß § 4 bez. 131 bestellten Vertreter von Amtswegen (§ 294 Abs. 3 C P.O.) unter Beobachtung des § 4 Abs. 1 zuzustellen. Remonstration bez. sofortige Beschwerde ist beiden Theilen gestattet (Anm. 10. e zu § 3, Jäckel Anm. 2), nicht blos, wie Knorr Anm. 2 annimmt, dem antragstellenden Gläubiger.

3. Sucht Niemand die Ermächtigung nach, so bleibt der Betrag dauernd hinterlegt. Nach 10 Jahren hört die Verzinsung auf. Nach weiteren 20 Jahren tritt ein gerichtliches Aufgebotsverfahren ein, in Folge dessen, wenn sich Niemand meldet, der Betrag endgültig der Staatskasse verfällt. (Vgl. §§ 53 ff. H.O., (Dernburg, Hyp.R. II S. 431.)

§. 134. Nimmt das Gericht nach Ertheilung der Ermächtigung zum Aufgebot (§. 133) die Legitimation eines Gläubigers zu der Forderung als geführt an, so erfolgt die weitere Ausführung der Vertheilung mit Zuziehung der betheiligten Gläubiger, des letzten zu den Vollstreckungsakten nachgewiesenen Eigenthümers des versteigerten Grundstücks und des den unbekannten Betheiligten bestellten Vertreters unter entsprechender Anwendung der §§. 104, 105, 113, 114, 118, 119, 122, 124.

In der Ladung des zum Aufgebote Ermächtigten ist die geführte Legitimation zu erwähnen. Mit der Zustellung der Ladung an denselben erlischt die Ermächtigung zum Aufgebote.

Die in §. 764 der Civilprozeßordnung bestimmte Frist beginnt mit dem Tage des neuen Vertheilungstermins.

§ 134. Legitimation nach Ertheilung der Ermächtigung.

1. Entw. § 133 — § 185 R Zw G. Entw. — Meldet sich nach Ertheilung der Ermächtigung zum Aufgebote ein Gläubiger bei dem Vertheilungsgerichte, so ist zu prüfen, ob derselbe seine Legitimation geführt hat oder nicht. „Erachtet das Gericht einen sich meldenden Gläubiger nicht für legitimirt, so wird das Aufgebot nicht aufgehalten, dem sich Meldenden bleibt überlassen, bei diesem seine Rechte wahrzunehmen" (Mot) Doch sind ihm nach § 135 Abs 5 seine Rechte auch ohne besondere weitere Anmeldung im Ausschlußverfahren vorzubehalten (Jäckel Anm. 1). — Gegen die Zurückweisung der versuchten Legitimation findet Remonstration bez. sofortige Beschwerde statt (Anm 10 e zu § 3, Jäckel Anm 1 zu § 134. A. M Dorendorf Anm. 4, welcher mit Unrecht annimmt, daß diese Entscheidung nicht im Zwangsvollstreckungsverfahren erfolge) — Hält das Gericht die Legitimation z B. durch Beibringung der erforderlichen Urkunde für ausreichend, so ist nach §.134 zu verfahren.

2. Im Falle des § 134 ist unter allen Umständen die Anberaumung eines nachträglichen Vertheilungstermines erforderlich. —. Die zuzuziehenden Personen bestimmt **Abs. 1.** Betheiligte Gläubiger sind nicht nur der nachträglich legitimirte Gläubiger und die zum Aufgebote ermächtigten Personen, sondern alle diejenigen, welche nach Anm 2 zu § 133 diese Ermächtigung nachsuchen könnten, sowie diejenigen Personen, welche früher Widerspruch gegen den Plan in Bezug auf diese Forderung erhoben haben (Jäckel Anm 2 zu § 134) „Weiter zurückstehende ausgefallene Gläubiger zuzuziehen, ist nicht erforderlich, wenn gemäß § 119 (jetzt 120) schon im Vertheilungsplane festgestellt ist, wer den zur Hebung gekommenen Betrag nach Wegfall der zur Hebung gekommenen Forderung zu beanspruchen hat" (Mot) Ueber den Begriff des letzten Eigenthümers vgl Anm. 8 zu §§ 113, 114. — § 101 ist nicht für entsprechend anwendbar erklärt. Die dort vorgeschriebene Frist von zwei Wochen braucht daher nicht gewahrt zu werden, ebenso erübrigt sich die Anfechtung der Terminsbestimmung an die Gerichtstafel -- Dagegen dürfte es hier, ebenso wie nach § 101, genügen, wenn den Betheiligten eine bloße Terminsbestimmung ohne das Formale der Ladung zugestellt wird Daß § 134 Abs 2 von der Ladung des Ermächtigten spricht, steht nicht entgegen. Das Gesetz legt diesem Worte nicht dieselbe Bedeutung bei, wie die C P.O. (vgl Anm. 2 zu §§ 47, 48). Die Erwähnung, daß die Legitimation geführt sei, kann in der den Termin bestimmenden Verfügung erfolgen.

3 Mit der Zustellung der Terminsbestimmung an die zum Aufgebote ermächtigten Personen erlischt nach **Abs. 2** diese Ermächtigung. Da das Vollstreckungsgericht als solches für das Aufgebot zuständig ist (§ 135 Abs 2), so ist das Erlöschen im Aufgebotsverfahren von Amtswegen zu berücksichtigen, d. h ein noch nicht eröffnetes Verfahren ist nicht einzuleiten, ein schwebendes Verfahren ist aufzuheben. — Die Kosten des Aufgebotsverfahrens kann aber auch in diesem Falle der Antragsteller behufs vorzugsweiser Befriedigung aus dem zur Hebung gekommenen Betrage geltend machen (§ 135 Abs. 7).

4. „Bleibt ein Widerspruch bei der stattfindenden Verhandlung unerledigt, so kann die Frist zur Erhebung der Klage (§ 764 der C P.O) erst von dem Tage der Verhandlung beginnen, da bei dieser der Widerspruch erst ein endgültiger wird oder gar erst hervortritt." (Mot) Die Frist kommt also zur An-

wendung, gleichviel ob der Widerspruch in dem neuen oder in dem ursprünglichen Vertheilungstermine erfolgt ist, und auch dann, wenn der Urheber des früheren Widerspruches jetzt nicht erschienen ist (Dorendorf Anm. 2 zu § 134).

§. 135. Mit dem Antrage auf das nach §. 133 zulässige Aufgebot hat der Antragsteller ein Verzeichniß der etwaigen ihm bekannten angeblichen Rechtsnachfolger des letzten verfügungsberechtigten Inhabers der Forderung einzureichen und zu versichern, daß außer diesen keine anderen ihm bekannten Rechtsnachfolger vorhanden sind.

Das Aufgebot erfolgt nach den Vorschriften für das Aufgebotsverfahren zum Zwecke der Kraftloserklärung von Urkunden über Ansprüche, welche im Grundbuch eingetragen sind. Zuständig ist das Vollstreckungsgericht.

In dem Aufgebot ist die Forderung, auf welche dasselbe sich bezieht, nach dem aus dem Grundbuche ersichtlichen Gläubiger und Schuldner, dem Betrage, dem Datum der Urkunde und dem versteigerten Grundstücke zu bezeichnen und der zur Hebung gekommene Betrag anzugeben.

Das Aufgebot ist dem Vertreter der unbekannten Betheiligten, sowie dem letzten verfügungsberechtigten Inhaber der Forderung oder dessen von dem Antragsteller angezeigten Rechtsnachfolgern von Amtswegen zuzustellen.

Die zu den Vollstreckungsakten erfolgten Anmeldungen gelten auch für das Aufgebotsverfahren.

Ansprüche, welche nicht angemeldet worden, sind auszuschließen.

Der Antragsteller hat wegen der Kosten des Verfahrens ein Recht auf vorzugsweise Befriedigung aus dem zur Hebung gekommenen Betrage.

§ 135. Aufgebot unbekannter Berechtigter.

1. Entw § 134. — § 186 R.Zw.G.Entw. — §§ 104, 105 G.B.O. — Wegen der Literatur vgl. Anm. 13 zu § 5.

2. Da das Aufgebot dem Vollstreckungsgerichte, also auch dem nach § 756 C P O bestellten, als solchem zugewiesen ist (Abs. 2), so steht dasselbe in engster Verbindung mit dem Zwangsvollstreckungsverfahren selbst (Abs. 5) ohne freilich aufzuhören, ein selbstständiges Feststellungsverfahren zu sein. Im Einzelnen ist zu bemerken:

a. Der Antrag kann schriftlich oder zum Protokolle des Gerichtsschreibers gestellt werden (§ 824 Abs. 1 C.P.O). Antragsteller kann nur der zum Aufgebote Ermächtigte (§ 133) sein — Dem Antrage muß das in Abs. 1 bezeichnete Verzeichniß nebst Versicherung beiliegen. Außerdem muß sich der Antragsteller zur eidlichen Versicherung der Wahrheit seiner Angaben erbieten (§ 840 Ziff 3 C.P.O.; § 20 Abs 2 A.G. C P O). A. M. Kurlbaum S O. S. 83, Dorendorf Anm 2 zu

§ 135. Vgl die unter h erörterte Streitfrage. — Die Entscheidung über Erlassung des Aufgebotes kann ohne vorgängige mündliche Verhandlung erfolgen (§ 824 Abs. 1 C P O). Gegen den abweisenden Beschluß ist nach § 530 C P.O. die einfache Beschwerde gegeben (Jäckel Anm 4) — Das Gericht kann nach § 836 C P O mehrere Aufgebote beliebig verbinden, und wird dieses regelmäßig bezüglich der von mehreren Berechtigten beantragten Aufgebote (§ 133 Abs 2) thun.

b. Das Aufgebot muß enthalten (vgl § 824 Abs. 2 C P.O):

α die in Abs. 3 vorgeschriebenen Angaben;

β. die Bezeichnung des Antragstellers;

γ. die Aufforderung, etwaige Ansprüche und Rechte auf den zur Hebung gekommenen Betrag spätestens im Aufgebotstermine anzumelden;

δ als Bezeichnung der Rechtsnachtheile, welche eintreten, wenn die Anmeldung unterbleibt, die Angabe, daß alle nicht angemeldeten Ansprüche auf den zur Hebung gekommenen Betrag ausgeschlossen würden (§§ 133 Abs 1, 135 Abs 6);

ε die Bestimmung des Aufgebotstermines, bei welcher zu beachten ist, daß zwischen dem Tage, an welchem die Einrückung des Aufgebotes in den öffentlichen Anzeiger des Amtsblattes erfolgt und dem Aufgebotstermine ein Zeitraum von mindestens drei Monaten liegen muß (§ 827 C.P O, §§ 20 Abs 4, 21, 24 Abs. 2 A G. C P O)

c. Die öffentliche Bekanntmachung des Aufgebotes erfolgt durch Anheftung an die Gerichtstafel (vgl auch § 826 C P O) und einmalige Einrückung in den öffentlichen Anzeiger des Amtsblattes (§§ 20 Abs 4, 21, 24 Abs. 2 A G C P O). Die in § 825 C.P.O vorgeschriebene Einrückung in den Reichsanzeiger fällt hier fort.

d Die Zustellung desselben erfolgt an die in Abs. 4 angegebenen Personen und, falls die Entscheidung über die Erlassung des Aufgebotes nicht verkündet ist, auch an den Antragsteller (§ 294 Abs 3 C P O) Die Zustellung erfolgt ohne Anwendung der besonderen Vorschriften des § 4 Abs 1, weil das Aufgebot nicht zum engeren Zwangsvollstreckungsverfahren gehort, Anm 6 zu § 4 (A. M. Rudorff Anm 7 zu § 135); Nach § 24 Abs 4 A G C.P O. kann die Zustellung durch Aufgabe zur Post erfolgen. Die Postsendungen sind dann mit der Bezeichnung „Einschreiben" zu versehen.

e Bezüglich der Anmeldungen vgl Abs 5 und § 828 C P O Wie die Motive hervorheben, werden auch die von dem Antragsteller angezeigten angeblichen Berechtigten von dem Ausschlusse betroffen, soweit sie sich nicht gemeldet haben. Der den unbekannten Betheiligten bestellte Vertreter ist zu einer Anmeldung nicht befugt

f Für das Verfahren im Aufgebotstermine, die Nothwendigkeit des Erscheinens des Antragstellers, die Anberaumung eines neuen Termines, die Aussetzung des Aufgebotsverfahrens, die Erlassung der Entscheidung und die derselben vorgehende Prüfung, sowie für die gegen Ablehnung der Erlassung des Ausschlußurtheiles und gegen Beschränkungen und Vorbehalte zulässigen Rechtsmittel vgl. §§ 829—832 C P O und § 25 A G. C P O Die Beschwerdefrist beginnt mit der Verkündung (§ 540 Abs 2 C P O)

g Das Ausschlußurtheil ist dahin zu erlassen, daß die etwa im Aufgebotsverfahren oder zu den Vollstreckungsakten angemeldeten Rechte, welche in dem

Ausschlußurtheile einzeln und bestimmt zu bezeichnen sind, vorbehalten werden, im Uebrigen aber alle Ansprüche auf den zur Hebung gekommenen Betrag ausgeschlossen werden (Abs. 6) — Die Ausschließung ist eine endgültige, nicht blos für das Vertheilungsverfahren wirksame (Rudorff, Anm. 9 zu § 135).

h. Das Ausschlußurtheil ist zu verkünden (§§ 281, 282, 835 Abs. 2 C.P.O.) Eine Zustellung findet nicht statt (Kurlbaum S.O. S. 88). Streitig ist, ob die einmalige Einrückung des wesentlichen Inhaltes des Ausschlußurtheiles in den Deutschen Reichsanzeiger nur fakultativ (§ 833 C.P.O.) oder obligatorisch ist (§ 848 Abs. 2 C.P.O.). Es muß mit Rudorff (Anm. 9 zu § 134) und Daube, Aufgebotsverfahren (S. 184, 187) gegen Kurlbaum S.O (S. 24), Wandersleben Aufgebotsverfahren (S. 162), gegen Kurlbaum S.O. (S. 24), Wachler S.O. (S. 199), Dorendorf (Anm. 2 zu § 135), Jäckel (Anm. 1 zu § 135) angenommen werden, daß die Veröffentlichung obligatorisch ist. Dagegen spricht nur der Umstand, daß dies unbequem und unzweckmäßig ist. Nach den gesetzlichen Bestimmungen ist aber daran nichts zu ändern. § 848 Abs. 2 C.P.O. hat die Bekanntmachung für das Urkundenaufgebot obligatorisch gemacht. § 848 C.P.O. ist in § 20 Abs 2 AG. C.P.O namentlich auch bei dem Aufgebote anderer als der im § 837 C.P.O bezeichneten Urkunden, auch der Urkunden über Ansprüche, welche in einem Grund- oder Hypothekenbuche eingetragen sind, mit Ausschluß aller besonderen Vorschriften für anwendbar erklärt Wenn nun § 135 Abs. 2 vos dem hier fraglichen Aufgebote bestimmt, daß es nach den Vorschriften für dan Aufgebotsverfahren zum Zwecke der Kraftloserklärung von Urkunden über Ansprüche, welche im Grundbuche eingetragen sind, zu erfolgen habe, so ist damit die unmittelbare Anwendbarkeit von § 848 Abs 2 C.P.O. gegeben. Da die Bestimmung ihrer Natur nach bei jedem Aufgebote anwendbar erscheint, so ist mit dem Grunde der Gegner, daß eben eine Urkunde nicht aufgeboten werde, nicht durchzukommen. Diese Argumentation verstößt direkt gegen § 135 Abs. 2 und müßte in ihren Konsequenzen zu vollständiger Beseitigung dieser Bestimmung führen.

i Das Ausschlußurtheil ist sofort rechtskräftig. Wegen der Zulässigkeit einer Anfechtung vgl §§ 834, 835 C.P.O. und wegen der Bekanntmachung eines aufhebenden Urtheiles § 848 Abs 3 C.P.O.

k. Für das Aufgebotsverfahren sind besondere Gerichtsgebühren nach dem deutschen G.K.G. zu erheben (3mal $^1/_{10}$ der in § 8 bestimmten Grundgebühr, vgl § 44 in der Fassung des Ges. v. 29. Juni 1881) Schreibgebühren und sonstige Auslagen sind ebenfalls nach §§ 79—80 b G.K.G zu erheben § 9 des Kostengesetzes v 18 Juli 1883 kommt nicht zur Anwendung. — Die Staatskasse erhebt die Kosten, ohne daß es eines Ausspruches im Ausschlußurtheile bedarf, von dem Antragsteller (§ 89) Er ist vorschußpflichtig nach §§ 81, 84 G.K.G., nicht nach § 11 K.G. — Die Befriedigung des Antragstellers wegen der ihm erwachsenen gerichtlichen und außergerichtlichen Kosten erfolgt demnächst nach Abs. 7 (Anm 4 zu § 136)

l Die Allg. Verf des Justizministers v. 21 Februar 1884 besagt: „ . bestimme ich zu § 23 Abs. 1 der Geschäftsordn. für die Gerichtsschreibereien der Amtsgerichte, daß in das Civilprozeßregister auch diejenigen Aufgebote gehören, für welche das Amtsgericht als Vollstreckungsgericht zuständig ist (§ 135 Abs. 2 und § 137 Abs. 3 des Gesetzes, betr die Zw. i. d. u. V)"

§. 136. Nach Erlaß des Ausschlußurtheils erfolgt die weitere Vertheilung mit Zuziehung derjenigen, welchen Ansprüche vorbehalten sind, sowie derjenigen, welche das Aufgebot beantragt haben, des letzten zu den Vollstreckungsakten nachgewiesenen Eigenthümers des versteigerten Grundstücks und des den unbekannten Betheiligten bestellten Vertreters nach Maßgabe der Vorschriften des §. 134 Absatz 1.

Die in dem Ausschlußurtheil vorbehaltenen Ansprüche sind in den Theilungsplan nur aufzunehmen, wenn sie glaubhaft gemacht werden.

§ 136. Vertheilung nach Erlaß des Ausschlußurtheiles.

1. Entw. § 135. — § 187 R Zw G Entw. — „Auf die nach Erlaß des Ausschlußurtheiles folgende Ergänzung des Vertheilungsverfahrens finden die Vorschriften des § 133 Abs. 1 entsprechende Anwendung. — Nach den angenommenen Grundsätzen über die Anmeldung von Ansprüchen zu den Vollstreckungsakten kann eine nochmalige Anmeldung der vorbehaltenen Ansprüche nicht verlangt werden; es genügt ebenso für die Ansprüche des Vertreters der unbekannten Berechtigten, sowie für den Anspruch auf Ersatz der Aufgebotskosten die schriftliche Anmeldung Noch weniger sind die Hauptansprüche desjenigen außer Acht zu lassen, welcher das Aufgebot betrieben hat." (Mot) „Es bedarf jetzt (bezüglich der Entscheidung der Streitigkeiten) stets der Erhebung einer Klage, und die weitere Folge hiervon ist die Nothwendigkeit, die Parteirollen zu bestimmen. Hierbei ist zu beachten, daß die aufgebotene Hebung, mit alleinigem Vorbehalte der im Ausschlußurtheile vorbehaltenen Ansprüche und der Ansprüche des bestellten Vertreters der unbekannten Betheiligten, demjenigen zusteht, welcher das Aufgebot betrieben hat Vorbehaltene Ansprüche Dritter sind wie in jedem Falle des Bestreitens zu beweisen, und da es Voraussetzung des ganzen Verfahrens ist, daß ein legitimirter Gläubiger nicht vorhanden war, so kann Demjenigen, welcher das Aufgebot betrieben hat, die Rolle des Klägers nur dann zugewiesen werden, wenn die vorbehaltenen Rechte bezüglich der Legitimation glaubhaft gemacht sind. Um dies Ziel zu erreichen, genügt es, daß ein Vertheilungsplan aufgestellt und in demselben die vorbehaltenen Ansprüche nur, wenn sie glaubhaft gemacht sind, aufgenommen werden. Gehört zur Führung der Legitimation die Vorlegung der Schuldurkunde, so wird wenigstens deren Verlust in der Weise, wie es zu einem Aufgebotsantrage erforderlich, glaubhaft zu machen und demnächst erforderlichen Falles die Kraftloserklärung (§ 20 des Ausführungsgesetzes zur Civilprozeßordnung vom 24. März 1879) zu erwirken sein Werden die Ansprüche nicht glaubhaft gemacht, so können die angeblich Berechtigten nur Widerspruch gegen den Plan erheben, ohne jedoch damit allein dessen Ausführung aufhalten zu können (§ 112 [jetzt 113] a E) — Sind mehreren Personen, welche eine jede für sich legitimirt zu sein behaupten, Ansprüche auf die Hebung vorbehalten, so stehen sie dem das Aufgebot Betreibenden zusammen gegenüber. Den Streit unter einander auszutragen, muß ihnen überlassen bleiben" (Mot.).

2. Die weitere Vertheilung ist sofort nach Erlassung des Ausschlußurtheiles von Amtswegen einzuleiten. Der Kreis der bei derselben zuzuziehenden Personen

ist in Abs. 1 in einer alle übrigen Personen ausschließenden Weise (Entsch. 59 S. 445, 79 S. 222) bestimmt und zwar auch für den Fall, daß der Theilungsplan eine genaue Feststellung der eventuellen Berechtigten nicht enthielt. (A. M. Dorendorf Anm 1 zu § 136) Im Uebrigen gilt § 134 Abs. 1 (vgl. Anm. 3 zu § 134). — Ob die im Aufgebotsverfahren angemeldeten und im Ausschlußurtheile vorbehaltenen (§ 830 C.P O) Ansprüche in den Plan aufzunehmen sind, bestimmt sich nach Abs. 2. Die Glaubhaftmachung ist nach § 266 C.P.O. zu beurtheilen. — Die Nichtaufnahme der nicht glaubhaft gemachten Ansprüche ist nach der in § 113 Abs. 2 aufgestellten Fiktion als Widerspruch gegen den Plan zu behandeln. Die Ausführung des Planes wird durch dieselben nach § 113 Abs 6 nicht aufgehalten. Wird der Anspruch in den Plan aufgenommen, so ist die Frage, wer im Falle eines Widerspruches die Klägerrolle hat, nach § 114 zu beantworten. (Vgl. Anm 9. a zu §§ 113, 114.)

3 Die Erhebung der Anfechtungsklage (§ 834 C.P O.) ist ohne Einfluß auf das Verfahren. Wird das Ausschlußurtheil im Anfechtungsstreite aufgehoben, so muß, da eine nochmalige Vornahme der Vertheilung nicht vorgesehen ist, dem Anfechtungskläger überlassen bleiben, seine Rechte im ordentlichen Rechtsstreite geltend zu machen. Nur in dem Falle, daß die Aufhebung vor der Vertheilung nachgewiesen wird, kann dieselbe bei dem Vertheilungsverfahren berücksichtigt werden (Kurlbaum S O. S. 88).

4. Wegen der Vorwegbefriedigung der Aufgebotskosten und der Kosten des nach § 4 bez. 131 bestellten besonderen Vertreters vgl. §§ 131 Abs. 2, 135 Abs 7, Anm. 5 zu § 131, Anm. 2. k zu § 135.

§. 137. Wird durch einen Widerspruch ein Anspruch betroffen, welcher ohne den Widerspruch von dem Ersteher zu übernehmen sein würde, und ist die Person oder der Aufenthalt des Gläubigers unbekannt, so ist dem letzteren auf Antrag des Widersprechenden gemäß §. 131 ein Vertreter zu bestellen.

Ist der Gläubiger binnen einer Frist von drei Monaten nach Stellung des Antrags nicht ermittelt, so ist der Widersprechende auf Antrag gemäß §. 133 zu dem Aufgebote des Berechtigten zu ermächtigen.

Der §. 132 Absatz 2 und die §§. 134 bis 136 finden entsprechende Anwendung. Ansprüche, welche in dem Aufgebotsverfahren nicht angemeldet worden, sind nur insoweit auszuschließen, als es nach dem Inhalte des Theilungsplans im Interesse des Antragstellers erforderlich ist.

Die über den Anspruch vorhandene Urkunde braucht zur Begründung desselben gegenüber dem Widersprechenden nicht vorgelegt zu werden. Der Widersprechende hat, wenn er unterliegt, die verursachten Gebühren und Auslagen des bestellten Vertreters sowie die Kosten des Aufgebots zu tragen.

Durch den Antrag auf Bestellung eines Vertreters wird die in §. 764 der Civilprozeßordnung bestimmte Frist gewahrt.

Wird von dem Widersprechenden der Antrag auf Ermächtigung zum Aufgebot binnen einer Frist von vier Monaten, welche mit dem Tage des Antrags auf Bestellung eines Vertreters beginnt, nicht gestellt, oder die Stellung des Aufgebotsantrags binnen einer Frist von einem Monat, welche mit der Ermächtigung zum Aufgebot beginnt, dem Vollstreckungsgericht nicht nachgewiesen, oder wird das Aufgebotsverfahren ohne Erlaß eines Ausschlußurtheils erledigt, so erfolgt die Ausführung des Theilungsplans ohne Rücksicht auf den erhobenen Widerspruch.

Das nach den Vorschriften der Absätze 1 bis 4 zulässige Verfahren wird dadurch nicht ausgeschlossen, daß der Theilungsplan ohne Rücksicht auf den Widerspruch ausgeführt ist.

§ 137 Aufgebot unbekannter Berechtigter, wenn der Anspruch von dem Ersteher zu übernehmen ist.

1. Entw § 136. — Vgl Anm. 1 zu § 131 — § 137 bezieht sich nur auf den nicht baar zu zahlenden Theil eines nach § 115 (nicht 116) vom Ersteher zu übernehmenden Anspruches. Bezüglich der gemäß § 57 baar zu zahlenden Zinsen und Kosten dieser Ansprüche sind lediglich die §§ 131—136 maßgebend

2 Die Motive bemerken: „Zu denjenigen Ansprüchen, welche von dem Ersteher in Anrechnung auf das Kaufgeld zu übernehmen sind, ist die Legitimation eines Gläubigers an sich nicht erforderlich. Eine Ermittelung des der Person oder dem Aufenthalte nach unbekannten Gläubigers ist daher nur dann nothwendig, wenn ein den Anspruch betreffender Widerspruch gegen den Theilungsplan erhoben ist. In diesem Falle muß der widersprechende Gläubiger in die Lage versetzt werden, zur Durchführung des Widerspruches die Klage gegen den ihm vorgehenden Gläubiger wirksam erheben oder den vorgehenden Anspruch auf andere Weise beseitigen zu können. Es geschieht dies durch ein Aufgebot Meldet sich Niemand, so werden die Rechte des vorgehenden Gläubigers insoweit ausgeschlossen, als sie denjenigen des Widersprechenden hinderlich sind. Derjenige aber, welchem in dem Ausschlußurtheile Rechte vorbehalten sind, ist auf Grund des Ausschlusses aller Uebrigen für den widersprechenden Gläubiger der legitimirte Prozeßgegner. — Ist der Gläubiger der Forderung, auf welche sich der Widerspruch bezieht, nur seinem Aufenthalte nach unbekannt, so ist die Erhebung einer Klage durch öffentliche Ladung zwar möglich, aber doch nicht genügend, vielmehr das Aufgebot erforderlich, weil er auch nach Erlangung eines obsieglichen Urtheiles zur Legitimation des unterliegenden Gegners noch der etwa vorhandenen Schuldurkunde bedarf und diese nur von einem erreichbaren Gegner erlangen kann. — Für das Verfahren finden die Vorschriften entsprechende Anwendung, welche sich auf die Ermittelung und das Aufgebot der Berechtigten zu einem Theile des baar zu zahlenden Kaufgeldes beziehen." — Auch wenn sich der

Gläubiger nicht durch Vorlegung des Hypotheken- oder Grundschuldbriefes legitimiren kann, tritt dieses Verfahren ein (Kurlbaum S. 91.)

3. Im Einzelnen ergeben sich bei Vergleichung des Verfahrens nach § 137 mit dem in den §§ 131—136 geregelten Verfahren folgende Besonderheiten:

a. Das Verfahren kann nur eintreten, wenn ein Widerspruch gegen den Theilungsplan bezüglich des zu übernehmenden Anspruches vorliegt (Abs. 1). Dasselbe kann aber eintreten sowohl, wenn nach den Anm. 8 und 9 zu §§ 113, 114 aufgestellten Regeln die Ausführung des Theilungsplanes durch den Widerspruch gehemmt ist, als wenn nach denselben der Theilungsplan ohne Rücksicht auf den Widerspruch ausgeführt ist (Abs. 6). Im ersten Falle ist der Theilungsplan nur vorläufig durch Uebernahme und Eventualübernahme nach § 115 Abs 2 und Eintragung nach § 124 Ziff. 3 ausgeführt. Im anderen Falle ist die Ausführung des Planes in der regelmäßigen Weise nach § 115 Abs. 2 vollzogen. — Die Motive sagen: „Wie [aber] nach § 764 Abs. 2 der C.P.O. durch die Ausführung des Planes die Klage des Gläubigers, welcher dem Plane widersprochen hat, gegen den zur Hebung Gelangten nicht ausgeschlossen wird, so muß nach Ausführung des Planes das nach den Vorschriften dieses Paragraphen zulässige Verfahren zulässig bleiben, da dieses nur die Klage ersetzen oder die Möglichkeit derselben herbeiführen soll.“

b. Die Bestellung eines Vertreters erfolgt nur auf den Antrag des Widersprechenden (Abs. 1), welcher schon im Vertheilungstermine gestellt werden kann (Jäckel Anm. 3 zu § 137). Im Uebrigen findet § 131 Anwendung (Vgl. Anm. 4 und 5 zu § 131 und wegen der Gebühren und Auslagen auch unten Anm. c.) — War die Ausführung des Planes durch den Widerspruch gehemmt und hat der Widersprechende die Klägerrolle (Anm 9 zu §§ 113, 114), so muß der Antrag in dem Kaufgelderbelegungstermine oder nach demselben binnen der in § 764 Abs. 1 C.P.O bestimmten Frist gestellt werden, widrigenfalls nunmehr von Amtswegen die unbedingte Ausführung des Planes unter Löschung der eingetragenen Eventualberechtigung eintritt (Abs. 4, Anm. 10 a zu §§ 113, 114). Auf der anderen Seite genügt dieser Antrag zunächst zur Wahrung der Frist. — Die Motive sagen: „Die Ermittelung des Gläubigers liegt zunächst dem Widersprechenden ob, da er Klage erheben muß“ Es kann aber auch der Fall vorliegen, daß der Gläubiger die Klägerrolle hat, z B wenn für eine eingetragene Forderung von unbestimmter Höhe ein höchster Betrag nicht eingetragen, die Forderung aber zu einem bestimmten Betrage angemeldet, bei der Feststellung des geringsten Gebotes berücksichtigt und daher vom Ersteher zu übernehmen ist (§§ 56, 57), und im Vertheilungstermine weder die Vollstreckbarkeit der Forderung nachgewiesen wird, noch überhaupt, etwa in Folge des Todes des anmeldenden Gläubigers, ein legitimirter Gläubiger vorhanden ist. In diesem Falle beginnt die Frist des § 764 Abs. 1 C.P.O. erst in Gemäßheit des § 132 Abs. 2.

c. Um die Legitimation gegenüber dem Widersprechenden zu führen, ist die Vorlegung der über den Anspruch vorhandenen Urkunde nicht erforderlich (Abs. 4 Satz 1), weil der Gläubiger, wie die Motive bemerken, keine Zahlung oder Anweisung auf den Anspruch erlangt. (Vgl. Kurlbaum S. 91). — Wird die Legitimation vor der Ermächtigung zum Aufgebote geführt (Anm. 1 und 2 zu § 132), so wird der Widersprechende gemäß § 132 Abs 2 benachrichtigt (Anm. 4 zu § 132). Der Beginn der Frist zur Erhebung des Rechtsstreites zwischen dem Legitimirten und dem Widersprechenden richtet sich nach § 132 Abs. 2. — Die Anm. 2 zu § 132 aufgeführten Gerichtskosten und Gebühren und Auslagen des Vertreters können unter entsprechender Anwendung der §§ 84 Abs. 2, 131 Abs. 2 durch Ueberweisung eines Theiles der streitigen Forderung unter Vorrang vor dem Rechte gedeckt werden. — Unterliegt der Widersprechende, so muß derselbe diese Kosten tragen (Abs. 4). „Es stellt sich heraus, daß die Ermittelung des Gläubigers lediglich in seinem Interesse stattgefunden hat." (Mot.)

d. § 133 erleidet nach **Abs. 2** die Modifikation, daß die dort bestimmte Frist erst von der Stellung des Antrages auf Bestellung eines Vertreters (b) zu berechnen ist. — Außerdem nöthigt **Abs. 6** für den Fall, daß der Plan nicht vollständig ausgeführt ist, insofern den Widersprechenden, den Antrag auf Ermächtigung zum Aufgebote binnen einer von demselben Zeitpunkte zu berechnenden Frist von vier Monaten zu stellen, als sonst die Ausführung des Theilungsplanes nach § 115 Abs. 1 erfolgt. Es kommt dabei nicht darauf an, ob der Widersprechende im Rechtsstreite die Klägerrolle hat oder nicht. — Die Motive sagen: „Es ist endlich dafür Sorge zu tragen, daß der Widersprechende die Ausführung des Planes nicht willkürlich aufhält. Denn so lange derselbe noch die Aussicht hat, daß an Stelle der bestrittenen Forderung seine eigene von dem Ersteher zu übernehmen ist, kann diese zwar durch Eintragung der Bedingung, daß sie nur in Kraft bleibt, wenn jene wegfällt, beschränkt, aber nicht gelöscht werden. Deshalb ist zwar dem begründeten Antrage auf Bestellung eines Vertreters die Wirkung beizulegen, daß wie bei dem Nachweise der Klageerhebung die Ausführung des Theilungsplanes ohne Rücksicht auf den erhobenen Widerspruch nicht erfolgen kann. Eine solche Ausführung des Planes muß aber dann eintreten, wenn der Widersprechende bei der weiteren Verfolgung des Verfahrens säumig wird." — Die Fristen hat das Vollstreckungsgericht durch Anordnung der Wiedervorlegung der Akten zu kontrolliren (Schneider S. 120).

e. Wird nach der Ermächtigung zum Aufgebote die Legitimation geführt, so kommt § 134 zur Anwendung. In dem anberaumten Termine ist über den Legitimationspunkt und den Widerspruch zu verhandeln und dann erforderlichenfalls das weitere Verfahren bis zur Entscheidung des Rechtsstreites über den Widerspruch auszusetzen. Wegen der Kosten ist § 137 **Abs. 4** zu beachten.

f. Das Aufgebot erfolgt nach § 135. Aufgebot und Ausschlußurtheil müssen die durch **Abs. 3 Satz 2** gebotene Beschränkung berücksichtigen, so daß der Ausschluß nicht weiter reichen darf, als der Widerspruch. — War durch den Widerspruch die Ausführung des Theilungsplanes gehemmt, so nöthigt **Abs. 6** zum Nachweise der Stellung des Aufgebotsantrages binnen einem Monate und Durchführung des Verfahrens, insofern der Widersprechende die Ausführung des Planes vermeiden will (vgl. d).

g. Das Verfahren nach Erlassung des Ausschlußurtheiles richtet sich nach § 136. — Hatte sich bei dem Aufgebote Niemand gemeldet, so ist der Plan nunmehr in der Weise auszuführen, daß die nach § 115 Abs. 2 als eine bedingte hingestellte Berechtigung des Widersprechenden als eine unbedingte festgestellt und demgemäß eingetragen wird. Andernfalls kommt es zur Verhandlung und erforderlichenfalls zum Rechtsstreite zwischen dem Widersprechenden und denen, welchen im Ausschlußurtheile ihre Rechte vorbehalten sind. — § 137 **Abs. 4 Satz 2** ist bezüglich der dort erwähnten Kosten zu beachten.

§. 138. Hat auf Grund des §. 74 ein Interessent Verpflichtungen übernommen, so ist das Verfahren zur Belegung und Vertheilung des Kaufgeldes auf die von dem Interessenten zu zahlenden Beträge auszudehnen.

§ 138. Ausdehnung des Verfahrens der Kaufgeldervertheilung.

1. Entw. § 137. — Im R.Zw.G.Entw. fehlt eine entsprechende Bestimmung. — „Hat ein Interessent, indem er Aufschub der Versteigerung beantragt, Verpflichtungen für die Wiedererreichung des Meistgebotes und für die aus dem Aufschube entstehenden Nachtheile übernommen (§ 74), so ist das Vertheilungsverfahren zweckmäßig auf die Verpflichtungen auszudehnen, vorausgesetzt, daß dieselben überhaupt in Anspruch zu nehmen sind." (Mot.) (Vgl. Anm. 7. a—c zu § 74.) — „Ist der Zuschlag in dem Verfahren, in welchem der Dritte Verpflichtungen übernommen hat, nicht ertheilt und findet demzufolge ein Vertheilungsverfahren nicht statt, so ist auch zu einer Verhandlung über jene Verpflichtungen kein Anlaß. Denn in diesem Falle hat nur der betreibende Gläubiger durch den Aufschub der Versteigerung einen Nachtheil erlitten, und auch dieser nur dann, wenn durch den Aufschub die Versteigerung überhaupt vereitelt ist. Um zu ermitteln, wie groß dieser Nachtheil sei, können nicht sämmtliche Interessenten in Bewegung gesetzt werden. Die übrigen Interessenten hatten keinen Anspruch auf Fortsetzung des Verfahrens und haben, da ihre Rechte unverändert bestehen geblieben sind, keinen Nachtheil erlitten." (Mot.)

2. Was der nach § 74 Verpflichtete zu zahlen hat, ergiebt sich aus einer Berechnung, welche feststellt: a) was der betreffende Berechtigte erhalten haben würde, wenn der Zuschlag für das frühere Meistgebot im ersten Verkündungstermine ertheilt wäre (Anm 7. c zu § 74); b) um welchen Betrag sich dieser Anspruch wegen der aus der Verzögerung des Zuschlages bis zum zweiten Verkündungstermine entstandenen Nachtheile erhöhet (Anm 7. b a. a O.); c) wieviel der Berechtigte auf seine Ansprüche nach dem jetzigen Meistgebote am Tage des zweiten Verkündungstermines erhält. Die Differenz hat der Antragsteller (§ 74) zu zahlen. Durch vollständige Zahlung wird die bestellte Sicherheit (Anm. 8 zu § 74) frei und ist wegen deren Herausgabe das Erforderliche nach §§ 30 Nr. 1 und 2, 31 H.O zu veranlassen. Erfolgt die Zahlung nicht, so muß den Berechtigten überlassen bleiben, ihre durch das Vertheilungsverfahren festgestellten Ansprüche gegen den Antragsteller zu verfolgen und sich dieserhalb an die bestellte Kaution zu halten. Eine entsprechende Anwendung der §§ 102, 103 erscheint ausgeschlossen, da das Gesetz sie nicht anordnet. (A. M. Dorendorf S. 109, Jäckel Anm. 1 Abs. 2 zu § 103, Knorr Anm. 2; vgl. Anm 5 zu § 102; Anm. 1 zu § 103).

3. Wenn kein Kaufgelderbelegungsverfahren stattfindet, weil in dem fortgesetzten Verfahren kein Zuschlag ertheilt ist und nach dem in Anm. 7. a—c zu § 74 Ausgeführten nur der betreibende Gläubiger Ansprüche aus der Haftpflicht herleiten kann, so liegt die Feststellung und Regulirung dieser Verhältnisse außerhalb der Grenzen des Versteigerungsverfahrens. — Vgl. Anm 8 zu § 74 a. E.

Vierter Titel.

Zwangsverwaltung.

1. Vgl. § 2 Nr 3 und Anm 1 zu § 2 — Die Bestimmungen dieses Gesetzes werden durch die Allgemeine Verfügung v 7 März 1892 (J.M.Bl 87 — citirt mit A.V. —) ergänzt Darüber Anm. 1 zu § 144. — Die früheren Bestimmungen über gerichtliche Zwangsverwaltung zum Zwecke der Zwangsvollstreckung wegen einer Geldforderung (§§ 116—140 I 24 A G O, art 1961—1963 c. c) sind für den Anwendungsbereich dieses Gesetzes grundsätzlich beseitigt, ebenso die §§ 112—115 I. 24 A G.O, welche neben die Zwangsverwaltung als besondere Maßregel die Beschlagnahme der Gutseinkünfte stellten. — Die Vorschriften über vertragsmäßige Verwaltung bez. Sequestration (§§ 109—177 I. 14 A L R., art. 1956—1960 c c), welche im Weiteren wieder auf die Vorschriften über Mandat bez. Depositum zurückgehen, und auf welche auch im früheren Rechte der Zwangsverwaltung z B. in art 1963 c. c verwiesen wurde, konnen auch heute noch im geeigneten Falle zur Ergänzung von Lücken herangezogen werden. Doch ist dabei zu beachten, daß es sich hier nicht um eine auf Vertrag unter Privaten beruhende Verwaltung handelt, und der öffentlich-rechtlichen Natur des Verhältnisses in erster Linie Rechnung getragen werden muß (Anm. 2 zu § 142).

2 Die Zwangsverwaltung zum Zwecke einer Zwangsvollstreckung wegen einer Geldforderung, welche dieser Titel in erster Linie regelt, unterscheidet sich dadurch von der Zwangsversteigerung, daß sie ohne Veräußerung ihres Gegenstandes nur aus den Einkünften desselben eine Befriedigung des Gläubigers erzielen will. Die Einkünfte sind wirthschaftlich zunächst nur zur Deckung der laufenden Ausgaben, insbesondere der Zinsen von Schulden bestimmt Diese Bestimmung äußert ihren Einfluß auf die Art der Befriedignng der Interessenten. Auf der anderen Seite ergiebt sich ein großeres Gebiet der Anwendung für die Zwangsverwaltung, indem

a. Forderungen, zu deren Beitreibung die Zwangsversteigerung ausgeschlossen ist (§ 2 Abs. 4, Anm 14 zu § 2) durch Zwangsverwaltung beigetrieben werden konnen, und

b. wenn die Zwangsversteigerung dem Gegenstande nach, insbesondere wegen der Rechte dritter Personen oder weil bei dinglichen Ansprüchen die Verhaftung auf den Ertrag beschränkt ist, unstatthaft erscheint (Anm. 14 zu § 2, Anm 4 c. γ. ε ζ. η zu § 1) nur die Zwangsverwaltung möglich ist.

Während die Zwangsversteigerung in einer gesetzlich genau bestimmten Weise ihrem Ziele, der Veräußerung des Grundstückes, zuschreitet, kann der Umfang und die Art der Ausführung einer Zwangsverwaltung je nach der besonderen Lage des Falles und nach den Anträgen der betreibenden Gläubiger sich verschiedenartig gestalten. (Vgl Bericht der Komm des A H. zu § 140 a E)

3. Bei der Zwangsverwaltung ist, abgesehen davon, daß nach § 143 Abs. 1 (Anm 6 zu § 143) die Ansprüche der Realgläubiger im Verfahren selbst nach Maßgabe ihres Ranges zur Befriedigung gelangen, eine besondere Fürsorge für die Wahrung der Rechte der dem betreibenden Gläubiger vorgehenden Berechtigten, wie sie bei der Zwangsversteigerung vorgesehen ist, nicht getroffen. Auch der letzte Pfandgläubiger und der bloße Personalgläubiger können

die Zwangsverwaltung beantragen und durchführen, selbst wenn es sicher ist, daß sie aus den Erträgen nichts erhalten können, so daß sie ohne eigenes Interesse den vorstehenden Gläubigern ein von diesen nicht gewolltes, Jahre dauerndes Verfahren zur Befriedigung aufdrängen können. Deckt der Ertrag die Kosten, so haben sie bei ihrem Antrage zufolge der Bestimmung des § 148 Abs. 1 kein Risiko. — Der in der Komm. des A.H. (Bericht zu § 146) gestellte Antrag, die Erstattung der Kosten und Ausgaben erst nach Zahlung der Zinsen der dem betreibenden Gläubiger vorgehenden Forderungen zuzulassen, wurde zurückgezogen. — Auch die Möglichkeit der Zurückweisung der Zwangsverwaltung in dem Falle, daß wegen geringeren Werthes des Gegenstandes unverhältnißmäßige Kosten zu besorgen sind, ist dem vorliegenden Gesetze fremd. Vgl. auch Anm. 10 zu § 2.

4. Den Gegenstand der Immobiliarzwangsvollstreckung hat § 1 d. G. für Zwangsversteigerung und Zwangsverwaltung gemeinsam geregelt. Das in § 1 nebst Anmerkungen Ausgeführte gilt daher auch für die Zwangsverwaltung, soweit sich hier nicht Abweichungen rechtlich begründen lassen. Danach ist es insbesondere unzweifelhaft, daß, soweit nicht die Ausnahmebestimmung des § 16 E.G. Rhld. reicht, auch eine Zwangsverwaltung des ideellen Antheiles eines Grundstücksmiteigenthümers nach Maßgabe des Anm. 4. b zu § 1 Gesagten zulässig ist. Zum Ausschlusse hätte es, wie dieses ja auch durch § 16 E.G. Rhld. anerkannt ist, einer positiven Bestimmung bedurft. Auch ist § 43 Abs. 2 E.E.G., welcher die Antheilszwangsversteigerung wegen dinglicher Forderungen ausdrücklich zuläßt, nicht aufgehoben. Daß beides nur auf einem Versehen der Redaktoren dieses Gesetzes beruhe, läßt sich nicht nachweisen. So auch Küntzel bei Gruchot 28 S. 285, Volkmar Anm. II zu § 139, Knorr vor § 139, Peiser S. 11, Peiser I S. 18, Achilles S. 288. — Gleichwohl meint Eccius (§ 182 Anm. 68) und nach ihm Jäckel (Anm. 2 zu § 1), daß auch im Gebiete des A.L.R. eine Zwangsverwaltung bezüglich ideeller Antheile unzulässig sei, weil das landrechtliche Miteigenthum ein durch Zwangsverwaltung geltend zu machendes Nutzungsrecht nicht enthalte, vielmehr das A.L.R. das Recht auf die künftigen Nutzungen als ein Forderungsrecht an die Miteigenthümer auffasse und der Gläubiger eines Theilnehmers auf wirklichen Mitbesitz oder Mitverwaltung keinen Anspruch habe. Für die Zulässigkeit der Zwangsverwaltung sind aber nicht die Rechte, welche der Gläubiger erlangt, das Entscheidende, sondern diejenigen, welche der Schuldner hat. Diese sind für alle Miteigenthümer die gleichen, unmittelbar aus dem Eigenthumsrechte sich ergebenden; die Verpflichtung der Miteigenthümer bezüglich der Nutzungen besteht darin, sich gegenseitig den dem Rechte eines Jeden entsprechenden Antheil nicht vorzuenthalten (§ 71 I. 17 A.L.R.). Zu einem Mitbesitze oder einer Mitverwaltung (§ 73 das.) gelangt überdies der Gläubiger nicht, da der bestellte Verwalter zu ihm in keinem Vertragsverhältnisse steht, sondern als Hilfsorgan des in der Beschlagnahme thätig gewordenen Richters den Antheil des Schuldners an den Nutzungen zu erheben und mit den übrigen Mitberechtigten die Theilung zu vollziehen hat (Achilles S. 268). — Ueber die Modifikationen, welche die Zwangsverwaltung in diesem Falle erleiden muß, vgl. Anm. 4 zu §§ 139, 140 und Anm. 8 zu § 142.

5. Die sonstigen allgemeinen Bestimmungen über die Zwangsvollstreckung und ihre Voraussetzungen (Anm. 2–9 zu § 2) finden auch auf die Zwangsverwaltung Anwendung, soweit sich nicht im Einzelnen, z. B. nach § 139

Abs. 2, Abweichungen ergeben, ebenso die zu §§ 3 und 4 d. G. erörterten Bestimmungen über das Vollstreckungsgericht und das Verfahren, insbesondere über Zustellungen. — Als besondere Organe des Verfahrens treten hier hinzu der Verwalter (§ 142) und unter Umständen der Verwaltungsaufseher (§ 4 A.V.), sowie ein Kreditinstitut (§ 145).

6. Bezüglich des Verhältnisses einer Zwangsverwaltung zu einer in dasselbe Grundstück betriebenen Zwangsversteigerung vgl. Anm. 10 zu § 2. Wegen des Verhältnisses zu einer Zwangsvollstreckung in das bewegliche Vermögen, welche Theile der Immobiliarmasse ergreift, vgl. § 206. — Ueber eine Zwangsverwaltung für Rechnung des Erstehers im Rahmen des Zwangsversteigerungsverfahrens vgl. § 98.

7. Die Zwangsverwaltung dient auch zur Vollziehung eines Arrestes (vgl. § 2 Abs. 3 und Anm. 11 zu § 2). Es tritt dann die besondere Bestimmung des § 153 ein. Zur Wahrung der in § 809 Abs. 2 C.P.O. bestimmten Frist ist schon die Erlassung des Einleitungsbeschlusses (§ 140) als Beginn der Zwangsvollstreckung anzusehen. (Anm. 7 zu §§ 13, 14, vgl auch Anm. 6 zu § 10).

8. Ueber die Zwangsverwaltung zur Ausführung einer einstweiligen Verfügung vgl. Anm. 12 zu § 2 und Fritze bei Gruchot 37 S. 53.

9. Wegen der Zwangsverwaltung zur Vollziehung strafprozessualischer Beschlagnahmen Anm. 13 zu § 2.

§. 139. Auf die Zwangsverwaltung finden die §§. 13 bis 15, §. 16 Absatz 1, 3, §§. 18, 20 entsprechende Anwendung. Die Beibringung eines Auszugs aus der Grundsteuermutterrolle und der Gebäudesteuerrolle ist nicht erforderlich.

Ist das Grundstück für die Forderung des Gläubigers dinglich verhaftet, so genügen statt der nach §. 14 Nr. 2, 3 beizubringenden Urkunden solche Urkunden, welche glaubhaft machen, daß der Schuldner sich im Besitze des Grundstücks befindet.

§. 140. In dem Einleitungsbeschlusse hat das Gericht dem Schuldner jede Einmischung in die Geschäftsführung des zu bestellenden Verwalters, sowie jede Verfügung über die Einkünfte des Grundstücks zu untersagen, und dritten Personen, in deren Leistungen Einkünfte des Grundstücks bestehen, die fernere Leistung an den zu bestellenden Verwalter aufzugeben. Zu den Einkünften gehören sowohl die abgesonderten, als die noch zu gewinnenden Früchte, sowohl die fälligen, als die noch fällig werdenden Hebungen.

Der Beschluß, durch welchen der Beitritt eines Gläubigers zugelassen wird, ist auch dem Verwalter von Amtswegen zuzustellen.

§§ 139, 140. Einleitung.

1. Entw. §§ 138, 139. — §§ 190—192 R.Zw.G.Entw. — „Für die Einleitung des Verfahrens gelten grundsätzlich dieselben Voraussetzungen und Grundsätze,

wie für die Einleitung der Zwangsversteigerung. — Die vorgeschriebenen Abweichungen ergeben sich aus der Verschiedenheit des Zweckes des Verfahrens." (Mot.)

2. Hinsichtlich des **Antrages** und seiner **Anlagen** vgl. zunächst §§ 13, 14 nebst Bemerkungen.

a. Auch die Zwangsverwaltung setzt grundsätzlich **Eigenthum des Schuldners** voraus (Anm. 3 zu § 2). Für den Nachweis sind § 14 Nr. 2 und 3 (Anm. 3 zu §§ 13, 14), bei unvollendetem Grundbuche § 190 maßgebend. Eine Zwangsverwaltung gegen einen Nießbraucher, Wohnungsberechtigten oder Pächter liegt jedenfalls außerhalb der Zwangsvollstreckung in das unbewegliche Vermögen, sondern sie erfolgt nach § 754 C.P.O. Die Zwangsverwaltung gegen einen Superficiar (Anm. 7. c zu § 1) richtet sich nach den §§ 158 ff.

§ 139 Abs. 2 (vgl. auch für den Fall des unvollendeten Grundbuches § 190 Abs. 2), von der Komm. des A.H. eingefugt, enthält eine Modifikation dieses Grundsatzes. Der Zusatz ist in der Kommission damit begründet, „daß es in einzelnen Fällen schwierig sei, das Eigenthum des Schuldners an dem Grundstücke nachzuweisen, trotzdem er dasselbe als Eigenthum (animo domini) besitze. Das sei namentlich der Fall, wenn der frühere Eigenthümer das Grundstück dem Schuldner verkauft und übergeben, aber nicht aufgelassen habe, oder wenn bei einem Eigenthumserwerbe vor dem 1. Oktober 1872 die Erwerbsdokumente verloren gegangen seien. Eine persönliche Forderung könne in diesem Falle nach § 754 der C.P.O. durch Zwangsvollstreckung in das Besitzrecht als solches beigetrieben werden, eine blos dingliche Forderung aber nicht. Zur Einleitung einer Zwangsverwaltung, erscheine es in diesem Falle genügend, wenn auch nur der Besitz, nicht das Eigenthum des Schuldners glaubhaft gemacht werde." Wie sich hiernach ergiebt, muß der **Eigenthumsbesitz** (vollständige Sachbesitz im Sinne des § 7 I. 7 A.L.R.) nachgewiesen werden. Wer aus einer anderen causa, z. B. als Pfandgläubiger, Prekarist, Miether oder Pächter besitzt oder detinirt, unterliegt **dieser** Zwangsverwaltung nicht. — Der vollstreckbare Schuldtitel muß in diesem Falle natürlich gegen den Besitzer erlangt sein. Wenn der Besitzer nicht zugleich Eigenthümer ist, so berührt die Zwangsverwaltung gegen den Besitzer die Rechte des Eigenthümers nicht. (So ausdrücklich § 199 Abs. 2 R.Zw.G.Entw.). Der wahre Eigenthümer hat gegebenen Falles auf den in § 146 und Anm. erörterten Wegen die Unzulässigkeit der Zwangsverwaltung geltend zu machen.

Die Modifikation des Abs. 2 ist auch auf dingliche Forderungen beschränkt. Durch eine Beschlagnahme des Grundstückes, gleichviel ob sie im Wege der Zwangsversteigerung oder der Zwangsverwaltung erfolgt, wird eine dingliche Verhaftung des Grundstückes nicht herbeigeführt. (Vgl Anm. 9. C b. β u. 11 zu §§ 16, 17.)

b. **§ 139 Abs. 1** dispensirt von der Beilegung der in § 14 Nr. 1 (Anm. 4 zu §§ 13, 14) geforderten **Auszuge aus den Realsteuerrollen** Der Grund liegt nach den Motiven darin, daß „weder Dritte der aus den Auszügen zu entnehmenden Belehrung bedürfen, noch Sicherheiten zu bestellen sind, deren Güte nach den Steuerbeträgen zu prüfen wäre."

c. Wird die Zwangsverwaltung zur Vollziehung eines **Arrestes** beantragt (Anm. 7 vor § 139), so tritt der vollziehbare Arrestbefehl an die Stelle der vollstreckbaren Ausfertigung des vollstreckbaren Schuldtitels Das Grundstück braucht in demselben nicht bezeichnet zu sein, Anm. 11 zu § 2. Darüber, daß die Zustellung an den Schuldner in diesem Falle zunächst nicht Vorbedingung der Einleitung des Verfahrens ist, vgl Anm. 11 zu § 2.

d Wegen der Zwangsverwaltung behufs Ausführung einer einstweiligen Verfügung und einer Beschlagnahme vgl. Anm. 8 und 9 vor § 139.

3. Der Beitritt zu einer Zwangsverwaltung erfolgt nach § 15. Der Beitritt zu einer im Wege der Zwangsvollstreckung eingeleiteten Zwangsverwaltung kann auch zur Vollziehung eines Arrestes oder einer einstweiligen Verfügung nachgesucht werden und umgekehrt. — Hatte der betreibende Gläubiger, welcher den ersten Antrag gestellt hatte, der Zwangsverwaltung durch seinen Antrag einen geringeren als den gesetzlich bestimmten Umfang gegeben (Anm. 2 zu § 144), so hindert das den beitretenden Gläubiger nicht, eine Erweiterung des Verfahrens zu beantragen.

4. Wegen der Verfügung auf den Antrag ist — neben § 140 — § 16 Abs. 1 und 3 entsprechend anwendbar. Vgl. Anm. 2 bis 5 zu §§ 16, 17.

a. Jeder Einleitungs- oder Beitrittsbeschluß muß seinem Inhalte nach außer den Anm. 4 zu §§ 16, 17 dargestellten Erfordernissen auch dem **§ 140 Abs. 1 Satz 1** genügen Bei der Zwangsverwaltung eines ideellen Antheiles ist der Inhalt entsprechend zu modificiren Der Verwalter (§ 142) ist, wenn derselbe sogleich ernannt wird, zweckmäßig in demselben namentlich zu bezeichnen. Vgl. Anm. 2 zu § 142. — § 140 Abs 1 Satz 1 hindert, wie die Regierungskommissare in der Komm. des H. H. hervorhoben, nicht, daß der Verwalter sich der Dienste des Schuldners ebenso bedienen kann, wie der Dienste jeder anderen Person (Anm. 3 zu § 142).

b. Die Zustellung des Beschlusses an den Antragsteller und den Schuldner richtet sich nach Anm 5 zu §§ 16, 17. Dazu kommt nach **§ 140 Abs. 2** die Zustellung der Beitrittsbeschlüsse an den Verwalter mit Rücksicht auf § 143 Abs. 2, welche nach den besonderen Vorschriften des § 4 erfolgt (Anm. 2 zu § 4). Eine Zustellung des Einleitungsbeschlusses an Drittschuldner findet trotz des in demselben enthaltenen an diese gerichteten Gebotes zunächst nicht statt. (Vgl. Anm. 3 zu § 143).

c. Wegen der Rechtsbehelfe gegen den Beschluß siehe Anm. 5 zu §§ 16, 17.

5 Die Eintragung des Zwangsverwaltungsvermerkes richtet sich nach § 18 Derselbe hat also, wie sich überdies noch aus § 192 klar ergiebt, dahin zu lauten, daß die Zwangsverwaltung beantragt sei So auch Jaeckel Anm. 3 zu § 143. A. M Peiser S. 25, 207, welcher die Einleitung der Zwangsverwaltung eingetragen wissen will. Der Vermerk ist auch in diesem Falle selbst dann einzutragen, wenn der Schuldner nicht im Grundbuche eingetragen ist. Dem Vermerke einen persönlichen Zusatz (Zwangsverwaltung gegen N. N.) zu geben, empfiehlt sich, wie gegen die Motive zu § 191 R.Zw.G.Entw. zu bemerken, hier ebensowenig wie bei der Zwangsversteigerung. Der Vermerk ist ganz unabhängig von einem etwaigen Zwangsversteigerungsvermerk einzutragen bez. zu löschen. Bei nicht vollendetem Grundbuche vgl § 192.

6. Die nach § 19 zu erstattenden Mittheilungen des Grundbuchrichters fallen hier zunächst weg. (Vgl. § 149 Abs. 1.) § 20 findet insoweit entsprechende Anwendung, als das Gericht, insofern es im Laufe des eingeleiteten Verfahrens aus den nach § 149 Abs. 1 zu erfordernden Nachrichten oder auf

andere Weise Umstände in Erfahrung bringt, welche die Unzulässigkeit der Einleitung ergeben, in der in § 20 vorgeschriebenen Weise zu verfahren hat. (Vgl. auch Anm. 6 zu § 79, 6 a. γ zu §§ 75—78).

7. Zu § 140 Abs. 1 Satz 2 vgl Anm. 5 zu § 143.

§. 141. Wohnt der Schuldner zur Zeit der Beschlagnahme auf dem Grundstücke, so sind ihm während der Dauer der Verwaltung die für ihn und seine Familie unentbehrlichen, für die Verwaltung nicht erforderlichen Wohnungsräume zu belassen. Ueber den Umfang der zu gewährenden Räume entscheidet das Vollstreckungsgericht. Die Vergünstigung ist von dem Gerichte aufzuheben, wenn der Schuldner das Grundstück oder dessen Verwaltung gefährdet.

§ 141. Wohnungsräume des Schuldners.

1. Entw. (Komm d. A.H.) § 139. a — Der Paragraph ist von der Komm. des A H eingefügt, weil „die Möglichkeit einer sofortigen und völligen Entsetzung des Schuldners aus dem Besitze eine große Härte enthalte". — Vgl. § 194 R Zw G.Entw. — Dernburg, Hyp.R. II S. 141 hält die Bestimmung für unzureichend.

2. Vorbedingung der Maßregel ist, daß der Schuldner, gegen welchen die Verwaltung eingeleitet wird, zur Zeit der Beschlagnahme auf dem Grundstücke wohnt und dort wohnen bleibt Auf Sonderrechtsnachfolger im Eigenthume, welche im Laufe des Verfahrens eintreten, kann diese Vergünstigung nicht erstreckt werden.

3. Das Vollstreckungsgericht muß auch ohne Antrag des Schuldners die hier fragliche Entscheidung erlassen Dasselbe hat zu diesem Zwecke zu erforschen, ob die Vorbedingung derselben gegeben ist, sowie darüber Erhebungen anzustellen, welche Wohnungsräume dem Schuldner und seiner Familie unentbehrlich, und ob diese Räume, was bei städtischen Verwaltungen regelmäßig der Fall sein wird, für die Verwaltung nicht erforderlich sind. Daß dem Schuldner auch Nebenräume, Hof und Gartenräume, welche zur Wohnung gehören, belassen werden, ist nicht ausgeschlossen. (A. M. Peiser S. 131.) Auch aus unentbehrlichen Räumen dürfen Kranke und Wöchnerinnen nicht eher entfernt werden, als dieses ohne Gefahr für ihre Gesundheit geschehen kann — Nach § 2 A V hat der Verwalter über diese Verhältnisse zur Vorbereitung der gerichtlichen Entscheidung unaufgefordert Bericht zu erstatten, falls der Schuldner auf dem Grundstücke wohnt. — Die Entscheidung wird zweckmäßig nach Anhörung des Schuldners erlassen, und dürfte es sich empfehlen, die Aufforderung zur Erklärung an diesen oder seine Ladung zu einem Termine behufs Verhandlung über diesen Punkt mit dem Einleitungsbeschlusse zu verbinden, sofern nicht die Uebergabe des Grundstückes an den Verwalter in einem gerichtlichen Termine stattfindet (Anm. 3 zu § 142). — Die Entscheidung ist gemäß § 294 Abs 3 C.P O. den betreibenden Gläubigern, dem Schuldner und dem Verwalter zuzustellen, sofern diese Personen nicht zu einer Verkündigung derselben zugezogen sind Wegen der gegen die Entscheidung gegebenen Remonstration bez. sofortigen Beschwerde vgl. Anm. 10. e zu § 3. Dem Verwalter stehen Rechtsmittel nicht zu. (So auch Jäckel Anm. 1.)

4. Bei veränderten Verhältnissen, insbesondere in dem Schlußsatze gedachten Falle vorsätzlicher oder fahrlässiger Gefährdung durch den Schuldner, wozu auch Gefährdung durch Dritte gehört, welche der Schuldner abwenden konnte, ist die Entscheidung in gleicher Weise aufzuheben bez. abzuändern.

§. 142. Das Gericht hat den Verwalter zu ernennen und auf Antrag an Eidesstatt zu verpflichten.

Das Grundstück ist dem Verwalter durch einen Beamten des Gerichts oder durch einen von dem Gerichte zu bestellenden Gerichtsvollzieher zur Verwaltung und zur Erhebung der Einkünfte zu übergeben. Das Gericht kann jedoch den Verwalter ermächtigen, sich selbst in den Besitz des Grundstücks zu setzen.

Der Verwalter ist auf Grund der Ernennung zur Einziehung der in Leistungen Dritter bestehenden Einkünfte an Stelle des Schuldners berechtigt.

§ 142. Ernennung und Einsetzung des Verwalters.

1. Entw. § 140 — §§ 193, 196 Abs. 1, 197 R Zw.G.Entw. — Ein Einleitungstermin ist nicht vorgeschrieben Der Richter ist aber, wenn er die Uebergabe in einem Termine stattfinden läßt (Anm 6), nicht gehindert, auch die nach den §§ 141, 142 und 144 Abs. 1 zu treffenden gerichtlichen Maßnahmen in diesen Termin zu verlegen

2. Die Zwangsverwaltung bedarf zu ihrer Ausführung neben dem Vollstreckungsgerichte, welchem auch der nach § 4 A V unter Umständen zu bestellende Verwaltungsaufseher angehört, eines besonderen Organes, des Verwalters Die Aufgabe desselben besteht darin, die durch die Beschlagnahme bez. das mit derselben verbundene Pfandrecht (Anm 1 zu § 143) zur Befriedigung bez Sicherung der betreibenden Gläubiger bestimmten Sachen und Rechte des Schuldners im Wege einer geordneten Wirthschaft zu verwerthen, um dadurch die Befriedigung bez Sicherung der betreibenden Gläubiger herbeizuführen

Hinsichtlich der Stellung des Verwalters bei der Zwangsverwaltung und insbesondere seines Verhältnisses zu den Parteien bestehen ähnliche Zweifel, wie hinsichtlich der Stellung des Zwangsversteigerungsrichters oder richtiger des Zwangsvollstreckungsrichters überhaupt, des Gerichtsvollziehers als Organes der Zwangsvollstreckung, des Konkursverwalters und, obwohl hier wesentliche Verschiedenheiten in Betracht kommen, auch des Testamentsvollstreckers, des Interimswirths bei einem Kolonat, des Vaters hinsichtlich des Kindesvermögens, des Ehemannes hinsichtlich des Frauengutes, der Universitätsquästur bezüglich der Kollegienhonorare u. s w. (Fischer, Lehrbuch des preuß Privatrechtes S. 706). Der Verbreitung einer den thatsächlichen Verhältnissen entsprechenden Auffassung bereitet auch hier die so oft beklagte (vgl Bülow, Archiv f. d civil. Praxis 83 S. 124 Anm. 18) Neigung, öffentlichrechtliche Verhältnisse wie privatrechtliche zu konstruiren — eine üble Folge einer ausschließlich romanistisch-doktrinären Schulung — schwere Hindernisse. — Es ist hier im Anschluß an das Einl. S. 23 ff. hinsichtlich der Stellung des Zwangsversteigerungsrichters Ausgeführte zu bemerken:

a. Die Verwalter bei der Zwangsverwaltung und im Konkurse haben ebenso wie Richter und Gerichtsvollzieher die Aufgabe, einen Theil der Staatsgeschäfte, nämlich die Verwirklichung des staatlichen Rechtsschutzes in der Form der Zwangsvollstreckung bez. des Konkurses, zu verrichten. Ihre Aufgabe ist deshalb eine amtliche, sie selbst sind Organe des Staates. Allerdings sind die Verwalter im Gegensatze zum Richter und Gerichtsvollzieher keine Staatsbeamte, insbesondere keine Beamte im Sinne des § 359 St.G.B oder des § 79 G.K.G. (a. M. Eccius § 142 Anm 60), ohne daß aber damit die analoge Erstreckung dieser letzteren Vorschrift auf die Vergütung des Verwalters ausgeschlossen wäre. Denn sie treten nicht in ein eigentliches Dienstverhältniß zum Staate Aber nach einem anerkannten Grundsatze des Staatsrechtes wird weder jeder, der ein Staatsamt übernimmt, dadurch zum Staatsbeamten, noch muß jeder Beamte ein Amt verwalten. Auch der Schöffe und der Geschworene üben im Namen des Staates das Richteramt aus Es ist also eine lediglich privatrechtliche Auffassung dieser Stellungen von selbst ausgeschlossen.

b. Der Inhalt der Aufgaben der Verwalter wie des Richters und des Gerichtsvollziehers deckt sich in allen Fällen weder mit dem privatrechtlichen Begriffe der Vertretung einer der Parteien, noch mit dem privatrechtlichen Begriffe einer Rechtsnachfolge. Nicht die Ausübung von Rechten des Vertretenen als solchen, sondern die Thätigkeit für den Vertretenen und im ausschließlichen Interesse desselben ist das Merkmal der Vertretung. Deshalb ist auch der Ausdruck „an Stelle des Schuldners" am Schlusse dieses Paragraphen für die rechtliche Auffassung der Stellung des Verwalters als eines **Vertreters** ebensowenig zu verwerthen, wie die Ausdrucksweise des § 5 K.O für die Vertreterstellung des Konkursverwalters (vgl. Anm. 9). Alle diese Personen, selbst der Gerichtsvollzieher, handeln aber weder im ausschließlichen Interesse des Gläubigers, noch im ausschließlichen Interesse des Schuldners. Vgl. auch Anm. 4 zu § 144 und § 3 A.V. — Eine eigentliche Rechtsnachfolge setzt dagegen voraus, daß einmal der bisher Berechtigte aufhört, Berechtigter zu sein und daß der Nachfolger selbst und in eigenem Interesse Berechtigter wird. Auch davon kann hier nicht die Rede sein.

c. Daher darf der Verwalter der Zwangsverwaltung, analog dem Konkursverwalter und dem Gerichtsvollzieher, als ein Organ bezeichnet werden, welches kraft Amtes, ohne Vertreter oder Rechtsnachfolger einer der Parteien zu sein, Rechte des Schuldners ausübt, um dadurch den in der Form der Zwangsverwaltung gewährten staatlichen Rechtsschutz verwirklichen zu helfen (Anm. 4. a. δ zu § 2). — Damit soll aber der Verwalter der Zwangsverwaltung im Uebrigen weder dem Konkursverwalter noch dem Gerichtsvollzieher gleichgestellt werden. Die Theilung der Funktionen zwischen dem Gerichte und dem Verwalter ist hier eine andere wie bei dem Konkursverwalter. Während der Konkursverwalter das Verwaltungs- und das Verfügungs(Veräußerungs)recht des Schuldners ausübt, steht dem Gerichtsvollzieher nur das Veräußerungsrecht ohne die Verwaltung zu, und der Verwalter der Zwangsverwaltung hat nur das Verwaltungsrecht ohne die Veräußerungsbefugniß Ein Verfügungsrecht steht ihm nur insofern zu, als es zum Zwecke der Verwaltung erforderlich ist.

Für die hier dargelegte Auffassung: Oetker, Konkursrechtliche Grundbegriffe S. 318 und Dernburg (I § 353 und Hyp.R II S. 436). Auch das Reichsgericht ist hier, ebenso wie bei der Frage nach der Stellung des Konkursverwalters (Einl. S. 28) dem Fortschritte der Theorie gefolgt, indem es (R 24 S. 304) ausführt: „Auf die von dem Verwalter im Laufe der Zwangsverwaltung vorgenommenen Rechtshandlungen ist der Begriff der Vertretung im eigentlichen Sinne nicht anwendbar, der Verwalter nimmt, analog dem Konkursverwalter, diese Handlungen im eigenen Namen vor, wenngleich der Erfolg derselben nicht ihn persönlich, sondern die Zwangsverwaltungsmasse und die in dieser zusammengefaßten Interessen trifft." Der alte Standpunkt, daß der Verwalter lediglich ein rein „privatrechtlicher gesetzlicher Vertreter" des Schuldners sei, findet sich noch bei Jäckel Anm 5 und Peiser (S. 12, Peiser I S. 3, 61 ff). Auch die Motive zu § 197 R Zw.G.Entw. sind noch nicht darüber hinausgekommen. Gleichwohl ist er auch für das Recht des Entwurfes völlig haltlos Nicht einmal ein gesetzlicher Ausspruch wäre im Stande, die Anerkennung einer mit der gesetzlichen Regelung im Widerspruche stehenden Doktrin zu erzwingen.

3 Die Auswahl des Verwalters (eine Ernennung mehrerer Verwalter, § 71 K O, ist nicht vorgesehen) steht lediglich dem Gerichte zu, welches dabei an Vorschläge der Betheiligten nicht gebunden ist § 120 I 24 A G O. gestattete ausdrücklich, den Gläubiger selbst zum Verwalter zu bestellen Das vorliegende Gesetz schweigt. Als Gerichtsvollzieher darf ein Gläubiger in eigener Sache nicht fungiren (§ 156 I Nr 1 G.V G). v Wilmowski (Konkursordnung Anm. 1 zu § 70) will die Gläubiger als Konkursverwalter zulassen. Analog würde hier dasselbe gelten müssen .Die Bestellung des Schuldners ist unzweifelhaft ausgeschlossen. Ist Konkurs über das Vermögen des Schuldners eröffnet, so erscheint es durchaus angängig, dem Konkursverwalter auch die Zwangsverwaltung zu übertragen. Ein für allemal von der Justizverwaltung bestellte Zwangsverwalter in dem Sinne, daß das Gericht verpflichtet wäre, denselben im einzelnen Falle die Verwaltung zu übertragen, kennt das Gesetz nicht Es steht aber nichts im Wege, Personen, welche aus der Verwaltung ein Gewerbe machen, die Verwaltung zu übertragen (Dernburg, Hyp R II S 433)

Die Ernennung des Verwalters ist in der Regel unmittelbar bei der Einleitung vorzunehmen Sie wird dann zweckmäßig dem Einleitungsbeschlusse eingefügt Wenn dieser dann auch dem Verwalter zugestellt wird, ist jede weitere besondere Zustellung der Ernennung überflüssig. — Zur Uebernahme der Verwaltung ist Niemand verpflichtet Der Ernannte hat nicht einmal die Pflicht, seine Ablehnung anzuzeigen. § 13 A V statuirt dies nur für die bereits übernommene Verwaltung (A M Schmidt S. 24) Dagegen ist der Verwalter nicht berechtigt, die übernommene Verwaltung jederzeit beliebig ohne Zustimmung des Gerichtes niederzulegen In dieser Hinsicht kommen die Grundsätze von der vertragsmäßigen Verwaltung, z B. § 159 ff. I 13 A L R. zur Anwendung (Peiser I S. 91) — Wegen der Verpflichtung zur Sicherheitsleistung vgl § 144 Abs. 2. — Der Verwalter ist berechtigt, sich der Hülfe anderer Personen bei der Verwaltung zu bedienen (Anm 4 a zu §§ 139, 140). Einen Vertreter in der Verwaltung im Ganzen kann er sich aber nicht bestellen Vgl. hierzu im Näheren § 13 A.V.

4. Eine Bestallung erhält der Verwalter — anders wie nach § 73 Abs. 2 K.O. — nicht. Ein in der Komm. d. A.H. gestellter darauf gerichteter Antrag wurde abgelehnt.

5. Zu dem Antrage auf Verpflichtung des Verwalters sind nicht nur die eigentlichen Parteien, sondern auch die sonstigen Interessenten der Zwangsverwaltung berechtigt (Rudorff Anm. 2, Dorendorff und Jäckel Anm. 1. A. M. Knorr Anm. 16 und Peiser S. 33).

6. Ob das Gericht den Uebergang des Besitzes des Grundstückes an den Verwalter durch gerichtliche Uebergabe oder durch Besitzergreifung auf Grund gerichtlicher Ermächtiqung stattfinden lassen will, steht nach Abs. 2 in seinem Ermessen Doch wird das Erstere als die Regel betrachtet. Nach den Motiven soll die Uebergabe z B bei der Zwangsverwaltunq einzelner Ackerstücke entbehrlich sein. Auch bei einem erfahrenen städtischen Häuserverwalter wird die Uebergabe nicht nöthig sein. Sollte der Verwalter bei der Besitzergreifunq Widerstand finden, so kann er die Uebergabe nachträglich beantragen oder auch analog dem § 777 C P O. den Gerichtsvollzieher zuziehen, welcher nach § 678 Abs 3 C P.O. zu verfahren hat. (Jäckel Anm 3 zu § 142) Welcher Beamte die Uebergabe bewirken soll, hat ebenfalls das Gericht zu ermessen Die Uebergabe großer Etablissements, namentlich größerer Gutswirthschaften, wird der bisherigen Praxis entsprechend füglich durch den Richter erfolgen. Ob und welche Betheiligte zu dem Termine geladen werden sollen, hat ebenfalls das Gericht zu ermessen. Bei dem Vollzuge einer größeren Verwaltung dürfte sich die Zuziehung der betreibenden Gläubiger stets empfehlen. Ueber die Uebergabe ist nach § 1 Abs. 1 A V. stets ein Protokoll mit dem dort angegebenen Inhalte aufzunehmen. Dem Verwalter, welcher selbst den Besitz ergreifen soll, wird das Gericht zweckmäßig aufgeben, von der erfolgten Besitzergreifung Anzeige zu machen — Für die Art und Weise der Uebergabe verweisen die Motive auf § 98. (Vgl auch § 145.) Außer den in § 1 Abs 1 A V. vorgeschriebenen Feststellungen wird es sich namentlich um eine Besichtigung der Grundstücke und der darauf befindlichen Räumlichkeiten, sowie um die erforderlichen Mittheilungen an den Schuldner, das Gesinde, Miether und Pächter handeln. Geeignetenfalls werden ähnlich wie nach § 679 C P O. Zeugen zuzuziehen sein. — Für den Fall, daß ein Verwaltungsaufseher bestellt ist, vgl. § 4 Abs 2 A V. — Ueber den vom Verwalter im Anschlusse an die Besitzergreifung oder Uebergabe dem Gerichte zu erstattenden Bericht vgl § 1 Abs. 2 A.V.

Wenn der Richter die Uebergabe vornimmt, so handelt es sich um eine Verhandlung außerhalb der Sitzung im Sinne des § 151 C P O. Der Richter ist daher, zumal dieses Gesetz ein Anderes nicht bestimmt, gesetzlich verpflichtet, den Gerichtsschreiber zuzuziehen und es muß das aufzunehmende Protokoll unter entsprechender Anwendung der §§ 145 ff. C.P.O. gefertigt werden Eine Verletzung dieser Vorschrift hat freilich keine Folgen in der Sache selbst So auch Schwartz Anm. B. — A M. das Reichsgericht bei Gruchot 33 S. 1113 und ihm folgend Dernburg II S 436, Peiser S. 40 Das Reichsgericht stellt die Zuziehung des Gerichtsschreibers in das richterliche Ermessen, „weil der in Frage stehende Akt keine Prozeßverhandlung ist, und von einem dazu beauftragten Gerichtsschreiber oder Gerichtsvollzieher vorgenommen werden kann" Indessen fehlt es an jedem Grunde, den Begriff „Verhandlung" im Sinne des § 151 auf Verhandlungen innerhalb des Rechtsstreites zu beschränken, und nicht auf alle Verhandlungen im Bereiche der streitigen Civilgerichtsbarkeit zu erstrecken Auch ist nicht abzusehen, wie der Umstand, daß ein Akt auch vor dem Gerichtsschreiber stattfinden darf, den Richter ermächtigen könnte, von den für richterliche Verhandlungen vorgeschriebenen Formen dann abzusehen, wenn er im konkreten Falle von dem Richter vorgenommen wird.

Durch die Uebergabe bez durch die auf Grund gerichtlicher Ermächtigung erfolgte Besitzergreifung erlangt der Verwalter nach der Bestimmung dieses Gesetzes den Besitz des Grundstückes, ebenso wie der Gerichtsvollzieher durch eine Pfändung (§ 712 C P O), und der nach den §§ 747, 752 C P O ernannte Sequester durch die Herausgabe, und der Konkursverwalter durch die Besitzergreifung (§ 107 K O.) den Besitz erhalten Er besitzt gleich allen diesen Personen nicht als Stellvertreter, auch nicht wie der durch Sequestrationsvertrag bestellte Sequester (Windscheid § 380) auf Grund eines privatrechtlichen Vertrages, sondern kraft seiner amtlichen Stellung („kraft eigenen Verwalterrechtes", Rudorff Anm 3 zu § 142)

Während der Gerichtsvollzieher selbst nicht befugt ist, den Rechtsschutz des von ihm ausgeübten Besitzes geltend zu machen, weil dies außerhalb der Aufgaben seines Amtes liegt (Seuffert, Anm 3, Wilmowski-Levy Anm 5 zu § 712 C P.O), muß der Verwalter der Zwangsverwaltung gleich dem Sequester und dem Konkursverwalter für befugt erachtet werden, in eigenem Namen seinen Besitz auch rechtlich geltend zu machen Denn er hat das dem Gerichtsvollzieher nicht zustehende Verwaltungsrecht (oben Anm 2 a E).

Das gemeine Recht giebt dem durch Vertrag bestellten Sequester den juristischen Besitz Das Gleiche muß auch von dem durch den Richter bestellten Sequester einer streitigen Sache und ebenso von dem Verwalter bei der Zwangsverwaltung gelten. Nach preußischem Rechte ist derselbe Detentor und hat als solcher die possessorischen Rechtsmittel (§§ 1, 2, 137 A L R I. 7; Eccius § 139 Anm 100, Dernburg I § 148). — Wegen des Besitzes der Kreditinstitute vgl. Anm 7 zu § 145.

7. Die Zwangsverwaltung darf in die Rechtssphäre Dritter nicht eingreifen. Hat daher ein Dritter die Detention des Grundstückes, so kann dem Verwalter die Detention erst verschafft werden, nachdem die Pflicht des Dritten zur Räumung durch einen gegen ihn erlangten Schuldtitel festgestellt und die Exmission des Dritten ausgeführt ist Eine Pflicht zur Räumung hat aber ein Dritter, welcher die Detention vor der Beschlagnahme erlangt hat, regelmäßig und vorausgesetzt, daß sein Recht nicht nach den Vorschriften des Ges. v 21. Juli 1879 bez. den §§ 22 ff. K O. der Anfechtung unterliegt, nur dann, wenn er auch dem Schuldner gegenüber zur Räumung verpflichtet erscheint Uebrigens dürfte die Geltendmachung der Anfechtung außerhalb der Aufgabe des Verwalters liegen. (Knorr Anm. 2. c) — Insbesondere müssen der Pächter und der Miether für die Dauer des Vertrages in ihrem Besitzstande belassen werden. Der Verwalter hat ein Kündigungsrecht nur insoweit, als dasselbe auch dem Schuldner zusteht (Anm. 2 zu § 144) Soweit der Schuldner auf Räumung klagen kann, ist auch der Verwalter dazu befugt (Reichsgericht bei Gruchot 32 S. 398, Dernburg, Hyp R. II. S. 237). Die Art der Uebergabe muß diesen Umständen Rechnung tragen Vgl. § 146 d. G , §§ 1, 7 A V , § 193 Abs. 2 R.Zw.G.Entw. — „War das Grundstück dem Miether oder Pächter noch nicht überlassen, so kann der Verwalter nicht gezwungen werden, die vertragsmäßige Verpflichtung des Verpächters oder Vermiethers zu

erfüllen. Er kann aber auch die Erfüllung des Vertrages von dem Miether oder dem Pächter nicht fordern." (Mot. zu § 193 R.Zw.G.Entw.)

8. Bei der Zwangsverwaltung eines ideellen Antheiles kann von einer körperlichen Uebergabe dieses Antheiles nicht die Rede sein Der Verwalter tritt aber auch hier hinsichtlich der Einkünfte des Grundstückes an die Stelle des Schuldners. Wenn und insoweit diesem Forderungsrechte gegen Dritte zustehen, welche sich auf Einkünfte des Grundstückes beziehen, ist der Verwalter zur Geltendmachung derselben berechtigt. Das gilt auch im Verhältnisse zu den Miteigenthümern des Grundstückes Nach allgemeinen Grundsätzen muß der Verwalter, insoweit der Schuldner zum Mitbesitze und zur Mitverwaltung des Grundstückes befugt ist, an dessen Stelle treten. Hinsichtlich der Einkünfte muß er sich zunächst mit den anderen Miteigenthümern auseinandersetzen. Erst das Ergebniß dieser Theilung ist Gegenstand der Vertheilung unter den Interessenten der Zwangsverwaltung (Achilles Anm. 4 zu § 43 E G.G.)

§ 73 I. 17 A.L.R., welcher bestimmt: „Auf den wirklichen Mitbesitz oder auf die Mitverwaltung der gemeinschaftlichen Sache kann der bloße, auch dingliche Gläubiger eines Theilnehmers nicht Anspruch machen" — spricht, mit Rücksicht auf die nach älterem Prozeßrechte zulässige Einweisung des Gläubigers in das Grundstück des Schuldners (§§ 116—119 I. 24 A.G.O) aus, daß eine solche Einweisung des Gläubigers selbst in den Mitbesitz und die Mitverwaltung eines Miteigenthümers ausgeschlossen sei. — Dem Mitbesitze des Verwalters, der keineswegs den Gläubiger im Besitze vertritt (Anm. 6), steht diese Vorschrift nicht entgegen (Anm. 4 vor § 139). — Wollte man die Bestimmung auch auf einen Mitbesitz des Verwalters beziehen, so würde sich freilich die Verwaltung auf die Einziehung des Antheiles an den Nutzungen von den Miteigenthümern beschränken müssen.

9. Die Einkünfte des Grundstückes (Anm. 5 zu § 143) bestehen entweder in dem direkten Ertrage, den eine Benutzung oder Bewirthschaftung des Grundstückes gewährt, insbesondere in den natürlichen Früchten, welche das Grundstück gewährt, oder in den Leistungen, welche Dritte, sei es für die Ueberlassung des Grundstückes, sei es aus anderen Gründen, z B als eine dem Eigenthümer des Grundstückes als solchem zu leistende Abgabe, zu machen haben. In letzterer Beziehung giebt Abs. 3 dem Verwalter die Befugniß zur Geltendmachung der Berechtigung (vgl § 140 Abs. 1 und § 143 Abs. 3, §§ 7, 8 A.V.). „Der eingesetzte Verwalter ist als solcher legitimirt zur Vornahme aller Verwaltungsakte einschließlich der Führung von Prozessen, welche zur Einziehung der in Leistungen Dritter bestehenden Einkünfte erforderlich sind." (Mot) — Durch die Worte „an Stelle des Schuldners" ist nicht gesagt, daß der Schuldner Prozeßpartei sei und der Verwalter als gesetzlicher Vertreter des Schuldners auftrete. Er hat „als Verwalter der Zwangsverwaltung N." zu klagen und ist selbst als Kläger zu betrachten. Jener Ausdruck besagt nur, daß er materiell Rechte des Schuldners geltend macht. (Anm. 2 b und Rudorff Anm. 4)

§. 143. Durch die Beschlagnahme (§. 16) erlangt der Gläubiger an den Einkünften des Grundstücks unter Vorbehalt der Rechte der

Realgläubiger ein Pfandrecht mit den im §. 709 der Civilprozeßordnung bestimmten Wirkungen.

Die Beschlagnahme des Grundstücks und das Pfandrecht an den Einkünften wird durch die Uebergabe des Grundstücks an den Verwalter, und im Falle des späteren Beitritts eines Dritten durch die Zustellung des Zulassungsbeschlusses an den Verwalter in gleicher Weise wie durch die Zustellung des Einleitungsbeschlusses an den Schuldner bewirkt.

Gegen Dritte, in deren Leistungen die Einkünfte des Grundstücks bestehen, wird die Beschlagnahme durch Bekanntmachung derselben von Seiten des Verwalters oder des die Uebergabe des Grundstücks leitenden Beamten wirksam. Auf Antrag des betreibenden Gläubigers oder des Verwalters ist ein Zahlungsverbot zu erlassen und von Amtswegen zuzustellen.

§ 143. Beschlagnahme und Pfandrecht.

1 Entw § 141. — §§ 192, 195 mit 37 R Zw G Entw. — Die Einleitung der Zwangsverwaltung bewirkt, da § 16 Abs 1 auch hier Anwendung findet (§ 139 Abs 1), ebenso wie die Einleitung der Zwangsversteigerung eine Beschlagnahme aber nur zu Gunsten des betreibenden Gläubigers, nicht für sonstige Realgläubiger (R 20 S 293 und Reichsgericht in J M Bl. v. 1888 S 205) Gegenstand dieser Beschlagnahme ist das ganze Grundstück, d. h. nicht blos der Ertrag desselben. (A M Dorendorf Anm 2 zu § 148). Es wird also das Verfügungsrecht des Schuldners über das Grundstück überhaupt eingeschränkt, soweit dies für die Zwecke der Zwangsverwaltung erforderlich ist. Auch auf die dem Eigenthümer zufallenden Versicherungsgelder für Gebäude und andere Substanztheile (Anm 5. h zu § 1) erstreckt sich die Beschlagnahme (So auch Motive zu § 192 R Zw G.Entw) Daß durch die Beschlagnahme an und für sich kein Pfandrecht an dem Grundstücke entsteht, ist früher dargelegt (Anm 11 zu §§ 16, 17) Nach der positiven Bestimmung des **§ 143 Abs. 1** tritt der Beschlagnahme bei der Zwangsverwaltung als besondere Wirkung hinzu, daß durch dieselbe für den betreibenden Gläubiger ein Pfandrecht im Sinne des § 709 C P O zwar nicht an dem Grundstücke, aber an den Einkünften desselben, als dem Gegenstande der Befriedigung für die Gläubiger der Zwangsverwaltung, entsteht — Die Beschlagnahme mit der Pfandrechtswirkung erfolgt stets nur zu Gunsten des Gläubigers, welcher in dem Einleitungs- bez Beitrittsbeschlusse bezeichnet ist (Anm. 7 zu §§ 16, 17). Doch hat die erste Beschlagnahme auch hier die Anm. 7 zu §§ 16, 17 a E. betonte allgemeine Bedeutung

2 Beschlagnahme und Pfandrecht gelangen entweder nach § 16 Abs 3 (§ 139) oder in der **§ 143 Abs.** 2 bestimmten Weise zur Entstehung Es kann also einmal die Beschlagnahme ebenso wie bei der Zwangsversteigerung durch die Zustellung des Einleitungs- bez Beitrittsbeschlusses an den Schuldner (Anm. 4. b zu §§ 139, 140) bewirkt werden Vgl. darüber Anm 6 zu §§ 16, 17. Außerdem kann die erste Beschlagnahme nach Analogie des § 712 C.P.O. durch Uebergabe

des Grundstückes an den Verwalter und jede weitere Beschlagnahme durch die Zustellung des Zulassungsbeschlusses an den Verwalter (vgl. § 727 Abs. 2 C.P.O.) geschehen. Es kommt also darauf an, ob die Zustellung an den Schuldner früher oder später als die Uebergabe bez die Zustellung an den Verwalter erfolgt. Die Motive sagen: „Die Uebergabe des Grundstückes an den Verwalter steht der Pfändung von Mobilien gleich; deshalb kann ihr die Wirkung der Beschlagnahme nicht versagt werden. Ebenso gleicht die Stellung des Verwalters so sehr der Stellung des Gerichtsvollziehers, welcher Mobilien gepfändet hat, daß auch die Zustellung des Beschlusses, durch welchen der Beitritt eines Glaubigers zugelassen wird, an den Verwalter gleich der gegenüber dem Gerichtsvollzieher erfolgenden Anschlußpfandung die Beschlagnahme für den beitretenden Glaubiger bewirken muß." — Doch bleibt bei der weiteren Pfändung der Unterschied bestehen, daß bei beweglichen Sachen nicht erst die Zustellung des Protokolles an den anderen Gerichtsvollzieher, sondern schon die Erklärung in dem Protokolle die Pfändung bewirkt. Der Uebergabe steht die Besitzergreifung durch den Verwalter nach § 142 Abs. 2 gleich. — Der Zeitpunkt der Beschlagnahme ist nach § 30, der zufolge § 147 hier entsprechende Anwendung findet, für den Rang des betreibenden Glaubigers unter einander maßgebend, ebenso wie nach § 709 Abs. 3 C.P.O. das durch eine frühere Pfandung begrundete Pfandrecht dem spater entstandenen vorgeht.

3. Den Zeitpunkt der Wirksamkeit der Beschlagnahme und des Pfandrechtes gegen Drittschuldner bestimmt **§ 143 Abs. 3.** Er kann also von dem für den Schuldner maßgebenden Zeitpunkte verschieden sein. (R 24 S. 273). Bei der Vergleichung mit § 16 Abs. 4 ergeben sich zwei Abweichungen:

a. Die Beschlagnahme wird auch ohne Zahlungsverbot durch Bekanntmachung des Verwalters oder der in § 143 Abs. 3 bezeichneten Beamten wirksam, so daß alsdann ein besonderes Zahlungsverbot zwar noch zulässig, aber nicht mehr erforderlich ist. Die Bekanntmachung kann formlos erfolgen. Ein Vermerk im Uebergabeprotokolle oder eine anderweite schriftliche Aufzeichnung über dieselbe erscheint zweckmäßig.

b. Das Zahlungsverbot, in welchem mit dem amtlichen Formulare das im Einleitungsbeschlusse enthaltene Gebot der Leistung an den Verwalter zweckmäßig wiederholt wird, kann auch vom Verwalter beantragt werden. – Ist eine Bekanntmachung nicht erfolgt, so entsteht die Wirksamkeit des Zahlungsverbotes gegen den betreffenden Drittschuldner nicht schon mit der Erlassung des Verbotes, sondern erst mit der Zustellung desselben an ihn.

Eine Abweichung von § 16 Abs. 4 soll hier offenbar nicht stattfinden, auch zeigt § 143 Abs. 3 Satz 1 deutlich, daß die Kenntniß des Dritten die Vorbedingung der Wirksamkeit der Beschlagnahme gegen ihn sein soll. (Vgl. im Uebrigen Anm. 9. D zu §§ 16, 17 und R. 24 S. 276).

4 Die Beschlagnahme des Grundstückes dauert bis zur Aufhebung der Zwangsverwaltung (Anm. 5 und 6 zu § 154), sie erlischt also nicht ohne Weiteres durch die Zurucknahme des Antrages. Vgl im Uebrigen Anm. 10 zu §§ 16, 17. — Das Pfandrecht an den einzelnen Gegenstanden und Rechten geht auch durch die Veraußerung der Gegenstände seitens des Verwalters und durch Aufhebung der Rechte, insbesondere durch Erfullung an den Verwalter unter.

5. Gegenstand des Pfandrechtes sind nur die Einkünfte des Grundstückes, wie sie in § 140 Abs. 1 Satz 2 näher bestimmt sind, also sowohl körperliche wie unkörperliche, bereits existirende wie zukünftige Dinge. Das Pfandrecht umfaßt demnach keineswegs die gesammte Immobiliarmasse (Anm. 5 zu § 1) außer der Substanz des Grundstückes. Auf der anderen Seite ergreift es nur diejenigen Einkünfte, welche zur Immobiliarmasse gehören (§ 1 d. G., § 30 E.E.G.). Diejenigen Früchte und Hebungen, welche nach Anm. 5. c. d. e zu § 1 zur Zeit der Beschlagnahme nicht mehr zur Immobiliarmasse zu rechnen sind, scheiden also aus. Der Umfang des Pfandrechtes begrenzt zugleich das in § 142 Abs. 3 verordnete Einziehungsrecht des Verwalters. Deshalb ist es, wie auch die Motive hervorheben, nicht Sache des Verwalters, das den eingetragenen Gläubigern im Falle einer Benachtheiligung durch § 31 E.E.G. (vgl. §§ 477—481 I. 20 A.L.R.) gegebene Recht, vor der Beschlagnahme erfolgte Vorauserhebungen, Abtretungen und Verpfändungen (auch im Wege des Arrestes oder der Zwangsvollstreckung geschehene, Reichsgericht in der juristischen Wochenschrift von 1892 S. 306) von Pacht- und Miethszinsen (Anm. 5. e zu § 1) und, wie hinzugefügt werden muß, Veräußerungen von stehenden und hängenden Früchten als unwirksam zu behandeln, auszuüben, und zwar auch dann nicht, wenn der betreibende Gläubiger ein eingetragener Gläubiger ist. In der Komm des A.H. (vgl. Bericht zu § 140 d. Entw.) wurde ein Antrag, dem Verwalter auch die Geltendmachung der Rechte aus § 31 E.E.G. zu übertragen, abgelehnt. Vgl. Dernburg I § 353 Anm. 12. — Dasselbe gilt von der Anfechtung, welche alle Gläubiger im Falle des Vorhandenseins der Voraussetzungen des R Ges. v 21. Juli 1879 gegen Vorausbezahlungen von Einkünften richten können.

Gegenstand des Pfandrechtes sind demnach:

a. die Mieths- und Pachtzinsen und sonstigen Hebungen unter den Anm. 5 e zu § 1 dargelegten Voraussetzungen. Ob dieselben bereits fällig sind oder nicht, begründet keinen Unterschied; vgl. R. 24 S. 275; § 1 Abs 1 A.V.;

b die auf dem Grundstücke zur Zeit der Beschlagnahme noch vorhandenen abgesonderten, dem Eigenthümer gehörigen Früchte (Anm. 5. d zu § 1);

c. die zur Zeit der Beschlagnahme zur Immobiliarmasse gehörigen stehenden und hängenden Früchte (Anm. 5. c zu § 1);

d. die während der Beschlagnahme noch zu gewinnenden natürlichen wie civilen Früchte;

e. die dem Eigenthümer zustehenden Versicherungsgelder für Früchte (Anm. 5. h zu § 1, Anm. 8. a zu §§ 16, 17, Jäckel Anm. 1, Peiser I S. 37; A. M. Knorr Anm. 16 zu § 140), nicht aber die übrigen Kaufgelder für veräußerte Früchte (Jäckel Anm. 1).

6. Ueber die Bedeutung dieses Pfandrechtes (vgl. auch R. 12 S. 263, 19 S. 302), bemerken die Motive: „Daß mit der Beschlagnahme ein Pfandrecht an den Einkünften des Grundstückes verbunden sein soll, entspricht sowohl der Vorschrift des § 709 der C.P.O., als den dem Gläubiger bei der Zwangsversteigerung beigelegten Rechten. Das Pfandrecht unterscheidet sich aber von demjenigen, welches durch Pfändung der einzelnen zu den Einkünften gehörigen körperlichen Sachen und Forderungen entsteht, dadurch, daß es in dem

Verfahren des Entwurfes unter Berücksichtigung der vorbehaltenen Rechte der Realgläubiger geltend gemacht wird, während bei der Mobiliarpfändung den Realgläubigern überlassen bleibt, ihre älteren Pfandrechte besonders geltend zu machen, soweit dies nach dem Pfändungsakte überhaupt noch möglich ist." (Vgl. § 147 d. G. im Gegensatz zu § 710 C.P.O.).

Darüber, daß auch das in § 709 C.P.O. gegebene Pfandrecht kein wahres Pfandrecht im privatrechtlichen Sinne ist, vgl. Anm. 11 zu §§ 16, 17. — Das durch die Zwangsverwaltung erlangte Pfandrecht, welches die gleiche rechtliche Natur hat, unterscheidet sich daher wesentlich von einer auf die Einkünfte beschränkten Judikatshypothek (Anm. 4. e. ε zu §§ 6—8, Anm. 3. e vor § 6).

In dem Verhältnisse zu anderen Gläubigern giebt das hier gewährte Pfandrecht im Uebrigen dieselben Rechte wie das vertragsmäßige Faustpfandrecht. Insbesondere ist der Gläubiger vor Anderen nach Maßgabe des § 30 (§ 147) aus dem Gegenstande des Pfandrechtes zu befriedigen. Für den Fall des Konkurses gewährt dasselbe dem Gläubiger das Recht auf abgesonderte Befriedigung aus seinem Gegenstande. (Anm. 9. A zu §§ 16, 17.) Es geht allen Pfand- und Vorzugsrechten vor, welche für den Fall des Konkurses den Faustpfandrechten nicht gleichgestellt sind. — Das Pfandrecht wirkt als dingliches Recht, sobald es einmal gültig entstanden ist, auch gegen dritte Erwerber der Gegenstände desselben. — Eine Berufung auf den Erwerb im guten Glauben kann nur insofern stattfinden, als dieses auch einem durch Vertrag erworbenen Pfandrechte gegenüber zulässig würde. — Wegen der Unzulässigkeit der Zwangsvollstreckung in das bewegliche Vermögen durch Pfändung hinsichtlich der Gegenstände dieses Pfandrechtes vgl. Anm. 9. A a. E. zu §§ 16, 17. Der Verwalter ist aber nicht befugt, die Fortschaffung der von dem Gerichtsvollzieher gepfändeten Sachen oder andere Vollstreckungsmaßregeln zu hindern. (A. M. Schmidt S. 28.)

7. Die Beschlagnahme des Grundstückes soll den Schuldner wie dritte Personen insofern in der thatsächlichen und rechtlichen Verfügung über das Grundstück beschränken, als dieses zur Erreichung des Zweckes der Zwangsverwaltung, der Befriedigung der Gläubiger aus den Gegenständen des Pfandrechtes erforderlich ist. Die Stellung des Schuldners und etwaiger Dritterwerber ist auch für die Zwangsverwaltung aus Anm. 9. B und C zu §§ 16, 17 zu entnehmen. Die Abweichungen ergeben sich aus der Verschiedenheit der Zwecke der Zwangsversteigerung und der Zwangsverwaltung. Bei der Zwangsverwaltung verliert deshalb der Schuldner vor Allem die Befugniß, sein Grundstück zu nutzen und zu verwalten. Er soll, wie ihm der Einleitungsbeschluß aufgiebt, jeder Einmischung in die Geschäftsführung des zu bestellenden Verwalters, sowie jeder Verfügung über die Einkünfte des Grundstückes sich enthalten. Er darf also insbesondere das Grundstück nicht mehr vermiethen oder verpachten oder auf Grund von vor der Beschlagnahme geschlossenen Verträgen einem Miether oder Pächter übergeben (Dorendorf Anm. 2 zu § 143, R. 20 S. 294). Dasselbe gilt auch von dritten Erwerbern des Grundstückes. — In der Weiterführung der Wirthschaft bis zur Uebergabe an den Verwalter liegt eine Einmischung in die Verwaltung nicht. Sie enthält auch keinen Nachtheil für den Gläubiger. Die besonderen Bestimmungen des § 17 über die Einschränkung des Schutzes des guten Glaubens kommen hier nicht zur Anwendung. Mit dieser Maßgabe gilt das Anm. 9. C b. zu §§ 16, 17 über den Einfluß des guten Glaubens eines

Dritterwerbers Ausgeführte Der Gläubiger ist auch hier berechtigt, alle nach der Beschlagnahme vorgenommenen, ihm nachtheiligen Verfügungen des Schuldners über das Grundstück als nichtig anzufechten, auch wenn sie nicht direkt die Gegenstände seines Pfandrechtes betreffen. (Anm. 9. A zu §§ 16, 17.) Dem Verwalter ist die Geltendmachung dieser Rechte des Gläubigers nicht übertragen. — Verfügungsakte des Schuldners über das beschlagnahmte Vermögen, z. B. eine Cession der beschlagnahmten Einkünfte, sind übrigens keineswegs absolut unwirksam, konnen vielmehr für den Fall der Beendigung der Zwangsverwaltung in volle Wirksamkeit treten. (Reichsgericht im J.M.Bl. 1888 S. 205 und R. 20 S. 290.)

§. 144. Das Gericht hat den Verwalter nach Anhörung des Gläubigers und des Schuldners, geeigneten Falles unter Zuziehung eines Sachverstandigen, mit der erforderlichen Anweisung für die Verwaltung zu versehen, die dem Verwalter zu gewahrende Vergütung festzusetzen und die Geschäftsführung desselben zu beaufsichtigen.

Das Gericht kann dem Verwalter die Leistung einer Sicherheit auferlegen, Ordnungsstrafen bis zu zweihundert Mark gegen ihn festsetzen und ihn entlassen.

Der Verwalter hat die Sorgfalt eines ordentlichen Hausvaters anzuwenden. Er ist verpflichtet, dem Gläubiger und dem Schuldner alljährlich und nach Beendigung der Verwaltung Rechnung zu legen. Die Rechnungen sind dem Gericht einzureichen und von diesem dem Glaubiger und dem Schuldner vorzulegen.

Der Justizminister kann für die Geschäftsführung der Verwalter und die denselben zu gewährende Vergütung allgemeine Anordnungen treffen.

§ 144. Verwaltung.

1. Entw. § 142 und §§ 196 Abs. 2, 198, 199 R Zw G Entw. — § 144 und die gesetzliche Regelung der Zwangsverwaltung überhaupt erfährt eine Ergänzung durch die auf Grund des Abs. 4 erlassene, am Schlusse dieses Titels abgedruckte und erläuterte Allgemeine Verfügung des Justizministers vom 7. März 1892, betreffend die Geschäftsführung der Verwalter im Verfahren der Zwangsverwaltung und die denselben zu gewährende Vergutung. Soweit die Verfügung sich auf die derselben in § 144 Abs. 4 besonders zugewiesene Materien beschränkt und mit Bestimmungen dieses Gesetzes nicht in Widerspruch tritt, hat sie, ebenso wie etwaige spatere ministerielle Aenderungen und Ergänzungen gesetzesgleiche Kraft. Insbesondere kann sie auch allgemeine gesetzliche Vorschriften über Verwaltungen, welche an und für sich auch auf die Zwangsverwaltung Anwendung finden würden (vgl. Anm. 1 vor § 139) wirksam ausschließen oder abändern. Vgl. auch Anm. vor § 1 A.V. und § 31 A.V. nebst Anmerkung.

2. § 144 ordnet die Führung der Verwaltung und insbesondere die Stellung des Verwalters zum Gerichte. Das Gesetz hat sich darauf beschränkt,

nur ganz allgemeine Grundsätze aufzustellen. Die Motive bemerken: „Die Zwangsverwaltung kann in sehr verschiedener Weise zur Ausführung gelangen. Wie sie geschehen soll, hängt theilweise von den Anträgen des Gläubigers, theilweise auch von der bestehenden Art der Benutzung des Grundstückes durch den Eigenthümer ab. In letzterer Beziehung tritt der Verwalter zunächst immer nur an Stelle des Schuldners. Ist das Grundstück verpachtet oder vermiethet, so hat daher der Verwalter nur an Stelle des Schuldners die Pacht- und Miethzinsen einzuziehen und die Erhaltung des Grundstückes zu überwachen. Hat der Gläubiger ein Recht auf Beseitigung der Pacht- und Miethverhältnisse, so muß er dieses erst besonders zur Geltung bringen, da die Zwangsvollstreckung nur gegen den Schuldner gerichtet ist. Nur die dem Schuldner nach den bestehenden Vertragsverhältnissen zustehende Beendigung derselben liegt ohne Weiteres in der Hand des Verwalters Der Einfluß des Gläubigers aber zeigt sich zunächst darin, daß er dem Schuldner einen Theil der eigenen Benutzung oder der Einkünfte des Grundstückes belassen kann, indem er den Antrag auf Zwangsverwaltung in dieser Weise beschränkt. Die übrigen Interessenten des Verfahrens erlangen durch die Beschlagnahme für sich kein Recht; sie müssen nur mit ihren gesetzlich vorgehenden Forderungen in der vorgeschriebenen Weise vor dem betreibenden Gläubiger befriedigt werden. Wie im Uebrigen die Zwangsverwaltung zu führen, ob durch eigene Bewirthschaftung oder durch Verpachten oder Vermiethen, oder durch Uebergang von der einen Benutzungsart zur andern, das hängt von den Umständen des einzelnen Falles ab und kann nur nach Anhörung des Gläubigers und des Schuldners durch das Gericht bestimmt werden" — Vgl. über die rechtliche Auffassung der Stellung des Verwalters Anm 2 zu § 142.

Die Aufgabe des Verwalters ist also die Bereitstellung der Einkünfte des Grundstückes (Anm. 5 zu § 143) zur Befriedigung der Gläubiger. Er hat alle zur Erhaltung und wirthschaftlichen Benutzung des Grundstückes erforderlichen Anordnungen zu treffen, insbesondere das erforderliche Hülfspersonal (Gesinde u. s w.) anzunehmen. Eine Veräußerung oder Belastung des Grundstückes steht ihm dagegen nicht zu. Insbesondere erscheint der Verwalter befugt, Versicherungsverträge abzuschließen, und zwar sowohl bezüglich der Früchte (R. 25 S. 240), als auch hinsichtlich der verwalteten Gegenstände, namentlich der Gebäude (§ 11 Abs. 3 A B). Im Weiteren ist er nicht nur verpflichtet, die Fortschaffung von Zubehörstücken thunlichst zu hindern (R 22 S. 264, vgl aber Anm. 6 zu § 143 a E), sondern hat auch das Recht, auf dem Grundstücke vorhandene und ihm bei Einleitung der Verwaltung mitübergebene Sachen, welche der Eigenthümer nicht zum Betriebe des Ackerbaues und der Viehzucht verwendet hatte, z B. Wagenpferde, für diese Zwecke zu bestimmen, und dadurch im Gebiete des A L R. (§ 48 I. 2) zu Pertinenzen zu machen. Der Schuldner mag bei der Rechnungslegung eine solche Verfügung als eigenmächtig und schädigend bemängeln, Dritte können jedenfalls die Rechtmäßigkeit einer solchen Maßnahme nicht anfechten (R 19 S. 321, Reichsgericht bei Gruchot 33 S. 1111, 34 S. 1114 und in Jur. Wochenschr. 1889 S. 89, 1890 S 36, Dernburg, Hyp R. II. S. 438). — Ueber die Vornahme von Ausbesserungen vgl § 12 A.B. — Ueber die den Ausgaben des Verwalters im Allgemeinen gezogene Grenze (§ 11 A.B.) vgl. auch Anm. 4 zu §§ 142, 148. — Soweit die Einkünfte in den Leistungen Dritter bestehen, hat der Verwalter deren Einziehung zu bewirken (Anm. 9 zu § 142,

Anm. 3 zu § 143). Näheres in §§ 7, 8 A.V. und hinsichtlich der Aufbewahrung der Einkünfte in § 16 A.V. — In Betreff der eingezogenen Einkünfte ist der Verwalter als Drittschuldner anzusehen, wenn sie im Wege der Zwangsvollstreckung oder des Arrestes gegen den Schuldner oder einen Gläubiger gepfändet werden sollen. (Reichsgericht bei Gruchot 31 S 1164) — Im Uebrigen ist im einzelnen Falle zu bestimmen, ob die Einkünfte des Grundstückes durch eigene Bewirthschaftung oder durch Ueberlassung der Benutzung an Dritte verwerthet werden sollen. Näheres in § 5 A.V. und bezüglich der Berücksichtigung im Uebergabeprotokolle in § 1 A.V. Im letzteren Falle beschränkt sich die Aufgabe des Verwalters auf den Abschluß der nöthigen Verträge und die Sorge für deren Erfüllung, insbesondere die Einziehung der vertragsmäßigen Leistungen. Für den Vertragsabschluß sind § 5 Abs 3 und 4 und § 6 A V zu beachten Der Verwalter kann die von dem Schuldner oder von ihm selbst geschlossenen Verträge nach Maßgabe der allgemeinen gesetzlichen Bestimmungen kündigen und auflösen.

3. Zur Prozeßführung, welche gemäß Anm. 2 zu § 142 stets für Rechnung des verwalteten Vermögens erfolgt, ist der Verwalter aktiv und passiv nur legitimirt, wenn dieselbe als ein Akt der Verwaltung aufgefaßt werden kann. In anderen Fällen ist die Befugniß ausgeschlossen, und zwar selbst dann, wenn der Rechtsstreit den Gegenstand der Verwaltung oder die Rechtswirkungen der Beschlagnahme betrifft. Deshalb hat er in den Anm 5 u 7 a E zu § 143 aufgeführten Fällen kein Recht zur Prozeßführung — Klagen eines früheren Verwalters wegen dessen Ansprüche aus der Verwaltung oder Klagen gegen denselben auf Rechnungslegung behufs Geltendmachung von Erinnerungen oder auf Herausgabe des Bestandes der Verwaltung bleiben den Parteien überlassen — Auch für Prozesse, welche das Eigenthum eines Grundstückes, die Rechte und Lasten desselben betreffen, ist der Verwalter im Allgemeinen weder aktiv noch passiv legitimirt — Außer den Klagen behufs Einziehung der Einkünfte (Anm 9 zu § 142) und zum Schutze seines Besitzes (Anm 6 zu § 142), einschließlich der Klagen auf Räumung desselben (Anm. 7 zu § 142), kann er insbesondere Ansprüche aus den von ihm geschlossenen Verträgen geltend machen. Ebenso kann er Ersatzansprüche hinsichtlich der von ihm zu verwerthenden Gegenstände geltend machen, z. B. Versicherungsgelder für durch Hagel oder Feuer vernichtete oder beschädigte Früchte einklagen. Vgl. Dernburg I § 353 bei Anm 13 und Hyp R II S. 437 a E. — Daß Prozesse für und gegen den Schuldner, für welche während der Verwaltung der Verwalter aktiv und passiv legitimirt sein würde, durch die Eröffnung des Zwangsverwaltungsverfahrens unterbrochen werden, ist, anders wie beim Konkurse (§ 218 C.P.O.) nicht bestimmt und ist damit auch eine Aufnahme des Prozesses durch den Verwalter ausgeschlossen Jedenfalls aber kann der Verwalter als Nebenintervenient in den Prozeß eintreten, und dürfte er dadurch, da § 236 Abs. 2 Satz 2 auf diesen Fall wohl keine Anwendung erleidet, zur Hauptpartei (Streitgenosse des Schuldners) werden

4. Dem Gerichte ist neben der allgemeinen Pflicht der Beaufsichtigung der Geschäftsführung des Verwalters (vgl. § 75 K O.) die besondere Aufgabe zugewiesen:

a. den Verwalter mit der erforderlichen Anweisung für die Verwaltung zu versehen;

b. die demselben zu gewährende Vergütung festzusetzen (vgl. § 77 K O.).

Zu a. Die Anweisung wird sachgemäß zunächst alsbald nach Beginn der Verwaltung und, falls der Richter selbst die Uebergabe leitet (Anm. 6 zu § 142), im Uebergabetermin ertheilt (Anm 1 zu § 142). Wird dieselbe nicht im Termine gegeben, so erscheint es zweckmäßig, zuvor den vom Verwalter über den Zustand des Grundstückes, seine bisherige Benutzung und die bestehenden Pacht- und Miethsverhältnisse gemäß § 1 Abs 2 A.V zu erstattenden Bericht abzuwarten. — Die vorherige schriftliche oder mündliche Anhörung der Parteien ist obligatorisch. Die fakultative Zulässigkeit der Zuziehung eines Sachverständigen ist von der Komm. des H.H. besonders zum Ausdruck gebracht unter Hinweisung darauf, daß dem Gerichte die erforderlichen technischen Kenntnisse fehlen könnten. Es ist dabei vornehmlich an landwirthschaftliche Verwaltungen gedacht. — Die Ertheilung der Anweisung ist Sache des Richters. Wegen Zuziehung des Verwaltungsaufsehers und der Befugniß des Letzteren zur Ertheilung von Anweisungen vgl. § 4 Abs. 3 u. 5. A V. — Vgl a. Anm. 1 vor § 1 A.V.

Der Verwalter ist an die Anweisungen des Gerichtes gebunden (vgl. auch § 148 Abs. 1). Anträge der Parteien sind für ihn ohne eine entsprechende Anweisung des Gerichtes nicht maßgebend. (§ 3 A.V.) — Dritten gegenüber erscheint der Verwalter zu allen Handlungen legitimirt, welche zur Führung der Verwaltung gehören, ohne daß der Mangel oder die Ueberschreitung der gerichtlichen Anweisung einen Einfluß auf die Gultigkeit der Handlung ausübt.

Zu b. Für die Festsetzung der Vergutung des Verwalters bei verpachteten oder vermietheten Grundstucken ist § 15 A.V. maßgebend. Im Uebrigen hat das Gericht freies Ermessen. Der Festsetzung braucht die Anhorung der Betheiligten nicht nothwendig voranzugehen. Zweckmäßig, aber nicht nothwendig, werden außerhalb des Falles des § 15 A.V. die Grundsätze für die Vergütung schon bei Beginn der Verwaltung festgesetzt. Gegen die Festsetzung haben der Verwalter und alle Interessenten das Recht der Remonstration und Beschwerde nach Anm 10. c zu § 3. — Die Auslagen des Verwalters sind hier, anders wie im § 77 K O., nicht erwahnt Es hat deshalb eine gerichtliche Festsetzung derselben nicht stattzufinden. Der Verwalter hat dieselben neben der fur ihn festgesetzten Vergutung in seine Rechnung (Abs 3) aufzunehmen (vgl Anm. 3 a. γ zu §§ 147, 148) — Der Verwalter kann, wenn die Einkunfte nicht ausreichen, Vergütung und Ersatz seiner Auslagen aus der Gerichtskasse fordern. Vgl. Anm. 3 zu §§ 147, 148. Zur Geltendmachung des dem vertragsmäßigen Verwalter zustehenden Retentionsrechtes (§ 164 I 14 A.L R) ist hier kein Raum.

Für den Geist, in welchem das Gericht die Geschäftsführung des Verwalters beaufsichtigen soll, sind auch hier die in den Motiven zu § 75 K.O. niedergelegten Anschauungen zu berücksichtigen: „Keineswegs ist beabsichtigt, das Gericht durch Beilegung von Disziplinarbefugnissen indirekt zu einer oberen Instanz in Verwaltungssachen zu machen. Der bezeichnende Unterschied liegt darin, daß dasselbe niemals die Zweckmäßigkeit, sondern nur die Pflichtwidrigkeit der Handlungen oder Unterlassungen des Verwalters zu prüfen hat. Direkte Verstoße gegen die gesetzlichen Vorschriften, grobe Vernachlassigung der Amtspflichten konnen von dem Gerichte ohne Einmischung in die eigentliche Verwaltung sehr wohl geahndet werden. In der Regel wird dasselbe nicht von Amtswegen, sondern nur auf Antrag vorgehen." (Vgl. aber andererseits auch R. 22 S. 264.) Kraft seines Aufsichtsrechtes ist das Gericht insbesondere befugt, jederzeit Bericht und Rechnungslegung zu verlangen, die Bücher und sonstigen Schriften des Verwalters einzusehen, den Bestand seiner Kasse zu untersuchen, auch demselben Mahnungen und Verweise zu ertheilen. (Vgl. § 29 A.V. entsprechend dem § 80 K.O.) Um aber durch ein Uebermaß von gerichtlicher Einmischung die Lebensfähigkeit des Institutes nicht zu gefährden, wird das Gericht besondere Berichte und eine besondere Rechnungslegung nicht ohne eine besondere Veranlassung fordern. — Ueber die Mitwirkung des Verwaltungsaufsehers bei der Beaufsichtigung des Verwalters vgl §§ 4 Abs. 4, 29 A V. Das Gericht hat gemäß § 685 Abs. 1 C P.O. (Anm. 10 e zu § 3) über Anträge, Einwendungen und Erinnerungen der Betheiligten zu entscheiden, welche das vom Verwalter zu beobachtende Verfahren betreffen.

5. **Abs.** 2 entspricht den §§ 70 Abs 2 und 76 K O. Das Gericht hat zu ermessen, ob eine Sicherheit geleistet werden soll und in welcher Höhe und Art. Es dürfte auch nicht ausgeschlossen sein, daß die Sicherheitsbestellung in der Weise zugelassen und angeordnet wird, daß der Verwalter eine schon für eine früher übernommene Zwangsverwaltung bestellte Sicherheit auch fur die neue Zwangsverwaltung als Sicherheit bestelle. Für die folgende Sache kann dann freilich nur der etwa sich ergebende Rest der Sicherheit in Anspruch genommen werden. Die Verordnung vom 7. September 1879 ist aber für die Kautionen der Häuserverwalter nicht mehr in Kraft A M. Jackel Anm 1. — Abweichend von der K.O ist die Anhörung des Verwalters vor der Bestrafung oder Entlassung nicht obligatorisch, aber zulässig Von einem Antrage der Betheiligten sind diese Maßnahmen unabhängig Die Geldstrafe kann wegen verschiedener Ordnungswidrigkeiten mehrmals und dann im Gesammtbetrage von über 200 Mark festgesetzt werden Eine Umwandlung in eine Freiheitsstrafe findet nicht statt. Wegen Remonstration und Beschwerde bezüglich aller in Abs. 2 vorgesehenen Anordnungen vgl. Anm. 10 e zu § 3.

6 **Abs.** 3 Satz 1 entspricht wörtlich dem § 74 K.O (vgl. v. Wilmowski zu § 74) Mangelnde Sachkenntniß kann den Verwalter nicht entlasten. Der Grad der Haftung ist Prästation von omnis culpa im Sinne des gemeinen Rechtes, also nicht von mäßigem Versehen im Sinne des § 20 I. 3 A.L R. und noch weniger, wie Schmidt S 28 annimmt, Haftung für die in eigenen Angelegenheiten angewendete Sorgfalt. Vgl § 13 A V. a E. Auf diese Haftung können nicht nur der Schuldner und die betreibenden Gläubiger, sondern alle Interessenten des Verfahrens (Anm 2 zu §§ 147, 148), sowie auch andere Beschädigte, insbesondere auch der künftige Ersteher des Grundstückes ihre Ansprüche auf Schadensersatz gründen (R 24 S. 306, 22 S 264, Eccius § 142, Dernburg, Hyp.R II S. 436). A. M. Knorr Anm. 5 b, welcher die Haftung nur gegenüber den betreibenden Gläubigern und dem Schuldner zulassen will Sein Grund, daß der Verwalter zu den Realgläubigern in keinem kontraktlichen Verhältnisse stehe, kann diese auf amtliche Funktionen (Anm 2 zu § 142) gestützte Haftung nicht ausschließen. Uebrigens steht der Verwalter auch zu dem Schuldner und zu den betreibenden Gläubigern in keinem kontraktlichen Verhältnisse. Die Schadensansprüche gegen den Verwalter unterliegen aber im Gebiete des A.L R. ebensowenig der dreijährigen Verjährung aus §§ 54, 55 I. 6 A L.R und der Deklaration vom 31. März 1838, wie die Ansprüche gegen Beamte. (Dernburg I § 353 Anm 13, Eccius § 57 bei Anm. 38. c, Fischer, preuß Privatrecht S. 139).

7. Während im Konkurse eine Rechnungslegung des Verwalters nur bei der Beendigung seines Amtes stattfinden muß (§ 78 K.O) und es im Uebrigen der Festsetzung der Gläubigerversammlung überlassen ist, eine periodische Rechnungslegung zu erfordern oder nicht (§ 120 K O), wird hier, der Verschiedenheit der Sachlage entsprechend, außer der Rechnungslegung bei Beendigung der Verwaltung des betreffenden Verwalters (ohne Rücksicht darauf, ob die Zwangsverwaltung im Ganzen beendigt ist oder nicht) die jährliche Rechnungslegung vorgeschrieben.. — Das Nähere bezüglich der Rechnungslegung und der als Grundlage derselben dienenden vom Gesetze selbst nicht vorgeschriebenen Buchführung enthalten die §§ 19—28 A.V. Im Zusammenhange damit stehen die Vorschriften über die Rechnungsbelege (§ 17 A V) und über die Führung von Akten (§ 18 A.V) — Die Rechnungslegung erfolgt nicht, wie nach § 56 V.O, gegenüber dem Gerichte, sondern gegenüber den Parteien Diese, nicht das Gericht, haben die Entlastung zu ertheilen Das schließt aber nicht aus, daß das Gericht, welchem die Rechnung zunächst eingereicht wird, kraft seines Aufsichtsrechtes Veranlassung nimmt, dieselbe vor der Vorlegung an die Parteien zu prüfen oder durch einen Rechnungsverständigen prüfen zu lassen und dem Ergebnisse der Prüfung entsprechend eine Vervollständigung oder Aenderung der Rechnung und ihrer Anlagen herbeizuführen (Mißverstanden ist diese Ausführung von Peiser I S. 97). Vgl § 24 A.V.

Die Rechnung ist nur dem Gläubiger, d h. den betreibenden Gläubigern, und dem Schuldner, zu legen Diese können die Rechnungslegung im Wege der Klage gegen den Verwalter oder dessen allgemeine Rechtsnachfolger erzwingen Umgekehrt können letztere auf Ertheilung der Entlastung nach ordnungsmäßig erfolgter Rechnungslegung klagen „Den übrigen Interessenten kann bei der oben dargelegten Begrenzung ihrer Betheiligung das gleiche Recht nicht zugestanden werden; sie haben auch dem Verwalter gegenüber nur den Anspruch auf gesetzmäßige Vertheilung der überhaupt zur Vertheilung gelangenden Einkünfte" (Mot.). Gleichwohl bleibt es ihnen unverwehrt, das Gericht zur Geltendmachung seines Aufsichtsrechtes gegen den Verwalter hinsichtlich der Rechnungslegung auch in ihrem Interesse zu veranlassen. — Auch dem nachfolgenden Verwalter ist, anders wie nach § 78 K O, das Recht, Einwendungen zu erheben, nicht gegeben.

Der Schlußsatz des Abs. 3 ist von der Komm. des H.H. eingefügt. Der Antragsteller hatte beanstandet, „daß von der Rechnungslegung des Gerichtes keine Rede sei. Man könne nicht absehen, wie dies die Aufsicht führen solle, wenn nicht periodisch Rechnung gelegt würde, auch werde es zu Inkonvenienzen führen, wenn der Verwalter, z B. die Kreditdirektion, direkt dem Schuldner Rechnung legen und sich in private Unterhandlungen mit ihm einzulassen habe". Die Regierungskommissare bemerkten, „daß die im 3. Absatz vorgeschriebene Rechnungslegung etwas Anderes sei, als die vom Gerichte jederzeit einforderbare Rechnung Erstere bilde eine rein civilrechtliche Vorschrift, über Bemängelungen habe hier das Prozeßgericht zu entscheiden, sie sei in keine Verbindung mit der gerichtlichen Beaufsichtigung und der auf Grund derselben zu legenden Rechnung zu bringen. Man wiederholt, daß der direkte Verkehr zwischen Gläubiger, Schuldner und Verwalter zu Unzuträglichkeiten führe, und weist darauf hin, daß durch die beantragte Maßnahme leicht Prozesse über die gelegte Rechnung vermieden würden Durch den Antrag bliebe die Frage der Aufsicht des Gerichtes, welche im ersten Absatze behandelt sei, unberührt" (Bericht zu § 142) — Grundsätzlich ist durch den Zusatz nichts geändert. Die Rechnung wird nach wie vor den Parteien und nicht dem Gerichte gelegt. Es ist aber durch die jetzt eintretende gerichtliche Vermittelung bei der Rechnungslegung die Ausübung des Aufsichtsrechtes des Gerichtes hinsichtlich derselben erleichtert

Die Vorlegung der Rechnung an die Parteien wird regelmäßig in einem Termine erfolgen Sie kann aber auch durch Uebersendung der Rechnung an die betheiligten Personen behufs schriftlicher Erklärung innerhalb einer zu bestimmenden Frist erfolgen. Daß die Rechnung, soweit Einwendungen nicht erhoben werden, als anerkannt gelte, ist (anders wie in § 78 K O) nicht bestimmt. Es ist deshalb nach allgemeinen Grundsätzen zu beurtheilen, inwieweit in dem Schweigen ein Verzicht auf Einwendungen zu finden ist Einwendungen gegen die Rechnung müssen, sofern sie nicht vom Gerichte im Aufsichtswege erledigt werden können, seitens der Betheiligten im besonderen Rechtsstreite gegen den Verwalter (Gerichtsstand auch nach § 31 C P.O) geltend gemacht werden

§. 145. Die mit Korporationsrechten versehenen Kreditinstitute können auf Ersuchen des Gerichts die dem letzteren im ersten Absatz des §. 142 und in dem §. 144 zugewiesene Thätigkeit bezüglich land- wirthschaftlich oder forstwirthschaftlich benutzter Grundstücke übernehmen.

Einem solchen Kreditinstitute kann durch statutarische Bestimmungen mit landesherrlicher Genehmigung ein Anspruch auf Ueberweisung der im vorstehenden Absatz bezeichneten Thätigkeit bezüglich der von dem Institut beliehenen Grundstücke beigelegt werden.

§ 145. Mitwirkung der Kreditinstitute.

Entw. (Komm d H H) § 142 a — §§ 128—139 I 24 A G O — §§ 242, 243 R Zw.G Entw — Der Paragraph ist von der Komm des H.H. eingefügt.

2 § 145 kommt nur soweit zur Anwendung, als nicht nach § 202 Abs 2 den Kreditverbänden noch weiter gehende Rechte bei der Zwangsvollstreckung in die zu denselben gehörigen oder von denselben beliehenen Grundstücke zustehen. (Vgl Stenogr Ber des A H. S. 1815 und K. 5 S. 151) — Dagegen greift er auch Platz bei der nach § 98 im Rahmen des Zwangsversteigerungsverfahrens einzurichtenden Zwangsverwaltung

3. Mangels statutarischer Bestimmungen kommt zunächst nur **Abs. 1** zur Anwendung Es hängt dann von dem Ermessen des Gerichtes ab, ob es das Ersuchen stellen will. Das Gericht kann dazu auf Antrag irgend eines Betheiligten oder auch ohne Antrag schreiten. Es ist in diesem Falle auch berechtigt, das Ersuchen einzuschränken oder nachträglich zurückzunehmen Darauf, daß das Grundstück zu einem Kreditverbande gehört oder von ihm beliehen ist, kommt es nicht an. Es muß nur land- oder forstwirthschaftlich benutzt worden sein.

Abs. 2 verpflichtet unter den dort gegebenen besonderen Voraussetzungen die Gerichte, den Kreditinstituten auf deren Antrag die hier fragliche Mitwirkung auch hinsichtlich nicht land- und forstwirthschaftlich benutzter Grundstücke zu überweisen Die Kreditinstitute können in ihrem Antrage auch ihre Mitwirkung in sachgemäßer Weise einschränken. — Eine besondere Benachrichtigung des Kreditinstitutes von der Einleitung der Zwangsverwaltung ist nicht vorgeschrieben.

In beiden Fällen ist ein den betreibenden Gläubigern und dem Schuldner zuzustellender Gerichtsbeschluß zu erlassen, gegen welchen den Gläubigern und dem Schuldner und bei einer Ablehnung im Falle des Abs. 2 auch dem betreffenden Kreditinstitute Remonstration und sofortige Beschwerde gemäß Anm 10. e. zu § 3 zustehen. A. M. ohne ersichtlichen Grund Jäckel Anm 1. Die Ausführbarkeit des § 145 hängt stets davon ab, daß das Kreditinstitut zur Uebernahme der ihm hier zugewiesenen Thätigkeit bereit ist.

4. Das Gericht und das Kreditinstitut haben sich in diesem Falle gegenseitig als Zwangsvollstreckungsbehörden zu betrachten, unter welche die Ausübung der zur Zwangsverwaltung erforderlichen staatlichen Befugnisse in besonderer Weise getheilt ist. — Im Falle voller Anwendung des § 145 beschränkt sich die Thätigkeit des Gerichtes zunächst auf die Einleitung der Zwangsverwaltung, die nach § 143 zu erlassenden Zahlungsverbote und die Anwendung des § 141 im geeigneten Falle. Die Ernennung und Verpflichtung des Verwalters ist Sache des Kreditinstitutes Die Uebergabe des Grundstückes an den Verwalter (§ 142 Abs 2) ist wieder Sache des Gerichtes. Die Leitung der Verwaltung, insbesondere die Anweisung und Beaufsichtigung des Verwalters, Veranlassung der Rechnungslegung, Verfügung über Sicherheitsleistung, Gebühren, Entlassung des Verwalters (§ 144) steht im ganzen Umfange dem Institute zu. Die Vertheilung und Beendigung des Verfahrens (§§ 149—154) erfolgt dagegen durch das Gericht bez. unter Leitung desselben. — Ebenso verbleiben dem Gerichte die Entscheidungen, welche im Laufe des Verfahrens durch das Vollstreckungsgericht zu treffen sind, soweit dieselben nicht in dem § 144 beschlossen sind. — Das Kreditinstitut steht bei seiner Thätigkeit nicht unter direkter Leitung und Aufsicht des Gerichtes. Gleichwohl muß sich dasselbe, unbeschadet der ihm aus § 145 Abs. 2 zustehenden Remonstration bez sofortigen Beschwerde (Anm. 3 a E.), den Entscheidungen fügen, welche das Gericht auf Grund des § 685 Abs. 1 C P O. (Anm 4 zu § 144 a. E.) erläßt.

5. Ueber den Umfang, in welchem in den Fällen des § 145 die von dem Justizminister erlassene Geschäftsanweisung für die Zwangsverwalter zur Anwendung kommt, vgl. § 30 A B.

6. Die Beamten des Kreditinstitutes haften sämmtlichen Interessenten für die Erfüllung der ihnen in Folge ihrer Mitwirkung bei der Zwangsverwaltung obliegenden Pflichten nach denselben Grundsätzen wie die Gerichtspersonen (vgl. Anm. 11 zu § 3 und für das Gebiet des A.L R. § 124 I 24 A.G.O). Im Gebiete des A L R. tritt also auch die dreijährige Verjährung gemäß §§ 54, 58 und der Dekl. v. 31 März 1858 nicht ein (Vgl Anm 6 zu § 144) Während aber der Staat für die Versehen der Gerichtspersonen im Allgemeinen nicht haftet, muß das Kreditinstitut als solches Schadenersatz leisten, wenn dieses die allgemeinen Grundsätze über das Einstehen von Korporationen für ihre Vertreter erfordern. Das Reichsgericht hat für das gemeine Recht angenommen, daß, sobald es sich um schuldhafte Handlungen oder Unterlassungen wirklicher Vertreter innerhalb ihrer Zuständigkeit handelt, die volle Haftung der Korporation eintritt. (Jur. Wochenschr. v. 1886 S. 21 und v. 1888 S 212) Im landrechtlichen Gebiete ist das Kreditinstitut für eigene Versehen der Korporation selbst nach § 82 II. 6 ohne Weiteres verantwortlich Für persönliche Verschulden ihrer Vertreter oder Beamten

haftet es nur nach Maßgabe der §§ 50—53 I 6. Der erstere Fall setzt voraus, daß die Vertreter des Kreditinstitutes in den Grenzen und auf Grund ihrer Vertretungsbefugniß gehandelt haben. Außerdem muß das Institut verpflichtet gewesen sein, Aufmerksamkeit anzuwenden, daß keine Versehen vorkommen. Letztere Pflicht ist aber überall da anzunehmen, wo das Institut durch handelndes Eingreifen in den Rechtsverkehr in solche rechtliche Beziehungen zu anderen Personen tritt, aus denen diesen Personen ein Nachtheil erwachsen kann. (So R. 22 S. 259.) Vgl auch R. 24 S 303, wo insbesondere ausgeführt ist, daß das Kreditinstitut das eigentliche „Subjekt" der Zwangsverwaltung sei, und seine Beamten nur Hilfspersonen, und daß namentlich hinsichtlich der Frage, wer als Subjekt der zum Zwecke der Verwaltung geschlossenen Rechtsgeschäfte anzusehen sei, das Kreditinstitut die Stellung des Zwangsverwalters im regelmäßigen Falle einnehme

Hat ein Sequester, der nicht zu den Beamten und Mitgliedern des Kreditinstitutes gehört und daher nur als Gehülfe im Sinne des § 46 I. 13 A L.R zu betrachten ist, ein Versehen begangen, z B. eine Dampfmaschine gegen die Feuer-Versicherungsbedingungen mit Torf geheizt, so hat sich das Kreditinstitut, wie R. 29 S. 233 in Bezug auf die Pommersche Landschaft ausführt, die Handlungsweise des Sequesters nicht als seine eigene anrechnen zu lassen.

7. Im Falle der Leitung durch das Kreditinstitut ist auch diesem selbst ein Besitz des Grundstückes zuzuschreiben, der sich nach preußischem Rechte, anders wie Detention des Verwalters (Anm. 6 zu § 142), soweit eigenes Interesse vorhanden ist, als unvollständiger Besitz im Sinne des § 6 I. 7 A L R karakterisirt (R 24 S 305).

§. 146. Die Vorschriften des §. 690 der Civilprozeßordnung finden entsprechende Anwendung, wenn ein Dritter ein Recht an dem Grundstücke behauptet, welches die Zwangsverwaltung unzulässig machen würde.

§ 146. Rechte Dritter.

1. Entw. § 143. – §§ 109 (189), 193 R Zw G.Entw Vgl. zunächst Anm. 5 zu §§ 70, 71 — Da es sich bei der Zwangsverwaltung nicht um eine Veräußerung des Grundstückes handelt, so muß es hier darauf ankommen, ob das Recht des Dritten ein solches ist, welches die Zwangsverwaltung oder, wie auch die Motive betonen, die gewählte Art derselben als eine Verletzung des Dritten, z B. des Miethers oder des Pächters erscheinen läßt. Im Falle der Zwangsverwaltung gegen den Besitzer nach § 139 Abs. 2 erscheint auch der Eigenthümer als „Dritter" — Rechtliche Präklusionen des Dritten durch den Fortgang der Zwangsverwaltung, wie sie die §§ 48 und 55 Abs 5 für die Zwangsversteigerung nach sich ziehen, treten hier nicht ein. — Auch die Anwendung des § 70 Abs. 1 (Anm 5 d. zu §§ 70, 71), welcher unter Umständen die Geltendmachung der Rechte des Dritten im Zwangsversteigerungsverfahren gestattet, ist im Zwangsverwaltungsverfahren ausgeschlossen. Gleichwohl ist nicht jeder Dritte zur Wahrung seiner Rechte auf den in § 690 C P.O bestimmten Weg angewiesen Die Motive sagen: „Es ist jedoch hierbei zu beachten, daß derjenige, welcher sich im Besitze eines Rechtes befindet, nach den zu § 142 (jetzt § 144, vgl Anm. 2 zu § 144) gegebenen Ausführungen der gegen den Schuldner zulässigen Zwangsvollstreckung ohne Weiteres nicht unterliegt und deshalb auch nicht mit der Geltend-

machung seines Rechtes auf Grund der Anwendung des § 690 der Civilprozeßordnung auf den Weg der Klage verwiesen werden darf." Vgl. Anm. 7 zu § 142. — Der Dritte hat, soweit er im Prozeßwege vorgeht, seine Rechte gegen den betreibenden Gläubiger geltend zu machen. Gegen den Verwalter kann er nicht vorgehen. Insbesondere ist eine Klage wegen Besitzentsetzung oder Besitzstörung nicht gegen den Verwalter zu richten (Reichsgericht bei Gruchot 33 S. 1109).

2. Hinsichtlich des weiteren Verfahrens in dem hier fraglichen Falle vgl. Anm. 2 und 5 zu § 154.

§. **147.** Die §§. 21, 23 bis 30, 33 bis 38 finden bei der Zwangsverwaltung entsprechende Anwendung. Aus den erzielten Einkünften des Grundstücks sind von den in den §§. 25 bis 29 bezeichneten Forderungen zunächst nur die laufenden Abgaben, Leistungen und Zinsen zu berichtigen.

Hat einer der in §. 29 bezeichneten Gläubiger seine Befriedigung lediglich aus den Einkünften zu fordern, so ist derselbe an der ihm zustehenden Stelle wegen seiner ganzen Forderung (§. 35) zu befriedigen.

Die hiernach verbleibenden Ueberschüsse sind zur Befriedigung der Gläubiger, welche die Zwangsverwaltung betreiben, und in dem nach den Vorschriften der Absätze 1, 2 zu bestimmenden Umfange zur Berichtigung der nach der Beschlagnahme entstandenen Ansprüche in der nach den §§. 25 bis 38 zu bestimmenden Reihenfolge zu verwenden.

§. **148.** Die Kosten und Ausgaben der Zwangsverwaltung einschließlich derer, welche von dem Gläubiger zur Erhaltung und nöthigen Verbesserung des Grundstücks vorgeschossen (§. 24) oder von dem Verwalter innerhalb der ihm ertheilten Anweisungen gemacht worden sind (§. 144), werden aus den erzielten Einkünften des Grundstücks vorweg bestritten.

Die in den §§. 25 bis 28 bezeichneten laufenden Leistungen sind aus den Einkünften durch den Verwalter ohne weiteres Verfahren zu berichtigen.

§§ 147, 148. Theilnahme der Interessenten.

1. Entw. §§ 144, 145. — §§ 200, 201 Abs. 1 R.Zw.G.Entw.

2. Wer Interessent des Verfahrens ist, ergiebt sich aus § 21. Die übrigen Miteigenthümer eines Grundstückes sind nicht ohne Weiteres Interessenten der Zwangsverwaltung eines ideellen Antheiles. R 22 S. 264.

3. Für die Rangordnung, in welcher die Befriedigung von Ansprüchen aus den erzielten Einkünften des Grundstückes zu erfolgen hat, ergiebt sich aus den §§ 23–30 in Verbindung mit den hier vorliegenden Bestimmungen die nachstehende Reihenfolge (vgl. R 20 S 293):

a Kosten und Ausgaben der Zwangsverwaltung in dem in § 148 Abs 1 angegebenen Umfange. — Der Entwurf hatte sich darauf beschränkt, hier die Kosten und Ausgaben des Verfahrens ohne nähere Bestimmung aufzuführen, während er die in § 24 gedachten Ausgaben erst an zweiter Stelle folgen lassen und dem Verwalter für Vorschüsse, welche er ohne Zustimmung der Gläubiger macht, ein Vorrecht nicht bewilligen wollte Die jetzige Fassung ist von der Komm. des H H. angenommen Man wollte (nach dem Berichte) es dem Verwalter ermöglichen, aus seinen Mitteln Vorschusse zur Erhaltung und nöthigen Verbesserung des Grundstuckes, z B zur Reparatur der verfallenen Scheune mit Rücksicht auf die bevorstehende Ernte, zu machen Es sei das namentlich zu einer erfolgreichen Verwaltung der Kreditdirektionen erforderlich. — Den Regierungskommissaren, welche dem Vorschlage widersprachen, indem sie grundsätzlich an der Zustimmung des Gläubigers festhalten wollten und als Abhülfe in dem beispielsweise gegebenen Falle den Vorverkauf eines Theiles der Ernte empfahlen, wurde mit der Ausführung begegnet, daß die Verwaltung eine ordentliche und sachentsprechende sein musse und daß der Richter bei seinen Anweisungen an die Anträge des Gläubigers nicht gebunden sei, wenn er sie auch zu berücksichtigen habe Hiernach sind an erster Stelle zu befriedigen:

α. die gerichtlichen Kosten (Gebühren und Auslagen) der Zwangsverwaltung Aehnlich wie bei der Zwangsversteigerung sind zu unterscheiden

aa) die Kosten der Einleitung bez des Beitrittes der betreibenden Gläubiger (§ 35 Nr 2 G K G, §§ 9 Abs 2, 12 Abs. 2 K G);

bb) die Kosten des eigentlichen Verfahrens (§ 7 K G)

Die Staatskasse erhebt die ersteren Kosten von den betreffenden Gläubigern, die übrigen Kosten aus den zu vertheilenden Einkünften Wegen der Fälligkeit der Gebühren siehe § 8 K G, wegen der Vorschußpflicht des Antragstellers und der Verhaftung desselben für die Kosten vgl § 11 K G — Wiewohl dem § 84 Abs. 3 ausdrücklich eine entsprechende Anwendung nicht gegeben ist, muß auch hier angenommen werden, daß auf die zu aa) erwähnten Kosten § 148 keine Anwendung findet, und daß daher diese Kosten, ebenso wie die außergerichtlichen Kosten des Gläubigers nach Anm 5 zu § 84 geltend zu machen sind. (So auch § 200 Abs 1 R Zw G Entw) Dagegen ist ein Vorschuß, den der Gläubiger auf die zu bb) genannten Kosten gezahlt hat, ebenso anzusetzen, als wenn ein Vorschuß nicht erhoben wäre (vgl. Anm. 4. A c zu §§ 104—106)

Sind Einkünfte nicht zu vertheilen, so ist nach Anm. 6 zu § 84 zu verfahren. Vgl. auch Anm 7 und 8 zu § 84.

β. die dem Verwalter zu gewährende Vergütung (Anm 4 zu § 144 und Reichsgericht in der Jur. Wochenschr von 1889 S. 553)

γ. die Ausgaben des Verwalters Zu denselben gehören die gemäß § 148 Abs. 1 gemachten Vorschusse. Der Zustimmung der betreibenden Gläubiger bedarf es nicht Im Uebrigen hat der Verwalter den Ersatz derjenigen Ausgaben zu verlangen, welche eine geordnete Verwaltung mit sich bringt (Anm. 2 zu § 144) § 11 Abs 5 A.V untersagt aber dem Verwalter unbedingt, ohne Genehmigung des Gerichtes bez. für den Fall des § 145 des Kreditinstitutes (§ 30 A V) Vorschüsse zu machen.

δ die Ausgaben der betreibenden Gläubiger nach Maßgabe des § 148 Abs 1. Vgl Anm. 1 und 2 zu § 24, auch § 154 Abs 2 und Reichsgericht bei Gruchot 36 S 1117.

Die zu a α – δ aufgeführten Forderungen haben, wie gegenüber dem bei Peiser I S. 14 hervorgetretenen Mißverständnisse zu bemerken ist, unter einander keine gesetzliche Rangordnung. Sie stehen an und für sich zu gleichen Rechten (§ 38) Indessen kann der Verwalter sich wegen seiner Vergütung und Erstattung erstattungsfähiger Auslagen an die Gerichtskasse halten, die ihn nicht etwa an den Gläubiger oder den Schuldner verweisen kann, vielmehr dafür sorgen muß, daß sie sich rechtzeitig durch Vorschüsse deckt (Eccius § 142 a.E. und bei Gruchot 33 S. 744; a M Peiser S 155). Insoweit geht also der Verwalter den Gerichtsgebühren vor Andererseits ist der betreibende Gläubiger der Staatskasse für die Gebühren und Auslagen des Gerichtes und des Verwalters verhaftet, so daß er mit dem Ersatze seiner Ausgaben zurückstehen muß. (A. M. z Theil Jäckel Anm. 1.)

b. Die laufenden Beträge der in den §§ 25 bis 28 bezeichneten Forderungen, nicht aber die Rückstände.

c. Andere Realansprüche nach Maßgabe des § 29. Haftet der Realanspruch auf dem Gegenstande selbst, so daß er auch durch Zwangsversteigerung geltend gemacht werden könnte, so kommen hier nur die laufenden Abgaben, Leistungen und Zinsen zum Ansatze Wenn dagegen der Realgläubiger seine Befriedigung lediglich aus den Einkünften zu fordern hat (Anm. 4 c ε. ζ. η zu § 1), § 228 I 18, § 80 II. 4 A.L.R., so fällt diese Beschränkung weg Es wird die Forderung dann in dem bei Zwangsversteigerungen geltenden Umfange (§ 35) befriedigt Es macht dabei keinen Unterschied, ob ein solcher Realanspruch dem betreibenden Gläubiger im Range vorgeht oder nicht Auch im letzteren Falle wird die Kapitalforderung des Revenuenhypothekars vor der Kapitalforderung des betreibenden Gläubigers befriedigt, wenn nicht etwa dem Letzteren auch eine Revenuenhypothek zusteht.

d. Die Forderung des betreibenden Gläubigers, welcher die erste Beschlagnahme erwirkt hat, soweit sie nicht schon zu c zur Hebung kommt (§ 30 Nr. 1). Hier kommt die Forderung, gleichviel ob sie ein Realanspruch oder eine Personalforderung ist, in dem vollen durch § 35 bestimmten Umfange, also mit Kapital und allen Nebenforderungen, insbesondere Zinsen und Kosten, zur Hebung.

e. Die laufenden Beträge der nach der Beschlagnahme entstandenen, in den §§ 25 bis 28 bezeichneten Forderungen (§ 30 Nr. 2).

f. Realansprüche, welche nach der Beschlagnahme des Grundstückes entstanden sind, in der zu c angegebenen Weise (§ 30 Nr. 2). — Bezüglich der älteren als zweijährigen Rückstände solcher Forderungen, welche lediglich aus den Einkünften zu decken sind, ist § 37 maßgebend.

Das Verhältniß der Forderung eines beitretenden Gläubigers zu den zu d bis f aufgeführten Ansprüchen wird durch die Zeit der wegen dieser Forderung erfolgten Beschlagnahme bestimmt (§ 30).

Die Motive bemerken zu § 147 Abs. 3: „Doch kann diese Vorschrift [Berücksichtigung der zu e und f aufgeführten Ansprüche] nur praktisch werden, wenn sie einem zweiten betreibenden Gläubiger vorgehen, denn die Befriedigung des betreibenden Gläubigers hat die Aufhebung des Verfahrens zur Folge." — Die Vorschrift hat aber auch bei dem Vorhandensein nur eines betreibenden Gläubigers die Bedeutung, daß der bei Abschluß der Verwaltung etwa vorhandene Ueberschuß auf diese Forderungen entfällt Vgl. auch Reichsgericht im J.M Bl 1888 S. 206. A. M Peiser I S 108, welcher den Ueberschuß dem Schuldner zuweisen will Soweit hiernach die Sicherung oder Befriedigung noch nicht fälliger Forderungen, insbesondere wiederkehrender Hebungen, sowie bedingter Forderungen in Frage kommen kann, sind die §§ 31—34 maßgebend. — Die Grenze zwischen laufenden und rückständigen Leistungen bestimmt § 36 — Die Berichtigung mehrerer an derselben Stelle anzusetzender Forderungen, sowie die Befriedigung aus verschiedenen, zusammen verwalteten Grundstücken richtet sich überall nach § 38.

4. Handelt es sich nur um Berichtigung der zu 3. a und b genannten Ansprüche, so ist ein besonderes Vertheilungsverfahren nicht erforderlich, „da deren Beträge regelmäßig unanfechtbar feststehen, und die Bezahlung eigentlich nichts anderes als ein Akt der Verwaltung des Grundstückes ist" (Mot). Die Kosten und Ausgaben werden vorweg bestritten, demnächst hat der Verwalter, welcher durch § 11 Abs 1 A V noch besonders darauf hingewiesen ist, stets für die in § 148 bezeichneten Ausgaben und Leistungen hinreichende Mittel zurückzubehalten, die zu 3. b bezeichneten Ansprüche zu berichtigen, und zwar ohne daß eine gerichtliche Anweisung gesetzlich vorgeschrieben ist. Nach § 1 A V soll schon bei der Uebernahme der Verwaltung möglichst festgestellt werden, welche Leistungen der in § 148 Abs 2 bezeichneten Art in Frage kommen — Daß für diejenigen dieser Forderungen, welche nicht von Amtswegen in einen Vertheilungsplan aufzunehmen sein würden (Anm 4. A zu §§ 104—106) auch hinsichtlich dieser formlosen Art der Berichtigung die vorgängige Anmeldung bei Gericht (Anm 4 B. b zu §§ 104—106) Voraussetzung der Berichtigung sei, hat das Gesetz nicht bestimmt Der Verwalter hat daher diese Forderungen nach seiner durch Meldung der Betheiligten, aus den Akten oder auf andere Weise erlangten Sachkenntniß zu befriedigen. — Daß der Verwalter andere als die in § 148 bezeichneten Zahlungen nicht ohne Anweisung machen darf, schärft § 9 Abs. 1 A V noch besonders ein Kommt es zur Feststellung des Theilungsplanes, so werden auch die in § 148 bezeichneten Forderungen mit aufgenommen (Anm. 5 zu § 149).

§. 149. Ist zu erwarten, daß aus den Einkünften des Grundstücks weitere Zahlungen an die Gläubiger erfolgen können, so hat das Gericht den Grundbuchrichter um Ertheilung der in §. 19 bezeichneten Abschriften und Nachrichten zu ersuchen.

Nach Eingang derselben erfolgt die Feststellung des Vertheilungsplanes unter entsprechender Anwendung der §§ 101, 104 bis 106, 113, 114, 118.

Jeder Interessent kann eine spätere Abänderung des Planes im Wege der Klage gegen die bei der Abänderung Betheiligten erwirken. Zahlungen, welche vor einer solchen Abänderung auf Grund des Planes geleistet sind, können auf Grund der Abänderung nicht zurückgefordert werden.

§ 149. **Vertheilungsverfahren.**

1. Entw. § 146, § 9 A V. — §§ 191, 201 Abs. 2, 202 R Zw G Entw

2. Voraussetzung der Einleitung des förmlichen Vertheilungsverfahrens ist, daß aus den Einkünften des Grundstückes weitere Zahlungen, als diejenigen

möglich sind, welche nach § 148 vorweg und ohne weiteres Verfahren erfolgen können (Anm. 4 zu §§ 147, 148). Der Verwalter hat zu diesem Zwecke unaufgefordert dem Gerichte die erforderliche Mittheilung zu machen, über welche § 9 Abs. 2 A.V. eine nähere Vorschrift giebt. Das Gericht wird aber auch kraft seines Aufsichtsrechtes die nöthige Kontrolle in dieser Hinsicht, z. B. durch Anordnung von Reproduktionen und Aufforderung zur Berichterstattung ausüben.

3. Der erste Schritt des Gerichtes ist das Ersuchen an den Grundbuchrichter. Es bedarf hier anders wie nach § 19 eines ausdrücklichen Ersuchens Im Uebrigen vgl Anm 3 bis 5 zu § 19. — Bei unvollendetem Grundbuche vgl. § 193.

4. Der Eingang der Mittheilungen kann Anlaß zur Anwendung des § 20 (vgl. Anm. 6 zu §§ 139, 140) bieten. Ist das nicht der Fall, so erfolgt nunmehr die Bestimmung und Bekanntmachung des Vertheilungstermines nach § 101.

5. Eine Feststellung der zu vertheilenden Masse hat hier, anders wie bei der Zwangsversteigerung (§§ 102, 103), nicht stattzufinden. Die Zahlungen erfolgen nach Kräften der von dem Verwalter bereit gestellten Bestände gemäß § 150. — Es ist auch nicht die Aufgabe dieses Vertheilungsplanes, eine bestimmte Masse, den Erlös eines Grundstuckes, zu vertheilen, sondern er soll, ähnlich wie das Schlußverzeichniß im Konkurse (§§ 139, 150, 153 K.O) die Grundlage für alle in der Zukunft erfolgenden Vertheilungen bilden. Er ist deshalb ohne Rücksicht auf einen bestimmten Bestand aufzustellen und hat sich darauf zu beschränken, die Reihenfolge und den Umfang anzugeben, in welchen die in Frage stehenden Forderungen bei den Vertheilungen zu berücksichtigen sind Und auch bezüglich des Umfanges können z. B. in Betreff der Kosten und laufenden Bezüge nicht immer ganz bestimmte Angaben gemacht werden. Die Aufstellung des Theilungsplanes ist auch insofern hier einfacher wie bei der Zwangsversteigerung, als die Befriedigung nur durch Baarzahlung erfolgt — Somit bleiben alle diejenigen Bestimmungen uber die Vertheilung bei der Zwangsversteigerung außer Anwendung, welche die Vertheilung des Erlöses eines Grundstückes und die Uebernahme von Forderungen auf den Kaufpreis zum Gegenstande haben, insbesondere die §§ 102, 103, 107 - 112, 115, 116, 119, 123, 127—130, 137, 138.

Die Aufstellung des Theilungsplanes erfolgt im Uebrigen unter Berücksichtigung der in den §§ 147, 148 aufgestellten materiellen Grundsätze in Gemaßheit der §§ 104 bis 106. Der letzte Satz des § 104 Abs. 1 bleibt naturgemäß außer Anwendung. — Wegen der älteren Hypotheken im Bezirke Kassel vgl. § 201 Abs. 6 und 3. — Auch die Ansprüche, welche der Verwalter ohne weiteres Verfahren berichtigen kann (Anm. 4 zu §§ 147, 148) sind in den Plan aufzunehmen (Rudorff Anm. 3). Und für diese Aufnahme ist die vorherige Anmeldung in demselben Umfange Vorbedingung, wie bei der Zwangsversteigerung.

6. Die Verhandlung über den Theilungsplan und die Erledigung von Widersprüchen erfolgt nach den §§ 113, 114 und dort angezogenen Vorschriften der C.P.O. (R. 20 S. 292.)

7. Zur Ausführung des Planes ist der Termin zur Feststellung des Vertheilungsplanes anders wie bei der Zwangsversteigerung nicht bestimmt. Dieselbe erfolgt nach den Vorschriften der §§ 150—153 — Insoweit der Plan eines Widerspruches wegen nicht ausgeführt werden kann (Anm. 7 und 8 zu § 113, 114), ist nach § 118 zu verfahren. — Die Hinterlegung ist aber hier nicht vom

Gerichte, sondern den Grundsätzen der §§ 150, 151 entsprechend vom Verwalter zu bewirken (vgl. im Uebrigen Anm. 2 zu § 118). — Hiernach modificirt sich auch das Anm 10 und 11. f. zu §§ 113, 114 rücksichtlich der weiteren Ausführung des Planes nach Erledigung des Widerspruches Ausgeführte.

8. **Abs.** 3 bringt den Grundsatz zum Ausdrucke, daß jeder Interessent jederzeit im Prozeßwege eine Abänderung des festgestellten Planes mit der Wirkung erzielen kann, daß die Abänderung für die nach derselben stattfindenden Zahlungen maßgebend wird Es kommt hierbei nicht darauf an, wie der Kläger sich bei der Verhandlung über den Plan verhalten hat, insbesondere ob er erschienen ist, Widerspruch erhoben hat oder nicht (Jäckel Anm. 4, Dernburg, Hyp R. II S 440, so auch § 202 R.Zw.G Entw; a M. Rudorff Anm 5, Dorendorf Anm 3) Die Bestimmung enthält eine Abweichung von den für die Zwangsversteigerung gegebenen Vorschriften. Der Interessent ist auch innerhalb des Verfahrens an die im Belegungstermine oder im Anschlusse an denselben erfolgte Feststellung des Vertheilungsplanes nicht gebunden. Diese Begünstigung erscheint nothwendig, zumal hier anders, wie bei der Zwangsversteigerung (§ 40 Nr. 8) eine öffentliche Ladung der unbekannten Interessenten nicht erfolgt

Da die Vorschrift nur für das Zwangsverwaltungsverfahren selbst von Bedeutung ist, so erscheint die Klage nur so lange zulässig, bis das Verfahren aufgehoben oder im Falle des § 150 Abs. 2 die Einkünfte im Versteigerungsverfahren vertheilt sind. — Da Zurückforderung bereits geleisteter Zahlungen auf Grund eines mit dieser Klage erwirkten Urtheiles ausgeschlossen ist, so würde ein später ergehendes Urtheil unausführbar sein. — Die Frage, ob und inwieweit außerhalb des Zwangsvollstreckungsverfahrens aus Gründen des materiellen Rechtes gegen einen Perzipienten auf Herausgabe des Empfangenen geklagt werden kann, liegt für die Zwangsverwaltung ebenso wie für die Zwangsversteigerung, nämlich außerhalb des Vertheilungsverfahrens. Sie ist daher lediglich nach den Vorschriften des Privatrechtes zu beantworten. (Vgl Anm. 4. B d. β zu §§ 104 bis 106, Anm 3 zu §§ 113, 114.) — Abs 3 dieses Paragraphen beschäftigt sich mit derselben nicht und beschränkt daher den § 764 Abs 2 C P.O. in keiner Weise. (So auch Jäckel Anm. 4, Volkmar Anm. 3, Peiser I S 115) Nach der gegentheiligen Meinung (Dorendorf Anm 3) würde die Bestimmung, welche eine Begünstigung des Interessenten gegenüber dem Rechte der Zwangsversteigerung bezweckt, den Interessenten ohne jeden Grund schlechter stellen als bei der Zwangsversteigerung

§. 150. Die nach dem festgestellten Plane erforderlichen Zahlungen sind an den Fälligkeitsterminen durch den Verwalter zu leisten, soweit die jedesmaligen Bestände der Einkünfte hinreichen. Der Verwalter ist hierzu mit der erforderlichen Anweisung zu versehen.

Ist das Grundstück im Verfahren der Zwangsversteigerung zugeschlagen, so sind die noch nicht vertheilten Einkünfte zu der im Versteigerungsverfahren zu vertheilenden Masse (§. 102) abzuführen. Die Rechte der einzelnen Gläubiger auf diese Einkünfte sind bei der Vertheilung im Versteigerungsverfahren zu berücksichtigen.

§ 150. Ausführung der Vertheilung.

1. Entw. § 147. — § 202 R.Zw.G.Entw. — § 150 Abs. 1 ersetzt für die Zwangsverwaltung den § 117. Er setzt voraus, daß auf der Grundlage des festgestellten Planes eine Zahlung zu machen ist, für welche ein legitimirter Gläubiger vorhanden ist und zu deren Empfangnahme es der Vorlegung der Schuldurkunde nicht bedarf. Den Fall des Mangels einer Legitimation regelt § 151. Ist die Vorlegung der Schuldurkunde erforderlich, so ist nach § 152 zu verfahren. Ueber die Vollziehung eines Arrestes bestimmt § 153. — Wegen der auch ohne Plan zu berichtigenden Forderungen vgl. Anm. 5 zu § 149.

Alle Zahlungen und Hinterlegungen im Zwangsverwaltungsverfahren erfolgen durch den Verwalter. Dieser Grundsatz ist in den Bestimmungen der §§ 148, 150, 151 niedergelegt und wird auch durch die §§ 152, 153 nicht berührt. — Die Ausführung soll auf Grund einer Anweisung erfolgen, welche das Gericht zu ertheilen hat. Dieselbe hat sich dem Plane anzuschließen und sachgemäß die Empfänger, den Betrag, den Fälligkeitstermin und die Reihenfolge anzugeben, in welcher die Zahlungen zu erfolgen haben Sie hat auch anzugeben, ob Zahlung oder Hinterlegung (§§ 151, 153) erfolgen soll. Im Falle einer Abänderung des Planes (§ 149 Abs. 3) muß die Anweisung entsprechend geändert werden (Jäckel Anm. 1, vgl auch § 202 Abs. 2 R Zw.G Entw am Schluß). — Wegen der Prüfung der Legitimation vgl. Anm. 3 zu §§ 116, 117, hinsichtlich der Wirkung der Zahlung Anm. 4 daselbst. — Da die Zahlungen zum großen Theile auf laufende Bezüge zu leisten sind, so ist Sorge zu tragen, daß nicht durch Zahlungen an einen nachstehenden Gläubiger die Befriedigung der vorstehenden Gläubiger an dem späteren Fälligkeitstermine sowie die Berichtigung zu erwartender Kosten und Ausgaben gefährdet wird. — Vgl. §§ 10, 11 Abs. 1 A.V.

2. Zu Abs. 2 bemerken die Motive: „Durch Ertheilung des Zuschlages wird die Beendigung des Verfahrens herbeigeführt Die noch nicht vertheilten Einkünfte sind alsdann zweckmäßig in dem Vertheilungsverfahren der Zwangsversteigerung mitzuvertheilen. — Es liegt jedoch kein Grund vor, diese Vertheilung anders auszuführen, als wenn sie in der fortgesetzten Zwangsverwaltung stattgefunden hätte." — Dagegen sagen die Motive zu § 202 R Zw.G.Entw.: „Eine solche Vereinigung zweier Prozeduren erscheint jedoch nicht zweckmäßig, da sie, anstatt das Verfahren zu vereinfachen, dasselbe zu verwickeln und zu erschweren geeignet ist." Daher ist denn auch § 150 Abs. 2 nicht in den R.Zw G Entw. übernommen. — Mit der Verkündung bez. Erlassung des Zuschlagsurtheiles gehen die Nutzungen des Grundstückes auf den Ersteher über. Eine Fortsetzung der Zwangsverwaltung für die Zukunft ist damit ausgeschlossen. Es ist nur eine Verwaltung nach § 98 möglich. (Anm 2 zu § 98.) — Der Verwalter hat aber noch das Recht und die Pflicht, die auf die Zeit bis zum Zuschlage fallenden Mieth- und Pachtzinsen einzuziehen, auch etwaige Naturalfrüchte, welche dem Ersteher nicht gebühren, zu veräußern. Der sich danach rechnungsmäßig ergebende, noch nicht vertheilte Bestand fließt zu der in dem Zwangsversteigerungsverfahren zu vertheilenden Masse. — Materiell wird in der Art der Vertheilung dieses Bestandes nichts geändert. Die Berichtigung eines im Laufe der Zwangsverwaltung entstandenen Anspruches, z. B. einer Versicherungsprämie, muß daher bei der Kaufgeldervertheilung vor der Berücksichtigung der Hypothekengläubiger erfolgen, wenn die zur Deckung des Anspruches gesetzlich

bestimmten Einkünfte an die Versteigerungsmasse abgeführt sind. Nur ein etwaiger Ueberschuß kann als eine Erhöhung des Kaufgeldes behandelt und demgemäß vertheilt werden. Dagegen können die Kosten der Zwangsverwaltung (Anm. 3.a zu §§ 147, 148), wenn der bei Beendigung derselben vorhandene Bestand zur Deckung derselben nicht ausreicht, nicht aus den Kaufgeldern entnommen werden, es sei denn, daß der Fall des § 24 vorliegt (vgl. auch Anm. 3 zu § 102). — Vgl. dazu Jäckel Anm. 2, Dernburg Hyp.R. II. S. 435, R. 25 S. 241 und Reichsgericht in Jur. Wochenschr. 1889 S. 532 und bei Gruchot 36 S. 1118

§. 151. Ist zu einer Forderung ein Gläubiger nicht legitimirt, so hat der Verwalter die zu zahlenden Beträge zu hinterlegen. Die weitere Behandlung derselben erfolgt erforderlichen Falls zusammen mit den bei der Zwangsversteigerung für die Forderung zur Hebung kommenden Beträgen.

Ist die Zwangsversteigerung nicht eingeleitet oder kommt bei derselben die Forderung nicht zur Hebung, so ist mit der Vertheilung der hinterlegten Betrage unter entsprechender Anwendung der §§. 120, 131 bis 136 weiter zu verfahren.

§ 151. Ausführung bei mangelnder Legitimation des Gläubigers.

1. Entw. § 148. — Dem § 151 Abs 1 entspricht der § 202 Abs. 4 R.Zw.G.-Entw, während eine dem Abs 2 entsprechende Bestimmung im R.Zw G.Entw. fehlt. Es soll damit, wie die Mot. sagen, in das richterliche Ermessen gestellt werden, so zu verfahren, wie jetzt § 151 Abs. 2 vorschreibt — Die Bestimmung ersetzt fur die Zwangsverwaltung den § 120 Vgl über das Erforderniß der Legitimation Anm 2 zu § 120. Im Theilungsplane ist die in § 120 Abs. 2 vorgeschriebene Feststellung zu machen. Die Hinterlegung erfolgt durch den Verwalter auf Anweisung des Gerichtes Vgl. Anm. 3 zu § 120 und Anm 2 zu § 118. Tritt der Mangel der Legitimation erst nach Feststellung des Planes, z. B. in Folge des Todes eines Gläubigers, hervor, so hat der Verwalter dem Gerichte den erforderlichen Bericht zu erstatten und dessen Anweisung abzuwarten. Das Gericht muß dann die in § 120 Abs. 2 vorgeschriebene Feststellung nachholen

2. Die in Abs. 2 vorgesehene weitere Behandlung dieser Beträge im Zwangsverwaltungsverfahren erfolgt nur, wenn entweder

a die Zwangsversteigerung gar nicht eingeleitet ist, oder

b. die Forderung, auf welche die hinterlegten Betrage entfallen sind, bei der Zwangsversteigerung nicht zur Hebung kommt

3. Ist die Zwangsversteigerung eingeleitet, so ist von der Hinterlegung zu den Akten betreffend die Zwangsversteigerung Anzeige zu machen und ist dieser Betrag dort nach den §§ 131 bis 136 zu behandeln Sollte die Forderung demnächst bei der Zwangsversteigerung nicht zur Hebung kommen, so ist umgekehrt zu den Akten betreffend die Zwangsverwaltung die entsprechende Mittheilung zu machen, und wird dann das in Abs. 2 bestimmte Verfahren seitens des Zwangsverwaltungsrichters einzuleiten sein.

§. 152. Zahlungen auf eingetragene Kapitalforderungen erfolgen, wenn der Gläubiger sich durch Vorlegung der Schuldurkunde zu legitimiren hat, in einem Termin, zu welchem der Gläubiger von Amtswegen zu laden ist. Die Vorschriften der §§. 121, 122, 124 bis 126 finden entsprechende Anwendung.

§ 152. Ausführung rücksichtlich eingetragener Kapitalforderungen.

1. Entw. § 149. — § 203 R Zw.G.Entw. — Voraussetzung der Bestimmung ist einmal, daß eine Zahlung auf eine im Grundbuche eingetragene Forderung zu erfolgen hat, und zwar auf das Kapital derselben. Es kann sich dabei nur um Forderungen der betreibenden Gläubiger oder um solche Forderungen handeln, die lediglich aus den Einkünften zu befriedigen sind (§ 147 Abs. 2), und auch bei diesen Forderungen kann die in erster Linie erfolgende Befriedigung der Kosten und Zinsen (§ 35 Nr. 1 bis 3) ohne Anwendung des § 152 stattfinden. — Fernere Voraussetzung der Bestimmung ist, daß sich der Gläubiger durch Vorlegung der Schuldurkunde zu legitimiren hat. Dies ist bei Grundschulden stets und bei Hypotheken dann der Fall, wenn über die Forderung ein Hypothekenbrief gebildet ist (Anm 2 zu § 120). Ob diese Voraussetzungen vorliegen, hat das Gericht auf Grund eines vom Verwalter zu erstattenden Berichtes zu ermessen. — Vgl. § 10 Abs. 2 A V.

2. An der Regel, daß die Zahlung durch den Verwalter zu erfolgen hat, ist durch § 152 nichts geändert. Dieser ist also zu veranlassen, in dem Termine zu erscheinen. Erscheint der legitimirte Gläubiger und legt die Schuldurkunde vor, so ist der Betrag von dem Verwalter sogleich in dem Termine auszuzahlen. Ist die Legitimation zwar geführt, der Gläubiger aber nicht erschienen, so hat der Verwalter nach § 121 zu verfahren. Wird die Urkunde nicht vorgelegt oder ergeben sich anderweite Legitimationsmängel, so kommt § 151 zur Anwendung.

3. Die vorgelegten Schuldurkunden sind nach § 122 zu behandeln. Die Vernichtung (Anm. 3 zu § 122) erfolgt nur, soweit die ganze Forderung getilgt ist. — Die Beurkundung nach § 122 Abs. 2 (Anm. 4 und 5 zu § 122) hat nur den Betrag der erfolgten Zahlung anzugeben. Die Aushändigung der Urkunde an den zeitigen Eigenthümer des Grundstückes (§ 122 Abs. 3, Anm. 6 zu § 122) erfolgt nur, wenn die ganze Forderung getilgt ist, andernfalls erhält sie der Gläubiger zurück.

4. Die Forderung ist, soweit sie getilgt ist, durch den Richter nach § 124 Abs. 1 Nr. 2 (vgl Abs. 2) zur Löschung zu bringen. — Bei Korrealhypotheken ist § 125 Abs. 1 zu berucksichtigen. — Dem Ersuchen um Löschung ist in entsprechender Anwendung der §§ 124, 125 eine Ausfertigung des Terminsprotokolles und des Theilungsplanes (wenigstens im Auszuge) beizufügen. Die Vorlegung der Schuldurkunde bei dem Grundbuche ist in keinem Falle erforderlich.

5. § 126 ist hier nicht anwendbar. Seine Allegirung beruht offenbar auf einem Versehen.

§. 153. Erfolgt die Zwangsverwaltung zur Vollziehung eines Arrestes, so sind die Beträge, welche auf die zu sichernde Forderung fallen, zu hinterlegen.

§ 153. Ausführung behufs Vollziehung eines Arrestes.

1. Entw § 150. — § 204 R Zw G Entw. — Vgl. Anm 7 vor § 139, Anm. 2 c zu §§ 139, 140, Anm. 1 zu § 150 — Die Bestimmung entspricht dem § 810 Abs 2 C.P.O. Der Verwalter ist vom Gerichte mit entsprechender Anweisung zu versehen. (Anm 1 zu § 150) Die Hinterlegung erfolgt wie im Falle des § 151. In der Erklärung hat der Verwalter anzugeben, daß die Hinterlegung in Vollziehung des von dem zu bezeichnenden Glaubiger gegen den zu bezeichnenden Schuldner wegen der anzugebenden Forderung verfügten dinglichen Arrestes erfolge Das Forderungsrecht an die Staatskasse steht, mit dem Arreste behaftet, dem Schuldner zu (Seuffert Anm. 4. e. zu § 709 C P O). Die weitere Regelung der Angelegenheit liegt außerhalb des Zwangsverwaltungsverfahrens. Die Hinterlegungsstelle kann die Forderung nur auszahlen, wenn der Schuldner den Arrest beseitigt oder der Glaubiger den Uebergang der Forderung auf sich (z B durch Ueberweisung gemaß § 736 C P O. nach Erlangung eines zur eigentlichen Zwangsvollstreckung berechtigenden Titels) nachweist oder beide die Auszahlung in einer bestimmten Weise beantragen bez bewilligen (§ 24, § 30 Nr. 1 und 3 H.O.)

§. 154. Die Aufhebung der Zwangsverwaltung erfolgt durch Beschluß des Gerichts. Die Aufhebung erfolgt von Amtswegen, wenn der Glaubiger aus den Einkünften des Grundstücks befriedigt worden ist.

Das Gericht kann die Aufhebung des Verfahrens anordnen, wenn die Fortdauer der Beschlagnahme besondere Aufwendungen erfordert und der Glaubiger den nöthigen Geldbetrag nicht vorschießt.

Das Gericht hat bei der Aufhebung den Grundbuchrichter um Loschung des die Zwangsverwaltung betreffenden Vermerks zu ersuchen.

§ 154 Einstellung und Aufhebung der Zwangsverwaltung.

1. Entw § 151 — § 14 A B. — § 205 R.Zw G Entw.

2. Eine Einstellung des Verfahrens ohne Aufhebung desselben hat zu erfolgen:

a auf den Antrag oder die Bewilligung aller betreibenden Gläubiger. Die besonderen Vorschriften des § 51 bleiben hier außer Anwendung Der Antrag oder die Bewilligung konnen mehrmals erfolgen;

b in Folge von Einwendungen des Schuldners oder auf Grund von Ansprüchen Dritter (Anm 1 zu §§ 70, 71). — Eine zeitliche Grenze der Zulässigkeit fehlt hier im Gegensatze zu § 71 Abs 2 (Anm 2 zu §§ 70, 71) — Ueber das Rechtsmittel der Beschwerde vgl Anm. 3 zu §§ 70, 71 — Die besonderen Vorschriften des § 70 Abs. 2 und 3 finden hier keine Anwendung In den Fällen des § 691 Nr 4 und 5 C P O (Anm 1 B. II. 3 zu §§ 70, 71) hat daher Einstellung der Zwangsverwaltung zu erfolgen, ohne daß eine Anordnung des Vollstreckungsgerichtes aus § 688 C.P.O. herbeigeführt ist

Eine Hinterlegung der beizutreibenden Summe hat in Fällen, in denen eine Zahlung erzwungen werden soll, eine Einstellung nicht im Gefolge. Zahlungen des Schuldners an das Gericht befreien denselben nicht (Anm 4 zu §§ 70, 71).

Da in den hier fraglichen Fällen die bereits erfolgten Vollstreckungsmaßregeln bestehen bleiben sollen, so ergiebt sich, daß nicht nur die einmal angeordnete Beschlagnahme des Grundstückes und die einmal erfolgte Uebergabe desselben an den Verwalter, ebenso wie die etwa erlassenen Zahlungsverbote (§ 143 Abs. 3) bestehen bleiben müssen, sondern auch, daß die einmal begonnene Verwaltung ihren Fortgang nehmen muß Dagegen sind die Vertheilungen zu sistiren und muß sich auch der Verwalter auf die Vornahme der für die geordnete Wirthschaft unerläßlichen Verwaltungshandlungen beschränken. Vgl. auch Anm. 6 zu § 50.

Für die Fortsetzung des Verfahrens ist § 50 nicht maßgebend, und über die Frage, wann die Fortsetzung des Verfahrens erfolgen kann, vgl. Anm 1 zu §§ 70, 71. — Für die Frage, ob die Fortsetzung nur auf Antrag oder auch von Amtswegen stattfindet, gilt lediglich dasselbe wie bei der Zwangsvollstreckung in das bewegliche Vermögen. Im Falle einer Stundung auf Zeit oder im Falle einer Anordnung der Einstellung unter Bestimmung einer Frist kann daher anders wie bei einer Zwangsversteigerung das Verfahren nach Ablauf der Frist von Amtswegen fortgesetzt werden.

3. Der regelmäßige Grund zur Aufhebung des Verfahrens ist die Befriedigung sämmtlicher betreibender Gläubiger aus den Einkünften des Grundstückes in der in den §§ 150–152 festgesetzten Weise (§ 154 Abs. 1), bez. insoweit es sich um die Vollziehung eines Arrestes oder den Fall des § 659 C.P.O. (Anm. 4. a α Nr. 1 zu § 2) handelt, die Hinterlegung des Betrages nach § 153. — Als Grundsatz stellen die Motive hin: „Die formelle Beendigung des Verfahrens muß von dem Gerichte ausgehen, da der Verwalter nur in dessen Auftrage handelt und nach Befriedigung der Gläubiger, deren Beschlagnahme ihm bereits mitgetheilt ist, nicht wissen kann, ob nicht bereits zu Gunsten eines anderen Gläubigers eine weitere Beschlagnahme erfolgt ist. Pflicht des Verwalters ist es, von der Befriedigung der betreibenden Gläubiger unverzüglich Anzeige zu machen." Vgl jetzt § 14 A V — Auf die Anzeige des Verwalters hat das Gericht den Verwalter aufzufordern, Schlußrechnung zu legen (§ 144 Abs. 3). Das Gericht hat die Rechnung den Parteien vorzulegen (Anm. 7 zu § 144) und den Verwalter anzuweisen (§ 150 Abs. 1), den nach Befriedigung der betreibenden Gläubiger vorhandenen Bestand entweder den nach dem Vertheilungsplane vorhandenen, den betreibenden Gläubigern nachstehenden Berechtigten oder, sofern solche nicht vorhanden sind, dem Schuldner bez dem letzten Eigenthümer herauszugeben. Ist dem Verwalter Entlastung ertheilt, so wird er die bestellte Sicherheit zurückgegeben — Der Eigenthümer erhält das Grundstück zurück — Eine formelle Uebergabe ist nicht obligatorisch (Peiser I S 122) — Der Aufhebungsbeschluß braucht, wenn die Thatsache der Befriedigung der betreibenden Gläubiger feststeht, nicht bis zur Abhaltung des Termines zur Rechnungslegung hinausgeschoben werden. — Durch die Aufhebung wird die Beschlagnahme und die im Einleitungsbeschlusse bezüglich der Leistungen dritter Personen gemachte Aufgabe von selbst hinfällig. Es bedarf daher auch nicht der von Knorr Anm. 1. b verlangten und von Jäckel Anm. 1 empfohlenen besonderen Aufhebung der etwa nach § 143 Abs. 3 erlassenen Zahlungsverbote (Anm. 4 zu § 143). — Der Beschluß ist den

betreibenden Gläubigern und dem Schuldner, sowie dem Verwalter, und sofern besondere Zahlungsverbote erlassen sind, auch den Empfängern derselben von Amtswegen unter Beobachtung des § 4 Abs. 1 zuzustellen. — Wegen der Remonstration bez Beschwerde vgl Anm. 10 e zu § 3.

4 Die Aufhebung erfolgt ferner im Falle des Zuschlages des Grundstückes im Verfahren der Zwangsversteigerung. Der Aufhebungsbeschluß hat zu erfolgen, sobald das Gericht von der Ertheilung des Zuschlages Kenntniß erhält. Der Versteigerungsrichter wird dieserhalb zu den die Zwangsverwaltung betreffenden Akten Nachricht geben müssen — Mit der noch nicht vertheilten Masse ist nach § 150 Abs 2 zu verfahren. — Schlußrechnung ist auch in diesem Falle erforderlich Sie kann aber der Aufhebung nachfolgen Sofern nicht etwa eine Verwaltung nach § 98 angeordnet ist oder der Versteigerungsrichter um Uebergabe des Grundstückes an den Ersteher ersucht, wird das Grundstück dem Schuldner wieder einzuräumen sein — Mit dem Zuschlage sind also die Funktionen des Verwalters nicht ohne Weiteres beendet. Er hat noch die Einkünfte aus der Zeit vor dem Zuschlage einzuziehen, auch alle zur Zeit des Zuschlages schwebende, in den Bereich der Verwaltung fallende Angelegenheiten, z B eine gegen einen Pächter angestellte Räumungsklage (Anm 3 zu § 144) abzuwickeln Dernburg, Hyp R. II S 435, Reichsgericht bei Gruchot 31 S 397, R 24 S 504, letzteres auch über den Einfluß des Zuschlages auf eine von dem Verwalter abgeschlossene Versicherung [Anm 2 zu § 144]).

5. Außerdem findet die Aufhebung in folgenden Fällen statt:

a im Falle des thatsächlichen Unterganges des Gegenstandes oder der Entziehung des Eigenthumes des Schuldners durch Enteignung bez. Zusammenlegung (vgl. Anm 8. a zu §§ 81—83);

b gemäß § 154 Abs. 2 (dem § 813 Abs 2 C P O nachgebildet; vgl. § 11 Abs. 1 K G) wegen Nichtleistung von Vorschüssen für die erforderlichen Aufwendungen Letztere haben sich im Rahmen des § 148 Abs 1 zu halten Für Deckung der laufenden Abgaben (§ 25 ff) können Vorschüsse vom Gläubiger nicht erfordert werden. Die Anordnung der Vorschußleistung ist jedenfalls Sache des Gerichtes und nicht die des Verwalters. Dagegen dürfte es gestattet sein, direkte Zahlung des Vorschusses an den Verwalter anzuordnen;

c im Falle der Zurücknahme der Anträge aller betheiligten Gläubiger (vgl. Anm 1, 3, 5, 6 zu § 73);

d wenn sich nachträglich ergiebt, daß die Voraussetzungen des Verfahrens fehlen (Anm 6 zu §§ 139, 140, Anm 1 zu §§ 70, 71) — A. M. Peiser S. 28 und Peiser I S 171;

e wenn in Folge von Einwendungen des Schuldners oder von Ansprüchen Dritter eine Einstellung der Zwangsvollstreckung unter Aufhebung der bisherigen Vollstreckungsmaßregel erfolgen muß (Anm. 1 und 2 zu §§ 70, 71, Anm 1 zu § 146)

Die besonderen Voraussetzungen, unter denen eine zur Vollziehung eines Arrestes, einer einstweiligen Verfügung oder einer Beschlagnahme angeordnete Zwangsverwaltung aufzuheben ist, ergeben sich aus Anm. 11, 12 und 13 zu § 2.

Eine zeitliche Grenze ist hier anders wie in §§ 71 Abs. 2 und 73 nicht bestimmt. — In allen Fällen bedarf es eines Gerichtsbeschlusses, welcher die

Aufhebung des Verfahrens ausspricht. Dem § 17 Abs 3 ist eine entsprechende Anwendung bei der Zwangsverwaltung nicht beigelegt. (Vgl. Anm. 4 zu § 143.) Remonstration bez Beschwerde nach Anm. 10 e zu § 3. Anders wie zu 3 hat eine weitere Verhandlung nicht mehr zu erfolgen. Der vorhandene Bestand ist in der Regel dem Schuldner bez. dem letzten Eigenthümer herauszugeben, nöthigenfalls zu hinterlegen. Die auch hier erforderliche Rechnungslegung hält die Aufhebung nicht auf. — Sollte der Antrag eines Gläubigers auf Aufhebung des Verfahrens oder seine Anzeige, daß er befriedigt sei, bei dem Verwalter eingehen, so hat dieser nach § 14 A.V. zu verfahren.

6. Etwaige bereits anberaumte, nicht mehr erforderliche Termine sind bei Aufhebung des Verfahrens ebenfalls aufzuheben. Der den Termin aufhebende Beschluß, welcher sachgemäß den Grund angeben wird, ist Allen zuzustellen, welchen die Terminsbestimmung bez. Ladung zugestellt war.

7. Das Ersuchen um Löschung des Zwangsverwaltungsvermerkes nach Abs. 3 (§§ 100 und 124 Abs. 1 Nr 2, Anm. 2 zu § 100) erfolgt erst nach Ablauf der Beschwerdefrist bez. Erledigung der Beschwerdeinstanz. — Die Eintragung erfolgt gebührenfrei (§ 10 K.G.).

8. Wegen der Weglegung der Akten nach vollständiger Erledigung des Verfahrens vgl. Anm. 2 zu § 100.

Anhang zum vierten Titel.

Allgemeine Verfügung vom 7. März 1892

betreffend

die Geschäftsführung der Verwalter im Verfahren der Zwangsverwaltung und die denselben zu gewährende Vergütung.

(J M Bl. S. 87)

Auf Grund des § 144 Absatz 4 des Gesetzes, betreffend die Zwangsvollstreckung in das unbewegliche Vermögen, vom 13. Juli 1883 (Gesetz-Samml. S. 131) werden für die Geschäftsführung der Verwalter im Verfahren der Zwangsverwaltung und die denselben zu gewährende Vergütung folgende allgemeine Anordnungen erlassen:

1 Ueber die Kraft dieser A V vgl Anm. 1 zu § 144 Viele Bestimmungen, z. B. §§ 3, 5 Abs 1, 7 Abs 1, 9 Abs. 1, 16 Abs 1 und 2, 29, sind wesentlich belehrenden Inhaltes Die Befugniß des Gerichtes zum Erlasse von Anweisungen (Anm. 4 a zu § 144) ist durch die A.V insofern beschränkt, als die Anweisungen nicht der A V. entgegentreten dürfen — Doch läßt die A.V solchen Anweisungen in manchen Punkten freien Spielraum, z B §§ 3, 4, 12, 16, 28, 30

2. Die A.V ist vorzugsweise auf die städtischen Häuserverwalter und allenfalls auf große landwirthschaftliche Verwaltungen berechnet. In kleinen ländlichen Verhältnissen kann den Anforderungen derselben nur schwer genügt werden. Doch gestattet § 28 hier einige Erleichterungen zu gewähren

§ 1.

Bei der Uebergabe des Grundstücks an den Verwalter ist eine Verhandlung aufzunehmen, in welcher, soweit thunlich, die Beschaffenheit und die bisherige Art der Benutzung, insbesondere die beweglichen Zubehörungen des Grundstücks und die bestehenden Pacht- und Miethverhältnisse, sowie die nach § 148 Absatz 2 des Gesetzes vom 13. Juli 1883 aus den Einkünften ohne weiteres Verfahren zu berichtigenden Leistungen genau anzugeben sind.

Soweit die in dem vorstehenden Absatze bezeichneten Verhältnisse nicht schon bei der Uebergabe haben festgestellt werden können, hat der Verwalter darüber unverzüglich dem Gerichte zu berichten. Das Gleiche gilt, wenn der Verwalter ermächtigt ist, sich selbst in den Besitz des Grundstücks zu setzen.

§ 1. Uebergabe.

1. § 1 dient zur Ausführung von § 142 Abs. 2 d. G. Vgl. Anm. 6 zu § 142 d G.

2. Wegen Vornahme der Uebergabe durch den Verwaltungsaufseher vgl. § 4 Abs. 2 A V.

§ 2.

Wohnt der Schuldner zur Zeit der Beschlagnahme auf dem Grundstück, so hat der Verwalter gutachtlich zu berichten, welche Wohnräume als für den Schuldner und dessen Familie unentbehrlich und für die Verwaltung nicht erforderlich dem Schuldner belassen werden können.

§ 2 Wohnungsräume des Schuldners.

Vgl. § 141 d G. und Anm.

§ 3.

Der Verwalter hat bezüglich der Verwaltung den Anweisungen des Gerichts Folge zu leisten. Dagegen sind Weisungen der betreibenden Gläubiger oder des Schuldners oder die gemeinschaftlichen Weisungen beider für ihn nicht maßgebend.

§ 3. Anweisung des Gerichtes.

1. Die Bestimmung enthält Nichts, was sich nicht auch ohnedies schon aus dem § 194 Abs 1 d. G. ergäbe. Vgl Anm 4 zu § 144.

2. Die Anweisungen des Gerichtes sind nur solche Anweisungen, welche von dem Richter ausgehen. Wegen Anweisungen des Verwaltungsaufsehers vgl § 4 Abs. 5 und wegen Zuziehung desselben bei den richterlichen Anweisungen § 4 Abs. 3.

§ 4.

Bei den vom Justizminister zu bestimmenden größeren Amtsgerichten wird ein Gerichtsschreiber durch den Oberlandesgerichtspräsidenten zum Administrationsinspektor ernannt. In diesem Falle finden die nachfolgenden besonderen Vorschriften Anwendung.

Das Gericht hat, sofern eine Uebergabe des Grundstücks an den Verwalter stattfindet, mit derselben den Administrationsinspektor zu beauftragen.

Bei Ertheilung von Anweisungen an den Verwalter ist der Administrationsinspektor zuzuziehen.

Das Gericht kann sich bei der Beaufsichtigung der Geschäftsführung des Verwalters der Mitwirkung des Administrationsinspektors bedienen; ein anderer Beamter ist zu dieser Mitwirkung nur insoweit zu verwenden, als hierbei Kalkulaturarbeiten in Frage kommen, welche der Administrationsinspektor wegen Geschäftsüberhäufung nicht übernehmen kann.

Der Administrationsinspektor ist ermächtigt, in einzelnen dringenden Fällen dem Verwalter insoweit Anweisungen zu geben, als das Gericht zur Ertheilung derselben befugt ist; der Verwalter ist zur Befolgung solcher Anweisungen verpflichtet. Von den Anweisungen hat der Inspektor alsbald dem Gerichte Anzeige zu machen, welches dieselben zu prüfen und ausdrücklich zu bestätigen oder aufzuheben hat.

§ 4. **Verwaltungsaufseher.**

1. Vgl. Anm 5 vor § 139. Die A.V. schafft in dem Verwaltungsaufseher einen besonderen zur Unterstützung des Richters bestimmten gerichtlichen Subalternbeamten, dessen Zuständigkeit durch die im Einzelnen gegebenen Bestimmungen der A.V begrenzt wird. Besondere Kosten erwachsen den Parteien nicht, da für die besondere Thätigkeit des Verwaltungsaufsehers Gebühren nicht erhoben werden. Die Einrichtung ist für die großstädtische Häuserverwaltung berechnet. Zur Zeit sind Verwaltungsaufseher für Berlin und Breslau ernannt. Die vermuthlich auch hier zur Erörterung gelangende Frage, ob und wen der Verwaltungsaufseher vertrete, ist natürlich ebenso gegenstandslos wie die gleiche Frage bei dem Vollstreckungsrichter und dem Verwalter (Vgl. Anm. 2 zu § 142.)

2. Abs. 2 findet nur in dem Falle Anwendung, wenn nach dem Ermessen des Gerichtes die Uebergabe durch einen gerichtlichen Subalternbeamten zu erfolgen hat. § 142 Abs 2 d. G. stellt es in das richterliche Ermessen, ob die Uebergabe durch den Richter, den Gerichtsvollzieher oder einen gerichtlichen' Subalternbeamten stattfinden soll Dieses gesetzlich verordnete Ermessen kann durch Ministerialverfügung nicht eingeschränkt werden. (Anm 1 zu § 144, Jäckel Anm g) Vgl. im Uebrigen Anm. 6 zu § 142 d. G und § 1 A V.

3. Die in Abs. 3 verordnete Zuziehung bei Anweisungen (§ 3 A V) hat den Zweck, den Verwaltungsaufseher gutachtlich zu hören und ihn selbst zu informiren. Eine entscheidende Stimme hat der Verwaltungsaufseher natürlich nicht. Vgl. auch Anm. 4 a zu § 144.

4. Besondere Funktionen der in Abs. 4 bezeichneten Art weisen die §§ 24, 29 A V. dem Verwaltungsaufseher zu. Vgl. im Uebrigen Anm 4 a E zu § 144.

5 Zu Abs. 5 vgl. zunächst Anm 4 zu § 144. Der Verwalter wird in solchen Fällen sich auch bei dem Verwaltungsaufseher Raths erholen können.

§ 5.

Der Verwalter hat die Art der Benutzung des Gegenstandes, welche bis zur Einleitung der Verwaltung bestand, beizubehalten.

Jedoch sind Grundstücke, welche nicht landwirthschaftlich oder forstwirthschaftlich benutzt werden, durch Vermiethung nutzbar zu machen. Auch können einzelne Acker-, Garten- oder Wiesenstücke verpachtet oder vermiethet werden, wenngleich dieselben bis dahin nicht verpachtet oder vermiethet worden sind.

Die Dauer der von dem Verwalter zu schließenden Pacht- oder Miethverträge darf ohne Zustimmung des Schuldners die Zeit von einem Jahre nicht überschreiten.

Hält der Verwalter eine Abweichung von diesen Vorschriften für angemessen, so hat er die Entscheidung des Gerichts einzuholen.

§ 6.

Der Verwalter hat in den Pacht- oder Miethverträgen jedesmal zu bedingen, daß der Pächter oder Miether, wenn und soweit ihm die

Benutzung oder der Gebrauch des verpachteten oder vermietheten Gegenstandes in Folge der Zwangsversteigerung desselben nicht gewährt wird, dieserhalb einen Anspruch nicht erheben kann.

§§ 5, 6. Benutzung der Grundstücke.

1. Ueber die Art der Benutzung hat das Gesetz selbst keine Vorschrift gegeben. (Vgl. Anm. 2 zu § 144.) Auch die vorstehende Bestimmung schränkt das richterliche Ermessen nicht ein, da das Gericht nicht blos auf Antrag des Verwalters über die Art der Benutzung zu entscheiden hat (§ 5 Abs. 4), sondern auch auf Antrag irgend eines Betheiligten oder auch ohne Antrag die Art der Benutzung bestimmen kann, ohne an die Bestimmungen des § 5 Abs. 1—3 gebunden zu sein. — Dagegen sind für die eigene Entschließung des Verwalters Abs. 1—3 schlechthin maßgebend.

2. § 5 Abs. 1 entspricht dem § 111 I. 14 A.L.R.

3 Aus § 5 Abs. 1 und 2 ergiebt sich zugleich, daß bei landwirthschaftlich und forstwirthschaftlich benutzten Grundstücken die Fortführung der Wirthschaft die Regel bilden soll. Ebenso wird dies auch bei gewerblichen Etablissements, Restaurationen und dergl. der Fall sein. Hier bedarf es aber nach Abs 4 richterlicher Entscheidung.

4. Die vom Verwalter in Ausübung der Benutzungsrechte des Schuldners geschlossenen Pacht- und Miethsverträge verpflichten den Schuldner auch nach Beendigung der Verwaltung, soweit ihr Abschluß im Rahmen ordnungsmäßiger Verwaltung lag. Mit Rücksicht auf die dadurch eintretende Beschränkung des Schuldners ist in § 5 Abs. 3 eine zeitliche Grenze gezogen.

5. Der Verwalter kann auch mit dem Schuldner selbst einen Pacht- oder Miethsvertrag abschließen. So auch Peiser S. 52, obwohl dieses mit der von Peiser gebilligten Auffassung des Verwalters als eines gesetzlichen Vertreters des Schuldners schlechthin unvereinbar ist.

6. Die in § 6 gegebene Bestimmung ist mit Rücksicht auf den Einfluß gegeben, den die Zwangsversteigerung wie auf die Pacht- und Miethsverträge des Schuldners selbst, so auch auf die vom Verwalter abgeschlossenen Benutzungsverträge äußert. Vgl. Anm. 6. d zu § 22. Etwaige Schadensansprüche des Miethers oder Pächters sollen damit unter allen Umständen abgeschnitten werden.

§ 7.

Der Verwalter hat für rechtzeitige Einziehung der in Leistungen Dritter bestehenden Einkünfte zu sorgen.

Glaubt er die Erhebung der Klage wegen rückständiger Leistungen mehr als vier Wochen nach der Fälligkeit oder demnächst die Zwangsvollstreckung hinausschieben oder unterlassen zu müssen, so hat er hiervon sowohl dem betreibenden Gläubiger, als auch dem Schuldner Nachricht zu geben.

Bleibt ein Pächter oder Miether mit der Zahlung des Pacht- oder Miethzinses im Rückstande, so hat der Verwalter von dem wegen nicht erfolgter Zahlung gesetzlich oder vertragsmäßig begründeten Rechte der Kündigung oder der Aufhebung des Vertrages, wenn nicht inzwischen alle Rückstände bezahlt werden, in der Regel Gebrauch zu machen.

§ 8.

Behauptet ein Pächter oder Miether die Vorauserhebung, Abtretung oder Verpfändung eines Pacht- oder Miethzinses auf mehr als ein Vierteljahr (§ 31 des Gesetzes vom 5. Mai 1872, Gesetz-Samml. S. 433), und glaubt der Verwalter deshalb den Pacht- oder Miethzins nicht einziehen zu können, so hat er hiervon den betreibenden Gläubigern unverzüglich Nachricht zu geben. Der Verwalter hat in gleicher Weise zu verfahren, wenn er der Behauptung des Pächters oder Miethers ungeachtet Klage erhebt, oder wenn die Vorauserhebung, Abtretung oder Verpfandung im Prozesse geltend gemacht wird.

§§ 7, 8. **Erhebung der Einkünfte.**

1 Diese Vorschriften dienen zur Ausführung des § 142 Abs 3 d. G. Vgl. auch §§ 140 Abs 1, 142, Abs 2, 143 und Anm. 9 zu § 142, Anm 5 ff zu § 143

2. Die in § 7 Abs. 1 und 3 gegebenen Bestimmungen verstehen sich von selbst Abs 2 statuirt die Pflicht der Benachrichtigung für eine mehr als vierwöchentliche Verzögerung der gerichtlichen Betreibung und für die im Falle völliger Aussichtslosigkeit gebotene gänzliche Aufgabe der Betreibung.

3 Die Vorschrift des § 53 I 16 A L.R, wonach Zahlungen an und von öffentlichen Kassen im Kassenlokal erfolgen, kann der Verwalter für sich nicht geltend machen. Es bleibt bei den allgemeinen gesetzlichen Bestimmungen über deren Erfüllungsort.

4 Die Bestimmung des § 8 nimmt darauf Rücksicht, daß der Verwalter nicht legitimirt ist, die den Gläubigern aus § 31 E.E G zustehenden Rechte geltend zu machen Vgl. Anm. 5 zu § 143.

§ 9.

Außer den im § 148 des Gesetzes vom 13. Juli 1883 bezeichneten Zahlungen darf der Verwalter Zahlungen an die bei dem Verfahren betheiligten Glaubiger nur auf Anweisung des Gerichts leisten.

Ist zu erwarten, daß die Einkünfte weitere Zahlungen an die Gläubiger gestatten werden, so hat der Verwalter dem Gericht unverzüglich Anzeige zu machen. Er hat dabei anzugeben, zu welchem Betrage und zu welchen Zeiten voraussichtlich Zahlungen erfolgen konnen.

§ 10.

Bei den an die Gläubiger zu leistenden Zahlungen ist die von dem Gericht angewiesene Rangordnung einzuhalten. An einen im Range nachstehenden Gläubiger darf eine Zahlung nur dann erfolgen, wenn mit Sicherheit anzunehmen ist, daß die den vorstehenden Gläubigern angewiesenen Zahlungen aus den bis zu deren Fälligkeit erfolgenden Einnahmen geleistet werden konnen.

Ist zur Ausführung einer Zahlung nach § 152 des Gesetzes vom 13. Juli 1883 die Anberaumung eines Termins erforderlich, so hat der Verwalter dem Gericht rechtzeitig Anzeige zu machen.

§§ 9, 10. Zahlungen an die Gläubiger.

1. Die Vorschrift des § 9 Abs. 1 ist eine selbstverständliche Folge des § 148 d. G. Vgl. Anm. 4 zu §§ 147, 148.

2. § 9 Abs. 2 dient zur näheren Ausführung von § 149 Abs. 1 d. G. (Anm. 2 zu § 149)

3. § 10 Abs 7 schließt sich dem § 150 Abs. 1 d. G. an (Anm. 1 zu § 150); in gleicher Weise Abs. 2 dem § 152 (Anm. 1 zu § 152).

§ 11.

Der Verwalter hat von den Einnahmen stets soviel zurückzubehalten, um die nöthigen Ausgaben der Verwaltung, einschließlich der im § 148 des Gesetzes vom 13. Juli 1883 erwähnten Leistungen, der Gerichtskosten für die Verwaltung und der ihm selbst zustehenden Vergütung berichtigen zu können.

Der Verwalter darf keine Verpflichtung eingehen, welche nicht aus bereits gemachten Einnahmen oder aus sicheren Einnahmen der laufenden Pacht-, Mieth- oder Wirthschaftsperiode bezahlt werden kann.

Zur Versicherung des verwalteten Gegenstandes ist der Verwalter, soweit eine solche durch eine ordnungsmäßige Verwaltung geboten erscheint, ohne Rücksicht auf die im vorhergehenden Absatze bezeichnete Beschränkung verpflichtet.

Werden Ausgaben nöthig, welche in der im Absatz 2 angegebenen Weise nicht gedeckt werden können, so hat der Verwalter dem Gericht hiervon Anzeige zu machen.

Vorschüsse zu machen, ist er ohne Genehmigung des Gerichts nicht berechtigt.

§ 11. Ausgaben der Verwaltung.

1. Vgl. zu Abs 1—4 Anm. 1 zu § 150, Anm. 2 zu § 144, Anm 4 zu §§ 147, 148.

2. Zu Abs. 5 vgl. Anm 3 zu §§ 147, 148 Die Genehmigung wird nur in besonders dringlichen Nothfällen zu ertheilen sein.

§ 12.

Der Verwalter darf Ausbesserungen des verwalteten Gegenstandes, welche nicht zu der gewöhnlichen Unterhaltung desselben gehören, nur mit Genehmigung des Gerichts vornehmen. Die Genehmigung ist vom Verwalter nach Befragung des betreibenden Glaubigers und des Schuldners unter Anzeige der von diesen abgegebenen Erklärungen zu beantragen.

§ 12. Ausbesserungen.

1. Vgl Anm 2 zu § 144

2 Der Umfang der Ausbesserungen hat sich auf das zur Erhaltung und wirthschaftlichen Ausnutzung des verwalteten Gegenstandes Nothwendige zu beschränken. Dazu gehören aber insbesondere auch diejenigen Ausbesserungen, welche der Miether und der Pächter gesetzlich oder vertragsmäßig beanspruchen können

3. In „der gewöhnlichen Unterhaltung“ ist der Verwalter zwar an die hier vorgeschriebenen besonderen Formen nicht gebunden. Er hat aber auch bei den dazu erforderlichen Ausgaben die Schranken des § 11 A.V. zu beachten.

§ 13.

Der Verwalter darf die ihm übertragene Verwaltung nicht einem Anderen übertragen. Wird er verhindert, dieselbe zu führen, so hat er dem Gericht hiervon unverzüglich Anzeige zu machen. Jedoch kann er sich bei Ausrichtung einzelner Geschafte, welche keinen Aufschub leiden, im Falle persönlicher Verhinderung, anderer Personen, unter voller Haftung für dieselben, bedienen.

§ 13. **Vertretung des Verwalters.**

1. Vgl Anm. 4. a zu §§ 139, 140, Anm. 3 zu § 142.

2 Zur richtigen Würdigung der Bestimmung muß zwischen der Vertretung in den eigentlichen Verwaltergeschäften und bloßer anderweiter Hilfeleistung unterschieden werden Auf die letztere bezieht sich die Bestimmung nicht Es tritt also insbesondere auch nicht die hier verordnete volle Haftung des Verwalters für bloße Hilfspersonen ein; vielmehr hat er gemäß § 144 Abs. 3 d. G. nur culpa in eligendo et custodiendo zu prästiren.

3. Bei den eigentlichen Verwaltergeschäften muß wiederum eine Vertretung im Ganzen (General-Substitution) und eine Vertretung für einzelne Geschäfte der Verwaltung unterschieden werden. Erstere ist verboten oder doch jedenfalls nur mit Genehmigung des Gerichtes zulässig. Dagegen ist die Substitutionsbefugniß des Verwalters für einzelne Geschäfte jeder Art, auch für die Uebergabe (A. M. Schmidt S. 26) nicht von der Genehmigung des Gerichtes abhängig. Bedingungen der Erlaubtheit, nicht aber der Gültigkeit, sind nur persönliche Behinderung und Unaufschiebbarkeit des Geschäftes Jedenfalls tritt aber über den § 144 Abs. 3 d G. hinaus volle Haftung des Verwalters ein. Er haftet also so, als ob er das Geschäft selbst vorgenommen hätte Willkürlich will Peiser S. 162 die in § 13 statuirte volle Haftung weginterpretiren und an deren Stelle Haftung für bloße culpa in eligendo et custodiendo setzen

4. Der Schuldner persönlich ist nach Aufhebung der Zwangsverwaltung an die vom Verwalter mit Hilfspersonen, Gesinde u. s. w., abgeschlossenen Verträge nur gebunden, wenn und insoweit eine ordnungsmäßige Verwaltung es erforderlich machte, derartige Verträge ohne Rücksicht auf die etwaige Beendigung der Zwangsverwaltung abzuschließen. Vgl. Anm 3 zu § 5 A.V.

5. Den Schuldner darf sich der Verwalter nicht zum Vertreter bestellen, während es nicht ausgeschlossen erscheint, denselben zu Hilfeleistungen heranzuziehen. Vgl. Anm. 3 zu § 142.

§ 14.

Hat der Verwalter die Forderung eines betreibenden Gläubigers einschließlich der Kosten der Zwangsvollstreckung bezahlt, so hat er dem Gericht unverzüglich Anzeige zu machen; ebenso, wenn ein betreibender Gläubiger ihm anzeigt, daß er befriedigt sei oder in die Aufhebung der Verwaltung willige.

Ohne Anweisung des Gerichts darf der Verwalter die Verwaltung nicht aufgeben.

§ 14. Aufhebung der Verwaltung.

Vgl. § 154 Abs. 1 d. G. und Anm. 3—5 zu § 154.

§ 15.

Bei der Verwaltung von Gegenständen, welche durch Verpachten oder Vermiethen benutzt werden, erhält der Verwalter als Vergütung Prozentgelder der von ihm eingenommenen Pacht- oder Miethzinsen, und zwar, wenn der jährliche Pacht- oder Miethzins beträgt:

a) bis 150 Mark einschließlich, sieben Prozent,
b) über 150 Mark bis 300 Mark einschließlich, sechs Prozent,
c) über 300 Mark bis 450 Mark einschließlich, fünf Prozent,
d) über 450 Mark, vier Prozent,

jedoch in den Fällen zu b, c und d mindestens den Höchstbetrag der vorhergehenden Stufe.

Ist der Gegenstand in einzelnen Theilen verpachtet oder vermiethet, so sind die Prozentgelder bei jedem Theile besonders zu berechnen.

Verpachtet oder vermiethet der Verwalter den Gegenstand oder einen Theil desselben für einen hoheren Pacht- oder Miethzins als bisher, so erhält er außer den Prozentgeldern den achten Theil der hierbei erzielten Mehreinnahme des ersten in die Zeit der Verwaltung fallenden Jahres, für welches der erhöhte Pacht- oder Miethzins gezahlt wird, jedoch bei jedem einzelnen Pacht- oder Miethvertrage nicht mehr als 60 Mark.

Ist der Gegenstand der Verwaltung dem Verwalter übergeben oder von ihm auf Anweisung des Gerichts in Besitz genommen, so beträgt die Vergütung des Verwalters, sofern die vorstehenden Bestimmungen nicht einen höheren Betrag ergeben, 10 Mark.

Ist das Verfahren der Zwangsverwaltung vor der Uebergabe oder Besitznahme aufgehoben, der Verwalter aber zum Zweck derselben an Ort und Stelle gekommen, so erhält er eine Vergütung von 5 Mark.

Die Vereinbarung oder Festsetzung einer geringeren Vergütung durch das Gericht bleibt vorbehalten.

Die Festsetzung der Vergütung für die Verwaltung von Gegenständen, die nicht durch Verpachtung oder Vermiethung benutzt werden, bleibt dem Gericht im Einzelfalle überlassen.

§ 15. Vergütung.

1. Vgl. Anm. 4 b zu § 144.

2. Für den in § 15 Abs. 1—5 geregelten Fall ist durch Abs. 6 die Festsetzung einer höheren Vergütung, selbst mit Zustimmung des betreibenden Gläubigers ausgeschlossen. A. M. Schmidt S. 40.

3 Neben der Vergütung erhält aber der Verwalter in jedem Falle den Ersatz seiner Ausgaben. (Anm 3. a. γ zu §§ 147, 148)

4. Wegen des über die Vergütung aufzustellenden Rechnungsbeleges vgl. § 17 Abs. 2 A.V.

§ 16.

Der Verwalter hat die Einnahmen aus dem verwalteten Gegenstande, getrennt von allen anderen Geldern, insbesondere auch von den Einnahmen aus einem anderen gleichzeitig verwalteten Gegenstande aufzubewahren.

Umwechselungen sind nur insoweit vorzunehmen, als dieselben zum Zwecke zu leistender Zahlungen nothwendig oder dienlich sind.

Das Gericht kann die ungetrennte Aufbewahrung der Einnahmen aus mehreren gleichzeitig geführten Verwaltungen gestatten.

§ 16. Aufbewahrung der Einnahmen.

Vgl Anm 2 zu § 144 und §§ 119, 120 I. 14 A L R.

§ 17.

Der Verwalter hat rücksichtlich aller Einnahmen und Ausgaben für die Beschaffung schriftlicher Belege zu sorgen, insbesondere Pacht- und Miethvertrage sowie deren Abänderungen in jedem Falle schriftlich abzuschließen.

Fur die Vergütung des Verwalters ist eine eingehende Berechnung derselben als Beleg aufzustellen.

Kann derjenige, von welchem ein Rechnungsbeleg auszustellen ist, denselben nicht unterschreiben, so genugt an Stelle der Unterschrift die beigefugte schriftliche Erklarung einer anderen glaubhaften Person, daß der Beleg vorgelesen und genehmigt sei, sofern nicht ein Rechtsgeschaft in Frage ist, dessen Gultigkeit die Beobachtung anderer Formen erfordert.

§ 17. Rechnungsbelege.

1 Vgl Anm 7 zu § 144 und §§ 136 ff I. 14 A L R Die in Abs 1 statuirte Schriftlichkeit ist naturlich auch im Gebiete des gemeinen Rechtes zu beachten. — Nach dem Wortlaute mussen auch Kleinigkeiten, z B 10 Pf Porto, schriftlich belegt werden Die thatsachlichen Verhaltnisse werden aber dem minima non curat praetor seine nicht zu beseitigende gewohnheitsrechtliche Kraft erhalten.

2. Zu Abs. 2 vgl. § 15 A B.

3 Ueber Sammlung und Ordnung der Belege § 18 Abs 2 A B.

§ 18.

Der Verwalter hat alle auf die Verwaltung bezüglichen Schriftstucke in Akten zu sammeln und solche Vorgänge der Verwaltung, uber welche aus den Akten nicht anderweit Auskunft zu erlangen ist, in den Akten zu vermerken.

Die Einnahme- und Ausgabebelege sind zu numeriren und besonders zu sammeln.

Verwalter, welche mehrere Verwaltungen führen, haben uber jede Verwaltung besondere Akten zu halten, die einzelnen Akten zu numeriren und uber dieselben ein Verzeichniß zu führen.

§ 18. Akten des Verwalters.

Vgl Anm. 7 zu § 144. — Die nahere Einrichtung der Akten bei größeren Verwaltungen wird sich zweckmäßig nach der Einrichtung der Gerichtsakten richten.

§ 19.

Der Verwalter hat über die Einnahmen und Ausgaben aus allen von ihm geführten Verwaltungen ein Kassenbuch nach dem in der Anlage A gegebenen Muster zu führen. Einnahmen und Ausgaben sind nach der Zeitfolge einzutragen und am Schlusse jeder Seite aufzurechnen.

Die laufende Nummer des Kassenbuchs ist auf dem betreffenden Beleg zu vermerken.

§ 20.

Der Verwalter hat ferner für jede Verwaltung ein Konto nach dem in der Anlage B gegebenen Muster zu führen.

Das Konto ist für jedes mit dem 15. der Monate Januar, April, Juli, Oktober endende Quartal gesondert zu führen und am Ende desselben in der Art abzuschließen, daß alle noch nicht erfolgten Einnahmen oder Ausgaben als Rest in das folgende Quartal übergehen.

Führt der Verwalter mehrere Verwaltungen, so ist für die einzelnen Konten ein gemeinsames Buch zu halten.

Außerdem hat der Verwalter über den Kassenbestand jeder einzelnen Masse Nachweisungen nach dem als Anlage C beigefügten Muster in Gemäßheit der auf demselben gegebenen naheren Anleitung aufzustellen.

§ 21.

In die Solleinnahme und Sollausgabe des Kontos sind am Anfange der Verwaltung und am Anfange jedes Quartals die in dem Quartal fällig werdenden Einnahmen und Ausgaben der Verwaltung, die aus früheren Quartalen etwa verbliebenen Reste und der bei Abschluß des letzten Quartalkontos verbliebene Bestand einzutragen.

Die bei Beginn der Verwaltung aus früherer Zeit vorhandenen Resteinnahmen sowie die im Laufe eines Quartals entstehenden Solleinnahmen und Sollausgaben sind einzutragen, sobald sie dem Verwalter bekannt werden, die Solleinnahmen jedoch nicht vor Beginn des Quartals, in welchem dieselben fällig werden.

Die Gebühren des Verwalters sind erst bei dem Abschluß des Quartalkontos einzutragen und aus dem Bestande zu entnehmen.

Zahlungen, welche auf Anweisung des Gerichts an die Gläubiger geleistet werden sollen, sind erst nach erfolgter Leistung in die Sollausgabe einzutragen.

Einnahmen, welche der Verwalter macht, obgleich sie erst in einem folgenden Quartal fällig werden, sind bei dem Eingange in die Solleinnahme einzutragen.

Der bei Abschluß des Kontos verbleibende Bestand ist zur Uebernahme in das Konto des folgenden Quartals in Ausgabe zu stellen.

§ 22.

Der Verwalter hat vor Ablauf der Monate Januar, April, Juli, Oktober dem Gericht einen Auszug aus dem Kontobuch einzureichen, welcher den Inhalt des letzten Quartalkontos wörtlich wiedergiebt.

§ 23.

Die jährliche Rechnung hat der Verwalter dem Gericht zuerst am Schlusse des ersten Kalendermonats des auf den Anfang der Verwaltung folgenden vierten Rechnungsquartals einzureichen. In dieselbe sind nur diejenigen Einnahmen und Ausgaben aufzunehmen, welche noch zu dem Konto des letzten vollendeten Quartals gehören. Die Belege über Einnahmen und Ausgaben sind beizufügen.

Die gleichzeitige Einreichung eines Kontobuchauszugs (§ 22) ist nicht erforderlich.

§ 24.

Ist ein Administrationsinspektor bestellt, so erfolgt die Einreichung des Kontobuchauszugs (§ 22) und der Jahresrechnung (§ 23) durch dessen Vermittelung. Derselbe hat den Auszug oder die Rechnung zu prüfen und mit einem hierauf bezüglichen Vermerke, erforderlichenfalls auch mit seinen Bemerkungen zu versehen.

§ 25.

Die Soll- und Isteinnahmen sind in der Rechnung in folgenden Abschnitten nachzuweisen:

1. Bestand der vorigen Rechnung;
2. Erinnerungen aus der vorigen Rechnung;
3. Reste aus der vorigen Rechnung;
4. Pacht- und Miethzinse;
5. außerordentliche Einnahmen.

Bei der Einnahme von Pacht- und Miethzinsen (Nr. 3, 4) ist die Einnahme für jeden einzelnen verpachteten oder vermietheten Gegenstand unter Bezeichnung desselben zusammenzustellen. Ist ein zu vermiethender oder zu verpachtender Gegenstand nicht vermiethet oder verpachtet gewesen, oder ist ein im Laufe des Rechnungsjahres fällig gewordener Pacht- oder Miethzins in einer früheren Rechnung als Einnahme aufgeführt, so ist dies zu bemerken.

§ 26.

Die Soll- und Istausgaben sind in der Rechnung in folgenden Abschnitten nachzuweisen:

1. Erinnerung aus der vorigen Rechnung;
2. Reste aus der vorigen Rechnung;
3. Unterhaltung des verwalteten Gegenstandes und Erstattung der hierzu geleisteten Vorschüsse;
4. öffentliche Lasten;
5. Zahlungen an die Gläubiger;
6. Gerichtskosten der Verwaltung;
7. Vergütung des Verwalters;
8. außerordentliche Ausgaben.

Bei den öffentlichen Lasten und den Zahlungen an die Gläubiger (Nr. 2, 4, 5) sind die Berechtigten in der festgestellten Rangordnung aufzuführen und die auf dieselbe Forderung geleisteten Zahlungen zusammenzustellen.

§ 27.

Die Zeiten für Einreichung der Kontobuchauszüge und der Jahresrechnungen können durch das Gericht mit Rücksicht auf die am Orte der Verwaltung üblichen Termine für die Zahlung der Pacht- oder Miethzinse und der Kapitalzinsen anderweit bestimmt werden.

§ 28.

Dem Gericht bleibt vorbehalten, für die Verwaltung solcher Gegenstände, welche nicht durch Verpachtung oder Vermiethung benutzt werden, besondere Bestimmungen über die Art der Buchführung und Rechnungslegung zu treffen.

In jedem Falle ist ein Kassenbuch mit Verweisung auf andere Bücher oder Belege zu führen.

§§ 19–28. **Buchführung und Rechnungslegung.**

1. Die §§ 19–28 dienen zur Vorbereitung bez. Durchführung des § 144 Abs. 3 d. G. Vgl Anm. 7 zu § 144 Die §§ 19–22 regeln die Buchführung, die §§ 23–27 die Rechnungslegung. Ueber § 28 unten Anm. 5.

2. Eine Buchführung ist in dem Gesetze selbst nicht vorgeschrieben, wohl aber für die vertragsmäßige Verwaltung in § 136 I. 14 A.L.R. – Für die Buchführung sind im Regelfalle drei Einrichtungen unter Benutzung der dafür im Anhange aufgestellten Formulare vorgeschrieben: das Kassenbuch, das Kontobuch und die Nachweisungen des Kassenbestandes.

3. Die Ordnung der Rechnungslegung, wie sie in §§ 23–27 A.V. gegeben ist, bezieht sich auf die Jahresrechnungen, nicht auf die Schlußrechnung.

Die Rechnung hat Einnahme und Ausgabe im Einzelnen zu enthalten. Bezüglich der Einnahme ist darzuthun, daß alle den Gegenstand der Befriedigung der Gläubiger bildenden Einkünfte für die betreffende Periode in gehöriger Weise zu Gelde gemacht sind, bez. daß, in welchem Umfange und aus welchen Gründen eine Einziehung und Verwerthung derselben nicht erfolgt ist. Die Ausgaben sind zu rechtfertigen und die Belege, soweit möglich, beizufügen. (§ 17 A.V.) – In ihrer Anordnung wird sich die Rechnung den verschiedenen Gegenständen oder Zweigen der betreffenden Verwaltung anzuschließen haben. Es wird zweckmäßig sein, der Rechnung eine Uebersicht über die Gegenstände der Verwaltung, die Art der Benutzung und die erheblicheren Vorkommnisse bezüglich derselben in der Rechnungsperiode voranzuschicken. Jede zweite und folgende Rechnungslegung muß im Anschlusse an die Ergebnisse der vorhergehenden Rechnung erfolgen.

Unter Solleinnahme und Ausgabe versteht die A.V. in Aussicht stehende Einnahmen und Ausgaben im Gegensatz zu den bereits vollzogenen Ist-Einnahmen und -Ausgaben.

4. Zu § 24 A.V. vgl. § 4 A.V.

5. Die in den §§ 19–27 gegebene komplizirte Regelung der Buchführung und Rechnungslegung hat offensichtlich die großstädtische Häuserverwaltung im Auge. Gleichwohl gestattet § 28 den Gerichten nur für solche Verwaltungen Ausnahmen zu machen, bei denen die Benutzung nicht durch Verpachtung oder Vermiethung erfolgt. Für die Zwangsverwaltung einer kleinen vermietheten Hütte ist streng nach den §§ 19–27 zu verfahren, allerdings nur, insoweit sich

das thatsächlich erreichen läßt. Für den Ausnahmefall des § 28 kann die Buchführung auf das Kassenbuch beschränkt werden, welches in diesem Falle auch nicht den Vorschriften des § 19 zu entsprechen braucht. Dagegen bleiben die Vorschriften über Belege und Akten (§§ 17, 18), ebenso wie alle vorhergehenden, auch für diesen Fall in Kraft.

§ 29.

Der Verwalter hat zu jeder Zeit dem Gericht oder einem mit der Prüfung seiner Geschäftsführung beauftragten Beamten des Gerichts, sowie dem etwa bestellten Administrationsinspektor die von ihm geführten Bücher, die auf seine Geschäftsführung bezüglichen Akten und sonstigen Schriftstücke und die in seinen Händen befindlichen Einnahmen aus der Verwaltung auf Verlangen vorzulegen und jede weitere, zur Prüfung seiner Geschäftsführung verlangte Auskunft zu ertheilen.

§ 29. Vorlage der Bücher und Akten, Auskunftsertheilung.

1. Die Bestimmung dient zur Ausführung der in § 144 Abs. 1 d. G. angeordneten gerichtlichen Aufsicht. Vgl. Anm. 4 zu § 144.

2. Bezüglich des Verwaltungsaufsehers vgl. § 4 A. B.

§ 30.

Ist die im ersten Absatz des § 142 und im § 144 des Gesetzes vom 13. Juli 1883 dem Gericht zugewiesene Thätigkeit gemäß § 145 daselbst von einem Kreditinstitut übernommen, so finden nur die Vorschriften der vorstehenden §§ 3, 9 bis 11, 14, 16 Anwendung. Für die Vorschriften des § 3, des § 11 Absatz 4 und 5 und des § 16 Absatz 3 tritt das Kreditinstitut an Stelle des Gerichts.

§ 30. Kreditinstitute.

1. Hat das Kreditinstitut auf Grund des § 202 Abs. 3 d. G. die Leitung der Zwangsvollstreckung übernommen, so bleibt diese Geschäftsanweisung im Ganzen außer Anwendung.

2. Vorstehende Bestimmung dagegen greift Platz, wenn die Mitwirkung des Kreditinstitutes auf § 145 d. G. beruht, und zwar gleichviel, ob nur Abs. 1 oder auch Abs. 2 des § 145 in Frage steht.

3. Die erste Bedeutung der Bestimmung besteht darin, daß sie hier nur einen verhältnißmäßig geringen Theil der Geschäftsanweisung in Kraft treten läßt. Außer den auch in anderen Fällen erläßlichen Bestimmungen über die Buchführung und Rechnungslegung (§§ 19—28), der damit zusammenhängenden Ordnung der Revision (§ 29), und der Bestallung des Verwaltungsaufsehers (§ 4), bleiben auch die Bestimmungen über die Uebergabe des Grundstückes (§ 1), den gutachtlichen Bericht bezüglich der Wohnung des Schuldners (§ 2), die Vorschriften über die Benutzung des Grundstückes, seine Ausbesserung und die Erhebung der Einkünfte (§§ 5—8), endlich auch die Vorschriften über Vertretung und Honorar des Verwalters (§§ 13, 15) außer Anwendung, so daß in allen diesen Punkten, soweit das Gesetz selbst Bestimmungen nicht enthält, wieder das freie Ermessen der die Zwangsverwaltung leitenden Behörde Platz greift.

4. Was den danach verbleibenden Rest anbetrifft, so ist zu beachten, daß in diesem Falle eine Theilung der Leitung der Verwaltung zwischen Gericht und Kreditinstitut eintritt. (Vgl. Anm. 4 zu § 145) Die auf die Auszahlungen und die Aufhebung der Verwaltung bezüglichen Bestimmungen (§§ 9, 10, 14) bleiben, da hier das Gericht die Leitung behält, unverändert. Dagegen fallen die in den §§ 3, 11, 16 behandelten Punkte (Ertheilung von Anweisungen, Verwaltungsausgaben und Aufbewahrung der Einnahmen) in den der Leitung des Kreditinstitutes unterstehenden Theil der Verwaltung, und kommen deshalb nur so zur Anwendung, daß hier der Verwalter das Kreditinstitut als die ihm vorgesetzte Behörde anzusehen hat.

§ 31.

Diese Verfügung tritt mit dem 1. April 1892 in Kraft. Die für einzelne Orte erlassenen Administrationsordnungen werden aufgehoben.

§ 31. **Inkrafttreten.**

1. Die A.V. gilt im gesammten Geltungsbereiche dieses Gesetzes (s. oben vor § 1 d. G.).

2. Sie kommt auch zur Anwendung bei der Zwangsverwaltung im Rahmen einer Zwangsversteigerung (§ 98 d G) zur Ausführung von Arresten, Beschlagnahmen und einstweiligen Verfügungen (Anm. 7—9 vor § 139 d G), auf Antrag des Konkursverwalters (§ 180 d G.) und im Verwaltungszwangsverfahren (§ 203). Für den Fall der Mitwirkung eines Kreditinstitutes vgl § 30 A V nebst Anm.

3 Ein Verzeichniß der aufgehobenen, größtentheils lokalen, Administrationsordnungen, welche zum Theil die Quellen der A.V gewesen sind, giebt Peiser S. 120—122, 177, 178

Berlin, den 7. März 1892.

Der Justizminister.
von Schelling.

Anlage A.

Muster des Kassenbuchs.

Einnahme.

Laufende Nr.	Tag der Einnahme	Bezeichnung der Einnahme und des Zahlenden.	Mk.	Pf	Seite des Kontobuchs

Ausgabe.

Laufende Nr.	Tag der Ausgabe	Bezeichnung der Ausgabe und des Empfängers	Mk	Pf	Seite des Kontobuchs

Anlage B.

Muster des Kontobuchs.

Quartal vom bis

Einnahme.

Laufende Nr.	Nummer des Belegs.	Soll-Einnahme Mk	Pf	Bezeichnung der Einnahme	Ist-Einnahme Mk	Pf	Rest. Mk	Pf	Bemerkungen	Laufende Nr. des Kassenbuchs.

Ausgabe.

Laufende Nr.	Nummer des Belegs.	Soll-Ausgabe Mk	Pf	Bezeichnung der Ausgabe.	Ist-Ausgabe. Mk	Pf	Rest. Mk	Pf	Bemerkungen	Laufende Nr. des Kassenbuchs.

Anlage C.

Nachweisung

über den Kassenbestand in (Bezeichnung der Sache)

Ausgefertigt am

Königliches Amtsgericht.

(Siegel.)

N. N.
Amtsrichter (Amtsgerichtsrath).

N.
Administrationsinspektor.

Der Kassenbestand in der oben bezeichneten Sache hat betragen am		Unterschrift des Verwalters zur Bescheinigung dafür, daß der Kassenbestand thatsächlich vorhanden gewesen ist.	Bemerkungen
1.	2.	3.	4.

Bemerkungen.

1. Das Formular ist ähnlich wie Wechselformulare zu schraffiren
2. Die Ausfüllung der Ueberschrift erfolgt durch den Richter selbst und die Aushändigung an den Verwalter ist aktenmäßig zu machen.
3. Der Verwalter hat an jedem 10 und 25. des Monats das Formular in Spalte 1, 2 und 3, Spalte 2 in Buchstaben, auszufüllen und zwar, wenn irgend möglich, am Schluß des Tages und nachdem alle Einnahmen und Ausgaben in das Konto eingetragen worden sind. Sollten nach Feststellung des Kassenbestandes und Einschreibung desselben in die obige Nachweisung an demselben Tage noch Beträge zu vereinnahmen oder zu verausgaben sein, so ist in dem Konto neben dem betreffenden Eintrag ein diesbezüglicher kurzer Vermerk zu machen.
4 Der Administrationsinspektor hat bei jeder bei dem Verwalter allgemein, oder in der oben bezeichneten Sache speziell vorgenommenen Revision in der Spalte 4 zu vermerken: Eingesehen bei der allgemeinen (speziellen) Revision am N. N. Administrationsinspektor.
5. Die Nachweisung ist jeder Jahresrechnung und der Schlußrechnung als letztes Blatt anzuheften
6. Der Verwalter hat bei Abgabe der Nachweisung rechtzeitig die Aushändigung eines neuen Formulars zu erwirken, welches vorher in der in Bemerkung 2 angegebenen Weise in der Ueberschrift auszufüllen ist.

Zweiter Abschnitt.

Zwangsvollstreckung in andere Gegenstände des unbeweglichen Vermögens.

Erster Titel.

Allgemeine Bestimmungen.

§. 155. Bei der Zwangsvollstreckung in Gegenstände des unbeweglichen Vermögens außer Grundstücken ist als Vollstreckungsgericht das Amtsgericht zuständig, in dessen Bezirke die Sache belegen ist, die Gerechtigkeit ausgeübt wird, oder das Schiff zur Zeit der Beschlagnahme sich befindet.

§. 156. Die Zwangsvollstreckung erfolgt unter entsprechender Anwendung der Vorschriften des §. 755 Absatz 2 und des §. 756 der Civilprozeßordnung und des ersten Abschnitts dieses Gesetzes nach Maßgabe der nachstehenden Titel 2 bis 4.

§§ 155, 156. Allgemeines.

1. Entw. §§ 152, 153. — §§ 5, 206, 208 R Zw G Entw — „Die für die Zwangsvollstreckung in Grundstücke gegebenen Vorschriften sollen auch für die Zwangsvollstreckung in andere Gegenstände des unbeweglichen Vermögens angewandt werden, soweit nicht deren Natur oder besondere Rechtsverhältnisse entgegenstehen" (Mot)

2 Die Gegenstände des unbeweglichen Vermögens außer Grundstücken und der Umfang der Immobiliarmasse bei denselben ergeben sich aus § 1. Vgl insbes Anm 4—8 zu § 1. Ueber die Bedeutung der Zugehörigkeit zur Immobiliarmasse vgl Anm. 1 3 zu § 1

3. Ideelle Antheile sind im Allgemeinen auch bei diesen Gegenständen wie die Sache selbst zu behandeln (Anm 4 b zu § 1, Anm. 4 vor § 139, R 31 S. 310) Ausnahmen bilden die Kuxe des neuen Rechtes und die Schiffsparten, welche in Ansehung der Zwangsvollstreckung als bewegliche Sachen behandelt werden. Ueber erstere (§ 101 Allg. Berggesetz v. 24 Juni 1863) enthält das vorliegende Gesetz überhaupt keine nähere Bestimmung, bezüglich der Schiffsparten (Anm. 8. a zu § 1) vgl. § 179.

4. Bezüglich der Arten der Zwangsvollstreckung und der Arrestvollziehung gilt § 2, so daß im Allgemeinen die Vollstreckung durch Zwangsversteigerung

und durch Zwangsverwaltung zulässig und außerdem die Eintragung einer Zwangshypothek gestattet ist. (Anm. 1 zu § 2, Anm. 7 vor § 6, K. 12 S. 83.) Nur für Schiffe macht § 163 Abs. 1 eine Ausnahme (Anm 1 zu § 163) — Die Zwangsverwaltung eines unbeweglichen Bergwerksantheiles kann (vgl. Anm 8 zu § 142) nur darin bestehen, daß die gesellschaftlichen Rechte der Gewerken von dem Verwalter ausgeübt werden. — Wegen der Vollziehung von einstweiligen Verfügungen und strafgerichtlichen Beschlagnahmen s Anm. 12 und 13 zu § 2.

5. Die Zuständigkeitsvorschriften in den §§ 755, 756 C P O. (Anm 1 zu § 3) beziehen sich zunächst nur auf die Zwangsvollstreckung in Grundstücke im Sinne der C P.O. (Anm 1 zu § 2). Für andere Gegenstände des unbeweglichen Vermögens würde in Ermangelung einer besonderen Bestimmung § 684 Abs. 2 C.P O maßgebend sein: „Als Vollstreckungsgericht ist, sofern nicht das Gesetz ein anderes Amtsgericht bezeichnet, dasjenige Amtsgericht anzusehen, in dessen Bezirke das Vollstreckungsverfahren stattfinden soll oder stattgefunden hat", — eine Vorschrift, welche einer spezielleren Ordnung den weitesten Spielraum gestattet.

§ 155 ersetzt den § 755 Abs. 1 C P O. für die hier fraglichen Gegenstände durch eine sachlich analoge Bestimmung Dieselbe erscheint auch hinsichtlich der Schiffe gerechtfertigt, weil ein Schiff nur dann dem Ersteher ohne Weiteres übergeben werden kann, wenn es zur Stelle ist (Rudorff Anm 2 zu § 155.) — Für Schiffe bedurfte es wegen ihrer Beweglichkeit der Angabe des Zeitpunktes, in welchem das Schiff sich im Gerichtsbezirke befinden muß Wie die Motive hervorheben, ist nach der Bedeutung der Beschlagnahme die Zeit der Beschlagnahme an Stelle der nach der S O maßgebend gewesenen auch von § 208 R.-Zw.G Entw. in Aussicht genommenen (s aber § 218 R Zw G Entw.) Zeit der Einleitung getreten Die Zuständigkeit muß aber schon bei der der Beschlagnahme vorgehenden Einleitung geprüft werden. Hier genügt es, wie die Motive hervorheben, zunächst, daß das Schiff zur Zeit der Einleitung anwesend ist. Ist dasselbe vor der Beschlagnahme entfernt, so tritt § 166 Abs. 3 ein Es ist übrigens nicht gerade nothwendig, daß das Schiff zur Zeit der Beschlagnahme in einem Hafen liegt, es kann sich auch, soweit nicht Art 446 H.G B (Anm. 1 zu § 164) entgegensteht, innerhalb des Gerichtsbezirkes auf der Fahrt befinden. (Die Zuständigkeit für die Zwangsvollstreckung in eine Schiffspart regelt § 179 Abs. 1)

6 Bei Bergwerken kommt es, da das Bergwerkseigenthum wie Grundeigenthum behandelt werden soll (§ 52 b Allg Bergges v 24 Juni 1865), darauf an, in welchem Gerichtsbezirke das verliehene Feld (§ 34 a a. O) liegt — Das Gericht, welches das Grundbuch bezüglich des Bergwerkes führt, ist, abgesehen von der Zwangseintragung als solches ebensowenig zuständig, wie bei Grundstücken — Bei Kohlenabbaugerechtigkeiten wird das Feld nach § 2 des Ges. v. 22 Februar 1869 und § 17 b Allg Bergges. v. 24. Juni 1865 festgestellt Darauf, ob und in welchem Umfange die Gerechtigkeit innerhalb des Feldes wirklich ausgeübt wird, kommt es bei demselben ebensowenig an, wie bei „verliehenen Bergwerken". Denn auch die Kohlenabbaugerechtigkeiten sind „Bergwerkseigenthum" (vgl. § 1 Nr. 2)

7 Bezüglich der Schiffe ist insbesondere zu beachten, daß dieses Gesetz auch für die mit Gerichtsbarkeit ausgestatteten Konsularbezirke und die Schutzgebiete Anwendung findet (Einl S 23 Anm. 1) Es kann also nach demselben unter

gewissen Voraussetzungen auch ein dort befindliches Schiff zur Zwangsversteigerung gezogen werden. Im Uebrigen ist dieses Gesetz nur anwendbar, wenn sich das Schiff im preußischen Staatsgebiete befindet (Anm. 2 zu § 3). Es findet unter dieser Voraussetzung aber auch auf ausländische Schiffe Anwendung (Anders § 1 Nr 3 R.Zw.G Entw)

8 Im Uebrigen hat § 156 den §§ 755 und 756 C P O und dem § 3 d G. auch für diese Gegenstände entsprechende Anwendung gegeben Vgl die Anmerkungen 1 bis 10 zu § 3. Liegt das Feld bei Bergwerkseigenthum einschließlich der Kohlenabbaugerechtigkeiten in dem Bezirke mehrerer Amtsgerichte, so muß stets eine Bestimmung des zuständigen Amtsgerichtes nach § 756 C.P O. eintreten.

Zweiter Titel.

Zwangsvollstreckung in Bergwerkseigenthum.

§. 157. Dem Antrage auf Zwangsversteigerung oder Zwangsverwaltung von Bergwerkseigenthum ist statt der in §. 14 Nr. 1 bezeichneten Urkunden eine oberbergamtlich, gerichtlich oder notariell beglaubigte Abschrift der Verleihungsurkunde des Bergwerks, oder, wenn der Antrag eine Kohlenabbaugerechtigkeit betrifft, eine in gleicher Art beglaubigte Abschrift des Aktes beizufügen, durch welchen die Gerechtigkeit vom Eigenthum an der Grundoberfläche getrennt worden ist.

§ 157. Anlagen des Antrages.

1. Entw. § 154 — Literatur: Fürst, Die Zwangsvollstreckung in unbewegliches Vermögen nach dem preußischen Gesetze vom 13 Juli 1883 mit besonderer Berücksichtigung des Bergwerkseigenthumes in der Zeitschrift für Bergrecht 25 S. 94 ff — Ueber den Begriff des Bergwerkseigenthumes und den Umfang der Immobiliarmasse vgl Anm. 6 zu § 1 und Anm. 3 zu §§ 155, 156 - Bezüglich der Zuständigkeit s Anm 5, 6 und 8 zu §§ 155, 156

2. Gehört das Bergwerk einer Gewerkschaft neueren Rechtes, so steht das Eigenthum desselben der Gewerkschaft selbst zu, welche als ein besonderes Vermögensrechtssubjekt zu betrachten ist Die Zwangsvollstreckung kann nur wegen persönlicher Verbindlichkeiten der Gewerkschaft (§ 99 Allg Bergges) und wegen dinglicher auf dem ganzen Bergwerke ruhender Ansprüche auf Grund eines gegen die Gewerkschaft erlangten Schuldtitels erfolgen. — Nothwendige Vertreter der Gewerkschaft vor Gericht sind der Repräsentant oder Grubenvorstand (§ 117 Allg Bergges. und für Kohlenabbaugerechtigkeiten § 10 b G v 22. Februar 1869 [G.S S 401], §§ 119, 123, 128 Allg Bergges) Gegen diese als die Vertreter der Schuldnerin ist Klage und Zwangsvollstreckung zu betreiben Vgl. K 12 S 83. -- Die Gewerkschaft älteren Rechtes ist, wie die herrschende Ansicht mit Recht annimmt, kein besonderes Vermögensrechtssubjekt Derselben steht das Eigenthum des Bergwerkes nicht zu Vielmehr befindet sich dasselbe in einem, allerdings ähnlich wie bei der Rhederei (Anm. 1 zu § 164) modifizirten, Miteigenthum der Gewerken, welche als Eigenthümer ihrer Kuxe in das Grundbuch einzutragen sind (§ 229 Allg. Berggesf.). Gegenstand der Zwangsvollstreckung

sind zunächst die einzelnen Kuxe wegen der persönlichen Ansprüche an den Eigenthümer und der dinglichen Belastung derselben (§ 230 Abs 1, 231 Allg. Berggeſ.). Das Verfahren ist gegen den Eigenthümer der Kuxe als Schuldner zu richten. Auch zahlenmäßig bestimmte ideelle Antheile an einem Immobiliarkuxe können, soweit nicht § 16 E G. Rhld (Anm 4 b zu § 1) entgegensteht, den Gegenstand der Immobiliarzwangsvollstreckung bilden. Die Vorschrift des § 223 Allg. Berggeſ. über die beschränkte Theilbarkeit der unbeweglichen Kuxe steht nicht entgegen. Dagegen kann der Antheil eines Miterben vor der Theilung auch in diesem Falle nicht zur Immobiliarzwangsvollstreckung gezogen werden. (Beschl. des Landgerichtes Essen in der Zeitschr. f Bergrecht 25 S. 119.) Dasselbe gilt von dem Antheile eines Theilhabers einer sonstigen gemeinschaftlichen Masse, zu welcher ein Bergwerk gehört (§ 133 Abs 2 Allg. Berggeſ.) Vgl. Anm 5 zu § 185. Es ist aber auch eine Zwangsvollstreckung in das ganze Bergwerk denkbar, und zwar nicht nur wegen der auf dem ganzen Bergwerke ruhenden dinglichen Ansprüche (§ 230 Abs. 2 Allg Berggeſ.), sondern auch wegen der persönlichen Verbindlichkeiten, welche für die Gewerkschaft, d h für die Gesammtheit der Gewerken als Gewerken entstanden sind (Anm 4 b zu § 1). Schuldner sind in diesem Falle die Gewerken zusammengenommen. Gleichwohl ist äußerlich das Verfahren ganz dasselbe wie bei einer Gewerkschaft neueren Rechtes Denn die Bestimmung, daß die Gewerkschaft einen Repräsentanten oder Grubenvorstand bestellen muß, und daß dieser zur gerichtlichen und außergerichtlichen Vertretung der Gewerkschaft nicht nur, wie der Korrespondentrheder (Art. 460 Abs 3 H.G.B) befugt, sondern verpflichtet ist (§§ 117, 119 Allg Berggeſ.), ist auch auf die Gewerkschaften älteren Rechtes ausgedehnt (§§ 226,. 227 Allg. Berggeſ) Klage und Zwangsvollstreckung ist also auch in diesem Falle gegen den Repräsentanten oder den Grubenvorstand zu betreiben, welche als gesetzliche Vertreter der für dieses Verfahren nicht prozeßfähigen Bergwerkseigenthümer zu betrachten sind — Ueber den Fall, daß das Bergwerk Mitbetheiligten gehört, welche keine Gewerkschaft bilden, vgl K. 12 S. 83.

3 Den in § 157 gedachten Papieren sollen die nach § 160 für die Bekanntmachung erforderlichen Angaben entnommen werden Ueber den Inhalt der Verleihungsurkunde vgl § 34 Allg. Berggeſ. Bezüglich des „Altes" bei den Kohlenabbaugerechtigkeiten vgl. § 2 b. Ges vom 22 Februar 1869 (Anm. 6 c zu § 1). Die Beifügung des Situationsrisses (§§ 17, 33 Allg Berggeſ, § 2 Ges. vom 22. Februar 1869) ist nicht erforderlich. Fürst a. a O. S 98, 99. A. M. Jäckel, Anm. 2 — Wegen der Folgen einer Unvollständigkeit oder Unrichtigkeit dieser Nachweisungen vgl. Anm. 4 zu §§ 13, 14.

§. 158. Zu den Interessenten des Verfahrens (§. 21) gehört der Repräsentant oder Grubenvorstand.

§ 158. Interessenten.

Entw § 155 — Die Bestimmung hat nur insofern Bedeutung, als nicht der Repräsentant oder Grubenvorstand (§§ 119, 123, 233 Allg Berggeſ) schon als Vertreter des Schuldners anzusehen ist (Anm. 2 zu § 157), also für die Zwangsvollstreckung in Bergwerksantheile Der Grund für die Zuziehung des Repräsentanten oder des Grubenvorstandes auch in diesen Fällen liegt nach den

Motiven zu § 111 S O. darin, daß auch diese Zwangsvollstreckung das Interesse der Gewerkschaft berühren kann — Die Gewerken gehoren, soweit sie nicht nach Anm. 2 zu § 157 als Schuldner in Betracht kommen, nicht zu den Interessenten des Verfahrens.

§. 159. Den Bergarbeitern steht wegen der laufenden Beträge und der Rückstände aus dem letzten Jahre an Lohn und anderen Bezügen das in §. 26 bestimmte Recht auf vorzugsweise Befriedigung zu.

Die nach §. 174 und §. 175 Absatz 2 des Berggesetzes vom 24. Juni 1865 (Gesetz-Samml. S. 705) von dem Werksbesitzer zu leistenden Beiträge zu den Knappschafts- und Krankenkassen gehören zu den im §. 28 bezeichneten Lasten.

Das Recht der Gewerkschaften auf vorzugsweise Berichtigung der von einem unbeweglichen Bergwerksantheile zu leistenden Beiträge bleibt unberührt.

§ 159. **Rangordnung.**

1. Entw § 156 — **Abs 1** enspricht dem § 249 Abs 2 Allg. Bergges Vgl auch § 86 das

2 **Abs 2** ist von der Komm des H H. in Ausfuhrung eines Vorschlages des Volkswirthschaftsrathes eingefügt Ein weitergehender Antrag, dieses Vorrecht auch auf die Beiträge der Bergarbeiter zu jenen Kassen auszudehnen, fur deren Abführung die Bergwerksbesitzer nach § 176 Abs 1 Allg. Bergges. haftbar sind, wurde in der Komm des A H abgelehnt Hierüber Furst a a. O S. 103 Ueber den ablehnenden Standpunkt des R Zw.G.Entw vgl. Dernburg, Hyp.R. II S. 366

3 Zu **Abs.** 3 bemerken die Motive: „Das bestrittene Recht der Gewerkschaften auf vorzugsweise Berichtigung der von einem Bergwerksantheile zu leistenden Beitrage soll wenigstens nicht abgesprochen werden“ Fur die Beiträge nach dem 1 Oktober 1879 ist es wegen § 41 K.O unstreitig, daß bei beweglichen Kuxen ein solches Vorzugsrecht nicht bestehen kann (Arndt, Kommentar Anm 2 zu § 131 Allg Berggesｏ) Dagegen besteht im Anschlusse an § 131 Allg Berggef die Streitfrage für die hier allein in Betracht kommenden unbeweglichen Kuxe fort. Das sehr ausführliche, auch die Literatur mittheilende Urtheil des Reichsgerichtes vom 15 Januar 1881 (R G Entsch 3 S. 274 ff) leugnet in Uebereinstimmung mit Entsch. 73 S 219, 82 S 45 den Bestand dieses Vorzugsrechtes uberhaupt, ebenso speziell fur unbewegliche Kuxe R 31 S. 312 Vertheidigt wird das Vorzugsrecht dagegen von Dernburg I § 270a Anm 9

§. 160. In der Bekanntmachung des Versteigerungstermins ist der Name des Bergwerks, die Feldesgroße, die Mineralien, auf welche das Bergwerkseigenthum verliehen ist, der Kreis, in welchem das Feld liegt, und die dem Werke zunachst belegene Stadt, bei der Versteigerung von Bergwerksantheilen auch die Zahl der Kuxe, in welche das Bergwerk getheilt ist, anzugeben.

Kohlenabbaugerechtigkeiten sind unter entsprechender Anwendung der Vorschriften des ersten Absatzes zu bezeichnen.

§ 160. **Bekanntmachung des Versteigerungstermines.**

1. Entw. § 157. — Ueber die Grundlage dieser Angaben vgl. Anm. 3 zu § 157. Die Bestimmung ersetzt hier die Nr. 1 und 2 und modifizirt die Nr 7 des § 40 Bezüglich der Folgen eines Mangels oder einer Unrichtigkeit vgl. Anm. 1, 2, 3 und 7 zu § 40 und Anm. 6. d zu §§ 75 - 78. — Vgl Fürst a. a. O. S. 99. Die Angabe des Namens und der Mineralien erscheint zur Bezeichnung des Bergwerkes jedenfalls erforderlich. Ein unbeweglicher Bergwerksantheil ist nur dann genügend bezeichnet, wenn das Verhältniß desselben zum Ganzen aus der Bekanntmachung hervorgeht. Die Angabe der Zahl der zu versteigernden Antheile genügt nicht. (Fürst a a O S. 99, Jäckel Anm. 1; a. M. Rudorff Anm 2 und Knorr Anm. 1)

§. 161. An Stelle des nach der Veranlagung zur Grund- und Gebäudesteuer zu berechnenden Betrages, innerhalb dessen Hypotheken und Grundschulden auf dem zu versteigernden Gegenstande eingetragen sein müssen, um nach der Vorschrift des §. 64 Absatz 2 zur Sicherheitsleistung benutzt werden zu können, ist ein gewisser Betrag von dem Gericht, erforderlichen Falls nach Anhörung des zuständigen Revierbeamten, festzusetzen. Der festgesetzte Betrag ist in der Bekanntmachung des Versteigerungstermins anzugeben.

Der Versteigerungstermin ist längstens auf drei Monate hinauszurücken.

§ 161. **Sicherheitsleistung. Terminsfrist.**

1 Entw. § 158. — **Abs. 1** ersetzt die Nr 3 des § 40 Wegen der örtlichen Zuständigkeit des Revierbeamten vgl § 188 Allg Bergg s Eventuell wird das Oberbergamt anzugehen sein. Wegen der Folgen eines Mangels oder einer Unrichtigkeit der Bekanntmachung hinsichtlich des hier gedachten Betrages vgl. Anm. 4 zu § 40.

2. **Abs.** 2 modifizirt den § 42 nur insofern, als bei Bergwerken unter keinen Umständen die Frist von drei Monaten überschritten werden soll. Die dort festgesetzte Minimalfrist von sechs Wochen bleibt bestehen.

3 Die Bergbeamten des Staates, deren Frauen und unter väterlicher Gewalt stehenden Kinder bedürfen zum Erwerbe von Bergwerken und Kuxen im Verwaltungsbezirke des Beamten der Genehmigung des vorgesetzten Ministers (§ 195 Allg. Berggeſ)

Dritter Titel.

Zwangsvollstreckung in Schiffmühlen und Gerechtigkeiten.

§. 162. Bei der Zwangsversteigerung von Schiffmühlen und Gerechtigkeiten ist an Stelle des nach der Veranlagung zur Gebäudesteuer zu berechnenden Betrags, innerhalb dessen Hypotheken und Grundschulden eingetragen sein müssen, um nach der Vorschrift des §. 64 Absatz 2 zur Sicherheitsleistung benutzt werden zu konnen, ein gewisser Betrag von dem Gericht, erforderlichen Falls nach Anhörung eines Sachverständigen, festzusetzen, sofern nicht eine zu versteigernde Gerechtigkeit zur Gebaudesteuer veranlagt ist. Der festgesetzte Betrag ist in der Bekanntmachung des Versteigerungstermins anzugeben.

§ 162. Sicherheitsleistung

1 Entw § 159 — Anm 1—5, 8 zu §§ 155, 156

2 Bezüglich der hierher gehörigen Gegenstände vgl Anm 17 zu § 1. Hinsichtlich der dort unter d. aufgeführten Realberechtigungen bestimmt die Ver. vom 10 April 1841 (G.S S 76):

§ 1 Die nothwendige Subhastation mit ihren Wirkungen soll künftig auch bei Realberechtigungen gestattet sein, ohne Unterschied, ob sie Geldrenten oder Naturalleistungen zum Gegenstande haben. Ausgenommen bleiben nur diejenigen Berechtigungen, welche nach der Ablösungsordnung vom 13 Juli 1829 (aufgehoben durch die Ver vom 2 Marz 1850, die alle Reallasten fur ablosbar erklart hat) § 3 und § 5 Nr. 5 von der Ablösung ausgeschlossen sind.

Die Bestimmungen des Gesetzes vom 4. Juli 1822 §§ 1 und 10 werden rücksichtlich derjenigen Geldrenten, welche keiner Aufkündigung unterworfen sind, hierdurch aufgehoben.

§ 2 Ist die Berechtigung in das Hypothekenbuch des verpflichteten Grundstuckes nicht eingetragen, so genügt es, wenn vor Einleitung der Subhastation von dem Extrahenten derselben ein glaubhaftes Anerkenntniß des Besitzers des verpflichteten Grundstuckes beigebracht wird Mangelt es an diesem Anerkenntnisse, so kann der Extrahent verlangen, daß der Richter ihn ermachtige, gegen den Besitzer auf Feststellung der Berechtigung zu klagen Das Urtheil vertritt alsdann die Stelle des Anerkenntnisses

§ 3 Realberechtigungen, welche Zubehór eines Grundstückes sind (§§ 125 und 128 Titel 2, Thl 1., A.L R), können fur sich allein nur dann zur Subhastation gestellt werden, wenn sie von dem berechtigten Gute getrennt werden dürfen, und die Trennung bewirkt, oder doch vollständig vorbereitet ist.

Der übrige Inhalt der Verordnung muß, da dieselbe in dem vorliegenden Gesetze nicht ausdrucklich aufrecht erhalten ist, als beseitigt angesehen werden. Insbesondere erfolgt die Ermittelung des Werthes, soweit dieselbe noch in Betracht kommt, nicht mehr nach § 6 jener Verordnung, sondern nach § 162 d G.

3 § 162 (vgl § 161 Abs 1) ersetzt für diejenigen Gerechtigkeiten, welche nicht, wie die Superficies zur Gebäudesteuer veranlagt sind, die Nr 3 des § 40 — Vgl Entsch 37 S 141. — Bezüglich der Ernennung des Sachverstandigen vgl § 369 C P O. -- Wegen der Folgen der Verletzung des Schlußsatzes vgl Anm 1 zu § 161

Vierter Titel.

Zwangsvollstreckung in Schiffe.

§. 163. Die Zwangsvollstreckung in Schiffe erfolgt nur durch Zwangsversteigerung.

Während des Verfahrens soll das Schiff an dem Orte bleiben, wo es sich bei dessen Einleitung befindet.

Wenn es jedoch die Handelskonjunktur und das Beste der Interessenten rathsam erscheinen läßt, so kann der Antritt einer neuen Fahrt auf Antrag der Interessenten von dem Gericht unter der Bedingung einer gehörigen Versicherung des Schiffes gestattet werden.

§ 163. Art der Zwangsvollstreckung.

1. Entw. § 160. — Literatur: Mittelstein, Deutsches Schiffspfand- und Schiffsgläubigerrecht 1889. Derselbe, Die Zwangsvollstreckung in Schiffe nach dem Entwurf eines Reichsgesetzes, betreffend die Zwangsvollstreckung in das unbewegliche Vermögen im Archiv für bürg. Recht 4 S. 124 ff. – Vgl. Anm 1 bis 4 zu §§ 155, 156. — **Abs. 1** Die Zwangsversteigerung ist bei Schiffen (§ 1 Nr. 4) als einzige Art der Zwangsvollstreckung zugelassen, weil, wie die Motive bemerken, die durch eine Zwangsverwaltung gewährte Sicherung der Zwangsvollstreckung (Anm. 1 und 10 zu § 2, Anm 8 zu §§ 16, 17) auf andere Weise (§ 165) erreicht werden kann, für die Pfandnahme durch Eintragung in das Schiffsregister (vgl. Anm. 7 vor § 6) aber kein Bedurfniß vorliegt, da solche Eintragungen auch mit Bewilligung des Eigenthümers nur in verhältnißmaßig seltenen Fällen erfolgen. Ebenso § 207 R Zw.G.Entw — Wegen der Zuständigkeit des Vollstreckungsgerichtes vgl Anm 5, auch Anm. 7 zu §§ 155, 156.

2. In der Kommission des H.H war ohne Erfolg angeregt, dem **Abs.** 3 eine allgemeinere Fassung zu geben, da das Beste der Interessenten genügen müsse. — Der Antrag muß von den zur Zeit seiner Anbringung vorhandenen Interessenten (§§ 21, 164 Nr 1, 168, 169) einstimmig gestellt oder gebilligt werden. Von der Bedingung einer gehörigen Versicherung des Schiffes kann das Gericht aber auch auf einstimmigen Antrag der Interessenten nicht absehen. Der Nachweis der gehörigen Versicherung muß dem Richter durch Vorlegung der Police (Art 788 H G B) erbracht werden, bevor er den Antritt der neuen Reise gestatten kann. Er hat sich aber nur um die Versicherung des Schiffes selbst, zu welchem dessen gesetzliches Zubehör gehört (Art 443 H G B ; § 91. I. 2 A.L R.), nicht auch um die Versicherung der Fracht (trotz Art. 759, 760, 774, Anm. 8 a zu § 1) zu bekümmern (Art 783 H G B) Dabei ist zu beachten, ob die Versicherung in einer für den Versicherer verbindlichen Weise abgeschlossen ist (Art. 785—787 H G.B), ob die Versicherungssumme dem Versicherungswerthe des Schiffes entspricht (Art. 790 H.G.B), und bei taxirten Policen, ob die Taxe auch dem Werthe des Schiffes entspricht (Art 797—799 H G B). — Geht das Schiff unter, oder erleidet dasselbe erheblichen Schaden, so ist wegen der Frage, ob der Zuschlag zu ertheilen Anm. 8.a zu §§ 81—83; wegen der Frage, welchen Einfluß diese Umstände haben, wenn sie nach Ertheilung des Zuschlages

eintreten, Anm 7 c zu § 97 zu vergleichen. — Ob der Anspruch auf die Versicherungssumme auf den Ersteher übergeht, richtet sich nach den Kaufbedingungen (Anm 4 zu § 45, Anm 6 zu § 97) – Wegen der Form des Antrages der Entscheidung des Gerichtes über den Antrag, dessen Zustellung, und wegen der Remonstration bez Beschwerde vgl Anm 10 c e zu § 3 — § 215 Abs 2 R Zw.G.Entw. gestattet eine solche Reise nicht

§. 164. Dem Antrage auf Zwangsversteigerung ist statt der in §. 14 Nr. 1 bis 3 bezeichneten Urkunden beizufügen:

1) eine Urkunde, welche glaubhaft macht, daß der Schuldner das Schiff als Eigenthümer besitze, oder im Falle des Artikels 764 des Handelsgesetzbuchs als Schiffer führe;

2) wenn das Schiff in das Schiffsregister eingetragen ist, ein Auszug aus demselben, welcher alle noch gültigen, das Schiff betreffenden Eintragungsvermerke enthält.

§ 164. Antrag und Anlagen.

1 Entw § 161 — §§ 211, 212, 217 R Zw G.Entw — Das Gesetz geht, wiewohl bei Schiffen, anders wie bei Grundstücken (vgl § 37 E E G, Anm 4 a γ zu § 2) die Passivlegitimation bei der Pfandklage nicht auf den Eigenthümer beschränkt ist (Anm 4), abgesehen von dem Falle des Art 764 H G.B, davon aus, daß die Zwangsvollstreckung gegen den Eigenthümer des Schiffes als Schuldner erfolgt

Es soll hier zunächst der Fall ins Auge gefaßt werden, daß die Zwangsvollstreckung wegen einer persönlichen Forderung erfolgt Die Zwangsvollstreckung erfolgt gegen den Rheder (Art. 450 H G B) oder den sonstigen Alleineigenthümer des Schiffes. Es kommt nicht darauf an, ob die Forderung mit dem Betriebe der Schifffahrt in Verbindung steht oder nicht Wegen der allgemeinen Voraussetzungen der Zwangsvollstreckung vgl Anm. 4 zu § 2, insbesondere hinsichtlich der Vollstreckbarkeit ausländischer Urtheile Anm 4 a. α Nr 1 und 19 zu § 2. — Zu beachten ist außerdem, daß nach Art 446 Abs 1 H G B ein zum Abgehen fertiges (segelfertiges) Schiff wegen Schulden nur dann mit Beschlag belegt werden kann, wenn die Schulden zum Behufe der anzutretenden Reise gemacht worden sind Ehrenberg (Beschränkte Haftung des Schuldners nach See- und Handelsrecht S 261) bezieht diese Vorschrift in Uebereinstimmung mit Makower, Kommentar zum H.G B Anm. 21 zu Art. 446, Lewis bei Endemann, Handbuch des Handelsrechtes IV S. 27 und im Seerechte zu Art 446 H G B., Koch, Kommentar zum H.G B. Anm 23 zu Art 446 ausschließlich auf den Fall des Arrestes. Das Gesetz hat aber die Beschlagnahme im Wege der Zwangsvollstreckung und die Beschlagnahme im Wege des Arrestes nicht unterschieden. (So auch Knorr Anm. 1 e und Mittelstein, Schiffspfandrecht S 120) Die Hamburger Konferenz hat den Antrag, die Beschlagnahme wegen aller Civilansprüche (Vindikationsansprüche und dgl) auszuschließen, abgelehnt (Makower a. a O. Anm. 22). Man wird daher allerdings annehmen dürfen, daß unter „Schulden" nur persönliche Verbindlichkeiten zu verstehen sind und daß daher die dingliche Verhaftung auch gegenüber segelfertigen Schiffen geltend gemacht werden kann (Mittelstein a. a. O. S. 120, Ehrenberg S. 262, Lewis bei Endemann IV, 1 S. 28) Segelfertig ist das Schiff, wenn Alles geschehen ist, was nothwendig ist, damit das Schiff jeden Augenblick die Reise antreten kann (Vgl. im Näheren Ehrenberg a a O. S. 262).

Gehört das Schiff einer Rhederei (Art 456 H G.B.), so kann die Zwangsvollstreckung in das ganze Schiff nur wegen Rhedereischulden stattfinden. Im Uebrigen ist nur Zwangsvollstreckung in die einzelnen Schiffsparten (§ 179) möglich. — Ueber die juristische Auffassung der Rhederei herrscht Streit. Auch wenn man die Rhederei als eine juristische Person betrachten wollte, müßte man, da es an einem besonderen gesetzlichen Vertreter derselben fehlt, alle Mitrheder insgesammt als Träger derselben ansehen. Hier wird dieselbe mit dem Reichsoberhandelsgerichte als eine Gesellschaft bez. Gemeinschaft der Mitrheder betrachtet. Das Schiff steht im modificirten Miteigenthume (Anm 2 zu § 157) der Mitrheder — Eine Klage wegen einer persönlichen Forderung an die Rhederei ist gegen sämmtliche Mitrheder zu richten Wegen des zuständigen Gerichtes vgl. Art. 455 H G.B. Die Erhebung der Klage kann nur durch Zustellung an die einzelnen Mitrheder erfolgen. Eine Zustellung an den Korrespondentrheder genügt nicht, da dieser nicht Generalbevollmächtigter ist (§ 159 C.P O.) (Entsch. des Reichsgerichtes in Seufferts Archiv 36 Nr 79). Der Korrespondentrheder ist zwar befugt aber nicht verpflichtet, die Rhederei vor Gericht zu vertreten (Art 460 Abs. 3 H G.B.), ohne daß es einer besonderen Vollmacht zur Prozeßführung bedarf. Er hat also, wenn er von dieser Befugniß Gebrauch macht, bis zu dem ihm jederzeit freistehenden Rücktritte von der Prozeßführung die Stellung eines Prozeßbevollmächtigten, nicht die eines gesetzlichen Vertreters Die Klage darf nicht gegen ihn gerichtet werden — Auch das Urtheil ergeht demgemäß stets gegen die Rheder In der vollstreckbaren Ausfertigung müssen die einzelnen Rheder namentlich aufgeführt werden (§ 671 Abs. 1 C.P O). Gegen Gesammtrechtsnachfolger der einzelnen Rheder erfolgt die Ertheilung auf Anordnung des Vorsitzenden gemäß §§ 665, 666 C.P O. Gegen sonstige neue Erwerber einer Schiffspart kann die Klausel nicht gerichtet werden, es ist neue Klage erforderlich (vgl. Seuffert Anm. 3 zu § 665). Daß eine Aenderung in den Personen der Mitrheder ohne Einfluß auf den Fortbestand der Rhederei ist (Art. 472 H G.B.), kann daran nichts ändern — Die Zwangsvollstreckung kann in diesem Falle nur gegen den Rheder bez gegen sämmtliche Mitrheder als Schuldner gerichtet werden. Ein Zwangsversteigerungsverfahren gegen den Schiffer ist ausgeschlossen Die Mitrheder sind in dem Antrage gemäß § 13 als Schuldner zu bezeichnen Außer der vollstreckbaren Ausfertigung ist in der § 164 Nr. 1 bezeichneten Weise glaubhaft zu machen, daß die in der Klausel bez. in dem Urtheile bezeichneten Rheder Eigenthümer des Schiffes sind - Die Motive sagen: „Die Nachweise, welche erforderlich sind, um aus der Vollstreckbarkeit eines Schuldtitels gegen einen bestimmten Schuldner die Vollstreckung in das Schiff zu rechtfertigen, sind naturgemäß andere als bei der Zwangsvollstreckung in solche Gegenstände, über deren Eigenthum das Grundbuch Auskunft geben kann. Die Eintragung des Eigenthumers im Schiffsregister hat nicht die gleiche Bedeutung fur das Eigenthum, wie die Eintragung im Grundbuche. Man muß sich deshalb mit der Glaubhaftmachung begnugen, daß der Schuldner das Schiff als Eigenthümer besitze, und diese Glaubhaftmachung kann auch durch das Schiffsregister geführt werden." —

Ist das Schiff in das Schiffsregister eingetragen, so erübrigt sich für den als Eigenthümer eingetragenen Schuldner jede andere Art der Glaubhaftmachung als durch Bezugnahme auf das Schiffsregister, weil in diesem Falle die Beifügung eines alle Eintragungsvermerke enthaltenden Auszuges aus dem Schiffsregister nach Abs. 2 obligatorisch ist, und die Eintragung des Eigenthumserwerbes im Schiffsregister (vgl. Art. 435 Z. 2 H.G B) die Glaubhaftmachung voraussetzt (§§ 6, 7, 12 R.Ges. v. 25 Okt. 1867, B.G.Bl. S 35). — Ist der Schuldner als Eigenthumer noch nicht eingetragen, so muß der Eigenthumsbesitz desselben glaubhaft gemacht werden — Dasselbe gilt, wenn das Schiff in das Schiffsregister nicht eingetragen ist (bei Kauffahrteischiffen vgl Anm 8. a zu § 1)

2. Der nach Nr. 2 in jedem Falle, auch bei ausländischen Schiffen, soweit es möglich ist, vorzulegende Auszug aus dem Schiffsregister „dient dazu, die Bezeichnung und die Eigenschaften des Schiffes, soweit sie aus dem Register ersichtlich sind, darzulegen" (Mot) Vgl Art 435 H G.B, Art 53 § 4 E G. H G B. Es ersetzt also bei Schiffen den Auszug aus den Steuerrollen (§ 14 Nr 1) — Wegen der Gerichte, bei denen das Schiffsregister geführt wird, vgl. §§ 25, 30 A.G. G B G — Allg. Verf. v. 29. Aug 1879, J M Bl. S 305 §§ 1 und 3, und bezüglich Hannovers Allg Verf v 14. Aug. 1879, J M Bl S. 241) Wird das Schiffsregister beim Vollstreckungsgerichte geführt, so kann in entsprechender Anwendung des § 14 Abs. 2 die Bezugnahme auf das Schiffsregister die Beifügung des Auszuges ersetzen. (Jaeckel Anm. 2, Rudorff S. 278, Knorr Anm 2. c)

3. Bei dinglichen Forderungen sind die Ansprüche der Schiffsgläubiger (Art 757 H.G B, Anm. 3 zu §§ 168, 169) von denen anderer dinglich Berechtigter zu unterscheiden — Wegen der letzteren findet das Anm 4 a γ § 2 zu Ausgeführte Anwendung — Bezüglich der Forderungen der Schiffsglaubiger, einschließlich der Forderungen der Schiffsbesatzung aus den Dienst- und Heuerverträgen Art. 453 H.G B. (vgl. Ehrenberg, Beschränkte Haftung des Schuldners nach See- und Handelsrecht S 286 ff) kommen die Art. 764, 765 H G.B in Betracht, nach denen sie, gleichviel ob der Rheder zugleich persönlich verhaftet ist oder nicht und ob das Schiff im Heimathshafen ist oder nicht, wegen ihrer dinglichen Forderung sowohl den Rheder als den Schiffer belangen und das gegen den Schiffer erlangte Urtheil auch gegen den Rheder vollstrecken können. (Vgl. Anm. 4. a ε zu § 2).

Wird die Klage des Schiffsglaubigers gegen den Rheder bez gegen die Mitrheder gerichtet, so ergiebt sich nichts Besonderes Der Antrag ist dem Anm. 4. a. γ zu § 2 Ausgeführten entsprechend dahin zu stellen, daß der Schiffsglaubiger A. gegenüber dem Schiffseigenthumer B. für berechtigt erklärt werde, seine Forderung N. durch Zwangsvollstreckung in das Schiffsvermögen des Schiffes C beizutreiben. Die Zwangsvollstreckung aus dem gegen den Rheder gerichteten Urtheile kann nur gegen den Rheder, nicht gegen den Schiffer beantragt werden, da Art 764 H.G.B. diesen Fall nicht ins Auge gefaßt und nach dieser Richtung eine Ausnahme von dem Satze, daß das Urtheil zunächst nur gegen den Verurtheilten vollstreckbar ist, nicht gemacht hat.

Eine seerechtliche Eigenthümlichkeit tritt aber hervor, wenn der Schiffsgläubiger den Schiffer mit einer Klage oder mit einem Arrestgesuche belangt. Art. 764 H.G.B. hat für die Pfandklage der Schiffsgläubiger in dem Schiffer einen zweiten Repräsentanten des Schiffsvermögens (fortune de mer) geschaffen, dem die prozessualische Vertretung desselben den Schiffsgläubigern gegenüber als Pflicht obliegt. Darin liegt ein Unterschied vom Korrespondentrheder, Art. 460 Abs. 3 H.G.B; Entsch. des R.O H.G. 8 S. 342; R. 1 S. 295. — Von einem gesetzlichen Vertreter unterscheidet sich derselbe in wichtigen Punkten Er vertritt nicht die Person des Rheders als solche, sondern er repräsentirt nur dessen Verfügungsrecht über das Schiff, aber auch nur insofern, als es auf die prozessualische Repräsentanz gegenüber den Schiffsgläubigern ankommt. Daraus folgt insbesondere:

a Auf die Person des Rheders kommt es bei der Klage gegen den Schiffer nicht an. Der Name des Rheders braucht in derselben gar nicht genannt zu werden.

b. Der Schiffer wird im Gegensatze zu dem gesetzlichen Vertreter im eigenen Namen belangt

c. Der Schiffer ersetzt nicht wie der gesetzliche Vertreter die Verfügungsfähigkeit des Rheders. Seine Repräsentanz des Schiffsvermögens tritt vielmehr neben die des Rheders. Prozessualisch erscheint daher der Schiffer im Rechtsstreite als Beklagter, im Zwangsvollstreckungsverfahren als (dinglicher) Schuldner im Sinne der C P.O und dieses Gesetzes (vgl. § 164 Nr 1, § 168 Nr. 2).

Es muß aber festgehalten werden, daß er Repräsentant fremden Vermögens ist. Die Voraussetzung seiner Belangbarkeit bildet die ihm kraft seiner Anstellung als Schiffer gesetzlich eingeräumte Befugniß (vgl. Art. 460 Abs 4 H.G.B.; Prot. S. 1894, 1909—1911, 2927 - 2929, 4173; Lewis Seerecht zu Art. 496, 764; Entsch. R.O.H G 8 S 342) — Legitimirt ist der Schiffer nur, so lange er der Schiffer desjenigen Schiffes ist, um dessen Schiffsvermögen es sich handelt (Ehrenberg a a O S. 186) Mit seiner Abberufung von der Führerschaft erlischt seine Legitimation Ob er direkt von dem Rheder oder von dem bisherigen Schiffer (Art. 483 Abs. 2 H G B.) oder von einem Konsul (§ 35 d. Reichsges. v. 8. Nov 1867, Entsch. R O.H G. 22 S 49) bestellt ist, begründet keinen Unterschied. Tritt eine Stellvertretung des Schiffers ein, so steht die Repräsentanz auch dem Vertreter zu, also insbesondere dem Steuermanne, wenn es an einem bestellten Substituten fehlt (Ehrenberg in der krit Vierteljahrsschrift 21 S. 173) Veränderungen in der Person des Rheders sind ohne Einfluß auf die Repräsentanz des Schiffers Ob das Schiff im Heimathshafen liegt oder nicht, ist hier, anders wie im Falle des Art 496 H.G.B., gleichgültig

Besondere prozessualische Schwierigkeiten ergeben sich, wenn der Schiffer wechselt oder die Vollstreckung aus dem gegen den Schiffer erlangten Urtheile gegen den Rheder beantragt werden soll Die Motive sagen: „Ob auf Grund eines gegen den Schiffer ergangenen Urtheiles die Zwangsvollstreckung nach Abgang des Schiffers gegen den Eigenthümer oder einen neuen Schiffer eingeleitet werden kann, ist nach den Vorschriften der Civilprozeßordnung über die Zulässigkeit der Ertheilung der jedenfalls erforderlichen vollstreckbaren Ausfertigung des Urtheiles gegen andere Personen als die Parteien des Prozesses zu entscheiden."

α. Es ist offenbar nothwendig, daß dem gegen den Schiffer erlangten Urtheile die Vollstreckbarkeit auch gegen einen neuen Schiffer verbleiben muß. Die Verurtheilung betrifft den Schiffer als Schiffer des Schiffes N. Auf die Persönlichkeit und den Namen des Mannes kommt es gar nicht an. — Am zweckmäßigsten wäre es, wenn die vollstreckbare Ausfertigung ohne Bezeichnung des Namens gegen den Schiffer des Schiffes N. ertheilt werden und nur auf Grund derselben gegen jeden Führer des Schiffes die Vollstreckung stattfinden konnte. — Dem steht jedoch § 671 Abs. 1 C.P.O. entgegen. Diese Bestimmung verlangt, daß die Person, gegen welche die Zwangsvollstreckung stattfinden soll, in dem Urtheile oder der Vollstreckungsklausel namentlich bezeichnet ist Auch bei der Vollstreckung rein dinglicher Ansprüche wird man, wiewohl es an einem persönlichen Schuldner fehlt, diese Bestimmung nicht außer Anwendung lassen dürfen. — Es muß deshalb stets bei dem Gerichtsschreiber die Richtung der Klausel gegen den zeitigen Schiffer erwirkt werden — Dieselbe erfolgt in Gemäßheit der §§ 665, 666 C.P.O auf Anordnung des Vorsitzenden. — Der neue Schiffer ist Rechtsnachfolger des früheren Schiffers in der Schiffer- und also auch in der Eigenschaft eines alternativen Repräsentanten der dinglichen Verhaftung des Schiffes Darauf, daß die Nachfolge nicht durch eine Veräußerung, einen Wechsel des Eigenthumes des Schiffes vermittelt ist, darf ungeachtet des Wortlautes des § 665 C P O, der diesen Fall zunächst nicht ins Auge gefaßt hat, kein Gewicht gelegt werden. So auch Alfred Schultze, die Vollstreckbarkeit für und gegen den Rechtsnachfolger S 79 und Seuffert, Kommentar Anm. 4 zu § 665 C P O.

β. Das gegen den Schiffer erlangte Urtheil kann aber auch und zwar ohne daß es einer erneuten, wenn auch blos formellen Verurtheilung bedarf, gegen den Rheder vollstreckt werden — Das entspricht schon dem alteren preußischen Rechte (Entsch O T 18 S 309) und das ist auch die Tendenz des Art 764 Abs 2 H G B, welcher, wie die Protokolle zum H G B (S. 2928) ersehen lassen, dem Wunsche Ausdruck geben sollte, eine wiederholte gerichtliche Verhandlung gegen den Rheder nach Durchführung des Prozesses gegen den Schiffer entbehrlich zu machen — Es ist ungenau, wenn die vorerwähnten Motive nur von der Zwangsvollstreckung gegen den Rheder nach Abgang des Schiffers reden Auf den Abgang des Schiffers kommt es für die Vollstreckbarkeit gegen den Rheder gar nicht an — Auch in diesem Falle bedarf es wegen § 671 Abs. 1 C P O der Vollstreckungsklausel gegen den Rheder bez die Mitrheder Der Gerichtsschreiber hat dieselbe zu ertheilen, weil § 764 Abs 2 H G B., welcher auch in prozessualischer Beziehung durch die C P O nicht berührt ist (§ 13 E.G. C P O.), verordnet, daß das Urtheil gegen den Rheder unmittelbar wirksam ist. Die Wirksamkeit geht gegen den Rheder bez die Rhederei, in deren Eigenthum das Schiff zur Zeit der Verurtheilung steht Ob dieselben in dem Urtheile benannt sind oder nicht, ist gleichgültig Die Eigenschaft als Rheder muß dem Gerichtsschreiber urkundlich nachgewiesen werden — Einer Mitwirkung des Vorsitzenden bedarf es nicht, da die Fälle der §§ 664 und 665 C P O nicht vorliegen. A M anscheinend der im Uebrigen zustimmende Seuffert a a O. Nur wenn seit der Erlassung des Urtheiles in den Personen des Rheders oder der Mitrheder eine Aenderung eingetreten ist, muß eine Anordnung des Vorsitzenden nach § 666 C.P.O. hinzukommen Ob der Schiffer inzwischen abgegangen ist, kommt hierbei nicht in Betracht. Ebenso Alfred Schultze a. a. O, Jäckel Anm 1.

4. Kraft Reichsgesetzes ist die Zwangsvollstreckung in Schiffe auch gegen Inhaber des Schiffes zulässig, welche nicht Eigenthümer des Schiffes sind (Ehrenberg a. a. O. S. 264). So verordnet Art. 758 H.G B, daß das den Schiffsgläubigern, welchen das Schiff nicht schon durch Verbodmung verpfändet ist, zustehende gesetzliche Pfandrecht an dem Schiffe und dem Zubehöre gegen dritte Besitzer des Schiffes verfolgbar ist

Die Landesgesetzgebung kann und will die hier reichsgesetzlich festgestellte Zulässigkeit der Pfandklage gegen den besitzenden Nichteigenthümer und der Zwangsvollstreckung gegen denselben aus dem gegen ihn erlangten vollstreckbaren Schuldtitel nicht beseitigen. — § 164 Nr. 1 paßt auf diesen Fall nicht und muß daher außer Anwendung bleiben. Eine dem § 139 Abs. 2 analoge Bestimmung ist nicht getroffen. In Ausfüllung der so entstehenden Lücke muß für diesen Fall in analoger Anwendung von § 139 Abs. 2 der urkundliche Nachweis gefordert werden, daß der Schuldner das Schiff besitzt. Nach Art. 477 Abs. 1 H.G.B. steht der Ausrüster (armateur), d. h. derjenige, der ein fremdes Schiff für eigene Rechnung unter eigener oder fremder Führung verwendet, auch für die Haftung gegenüber den Gläubigern dem Rheder gleich. Die Gläubiger dürfen ihm gegenüber aus den gegen ihn als Rheder erlangten vollstreckbaren Schuldtiteln das Schiff als Gegenstand der Zwangsvollstreckung in Anspruch nehmen (Ehrenberg a. a. O. S. 171).

§. 165. Auf Antrag des Gläubigers veranlaßt das Gericht die zur Bewachung, Verwahrung und Erhaltung des Schiffes erforderlichen Maßregeln.

Durch diese Maßregeln wird die Beschlagnahme des Schiffes in gleicher Weise wie durch die Zustellung des Einleitungsbeschlusses bewirkt.

Das Gericht kann die Aufhebung dieser Maßregeln anordnen, wenn der zur Fortsetzung derselben nöthige Geldbetrag von dem Gläubiger nicht vorgeschossen wird.

§. 166. Ist die Beschlagnahme des Schiffes (§. 16) für einen Schiffsgläubiger auf Grund eines gegen den Schiffer erlassenen Urtheils erfolgt, so ist dieselbe auch gegen den Eigenthümer wirksam.

Ein nach der Beschlagnahme eingetretener Wechsel des Eigenthümers oder des Schiffers hindert nicht die Fortsetzung des Verfahrens.

Stellt sich heraus, daß das Schiff sich zur Zeit der Beschlagnahme nicht im Gerichtsbezirk befunden hat, so ist das Verfahren aufzuheben.

§§ 165, 166 Einleitung, Beschlagnahme, Sicherungsmaßregeln.

1. Entw §§ 162, 163 — §§ 214–218 R Zw G.Entw. — Bezüglich der Einleitung und der Beschlagnahme sowie der Wirkungen der letzteren gelten im Allgemeinen die in §§ 16, 17 enthaltenen Vorschriften Bei der Zwangsvollstreckung gegen eine Rhederei muß die Zustellung des Einleitungsbeschlusses an sämmtliche Mitrheder erfolgen. Die Zustellung an den Korrespondentrheder genügt nicht (vgl Anm. 1 zu § 164). — Ueber den Umfang der Beschlagnahme enthält das Gesetz keine Vorschrift. Dieselbe ergreift das Schiff, als Gegenstand der Zwangsversteigerung, und das gesetzliche Zubehör desselben. Nur dieses

haftet zugleich sämmtlichen Schiffsgläubigern im Sinne des H G B. und den konventionellen Pfandgläubigern. (Mittelstein, Schiffspfandrecht S 42. — So auch § 214 R Zw.G.Entw) — Die neben dem Schiffe den Reiseglaubigern haftende **Fracht** (Art 759, 761) gehort zwar zur Immobiliarmasse, wird aber von der Zwangsversteigerung des Schiffes nicht berührt Die Frachtforderung bildet für diese Gläubiger einen besonderen (zweiten) Gegenstand ihres gesetzlichen Pfandrechtes (Art 771 Abs 1 und 2). Ebensowenig erstreckt sich die Zwangsversteigerung des Schiffes auf die in Art. 778 Abs 1 und 2 erwähnten Vergütungen und Entschädigungen im Falle der großen Haverei und einer durch rechtswidrige Handlungen herbeigeführten Beschädigung des Schiffes Der Anspruch auf dieselbe tritt nur für die Schiffsglaubiger an die Stelle desjenigen, wofür die Vergütung bestimmt, bez die Entschädigung zu leisten ist — Die Schiffsgläubiger haben ihre Befriedigung aus diesen Forderungsrechten in besonderem Verfahren zu betreiben; die Beschlagnahme im Versteigerungsverfahren ist auf diese Ansprüche nicht auszudehnen, auch nicht auf Antrag (- anders nach § 40 des Hamburgischen Gesetzes betr die Zwangsvollstreckung in das unbewegliche Vermögen —); sie sind in das Vertheilungsverfahren nicht hineinzuziehen Konventionelle Pfandgläubiger haben auf Befriedigung aus demselben keinen Anspruch, auch dann nicht, wenn sie einen Ausfall bei der Zwangsversteigerung des Schiffes erleiden, der nicht eingetreten sein wurde, wenn jene Anspruche zur Befriedigung der Schiffsglaubiger verwendet sein würden — Die Rechtsverhaltnisse der Schiffsglaubiger und der denselben nachstehenden Vertragspfandgläubiger sind analog denen der Korrealhypothekenglaubiger und der denselben nachstehenden Glaubiger Die ausfallenden Vertragspfandgläubiger müssen ihre Befriedigung aus den durch die Befriedigung der Schiffsglaubiger im Versteigerungsverfahren pfandfrei gewordenen Forderungsrechten nach §§ 730 ff C P O suchen

2. Die **Zustellung des Einleitungsbeschlusses** (§ 16) an den Schiffer (Anm 3 zu § 164) in dem gegen ihn eingeleiteten Verfahren und die damit verbundene Beschlagnahme hat gegenuber dem Schiffseigenthumer dieselbe Wirkung, als wenn sie an letzteren personlich erfolgt wäre Diesen Satz spricht § 166 Abs 1 als Konsequenz des Art 764 H G B aus Daß die Beschlagnahme auch gegen den Schiffer wirkt, versteht sich von selbst Ihre Bedeutung liegt dem Schiffer gegenuber aber wesentlich in dem Verbote thatsachlicher, den Gläubiger benachtheiligender Dispositionen (§ 137 St G.B); rechtliche Verfugungen kann er rechtswirksam uberhaupt nur in dem beschrankten Umfange seiner gesetzlichen Befugnisse vornehmen (Art 495 ff H G B)

3. **§ 165** gestattet dem Glaubiger, besondere **Sicherheitsmaßregeln** zu beantragen, welche die nur bei Grundstucken zur Ausschließung der Verwaltungs- und Nutzungsrechte des Eigenthumers anwendbare Zwangsverwaltung entbehrlich machen (Anm 1 zu § 163 Nach dem § 215 Abs 1 R Zw G Entw erfolgen solche Maßregeln auch ohne Antrag Dagegen ist die Fürsorge mehr eingeschrankt durch Abs 2) Die Motive bemerken zu § 165: „Auf Antrag des Gläubigers soll sowohl die Erhaltung des Schiffes, als auch das Verbleiben desselben im Gerichtsbezirke (§ 160 Abs 2) gesichert werden Es bedarf hierzu nicht einer den Besitz des Schiffes übertragenden Pfandung, die an sich bei der naturlichen Beweglichkeit des Schiffes in Aussicht genommen werden konnte Es genügen dazu andere zweckentsprechende Maßregeln. Da dieselben häufig schneller auszuführen sind

als die Zustellung des Einleitungsbeschlusses, und da sie die Beschlagnahme äußerlich erkennbar machen, so rechtfertigt es sich, der Ausführung die Wirkung der Beschlagnahme beizulegen. Die Fortdauer der Maßregeln ist in Analogie des § 813 der C P O. von der Leistung eines entsprechenden Vorschusses abhängig zu machen, ohne daß jedoch mit der Aufhebung der Maßregeln auch die Aufhebung der einmal erfolgten Beschlagnahme eintreten müßte" — Die vorgeschossenen Kosten (vgl. auch § 11 K.G.) gehören zu den Kosten des Verfahrens (Anm. 2 d α zu § 84). — Wegen der Sicherungsmaßregeln auf Antrag des Erstehers vgl. § 175.

4. Zu **§ 166 Abs** 2 bemerken die Motive: „Die Wirkung der Beschlagnahme gegen Rechtsnachfolger des Schuldners, daß das Verfahren fortgesetzt wird, kann hier unbeschränkt ausgesprochen werden, da die Berufung auf den öffentlichen Glauben eines Buches nicht stattfindet" — Vgl dazu Anm. 9. C zu §§ 16, 17. — Die Vorschrift des Abs. 2 ist nicht auf den Fall des Abs 1 beschränkt, sondern gilt auch, wenn die Zwangsversteigerung gegen die Eigenthümer eingeleitet ist. — Der R.Zw.G Entw. hat die Bestimmung, als mit dem Schutze des guten Glaubens nicht vereinbar, gestrichen (Mot S. 346).

5. **§ 166 Abs. 3.** „Stellt sich heraus, daß das Schiff zur Zeit der Beschlagnahme sich im Gerichtsbezirke nicht befunden hat, das Gericht also für das Verfahren nicht zuständig ist, so ist das Verfahren von Amtswegen aufzuheben, da es nur unter Voraussetzung der noch zu begründenden Zuständigkeit eingeleitet werden konnte" (Mot.). Vgl Anm. 5 zu §§ 155, 156.

§. 167. Der Antrag auf Einleitung des Verfahrens wird in das Schiffsregister nicht eingetragen.

Nach erfolgter Beschlagnahme eines im Schiffsregister eingetragenen Schiffes ersucht das Gericht die das Register führende Behörde um Mittheilung, ob und welche das Schiff betreffenden Eintragungen oder Löschungen nach Ertheilung des nach §. 164 vorgelegten Auszugs erfolgt sind.

§ 167. Mittheilungen aus dem Schiffsregister.

1. Entw. § 164. — § 213 R Zw.G Entw. — **Abs. 1:** „Der Eintragung eines Vermerkes über die Einleitung des Verfahrens in das Schiffsregister kann nach der Bedeutung des letzteren keine besondere Wirkung beigelegt werden" (Mot.). Umgekehrt schreiben § 213 Abs. 1 und 2 R Zw.G Entw. die Eintragung vor. — Die Bedeutung des Schiffsregisters ergiebt sich aus Art. 432—438 H G.B, bez. dem Bundesgesetze vom 25 Okt 1867 betr die Nationalität der Kauffahrteischiffe. Als Pfandschuldbuch dient es nur für die vertragsmäßigen Pfandrechte (Art 59 Pr E.G. z. H G.B und die zu § 169 aufgeführten Spezialgesetze) Die Schiffsgläubiger (Art. 757 H G.B) werden nicht eingetragen.

2. **Zu Abs. 2.** „Dagegen sind die aus dem Schiffsregister sich ergebenden dinglich Berechtigten wie die im Grundbuche Eingetragenen als Interessenten zu dem Verfahren von Amtswegen zuzuziehen, und ist deshalb der von dem betreibenden Gläubiger bereits vorgelegte Auszug aus dem Schiffsregister bis auf die neueste Zeit zu ergänzen. Für die Zuziehung der übrigen in § 166 (jetzt § 169)

bezeichneten Personen als Interessenten sprechen die gleichen Rücksichten" (Mot.) — Auch bei ausländischen Schiffen findet Abs. 2 Anwendung

§. 168. Ist das Verfahren gegen den Schiffer eingeleitet, so gehören zu den Interessenten des Verfahrens (§. 21)

1) der Eigenthümer des Schiffes,

2) ein nach dem Schuldner eingetretener Schiffer,

sofern diese Personen sich zu den Vollstreckungsakten gemeldet und ihre Rechte glaubhaft gemacht haben.

Ist ein neuer Schiffer als Interessent eingetreten, so scheidet der frühere Schiffer als Interessent aus.

§. 169. Zu den Interessenten des Verfahrens gehören an Stelle der in §. 21 Nr. 3 bezeichneten Personen diejenigen, welche als Schiffsgläubiger oder sonst dinglich Berechtigte von dem Gläubiger, dem Schuldner, oder den in §. 168 bezeichneten Interessenten zu den Vollstreckungsakten namhaft gemacht werden oder aus dem Schiffsregister oder den dem Gericht vorgelegten, zur Aufnahme von Verpfändungsvermerken bestimmten Schiffspapieren ersichtlich sind.

§§ 168, 169. **Interessenten des Verfahrens.**

1 Entw §§ 165, 166. — §§ 209, 217 R Zw G Entw — Die Vorschrift des **§ 168** trägt der Möglichkeit Rechnung, daß bei einem gegen den Schiffer eingeleiteten Verfahren neben demselben der Eigenthümer des Schiffes eintritt (Prot. z. H.G B S 1911 — Anm 3 zu § 164), oder daß sich ein neuer Schiffer meldet. Das Eintreten des Letzteren hat die Wirkung, daß der frühere Schiffer ausscheidet — Die Motive führen die Vorschriften des § 168 überall auf die Vertretung des Eigenthümers durch den früheren bez den neu eintretenden Schiffer zurück. Sie sagen. „Ist das Verfahren gegen den Schiffer eingeleitet, so bedarf es in Folge der stattfindenden Vertretung der Zuziehung des Eigenthümers nur insoweit, als derselbe sich zur Theilnahme an dem Verfahren meldet Ein neu eingetretener Schiffer steht hierin einem neu eintretenden Eigenthümer gleich; er tritt als Vertreter des Rheders zugleich völlig an Stelle des abgegangenen Schiffers" (Mot). — Vgl. auch Anm 3 zu § 164

2 **§ 169** ersetzt die Nr 3 des § 21 — Da das Schiffsregister für die Feststellung der Realgläubiger nur die Anm 1 zu § 167 angegebene untergeordnete Bedeutung hat, außerdem der Eintragung vertragsmäßiger Pfandrechte erst seit kürzerer Zeit dient (in den Gebietstheilen des Allg Landrechtes seit 1. März 1862, Art. 1 u 59 Pr E G H G B., — in Neuvorpommern und Rügen seit 22. April 1868, § 33 Ges v. 21. März 1868, G S S 293 [ausgegeben zu Berlin den 11 April 1868] und § 48 E G. N V P; in Schleswig-Holstein seit dem 1 Okt 1873, §§ 48, 53 E G Schl H; in Hannover seit dem 1 Okt 1879, §§ 1 u. 3 Ges. v. 27. Jan. 1879 [G.S. S. 9], so ist die Namhaftmachung der Realberechtigten durch den Gläubiger, den Schuldner und die in § 168 erwähnten Personen

der Ersichtlichkeit aus dem Schiffsregister gleichgestellt [s. jedoch Anm 1 zu § 176] — Für deutsche Kauffahrteischiffe ist z 3 das alleinige Schiffspapier das Certifikat (§ 8 B Ges. v 25. Okt 1867, G.S. S. 35, Art. 53 § 6 E G. H.G.B.). Auf diesem werden nach dem jetzt allgemein gültigen § 1 Art 59 Pr. E.G. z. H.G.B. (vgl die oben citirten Spezialgesetze) die im Schiffsregister eingetragenen Verpfändungen vermerkt (vgl Instr. v. 12. Dez 1861, J.M Bl 1861 S. 362, v. 31. Aug 1867, J.M Bl S. 300). Die Vorlegung der zur Aufnahme von Verpfändungsvermerken bestimmten Schiffspapiere hat daher ihre hauptsächlichste Bedeutung theils für deutsche Kauffahrteischiffe, welche noch ältere derartige Papiere besitzen (Beilbriefe, § 302 I. 20 A L R; Certifikate, § 31 Hann. E G. z. H.G B. v 5. Okt 1864, Hann G.S S. 213), theils für ausländische Kauffahrteischiffe, theils endlich für die in § 1 Nr 4 gedachten anderen zur Frachtschifffahrt bestimmten Schiffsgefäße (vgl Anm 8. b zu § 1; zugleich auch über den Vermerk der Verpfändung auf den Schiffsurkunden). — Es ist hier an eine Vorlegung durch den betreibenden Gläubiger, den Schuldner oder die in § 168 bezeichneten Interessenten zu denken. Die Vorlegung der betr. Schiffspapiere ersetzt die Namhaftmachung der Realberechtigten. — Die gemäß § 169 Abs 2 zur Kenntniß des Vollstreckungsgerichtes gebrachten Realberechtigten sind von Amtswegen zuzuziehen (Anm. 2 zu § 167 und § 176) — Wegen der Berücksichtigung auf geschehene Anmeldung (§ 21 Nr 4) vgl. § 172.

3. Art. 757 H.G B. bestimmt die Forderungen, welche die Rechte eines Schiffsgläubigers gewähren Vgl dazu die von Schwartz mitgetheilte Allgemeine Verfügung des Justizministers vom 17. Dezember 1888 (I 3323):

„Nach § 86 Abs. 2 des Gesetzes, betreffend die Unfallversicherung der Seeleute und anderer bei der Seeschifffahrt betheiligten Personen, vom 13. Juli 1887 (Reichs-Gesetzbl. S. 329) gewähren sämmtliche Forderungen der auf Grund dieses Gesetzes gebildeten Berufsgenossenschaft, welche ihren Sitz in Hamburg hat, die Rechte eines Schiffsgläubigers (Art. 757 des Handelsgesetzbuches) mit dem Vorzugsrechte hinter den in Art. 772 Ziffer 5 a. a. O. bezeichneten Forderungen. Da die Mittel zur Deckung der von der Berufsgenossenschaft zu leistenden Entschädigungsbeiträge und der Verwaltungskosten durch Beiträge aufgebracht werden, welche auf die Mitglieder der Berufsgenossenschaft erst nach Ablauf jeden Jahres umgelegt werden, so wird bei der Zwangsvollstreckung in deutsche Seefahrzeuge die genannte Berufsgenossenschaft regelmäßig als Schiffsgläubigerin zu den Interessenten gehören, welche nach den §§ 169 ff, § 47 des Gesetzes, betreffend die Zwangsvollstreckung in das unbewegliche Vermögen, vom 13. Juli 1883 (Ges-Samml S 131), zu dem Zwangsvollstreckungsverfahren hinzuzuziehen sind.

Ew Hochwohlgeboren ersuche ich, den Ihnen unterstellten, mit der Zwangsvollstreckung in Schiffe befaßten Amtsgerichten hiervon Kenntniß zu geben und dieselben zu veranlassen, bei Einleitung der Zwangsvollstreckung in Schiffe mit besonderer Sorgfalt zu prüfen, ob die Zuziehung der Seeberufsgenossenschaft als Schiffsgläubigerin im einzelnen Falle geboten erscheint."

§ 209 Abs 2 R Zw.G.Entw. fordert die Zuziehung der Seeberufsgenossenschaft, ohne daß eine Anmeldung erforderlich wäre.

§. **170.** Das Schiff wird durch den Verkauf von allen dinglichen Rechten frei, soweit dieselben nicht von dem Ersteher übernommen werden. Die Vorschriften über die Nothwendigkeit und die Feststellung eines geringsten Gebots (§§. 22, 53 bis 59) finden nicht Anwendung.

§ **170. Die Realrechte bei der Zwangsversteigerung.**

1. Entw. § 167, § 221 R Zw G Entw — „Nach Art 767 Ziffer 1 und Art 780 des Handelsgesetzbuches erlöschen durch den im Wege der Zwangsvollstreckung erfolgten Verkauf des Schiffes alle Pfandrechte an demselben in der Art, daß an Stelle des Schiffes das Kaufgeld tritt. Danach konnen durch Landesgesetz die Rechte der Pfandgläubiger auf das Kaufgeld, wie sie ihnen nach Maßgabe der bestehenden Rangordnung zustehen, nicht geändert werden. Die Bestimmung eines geringsten Gebotes würde diese Rechte unter Umständen völlig ausschließen (§ 40 Nr 8, §§ 56, 108); sie muß deshalb als unzulässig erachtet werden Es fällt damit auch die Bestimmung, daß ein Theil des Kaufgeldes nicht baar bezahlt werden solle“ (Mot.) Vgl außerdem auch Art 769 H G B

2 Bei Zwangsversteigerungen von Schiffen findet daher nur eine Uebernahme gemäß § 116 mit den dort erörterten Wirkungen statt (Anm B 6 - 9 zu §§ 116, 117)

§. **171.** Aus dem Kaufgelde des Schiffes werden in der nachstehenden Reihenfolge berichtigt:

1) die Forderungen der Schiffsglaubiger in der Reihenfolge und dem Umfange, welche durch Artikel 757 bis 773 des Handelsgesetzbuchs festgesetzt sind;
2) alle übrigen bis zur Beschlagnahme des Schiffes entstandenen dinglichen Ansprüche nach der durch die Vorschriften des bürgerlichen Rechts zu bestimmenden Reihenfolge und nach Maßgabe der Vorschriften der §§. 35, 36;
3) die in §. 30 bezeichneten Forderungen nach Maßgabe der Vorschriften der §§ 30, 35, 36;
4) die in §. 37 bezeichneten Rückstände von den nach Nr. 2, 3 zu berichtigenden Ansprüchen.

Bezüglich derjenigen Schiffe, auf welche die Artikel 757 bis 773 des Handelsgesetzbuchs nicht Anwendung finden, bleiben die bestehenden Vorschriften über die vorzugsweise Befriedigung von Forderungen, welche nicht zu den unter Nr 2 bis 4 bezeichneten gehören, in Kraft.

§ **171. Rangordnung der Glaubiger.**

1 Entw § 168. — § 210 R Zw.G Entw — Der **Abs. 1** handelt von der Rangordnung der Gläubiger bezüglich derjenigen Schiffe, auf welche der zehnte

Titel des fünften Buches des Handelsgesetzbuches (Art. 757 ff) Anwendung findet, d. h der **Seeschiffe** (Art. 29 Pr. E G z H G B; Anm 8 a zu § 1). Es sind zu unterscheiden:

A. Die Forderungen der Schiffsgläubiger. Ueber das Verhältniß derselben zu anderen Gläubigern bestimmt Art. 779 H G.B, daß im Falle der Konkurrenz der Schiffsgläubiger, welche ihr Pfandrecht verfolgen, mit anderen Pfandgläubigern oder sonstigen Gläubigern die Schiffsgläubiger den Vorzug haben.

Dieser reichsgesetzlichen Vorschrift entspricht die in Abs 1 unter Nr. 1—4 aufgestellte Reihenfolge — Welche Forderungen die Rechte des Schiffsgläubigers gewähren, ergiebt Art 757 H.G B. (vgl Anm. 3 zu §§ 168, 169) Nach Art. 763 gilt das einem Schiffsgläubiger zustehende Pfandrecht in gleichem Maße für Kapital, Zinsen, Bodmereiprämie und Kosten — Die beschränkenden Vorschriften der §§ 35—37 d G. finden auf die Forderungen der Schiffsgläubiger keine Anwendung — Nicht allen Schiffsgläubigern haften die zur Immobiliarmasse gehörigen beweglichen Gegenstände in gleichem Umfange. Vgl. darüber Art. 758 bis 761 H G B, deren Inhalt in Anm. 8 a zu § 1 wiedergegeben ist — Bezüglich des dem Bodmereigläubiger zustehenden Pfandrechtes vgl. Art. 762 H.G.B. Der Inhalt der Art. 764, 765 ist in Anm. 3 zu § 164 wiedergegeben. Nach Art. 766 haftet das einer Rhederei gehörige Schiff mit seiner Fracht den Schiffsgläubigern in gleicher Weise, als wenn das Schiff nur einem Rheder gehörte. — Die Art. 767—769 handeln von dem Erlöschen des Pfandrechtes der Schiffsgläubiger (s. auch Anm 1 zu § 170). — Die Reihenfolge der Schiffsgläubiger unter einander regeln die Art. 770—773 H.G.B. Dazu Ehrenberg, Beschränkte Haftung S. 287 ff;

B alle übrigen bis zur Beschlagnahme des Schiffes entstandenen dinglichen Ansprüche — Ihre Entstehung ist nach den Vorschriften des bürgerlichen Rechtes zu beurtheilen, ebenso richtet sich die Reihenfolge nach diesen Vorschriften Nach dem Inkrafttreten des Art 59 Pr E G. H G B. (vgl. Anm. 2 zu §§ 168 (169) entscheiden darüber die §§ 2 und 3 des gedachten Art. 59, dazu § 33 d G. vom 21. März 1868 für Neuvorpommern

Für Pfandrechte, welche vor dem Inkrafttreten dieser gesetzlichen Vorschriften entstanden sind, ist das bisher geltende Recht maßgebend Für das Rechtsgebiet des Allg Landrechtes vgl. §§ 300 ff. bis 313 I 20 A L.R. und § 31 Hann E G. H.G B; für den Geltungsbereich des gemeinen Rechtes kommen die gemeinrechtlichen Vorschriften zur Anwendung, vgl Mittelstein, Schiffspfandrecht S 121; für Hannover vgl aber §§ 2 Nr. 3 und 11 Hann. Hyp.-Ges v 14 Dez 1864 und § 49 Abs 4 E G. Hann, für Schleswig-Holstein vgl. Anm 2 d zu § 194 In den gemeinrechtlichen Landestheilen verlieren ältere Pfandrechte ihr Vorzugsrecht vor den in das Schiffsregister eingetragenen Forderungen, wenn dasselbe nicht in dem bei der ersten Verpfändung eines Kauffahrteischiffes nach § 2 Art 59 Pr E G. H.G B vorgeschriebenen Aufgebotsverfahren angemeldet ist (Ges. betr. die Verpfändung von Kauffahrteischiffen in der Provinz Hannover v. 27 Jan 1879, G S. S. 9; §§ 50, 51 E G Schl Holst.; für Neuvorpommern und Rügen § 157 Ges v. 21. März 1868, §§ 48, 49 E.G N V P).

Für den Umfang der an Stelle des Kapitales zu berücksichtigenden Nebenansprüche sind die §§ 35, 36 maßgebend. Vgl. auch § 178 Abs. 3;

C die **Forderungen**, wegen deren das Schiff im Wege der Zwangsvollstreckung oder des Arrestes (§ 178) in **Beschlag genommen** ist, soweit sie nicht als Realforderungen zur Hebung kommen, und die nach der Beschlagnahme des Schiffes entstandenen Realansprüche. — Die Reihenfolge derselben bestimmt sich nach § 30; der Umfang der Berücksichtigung nach §§ 35, 36 (vgl auch § 178 Abs. 3);

D die **älteren als zweijährigen Rückstände** der unter B und C. aufgeführten Ansprüche

2 Abs. 2 betrifft die Rangordnung der Gläubiger bei **andern zur Frachtschifffahrt bestimmten Fahrzeugen** (Anm 8 b zu § 1). Vgl Mittelstein, Schiffspfandrecht S 145. Für diese gelten als Schiffsglaubiger (im Sinne des älteren Rechtes) im Geltungsbereiche der Pr K O. von 1855 die daselbst in §§ 64—71 aufgeführten Gläubiger

Im landrechtlichen Theile von Hannover kommen die in §§ 320, 323—325 I. 20 A L R aufgefuhrten Vorzugsrechte der Bergegelder und Heuerforderungen, jedoch beide nur von der letzten Reise, und der Reparaturschulden in Betracht — Für die gemeinrechtlichen Theile der Provinz Hannover sind nach den Motiven derartige Vorzugsrechte nicht bekannt. Man wird indeß mit Schneider („Zur Einführung der Subhastationsordnung in die hannoversche Praxis", 1884 S 7, 8) als bevorrechtigt die nach § 59 Nr 3, 6 des Hannov Hyp Ges v 14 Dez. 1864 mit dem Vorzugsrechte des Liedlohnes ausgestattete Lohnforderung des Schiffers und des Schiffsvolkes für die letzten sechs Monate vor der ersten Beschlagnahme des Schiffes (§§ 16, 36) anerkennen müssen

In den übrigen gemeinrechtlichen Landestheilen sind besondere (nicht auch für andere Vermögensobjekte) geltende Pfandprivilegien bei Flußfrachtschiffen nicht vorhanden

3. Die Ordnung des § 171 ist auch insofern zwingend, als sie bei den Zwangsversteigerungen von Schiffen, welche von preußischen Gerichten vollzogen werden, auch dann zur Anwendung kommt, wenn das Schiff ein **ausländisches** ist und lediglich ausländischen Gläubigern nach den Grundsätzen ausländischen Rechtes verpfändet ist Es kann sich dadurch freilich das Rangverhältniß der betheiligten Gläubiger direkt umkehren Aber der Beschluß des Institutes für internationales Recht und des Antwerpener Kongresses von 1881, nach welchem sowohl für die Frage nach der Existenz des Rechtes als Schiffsgläubiger, als auch für die Prioritätsfrage das Recht der Flagge maßgebend sein müsse, ist bisher von der preußischen Gesetzgebung nicht aufgenommen, vielmehr der Grundsatz, daß die lex fori entscheide, festgehalten. So das Reichsgericht in der Jur Wochenschr. von 1891 S. 10 — Vgl über die Frage Mittelstein, Schiffspfandrecht S 234 ff.

§. 172. Die Bekanntmachung des Versteigerungstermins muß an Stelle des in §. 40 Nr. 8 bezeichneten Inhalts die Aufforderung an alle Schiffsgläubiger und sonstigen Realberechtigten enthalten, ihre Rechte bei der Versteigerung wahrzunehmen, insbesondere ihre Ansprüche spätestens bei der Verhandlung über die Vertheilung des zu erzielenden Kaufpreises anzumelden, widrigenfalls dieselben bei dieser Vertheilung unberücksichtigt bleiben werden, soweit sie nicht aus dem Schiffsregister oder den dem Gericht vorgelegten, zur Aufnahme von Verpfändungsvermerken bestimmten Schiffspapieren ersichtlich sind.

§ 172. **Versteigerungsausschreiben.**

1. Entw. § 169. — § 219 R.Zw.G.Entw. — „Die in die Bekanntmachung des Versteigerungstermines aufzunehmende Aufforderung an die Gläubiger ist mit Rücksicht auf Art. 767 Ziffer 1 des Handelsgesetzbuches gefaßt Ansprüche, welche sich aus dem Schiffsregister oder den vorgelegten, zur Aufnahme von Verpfändungsvermerken bestimmten Schiffspapieren ergeben, sind der Berücksichtigung der im Grundbuche eingetragenen Gläubiger entsprechend bei der Vertheilung von Amtswegen zu berücksichtigen. Durch die Fassung des § 169 wird zugleich ausgedrückt, daß die Unterlassung dieser Aufforderung dieselben Folgen hat, wie die Unterlassung der in § 40 Nr. 8 vorgeschriebenen Aufforderung." (Mot.) — Gegenüber § 40 Nr. 8 ist also die Anmeldefrist erheblich hinausgeschoben.

2. Wegen der zur Aufnahme von Verpfändungsvermerken bestimmten Schiffspapiere vgl. Anm. 2 zu § 169.

Die Unterlassung der Aufforderung in der Bekanntmachung begründet Versagung des Zuschlages von Amtswegen (§ 75 Nr. 4, § 78 — Anm. 2. b β und 6. d zu §§ 75—78) — Der sonstige Inhalt der Bekanntmachung ergiebt sich aus der entsprechenden Anwendung des § 40 Nr. 1, 4, 5, 6, 7, 9.

4. Die an die Unterlassung der Anmeldung geknüpfte Folge entspricht der Vorschrift des § 106 (Anm 4 B. c daselbst). — Vgl. auch § 176.

5. Im Uebrigen kommen § 40 Nr. 1—7 zur entsprechenden Anwendung. Das Schiff ist möglichst im Anschlusse an das Schiffsregister zu bezeichnen. So § 219 Abs. 1 R.Zw G.Entw.

§. 173. Die Versteigerungsfrist (§. 42) beträgt bei registrirten Seeschiffen drei Monate, bei anderen Schiffen vier Wochen bis drei Monate, in den durch dieses Gesetz bestimmten Fallen der Abkürzung der Frist für Schiffe jeder Art zwei bis sechs Wochen.

§ 173. **Terminsfrist.**

1. Entw. § 170 — Zu registriren sind deutsche Kauffahrteischiffe (§ 1 Ges. v. 25. Oktober 1867, B G.Bl S 35) von mehr als 50 Kubikmeter Bruttoraumgehalt (§ 1 Ges v 28 Juni 1873, R G Bl. S. 184) 50 Kubikmeter Bruttoraumgehalt sind zu rechnen: a) bei Segelschiffen gleich 22 Tonnen zu 1000 Kilogramm; b) bei Dampfschiffen gleich 15 Tonnen zu 1000 Kilogramm derjenigen Tragfähigkeit, welche in den vor dem 1 Januar 1873 für deutsche Schiffe ausgefertigten Meßbriefen aufgeführt ist (Ver v. 13. Nov 1873 § 5, R G Bl S 367). — Für nicht deutsche Kauffahrteischiffe jeder Größe, für deutsche Kauffahrteischiffe von nicht mehr als 50 Kubikmeter Raumgehalt; für nicht zur Seefahrt bestimmte Schiffe jeder Größe (§ 1 Ges. v 25. Okt. 1867, B G Bl. S 35; § 1 Ver v. 13 Nov. 1873, R.G.Bl. S 367) kann die regelmäßige Terminsfrist auf vier Wochen bis 3 Monate bestimmt werden

2. Die Fälle, in denen eine Abkürzung der Frist fur Schiffe jeder Art erfolgen kann, ergeben sich aus §§ 49 Abs 2, 50 Abs 2, 69 Abs. 2, 74 Abs. 3, 79 Abs. 3, 99 Abs 3.

3 Wegen des Beginnes der Frist s Anm 2 zu § 174; wegen der Berechnung der Frist §§ 199, 200 C P.O

§. 174. Bei Veröffentlichung der Bekanntmachung des Versteigerungstermins (§. 46) kann die Einrückung in den Anzeiger des Amtsblatts durch Anheftung in der Ortsgemeinde nicht ersetzt werden

Die Veröffentlichung erfolgt, wenn ein registrirtes Seeschiff versteigert werden soll, auch durch Einrückung in den Anzeiger des Amtsblatts der Regierung (Landdrostei), in deren Bezirk das Schiff seinen Heimathhafen hat; wenn ein anderes Schiff versteigert werden soll, auch durch Einrückung in den Anzeiger des Amtsblatts der Regierung (Landdrostei),* in deren Bezirk der Eigenthümer des Schiffes einen zu den Vollstreckungsakten angezeigten Wohnsitz hat.

§ 174. Veröffentlichung.

1. Entw § 171. — § 220 R Zw G Entw — Für die Art der Bekanntmachung ist (neben § 174 Abs 2) § 46 Abs 1, 3, 4, 5 maßgebend Die Anwendung von § 46 Abs 6 wird durch § 174 Abs. 1 ausgeschlossen — Die Bekanntmachung muß hiernach in allen Fällen durch Anheftung an die Gerichtstafel und durch einmalige Einrückung in das Amtsblatt der Regierung (Landdrostei) erfolgen, in deren Bezirk das Vollstreckungsgericht liegt. Liegt bei registrirten Seeschiffen der Heimathshafen nicht in demselben (Amtsblatts-) Bezirk wie das Vollstreckungsgericht, oder hat der Eigenthümer eines anderen Schiffes seinen zu den Vollstreckungsakten angezeigten Wohnsitz nicht in dem (Amtsblatts-) Bezirke des Vollstreckungsgerichtes, so tritt obligatorisch neben die Einrückung in das Amtsblatt der Regierung (Landdrostei), in deren Bezirk das Vollstreckungsgericht liegt, die Einrückung in das Amtsblatt des in § 174 Abs 2 bezeichneten Bezirkes — Diese obligatorischen Vorschriften stehen unter dem Schutze des § 75 Nr 5 und des § 78 (Anm 6 e zu §§ 75 - 78) — „Die einzelnen Landdrosteien in Hannover haben zwar nicht besondere Amtsblatter; doch ist für jede Landdrostei ein gewisses Amtsblatt bestimmt, zur Zeit für sämmtliche Landdrosteien das der Landdrostei zu Hannover" (Mot) Nach § 2 des Ges uber die allg Landesverwaltung v 30 Juli 1883 sind die Landdrosteibezirke als Regierungsbezirke bestehen geblieben — Ueber die Bedeutung des „Heimathhafens" siehe Art. 435 Nr. 3 H G B.; § 5 Ges. vom 25 Oktober 1867, B G Bl. S. 35

Es bestimmt zwar § 75 Nr 6, daß fur den Beginn der Frist des § 42 der Tag, an welchem die Einrückung oder die erste Einrückung der Bekanntmachung in den Anzeiger des Amtsblattes erfolgt ist, maßgebend sein soll Diese Vorschrift hat indeß die bei der Versteigerung von Grundstücken allein obligatorische Veröffentlichung der Bekanntmachung in dem Amtsblatte des Bezirkes, in welchem das Vollstreckungsgericht liegt, zur Voraussetzung; und unter der „ersten Einrückung" ist die erste von mehreren Einrückungen in dasselbe Amtsblatt zu verstehen. — Die entsprechende Anwendung des § 75 Nr 6 in den Fallen des

§ 174 Abs. 2 führt dahin, daß die Frist zu laufen beginnt von dem Tage, an welchem die Einrückung oder die erste Einrückung (von mehreren in dasselbe Amtsblatt) in den Amtsblättern der in Frage kommenden beiden Bezirke stattgefunden hat. (So auch Jäckel Anm. 2 und Rudorff Anm. 2 zu § 173).

§. 175. An Stelle der nach den Vorschriften des §. 98 zulässigen Verwaltung tritt die gerichtliche Bewachung und Verwahrung des versteigerten Schiffes.

Die Vorschriften des §. 165 Absatz 3 finden hierbei entsprechende Anwendung.

§ 175. Sicherungsmaßregeln nach Ertheilung des Zuschlages.

Entw § 172. — § 222 R Zw G Entw — „Die Vorschrift rechtfertigt sich in Analogie des § 165 durch das Schutzbedürfniß sowohl der Gläubiger als des Erstehers." · Vgl Anm. 2–5 zu § 98 — Die Aufhebung der Maßregeln des Abs. 1 kann vom Gerichte angeordnet werden, wenn der zur Fortsetzung derselben nöthige Geldbetrag von dem Antragsteller (Gläubiger oder Ersteher) nicht vorgeschossen wird. (Anm. 3 zu §§ 165, 166)

§. 176. In den Theilungsplan sind an Stelle der in §. 106 Nr. 1 bezeichneten Lasten und Forderungen und in dem daselbst bezeichneten Umfange von Amtswegen die Forderungen aufzunehmen, welche aus dem Schiffsregister oder den dem Gericht vorgelegten, zur Aufnahme von Verpfandungsvermerken bestimmten Schiffspapieren ersichtlich sind.

Eintragungen in dem Schiffsregister, welche nach der Beschlagnahme erfolgt sind, werden nur berücksichtigt, wenn sie spatestens im Termine nachgewiesen werden.

§ 176. Theilungsplan.

1. Entw § 173. — „Es wird hier nur die Ausführung des § 172 gegeben." (Mot) — Vgl Anm. 2 zu § 167; Anm. 2 zu §§ 168, 169, Anm. 4 zu § 172. — Die nach § 169 von den Interessenten namhaft gemachten Berechtigten sind zwar von Amtswegen zu dem Verfahren zuzuziehen; in den Theilungsplan aber nur gemäß ihrer Anmeldung aufzunehmen. (So auch Jaeckel Anm. 1).

2. Abs. 2 entspricht dem § 106 Abs 3.

§. 177. Ist das versteigerte Schiff ein im Schiffsregister eingetragenes Seeschiff, so finden die Bestimmungen des §. 124 in Betreff der Eintragung des Erstehers in das Register, der Löschung der im Register eingetragenen nicht übernommenen Pfandrechte, sowie der Eintragung des Pfandrechts für den etwaigen Kaufgeldrückstand entsprechende Anwendung. Die Eintragungen und Löschungen erfolgen auf Ersuchen des Gerichts.

Das Pfandrecht für den Kaufgeldrückstand wird durch die Eintragung begründet, wenn auch der Ersteher inzwischen das Schiff weiter veräußert hat. Das Pfandrecht geht allen übrigen Pfandrechten mit Ausnahme desjenigen der Schiffsgläubiger vor.

§ 177 **Eintragungen in das Schiffsregister**

1 Entw. § 174 — § 223 R Zw G Entw — Zu **Abs 1** In dem Regierungsentwurf waren hinter den Worten „des Erstehers" noch die Worte „als Eigenthümer des Schiffes" enthalten Es ist auch in den Verhandlungen beider Häuser des Landtages kein Beschluß wegen Streichung derselben erfolgt (vgl. Drucksachen des A H. Nr 227 und Sten Ber des A H S 1828 [Antrag des Abg Hartmann] und S 1835). Sie fehlen aber bereits in der Drucksache Nr 75 des Herrenhauses, welche den Gesetzentwurf in der Fassung enthält, in welchem er in der Sitzung des A H vom 29 Mai 1883 angenommen ist. — Die Auslassung ist ohne Bedeutung für das Verständniß.

2 Ist der Ersteher ein Ausländer (Nicht-Deutscher), so verliert das Schiff das Recht, die Bundesflagge zu führen und ist im Schiffsregister zu löschen (§§ 2 und 11 Ges vom 25. Oktober 1867, G S. S 35) In diesem Falle hat der Vollstreckungsrichter nichts zu veranlassen Die Löschung im Schiffsregister herbeizuführen, ist Sache der in § 12 Nr 1—3 a a O bezeichneten Personen (vgl auch § 15 a a O).

3 „Daß die Eintragungen und Löschungen auf Grund des Ersuchens des Gerichtes erfolgen, ist hinzugefügt, weil die Gesetze über Eintragungen im Schiffsregister in ihrem Wortlaute wie nach dem Zusammenhange mit § 301 A L R. Th I Tit. 20 sich nur auf vertragsmäßige Pfandrechte beziehen" (Mot) — Wegen der Gebühren § 10 K G.

4 „Die Vorschriften des **zweiten Absatzes** sind erforderlich, weil die Eintragungen im Schiffsregister nur dann ein Pfandrecht begründen, wenn der Verpfänder zur Zeit der Eintragung Eigenthümer des Schiffes ist, der Ersteher aber schon von dem Augenblicke des Eigenthumserwerbes an das Schiff veräußern kann, und weil sogar die Möglichkeit einer Verpfändung nicht ganz von der Hand zu weisen ist" (Mot) Dazu Mittelstein, Schiffspfandrecht S. 123 Anm 26. — Die Rechte der Schiffsgläubiger müssen nach Verkündung des Zuschlages entstanden sein. (Art. 767 Nr. 1 H G B) — Vgl § 198 Abs 2

§. 178. Die Vollziehung eines Arrestbefehls in ein Schiff erfolgt durch Pfändung nach den Vorschriften der Civilprozeßordnung über die Zwangsvollstreckung in bewegliche körperliche Sachen. Auf Antrag des Gläubigers veranlaßt das Gericht die zur Bewachung und Verwahrung des Schiffes erforderlichen Maßregeln.

Ist die Zwangsversteigerung des Schiffes bereits eingeleitet, so ist die nach §. 727 Absatz 2 der Civilprozeßordnung zuzustellende Abschrift des Pfandungsprotokolls dem Vollstreckungsgericht einzureichen.

Die Pfändung steht im Sinne des §. 36 einer bei Einleitung einer Zwangsverwaltung erfolgten Beschlagnahme gleich.

§ 178. Vollziehung eines Arrestbefehles.

1. Entw. § 175 — § 225 R.Zw.G.Entw. — Ueber die Voraussetzungen der Vollziehung des Arrestbefehles sind zu vergleichen Anm 11 zu § 2, sowie Anm 3 bis 6 zu § 10. — Ein Arrest in das Schiff kann „wegen persönlicher Ansprüche" rechtswirksam nur angeordnet werden, wenn das Schiff im Alleineigenthum des Schuldners sich befindet, oder die Rhederei als solche Schuldnerin ist. Wegen der Behandlung des Ausrüsters als Rheder vgl. Anm. 4 a. E. zu § 164. — Wegen Forderungen an einzelne Mitrheder kann nur deren Schiffspart den Gegenstand des Arrestes wie der Zwangsvollstreckung bilden (Anm. 8 zu § 2 a E.). — Die Zuständigkeit für die Erlassung des Arrestbefehles in ein Schiff regelt sich nach § 799 C P.O. Die Motive bemerken ausdrücklich, daß die Vorschrift des § 799 C.P O, nach welcher das Amtsgericht, welches nicht Gericht der Hauptsache ist, den Arrest nur in ein innerhalb des Gerichtsbezirkes befindliches Schiff anordnen kann, durch die hier gegebenen Vorschriften über Vollziehung des Arrestes nicht berührt wird.

2. „Für die Vollziehung eines Arrestbefehles in ein Schiff kann nicht eine Anordnung durch das Gericht, in dessen Bezirk sich das Schiff befindet, gefordert werden, da das Schiff dem Arreste sonst allzu leicht entzogen werden könnte Es soll deshalb auf Grund des Arrestbefehles die Pfändung an jedem Orte durch den Gerichtsvollzieher nach den Vorschriften über die Pfändung beweglicher Sachen gestattet werden Der bewahrende Besitz des Gerichtsvollziehers bietet indessen bei Schiffen nicht die gleiche Sicherung wie bei anderen Sachen. Deshalb soll für weitere Maßregeln zur Bewachung und Verwahrung des Schiffes auf Antrag des Gläubigers die Hülfe des Gerichtes gewährt werden" (Mot) — Anders § 225 R Zw.G Entw. und Mot — Die Zuständigkeit bestimmt sich auch in diesem Falle nach § 155 d G. — Für die Aufhebung dieser Maßregeln wegen mangelnden Vorschusses der nöthigen Geldmittel findet der § 813 Abs. 2 C.P O. von selbst Anwendung

Bezüglich der Unzulässigkeit der Arrestvollziehung in ein segelfertiges Schiff vgl. Anm. 1 zu § 164. Der Gerichtsvollzieher muß im Falle des § 446 H.G.B. ohne Weiteres von der Pfändung Abstand nehmen.

3 Durch die Vollziehung des Arrestbefehles erlangt der Arrestgläubiger ein Pfandrecht an dem Schiffe nach Maßgabe des § 709 C P.O. Er wird Interessent eines etwaigen Zwangsversteigerungsverfahrens. Diese Stellung und seine Zuziehung sichert ihm in einem bereits eingeleiteten Verfahren die Bestimmung des Abs. 2.

4. Abs. 3 verbindet mit der Pfändung in Betreff der Berechnung der laufenden und rückständigen Leistungen im Zwangsversteigerungsverfahren die Wirkung einer (bei Schiffen an sich nicht zulässigen) Zwangsverwaltung unter der Voraussetzung, daß die Pfandung zur Zeit der Einleitung der Zwangsversteigerung noch fortbesteht (§ 36 Abs 1) Der letzte Fälligkeitstermin vor der Pfändung ist demnach maßgebend. Anders § 225 Abs. 3 R.Zw.G Entw. und Motive.

5. Ueber die Anwendung dieser Bestimmung bei strafgerichtlichen Beschlagnahmen vgl. Anm. 13 zu § 2. Ob und inwieweit dieselbe auch bei der Vollziehung einer einstweiligen Verfügung Anwendung zu finden hat, muß sich nach der Beschaffenheit des einzelnen Falles richten. Vgl. Anm. 12 zu § 2.

§. 179. Für die Zwangsvollstreckung in eine Schiffspart ist das Gericht des Heimathhafens zuständig.

Die Zwangsvollstreckung erfolgt nach den Vorschriften der Civilprozeßordnung über die Zwangsvollstreckung in das bewegliche Vermögen unter Anwendung des §. 754 derselben.

Die Pfändung wird durch Zustellung des Gerichtsbeschlusses an den Schuldner oder an den Korrespondentrheder bewirkt. Erfolgt die Zustellung zuerst an den Schuldner, so hat der Gerichtsvollzieher unter entsprechender Anwendung des §. 730 Absatz 2 der Civilprozeßordnung auch die Zustellung an den Korrespondentrheder zu bewirken.

Mit dem Antrage auf Anordnung des Verkaufs ist ein in der letzten Woche vor dem Antrage ertheilter Auszug aus dem Schiffsregister (§. 164 Nr. 2) vorzulegen. Mit der Bekanntmachung des Versteigerungstermins (§. 717 Absatz 3 der Civilprozeßordnung) sind diejenigen, welche außer den Schiffsgläubigern Pfandrechte an dem Schiffe oder an der Schiffspart haben, zur Wahrnehmung ihrer Rechte aufzufordern.

Ergiebt der Auszug aus dem Schiffsregister, daß auf der Schiffspart außer dem Pfandrechte des betreibenden Gläubigers Pfandrechte ruhen, so ist die Hinterlegung des Erlöses anzuordnen. Die Vertheilung des Erlöses erfolgt alsdann nach den Vorschriften der §§. 759 bis 768 der Civilprozeßordnung unter Zuziehung der im Schiffsregister eingetragenen Gläubiger. Diese sind nach der Vorschrift des §. 759 der Civilprozeßordnung zur Einreichung einer Berechnung aufzufordern. In Ermangelung einer solchen Berechnung sind deren Forderungen in dem durch §. 35 bestimmten Umfange in den Vertheilungsplan von Amtswegen aufzunehmen.

Andere Pfandgläubiger haben ihren Anspruch auf das Kaufgeld nach den Vorschriften des §. 710 der Civilprozeßordnung zu verfolgen.

§ 179. Zwangsvollstreckung in Schiffsparten.

1. Entw § 176. — § 224 R.Zw G Entw. (grundsätzlich abweichend). Die Motive bemerken: „Wegen der Zwangsvollstreckung in eine Schiffspart kann das Schiff an einem gewissen Orte nicht festgehalten werden. Das Schiff selbst bleibt daher der Möglichkeit einer selbstständigen Zwangsversteigerung an einem anderen Orte ausgesetzt, welche den Erwerb des Eigenthumes an dem ganzen Schiffe von Seiten des Erstehers zur Folge hat. Mit dieser Möglichkeit ist die Zulassung eines gleichen Verfahrens bezüglich einer Schiffspart unvereinbar. Bei der Zwangsversteigerung von Schiffsparten bleiben ferner die Pfandrechte der Schiffsgläubiger nach Art 767, 769 des Handelsgesetzbuches unberührt, und nur andere auf der Schiffspart haftende Pfandrechte erlöschen nach

Art. 780 ebenda durch den im Wege der Zwangsvollstreckung erfolgten Verkauf. Es folgt hieraus die Zulässigkeit und Nothwendigkeit eines einfacheren Verfahrens. Ein solches bietet die Anwendung der Vorschriften der Civilprozeßordnung über die Zwangsvollstreckung in das bewegliche Vermögen, insbesondere des § 754 der Civilprozeßordnung über die Zwangsvollstreckung in Rechte außer Forderungen."

2. Schiffsparten sind ideelle Antheile an einem zum Erwerbe durch die Seefahrt bestimmten Schiffe (Art. 432, 439 H.G.B.). Sie gehören deshalb nach § 1 Nr. 4 dieses Gesetzes hinsichtlich der Zwangsvollstreckung zum unbeweglichen Vermögen. Gleichwohl bestimmt Abs. 2, daß sich die Zwangsvollstreckung in denselben anders wie bei ideellen Antheilen an Grundstücken nach den Grundsätzen der Zwangsvollstreckung in das bewegliche Vermögen richten soll. Dadurch ist die Anwendbarkeit des § 754 C.P.O. von selbst gegeben. — Die Verwendung eines mehreren Personen gemeinschaftlich gehörenden Schiffes zum Erwerbe durch die Seefahrt für gemeinschaftliche Rechnung begründet die Existenz einer Rhederei (Art. 456). Die Vertheilung des Gewinnes und des Verlustes erfolgt nach Schiffsparten (Art. 469). Der Anspruch auf Auskehrung des Antheiles am Gewinne steht dem Eigenthümer der Schiffspart gegen die Rechtsgemeinschaft der Rhederei (vgl. Anm. 1. a zu § 164) zu, welche für den Rhedereibetrieb einen Korrespondentrheder bestellen kann (Art 459), dem namentlich die Buchführung, die Rechnungslegung und die Aufstellung der Gewinn- und Verlustberechnung obliegt (Art. 465, 466, 469). Die Forderung auf den Gewinn ist ein selbstständiger obligatorischer Anspruch gegenüber den Mitrhedern aus dem Betriebe der Rhederei. Sie bildet daher nicht den Gegenstand der Zwangsvollstreckung in die Schiffspart. — Der Heimathshafen, von welchem aus mit dem Schiffe Seefahrt betrieben werden soll (Art. 435 Nr. 3) und welcher für das Schiffsregister eingetragen werden muß, begründet zugleich den Gerichtsstand (forum domicilii) für den Rheder als solchen (Lewis, Seerecht Anm zu Art. 455).

3. Hiernach rechtfertigt sich die Zuständigkeit des Gerichtes des Heimathshafens als Vollstreckungsgericht (Abs. 1). Vgl. § 729 Abs. 2 C.P.O.

4. Die gerichtlichen Handlungen, welche die Zwangsvollstreckung in Schiffsparten zum Gegenstande haben, erfolgen durch dieses Gericht als Vollstreckungsgericht (§ 729 Abs 1 C.P.O.); — vgl. auch Abs. 4.

5. Da die Schiffspart ein Eigenthumsantheil und keine Forderung ist, so ist bei derselben von einem Drittschuldner nicht die Rede (§§ 754 Abs 2, 730 C.P.O.). — Daß die Pfändung durch Zustellung an den Schuldner bewirkt werden kann, entspricht dem § 754 Abs 2 C.P.O. — Die Vorschrift, daß die Pfändung auch durch Zustellung an den Korrespondentrheder, sofern ein solcher vorhanden ist, geschehen kann, ist im Verhaltnisse zur C.P.O. eine lediglich durch praktische Erwägungen hervorgerufene Ausnahmebestimmung, zu welcher das Landesgesetz befugt erscheint, da es sich um einen Gegenstand des unbeweglichen Vermögens handelt. — Grundsätzlich ist der Korrespondentrheder weder Vertreter des einzelnen Rheders noch Vertreter des Eigenthumes der Rhederei. Er vertritt dieselbe lediglich in ihrem Gewerbebetriebe (Art 459, 460 H.G.B.). — Der Schiffer kommt hier nicht in Betracht. (So ausdrücklich § 224 Abs. 2 R.Zw.G.-Entw.)

6. Die Zustellung des Gerichtsbeschlusses an den Schuldner, d. h den Eigenthümer der Part, und den Korrespondentrheder hat der Gläubiger zu betreiben. — Erfolgt die Zustellung zuerst an den Korrespondentrheder, so muß außerdem gemäß § 754 Abs 2 C P O die Zustellung an den Schuldner erfolgen. Unmittelbare Rechtsnachtheile erleidet der Gläubiger allerdings nicht, wenn er davon absieht — Erfolgt die Zustellung zuerst an den Schuldner, so soll der Gerichtsvollzieher unter entsprechender Anwendung des § 730 Abs 2 auch die Zustellung an den Korrespondentrheder bewirken, d. h er soll den Beschluß mit Abschrift der Urkunde über die Zustellung an den Schuldner dem Korrespondentrheder sofort zustellen, sofern nicht öffentliche Zustellung erforderlich wird. — Die Zustellung des Gerichtsbeschlusses muß daher stets sowohl an den Schuldner als auch an den Korrespondentrheder erfolgen.

7. Durch die Pfändung wird ein Pfandrecht an der Schiffspart nach § 709 C P O begründet

8. Der Verkauf der Schiffspart erfolgt erst auf weiteren Antrag des Gläubigers durch Anordnung des Gerichtes (Abs 3). — Vgl. § 754 Abs 4 C P.O. — Die Vorlegung des Auszuges aus dem Schiffsregister soll die Zuziehung der im Schiffsregister eingetragenen Pfandgläubiger zu dem Vertheilungsverfahren sichern. Auch hier genügt unter der Anm 2 zu § 164 angegebene Voraussetzung die Bezugnahme auf das Schiffsregister Der vorgeschriebene Inhalt der Bekanntmachung entspricht dem Art. 767 Ziffer 1, 780 Abs 2 H G.B (Anm 1 zu § 170) Das Gesetz geht dabei im Gegensatze zum Bremischen Rechte von der auch durch Mittelstein S. 170 bekämpften Auffassung aus, daß nach Art 780 Abs. 2 H.G B durch die Zwangsversteigerung der Schiffspart auch Pfandrechte am ganzen Schiffe erloschen, soweit sie an der Part haften (Anm 1) Dadurch ist aber die Freiheit des preußischen Richters in der Auslegung dieser reichsrechtlichen Bestimmung nicht beschränkt (Einl S 30) — Im Uebrigen findet § 717 C P O. entsprechende Anwendung. Die Art der öffentlichen Bekanntmachung ist im Gesetze nicht vorgeschrieben; doch ist außer der Anheftung an die Gerichtstafel jedenfalls Einrückung in Zeitungen erforderlich — Zwischen dem Tage der Pfändung und dem Tage der Versteigerung muß mindestens eine Woche liegen Dem Vollstreckungsgerichte steht es frei, einen Gerichtsbeamten oder den Gerichtsvollzieher mit der Abhaltung des Versteigerungstermines zu beauftragen. — Für das Verfahren im Termine ist § 718 C P O. maßgebend — Da eine „Ablieferung" der Schiffspart im Sinne des § 718 Abs. 2 nicht erfolgen kann, so wird als Kaufbedingung aufzustellen sein, daß der Uebergang des Eigenthumes auf den Ersteher erst nach erfolgter Baarzahlung des Kaufgeldes erfolgt (vgl. Art. 439 H G.B). In Ermangelung der Baarzahlung ist nach § 718 Abs. 3 C P.O. zu verfahren. — Den Gegenstand des Verkaufes bildet nur die Schiffspart selbst (nicht die Forderungsrechte aus dem Rhedereibetriebe) — Als Käufer konnen ohne Zustimmung sämmtlicher Mitrheder nur Deutsche zugelassen werden, weil durch einen Verkauf an Ausländer das Schiff das Recht, die Bundesflagge zu führen, verlieren und dadurch in wohlerworbene Rechte Dritter eingegriffen werden würde (Art. 470 H.G B. Lewis, Seerecht Anm. zu Art. 470). — Die Pfandrechte der Schiffsgläubiger werden durch den Verkauf der Schiffspart nicht berührt (Art. 769); die Pfandrechte an der Schiffspart erlöschen durch den Verkauf (Art. 767 Ziffer 1, 780 Abs. 2). Die Berichtigung des Schiffsregisters hat der

Ersteher der Schiffspart zu betreiben (§ 12 Nr. 4 Ges. vom 25. Oktober 1867, B.G.Bl. S. 35), der auch durch den Nachweis, daß er die Schiffspart im Wege des Zwangsverkaufes erworben hat, die Löschung der auf der Schiffspart haftenden Pfandrechte herbeizuführen vermag Eine Eintragung von Kaufgelderrückständen kann nicht vorkommen (§ 718 Abs. 2 und 3 C.P.O.).

9. Abs. 5 regelt das Vertheilungsverfahren. Die aus dem Schiffsregister sich ergebenden Pfandgläubiger sind von Amtswegen zu berücksichtigen. — Die Anordnung der Hinterlegung des Erlöses hat das Vollstreckungsgericht zu erlassen (vgl. Anm. 5 zu §§ 62—64). § 114 dieses Gesetzes findet keine Anwendung.

10. Abs. 6. „Wollen andere (nicht im Schiffsregister eingetragene) Gläubiger einen Anspruch auf das Kaufgeld geltend machen, so muß ihnen dessen Verfolgung nach den Vorschriften des § 710 der C.P.O. überlassen bleiben. Ohne gehörige Anmeldung und Glaubhaftmachung des Anspruches, welche die Auszahlung des Erlöses auch nach dem § 710 hindert, würde auf den Anspruch bei der Vertheilung doch nicht Rücksicht genommen werden können, und auch im Vertheilungsverfahren würde der anmeldende Gläubiger die Rolle des Klägers zu übernehmen haben" (Mot.)

Dritter Abschnitt.

Zwangsversteigerung und Zwangsverwaltung in besonderen Fällen.

§. 180. Die Vorschriften der §§. 3, 4, 13 bis 179 finden entsprechende Anwendung, wenn die Zwangsversteigerung oder Zwangsverwaltung von dem Konkursverwalter beantragt wird.

Die Vorschriften der §§. 3, 4, 13 bis 138, 155 bis 179 finden entsprechende Anwendung, wenn die Zwangsversteigerung beantragt wird:

1) von dem Benefizialerben oder dem Nachlaßpfleger im Geltungsbereiche des Allgemeinen Landrechts;
2) von einem Miteigenthümer zum Zwecke der Auseinandersetzung;
3) rücksichtlich des Bergwerkseigenthums auf Grund der §§. 159, 161, 162, 234 des Berggesetzes vom 24. Juni 1865 oder des §. 235 g desselben Gesetzes in der Fassung des Gesetzes vom 9. April 1873 (Gesetz-Samml. S. 181);
4) auf Grund der §§. 40, 58, 60 des Allgemeinen Landrechts Theil 1 Titel 8.

Im Falle der Nr. 2 ist eine vorhergehende Anordnung des Verkaufes im Theilungsverfahren nicht erforderlich. Ob dem Miteigenthümer das Recht zusteht, dem Zwangsverkaufe zu widersprechen, bestimmt sich nach den Vorschriften des bürgerlichen Rechts.

Bei der Zwangsversteigerung oder Zwangsverwaltung von Grundstücken wird die Zuständigkeit des Gerichts auch in diesen Fällen nach den Vorschriften der §§. 755, 756 der Civilprozeßordnung bestimmt.

§. 181. Dem Antrage auf Einleitung des Verfahrens sind die Urkunden beizufügen, durch welche der Antrag begründet wird.

§. 182. Wird das Verfahren auf Antrag des Konkursverwalters, des Benefizialerben oder des Nachlaßpflegers oder im Falle des §. 180 Absatz 2 Nr. 3 auf Antrag der Gewerkschaft oder des Eigenthümers eingeleitet, so ist für die Bestimmung der laufenden und der rückständigen Leistungen (§. 36) an Stelle der Zeit der Beschlagnahme die Zeit der Zustellung des Einleitungsbeschlusses an den Antragsteller maßgebend.

§§ 180, 181, 182. Allgemeines.

1. Entw. §§ 117, 178, 179. — §§ 226, 227, 229 R.Zw.G.Entw. Es handelt sich in dem vorliegenden Abschnitt um einen Fall der Zwangsverwaltung, die Zwangsverwaltung auf Antrag des Konkursverwalters (§ 180 Abs. 1), und um fünf Fälle der Zwangsversteigerung, nämlich die Zwangsversteigerung auf Antrag des Konkursverwalters (§ 180 Abs. 1, § 183), auf Antrag des Beneficialerben oder Nachlaßpflegers (§ 180 Abs 2 Nr. 1, § 184), auf Antrag eines Miteigenthümers zum Zwecke der Auseinandersetzung (§ 180 Abs. 2 Nr. 2, § 185), aus bergrechtlichen Gründen (§ 180 Abs. 2 Nr. 3, § 186) und auf Anstehen der Obrigkeit bezüglich verfallener Grundstücke (§ 180 Abs. 2 Nr. 4, § 187). — „Die hier aufgeführten Fälle einer Zwangsversteigerung oder Zwangsverwaltung gehören nicht zur Zwangsvollstreckung Nichtsdestoweniger werden sie im Zusammenhange mit den gleichen Maßregeln der Zwangsvollstreckung behandelt, da jeder Grund fehlt, das Verfahren abweichend zu regeln" (Mot.). — Auch in den hier fraglichen Fällen wird die Veräußerung ohne Abschluß eines Kaufvertrages zwischen den Betheiligten und auch gegen den Willen derselben durch einen Akt der Staatsgewalt, das Zuschlagsurtheil des Richters, bewirkt (Einl. S. 23 ff). — Soweit sich nicht im Einzelnen Abweichungen ergeben, sollen nach Absicht des § 180 alle in den bisherigen Bestimmungen dieses Gesetzes gegebenen Vorschriften auch auf diese Fälle Anwendung finden mit Ausnahme zunächst der §§ 1 und 2, welche nur die eigentliche Zwangsvollstreckung und die Vollziehung eines Arrestes im Auge haben, und sodann der §§ 5 bis 12, welche überhaupt nicht von einer Zwangsversteigerung oder Zwangsverwaltung handeln.

2. Die Spezialbestimmung des **§ 180 Abs 3**, ein Zusatz der Komm. des A.H., gehört richtiger zu § 185 und wird dort ihre Besprechung finden (Anm. 6 zu § 185). — § 180 Abs. 4 und die §§ 181 und 182 enthalten einige auf alle vorgedachten Fälle bez. auf mehrere derselben bezügliche Bestimmungen, auf welche in Folgendem Rücksicht zu nehmen ist.

3. Zwischen dem Falle der Zwangsversteigerung und der Zwangsverwaltung auf Antrag des Konkursverwalters und den anderen vier Fällen der Zwangsversteigerung besteht übrigens ein wichtiger theoretischer Unterschied, welcher auch praktische Folgen hat. Wenn die Zwangsverwerthung auf Antrag des Konkursverwalters auch nicht zur Zwangsvollstreckung gehört, so beruht sie doch auf der Vorschrift des Reichskonkursrechtes (§ 116 K.O., Einl. S. 20, Anm. 3 zu § 183). Sie gehört damit zum Konkursverfahren und daher auch zur ordentlichen streitigen Civilgerichtsbarkeit (Anm. 3 a. E vor § 6). Es finden kraft Reichsrechtes (§ 65 K.O.) die Vorschriften der C.P.O. subsidiäre entsprechende Anwendung. Das bezieht sich insbesondere auch auf die §§ 755—757 C.P.O. — Die anderen vier Fälle dagegen liegen außerhalb des Gebietes der ordentlichen oder besonderen streitigen Civilgerichtsbarkeit bez. der „bürgerlichen

Rechtsstreitigkeiten" im Sinne des § 13 G.V.G. Eine durchgreifende Eintheilung der Gerichtsbarkeit, welche Alles, was nicht zur streitigen Gerichtsbarkeit gehört, zur freiwilligen oder verwaltenden Gerichtsbarkeit rechnet (Anm. 3 a E. vor § 6), kann daher diese Fälle trotz des dabei geübten Zwanges, und obwohl sie von der freiwilligen Subhastation im Sinne der §§ 2, 66 ff I. 52 A G.O., bei welcher ein Kaufvertrag vor Gericht geschlossen wird, sorgfältig geschieden werden müssen, nur zur freiwilligen Gerichtsbarkeit rechnen. Jedenfalls findet die C P.O. auf dieselben nur kraft Landesrechtes Anwendung, also nur, soweit die Landesgesetze solches bestimmen und soweit die Befugniß der Landesgesetzgebung insbesondere im Verhältnisse zu den Reichsgesetzen und dem von diesen eingenommenen Gebiete reicht. Vgl Fischer, Soll Kauf Pacht und Miethe brechen? S. 181 und jetzt auch R 23 S. 357.

4. Die Gegenstände der hier geordneten Arten des Verfahrens sind, wie sich aus der entsprechenden Anwendung der §§ 13 ff, 155 ff ergiebt, im Allgemeinen dieselben wie bei der Zwangsversteigerung und der Zwangsverwaltung zum Zwecke der Zwangsvollstreckung, also die in § 1 Abs. 1 bezeichneten, daher auch hier das Anm. 4 bis 8 zu § 1 Gesagte entsprechende Anwendung findet. — Ebenso ist in Folge der entsprechenden Anwendung von § 163 die Zwangsverwaltung bei Schiffen auch hier ausgeschlossen. In den beiden letzten Fällen ist der Gegenstand noch besonders eingeschränkt, insofern es sich in dem Falle des § 186 nur um Bergwerkseigenthum (allerdings in einem Falle um die der Immobiliarzwangsvollstreckung nicht unterliegenden Mobiliarkuxe) handelt und der § 187 nur auf Grundstücke im Ganzen Anwendung findet

5 Für die Zuständigkeit giebt § 180 Abs. 4 anscheinend eine für alle Fälle gleichmäßig anwendbare Vorschrift. Indeß findet die bei der Zwangsvollstreckung bestehende Zuständigkeitsordnung (Anm. 1—8 zu § 3, vgl. auch Anm 5 bis 8 zu §§ 155, 156) zufolge des Anm 3 Bemerkten nur im Falle des Verfahrens auf Antrag des Konkursverwalters ohne Weiteres und im vollen Umfange Anwendung Dagegen kann sie für die übrigen Fälle nur soweit maßgebend sein, als es sich um die preußischen Landesgerichte handelt Denn das Landesrecht ist nicht in der Lage, ohne Weiteres und außerhalb des Falles des § 757 C.P O. dem Reichsgerichte Funktionen zu übertragen, welche nicht zur ordentlichen streitigen Gerichtsbarkeit gehören. Das Reichsgericht hat es daher mit Recht abgelehnt, für einen Fall der Auseinandersetzungsversteigerung, bei welchem das Objekt in zwei verschiedenen Oberlandesgerichtsbezirken lag, gemäß §§ 756, 36 C.P O. das Vollstreckungsgericht zu bestellen (R 23 S 357). In solchen Fällen hat nach § 20 A G G.V.G. der Justizminister das Vollstreckungsgericht zu bestellen. Vgl. auch Jastrow bei Gruchot 30 S. 308.

6. Remonstration und sofortige Beschwerde nach Maßgabe der für die Zwangsvollstreckung bestehenden Vorschriften (Anm. 10. e zu § 3) sind nur für das Verfahren auf Antrag des Konkursverwalters gegeben. — In den übrigen Fällen finden für die Beschwerde die in Sachen der freiwilligen Gerichtsbarkeit bestehenden Vorschriften Anwendung, also regelmäßig keine Beschwerdefrist und endgültige Entscheidung durch das Kammergericht Näheres Anm 5. e zu § 12. Jedoch kann hier § 685 C.P O, anders wie bei der Zwangseintragung, nicht zur Anwendung kommen.

7. Für Bevollmächtigte genügt eine unbeglaubigte Prozeßvollmacht (vgl. Johow 8 S. 56).

8. Als Anlage des Antrages (§ 181) tritt in entsprechender Anwendung des § 14 Abs. 2 an die Stelle des vollstreckbaren Schuldtitels (Anm. 6 zu §§ 13, 14) die Urkunde, durch welche der Antrag nach Lage des einzelnen Falles zu begründen ist. Das Nähere wird bei den einzelnen Fällen erörtert.

9. Die Vorschrift des § 36 hat zur Voraussetzung, daß eine Beschlagnahme in Gemäßheit des § 16 Abs. 3 bez. 143 Abs. 3 stattgefunden hat. — Im Falle des § 185 können diejenigen Miteigenthümer, von welchen der Antrag nicht ausgegangen ist, im Falle des § 186 der Bergwerkseigenthümer, wenn von demselben der Antrag nicht ausgegangen ist, und im Falle des § 187 der Eigenthümer des Grundstückes zwar nicht als Schuldner im Sinne der C.P.O. und dieses Gesetzes, aber doch als Gegner des Antragstellers angesehen werden. Deshalb kann in diesen Fällen für die Anwendung des § 36 die Zustellung an den Gegner die Zustellung an den Schuldner (§ 16 Abs. 3) ersetzen. — Dagegen fehlt es in den Fällen der §§ 183, 184 und im Falle des § 186 dann, wenn der Eigenthümer bez. die Gewerkschaft den Antrag gestellt hat, an einem Gegner des Antragstellers. Für diese Fälle giebt **§ 182** eine Ersatzbestimmung Die Motive sagen: „Als geeigneter Zeitpunkt bietet sich derjenige, in welchem der Einleitungsbeschluß durch Zustellung an den Antragsteller existent wird." Vgl gegen diese Auffassung der Motive Anm 5 zu § 97. Hier ist diese Meinungsverschiedenheit ohne praktische Bedeutung.

10 Die entsprechende Anwendung des § 40 Nr 5 führt dahin, daß aus der Bekanntmachung die Veranlassung zur Zwangsversteigerung sich ergeben muß. Vgl. insbesondere § 184 Nr. 3, § 185 Nr. 6.

11. Für das Gebiet des rheinisch-französischen Rechtes verordnet § 38 E.G. Rhld noch einige weitere Fälle einer beschränkten Anwendung dieses Gesetzes. Er besagt:

> Die Vorschriften der §§ 19 bis 21, 25 bis 29, 31 bis 38, 84, 101 bis 106, 109 bis 114, 116 bis 127, 130 bis 136, 138 und 159 des Gesetzes, betreffend die Zwangsvollstreckung in das unbewegliche Vermögen, finden auf das Vertheilungsverfahren außerhalb der Fälle der Zwangsvollstreckung, insbesondere in den Fällen der Enteignung und bei der Vertheilung von Feuerversicherungsgeldern entsprechende Anwendung.
>
> Die Anberaumung des Termines zur Belegung und Vertheilung des Kaufpreises erfolgt auf Antrag Antragsberechtigt sind: derjenige, welcher die Veräußerung des Grundstückes betrieben hat, der Erwerber, der bisherige Eigenthümer, jeder persönliche Schuldner und wer Befriedigung aus dem Kaufgelde zu verlangen berechtigt ist Als Interessenten des Verfahrens gelten an Stelle der in § 21 Nr. 3 des Gesetzes, betreffend die Zwangsvollstreckung in das unbewegliche Vermögen, Bezeichneten diejenigen Realberechtigten, welche zur Zeit des Einganges des Antrages aus dem Grundbuche ersichtlich sind; bei der Vertheilung von Feuerversicherungsgeldern diejenigen, welche ihre Ansprüche dem Versicherer angemeldet haben.

Vgl. Mügel Anm 1—4 zu diesem Paragraphen Es handelt sich, außer um die im Gesetze selbst genannten Fälle der Vertheilung von Enteignungsentschädigungen und Feuerversicherungsgeldern auch um die Fälle des gerichtlichen Verkaufes auf Antrag des Beneficialerben oder des Nachlaßpflegers, sofern dieselben den freiwilligen gerichtlichen Verkauf nach Maßgabe des Gesetzes vom 22 Mai 1887 wählen, wozu sie unbeschadet der ihnen durch § 184 dieses Gesetzes gegebenen Befugniß, die Zwangsversteigerung zu beantragen, berechtigt bleiben, sowie um Fälle des Hypothekenreinigungsverfahrens und der Subhastation, welche **vor** dem Inkrafttreten des E G. Rhld. stattgefunden haben, aber nicht bis zur Einleitung des Vertheilungsverfahrens nach den früheren Vorschriften gediehen sind

§. 183. Erfolgt die Zwangsversteigerung auf Antrag des Konkursverwalters, so sind auf Antrag eines Realberechtigten, dessen Anspruch auf den Ersteher nicht von selbst übergeht und von dem Konkursverwalter anerkannt wird, bei der Feststellung des geringsten Gebots nur diejenigen Realansprüche zu berücksichtigen, welche dem Anspruche des antragenden Realberechtigten vorgehen.

§ 183. Zwangsversteigerung und Zwangsverwaltung auf Antrag des Konkursverwalters.

1 Entw § 180. — §§ 227, 228 R Zw.G Entw Die Bestimmung gilt im gesammten Geltungsbereiche dieses Gesetzes — Für das Gebiet des **rheinisch-französischen Rechtes** bestimmt § 39 Abs 1 E G Rhld:

„Auf die von dem Konkursverwalter beantragte Zwangsversteigerung und Zwangsverwaltung (§ 116 der Konkursordnung) finden die Bestimmungen des Gesetzes, betreffend die Zwangsvollstreckung in das unbewegliche Vermögen, Anwendung"

Vgl dazu Mügel Anm 1.

Ob und unter welchen Voraussetzungen während eines Konkurses auf Anstehen eines **persönlichen oder dinglichen** Gläubigers eine Zwangsversteigerung oder Zwangsverwaltung in das zur Konkursmasse gehörige unbewegliche Vermögen des Gemeinschuldners begonnen oder fortgesetzt werden kann, ist früher erörtert (Anm 6 b zu § 2, Anm. 9. A, 11 zu §§ 16, 17).

Daß durch die Beschlagnahme, welche nach der Konkurseröffnung erfolgt, Vorzugsrechte nicht erworben werden können (§ 12 K.O), ist in allen Fällen festzuhalten — War zur Zeit der Konkurseröffnung ein vollstreckbarer Schuldtitel noch nicht erlangt, so ist die Klage mit dem Anm 4 a γ zu § 2 besprochenen Antrage gegen den Konkursverwalter zu richten Die Klage setzt auch in diesem Falle voraus, daß die **Forderung unbedingt und fällig ist** Denn die Bestimmungen der §§ 56—60 K O. beziehen sich nur auf die Geltendmachung einer Forderung als Konkursforderung, nicht auf den Anspruch auf abgesonderte Befriedigung (vgl Protokolle der Reichstagskommission zur Vorberathung der K O. S 86). Den Landesgesetzen ist es, wie in der Reichstagskommission (a. a. O.) hervorgehoben wurde, zwar unverwehrt, darüber zu bestimmen, „welche Voraussetzungen und welche Wirkungen für die Zwangsversteigerung eintreten, insbesondere ob die Pfandforderung fällig sein müsse oder durch das Verfahren zahlbar werde". Das preußische Landesrecht hat aber, im Gegensatze zum bayerischen (Art. 169 B. S O, Ortenau, Kommentar z B. S O. S. 270), hessischen, badischen und meklenburgischen Rechte davon abgesehen, in dieser Hinsicht besondere Bestimmungen zu treffen.

Diese rechtliche Lage enthält für die Gläubiger **bedingter und betagter Forderungen**, welche ein Recht auf abgesonderte Befriedigung haben, eine unverkennbare Härte. Der Gläubiger selbst kann die abgesonderte Befriedigung nicht bewirken, der Verwalter hat nicht den Beruf, die Zwangsversteigerung im Interesse der Absonderungsberechtigten zu betreiben, und dennoch soll der Gläubiger bis zur Schlußvertheilung den Nachweis seines Ausfalles bei der abgesonderten Befriedigung erbringen, wenn er nicht entweder auf die Befriedigung aus dem Gegenstande seines Absonderungsrechtes oder auf die Konkursquote verzichten will (§ 141 K O) — Falls der Verwalter den Anspruch sofort anerkennt, werden die Kosten des Rechtsstreites den Gläubiger treffen (§ 89 C.P O). Das hindert letzteren aber nicht, dieselben im Zwangsvollstreckungsverfahren gemäß § 35 Nr. 1 geltend zu machen. (Vgl. auch Anm 7.)

Ein während des Konkurses beginnendes Zwangsvollstreckungsverfahren richtet sich von Anfang gegen den Verwalter. Bei der Fortsetzung eines bereits begonnenen Verfahrens ist statt des Gemeinschuldners fortan der Konkursverwalter zuzuziehen Denn dieser übt ausschließlich das Verwaltungs- und Verfügungsrecht hinsichtlich der Konkursmasse aus, während ersterer dasselbe verloren hat (§ 5 K.O). Er kann insbesondere in derselben Weise wie der Schuldner die Einstellung und Aufhebung des Verfahrens herbeiführen. — Der Konkursverwalter ist rechtlich in der Lage, den Gegenstand der abgesonderten Befriedigung aus der Konkursmasse ganz freizugeben. Sachgemäß wird er freilich vor Beendigung des Verfahrens von dieser Befugniß keinen Gebrauch machen. (v. Wilmowski, Kommentar zur K O. Anm 2 zu § 5) Giebt er den Gegenstand frei, so ist die Zwangsvollstreckung, soweit derselben nicht § 11 K.O. entgegensteht, gegen den Gemeinschuldner selbst zu richten.

2. Der Konkursverwalter hat die zur Konkursmasse gehörigen Gegenstände gleich nach Eröffnung des Konkurses, noch bevor eine etwaige Zwangsverwaltung eingeleitet ist, in Besitz und Verwaltung zu nehmen. — Er ist auch befugt, dieselben aus freier Hand zu veräußern (§§ 107, 122 Nr. 1 K.O.). — Diese Verwaltung und Veräußerung liegt außerhalb dieses Gesetzes. Die Wirkungen einer Zwangsvollstreckung treten gegenüber den Realberechtigten im Allgemeinen nicht ein. Hinsichtlich der Beendigung eines Mieths- oder Pachtverhältnisses ist allerdings § 17 Z. 2 K O. in Betracht zu ziehen. Vgl auch bezüglich der Stellung des Absonderungsberechtigten gegenüber der Konkursmasse R. 23 S. 54 und 25 S. 18.

3. Nach § 116 K.O. (Einl. S. 20) kann die Zwangsverwaltung und die Zwangsversteigerung der zur Masse gehörigen unbeweglichen Gegenstände durch den Konkursverwalter betrieben werden. — Es handelt sich hier um die Verwirklichung der in der Form des Konkurses gegebenen besonderen Art des Rechtsschutzes Das Verfahren, welches der Verwalter nur dann zu veranlassen hat, wenn dies nach seinem Ermessen im Interesse der Konkursgläubiger liegt, steht im Wesentlichen der Zwangsvollstreckung gleich. — Von einem Gläubiger und einem Schuldner im Sinne dieses Gesetzes ist aber bei demselben nicht die Rede. — Der Antragsteller und der Repräsentant des Gegenstandes des Verfahrens sind in einer Person vereinigt (Anm. 4. c zu §§ 180–182). Eine entsprechende Anwendung der Vorschriften über die Zwangsvollstreckung führt deshalb dahin, dem

Verwalter im Verfahren sowohl die Befugnisse des betreibenden Gläubigers als die Befugnisse des Schuldners zuzutheilen. Ob und welche Gegenstände als unbewegliche anzusehen sind, richtet sich nach Landesrecht. Das Landesrecht kann auch, wie dies in Preußen bezüglich der Schiffe geschehen ist, die Zwangsverwaltung eines unbeweglichen Gegenstandes allgemein und damit auch für diesen Fall ausschließen Vgl. Anm. 4 zu §§ 180—182.

4. Der Antrag (§ 13) hat nur den zu versteigernden bez. zu verwaltenden Gegenstand zu bezeichnen und zu behaupten, daß derselbe zu der vom Antragsteller verwalteten Konkursmasse gehört. Als Anlagen (§§ 14, 181) sind demselben die in § 14 verlangten beizulegen Es tritt aber an die Stelle der vollstreckbaren Ausfertigung des Schuldtitels der Nachweis, daß der Antragsteller Verwalter der Konkursmasse des Eigenthümers ist. (§ 139 Abs. 2 dieses Gesetzes findet keine Anwendung.) Er führt denselben durch Vorlegung der urkundlichen Bescheinigung seiner Ernennung (§ 73 Abs 2 K O.) — Eine mit Vollstreckungsklausel zu versehende Ausfertigung des Eröffnungsbeschlusses, welche v. Wilmowski, Konkursordnung Anm 3 zu § 116 verlangt, ist nicht nöthig, weil es sich hier überhaupt nicht um Vollstreckung eines Schuldtitels handelt — Daß Rechte auf abgesonderte Befriedigung an dem Gegenstande des Verfahrens bestehen, ist keine Voraussetzung des Antrages (v. Wilmowski a. a. O. Anm. 1, Jäckel Anm. 1 a zu § 180 b G, Petersen und Kleinfeller Anm. 1 zu §§ 116, 117 K.O) Die gegentheilige Ansicht Hullmanns (Kommentar zur K.O S 259) trägt in das Gesetz eine in demselben nicht enthaltene Bestimmung hinein.

5. Wegen der Zustellung des Einleitungsbeschlusses und des Beginnes der Beschlagnahme vgl Anm. 9 zu §§ 180—182. — Nach § 227 Abs. 1 R.Zw.-G.Entw. tritt keine Beschlagnahme ein. Das ist aber nicht, wie Peiser I S. 147 annimmt, schon jetzt geltendes Recht.

6. Interessenten des Verfahrens sind in diesem Falle außer dem Verwalter nur die in § 21 Nr. 3 und 4 bezeichneten Realberechtigten Der Gemeinschuldner ist nicht Interessent.

7. Der Grundsatz der Wahrung der Rechte der Realgläubiger bei der Zwangsversteigerung durch Feststellung eines geringsten Gebotes gilt auch in diesem Falle in demselben Umfange wie bei der Zwangsvollstreckung — Das geringste Gebot ist, wie die Motive hervorheben, so zu bestimmen, daß durch dasselbe alle vorhandenen (d. h. zur Zeit der Konkurseröffnung vorhandenen und zur abgesonderten Befriedigung berechtigten) Realgläubiger gedeckt werden. — Die besondere Bestimmung des § 183 ermöglicht nun aber eine anderweite, der Veräußerlichkeit günstigere Feststellung des geringsten Gebotes und zwar ohne daß der betreffende Realgläubiger, dessen Anspruch nach Lage der Sache so geartet sein muß, daß er nicht von selbst auf den Ersteher übergeht (§ 22 Abs. 3), dem Verfahren beitritt. — Die Motive sagen: „Es liegt im Interesse jedes einzelnen Gläubigers, schon während des Konkursverfahrens festzustellen, ob und zu welchem Betrage er bei der Zwangsversteigerung zur Hebung kommt, damit er mit dem Ausfalle an der Vertheilung der Konkursmasse Theil nehmen kann (§§ 57, 141 der Konkursordnung) Freilich kann er selbst das Verfahren nur dann betreiben, wenn seine Forderung fällig ist. Da aber das Anerkenntniß des Konkursverwalters im Prozesse zu einem vollstreckbaren Urtheil führen würde, so rechtfertigt es sich, bei einem solchen Anerkenntniß in dem von dem Verwalter betriebenen

Verfahren von der Beibringung eines vollstreckbaren Titels abzusehen und auf den Antrag des anerkannten Gläubigers, ohne Rücksicht darauf, ob dessen Forderung fällig ist oder nicht, das geringste Gebot so festzustellen, als wenn das Verfahren von diesem Gläubiger betrieben würde. Für die Konkursmasse ist es zugleich von Interesse, daß nicht jeder Gläubiger einer fälligen Forderung, um sich die Theilnahme an der Vertheilung im Konkurse zu sichern, Klage erhebt und durch die Prozeßkosten die Belastung des Gegenstandes der Versteigerung erhöht. — Die übrigen Gläubiger werden durch den im Entwurfe angenommenen Grundsatz nicht benachtheiligt, da sie nicht widersprechen können, wenn dem vorgehenden Gläubiger durch den Schuldner ein vollstreckbarer Schuldtitel gewährt wird; sie müssen, wenn die Versteigerung auf Antrag des Konkursverwalters erfolgt, auf die Beschränkung des geringsten Gebotes gefaßt sein." — Es bedarf also für den Antrag aus § 183 weder der Fälligkeit des Anspruches des Antragstellers, noch eines vollstreckbaren Titels für denselben. Das Anerkenntniß des Verwalters bedarf einer besonderen Form nicht. — Der Antragsteller kommt aber, abgesehen von der Feststellung des geringsten Gebotes, keineswegs in die prozessualische Lage des betreibenden Gläubigers. Durch die Zurücknahme des Antrages auch gegen seinen Willen wird das Verfahren beendigt (Rudorff Anm. 1). — Von mehreren Antragstellern ist der Bestberechtigte maßgebend (vgl. Anm. 9). — Eine zeitliche Grenze für die Zulässigkeit dieses Antrages hat das Gesetz nicht bestimmt. § 54 Abs. 2 kann auf denselben keine Anwendung finden. — Es liegt aber in der Natur der Sache, daß der Antrag vor der gemäß § 61 erfolgenden Aufforderung zur Abgabe von Geboten erfolgen muß. Denn mit diesem Zeitpunkte ist das Verfahren zur Feststellung des geringsten Gebotes, für welches der Antrag bestimmt ist, vollendet So auch Knorr Anm. 2. b, Schwarz Anm. B. A. M. Jäckel Anm 1, welcher den Antrag bis zum Schlusse der Versteigerung zulassen will. — Daß der Gemeinschuldner auch für den Anspruch des Realberechtigten persönlich verhaftet ist, bildet keine Voraussetzung der Anwendung des § 183. (Anders § 228 Abs. 2 R Zw G.Entw.) — Wenn bei dem dinglichen Anspruche mehrere Personen betheiligt sind, entsteht die Frage, ob der Antrag einzelner oder auch nur eines Theilnehmers genügt. Bei dem Schweigen dieses Gesetzes sind die für das betreffende Verhältniß maßgebenden privatrechtlichen Grundsätze in Betracht zu ziehen Das Reichsgericht (R. 31 S. 91 ff.) hat für einen Fall aus dem Gebiete des A.L.R, in welchem eine in Theilschuldverschreibungen aufgenommene Anleihe im Ganzen durch eine Grundschuld sichergestellt war, angenommen, daß jeder Einzelgläubiger die Stellung des Antrages verlangen und durchsetzen kann, sofern dies dem gemeinsamen Interesse der Theilinhaber entspricht.

8. Schwebt zur Zeit des Antrages des Verwalters bereits eine Zwangsversteigerung oder Zwangsverwaltung zum Zwecke der Zwangsvollstreckung bez. der Vollziehung eines Arrestes, so kann der Antrag gemäß § 15 nur im Wege des **Beitrittes** zu diesem Verfahren verwirklicht werden. Der Verwalter hat dann neben dem bisherigen Gläubiger die prozessualische Stellung eines betreibenden Gläubigers und befindet sich bezüglich beider Anträge in der prozessualischen Lage des Schuldners. — § 30 ist zu berücksichtigen. In die Konkursmasse fließt nur der Betrag, welcher nach Befriedigung aller zur abgesonderten Befriedigung Berechtigter übrig bleibt. § 183 kommt zur Anwendung. — Der Antrag muß

auch dann in der Form des Beitrittes erfolgen, wenn ein von einem persönlichen Gläubiger beantragtes Verfahren, welches in Folge der Eröffnung des Konkurses aufgehoben werden muß (Anm. 1), zur Zeit des Antrages noch nicht aufgehoben ist. — Die Nothwendigkeit der Aufhebung der von dem persönlichen Gläubiger erwirkten Beschlagnahme wird aber dadurch nicht beseitigt (v Wilmowski, Kommentar zur KO. Anm. 2 zu § 116).

9. Durch den Antrag des Verwalters werden Anträge der während des Konkurses zum Antrage auf Zwangsvollstreckung berechtigten Gläubiger nicht ausgeschlossen Dieselben erfolgen in Form des Beitrittes (§ 15) zu dem vom Verwalter beantragten Verfahren. — Die Feststellung des geringsten Gebotes erfolgt hier ganz wie im Falle des Betriebes der Zwangsversteigerung durch mehrere Gläubiger unter Zugrundelegung der Forderung des bestberechtigten Gläubigers (Anm. 3 zu §§ 47, 48, Anm 3 zu §§ 53—56).

10. Wegen der Löschung des Konkursvermerkes vgl Anm. 4 zu § 124.

§. 184. Erfolgt die Zwangsversteigerung auf Antrag des Benefizialerben oder des Nachlaßpflegers, so finden folgende besondere Bestimmungen Anwendung:

1) Auf Antrag des Erben oder des Nachlaßpflegers ist die baare Zahlung des ganzen Kaufgeldes zur Kaufbedingung zu machen.

2) Auf Antrag eines Realberechtigten, dessen Anspruch auf den Ersteher nicht von selbst übergeht und von dem Erben oder dem Nachlaßpfleger anerkannt wird, sind bei der Feststellung des geringsten Gebots nur diejenigen Realansprüche zu berücksichtigen, welche dem Anspruche des Antragenden vorgehen.

3) Wird wegen Mangels eines genügenden Gebots der Zuschlag nicht ertheilt, so kann den bei Feststellung des geringsten Gebots berücksichtigten Realberechtigten die Befriedigung aus dem übrigen Nachlasse verweigert werden. Diese Folge tritt nicht ein, wenn die Bekanntmachung des Versteigerungstermins nicht die Angabe enthält, daß die Zwangsversteigerung auf Antrag des Benefizialerben oder des Nachlaßpflegers erfolgt. Sie tritt nicht gegen diejenigen Berechtigten ein, deren nach Nr. 2 gestellter Antrag durch den Widerspruch des Erben oder des Nachlaßpflegers vereitelt worden ist.

§ 184. Zwangsversteigerung auf Antrag des Benefizialerben oder des Nachlaßpflegers

1. Entw. § 181. — Literatur: Heidenfeld bei Gruchot 28 S. 693 ff. — Die Bestimmung war auf den Geltungsbereich des Allgemeinen Landrechtes

beschränkt (§ 180 Abs. 2 Nr. 1), sie ist aber sodann in das Gebiet des rheinisch-französischen Rechtes eingeführt, indem § 39 Abs. 2 E.G. Rhbl. bestimmt:

„Der Benefizialerbe und der Nachlaßpfleger sind berechtigt, die Zwangsversteigerung nach Maßgabe der Bestimmungen des bezeichneten Gesetzes zu beantragen."

Das „bezeichnete Gesetz" ist das Gesetz, betreffend die Zwangsvollstreckung in das unbewegliche Vermögen. Dazu Mügel Anm. 2. Vgl. aber Anm. 11 zu §§ 180—182. — Die Rechtsstellung des Beneficialerben ergiebt sich für das landrechtliche Gebiet aus den §§ 420—446, 452—455 I. 9 A L R. und der durch das Gesetz vom 1. März 1869 (G.S. S. 377) Ziff. 6 auch in die landrechtlichen Bezirke der Provinz Hannover eingeführten Verordnung vom 28 März 1840. — Gläubigern des Erblassers gegenüber erscheint der Beneficialerbe als der nicht persönlich haftbare Inhaber des Verwaltungs- und Verfügungsrechtes bezüglich einer zu ihrer Befriedigung bestimmten Masse. — Die §§ 452—454 I. 9 A.L.R. machen ihn insbesondere dafür persönlich haftbar, daß die bevorrechteten Gläubiger nach Maßgabe des ihnen gebührenden Ranges befriedigt werden. — Er befindet sich den Realberechtigten gegenüber, wie auch die Motive hervorheben, in einer ähnlichen Lage wie der Konkursverwalter.

2. Ob und unter welchen Voraussetzungen wegen der Nachlaßschulden die Zwangsvollstreckung gegen den Beneficialerben zulässig ist, ergiebt sich aus den §§ 693—696 C.P.O. und dem Gesetze, betreffend die Zwangsvollstreckung gegen Beneficialerben und das Aufgebot der Nachlaßgläubiger im Geltungsbereiche des A.L.R vom 28. März 1879 (G S. S. 293). Vgl. Anm. 6. d zu § 2.

3. Mit Rücksicht auf die besondere Stellung des Beneficialerben giebt ihm § 180 Abs. 2 Nr. 1 das Recht zum Antrage auf Zwangsversteigerung hinsichtlich aller Gegenstände des unbeweglichen Vermögens, bezüglich deren die Immobiliarzwangsversteigerung überhaupt stattfindet (Anm. 4 zu §§ 180 - 182), um ihn in die Lage zu setzen, mit Bestimmtheit zu übersehen, ob ausreichender Nachlaß vorhanden ist bez. wie viel von den Forderungen der persönlichen Gläubiger, die zugleich Realgläubiger sind, aus dem übrigen Vermögen zu decken ist. (Eccius § 270 Anm. 46 und § 194 Anm. 23). Gesetzliche Voraussetzungen, welche diesem Zwecke entsprechend das Recht des Beneficialerben einschränkten, bestehen aber nicht. Es ist weder erforderlich, daß das Grundstück dinglich belastet ist, noch, daß die Insufficienz des Nachlasses feststeht. — Sind mehrere Beneficialerben vorhanden, so ist jeder derselben zur selbstständigen Stellung des Antrages berechtigt

4. Eine Zeitgrenze ist für dieses Recht nicht gegeben, insbesondere ist die für das Aufgebot der Nachlaßgläubiger gesetzte Frist hier nicht maßgebend. Doch liegt es in der Natur der Sache, daß der Beneficialerbe das Recht nicht mehr geltend machen kann, wenn er über das Grundstück verfügt hat, insbesondere wenn eine von ihm bewilligte Eintragung in das Grundbuch vorgenommen ist. (Eccius § 270 Anm. 49)

5. Ist das Grundstück oder sonstige Immobile Gegenstand eines Vermächtnisses oder des Anerbenrechtes, so ist der Vermächtnißnehmer oder Annehmer in entsprechender Anwendung der §§ 70, 71 b. G. und des § 690 C.P.O. berechtigt, Widerspruch gegen die Zwangsversteigerung zu erheben und die Aufhebung des

Verfahrens durchzusetzen, sofern er die Zulänglichkeit des Nachlasses darzuthun vermag. (Eccius § 270 Anm. 49)

6. Dasselbe Recht gewährt § 180 Abs. 2 Nr. 1 dem Nachlaßpfleger. Die Motive (zu § 177 Entw.) bezeichnen die Bestimmung als eine Konsequenz des Ges. v. 28. März 1879. Vgl. K. 8 S. 62.

7. Die Anm. 3 zu § 183 hervorgehobene eigenthümliche Vereinigung der Parteirollen liegt auch hier vor. — Erben oder Miterben, welche den Antrag nicht gestellt haben oder demselben nicht beigetreten (§ 15), kommen als Parteien nicht in Betracht. Sie sind bloße Interessenten (§ 21). — Der Antrag kann daher von den Antragstellern allein wirksam zurückgenommen werden.

8 Der Antrag (Anm. 4 zu § 183) hat nur darzuthun, daß der Antragsteller Beneficialerbe bez Nachlaßpfleger ist und daß das Grundstück zum Nachlasse gehört. — An die Stelle des Schuldtitels tritt der urkundliche Nachweis über die Eigenschaft des Antragstellers. Der Beneficialerbe hat nicht nur seine Erbenqualität (§ 5 d. Ges. v 12. März 1869), sondern auch die Wahrung der Beneficialerbeneigenschaft darzuthun (Rudorff Anm. 1 zu § 181; a. M. Jäckel Anm. 2 zu § 180. Vgl. § 5 d. Ges. v. 28. März 1879). Der Nachlaßpfleger hat seine Bestallung vorzulegen. — Ein Verlust dieser Eigenschaften muß die Aufhebung des Verfahrens nach sich ziehen (Jäckel a. a. O.). Der Antragsteller erscheint aber nicht verpflichtet, die Erben bez. seine Miterben zu benennen und nachzuweisen (Jäckel a. a. O.). — Ist der Erblasser nicht als Eigenthümer eingetragen, so kommt § 14 Nr. 3 zur Anwendung (vgl für Schiffe § 164).

9. Wegen der Zustellung des Einleitungsbeschlusses und des Beginnes der Beschlagnahme vgl. Anm 4. c zu §§ 180—182

10. Auch in diesem Falle werden die Rechte der Realgläubiger durch Feststellung eines geringsten Gebotes in demselben Umfange gewahrt wie bei der Zwangsvollstreckung — Nr. 2 bringt dieselbe Modifikation, welche § 183 für die Zwangsversteigerung auf Betreiben des Konkursverwalters enthält (Anm. 7 zu § 183, Heidenfeld a a O.).

11 Nr. 1 enthält eine Modifikation der in den §§ 57 ff. festgestellten Grundsätze über die Berichtigung des Kaufgeldes. Die Motive sagen: „Der Zweck des Verfahrens geht nicht blos dahin, durch den Verkauf den Umfang der Nachlaßmasse festzustellen, sondern auch dahin, festzustellen, welche Ansprüche von den absonderungsberechtigten Gläubigern an die dem Anspruche auf abgesonderte Befriedigung nicht unterworfenen Theile des Nachlasses erhoben werden können Erst wenn dies festgestellt ist, kann der Erbe die Bezahlung der Nachlaßschulden vornehmen, ohne sich der Gefahr einer persönlichen Haftung auszusetzen. Der Zweck würde vereitelt werden, wenn der Kaufpreis auch nur zum Theile nur durch Uebernahme von Hypotheken oder Grundschulden zu decken wäre. Denn insoweit dies der Fall, wäre eine Befreiung der übrigen Nachlaßmasse nur nach Maßgabe des § 41 des Gesetzes vom 5. Mai 1872, also nur ziemlich weitaussehend, zu erreichen. Der Erbe soll daher berechtigt sein, Baarzahlung des ganzen Kaufpreises zu verlangen. Wird trotz der gestellten Kaufbedingung der Preis nicht gezahlt, so führt die Vorschrift des § 116 Abs. 2 wenigstens rascher zum Ziele." — Der Uebernahme mit Einwilligung des Gläubigers (§ 116) steht diese Bestimmung nicht entgegen, sie gilt dem Erben gegenüber wie eine aus dem Grundstücke gewährte Befriedigung. — Dem Realberechtigten steht ein Wider-

spruch gegen die Kaufbedingung der Baarzahlung im Allgemeinen nicht zu. Heidenfeld a. a. O. S. 702 will jedoch den Widerspruch zulassen, wenn der Realberechtigte auf persönliche Befriedigung verzichtet und auch jegliches etwa sonst vorhandene Interesse des Erben an der Baarbefriedigung wegfällt, oder wenn die Sufficienz des Nachlasses dargethan wird.

12. Zu Nr. 3 bemerken die Motive: „Ebenso würde der Zweck des gewährten Versteigerungsrechtes vereitelt werden, wenn die Berücksichtigung der Gläubiger durch Festsetzung eines geringsten Gebotes den Zuschlag verhindern und gleichzeitig die durch das Verfahren zu beseitigende Unsicherheit des Erben bestehen bleiben sollte. Für denjenigen Gläubiger, welcher sich der Gefahr eines Ausfalles bei der Versteigerung des zur abgesonderten Befriedigung dienenden Gegenstandes nicht aussetzen will und deshalb unterläßt, den unter Ziffer 2 bezeichneten Antrag zu stellen, ist es nicht unbillig, den Anspruch auf Befriedigung aus dem übrigen Nachlasse zu versagen, wenn die Berücksichtigung des Gläubigers die Ertheilung des Zuschlages verhindert. Dem dieser Folgerung entsprechenden Satze Nr. 3 sind nur solche Beschränkungen beigefügt, welche die Bedeutung desselben klarstellen. Ist die Versteigerung nicht in ihrer besonderen Bedeutung bekannt gemacht (vgl. zu § 40 Nr. 5), so hat der Gläubiger keinen Anlaß, auf seine Berücksichtigung bei Festsetzung des geringsten Gebotes zu verzichten. Der Verzicht kann nicht demjenigen Gläubiger zugemuthet werden, dessen Anspruch von dem Erben nicht anerkannt wird. — Nach der Fassung der Nr. 3 wird durch die bezeichneten Umstände ebenso wie durch die Eigenschaft des Beneficialerben überhaupt nur eine Einrede begründet, so daß diese, um berücksichtigt zu werden, geltend gemacht werden muß, und im Falle des Verzichtes auf dieselbe nicht etwa eine Neubegründung des Anspruches erforderlich wird." Vgl Eccius § 194 Anm. 23. — Auch wenn der von einem Gläubiger beantragten Zwangsversteigerung (Anm. 13) der Beneficialerbe beitritt, muß, damit die Wirkung des § 185 Nr. 3 erzielt wird, die Bekanntmachung des Versteigerungstermines mit der hier verlangten Angabe wiederholt werden. (Eccius § 130 Anm 44 b.)

13. Bezüglich des Verhältnisses dieses Verfahrens zu einer von einem Gläubiger im Wege der Zwangsvollstreckung beantragten Zwangsversteigerung findet das Anm. 8 und 9 zu § 183 Ausgeführte Anwendung. Die Aehnlichkeit dieses Falles und der Zwangsvollstreckung überwiegt die Verschiedenheit derart, daß unbeschadet des Anm. 3, 5 u. 6 zu §§ 180—182 Bemerkten, eine äußere Vereinigung des Verfahres für beide Fälle angängig erscheint. Eccius § 130 Anm 44. b. A. M. Rudorff Anm 2 zu § 16. Vgl auch Kurlbaum, n. Grunds. S. 58.

14. Sind mehrere Beneficialerben vorhanden und eignen sich diese nicht über die Vertheilung der hyperocha, so ist die Auseinandersetzung nicht Sache des Versteigerungsgerichtes. Die Masse ist zu hinterlegen und den Betheiligten die Geltendmachung ihrer Rechte zu überlassen. Jäckel Anm. 1 zu § 180.

Zum Antrage auf Wiederversteigerung (§ 128) ist jeder Beneficialerbe auch dann befugt, wenn die Auseinandersetzung bezüglich der hyperocha der Nachlaßregulirung vorbehalten ist (Rudorff a. a. O.). A. M. Jäckel Anm. 1 zu § 180.

§. 185. Erfolgt die Zwangsversteigerung auf Antrag eines Miteigenthümers zum Zwecke der Auseinandersetzung, so finden folgende besondere Bestimmungen Anwendung:

1) Die Wirkungen der Zwangsversteigerung treten nur wider die Miteigenthümer, dagegen wider andere Realberechtigte nur dann ein, wenn deren Recht auf dem Antheil des Antragstellers nicht haftet. Ein Berechtigter, dessen Recht hiernach unberührt bleibt, gehört nicht zu den Interessenten des Verfahrens. Die Vorschriften über die Nothwendigkeit und die Feststellung eines geringsten Gebots (§. 22 Absatz 1, §§. 53 bis 59) finden nicht Anwendung.
2) Mit dem Einleitungsbeschluß sind der Antrag auf Einleitung des Verfahrens und, wenn der Antragsteller als Miteigenthümer im Grundbuche nicht eingetragen ist, die Urkunden, aus welchen das Miteigenthum sich ergiebt, den übrigen Miteigenthümern zuzustellen.
3) Die Bekanntmachung des Versteigerungstermins muß bei der nach §. 40 Nr. 5 erforderlichen Angabe auch angeben, auf wessen Antrag die Versteigerung erfolgt.
4) Die Vorschriften des §. 62 Absatz 3 und des §. 64 Absatz 3 finden auf die Miteigenthümer nicht Anwendung. Jeder Miteigenthümer kann die nach §. 74 Absatz 1 von ihm zu leistende Sicherheit auch nach den Vorschriften des §. 64 Absatz 2 und jede Sicherheit, welche mit Hypotheken oder Grundschulden geleistet werden kann, durch eine auf seinem Grundstücksantheil innerhalb der in §. 64 Absatz 2 bezeichneten Grenzen bewirkte Eintragung leisten.
5) Die Vorschriften des §. 70 Absatz 1 finden auch dann Anwendung, wenn der Miteigenthümer, gegen welchen auf Zwangsversteigerung angetragen worden ist, ein Recht der daselbst bezeichneten Art geltend macht.

§ 185. Zwangsversteigerung auf Antrag eines Miteigenthümers zum Zwecke der Auseinandersetzung.

1. Entw. § 182 — §§ 229–233 R.Zw.G.Entw — Die Bestimmung kommt nur im Gebiete des rheinisch-französischen Rechtes nicht zur Anwendung Hier verordnet § 39 Abs. 3 und 4 EG Rhld.:

„Auf den gerichtlichen Verkauf von Immobilien im Theilungsverfahren finden die Bestimmungen des bezeichneten Gesetzes keine Anwendung

Insoweit das Gesetz, betreffend das Theilungsverfahren und den gerichtlichen Verkauf von Immobilien im Geltungsbereich des Rheinischen Rechts, vom 22. Mai 1887 (Gesetz-Samml. S. 136) die Bezeichnung der gerichtlich zu verkaufenden Immobilien vorschreibt, muß die Bezeichnung nach Inhalt des Grundbuchs erfolgen."

Eine Auseinandersetzung von Miteigenthümern eines Gegenstandes des unbeweglichen Vermögens kann, wenn alle Betheiligten bezüglich der Auseinandersetzung einig sind, sowohl gerichtlich wie außergerichtlich erfolgen — Sind die Miteigenthümer darüber einig, daß die Auseinandersetzung durch gerichtliche Versteigerung des Gegenstandes erfolgen soll, so können sie die „freiwillige Subhastation" des Gegenstandes beantragen (vgl. für das landrechtliche Gebiet § 66 I 52 A G O) Daran ist durch das vorliegende Gesetz nichts geändert.

2. Nach gemeinem Rechte erfolgte die Auseinandersetzung von Miteigenthümern im Theilungsstreite, welcher durch die von einem oder mehreren der Betheiligten gegen die übrigen Mitbetheiligten anzustellende actio communi dividundo begründet wird. — Der Richter hat bei dem in den Formen des ordentlichen Civilprozesses (es ist das allerdings streitig, vgl aber § 25 C P O.) zu verhandelnden Theilungsstreite hinsichtlich der Art der Theilung freie Hand Er hat, allerdings nicht willkürlich, sondern der Sachlage entsprechend und daher der Nachprüfung in der Berufungsinstanz ausgesetzt, zu ermessen, ob die Auseinandersetzung durch Naturaltheilung, Zutheilung an einen Theilhaber gegen Entschädigung der übrigen, oder durch Veräußerung aus freier Hand bez. Versteigerung und Theilung des Erlöses erfolgen soll. — Praktisch wird derselbe allerdings bei Gegenständen des unbeweglichen Vermögens regelmäßig die Versteigerung anordnen (vgl. Bericht der Komm. des A H. zu § 178 Entw.) Eine solche Versteigerung gilt als „freiwillige Subhastation" (Strippelmann S 47). Nach preußischem Rechte gehört die Auseinandersetzung von Miteigenthümern vor den Richter der freiwilligen Gerichtsbarkeit.

3. § 180 Abs. 2 Nr. 1 und Abs. 3 dehnen aber den Grundsatz des bisherigen preußischen Rechtes, daß die Versteigerung zum Zwecke der Auseinandersetzung als Zwangsversteigerung zu gestalten sei, auf den gesammten Geltungsbereich dieses Gesetzes aus. Die Motive sagen: „Das Recht des Miteigenthümers, zum Zwecke der Auseinandersetzung ohne vorgängiges Urtheil die Zwangsversteigerung zu beantragen, ist bisher nur im Geltungsbereiche der S O. anerkannt. Man wird aber auch in den Landestheilen, in welchen das Grundbuchrecht auf der Grundlage des gemeinen Rechtes eingeführt ist, von einer vorgängigen Anordnung des Zwangsverkaufes im iudicium divisorium absehen können. Gerade hier besteht ferner im Anschluß an die von der Gesetzgebung gewährte Möglichkeit, den bestimmten Antheil des einzelnen Miteigenthumers mit Hypotheken und Grundschulden zu belasten, das besondere Bedürfniß, die Wirkungen solchen Zwangsverkaufes zu regeln." — Die Möglichkeit eines iudicium divisorium bez. Auseinandersetzungsverfahrens vor dem Richter der freiwilligen Gerichtsbarkeit ist dadurch aber auch für Gegenstände des unbeweglichen Vermögens keineswegs beseitigt. Es hat insbesondere ein Theilhaber, welcher Naturaltheilung herbeizuführen wünscht, den Weg der actio communi dividundo bez. im Gebiete des preußischen Rechtes die Provokation auf Auseinandersetzung vor dem Richter der freiwilligen Gerichtsbarkeit zu wählen.

4. Voraussetzung der Berechtigung zu dem Antrage auf Auseinandersetzung ist der Umstand, daß der Antragsteller verfugungsfähiger und verfügungsberech-

tigter Miteigenthümer des zu versteigernden Gegenstandes ist. Außer Grundstücken können auch die übrigen der Immobiliar-Zwangsversteigerung unterliegenden Gegenstände in Frage kommen (Anm. 4 zu §§ 180 - 182). — Es können einer oder mehrere Miteigenthümer den Antrag stellen Der Antrag eines Miteigenthümers kann auch in der Form des Beitrittes (§ 15) erfolgen Daß eine Einigung über eine freiwillige Auseinandersetzung nicht zu erzielen gewesen sei, ist keine Voraussetzung des Verfahrens (Strieth Archiv 66 S 106). Es ist daher auch nicht ausgeschlossen, daß alle Miteigenthümer die Zwangsversteigerung dem in Anm. 1 gedachten Verfahren vorziehen. Die Antragsteller kommen, wie auch die Motive hervorheben, im Allgemeinen in die prozessualische Lage des Gläubigers, die übrigen Miteigenthümer stehen jedem einzelnen der Antragsteller prozessualisch als Schuldner gegenüber

Der Antrag muß bei entsprechender Anwendung des § 13 die Antragsteller, die übrigen Miteigenthümer, wenn auch nicht deren Quote (Knorr Anm 2 c zu § 181), den Gegenstand und das Gericht bezeichnen Jäckel Anm. 4 Abs 3 zu § 180. — Von den Anlagen (§§ 14, 181, Anm. 4. b zu §§ 180—182) des Antrages fällt der vollstreckbare Schuldtitel weg Aus den bezüglich der Eigenthumsverhältnisse zu erbringenden Nachweisungen, bei denen in entsprechender Anwendung des § 14 Abs 2 Bezugnahme auf das bei dem Gerichte geführte Grundbuch genügt, muß sich entweder ergeben, daß die in dem Antrage bezeichneten Miteigenthümer im Grundbuche unter Ausschluß anderer Personen als Eigenthümer eingetragen sind, oder daß sie ohne Eintragung unter Ausschluß anderer Personen Eigenthümer geworden sind Vgl. für das ältere Recht Entsch. 44 S 330 ff (Der Fall betrifft Immobiliarkuxe.) Andernfalls ist der Antrag abzulehnen Das hatte schon für das ältere Recht das Appellationsgericht zu Posen (Johow 6 S. 11) angenommen, während das Appellationsgericht zu Naumburg (Johow 4 S 32) entgegengesetzter Ansicht war Jetzt ist die erstere Ansicht durch die §§ 14, 180 hinlänglich gestützt K 6 S 94 (§ 230 R.Zw. G.Entw will nur in dem Falle der Erbengemeinschaft von der Eintragung der Miteigenthümer absehen)

Sind im Grundbuche bereits verstorbene Miteigenthümer eingetragen, so muß der Antrag gegen die Erben gerichtet werden Ihre Erbeneigenschaft muß durch die Anlagen des Antrages nachgewiesen werden — Richtet man den Antrag gegen den im Grundbuche eingetragenen Verstorbenen, so wird zwar das Verfahren eingeleitet werden, wenn der Tod nicht gerichtsbekannt ist. Es ist aber analog dem Anm 6 c zu § 2 Bemerkten ohne Antrag aufzuheben, sobald dieser Umstand bekannt wird.

Bezüglich mehrerer denselben Miteigenthümern gehörigen Grundstücke kann ein Antrag gestellt werden, auch wenn dieselben wirthschaftlich nicht zusammen gehören (Gruchot 16 S. 284)

5 Welcher Art das Miteigenthum sein muß, zu dessen Auseinandersetzung die Versteigerung stattfinden soll, hat das Gesetz nicht gesagt. In erster Linie hat man wohl das Miteigenthum zu bestimmten ideellen Antheilen im Auge gehabt. Indessen besteht ein unzweifelhaftes Bedürfniß, die Auseinandersetzungsversteigerung auch in solchen Fällen zuzulassen, in denen es sich um Gemeinschaften handelt, bei welchen den Miteigenthümern vor der Theilung bestimmte und individualisirte Quoten nicht zustehen, wie bei der Gütergemeinschaft unter

Eheleuten oder der fortgesetzten Gütergemeinschaft mit dem überlebenden Ehegatten. Es besteht auch im Allgemeinen kein gesetzliches Hinderniß für die Zulassung des Verfahrens in solchen Fällen.

Für Bergwerkseigenthum steht § 133 Abs 2 Allg. Bergges., nach dem die Theilhaber an einer gemeinschaftlichen Masse, zu welcher ein Bergwerk gehört, nicht Mitbetheiligte des Bergwerkes im Sinne des § 94 Allg. Bergges. sind, den Anträgen solcher Theilhaber auf Vornahme der Auseinandersetzungsversteigerung nicht entgegen, denn jene Bestimmung stellt ihr Miteigenthum nicht in Abrede (A. M. Knorr Anm. 3. a zu § 180).

Im Gebiete des gemeinen Rechtes können unzweifelhaft auch Miterben den Antrag ohne vorheriges iudicium familiae erciscundae stellen. Denn die Miteigenthümer sind schon vor der Erbtheilung Miteigenthümer der Nachlaßsachen nach dem Verhältnisse ihrer Erbquoten. Es macht auch keinen Unterschied, ob es sich um Intestaterben, Testamentserben oder um solche Pflichttheilsberechtigte handelt, welche durch Umstoßung der stattgehabten Erbeseinsetzung Intestaterben geworden sind Sehr streitig ist dagegen, ob auch die Miterben im Gebiete des A.L.R. dieses Recht haben. Es bejahen Dernburg I § 224 Anm. 5, Jäckel Anm. 4 Abs. 2 zu § 180, Knorr Anm. 3. a zu § 180 und Beschl des Oberlandesgerichtes Breslau v. 15. Nov 1893 (Zeitschr. der Breslauer Anwaltskammer 1894 S. 29) letztere unter Berufung auf § 382 I 9, §§ 89 ff., 115, 123 I. 17 A L R. Dagegen verneinen Eccius § 182 Anm 15, das Kammergericht (K. 9 S 123) und Beschl. des Landgerichtes Nordhausen in der vorgenannten Zeitschrift S. 20. Den Grund für die Verneinung findet man in der Anm. 4. b zu § 1 dargelegten theoretischen Auffassung des Verhältnisses der Miterben zu den Erbschaftssachen nach preußischem Rechte Das Hauptgewicht ist aber bei dieser Theorie doch nur darauf zu legen, daß den Miterben noch keine bestimmten und individualisirten Antheile an den einzelnen Erbschaftssachen zustehen. Daß die Erbschaftssachen, soweit nicht besonders darüber verfügt ist, den Miterben gehören, läßt sich vernünftiger Weise nicht leugnen. Denn sie sind weder herrenlos noch kann ein Eigenthum anderer Personen in Frage kommen. Miteigenthum ist also auch bei den preußischen Miterben unzweifelhaft vorhanden. Daß keine individualisirten und bestimmten Quoten vorhanden sind, steht aber, wie dargelegt, der Auseinandersetzungssubhastation nicht entgegen. Ob andere Hindernisse entgegenstehen, ist nach dem Anm. 6 Ausgeführten zu beurtheilen — Im Testamente nicht eingesetzte Pflichttheilberechtigte sind nach preußischem Rechte nicht als Miterben zu betrachten und daher auch zu dem Antrage nicht berechtigt Die im Anh. § 164 zu § 574 II. 18 A L.R. bezuglich der im Testamente eingesetzten Pflichttheilsberechtigten gegebene Bestimmung hat in positiver Beziehung jetzt keine besondere Bedeutung mehr, weil durch die Eintragung des Pflichttheilsberechtigten als Miteigenthümers, welche hier als Voraussetzung seines Antrages auf Zwangsversteigerung hingestellt wird, sein Miteigenthum jedenfalls klargestellt ist. — Dagegen hat sie die negative Bedeutung, daß der auf eine gewisse Summe oder bestimmte Sachen gesetzte Pflichttheilsberechtigte keinesfalls zu dem Antrage befugt ist. (Strieth. Archiv 15 S. 82. — Vgl. Strieth. Archiv 4 S. 281, 13 S. 77, 21 S. 291, 49 S. 348, Entsch. 12 S. 243, 16 S. 515.)

6. Die Vorschriften des bürgerlichen Rechtes über die Zulässigkeit der Auseinandersetzung durch „Zwangsverkauf" bleiben unberührt. § 180 Abs. 3 Satz 2 ist durch die Komm. des A.H. mit einer unwesentlichen Aenderung aus den Motiven (zu § 182 Entw.) in das Gesetz übertragen (Bericht zu § 178 Entw). — Zu beachten ist, daß das Gesetz den Widerspruch gegen den Zwangsverkauf nicht blos dann gestattet, wenn die Auseinandersetzung überhaupt oder durch Zwangsverkauf oder unter den im Antrage genannten Personen absolut unzulässig erscheint, sondern daß in allen Fällen, in denen bisher der Zwangsverkauf im iudicium divisorium abgewendet werden konnte, dies auch künftig möglich bleiben muß — Es kann deshalb z B. im Gebiete des gemeinen Rechtes ein Widerspruch gegen den Zwangsverkauf darauf gestützt werden, daß im vorliegenden Falle eine andere Art der Auseinandersetzung zweckmäßiger sei (c 3 C. communi divid 3, 37) Der Widerspruch hat natürlich nur Erfolg, wenn der Widersprechende das Ermessen des Prozeßrichters für sich gewinnen kann Ebenso kann im Gebiete des A.L R geltend gemacht werden, daß der gewählte Zeitpunkt ein ungeeigneter sei (§ 83 I 17 A L R) — Ausschluß der Theilung durch Vertrag oder letztwillige Verfügung auf unbestimmte Zeit oder in ungeeigneter Weise ist nach gemeinem Rechte unzulässig (fr. 14 § 2 D comm dividundo 10, 3); nach preußischem Rechte kann derselbe jedenfalls durch Societätsvertrag oder Verbot des Erblassers nicht bewirkt werden (§ 289, §§ 118—121 I 17 A L R., Dernburg I S. 543) Von einer Verjährung des Rechtes auf Theilung kann nach beiden Rechten nicht die Rede sein (Windscheid I § 106, § 76 I 17 A.L R) — Im Uebrigen vgl für das landrechtliche Gebiet: §§ 75 ff I. 17 A.L.R., § 120 I. 8 A L R (Winkel zwischen zwei Häusern); § 100 Allg. Berggeſ.; Entsch. 34 S 142; Gruchot 12 S 375, und für das gemeine Recht: Windscheid § 449 Nr. 3, fr 14 §§ 2, 3, communi divid 10, 3, fr. 16 § 1 D. pro soc 17, 2, fr. 19 § 1 D comm divid 10, 3 (vestibulum commune binarum aedium). Bezüglich der Theilung zwischen Miterben sind insbesondere die letztwilligen Bestimmungen maßgebend

7 Die prozessualische Geltendmachung der Anm 5 erwähnten Verhältnisse ordnet § 185 Nr. 5. Vgl auch Eccius § 182 Anm 95 — Der Antrag auf Zwangsversteigerung bedarf der besonderen Begründung nach der Richtung, daß die Zwangsversteigerung durch Auseinandersetzung zulässig sei, nicht. Es ist, wenn nicht von vornherein ein offenbarer Grund vorhanden ist, aus dem die absolute Unzulässigkeit der Auseinandersetzung sich ergiebt, abzuwarten, ob einer der Miteigenthümer der Zwangsversteigerung widerspricht (§ 180 Abs. 3). Ob dieser Widerspruch im Verfahren selbst geltend gemacht werden kann oder im besonderen Verfahren nach § 690 C P O geltend gemacht werden muß, richtet sich nach § 70 Abs. 1, hängt also davon ab, ob das Widerspruchsrecht durch den Inhalt des Grundbuches klargestellt werden kann (vgl Anm. 3 zu §§ 70, 71).

8. Auf die Einleitung und die Beschlagnahme finden die §§ 16, 17 mit den in § 185 Nr 1 und 2 festgesetzten Modifikationen Anwendung.

a. Der Beschluß ist an die nicht betreibenden Miteigenthümer stets von Amtswegen zuzustellen (Anm 5 zu §§ 16, 17). Dem Beschlusse sind nach § 185 Nr. 2 der Antrag und die etwa erforderlichen Eigenthumsurkunden zur Ermöglichung der Prüfung die Legitimation des Antragstellers beizufügen. Den betreibenden Miteigenthumern ist nur zuzustellen, wenn der Beschluß nicht verkündet ist.

b. Die **Beschlagnahme** (Anm. 6—11 zu §§ 16—17) wirkt zunächst nur rücksichtlich der nicht betreibenden Miteigenthümer. Die Motive bemerken dazu: „Die Beschlagnahme ist ohne Bedeutung, soweit Verfügungen in Frage kommen, welche die Miteigenthümer nur zusammen vornehmen können. Sie hat aber insbesondere die Wirkung, daß ein nachher auf Seiten des Quasischuldners [des nicht betreibenden Miteigenthümers, Anm. 4] eingetretener Eigenthumswechsel das Verfahren niemals aufhalten kann; denn das Recht des Miteigenthümers, den Verkauf zu verlangen, entspricht einer Forderung, für welche die gemeinsame Sache dinglich verhaftet ist (§ 17 Abs. 2)" — Die juristische Konstruktion darf übrigens nicht an diese Anschauungsweise der Motive anknüpfen, da Fiktion und Quasibegriff immer innerlich unwahre Momente enthalten.

Ist der Antrag auf Auseinandersetzung von mehreren Seiten gestellt, so treten die Wirkungen der Beschlagnahme bezüglich jedes einzelnen Antrages gegen die übrigen Miteigenthümer ein, auch wenn dieselben ihrerseits den Antrag gestellt haben.

9. An und für sich brauchte die Versteigerung zum Zwecke der Auseinandersetzung die Rechtsstellung der **Realgläubiger** in keiner Weise zu berühren. Bleiben die Rechte derselben unverändert, so ist ihre Zuziehung in dem Verfahren unnöthig. (Reichsgericht in der Juristischen Wochenschr. 1891 S. 127).

Von diesem Grundsatze macht das Gesetz nach dem Vorgange des bisherigen preußischen Gesetzes insofern eine Ausnahme, als es gegen diejenigen Realberechtigten, welchen der Antheil des Antragstellers nicht haftet, die Wirkungen eintreten läßt, welche eine im Wege der Zwangsvollstreckung erfolgende Zwangsversteigerung in Bezug auf die Realgläubiger hat. Es gilt das auch hinsichtlich des Einflusses auf Pacht und Miethe (oben Anm. 6. d zu § 22, Dernburg I. § 291 Anm. 20) — Es will dadurch, wie in der Komm. d. A H. (Bericht zu § 178 Entw.) hervorgehoben wurde, einen praktischen Ausweg für den Fall bieten, daß auf den einzelnen Grundstücksantheilen verschiedene Hypotheken bestehen. — Haben mehrere Miteigenthümer den Antrag gestellt oder ihren Beitritt erklärt, so erstreckt sich die Wirkung folgeweise auf alle Realberechtigte, deren Recht auf dem Antheile irgend eines der Antragsteller nicht haftet. — In jedem Falle handelt es sich ausschließlich um Realrechte, die auf einzelnen ideellen Antheilen der Miteigenthümer haften. — Interessenten des Verfahrens (§ 21, § 185 Nr. 1) sind deshalb außer den Miteigenthümern nur diese Realberechtigten, sofern sie den Erfordernissen des § 21 Nr. 3 und 4 entsprechen.

10. Die Vorschriften über die Nothwendigkeit und die Feststellung eines **geringsten Gebotes** (§§ 61 a. E., 75 Nr. 12) bleiben außer Anwendung. Bezüglich der Gläubiger, welche von dem Verfahren nicht berührt werden, ist es ganz gleichgültig, ob derartige Vorschriften gegeben werden oder nicht. Ihre Rechtsstellung wird durch die Zwangsversteigerung nicht weiter berührt als durch eine Veräußerung auf Grund eines Kaufvertrages. (Reichsgericht in der Juristischen Wochenschr. von 1891 S. 127). Bezüglich der übrigen Gläubiger sagen die Motive: „Das Recht dieser Realberechtigten steht dem Verkaufsrechte des Miteigenthümers nach, sie müssen sich deshalb für jedes Gebot den Zuschlag gefallen lassen." — Es ist deshalb in diesem Falle die Baarzahlung des ganzen Gebotes gesetzliche Kaufbedingung. — Praktisch wird es sich empfehlen, daß die Uebernahme der vorstehenden Forderungen mit oder ohne Anrechnung auf das

Geldgebot als besondere Kaufbedingung (§ 45) festgestellt wird. — Der in § 40 Nr. 8 vorgeschriebene Inhalt der Bekanntmachung ist entsprechend zu modificiren. — Abweichend § 231 R Zw.G Entw.

11. Der Ersteher erwirbt gemäß § 97, anders wie nach dem bisherigen preußischen Rechte (§ 103 I. 17 A L R, Dernburg I. § 224 Anm. 15), aber in Uebereinstimmung mit dem römischen Rechte (Gaius Inst 4 § 42) das Eigenthum durch den Zuschlag. — Er hat, da die Vorschriften über die Feststellung des geringsten Gebotes wegfallen, nur diejenigen Lasten zu übernehmen, welche nach § 22 Abs 3 ohne Anrechnung auf den Kaufpreis auf ihn übergehen Im Uebrigen hat er bei entsprechender Anwendung des § 22 Abs 2 und 3 in Verbindung mit § 185 Nr 1 zu beanspruchen, daß, soweit in den Kaufbedingungen nichts Besonderes festgesetzt ist, der Gegenstand der Versteigerung frei von allen dinglichen Rechten, insbesondere befreit von den Ansprüchen derjenigen Gläubiger, welche durch die Zwangsversteigerung nicht berührt werden, auf ihn übergeht. — Er hat aber diesen Anspruch, von den durch die Zwangsversteigerung betroffenen Gläubigern abgesehen, nur gegenüber den Miteigenthümern Die Rechte derjenigen Realberechtigten, welche durch das Verfahren nicht berührt werden, gehen durch die Zwangsversteigerung nicht von selbst unter.

Im Anschlusse an das Anm 7 zu § 97 Ausgeführte und unter Berücksichtigung der dort dargelegten Eigenschaft der Verpflichtung des Erstehers als einer obligatio mutua ergiebt sich, daß der Ersteher nicht verpflichtet ist, den Kaufpreis zu zahlen, bevor die Freischaffung des Grundstückes von den durch das Verfahren nicht betroffenen, von ihm aber nicht übernommenen Ansprüchen erfolgt ist. Er kann deshalb Einwendungen auf Grund des § 686 C P O. gegen die aus den §§ 103, 128, 129 stattfindenden Zwangsmaßregeln, sowie gegen die unbedingte Eintragung von Kaufgelderrückständen aus § 124 Nr 4 erheben (Johow 1 Nr 11) — Er hat nach gemeinem wie nach preußischem Rechte die Wahl, ob er von dem Erwerbe zurücktreten oder entsprechende Abzüge geltend machen will (§§ 184, 186 ff I 11, § 334 I 5 A L R, Reichsgericht in der Juristischen Wochenschr 1891 S 127).

Für das bisherige Recht erachtete das Obertribunal (Strieth 87 S 35) den § 222 I. 11 A.L R. fur anwendbar und verlangte demgemäß, daß der Ersteher das zurückgehaltene Kaufgeld hinterlegen müsse (Ebenso Johow 1 Nr. 11.) Jetzt besteht diese Pflicht nicht mehr Da sich aus der entsprechenden Anwendung des § 22 Abs 2 ergiebt, daß es zu der dem Ersteher zu machenden Gegenleistung gehört, daß das Grundstück freigestellt wird, so fällt die verabsäumte Erfüllung dieser Pflicht, wie in Uebereinstimmung mit der in einem anderen Falle (Strieth 33 S 40) niedergelegten Anschauung des Obertribunals anzunehmen ist, nicht mehr unter den § 222 a. a O. A. M. Jäckel Anm 1. I ad e.

12 § 40 Nr. 5 wird durch § 185 Nr. 3 modificirt Es müssen, falls mehrere Anträge vorliegen, sämmtliche Antragsteller bezeichnet werden Ein Verstoß gegen § 185 Nr 3 hat dieselben Folgen wie ein Verstoß gegen § 40 Nr 5 (vgl Anm 6 zu § 40 und Anm. 6 d zu §§ 75—78) — Abweichend § 232 R Zw G Entw.

13. Zu § 185 Nr. 4 bemerken die Motive: „Endlich stehen die Miteigenthümer bezüglich der Sicherheitsleistung nicht dem einer Zwangsvollstreckung unterworfenen Schuldner, sondern anderen Realberechtigten gleich. Es soll auch

bei dem Vorgange des § 113 Nr. 3 der G.O. verbleiben, daß die Miteigenthümer auch im Falle des § 74 hypothekarische Sicherheit leisten können. Diese Art der Sicherheit kann von ihnen sowohl durch Hypotheken oder Grundschulden geleistet werden, welche für sie auf dem versteigerten Grundstücke haften, als auch durch Eintragung einer Kaution auf ihren Grundstücksantheil. Ein Schuldokument über die eingetragene Kaution braucht nicht vorgelegt zu werden, da über dieselbe zum Nachtheile der Interessenten ohnehin nicht verfügt werden kann."

14. Bei der Belegung und Vertheilung des Kaufgeldes (vgl. bezüglich der obwaltenden Meinungsverschiedenheiten Jäckel Anm. 1 zu § 185, Willmanns in Behrends Zeitschrift 3 S. 306, 307, Strieth. Archiv 87 S. 27) kommen die §§ 101 – 103 zur Anwendung (vgl aber Anm. 9 a. E). Das weitere Vertheilungsverfahren erfolgt lediglich zwischen den Miteigenthümern und denjenigen Realberechtigten, welche von der Zwangsversteigerung betroffen werden. — Der Ersteher und diejenigen Gläubiger, gegen welche die Wirkungen der Zwangsversteigerung nicht eintreten, haben mit diesem Verfahren nichts zu thun Sie werden rechtlich von demselben in keiner Weise berührt. Es handelt sich in dem Verfahren lediglich um die Ermittelung, welche Beträge den durch die Versteigerung betroffenen Gläubigern zustehen und was den Miteigenthümern gebührt Zu diesem Zwecke ist aber die rechnungsmäßige Berücksichtigung aller Realforderungen, welche auf dem Gegenstande oder Antheilen desselben haften, erforderlich.

Die Aufstellung des Planes erfolgt nach Maßgabe der §§ 104—116, von denen jedoch die §§ 107 und 108 unanwendbar sind. In dem Plane sind, soweit nicht besondere Bedingungen gestellt sind, alle Forderungen als baar zu berichtigende aufzuführen. Auch die Aufnahme der von der Zwangsversteigerung nicht betroffenen Forderungen erfolgt in der Reihenfolge und dem Umfange, der sich aus den §§ 23—38 ergiebt Insbesondere müssen ältere als zweijährige Rückstände an Zinsen gemäß § 37 zurücktreten.

Forderungen persönlicher Gläubiger können nicht in Frage kommen.

§ 36 kommt hier (vgl. Anm 4. c zu §§ 180—182) unverändert zur Anwendung. Soweit die Aufnahme nur auf Anmeldung erfolgt, verbleibt es dabei. Die durch die Zwangsversteigerung nicht berührten Forderungen sind als den Miteigenthümern gebührend anzusetzen. Von diesen hat also auch die Anmeldung auszugehen.

Bezüglich des Verhältnisses der Totalhypotheken zu den Antheilshypotheken vgl. Anm 5 zu §§ 53 – 56 und Anm. 4. A a zu §§ 104—106. — Danach sind die vor den Antheilshypotheken stehenden Totalhypotheken und zwar, falls eine Anmeldung erfolgt, mit den in den §§ 35, 36 festgesetzten Nebenforderungen zum Ansatze zu bringen. Die älteren Zinsrückstände fallen hier aus. (Jäckel Anm. 1; a. M. Volkmar, Schlußbem. zu § 185) Der Rest ist in Theile zu zerlegen, welche den einzelnen ideellen Antheilen der Miteigenthümer entsprechen. Jeder dieser Kaufgeldtheile ist auf die auf dem betreffenden ideellen Antheile lastenden Ansprüche in der gesetzlichen Reihenfolge und dem gesetzlichen Umfange zu vertheilen. — Totalhypotheken, welche den Antheilshypotheken folgen, sind wie Korrealhypotheken zu behandeln. Es muß also in der Anm. 4 zu §§ 104—106 dargelegten Weise eine verhältnißmäßige Anweisung auf die Reste der einzelnen Antheilsquoten derart erfolgen, daß die Hypothek, soweit überhaupt noch Masse vorhanden ist, vor allen etwa noch nachstehenden Total- oder Antheilshypotheken zur vollen Befriedigung gelangt Aeltere Zinsrückstände kommen gemäß § 37 nach allen Realforderungen Der schließlich verbleibende Ueberschuß gebührt den Miteigenthümern.

Die Auseinandersetzung unter den Miteigenthümern hinsichtlich der auf dieselben entfallenden Beträge ist nicht Aufgabe des Zwangsversteigerungsverfahrens. Soweit nicht sämmtliche Miteigenthümer über Person der einzelnen Empfänger und den ihnen zu zahlenden Betrag einig sind, ist der auf die Miteigenthümer entfallende Betrag in entsprechender Anwendung des § 118 als eine diesen gebührende, unter ihnen aber streitige Forderung zu hinterlegen bez. zu überweisen und einzutragen (Vgl Anm 12 zu § 184 und Dernburg I § 224 Anm. 9) Ueber den Antrag auf Wiederversteigerung vgl Anm 14 zu § 184

15. Bei der Berichtigung des Grundbuches (§ 124) kann bezüglich aller derjenigen Forderungen, welche durch die Versteigerung nicht berührt werden, eine Aenderung oder Löschung von dem Versteigerungsrichter nicht beantragt werden. — Er muß es den Miteigenthümern überlassen, die Freischaffung des Gegenstandes zu bewirken. Sie können dabei weder dem Gläubiger eine Zahlung aufdrängen, welche er nicht schon ohnehin anzunehmen verpflichtet wäre, noch können sie den Umfang seiner Forderung in der durch §§ 35 - 37 festgesetzten Weise beschränken bez ändern Sie haben demselben vielmehr Alles in der Weise und in dem Umfange zu leisten, wie es der Gläubiger an und für sich fordern und außerhalb der Zwangsversteigerung einklagen kann Insbesondere können sie nicht geltend machen, daß er bei der Zwangsversteigerung mit dem Kapitale oder mit den älteren als zweijährigen Rückständen an Zinsen ausgefallen sein würde. — Von dem Verfahren berührte Antheilshypotheken müssen nach § 124 Abs 2 auch dann zur Löschung gebracht werden, wenn auf dieselben rückständige Kaufgelder überwiesen sind — Steht einer solchen Antheilshypothek eine Totalhypothek nach, so erfolgt die Eintragung der rückständigen Kaufgelder vor der stehenbleibenden Totalhypothek (§ 124 Nr 4. — A. M. Volkmar, Schlußbem Nr. 5 zu § 185).

16. Ueber das Verhältniß der Zwangsversteigerung zum Zwecke der Auseinandersetzung zur Zwangsversteigerung eines ideellen Antheiles im Wege der Zwangsvollstreckung bez in den Fällen der §§ 183, 184 vgl Anm 4. b zu § 1.

Eine Zwangsversteigerung des ganzen Gegenstandes zum Zwecke der Zwangsvollstreckung oder in den Fällen der §§ 183, 184 ist ebenfalls von der Zwangsversteigerung zum Zwecke der Auseinandersetzung derart verschieden, daß eine Verbindung beider Arten des Verfahrens, etwa durch Beitritt, ausgeschlossen erscheint (vgl. Anm 7 zu § 15) — Die Beschlagnahme des ganzen Gegenstandes im Wege der Zwangsvollstreckung steht der Zulässigkeit des Beginnes oder der Fortsetzung einer Auseinandersetzungsversteigerung entgegen. — Es ist deshalb die letztere nicht einzuleiten bez einzustellen. Die Zwangsversteigerung erfolgt dann lediglich im Wege der Zwangsvollstreckung (vgl zum Theil abweichend Jäckel Anm. 2 und 3 zu § 16, Rudorff Anm. 2 zu § 16).

§. 186. Bei der Versteigerung von Bergwerkseigenthum im Falle des §. 180 Absatz 2 Nr. 3 finden die Vorschriften über die Noth=

wendigkeit und die Feststellung eines geringsten Gebots (§. 22 Absatz 1, §§. 53 bis 59), sowie die Vorschriften des §. 49 nicht Anwendung.

Erfolgt die Versteigerung auf Antrag eines Gläubigers, so sind mit dem Einleitungsbeschluß der Antrag auf Einleitung des Verfahrens und, wenn der Antragsteller als Gläubiger im Grundbuche nicht eingetragen ist, die Urkunden, aus welchen das Recht desselben sich ergiebt, dem Schuldner zuzustellen.

§ 186. Zwangsversteigerung von Bergwerkseigenthum aus Gründen des Bergrechtes.

1. Entw. § 183. — Es handelt sich hier für den gesammten Geltungsbereich dieses Gesetzes um besondere Fälle der Versteigerung von Bergwerkseigenthum. Der letzte (aus § 235 g Allg. Bergges.) ist von der Komm des H.H. zur Ausfüllung einer vermeintlichen Lücke eingefügt. Die einzelnen Fälle sind

a. Zwangsversteigerung eines Bergwerkes oder einzelner Theile des Feldes eines solchen, wenn das Verfahren wegen Entziehung des Bergwerkes eingeleitet ist oder der Eigenthümer freiwillig auf das Bergwerk oder einzelne Theile des Feldes verzichtet hat. Es kommen hier die §§ 156—162 des Allg. Bergges. in Betracht.

b. Zwangsversteigerung eines unbeweglichen Bergwerksantheiles, wenn der Gewerke den Verkauf seines Antheiles anheimstellt oder auf denselben freiwillig verzichtet — Die §§ 130–132 Allg. Bergges. regeln die Materie in Bezug auf die Kuxe neueren Rechtes.

In Bezug auf Kuxe älteren Rechtes vgl. § 234 Allg Bergges.

c. Zwangsversteigerung überschießender Kuxtheile bei der Umwandelung einer Gewerkschaft älteren Rechtes in eine Gewerkschaft neueren Rechtes. (§ 235. g Allg. Bergges. [in der Fassung des Gesetzes vom 9. April 1873]).

Gegenstand der Zwangsversteigerung sind in diesem Falle nicht die alten überschießenden immobilen Kuxtheile, sondern die neuen zusammengelegten mobilen Kuxe, so daß die Umschreibung der Kuxtheile in mobile Kuxe dem Verfahren nicht entgegensteht. (Beschl. des Landgerichtes Dortmund in der Zeitschr. für Bergrecht 26 S. 301).

2. Die zur Begründung des Antrages an Stelle des vollstreckbaren Schuldtitels erforderlichen Urkunden (Anm 8 zu §§ 180—182) ergeben sich aus den vorstehenden Bestimmungen (Dorendorf Anm d zu § 181).

Im ersten Falle (Anm. 1. a) muß der Beschluß auf Einleitung des Verfahrens oder der Verzicht des bisherigen Eigenthümers urkundlich nachgewiesen werden. Im zweiten Falle (Anm. 1. b) ist der Nachweis zu erbringen, daß der Gewerke den Verkauf des Antheiles anheimgestellt bez auf den Antheil verzichtet hat. Kuxscheine bestehen bei den Kuxen des älteren Rechtes nicht, so daß deren Vorlegung in Wegfall kommt. (Arndt, Kommentar Anm 1 zu § 234 Allg. Bergges). Im dritten Falle (Anm. 1. c) muß der vom Oberbergamt bestätigte Beschluß über die Mobilisirung des Bergwerkes und den Nachweis darüber, daß die zu versteigernden Mobiliar-Kuxe aus überschießenden Immobiliar-

Kuxtheilen zusammengelegt sind, vorgelegt werden. — Außerdem muß der Antragsteller seine Legitimation als Gewerkschaft, Eigenthümer, Hypothekengläubiger oder anderer Realberechtigter urkundlich belegen. Für den Eigenthümer wird die Legitimation schon in den nach § 14 Nr. 2 und 3 beizubringenden Nachweisungen liegen. — Eine Angabe der einzelnen Interessenten und ihrer Betheiligung an den einzelnen Kuxen ist nicht zu verlangen. Auch können Zweifel und Schwierigkeiten hinsichtlich der Vertheilung des Kaufgeldes, die eventuell im Prozeßwege zu erledigen sind, nicht zur Abweisung des Antrages führen. (Beschl des Landgerichtes zu Dortmund in der Zeitschr. für Bergrecht 26 S. 298)

3. Erfolgt die Zwangsversteigerung im ersten Falle (Anm. 1. a) auf Antrag des Eigenthümers des zu versteigernden Gegenstandes, gleichviel ob dieser eine Gewerkschaft ist oder nicht, so liegt die Vereinigung der prozessualischen Rollen des betreibenden Gläubigers und des Schuldners mit der in § 182 bestimmten Wirkung auch hier vor (vgl. Anm. 3 und 5 zu § 183, Anm. 9 zu §§ 180 bis 182). Das Gleiche gilt von der Zwangsversteigerung auf den Antrag der Gewerkschaft in dem zweiten und dritten Falle (Anm. 1. b und c). Erfolgt dieselbe im ersten Falle (Anm 1 a) auf den Antrag eines Gläubigers, so sind die Rollen des Antragstellers und des Eigenthümers in verschiedenen Händen. Für diesen Fall giebt § 186 Abs 2 eine Spezialbestimmung, welche die Motive durch den Hinweis darauf rechtfertigen, „daß ein anderes Verfahren, durch welches der Gläubiger bekannt geworden, nicht vorausgegangen ist".

4. Nach § 186 Abs. 1 fallen die Vorschriften über das geringste Gebot und in Folge davon auch die Vorschrift des § 49 über die Rechtzeitigkeit des Beitrittes eines Gläubigers weg Deshalb bleiben bei der Belegung und Vertheilung des Kaufgeldes die §§ 107, 108, 115, 124 Nr. 3, 137 und zum Theil auch § 122 außer Anwendung (Jäckel Anm 1) — Die Motive rechtfertigen dies für den ersten Fall (Anm 1. a) damit, daß der Verkauf, welcher überhaupt nur innerhalb bestimmter Frist zulässig ist, die letzte Möglichkeit biete, überhaupt noch etwas herauszuziehen. Hinsichtlich des zweiten Falles (Anm. 1 b) darf, wie dieselben hervorheben, „der Zweck des Verkaufes, einen neuen Gewerken zu finden, nicht durch Pfandrechte vereitelt werden, wie denn auch § 131 Abs 3 ebenda die lastenfreie Zuschreibung unverkäuflicher Kuxe verordnet." (Vgl. Anm. 10 zu § 185 a. E)

5. Daß der bisherige Eigenthümer Ersteher wird, ist auch hier nicht ausgeschlossen.

6 Dem auf Grund des § 180 Abs. 2 Nr 3 eingeleiteten Verfahren kann jeder beitreten, welcher zur selbstständigen Stellung des Antrages auf Grund dieser Bestimmung befugt ist. Dagegen ist dieses Verfahren von der Zwangsversteigerung im Wege der Zwangsvollstreckung, sowie von der Zwangsversteigerung in den zu §§ 183, 184, 185 erörterten Fällen so wesentlich verschieden, daß die Verwirklichung des Zwangsversteigerungsrechtes aus § 180 Abs. 2 Nr. 3 durch Beitritt zu jenen Arten des Verfahrens ausgeschlossen erscheint. Ein Beitritt in umgekehrter Richtung ist ebenso ausgeschlossen. Vgl. auch Anm. 16 zu § 185 — Ist die Beschlagnahme im Wege der Zwangsvollstreckung erfolgt, so kann eine Zwangsversteigerung in Gemäßheit des § 186 nicht stattfinden, so lange diese Beschlagnahme besteht (R. 31 S. 312).

§. 187. Erfolgt die Zwangsversteigerung auf Grund der §§. 40, 58, 60 Allgemeinen Landrechts Theil I Titel 8, so finden die Vorschriften der §§. 41 bis 57, 59 ebenda Anwendung. Die nach den Vorschriften der §§. 45 bis 47 zulässigen Angebote der Gläubiger sind nur bei der Versteigerung zulässig.

§ 187. Zwangsversteigerung verfallener Grundstücke auf Anstehen der Obrigkeit.

1. Entw § 184. — Die Bestimmung bezieht sich nur auf den Geltungsbereich des A.L.R. Die Motive sagen: „Die Rechte auf Zwangsversteigerung verfallener Grundstücke im Interesse der Wiederherstellung derselben sollen unverändert bestehen bleiben, wie sie in den §§ 40 ff. A.L.R. Th. I. Tit. 8 bestimmt sind. Inwiefern § 60 a. a O. nach heutiger Lage der Gesetzgebung noch anwendbar ist, kann hierbei dahingestellt bleiben. Eine Aenderung soll nur insofern eintreten, als die an sich zulässigen Angebote der Gläubiger, das Grundstück mit der Verpflichtung zur Wiederherstellung zu übernehmen, wie alle anderen Gebote bei der Versteigerung erfolgen müssen, so daß der Zuschlag das Verfahren beendigt. — Da das öffentliche Recht, die Wiederherstellung des Grundstückes zu verlangen, allen übrigen Rechten vorgeht, so ist auch hier für Anwendung der Vorschriften über das geringste Gebot keine Gelegenheit."

2. Die §§ 35 - 64 I. 8 A L R. sind durch das vorliegende Gesetz (von § 187 Satz 2 abgesehen) unberührt geblieben. — Darüber, ob die §§ 60 - 64 durch das Landeskulturedikt v 14. Sept. 1811 aufgehoben sind, vgl. Koch, Kommentar zum A.L R. 8. Aufl. Anm. 87 zu Tit. 8 Bejaht man, so entfällt hier die Zwangsversteigerung auf Grund des § 60. — Das Reichsgericht hält den § 60 für noch geltendes Recht und giebt daher dem § 187 d. G. auch Anwendung auf ländliche Grundstücke (Gruchot 34 S. 880, Eccius § 171 Anm 11)

3. Zuständig für den Betrieb des Verfahrens ist die Ortspolizeibehörde (§§ 6, 20 des Ges. v. 11. März 1850). Diese Behörde hat, wenn das Gebäude, sei es durch den Eigenthümer oder durch Feuer oder anderes Unglück zerstört oder vernichtetist, oder wenn der Einsturz des ganzen Gebäudes oder eine Gefahr für das Publikum zu besorgen ist, zunächst die Aufforderung zur Wiederherstellung aus § 38 unter Bestimmung einer Frist und Androhung von Zwangsmaßregeln zu erlassen. Dieselbe muß im Falle des Miteigenthumes an sämmtliche Miteigenthümer gerichtet werden. Nach fruchtlosem Ablaufe der Frist muß sie den Eigenthümer vernehmen, ob er die Kosten des von der Obrigkeit zu veranstaltenden Baues hergeben wolle, oder ihn zur Zahlung dieser von der Behörde festzusetzenden Kosten unter Androhung der Zwangsversteigerung auffordern (Koch a. a O. Anm. 76)

4. Zur Begründung des Antrages auf Zwangsversteigerung bedarf es einer vorherigen Klage gegen den Eigenthümer nicht (Strieth. Arch. 8 S 358, Eccius § 171 Anm. 19). -- Die Anm. 3 genannte Behörde hat in dem Antrage (§ 13) das Vorhandensein der gesetzlichen Voraussetzungen desselben darzuthun. Als Anlagen sind demselben gemäß § 181 an Stelle des Schuldtitels die urkundlichen Nachweise über diese Voraussetzungen beizulegen, also insbesondere der Nachweis der materiellen Vorbedingungen des Einschreitens der Obrigkeit und

des Erlasses der Aufforderungen sowie des Ablaufes der Fristen (Reskripte v. 11. Juli 1829 [Rönne, Ergänzungen zu §§ 39, 40 A L R.] und v. 5. März 1838 [J.M Bl v 1839 S. 377]; Rudorff Anm. 1, Dorendorf Anm 1 zu § 181).

5. Die antragstellende Behörde kommt in die prozessualische Lage des betreibenden Gläubigers, während der Eigenthümer die Prozeßstellung des Schuldners hat.

6. Für das Versteigerungsverfahren sind der Wegfall der Vorschriften über das geringste Gebot (vgl. Anm 4 zu § 186), die aus § 41 I. 8 A L R zu stellende Bedingung, und hinsichtlich des Zuschlages die §§ 44—48 a. a O. zu beachten. Die Vernehmung aus § 44 muß der Versteigerungsrichter im Versteigerungstermine vornehmen — Vgl. auch Anm 5 zu § 186. — Das Verfahren nach den §§ 49—57 und 59 a. a O liegt außerhalb des Zwangsversteigerungsverfahrens.

7. Bei der Belegung und Vertheilung des Kaufgeldes sind die §§ 42, 43 a. a. O. zu beachten

8. Ein Beitritt zu dieser Art der Zwangsversteigerung ist durch die besondere Lage des Falles ausgeschlossen. Vgl. auch Anm. 16 zu § 185.

Vierter Abschnitt.

Verfahren bei nicht vollendetem Grundbuche.

§. 188. Sofern für Grundstücke, Bergwerkseigenthum oder Gerechtigkeiten ein Grundbuchblatt oder ein Artikel im Grundbuche noch nicht angelegt ist, oder auf Grundstücke die Vorschriften des Gesetzes über den Eigenthumserwerb ꝛc. vom 5. Mai 1872 noch nicht anwendbar sind, finden folgende besondere Vorschriften Anwendung.

§ 188. Anwendbarkeit.

1. Entw. § 185. „Die Anlegung der Grundbücher ist noch unvollendet in der Provinz Schleswig-Holstein, in den Bezirken des vormaligen Apellationsgerichtes zu Kassel und des vormaligen Justizsenats zu Ehrenbreitstein, sowie in den gemeinrechtlichen Theilen der Provinz Hannover (mit Ausnahme des Bezirkes der Altstadt von Hannover) und in dem vormals Hannoverschen Eichsfelde. Auch in den übrigen Theilen des Geltungsbereiches der Grundbuchordnung finden sich immer noch einzelne Immobilien, für welche ein Grundbuchblatt oder ein Artikel im Grundbuche nicht angelegt ist" (Mot.).

2. a) Die Vorschriften des E.E.G. über Veräußerung und Belastung der Grundstücke sind im ursprünglichen Geltungsbereiche der Grundbuchgesetze, in Neuvorpommern und Rügen, im Bezirke des vormaligen Appellationsgerichtes zu Kassel, in dem Bezirke der Altstadt von Hannover und in den landrechtlichen Theilen der Provinz Hannover mit Ausnahme des Eichsfeldes sogleich mit dem Inkrafttreten derselben auch für solche Grundstücke maßgebend geworden, für welche ein Grundbuchblatt oder Artikel noch nicht angelegt war (E.G. N.V.P., § 54 E.G. Kassel, §§ 50, 52–55 E.G. Hann.). — b) In den übrigen Theilen der Provinz Hannover (einschließlich des Jadegebietes) dagegen, in der Provinz Schleswig-Holstein, im Bezirke des vormaligen Justizsenates zu Ehrenbreitstein und in den Hohenzollernschen Landen finden jene Vorschriften auf Grundstücke, für welche ein Grundbuchblatt oder Artikel noch nicht angelegt ist, nicht Anwendung (§ 48 E.G. Hann., § 27 E.G. Jade, § 28 E.G. Schl.H., § 42 E.G. Ehr., § 18 E.G. Hz.). In den betreffenden Theilen der Provinz Hannover mit Ausnahme des Jadegebietes und in der Provinz Schleswig-Holstein finden sogar insoweit, als bereits Grundbuchblätter angelegt sind, die bezeichneten Vorschriften der Grundbuchgesetze erst vom elften Tage nach der vorgeschriebenen öffentlichen Bekanntmachung der Anlage Anwendung, während bis dahin in der Provinz Hannover die Hypothekenbücher, in der Provinz Schleswig-Holstein die Schuld-

und Pfandprotokolle fortgeführt werden (§§ 48, 49 E G. Hann , §§ 27, 28 E G. Schl H). Vgl. auch Anm. 10 zu § 29, Anm. 2 zu § 194).

3. Für die Rheinlande bestimmen die §§ 1–3 E.G. Rhld :

§ 1. Das Gesetz über den Eigenthumserwerb und die dingliche Belastung der Grundstucke, Bergwerke und selbständigen Gerechtigkeiten vom 5 Mai 1872 (Gesetz-Samml. S. 433), die Grundbuchordnung vom 5 Mai 1872 (Gesetz-Samml. S. 446), das Gesetz, betreffend die Zwangsvollstreckung in das unbewegliche Vermögen vom 13. Juli 1883 (Gesetz-Samml. S 131) und die zu diesen Gesetzen erlassenen Kosten- und Stempelgesetze, sowie alle zur Abänderung und Ergänzung der vorbezeichneten Gesetze erlassenen, in den landrechtlichen Theilen der Rheinprovinz geltenden Bestimmungen und das Gesetz, betreffend die Berichtigung des Grundsteuerkatasters und der Grundbücher bei Auseinandersetzungen vor Bestätigung des Rezesses, vom 26. Juni 1875 (Gesetz-Samml S 325) werden nach Maßgabe der Vorschriften dieses Gesetzes in dem Geltungsbereich des Rheinischen Rechts eingeführt.

§ 2. Die in den eingeführten Gesetzen in Bezug genommenen Vorschriften bleiben außer Anwendung, soweit sie nicht in dem Geltungsbereich des Rheinischen Rechts bereits gelten.

§ 3. Die Anlegung der Grundbucher erfolgt bezirksweise

Die erfolgte Anlegung von Grundbuchblattern und Artikeln ist nach Anweisung des Justizministers durch das Amtsblatt bekannt zu machen.

In Ansehung der einzelnen Grundstücke treten die nach dem § 1 eingeführten Gesetze erst mit dem elften Tage nach der Ausgabe des die Bekanntmachung der Anlegung des Grundbuchs enthaltenden Amtsblatts in Kraft.

Nach dem Inkrafttreten der eingefuhrten Gesetze ist die Einleitung eines Hypothekenreinigungsverfahrens ausgeschlossen.

Nach § 3 Abs 3 finden die §§ 188 ff im Geltungsbereiche des Rheinischen Rechtes keine Anwendung Vgl Mügel Anm. 4, 5 zu § 3)

§. 189. Vollstreckbare Forderungen sind unter entsprechender Anwendung der §§. 6 bis 11:

1) im Geltungsbereiche des Allgemeinen Landrechts mit Ausnahme des vormals Hannoverschen Eichsfeldes, in Neuvorpommern und Rugen und im Bezirk des vormaligen Appellationsgerichts zu Cassel bei Anlegung des Grundbuchblatts oder Artikels auf Grund des vorher gestellten Antrags mit dem nach der Zeit des letzteren zu bestimmenden Range einzutragen;

2) in denjenigen Theilen der Provinz Hannover, in welchen Hypothekenbücher fortgeführt werden, in den Hohenzollernschen Landen und im Bezirk des vormaligen Justizsenats zu Ehrenbreitstein in das Hypothekenbuch einzutragen;

3) in der Provinz Schleswig-Holstein in das Schuld- und Pfandprotokoll aufzunehmen.

In gleicher Weise erfolgt in dem Geltungsbereiche der Verordnung vom 16. Juni 1820 (Gesetz-Samml. S. 106) und der Deklaration vom 28. Juli 1838 (Gesetz-Samml. S. 428), sowie im Jadegebiet auch die Erwerbung eines Pfandrechts nach Maßgabe jener Verordnung und der §§. 28, 29 des Gesetzes vom 23. März 1873 (Gesetz-Samml. S. 111).

§ 189. Eintragung vollstreckbarer Forderungen.

1. Entw. § 186. Der Paragraph bezweckt „die Pfandnahme für vollstreckbare Forderungen, soweit es angeht, auch vor Anlegung des Grundbuchblattes und vor der Möglichkeit, das Pfandrecht durch Eintragung im Grundbuche zu begründen, zu gewähren". — Die Bestimmungen der §§ 6–11 werden im Uebrigen nicht berührt. — Das Gleiche gilt auch bez des den Antrag auf Eintragung betreffenden § 12.

2. In den Rechtsgebieten, welche in **Abs. 1 Nr. 1** aufgeführt sind (vgl. Anm. 2 a zu § 188, Anm. 10. A. a d. e zu § 29) wird das Vorrecht der Zwangseintragungen vor späteren Forderungen für die demnächstige Eintragung bei Anlegung des Grundbuches durch die Vorschrift der Nr. 1 gesichert. -- Für den Geltungsbereich der Ver. v. 16 Juni 1820 (G S. S 106) und der Deklaration v. 28. Juli 1838 (G.S. S. 428) (d. h den ursprünglichen Geltungsbereich der Grundbuchgesetze mit Ausnahme des Herzogthums Sachsen, für welches eine besondere Verordnung v. 16 Juni 1820 [G.S. S. 101] erlassen ist) kommt außerdem nach **Abs. 2** in Betracht, daß so lange die Anlegung des Grundbuchblattes für das einzelne Grundstück nicht erfolgt ist, eine Hypothek durch Ertheilung einer Rekognition (§ 2 Ver., § 2 Dekl.) erworben wird, welche den Gläubiger berechtigt, seinen Anspruch auch gegen dritte Besitzer zu verfolgen, ihn in das demnächst eingerichtete Grundbuch nach dem Zeitpunkte der geschehenen Anmeldung als Hypothek eintragen zu lassen und im Konkurse abgesonderte Befriedigung zu verlangen (§ 5 Ver. v 16. Juni 1823; — § 39 K O).

3. **Abs. 1 Nr. 2.** — Vgl. Anm 2. b zu § 188 und Anm 10 A. b c e zu § 29. — Hier kommen in Frage: die gemeinrechtlichen Theile der Provinz Hannover (ausschließlich des Jadegebietes) (§§ 49, 50 Nr 1 E.G Hann.), Hohenzollern (§ 18 E.G.) und der Bezirk des vormaligen Justizsenats Ehrenbreitstein (§§ 39, 42 E.G. Ehr.).

4. **Abs. 1 Nr. 3.** — Vgl. Anm. 2. b zu § 188, sowie §§ 27, 28 E.G. Schl.H. und Anm. 10. A. f zu § 29).

5. Im Jadegebiete (Anm. 10. A g zu § 29) gewähren die §§ 28, 29 a a. O. in ähnlicher Weise, wie die Ver. v. 16 Juni 1820 (oben Anm. 2), die Möglichkeit, eine „Interimshypothek" zu erlangen (**Abs. 2**).

6. Die Motive bemerken noch: „Ueberall wird ein solches Verhältniß des Schuldners zum Grundstücke vorausgesetzt, daß auf Grund der Einwilligung des

Schuldners die begehrte Eintragung erfolgen würde" Vgl Anm. 4. c. und d zu §§ 6 bis 8) — Den Nachweis hat der Gläubiger zu führen. — Vgl § 190.

§. 190. Bei dem Antrage auf Zwangsversteigerung oder Zwangsverwaltung sind statt der in §. 14 Nr. 2, 3 bezeichneten Urkunden solche Urkunden vorzulegen, welche glaubhaft machen, daß der Schuldner den Gegenstand der Zwangsvollstreckung als Eigenthümer besitze. Es genügen hierzu insbesondere die Nachweise, welche die Eintragung des Schuldners als Eigenthümers im Grundbuche oder den Antrag auf Erlaß eines diese Eintragung bezweckenden Aufgebots begründen.

Die Vorschrift des §. 139 Absatz 2 wird hierdurch nicht berührt.

§ 190. Anlagen des Antrages auf Zwangsvollstreckung.

1. Entw. § 187 — Der § 190 bildet die ergänzende Vorschrift zu §§ 14, 139, 156 Statt der nach § 14 Nr 3 geforderten Urkunden, welche glaubhaft machen, daß der Schuldner Eigenthümer des Grundstückes ist, wird hier die Glaubhaftmachung des Eigenthums b e s i t z e s für genügend erklärt. Es reicht hin, daß der Schuldner das Eigenthum in seiner äußeren Erscheinung, in der unangefochtenen Beherrschung der Sache, ausgeübt hat

2 Welche Urkunden genügen, um den Eigenthumsbesitz des Schuldners glaubhaft zu machen, wird der Vollstreckungsrichter im einzelnen Falle zu beurtheilen haben, vgl. Anm 3 zu §§ 13, 14. Die im zweiten Satze für genügend erklärten Nachweise sind nicht die ausschließlich zulässigen Vgl. die Vorschriften der Einführungsgesetze: § 13 Nr 2 E G Jade, § 51 E G N V P (§ 144 Nr. 1 Ges v. 21 März 1868), § 9 Nr. 2 E G. Schl H §§ 24, 29 Nr 2 E G Hann., nach denen eine Bescheinigung der zuständigen Verwaltungsbehorde über den Eigenthumsbesitz die Eintragung des Schuldners als Eigenthümer begründet; sowie: § 135 Nr. 2 G B.O, § 11 Nr. 1 E G. Ehr., § 53 Nr 2 E G. Hann. Ges v 29 Okt 1848 (Hann G.S Abth III S. 61) über die Bescheinigungen der zuständigen Verwaltungsbehorde zur Begrundung des Antrages auf Erlaß eines diese Eintragung bezweckenden Aufgebotes. Im Bezirke des ehemaligen Appellationsgerichtes Kassel wird zur Begründung des Antrages auf Erlaß eines Aufgebotes die Bescheinigung, daß der Schuldner allein oder unter Hinzurechnung der Besitzzeit seiner Rechtsvorganger das Grundstuck mindestens 10 Jahre lang im Eigenthumsbesitze gehabt habe, erfordert (§ 32 E G Kassel).

Ueber die außerdem zulässigen Nachweise vergleiche: § 135 Nr. 1 und 3 G.B.O., § 13 Nr. 1 und 3 E G. Jade, §§ 144 Nr 2 und 3, 145 Ges. v 21. März 1868, §§ 8, 9 Nr 1 und 3, 10 E G. Schl H ; §§ 29 Nr 1 und 3, 30, 51, 55 E.G Hann ; §§ 25–27, 30—35 E.G Kassel; §§ 17 Nr. 1 und 3, 18, 26 ff E G. Ehr).

Für Hohenzollern fehlt es an Vorschriften, wie sie der Satz 2 des Abs. 1 erwähnt.

3. Abs. 2 ist von der Kommission des Abg H. als Konsequenz des zum § 139 beschlossenen Absatzes 2 hinzugefügt. — Es erfordert aber bereits der Abs 1 bei unvollendetem Grundbuche nicht mehr als der § 139 Abs. 2.

§. 191. Ist nach Einleitung der Zwangsversteigerung das Ersuchen um Eintragung des in §. 18 bezeichneten Vermerks bei dem Grundbuchrichter eingegangen, so hat dieser dem Gericht ein Verzeichniß derjenigen Ansprüche mitzutheilen, welche nach den für die einzelnen Landestheile bestehenden Vorschriften bei Anlegung des Grundbuchblatts oder Artikels von Amtswegen oder auf Grund bereits erfolgter Anmeldung in das Grundbuch einzutragen sind.

Aus dem Verzeichnisse muß außer dem Gegenstande des Anspruchs, den zu Grunde liegenden Urkunden und der Person der Berechtigten ersichtlich sein, ob die Ansprüche endgültig oder als Vormerkung, und in welcher Reihenfolge dieselben einzutragen sind.

Mit der Mittheilung sind die nach §. 19 erforderlichen Nachrichten über die Realberechtigten und deren Vertreter zu verbinden.

§ 191. **Mittheilungen des Grundbuchrichters.**

1. Entw. § 188 „Diejenigen Ansprüche, welche nach der zeitigen, dem Grundbuchrichter bekannten Sachlage in das Grundbuch einzutragen sein würden, sollen ebenso berücksichtigt werden, als wenn sie in das Grundbuch eingetragen wären. Vgl dazu Anm. 2 und 3. Alle anderen Realansprüche dagegen, insbesondere auch die erst später zur Eintragung angemeldeten, bedürfen der Anmeldung bei dem Vollstreckungsgerichte." (Mot.)

2. Haben die Vorarbeiten zur Anlegung der Grundbücher noch nicht begonnen, oder noch nicht zur Anmeldung derartiger Ansprüche geführt (§§ 5, 6 E.G. Schl.H., §§ 26, 27 E.G. Hann., §§ 14, 15 E.G. Ehr., §§ 10, 11 E.G. Jade, § 14 E.G. Hz.), so hat der Grundbuchrichter auf Grund seiner amtlichen Kenntniß, insbesondere der bisher geführten Protokollbücher (Schl.H.), Hypothekenbücher (Hann.) und Unterpfandsbücher (Hz.), ein Verzeichniß solcher Ansprüche zusammenzustellen (vgl. die angeführten Gesetze). — Im Bezirke des ehemaligen Appellationsgerichtes Kassel führt das Ersuchen um Eintragung des Vermerkes aus § 18 zur Uebertragung des Grundstückes aus dem General-Währschafts- und Hypothekenbuche in das neu anzulegende Grundbuch (§ 25 E.G. Kassel).

3. Die in den einzelnen Landestheilen bestehenden Vorschriften über die bei Anlegung des Grundbuchblattes oder Artikels einzutragenden Ansprüche sind enthalten für den ursprünglichen Bezirk der Grundbuchgesetze (ausschließlich des Herzogthums Sachsen) in den §§ 136—146 G.B.O. (Ver. v 16 Juni 1820, G.S. S. 106, Dekl. v. 28 Juli 1838, G.S. S. 428); — im Uebrigen vgl. §§ 16, 17, 18, 28, 29 E.G. Jade; §§ 6, 12 (Ges. v. 31. Jan. 1876) 13, 22—24, 27 E.G. Schl.H.; §§ 27, 32 (Ges. v. 29. Jan. 1879) 33, 36 ff., 43—45, 46, 49—55 E.G. Hann.; §§ 22—28, 31—35, 42—47 E.G. Kassel; §§ 15, 25, 32—36, 39 E.G. Ehr.; §§ 14, 15, 17 E.G. Hz.

Wegen der Eintragung der angemeldeten Ansprüche als Vormerkung vgl. § 25 E.G. Jade, §§ 19—21 E.G. Schl.H., §§ 42—44, 46, 49 E.G. Hann., § 37 E.G. Ehr.; — wegen der Reihenfolge, in welcher die Eintragung zu erfolgen hat, vgl. §§ 138, 140 G.B.O. (§§ 5, 6 Ver. v. 16. Juni 1820, G.S. S. 106),

§§ 22, 23, 29 E G. Jade, § 17 E.G. Schl.H., § 40 E.G. Hann, §§ 35, 36, 39 E G. Ehr. — Siehe jedoch Anm 2 zu § 194

§. **192.** Der Vermerk über den Antrag auf Zwangsversteigerung oder Zwangsverwaltung (§§. 18, 139) ist spätestens bei Anlegung des Grundbuchblatts oder Artikels einzutragen.

§. **193.** Das von dem Grundbuchrichter mitgetheilte Verzeichniß der Realansprüche tritt bei Anwendung des §. 40 Nr. 7 und der §§. 52, 149 an die Stelle der Abschrift des Grundbuchblatts oder Artikels.

Die in dem Verzeichniß namhaft gemachten Berechtigten sind Interessenten des Verfahrens (§. 21).

§§ 192, 193. **Eintragung des Vermerkes; — Verzeichniß der Realansprüche.**

1 Entw §§ 189, 190. — Das Ersuchen um Eintragung des Vermerkes erfolgt bei Erlassung des Einleitungsbeschlusses Eine Eintragung in die alten Hypothekenbücher oder die Schuld- oder Pfandprotokolle findet nicht statt Erst mit der Eintragung des Vermerkes bei Anlegung des Grundbuchblattes oder Artikels tritt die in § 18 Abs 2 vorgesehene gesetzliche Fiktion in Wirksamkeit

§. **194.** Die Rangordnung der Realberechtigten wird nach den bisherigen Vorschriften bestimmt. Jedoch gehen die in den §§. 24 bis 28 bezeichneten Ansprüche in der dort angegebenen Reihenfolge allen anderen Ansprüchen vor. Auch kommen die §§ 35 bis 38 zur Anwendung.

§ 194 **Rangordnung.**

1 Entw. § 191 — Die im ersten Satze aufgestellte Regel wird durch die folgenden Satze dahin modificirt:

a. Auch bei unvollendetem Grundbuche gehen die in den §§ 24—28 bezeichneten Ansprüche den unter die §§ 29 und 30 fallenden vor; aber auch nur diese Ansprüche — (Vgl Anm 3 zu § 23; Anm 1 zu § 26) — Rudorff S 311, Schneider S. 137. — Dem Lohnanspruche der Bergarbeiter ist in § 159 Abs 1 das Vorrecht des Liedlohnes (§ 26) beigelegt; dieser Vorrang steht ihm auch bei unvollendetem Grundbuche zu — § 171 Abs 2, den Schneider ebenfalls heranzieht, kommt nicht in Betracht, weil der ganze Abschnitt sich auf Schiffe nicht bezieht.

b. Vorschriften des bisherigen Rechtes, welche den Umfang der an der Stelle der Hauptforderung zu berücksichtigenden Nebenforderungen (§ 35), die Berechnung der laufenden und rückständigen Leistungen (§ 36); die Berücksichtigung der älteren als zweijährigen Zins- u s. w. Ruckstände (§ 37), das Verhältniß mehrerer gleichberechtigter Forderungen (§ 38) in anderer Weise bestimmen, kommen auch bei unvollendetem Grundbuche nicht zur Anwendung

2 Die bisherigen Vorschriften über die Rangordnung sind daher nur maßgebend für die Festsetzung der Stelle, an welcher einer der in § 29 und § 30

Nr. 2 bezeichneten Realansprüche anzusetzen ist. (Rudorff S 311.) Die in dem Verzeichniß des Grundbuchrichters angegebene Reihenfolge (§ 191 Abs 2) entscheidet darüber nicht; die Aufnahme in dasselbe entbindet von Anmeldung und Glaubhaftmachung des Vorranges; im Uebrigen ist sie für das Verfahren nur insoweit maßgebend, als der Berechtigte nicht selbst den für seinen Anspruch behaupteten Rang anmeldet (§ 195, Kurlbaum u G. S. 23).

Bezüglich der „bisherigen Vorschriften" ist:

a. im ursprünglichen Geltungsbereiche der Grundbuchgesetze die Verordnung, betr. die Erwerbung und Ausübung der Realrechte bei nicht vollständig eingerichtetem Hypothekenwesen vom 16. Juni 1820 (G.S. S. 106 ff.), insbesondere §§ 5 und 6 (Vorrecht der vor Einführung der Hyp Ord durch die einzelnen Patente [s. Bahlmann zu § 133 G.B O] entstandenen Hypotheken) und die dazu erlassene Deklaration vom 28 Juli 1838 (G S. S. 428), zu berücksichtigen. — Für die zu dem Herzogthum Sachsen gehörigen Landestheile vgl. die Ver. v 16. Juni 1820 (G S S. 101, insbesondere §§ 2, 14, 15, 17); — vgl. auch Dernburg I § 323; Eccius § 198 und Anm. 2 zu § 189 (Rekognitionshypotheken).

b. In Neuvorpommern und Rügen; im Bezirke von Ehrenbreitstein, in Hohenzollern und im Bezirke des ehemaligen Appellationsgerichtes zu Kassel, in welchem die Vorschriften des bisherigen Rechtes auch nach vollendetem Grundbuche für ältere Hypotheken von Bedeutung sind, gilt das zu § 29 Anm 10 A. a—d Bemerkte.

c. In den gemeinrechtlichen Theilen der Provinz Hannover — mit Ausnahme des Landes Hadeln, wo die Grundsätze der Publicität und Specialität bereits Geltung hatten, und die Eintragung in das Hypothekenbuch zur Entstehung der Hypothek erforderlich war — ist für die seit der Geltung des Gesetzes vom 14. Dezember 1864 d h. seit dem 15. März 1866 entstandenen Hypotheken das durch die Zeit der Eintragung bestimmte Alter entscheidend (§§ 24, 25 ff. a. a. O.). — Rücksichtlich der älteren Hypotheken aller Art geben die §§ 86—103 a. a. O. detaillirte Uebergangsbestimmungen. — Wegen der Ablösungs- und Allodifikationskapitalien und Renten, sowie der zum Zwecke der Allodifikation vorgestreckten Darlehne siehe § 106 a. a. O.

d. In Schleswig-Holstein gilt das gemeine Recht, dem in Holstein (mit Ausnahme der Schauenburgischen Theile) indeß der Sachsenspiegel und in einem großen Theile Schleswigs das Jütische Low vorgeht. Daneben gelangen 20 in den Jahren 1698 bis 1857 erlassene Schuld- und Pfandprotokollverordnungen zur Anwendung (abgedruckt im zweiten Bande der systematischen schleswig-holsteinischen Sammlung der Verordnungen) Zu den dort aufgeführten sind hinzugekommen besondere Protokollationsordnungen für das Amt Kiel vom 3 Dez. 1833, für die Herrschaft Herzborn und die Vogteien Sommerland und Grönland vom 4 Oktober 1851 und für das Amt Reinbeck vom 16. Juli 1857 Vgl darüber und über die Gebiete, in welchen Protokolle mit Namenfolien und solche mit Realfolien gesetzlich gelten: Seestern-Pauly, Grundbuchrecht für Schleswig-Holstein S. 238–257 und für Altona (mit Ottensen und Neumühlen) die Verord vom 12. August 1748 (Chron. Samml. Nr. 14).

Die Schuld- und Protokollbücher dienen nicht zur Begründung, sondern zur Sicherung von Pfandrechten und zur Begründung von Vorzugsrechten. Unkündbare Belastungen bedürfen weder zu ihrer Begründung noch zu ihrer Sicherung der Eintragung in das Schuld- und Protokollbuch (Seestern-Pauly a. a. O. S 236, 265) Die protokollirten Pfandrechte gehen den nicht protokollirten Pfandrechten vor (a. a. O. S 236). Mit dieser Maßgabe können Pfandrechte jeder Entstehungsart, Spezial- und Generalpfandrechte, in Betracht kommen (§ 37 E.G. Schl H.) Die Rangordnung der nicht protokollirten Pfandrechte untereinander bestimmt sich nach dem in dem betreffenden Bezirke geltenden Rechte. — Unter den protokollirten Pfandrechten entscheidet nach den vor der (für beide Herzogthümer erlassenen) Verordnung vom 23 Dezember 1796 erlassenen Protokollordnungen das Datum der Eintragung Die nacheingetragenen Forderungen rücken auf, wenn eine vorstehende Post getilgt wird (Seestern-Pauly a. a O. § 24 Nr 1—12 S. 238 ff, S. 112 Note 7 und 8, S 284 ff. lose Prioritäten, Datumstheorie) Die Verordnung vom 23 Dezember 1796 § 17 führte die Tilgung vor der Linie ein, wodurch dem Eigenthümer die Verfügung über den leergewordenen Platz gewahrt wird. Wo die gedachte Verordnung und die auf den gleichen Grundsätzen beruhenden Protokollordnungen gelten (Seestern-Pauly § 24 Nr. 13—18 S. 250—253) entscheidet für die Priorität ebenfalls das Datum der Protokollation, jedoch mit der Maßgabe, daß, wenn ein Posten in einen offenen (nur vor der Linie getilgten) Posten protokollirt ist, das Datum der ursprünglichen Protokollation des offenen Postens maßgebend ist (a a O. S 284, 293)

Durch das Patent vom 18 Dezember 1810 für Süderdithmarschen (a a. O. § 24 Nr 17 S 253 und S 105) war bestimmt, daß die Löschung hinter der Linie (in der Zahlenkolonne) nur erfolgen und ein Aufrücken der nachprotokollirten Posten nur eintreten sollte, wenn der Schuldner dies ausdrücklich in der auszustellenden Obligation oder in einer besonderen gehörig vorzutragenden Erklärung zu erkennen gegeben hatte Damit und mit der durch die Praxis der Ver vom 23 Dezember 1796 gegebenen Auslegung, daß der Schuldner nicht blos vor der Linie getilgte, also besetzt gewesene Plätze wieder besetzen, sondern auch bisher nicht besetzt gewesene Plätze für künftige Protokollationen sich vorbehalten darf (a a O S. 294), war der Uebergang gebildet zu dem in den letzten Protokollordnungen vom 4. Oktober 1851 und 16. Juli 1857 (a a O. § 24 Nr. 19 und 20 S 253, 254) angenommenen Systeme der Werthparzellen als den eigentlichen Objekten der Hypothek (a. a. O. S 111, 301). Im Geltungsbereiche dieser Verordnungen (s oben) findet ein Aufrücken bei Löschung vorstehender Posten überhaupt nicht statt; die Priorität wird ein für allemal unwandelbar bestimmt durch die der Hypothek durch den Willen des Folieninhabers angewiesene Stelle (feste Prioritäten).

Der § 22 E G. Schl. konservirt das Recht der Verfügung des Eigenthümers, über leere von ihm vorbehaltene Stellen und über vor der Linie getilgte Hypotheken zu verfügen für die Zeit der Fortführung der bisherigen Schuld- und Pfandprotokolle; der § 41 Satz 1 das Recht desselben bez. der mit fester Rangordnung protokollirten Hypotheken auch über diesen Zeitraum hinaus (Anm. 4 und 10. A. f zu § 29)

§. 195. Die an die Realberechtigten zu erlassende Aufforderung (§. 40 Nr. 8) ist dahin zu richten, daß sie Ansprüche, welche nicht von selbst auf den Ersteher übergehen, und den für dieselben behaupteten Rang spätestens im Versteigerungstermin vor der Aufforderung zur Abgabe von Geboten anmelden und, falls der betreibende Gläubiger widerspricht, dem Gericht glaubhaft machen, widrigenfalls die Ansprüche, soweit dieselben oder deren Rang nicht aus den Mittheilungen des Grundbuchrichters hervorgehen, bei Feststellung des geringsten Gebots nicht berücksichtigt werden und bei Vertheilung des Kaufgeldes gegen die berücksichtigten Ansprüche im Range zurücktreten.

§ 195. **Versteigerungsausschreiben.**

1. Entw. § 192. — Bei unvollendetem Grundbuche ist die Aufforderung zur Geltendmachung des behaupteten Vorranges in die Bekanntmachung aufzunehmen (Abweichung von § 40 Nr. 8). Wegen Ladung der Interessenten kommt § 47 zur Anwendung. — Vgl. auch Anm. 9 zu § 40; Anm. 4 zu §§ 47 und 48 und Anm. 2 zu § 201.

2. Wegen des Begriffes „Realberechtigte" siehe Anm. 4—7 zu § 21 und § 193 Abs. 2, und wegen Dinglichkeit der Miethe und Pacht Anm. 6. d 2 zu § 22.

3. Für die Anmeldung kommen die § 55, 56 zur Anwendung mit der Maßgabe, daß die aus den Mittheilungen des Grundbuchrichters sich ergebenden Ansprüche als im Grundbuche eingetragen zu behandeln sind (§ 196). — Vgl. Anm. 3—12, 14, 16 zu §§ 53—56.

4. Abweichend von § 48 bezieht sich der für die nicht rechtzeitige Anmeldung des Vorranges angedrohte Rechtsnachtheil auch auf die Kaufgeldervertheilung (vgl. Anm. 10 zu §§ 53—56; Anm. 6 zu §§ 107—111; Anm. 2 zu § 197)

• **§. 196.** Bei Feststellung des geringsten Gebots (§. 53), bei Aufstellung des Vertheilungsplans (§. 106) und bei Bestimmung der Parteirollen im Falle des Widerspruchs gegen den Vertheilungsplan (§. 114) sind die aus dem Verzeichnisse des Grundbuchrichters (§. 191) sich ergebenden Ansprüche als im Grundbuch eingetragene zu behandeln.

§ 196. **Bedeutung der Aufnahme von Ansprüchen in das Verzeichniß des Grundbuchrichters.**

Entw. § 193. — Vgl. Anm. 1 zu § 191.

§. 197. Im Sinne des §. 108 steht das Verzeichniß des Grundbuchrichters (§. 191) dem Grundbuche gleich.

Die Rangordnung der Forderungen, welche weder aus diesem Verzeichnisse sich ergeben, noch gemäß §. 195 rechtzeitig angemeldet sind, wird dem nach §. 195 anzudrohenden Rechtsnachtheil gemäß bestimmt.

§ 197. **Vorrang der bei Feststellung des geringsten Gebotes berücksichtigten Ansprüche.**

1. Entw. § 194 — Der § 197 ergänzt den § 108, soweit es sich um Ansprüche handelt, welche aus dem Verzeichnisse des Grundbuchrichters überhaupt

nicht, oder doch ihrem Betrage nach nicht ersichtlich sind, durch die Vorschrift in **Abs. 1** (vgl. Anm 10 zu §§ 53—56).

2. Zu **Abs. 2** vgl § 195. Bei nicht vollendetem Grundbuche gehen die bei Feststellung des geringsten Gebotes nach §§ 195, 196, 55, 56 berücksichtigten Ansprüche, in soweit sie mit dem beanspruchten Realrechte festgestellt sind, bei Vertheilung der Kaufgelder auch den ihrem Range nach aus dem Verzeichnisse des Grundbuchrichters nicht ersichtlichen, und wegen nicht rechtzeitiger Anmeldung des Vorranges bei Feststellung des geringsten Gebotes nicht berücksichtigten Ansprüchen vor (vgl. Anm. 10 zu §§ 53—56, Anm 6 zu §§ 107 111, Anm. 4 zu § 195).

§. 198. Die Eintragung des rückständigen Kaufgeldes (§. 124) ist auf die von dem Ersteher in Anrechnung auf den Kaufpreis übernommenen Forderungen zu erstrecken.

Durch die Eintragung wird ein Pfandrecht begründet, wenn auch der Ersteher inzwischen den erstandenen Gegenstand weiter veräußert hat. Das Pfandrecht geht allen anderen von dem Ersteher oder dessen Rechtsnachfolger bewilligten oder gegen dieselben erwirkten Eintragungen vor.

In den Provinzen Schleswig-Holstein und Hannover ist das Pfandrecht für das Kaufgeld, wenn die Anlegung des Grundbuchblatts oder Artikels noch nicht erfolgen kann (§. 11 des Gesetzes vom 27. Mai 1873, Gesetz-Samml. S. 241, und Artikel 1 des Gesetzes vom 31. Januar 1879, Gesetz-Samml. S. 12, §. 31 des Gesetzes vom 28. Mai 1873, Gesetz-Samml. S. 253, und Gesetz vom 29. Januar 1879, Gesetz-Samml. S. 11), auf das von Amtswegen zu erlassende Ersuchen des Gerichts auch in das Schuld- und Pfandprotokoll aufzunehmen oder in das Hypothekenbuch einzutragen.

§ 198. Berichtigung des Grundbuches.

1. Entw § 195. Mit den Eintragungen nach § 124 wird das Grundbuchblatt (der Artikel) angelegt, sofern die Anlegung nicht während des Verfahrens erfolgt ist (vgl. § 192) Ist dies geschehen, so gelangen die Vorschriften des § 198 nicht zur Anwendung Die Eintragung des von dem Ersteher nicht baar gezahlten Theiles des Kaufpreises erfolgt lediglich auf Grund des Theilungsplanes und in der durch denselben festgestellten Rangordnung als Hypothek, gleichgültig, ob der Ersteher die Forderungen auf Grund der §§ 57, 115, 116 in Anrechnung auf den Kaufpreis übernommen hat, oder ob in Ermangelung der Baarzahlung eine Ueberweisung der rückständigen Kaufgelder stattgefunden hat Das ist der Inhalt des allerdings nicht sehr glücklich gefaßten **Abs. 1**, den Schneider (S 138) mit Unrecht auf den Fall des § 116 beschränkt — Die Feststellung der Rangordnung hat auch für die bei Feststellung des geringsten Gebotes berücksichtigten Forderungen im Theilungsplane zu erfolgen (§§ 191 **Abs 2**, 194, 195—197), so daß durch die Zwangsversteigerung eine völlige Klarstellung der Hypothekenverhältnisse des Grundstückes erfolgt.

2. Durch die Eintragung wird ein Pfandrecht theils neu begründet, theils das bestehende grundbuchmäßig festgestellt; denn ein Erlöschen des Pfandrechtes ist bei den vom Ersteher übernommenen Posten durch den auch bei unvollendetem Grundbuche geltenden Abs 2 des § 22 ausgeschlossen. Aus Abs 1 dieses Paragraphen ist nicht das Gegentheil zu schließen; er betrifft nur die formale Seite, das materielle Recht läßt er unberührt. Für die z. Z der Verkündung des Zuschlagsurtheiles auf dem Grundstücke haftenden, von dem Ersteher nach § 57 Abs. 3 in Anrechnung auf den Kaufpreis zu übernehmenden Posten bedarf es nicht der Vorschrift des Abs. 2 Die von dem Ersteher oder dessen Rechtsnachfolger bewilligten oder gegen dieselben erwirkten Eintragungen stehen den bereits begründeten älteren Pfandrechten, für welche die Eintragung nur die Bedeutung einer Uebertragung hat, von selbst nach (vgl. auch Anm. 2 bis 5 zu § 189, Anm. 2 zu § 194). Auch für die vertragsmäßige Uebernahme von Hypotheken (§ 116) gilt dasselbe — Die Bedeutung des Abs. 2 beschränkt sich daher auf die rückständigen Kaufgelder im Sinne des § 117, für welche erst durch die Eintragung ein Pfandrecht begründet wird (vgl. auch Anm. 3). Für diese bedarf es zum Schutze gegen ihnen nachtheilige Verfügungen des Eigenthümers und seiner Rechtsnachfolger der Sicherung, welche Abs. 2 gewährt (vgl. Anm 2 zu § 97). Der erste Satz desselben ist von der Kommission des A.H. hinzugefügt worden, weil ohne solche Bestimmungen die Rechte der Gläubiger in dem Falle verletzt würden, wenn das Grundstuck zur Zeit der Eintragung der rückständigen Kaufgelder nicht mehr im Eigenthume des Schuldners sei.

3. Abs. 3. In Schleswig-Holstein und Hannover ist die Anlegung der Grundbuchblätter von der fortschreitenden Ausführung der Grundsteuervermessungsarbeiten und einem Aufgebotsverfahren abhängig, und erfolgt auch die Eintragung des Erstehers erst nach Ablauf der gesetzlichen Ausschlußfrist (§§ 4, 5, 9, 11 E.G. Schl; Art I Ges. v. 31. Jan. 1879; §§ 25, 26, 29, 31 E G. Hann; Art I Ges v 29 Jan 1879) — Vgl. Anm 10 A. c und f zu § 29. Während dieser Frist und sogar noch 11 Tage nach erfolgter öffentlicher Bekanntmachung der geschehenen Anlegung der Grundbücher werden die bisherigen Schuld- und Pfandprotokolle bez die Hypothekenbücher fortgeführt (vgl Anm 2. b zu § 188). Die Vorschrift des Abs. 3 bezweckt eine Beurkundung des Pfandrechtes für das Kaufgeld (— auch hier ist nur das rückständige im Sinne des § 117 zu verstehen; das Pfandrecht der übernommenen Forderungen läßt sich als Pfandrecht für das Kaufgeld nicht bezeichnen; vgl. Anm 6 zu §§ 116, 117 —) durch die Eintragung in jene Bücher herbeizuführen Die Eintragung ist von Amtswegen zu veranlassen. — Wo die Schuld- und Pfandprotokolle Personalfolien enthalten (Anm. 2. d zu § 194) würde die Eintragung des Eigenthumes des Erstehers die Uebertragung des Grundstückes auf dessen Folium nothwendig machen; ebenso in Hannover, wo das Hypothekenbuch nur Personalfolien enthält. Wo dagegen Schuld- und Pfandprotokolle mit Realfolien bestehen (Anm 2. d zu § 194), würde die Eintragung des Erstehers auf Ersuchen des Versteigerungsrichters erfolgen können. Vorgeschrieben ist ein solches Ersuchen auch in diesem Rechtsgebiete nicht.

Fünfter Abschnitt.

Schluß- und Uebergangsbestimmungen.

§. 199. In den Hohenzollernschen Landen tritt für die Vorschriften dieses Gesetzes an Stelle des Grundsteuerreinertrags und des Gebäudesteuernutzungswerths der Steueranschlag, und an Stelle des Auszugs aus den Steuerrollen ein Auszug aus dem Besitz- und Steuerhefte des Schuldners.

Hypotheken und Grundschulden müssen, um nach der Vorschrift des §. 64 Absatz 2 zur Sicherheitsleistung benutzt werden zu konnen, innerhalb des Steueranschlags eingetragen sein.

§ 199. **Besondere Vorschriften für Hohenzollern.**

Entw. § 196. a (Komm d. A H). — Der Paragraph entspricht der Lage der Gesetzgebung in Hohenzollern (vgl § 9 E G Hz) — Die Vorschrift hat Bedeutung für die §§ 14, 40 Nr 3, 41, 64

§ 200. Im Geltungsbereiche des Gesetzes vom 29. Mai 1873, betreffend das Grundbuchwesen im Bezirke des vormaligen Appellationsgerichts zu Kassel (Gesetz-Samml. S. 273), gehen im Falle der Zwangsversteigerung Grundgerechtigkeiten, welche der Eintragung in das Grundbuch bedürfen, wenn sie der Forderung des betreibenden Gläubigers vorgehen, auf den Ersteher von selbst über. Steht eine solche Grundgerechtigkeit dem Anspruche des betreibenden Gläubigers nach, so finden die Vorschriften des §. 60 Absatz 1 Anwendung.

Das Gleiche gilt im Geltungsbereiche des Gesetzes vom 28. Mai 1873, betreffend das Grundbuchwesen in der Provinz Hannover (Gesetz-Samml. S. 253), für die der Eintragung in das Grundbuch bedürfenden Domänenamortisations- und Rentenbankrenten.

§ 200. **Grundgerechtigkeiten im Bezirke des ehemaligen Appellationsgerichtes zu Kassel; Renten in Hannover.**

1. Entw. § 196. b (Komm d. A.H.).

2. **Abs. 1** bezieht sich auf § 3 Abs 2 E.G. Kassel, nach welchem (— abweichend vom § 12 E E G. —) Grundgerechtigkeiten, welche auf Vertrag beruhen, dingliche Wirkung nur durch Eintragung im Grundbuche erhalten. Sie würden

daher nach Abs. 2 des § 22 nicht von selbst auf den Ersteher übergehen; sondern von diesem, wenn sie der Forderung des betreibenden Gläubigers vorgehen (in Anrechnung auf den Kaufpreis), übernommen werden müssen, um nicht durch den Verkauf zu erlöschen (vgl. Anm. 5. e zu § 22). -- Der § 200 schreibt für diesen Fall vor, daß sie von selbst auf den Ersteher übergehen, ohne daß es einer Uebernahme bedarf. Steht die Grundgerechtigkeit dem Anspruche des betreibenden Gläubigers nach, so geht sie auf den Ersteher nicht von selbst über. Es soll dann durch doppeltes Ausgebot nach § 60 Abs. 1 festgestellt werden, ob die Uebernahme derselben den vorgehenden Interessenten schädlich ist (Anm. 2 zu § 60). — Die Vorschrift des § 60 Abs. 2 findet keine Anwendung, weil die nachstehenden vertragsmäßigen Grundgerechtigkeiten eben nicht, wie in den anderen Rechtsgebieten, von selbst auf den Ersteher übergehen (Anm 6 zu § 60). — Es sind daher durch § 200 Abs 1 bezüglich der Grundgerechtigkeiten in der That gleiche rechtliche Wirkungen für den Geltungsbereich des Gesetzes herbeigeführt (Bericht der Komm. d. A.H.).

3. Die Domänenamortisations- und Rentenbankrenten in der Provinz Hannover gehen der Forderung des betreibenden Gläubigers vor, wenn dieser nicht nach §§ 24—26 ein besseres Vorzugsrecht hat (§ 27), würden aber, weil sie der Eintragung bedürfen, nicht von selbst auf den Ersteher übergehen, wenn das nicht in § 200 Abs. 2 ausdrücklich verordnet wäre (Ausnahme von § 22 Abs. 2; vgl. Anm. 7 d zu § 22) — Der § 60 Abs. 1 wird wegen solcher Renten kaum jemals zur Anwendung gelangen, weil sie nach § 27 mit einem Vorzugsrechte versehen sind und wegen der in §§ 24—26 gedachten Forderungen eine Zwangsversteigerung sehr selten eingeleitet werden dürfte (Kurlbaum, n. G. S. 17).

§. 201. Stehen im Geltungsbereiche des Gesetzes vom 29. Mai 1873, betreffend das Grundbuchwesen im Bezirke des vormaligen Appellationsgerichts zu Kassel, bei dem zur Zwangsversteigerung gestellten Grundstücke Hypotheken eingetragen, welche vor dem 1. Juli 1874 entstanden und noch nicht nach §. 43 des erwähnten Gesetzes umgewandelt sind, so ist die nach §. 40 Nr. 8 an die Realberechtigten zu richtende Aufforderung auch dahin zu erlassen, die Ansprüche aus solchen Hypotheken spätestens im Versteigerungstermine vor der Aufforderung zur Abgabe von Geboten anzumelden, widrigenfalls dieselben bei Feststellung des geringsten Gebots nicht berücksichtigt werden und bei Vertheilung des Kaufgeldes gegen die berücksichtigten Ansprüche im Range zurücktreten.

Ansprüche aus solchen Hypotheken sind bei Feststellung des geringsten Gebots nur zu berücksichtigen (§§. 55, 56), wenn sie rechtzeitig angemeldet sind.

Die Aufnahme der Ansprüche aus solchen Hypotheken in den Vertheilungsplan (§. 106) erfolgt nur auf Grund der vor oder in dem Vertheilungstermine erfolgten Anmeldung.

Die bei der Feststellung des geringsten Gebots berücksichtigten Ansprüche gehen, soweit sie mit dem beanspruchten Realrechte festgestellt werden, den Ansprüchen aus Hypotheken der bezeichneten Art, welche nicht spätestens im Versteigerungstermine vor der Aufforderung zur Abgabe von Geboten angemeldet sind, vor (§. 108).

Hypotheken der bezeichneten Art werden dadurch, daß sie von dem Ersteher in Anrechnung auf den Kaufpreis übernommen werden, zu der rechtlichen Bedeutung eines nach dem Gesetze vom 5. Mai 1872 begründeten Hypothekenrechts erhoben (§. 43 des Gesetzes vom 29. Mai 1873).

Die Vorschrift des dritten Absatzes findet auch bei der Aufstellung des Vertheilungsplans im Verfahren der Zwangsverwaltung (§. 149) Anwendung.

§ 201. Aeltere Hypotheken im Bezirke des ehemaligen Appellationsgerichtes zu Kassel.

1. Entw. § 196. c (Komm. d. A.H.). Ueber die rechtliche Bedeutung der Eintragungen in den im Bezirke des vormaligen Appellationsgerichtsbezirkes Kassel früher geführten gerichtlichen Büchern und der Uebertragung solcher Eintragungen in die neuen Grundbücher siehe Anm. 10. A. d zu § 29. Der Bericht der Kommission des Abgeordnetenhauses hebt hervor, daß nach den §§ 42, 43 E.G Kassel die vor dem 1. Juli 1874 begründeten in die neuen Grundbücher übertragenen Hypotheken ihren streng accessorischen Karakter konservirt hätten, und um das Recht einer Hypothek im Sinne des E.E.G. zu erhalten, erst ausdrücklich in solche umgewandelt werden müßten. Diese verschiedene Wirksamkeit der Hypotheken alten und neuen Rechtes bedinge eine verschiedene rechtliche Stellung derselben bei der Zwangsvollstreckung. Bisher hätten dieselben bei der Zwangsversteigerung Berücksichtigung nur gefunden, wenn sie im Verfahren angemeldet worden seien. Diese Beschränkung müsse umsomehr beibehalten werden, als die General-Währschafts- und Hypothekenbücher und die daraus gebildeten Grundbücher mit einer großen Zahl solcher Hypotheken alten Rechtes belastet seien, welche zwar mit der Forderung ihre Existenz verloren hätten, aber noch nicht gelöscht seien. Wollte man diese Eintragungen von Amtswegen bei der Feststellung des geringsten Gebotes und der Kaufgeldervertheilung berücksichtigen, so würden die Realberechtigten schwer benachtheiligt, und könnten selbst mit Hülfe der durch § 5 gegebenen Befugnisse nur mit großen Weitläufigkeiten und Kosten zu einer Befriedigung durch den Verkauf des verpfändeten Grundstückes gelangen. Für diese Hypotheken sei daher die Pflicht zur Anmeldung, wie sie rechtlich bestehe, beizubehalten.

2. **Abs. 1 und** 2. Einer Glaubhaftmachung der angemeldeten Hypotheken bedarf es nicht. Die erfolgte und noch bestehende Eintragung ersetzt dieselbe.

3. **Abs. 3 und 4** geben die §§ 106, 108 in entsprechender Anwendung auf solche Hypotheken wieder. Zu beachten ist, daß während § 108 die Berücksichtigung bei Feststellung des geringsten Gebotes zur Wahrung des Ranges einer Forderung bei Vertheilung der Kaufgelder erfordert, für die hier gedachten älteren Hypotheken die Anmeldung genügt.

4. Abs. 5. Die Uebernahme einer solchen Hypothek in Anrechnung auf den Kaufpreis (§§ 107, 115, 116) steht der für die Umwandlung einer älteren Hypothek in eine Hypothek im Sinne des Gesetzes vom 5. Mai 1872 im § 43 E.G. Kassel erforderten Uebereinkunft des Eigenthümers und des Gläubigers gleich.

5. Abs. 6 setzt den Abs. 3 für die Aufstellung des Vertheilungsplanes im Verfahren der Zwangsverwaltung an die Stelle der betreffenden Vorschriften des § 106 (vgl. § 149 Abs. 2 und Anm. 6 daselbst).

§. 202. Die Befugnisse der Kreditinstitute, unter anderen als den in diesem Gesetze bezeichneten Voraussetzungen der Ertheilung des Zuschlags bei der Zwangsversteigerung zu widersprechen, wird aufgehoben.

Im Uebrigen wird in den besonderen Rechten der bestehenden Kreditverbände bei der Zwangsvollstreckung in die zu denselben gehörigen oder von denselben beliehenen Grundstücke durch die Bestimmungen dieses Gesetzes nichts geändert.

§ 202. Besondere Rechte der Kreditverbände.

1. Entw. § 196. — § 243 R.Zw.G.Entw. — Vgl. §§ 62 Abs. 4, 74 Abs. 2, 145, Anm. 3 zu § 35 und Anm. 1 zu § 203. Literatur: von Brünneck, Beiträge zur Geschichte und Dogmatik der Pfandbriefsysteme nach preußischem Rechte bei Gruchot 28 S. 48 ff. Vgl. auch die Nachweisungen bei Peiser I. S. 136 ff.

2. Abs. 1 bezieht sich vornehmlich auf Hannover, indem er das durch § 21 E.G. Hann. bislang aufrecht erhaltene Widerspruchsrecht der Landeskreditanstalt und der ritterschaftlichen Kreditinstitute Hannovers beseitigt. Wie die Motive hervorheben, geben § 74 und die Grundsätze über den Schutz der vorstehenden Realgläubiger hierfür Ersatz. Im Geltungsbereiche der S.O. waren derartige Vorrechte schon durch § 27 Abs. 2 S.O. beseitigt.

3. Die den Kreditverbänden vielfach zustehende Befugniß zur Beitreibung der ihnen gegen ihre Mitglieder zustehenden Forderungen im Verwaltungszwangsverfahren ohne einen zur gerichtlichen Zwangsvollstreckung hinreichenden vollstreckbaren Schuldtitel ist schon durch § 203 aufrechterhalten (Anm. 2. m zu § 203).

4. In Abs. 2 (analog dem § 71 E.E.G.) handelt es sich nicht blos um Privatrechte, sondern auch um öffentlichrechtliche Befugnisse der Kreditverbände, z. B. um das Recht, die Zwangsverwaltung in einem größeren als dem im § 145 bestimmten Umfange zu leiten. — Diese besonderen Rechte sind theils durch allgemeine Gesetze, theils durch Privilegien begründet, welche in den Statuten der Kreditverbände gegeben sind. (Vgl. Rudorff Anm. 2 zu § 202.)

5. Hinsichtlich der Zwangsversteigerung geben z. B. die Bestimmungen des Statutes v. 15. Juni 1842 der hannöverschen Landeskreditanstalt verschiedene Vorrechte (vgl. namentlich § 28, dazu aber § 36 E.G. Hann.). Vgl. §§ 211 ff. des Reglements der Pommerschen Landschaft von 1781, §§ 80 ff. des Reglements der Westpreußischen Landschaft von 1787, von Goertz, die Verfassung und Verwaltung der Schlesischen Landschaft, Kommentar zu den statut. Bestimm. bei dem Kur- und Neumärkischen Ritterschaftlichen Kredit-Institute S. 126.

6. Hinsichtlich der Zwangsverwaltung bleiben im Geltungsbereiche des A.L.R. (für die am 1. November 1883 bereits bestehenden Kreditverbände die §§ 128—135, 137—139 nebst Anhang § 172 I., 24 A.G.O. in Geltung. (K 5 S. 151, R. 24 S 302) — Danach soll die von irgend einer Seite beantragte Zwangsverwaltung der in Abs. 2 genannten Grundstücke dem Kreditverbande überlassen werden. Das Gericht hat denselben um die erforderliche Verfügung zu ersuchen und demnächst auf Ersuchen des Kreditinstitutes den Zwangsverwaltungsvermerk einzutragen Bei „Hauptveränderungen in der Administration" soll mit dem Gerichte „Rückfrage" gehalten werden, „damit dieses die bei der Sache interessirenden Parteien darüber vernehmen, und nach den Erklärungen derselben, und der übrigen Lage der Umstände, wegen Genehmigung oder Verwerfung eines solchen Antrages das Weitere veranlassen könne." Auch die Rechnungslegung und die Rückgabe des Grundstückes nach aufgehobener Verwaltung ist Sache des Kreditverbandes. Dagegen erfolgt die Befriedigung der Gläubiger nur auf Grund einer Anweisung des Gerichtes, jetzt also in Gemäßheit der §§ 149 bis 153 dieses Gesetzes

Neben diesen allgemeinen Vorschriften sind die Statuten der einzelnen Kreditverbände zu berücksichtigen. Vgl z. B. die §§ 181—210 des Reglements der Pommerschen Landschaft von 1781. Dazu für Neuvorpommern und Rügen General-Landtagsbeschluß von 1871, bestätigt durch Allerh Erlaß v. 23. Juli 1871, G.S S 315; ferner die §§ 68—76 des Reglements der Westpreußischen Landschaft, sowie die Sequestrationsordnung für dieselbe Landschaft, bestätigt durch Allerh Erlaß v. 25 Juni 1851; § 14 des Regulativs von 1849, §§ 196 und 21 des Regulativs von 1867, §§ 2 und 18 der Instruktion v. 11. Febr. 1880 der Schlesischen Landschaft (von Goertz a a. O); §§ 225 ff des Kredit-Reglements des Kur- und Neumärkischen Rittersch Kredit-Institutes nebst Nachtrag vom 2. April 1784 (Kommentar S. 119 ff.), §§ 301—330 des revidirten Reglements der Ostpreußischen Landschaft. — Die landschaftliche Zwangsverwaltung hat keinen größeren Umfang als die gerichtliche und umfaßt namentlich keine Gegenstände, die dem landschaftlichen Hypothekenrechte nicht unterliegen (R. 9 S 305 in Bezug auf die Pommersche Landschaft)

Für Hannover sind zu vergleichen: § 36 des Statutes der Landeskreditanstalt (Anm. 5), § 42 der Ver v. 1790 für das lüneburgische ritterschaftliche Kreditinstitut, § 27 des Statutes des Kreditinstitutes für Ostfriesland und das Harlingerland vom 27. November 1828, §§ 37, 38 des Statutes des ritterschaftlichen Kreditvereines für Bremen vom 4 März 1856, §§ 24, 25 des revidirten Statutes des ritterschaftlichen Kreditvereines für Kalenberg, Grubenhagen, Hildesheim vom 1. September 1864. In Schleswig-Holstein und im Bezirke des vormaligen Appellationsgerichtes zu Kassel giebt es besondere Rechte der Kreditverbände bezüglich der Zwangsvollstreckung in Grundstücke nicht.

7. Wegen der Stellung der Kreditverbände bei den von ihnen geleiteten Zwangsverwaltungen, insbesondere wegen ihrer Haftung vgl Anm. 6 und 7 zu § 145.

§. 203. Die Vorschriften des §. 54 der Verordnung über das Verwaltungszwangsverfahren vom 7. September 1879 (Gesetz-Samml. S. 591) bleiben in Kraft.

§ 203. Verwaltungszwangsverfahren.

1. Entw. § 197. — Vgl. Anm. 2 zu § 2. — Literatur: Jastrow bei Gruchot 30 S. 308 ff. — Diese Vorschriften müssen nach den Motiven in Kraft bleiben, „da sie nur die Begründung des Antrages auf Einleitung des gerichtlichen Verfahrens betreffen und dieses selbst unberührt lassen". § 54 der angeführten Verordnung lautet:

„Die Zwangsvollstreckung in das unbewegliche Vermögen erfolgt als gerichtliche Zwangsvollstreckung; sie ist unbeschadet des Antrages auf hypothekarische Eintragung nur zulässig, sobald feststeht, daß durch Pfändung die Beitreibung der Geldbeträge nicht erfolgen kann.

Der Antrag auf Einleitung des Verfahrens ist durch die Vollstreckungsbehörde zu stellen. Dasselbe gilt für den Antrag auf Eintragung der Forderung in einem Grund- oder Hypothekenbuche (§. 22 des Gesetzes vom 4 März 1879, Gesetz-Samml. S. 102).

Die Vollstreckbarkeit der Forderung und die Zulässigkeit der Zwangsvollstreckung nach der Vorschrift des ersten Absatzes unterliegen nicht der Beurtheilung des Gerichts.

In den besonderen Rechten der bestehenden Kreditverbände bei der Sequestration und Subhastation der zu denselben gehörigen oder von denselben beliehenen Güter wird durch die Bestimmungen dieser Verordnung nichts geändert"

2. Welche Forderungen im Verwaltungszwangsverfahren beigetrieben werden können, bestimmt im Allgemeinen der § 1 der angef. Verordnung:

„Die Zwangsvollstreckung wegen aller derjenigen Geldbeträge, welche nach den bestehenden Vorschriften auf Grund einer Entscheidung oder Anordnung der zuständigen Verwaltungsbehörde, eines Verwaltungsgerichts, einer Auseinandersetzungsbehörde oder eines solchen Instituts einzuziehen sind, dem die Befugniß zur Zwangsvollstreckung zusteht, erfolgt ausschließlich nach den Vorschriften dieser Verordnung.

Die bestehenden Bestimmungen darüber, welche Abgaben, Gefälle und sonstigen Geldbeträge der Beitreibung im Verwaltungszwangsverfahren unterliegen, werden durch die gegenwärtige Verordnung nicht berührt."

Außerdem besagt Art. 1 der Verordnung vom 4. August 1884 (G.S. S. 321):

„Auf die Zwangsvollstreckung wegen derjenigen Geldbeträge, welche auf Grund einer Anordnung der zuständigen Justizverwaltungsbehörde einzuziehen sind, finden die §§ 1—4, 6, 7, 13—19, 22—27, 38—56 der Verordnung vom 7. September 1879 (G.S. S. 591) und die nachstehenden Bestimmungen (welche hier nicht weiter in Betracht kommen), Anwendung:

Detailvorschriften enthalten:

a. § 1 der Ver. v. 24. Nov. 1843 (f. d. Rheinprovinz) Diesem Paragraph sind nachgebildet:

b. § 1 der Ver. v. 30. Juni 1845 (für Westfalen),

c. § 1 der Ver. v. 30. Juli 1853 (f. d. östlichen Provinzen ohne Neuvorpommern und Rügen),

d. § 1 der Ver. v. 1. Februar 1858 (für Neuvorpommern und Rügen), ferner, wenn auch mit erheblicheren Abweichungen:

e § 1 der Ver v 22 September 1867 (für die durch die Gesetze vom 20 September und 24 Dezember 1866 mit der preußischen Monarchie vereinigten neuen Landestheile.

Nach den Verordnungen zu a. (§ 35) und b (§ 33) ist die Zwangsversteigerung und nach den Verordnungen zu c (§ 34), d (§ 31) und e. (§ 33) auch die Zwangsverwaltung nur mit Genehmigung der Aufsichtsbehorde der betreffenden Vollstreckungsbehorde zulässig.

Diese Vorschriften sind durch die Ver v 7 September 1879 nicht beseitigt (vgl Art. 69 der Ministerialverordnung zur Ausführung ders v 15. Sept 1879)

f Kab.Ordre vom 19 Juni 1836 Nr 1 und 2 (Abgaben und Leistungen an Kirchen und Schulen und deren Beamte in den alten Landestheilen),

g § 15 A G. C P O. (dieselben Forderungen in Neuvorpommern und Rügen),

h §§ 14, 15 der Ver v 24. Jan 1844 (Defekte preußischer Beamter, darüber insbesondere Anm 11),

i § 21 d Ges. v 2. März 1850 über die Errichtung von Rentenbanken (G.S. S. 112 [Ablosungsrenten]),

k §§ 65 67 Ges v 8 März 1871 (G S S. 130), Art II Ges. v 11. Juli 1891, G S S 300 [Festsetzung von Unterstützungsbeträgen alimentationspflichtiger Verwandten eines Hulfsbedürftigen]),

l § 60 d Ges vom 30 Juli 1883 (Entscheidungen und Beschlüsse im Verwaltungsstreitverfahren und im Beschlußverfahren),

m. hinsichtlich der Gerichtskosten § 29 A G G K G.

„Die zwangsweise Einziehung der Gerichtskosten erfolgt im Wege der administrativen Zwangsvollstreckung

Jede Kostenforderung giebt einen Titel zum Pfandrecht auf die Gegenstände des unbeweglichen Vermogens des Schuldners; auf Grund desselben erfolgt die Eintragung eines Pfandrechts im Grund- oder Hypothekenbuche

Die Zwangsversteigerung von Gegenstanden des unbeweglichen Vermögens ist wegen einer Kostenforderung nur gegen denjenigen zulässig, welcher das mit einem Pfandrechte fur die Kostenforderung belastete Grundstuck durch Vertrag unter Lebenden erworben hat und weder Descendent noch Ehegatte eines Descendenten des ersten Schuldners ist“

Erforderlich ist, daß dieselben in einem bestimmten Betrage gegen einen bestimmten Schuldner festgesetzt und der zur Einziehung zuständigen Behörde überwiesen sind

Zu denselben gehoren auch die bereits erwachsenen Kosten der Strafhaft, gleichviel ob die Strafanstalt unter dem Justizminister oder dem Minister des Innern steht, sobald dieselben von der Gefängnißverwaltung (J M Bl 1882 S 292) festgesetzt und registrirt sind (Hinrichs, Studien S. 14) Vgl. für das ältere Recht Reskript vom 23. August 1853 (J M.Bl. S. 326), Johow 6 Nr. 101, 102, 7 Nr 155 — vor der definitiven Verausgabung ist nur Arrest zulässig (Anm 10)

Bezüglich der Kostenforderungen außerpreußischer deutscher Gerichte vgl. Johow 8 Nr 153 (Naumburg) und V v. 4 August 1884 (siehe oben).

n. Hinsichtlich der Befugnisse der Kreditverbände zur Beitreibung ihrer Forderungen im Verwaltungszwangsverfahren: Kab Ordre vom 14. Febr. 1829 (G S S 22), § 38 v 8 Juni 1835 (G S S. 101), Kab Ordre v. 19. März 1836 (G S. S 167), §§ 178, 179, 211 (48, 53, 56, 139) des Reglements der Pommerschen Landschaft von 1871; §§ 67, 77 des Reglements der Westpreußischen Landschaft von 1787, § 1 der Sequestrationsordnung derselben Landschaft; § 2 der Instr. v 11. Febr 1880 für die Schlesische Landschaft, §§ 222 ff. des Kredit-Reglements des Kur- und Neumärkischen rittersch Kreditinstituts (Kommentar S. 116 ff.); für Hannover Ges. v 26 August 1844, §§ 28, 31—35 des Statuts der Hann. Landeskreditanstalt v 18. Juni 1842 Vgl. auch § 528 a E. Hannov. B.P O;

o. hinsichtlich der aus dem Auseinandersetzungsverfahren hervorgehenden Forderungen vgl. Anm. 12

Sofern nicht im Einzelfalle Abweichendes bestimmt ist, ist zur Beitreibung dieser Forderungen sowohl die Zwangsversteigerung als die Zwangsverwaltung zulässig — Auch die Eintragung im Grundbuche ist nach § 54 der V v. 7 Sept 1879 im Allgemeinen anerkannt. Doch sind hier nicht §§ 6 ff. dieses Gesetzes, sondern § 19 Z 3 E E G und § 41 G.B.O. maßgebend. (Für Gerichtskosten vgl § 29 A.G. G K G, Anm 2 m) — Wegen des Arrestes siehe Anm. 10.

3. Als besondere Voraussetzungen der Zwangsvollstreckung verlangt die Ver. vom 7 Sept. 1879 (§§ 6 und 7), daß a) in der Regel eine Mahnung des Schuldners mit dreitägiger Zahlungsfrist vorhergehen soll, — b) die Anzeige an die Militärbehörde, analog dem § 673 C.P.O, erfolgt sein muß.

4. Den Antrag auf gerichtliche Zwangsvollstreckung soll die Vollstreckungsbehörde stellen. In dieser Beziehung bestimmt § 3 der Ver v 7. Sept 1879:

„Diejenigen Behorden oder Beamten, welchen die Einziehung der der Beitreibung im Verwaltungszwangsverfahren unterliegenden Geldbeträge zusteht, bilden die zur Anordnung und Leitung des Zwangsverfahrens zuständigen Vollstreckungsbehorden. Auf die Beamten der Korporationen, welche nach den bisherigen Vorschriften zur eigenen Zwangsvollstreckung nicht berechtigt sind, findet diese Bestimmung nicht Anwendung

Die Strafvollstreckungsbehörde, welcher die Einziehung einer gerichtlich erkannten Geldstrafe obliegt, ist zugleich Vollstreckungsbehörde für die mit der Einziehung der Strafe verbundene Beitreibung der Kosten. Diese Beitreibung erfolgt nach den Vorschriften der Deutschen Civilprozeßordnung.

Fehlt es an einer nach den vorstehenden Vorschriften zuständigen Vollstreckungsbehörde, so hat die Bezirksregierung (Landdrostei, Polizeipräsidium in Berlin) eine solche zu bestimmen

Den zuständigen höheren Verwaltungs- und den Aufsichtsbehörden ist es gestattet, die Funktionen der Vollstreckungsbehörde selbst zu übernehmen."

Vollstreckungsbehörde ist also niemals die festsetzende Behörde als solche — Für Gerichtskosten (Anm 2 m) ist nach der am 1 April 1885 in Kraft getretenen Kasseninstruktion vom 1. Dez 1884 der Rendant oder Kassenkurator als Vertreter der Gerichtskasse zuständig (§ 28). Dem Ersuchen um Vollstreckung oder Eintragung ist eine beglaubigte Abschrift der Kostenrechnung beizufügen (§ 36). Auf Bildung des Briefes ist zu verzichten. Anträge unter 3 Mark sind nicht zu stellen. (Verf des Justizministers v 28 Juni 1886.) Wegen der Eintragung der bei dem Reichsgerichte erwachsenen Kosten vgl Cirk.Verf des Finanzministers v. 18 Aug 1881 (J M Bl S. 177) Es ist insbesondere die preußische Kasse, welcher die Vertretung obliegt, in der Eintragung zu erwähnen — Diese Zwangseintragung von Gerichtskosten bildet unzweifelhaft einen Krebsschaden des preußischen Grundbuchwesens — Wegen der Streitigkeiten hinsichtlich der Beitreibung von Vermögensstrafen vgl. Löwe-Hellweg, Kommentar Anm. 3 zu § 495 St P O Jedenfalls ist der Magistrat einer Stadtgemeinde wegen der dieser gebührenden Geldstrafen ebenso wenig zu dem Antrage auf Zwangseintragung legitimirt, wie zu dem Antrage auf Zwangsvollstreckung (K 7 S 115).

5. Was das Verhältniß des Gerichtes zur Administrativvollstreckungsbehörde anbetrifft, so entzieht § 54 Abs 3 der Ver v 7 Sept. 1879 keineswegs, wie Hinrichs S 41 annimmt, dem Gerichte die Prüfung der Zulässigkeit der Zwangsvollstreckung überhaupt, sondern es nimmt dem Richter nur die Beurtheilung der Vollstreckbarkeit der Forderung und die Prüfung der Frage, ob für festgestellt zu erachten ist, daß durch Pfandung die Beitreibung nicht erfolgen kann (so auch Rudorff zu § 203) — Im Uebrigen hat er auch der requirirenden Behörde gegenüber zu prüfen, ob die Vorbedingungen für das begehrte gerichtliche Einschreiten gegeben sind und, falls sich Anstände ergeben, die beantragten Maßregeln abzulehnen. — Die Vollstreckungsbehörde hat dagegen gleich einer Partei das Rechtsmittel der sofortigen Beschwerde

Insbesondere ist zu prüfen:

a ob die beantragende Behörde die zuständige Vollstreckungsbehörde ist (Anm. 4);

b ob die ihrem Grunde und Betrage nach anzugebende Forderung zu denen gehört, wegen deren das Verwaltungszwangsverfahren zulässig ist (Anm 2). Dazu gehört insbesondere, daß dieselbe eine Geldforderung (Anm 4. a ß zu § 2) ist;

c ob nach Angabe der beantragenden Behörde die Forderung vollstreckbar, also namentlich auch existent und fällig ist

Dagegen bedarf es der Vorlegung eines Schuldtitels oder einer vollstreckbaren Ausfertigung desselben nicht, ebensowenig des Nachweises der Zustellung desselben;

d. ob nicht die beantragte Maßregel, wie z B. unter Umständen die Zwangsversteigerung bei Gerichtskosten (Anm. 2 m), ausgeschlossen ist;

e. ob die im Einzelfalle erforderliche Genehmigung der Aufsichtsbehörde beigebracht ist (Anm. 2. e, Jäckel Anm. 1. e);

f. ob die Anzeige an die Militärbehörde gegebenen Falles erfolgt ist (Anm 3);

Von dem Nachweise der vorherigen Mahnung ist abzusehen, da eine solche nur der Regel nach erforderlich ist und es somit der Vollstreckungsbehörde freisteht, von derselben abzusehen;

g. ob die Zwangsvollstreckung in den beantragten Gegenstand zulässig ist (Anm. 8 zu § 2).

6. Wegen Fortsetzung der Zwangsvollstreckung nach dem Tode des Schuldners bestimmt § 22 der Ver. v. 7. Sept. 1879 analog dem § 694 C.P.O. (Anm. 6 c zu § 2).

7. Wegen der Kosten des Verfahrens giebt § 23 der Ver. eine dem § 697 C.P.O. (Anm. 1 zu § 84) analoge Bestimmung.

8. Da dem Vollstreckungsgerichte jede Beurtheilung der Vollstreckbarkeit der Forderung entzogen ist, so erscheint es auch als Vollstreckungsgericht nicht befugt, auf Grund von Einwendungen des Schuldners Forderung gegen die oder deren Vollstreckbarkeit einstweilige Einstellung des Verfahrens anzuordnen. Es hat in dieser Beziehung nur die Ersuchen der Verwaltungsvollstreckungsbehörde und die Anordnungen des Prozeßgerichtes (§ 3 der Ver. v. 7. Sept 1879) zu beachten. Im Uebrigen richtet sich die Aufhebung und Einstellung des Verfahrens nach den zu §§ 70, 71 dargelegten Grundsätzen. § 26 der Ver. v 7. Sept. 1879 (über diesen vgl. Jastrow a. a. O S. 309 ff) kommt nicht in Betracht.

9. Bezüglich der besonderen Rechte der Kreditverbände (Anm. 1 a. E.) vgl. § 202 Abs. 2.

10. Hinsichtlich des Arrestes bestimmt § 55 der Ver. v. 7. Sept. 1879:

„Soweit ein Arrest zur Sicherung der Zwangsvollstreckung wegen einer im Verwaltungszwangsverfahren beizutreibenden Geldforderung zulässig ist, erfolgt die Vollziehung desselben unter entsprechender Anwendung der Vorschriften dieser Verordnung Die Vorschriften der Zoll- und Steuergesetze über die Beschlagnahme zoll- oder steuerpflichtiger Gegenstände wird hierdurch nicht berührt."

Diese Vorschrift regelt nur die Vollziehung des Arrestes, und in dieser Hinsicht ist aus derselben zu entnehmen, daß die Vollziehung in unbewegliches Vermögen nur auf gerichtlichem Wege zu erfolgen hat — Sie regelt aber nicht die Voraussetzungen und die Zulässigkeit des Arrestes und die Zuständigkeit der zur Entscheidung darüber berufenen Behörde — Es verbleibt deshalb bei dem Grundsatze, daß ein Arrest nur auf Grund eines Arrestbefehles (Anm. 11 zu § 2) zulässig ist und daß ein solcher nur von dem nach der C.P.O. zuständigen Gerichte (§ 799 C.P.O) erlassen werden kann (Johow 4, Nr. 86 [Naumburg], K. 2 Nr. 71. Es handelt sich in beiden Fällen um Kosten der zukünftigen Haft). — Insbesondere kann also auch eine Arrestvormerkung nur auf Grund eines Arrestbefehles erfolgen. Ersuchen der Verwaltungsvollstreckungsbehörden um Eintragung von Arrestvormerkungen sind daher abzulehnen. Turnau I S 355. Vgl. aber Anm. 11 und 12

11. Ein besonderer Fall des Verwaltungszwangsverfahrens ist die Vollziehung eines Defektenbeschlusses gegen Beamte, für preußische Beamte in den §§ 11 ff. der Ver. v 24. Jan 1844, für Reichsbeamte durch §§ 134, 148 des R.Ges v. 31. März 1873 geordnet. — Die zur Erlassung des Defektenbeschlusses zuständigen Behörden können, dem Anm. 10 aufgestellten Grundsatze entgegen, schon vorher zur Sicherung der Ersatzansprüche Vermögensbeschlagnahmen gegen bestimmte Personen anordnen, welche bezüglich des unbeweglichen Vermögens durch gerichtliche Vollziehung auszuführen sind (§§ 11, 13, 17 d. Ver. v. 24. Jan. 1844, §§ 140, 146 d R Ges. v 31. März 1873, Hinrichs a. a. O.

S 74) Die Beschlagnahme ist in Abtheilung II des Grundbuches einzutragen (vgl R 31 S. 307, auch hinsichtlich der Wirkungen), doch würde eine Eintragung in Abtheilung III auch nicht unwirksam sein. Das Ersuchen muß den Gläubiger, den Schuldner und den Geldbetrag angeben. Auch die Zulässigkeit hinsichtlich des Gegenstandes ist vom Grundbuchrichter zu prüfen (Entsch. 71 S 108) — Eintragungen für die Gesammtheit der Defektinteressenten sind nicht zulässig — Vgl. auch Turnau I S 355 und Jäckel Anm 3 c zu § 10 Wegen des Rechtsweges in derartigen Sachen und der den Gerichten zustehenden Anordnungen vgl § 16, 17 der Ver v 24. Jan 1844 und §§ 144, 145, 147 R G. v 31 März 1873.

12 Eigenthümlich liegt der Fall der Vollstreckung von Urtheilen, Auseinandersetzungsrezessen und sonstigen vollstreckbaren Urkunden, welche im Auseinandersetzungsverfahren entstanden sind (Ges. v. 18 Febr. 1880). Im Allgemeinen sind für dieses Verfahren die Vorschriften der C P O eingeführt (§§ 1, 2 a. a. O.).

§ 86 a. a. O. bestimmt, daß die Beitreibung einer Geldforderung, deren Einziehung zur Ausführung einer Auseinandersetzung oder zur Ausgleichung unter den bei der Auseinandersetzung Betheiligten erforderlich ist, durch die Generalkommission (Regierung) im Wege des Verwaltungszwangsverfahrens erfolgt. Sie kann also auch insbesondere um Eintragung im Grundbuche ersuchen, und zwar auch im Falle des Arrestes, ohne daß es eines gerichtlichen Arrestbeschlusses bedarf.

Nach § 89 a a O sind aber als Vollstreckungsgerichte die in der C.P.O. bezeichneten ordentlichen Gerichte zuständig Hiernach erscheint für die Zwangsvollstreckung in das unbewegliche Vermögen und die Zwangseintragung auch der direkte Antrag des Betheiligten zulässig

Wegen der Zeugnisse über die Rechtskraft und hinsichtlich der Vollstreckungsklausel vgl. §§ 84, 85, 88 a. a. O., wegen Einwendungen gegen den Anspruch § 90, wegen der Einstellung, Beschränkung und Aufhebung von Vollstreckungsmaßregeln § 91, wegen der Zuständigkeit nach beendeter Auseinandersetzung § 93, bezüglich der Arreste und einstweiligen Verfügungen § 94 a a O. — Vgl. Hinrichs a. a. O S 45.

§. 204. Die Bestimmungen des §. 125 treten im Sinne des Artikels V des Gesetzes vom 12. März 1869 (Gesetz-Samml S. 465) an Stelle des §. 56 der Konkursordnung vom 8. Mai 1855 in der Fassung des erwähnten Gesetzes. Mit dieser Maßgabe bleiben die Artikel V, VI, VII des erwähnten Gesetzes in Kraft.

§ 204. Besonderheiten bei älteren Korrealhypotheken.

1. Entw § 198. — Der § 204 wahrt im Geltungsbereiche der Preußischen Konkursordnung (Art I Ges v 8. Mai 1855) den bisherigen Rechtszustand für diejenigen älteren Hypotheken, welche vor dem 1. Juli 1869 hinter einer Korrealhypothek eingetragen sind. Vgl. auch § 42 Abs. 3 E G.G.

2 Die Artikel V, VI, VII des Ges. v. 12. März 1869 lauten mit der in § 204 festgesetzten Maßgabe:

„V. Der § 125 des Gesetzes betreffend die Zwangsvollstreckung in das unbewegliche Vermögen v 13. Juli 1883 kommt auch hinsichtlich derjenigen Hypotheken, welche vor dem 1. Juli 1869 hinter einer Korrealhypothek eingetragen sind, zur Anwendung, jedoch mit der Beschränkung, daß der Gläubiger einer solchen Hypothek im Kaufgelderbelegungs-Termine darauf anzutragen berechtigt ist, den ihm nach § 56 der bisherigen Fassung von der Masse des mitverhafteten Grundstücks gebührenden Antheil zu ermitteln und ihm zu überweisen. In dem Falle der Nr. 3 des § 56 der bisherigen Fassung wird der ermittelte Antheil im Hypothekenbuche des mitverhafteten Grundstücks an der Stelle der Korrealhypothek für den Gläubiger eingetragen

Bei dieser Ermittelung gilt als Kaufgeldmasse eines mitverhafteten, aber nicht zur Subhastation stehenden Grundstücks diejenige Summe, welche sich zu dem Betrage der auf diesem Grundstücke haftenden Grund- und Gebäudesteuer ebenso verhält, wie der Kaufpreis des subhastirten Grundstücks zu dem Betrage der auf diesem haftenden Grund- und Gebäudesteuer, oder wenn bereits mehrere mithaftende Grundstücke subhastirt sind, wie die Summe der Kaufpreise zu der Summe der Steuerbeträge. Hierbei ist derjenige Steuerbetrag maaßgebend, welcher am 1. Juli 1869 auf den Grundstücken haftet

Der Eigenthümer des mitverhafteten Grundstücks und die auf demselben hinter der Korrealhypothek eingetragenen Gläubiger sind befugt, in dem Ermittelungsverfahren ihr Interesse wahrzunehmen und werden deshalb von den anzusetzenden Terminen benachrichtigt.

VI. Nach der Vorschrift des Artikels V. werden auch bei den auf Grund des §. 56 der bisherigen Fassung in dem Hypothekenbuche eingetragenen Vermerken die den betheiligten Gläubigern zustehenden Summen auf den Antrag eines Gläubigers oder des Eigenthümers ermittelt und an der Stelle des Vermerks eingetragen Der Antrag ist bei dem Subhastationsrichter, auf dessen Ersuchen der Vermerk eingetragen worden, zu stellen.

VII. Für das Ermittelungsverfahren, mit Ausnahme der Prozeßverhandlungen über hervortretende Streitpunkte, und für die Umschreibung in dem Hypothekenbuche werden Gerichtskosten nicht angesetzt. Baare Auslagen sind von dem Extrahenten einzuziehen."

Der § 56 Pr K.O, welcher hiernach ebenfalls noch als Ergänzung vorstehender Bestimmungen in Betracht kommt, lautete in der ursprünglichen (im Sinne vorstehender Artikel „bisherigen") Fassung:

Wenn eine Forderung ungetheilt auf mehreren zur Konkursmasse gehörigen Grundstücken haftet, so ist bei Vertheilung der Kaufgelder nach folgenden Grundsätzen zu verfahren:

1. Der Gläubiger ist berechtigt, sich an die Kaufgelder jedes einzelnen Grundstücks wegen seiner ganzen Forderung zu halten.
2. Kommen die Kaufgelder aller oder einiger Grundstücke gleichzeitig zur Vertheilung, so müssen von der Masse eines jeden dieser Grundstücke die der Forderung vorgehenden Posten abgerechnet und die verbleibenden Reste der einzelnen Massen zusammengerechnet werden; nach dem

Verhältniß dieser Summe zu den einzelnen Masseresten ist alsdann die Forderung aus den einzelnen Massen antheilig zu berichtigen. Sind die Grundstücke nur nach einem Gesammtgebote zugeschlagen, so werden die Taxwerthe der einzelnen Grundstücke der Berechnung zum Grunde gelegt.

3. Erfolgt die Vertheilung der Kaufgelder eines oder einiger Grundstücke früher, als die der übrigen, so wird von den Kaufgeldern der letzteren soviel auf die Forderung vertheilt, als daraus bei gleichzeitiger Vertheilung der Kaufgelder sämmtlicher verkauften Grundstücke auf die Forderung gefallen sein würde (Nr 2). Der ermittelte Antheil kommt, nach Befriedigung der Forderung, den Gläubigern zu gut, welche auf den Grundstücken, deren Kaufgelder früher vertheilt worden sind, hinter der Forderung eingetragen waren und einen Ausfall erlitten haben. Dieser Anspruch der ausgefallenen Gläubiger ist sogleich nach jeder früheren Kaufgeldervertheilung in das Hypothekenbuch der übrigen Grundstücke bei der Forderung von Amtswegen einzutragen.

4. Verlangt der Gläubiger, vermöge des ihm nach Nr. 1 zustehenden Rechts, eine andere als die unter Nr 2 und 3. vorgeschriebene antheilige Befriedigung aus einer oder der anderen Masse, so wird dadurch gleichwohl in dem Beitragsverhältnisse der einzelnen Massen unter sich nichts geändert, und es muß den Massen, welche zur Befriedigung des Gläubigers uber ihren Antheil hergegeben haben, dieser Mehrbetrag aus den Massen, welche gar nichts oder weniger als ihren vollen Antheil hergegeben haben, verhältnißmäßig erstattet werden.

3. Diese Bestimmungen haben nur eine vorübergehende Bedeutung, und werden in der Praxis nur selten zur Anwendung gelangen — Vgl dazu Strieth 86 S. 19, R G. Entsch. 7 S. 201 und Kurlbaum, n G S 85, 86.

§. 205. Ist in dem Verfahren der Zwangsversteigerung eine Hypothek oder Grundschuld, welche auf mehreren Grundstücken ungetheilt haftet, bei der Feststellung des geringsten Gebots berücksichtigt, und ein zur Befriedigung des betreibenden Glaubigers ausreichendes Gebot nicht abgegeben worden, und ist für die Forderung des betreibenden Gläubigers eins der für die erstere Forderung mithaftenden Grundstücke gleichfalls mitverhaftet, so ist der betreibende Gläubiger berechtigt, die Abtretung der ersteren Forderung gegen vollstandige Berichtigung derselben zu fordern. Ist die Forderung nicht fällig, so kann das Recht nur mit einer Kündigungsfrist von drei Monaten unter Verpflichtung des Kündigenden zur Zahlung ausgeübt werden.

Verzichtet der Gläubiger der abzutretenden Forderung darauf, daß dieselbe ungetheilt auf denjenigen Gruundstücken hafte, auf welchen die Forderung des betreibenden Gläubigers ungetheilt haftet, und bewilligt er demgemäß die theilweise Löschung seiner Forderung, so ist er zur Abtretung nicht verpflichtet. Die Beschränkung der Haftung kann sowohl durch Vertheilung der Forderung auf einzelne Grundstücke, als auch durch Uebertragnng der ganzen Forderung auf ein Grundstück, als das allein haftende, erfolgen. Die Mithaftung solcher Grundstücke, welche für die Forderung des betreibenden Gläubigers nicht mithaften, kann unverändert bestehen bleiben.

Die gleichen Rechte wie der betreibende Gläubiger hat jeder demselben nachstehende Gläubiger, wenn seine Forderung nach Berücksichtigung der auf mehreren Grundstücken ungetheilt haftenden Hypothek oder Grundschuld auf Grund der Vorschriften der §§. 59, 117 bedingt zur Hebung gekommen ist.

Weitergehende Bestimmungen des bürgerlichen Rechts über das Recht der Pfandgläubiger auf Abtretung vorgehender Forderungen bleiben unberührt.

§ 205. Ius offerendi (Eintrittsrecht) gegenüber vorgehenden Korrealhypotheken.

1. Entw. § 199. a (Komm. d. A H) — Der § 205 ist in dem Regierungsentwurfe nicht enthalten. Im Plenum des Herrenhauses wurde auf die Nachtheile hingewiesen, welche für einen nachstehenden Gläubiger durch die Anwendung der Grundsätze der §§ 22 Abs. 1 und 57 Abs. 3 entständen, wenn eine vorgehende Korrealhypothek bei der Zwangsversteigerung jedes Einzelgrundstückes für die Feststellung des geringsten Gebotes zum vollen Betrage berücksichtigt würde und von dem Ersteher zu übernehmen sei. Der nachstehende Gläubiger werde bei dieser Sachlage niemals zu seiner Befriedigung durch den Verkauf des Grundstückes gelangen können, wenn er nicht selbst als Korrealhypothekar in der Lage sei, die sämmtlichen Grundstücke gleichzeitig zum Verkaufe zu bringen. Dies setze aber, wenn die Grundstücke in verschiedenen Amtsgerichtsbezirken belegen seien, voraus, daß dieselben nicht verschiedenen Eigenthümern gehörten (§ 756 Abs. 2 C.P.O., vgl. auch Anm. 5 zu § 57), und sei überdies oft auch nach den lokalen wirthschaftlichen Verhältnissen praktisch nicht ausführbar Die Lage des nachstehenden Gläubigers sei derjenigen des creditor posterior im römischen Rechte ähnlich, der nur durch Ausübung des ius offerendi sich die Stellung des zum Verkaufe berechtigten primus creditor habe schaffen können. Es empfehle sich daher auch in diesem Falle, dem nachstehenden Gläubiger ein ius offerendi zu gewähren, wobei an die §§ 37—39 I. 20 A L.R angeknüpft werden könne. (Vgl. die Reden der Mitglieder des H H. Lindemann, Struckmann und Dernburg, sten. Ber. des H H. S. 57, 63, 67, 73, 75, 77, 79 und des Reg Kommissars Dr. Kurlbaum S. 59, 64, 78). Das Resultat der Verhandlungen war die Annahme eines Antrages Struckmann-Dernburg, durch welchen dem § 22 folgender Zusatz gegeben wurde:

Ist bei Feststellung des geringsten Gebotes eine Forderung, welche auf mehreren Grundstücken ungetheilt haftet, berücksichtigt worden und ist ein zulässiges Gebot nicht abgegeben worden, so ist der betreibende Gläubiger berechtigt, die Abtretung der ersteren Forderung gegen vollständige Berichtigung derselben zu fordern Ist die Forderung nicht fällig, so kann das Recht nur mit einer Kündigungsfrist von drei Monaten unter Verpflichtung des Kündigenden zur Zahlung ausgeübt werden

In der Kommission des A H wurde dieser Antrag in erster Lesung mit dem Zusatze angenommen, daß dem betreibenden Gläubiger das Eintrittsrecht auch dann zustehen solle, wenn zwar ein zulässiges Gebot abgegeben worden, der Gläubiger aber in Folge der Berücksichtigung der vorgehenden Korrealforderung nach § 59 nur bedingt zur Hebung gelangt ist

In zweiter Lesung wurde das Eintrittsrecht dahin beschränkt, daß die Forderung des betreibenden Gläubigers ebenfalls eine Korrealhypothek sein muß, welche auf allen oder doch mehreren der für die Vorkorrealhypothek verpfändeten Grundstücke haftet — Der betreibende Personalgläubiger kann sich helfen, indem er die für die Korrealhypothek haftenden mehreren Grundstücke seines persönlichen Schuldners gemeinschaftlich zum Verkauf bringen läßt. — Mit Zustimmung des Korrealhypothekars kann auch ein vortheilhafter Einzelverkauf unter Vertheilung der Korrealhypothek auf die mehreren Grundstücke und unter Bedingung der Baarzahlung statt der Uebernahme erfolgen (Anm 5 zu § 57) — Die nur bei den versteigerten Grundstücken berechtigten Nachhypotheken werden durch die dem vorliegenden Gesetze eigenthümlichen Vorschriften der §§ 22 Abs 1, 57 Abs. 3 nicht benachtheiligt, da sie einen Ausfall auch dann und noch sicherer erleiden, wenn die Korrealhypothek von dem Ersteher baar bezahlt werden müßte, während sie nach § 59 bedingt zum Ansatze gebracht werden. (Bericht der Kommission des A H. zu § 22)

Ist dagegen der Nachhypothekar ebenfalls Korrealhypothekar, so wird er allerdings bei dem Einzelverkaufe (— nicht auch beim Gesammtverkaufe, bei welchem die Vorkorrealhypothek nur einmal zur Anrechnung kommt [Anm 5 zu §§ 53—56] —) der mehreren Grundstücke durch die Anwendung der Grundsätze der §§ 22 Abs. 1, 57 Abs 3 benachtheiligt Da die Uebernahme der Korrealhypothek in Anrechnung auf den Kaufpreis als Befriedigung aus dem versteigerten Einzelgrundstücke im Sinne des § 42 E E G nicht wirkt, so bleibt die Belastung auf allen mitverhafteten Grundstücken bestehen (Anm 3 zu § 115) Nach bisherigem Rechte wurde dagegen die Korrealhypothek fällig und mußte, soweit sie durch Baarzahlung befriedigt wurde, bei den mitverhafteten Grundstücken zur Löschung gebracht werden, wodurch für den nacheingetragenen Korrealhypothekar sich die Möglichkeit einer Befriedigung aus den anderen mitverhafteten Grundstücken ergab — Nur in diesem Falle erschien daher ein ius offerendi des Nachhypothekars durch die Vorschriften dieses Gesetzes geboten — Die Schwierigkeiten, welche die Korrealhypotheken schon nach bisherigem Rechte für nacheingetragene Gläubiger mit sich führten und welche zu den auf Billigkeitsrücksichten beruhenden, ihrerseits aber wieder andere Mißstände nach sich ziehenden und deshalb durch das Gesetz vom 12 März 1869 wiederaufgehobenen Vorschriften des § 56 Pr. K O (alte Fassung) Anlaß gegeben hatten (vgl. § 204), sind, als außerhalb des Rahmens dieses Gesetzes liegend, nicht weiter berücksichtigt worden (Bericht der Komm. des A.H. zu § 22). — Dagegen wurden von der Kommission des A H. noch die Absätze 2 und 4 hinzugefügt. — Der Abs 3 ist erst bei der dritten Berathung des Gesetzes im Plenum des A H. auf Antrag des Abg Enneccerus eingeschaltet worden (Nr. 236 der Drucksachen; Sten Ber S. 1635)

2. **Das Eintrittsrecht des betreibenden Gläubigers** (Abs. 1) **hängt demnach von drei Voraussetzungen ab:**

a. Die vorgehende Korrealhypothek muß bei Feststellung des geringsten Gebotes in der Zwangsversteigerung eines einzelnen (oder mehrerer, gleichzeitig versteigerter, aber nicht aller, vgl. Anm. 1) der mitverhafteten Grundstücke berücksichtigt sein. Bei der Zwangsversteigerung ideeller Antheile ist eine auf dem ganzen Grundstücke vor der Theilung bestellte Hypothek auch hier als korrealiter auf den Antheilen haftend zu behandeln (vgl. Anm 4 b zu § 1, Anm 5 zu §§ 53 - 56. — A. M. Eccius § 194 Anm. 66, der einem nachstehenden Gläubiger, welchem nur einzelne der ideellen Antheile haften, das Eintrittsrecht gegenüber einer solchen Totalhypothek versagt) — Unter vorgehenden Forderungen sind nur solche zu verstehen, welche kraft Gesetzes vorgehen. Sind bei Feststellung des geringsten Gebotes Korrealhypotheken berücksichtigt, welche der Forderung des betreibenden Gläubigers nachstehen, so kann dies in einer für den Letzteren verbindlichen Weise nur mit seiner Zustimmung geschehen (Anm 2 und 11 zu §§ 53 bis 56; § 75 Nr. 3); in solchem Falle hat derselbe kein Eintrittsrecht. — Ist die Berücksichtigung einer gesetzlich vorgehenden Korrealhypothek unterblieben, ohne daß der Korrealhypothekar gleichzeitig ausdrücklich darauf verzichtet hat, aus den Kaufgeldern vor dem betreibenden Gläubiger befriedigt zu werden (vgl Kurlbaum n. G. S. 79), so kann der Korrealhypothekar zwar seine Forderung zum vollen Betrage im Kaufgeldervertheilungstermine mit dem ihm zustehenden Vorrange vor der Forderung des betreibenden Gläubigers liquidiren, soweit solches nach dem Inhalte des Grundbuches nöthig ist; aber die Nichtberücksichtigung bei Feststellung des geringsten Gebotes hat die Fälligkeit der Korrealhypothek zur Folge (§ 57 Abs. 1 und 3, § 31), wenn dieselbe nicht an die Stelle eines nachstehenden berücksichtigten Anspruches nach § 58 Abs 1 zu übernehmen ist. Soweit sie aus dem baar zu zahlenden Kaufgelde befriedigt wird, erlischt sie bei den anderen mitverhafteten Grundstücken Der betreibende Gläubiger bedarf des ius offerendi nicht (oben Anm. 1).

b. Es muß bei dem Einzelverkaufe ein zur Befriedigung des betreibenden Gläubigers ausreichendes Gebot nicht abgegeben sein Das ist der Fall: a) wenn überhaupt ein zulässiges Gebot nicht abgegeben ist, der Zuschlag also nicht ertheilt werden kann; aber auch b) wenn das geringste Gebot erreicht oder überstiegen ist, der Ueberschuß jedoch nicht hinreicht, den betreibenden Gläubiger vollständig zu befriedigen, also gemäß §§ 59, 115, 117 eine bedingte (theilweise) Uebernahme der Forderung des betreibenden Gläubigers zu geschehen hat (— vgl. oben Anm 1; — Anm. 3 b zu §§ 58, 59, Vertheilungsplan C. III 2) Ein gänzlicher Ausfall des betreibenden Gläubigers ist, wenn es überhaupt zum Zuschlage kommt, regelmäßig nicht möglich, da seine Forderung als unmittelbar hinter dem geringsten Gebote folgend, bedingungsweise zu übernehmen ist; nur wenn ein bei Feststellung des geringsten Gebotes nicht berücksichtigter Anspruch nachträglich geltend gemacht wird, kann ein gänzlicher Ausfall des betreibenden Gläubigers eintreten. — Auch in diesem Falle hat er das Eintrittsrecht (Kurlbaum n. G S 81; Jäckel Anm. 7. a. A M Rudorff S 328)

Im ersteren Falle (a) muß der betreibende Gläubiger, wenn er das eingeleitete Verfahren fortgesetzt sehen will, nach § 69 den Antrag innerhalb einer Frist von drei Monaten vom Tage des vergeblich abgehaltenen Termines stellen. Er muß daher, wenn die Korrealhypothek nicht fällig ist, sein Eintrittsrecht so rechtzeitig ausüben, daß er die Abtretung vor dem neu anzuberaumenden Versteigerungstermine erlangen kann.

Im anderen Falle (b) hat der betreibende Gläubiger als solcher ein Widerspruchsrecht gegen Ertheilung des Zuschlages nicht, sondern nur als Interessent unter den Voraussetzungen und nach Maßgabe des § 74 (— etwas Anderes meint auch wohl Kurlbaum n. G. S. 78 nicht —). — Ist die Korrealhypothek nicht fällig, so wird in diesem Falle der betreibende Gläubiger die ihm durch eine Abtretung derselben erwachsenden Vortheile für das schwebende Versteigerungsverfahren meistens nicht mehr ausnutzen können, da der neue Termin, wenn die Voraussetzungen des Abs. 3 des § 74 vorliegen, längstens in 6 Wochen anberaumt werden muß, also vor Ablauf der dreimonatigen Kündigungsfrist; — vgl. auch unten Anm. 3. a.

c. Der betreibende Gläubiger muß ebenfalls Korrealhypothek auf allen oder mehreren der für die Vorkorrealhypothek haftenden Grundstücke haben. (Vgl. über die zum Theil abweichende Meinung von Eccius Anm. 2. a.) — Vorausgesetzt wird ferner, daß die letztere auch bei den anderen für beide Forderungen verhafteten Grundstücken den Vorrang habe. Denn ist die Hypothek des betreibenden Gläubigers bei einem der anderen Grundstücke besserberechtigt, so hindert das unveränderte Stehenbleiben der bei dem versteigerten Grundstücke vorgehenden Korrealhypothek seine Befriedigung aus dem anderen Grundstücke nicht. Der Gläubiger der letzteren Korrealhypothek wird wenigstens verlangen können, daß der betreibende Gläubiger, bevor er von ihm die Abtretung beansprucht, den Versuch macht, wie weit er bei dem anderen Grundstücke, wo jener ihm nicht im Wege steht, zu seiner Befriedigung gelangt. — Dies gilt aber nicht, wenn der Forderung des betreibenden Gläubigers bei einem der mitverhafteten Grundstücke nur das Vorzugsrecht eingeräumt ist (s. unten Anm 3. c). Sind mehrere betreibende Gläubiger zugleich Korrealhypothekare und reicht das Gebot zur Befriedigung des Bestberechtigten von ihnen nicht aus, so liegen die Voraussetzungen des Abs. 1 nur für den bestberechtigten Korrealhypothekar vor, weil nur dessen Forderung für die Bestimmung des geringsten Gebotes maßgebend ist (Anm. 3 zu §§ 53, 56); die übrigen betreibenden Gläubiger haben als demselben nachstehende Gläubiger ein ius offerendi unter den Voraussetzungen des Abs. 3. — Unter mehreren zum Eintritte berechtigten Gläubigern entscheidet die Prävention (Kurlbaum n. G. S. 80). Der dem (bestberechtigten) betreibenden Gläubiger nachstehende Gläubiger wird aber öfters genöthigt sein, auch gegenüber dem betreibenden Gläubiger das ius offerendi auszuüben, da ihm auch dessen Korrealhypothek im Wege steht.

3. a. Die Geltendmachung des Eintrittsrechtes erfolgt durch das dem Vorkorrealhypothekar gegenüber ausgedrückte Verlangen auf Abtretung seiner Forderung gegen vollständige Befriedigung. Letztere muß baar angeboten werden, da die Abtretung nur Zug um Zug gegen vollständige Befriedigung zu geschehen braucht. Sie muß auch ältere als zweijährige Zinsrückstände umfassen (Rudorff S. 327; Jäckel Anm. 8. c). — Weigert der Korrealhypothekar die Annahme, so

kann der betreibende Gläubiger das Geld hinterlegen. — Ist die Vorkorrealhypothek noch nicht fällig, so hat der betreibende Gläubiger mit dem Verlangen auf Abtretung die Kündigung zu verbinden, und sich zu verpflichten, nach Ablauf der dreimonatigen Kündigungsfrist (gleichgültig, welche Kündigungsfristen dem Schuldner gegenüber bestehen) Zahlung zu leisten — Auch in diesem Falle braucht indeß der Vorkorrealhypothekar nur Zug um Zug gegen vollständige Befriedigung die Abtretung zu vollziehen. — Kommt derselbe seiner Abtretungspflicht nicht nach, so kann auf Abtretung geklagt werden; auch haftet der Vorkorrealhypothekar für allen durch sein Verschulden entstehenden Schaden Die Geltendmachung des Eintrittsrechtes im Streitfalle liegt außerhalb des Zwangsversteigerungsverfahrens. Die Forderung, bezüglich deren das ius offerendi geltend gemacht wird, wird dadurch nicht zu einer streitigen im Sinne der §§ 113 ff. (Jäckel Anm 8. a. A. M. Rudorff S. 328).

b. Den Inhalt des ius offerendi bildet das Recht auf Abtretung der Forderung selbst mit allen accessorischen Rechten, insbesondere dem dem Cedenten an den mitverhafteten Grundstücken zustehenden Pfandrechte. Jäckel Anm 8. b meint, daß das Recht des betreibenden Gläubigers sich auf diejenigen Grundstücke beschränke, welche auch für seine Forderung mitverhaftet sind Indeß das Gesetz kennt eine solche Beschränkung nicht, dieselbe stände auch mit allgemeinen Rechtsregeln im Widerspruch. Hat der Vorkorrealhypothekar ein Interesse, sein Hypothekenrecht an einem dem betreibenden Gläubiger nicht mitverhafteten Grundstücke zu behalten, so mag er nach Abs 2 verfahren. — Durch die Abtretung der Vorkorrealhypothek erlangt der betreibende Gläubiger die Möglichkeit, jene in einer seinen Interessen entsprechenden Weise auf die Einzelgrundstücke zu vertheilen und so seiner Forderung durch den successiven Verkauf derselben Befriedigung zu verschaffen

c. Der Vorkorrealhypothekar kann statt der Abtretung der Korrealhypothek eine Umwandlung derselben in Einzelhypotheken nach Maßgabe des Abs. 2 vornehmen — Von der Vorschrift des § 205 erwartet man die Wirkung, daß der Vorkorrealhypothekar im Hinblicke auf das dem betreibenden Gläubiger gewährte Recht auf Abtretung sich leichter bestimmen lassen werde, in eine ihm unnachtheilige Vertheilung seiner Korrealhypothek schon in dem anhängigen Verfahren zu willigen.

In welcher Weise die Vertheilung erfolgt, ist gleichgültig, wenn nur die Korrealhaft aufgehoben wird (so auch Jäckel Anm 5; a. M Rudorff S 329); — diese darf nur bestehen bleiben bezüglich solcher Grundstücke, welche für die Forderung der betreibenden Gläubiger nicht mithaften (Schlußsatz des Abs. 2) — Der Vorkorrealhypothekar kann seinerseits nur die Löschungsbewilligung erklären; die Löschung selbst herbeizuführen, liegt dem Grundstückseigenthümer ob; der betreibende Gläubiger kann aber auch selbst die Löschung nach Maßgabe des § 5 herbeiführen (Anm. 8. b zu § 5). — Daß statt der Abtretung der Forderung selbst, bez der gänzlichen oder theilweisen Exnexuation, der betreibende Gläubiger sich auch mit einer bloßen Vorrechtseinräumung begnügen müsse, wie Kurlbaum n. G. S 81 und Knorr Anm 4. b meinen, ist im Gesetze nicht zum Ausdrucke gebracht Der dafür angegebene Grund, daß die Vorrechtseinräumung jedes Hinderniß für den Verkaufsantrag des betreibenden Gläubigers beseitige, trifft nach der Novelle v. 30. März 1893 und dem in Anm. 3 zu §§ 53—56 Ausgeführten jedenfalls nur zu, wenn die Vorrechtseinräumung eingetragen ist. Der betreibende Gläubiger, dessen Vorrecht nicht eingetragen ist, würde nur verlangen können, daß seine Forderung an Stelle derjenigen des Prioritätscedenten bei der Versteigerung der Einzelgrundstücke von dem Ersteher übernommen wird (Anm 3. a zu §§ 53—56), während er ein Recht auf Baarzahlung hat und Baarzahlung erreichen kann, wenn eine gänzliche oder theilweise Exnexuation der Einzelgrundstücke erfolgt

d. Zeitpunkt. Das Eintrittsrecht nach Abs 1 kann frühestens nach Schluß der Versteigerung (§ 68) im Versteigerungstermine ausgeübt werden, weil erst dann das Vorhandensein der Anm 2 b erwähnten Voraussetzung sich erkennen läßt — Ueber die Möglichkeit, die aus der Abtretung der Korrealhypothek erwachsenden Vortheile noch in dem anhängigen Versteigerungsverfahren geltend zu machen, vgl Anm 2 b — Meist wird das Eintrittsrecht erst nach dem Urtheile über den Zuschlag und nach vollendeter Kaufgeldervertheilung zur Ausubung gelangen — Ueber den Wegfall derselben nach Abs 2 siehe Anm. c

4. Abs. 3 soll nach den Ausführungen des Abgeordneten Enneccerus dem nachstehenden Gläubiger, für welchen dieselbe nachtheilige Lage wie für den betreibenden Gläubiger eintreten kann, dieselben Rechte verleihen, welche Letzterem durch § 205 gewährt sind Es müssen daher auch für den nachstehenden Gläubiger die Voraussetzungen vorliegen, von denen das Eintrittsrecht des betreibenden Gläubigers abhangig gemacht ist Es muß eine Korrealhypothek bei Feststellung des geringsten Gebotes berücksichtigt sein (Anm 2 a), deren unverändertes Stehenbleiben einem dem betreibenden Gläubiger nachstehenden Gläubiger auch für seine Befriedigung aus den anderen ihm gleichfalls verhafteten Grundstücken hinderlich ist (Anm 2 c) Dagegen kann ein solcher Gläubiger sein Eintrittsrecht nicht geltend machen, wenn ein zulässiges Gebot überhaupt nicht abgegeben und die Zwangsversteigerung resultatlos verlaufen ist (Anm 2 b); denn dann ist in seiner Rechtsstellung eine Aenderung nicht eingetreten, und der resultatlose Ausgang des Verfahrens kann keinen Grund bieten, ihm ein Eintrittsrecht zu gewähren, da er das Verfahren nicht veranlaßt hat — Ist er aber ganz ausgefallen, so ist dies nicht eine Folge der Uebernahme der Korrealhypothek durch den Ersteher, sondern des Vorhandenseins ihm vorgehender anderer Gläubiger, deren Forderungen auf Grund der §§ 59, 117 bedingt zum Ansatze gebracht sind und den Betrag der Korrealhypothek erschöpfen

5 Abs. 4. Das ius offerendi des römischen Rechtes, d. h das Recht eines nachfolgenden Pfandglaubigers, den vorhergehenden auch wider dessen Willen zu befriedigen und dadurch das Pfandrecht desselben ohne Weiteres (wie durch eine Cession) an sich zu bringen (Windscheid § 233 b Nr. 4), ersetzt dem creditor posterior die ihm gegen den vorhergehenden Pfandgläubiger fehlende Pfandklage und ermöglicht den wirksamen Verkauf des Pfandes durch den nachstehenden Pfandgläubiger. — Seine Bedeutung ist in Deutschland, wo der Privatpfandverkauf bei Hypotheken niemals Geltung erlangt hat (Einl. S 6), stets eine untergeordnete gewesen — Im Allg Landrechte handeln die §§ 36—41 I. 20 von dem Rechte jedes dinglich Berechtigten und der Bürgen auf Abtretung des Pfandrechtes gegen vollständige Befriedigung. — Die praktische Bedeutung dieser Vorschriften beruht auf der Möglichkeit, die Abtretung gegen den Willen des Pfandgläubigers und des Schuldners zu erzwingen (Koch, Komm. 8. Aufl. Anm. 63

zu § 36 a. a O). — Obwohl dieses Rechtes in dem Eigenthumserwerbsgesetze keine Erwähnung geschieht, muß man dasselbe für fortbestehend erachten (Koch a a. O; Eccius § 194). Indeß bestehen Zweifel darüber und sind diese mitbestimmend gewesen, die Materie in diesem Gesetze zu behandeln (vgl. Sten Ber. d. H H. S. 76) — Der Abs. 4 ist nicht bestimmt, diese Zweifel zu erledigen, insbesondere auch nicht nach der Richtung, ob das bisherige Recht ein weitergehendes Eintrittsrecht (Recht auf Abtretung vorgehender Forderungen) anerkennt Nach bisherigem Rechte ist namentlich zu entscheiden, ob der Gläubiger, welchem nur an einem einzelnen der mit vorgehenden Korrealhypotheken belasteten Grundstücke ein Pfandrecht verliehen ist, die Abtretung der Forderung mit dem Pfandrechte an allen mitverhafteten Grundstücken beanspruchen kann (vgl. oben Anm. 1). Ueber das ius offerendi gegenüber dem betreibenden persönlichen Gläubiger siehe Anm 11 zu §§ 16, 17. — Für das französische Rechtsgebiet gewährt art 1251 c c. ein unbedingtes Eintrittsrecht jedem nachstehenden Gläubiger — § 205 hat ebensowohl für das A.L.R. als für das französische Recht durch die dreimonatige Kündigungsfrist Bedeutung.

§. 206. So lange bewegliche Gegenstände, welche zur Immobiliarmasse gehören, nicht im Wege der Zwangsvollstreckung in das unbewegliche Vermögen in Beschlag genommen sind (§§. 16, 140), unterliegen dieselben der Zwangsvollstreckung in das bewegliche Vermögen.

Einer Zwangsvollstreckung dieser Art in bewegliche Theile oder Zubehörungen eines Gegenstandes des unbeweglichen Vermögens kann jedoch jeder Realberechtigte widersprechen. Die Vorschriften des §. 690 der Civilprozeßordnung finden hierbei entsprechende Anwendung.

§ 206. Zwangsvollstreckung in bewegliche Gegenstände der Immobiliarmasse.

1 Entw § 199 — § 1 Abs. 2, § 2 R Zw.G Entw — Die Motive sagen: „Das Verhältniß der Zwangsvollstreckungen in das bewegliche und in das unbewegliche Vermögen ist bezüglich solcher Gegenstände, welche ihrer Natur nach beweglich, doch von der Zwangsvollstreckung in das unbewegliche Vermögen ergriffen werden können, nicht unbestritten Es kann zwar mit Grund nicht in Zweifel gezogen werden, daß ein Gegenstand des unbeweglichen Vermögens nicht im Wege der Zwangsvollstreckung durch Zerstörung in bewegliche Gegenstände umgewandelt werden darf Es wird vielmehr nicht ohne Grund geltend gemacht, daß bewegliche Theile und Zubehörungen eines Immobile, weil sie die Rechte der Hauptsache theilen, auch nur wie diese selbst oder nur mit ihr zusammen zum Gegenstande der Zwangsvollstreckung gemacht werden dürfen Andererseits aber ist nicht zu verkennen, daß die Pfändung der vom Boden noch nicht getrennten Früchte, welche § 714 C P O gestattet, der Annahme, daß Theile und Zubehörungen von Grundstücken als solche von der Zwangsvollstreckung in das bewegliche Vermögen ausgeschlossen seien, widerspricht Es empfiehlt sich eine bestimmte Regelung dieser Fragen. Derjenige, welcher ein Recht auf Befriedigung

aus einer der Zwangsvollstreckung unterliegenden Sache hat, kann deshalb der Zwangsvollstreckung in dieselbe nicht widersprechen, sondern nur seine Rechte auf den Erlös geltend machen (§ 710 C P O). Diese Art der Geltendmachung ist jedoch für Diejenigen, welche Anspruch auf den Erlös eines Immobile haben, der Mobiliarpfändung gegenüber nicht ausreichend, da das Verbleiben der Mobilien bei dem Immobile die Unversehrtheit des Letzteren mit allen seinen Theilen und Zubehörungen für dessen Werth von maßgebender Bedeutung ist. — Es kann deshalb zwar die Zwangsvollstreckung in alle zu einem Immobile gehörigen Gegenstände des beweglichen Vermögens grundsätzlich freigegeben werden, soweit nicht die Beschlagnahme derselben in der Immobiliarzwangsvollstreckung bereits stattgefunden hat. Aber jedem Realberechtigten muß das Recht vorbehalten bleiben, mit dem Erfolge zu widersprechen, daß nur die Immobiliarzwangsvollstreckung Platz greift. — Durch die gegebenen Vorschriften wird nicht darüber entschieden, inwieweit auf den Erlös bereits versteigerter Mobilien von den Pfandgläubigern Ansprüche erhoben werden können Ebenso bleibt die Vorschrift des § 715 Nr 5 C P O. über die Beschränkung der Zwangsvollstreckung in Gegenstände des landwirthschaftlichen Betriebes unberührt Andererseits ist auch anzunehmen, daß die Vorschrift des § 714 C.P.O über die Pfändung noch nicht getrennter Früchte dem hier gestatteten Widerspruche der Realberechtigten nicht entgegensteht, da durch § 39 K O der Landesgesetzgebung überlassen ist, zu bestimmen, welche Gegenstände zur Immobiliarmasse gehören sollen"

2. Ueber die Frage, welche Gegenstände zur Immobiliarmasse gehören, vgl. Anm. 4–8 zu § 1 Als bewegliche Gegenstände sind nach § 714 C P.O. überall die vom Boden noch nicht getrennten Früchte zu behandeln Holz gehört nicht dazu (Seuffert Anm 5 zu § 714) Im Uebrigen ist die Frage, ob ein zur Immobiliarmasse gehöriger Gegenstand als beweglicher zu betrachten sei, nach den Grundsätzen des Privatrechtes zu entscheiden. Es ist natürlich nicht zulässig, zum Zwecke der Mobiliarexekution den substanziellen Zusammenhang der Immobilien zu zerstören, z B eingemauerte Kessel, Fenster, Thüren loszutrennen. Eccius § 194 Anm 37

3 Sobald eine Beschlagnahme im Wege der Zwangsversteigerung oder der Zwangsverwaltung in das unbewegliche Vermogen die zu 2. gedachten Gegenstände ergriffen hat, ist die Zwangsvollstreckung in das bewegliche Vermögen bezüglich derselben, insbesondere auch hinsichtlich der Früchte auf dem Halme, jedenfalls ausgeschlossen und unwirksam (Mot. zu § 2 R Zw G Entw., Eccius § 194 Anm. 37 a, § 199 Anm. 29 Vgl. auch R G bei Gruchot 35 S 94) Die betreibenden Gläubiger können den Gegenstand zurückfordern Vgl. Anm. 9 A zu §§ 16, 17, Anm 6 und 7 zu § 143; und über die Frage, welche Gegenstände von der Beschlagnahme ergriffen sind bez. der Zwangsversteigerung Anm. 8 zu §§ 16, 17, bez der Zwangsverwaltung Anm 5 zu § 143

4 Im Uebrigen hindert die Zugehörigkeit eines Gegenstandes zur Immobiliarmasse an und für sich die Zulässigkeit der Zwangsvollstreckung in das bewegliche Vermögen bezüglich desselben nicht (Eccius § 21 Anm. 37, Nessel bei Gruchot 26 S. 200, Heidenfeld daselbst S 489) — Von Amtswegen findet eine Fürsorge für die Realberechtigten nicht statt. Es bleibt denselben überlassen, selbst ihre Rechte geltend zu machen.

5. Bezüglich aller zur Immobiliarmasse gehörigen Gegenstände können die Realberechtigten (Anm. 4 zu § 21) bei der Zwangsvollstreckung in das bewegliche Vermögen gemäß § 710 C.P.O. ihren Anspruch auf vorzugsweise Befriedigung aus dem Erlöse geltend machen, ohne daß es auf Fälligkeit der Forderung ankommt. (Vgl. im Näheren Eccius § 199 Anm. 17 und 29, auch R.G. im J.M.Bl. 1882 S. 46.) — Sie haben dabei zu beanspruchen, daß sie an derselben Stelle zur Hebung gelangen, wie bei einer Zwangsversteigerung in das unbewegliche Vermögen (Seuffert Anm 1 zu § 714 C P O, Jäckel Anm 7 zu § 1). Vorbedingung dieses Anspruches ist jedoch, daß ihr Pfandrecht zur Zeit noch besteht. — So fällt derselbe fort bei abgesonderten Früchten, wenn dieselben vom Grundstücke entfernt sind, da mit der Entfernung das Pfandrecht aufhört (Eccius § 199 Anm. 17 a). Dies muß auch bezüglich der dem § 31 E.E.G. entgegen unwirksam veräußerten Gegenstände gelten. Die Veräußerung ist ohne Einfluß, aber die Entfernung von dem Grundstücke behält ihre Wirkung (Anm. 5.d zu § 1; Eccius a. a O.; vgl. R 5 S 292, Entsch. 72 S. 228). Auch bei einer Veräußerung im Wege der Mobiliar-Zwangsvollstreckung erlischt das Pfandrecht mit der räumlichen Trennung der Zubehörstücke vom Grundstücke, ohne daß der Preis an die Stelle der Sache tritt (R 25 S. 21). — Bezüglich des Fortbestandes des Rechtes der Realgläubiger an Pacht- und Miethszinsen, welche im Wege der Zwangsvollstreckung gepfändet sind, vgl Anm 5.e zu § 1; Eccius a. a. O. Anm. 20; Jäckel Anm. 7 zu § 1.

6. Weder § 206 noch § 23 Zw.G. entscheiden, wer befugt ist, bewegliche Gegenstände der Immobiliarmasse im Wege der Mobiliarzwangsvollstreckung in Anspruch zu nehmen, und welche Voraussetzungen die letztere in diesem Falle hat. — Nach den geltenden allgemeinen Grundsätzen (Anm. 4 a. γ und 8 zu § 2) sind zur Mobiliarzwangsvollstreckung ohne Zweifel befugt:

a. der persönliche Gläubiger des Eigenthümers auf Grund eines seine persönliche Forderung feststellenden Schuldtitels Daß derselbe etwa zugleich Realgläubiger ist, und als solcher wegen derselben Summe einen vollstreckbaren dinglichen Schuldtitel erlangt hat, kommt hierbei nicht in Betracht;

b. der dingliche Gläubiger, welcher ein Mobiliarpfand an dem fraglichen beweglichen Gegenstande erworben hat, und für dasselbe einen vollstreckbaren dinglichen Schuldtitel besitzt.

Streitig ist, ob der Immobiliarpfandgläubiger als solcher, also ohne Rücksicht auf eine persönliche Forderung gegen den Eigenthümer, und auf Grund eines lediglich sein Immobiliarpfandrecht feststellenden Schuldtitels, die einzelnen beweglichen Gegenstände der Immobiliarmasse im Wege der Mobiliarzwangsvollstreckung angreifen kann.

Vgl. darüber Heidenfeld bei Gruchot 26 S 489 ff und Niedieck daselbst 30 S. 532 ff, sowie die vom Letzteren angegebene Literatur. — Das Reichsgericht hat in dem Urtheile vom 23. Dez. 1880 (R 3 S. 314) das Recht der Gläubiger anerkannt, nach der Subhastation verschleppte Pertinenzstücke zurückzufordern und sich daraus wegen des Ausfalles zu befriedigen. Nach dem Urtheile vom 3. Okt. 1881 (Gruchot 26 S. 503) ist die Zwangsvollstreckung in das unbewegliche Vermögen (Sequestration, Immission, Subhastation) das ausschließliche Exekutionsmittel des Hypothekengläubigers gegen einen dritten Besitzer.

Man muß unterscheiden:

α Der Immobiliarpfandgläubiger hat sich beschränkt, sein Pfandrecht nur gegen einen der ihm nach § 30 E.E.G mitverhafteten beweglichen Gegenstände geltend zu machen, und demgemäß seinen Klageantrag (Anm 4. a. γ zu § 2) darauf gerichtet, daß sich der Schuldner die Zwangsvollstreckung in denselben gefallen lasse Dann findet die Mobiliarexekution in den im Schuldtitel bezeichneten beweglichen Gegenstand statt. Mit Unrecht leugnet Riedieck die Zulässigkeit einer solchen Beschränkung, weil der im dinglichen Pfandvertrage sich äußernde Willenskonsens der Betheiligten auf die Distraktion des Pfandobjektes als solchen (der ganzen Immobiliarmasse), nicht als Summe seiner Theile gerichtet sei (a. a O. S. 546) Für die Annahme eines solchen, den Immobiliarpfandgläubiger in der Ausübung seines Pfandrechtes beschränkenden Willenskonsenses fehlt es an jedem Grunde Im Gegentheile, da die Gegenstände der Pfandhaftung sich mit den Gegenständen, welche von der Immobiliarzwangsvollstreckung ergriffen werden, nicht decken (Anm 4, 5. c und e zu § 1, Anm 8 zu § 16, Anm. 5 zu § 143, Anm 1 zu §§ 165, 166), erscheint die nach den allgemeinen privatrechtlichen Grundsätzen zulässige und für Hypotheken und Grundschulden gesetzlich nicht ausgeschlossene Geltendmachung des Pfandrechtes gegen einzelne der mitverhafteten beweglichen Gegenstände durch das praktische Bedürfniß sogar geboten Auch können nach Vollzug der Zwangsversteigerung, wie bei eingetretener Unmöglichkeit derselben (namentlich bei Bergwerken und Schiffen) Gegenstände übrig bleiben, welche dem Realgläubiger verhaftet sind (Anm. 8 zu § 1, Anm. 1 zu §§ 165, 166) Daraus, daß § 43 E E G. dem Immobiliarpfandgläubiger das Recht zuspricht, auf Zwangsversteigerung und Zwangsverwaltung anzutragen, läßt sich ein argumentum a contrario, daß andere Exekutionsmittel ausgeschlossen seien, nicht herleiten (Vgl Eccius § 194 Anm 64, s a. § 199 Anm 13 a) Auf die Motive zu § 30 Abs 7, welche diesem argumentum a contrario entgegentreten, soll dabei kein Gewicht gelegt werden – Der Schuldner endlich wird nicht in höherem Maße benachtheiligt, wenn ein Immobiliarpfandgläubiger die Mobiliarexekution in die beweglichen Gegenstände der Immobiliarmasse betreibt, als wenn dies Seitens eines Personalgläubigers geschieht Wollte man der Entwerthung des Grundstückes durch derartige Mobiliarexekutionen vorbeugen, so mußte man sie allgemein untersagen. (So auch Peiser S 19)

Bei der hiernach statthaften Mobiliarexekution müssen, wie sich von selbst ergiebt, die allgemeinen Voraussetzungen einer solchen, sowie die sich aus § 715 C.P.O ergebenden Einschränkungen berücksichtigt werden. Ebenso kommt auch ihr gegenüber das Widerspruchsrecht nach § 206 Abs 2 zur Anwendung (Vgl Anm. 7.)

β. Aus einem lediglich die Befugniß zur Zwangsvollstreckung in das Grundstück oder die Immobiliarmasse im Allgemeinen für eine dingliche Forderung feststellenden Schuldtitel kann die Mobiliarzwangsvollstreckung in einzelne zur Immobiliarmasse gehörige bewegliche Gegenstände nicht betrieben werden, weil sie als Gegenstand der Zwangsvollstreckung im Schuldtitel nicht angegeben sind. Daß sie dessenungeachtet in beschränktem Umfange in das Immobiliarzwangsvollstreckungsverfahren hineingezogen werden, beruht auf besonderen prozessualischen Vorschriften (§§ 16 Abs. 2, 143 Abs. 1). So wird es auch vermieden, daß dem Gerichtsvollzieher die Kognition darüber zufällt, ob ein Gegenstand dem Pfandnexus untersteht oder nicht.

7. **§ 206** Abs. 2 giebt den Realberechtigten das weitere Recht, der Zwangsvollstreckung, also schon der Pfändung, nicht erst der Veräußerung (Gruchot 33 S. 913) überhaupt zu widersprechen und die Aufhebung der Zwangsvollstreckung zu verlangen. Der Widerspruch ist jedoch verspätet, wenn die gepfändeten Pertinenzstücke schon veräußert und fortgeschafft sind (R. 25 S. 23) -- Das Verfahren richtet sich nach den §§ 690, 688, 689 C P O. (Anm 5 zu §§ 70, 71). — Dieses Recht bezieht sich auch auf die reichsrechtlich der Mobiliarexekution unterstellte Zwangsvollstreckung in Früchte auf dem Halme (Eccius § 194 Anm. 37.) Es beschränkt sich aber auf die Theile und Zubehörungen des zum unbeweglichen Vermögen gehörigen Gegenstandes (Eccius § 21; Dernburg I § 62; R. 2 S. 251) Bezüglich anderer zur Immobiliarmasse gehörigen Sachen und Rechte, z B. solcher abgesonderter Früchte, welche nicht Zubehör sind, sowie der Mieths- und Pachtgelder und der Versicherungsgelder ist es ausgeschlossen (Eccius § 194 Anm 37. a, § 199 Anm. 22, Küntzel bei Gruchot 28 S 863 und Nessel daselbst S 178, Jäckel Anm 1, Turnau I S. 730, Peiser S. 20, das Reichsgericht in der Juristischen Wochenschrift 1893 S 374 und R 31 S. 315. A. M. Rothenberg bei Gruchot 35 S 326 ff., Dernburg I § 329 Anm. 19 und (zweifelnd) Hyp.R. II S. 150) — Es kommt hierbei nicht darauf an, ob die Zwangsvollstreckung von einem persönlichen Gläubiger oder von einem Realberechtigten erwirkt ist und ob im letzteren Falle dieser Realberechtigte ein besseres Recht hat als der Antragsteller. Vgl. auch Anm 5 zu §§ 70, 71 und Seuffert zu § 690 C.P.O. Zur Wahrung ihrer Interessen können die Hypothekengläubiger auch einstweilige Verfügungen, insbesondere Anordnung einer Zwangsverwaltung erwirken, wenn Gefahr obwaltet, daß ihnen die betreffenden Gegenstände entzogen werden möchten. (Reichsgericht bei Gruchot 30 S 1185)

Wenn auf Grund des § 206 Abs. 2 die Aufhebung der Zwangsvollstreckung in das bewegliche Vermögen erwirkt ist, so kann das Pfändungspfandrecht bei einer nachfolgenden Zwangsvollstreckung in das unbewegliche Vermögen nicht geltend gemacht werden — Umgekehrt kann die Zwangsvollstreckung in das unbewegliche Vermögen den fraglichen Gegenstand nicht ergreifen, bevor das Pfändungspfandrecht beseitigt ist. Doch nimmt das Reichsgericht (bei Gruchot 28 S. 1166, J M.Bl von 1884 S. 116) an, daß gepfändete Zubehörstücke bei der Immobiliarzwangsversteigerung mitversteigert werden können, wenn die Fortschaffung nicht erfolgt und die Pertinenzqualität erhalten geblieben ist.

Der R Zw G.Entw. hat eine dem § 206 Abs 2 entsprechende Bestimmung nicht aufgenommen. Vgl. Motive z. R Entw. III S 678.

Der Verwalter der Zwangsverwaltung hat das Widerspruchsrecht aus § 206 Abs. 2 nicht Wenn aber entgegen dem § 715 Nr 5 C.P.O. vor der Beschlagnahme das zum Wirthschaftsbetriebe unentbehrliche Inventar oder die der Pfändung nicht unterworfenen landwirthschaftlichen Erzeugnisse gepfändet sein sollten, so ist er nach §§ 685, 701 C P O. zur Remonstration und Beschwerde (Anm. 10.c zu § 3) legitimirt, ohne daß man ihn deshalb mit Peiser S. 20 als Stellvertreter des Schuldners (oben Anm. 2 zu § 142) betrachten müßte.

8. Für die Vollziehung eines Arrestes in das bewegliche Vermögen hinsichtlich der zur Immobiliarmasse gehörigen Gegenstände findet § 206 entsprechende Anwendung (§ 808 C.P O) — Wegen einstweiliger Verfügungen vgl. § 815 C.P.O.

§. 207. Dieses Gesetz tritt am 1. November 1883 in Kraft.

Die vor dem Inkrafttreten dieses Gesetzes beantragten Zwangsvollstreckungen in unbewegliches Vermögen, sowie die vor diesem Zeitpunkte beantragten Zwangsversteigerungen und Zwangsverwaltungen in den im §. 180 bezeichneten Fällen werden nach den bisherigen Vorschriften und den Vorschriften der nachstehenden Paragraphen erledigt.

§. 208. Ein Glaubiger, welcher vor dem Inkrafttreten dieses Gesetzes die Zwangsversteigerung oder die Zwangsverwaltung beantragt hat, erlangt durch die nach den bisherigen Vorschriften erfolgende Beschlagnahme die mit der Beschlagnahme nach den Vorschriften dieses Gesetzes verbundenen Rechte (§§. 30, 143, 147). Ist jene Beschlagnahme vor dem Inkrafttreten dieses Gesetzes erfolgt, so tritt die bezeichnete Wirkung mit dem Inkrafttreten dieses Gesetzes ein.

Der Beitritt zu einer Zwangsvollstreckung erfolgt nach den Vorschriften dieses Gesetzes.

§. 209. Geht in einem Verfahren der Zwangsverwaltung der bisherige Verwalter ab, so erfolgt die Bestellung des neuen Verwalters nach Maßgabe des §. 142 dieses Gesetzes.

In gleicher Weise erfolgt auf Antrag des Gläubigers die Neubestellung des bisherigen Verwalters.

In beiden Fällen findet der §. 144 dieses Gesetzes Anwendung.

§. 210. In einem Verfahren der Zwangsverwaltung erfolgt die fernere Vertheilung der Einkünfte unter Anwendung der §§. 148 bis 153 und, soweit Einkünfte in Frage stehen, welche zur Zeit des Inkrafttretens dieses Gesetzes noch nicht in Geld erhoben oder in Geld umgesetzt waren, unter Anwendung des §. 147 dieses Gesetzes. Das nach den bisherigen Vorschriften bestehende Vorzugsrecht einer Forderung jedoch kommt rücksichtlich dieser Einkunfte auch ferner in Anwendung, wenn für die Forderung eine Beschlagnahme bereits erfolgt war.

Sind über die Vertheilung der Einkünfte bereits Bestimmungen getroffen, so verbleibt es bei denselben mit Vorbehalt der Vorschrift des §. 149 Absatz 3.

§§ 207—210. Inkrafttreten und Uebergangsbestimmungen.

1. Entw §§ 200—203. — §§ 234—244 R.Zw.G.Entw.

2. Zu § 207 Abs. 1. Wegen der Verordnung über die Subhastation von Realberechtigten in der Provinz Westfalen und in den Kreisen Rees und Duis-

burg v. 10. April 1841 (G.S S 76), siehe Anm. 1 zu § 162 und wegen der Verordnung über das Verfahren bei Subhastation pommerscher Lehngüter v. 11. Mai 1839 Anm. 4 c. ε zu § 1.

3. Die Bestimmungen über den Uebergang enthalten § 207 Abs. 2 und §§ 208—210. Ersterer enthält den Grundsatz, letztere bringen Modifikationen desselben.

3. § 208 enthält Modifikationen, welcher der Zwangsversteigerung und der Zwangsverwaltung gemeinsam sind. — Vgl R. 12 S. 262.

4. Die §§ 209 und 210 beziehen sich nur auf die Zwangsverwaltung. Die Neubestellung des Verwalters und die damit verbundene Anwendung des § 144 erfolgt abgesehen von dem Falle des Abganges des bisherigen Verwalters nur auf Antrag eines der betreibenden Gläubiger. Die Vertheilung der Einkünfte folgt mit Modifikationen den Vorschriften des neuen Gesetzes. — Für den Geltungsbereich der Pr. K.O. gewähren die §§ 57—59 (vgl. § 416) derselben die in § 210 Abs. 1 gemeinten Vorzugsrechte.

5. Für das Gebiet des rheinisch-französischen Rechtes (s. oben vor § 1) sind außer den in Anm. 3 zu § 188 abgedruckten §§ 1—3 folgende Bestimmungen des Gesetzes v. 12. April 1888 zu beachten:

§ 75. Dieses Gesetz tritt am 1. Januar 1889 in Kraft.

§ 76. Gleichzeitig mit diesem Gesetz treten das Gesetz, betreffend den erleichterten Abverkauf kleiner Grundstücke, vom 3 März 1850 (Gesetz-Samml. S. 145) und die §§ 2 bis 6 des Gesetzes, betreffend die Abänderung des Gesetzes vom 13. April 1841 über den erleichterten Austausch einzelner Parzellen von Grundstücken, vom 27. Juni 1860 (Gesetz-Samml. S. 384) in Kraft. Hinsichtlich der Verwendung der festgesetzten Kaufgelder und Ausgleichungskapitalien nach Maßgabe dieser Gesetze finden die in den landrechtlichen Theilen der Rheinprovinz geltenden Vorschriften Anwendung.

§. 211. Wo in einem Gesetze auf die bisherigen Vorschriften über die Zwangsvollstreckung in das unbewegliche Vermögen hingewiesen ist, treten die Vorschriften dieses Gesetzes an deren Stelle.

Diese, von der Komm. des H.H. zur Vorsicht eingefügte Bestimmung hat insbesondere Bedeutung für die Pommerschen Lehen und für die freiwilligen Subhastationen im Gebiete des A L R

Urkundlich unter Unserer Höchsteigenhändigen Unterschrift und beigedrucktem Königlichen Insiegel.

Gegeben Schloß Mainau, den 13. Juli 1883.

(L. S.)

Wilhelm.

Fürst v. Bismarck. v. Puttkamer. Lucius. Friedberg. v. Boetticher. v. Goßler. v. Scholz. Gr. v. Hatzfeldt. Bronsart v. Schellendorf.

Gesetz,

betreffend

die Gerichtskosten bei Zwangsversteigerungen und Zwangsverwaltungen von Gegenständen des unbeweglichen Vermögens.

Vom 18. Juli 1883.

(G.S. S. 189—193).

Wir **Wilhelm**, von Gottes Gnaden König von Preußen zc. verordnen, unter Zustimmung der beiden Häuser des Landtages, für den Geltungsbereich der Grundbuchordnung vom 5. Mai 1872, was folgt:

(Geltungsbereich s. S. 32).

§. 1. In dem Verfahren der Zwangsversteigerung und der Zwangsverwaltung von Gegenständen des unbeweglichen Vermögens werden die Gebühren und Auslagen unter Anwendung des Ausführungsgesetzes zum Deutschen Gerichtskostengesetz vom 10. März 1879 (Gesetz-Samml. S. 145) und des Gesetzes vom 21. März 1882 (Gesetz-Samml. S. 129) nach den folgenden Vorschriften erhoben.

§ 1. Allgemeine Bestimmungen.

1 Wegen der Kosten für die zwangsweise Eintragung im Grundbuche siehe Anm. 5 f zu § 12; wegen der Gebührenfreiheit für die Bestimmung des zuständigen Gerichtes (§ 3 Zw Vollstr Ges.) siehe Anm 7 zu § 3. — Die in dem Verfahren der Zwangsversteigerung und Zwangsverwaltung zu erhebenden Gebühren sind theils reichsgesetzliche, theils landesgesetzliche, doch finden auch auf letztere theilweise die reichsgesetzlichen Vorschriften Anwendung (Anm 2 und 3). Die letzteren Fälle sind in Tab A unter der Bezeichnung „reichsgesetzliche Gebühren" Kol. I mitbegriffen — Andere Gebühren als die nach den Vorschriften dieses Gesetzes (bez des deutschen Gerichtskostengesetzes) zu erhebenden können nicht zum Ansatze gebracht werden; insbesondere sind für die Uebergabe und gerichtliche Verwaltung des Grundstückes im Falle des § 98 Zw.Vollst.Ges. besondere Gebühren nicht zu erheben (vgl Anm. 3 und 6 daselbst auch wegen der Erhebung der baaren Auslagen in diesen Fällen). — Das Aufgebotsverfahren

(§§ 5, 135), die Klage auf Löschungsbewilligung (§ 5), die Uebermäßigkeitsklage (§ 6 Abs. 2), die Herbeiführung der Aufhebung oder Einstellung der Zwangsvollstreckung durch Klagen des Schuldners oder Dritter (§ 75), die Streitigkeit über den Vertheilungsplan (§ 113) liegen außerhalb der Zwangsversteigerung bez. Zwangsverwaltung. In diesen Fällen sind die tarifmäßigen Gebühren nach dem Deutschen Gerichtskostengesetze zu erheben.

2. Von dem Ausführungsgesetze zum Deutschen Gerichtskostengesetze v. 10. März 1879 kommen in Betracht:

a. § 17 Abs. 1: Bei dem Antrage auf Anordnung der Zwangsvollstreckung in Gegenstände des unbeweglichen Vermögens außer Grundstücken und bei dem Antrage auf Vollziehung eines Arrestes in unbewegliches Vermögen finden die Vorschriften des § 35 Nr. 3 (in der Fassung des R.G. v. 29. Juni 1881 [R G.Bl. S. 178]: § 35 Nr. 2) und des § 46 des Deutschen Gerichtskostengesetzes entsprechende Anwendung.

Für die Zwangsvollstreckung in Grundstücke ist die Anwendung der §§ 35 Nr. 2 und 46 G K.G. bereits durch § 755 Abs. 2 geboten (Anm. 5 zu §§ 16, 17).

Die Gebühr für Anordnung der Zwangsvollstreckung (Zwangsversteigerung und Zwangsverwaltung) ist stets neben den nach Vorschrift dieses Gesetzes zu erhebenden Gebühren zum Ansatze zu bringen (Tab. A Kol. I. 1 und C 1). — Abs. 2 zu § 17 A.G. G.K.G., welcher die Anrechnung der für Anordnung der Zwangsvollstreckung eines Gegenstandes des unbeweglichen Vermögens zu erhebenden reichsgesetzlichen Gebühren auf die nach den bestehenden Vorschriften für das angeordnete Verfahren zu erhebenden Gebühren vorschrieb, ist durch § 12 d. G. aufgehoben.

Die Gebühr gelangt auch zur Anwendung für die Zulassung eines Beitrittes (Anm. 1 zu § 15, Anm. 5 zu §§ 16, 17); für den Fall der Wiedererersteigerung (§ 128 des Zw Vollstr Ges.) und in den Fällen des § 180 Zw.Vollstr.Ges. (§ 12 d. G.).

b. §. 18. Bei Beschwerden in dem Verfahren der Zwangsvollstreckung in unbewegliches Vermögen finden die Vorschriften der §§. 45, 46 des Deutschen Gerichtskostengesetzes entsprechende Anwendung.

Wird von dem Beschwerdegericht im Verfahren der Zwangsversteigerung der in unterer Instanz versagte Zuschlag ertheilt, so ist außer der nach den Vorschriften des §. 45 zu erhebenden Gebühr die Gebühr für Ertheilung des Zuschlags oder Ausfertigung und Bestätigung des Kaufbriefs und der tarifmäßige Stempel nach Maßgabe der bestehenden Vorschriften zu erheben.

(Vgl. Tabelle A. Kol. I. 2 und C. 1.)

c. § 21 Abs 1. In allen gerichtlichen Angelegenheiten sind, soweit nicht reichsgesetzliche Bestimmungen entgegenstehen, baare Auslagen nach den Vorschriften der §§. 79, 80 des Deutschen Gerichtskostengesetzes zu erheben.

Außerdem gelangen von den Vorschriften des Ausführungsgesetzes auch diejenigen allgemeinen Grundsätze zur Anwendung, welche sich auf die Erhebung der nicht auf Reichsgesetz beruhenden Gebühren beziehen: — also die §§ 4, 6—8 (Beschwerde, Mindestbetrag, Werthfestsetzung, Vorschriften wegen der als Gerichtskosten zu erhebenden Stempelbeträge), 25 (Erhebung der Stempel als

Gerichtskosten), 27 (Fälligkeit), 28—30 (Ansatz und Erhebung der Gebühren und Auslagen)

Die Abänderungen und Zusätze, welche das deutsche Gerichtskostengesetz durch das R.G. v 29. Juni 1881 erfahren hat, gelten auch für die Anwendung des Ausführungsgesetzes vom 10. März 1879 (§ 1 Ges. v. 21. März 1882 [G.S. S. 129]).

3 Als baare Auslagen kommen die Schreib-, Post- und Telegraphengebühren, die Insertionskosten, die Gebühren der Zeugen und Sachverständigen (vgl. dazu die Gebührenordnung für Zeugen und Sachverständige [§ 42 A.G. G K G]), die Tagegelder und Reisekosten der Gerichtsbeamten (Ver. v 24. Dez. 1873 [G S 1874 S. 2] und vom 8. Mai 1876 [G.S. S 119]), die Anwaltsgebühren u. s. w. in Betracht (§ 79 G K.G.)

Ueber die Schreibgebühren insbesondere vgl. §§ 80, 80 a G K G. in der Fassung des R G v 29. Juni 1881 (R G Bl S 178). Wegen der Schreibgebühren für Abschriften und Ausfertigungen von Akten, welche auf Grund des Zwangsvollstr.Ges. vorgenommen sind, vgl § 9.

Für die von Amtswegen bewirkten Zustellungen werden nach § 80. b G.K.G. in der Fassung des R.G. v. 29. Juni 1881 (R G Bl. S 178) baare Auslagen nicht erhoben, jedoch wird dadurch die Erhebung der Schreibgebühr für die Ausfertigungen und Abschriften des zuzustellenden Schriftstückes nicht ausgeschlossen. Ueber die Fälle, in denen Zustellungen von Amtswegen erfolgen, vgl. § 3 Abs. 2 und Anm. 3 zu § 4 — Die Höhe der Zustellungsgebühren ergiebt die Gebührenordnung für Gerichtsvollzieher und das Abänderungsgesetz vom 29. Juni 1881 Art. 3 (R.G Bl S. 178 — vgl auch §§ 32 ff A.G. G K.G.).

4. Den Werth des Gegenstandes bildet bei der Entscheidung über Anträge auf Zwangsvollstreckung nach § 35 Nr 2 G K.G , § 17 Abs. 1 A.G. G.K.G. der Betrag der Forderung einschließlich der einzuziehenden Zinsen (§ 13 Abs. 2 G.K G.); für Beschwerden läßt sich bei der Verschiedenartigkeit derselben keine andere Regel aufstellen, als daß es auf den Gegenstand der Beschwerde ankommt

5 Kostenschuldner ist für die Gebühr aus § 35 Nr. 2 G.K G., § 17 Abs. 1 A G. G.K.G. der Antragsteller (§ 89 G.K G vgl. Anm. 3 zu § 84 des Zw.Vollstr.Ges.). Für die Beschwerdeinstanz ergiebt sich der Kostenschuldner aus § 45 G K.G. (vgl. auch Anm. 7 zu §§ 93, 94 des Zw Vollstr Ges). — Die Fälligkeit der nach den reichsgesetzlichen Vorschriften zu erhebenden Gebühren tritt ein, sobald die Entscheidung erfolgt ist.

§. 2, In dem Verfahren der Zwangsversteigerung werden erhoben:

1) für den Erlaß der Bekanntmachung des Versteigerungstermins zwei Zehntheile,
2) für die Abhaltung des ersten Versteigerungstermins zwei Zehntheile,
3) für die Abhaltung eines jeden Versteigerungstermins nach Abhaltung des ersten ein Zehntheil,
4) für das Vertheilungsverfahren fünf Zehntheile der im §. 8 des Deutschen Gerichtskostengesetzes bestimmten Gebühr.

Bei Gegenständen von mehr als 100000 Mark steigen die ferneren Werthklassen um je 3000 Mark und die Gebühren um je 10 Mark.

Die Gebühr für den Erlaß der Bekanntmachung des Versteigerungstermins wird nur einmal erhoben. Wird jedoch nach Abhaltung des bekannt gemachten Termins ein neuer Termin bekannt gemacht, so wird ein Zehntheil der bezeichneten Gebühr erhoben (§. 8 a. a. O.).

Die Bekanntmachung des Versteigerungstermins gilt als erlassen, wenn sie zur Veröffentlichung oder an einen der Interessenten abgesandt worden ist.

Der Versteigerungstermin gilt als abgehalten, wenn in demselben nach Feststellung der Kaufbedingungen zur Abgabe von Geboten aufgefordert worden ist.

§ 2. **Gebühren für die Zwangsversteigerung.**

1. Die Gebühr nach Abs. 1 Nr. 3 und Abs. 3 Satz 2 gelangt nur zur Anwendung, wenn in dem ersten Termine nach Feststellung der Kaufbedingungen und erfolgter Aufforderung zur Abgabe von Geboten (§ 61 Zw.Vollstr.Ges.; — Abs. 5 dieses Paragraphen) ein neuer Versteigerungstermin nach §§ 50 (73), 69, 74, 79, 99 Zw.Vollstr.Ges. anzuberaumen ist. — Eine bloße Vertagung der begonnenen Verhandlung auf einen anderen Tag begründet diese Gebühr nicht. — Beide Gebühren kommen nebeneinander zum Ansatze. — Der erste Satz des Abs. 3 betrifft daher nur die Fälle, in denen vor Abhaltung des Versteigerungstermines im Sinne des Abs. 5 die wiederholte Bekanntmachung eines Versteigerungstermines erfolgt ist. (Vgl. auch Jäckel Anm. 5.)

2. Die nach § 2 zu erhebenden Gebühren werden, wenn der Zuschlag ertheilt ist, aus dem baar zu zahlenden Kaufgelde entnommen (Anm. 3 zu § 84 Zw.Vollstr.Ges und unten § 6 Anm. 1). Subsidiär haften die betreibenden Gläubiger (§ 11 Abs. 2). Ist der Zuschlag nicht ertheilt, so sind die betreibenden Gläubiger die Kostenschuldner (§ 11 Abs. 2 und 3). Wegen der Fälligkeit trifft § 6 Bestimmung — Vgl auch Anm. 6 zu § 84 Zw.Vollstr Ges. — Ueber den Kostenschuldner im Falle des § 74 Zw.Vollstr.Ges. s. Anm. 7. c daselbst. — Kosten für nachträgliche Vertheilungsverhandlung sind aus der Spezialmasse zu entnehmen; subsidiär haftet der Antragsteller (Anm. 3 zu § 84 Zw.Vollstr.Ges. — § 11 Abs 2).

3. Wegen der Höhe der in den einzelnen Werthsklassen zu erhebenden vollen Gebühr (§ 8 G.K.G.) und der nach § 2 zu liquidirenden Bruchtheile siehe Tabelle A.

§. 3. Für das Urtheil, durch welches im Verfahren der Zwangsversteigerung der Zuschlag ertheilt worden ist, werden erhoben:

a) von dem Betrage bis zu 300 Mark einschließlich von je 75 Mark 1,50 Mark,

b) von dem Mehrbetrage bis zu 600 Mark einschließlich von je 150 Mark 1 Mark,

c) von dem Mehrbetrage bis zu 1 500 Mark einschließlich von je 300 Mark 1 Mark,
d) von dem Mehrbetrage bis zu 3 000 Mark zusätzlich 3 Mark,
e) von dem Mehrbetrage bis zu 15 000 Mark einschließlich von je 3 000 Mark 3 Mark,
f) von dem Mehrbetrage bis zu 30 000 Mark 6 Mark,
g) von dem Mehrbetrage bis zu 60 000 Mark 6 Mark,
h) von dem Mehrbetrage zusätzlich noch 12 Mark.

Daneben wird der Betrag des nach den Bestimmungen der Stempelgesetze zu berechnenden Werthstempels erhoben. In den Hohenzollernschen Landen wird bei der Eintragung des Erstehers als Eigenthümers von diesem die in Artikel 2 §. 1 des Gesetzes vom 22. Juni 1875 (Gesetz-Samml. S. 235) bestimmte Abgabe erhoben.

Wird bei einer Versteigerung, welche zum Zwecke der Auseinandersetzung unter Miteigenthümern erfolgt, der Zuschlag einem Miteigenthümer ertheilt, so bleibt bei Berechnung der Gebühren, Stempel und Abgaben derjenige Theil des Meistgebots außer Betracht, welcher auf den dem Ersteher bereits zustehenden Antheil an dem versteigerten Gegenstande fällt.

Wird das Urtheil aufgehoben, so werden die angesetzten Beträge nicht erhoben oder, wenn sie bezahlt sind, erstattet.

§ 3. Gebühr für das Zuschlagsurtheil.

1. „Die Gebührenerhebung für das den Zuschlag ertheilende Urtheil überträgt die im Geltungsbereiche des Ges. v 10 Mai 1851 für die Aufnahme eines Kaufvertrages zu erhebenden Kosten und Stempel auf den Fall des Erwerbes in der Zwangsversteigerung" (Mot). — Siehe im Uebrigen Tabelle B nebst Anmerkungen zu derselben.

2. Der nach den Vorschriften der Stempelgesetze: § 5. a—g des Stempelgesetzes vom 7. März 1822 (G S. S. 57) und Tarif zu demselben (Adjudikationsbescheide, Kaufverträge, Subhastationsprozesse) sowie des Tarifes vom 19. Juli 1867 Nr. 29 (für Hannover, Kurhessen und bayerische Gebietstheile G.S S. 1191) und vom 7. August 1867 Nr 28 (für Schleswig-Holstein G S. S 1277) zu berechnende Werthstempel beträgt:

a. für Grundstücke und Grundgerechtigkeiten (zu welchen auch das Bergwerkseigenthum und die Schiffmühlengerechtigkeit gehört; vgl. Anm. 6 und 7 zu § 1 Zw.Vollstr Ges., sowie § 1 des Ges. betr. die Stempelabgabe von gewissen beim Grundbuche anzubringenden Anträgen vom 5. Mai 1872, G S. S. 509); also für die in § 1 Nr. 1—3 des Zw.Vollstr Ges aufgeführten Gegenstände des unbeweglichen Vermögens 1 %. — Derselbe Betrag wird als Abgabe bei Eintragung des Erstehers als Eigenthümer nach Art. 2 § 1 Ges. v. 22. Juni 1875 in Hohenzollern erhoben; also nicht von den Zwangsversteigerungsakten aus liquidirt, wie die Werthstempel in den übrigen Landestheilen;

b. für alle anderen Gegenstände (also für Schiffe § 1 Nr. 4 Zw.Vollstr.Ges.) 1/3 %.

Der Stempel wird stets nach dem Gebote berechnet, für welches der Zuschlag ertheilt ist (§ 5. g Stempelgesetz vom 7. März 1822), auch wenn dem bisherigen Eigenthümer das Grundstück belassen wird (K. 6 S. 159). Die Ausnahme, welche von dieser im Allgemeinen auch für die Urtheilsgebühr geltenden Regel (§ 4 Abs. 1) in Abs. 2 des § 4 gemacht wird, findet auf die Stempelberechnung keine Anwendung. (So auch Jäckel Anm. 2 zu § 4 und K. 10 S. 152.) Ist bis zum Schlusse des Versteigerungsverfahrens über den Werth des mitverkauften Inventars eine Feststellung unter den Betheiligten nicht getroffen, und im Zuschlagsurtheile eine Bestimmung darüber, welcher Betrag des Meistgebotes auf das bewegliche Zubehör zu rechnen sei, nicht enthalten, so ist der Immobiliarstempel nach dem Gebote in Ansatz zu bringen. (K. 4 S. 236.)

3. **Abs. 3.** „Die Berücksichtigung der besonderen Verhältnisse einer Versteigerung, welche zum Zwecke der Auseinandersetzung unter Miteigenthümern erfolgt, entspricht dem Gebrauche, welcher von der durch eine Allerh. Ordre vom 29. Oktober 1842 (amtlich nicht publicirt, vgl. Hoyer, Stempelgesetz 5. Aufl. S. 522) ertheilten Ermächtigung zum Erlasse des zu erhebenden Stempels gemacht wird." (Mot.) Die Vorschrift des Abs. 3 findet keine Anwendung, wenn ein Miterbe im Gebiete des A.L.R. das Nachlaßgrundstück im Wege der Zwangsversteigerung erwirbt (K. 9 S. 123 — s. Anm. 4. b zu § 1, aber auch Anm. 5 zu § 185 Zw.Vollstr. Ges.) — Sie bezieht sich nur auf die Ansätze für das Zuschlagsurtheil; nicht auf die in § 2 d. Ges. gedachten Gebühren (Allg. Verf. d. Just.Min. vom 5. Oktober 1889 J.M.Bl. S. 212).

4. **Kostenschuldner** ist der Ersteher (§ 84 Abs. 1 Zw.Vollstr.Ges. und Anm. 3 a. a. O.). Als Ersteher ist auch der bisherige Eigenthümer, welchem das Eigenthum des Grundstückes im Zuschlagsurtheile belassen wird, zu behandeln. — Vgl. Anm. 10 zu §§ 81—83 Zw.Vollstr Ges. — Die Gebühr wird mit Erlassung des Zuschlagsurtheiles fällig (§ 27 A.G.K.G. § 93 K.G.).

5. Die Vorschrift des **Abs. 4** entspricht der in Anm. 1 mitgetheilten Begründung. — Ist der Zuschlag versagt worden, so ist eine besondere Urtheilsgebühr nicht zu erheben; es kommen (neben den reichsgesetzlichen Gebühren) nur die Gebühren nach § 2 zum Ansatz. — Wegen der Fälligkeit derselben siehe § 6.

§. 4. Die nach den §§. 2, 3 zu erhebenden Gebühren werden nach dem Gebot berechnet, für welches der Zuschlag ertheilt ist.

Erreicht das Gebot nicht zwei Drittheile des Werthes des Gegenstandes, so treten diese zwei Drittheile bei Berechnung der nach §. 2 Nr. 1, 2, 3 und §. 3 zu erhebenden Gebühren an Stelle des Gebots. — Ist der Zuschlag nicht ertheilt, so werden die nach §. 2 zu erhebenden Gebühren nach dem Werthe des Gegenstandes berechnet.

Bei Gegenständen, welche der Grundsteuer oder der Gebäudesteuer unterliegen, ist mit Ausnahme des Falles des §. 41 des Gesetzes, betreffend die Zwangsvollstreckung in das unbewegliche Vermögen, der Werth auf den vierzigfachen Betrag des Grundsteuerreinertrages und den fünfundzwanzigfachen Betrag des Gebäudesteuernutzungswerths zu bestimmen. In den Hohenzollernschen Landen ist an Stelle des nach der Grund- und Gebäudesteuer zu berechnenden Werthes der Steueranschlag maßgebend.

Die Gebühren für das Vertheilungsverfahren werden, wenn ein Interessent sich für die Wiedererreichung eines Meistgebots verpflichtet hat (§. 74 des Gesetzes, betreffend die Zwangsvollstreckung in das unbewegliche Vermögen), nach diesem berechnet, sofern dasselbe das Gebot übersteigt, für welches der Zuschlag ertheilt ist.

Die vollen Gebührensätze, welche für Beträge von 75, 150 Mark u. s. w. bestimmt sind, werden auch für die nur angefangenen Beträge berechnet.

§. 5. Betrifft das Verfahren der Zwangsversteigerung mehrere Gegenstände, so werden die in §. 2 bestimmten Gebühren nach der Summe der für die einzelnen Gegenstände maßgebenden Beträge berechnet. Werden durch das Urtheil mehrere Gegenstände verschiedenen Personen zugeschlagen, so werden die in §. 3 bestimmten Gebühren, Stempel und Abgaben nach den Personen der Ersteher gesondert berechnet.

§§ 4 und 5. **Werthsberechnung.**

1. Was in das Gebot einzurechnen ist, ergiebt sich aus Anm 17 zu §§ 53 bis 56 Zw Vollstr Ges — Namentlich sind Forderungen, welche Geld nicht zum Gegenstande haben (Wohnungs- und Nießbrauchsrechte), Ansprüche auf wiederkehrende Hebungen, Grundgerechtigkeiten, sofern sie nicht von selbst auf den Ersteher übergehen (vgl Anm 6 zu §§ 60, 200) zur Berechnung zu ziehen. Für die Werthsberechnung sind die Vorschriften der §§ 3, 6—9 C.P.O. bez. § 4 Stempel-Ges. vom 7 März 1822 maßgebend (§ 9 G K G, § 4 A G G K G, § 1 d. G, Reskr des Finanzministers vom 9 Dez 1876, J M Bl. S. 76) — Soweit danach dem freien Ermessen des Gerichtes ein Spielraum gelassen ist, wird auf die für den Fall der Ersatzübernahme stattgehabte Werthsbestimmung zurückgegriffen werden können An sich kann den Vorschriften des § 58 Zw Vollstr Ges eine maßgebende Bedeutung für die Werthsfestsetzung bezüglich der Kostenberechnung nicht beigemessen werden. — (A. M Jäckel Anm 1, Rudorff S 341) — Zu **§ 4 Abs 1 und** 2 siehe auch Anm 2 zu § 3, und über die Anwendung des Abs. 2 bei Feststellung der Kosten des Verfahrens nach § 54 Abs. 1 die Anm 13 zu §§ 53—56 Zw Vollstr Ges.

3. Dem nach § 41 Zw Vollstr Ges. an die Stelle des Grundsteuerreinertrages und des Gebäudesteuernutzungswerthes tretenden Betrage auch für die Kostenberechnung eine maßgebende Bedeutung beizulegen, wie Rudorff (S. 341) will, geht nicht an. Er ist nur „für das Verfahren" maßgebend, und seine Anwendbarkeit ist nicht, wie die des Steueranschlages in Hohenzollern (§ 199 Zw Vollstr-

Ges.), auf die Werthsberechnung bez. die Kosten ausgedehnt. Es ist vielmehr eine besondere Festsetzung durch den Versteigerungsrichter nach §§ 16, 17 G.K.G. (§ 4 A.G. G K.G, § 1 d. G.) erforderlich, wobei freilich dem Richter unbenommen bleibt, auf die nach § 41 Zw Vollstr Ges gemachten Festsetzungen zurückzugreifen. (So auch Jäckel Anm. 3.)

4. Für das Vertheilungsverfahren ist, mit der aus § 4 Abs. 4 sich ergebenden Ausnahme, stets das Gebot, für welches der Zuschlag ertheilt wird, maßgebend. Abs 2 findet für dasselbe keine Anwendung.

Zu § 5. Für die Anwendung des ersten Satzes, betr die Gebühren nach § 2, ist es gleichgültig, ob die mehreren Gegenstände einem oder mehreren Erstehern zugeschlagen werden; der zweite Satz findet nicht Anwendung, wenn ein Ersteher den Zuschlag für mehrere Gegenstände erhält; in letzterem Falle findet eine Zusammenrechnung der mehreren Gebote statt; die Gebühren und Stempel werden nach der Gesammtsumme berechnet.

§. 6. Die im Verfahren der Zwangsversteigerung bis zu dem Urtheil über den Zuschlag entstehenden Gebühren werden, wenn der Zuschlag ertheilt ist, nicht vor dem Termin zur Vertheilung des Kaufgeldes erhoben.

Ist der Zuschlag nicht ertheilt, so werden die Gebühren fällig, sobald das den Zuschlag versagende Urtheil erlassen, oder das Verfahren ohne solches Urtheil beendigt ist, oder das Verfahren nach Abhaltung des Versteigerungstermins nur noch auf Antrag fortzusetzen ist.

Ist das Verfahren eingestellt, so werden mit dem Ablauf eines Jahres seit dem Erlaß des Einleitungsbeschlusses die bis dahin entstandenen Gebühren fällig.

§ 6. **Fälligkeit.**

1. Wegen der Fälligkeit der reichsgesetzlichen Gebühren s. Anm. 5 zu § 1. — § 6 bezieht sich nur auf die Gebühren nach § 2 dieses Gesetzes; vgl. Anm. 3 zu § 2, Anm. 5 zu § 3. — Wegen der Fälligkeit der Urtheilsgebühr s. Anm. 4 zu § 3.

2. Die Vorschrift des Abs. 3 entspricht dem § 94 Nr. 1 G.K.G.

§. 7. In dem Verfahren der Zwangsverwaltung werden für jedes Jahr fünf Zehntheile der in §. 8 des Deutschen Gerichtskostengesetzes bestimmten Gebühr erhoben. Der Tag der Beschlagnahme gilt als der erste Tag eines jeden Verwaltungsjahres.

Die Gebühr wird nach demjenigen Betrage der Einkünfte berechnet, welcher nach Berichtigung aller Ausgaben der Verwaltung und der in §. 148 Absatz 2 des Gesetzes, betreffend die Zwangsvollstreckung in das unbewegliche Vermögen, bezeichneten laufenden Leistungen zur Vertheilung gelangt, mindestens jedoch nach dem Betrage des Grundsteuerreinertrages und des Gebäudesteuernutzungswerthes. In den Hohenzollernschen Landen tritt an Stelle des Grundsteuerreinertrages und Gebäudesteuernutzungswerthes der Betrag von vier Prozent des Steueranschlags.

Die zur Vertheilung im Versteigerungsverfahren abgeführten Beträge (§. 150 Absatz 2 des Gesetzes, betreffend die Zwangsvollstreckung in das unbewegliche Vermögen) werden den zur Vertheilung gelangten Beträgen zugezählt.

§. 8. Die Gebühren im Verfahren der Zwangsverwaltung werden am Ende des Verfahrens und, wenn dasselbe länger als ein Jahr dauert, am Ende eines jeden Jahres erhoben.

Ist der Gegenstand des Verfahrens vor Aufhebung desselben dem Verwalter nicht übergeben oder nicht von demselben in Besitz genommen, so werden Gebühren nicht erhoben.

§§ 7, 8. **Gebühren für die Zwangsverwaltung.**

1. Die Verwaltung nach § 98 Zw.Vollstr.Ges. ist keine Zwangsverwaltung (Anm. 2 a. a O.); für dieselben werden keine Gebühren, sondern nur die baaren Auslagen berechnet (Anm. 3 a. a. O.).

2. Wegen der Höhe der Gebühren s. Tabelle C. 1 u. 2 und A. I. 1 u. 2, II. 6 — Vgl. auch Anm. 1 a zu § 1.

3. Die Werthsbestimmung ergiebt sich aus Abs. 2 und 3 des § 7. — Hat eine Veranlagung zur Grund- bez. Gebäudesteuer noch nicht stattgefunden, so ist nach Anm. 3 zu §§ 4 und 5 zu verfahren — Die Bestimmung des Mindestbetrages in Abs. 2 ist mit Rücksicht auf die Zwangsverwaltungen zur Verhütung von Devastationen getroffen und trotz Widerspruches in der Kommission des A.H. beibehalten worden (Kommiss Ber. des A.H.).

4. Unter den in § 8 Abs. 2 gedachten Gebühren sind nur die Gebühren nach § 7, nicht auch die reichsgesetzlichen Gebühren (Anm. 2 a. b zu § 1) zu verstehen.

§. 9. Schreibgebühren werden nur für solche Abschriften und Ausfertigungen erhoben, welche nur in Folge eines auf die Ertheilung gerichteten Antrags ertheilt werden. Schuldner derselben ist der Antragsteller.

Bei dem Erlaß der Einleitungs- und Beitrittsbeschlüsse finden diese Beschränkungen nicht Anwendung, in der Beschwerdeinstanz nur bei der Zustellung eines den Zuschlag in der Zwangsversteigerung ertheilenden Urtheils.

§ 9. **Schreibgebühren.**

1. Durch § 9 wird die Erhebung von Schreibgebühren noch mehr eingeschränkt, als dies reichsgesetzlich durch § 80a G.K.G. (Fassung des Ges. vom

29. Juni 1881) bereits geschehen ist. Die Einschränkung konnte sich jedoch auf diejenigen Akte nicht beziehen, welche durch das Reichsgesetz über die Gerichtskosten betroffen werden (Abs. 2, vgl. auch Anm. 3 zu § 1 d. G , Anm 6 zu Abs. 3 des § 4 Zw.Vollstr.Ges.); für diese gelten die §§ 79, 80, 80. a und 80. b G.K.G.

2. Für die Akte, auf welche sich die Vorschriften dieses Gesetzes beziehen, kommen Schreibgebühren auch dann nicht zum Ansatze, wenn die Ausfertigung oder Abschrift durch Ausführung einer Zustellung bedingt wird (— § 80. b G.K.G. findet keine Anwendung). — Auch wenn in einem Fälle, in welchem eine Abschrift oder Ausfertigung von Amtswegen zu ertheilen ist, ein Antrag auf Ertheilung einer solchen gestellt ist, kann eine Schreibgebühr nicht erhoben werden.

3. Die Schreibgebühren werden mit ihrer Entstehung fällig (§ 27 A.G. G.K G).

§. 10. Für die von dem Vollstreckungsgericht veranlaßte Thätigkeit des Grundbuch- oder Hypothekenrichters und des das Schiffsregister führenden Richters werden Gebühren nicht erhoben, mit Ausnahme jedoch der Eintragung des Erstehers als Eigenthümers und der Eintragung rückständigen Kaufgeldes.

§ 10. Eintragungsgebühren.

1. Eine von dem Vollstreckungsgerichte veranlaßte Thätigkeit des Grundbuch- oder Hypothekenrichters liegt vor in den Fällen der §§ 18, 19, 100, 124 (jedoch nicht Abs. 5 — vgl. Anm. 2 zu §§ 124), 154, 191, 192, 198; eine solche Thätigkeit des das Schiffsregister führenden Richters in den Fällen der §§ 167 Abs. 2, 177 des Zw.Vollstr.Ges.

2. Die Gebühren für die Eintragung des Erstehers als Eigenthümers und die Eintragung rückständigen Kaufgeldes richten sich nach dem Kostentarife für Grundbuchsachen; bez. bei Schiffen nach § 14 A.G. G.K.G. und den daselbst angeführten gesetzlichen Bestimmungen.

§. 11. Der Antragsteller ist verpflichtet, einen zur Deckung der baaren Auslagen hinreichenden Vorschuß zu zahlen.

Der Antragsteller haftet für die nach den §§. 2, 7 zu erhebenden Kosten, sofern dieselben nicht aus einer baar vorhandenen Theilungsmasse entnommen werden können.

Für die von dem Antragsteller zu erhebenden Kosten und Kostenvorschüsse haftet von mehreren Antragstellern, sofern diese nicht Mitberechtigte sind, jeder ohne Rücksicht auf die Mitverhaftung Anderer.

§ 11. Kostenvorschuß.

1. Zu Abs. 1 und 2 vgl. auch § 84 G.K.G., § 27 A G. G.K.G. Eine Verpflichtung zur Zahlung eines Gebührenvorschusses (§§ 81—83 G K G.) besteht nur, soweit es sich um reichsgesetzliche Gebühren handelt. — Die Vorschüsse sind

dem betreibenden Gläubiger bei der Zwangsversteigerung als Kosten des Verfahrens aus dem baar zu zahlenden Kaufgelde zu erstatten (Anm. 2. d. α und 3 zu § 84, Anm. 4 A. c zu §§ 104—106, Anm. 4 zu §§ 147, 148, Anm. 3 zu §§ 165—166).

2. Wegen der subsidiären Haftbarkeit des Antragstellers (Abs. 2) vgl. Anm. 2 zu § 2.

3. „Nach § 91 des Gerichtskostengesetzes haften, wenn eine Partei aus mehreren Personen besteht, diese in Ermangelung einer gerichtlichen Entscheidung über die Kostenvertheilung nach Kopftheilen Von diesem Falle verschieden ist der im Prozesse nicht vorkommende, bei der Zwangsvollstreckung in das unbewegliche Vermögen aber häufige Fall, daß das Verfahren von mehreren Parteien beantragt ist. Von diesen hat jede für die Kosten des von ihr beantragten ganzen Verfahrens zu haften, selbstverständlich nur soweit als sie dasselbe betrieben hat; sie haftet also nicht für die Kosten der nach Zurücknahme oder Erledigung des Antrages vorgenommenen Akte." (Mot)

§. 12. Bei dem Antrage auf Wiederversteigerung eines versteigerten Gegenstandes (§. 128 des Gesetzes, betreffend die Zwangsvollstreckung in das unbewegliche Vermögen), sowie bei dem Antrage auf Zwangsversteigerung oder Zwangsverwaltung in den Fällen des §. 180 des bezeichneten Gesetzes finden die Vorschriften des §. 35 Nr. 2 und des §. 46 des Deutschen Gerichtskostengesetzes entsprechende Anwendung. In den Fällen des §. 180 des bezeichneten Gesetzes wird die Gebühr, sofern nicht ein Gläubiger der Antragsteller ist, nach der Hälfte des Werthes des Gegenstandes berechnet.

Die Vorschrift des §. 17 Absatz 2 des Ausführungsgesetzes zum Deutschen Gerichtskostengesetz vom 10. Marz 1879 wird aufgehoben.

§ 12. **Besondere Fälle.**

1. Rudorff hat, wie Jäckel mit Recht bemerkt, irrthümlich die alte und nicht die neue Fassung des § 46 G.K.G. seiner Kostentabelle A. d zu Grunde gelegt (vgl. Anm. 2 a. E. zu § 1).

§. 13. Dieses Gesetz tritt am 1. November 1883 in Kraft.

Die Vorschriften desselben finden auf Zwangsversteigerungen, welche vor dem bezeichneten Tage beantragt sind, nicht Anwendung.

Bei Zwangsverwaltungen, welche vor dem bezeichneten Tage eingeleitet sind, werden die Gebühren für das ganze an diesem Tage noch laufende Jahr nach den Vorschriften dieses Gesetzes erhoben. Der Anfang dieses Jahres ist nach Maßgabe des §. 7 zu bestimmen.

Schreibgebühren werden nach den bisherigen Vorschriften nur insoweit erhoben, als die Schreibarbeit vor dem Inkrafttreten dieses Gesetzes beantragt oder angeordnet ist.

§ 13. **Gesetzeskraft und Uebergangsbestimmungen.**

1. Abs. 1 und 2 entsprechen dem § 207; Abs. 3 schließt sich dem § 210 an. Abs. 3 ist dem § 21 Abs. 5 A.G. G K G. nachgebildet und findet auch auf anhängige Zwangsversteigerungen und Zwangsverwaltungen Anwendung. (Mot.)

Urkundlich unter Unserer Höchsteigenhändigen Unterschrift und beigedrucktem Königlichen Insiegel.

Gegeben Bad Gastein, den 18. Juli 1883.

(L. S.) **Wilhelm.**

Fürst v. Bismarck. v. Puttkamer. Lucius. Friedberg. v. Boetticher. v. Goßler. v. Scholz. Gr. v. Hatzfeldt. Bronsart v. Schellendorf.

Kosten-

A. Gebühren für Zwangsversteigerungen

Werthsklasse.	Werth des Gegenstandes. (s. Anm. 1. u. 2.)	Volle Gebühr des § 8 G.K.G.	Von der vollen Gebühr des — I. Reichsgesetzliche Gebühren für — 1. die Entscheidung über den Antrag auf Zwangsversteigerung. § 35 Nr. 2 G.K.G. Anm. 2 zu § 1. 2/10	2. die Entscheidung in der Beschwerdeinstanz. § 45 G.K.G. Anm. 2 zu § 1. 3/10
		ℳ	ℳ	ℳ
1	bis 20 ℳ	1,00	0,20	0,30
2	von mehr als 20— 60 „	2,40	0,50	0,80
3	„ „ „ 60— 120 „	4,60	1,00	1,40
4	„ „ „ 120— 200 „	7,50	1,50	2,30
5	„ „ „ 200— 300 „	11,00	2,20	3,30
6	„ „ „ 300— 450 „	15,00	3,00	4,50
7	„ „ „ 450— 650 „	20,00	4,00	6,00
8	„ „ „ 650— 900 „	26,00	5,20	7,80
9	„ „ „ 900— 1,200 „	32,00	6,40	9,60
10	„ „ „ 1,200— 1,600 „	38,00	7,60	11,40
11	„ „ „ 1,600— 2,100 „	44,00	8,80	13,20
12	„ „ „ 2,100— 2,700 „	50,00	10,00	15,00
13	„ „ „ 2,700— 3,400 „	56,00	11,20	16,80
14	„ „ „ 3,400— 4,300 „	62,00	12,40	18,60
15	„ „ „ 4,300— 5,400 „	68,00	13,60	20,40
16	„ „ „ 5,400— 6,700 „	74,00	14,80	22,20
17	„ „ „ 6,700— 8,200 „	81,00	16,20	24,30
18	„ „ „ 8,200—10,000 „	90,00	18,00	27,00
	Die ferneren Werthsklassen steigen bis 100,000 um je 2000 ℳ; die volle Gebühr für je 2000 ℳ um 10 ℳ[4]), also z. B.:			
23	von mehr als 18—20,000 ℳ u. s. w.[4])	140,00	28,00	42,00
28	„ „ „ 28—30,000 „ u. s. w.[4])	190,00	38,00	57,00

(Fortsetzung S. 592.)

Tabelle.

(ausschließlich der Urtheilsgebühr, s. B.).

§ 8 G.K.G. werden erhoben:

II. Landesgesetzliche Gebühren nach diesem Gesetz für			
3. den Erlaß der Bekanntmachung des Versteigerungstermins. § 2 Nr. 1 und Abs. 3 u. 4. 2/10	4. die Abhaltung des ersten Versteigerungstermins. § 2 Nr. 2 und Abs. 5. 2/10	5. die Abhaltung eines jeden Versteigerungstermins nach Abhaltung des ersten. § 2 Nr. 3 und Abs. 5.[6]) 1/10	6. das Vertheilungsverfahren. § 2 Nr. 4. 5/10
ℳ	ℳ	ℳ	ℳ
0,20	0,20	0,20[3])	0,50
0,50	0,50	0,30[3])	1,20
1,00	1,00	0,80	2,30
1,50	1,50	0,50[3])	3,80
2,20	2,20	1,10	5,50
3,00	3,00	1,50	7,50
4,00	4,00	2,00	10,00
5,20	5,20	2,60	13,00
6,40	6,40	3,20	16,00
7,60	7,60	3,80	19,00
8,80	8,80	4,40	22,00
10,00	10,00	5,00	25,00
11,20	11,20	5,60	28,00
12,40	12,40	6,20	31,00
13,60	13,60	6,80	34,00
14,80	14,80	7,40	37,00
16,20	16,20	8,10	40,50
18,00	18,00	9,00	45,00
28,00	28,00	14,00	70,00
38,00	38,00	19,00	95,00

Anmerkungen.

1) Für die reichsgesetzliche Gebühr Kol. I. 1 bestimmt sich der Werth des Streitgegenstandes nach dem Betrage der beizutreibenden Forderung; in den Fällen des § 180 des Zw.Vollstr.Ges., sofern nicht ein Gläubiger der Antragsteller ist, nach der Hälfte des Werthes des Gegenstandes (§ 12 bez. § 4, 5 des Gesetzes); für Kol. I. 2 nach dem Gegenstande der Beschwerde.

2) Für die landesgesetzlichen Gebühren vgl. § 4 u. 5 des Gesetzes.

3) § 7 G.K.G.: „Der Mindestbetrag einer Gebühr ist zwanzig Pfennig. Pfennigbeträge, welche ohne Bruch nicht durch zehn theilbar sind, werden auf den nächst höheren durch zehn theilbaren Betrag abgerundet."

4) Die Steigerung der Gebühr beträgt daher innerhalb jedes neuen 10,000

für das Mehr	bei einer Gebühr von 10/10	1/10	2/10	3/10	5/10
	ℳ	ℳ	ℳ	ℳ	ℳ
bis 2000	10	1	2	3	5
von 2—4000	20	2	4	6	10
„ 4—6000	30	3	6	9	15
„ 6—8000	40	4	8	12	20

Durch Addition dieser Beträge zu den für die Werthsklassen 18. 23. 28. 33 38. 43. 48. 53. 58 aus der Tabelle ersichtlichen Gebühren ergeben sich die Gebühren der dazwischen liegenden Werthklassen unmittelbar.

Werthsklaſſe.	Werth des Gegenſtandes. (ſ. Anm. 1. u. 2.)	Volle Gebühr des § 8 G.K.G.	Von der vollen Gebühr des — I. Reichsgeſetzliche Gebühren für — 1. die Entſcheidung über den Antrag auf Zwangsverſteigerung. § 35 Nr. 2 G.K.G. Anm. 2 zu § 1. $^{2}/_{10}$	2. die Entſcheidung in der Beſchwerdeinſtanz. § 45 G.K.G. Anm. 2 zu § 1. $^{3}/_{10}$
		ℳ	ℳ	ℳ
33	von mehr als 38— 40,000 ℳ u. ſ. w.[4])	240,00	48,00	72,00
38	„ „ „ 48— 50,000 „ u. ſ. w.[4])	290,00	58,00	87,00
43	„ „ „ 58— 60,000 „ u. ſ. w.[4])	340,00	68,00	102,00
48	„ „ „ 68— 70,000 „ u. ſ. w.[4])	390,00	78,00	117,00
53	„ „ „ 78— 80,000 „ u. ſ. w.[4])	440,00	88,00	132,00
58	„ „ „ 88— 90,000 „ u. ſ. w.[4])	490,00	98,00	147,00
63	„ „ „ 98—100,000 „	540,00	108,00	162,00
	Die ferneren Werthsklaſſen ſteigen um je 3000 ℳ; die volle Gebühr für je 3000 ℳ um 10 ℳ[5]), alſo z. B.:			
73	von mehr als 127—130,000 ℳ u. ſ. w.[5])	640,00	128,00	192,00
83	„ „ „ 157—160,000 „ u. ſ. w.[5])	740,00	148,00	222,00
93	„ „ „ 187—190,000 „ u. ſ. w.[5])	840,00	168,00	252,00
103	„ „ „ 217—220,000 „ u. ſ. w.[5])	940,00	188,00	282,00
113	„ „ „ 247—250,000 „ u. ſ. w.[5])	1040,00	208,00	312,00
123	„ „ „ 277—280,000 „ u. ſ. w.	1140,00	228,00	242,00

Für die Zurücknahme des Antrags (Kol. I. 1) bez. der Beſchwerde
in Kol. I. 1 bez. Kol. I. 2 angegebenen Gebühr erhoben (§ 46 G.K.G.); jedoch iſt
ſo ſind die bis zu dieſem Zeitpunkte erwachſenen Gebühren nach Kol. I. u. II. zum

§ 8 G.K.G. werden erhoben:

II. Landesgesetzliche Gebühren nach diesem Gesetz für			
3. den Erlaß der Bekanntmachung des Versteigerungstermins. § 2 Nr. 1 und Abs. 3 u. 4. 2/10	4. die Abhaltung des ersten Versteigerungstermins. § 2 Nr. 2 und Abs. 5 2/10	5. die Abhaltung eines jeden Versteigerungstermins nach Abhaltung des ersten § 2 Nr. 3 und Abs. 5.[6]) 1/10	6. das Vertheilungsverfahren. § 2 Nr. 4. 5/10
ℳ	ℳ	ℳ	ℳ
48,00	48,00	24,00	120,00
58,00	58,00	29,00	145,00
68,00	68,00	34,00	170,00
78,00	78,00	39,00	195,00
88,00	88,00	44,00	220,00
98,00	98,00	49,00	245,00
108,00	108,00	54,00	270,00
128,00	128,00	64,00	320,00
148,00	148,00	74,00	370,00
168,00	168,00	84,00	420,00
188,00	188,00	94,00	470,00
208,00	208,00	104,00	520,00
228,00	228,00	114,00	570,00

Anmerkungen.

5) Die Steigerung der Gebühr beträgt daher innerhalb jeden neuen 30,000

für das Mehr	bei einer Gebühr von 10/10	1/10	2/10	3/10	5/10
	ℳ	ℳ	ℳ	ℳ	ℳ
bis 3000	10	1	2	3	5
von 3— 6,000	20	2	4	6	10
„ 6— 9,000	30	3	6	9	15
„ 9—12,000	40	4	8	12	20
„ 12—15,000	50	5	10	15	25
„ 15—18,000	60	6	12	18	30
„ 18—21,000	70	7	14	21	35
„ 21—24,000	80	8	16	24	40
„ 24—27,000	90	9	18	27	45
„ 27—30,000	100	10	20	30	50

Durch Addition dieser Beträge zu den in der Tabelle enthaltenen ergeben sich die Gebühren bis zu einem Werthe von 310,000 ℳ unmittelbar.

6) Die Gebühr Kol. 5 wird auch erhoben, wenn nach Abhaltung des bekannt gemachten Termines ein neuer Termin bekannt gemacht wird (§ 2 Abs. 3).

(Kol. I. 2), **bevor** ein gebührenpflichtiger Akt stattgefunden hat, wird 1/10 der dabei § 7 G.K.G. (Anm. 3) zu berücksichtigen. Erfolgt die Zurücknahme später, Ansatz zu bringen.

B. Gebühr für das Zuschlagsurtheil.

Werth des Gegenstandes §§ 4, 5.	Gebühr für das Urtheil, durch welches der Zuschlag ertheilt wird. (§ 3)	Anmerkungen.
	M	
bis 75 M	1,50	1. Für das Urtheil, durch welches der Zuschlag versagt wird, werden besondere Gebühren nicht erhoben — (Vgl. auch Abs. 4 zu § 3)
von mehr als 75— 150 „	3,00	2. Neben der Gebühr wird der nach den Bestimmungen der Stempelgesetze zu berechnende Werthstempel erhoben (s Anm. 2 zu § 3.)
„ „ „ 150— 225 „	4,50	3. Erfolgt der Zuschlag in der Beschwerdeinstanz, so kommen neben der Urtheilsgebühr die reichsgesetzl. Gebühren Kol. I. 2 Tab. A zum Ansatz (§ 18 Abs. 2 A G. G.K G.
„ „ „ 225— 300 „	6,00	
„ „ „ 300— 450 „	7,00	
„ „ „ 450— 600 „	8,00	
„ „ „ 600— 900 „	9,00	
„ „ „ 900— 1,200 „	10,00	
„ „ „ 1,200— 1,500 „	11,00	
„ „ „ 1,500— 3,000 „	14,00	
„ „ „ 3,000— 6,000 „	17,00	
„ „ „ 6,000— 9,000 „	20,00	
„ „ „ 9,000—12,000 „	23,00	
„ „ „ 12,000—15,000 „	26,00	
„ „ „ 15,000—30,000 „	32,00	
„ „ „ 30,000—60,000 „	38,00	
über 60,000 „	50,00	

Der Werthstempel zu 1 % beträgt:

von 150 M . . . 1,50 M
von mehr als 150—200 „ . . . . 2,00 „
„ „ „ 200—250 „ . . . . . 2,50 „

u. s f von jeden angefangenen 50 Mk. je 50 Pf mehr.

Der Werthstempel zu 1/3 % beträgt:

von 150 M . . . . . 0,50 M
von mehr als 150—300 „ . . . . . 1,00 „
„ „ „ 300—450 „ . . . . . 1,50 „

u. s. f. von jeden angefangenen 150 Mk. je 50 Pf. mehr.

C. Gebühren für Zwangsverwaltungen.

1. Für Entscheidungen über Anträge auf Zwangsverwaltung und über Beschwerden, sowie bei der Zurücknahme derartiger Anträge und Beschwerden kommt Tab. A Kol. I. 1 und 2 nebst Anmerkung 1 und Schlußbemerkung dazu zur Anwendung.
2 Für jedes Verwaltungsjahr ist eine Gebühr nach Tab A. Kol. II. Nr..6 zu erheben. Der Werth des Gegenstandes bestimmt sich nach § 7 Abs 2 u 3.

Anhang zum Gerichtskostengesetze.

Die Gebühren der Rechtsanwälte bei Zwangsversteigerungen und Zwangsverwaltungen.

Vorbemerkung. Wegen der Gebühren für den Antrag auf Eintragung einer Zwangshypothek vgl. Anm 4 zu § 12; wegen der Gebühren im Falle des § 3 des Zw.Vollstr.Ges. vgl. Anm. 7 zu § 3 a. E. — Hier sind, wie bei den Gerichtsgebühren, zu unterscheiden die reichsgesetzlichen Gebühren und die landesgesetzlichen Gebühren. Erstere finden für den ganzen Geltungsbereich des Zw.Vollstr.Ges. Anwendung; letztere sind verschieden geordnet: im Geltungsbereiche des Ges. v 12. Mai 1851 (G.S. S 656), vgl. unten B I, in der Provinz Hannover (B. II) und in den Hohenzollernschen Landen (B III).

Die Auslagen und Nebengebühren sind unter C aufgeführt.

A. Reichsgesetzliche Gebühren.

1. Gebühren für den Einleitungsantrag und das Verfahren über denselben. — Von den Vorschriften der Rechtsanwaltsgebührenordnung kommen in Betracht:

> §. 23 Drei Zehntheile der in den §§ 13 bis 18 bestimmten Gebühren erhält der Rechtsanwalt, wenn seine Thätigkeit betrifft:
>
> 1. . . . .
> 2. die Zwangsvollstreckung.
>
> §. 31. In der Zwangsvollstreckung bildet eine jede Vollstreckungsmaßregel zusammen mit den durch dieselbe vorbereiteten weiteren Vollstreckungshandlungen bis zu der durch die Maßregel zu erlangenden Befriedigung des Gläubigers Eine Instanz.
>
> Die landesgesetzlichen Bestimmungen in Betreff der Gebühren für eine den Landesgesetzen unterliegende Zwangsvollstreckung bleiben unberührt

a. „Der Vorbehalt des zweiten Absatzes beruht darauf, daß die Zwangsvollstreckung in das unbewegliche Vermögen nach § 757 C P O. sich nach der Landesgesetzgebung bestimmt und daher auch die Vergütung der Anwaltsthätigkeit in derselben nach § 1 des Gesetzes (R.A.G O.) diesem nicht unterliegt. — Insoweit nach § 755 a a. O eine Anordnung der Zwangsvollstreckung in ein Grundstück durch das Amtsgericht als Vollstreckungsgericht erfolgen muß, steht dem Rechtsanwalte für den Antrag auf Erlaß dieser Anordnung eine Gebühr nach den Vorschriften dieses Gesetzes zu.“ (Mot. zur R.A G.O.) So auch Meyer Geb.O.

f. R.A. S. 62 und 141, Pfafferoth GebO. f. R.A. S. 86, 160. Walter, Die Rechtsanwaltsgebühren in Preußen im Gebiete des allgemeinen Landrechtes S. 93, 99 ff. und Geb.O. f. R.A. (2 Aufl. 1890) S. 309, 310 hält mit Rücksicht auf § 31 Abs. 2 R.A.G.O. für den Antrag auf Einleitung des Verfahrens die Tarifvorschrift des § 7. a des Preuß. Ges. v. 12. Mai 1851 für maßgebend. Seine Gründe sind nicht überzeugend. Der Antrag auf Zwangsversteigerung ist ein Antrag auf Zwangsvollstreckung im Sinne der C.P.O. und ist landesgesetzlich ausdrücklich als ein solcher nach § 755 C.P.O. anerkannt (§§ 13, 156 Zw.Vollstr.-Ges.). Wie für die Anordnung der Zwangsvollstreckung die reichsgesetzlichen Gerichtsgebühren Anwendung finden und daneben für die durch das Zwangsvollstreckungsgesetz geordneten Stadien des Verfahrens die landesüblichen Gebühren (vgl. S. 578, 579), — so ist auch für die Gebühren der Rechtsanwälte die Unterscheidung zwischen reichsgesetzlichen und landesgesetzlichen Gebühren begründet. Letztere kommen nur insoweit in Anwendung, als die Zwangsversteigerung landesgesetzlich geordnet ist. So ist § 31 Abs. 2 R.A.G.O. auch nur zu verstehen.

b. Die Anwendung des § 23 setzt, wie die Bezugnahme auf die §§ 13–18 ergiebt, voraus, daß der Anwalt zur Vertretung des betreibenden Gläubigers bez. des Schuldners für das Zwangsvollstreckungsverfahren bevollmächtigt ist.

c. Zu den §§ 13—18 R.A.G.O. ist zu bemerken: Die **Prozeßgebühr** steht dem Rechtsanwalte des **betreibenden Gläubigers** schon für den Antrag auf Einleitung der Zwangsvollstreckung zu; sie ersetzt für denselben die ihm nach § 7. a des Ges. v. 12. Mai 1851 zustehende landesgesetzliche Gebühr in den Fällen der eigentlichen Zwangsvollstreckung (Abschn. I Tit. 3 und 4, Abschn. II und IV des Zw.Vollstr.Ges.). Der Rechtsanwalt des **Schuldners** hat auf die Prozeßgebühr nur Anspruch, wenn es zu einer Anhörung des Schuldners über den Antrag auf Einleitung der Zwangsvollstreckung kommt.

Die **Verhandlungsgebühr** findet keine Anwendung, wenn die Entscheidung ohne mündliche Verhandlung auf Grund abgegebener schriftlicher Erklärungen erfolgt (§ 684 Abs. 3 C.P.O.); siehe auch § 15 R.A.G.O.

Die **Beweisgebühr** kann nicht vorkommen, da die Glaubhaftmachung nur durch Urkunden erfolgen kann (§§ 14 Nr. 3, 139, 157, 164, 190 Zw.-Vollstr.Ges.)

(Vgl. zu § 23 **Tabelle A.**)

d. Für den Antrag auf Zwangsverwaltung zur **Vollziehung eines Arrestbefehles** oder zur **Ausführung einer einstweiligen Verfügung** (Anm. 7 u. 8 vor § 139 des Zw.Vollstr.Ges.) werden dieselben Gebühren erhoben wie für den gleichen Antrag zur Durchführung einer Zwangsvollstreckung (vgl. § 36 R.A.G.O. und Motive zu demselben).

2. Für die **Beschwerdeinstanz** gelangt, soweit es sich um eine Beschwerde im eigentlichen Zwangsvollstreckungsverfahren handelt, nach Reichsrecht, — in den anderen Fällen nach § 2 A.G. R.A.G.O. (s. unten B) — der § 41 R.A.G.O. zur Anwendung. — So auch Walter GebO. f. R.A. S. 329.

§. 41. Drei Zehntheile der in den §§. 13 bis 18 bestimmten Gebühren erhält der Rechtsanwalt:

1. in der Beschwerdeinstanz,

(Abs. 2 fällt fort, weil alle Beschwerden in der Zwangsvollstreckungsinstanz an eine Nothfrist gebunden sind.)

(Vgl. zu § 41 Tabelle A.)

3. Das Verfahren zur Herbeiführung der vorläufigen Einstellung, Beschränkung oder Aufhebung der Zwangsversteigerung und Zwangsverwaltung (§§ 688, 690 Abs. 3, 696 C.P.O.), sowie auf Klagen, welche die Einwendungen des Schuldners oder Dritter gegen die Zulässigkeit der Zwangsvollstreckung (§§ 686, 687, 690, 696 C.P.O.) betreffen, liegt außerhalb des Zwangsvollstreckungsverfahrens. Es sind deshalb die Gebühren für die Thätigkeit des Rechtsanwaltes besonders zu erheben nach Maßgabe der §§ 23 und 30 bez. §§ 13-18 R.A.G.O. — Ebenso sind die Gebühren nach §§ 13—18 a. a. O. besonders zu erheben bei Streitigkeiten bezüglich des Theilungsplanes (§ 113 Zw.Vollstr.Ges., §§ 764 ff. C.P.O.) und in einem Aufgebotsverfahren (§§ 5 und 135 Zw Vollstr Ges., § 40 R.A G.O.) Dieselben Gebührensätze finden Anwendung bei einer Klage auf Löschungsbewilligung nach § 5 Zw.Vollstr Ges. — Für einen Löschungsantrag nach § 5 a. a. O. ist, wie für jeden sonstigen Antrag beim Grundbuchamt, nach §§ 15, 28 Preuß Ges. v. 12. Mai 1851 zu liquidiren. (A. M. Walter, Die Rechtsanwaltsgebühren in Preußen S 102.)

4. Findet in den unter Nr. 1—3 erörterten Fällen auf Verlangen der Partei eine Theilung der Thätigkeit unter mehrere Rechtsanwälte statt, so gelangen die §§ 42, 43 R.A.G.O. zur Anwendung; handelt es sich um die in den §§ 44 bis 47 R.A.G O. aufgeführten einzelnen Handlungen, so erhält der Rechtsanwalt die daselbst bestimmten Gebühren mit der aus § 48 a a O. hervorgehenden Beschränkung

5. Neben den Tarifbestimmungen (Nr 1—4) sind die allgemeinen Bestimmungen der §§ 2-8 R.A.G.O. über das Verhältniß mehrerer Auftraggeber oder Auftragnehmer, über die Gleichstellung der Beistände und der Vertreter, sowie der Unterzeichnung und der Anfertigung eines Schriftsatzes und über den Betrieb eigener Angelegenheiten, der § 8 über die Minimalgebühr, die Vorschriften der §§ 10-12 über die Berechnung und Feststellung des maßgebenden Werthes des Gegenstandes, die Vorschriften der §§ 84—86 über die Einforderung von Gebühren und Auslagen, und der §§. 93, 94 über die Vereinbarung der Gebühren zu beachten.

6. Der Werth des Gegenstandes bestimmt sich für das Verfahren über die Einleitung der Zwangsvollstreckung sowohl für den betreibenden Gläubiger als für den Schuldner nach dem Betrage der Forderung des Ersteren; für die Beschwerdeinstanz kommt es auf den Gegenstand der Beschwerde an. — Vgl. auch §§ 9-13 G K.G.; §§ 3-9 C.P.O

B. Landesgesetzliche Gebühren.

Die landesgesetzlichen Bestimmungen in Betreff der Gebühren einer Zwangsversteigerung oder Zwangsverwaltung bleiben nach § 757 C P O., § 31 Abs. 2 R.A.G O. in Geltung. — Auch das preußische Ausführungsgesetz zur deutschen Gebührenordnung für Rechtsanwälte vom 2. Februar 1880 (G.S S 43) hat für die bisher geltenden Tarifbestimmungen nur eine untergeordnete Bedeutung Der § 2 desselben bestimmt:

Die Vorschriften der Deutschen Gebührenordnung für Rechtsanwälte §§. 2 bis 7, 10 bis 12, 41, 47, 76 bis 90, 93, 94 finden entsprechende Anwendung auf die Berufsthätigkeit des Rechtsanwalts in denjenigen Angelegenheiten, auf welche die Deutschen Prozeßordnungen nicht Anwendung finden, die Vorschrift des § 7 jedoch nur bei Prozeßangelegenheiten einschließlich der Zwangsvollstreckungen.

Soweit in solchen Angelegenheiten nach den bestehenden Vorschriften eine besondere Gebühr für die Vertretung in einem Termin oder für die Anfertigung eines Schriftsatzes zu erheben ist, beträgt dieselbe drei Zehntel der Sätze des § 9 der Gebührenordnung.

Der Abs. 1 beschränkt sich a) auf eine Ausdehnung der unter A. 5 erwähnten Bestimmungen der R.A G.O (§§ 2–7, 10–12, 84–86, 93, 94), welche allgemeine Grundsätze enthalten, auf jede Art des Verfahrens passen und deshalb einheitliche sein müssen. Die Beschränkung des § 7 R A G.O auf Prozeßangelegenheiten einschließlich der Zwangsvollstreckungen entspricht dem § 7 des Ges. vom 12 Mai 1851 — b) „Neben diesen allgemeinen Grundsätzen steht eine Reihe von anderen Vorschriften, welchen die gesammte Thätigkeit des Anwalts zu unterwerfen ist, weil dieselbe in allen Fällen keine andere ist, als die der Gebührenordnung unterliegende Es sind dies die Vorschriften des § 41 über die Gebühren in der Beschwerdeinstanz, des § 47 über die Gebühren für einen ertheilten Rath; der §§ 76–83 über die zu erhebenden Auslagen, des § 87 über die Gebühr für Erhebung und Ablieferung von Geldern, der §§ 88–90 über die Gebühr für nicht besonders tarifirte Geschäfte Durch die Anwendung der letzteren Vorschriften wird insbesondere der § 31 des Tarifes zu dem Gesetze vom 12 Mai 1851 beseitigt" (Mot.)

Dem Abs. 2 wird in der Praxis (namentlich auch der Berliner Gerichte), häufig die Bedeutung beigelegt, daß er die Bestimmungen in §§ 7 und 8 des Tarifes zum Ges vom 12 Mai 1851 beseitige — So auch Freund, Die Zwangsvollstreckung in Grundstücke S 263. Jur. Wochenschr 1880 S. 115, 116, 1881 S. 9–11 Pfafferoth a a O S 157 ff, 161. — Diese Ansicht ist irrthümlich. Sie verkennt den Unterschied einer Pauschgebühr und einer besonderen Gebühr für einzelne Termine oder Schriftsätze Die in den §§ 7 und 9 des Tarifes zum Ges vom 12 Mai 1851 für die Vertretung im Subhastationsprozesse bez. in einzelnen Abschnitten desselben und im Sequestrationsverfahren gewährten Gebühren sind Pauschsätze Sie werden gegeben für die Wahrnehmung des Kaufgelderveertheilungsverfahrens und für die Wahrnehmung der Termine einschließlich der Licitation, d. h. der sämmtlichen in dem Verfahren (abgesehen von der Kaufgeldervertheilung) vorkommenden Termine (Taxationstermine, Licitationstermine); nicht für jeden einzelnen Termin (siehe auch unten I. d) — Vgl. auch die Ueberschriften zum ersten Abschnitte: I Gebühren der zum Prozeßbetriebe Bevollmächtigten (§§ 1-11), II Gebühren für einzelne Prozeßgeschäfte (§§ 12-20). — Dagegen bezieht sich Abs 2 nur auf besondere Gebühren für einzelne Termine und Schriftsätze Er ist nach den Motiven bestimmt, die aus den dort erörterten Gründen nicht unmittelbar anwendbaren §§ 45, 46 R A G.O. zu ersetzen. — Die Motive heben ausdrücklich hervor, daß es sich bei dem Ausführungsgesetze überall nur um Ausgleichungen handele, welche ohne erhebliche

Bedeutung für die Höhe der dem Anwalte zustehenden Gebühren seien. – Uebereinstimmend: Walter, Geb.O. f. R.A. S. 309 (s. jedoch oben A. 1 Anm. a)

I. Geltungsbereich des Gesetzes vom 12. Mai 1851.

Das Gesetz ist erlassen für den damaligen Umfang der Monarchie mit Ausnahme des Appellationsgerichtsbezirkes Köln und der Fürstenthümer Hohenzollern; es ist ausgedehnt auf letztere (§ 2 Ges vom 30. April 1851; Ver. vom 29 Nov. 1851, G S. S. 719; jedoch ist durch Ver. vom 28. Januar 1854 [G S. S 64] die Anwendbarkeit des § 7 Tarifes vom 12 Mai 1851 ausgeschlossen); ferner auf Schleswig-Holstein (§ 18 Ver. vom 30. August 1867, G S S. 1369), auf Kurhessen und die ehemaligen bayerischen Gebietstheile (§ 19 Ver. vom 30. August 1867, G S. S. 1385).

Durch § 1 Ges. vom 1 Mai 1875 (G S. S. 209) sind die bis dahin bestehenden Gebührensätze für den Geltungsbereich des Gesetzes vom 12. Mai 1851 und in der Provinz Hannover, einschließlich der in einzelnen Fällen bestimmten höchsten Sätze, um $^1/_4$ ihres bisherigen Betrages, die bei der Berechnung der Gebühren in Reichsmarkrechnung sich ergebenden Pfennigbeträge, welche nicht durch zehn theilbar sind, auf den nächsten durch zehn theilbaren Betrag erhöht. — Diese Erhöhungen sind bei dem nachfolgenden Abdrucke der Tarifbestimmungen und in Tabelle B. berücksichtigt.

1. Gebühren für das Versteigerungs- und Kaufgelderbelegungsverfahren.

Tarif zum Gesetze vom 12 Mai 1851.

§. 7. In Subhastations-Prozessen kann der Rechtsanwalt liquidiren:

a) für den Antrag, den §. 6 bestimmten Satz bis zu einem Maximum von 30 Mark,

b) für die Wahrnehmung der Termine, einschließlich der Lizitation eben so viel,

c) für die Wahrnehmung des Kaufgelderbelegungs- und Vertheilungs-Verfahrens eben so viel;

außer diesen Sätzen aber für alle darauf bezüglichen Geschäfte keine Gebühren weiter [mit Ausnahme der Schreibgebühren nach Maaßgabe der allgemeinen Bestimmungen (Nr. 1 und 2) und der Gebühren für die Gelderhebung und Ablieferung (§ 20)].

Die Höhe der Sätze wird bestimmt durch die Höhe des von dem Rechtsanwalt vertretenen Anspruchs ohne Unterschied, ob derselbe ganz oder zum Theil zur Hebung kommt oder nicht, bei Vertretung des Subhastaten nach dem Werthe des subhastirten Objekts oder des Antheils des Mandanten daran.

Der Abs. 3 fällt fort. Für die Beschwerdeinstanz und die Spezialprozesse kommen die reichsgesetzlichen Gebühren zur Anwendung (A 2 und 3).

a. Die in § 6 bestimmten Sätze sind folgende:

a von dem Betrage bis zu 300 M von je 30 M: 0,31 $^1/_4$ M,

b. von dem Mehrbetrage bis zu 600 M. von je 30 M.: 0,18 $^3/_4$ M,

c. von dem Mehrbetrage von je 150 M.: 0,62 $^1/_2$ M.

Vgl. Tabelle B.

b. Zu § 7. a Die Gebühr für den Antrag wird nach Maßgabe dieser Bestimmung nur in den Fällen des dritten Abschnittes (§§ 180 ff) des Zw.-Vollstr.Ges. erhoben; für die Fälle der eigentlichen Zwangsvollstreckung s. oben A. 1. Anm. a.

c. Zu § 7. b und c. Nach diesen Vorschriften ist zu liquidiren, mag der Rechtsanwalt den betreibenden Gläubiger, einen Realberechtigten oder den Schuldner vertreten. A. M Pfafferoth a. a. O. S. 161. — Walter, Die Rechtsanwaltsgebühren in Preußen S 23, 94 hält den Höchstbetrag von 30 M. nicht für maßgebend, da das Prinzip eines solchen durch das System der R A G.O und im Hinblicke auf die durch das Ausf Ges. erstrebten Gesetzeszwecke für beseitigt zu erachten sei — Dieser Zweck hat indeß, soweit es sich um die Beseitigung von Maximalsätzen handelt, im Ausf.Ges. keinen Ausdruck gefunden, und die Ansicht Walters ist mit § 31 Abs 2 R A G O unvereinbar. Zu den landesgesetzlichen Bestimmungen in Betreff der Gebühren, welche danach unberührt bleiben sollen, gehört doch zweifellos die Festsetzung eines Höchstbetrages. Daß danach die Gebühr für den Antrag bei hohen Objekten die Gebühr für die Wahrnehmung der Termine übersteigt, ist richtig und vielleicht auch de lege ferenda unbillig. Eine Ergänzung der R.A G O. wird sich durch die Einführung des R Zw G Entw. als nothwendig ergeben. — Der Werth des Gegenstandes ergiebt sich aus Abs 2 Bei der Forderung sind die einzuziehenden Zinsen mit zu berechnen (§ 13 G K.G, § 10 R A G O, § 2 A G R A G.O.); mehrere Forderungen sind zusammenzurechnen; für den Werth des Gegenstandes der Zwangsversteigerung ist die nach den Vorschriften des Kostengesetzes (§§ 4 und 5 oben S 729 ff) getroffenene Festsetzung auch für die Berechnung der Gebühren der Rechtsanwälte maßgebend (§ 11 R A.G O ; § 2 A G R.A G.O.). Ist der Schuldner zugleich als Realgläubiger betheiligt, so ist für die Vertretung wegen dieser Forderung eine besondere Gebühr nicht zu berechnen.

d. Die Gebühren sind Pauschgebühren; sie schließen jede andere Gebühr für eine Thätigkeit im Zwangsversteigerungsverfahren aus. Es kann daher nicht besonders liquidirt werden: für die Anfertigung einer Anmeldungsschrift, für die Abgabe von Geboten für einen Gläubiger oder den Schuldner, für Anträge eines Gläubigers während des Verfahrens (z. B §§ 16 Abs. 4, 50, 51, 60 Abs. 2, 69, 74, 79, 98, 99, 110 Abs. 2, 130, 133 Abs 1, 137 Abs 2 Zw.Vollstr Ges), für die Vertretung des Schuldners bei der Uebergabe des Grundstückes an den Ersteher bez. den Verwalter nach § 98 Zw.Vollstr Ges, für die Vertretung bei nachträglichen Vertheilungsverhandlungen (§ 136 Zw.Vollstr Ges).

Außerhalb des Versteigerungsverfahrens liegen die Verhandlungen über Einstellung, Beschränkung und Aufhebung des Verfahrens, über Einwendungen des Schuldners oder Dritter gegen die Zulässigkeit der Zwangsversteigerung, über Streitigkeiten betr den Theilungsplan und das Aufgebotsverfahren (vgl. oben A. 3)

e. Die Vertretung eines Bieters oder des Erstehers gehört nicht zu dem „Subhastationsprozesse" im Sinne des § 7 Der Anwalt hat nach § 89 R.A.G.O, § 2 Abs. 1 A G. R A G O, § 28 Ges. v. 12. Mai 1851 für die einzelnen Handlungen, also für Wahrnehmung des Versteigerungstermines, den Antrag auf Uebergabe, die Wahrnehmung des Termines zur Uebergabe, die Wahrnehmung des Kaufgelderbelegungstermines zu liquidiren, wobei als Objekt der

Werth des Grundstückes anzunehmen ist. — Zu beachten ist, daß die §§ 15 und 17 des Ges. v. 12. Mai 1851 durch § 2 Abs. 2 A.G. R.A.G.O. ersetzt sind.

Für Ablieferung des Geldes kommt § 87 R.A G.O. zur Anwendung (§ 2 A.G. R.A.G.O.).

. f. In allen Fällen erhält der Rechtsanwalt die entsprechende Gebühr auch dann, wenn er nur als Beistand auftritt (§ 4 R.A G.O., § 2 A.G. R.A.G.O.).

g. Für die Anfertigung (auch die bloße Unterzeichnung, § 5 R.A.G.O, § 2 A.G. R.A.G.O.) einer Anmeldungsschrift erhält der Rechtsanwalt, dessen Thätigkeit sich darauf beschränkt, $^3/_{10}$ der Sätze des § 9 R.A.G O. (§ 2 Abs. 2 A.G. R.A.G.O.), ebensoviel für die bloße Wahrnehmung eines einzelnen Termines, mit Ausnahme des Versteigerungstermines und des Kaufgelderbelegungstermines, für welche nach § 7. b und c zu liquidiren ist.

h. Die Spezialbestimmungen der §§ 21 bez 22 der Verordnungen vom 30. Aug 1867 für Schleswig-Holstein und Kurhessen sind durch die völlige Trennung des Zwangsversteigerungsverfahrens von dem Konkursverfahren hinfällig geworden.

2. Gebühren für das Zwangsverwaltungsverfahren.

Tarif zum Gesetze vom 12. Mai 1851.

§ 9. Für den Betrieb einer gerichtlichen Sequestration oder Administration, einschließlich des Verfahrens über die Revenüen-Vertheilung, ist derselbe Satz zu liquidiren (d. h. wie in § 8 — [im Falle eines Prioritätsstreits jedoch für diesen besonders nach den im § 8 bestimmten Sätzen, und in höherer Instanz wie im gewöhnlichen Prozeß])

Die Höhe des Satzes wird, wie bei Subhastationssachen, jedoch nur nach den jährlichen Revenüen, beziehungsweise nach den daraus zu liquidirenden Forderungen bestimmt.

a. Die im § 8 des Tarifes bestimmten Sätze sind (unter Berücksichtigung der nach dem Ges. v. 1 Mai 1875 eingetretenen Erhöhung) folgende:

a. von dem Betrage bis zu 300 M. von je 30 M.: $0{,}62^1/_2$ M.,
b. von dem Mehrbetrage bis zu 1500 M. von je 150 M: $1{,}87^1/_2$ M.,
c. von dem Mehrbetrage bis zu 3000 M. von je 300 M: $1{,}87^1/_2$ M.,
d. von dem Mehrbetrage von je 600 M.: $1{,}87^1/_2$ M.

Das Maximum beträgt 375 M.

(Vgl. die Tabelle 9 der amtlichen Ausgabe des Ges. v $\frac{\text{12 Mai 1851}}{\text{1. Mai 1875}}$)

b. „Unter den für den Betrieb einer gerichtlichen Sequestration oder Administration bestimmten Gebühren sind nicht etwa die Gebühren des zum Sequester oder Administrator bestellten Rechtsanwaltes zu verstehen, sondern die Gebühren für die Vertretung der Gläubiger oder des Schuldners in dem darüber stattfindenden Verfahren. Die Höhe des Satzes der dem Vertreter des Schuldners zustehenden Gebühren wird nach dem Betrage der jährlichen Revenüen, die Höhe der Sätze, welche den Vertretern der Gläubiger zustehen, nach demjenige Theile der Revenuen, welche sie auf die Forderung ihres Mandanten in Anspruch nehmen, also niemals nach einem höheren Betrage als dem der Forderung selbst bestimmt." (Instr. des Just M. v. 12. Sept. 1851)

c. Da die Prioritätsstreitigkeiten unter entsprechender Anwendung der §§ 113, 114 Zw.Vollstr Ges. (§ 149 a. a. O) im Wege der Klage nach §§ 764 ff. C P O. erledigt werden, so finden für diese die reichsgesetzlichen Gebühren Anwendung (A 3); dasselbe gilt von einem Aufgebotsverfahren (§ 151 Zw Vollstr.-Ges)

d Im Uebrigen siehe oben B. 1 c. d. f. g. Walter (Die Rechtsanwaltsgebühren in Preußen S. 108) und Schwartz, Zwangsvollstreckung in Immobilien S. 223 wollen neben der Gebühr nach § 9 des Tarifes eine besondere Gebühr für den Antrag auf Zwangsverwaltung nicht zubilligen (vgl. dagegen das zu A 1 Bemerkte). Da es nach seiner Ansicht an einer gesetzlich bestimmten Gebühr fehlen würde, wenn sich die Thätigkeit des Anwaltes auf den Antrag allein beschränkt, so hält Walter in solchem Falle die entsprechende Anwendung des § 7. a des Tarifes für zulässig im Hinblicke auf §§ 89, 90 R.A G.O, § 2 A.G. R.A.G O. Pfafferoth a. a. O S 162 hält zwar den § 9 des Tarifes v 12. Mai 1851 für anwendbar und erkennt an, daß für den Antrag die reichsgesetzliche Gebühr zu liquidiren ist; er meint aber, daß auf den Vergütungssatz nach § 9 des Tarifes die Gebühr für den (nach § 6 a a. O. zum Betriebe gehörigen) Einleitungsantrag anzurechnen sei.

II. Provinz Hannover.

In Hannover beruhen die Gebühren der Anwälte und Advokaten in Civilsachen auf dem Ges. v 8 Nov 1850 (§§ 32–56) und dem Gebührentarife v. 1. Mai 1860 (Nr. 16 22. — Leonhardt, Bürgerliche Prozeßordnung 4 Aufl. S 535 ff, S. 576 ff) — Sie sind dem Betrage nach durch das Ges. v. 1. Mai 1875 (B. II) um ¼ erhöhet

Das Gebührensystem nach Pauschsätzen ist nur für die geringfügigen Sachen bis zu 30 M (Werthsklasse I und II) befolgt (§§ 35—40 Ges v. 8. Nov. 1850. § 1 Ges. v. 1. Mai 1860)

Da die Verhandlungen im Zwangsversteigerungs- und Zwangsverwaltungsverfahren stets nicht kontradiktorisch sind, so erhält der Anwalt

bei einem Werthgegenstande bis 15 M.: 1 M,

" " " " 30 M : 1,50 M

Für schriftliche Anträge (Anmeldungen) kann nicht liquidirt werden, da § 35 a. a. O. nur für „Klageanträge" eine Gebühr bestimmt.

„Die Gebühren in Sachen über 30 Mark sind — nach der Verschiedenheit der Werthklassen III—XI — in der Anlage unter der Nr. 16—23 tarifirt" (§ 41 Ges vom 8 Nov. 1850 § 1 Ges. vom 1. Mai 1860)

Vgl. Tabelle C.

III. Hohenzollernsche Fürstenthümer.

Für die Zwangsverwaltung kommt in beiden Hohenzollernschen Fürstenthümern § 9 des Tarifes zum Ges. vom 12. Mai 1851 zur Anwendung, für Zwangsversteigerungen dagegen nach der Ver. vom 28 Januar 1854 (G.S. S 64) an Stelle des § 7 jenes Tarifes diejenigen Vorschriften, die bis zur Emanation der Ver. vom 29 November 1851 (G.S S. 719) in Geltung bestanden haben Diese sind:

1. für Hohenzollern-Sigmaringen: das Gesetz vom 16 März 1846 (G.S. Bd. 7 S. 298) nebst den beiden Novellen zu demselben vom 25. Juli 1848 und 2. August 1848 (Ver.- und Anz.-Bl. von 1848 S. 294, 287);

2. für Hohenzollern-Hechingen: die Verordnung vom 9. August 1844 (Ver.-Bl. S. 265).

Die durch diese Gesetze bestimmten Gebühren sind nach dem Ges. vom 1. Mai 1875 um $^1/_4$ erhöht. — Die Gebühren sind keine Pauschgebühren; an Stelle der Gebühren für einzelne Termine und Schriftsätze sind daher nach § 2 A.G. R.A.G.O. jetzt $^3/_{10}$ der Sätze des § 9 R.A.G.O. (Tabelle A 1) getreten

C. Auslagen und Nebengebühren.

An Auslagen kann der Rechtsanwalt liquidiren: Schreibegebühren (§ 76 R.A.G.O.) sowie Tagegelder nnd Fuhrkosten (nach §§ 78—83 a. a. O.), aber keine Auslagen für Verpackung von Briefen und Akten, § 77 a. a. O.

An Nebengebühren kommt insbesondere die Gebühr für Erhebung und Ablieferung von Geldern in Betracht. Die Gebühr beträgt nach § 87 a. a. O.:

„1 Mark für jedes angefangene Hundert des Betrages bis 1000 Mark,

50 Pfennig für jedes angefangene Hundert des weiteren Betrags bis 10,000 Mark,

25 Pfennig für jedes angefangene Hundert des Mehrbetrags.

Für Erhebung und Ablieferung von Werthpapieren erhält der Rechtsanwalt nach Maßgabe des Werthes die Hälfte der vorstehenden Gebühren.

Die Gebühr für Erhebung und Ablieferung von Geldern kann von diesen bei der Ablieferung entnommen werden."

Tabelle A.

Reichsgesetzliche Gebühren.

Werthsklasse.	Werth des Gegenstandes	Volle Gebühr des § 9 R A G O.	1. 1/10	2. 1/20	Anmerkungen.
		M	M	M	
1	bis 20 M	2	1	1	[1]) Die Gebühren in Kol. 1 kommen für den Antrag auf Einleitung (Beitritt) bei Zwangsversteigerungen und Zwangsverwaltungen, sowie für die Beschwerdeinstanz zur Anwendung (§§ 23. 41 R A G O) — Sie können auch nach Maßgabe der §§ 13—18 mehrfach zum Ansatz gelangen
2	von mehr als 20— 60 „	3	1	1	
3	„ „ „ 60— 120 „	4	1,20	1	
4	„ „ „ 120— 200 „	7	2,10	1,05	
5	„ „ „ 200— 300 „	10	3,00	1,50	
6	„ „ „ 300— 450 „	14	4,20	2,10	
7	„ „ „ 450— 650 „	19	5,70	2,85	
8	„ „ „ 650 — 900 „	24	7,20	3,60	
9	„ „ „ 900— 1,200 „	28	8,40	4,20	
10	„ „ „ 1,200 — 1,600 „	32	9,60	4,80	
11	„ „ „ 1,600 - 2,100 „	36	10,80	5,40	
12	„ „ „ 2,100 — 2,700 „	40	12,00	6,00	
13	„ „ „ 2,700 — 3,400 „	44	13,20	6,60	
14	„ „ „ 3,400 - 4,300 „	48	14,40	7,20	
15	„ „ „ 4,300 - 5,400 „	52	15,60	7,80	
16	„ „ „ 5,400— 6,700 „	56	16,80	8,40	
17	„ „ „ 6,700— 8,200 „	60	18,00	9,00	
18	„ „ „ 8,200 — 10,000 „	64	19,20	9,60	
	Die ferneren Werthklassen steigen um je 2000 M.				[2]) Wegen der Anwendung von Kol. 2 vergl. §§ 14. 16 17. 18 R.A.G.O.
	Die Gebührensätze in den nächsten 20 Werthsklassen bis 50,000 M um je . . . . . . also z B:	4,00	1,20	0,60	
23	von mehr als 18,000—20,000 M u s w.	84	25,20	12,60	
28	„ „ „ 28,000 — 30,000 „ u s w.	104	31,20	15,60	
38	„ „ „ 48,000 - 50,000 „	144	43,20	21,60	
	In den nächsten 25 Werthsklassen bis 100,000 steigt der Gebührensatz um je . . . . . . also z B:	3	0,90	0,45	
43	von mehr als 58,000— 60,000 M u s w	159	47,70	23,85	
63	„ „ „ 98,000 100,000 „	219	65,70	32,85	
	In allen ferneren Werthsklassen steigt der Gebührensatz um je . .	2	0,60	0,30	

Tabelle B.*

Landesgesetzliche Gebühren für Zwangsversteigerungen im Geltungsbereiche des Ges. v. 12. Mai 1851.

Werthsklasse.	Werth des Gegenstandes.	Betrag der Gebühr nach § 7. a. b c.	Werthsklasse.	Werth des Gegenstandes	Betrag der Gebühr nach § 7. a. b. c.
		ℳ			ℳ
1	bis 90 ℳ	1,00	38	von mehr als 3450 – 3600 ℳ	17,50
2	von mehr als 90 – 120 „	1,30	39	„ „ „ 3600 – 3750 „	18,20
3	„ „ „ 120 – 150 „	1,60	40	„ „ „ 3750 – 3900 „	18,80
4	„ „ „ 150 – 180 „	1,90	41	„ „ „ 3900 – 4050 „	19,40
5	„ „ „ 180 – 210 „	2,20	42	„ „ „ 4050 – 4200 „	20,00
6	„ „ „ 210 – 240 „	2,50	43	„ „ „ 4200 – 4350 „	20,70
7	„ „ „ 240 – 270 „	2,90	44	„ „ „ 4350 – 4500 „	21,30
8	„ „ „ 270 – 300 „	3,20	45	„ „ „ 4500 – 4650 „	21,90
9	„ „ „ 300 – 330 „	3,40	46	„ „ „ 4650 – 4800 „	22,50
10	„ „ „ 330 – 360 „	3,50	47	„ „ „ 4800 – 4950 „	23,20
11	„ „ „ 360 – 390 „	3,70	48	„ „ „ 4950 – 5100 „	23,80
12	„ „ „ 390 – 420 „	3,90	49	„ „ „ 5100 – 5250 „	24,40
13	„ „ „ 420 – 450 „	4,10	50	„ „ „ 5250 – 5400 „	25,00
14	„ „ „ 450 – 480 „	4,30	51	„ „ „ 5400 – 5550 „	25,70
15	„ „ „ 480 – 510 „	4,50	52	„ „ „ 5550 – 5700 „	26,30
16	„ „ „ 510 – 540 „	4,70	53	„ „ „ 5700 – 5850 „	26,90
17	„ „ „ 540 – 570 „	4,90	54	„ „ „ 5850 – 6000 „	27,50
18	„ „ „ 570 – 600 „	5,00	55	„ „ „ 6000 – 6150 „	28,20
19	„ „ „ 600 – 750 „	5,70	56	„ „ „ 6150 – 6300 „	28,80
20	„ „ „ 750 – 900 „	6,30	57	„ „ „ 6300 – 6450 „	29,40
21	„ „ „ 900 – 1050 „	6,90	58	„ „ „ 6450 „	30,00
22	„ „ „ 1050 – 1200 „	7,50			
23	„ „ „ 1200 – 1350 „	8,20			
24	„ „ „ 1350 – 1500 „	8,80			
25	„ „ „ 1500 – 1650 „	9,40			
26	„ „ „ 1650 – 1800 „	10,00			
27	„ „ „ 1800 – 1950 „	10,70			
28	„ „ „ 1950 – 2100 „	11,30			
29	„ „ „ 2100 – 2250 „	11,90			
30	„ „ „ 2250 – 2400 „	12,50			
31	„ „ „ 2400 – 2550 „	13,20			
32	„ „ „ 2550 – 2700 „	13,80			
33	„ „ „ 2700 – 2850 „	14,40			
34	„ „ „ 2850 – 3000 „	15,00			
35	„ „ „ 3000 – 3150 „	15,70			
36	„ „ „ 3150 – 3300 „	16,30			
37	„ „ „ 3300 – 3450 „	16,90			

Die vorstehenden Sätze können dreifach liquidirt werden in den Fällen der §§ 180 ff. Zw Vollstr.Ges, wenn der Anwalt auch den Antrag auf Einleitung gestellt hat; bei einer Zwangsversteigerung als Zwangsvollstreckungsmaßregel gelangen sie nur zweifach zum Ansatz, für den Antrag aber die Gebühr nach Tabelle A Kol 1 (Die Tabelle 8 der amtlichen Ausgabe des Ges vom 1. Mai 1875 ist von der Werthsklasse 34 an unrichtig, indem die Gebührenstufe 15,00 Mark ausgelassen ist)

Tabelle C.

Landesgesetzliche Gebühren in der Provinz Hannover.

	Werthsklasse								
	III.	IV.	V.	VI.	VII.	VIII	IX.	X.	XI.
	30—75 ℳ	75—150 ℳ	150—300 ℳ	300—450 ℳ	450—900 ℳ	900—1500 ℳ	1500—3000 ℳ	3000—15,000 ℳ	über 15,000 ℳ
	ℳ	ℳ	ℳ	ℳ	ℳ	ℳ	ℳ	ℳ	ℳ
Nr. 16. Arrha.(§§ 42, 43) (Gebühr für Information, Konferenzen u Korrespondenzen*) in einem nicht kontradiktorischen Verfahren .	1,40	1,90	3,00	4,30	5,70	7,50	9,40	Ueber 3000—6000 Mark 11,30 Mark u. für jedes neu beginnende Tausend 0,98 3/4 Mark mehr (unter Abrundung des Gebührenbetrages auf Zehntheile einer Mark), aber nicht mehr als 37,50 Mk.	
Nr. 17. Gebühr für Termine. Nr 18. Gebühr für Schriftsätze.	Die Tarifbestimmungen sind durch § 2 A.G. R.A.G.O. ersetzt; da diese Gebühren als besondere Gebühren anzusehen sind — Also für jeden Termin bez. jeden Schriftsatz 3/10 der Sätze des § 9 R.A.G.O. Tab A. 1.								
Nr. 19. Prokuraturgebühr (§§ 50, 51) (Gebühr für außergerichtlichen Geschäftsbetrieb außer der auf die Information bez. Konferenzen u. Korrespondenzen) für jeden Monat	0,62 1/2	0,75	0,93	1,25	1,25	1,56 1/4	1,56 1/4	1,87 1/2	2,50
	(unter Abrundung des Gebührenbetrages auf Zehntheile einer Mark).								

*) Soweit diese Thatigkeiter durch den Einleitungsantrag bedingt sind, ist neben der Gebühr nach § 23 Nr 2 R A G.O. die Arrha nicht zu bewilligen.

Ausführungs-Bestimmungen.

1. Die Allg. Verfügungen vom 22. Juli 1840 (J M.Bl. S. 254), vom 27. November 1880 (J.M Bl S. 266), und vom 3. Juli 1882 (J M.Bl. S. 193) bezogen sich nur auf den Geltungsbereich der S.O. vom 15 März 1869. Sie müssen um so mehr als beseitigt angesehen werden, als zur Zeit nicht mehr der geringste Grund vorliegt, in den durch dieselben behandelten Punkten einen Unterschied zwischen dem Geltungsbereiche der S O und dem sonstigen Geltungsgebiete des Ges. vom 13. Juli 1883 zu machen

2. Die Allgemeine Verfügung vom 28 November 1881, — betreffend Zusammenstellungen von Subhastationen (J M Bl. S. 281 Nr. 115) und die denselben Gegenstand betreffende Allgemeine Verfügung vom 24. Dezember 1883 (J M.Bl. S. 368) nebst den dazu gehörigen Formularen werden hier nicht abgedruckt.

3. Wegen der Allgemeinen Verfügungen vom 2. November 1883 (J M.Bl. S. 332), vom 2. April 1884 (J M Bl. S. 66), vom 8. Oktober 1884 (J.M Bl. S. 230) und vom 24. März 1885 (J.M.Bl. S 122, s. Anm. 7 zu § 9, Anm. 3 zu § 25, Anm 5 zu § 27 und unter „Berichtigungen und Zusätze" zu S. 140).

4. Die Allgemeine Verfügung vom 7. März 1892 (J.M.Bl. S. 87) siehe S. 470 ff.

Anhang.

Die Bestimmungen über freiwillige Subhastationen im Geltungsbereiche des Allg. Landrechts.

1. Der 52. Titel des ersten Theiles der Allgemeinen Gerichtsordnung enthielt nach zwei einleitenden Bestimmungen in dem ersten, jetzt aufgehobenen Abschnitt (§§ 3—65) die Bestimmungen über die nothwendige Subhastation, während der zweite Abschnitt (§§ 66 - 74) über die freiwilligen Subhastationen handelt. — In materieller Beziehung treten die Bestimmungen des Allgemeinen Landrechts ergänzend hinzu.

2. Für die nichthannöverschen Gebietstheile sind diese Bestimmungen in wesentlichen Punkten abgeändert durch die Verordnung vom 6. April 1839 (G.S. S. 125), welche durch die Instruktion des Justizministers vom 20. Mai 1839 (J.M.Bl. S 190) ergänzt wird Letztere hat gemäß §§ 4 und 5 der gedachten Verordnung (Anm. 1. zu §§ 70—74 I, 52 A G O) Gesetzeskraft, soweit sie nicht mit gesetzlichen Bestimmungen in Widerspruch steht.

3. In die landrechtlichen Theile der Provinz Hannover sind die zu 2 erwähnten abändernden Bestimmungen nicht eingeführt, auch sind dort anderweite besondere Bestimmungen nicht in Geltung (vgl. aber Anm 8 zu § 66 I. 52 A.G.O.)

Allgemeine Gerichtsordnung.

Theil 1. Titel 52.

§. 1. Wenn ein unbewegliches Grundstück, oder eine unkörperliche Gerechtigkeit, oder eine in den Gesetzen den Immobilien gleich geachtete bewegliche Sache, gerichtlich feil gestellt wird, und die Kauflustigen öffentlich aufgefordert werden, sich zu melden, ihr Gebot abzugeben, und in so fern sie Meist- und Bestbietende bleiben, den Zuschlag zu erwarten; so heißt dieses eine Subhastation.

2. Dergleichen Subhastation ist entweder nothwendig, oder freiwillig. Zwischen beiden waltet einiger Unterschied des Verfahrens ob.

§§ 1, 2. Allgemeines.

1. Den Gegensatz zur Subhastation bildet auf der einen Seite die Privatlicitation oder außergerichtliche Versteigerung, auf der anderen Seite die gericht-

liche Auktion, welche sich nur auf bewegliche Sachen bezieht (§ 349 I. 11 A.L.R.; vgl. § 74 A.G. G.V.G.).

2. Die außergerichtliche Versteigerung ist, sofern sie zum Zwecke der Veräußerung erfolgt, nichts als eine besondere Art des Abschlusses eines Kaufvertrages (Strieth, Arch. 17 S. 299). Der Veräußerer oder ein Dritter im Namen desselben laden zur Abgabe von Geboten und Uebergeboten auf den zu veräußernden Gegenstand ein Wird der Aufforderung Folge geleistet, so ergiebt sich ein Meistgebot. Der Kaufvertrag kann dabei auf zweifache Weise zu Stande kommen. Entweder will der Versteigerer von vornherein dem Meistbietenden zum Verkauf verpflichtet sein. Dann kann die zum Vertrage erforderliche Willensübereinstimmung schon mit dem Schlusse des Bietens gegeben sein, so daß in diesem Augenblicke der Kaufvertrag perfekt ist. Oder der Versteigerer will, ohne selbst eine Verpflichtung zu übernehmen, durch das Bietungsverfahren lediglich Kaufofferten herbeiführen. Dann bedarf es zur Perfektion des Vertrages der Annahmeerklärung des Verkäufers, der Ertheilung des Zuschlages. Daß der Vertrag gerade mit dem Meistbietenden geschlossen wird, ist nicht erforderlich. In welcher dieser Arten im einzelnen Falle der Kaufvertrag zu Stande kommt, hängt von dem Inhalte der Aufforderung zum Bieten ab Im Zweifel ist anzunehmen, daß das Gebot nur als ein Angebot zu betrachten ist und daher zur Perfektion des Vertrages die Ertheilung des Zuschlages hinzukommen muß. (Wächter, Pandekten II § 204 S. 463, Windscheid § 309, Eccius §§ 77, 130, Dernburg II § 14.)

3. Das Wesen einer freiwilligen Versteigerung ändert sich dadurch, daß sie vor einem Notar oder vor dem Richter der freiwilligen Gerichtsbarkeit stattfindet, ebensowenig, als sich das Wesen eines Kaufvertrages im Allgemeinen dadurch ändert, daß jene Personen bei der Gestaltung dieses Rechtsverhältnisses insoweit mitwirken, daß sie ihm die öffentliche Form geben (Eccius § 130). — Dagegen besteht, wenn das Einl. S 23 ff. Ausgeführte richtig ist, zwischen der Zwangsversteigerung und der freiwilligen Subhastation nicht blos „einiger Unterschied des Verfahrens", wie § 2 sich ausdrückt, sondern eine fundamentale Verschiedenheit. Bei der ersteren wird in Wirklichkeit ein Vertrag der Betheiligten nicht geschlossen, letztere ist ein wahrer Kaufvertrag.

Dieser Unterschied ist in der wesentlichsten Bestimmung auch seitens der Allgemeinen Gerichtsordnung nicht verwischt worden Bei der freiwilligen Subhastation „kommt es in Ansehung des Zuschlages lediglich auf die Vereinigung der Extrahenten mit den sich meldenden Licitanten an" (§ 70 I. 52 A G.O.). Bei der nothwendigen Subhastation kommt es in der Regel „schlechterdings" zum Zuschlag an den Meistbietenden, ohne daß der Extrahent seine Zustimmung erklärt und selbst dann, wenn er der Ertheilung des Zuschlages widerspricht (§§ 50, 51 I. 52 A.G O.). — Dagegen hat die verfehlte Auffassung der nothwendigen und der freiwilligen Subhastation als zweier Unterarten desselben Begriffes im Gefolge gehabt, daß die Formen der nothwendigen Subhastation auf die freiwillige Subhastation in einem größeren Maße übertragen sind als dieses, wie auch die Verordnung vom 6 April 1839 (Anm. 1 zu §§ 70 bis 74 I. 52 A.G.O.) in ihrem Eingange anerkennt, dem Wesen des letzteren angemessen war. — Auch bei der freiwilligen Subhastation sollte ein richterliches Adjudikationserkenntniß erfolgen. Daraus ergab sich allerdings keine Aenderung des Wesens der freiwilligen Subhastation, wohl aber eine Aenderung der Natur der Adjudikation Da § 70 a. a O. ausdrücklich die materielle Wirkung des Zuschlages in die Vereinigung der Betheiligten legt, so erschien der Zuschlagsbescheid hier anders wie bei der Zwangsversteigerung nicht als der Veräußerungsakt, sondern als eine bloße Form der Beurkundung, welche der Willenseinigung der Betheiligten hinzutritt. Das wollte der (für die nicht hannöverschen Landestheile durch § 2 der Ver. vom 6. November 1839 beseitigte) § 361 I. 11 A.L.R. besagen, indem er bestimmte: Das Adjudikations-Erkenntniß vertritt bei solchen Subhastationen die Stelle des Kontraktes

Zweiter Abschnitt.

Von freiwilligen Subhastationen.

§. 66. Freiwillige Subhastationen können aus mancherlei Ursachen Statt finden, z. B. wenn Erben zum Behufe der Theilung unter sich ein zum gemeinschaftlichen Nachlasse gehöriges Grundstück öffentlich und gerichtlich feil bieten wollen; insonderheit aber alsdann, wenn die Veräußerung eines Grundstücks, dessen Besitzer noch minderjährig ist, erfolgen soll.

§ 66. Einleitung des Verfahrens.

1 Dieser Bestimmung treten die §§ 1—5 der Instruktion vom 20. Mai 1839 (J.M.Bl. S. 190, Anm. 3 vor § 1) hinzu:

Nach §. 5 der Verordnung vom 6 April d. J. (Gesetz-Sammlung von 1839 S. 125), betreffend das Verfahren bei freiwilligen Subhastationen [Anm. 1 a zu §§ 70—74] sollen die Gerichte noch mit einer näheren Instruktion von Seiten des Justizministers versehen werden

Diese wird hierdurch nachstehend ertheilt.

§. 1 Eine freiwillige gerichtliche Subhastation ist nur in Beziehung auf solche Sachen und Rechte zulässig, welche Gegenstände einer nothwendigen Subhastation sein können §. 1 der Verordnung vom 4. März 1834 (Gesetz-Sammlung S. 39) und Reskript vom 16 December 1837 (Jahrb. Bd. 50, S. 535)

Der Fall einer freiwilligen gerichtlichen Subhastation aber tritt ein:

a. wenn bei gemeinschaftlichem Eigenthume sämmtliche Miteigenthümer, wozu auch Benefizialerben gehören, zum Zweck ihrer Auseinandersetzung darauf antragen; (§. 66 Tit 52 der Prozeß-Ordnung und §. 2 Nr. 3 der Verordnung vom 4 März 1834, Gesetz-Sammlung S. 39.)

b. Behufs der Veräußerung von Gütern der Pflegebefohlenen, so wie derjenigen überhaupt, denen die Rechte der Minderjährigen zustehen, insofern nicht von der Subhastation dispensirt ist . . . . .

§. 2. Zur Einleitung einer freiwilligen gerichtlichen Subhastation ist nur der Richter der Sache kompetent. (§. 56 Tit. 17 Th. II A.L.R.).

§. 3. Derselbe muß, wenn der Antrag auf Subhastation gemacht wird, zunächst die Dispositionsfähigkeit und Legitimation der Extrahenten, so wie ihrer etwaigen Bevollmächtigten (§. 106 Tit. 13 Th. I A.L.R.) und ihrer Vormünder (§. 74 Tit. 52 Proz.-Ordn.), genau prüfen, und darf vor Behebung der sich hierbei etwa vorgefundenen Anstände dem Antrage nicht Statt geben.

Wegen der §§ 4 und 5 der Instruktion siehe unten Anm. 11

2. Zulässig ist die freiwillige Subhastation nach § 1 der Instr v. 20. Mai 1839 hinsichtlich aller Gegenstände, hinsichtlich welcher die Zwangsvollstreckung in das unbewegliche Vermögen stattfindet. In dieser Beziehung ist also jetzt § 1 des Zw.Vollstr Ges maßgebend (§ 211 Zw Vollstr.Ges).

3. Einer besonderen Veranlassung zu dem Antrage auf Vornahme der freiwilligen Subhastation bedarf es nicht Die Aufzählung von zulässigen Fällen in § 1 der Instr. ist ebenso nur eine beispielsweise, wie die in § 66 I, 52 A.G.O. Jeder Eigenthümer kann jederzeit die freiwillige Subhastation beantragen (Johow 8 Nr. 41) — Die Allegate zu § 1 der Instr. sind antiquirt und daher weggelassen.

4. Die freiwillige Subhastation ist jetzt in keinem einzigen Falle gesetzlich derartig obligatorisch vorgeschrieben, daß ein anderweiter Verkauf des Gegenstandes unzulässig wäre (Eccius § 130 Anm. 22). — Für unbewegliches Mündelgut bestimmt nach § 44 Abs 1 V.O. das Vormundschaftsgericht die Art der Veräußerung, unbeschadet der Rechte der Miteigenthümer. Die Veräußerung kann durch gerichtliche und notarielle Versteigerung oder aus freier Hand erfolgen. — Vgl. auch Anm 1 zu § 185 Zw.Vollstr Ges.

5. Sachlich ist das Amtsgericht und zwar diejenige Abtheilung desselben zuständig, welcher die Handlungen der nicht streitigen Gerichtsbarkeit zugewiesen sind (§ 26 A.G. G.V.G.) — Die örtliche Zuständigkeit richtet sich nach § 56 II. 17 A L.R: „Besonders gehören . . . . . . freiwillige Subhastationen und Adjudikationen unbeweglicher Güter aber vor den Richter der Sache" — Die Zuständigkeit ist eine ausschließliche.

6. Anträge konnen schriftlich oder zu Protokoll des Gerichtsschreibers eines Amtsgerichts angebracht werden. Das Protokoll ist dem zuständigen Amtsgerichte durch den Gerichtsschreiber zu übersenden (§ 71 A.G. G.V.G).

7. Zustellungen erfolgen nicht nach § 4 Zw.Vollstr.Ges, sondern nach § 1 A.G. C.P.O., also im Wesentlichen lediglich nach den Vorschriften der C P.O.

8 Bezüglich des Rechtsmittels der Beschwerde gilt das Anm 6. d zu § 12 Zw.Vollstr.Ges. Gesagte. — Für Hannover bestimmt § 660 B P O.: „Auch wird durch diese Prozeßordnung das im ersten Theile des Preußischen Allgemeinen Gerichtsordnung behandelte Verfahren . . . . . . bei freiwilligen Subhastationen nur insofern berührt, als kraft der Vorschrift des § 458 gegen beschwerende richterliche Verfügungen lediglich die Beschwerde wider das Gericht und zwar in Gemäßheit der §§ 455 ff Platz greift."

9. Als Bevollmächtigte können nur Rechtsanwälte und solche Personen, welche vermuthete Vollmacht haben, Anträge an das Gericht stellen (§ 25 I. 3 A G.O., § 119 I. 13 A L R., §§ 28, 30 III. 7 A G.O, Johow 8 Nr. 110).

10. Der Antrag auf Einleitung der freiwilligen Subhastation kann nur von dem Alleineigenthümer oder von sämmtlichen Miteigenthümern

des Gegenstandes gestellt werden. Er setzt voraus, daß dieselben in der Verfügung über den Gegenstand nicht beschränkt sind. An die Stelle Handlungsunfähiger tritt der gesetzliche Vertreter (Eccius § 26). Vormünder müssen neben ihrer Bestellung die Anordnung des Vormundschaftsgerichtes (§ 44 Abs. 1 V.O. [Anm. 4] s. unten § 74 Nr. 1 I, 52 A.G O.) vorlegen. — Bevollmächtigte (Anm. 9) bedürfen bei Grundstücken der Spezialvollmacht (§ 106, I. 13 A L R.). — Aus dem Antrage muß sich naturgemäß die Person des Antragstellers, der zu versteigernde Gegenstand und das Gericht, vor welchem das Verfahren stattfinden soll, ergeben. — Mit dem Antrage muß durch Urkunden oder Bezugnahme auf das bei dem angerufenen Gerichte geführte Grundbuch der Nachweis erbracht werden, daß der oder die Antragsteller die verfügungsberechtigten Eigenthümer des Gegenstandes sind. Vgl. darüber Anm. 3 zu §§ 13, 14 Zw.Vollstr.Ges.

11. Ob das Eigenthum im Grundbuche vermerkt ist oder nicht, ist, wenn nicht der Erwerb des Eigenthumes von einer solchen Eintragung abhängig war, gleichgültig — Ist das Eigenthum des Antragstellers nicht nachgewiesen, so ist der Antrag abzulehnen, anderenfalls ist, falls sich im Uebrigen keine Anstände ergeben, das Verfahren einzuleiten — Die §§ 4 und 5 der Instruktion vom 20. Mai 1839, welche dem Versteigerungsrichter aufgeben, für die vorherige Besitztitelberichtigung der Extrahenten zu sorgen, sind antiquirt. Die Eintragung des Eigenthumes erfolgt nur auf Antrag des Eigenthümers (§§ 48—56 G.B.O.). Auch zu einer Requisition aus § 55 Nr. 1 G.B O. ist keine Veranlassung gegeben. Daß die Eigenthümer nicht eingetragen sind, ist kein gesetzliches Hinderniß des Verfahrens. Jedenfalls muß bei Miterben mit Rücksicht auf § 5 Abs 2 E.E.G. von der Eintragung abgesehen werden.

§. 67. Bei dergleichen Subhastationen muß, [so wie durchgehends] eine gerichtliche Taxe zum Grunde gelegt werden. Die Bestimmung der Termine, und die Art der Bekanntmachung, hängt, in so fern der Verkauf nicht auf Andringen der Gläubiger geschieht, lediglich von dem Vorschlage und Gutfinden der Extrahenten ab. Wird aber von diesen nichts besonders angetragen, so ist dabei eben das, was bei nothwendigen Subhastationen, zu beobachten.

§. 68. Die Extrahenten einer bloß freiwilligen Subhastation können darauf antragen, daß, statt einer förmlichen Taxe, eine bloße Beschreibung des Grundstücks, nach seiner Lage, Grenzen, allgemeinen Beschaffenheit, und aus dem Hypothekenbuche oder dem Steuerkatastro erhellenden Realitäten, Zubehörungen, Dienstbarkeiten, und beständiger Lasten, den Subhastationspatenten beigefügt werde.

§. 69. Wenn mehrere Extrahenten einer freiwilligen Subhastation vorhanden sind, und diese sich über die dabei zu beobachtenden Förmlichkeiten nicht vereinigen können; so muß nach denjenigen Anträgen, welche sich den gesetzlichen Bestimmungen bei nothwendigen Subhastationen am meisten nähern, verfahren werden.

§§ 67, 68, 69. **Versteigerungsverfahren.**

Hierzu treten die §§ 6, 7 und 8 der Instruktion vom 20. Mai 1839:

§. 6. Alsdann muß, falls nicht:

a. die Extrahenten auf eine gerichtliche Taxe des Grundstücks antragen, oder

b. eine gerichtliche Taxe, wie bei Grundstücken der Pflegebefohlenen ꝛc., gesetzlich nothwendig ist,

unter Zuziehung der Extrahenten eine vollständige Beschreibung desselben nach Vorschrift des § 68 Tit. 52 der Prozeß-Ordnung aufgenommen und dabei insbesondere darauf geachtet werden, ob Veränderungen des Realzustandes vorgefallen sind, welche noch nicht im Hypothekenbuche vermerkt worden, und ob Prozesse über das Grundstück schweben, da es nothwendig ist, daß sowohl der subhastirende Richter als der künftige Ersteher des Grundstücks über den Gegenstand des Kaufs vollständig unterrichtet sind.

§. 7. Vor der Anberaumung des Subhastations-Termins erfolgt die Regulirung der Kaufbedingungen, welche die Extrahenten den Bietern stellen wollen. Die Aufnahme der Taxe oder Beschreibung des Grundstücks nach §. 6 bietet dazu in der Regel die geeignete Veranlassung.

Im Allgemeinen dienen hierbei die Vorschriften bei Aufnahme von Verträgen und Kaufkontrakten, insonderheit §§. 10 und 11 Allg Ger.-Ordn. Th. II Tit. 3 zur Richtschnur. Insbesondere gehören hierher die Bestimmungen über die Art der Belegung der Kaufgelder, wie sie bezahlt, welche Hypothekenschulden auf Rechnung des Kaufpreises übernommen oder von den Verkäufern zur Löschung gebracht, ob die Kaufgelder gestundet und eingetragen werden sollen; ferner, ob der Verkauf in Pausch und Bogen (§. 117 u. flg. A.L.R. Th 1 Tit. 11) erfolgen, wie es mit der Uebergabe gehalten werden und wer die Kosten tragen soll.

Auch wegen der in der II. Rubrik eingetragenen Beschränkungen des Eigenthums, wegen der darauf ruhenden beständigen öffentlichen Abgaben, gemeinen Lasten und privatrechtlichen Verpflichtungen ist das Erforderliche bei Regulirung der Kaufbedingungen festzusetzen.

§. 8. Sind die Kaufbedingungen festgestellt, so können die Subhastationspatente erlassen werden, denen in Ermangelung einer förmlichen Taxe die aufgenommene Beschreibung des Grundstücks und die Kaufbedingungen beizufügen sind. Die Bestimmung der Fristen, so wie die Art der Bekanntmachung der Patente; hängt zunächst von dem Uebereinkommen der Extrahenten ab.

Können sie sich deshalb nicht vereinigen, so ist in dieser Beziehung nach §. 69 Tit. 52 der Proz.Ordn. und eventuell so zu verfahren, wie bei nothwendigen Subhastationen vorgeschrieben ist. Die im §. 9 der Verordnung vom 4. März 1834 vorgeschriebene Benachrichtigung der aus dem Hypothekenbuche ersichtlichen Realinteressenten unterbleibt jedoch, da die Rechte der letztern durch eine freiwillige Subhastation nicht verändert werden; wohl aber ist den etwa vorhandenen Vorkaufs-Berechtigten der Bietungstermin bekannt zu machen (§§. 608—615 Tit 20 Th. I A.L.R. cfr. Reskript vom 23. März 1838, Jahrb. Bd. 51 S. 171 ff.).

2. Zu § 8 Abs. 2 Satz 1 der Instruktion sind die Allegate weggelassen. Dieselben sind durch § 116 S O aufgehoben.

3. Der in § 67 gedachte Fall der freiwilligen Subhastation auf Andringen der Gläubiger ist antiquirt.

4. Bei der Zwangsversteigerung ist eine Taxe nicht mehr erforderlich. Dadurch ist aber die Vorschrift des § 67 I 59 A.G O, welche bei der freiwilligen Subhastation eine Taxe erfordert, nicht beseitigt -- Nach § 68 a a. O. soll von der Taxe nur abgesehen werden, wenn die Antragsteller etwas Anderes beantragen Nach § 6 der Instruktion soll umgekehrt die gerichtliche Taxe nur dann aufgenommen werden, falls die Antragsteller darauf antragen Bei diesem Widerspruche verbleibt es bei der Vorschrift des § 67, da dieser in Anbetracht des § 4 der Verordnung vom 6 April 1839 (Anm 1 zu §§ 70—75 I 52 A G.O) das Gesetz nicht abändern konnte (Johow 8 Nr 41 a E.) — Die Aufnahme der Taxe erfolgt nach den Vorschriften des 6 Titels 2. Theils der A G O — Verzichten die Antragsteller übereinstimmend auf die Taxe, so ist die Beschreibung nach § 68 I. 52 A G O. und § 6 der Instruktion aufzunehmen Sie können aber auch darauf verzichten -- Die in § 6 b der Instruktion gedachte gesetzliche Nothwendigkeit der gerichtlichen Taxe besteht jetzt in keinem Falle mehr Für Mündelgüter ist sie durch § 44 Abs 1 V O (Anm 4 zu § 66 I 52 A G O) beseitigt

5 Der Aufnahme der Taxe oder Beschreibung folgt die Feststellung der **Kaufbedingungen** gemäß § 7 der Instruktion Vgl auch § 45 Zw Vollstr.Ges.

6. Nach Feststellung derselben erfolgt die Anberaumung und **Bekanntmachung des Versteigerungstermines** Der Bekanntmachung soll die Taxe oder die Beschreibung und die festgestellten Kaufbedingungen beigefügt werden. Sofern nicht alle Antragsteller über etwas Anderes einig sind, oder das betheiligte Vormundschaftsgericht etwas Anderes bestimmt hat, sollen nach § 67 I. 52 A G O. und § 8 der Instruktion die Vorschriften für die Zwangsversteigerung bez. der diesen am nächsten kommende Antrag eines der Miteigenthümer maßgebend sein (vgl. § 211 Zw Vollstr Ges) Hiernach finden § 40 Nr 1, 2, 3, 4 und 7, §§ 41, 42, 43, 44, 46, 50, 160, 161, 162, 173, 174 entsprechende Anwendung — Eine Zustellung der Bekanntmachung (gemäß § 47 Abs 1 in Verbindung mit § 1 A G C P O) hat nur an die Antragsteller zu erfolgen — Für die außerdem erforderliche Zustellung an einen dinglich Vorkaufsberechtigten sind die §§ 611—614 I 20 A L R in Verbindung mit § 1 A G. C P O maßgebend

7. Das **Verfahren im Versteigerungstermine** bis zum Schlusse des Bietungsverfahrens richtet sich hinsichtlich der Förmlichkeiten gemäß § 69 I 52 A.G.O ebenfalls nach den Vorschriften über Zwangsversteigerung Vgl §§ 52, 61—65, 68, 80 Zw.Vollstr Ges (s a. § 9 der Instr Anm 1 zu §§ 70-74 I 52 A.G.O). Die Grundsätze vom geringsten Gebote bleiben natürlich außer Anwendung. Jedes Gebot über 150 Mark wird erst durch schriftliche Erklärung, also dadurch bindend, daß der Bieter das Gebot unterschreibt (Eccius § 130) Für die Ausübung von Vorkaufsrechten ist § 67 a a O nicht maßgebend Vielmehr finden für dingliche Vorkaufsrechte die §§ 615, 616 I 20 A L R. Anwendung (Entsch 66 S 82, Strieth Arch 86 S 367)

Die Erklärung des Vorkaufsberechtigten braucht erst nach Erzielung des Meistgebotes abgegeben zu werden (Entsch 55 S 276, Strieth Arch. 60 S. 196). Bezüglich der persönlichen Vorkaufsrechte vgl §§ 617 ff I 20 A L R — Die

Verordn. v. 14. Juli 1797 (Anm. 10 zu § 61 Zw.Vollstr.Ges.) kommt auch hier zur Anwendung.

§. 70. Auch in Ansehung des Zuschlags kommt es lediglich auf die Vereinigung der Extrahenten mit den sich meldenden Licitanten an: ob und an welchen von diesen Letzteren, für welches Gebot, und unter was für Bedingungen der Zuschlag erfolgen; ob allenfalls die Subhastation weiter fortgesetzt; oder ob sie gänzlich eingestellt werden solle.

§. 71. Sind mehrere Extrahenten der freiwilligen Subhastation vorhanden, und diese können sich wegen des Zuschlags unter einander nicht vereinigen; so muß die Sache unter ihnen nach den Vorschriften der Gesetze vom gemeinschaftlichen Eigenthume beurtheilt, und allenfalls durch Urtel und Recht entschieden werden. (Allg.L.R. Th. I Tit. XVII. § 10 u. f.)

§. 72. Während des darüber entstehenden Streites können die Licitanten für das Gebot zu haften nicht gezwungen werden; und wenn sie abstehen, so bleiben dem die Adjudikation verlangenden Theile, wenn er in der Hauptsache obsiegt, seine Rechte gegen den Widersprechenden, wegen des aus der Vereitelung des Zuschlags etwa entstehenden Interesse, nach allgemeinen gesetzlichen Verordnungen vorbehalten.

§. 73, welcher von der Verwandlung der freiwilligen Subhastation in eine nothwendige handelt, ist antiquirt, weil eine solche nicht mehr stattfinden kann.

Anh. §. 411. Soll die Subhastation fortgesetzt werden, und sind alle Interessenten einig, daß nur eine einfache Subhastationsfrist auf die §. 55 dieses Titels bestimmte Art rathsam sey; so ist dem gemäß zu verfahren. Sind die Interessenten darüber nicht einig, so sind die Vorschriften §. 30. 31. zur Richtschnur anzunehmen.

§. 74. Bei den freiwillig subhastirten Gütern der Pflegebefohlenen ist zu bemerken:

1) daß, ehe die Subhastation verfügt werden kann, der Vormund oder Kurator sich durch ein obervormundschaftliches Dekret zu solchem Antrage legitimiren müsse. Was bei Ertheilung eines solchen Dekrets die Pupillengerichte zu beobachten haben, bestimmen die Vormundschaftsgesetze (Allg.L.R. Th. II. Tit. XVIII. §. 550 u. f.)

2) daß ehe auf das abgehaltene Licitationsprotokoll die Adjudikation erfolgen kann, zuvörderst die Genehmigung des vormundschaftlichen Gerichts, sowohl in Ansehung des Quanti,

als der Zahlungs- und übrigen Bedingungen, beigebracht werden müsse.

§§ 70—74. Zuschlag.

1. Ergänzend treten hinzu:

a. Verordnung vom 6. April 1839.

Da das bisherige Verfahren, wonach bei freiwilligen Subhastationen der Zuschlag in Form eines, die Stelle des Kontrakts vertretenden, Adjudikations-Erkenntnisses erfolgt, der Natur eines gerichtlichen freiwilligen Verkaufes nicht entspricht und zu Mißdeutungen Veranlassung giebt, so haben Wir für alle Provinzen Unserer Monarchie, in welchen die Allgemeine Gerichtsordnung Gesetzeskraft hat, auf den Antrag Unserer Justizminister und nach dem Gutachten einer von Uns aus Mitgliedern des Staatsraths ernannten Kommission verordnet, was folgt:

§ 1. Bei freiwilligen Subhastationen findet die Abfassung eines Zuschlagbescheides oder Adjudikationserkenntnisses nicht weiter statt.

§ 2. Das Gericht hat, wenn die Einwilligung der Betheiligten in den Zuschlag erfolgt, oder vorschriftsmäßig ergänzt worden ist (§. 71. und 74. Nr. 2. Titel 52. der Prozeß-Ordnung), die Licitations-Verhandlungen eben so, wie bei Verträgen, welche nothwendig einer Aufnahme und Vollziehung vor dem Richter der Sache bedürfen, unter Beifügung der Kaufbedingungen und der Urkunde über die erfolgte oder ergänzte Zustimmung der Betheiligten in beglaubter Form auszufertigen. Diese Ausfertigung vertritt die Stelle des Kaufkontrakts.

Die Vorschrift des §. 361. des Allgemeinen Landrechts Theil I. Titel 11. wird aufgehoben.

[§. 3. Geht die freiwillige Subhastation in eine nothwendige über, so verbleibt es bei den Bestimmungen im §. 73. Titel 52. der Prozeß-Ordnung.]. Obsolet, siehe oben zu § 73 a. a. O.

§. 4. In so weit nicht vorstehend ein Anderes festgesetzt ist, behält es in Ansehung der freiwilligen Subhastationen bei den bestehenden gesetzlichen Vorschriften sein Bewenden.

§. 5. Unser Justizminister hat die Gerichte mit einer Instruktion über das von ihnen zu beobachtende Verfahren zu versehen.

b. Die §§ 9—12 der Instruktion vom 20. Mai 1839:

§. 9. Nach §. 2 der Eingangs erwähnten Verordnung vertritt die Licitations-Verhandlung die Stelle des Kaufkontrakts; es sind daher hinsichtlich der Aufnahme und Fassung derselben im Allgemeinen die Vorschriften der Allg. Gerichts-Ordnung über das Verfahren bei Handlungen der freiwilligen Gerichtsbarkeit Th. 2 Tit. 2 zu beobachten.

Insbesondere muß das Licitations-Protokoll genaue Auskunft geben über die Identität, die Dispositionsfähigkeit und Legitimation der Interessenten, so wie ihrer Vertreter, und neben einer die wesentlichen Merkmale des Grundstücks umfassenden Beschreibung desselben, vollständig die Bedingungen enthalten, unter welchen der Verkauf erfolgt ist. Dabei ist zugleich, falls der Kauf nicht ohne Genehmigung der Obervormundschaft oder einer vorgesetzten Behörde abgeschlossen werden darf, dieserhalb das Erforderliche zu bemerken, und eine Frist zu bestimmen, bis zu deren Ablauf der Meistbietende an sein Gebot gebunden sein soll.

§. 10. Wird der Zuschlag bewilligt, und in den dazu geeigneten Fällen die Genehmigung der vormundschaftlichen, oder der vorgesetzten Behörde beigebracht, so ist die Licitations-Verhandlung nach Vorschrift des §. 49 Tit. 2 Th. II der Allg Ger.Ordn. sofort auszufertigen.

Zu der für den Käufer bestimmten Hauptausfertigung wird der Kaufwerthstempel verwendet, und es werden ihr die Urkunden über die erfolgte oder ergänzte Zustimmung der Betheiligten angeheftet. Des Anschlusses der Legitimations-Dokumente der Extrahenten bedarf es nicht. Welche Neben-Ausfertigungen außerdem noch zu ertheilen sind, hängt von den Anträgen der Extrahenten ab.

Wegen der §§ 11, 12 der Instruktion siehe unten Anm. 2.

2. Nach Schluß der Versteigerung ist der Antragsteller zur Erklärung über die Ertheilung des Zuschlages aufzufordern (vgl. § 72 Abs. 1 Zw.Vollstr.-Ges.) Es kommt aber hier, anders wie bei der Zwangsversteigerung, nicht darauf an, daß kein Widerspruch gegen die Ertheilung des Zuschlages erhoben wird, sondern darauf, daß der Antragsteller den Zuschlag ertheilt. Er kann ihn auch einem der Minderbietenden ertheilen, auch, mit Zustimmung des Käufers, die Bedingungen ändern. — Die Ertheilung des Zuschlages ist in das Terminsprotokoll aufzunehmen Damit ist der Abschluß des Kaufvertrages perfekt und, seitdem die Abfassung des Zuschlagsbescheides weggefallen ist, die Verhandlung beendet Der Richter hat dann noch gemäß § 2 der Ver. die Ausfertigung der Verhandlung zu veranlassen (§ 10 der Instruktion). Damit ist seine Aufgabe erfüllt.

Die §§ 11 und 12 der Instruktion nach denen der Richter die Eintragung des Besitztitels für den Käufer und der rückständigen Kaufgelder, sowie die Benachrichtigung der Realgläubiger von der erfolgten Veräußerung zu besorgen hatte, sind seit der Grundbuchgesetzgebung unanwendbar. Nach § 1 E.E.G. wird im Falle einer freiwilligen Veräußerung das Eigenthum an einem Grundstücke nur durch die auf Grund einer Auflassung erfolgte Eintragung des Eigenthumsüberganges im Grundbuche erworben. Es ist deshalb auch hier die Vornahme der Auflassung seitens des Antragstellers an den Ersteher erforderlich. Deshalb ist die Hauptausfertigung der Verhandlung jetzt dem Ersteher selbst zu behändigen. — Auch die Eintragung des rückständigen Kaufgeldes kann jetzt (anders wie nach § 124 Zw.Vollstr Ges) nicht mehr vom Subhastationsrichter betrieben werden, weil nach § 18 E.E G. die zur Eintragung der Kaufgelder als Hypothek erforderliche Bewilligung des Erwerbers frühestens bei der Auflassung wirksam erklärt werden kann. — Die Benachrichtigung der Realgläubiger seitens des Grundbuchrichters wird jetzt durch § 57 G.B.O. geregelt.

3. Wegen der Stempel und Kosten des Verfahrens vgl. Tarif v. 7. März 1822 s. v. Kaufverträge, §§ 23, 24 des Tarifes zum Gesetze vom 10. Mai 1851, Art. 16 Nr. 3 des Ges. v. 9. Mai 1854, § 3 des Ges. v. 1. Mai 1865, §§ 4—8 A.G. G.K.G.

4. Die materiellen Wirkungen des im Wege der freiwilligen Subhastation geschlossenen Kaufvertrages sind im Allgemeinen dieselben wie bei jedem anderen Kaufvertrage (§ 340 I. 11 A.L.R., Anm. 9. B zu § 97). §§ 360, 362 I. 11 A.L.R. — Die Einrede der Verletzung über die Hälfte ist durch § 343 I. 11 A L.R. (Anm. 7. b zu § 97) auch hier ausgeschlossen — Außerdem ist § 345 I. 11 A.L.R. zu beachten. — Dritte werden durch die freiwillige Subhastation in

nicht höherem Maße berührt als durch eine anderweite freiwillige Veräußerung. Wegen der Vorkaufsberechtigten vgl. Anm. 7 zu §§ 67—69 I. 52 A.G.O.

5. **Weigert der Antragsteller den Zuschlag**, was ganz in seinem Belieben steht, so ist, wenn er keine Fortsetzung der Versteigerung in einem neuen Versteigerungstermine beantragt, das Verfahren beendigt Andernfalls ist ein **neuer Versteigerungstermin** anzuberaumen. Hierbei kommt Anh § 411 zu § 73 I. 52 A G O (s. oben) unter Berücksichtigung des Umstandes zur Anwendung, daß seine Allegate durch § 116 S O aufgehoben sind. Gemäß § 211 Zw Vollstr Ges treten die Bestimmungen der §§ 42 (vgl. §§ 161, 173) bez. 50 derart ein, daß nur, wenn alle Antragsteller einig sind, die kürzere Frist des § 50 zur Anwendung kommt — Wird der Zuschlag nicht gleich im Versteigerungstermine ertheilt, so werden sämmtliche Bieter von ihrer Verpflichtung aus dem Gebote frei (§ 94 I. 11 A L R) — § 66 Abs. 1 Zw Vollstr.Ges, welcher die Befreiung jedes Bieters durch die Zulassung eines hoheren Gebotes vorschreibt, kann hier gegenüber dem § 70 I 52 A G O keine Anwendung finden.

6 Im Falle des **Miteigenthumes** kann der Kaufvertrag nur dadurch perfekt werden, daß sämmtliche Miteigenthümer den Zuschlag in übereinstimmender Weise ertheilen. — Sind dieselben nicht einig, so ist damit der Zuschlag verweigert Die Bieter werden frei Die §§ 71, 72 I 52 A.G O können einen direkten Einfluß auf das Verfahren nicht äußern — Eine Fortsetzung des Verfahrens hat nur auf den übereinstimmenden Antrag aller Miteigenthümer zu erfolgen

7 Für den Verkauf von **Mündelgut** bedarf es nach § 42 Nr 5 V O der Genehmigung des Vormundschaftsgerichtes Ist dem Ersteher der Zuschlag ertheilt, ohne daß diese Genehmigung beigebracht ist, so ist er gebunden und wird nur frei, wenn die Genehmigung verweigert wird, oder wenn dieselbe auf ergangene Aufforderung innerhalb einer Frist von zwei Wochen nicht erfolgt (§ 46 V O, § 4 des Ges v 12 Juli 1875) — Der Subhastationsrichter erscheint dem § 9 Abs. 2 der Instr entgegen nicht befugt, eine Frist zu bestimmen, bis zu deren Ablauf der Ersteher gebunden sein soll Die Verhandlung ist erst nach Eingang der Genehmigung des Vormundschaftsgerichtes auszufertigen (§ 10 der Instruktion)

8 Für die **landrechtlichen Theile Hannovers** vgl Anm 3 vor § 1 I 52 A G O — § 361 I 11 A L R (Anm. 3 a E zu §§ 1, 2 I. 52 A G.O) ist demgemäß dort auch noch in Geltung — Hiernach ist dort die Abfassung eines gerichtlichen Zuschlagsbescheides nach Ertheilung des Zuschlages durch den Antragsteller immer noch erforderlich Der Bescheid hat aber nur die Anm 3 a. E. zu §§ 1, 2 I 52 A G O angegebene Bedeutung In den Zuschlagsbescheid müssen die Kaufbedingungen und alle fur das Zustandekommen des Kaufvertrages wesentlichen Momente aufgenommen werden Zur Hauptausfertigung ist der Kaufwerthstempel zu verwenden Dieselbe ist dem Ersteher auszuhändigen und dient ihm als Kaufkontrakt — Das Eigenthum geht auch hier gemäß § 1 E.E G erst durch die Auflassung uber In Folge dieser Aenderung hat die Praxis des landrechtlichen Gebietes in Hannover vielfach von der Erlassung des Zuschlagsbescheides abgesehen

Sachregister.

Die eingeklammerten Zahlen bedeuten die Paragraphen des Zw Vollstr Ges, mit dem Zusatze K G die des Kostengesetzes; die uneingeklammerten Zahlen beziehen sich auf die Seiten der Einleitung und des Kommentars.

Abkürzungen.

A. = Antrag, Bek = Bekanntmachung, Beschl. = Beschlagnahme, G.B = Grundbuch; g. G. — geringstes Gebot, Gl. = Gläubiger, betr Gl = betreibender Gläubiger; Imm.M. = Immobiliarmasse; K G Bel Kaufgelderbelegung; K G Verth = Kaufgeldervertheilung, Prot = Protokoll, Sch Schuldner, Sch R — Schiffsregister; Th.Pl. Theilungsplan; Verf. — Verfahren, Verst T = Versteigerungstermin, Zw Verst. = Zwangsversteigerung, Zw Verw Zwangsverwaltung; Zw Vollstr. = Zwangsvollstreckung, Z Urth. = Zuschlagsurtheil

Der Anfangsbuchstabe des Stichworts ist in dem betreffenden Absatz wie letzteres zu lesen

---

A.

B.

C.

D.

G.

H.

R.

T.

U.

W.

Z.

Druck von Dobrzynski & Walter in Berlin.

FSC
www.fsc.org
MIX
Papier | Fördert gute Waldnutzung
FSC® C083411

Kolibri 360 GmbH
Ferdinand-Jühlke-Straße 7
99095 Erfurt, Deutschland
produktsicherheit@kolibri360.de